# 중국,
## 헌법 학설사 <sup>하</sup>
# 연구

# 중국, 헌법학설사 연구

하

| | |
|---|---|
| **초판 1쇄** | 인쇄 2017년 11월 21일 |
| **초판 1쇄** | 발행 2017년 11월 22일 |
| **지 은 이** | 한따위안(韓大元) |
| **옮 긴 이** | 김승일·박정원·김창희 |
| **발 행 인** | 김승일 |
| **디 자 인** | 조경미 |
| **펴 낸 곳** | 경지출판사 |
| **출판등록** | 제2015-000026호 |

**판매 및 공급처**　도서출판 징검다리
**주소** 경기도 파주시 산남로 85-8
Tel : 031-957-3890~1  Fax : 031-957-3889  e-mail : zinggumdari@hanmail.net

ISBN 979-11-86819-82-1
　　　979-11-86819-80-7(세트)

# 중국,
# 헌법 학설사<sup>하</sup>
# 연구

한다위안(韓大元) 주편

김승일·박정원·김창희 옮김

경지출판사

本書受到中華社會科學基金
( Chinese Fund for the Humanities and Social Sciences ) 資助

# Contents

# Contents

# 범주편

중국 헌법학설사의 발전은 일종의 종합적 성격의 발전으로서 헌법 이론의 체계적 발전으로 체현되었을 뿐만 아니라, 모종의 특정한 개념과 관점의 제시와 발전으로 체현되기도 하였다. 중국 헌법학설사의 정리 과정 중에서 역사 발전의 연혁 순서에 따라, 중국 헌법학설사를 청말민초(清末民初)에서 중화민국시기에 이르기까지의 헌법학설, 중화인민공화국이 수립되어서부터 '문화대혁명' 시기에 이르기까지의 헌법학설 및 개혁 개방 이래의 헌법학설로 나눌 수 있는 외에 또한 헌법학설 중 기본 범주 혹은 핵심 개념의 시각에서 이런 기본 범주와 핵심 개념을 중국 헌법학설 발전사를 관찰하는 하나의 참조물로 삼을 수도 있다. 그러하기에 중국 헌법학설 기본 범주의 발전사를 연구하는 의의는 바로 그것이 중국 헌법학설 발전사를 고찰하는 관찰 시각을 제공해 주어 추상적이고 대체적인 헌법학설사의 고찰을 구체적인 기본 범주 혹은 핵심 개념의 고찰로 바꾸어 준다는 데 있는 것이다.

헌법학의 발전 중에서 기본 범주는 하나의 중요한 요소이다. 그 어떤 헌법 이론이거나 헌법학설이든지 모두 일정한 범주를 그 기본적인 구성 요소로 하고 있다. 모종의 의미에서 말하면 범주의 범위 확정과 발전은 그 이론과 학설의 발전 정도를 결정한다. 그렇기 때문에 기본 범주는 이론 혹은 학설의 발전에 있어서 논리적 전제와 기초가 된다. 만약 기본 범주의 범위를 분명하게 확정하지 못했거나 혹은 기본 범주의 선택이 적당하지 못했다면 기본 범주의 기초 위에서 건립된 이론체계의 완전성이 영향을 받게 된다. 그러므로 모종의 이론 혹은 모종의 학설이 성숙되었느냐 아니냐를 판단하는 표준 중 하나는 바로 그 이론 혹은 학설이 일련의 완전한 기본 범주체계를 형성하였느냐 아니냐를 보는 것이다. 구체적으로 중국 헌법학설사의 발전에 대해 말한다면 중국 헌법학설은 백여 년의 발전 역사 속에서 이미 헌법학의 기본 요소를 반영할 수 있으면서 또 헌법학설의 독특한 속성도 충분히 체현할 수 있는 일련의 기본 범주 체계를 초보적으로 형성하였다고 볼 수 있다. 이런 기본 범주체계 중에서 인권, 기본 권리, 공민, 헌법, 헌정, 민주, 입헌주의, 지방자치, 공화, 헌법방법론 등 핵심 개념은 중국 헌법학설 발전의 기본 구조를 이루었다. 이런 핵심 개념이 중국에 흘러 들어와서 발전한 과정은 한 측면에서 중국 헌법학설의 인입과 발전 정도를 반영하고 있다. 중국 헌법학설 발전의 기본 상황을 보다 훌륭하게 정리하려면 핵심개념의 발전사 속에서 중국 헌법학설의 발전사를 펼쳐 보여야 할 것이다.

관찰하는 시각 상에서 보면 기본 범주 혹은 핵심 개념의 시각으로 중국 헌법학설사의 발전을 보여주는 것은 기실 중국 헌법학설사의 구성 요소 혹은 내적인 조직 부분의 측면에서 중국 헌법학설 발전의 전모를 보여주는 것이라 할 수 있다.

# 제1장

## 인권 개념 및 그 변화

제1절

'인권'이라는 어휘의 유입


　　중국 근대 인권사상은 봉건전제제도에 대한 비판 중 서방의 인권개념을 받아들이면서 탄생한 것이지만, '인권'이라는 어휘는 일본으로부터 들어온 것이다. 1880, 90년대부터 근대 중국은 사실 일본의 법률 신조어에 대해 '가져오기주의'를 취했다. 더욱이 일본어 자모로 연결되지 않고 순 한자로 표기된 개념 술어는 거의 그대로 베껴왔다.[1] 사네토 게이슈(實藤惠秀)가 지은 『중국인유학일본사(中國人留學日本史)』라는 책의 통계에 의하면 일본어에서 온 현대한어의 어휘는 844개(원래는 784개라고 했는데 원 작자와 역자가 각각 새로운 자료를 발견하면서 844개라고 보충하였음)[2]라고 한다. 심지어 그 시기 외래어 신조어 중 일본에서 들여 온 단어가 3/4에 달한다고 하는 사람들도 있다.[3] 정치, 법률 및 경제 언어가 그중 주요 부분을 차지하고 있다. '인권'이라는 이 어휘는 일본 법학가가 번역하여 만들어 낸 후 중국인들이 받아들여서 사용한 것이다.[4]

　　츠다 마미치(津田眞道)가 번역한 피세르린거(菲塞林格)의 『태서국법론（泰西國法論)』은 일본에서 '인권'이라는 한자 어휘가 제일 처음 쓰인 저작으로 인정되고 있다.[5] 이를테면 책에는 "법론의 본뜻은 인민들로 하여금 자주, 자립의 권리를 갖게 하는 것이다.

---

1) 이귀연(李貴連), 「20세기 초의 중국 법학」, 『중외법학』, 2기, 1997.
2) [일본] 사네토 게이슈(實藤惠秀), 『중국인 일본유학사』, 담여겸(譚汝謙), 임계언(林啓彦) 역, 327쪽.
3) 비정청(費正淸), 유광경(劉广京) 편, 『케임브리치중국만청사(劍橋中國晩淸史)』 하권, 중국사회과학출판사, 1993, 420쪽.
4) [일본] 사네토 게이슈, 위의 책, 327쪽.
5) [네덜란드] 피세르린거(菲塞林格) 저, [일본] 츠다 마미치(津田眞道) 역, 『태서국법론(泰西國法論)』. 그 외 쉬셴밍(徐 顯明)의 1999년 무한대학 박사학위 논문 『제도성 인권 연구』와 [일본] 順藤瑞代의 「근대 중국의 어권 개념(近代中國的女權概念)」, 『산서사범대학학보』 1기, 2005.

어떤 국가에는 일찍 사람의 일체 인권을 박탈하여 산 사람을 죽은 사람과 별반 다르지 않게 만드는 형법이 있었다. 하지만 지금은 없어졌다", "인민들이 서로 자기의 권리를 가지고 있는 것을 인권이라고 한다"[6]는 등 구절이 있다. 목전의 자료로 논증된 바에 의하면 강유위(康有爲)는 일어 한자로 된 '인권'이라는 단어를 제일 처음 중국인들에게 소개한 사람이다. 대략 1897년에 강유위는 국내 사람들에게 서방의 학문을 소개하려는 목적으로 『일본서목지(日本書目志)』[7]를 저술했다. 거기에는 쿠사노 센유(草野宣隆)가 번역한 『인권선고변망(人權宣告辨妄)』이라는 책도 포함되어 있다.[8]

강유위가 1902년[9]에 간행한 『대동서(大同書)』에는 '인권'이라는 단어가 대량으로 나온다. 이를테면 "누구에게나 자립, 자주, 자유의 인권이 있다", "이것은 하늘의 의지를

---

6) 츠다 마미치(津田眞道)에 의하면 사람이 태어나서부터 가지고 있는 권리를 '인권'이라고 했고 '민권(民權)'은 이른바 '국민이 정치에 참여하는 권리', 즉 참정권을 가리킨다.

7) 『일본서목지』는 1898년 봄에 간행되었다. 하지만 양계초(梁啓超)는 1897년 11월 15일에 출판된 『시무보』제45책 상에 발표한 『일본서목지를 읽고서』라는 글에서 『일본서목지』의 서언을 인용했다.
이로써 『일본서목지』는 1897년 11월 15일 전에 집필된 것임을 알 수 있다. 양계초의 「일본서목지를 읽고서(讀日本書目志書后」」, 『음빙실합집(飲氷室合集)1 음빙실문집(飲氷室文集)2』, 중화서국, 1989, 52쪽.

8) 그 외 『민법재산편인권부석의(民法財産編人權部釋義)』와 『일본민법인권강의』라는 두 권의 책도 있다. 하지만 이 두 책의 제목에서의 '인권'은 분명 '재권(財權)'에 상대 되는 개념이다.

9) 『대동서』의 집필 연대에 대해 학자들 사이에는 이의가 있다. 비교적 인정하는 것은 『대동서』가 1902년에 씌어졌다는 견해이다. 『대동서』의 갑부와 을부는 1913년 『불인(不忍)』잡지에 발표되었고 비교적 완전한 원고는 작자가 사망한지 8년 후인 1935년에 간행되었다. 강유위는 1919년에 쓴 『대동서제사(大同書題辭)』에서 『대동서』의 집필 연대를 1884년으로 명확하게 정했다. 학자들의 고찰에 의하면 1883년은 강유위가 서방학술을 배움에 있어서 최고조에 이르는 한 해여서 그 열독 범위는 『동화록(東華泉)』, 『만국공보(萬國公報)』, 『서국근세휘편(西國近世匯編)』, 『해국도지(海國圖志)』, 『영환지략(瀛寰志略)』 등 신문, 잡지와 저작을 섭렵하기에 이르렀다. 서방, 과학기술과 미래에 대한 토론들은 『대동서』의 편찬에 새로운 지식 배경과 상상력의 원천을 제공하였다. 1902년은 단지 강유위가 이미 쓴 초고를 비교적 계통적으로 수정하고 대 규모로 보충한 한 해일 따름이다. 『대동서』의 구상, 집필, 수정, 보충에는 무려 2, 30년이라는 시간이 걸렸다. 강유위는 장녀 강동미(康同薇)가 일어에 능통했던 까닭에 각종 일역 한자 어휘를 받아들이고 사용할 수 있는 조건을 갖추고 있었다. 그는 1898년 상반년에 광서황제를 위해 『일본변정고(日本変政考)』을 썼는데 편년체(편년체) 형식으로 일본의 메이지 유신부터 국회를 열기까지의 정치, 법률 활동 전반을 소개하였다. 1898년에 이르러 '인권'이라는 단어는 일어에서 이미 받아들여져 사용되었다. 『대동서』의 기본 내용과 사상은 기본 상 그의 전반기 사상 범위에 속한다. 비록 오래 동안 발표하지 않고 남에게 보여주지 않았지만 그의 친밀한 학생, 특히 양계초는 여러 곳에서 캉씨의 『대동서』에 대해 담론했거나 내비치었다. 강유위가 양계초 보다 일찍 일어 한자로 된 '인권'이라는 단어를 사용하였을 가능성을 배제할 수 없다.

침범하는 것이다. 인권을 박탈하는 것은 극히 불공평한 것이다" 등이 그것이다.[10] 양계초가 글에서 제일 처음 인권이라는 단어를 사용한 것은 대략 1899년이다. 그는 『중국과 유럽의 국체 이동(異同)을 논함』 이라는 글에서 "유럽의 근대역사에서 정치이론학은 거대한 발전을 가져왔다. 천부인권 평등의 목소리는 전 세계에 울려 퍼졌다."[11]라고 하였고 『십종덕성상반상성의(十種德性相反相成義)』 에서는 "문명국의 인민이 충분히 자유를 누릴 수 있는 것은 이러한 권리가 정부관원들로부터 온 것이 아니라 인민에게서 온 것이기 때문이다. 하지만 중국은 달랐다. 국내 현행의 풍속습관을 관리들이 금지하지 않았다. 일단 금지하게 되면 풍속습관과 같은 자유 권리는 종적도 없이 사라지게 된다. 그런데 관리들이 금지하지 않았던 까닭은 인권을 존중해서가 아니라 집정능력이 낮고 정무 기강이 문란하여 이러한 사무를 관리할 여지가 없기 때문이다"[12]라고 밝혔다. '인권'이라는 단어는 신문에도 나타났고 자전에도 올랐다. 이를테면 1902년 『대공보서(大公報序)』 에는 다음과 같이 썼다. "서방이 번영창성하는 까닭은 공화민주제가 있고 국가의 의회, 입법원 등 기구가 인권을 보호하며 경제는 각항 각업의 회사가 발전했고, 인문정치, 과학기술, 문화예술 등 각 분야에서 대학 등 각종 학술기구들이 여러 가지 엘리트 인재를 한데 모았기 때문이다. 그리했기에 각항 정치, 경제, 문화의 권리들이 충분히 보장되고 발전되었다."[13] "대 원칙적으로 말하면 천부인권과 남녀평등 등이다. 사람의 능력과 지혜로 말하면 남녀, 종족은 모두 마찬가지다. 하지만 여인은 오히려 감수성 등에 있어서는 남자와 다르며 심지어는 남자보다 우월하다."[14] 1903년에 왕영보(汪榮寶), 엽겸(葉謙)이 엮은

10) 강유위, 『대동서』, 고적출판사, 1956년.
11) 양계초, 『중국과 유럽의 국체 이동을 론함(論中國女歐美國體異同)』,
    『음빙실합집1·음빙실문집之四 』, 중화서국, 1989, 65쪽.
12) 양계초의 『십종덕성상반상성의(十種德性相反相成義) 자유와 제재』,
    『음빙실합집1·음빙실문집之五 』, 45~46쪽.
13) 『대공보 서』, 『대공보』 1902년 6월 20일 자.
14) 『흥여학의(興女學議)』, 『대공보』 1902년 8월 12일.

『신이아(新爾雅)』에도 다른 개념을 해석하기 위해서이긴 하지만 '인권'이라는 단어가 나온다. 그들은 "통치자와 피 통치자의 관계에 있어서 양자는 법률의 상호 감독과 제약에 의거해야 하며, 이러한 국가는 법제국가에 속한다"라는 말을 해석 할 때 "근대에 들어와 천부인권의 정치주장이 전파되면서, 오랫동안 대권을 장악하던 군주는 여러 국가 기구의 권력을 자신을 위해 복무하게 할 수 없게 되었다. 법제국가는 이렇게 형성되었다"[15]라고 했다. 그해 유아자(柳亞子)는 "루쏘의 『민약론』을 읽고 천부인권의 정치적 관점을 제창하게 되었고, 그를 존경하게 되면서 이름을 인권이라고 고치고 자를 아로(亞盧)라고 했다"[16]라고 했다. 이때 인권 구호는 이미 민주파 인사들 중에서 거센 바람을 일으켰다. 추용(鄒容), 진천화(陳天華), 추군(秋瑾) 등 혁명지사들은 모두 자기의 글과 책을 통해 인권을 큰 소리로 외쳤다. 1911년의 신해혁명은 중국에서 2천년 넘게 지속되어 오던 봉건제도를 끝내고 자산계급민주공화국 중화민국을 건립했다. 남경에 임시정부가 존재했던 석 달 남짓한 동안에 민국정부는 '자손을 욕되게 하고 인권을 짓밟는 청 왕조'의 각종 악습을 직접 겨냥한 수많은 법률, 법령을 반포하였고 '인권은 신성'한 것으로 "국가 사회의 일체 권리는 응당 모든 사람이 평등하게 누려야지 어느 누구를 차별해서는 안 된다. 이렇게 해야만 인권을 존중할 수 있고 바른 도리를 신장할 수 있다"고 하면서 '인권옹호가 첫 번째이다'[17]를 선포했다. 인권 관념도 신문계의 주 관심사가 되었다. 어떤 신문은 인권을 직접 자기 신문의 종지로 삼는가 하면, 심지어 『인권보』처럼 '인권'을 이름으로 쓰는 신문도 나타났다. 20세기 초의 중국에서 '인권'이라는 단어는 이미 매우 유행했다고 말할 수 있다.

---

15) 왕영보, 엽겸이 엮은 『신이아』, 심운용(沈雲龍) 주필 『근대중국사료총서』
    제44집, 문해출판사유한회사, 8쪽.
16) 『유아자문집 자전 연보 일기』, 상해인민출판사, 1986, 8.
17) 구원유(邱遠猷), 「근 백 년래 제국주의를 반대하고 인권을 쟁취하기 위한 중국인민의 투쟁(近百年來中國人民反對帝國主義爭取人權的鬪爭)」, 풍탁연(馮卓然), 곡춘덕(谷春德) 주필, 『인권논집』, 수도사범대학출판사 1992.

'인권' 개념이 중국에 흘러들어 온 백여 년은 중국 역사에서 아주 복잡하고 변화무쌍한 백여 년이었다. 반세기를 이어온 혁명과 전쟁, 천지개벽의 제도 대변혁, 몇 십 년 동안 지속된 동란과 재난, 30년 동안의 곡절을 거치면서 세차게 발전하고 있는 개혁과 개방, 거센 파도처럼 출렁이는 격변의 세월 속에서 이루 다 셀 수 없는 사상과 문화의 논쟁이 치열하게 벌어졌다. 온갖 시련을 다 겪은 역사의 풍운변화 속에서 '인권'이라는 단어는 더구나 오르락내리락 우여곡절을 겪었다. 인권의 가치와 의미도 역사, 시대의 변천과 더불어 변화를 가져왔다. 한 세기 동안 인권은 짓밟히고 유린당하고 욕보이는 중에서도 사람들이 그토록 열정적으로 갈망하고 추구하는 대상이 되었고, 구국과 계몽의 내적 긴장 속에서 활력을 찾았으며, 개인주의, 집체주의, 국가주의의 경쟁 중에서 어렵게 자리 매김을 했고 사회의 발전 중에서 주체와 내용의 확장을 실현했으며, 시대의 변혁 중에서 도구적 이성으로부터 가치적 이성으로의 전환을 실행해 왔다. 이 백여 년 동안에 중국 인권개념의 발전, 변화를 정리하는 것은 극히 중요한 가치와 의의가 있는 것이다.

제2절

19세기 말 20세기 초의 '인권' 개념

**이끄는 말** : 강유위, 양계초가 올린 인권의 서막

1840년대 후, 봉건지주계급 개혁파, 초기 자산계급 개량파, 유신파, 혁명파 등
진보적 사상가들은 중국에서 2천년 동안 이어 내려온 전제제도를 맹렬하게 공격했다.
특히 공자진(龔自珍), 왕도(王韜), 정관응(鄭觀應), 강유위(康有爲), 양계초(梁啓超),
담사동(譚嗣同), 엄복(嚴復), 하계(何啓), 호례원(胡禮垣), 손중산(孫中山), 추용(鄒容)
등이 대표적이다. 그중 강유위는 제일 일찍 '인권'이라는 단어를 중국에 소개하고 사용한
사상가로 명실상부하게 학리적으로 고금중외(古今中外) 사상사의 풍부한 자료에 근거하여
인권 원리를 처음으로 상세하게 규명한 사람[18]이다. 강유위로부터 시작하여 인권사상과
'인권' 개념은 양계초, 엄복, 하계, 호례원, 손중산 등 사람들의 저작들에서 대량으로
나타났다. 강유위, 양계초와 같은 사상가들은 가히 근대 중국의 제일 첫 인권사상가라고 할
수 있다. 그들의 저작들에서는 19세기 말 20세기 초 '인권' 개념의 특징을 볼 수가 있다.

---

18) 두강건(杜鋼建), 『중국 근 백년 인권사상(中國近百年人權思想)』, 산두(汕頭)대학출판사, 2007, 33쪽.

## 1. '천' 부인권 - 중국 전통문화를 계승한 '인권' 개념

강유위, 양계초, 엄복 등 근대 중국의 초기 인권사상가들은 중국 전통문화에 대해 깊고 심오한 이해의 기초아래 서방의 인권사상을 받아들였다. 그렇기 때문에 그들은 중국 전통문화의 자원으로 인권을 이해하였다. 그들은 인권을 해석할 때, 중국 전통문화 자원, 특히 중국 전통적 인도주의사상과 양심이론을 개발하고 차용하였다. 바꿔 말하면 그들이 이해하고 해석한 '인권' 개념은 이미 단순히 서방에서 들여 온 인권개념이 아니라 중국 전통문화의 낙인이 찍힌 인권개념이었고, 중국 전통문화의 이론과 개념을 개발하고 차용하여 이해하고 밝힌 인권이었다.

강유위는 인도주의를 자기 인권사상의 이론적 근거로 삼았다. '인(仁)'에 대한 그의 이해는 맹자의 '불인지심(不忍之心)'에 귀결된다. 그는 다음과 같이 인정했다. "인간은 천지의 중심에 있다. 그렇기 때문에 사람은 천지의 기본이고 인은 또한 사람의 기본이다. 인은 세상의 모든 선(善) 중에서 최고의 선이다. 인의 본뜻은 박애, 평등에 있다. 공자의 인의에서 제일 중요한 것은 겸애(兼愛)이다." 강유위는 인도(人道)를 인도(仁道)로 해석하면서 공자 인학의 영원한 의의를 찾으려고 노력했다. 그것은 바로 사람을 우주에서 제일 존중해야 하는 대상으로 보고 사람을 정치 법률제도 내지는 일체 사물을 평가하는 표준으로 삼을 것을 요구하는 것이었다. "무릇 사람에게 해를 주는 것은 그른 것이고 사람에게 해를 주지 않는 것은 옳은 것이다."[19] '거고구락(去苦求樂)', 즉 괴로움을 없애고 즐거움을 구하는 것은 강유위가 인정한 최고의 인도주의 원칙이었다. '거고구락'의 인도주의 원칙에 근거하여 강유위는 암흑의 사회제도가 사람들에게 가져다주는 각종 고난을 폭로했다. '압제의 고난', '계급의 고난', '비천의 고난', '빈궁의 고난', '형옥(刑獄)의 고난' 등이 그것이다. 그는 이런 사회제도 하에서 인간 세상은 단지 "대 도살장이요, 큰

---

19) 강유위, 『대동서』, 중화서국, 1935, 282쪽.

감옥"[20]일 뿐이라면서 인류의 고난을 없애기 위해서는 "아홉 가지 경계(九界)"을 타파해야 한다고 제시했다. '구계'란 '국계(國界)', '급계(級界)', '종계(種界)', '형계(形界)', '가계(家界)', '업계(業界)', '난계(亂界)', '유계(類界)', '고계(苦界)'를 말한다. 강유위는 '구계'를 인류가 고통을 받는 근원으로 보고 '구계'를 없애려면 반드시 인권을 바로 해야 한다고 했다. 강유위는 인류를 해방하고 인류를 구원하고 천하를 대동하게 하는 의의로부터 출발하여 인권을 창도하였다.

양계초는 양심을 인권의 토대로 보았다. 그의 양심설은 공자의 성선관, 맹자의 양심관, 왕양명(王陽明)의 치양지론(致良知論), 근대 서방의 이성양심설과 결합되어 있다. 그는 칸트의 철학은 권리 이론의 기초를 포착했다고 극찬했다. 칸트 철학이 추구한 '진아(眞我)'는 양계초가 창도한 '양심'이기도 하다. 그것은 인간에게 공유한, 외계 힘의 지배를 받지 않는 자유 의지이며 인간이 인간일 수 있는 결정적인 이유이다. 양계초는 "인간이 양심에 복종하지 아니 하면 그것은 바로 자기 스스로 자유를 잃는 것"[21]이라고 말했다. 양심 문제에서 양계초의 사상과 칸트 철학이 일치한 점은 그들이 모두 양심은 취득하는 것이 아니라 인간이 본래부터 가지고 있는 것이라고 보았다는 것에 있다. 인간이 고귀할 수 있는 것은, 인간이 양심이란 자유권을 향수할 수 있는 것은 바로 인간이 본질적으로 양심이 가리키는 대로 나아갈 수 있기 때문이다. 맹자는 인간에게는 4단(四端)이 있다고 했다. 그 각 단은 모두 모든 사람들을 상대로 한 것으로서 대상의 보편성을 가지고 있다. 양계초는 유학(儒學)의 이 우수한 전통을 계승하여 서방의 자유의지론과 결합시킴으로써 유학의 양심설 혹은 성선론을 현대 정신에 부합되는 사상으로 전환시켰다. 양계초는 "양지 외에 다른 지식은 없다"고 강조하면서 치양지론은 "현대 학계의 유일무이한 양약"[22]이라고 결론을 내렸다. 그는 인간이 오직 "모두 최초의

---

20) 강유위, 『대동서』, 2쪽.
21) 양계초, 「근세 제일 대 철학자 칸트의 학설(近世第一大哲康德之學說)」, 『음빙실합집2 음빙실문집3』, 62쪽.
22) 양계초, 「덕육감 지본(德育監 知本)」, 『음빙실합집7 음빙실문집26』, 24쪽.

일념으로 돌아가서 내적인 면에 힘을 쓰면 '양지'를 얻을 수 있다"고 인정했다. 양계초가 내적인 면에 힘쓸 것을 주장한 것은 바로 사람은 자신의 양심과 양지를 인식하고 인간의 유적 존재(類存在)를 인식해야 하며 인간의 자아의식을 불러 깨워야 한다는 것이다.

'천(天)'은 중국 전통문화의 특수한 개념 중 하나이다. 중국 전통 사상관념에 의하면 '천'은 가장 숭고하고 가장 신성한 것이며, 인류 만물을 지배하는 무한한 권위적 힘을 가지고 있는 자연의 화신이다. '천' 역시 강유위 등 사상가들이 인권사상을 표현하는 데 쓰인 하나의 개념이었다. 이를테면 엄복은 『사회계약론』을 『민약론(民約論)』으로 번역하면서 "인간은 태어났을 때는 자유스러웠으나 쇠사슬에 얽혀져 있지 않은 적이 없다"는 말을 "민지자유, 천지소계(民之自由, 天之所界)"로 번역하였다. 그는 사람은 "모두 하늘의 백성"이라고 인정하면서 '천'과 '민'이라는 단어를 빌려 다음과 같이 천부인권관을 표명하였다. "자유라는 이 단어는 중국 역사 이래 성현들도 모두 무서워했다. 그렇기 때문에 이전에 확립하거나 전파하지 못했다. 서방학자들의 관점에 의하면 사람은 태어나서부터 비록 사람마다 각기 다르기는 하지만, 모두 똑같이 자유 권리를 가지고 있으므로 사람마다 자유의 권리를 누릴 수 있다. 나라마다 자유 권리를 누릴 수 있으며, 반드시 상호 침범하거나 손해를 끼치지 않는 것을 전제로 한다.

사람의 자유 권리를 침범하는 것은 천리에 어긋나는 것으로서 인도적이지 못하다. 이를테면 살인, 상해, 절도 등은 모두 인권을 침범하는 극단적 행위이다. 그렇기 때문에 사람의 자유 권리를 침범하는 일은 군주라고 해도 할 수 없는 일이다. 그렇기 때문에 반드시 필요한 법률제도를 건립하여 사람들의 자유 권리를 보장해 주어야 한다."[23] 자연권리설이 강유위의 논증을 거쳐 중국 특색이 있는 '천부인권설'로 전환되었다. 강유위는 인권을 일종의 천권(天權)으로, 하늘이 인류에게 내려 준 권리로 보았다. 그는 하늘은 인류보다 먼저 존재했고, 하늘은 인권보다 먼저 존재했다고 인정했다. 강유위에게 있어서 인권은

---

23) 엄복, 「세상 변화의 절실함을 논함(論世變之亟)」, 『엄복집』 1책, 2~3쪽.

하늘에서 비롯된 것이다. 다시 말하면 인권은 인성(人性)과 인도에서 유래한 것이다. 강유위의 '천부인권론'은 결코 하늘을 기본으로 한 것이 아니다. 그는 단지 전통적인 '하늘'의 개념을 빌어 인권, 민권의 신성성을 논증했을 뿐이다. 그의 인권론은 결국 사람을 근본으로 했고 인성(仁性)과 인도(人道)를 강조했다. 천권으로 인권을 논한 것은 서방의 인권 개념과 중국 전통문화를 통합하고 상호 결합한 강유위의 노력을 보여준다.[24]

강유위의 초기 사상은 『대동서』에서 대표적으로 나타나는데 한마디로 말하면 천부인권이다. 강유위는 다음과 같이 말했다. "전 세계 사람들은 가정의 경계를 없애기를 원하고 있고, 이를 위해서는 남녀평등과 각자 독립의 권리를 밝히는 것에서 시작해야 하는데 이것은 하늘이 인간에게 내려준 권리이다. 전 세계 사람들은 사유재산의 해를 없애기를 원하고 있고, 이를 위해서는 남녀평등과 각자 독립의 권리를 밝히는 것에서 시작해야 하는데 이것은 하늘이 인간에게 내려준 권리이다. 전 세계 사람들은 나라의 싸움을 없애기를 원하고 있고, 이를 위해서는 남녀평등과 각자 독립의 권리를 밝히는 것에서 시작해야 하는데 이것은 하늘이 인간에게 내려준 권리이다. 전 세계 사람들은 종계(種界)의 차별을 없애기를 욕망하고 있고, 이를 위해서는 남녀평등과 각자 독립의 권리를 밝히는 것에서 시작해야 하는데 이것은 하늘이 인간에게 내려준 권리이다. 전 세계 사람들은 대동의 세계와 태평스러운 환경에 가기를 원하고 있고, 이를 위해서는 남녀평등과 각자 독립의 권리를 밝히는 것에서 시작해야 하는데 이것은 하늘이 인간에게 내려준 권리이다…"[25] 강유위는 봉건전제주의의 '3강'을 "인도와 독립의 의의를 상실하고 천부인권에

---

24) 저명한 현대 일본 헌법학자 사토 고지(佐藤幸治)의 고증에 의하면 최초로 '천부인권'을 표명한 문헌은 메이지 6년에 아오키 슈조(青木周藏)(1844-1914)이 기도 다카요시(木戶孝允)(1834-1877)의 부탁에 의해 집필한 『대일본정규(大日本政規)』이다. 거기에는 '각 개인의 고유한 천부적 권리를 보호한다'는 내용이 있다. '천부인권'을 하나의 완전한 개념으로 표명한 사람은 영국, 프랑스 두 나라 문자에 정통한 가토 히로유키(加藤弘之)다. 그가 집필한 『국체신론』(1875)에서는 제일 처음으로 'natural right'(자연권)을 '천부인권'으로 번역하였다. 서현명(徐顯明), 『제도성인권 연구』, 무한대학 박사학위논문 참고.
25) 강유위, 『대동서』 252쪽.

손상을 준 이론"이라고 비판하였고, '하늘의 자식'의 개념으로 사람마다 평등하다는 이치를 표명하면서 다음과 같이 말했다. "사람은 모두 하늘이 낳았으니 똑같이 하늘의 자식이요, 모두 둥근 머리와 사각형의 발을 가진 똑같은 용모로 태어나 한 족속에 속해 있으니 평등하도다."[26] 사람마다 '똑같이 하늘의 자식'이라는 견해는 몇 천 년 동안 봉건 제왕이 '하늘의 자식'이라는 위치를 독점하고 있던 전통적 관념을 타파했다. "아비는 자식의 벼리가 된다(父爲子綱)"는 것에 대해 강유위는 다음과 같이 인정했다. "사람의 생명은 천부적인 것이다. 부모의 몸에서 태어났다고 해도 결코 부모에게 부속된 것이 아니다. 사람은 모두 천명에 의해 소생된 것으로서 그 누구에게도 타인의 권리를 제약할 수 있는 권리가 없다."[27]

강유위는 『대동서』 경부(庚部) 제10장 "총론, 농·공·상업의 대동은 남녀의 인권을 밝히는 것에서 시작해야 한다." 그중 천부인권과 남녀평등의 사상을 상세하게 표명하였다. 그는 다음과 같이 말했다. "사람은 천명에 의해 천지간에 태어나기 때문에 태어난 그 날부터 상응하는 권리를 가지고 있다. 그렇기 때문에 그 권리를 침범하는 것은 하늘의 뜻을 침범하는 것과 같다. 자기의 권리를 사양하는 것 역시 하늘의 뜻 앞에서 뒷걸음치는 잘못된 행위이다. 남자와 여자는 비록 표면 형태에서는 다르지만 모두 똑같이 천명의 보살핌을 받는다. 세상에 존재하는 일생의 여정에서 이미 천명과 사람의 권리의 존재를 알았다면 국가의 대상에 참여해야 한다. 이것은 너무나도 당연한 일인데 왜 여자들이 자신의 권리를 행사하는 것을 압제한단 말인가? 무슨 근거로 여자는 남자에게 복종하라고 요구하고 자기의 권리를 행사하지 못하게 하는가? 똑같이 평등할 것을 요구하는 각도에서 말하면 군주도 평민과 마찬가지로 평등한데 하물며 남자와 여자가 왜 평등하지 않다는 말인가?"[28] 양계초는 천부인권사상에 대하여 다음과 같이 표명하였다. "사람은 천명에 의해 태어났기에 하늘이 인권을 부여하였고 인권 발전의 지식과 인권 보호의 능력도 부여하였다.

---

26) 강유위, 『대동서』 65쪽.
27) 강유위, 『대동서』 66쪽.
28) 강유위, 『대동서』, 199쪽.

그렇기 때문에 사람들로 하여금 자기의 인권을 행사하여 스스로 사회 사무에 참여하여야 사회의 정치가 발전할 수 있다. 만약 그것을 금지하면 인권이 손상을 받아서 처음에는 사회가 생기를 잃게 되고 나아가 사람의 본성을 잃게 되며 최종적으로는 사회의 윤리도덕 등이 모두 훼멸되게 된다."[29] 양계초는 "사람마다 태어나면 당연한 권리를 얻어야 한다"[30]고 소리 높여 주장했다. 그가 창도한 '당연한 권리'는 당연성(應然)의 각도에서 인권개념에 대해 개괄했다. 그가 제시한 인권 개념은 비교적 간단하지만, 이미 인권의 당연성과 필요성을 제시했고 인권의 기본 성질을 언급하였다. 인권은 무엇보다 먼저 응당 있어야 할 당연한 권리로서 주체가 자아의식을 각성한 표현이다. 인류는 오직 끈질기게 인권을 응당 가져야 할 당연한 권리로 간주하고 끊임없이 추구해야만 비로소 점차 이 당연한 권리를 법정권리로 외적화(外在化)하고 더 나아가 실유(實有) 권리가 되게 해야 한다.

## 2. 인권의 주체 (1) - 보편인권 주체

서방에서 기원한 고전인권 개념은 서방문화의 종족 특징과 성별 특징으로 말미암아 그 인권의 주체가 보편적인 것이 아니었고 이론상에서 한계가 있었다. 19세기 중엽으로부터 20세기 초까지 서방 인권 이론 발전의 제2 단계에서, 주류인권 이론은 인권 주체의 보편화를 추진하는 방면에서 진전이 적었던 반면, 수많은 자산계급 사상가들은 형형색색의 학설로 한계가 있는 인권주체 이론을 위해 변호하였다. 이 이론은 20세기 중엽에 이르러 제2차 세계대전 중에서 극에 달했다. 서방에서는 2차 대전 이후 『세계인권선언』이 통과되어 비로소 형식상의 보편적 인권 주체가 이론적으로 확립된다. 이 확장은 인권

---

29) 양계초, 「신민설  진보를 논함」, 『음빙실합집6  음빙실문집4』, 58쪽.
30) 양계초, 「신민설  의무사상을 논함」, 『음빙실합집6  음빙실문집4』, 104쪽.

개념이 형성된 후 몇 세기 동안 사람들이 거대한 대가를 지불하여 비로소 이루어진 결과이다.[31] 19세기 말 20세기 초는 서방 주류인권 이론이 아직 종족주의, 성별차별의 복잡한 소란 속에 처해 있던 시기였다. 중국의 '인권' 개념은 서방 인권 이론 중 제일 선진적인 부분을 수용하여 인권주체의 보편성을 주장하였다. 이 점은 중국 '인권' 개념이 서방 인권 개념의 수용에서 선택적이었다는 것을 설명한다. 이를테면 선자번(沈家本)은 죄수에 대한 학대를 비판할 때, 죄수도 "똑같이 인류인데 왜 유독 그 학대를 받아야 하는가?"[32]라고 강조했다. 강유위는 "인류를 해방하고 인류를 구조하는 의미에서 인권을 창도했다."[33] 그의 인권 개념 중 인권의 주체에는 '전 세계 사람'이 포함된다. 그는 이렇게 말했다.

"전 세계 사람들은 가정의 경계를 없애기를 원하고 있고, 이를 위해서는 남녀평등과 각자 독립의 권리를 밝히는 것에서 시작해야 하는데 이것은 하늘이 인간에게 내려준 권리이다. 전 세계 사람들은 사유재산의 해를 없애기를 원하고 있고, 이를 위해서는 남녀평등과 각자 독립의 권리를 밝히는 것에서 시작해야 하는데 이것은 하늘이 인간에게 내려준 권리이다. 전 세계 사람들은 나라의 싸움을 없애기를 원하고 있고, 이를 위해서는 남녀평등과 각자 독립의 권리를 밝히는 것에서 시작해야 하는데 이것은 하늘이 인간에게 내려준 권리이다. 전 세계 사람들은 종계의 차별을 없애기를 원하고 있고, 이를 위해서는 남녀평등과 각자 독립의 권리를 밝히는 것에서 시작해야 하는데 이것은 하늘이 인간에게 내려준 권리이다. 전 세계 사람들은 대동의 세계와 태평스러운 환경으로 가기를 원하고 있고, 이를 위해서는 남녀평등과 각자 독립의 권리를 밝히는 것에서 시작해야 하는데 이것은 하늘이 인간에게 내려준 권리이다 …"[34]

서방 고전 인권 이론은 인권의 주체에서 처음에는 여성을 배제했었다. 남녀평등을

---

31) 서현명, 곡상비(曲相霏), 「인권주체계설(人權主體界說)」, 『중국법학』 2기, 2001.
32) 「감옥방문록 서(監獄訪問錄序)」, 『기이문존 권 6(寄簃文存 卷 六)』
33) 두강건, 『중국 근대 백년 인권사상』, 34쪽.
34) 강유위, 『대동서』, 252~253쪽.

쟁취하기 위한 서방 주요 국가들의 투쟁은 아주 오래 동안 지속되었다. 남녀평등이 법률방면에서 점차 현실화 된 것은 20세기, 특히 제2차 세계대전 이후이다. 중국의 '인권' 개념은 인권 주체에서 비단 여성을 빼놓지 않았을 뿐만 아니라, 그와는 반대로 여성 인권의 주체적 지위와 남녀평등권의 쟁취를 중요시했다. 20세기 초 청말에 선자번이 법률 수정을 주관 할 때, '서방인 남녀평등설'[35]을 참조하면서 남존여비의 봉건 전통 관념에 대해 반성하였다.

앞에서 서술한 것처럼 강유위는 『대동서』에서 강력히 남녀평등을 창도하면서 "남자와 여자는 비록 표면상에서는 다르게 생겼지만 한 생명으로 말하면 모두 똑같이 천부적인 인권을 가지고 있다"[36]고 주장했다. 엄복, 양계초 등은 모두 부녀해방운동을 대대적으로 선전하고 남녀평등을 실행할 것을 주장했다. 엄복은 "민주제도는 천부인권, 사람마다의 평등 등의 도덕관념을 기본 정신으로 하고 있다. 그런데 왜 평등과 자유의 행복을 여자한테 주는 것에 인색해야 하는가?"[37]라고 했다. 프랑스 『인권선언』에 대한 양계초의 비판은 인권평등성에 대한 그의 심각한 이해를 체현하였다. 그는 프랑스 『인권선언』은 비록 무릇 사람이면 반드시 인간의 자격을 회복해야 한다고 규정하였지만, 실제상에서는 여자의 권리를 소홀히 했다면서 "그들은 women이지 men이 아니기 때문에 입으로는 번지르르 하게 인권을 말했지만 여자에 관한 일에는 상관하지 않았다"[38]고 지적했다.

그는 여자와 남자는 모두 인권을 향유하는 주체이기에 여권운동은 응당 '인권운동'의 중요한 조성부분이 되어야 한다고 생각하였다. 그는 심지어 여권운동을 직접 인권운동이라고 부르면서 인권운동으로서의 여권운동을 강력히 찬성하고 제창하였다. 그는 "여권운동은 그것이 구학(求學)운동이든 경업(竟業)운동이든 아니면 참정운동이든

---

35) 『사형유일설(死刑唯一設)』, 기이문존 권 3(寄簃文存 卷 三)』
36) 강유위, 『대동서』, 119쪽.
37) [프] 몽테스키외, 『몽테스키외법의』, 엄복 역, 상무인서관, 1981, 7권 엄복평어, 150~151쪽.
38) 『인권과 여권(人權與女權)』

나는 원칙상에서 모두 찬성한다. 찬성할 뿐만 아니라 아주 필요한 것이라고 인정한다"[39]고 표시했다.


## 3. 인권의 주체 (2) - 개인에서 국가(집체)에 이르기까지


서방의 인권개념 기원은 개인주의 사상을 그 토대로 하고 있다. 하지만 '인권' 개념이 동방에 흘러 들어온 후, 동방의 집체주의 사상으로 전환되었다. 일본을 예로 들면 최초의 마르크스주의 경제학자 가와카미 하지메(河上肇)는 동·서방 '천부인권'의 차별을 평가할 때 다음과 같이 날카롭게 지적하였다. "서방에서는 하늘이 인권을 내려주고 백성이 국권을 주었으나 일본은 그와 정 반대로 하늘이 국권을 내리고 나라가 인권을 내려주었다."[40] 나라의 자유와 독립을 추구하는 국가주의는 시종 일본 메이지유신의 정신적 지주였고, 인권, 민권은 국가주의 아래에 있었다. 소봉(蘇峰)이 민권운동을 비판할 때, 말한 것처럼 "당시의 민권자유론은 명의는 민권이었지만 사실은 국권이었다."[41] 근대 인권개념이 중국에 들어 온 후 역시 두 가지 다른 사상 경향이 나타났다. 그 하나는 엄복을 대표로 하는 사회공동체 중의 개인의 자유를 강조하고 개인의 자유를 보장하는 것으로부터 출발하여 정치, 법률제도를 건립하는 것을 중요시하는 경향이었다. 자아 생존을 전제로 하고 개인의 자유를 핵심으로 하는 이런 인권관은 개인 본위주의 인권관이라고 부를 수 있다. 다른 하나는 양계초를 대표로 하는 개인의 권리는 반드시 공공권리와 서로 조화되어야 한다고 강조하고 집체 혹은 단체의 이익이 개인의 자유보다 높다고 주장하며, 집체 혹은 단체의

---

39) 『인권과 여권』
40) [일본] 森一貫, 『천부인권'과 '우승열패』, [일본] 山中永之佑編, 『일본 근대 국가의 법 구조(日本近代國家的法構造)』,목탁사(木鐸社), 1983, 452쪽.
41) [일본] 松本三之介, 『국권과 민권의 변주(國權與民權的變奏)』, 리둥쥔(李冬君) 역, 94쪽

이익을 보장하는 것으로부터 출발하여 개인 권리의 발전을 추구하는 것을 중요시하는 경향이었다.[42] 백여 년 동안 개인 본위적 인권관은 중국에서 시종 주류적 지위를 차지하지 못하고 변두리로 밀려나거나 압제를 당했으며, 심지어는 본위적 인권관에 동화되기까지 했다. 엄복과 강유위는 모두 개체 본위의 인권관에서 후에 집체 본위의 인권관으로 전환하였다. 근대 개인 본위 인권관의 대표 인물인 엄복은 근대 서방의 개인주의 자유관의 영향을 받아서 자산계급 개인주의의 이기관(利己觀)에 찬동하였다. 그는 다음과 같이 생각하였다. "마음이 어질면(性善) 남을 이롭게 할 뿐만 아니라 우선 먼저 나를 이롭게 한다. '백성에게 욕망이 있어' '하늘이 내려준 인성'은 그 어떤 힘도 박탈하지 못한다. 인간의 본성은 이익 추구 즉 자아 생존 추구에 있다. 자기를 이롭게 하는 것과 남을 이롭게 하는 것을 상호 결합해야 한다. 양자를 이롭게 해야 하지 하나를 이롭게 하는 것은 이롭게 하는 것이 아니다.' 자기를 이롭게 하는 것은 역시 남을 이롭게 하는 것이요, 남을 이롭게 하는 것은 결국 자기를 이롭게 하는 것이다."[43] 엄복이 번역한 『군기권계론(群己權界論)』의 종지는 완전히 개인에게 속한 권리 구역을 구분하는 것에 눈을 돌린 것이다. 이 구역 내에서 개인은 능히 정치적 권위의 간섭을 포함한 외계의 영향에 대항할 수 있다.

자아 본위는 엄복의 인권법사상의 이론적 토대이다. 엄복의 사상과 중국 전통적 윤리 법률관은 분명히 다르다. 중국 전통적 윤리 법률관의 출발점은 자아적 자존(自存), 자재(自在)가 아니라, 어떻게 남과 남의 물건을 대함으로써 자아를 타인과 타물의 의무 속에 묻히도록 하겠는가 하는 것이다. 엄복은 다음과 같이 생각하였다. 남을 대하는 것과 자아 존재는 완전히 다른 입장이다. 남을 대하는 것은 의무와 책임을 중시하는데 반해 자아 존재가 중시하는 것은 자유 권리이다. 바로 이 기본적 구별이 정치, 법률, 사회 등 방면에서 서방과 중국의 차이를 초래하였다.

---

42) 두강건, 『중국 근대 백년 인권사상』, 105쪽.
43) 두강건, 『중국 근대 백년 인권사상』, 51쪽.

이를테면 정치 방면에서 "중국에서 제일 중시하는 것은 3강이고 서방 사람들이 우선적으로 분명히 하는 것은 평등이다. 중국은 혈육을 가까이 하고 서방 사람들은 현명한 사람들을 받든다. 중국은 효로 천하를 다스리고 서방 사람들은 공적인 것으로 천하를 다스린다. 중국은 군주를 존중하지만 서방 사람들은 백성을 추켜세운다."[44] 엄복은 유가학설 중의 '중의경리(重義經利)'는 인성을 위반한 것이라고 비평하였다. 강유위의 『대동서』에 내포되어 있는 인권관은 뚜렷한 개인 본위주의 경향을 갖고 있다. 유감스러운 것은 그 사상 노선이 시종 관철되지 못하고 후기의 사상 변화와 더불어 국가 본위주의 경향이 나날이 짙어졌고, 결국 인권 독립과 자유평등의 주장을 포기하고 집권 전제를 찬성했다는 점이다.

양계초는 단체주의와 국가주의 사상 노선의 개척자이다. 그는 인권과 민권을 모두 집체주의와 국가주의 구조 속에 포함시켰다. 그 사상이 그 후 근 한 세기 동안 줄곧 인권사상 영역에서 주도적 지위를 차지했고, 심지어 때로는 독점적 지위를 차지하기도 했다.[45] 양계초는 권리사상을 강조하는 동시에 국민은 반드시 국가사상을 우선에 놓아야 하고 국가를 개인, 정부, 외족과 세계보다 높은 신성불가침의 최고 존재로 보아야 한다고 강조하였다. 그의 국가 본위주의는 비단 엄복의 개인 본위주의에 대한 부정이자, 강유위의 세계주의와 박애주의에 대한 부정이기도 하다. 양계초의 인권법사상의 애국주의 정신은 민족 생존권에 관한 그의 주장에서 뚜렷하게 표현된다. 그는 불평등조약을 폐지하고 영사재판권을 폐지하며 관세권을 회수하는 것을 모두 '생존자위권'에 대한 중국 인민의 근본적인 요구로 보았다. 그는 "그 어떤 국가든지 아직 우리의 국가생존 자위권을 승인하지 않았다면, 그 나라와 잠시 혹은 영원히 국제관계를 끊는 한이 있더라도 조약을 수정할 것이다"[46] 라고 단호하게 선고하였다.

---

44) 엄복, 「세상 변화의 절실함을 논함」, 『엄복집』 제1책, 3쪽.
45) 두강건, 『중국 근대 백년 인권사상』, 83쪽.
46) 양계초, 『계약 수정문제를 위해 우방을 경고한다』, 『음빙실합집5 · 음빙실문집11』, 106쪽.

개인 본위주의와 국가(집체) 본위주의의 충돌 경쟁 중에서 후자가 우세를 점했다. '인권'에 대한 '민권'의 배척이 바로 그 표현의 하나이다. 민권과 이권은 다른 가치 취향을 가지고 있는 두 개의 개념이다. 민권이 대표하는 것은 하나의 '군(群)'의 범주인 반면 인권은 본질적으로 '개체'의 개념이고 개인 본위주의이다. 민권이 최초로 생성된 함의는 공민이 국가권력에 참여하는 자격으로 군주 혹은 귀족의 권리에 대립하는 것으로서 근대 이래에는 의회정치로 표현되고 있다. 하지만 인권은 국가, 사회 중에서 반드시 가져야 할 개체의 기본 가치, 존중과 권리를 의미하는 것으로서 국가 권력의 경계를 확정한다.

  민권과 인권 양자 사이에 다른 가치가 있는 까닭에 문화적으로 민권은 민주주의, 민족주의, 국가주의와 쉽게 인연을 맺고 인권은 법치주의, 자유주의, 개인주의와 가까운 관계가 된다. 양자를 대비해 볼 때 이 민본과 같은 중국 본토자원의 회고는, 민권으로 하여금 더 쉽게 중국문화에 의해 용납되고 받아들여지게 하였다. 사실상, 근대 이래의 중국이 서방 헌법문화를 받아들임에 있어서 먼저 인정한 것은 민권이 아니라 인권이었다.[47] "후자(인권을 가리킴)는 하나의 개체 개념으로서 중국의 문화전통과 멀리 떨어져 있었고, 양자 사이에는 너무나 많은 거리와 엇갈림이 있었다. 하지만 민권은 하나의 '군'의 개념으로 비단 중국문화 중에서 해석이 가능했을 뿐만 아니라, 이 전통도 서방 헌정문화의 수용을 위해 일종의 문화 합법성의 외의(外衣)를 제공해 주었다."[48] 이를테면 집체주의 대표 인물인 손중산(孫中山)은 초기에는 개인의 자유와 천부인권을 찬성했으나 후기에는 집체 의의 상의 민권을 직접적인 분투 목표로 삼았고, 심지어는 개인 자유와 천부인권을 반대하기에 이르렀다. 손중산이 처음으로 제창한 '국가자유설'은 중국이 열강들의 침략을 받은 원인을 "자유가 너무 많고 단체가 없으며 저항능력이 없고 모래알처럼 흩어졌기 때문"이라고 보면서 그러므로 "개인은 너무 지나치게 자유적이어서는 안 되고 국가는 완전한 자유를

---

47) 왕인박(王人博) : 「근대의 민권과 인권 전환을 논함」, 『현대법학』 2기, 1996.
48) 왕인박(王人博) : 『헌정의 중국 길』, 78쪽.

얻어야 한다"[49]고 지적하였다. 손중산이 말한 국민이란 주로 '국민 전체'의 의미에서 한 말이고, 국민 전체는 군주 개인과 서로 대립되는 권리 주체로 간주되었다. '국민'이라는 개념이 개체적인 함의를 벗어나지 못한 까닭에 개개인 역시 국민으로 불렸다. 그렇다 보니 손중산의 집체 본위주의 경향이 갈수록 팽창되면서 후에 그는 '인민'이라는 개념을 더 많이, 더 즐겨 쓰면서 그것으로 민권주의를 해석하였다. '인민'이라는 단어는 순전히 집체 성질의 서술에 속하기에 무릇 어떤 사람이든 개개인이라면 인민이라고 부를 수 없다.[50]

## 4. 인권의 내용 - '자유' 를 핵심으로

인권의 내용 방면에서 보면 강유위 등이 이해하고 창도한 인권은 자유권과 평등권을 골자로 하고 있는데, 특히 여러 가지 자유를 핵심으로 하였다. 그 이유는 당시 서방 인권이 아직 인권의 발전 첫 단계에 처해 있었던 까닭도 있지만, 또 자유와 평등의 결핍이 바로 19세기 말 20세기 초 중국 사회에 존재하는 엄중한 인권문제였기 때문이기도 하다.

강유위는 평등과 자유는 인권의 기본 정신과 기본 내용이고 인권의 기본 특성은 권리의 평등성에 있다고 인식하였다. 강유위는 자유권을 아주 중요시했다. 그는 자유를 대동이상(大同理想)을 실현하는 토대로 보았다. 그는 "근대의 자유 학설은 확실히 세계의 평화와 번영의 토대이다"[51]라고 강조했다. 그가 말한 독립이란 '각자에게 자립, 자주, 자유가 있는 인권'[52]이었고, 독립의 핵심은 자유였다. 사람에게 자주권이 있어야 한다고 주장하는 것은 강유위 시대 수많은 사상가들의 인권에 대한 주장이었다. 인권이란 사람마다 자주권을

---

49) 손중산(孫中山) : 「삼민주의 민권주의 제2강」, 『손중산 전집』(9), 중화서국 1986, 281~282쪽.
50) 두강건, 『손중산의 인권사상』
51) 강유위, 『대동서』, 161쪽.
52) 강유위, 『대동서』, 134쪽.

누릴 수 있는 것이라고 이해한 관념은 각종 봉건 관계 속에서 해탈되기를 바라는 당시 사회상의 보편적인 요구를 반영하였다. 기본 인권 범주 속에서 강유위가 제일 많이 논술한 것 역시 인신의 자유권이었다. 그가 그토록 인신자유권에 관심을 돌린 것은 당시 인신권 문제가 긴박했음을 말해주고 있다. 인신자유 방면에서 그는 청나라 황제에게 글을 올려 여성의 전족을 폐지하고, 각종 인신권 노역 현상을 규탄할 것을 요구하면서 엄격하게 법률 절차에 따라 일을 처리하고 비법적인 구금과 고문을 엄격하게 금지해야 한다고 주장한 적이 있다. 강유위는 만년의 저술 중에서도 국민당 정부와 지방 군벌들이 제멋대로 공민의 인신자유를 침범한 현상을 폭로하고 비판 했다. 강유위는 사상언론의 자유를 적극적으로 주장하면서 국가 정부는 당연히 인민의 것이어야 하고 인민은 국가 정부의 정책을 비판하고 반대할 권리가 있으며 만약 서로 다른 정치적 견해를 반역으로 취급하거나 심지어는 처벌하면서 나라를 세우는 것은 대다수 사람을 위해서라는 종지에 완전히 위배되는 것이라고 생각하였다. 그는 "현대 공화체제 국가에서 사람은 모두 자유와 인권을 가지고 있고 각종 정치, 문화 등 권리를 충분히 발휘할 수 있다. 반역부도(叛逆不道)와 같은 어휘는 전제국가에서 인민의 사상을 압박하는 데 쓰는 것이지 공화체제 국가에서는 나타나면 안 되는 것들이다"[53]라고 지적하였다. 강유위는 사람마다 자기 마음속의 생각을 의논하는 것을 찬성하였고, 지나친 언론이라 하더라도 당연히 그 존재를 허용해야 한다고 주장하였다. 강유위는 재산권 역시 천부인권으로 보았다. 그는 서로 다른 시기, 서로 다른 정도에서 각각 집회의 자유, 결사의 자유, 선거의 자유, 이사(遷徙)의 자유, 법률 앞에서 사람마다 평등할 자유, 신앙자유, 신문자유, 학술자유 등을 창도했다.

양계초는 생명과 자유를 사람의 두 가지 기본 요소로 보면서 "둘 중 하나가 결여되면 사람이 아니다"[54]고 하였다. 그는 『신민설 자유론』에서 "자유라는 것은 천하의 공리이고

---

53) 강유위, 『강유위 정론집』, 1122쪽.
54) 양계초, 『10종덕성상반상성의 자유와 제재(十種德性相反相成義 自由與制裁)』, 『음빙실합집1·음빙실문집5』, 45쪽.

일생에서 반드시 갖춰야 하는 것으로서 그것이 적용되지 않는 곳이 없다"라고 반복적으로 강조했다.

이는 자유인권에 대한 양계초의 열정적인 추구와 무한한 동경을 충분히 보여주었다. 그는 또 『신민설 권리사상론』에서 자유 권리의 정신을 '형이상(形而上)'의 존재로 보고 육체 생명을 '형이하(形而下)'의 존재로 보면서 이 두 가지 형식의 존재는 불가분한 것이고 상호 의존하지만 '형이상'은 '형이하'보다 높다고 생각하였다. 강유위, 양계초 등은 참정권에 대해서도 아주 중요하게 생각했다. 양계초는 인민이 참정권을 갖는 것은 당연한 권리라고 명확히 지적하였다. 그는 참정권을 기본 자유 권리의 중요한 조성부분으로 보았다.

그는 『신민설 · 자유론』에서 자유를 정치자유, 종교자유, 민족자유와 생계자유 이렇게 네 가지 유형으로 나누었다. 그는 정치자유는 당시 중국에서 제일 급히 필요한 것으로 정치자유 중에서도 '참정문제'는 또 '중국에서 제일 요긴한 것' 중의 하나라고 인정하면서 참정자유권을 기본자유권의 중요한 내용으로 간주하였다. 양계초는 또 저항권 사상을 명확하게 제시하였다. 그의 저항권 주장은 유가의 저항권사상의 영향을 받았다.

유가는 세계적으로 제일 처음 저항권 문제를 제시하였다. 유가가 창도한 저항권 형식은 여러 가지 종류였다. 그중에는 폭정, 폭군을 위한 봉사를 거절하는 것, 자유롭게 출국하여 폭정, 폭군을 멀리 하는 것, 군주와 견해를 달리하거나 저항하여 정부를 바꾸는 것, 폭군을 징벌하는 것과 같이 격렬한 혁명적 행동[55] 등이 포함된다. 양계초는 유가의 이 저항노선에 따라 한발 더 나아가 저항권 주장을 제시하면서 "만약 국가에 걸주(桀紂)와 같은 폭군이 나타나서 대권을 남용하고 제멋대로 난폭하게 헌법을 짓밟는다면 어떻게 해야 하는가? 만약 국가에 환령(桓靈)와 같은 나약한 군주가 나타나서 대권을 남의 손에 넘겨주고 간웅(奸雄)에 의해 조정이 유지되고 헌법이 짓밟힌다면 또 어떻게 해야 하는가?"[56]라고

---

55) 유학의 저항권 사상의 상세한 정황은 건의 『신인학 유가사상과 인권헌정(新仁學 儒家思想與人權憲政)』, 홍콩경사기획출판사, 193쪽.

56) 양계초, 『입헌법의』, 『음빙실합집1 · 음빙실문집5』, 2쪽.

했다. 엄복은 자유를 아주 중시하고 강조하면서 자유를 신성불가침의 존재로 간주하였다. 그는 중국과 서방의 민풍이 다른 까닭은 국가 안에서 사람의 지위가 각기 다른데 서방 국가 사람들은 자유적이나 중국인들은 자유롭지 못한 때문이라고 지적하면서 다음과 같이 밝혔다. "중국은 '진 나라 이후 … 모두 백성을 노예나 포로처럼 대하고' 사람으로서의 권리를 박탈했다. 국가가 '백성을 노예나 포로처럼' 대하자 오랜 시간이 지나면서 '백성 역시 스스로 노예나 포로처럼' 대하면서 점차 독립 자유 의식을 잃게 되었다." 하나의 개체가 독립된 인간이 아니고 사회의 주체가 되지 못하면, 국가의 이익을 자기의 이익으로 간주하지 못하게 되고 사회와 국가에 책임을 지는 내적 동력이 부족해진다. 하지만 서방국가는 '자유'를 숭배하고 개성을 발전시키기 때문에 모두가 자주, 자존의 관념을 갖추게 되어 주인의식이 생기고 국가의 이익을 자기의 이익으로 간주하게 된다. 엄복은 개인의 자유 획득을 매우 강조하였다. 그는 다음과 같이 생각하였다.

"국가가 인민의 이익을 도모하려면 반드시 인민이 스스로 자기의 이익을 도모하게 하는 것에서부터 시작해야 하고, 인민이 스스로 자신의 이익을 도모하게 하자면 반드시 자유 권리를 가지게 하는 것에서부터 시작해야 하며, 인민이 자유를 가지게 하려면 반드시 인민의 자치제도에서부터 시작해야 한다."[57] 체용(体用)문제에서 엄복은 지역과 국가의 경계선을 초월하여 "중국의 학문을 본체로 하고, 서양의 학문을 응용하는 것"을 반대하고 "중국의 학설은 자신의 본체와 작용이 있고 서방의 학설도 자신의 본체와 작용이 있으므로 자유를 본체로 하고 민주를 응용해야 한다"고 하면서 민주는 정치 영역에서 일종의 자유의 표현[58]이라고 주장했다. 그의 자유관의 기본 정신은 바로 사람은 '자연도태(物競天擇)'의 원칙 하에서 자유롭게 경쟁하여 매 개체가 경쟁을 통하여 '자유'에 이르러야 한다는 것이다. 엄복은 인신자유권의 보장을 제창했고 형벌을 줄일 것을 주장했으며, 언론의 자유, 학문의

---

57) 엄복, 「원강(原强)」, 『엄후관문집(嚴侯官文集)』, 광서 29년(1903년), 작신역서국, 54쪽.
58) 두강건, 『중국 근대 백년 인권사상』, 56쪽.

자유, 사상표현의 자유 및 일반 행위의 자유를 제창했다.


## 5. 인권 - 구국과 부강의 도구


이택후(李澤厚)는 근대 중국에 대하여 "국가를 멸망의 위기로부터 구하는 것이 계몽보다 더 중요하다"는 결론을 내렸다. J. 그리더는 다음과 같이 말했다. 자유주의가 중국에서 실패한 까닭은 "당시 중국이 바야흐로 혼란 속에 처해있었던 것에 반해 자유주의가 필요로 하는 것은 질서이기 때문이다. 자유주의 실패는 자유주의가 당연히 갖춰야 할 공동가치 표준이 중국에는 존재하지 않았고 자유주의가 또 이런 유형의 가치 준칙을 발생시킬만한 그 어떤 수단도 제공하지 못했기 때문이며 자유주의는 사람으로 하여금 응당 이성으로 생활할 것을 요구하는 것에 반해 중국인의 생활은 무력으로 인해 만들어졌기 때문이었다. 간단히 말하면 중국에서의 자유주의의 실패는 중국인의 생활이 폭력과 혁명 속에 파묻혔는데 반해 자유주의가 폭력과 혁명의 중대한 문제를 위해 그 어떤 답안도 제공하지 못한 것에서 비롯된 것이다."[59] 근대 중국에 있어서 아편전쟁으로부터 시작하여 민족이익과 국가이익은 시종 근대 중국 지식인들의 사유 불변의 좌표였다. 서방에서 개인권리, 개인가치로 간주되었던 '인권'이 중국에 들어온 후 집체본위와 국가본위의 권리개념으로 전환되었을 뿐만 아니라 구국과 부강의 도구로 이해되었다.

이를테면 엄복은 '자유'를 높이 부르짖었다. 그는 분명 자유의 정수를 깨닫고 자유는 자기가 하려고 하는 일을 하고 타인에게 방해를 주지 않는 전제라는 것을 인식하였다. 하지만 그가 자유를 제창한 더 깊은 동기는 오히려 국가의 부강 때문이었다. 그렇다 보니 자유에 대한 그의 주장에는 사람들이 흔히 말하는 '잘못된 이해(誤讀)'가 나타났다. 그는

---

59) J. 그리더, 『호적과 중국의 문예부흥』, 루치이(魯奇)역, 쟝쑤인민출판사, 1993, 378쪽.

국가의 부강은 "반드시 백성이 각자 스스로 이익을 도모하는 것으로부터 시작해야 하고 백성이 스스로 자기 이익을 도모하는 것은 반드시 모두 자유를 얻는 것으로부터 시작해야 한다"고 말했다. '자유'는 '백성이 스스로 이익을 도모하는'의 도구이고 '백성이 스스로 이익을 도모하는 것'은 또 '국가부강'의 도구라는 것이다. 엄복이 "순수하게 사실을 말하고 진리를 구해야 한다"는 언론자유를 제창한 목적 역시 언론자유로 백성의 지혜를 개발하고 백성의 덕(德)을 증강시킴으로써 국가의 부강에 유리하게 하려는 데에 있었다.[60] 엄복의 사상도 비록 '군(群)', '사회', '국가'의 권력 설정(胡適與中國的文藝復興)의 경계를 강조하긴 했지만, 소수인의 자유와 국가의 이익 사이에 모순이 생겼을 경우 개인의 자유는 반드시 국가의 이익에 양보해야 한다고 주장하였다. 그는 열강들이 호시탐탐 엿보는 대 배경 속에서 제일 시급히 쟁취해야 할 것은 "국가와 집체의 자유"이지 결코 "개개인의 자유"가 아니라고 하면서 "개인의 자유 권리는 결코 현재의 급선무가 아니라 당연히 단결된 힘으로 외래의 침략에 저항하고 나라의 독립을 보장해야 한다. 그렇기 때문에 지금 가장 필요한 것은 국가의 전체 국민의 자유 권리이지 개인의 자유 권리가 아니다"[61]라고 주장했다.

신해혁명 승리의 열매가 절취당해 짓밟히고 민주공화가 요절된 후, 엄복은 "목전의 급선무는 개인의 자유 권리가 아니라 모든 사람이 자유와 권리를 줄이는 대가로 국가의 이익과 대중을 이롭게 하는 것을 신념으로 삼는 것이다"[62]라는 것을 굳게 믿었다. 나중에 엄복은 '이국선군(利國善郡)'을 위하여 개인자유에 대한 추구를 포기한 채 봉건 황제권력의 수호자가 되었다. 양계초가 주장한 인권은 결국 그의 애국주의에 복종하였다. 그는 "나의 중심사상은 무엇인가? 애국이다. 나의 일관적 주장은 무엇인가? 나라에 충성하는 것"이라고 말했다. 수많은 사람들이 민족주의의 입장에서 인권을 받아들이고 긍정했다. 양계초와 엄복은 모두 일찍이 자신의 언론과 저작에서 민주는 민족독립, 국가부강에 없어서는 안 될

---

60) 엄복, 『군기권계론 역범예』, 제4쪽 참고.
61) 『엄복집』 제5책, 1298쪽, 제4책, 985쪽.
62) 『엄복집』 제2책, 337쪽

조건이라고 강조했었다. 신해혁명 이전의 혁명파들도 이런 시각으로 민주를 이해하였다.

추용(鄒容)은 1903년에 『혁명군』에서 서방의 민주사상은 중국이 '기사회생 할 수 있는 영약'이라고 강조하였다. '민주건국'은 자유, 평등의 가치 원칙으로부터 출발한 것이 아니라 군체의 잠재력을 발휘하여 정치 통일에 이르는 각도에서 고려한 것이다. 의회를 개설하는 것 역시 국가부강을 위한 것이었다. 양계초는 "서양 각국에 무엇으로 강해졌는가 하고 묻는다면 그 대답은 의회라고 할 것"이라고 단언했다. 인권의 가치는 개인의 자유와 개성의 해방을 강조하는 것에 있다. 그런데 근대 중국의 지식인들은 인권을 이식하고 받아들임에 있어서 개인 자유와 평등을 위해 싸우기 보다는 자유를 봉건사회를 타격하는 무리라는 점을 더 강조하면서 개인 권리에 대한 불가침적 관념의 내용에 아주 적게 관여하거나, 혹은 민족위기의 입장에서 벗어나서 군체(조직, 국가)의 자유를 위해 혁명을 해야 한다는 점을 더 강조하였다.[63] 중국이 가난과 쇠약에서 벗어나서 부강을 실현하려는 것은 그 시기 진보적 지식인들이 오매불망 그리던 주제였다.

강유위, 양계초 등 근대 중국의 첫 인권사상가들은 중국 근대 인권관념의 형성에 대하여 창조적이고 위대한, 잊을 수 없는 공헌을 하였다. 그들의 인권사상은 근 백 년 동안의 중국 인권사상의 축이다. 중국 인권사상의 여러 가지 곤혹스러움과 매듭은 그들의 저작에서, 특히 그들의 집체주의 혹은 국가주의 인권관의 사상에서 찾을 수 있다.[64]

---

63) 마진초(馬振超), 「인권 관념에 대한 근대 중국의 인식과 해독」, 『북경과학기술대학학보(사회과학판)』 1기, 2005.
64) 두강건, 『중국 근대 백년 인권사상』, 33쪽.

신문화운동 전 후 '인권' 개념의 발전

이끄는 말 : 신문화운동이 수립한 '인권'의 기치

'인권'에 대한 부르짖음은 신문화운동의 중요한 내용이었다. 신문화운동 전후 10여 년 동안[65] 사회형세가 부단히 변화하고 서방의 신사상이 끊임없이 흘러들어 오면서 진독수(陳獨秀) 등을 대표로 하는 사상가들의 인권사상에도 계속해서 변화가 발생하였다. 신문화운동이 막 시작되었을 때, '인권'이란 구호는 우렁차게 울려 퍼졌다. 1915년에 진독수는 『신청년』 잡지를 위해 「청년들에게 알리는 글」[66]이라는 창간사를 썼는데 거기에 '인권'이라는 단어가 세 번 나온다. 글에서 진독수는 인권을 "모든 사람은 모두 자기의 자유 권리를 가지고 있다. 자기가 가지고 있는 천부인권을 포기하면 개인의 독립평등의 인격은 조금도 남지 않고 모조리 없어질 것이다"라고 해석하였고, 유럽의 '해방역사'를 예를 들어 설명할 때, "자유인권의 학설이 광범위하게 전파되면 혈기가 있는 사람은 노예로 전락되는 치욕을 결코 받아들일 수 없게 된다"라고 했다. 그리고 '과학'의 기능을 해석할 때, "근대 유럽의 발전은 비교적 빠르다. 발달한 과학기술은 인권학설의 아래에서 그 작용을 발휘한 것이 아니다. 사물의 두 바퀴처럼 국민들이 몽매한

---

65) 국내 학술계에서는 일반적으로 신문화운동은 1915년(혹은 1917년)에 시작되어 20년대에 끝났으며 1919년을 전후 단계의 분기점으로 한다고 인정하고 있다. 미국학자 그리더는 『지식인과 현대 중국(知識分子與現代中國)』(단정평(單正平) 역)이라는 책에서 신문화운동의 시작과 끝에 대해 명확하게 경계를 정했다. 그는 신문화운동의 전후는 대략 12년인데 1915년부터 1927년 사이(제235, 236쪽)라고 인정했다. 1917년에 『신청년』 잡지가 창간되었다. 1919의 5 4운동은 신문화운동의 최고 사건이었다.

66) 『청년잡지(靑年雜志)』 제1권 제1호(민국 4년(1915년) 9월 15일 발행) 참고.

시대에서 벗어나 낙후한 민족이 된 것에 수치를 느끼려면 반드시 떨쳐버리고 일어나서 바싹 따라잡아야 하며, 아울러 반드시 과학과 인권을 함께 중요시해야 한다"라고 했다. 신문화운동 전기에 진독수를 대표로 하는 급진 민주주의자들은 개인 본위를 주창하면서 자유와 평등을 강력히 주장했다. 그들이 명백히 밝힌 인권은 서방의 17, 18 세기 최초의 인권과 일맥상통한다. 신문화운동 후기에 이르러 서방의 두 번째 인권이 흥성하고 마르크스주의 신사조가 쏟아져 들어오면서 진독수, 이대쇠(李大釗) 등의 인권사상에 점차 변화가 발생하였고, '인권' 개념에 새로운 내용이 주입되었다.

## 1. 인권의 추체 (1) — 개체인(個體人)

개체의 가치를 부정하는 것은 중국 봉건 윤리관의 핵심이다. 노신(魯迅)은 "중국인들은 지금까지 '사람'으로서의 자격을 쟁취하려 하지 않았고 기껏해야 노예에 불과했다"라고 지적한 적이 있다. 엄복은 근대 중국의 개인 본위의 인권관을 개척하였다. 이 사상노선은 신문화운동 때, 진독수 등에 의해 계승되고 발전되었다. 개인의 해방을 공개적으로 제창하고 '사람의 개성을 존중하고 사람의 정신을 발양해야'하고 개인의 존엄과 가치를 확립한 것은 신문화운동의 중요한 성과가 되었다.

신문화운동의 중요 공헌 중 하나가 바로 '개체인'을 인식하고 상세히 해석한 것에 있다. 지식인들은 개성의 해방을 제창하고 봉건관념적인 여러 가지 속박과 압박에서 벗어날 것을 요구하고 인권의 복귀를 부르짖으면서, 개인이 독립적인 인격과 존엄을 얻고 인신의 자유, 정치권리, 경제 독립과 자유를 얻게 함으로써, 개인의 재능과 지혜를 충분히 발휘하게 하고 정당한 개인의 이익을 추구할 것 등을 요구했다.

진독수는 중국 인권주의에 있어 1호 인물로 불린다. 현대중국의 '인권주의' 시발은 진독수가 제일 처음 제시했다. 그는 "사상언론의 자유는 개성의 발전을 도모해야 한다. 법률 앞에 개인의 평등이 있다. 개인의 자유 권리를 헌법에 넣고 국가가 그 권리를 박탈하지 못하게 하는 것이 이른바 인권이다"[67]라고 말했다. 1915년 『청년잡지』가 창간되면서부터 시작하여 진독수의 인권사상은 나라에 대한 사랑에서 헌정과 권리에 대한 사랑으로, 제국주의를 반대하던 것에서부터 봉건주의를 반대하는 것으로, 그리고 이기주의와 개인본위주의를 제창하기에 이르기까지 점차 성숙하는 방향으로 나아갔다. 그의 인권사상의 성숙은 각종 요소의 대립과 모순 속에서 완성되었다. 그중 자리(自利)주의, 이타주의, 유심주의, 개인주의, 집체주의, 국가주의, 사회주의 등 당시 나타날 수 있었던 각종 가치 주장은 모두 그의 인권사상에서 일정한 위치를 찾을 수 있었다. 그의 인권이론의 기본관념은 분명하게 알 수 있는데, 그것은 바로 개인 본위주의 인권관이다.[68] 진독수는 엄복 이래의 개인 본위주의 인권이론을 풍부히 하고 발전시켰다. 그의 인권 관점과 주장은 오늘까지도 여전히 중요한 역사적 가치를 지니고 있다. 진독수는 "법률상의 평등인권, 윤리상의 독립인권, 학술상의 미신타파와 사상자유, 이 세 가지는 유럽문명이 진화한 근본 원인"이라고 지적하면서 "천부인권, 사람마다 자유평등과 같은 윤리의 각오는 우리가 각성해야 할 최후의 각오"[69]라고 강력히 주장하였다. 진독수는 인간의 해방과 자주, 자유, 독립과 평등은 당연히 인권의 기본 특성이 되어야 하는데, 그런 특성이 체현하는 사상은 바로 개인본위여야 한다고 분명하게 호소하면서 인간에게는 각자 자주 권리가 있기에 자신을 본위로 하지 않는다면 개인 독립 평등의 인권은 소멸되어 존재하지 않게 된다[70]고 하였다. 그는 "인권은 사람이 태어나면서부터 가지고 있는 것이다. 사람은 모두 어떤 차별도 없다. 이것은 개인 자유주의 정신이다"[71]라고 표명하였다. 진독수는 인권을 파괴하는 중국전통의 여러 가지 현상에 대하여 "근대의 좋은 방향으로의 변화

---

67) 진독수, 「동서 민족 근본사상의 차이(東西民族根本思想之差異)」, 『청년잡지』
　　제1권 제4호(1915년 12월 25일).
68) 두강건, 『중국 근대 백년 인권사상』, 115쪽.
69) 진독수, 「우리의 최후 각오(吾人最後之覺悟)」, 『신청년』 제1권 제6호, (1916년 2월 15일).
70) 진독수, 「청년들에게 알리는 글」.
71) 진독수, 「동서 민족 근본사상의 차이」, 『청년잡지』 제1권 제4호(1915년 12월 25일).

추세는 개인본위주의로 가족본위주의를 대체하는 것에서부터 시작되었다"[72]라고 명확히 지적하였다. 인권에 대한 진독수의 이해는 아주 투철했다고 말할 수 있다.

진독수의 개인본위 인권관은 개인과 국가의 관계에 대한 그의 탐구에서 진일보하게 인증을 받을 수 있다. 그는 "사람이 모여서 국가가 되기에 개인의 인격이 높으면 그 국가의 인격도 높고 개인의 권리가 공고해지면 그 국가의 권리 역시 공고하다"고 지적하였다. 그는 국가는 개인이 모인 것이기에 국가는 반드시 "국민의 안녕과 행복을 도모해 주는 집체가 되어야 하며 국가란 인민의 권리를 보장하고 인민의 행복을 도모해야 한다"[73]면서 개인 자유, 개성 발전, 개인 평등, 개인 본인(本因)을 강조하는 것은 진독수 개인본위주의 인권관의 기본 특징이다. 진독수는 개인본위주의를 제창함과 동시에 또 국가본위주의에 대하여 폭로하고 비판하였다. 그는 중국 봉건사회의 근본 특징을 개인본위주의와 대립하는 가족본위주의에 귀결시켰다. 그는 종법제도에는 개인의 독립자존의 인격을 훼손시키고 개인 의사의 자유를 멈추게 하며, 개인 법률상의 평등 권리를 박탈하고 개인의 생산력에 손상을 주는 등 4대 폐단이 존재하는데, 그 폐단을 모두 인권에 대한 침해라고 지적하였다. 가족본위에 대한 진독수의 비판은 아주 유효하고 유익한 것이었으나, 중국 봉건사회의 근본 특징을 가족본위주의에 귀결시킴에 있어서는 충분하지 못했다. 개인본위주의와 대립되는 것은 집체본위주의이고 가족본위주의는 단지 집체본위주의 표현중의 하나일 따름이다. 개인본위주의로 가족본위주의를 대체하는 것은 물론 필요하다. 하지만 보다 중요한 것은 개인본위주의로 집체본위주의를 대체하는 것이다. 가족본위주의는 물론 인권주의의 적이다. 하지만 큰 적은 아니다. 인권주의의 큰 적은 국가사회본위주의이다.[74]

호적(胡適)도 인권을 몹시 중시했다. 그는 1914년 1월 5일 일기에 다음과 같이 썼다. "오늘날 중국에 절박하게 필요한 것은 새롭고 신기한 학설이나 깊은 철리가 아니라

---

72) 진독수, 위의 글.
73) 진독수, 위의 글.
74) 두강건, 『중국 근대 백년 인권사상』, 118쪽.

있는 그대로 논하고 국가를 다스리는 지식을 배우는 것이다. 내가 알아본 바에 의하면 아래와 같은 세 가지 경로는 모두 국가의 진보를 추진하는 기술이다. 하나는 귀납하고 종합한 이론이고 다른 하나는 역사를 보는 안목이며 또 다른 하나는 발전의 관념이다."[75] 그렇기 때문에 그가 관심을 가지는 문제는 세 가지였다. 첫째는 서양고증학이고, 둘째는 치용철학이며, 셋째는 천부인권설의 연혁이 바로 그것이다.[76] 호적의 인권관은 명확한 '건전한 개인주의'이다. 혹은 '입센주의'라고도 불린다. 그는 1918년 6월 15일 『신청년』 제4권 제6호에 발표한 『입센주의(Ibsenism)』라는 글에서 입센을 빌어 자기의 개인주의 관념을 표현하였다. 그는 다음과 같이 썼다. "입센의 일생에는 일종의 완전히 적극적인 주장이 있다. 그는 개인은 반드시 자신의 재능을 충분히 발달시키고 반드시 충분히 자신의 개성을 발전시켜야 한다고 주장하였다. 그는 자기의 친구 George Brandes에게 보낸 한 통의 편지에 이렇게 썼다. '내가 당신에게 제일 기대하는 것은 일종의 진정하고 순수한 위아주의(爲我主義)입니다. 즉 당신더러 때론 천하에서 오직 나와 관련되는 일만 가장 중요하고 기타의 것은 별것이 아니라고 느끼게 하는 것입니다…. 당신이 사회에 유익한 일을 하고 싶다면 제일 좋은 방법은 자신을 유용한 사람으로 만드는 것입니다…. 때론 나는 전 세계가 바다에 침몰된 배로 느껴질 때가 있습니다. 그때 제일 중요한 것은 자신을 구하는 것입니다.'(『편지』제84) '이렇게 생활하자면 반드시 모든 사람들로 하여금 스스로 충분히 발전하게 해야 합니다. 이는 인류에 대한 가장 큰 공헌이고 우리 모두가 반드시 해야 할 일입니다.'(『편지』제164) 그는 사회와 개인이 상호 손상을 주는 것을 비판하면서 다음과 같이 말했다. '사회의 최대 죄악은 개인의 개성을 좌절시켜 자유발전을 하지 못하게 하는 것이다.' '사회는 독재를 제일 선호하기에 흔히 강력한 힘으로 개인의 개성(individuality)을 좌절시키고 개인의 자유 독립 정신을 압제한다. 개인의 개성이 다 소멸되고 나서 자유

75) 호적, 『호적유학일기(胡適留學日記)』 상, 안휘교육출판사, 2006, 84쪽.
76) 호적, 『호적유학일기』 상, 위의 책, 84쪽.

독립의 정신이 끝나고 나면, 사회 본신의 생기가 없어지고 진보를 할 수 없게 된다.' '개인의 개성을 발전시키려면 반드시 두 가지 조건을 구비해야 한다. 그 하나는 반드시 개인의 자유 의지가 있어야 한다는 것이고 다른 하나는 반드시 사명을 지니고 책임을 질 수 있어야 한다는 것이다.' '자치의 사회, 공화의 국가는 개인에게 자유선택권이 있게 해주어야 할 뿐만 아니라 또 개인으로 하여금 자신이 한 행위에 책임을 질 수 있도록 해야 한다. 그렇지 않으면 절대 자기 자신의 독립적 인격을 만들어 낼 수 없다. 사회, 국가에 자유 독립의 인격이 없다면 그것은 술에 향이 없고 빵에 효소가 없으며 사람에게 두뇌가 없는 것과 같은 것으로, 그런 사회와 국가는 좋은 방면으로 진보를 할 희망이 없다."[77] 호적은 신문화운동의 의의를 '일체 가치를 다시 평가'[78]한 것에 귀결시키면서 신문화운동과 유럽 르네상스의 유사한 점의 하나는 바로 사람을 중시하고 사람의 가치를 다시 발견함으로써 신문화운동이 능히 "개인이 머리를 들고 자신의 독립적 인권을 주재하고 자신의 권리와 자유를 수호할 수 있기를"[79] 간절히 기대했다는 점이라고 인정했다.

호적은 '개인'이라는 개념에는 당연히 남자와 여자가 포함되어야 한다고 생각하였다. 호적은 미국여성들이 상당히 강한 개인의식, 권리의식, 참정의식과 사교능력을 가지고 적극적으로 사회활동에 참여하여 여성의 정치 권리를 쟁취한다는 것을 알아냈다.[80] 그는 유럽의 여성들은 이미 독립인격의 참뜻, 즉 오직 인격의 독립 개체여야만 비로소 자유인이라고 부를 수 있고 비로소 사회에 기여를 할 수 있는 사람이 될 수 있다는 것을 터득했다고 인정했다. 호적은 오직 여성의 개인의식이 각성하면 멀지 않은 장래에 여성들이 사회에서 무시할 수 없는 중요한 역량이 될 것이라고 대담하게 예언하였다.[81]

---

77) 호적, 『입센주의』, 『신청년』 제4권 제6호, 1918년 6월 15일.
78) 호적, 『신사조의 의의(新思潮的意義)』, 오우양 저썽(歐陽哲生) 편 『호적 문집』 (2), 북경대학출판사, 1998, 327쪽.
79) 호적, 『호적 구술 자전(胡適口述自傳)』, 탕 더강(唐德剛) 역, 화문출판사, 1989, 191~193쪽.
80) 호적, 『호적 유학일기』, 하이난출판사, 1994, 171~173, 191쪽.
81) 호적, 『호적 유학일기』, 88쪽.

1918년부터 시작하여 호적은 『정조문제(貞操問題)』, 『리차오전(李超傳)』, 『미국의 부인』, 『대학에서 여자 금지를 해제하는 문제(大學開女禁的問題)』, 『여성해방은 어디로부터 해야 하는가(女性解放從哪里做起)』, 『나라(娜拉)』, 『종신대사』 등 일련의 글에서 여자에 대한 봉건예교의 잔혹한 박해를 맹렬히 비판했고 여성해방을 적극 제창했으며 부녀들은 남성과 똑같이 독립적 인격을 가져야 하고, 당연히 평등하게 권리를 향수해야 하지 남성의 부속물이 되어서는 안 되며 여성에게는 자신의 의지에 의해 혼인을 선택할 수 있는 자유가 있어야 한다고 주장했다. 그리고 그는 여자는 당연히 남자들처럼 현대적 교육을 받아야 한다면서 여자들은 비단 새로운 과학지식을 배워야 할 뿐만 아니라, 사회에서 인간이 되는 방식과 방법도 배울 것을 제창했다. 신문화운동의 창도 하에 북경대학은 1920년부터 여자 청강생을 모집하였고 얼마 지나지 않아 중국의 첫 여성이 북경대학 강단에 섰다.

이대쇠(李大釗) 등도 여성의 인권주의적 지위에 대단한 관심을 가졌다. 이대쇠는 "현대 유럽의 Democracy는 여전히 진정한 Democracy가 아니다. 왜냐하면 그들의 모든 입법, 언론, 사상은 모두 여전히 남자를 본위로 하고 인구의 절반인 여자의 이해관계에 대하여 그들은 관심을 가지지 않기 때문이다"[82]라고 비평하였다. 그는 각 계층의 부녀들이 연합하여 일어나 인권을 쟁취하는 운동에 참여할 것을 호소하였고 법률이 여성의 '정치 권리'와 '사회 권리'를 확실하게 보장해 줄 것을 요구하였다.


## 2. 인권의 추체 (2) - 사회인

'사람'을 어떻게 인식하는가 하는 것은 '인권'을 어떻게 인식하는가를 본질적으로 결정한다. 신문화운동 시기에 서방의 사회주의사조가 흥기하기 시작하였다. 호적은

---

82) 이대쇠(李大釗), 『부녀해방과 Democracy』, 『이대쇠 전집』 제3권, 인민출판사, 2006, 69.

1914년의 일기에 이렇게 썼다. "오늘날 서방 정치학설의 취향을 살펴보면 방임주의(Laissez faire)가 간섭주의를 지향하고 개인주의가 사회주의를 지향한다."[83] 서방 사회주의사상의 동방으로의 전파는 '사람'에 대한 당시 지식인들의 인식이 17, 18세기 서방의 독립적 '원자식' 개체 발전에서 재빨리 20세기 초의 '사회인'으로 발전하는 데 영향을 주었다.

사회주의 사조의 흥기와 '사회인' 개념의 전환이 신문화운동시기의 '인권'개념에 준 큰 영향은 개인 본위의 인권개념이 사회주의 '인권'개념으로 전환한 것으로써 표현된다. 예를 들면 고일함(高一涵)은 다음과 같이 주장했다. "사회의 진보와 공공생활의 발달과 더불어 공공생활중의 개인은 결코 개인적 개인이 아니라 사회적 개인이다. 그렇기 때문에 국가는 야간경비원일 뿐만 아니라 재판관으로 개인과 사회 간의 관계를 조절하게 된다. 이 인식은 일종의 적극적인 국가관을 표현한 것이다."[84] 진독수가 창도한 인권 역시 공상(空想)사회주의자 바뵈프(Franois Emile Babeuf, 1760 ~ 1797), 생시몽(Saint Simon, 1760- 1825), 푸리에(Franois Marie Fourier, 1772 ~ 1837) 등의 영향을 받아 정치평등을 주장하던 것에서부터 사회평등을 주장하였고, 인권과 사회주의학설을 상호 결합하여 사유권제도를 폐지할 것을 주장했다. 진독수의 인권사상은 세 개의 발전단계를 거쳤다. 첫 번째는 과학과 인권을 선전하고 개인 본위의 인권을 추구하는 단계이고, 다음은 사회주의 인권을 추구하면서 계급투쟁과 독재를 고취하는 단계이며, 마지막은 다시 '인권자유주의'를 부르짖던 『신청년』식의 사상경계로 돌아가서 인권민주운동을 창도하고 진짜 사회주의 이론과 실천 상에서 모두 반드시 인권자유를 존중하는 사회주의를 인정하는 단계였다. 진독수는 중국에서 최초로 사회주의적 인권주의 정신을 인식한 공산당이었다.[85]

개인주의에 대한 이대쇠의 인식 발전과정 역시 대체로 세 단계로 나눌 수 있다. 1918년 이전에 그는 개인주의를 강력히 소개하고 선전했고 개성의 해방, 개인의 자유와 독립의

---

83) 호적, 『호적유학일기』 상, 265쪽.
84) 고일함(高一涵), 『정치학강요』, 신주국광사, 1941, 126쪽.
85) 두강건, 『중국 근대 백년 인권사상』, 122쪽.

자유적 인격을 창도했다. 1919년과 1920년에 이대쇠는 점차 마르크스주의관을 확립했다. 이 시기 그는 주로 경제학설사의 시각에서 출발하여 개인주의를 인식하였다. 1921년에 이대쇠는 『자유와 질서라는 글을 발표하여 개인주의와 사회주의를 결합시켰다. 이 글에서 그는 개인과 사회의 불가분의 연계로부터 얻어낸 결론으로 "인과 사회는 결코 충돌되는 것이 아니고 개인주의와 사회주의 역시 결코 모순되는 것이 아니다"라고 명확히 지적하였다. 이대쇠는 '합리적 개인주의'와 '합리적 사회주의'를 주장하고 사회질서를 무시하는 극단적 개인주의와 개인의 자유를 돌보지 않는 극단적 사회주의를 반대하면서 극단적 개인주의도 해로운 것이거니와 극단적 사회주의 역시 해로운 것이라고 주장하였다. 그는 "진정한 합리적 개인주의는 사회질서를 돌보지 않는 것이 아니며 진정한 합리적 사회주의는 개인의 자유를 돌보지 않는 것이 아니다"[86]라고 하였다. 이 토대 위에서 그는 경제사회의 권리, 특히 노동자의 권리의 창도를 요구하였고, "이후의 경제학은 노동을 본위로 하고 노동자를 본위로 해야 한다"고 제시하였으며 '개인주의가 사회주의, 인도주의로 과도'[87]하는 것에 찬성하였다.


## 3. 인권의 내용 (1) - 사상  언론의 자유를 창도

인간의 해방은 우선 정신적 해방이고, 정신적 해방은 반드시 사상  언론의 자유를 요구하게 된다. 사상  언론의 자유는 신문화운동시기에 지식인들이 끈질기게 추구하고 그들이 소중하게 여긴 '인권'에 대한 주요 내용이었다.

진독수는 사상  언론의 자유에 대하여 심각한 인식을 가지고 있었다. 그는 사상  언론의

---

86) 이대쇠, 「자유와 질서」, 『이대쇠전집』 제3권, 253쪽.
87) 이대쇠, 「나의 마르크스주의관(我的馬克思主義觀)」, 『이대쇠전집』 제2권, 253쪽.

자유를 '문명의 진화에 있어서 가장 중요한 조건' [88]으로 보았다. 진독수가 주장한 언론의 자유는 법률의 제한을 받지 않는 언론의 자유였다. 그는 언론의 자유는 무엇보다도 먼저 법률 명문을 비평하고 반항하는 언론의 자유여야 하며, 만약 언론이 현행 법률을 반대할 수 없다면 자유도 없다고 주장하였다. 진독수는 「법률과 언론 자유」라는 글에서 법률은 오직 인민의 행위만을 구속해야지 인민의 언론마저 구속해서는 안 된다고 하면서 언론은 현행 법률을 뛰어 넘은 절대적 자유가 있어야 비로소 현행 법률의 결함을 발견해 낼 수 있지, 그렇지 않으면 현재보다 더 훌륭한 법률을 창조해 낼 수 없다고 분명하게 지적하였다. 그는 사상 자체는 죄악이 없다고 말할 수 있다고 하면서, "새로운 것이든 낡은 것이든 그 어떤 사상을 막론하고 그 자체는 어떤 죄악도 없다. 하지만 만약 정부의 권세에 이용되어 자신과 다른 신사조를 압박한다면 그것은 고금중외(古今中外)의 낡은 사상가의 죄악이고 그들이 여태껏 실패한 근원이기도 하다" [89]고 생각하였다.

진독수는 다음과 같이 생각하였다. 언론 자유의 핵심은 정치 언론의 자유이며 정치 언론의 자유는 무엇보다도 먼저 정부를 반대하고 법률을 반대하는 언론의 자유이다. 만약 정부와 법률에 대하여 비평과 반대의 의견을 내놓을 수 없다면 그것은 언론의 자유라고 할 수 없다. "민중의 한 사람이 정부 혹은 정부 중의 누구를 반대하는 발언을 했다고 하여 유죄라고 하는 것과 같은 일은 주려왕(周厲王)시기에 감방지무(監謗之巫)가 있었고 진시황시기에 항의지금(巷議之禁), 우어지형(偶語之刑)이 있었으며, 한무제(漢武帝) 시기에는 복비지죄(腹誹之罪)가 있었다. 그 시기에는 지금과 같은 언론자유가 근본적으로 없었다. 20세기의 민주공화국에서는 이러한 현상이 있어서는 안 된다." [90] 언론의 자유에는 비단 정치 언론 자유가 포함될 뿐만 아니라 기타 언론 자유도 포함된다. 기타 언론의 자유 중에서 진독수는 중국 사회에 거짓말, 빈말이 유행하는 폐단을 지적하며 솔직한 말을 할 수

---

88) 진독수, 「구당의 죄악(舊黨的罪惡)」, 『진독수저작선』 제1권, 상해인민출판사, 1993, 493쪽.
89) 진독수, 「구당의 죄악」, 『진독수저작선』 제1권, 494쪽.
90) 진독수, 「변소장(辯訴狀)」, 『진독수저작선』 제3권, 320쪽.

있는 자유를 주장하였다. 그는 "개인이 솔직한 말을 하지 않는 것은 큰일이 아니다. 하지만 정부가 솔직한 말을 하지 못하게 하는 것은 이미 심각한 수위에 이르렀다. 사회가 사람들의 솔직한 말을 허용하지 않는다면 상황이 더 악화 된다"[91]고 지적하였다. 진독수는 다음과 같이 생각하였다. 통일사상이라는 논법은 근본적으로 사상 언론 자유와 위배되는 것으로 해가 되고 실현 불가능한 환상이다. "통일사상 신앙은 근본적으로 하나의 황당무계한 환상이다."[92] 수많은 역사적 사실이 보여주듯이 사상은 통일이 되지 말아야 할 뿐만 아니라 실제상 통일이 될 수도 없는 것이다. 진독수는 마르크스주의를 믿었지만 그것으로 사람들의 사상을 통일해야 한다고 주장하지 않고 서로 다른 사상 신앙은 충분한 언론의 자유를 통하여 경쟁할 것을 제창하였다.

신문화운동시기에 사상 언론의 자유에 대한 관심은 당시 수많은 학자들의 사상에 모두 표현되었다. 이를테면 고일함(高一涵)은 「공화국가와 청년의 자각(共和國家與青年之自覺)」이라는 글에서, 여론과 언론 자유의 중요성을 매우 강조하면서 "도덕 의 근거는 천성에 있고 천성의 발전은 자유에 의지하며 자유의 표현은 여론이다"라고 하였다. 고일함은 "첫째는 소수의견과 독립적인 다른 의견을 수렴하는 아량이 있어야만 하지 대다수의 집단의 힘으로 다른 의견과 주장을 말살해서는 안 된다. 둘째, 일부 구체적인 일을 토론하는 중에 반드시 여러 사람들의 충분한 변론과 분석을 집중시켜야 하지 사물의 본질을 위반하고 대다수의 의견에 따라서는 안 된다. 그렇지 않으면 사물의 본질적 진리를 말살하게 된다. 셋째, 모든 의견과 주장은 반드시 보편적으로 공인하는 공리를 표준으로 하고 보편적인 진리를 주로 참고해야 하지 일반적 개인의 좋고 그름에 의해 판단해서는 안 된다'[93]라고 지적하였다.

---

91) 진독수, 「솔직한 말을 하자」, 『진독수저작선』 제3권, 496쪽.
92) 진독수, 「각 당파는 어떻게 단결을 공고히 해야 하는가(各黨派應如何鞏固團結)」, 『진독수저작선』 제3권, 472쪽.
93) 고일함, 「공화국가와 청년의 자각」, 『청년잡지』 제1권 제1호.

이대쇠는 사상의 성질, 특징, 가치 및 사상 언론의 자유 등 방면으로부터 출발하여 위험한 사상도 반드시 언론의 자유가 있어야 한다는 문제를 논하였다. 사상에 위험성이 있느냐 없느냐 하는 문제를 두고 이대쇠는 사상 자체는 위험성을 갖고 있지 않으며, 사상과 관련한 위험은 사람들이 사상을 압박하는 행위라고 지적하면서 다음과 같이 말했다. "사상 자체에는 위험한 성질이 조금도 없다. 오직 사리에 밝지 못하고 허위적인 것만이 위험한 것이고 오직 사상을 금지하는 것만이 제일 위험한 행위이다."[94] 이대쇠는 다음과 같이 생각하였다. 사상과 언론의 자유는 광명과 진실로 이끄는 경로이다. 오직 사상과 언론이 충분히 자유적으로 표현될 때만이 비로소 인생이 광명과 진실의 경계에 도달할 수 있도록 보장할 수 있다. "어떠한 사상 · 언론이든지 그것의 진실이 꾸며지지 않고 충분히 드러날 수 있다면 모두 인생에 유익할 뿐 절대 해로운 점이 없다."[95] 사상 · 언론의 자유를 금지하는 것은 사람들을 우매하고 허위적으로 만드는 죄악이다. 사상 언론의 자유는 사람들이 광명과 우매, 진실과 허위를 가리는 데 유리하다. 이단사설(異端邪說)이더라도 사람들이 이해할 수 있게 해야 한다. 만약 사람들이 그것이 이단사설이라는 것을 알게 되면 자연히 믿지 않을 것이다. "가령 어느 한 학설이 확실히 이치에 어긋난다고 한다면 내가 금지할 수도 없거니와 금지할 필요도 없다. 왜냐하면 이치에 어긋난 학설은 사람들이 알게 해야 그것을 믿지 않게 되기 때문이다. 만약 그것을 감춘다면 사람들이 그것을 잘못 믿을 가능성이 크다."[96] "일종의 학설을 연구하는 것을 금지하면 사람들을 우매하게 만드는 죄악을 범하게 되고 어느 한 학설을 신앙하는 것을 금지하게 하면 사람들에게 허구적인 것을 가르치는 죄악을 범하게 된다."[97] 결국 사상의 자유 자체는 금지할 수가 없다. "사상을 금지한다는 것은 절대 불가능한 일이다. 왜냐하면 사상에는 모든 것을 초월하는 힘이 있기 때문이다.

---

94) 이대쇠, 「위험사상과 언론자유(危險思想與言論自由)」, 『이대쇠전집』 제2권, 344쪽.
95) 이대쇠, 위의 책, 345쪽.
96) 이대쇠, 위의 책, 345쪽.
97) 이대쇠, 위의 책, 345쪽.

감옥, 형벌, 고통, 빈곤, 사살까지도 사상은 그것들을 자유롭게 추월할 수 있다."[98] 사상은 절대적이고 금지할 수 없는 자유로서 초월의 힘을 갖고 있다. "당신이 아무리 금지하고 압제하고 절멸시키고 짓밟으려 해도 그것은 오히려 생존하고 발전하고 전파되고 번식한다. 사상의 본질적 힘이 본래 그러하기 때문이다."[99] 사상의 자유는 절대 금지할 수 없는 것이기 때문에 언론의 자유를 보장하고 사상의 자유를 촉진시키는 것은 사회 문명 진보의 유일한 경로이다. 이대쇠는 또 제멋대로 언론의 자유와 출판의 자유를 침범하는 정부의 죄악적인 행위를 부단히 적발하고 규탄하였다.

## 4. 인권의 내용 (2) - 제2대 인권 사회권의 흥기

20세기 초에 서방 인권이론 중의 제2대 인권 ─ 사회권이 흥기하기 시작하였다. 신문화 운동 시기에서 중국 '인권'이론의 발전은 서방 인권이론의 발전과 보조를 같이 하였다.

호적은 '사회적 입법'을 거친 사회복리의 증진에 관심을 기울였다. 그는 1920년 5월, 『사회문제를 연구하는 방법』이라는 글에서 다음과 같이 말하였다. 구미 각국의 노동자들은 모두 정부에 입법을 요구할 수 있다. 그것은 수많은 일들이 그들 스스로 할 수 없는 것이기 때문이다. 인신손해보험, 생명보험, 자녀의 보호와 노동시간에 대한 규정 같은 것들은 모두 사회의 입법에 의거해야만 비로소 할 수 있는 일들이다. 국가는 사회를 대신하여 복을 창조할 수 있는 일종의 가장 유용한 도구이다.[100]

5·4운동 전후에 고일함의 인권관은 곧 서방 인권이론중의 '제1대 인권'의 주요 방면

---

98) 이대쇠, 위의 책, 345~346쪽.
99) 이대쇠, 위의 책, 346쪽.
100) 호적, 『사회문제를 연구하는 방법(研究社會問題的方法)』 참고.

및 바야흐로 형성되고 있는 '제2대 인권'의 일부 요소를 포용하였다.[101] 1930년 고일함은
『정치학강요』에서 '인민의 기본 권리'라는 개념을 제시하면서 '인민의 기본 권리'를 세
가지로 나눴다. 첫 번째 권리는 소극적 기본 권리, 즉 인신자유, 언론자유, 신앙자유, 집회
결사 자유 등이다. 두 번째 권리는 적극적 기본 권리이다. 모든 인민에게는 최소한도로
교육을 받을 권리가 있다는 것, 노인과 어린이, 불구자에게는 국가의 특별한 구제를 받을
권리가 있다는 것, 노동계급은 국가의 특별 보호를 받을 권리가 있다는 것 등이 거기에
포함된다. 세 번째 권리는 참정권, 즉 선거권, 창제권, 복결권, 파면권 등이다. 고일함의 이
사상은 신문화운동 중 이미 싹이 텄다. 그는 첫 번째 권리와 세 번째 권리는 '정치적 기본
권리'이고 두 번째 권리는 '경제적 기본 권리'인데 '경제적 기본 권리'는 모든 인민이 저마다
누릴 수 있는 최소의 보통 권리로서 경제 권리의 기초적 작용을 분명하게 보여준다고
생각하였다. 고일함은 '전 노동 수익권(全勞動受益權)', '생존권', '노동권'이라는 '경제적 기본
권리'의 구체적 내용을 상세하게 논하였다. '전 노동 수익권'이란 '무릇 노동자가 생산한
물건은 당연히 완전히 노동자 자신이 누리는데 쓰여야 한다'는 것이고, '생존권'이란 "인류가
기왕에 생존하였다면 당연하게 생존의 권리를 유지해야 하지 사람들의 생명마저 유지할
수 없어서는 안 된다"는 것이며, '노동권'이란 "무릇 노동능력이 있는 사람이라면, 사기업자
아래에서 노동의 기회를 얻지 못한 사람은 모두 노동의 기회를 요구할 권리가 있다"는
것이다. 고일함은 다음과 같이 생각하였다. 경제문제를 해결하지 않으면 정치문제는 절대
해결할 수 없고 인민들은 경제상 평등권을 얻을 수 없으며 정치상 자유권을 누릴 수 없다.
진정으로 경제상 인민의 평등권을 보장하는 헌법이여야만 전체 인민의 '권리서'라고 할 수
있고 진정으로 전체 인민의 권리를 보장하는 정치여야만 비로소 '전민정치'[102]라고 할 수
있다.

---

101) 고일함, 『정치학강요』, 신주광사, 1930, 131쪽.
102) 「성헌법중의 민권문제(省憲法中的民權問題)」, 『신청년』 제9권 제5호.

생명권, 생존권에 대한 이대쇠의 토론은 그의 인권사상이 개인주의와 사회주의의 이중적 성질을 갖고 있다는 것을 반영하였고 생명권, 특히 자살권에 관한 그의 주장은 그가 개인주의 인권관의 영향을 받았다는 것을 보여주었으며 생존권, 특히 노동권, 휴식권에 대한 그의 주장은 그가 사회주의 개인관의 영향을 받았다는 것을 나타낸다. 개인본위주의 관점은 생명권은 개인의 소유이고 개인은 자신의 생명을 끝낼 권리가 있다고 인정한다. 자살문제에 관한 이대쇠의 관점은 개인본위주의의 범주에 속한다. 그는 각종 자살에 관한 관점 및 자살의 원인을 연구한 후 "사람은 유혹하거나 번거롭게 하는 등 타인에게 영향을 주지 않는 상황에서는 당연히 자기 생활방식을 선택할 권리가 있다"[103]라는 결론을 얻었다. 이대쇠는 사회의 암흑에 분노하여 질책하는 동시에 다음과 같이 밝혔다. "우리는 한 사람이 직접 사회에 위해를 끼치지 않고 타인에게 영향을 주지 않는 범위 내에서 스스로 자신의 생활방식을 선택할 권리가 있다는 것을 인정해야 한다."[104] 생명권은 당연히 철저하게 개인의 권리이므로 법률과 사회는 생명권을 박탈하지 말아야 할 뿐만 아니라, 개인이 자신의 생명을 끝내는 것을 금지하지 말아야 한다. 이것은 이대쇠의 개인본위주의 생명권의 관점이다. 생명권 문제에서 이대쇠의 관점이 철저한 개인주의 관점이었다면 생존권 문제에서 그의 관점은 농후한 사회주의적 성질을 갖고 있다. 생명권은 자유권의 범주에 속해 있고 생존권은 사회권의 범주에 속해 있다. 생존권은 또 노동권, 근로권, 휴식권, 피 교육권, 단결교섭권, 단체행동권 등으로 나뉜다. 이대쇠는 생존권의 이러한 문제들에 대해 각각 다른 정도로 논술하였다. 이대쇠는 당시의 사회조건에 근거하여 노동자운동을 대표하는 '38'주장, 즉 여덟 시간 노동, 여덟 시간 여가생활(修游), 여덟 시간 휴식을 제시했다. 그는 노동은 사람에게 있어서 필수적인 것이라고 했다. 노동, 여가, 휴식은 모두 이대쇠의 관점에서 보면 당연히 보호해줘야 할 노동자의 권리였다. 이런

---

103) 이대쇠, 「자살을 논함」, 『이대쇠전집』 제4권, 35쪽.
104) 이대쇠, 「청년들이 세상을 염오하여 자살하는 문제(靑年厭世自殺問題)」, 『이대쇠전집』 제3권, 118쪽.

권리를 증진시키기 위해 이대쇠는 또 노동자의 환경을 개선하기 위한 기타 일련의 주장도 하였다. 이를테면 여덟 시간 외의 노동에는 보수를 줘야 하고 휴가로 인한 휴업에도 보수를 줘야 하며 남, 여 노동자는 보수가 같아야 하고 위험성이 있는 노동은 특별히 우대해야 하며 아동(童)공을 없애고 정당한 오락장소와 설비를 더 갖춰야 한다는 것 등이 그것이다. 생명권과 생존권에 대한 이대쇠의 관점은 근대개인주의와 사회주의 이론의 합리적인 부분을 흡수하고 계승하였다.[105]

## 5. '목적성인권(目的性人權)'의 맹아

제1대 인권사상가들이 민족과 국가에 대한 민권과 인권의 의의와 중요성에 치우쳐 강조한 것에 비하면 신문화운동시기의 학자들이 더 치우쳐 탐구한 것은 개성 해방과 민주정치의 실행, 개인의 가치, 자유, 존엄에 대한 긍정, 그리고 국가 정치생활에 참여할 권리를 포함한, 개인이 향유해야 할 각종 권리에 대한 긍정이었다. 신문화운동 전에 "중국인들이 이해한 미주는 기본적으로 오직 일종의 정치제도였다. 그리하여 민주정치를 건립한다는 것은 곧 바로 국회를 열고 헌법을 제정하는 등 단순한 정치구조에 속하는 것이라고 여기면서 민주정치 건립의 사회적인 면, 특히 문화, 사상의 심층에 내포된 의미를 소홀히 하였다. 신문화운동의 세례를 거쳐서야 사람들은 비로소 개인의 가치와 개성의 자유를 긍정하고 민중들 속에서 '자유자주의 인격'을 보편적으로 수립하는 것은 민주를 건립함에 있어서 불가결한 사상적 기초라는 것을 알게 되었다. 개성(個性)의 해방이 없으면 인권의식과 자유정신이 없고 정치민주도 건립될 수 없다."[106]

---

105) 두강건, 『중국 근대 백년 인권사상』, 145쪽.
106) 서종면(徐宗勉), 장역공(張亦工) 등, 『민주에 대한 근대 중국의 추구』, 안휘인민출판사, 1996, 214~215쪽.

비록 진독수 등이 개인의 자유와 욕망을 긍정하고 개성의 자유와 개인의 가치를 선양할 때, 여전히 종종 민족과 국가의 운명, 사회의 생존 발전과 연계시켰고 여전히 알게 모르게 인권을 구국의 도구로 보긴 하였지만, 그러나 그들은 이미 완전히 새로운 마음가짐으로 인권 및 개인과 국가의 관계를 이해하였다. 이를테면 고일함은 『국가비인생의 귀숙론(國歌非人生之歸宿論)』 이라는 글을 써서 국가란 사람들이 자신의 수요 때문에 건립한 것이고, 국가는 인민의 권리를 보호해 줄 의무가 있으며, 인민의 권리는 국가권력의 토대이고, 국가를 위해서는 국민의 권리를 손상시킬 수 있다는 주장은 본말이 뒤바뀐 것이라고 지적하였다.[107] 그들은 인권의 최고 가치는 개인에 대한 것이지 국가에 대한 것이 아니며 인권이란 "사람은 당연히 사람을 사람으로 평등하게 대해야 하고 사람은 당연히 자기의 염원에 따라 살아야 한다는 것을 의미하며 양지(良志)가 있는 모든 사람은 당연히 자기가 생존하는 군체에서 자신의 일을 체험하는 것을 의미 한다"[108]고 보았다. 아쉬운 것은 눈썹 앞에 떨어진 '구국' 때문에 신문화운동시기의 지식인들이 가치 인권의 신념을 끝까지 지키지 못하여, 인권이 최종적으로 여전히 민족부흥과 국가부강의 도구에 귀결되게 했다는 점이다.

---

107) 고이한, 『국가비인생의 귀속론』, 『청년잡지』 1915년 제1권 제4호 참고.
108) 왕인박, 『헌법의 중국의 길』 제92쪽.

제4절

인권운동 중에서의 '인권' 개념

**이끄는 말** : 인권운동의 기원과 주요 내용

신문화운동 이후 중국은 불안한 변혁 속에 처해 있었고, 사회정치 세력과 문화진영은 급격하게 분화되었다. 신문화운동의 사상계몽은 '인민헌법'으로 인권 실천을 보장하는 '성헌운동(省憲運動)'의 탄생을 촉진시켰다. 중국 초기의 인권 관념은 '성헌운동'으로 한 단계 발전했다. '성헌운동'은 '자치운동'에서 시작되었다. 1920년에 호남이 전국에 전보를 쳐서 자치를 선포한 것이 '자치운동'의 시작이었다. '자치운동'이 요구한 최고의 성과는 한 성의 민의를 반영한 한부의 '성 헌법'을 탄생시키고 나서 헌정 하에서 자치에 이르는 것이었다. '성헌운동'이 실패한 후, 보다 규모가 큰 '인권운동'이 뒤를 이어 일어났다. 1920년대 말, 30년대 초에 대학들이 주축이 되어 발기한 '인권운동'은 입헌 및 헌법으로 인권을 보호하고 정치개혁을 진행할 것을 요구한 운동이며, 중국 현대 역사에서 인권이라는 이름을 붙이고 인권을 내용으로 하여 주목을 받은 정치운동으로서 국가개조에 대한 '인권파'들의 정체적 구상을 집중적으로 반영하였다. '인권운동'은 문화운동과 '성헌운동'을 계승하고 발전시킨 후 '민권보장운동'과 '원옥배상운동(冤獄賠償運動)'을 이끌었다. 20세기 초반 중국의 인권계몽과 인권제도 보장에 대한 소규모 연습으로 간주되는 이 5대 운동은 인권계몽이 인권제도의 보장으로 전이하는 것을 기본적으로 완성하였다.

20년대 말의 중국은 극심한 도탄에 빠져 있었다. 경제상의 빈곤과 낙후는 중국 인민의 생존권을 거의 보장해 주지 못했다. 장개석(蔣介石)은 명의상에서는 중국을 통일하고 '훈정'을 실시한다고 했지만 사실 전제적인 일당 독재를 실시하면서, 기타 각 유파의 사상을 압제하고 박해하였다. 1929년 3월, 국민당 제3차 전당대회에서는 군정의 결속과 훈정의 시작을 정식으로 선포했고 손중산(孫中山)의 주요 유교(遺敎)를 '훈정시기 중화민국의 최고 근본법'으로 확립하였으며 '훈정시기 정부와 인민이 정권과 치권을 행사함에 있어서의 한계 및 방안에 관한 안건'을 통과했고 '중국 국민당은 최고 권력기관'으로서 모든 책임을 다 지며 필요할 때에는 "인민의 집회, 결사, 언론, 출판 등 자유권을 제한한다. 중국 국민은 반드시 중국 국민당에 복종하고 국민당을 옹호해야 한다. 잠시 삼민주의를 실행한다"고 규정하였다. 제3차 전당대회는 '당으로 다스리는' 국민당 독재통치의 합법성을 확립해 주었다. 3월 26일, 상해특별시 당 부대표 진덕정(陳德征, 당시 상해특별시 교육국장)은 3차 전당대회에 "반혁명분자를 엄하게 처리하는 것에 관한 안건"을 제시하여 공산당, 국가주의자, 제3당 및 삼민주의를 반대하는 자들 모두 반혁명에 속한다고 하면서 그들에 대하여 "무릇 성 당부 및 특별시 당부에서 서면으로 반혁명분자라고 증명한 자는 법원 혹은 기타 법정 수리 기관에서 당연히 반혁명분자로 처리할 것"을 제시했다. 전당대회에 상정한 이 안건에 초점을 맞추어 민주와 법치 등 자유주의 사상을 숭상하는 호적은 사법원 원장 왕총혜(王寵惠)에게 편지를 보내어, "왕 박사는 이런 제의를 어떻게 생각 하는가"하고 질의함과 동시에 편지를 국문통신사에 보내어 발표하려 했지만 당국의 검열에 걸려 빛을 보지 못했다. 며칠 후 진덕정은 "헛소리(胡說)를 하는 박사가 헛소리를 하게 용납해서는 안 된다"[109]는 논평을 발표하였다. 4월 20일, 국민당은 '인권보장령'을 하달하였다. '인권보장령'이 반포된 후 안휘 대학의 한 학생은 문장으로 장개석에게 대들었다가 며칠을 구금당했다. 후에 또 양익성이라는 상호의 상가 사장도 총기를 수매했다는 죄명으로 당지에 주둔한 152여(旅)에 끌려가 매를 맞고 감금되는 등 인권을 침해당하는 사건이 발생했다. 인권이 보장되지 못하고 전제독재가 판을 치는데다가 이상의 몇 가지 사건이 발생하자 호적 등 일부 유럽에 유학을 갔다가 온 대학 들은 참을 수가 없었다. 호적이 먼저 앞장서서 포문을 열었다. 1929년 5월에 호적은 『신월』 제2권 제2기에 「인권과

---

109) 호적, 「인권과 약법」, 『신월』 제2권 제2기.

약법」이라는 글을 발표하여 '인권운동'의 서막을 열었다. 제2기부터 제9기까지 호적은 「어렵지 아니한가, 행한다는 것 역시 쉽지 않도다(知難, 行亦不易)」,「우리에게 어느 때 가야 헌법이 있을까?(我們什麽時候才可有憲法)」,「신문화운동과 국민당」,「인권과 약법」등 글들을 발표하였다. 그 외 라융기(羅隆基)의 「전문가 정치」,「인권을 논함」, 「언론자유를 압박하는 자에게 고하는 글(告壓迫言論自由者)」,「당무에 대한 나의 '진정어린 비평'(我對黨務的'盡情批評')」, 양실추(梁實秋)의 「사상통일을 논함」,「손중산이 자유를 논함」,「자산과 법률」(역작), 황조년(黃肇年)의 「공산주의의 역사적 평가」(역작), 「소비에트 러시아 통치하의 국민자유」, 유영사(劉英士)의 「사회주의의 기초 지식」, 반광단(潘光旦)의 「사람과 재질이 모두 뛰어남을 논함(說才丁兩旺)」등 글들이 연이어 발표되었다. 1930년 1월, 호적, 양실추, 라융기는 부분적 글들을 『인권논집』이라는 책으로 묶어 신월서점을 통해 출판, 발행하였다.

'인권운동'은 호적 등을 핵심으로 하는 중국 자유주의 지식인들이 1920, 30년대의 중국 사상문화 무대에 빛나게 모습을 드러낸 계기이다. 그들은 모두 자유주의의 영향을 받았고 서방의 자유, 민주, 인권, 법치와 헌법을 숭상하는 사람들로서 독립과 자주를 주장하고 인간의 자유와 해방을 외치면서 개인의 가치와 존엄, 특히 인간의 사상 자유와 언론 자유의 보장을 요구하였다. 그들은 자기들의 탁월한 이성과 사회적 양지, 참된 신념과 독립적 인격으로 당시의 사회적 문제에 대하여 진실하게 사고하고 대담하게 발언하였고 국민당의 일당독재, 전제독재 그리고 자신과 견해가 다르면 압제하고 인권을 침해하는 여러 가지 행위에 대하여 참다못해 목소리를 높여 반항하였으며, 중국의 '인권파산', '장물을 나누는 정치(分贓政治)의 상황을 폭로하고 인권의 기본 이론을 해석했으며, 국민당 통치하에서 인권이 보장을 받지 못하는 현 상황에 비추어 계통적인 인권주장을 제시하였다. 그들의 인권 개념에 대한 설명, 인권내용에 대한 분석, 인권가치에 대한 파악에서 어렵잖게 볼 수 있는 것은 그들은 이미 인권의 진정한 의의를 터득하였고 진심으로 인권의 실현을 위해 노력, 분투하였다는 것이다. 인권에 대한 그들의 이해와 해석은 오늘날 중국의 인권 연구와 인권 건설에도 아주 중요한 이론적 가치와 현실적 의의가 있다.

## 1. 인권의 주체 - 보편적 개체

인권파들이 인권주체를 서술할 때, 늘 쓰는 단어는 '인민', '국가', '전민'이었고 가끔은 '공민', '인류', '사인(私人)', '개개인(各個)' 등의 단어를 쓰기도 했다. 이를테면 호적은 「인권과 약법」이라는 글에서 다음과 같이 썼다. "오늘날 우리가 제일 고통을 느끼는 것은 여러 정부 기관 혹은 정부와 당부(黨部)를 구실로 삼는 기관들이 인민의 신체자유 및 재산을 침해하는 일이다", "우리는 오늘날 어떤 법률로 인민의 인권을 보장할 수 있는지 알 수 없다."[110] 「우리에게 어느 때 가야 헌법이 있을까?」라는 글에서 호적은 또 다음과 같이 썼다. 헌법의 큰 기능은 비단 인민의 권리를 규정하는 데 있을 뿐만 아니라, 더 중요하게는 정부 각 기관의 권한을 규정하는 데 있다. 인민이 필요로 하는 훈련은 헌법 아래에서의 공민생활이다.[111] 라융기도 『인권을 논함』이라는 글에서 다음과 같이 썼다. 중국 인민의 인권이 이미 파산했다는 것을 인정한다. 인권은 인민의 생활에서 필요한 조건이며 인간의 생활에서 필요한 조건이다. 인권은 인간의 생명에서 필요한 조건이며 인간의 생활에서 필요한 조건이다. 국가의 주권은 전체 국민에게 있다. 법률은 인민의 공통된 의지 표현이다. 인민은 법률 앞에서 일률적으로 평등하다. 국가는 당연히 국민의 사유재산을 보장해야 한다. 인권의 제일 원칙은 인민의 생명을 보장하는 데 있다. 국민에게는 노동권이 있고 인민에게는 사업권이 있으며 노동자에게는 파업권이 있다.

비록 언어 사용이 다양하고 늘 '인민'이라는 이 집체성 어휘로 인권의 주체를 표현했지만 인권파의 사상 속에서 볼 수 있는 것으로 인권파가 이해한 인권 주체는 개체이지 집체가 아니다. 이는 인권파의 자유주의 배경에 의해 결정된 것이다. 그들이 귀종(歸宗)한 것은 완전한 외래의 자유주의이고 인권파의 '인권운동' 역시 자유주의가 장기간 침범한

---

110) 호적, 「인권과 약법」, 『신월』 제2권 제2기.
111) 호적, 「우리에게 어느 때 가야 헌법이 있을까?」, 『신월』 제2권 제4기.

결과이다. 인권파의 리더인물인 호적은 미국 유학 기간에 미국 신자유주의의 충실한 신도인 듀이(John Dewey)를 스승으로 모셨다. 호적은 일찍 이렇게 정리한 적이 있다. "나의 사상은 두 사람의 영향을 제일 많이 받았다. 한 사람은 헉슬러이고 다른 한 사람은 듀이이다.

헉슬러는 나한테 어떻게 의심을 가져야 하고 어떻게 충분한 증거가 없는 모든 것을 믿지 말아야 하는가 하는 것을 가르쳤다. 듀이은 나에게 어떻게 자기 관념을 수립하고 가는 곳마다에서 목전의 문제를 고려해야 하는가를 가르쳤고 나에게 모든 학설 이상을 특정적 가설로 보도록 가르쳤으며 나에게 사상의 결과를 생각하도록 가르쳤다. 이 두 사람은 나로 하여금 과학방법의 성질과 기능을 똑똑히 알도록 하였다."[112] 호적은 '신 개인주의'에 대한 듀이의 논술을 거울로 삼고 그것을 흡수하여 '건전한 개인주의'로 전화시켰다. 호적은 입센의 사상을 소개하면서 개인주의에 대한 자기의 견해를 해석하였다. 그는 '건전한 개인주의'가 개인에게 제시하는 제일 첫 번째 요구는 바로 개성의 해방과 개인의 자유라고 하면서 모든 낡은 도덕과 낡은 전통을 버리면 인간이 진정한 인간이 된다고 생각하였다.

호적은 '진정한 개인주의'는 두 가지 특징을 가지고 있다고 했다. "그 하나는 독립사상인데 남의 귀는 귀로 삼지 않고 남의 눈은 눈으로 삼지 않으며 남의 이해는 자신의 이해로 삼지 않는 것이다. 다른 하나는 개인은 자기의 사상의 결과에 완전히 책임을 지고 권위를 두려워하지 말고 감금되거나 목숨을 잃는 것을 두려워하지 않으면서, 오직 진리만 인정하고 개인의 이와 해는 돌보지 않는 것이다."[113] 호적은 듀이의 신 평화주의 사상의 영향을 받아 폭력혁명을 반대했고 조금씩 사회 양지를 주장했다. 호적은 사회개조의 결정적 힘은 건전한 인격과 자유독립의 정신을 갖춘 개인에게서 오며 '사람을 키우는' 길은 교육에 있다고 생각하였다. 그는 사회의 양지는 단번에 이루어지는 것이 아니라면서 다음과 같이 말했다. "나 개인적으로 말하면 한 걸음씩 해 나아가는 것을 좋아한다. 나는 이미 정치 체면과 정치

---

112) 호적, 「나 자신의 사상을 소개한다」, 『호적문집』(5), 북경대학출판사, 1998, 508쪽.
113) 호적, 「비개인주의의 신생활(非個人主義的新生活)」, 『신조』 제2권 제3호(1920년 4월).

효율로 통하는 지름길은 없다는 것을 깨달았다. 중국의 혁명가들도 이 두 가지를 얻으려고 하지만, 그들은 한 갈래 지름길, 즉 혁명을 통해 그것들을 얻으려 한다. 우리는 우리의 후대들을 위하여 그들이 의존할 수 있는 토대를 닦아 놓아야 하다."[114]

인권파의 또 다른 주요 인물인 라융기는 베이비언협회(Fabian Society)의 주요 성원이며 영국의 저명한 공당정치학자인 해럴드 래스키(Harold Joseph Laski)를 숭상하였다. 래스키의 사상은 자유주의, 개량주의와 민주사회주의가 혼합된 사상이라고 할 수 있다. 자유주의자로서의 래스키는 개인의 자유와 행복을 중요시했다. 그는 사회조직과 국가의 목적은 바로 방법을 강구하여 사람이 향유하고 있는 일련의 자유권이 충분한 보장을 받게 하는 것이라고 하면서 이를 위해서 국가는 반드시 민주정치를 추진해야 하고 공민은 반드시 사상, 언론, 출판, 결사, 집회 등 일련의 자유를 충분히 누려야 한다고 했다.[115] 민주사회주의자로서의 래스키는 국가의 직능은 비단 공민의 정치 권리를 침범하지 않는 것에 만족할 것이 아니라 생산 수단의 사유화가 가져 온 사회 빈곤과 양극분화 문제의 해결을 위해 적극적으로 조건을 창조하고 개량을 거쳐 점차 사회주의에 도달하는 것이어야 한다고 주장했다.[116] 래스키의 사상은 라융기, 왕 조스(王造時) 등에게 심각한 영향을 주었다.

## 2. 인권의 개념과 속성 - 참된 인간의 조건설과 인권의 시간성, 공간성

인권파가 이해한 인권 개념은 신학과 자연법의 기초 위에 건립된 것도 아니고, 공리주의의 기초 위에 건립된 것도 아닌 그 인권의 이론 기초는 실용주의이다. 인권파들은

---

114) 호적, 「호적유학일기」 (3), 『호적작품집』 제36책, 250~251쪽.
115) [영] 래스키, 『현대국가 중의 자유권(現代國家中的自由權)』, 상무인서관, 1959, 46쪽.
116) [영] 래스키, 『국가의 이론과 실제(國家的理論與實際)』, 왕조스(王造時) 역, 상무인서관, 1959, 44쪽.

인권이란 바로 참된 인간이 되는 '권리'이고 인권은 참된 인간이 되는데 필요한 조건이라고 한다.[117] 인권은 참된 인간이 됨에 있어서 필수 조건이고 인간이 사람이 되는 필수 조건이며 역시 인간의 생명과 생존의 수요이다. 참된 인간이 되는 조건에는 아래와 같은 몇 가지 단계가 있다. 첫째, 참된 인간이 되려면 생명이 있어야 하므로 생명 유지는 참된 인간이 되는 출발점이다. 생명을 유지하려면 의, 식, 주가 있어야 한다. 그러므로 의, 식, 주를 도모하는 기회는 참된 인간이 되는 필요한 조건이 된다. 이 부분은 사업권으로 표현된다. 둘째, 신체안전권이다. 셋째, 생명 유지는 결코 참된 인간이 되는 유일한 목적이 아니다.

참된 인간이 되자면 또 참된 인간이 되는 쾌락이 있어야 하기 때문에 인격을 배양하고 개성을 발전시키는 것 역시 참된 사람이 되는 조건이다. 마지막으로 개인은 시종 군체 중의 한 분자이고 개인의 행복은 군체의 행복과 연대관계가 발생한다. 그러므로 군체에서 가능한 선한 경지에 이르는 것 역시 참된 사람이 되는 조건이다. 그래서 라융기는 인권의 정의를 다음과 같이 내렸다. "인권은 참된 사람이 되는 필요 조건이다. 인권은 의, 식, 주의 권리이고 신체안전의 보장이며 '개인이 선의 경지에 이른 내가 되어' 개인이 생명의 행복을 누리고 그로 인하여 군체가 가능한 선의 경지를 완성함으로써 최대다수가 최대 향복을 누리는 목적에 이를 수 있는 조건이다."[118] 당시 일부 사람들이 제시한, 인권은 이미 시기가 지났다거나, 인권이라는 두 자를 더는 중국 목전 약법 중에 남겨놓아서는 안 된다는 것과 같은 견해[119]에 초점을 맞추어 라융기는 인권과 민권을 구분해 놓았다.

그는 다음과 같이 생각하였다. 이권은 참된 인간이 되는 권리이고 민권은 정치적 국가에서 국민이 되는 권리이다. 국민이 아닌 인간은 있을 수 있으나 인간이 아닌 국민은 있을 수 없다. 그렇기 때문에 이권은 민권의 범위에 비해 더 크고 더 중요하고 더 기본적이다. 인권은 민권을 포함하고 있고 민권은 오로지 인권 중에서 정치 쪽에 편중하는 부분이라고

---

117) 라융기, 「인권을 논함」, 『신월』 제2권 제5기.
118) 라융기, 「인권을 논함」, 『신월』 제2권 제5기.
119) 장연약(張淵若), 「약법 소견」, 『시사신보』 1929년 4월 9일자.

할 수 있다. "국민이 되려면 인간이 되어야 하고 민권을 가지려면 먼저 인권을 가져야 한다."[120] 인권파들은 인권은 시간성과 공간성을 갖고 있다고 인정한다. 인권은 인간이 생명과 생활에서 갖춰야 할 필요한 조건인데, 인간의 생활상의 요구는 시간과 공간의 변화에 따라 서로 다르다. 어느 한 시대 혹은 어느 한 지점에서 인간의 생활 조건에서 몇 가지는 이미 구비 되어있는데 몇 가지가 여전히 모자란다면 사람들이 요구하는 내용과 분투의 추세는 환경의 지배를 받지 않을 수 없다. 인권파가 주장하는 인권은 결코 유럽에서 베껴 온 케케묵은 물건이 아니다. 이것 역시 인권의 시간성과 공간성에 의해 결정된 것이다.[121] 인권파들은 중국의 현 상황에서 참된 사람이 되는 필요조건은 바로 목전에 반드시 쟁취해야 하는 인권이라면서 다음과 같이 인정했다. "설령 영국의 대헌장의 방법을 모방한다면 목전 중국에서는 아마 3천 조항을 열거하여도 많은 편이 아니다." 라융기는 잠시 35개 조항(기실 34개 조항뿐이었고 제26조가 빠졌다)을 제시하여 '국내 인권옹호자들의 참고'[122]로 삼으려 했다. 그 35개 조항의 인권에는 주로 참정권, 사유재산권, 노동권, 생명권, 구제권, 인격권, 존엄권, 교육권, 사상, 언론, 출판, 집회의 자유 등의 내용과 주권은 민중에게 있고 법률 앞에서는 사람마다 평등하며 사법은 독립해야 하고 법률은 정당한 절차를 밟아야 하며 법률은 소급하여 적용하여서는 안 된다는 등의 중요한 원칙이 포함되어있다.

---

120) 라융기, 「인권을 약법에 남기면 안 되는가?」, 『신월』 제3권 제7기.
121) 라융기, 「인권을 논함」, 앞의 글.
122) 라융기, 위의 글.

## 3. 인권의 내용 (1) - 생명권과 인신안전

　인권파는 생명권과 인신안전은 가장 기본적인 인권이라고 생각하였다. 그들은 인간의 생명과 안전을 보장하는 것을 정치조직 혹은 국가의 미룰 수 없는 직책으로 삼았다. 인권은 참된 사람이 되는 조건이다. '참된 사람'이 되자면 우선 생명이 있어야 한다. 생명 유지는 참된 사람이 되는 출발점이다. 생명을 유지하자면 인간의 의, 식, 주 등 각 방면의 생리적 수요를 만족시켜야 하고 인간들에게 의, 식, 주를 쟁취할 수 있는 기회를 마련해 주어야 한다. 그렇기 때문에 노동권이 파생되었다. 인권파의 제일 첫째가는 인권은 바로 인간의 생명과 인신 안전을 수호하는 것이고, 국가의 기능은 인권을 보장하는 것인데 우선 인민의 생명 안전을 보장해야 한다. 국민이 생명을 유지하는 방법은 노동력으로 의, 식, 주의 조건을 바꾸는 것이다. 그러므로 국가는 인민에게 노동의 기회를 제공해 줘야 할 의무가 있다. 국민의 실업은 국가의 실직이다.

　정부가 재앙 시기에 이재민을 구제하는 것은 자선사업이 아니라 국가가 인권 보장에서 당연히 이행해야 할 의무이다. 생명에 대한 박탈은 반드시 합법적인 절차를 거쳐야 한다. "그 어떤 국민이든 법정에서 사형판결을 받은 사형수가 아니라면 국가의 그 어떤 관리도 명령으로 사형에 처할 수 없다." 당시 중국이 쟝제스의 파쇼독재 통치 하에서 국민은 생명과 인신의 안전을 보장받지 못하다 보니 무수한 사람들이 체포, 감금되었고 혹형을 당했으며 심지어는 살해되었다. 게다가 해마다 전쟁의 재난, 자연의 재해가 계속되어 경제가 파산지경에 이르렀고 인민은 극도로 빈곤하여 백성들은 도탄에 빠져있었다. 인권파들은 국가의 기능은 인권을 보장하는 것에 있고 우선 먼저 인민의 생명과 인신 안정을 보장해야 하는데 국민정부가 그 직책을 제대로 이행하지 못했기에 국가의 잘못이라고 했다.

## 4. 인권의 내용 (2) - 사상, 언론의 자유

모든 인권 중에서 인권파가 제일 중요시한 것은 자유였고 자유 중에서도 인권파가 또 제일 중요한 인권으로 인정한 것은 사상 언론의 자유였다.

라융기는 다음과 같이 생각하였다. 자유라는 두 글자는 자신의 자주적 발전을 가리킨다. 자유의 비결은 용기이다. 자기가 착오적이라고 알고 있는 일에 대해 입을 다물고 말을 하지 않는 사람은 자유적인 사람이라고 할 수 없다.[123] 혁명은 오직 우리 자신의 자유를 가져가는 것이지 남의 자유를 박탈할 것을 주장하는 것이 아니다. 혁명은 공평을 추구하는 것이지 보복을 추구하는 것이 아니다.[124] 자유의 범위에는 생명, 재산, 계약, 언론, 집회, 신앙, 가정생활 등이 포함되어 있는데 국민자유는 바로 이런 자유의 총칭이다.[125] 개인자유와 국가는 결코 서로 용납하지 못하는 것이 아니다. 단체에 단결력이 결여된 것은 전적으로 개인의 자유가 충분해서가 아니라 그와는 별도로 정치, 경제, 사회, 지리, 역사, 종족적 원인이 있다. 자신들의 자유를 희생하도록 인민을 강박한다고 하여 자유가 희생된 후 반드시 단체적 자유가 생긴다는 보장은 없다. "열 명의 노예를 합친다고 하여 한 명의 자유인인 것은 아니다." 개인의 자유와 국가의 자유는 결코 서로 충돌되는 것이 아니다.

국가는 국제 관계에서 반드시 국가로서의 자유가 있어야 하고, 개인은 국가 단체 속에서 당연히 자기의 자유를 보존해야 한다. 국민이 뭉치고 서로 돕고 단결해야 국가가 비로소 국제무대에서 발을 붙일 수 있고 국가에 비로소 자유가 있게 된다. 자유적인 국가여야만 개인의 자유를 보장해 줄 수 있다. 개인에게 자유가 없다면 그러한 국가는 사랑을 받을 가치가 없다. 중국은 국제적으로 반드시 국가의 자유를 쟁취해야 하고 국내에서는 반드시

---

123) [영]래스키, 「복종의 위험(服從的危險)」, 라융기 역, 『신월』 제3권 제5, 6기 합간.
124) 라융기, 「왕정위가 사상통일을 논하다(汪精衛論思想統一)」, 『신월』 제2권 제12기.
125) 황조년(黃肇年), 「소비에트 러시아 통치하의 국민자유(蘇俄統治下之國民自由)」, 『신월』 제2권 제6, 7기 합간.

법으로 정부의 행동 범위를 규정하고 집정인원의 직권을 규정하여 개인의 자유를 보장하고 증강시켜야 한다.[126] 개인의 자유를 쟁취하는 것은 곧 국가의 자유를 쟁취하는 것이고 개인의 인격을 쟁취하는 것은 곧 국가를 위해 인권을 쟁취하는 것이다. 자유평등의 국가는 한 무리 노비가 일으켜 세울 수 있는 것이 아니다.[127]

인권파는 사상 언론 자유를 제일 중요한 인권이라고 인정했다. 언론의 인권이 될 수 있는 근본적인 까닭은 그것의 기능 때문이다. 언론의 자유는 참된 사람이 되는 필수조건이다.[128] 인간이 있으면 사상이 있게 되고 사상이 있으면 그 사상을 표현하려고 하며 사상을 표현하려면 말을 하지 않으면 안 된다. 자기가 하고자 하는 말을 하는 것은 바로 개성을 발전시키고 인격을 배양하는 길이다. 이것은 '성지선지아(成至善之我)'의 수단이다. 언론자유가 있어야만 사상으로 인간 집단에 공헌할 수 있다. 이것은 사회에 대한 인간의 책임이고 인간 집단이 선한 경지에 이르게 하는 길이며, 인간 단체의 절대 대부분이 최대의 행복을 향수할 수 있는 길이다.

인권파는 다음과 같이 생각하였다. 언론자유란 "무슨 말이 있으면 무슨 말을 하고 무슨 논제가 있으면 그 논제의 뜻을 발표하는 것으로서 언론 자체는 그 어떤 간섭도 받지 않는"[129]것을 말한다. 명령으로 언론을 금지하는 것은 비법(非法) 행동이며 언론자유의 원칙을 어긴 것이다. 언론자유라 함은 법률이 언론을 간섭하지 않는 것을 두고 하는 말이다. 언론 자체는 절대 법률의 제한을 받지 않는다. 법률은 언론을 간섭하지 못한다. 다만 언론자가 언론에 대하여 책임지도록 핍박할 수 있을 뿐이다. 언론자유에는 당연히 한도나 제한이 있어서는 안 된다.[130] 언론자유에 대한 압박의 위험성은 언론자유의 위험성보다

---

126) 우계(于季), 「통하지 않는 두 마디 격언(兩句不通的格言)」, 『신월』 제3권 제2기.

127) 호적, 「나 자신의 사상을 소개한다」, 『신월』 제3권 제4기.

128) 라융기, 「인권을 논함」, 『신월』 제2권 제5기.

129) 라융기, 「언론자유를 압박하는 자에게 고하는 글」, 『신월』 제2기 제6, 7기 합간.

130) 라융기, 위의 글.

더 위험하다. 진정으로 훌륭한 주장 및 학설은 상대방의 공격을 두려워하지 않고 비평과 토론을 두려워하지 않는다. 타인의 언론자유를 금지하는 것은 스스로 시끄러움을 자초하는 일이다. 상대방의 공격이 과녁을 적중한다고 타인의 언론자유를 금지하는 것은 적을 보고 겁을 먹는 것이고 허약함을 드러내는 것이며 빨리 망하는 것이다. 그렇기 때문에 사상의 자유는 모든 사상의 자유이고 절대적인 자유이지 어느 사상은 절대적인 자유이고 다른 어느 사상은 상대적인 자유라고 말할 수 없다.[131]

## 5. 인권의 내용 (3) - 재산권의 보장

인권파도 재산권과 사업권 등 경제사회권리를 무척 중요시했다. 재산권은 생명권을 포함한 기타 권리를 실현하는 중요한 도구이다. 라융기는 다음과 같이 인정했다. 국가는 당연히 공민의 사유재산을 보호해야 하며 법정수속을 밟지 않은 모든 것은 인권을 침범한 것이다. 상당한 보수가 없이 국가에서 그 어떤 공민에 대해서 노동을 강박하는 것은 모두 국민재산에 대한 침범이다. 조세, 공채 등 경제사에서 인민들의 지출, 국가재정의 예산결산, 국가의 대외부채, 국가 혹은 일부 국민재산과 관련되는 조약은 모두 반드시 직접 혹은 간접적으로 인민의 동의와 승인을 받아야 한다. 전체 국민이 국가에 바치는 것은 반드시 전체 국민의 사업에 관련되는 사업에 써야 하지 법정수속을 밟지 않고 그 어떤 개인 혹은 그 어떤 사인단체의 비용으로 써서는 안 된다. 국가재정은 당연히 절대적으로 공개해야 하고 국가의 재정행정과 재정심계(審計)는 당연히 절대적으로 분리하고 지위를 평등하게 해야 하며 동시에 국가에 대하여 책임져야 한다. 군대는 전체 국민이 공양하기에 군대의 비용 역시 국가의 예산과 결산에 들어가야 하고 인민의 직접적 혹은 간접적 동의를 거쳐야 한다.

---

131) 라융기, 「왕정위가 사상통일을 논하다」, 『신월』 제2권 제12기.

군대의 책임은 전체 국민의 권리를 보호하는 데 있다. 그렇기 때문에 개인을 강점하거나 노역을 강요하거나 공급을 약탈하는 등의 사인재산에 대한 군대의 침범은 모두 인권을 침해한 행위다. 그러므로 그로 인해 조성되는 국민의 자산 손실에 대하여 국민은 정부에 배상을 요구할 권리가 있다.

인권파는 국민의 재산권에 관련되는 문제를 담론할 때 정부재정 문제를 더 많이 토론하면서 재산권의 보장은 재산권 관리권의 쟁취로부터 시작된다고 인정했다. 라융기는 다음과 같이 말했다. "오늘 우리는 정부의 부당한 세금을 원망하지 않고 다만 정부의 모든 수입에 대해 인민들의 동의를 얻었는가를 묻는다. 정부의 낭비를 꾸짖지 않고 다만 정부의 모든 지출에 대해 인민들의 동의를 얻었는가를 묻는다. 장부는 어떻게 됐든 간에 오늘날 정부의 모든 수입과 지출의 법률적 근거는 어디에 있는가?" 라융기는 다음과 같이 지적하였다. "오늘날 우리의 요구는 역시 재정부는 국가의 수입과 지출에 있어서 사전에 미리 전체적인 계획이 있어야 한다는 것이다. 우리는 우리에게 당연히 있어야 하는 재정관리권을 요구한다."[132]


## 6. 인권과 국가, 헌법, 법치, 헌정의 관련

인권파들은 인권은 국가와 법률보다 앞서 존재하였고 국가와 법률의 기능과 목적은 인권을 보장하는 데 있다고 하면서 다음과 같이 생각하였다. 국가의 존재 가치는 완전히 그 기능의 크고 작음에 따라 전이된다. 인민이 국가에 복종해야 하는 중요한 조건은 인권을 보장받고 인민의 생명에 있어 반드시 갖춰야 할 조건을 보장받는 데 있다. 국가가 이 기능을 잃는다면 국가에 대한 인민의 복종의무도 끝나게 된다. 국가가 자기의 기능을 잃게 되는

---

132) 라융기, 「우리는 재정관리권을 요구한다(我們要財政管理權)」, 『신월』 제3권 제2기.

제일 큰 이유는 국가가 어느 개인, 어느 가정 혹은 어느 일부분의 사람들이 모인 단체에 의해 점유되는 것이다. 국가의 기능이 국가의 본성을 변화시키면 국가는 곧 어느 개인, 어느 가정 혹은 어느 일부분 사람들이 모인 단체의 국가가 되고 만다. 뿐만 아니라 국가는 어느 개인, 어느 가정 혹은 어느 단체가 대다수 국민의 인권을 짓밟는 도구로 전락한다. 인간은 국민이 되려 할 뿐만 아니라 더구나 사람이 되려고 한다. 인간의 의무는 사회적인 사람이 되려는 것이지 단지 국가의 백성이 되려는 것이 아니다. 국가가 우리를 사회적인 사람으로 승인하는 필수 조건이 바로 인권을 인정해 주는 것이다.[133] 라융기의 인권이론은 국가가 아니라 사회에 뿌리를 두고 있는 것으로서 사회와 사람, 국가와 공민이라는 이 두 범주의 상호 비교로 인권의 지위를 논증하였다.

　법률은 인권을 보장하기 위해 탄생한 것이므로 법률은 인권의 산물이다. 오직 인민이 스스로 법률을 제정해야 비로소 인민에게 복종의 책임이 있다. 이것은 인권의 원칙 중 하나이다. 법률의 목적은 최대다수의 최대 행복을 도모하는 데 있다. 인민들 자신만이 어떤 것이 비로소 자신들의 행위인지를 알 수 있기에 자기들 본신의 행복 도모를 받아들일 수 있다. 인권과 법률의 관계에 대한 결론은 바로 법률은 인권을 보장하고 인권은 법률을 탄생시킨다는 것이다. 인민이 요구하는 법률이 탄생되지 못할 때, 혹은 법률이 효력을 잃을 위험이 나타났을 때가 오면 사람들은 반드시 혁명적 인권을 운용해야 한다. 혁명적 인권은 영원히 인민의 손에 쥐어져 있는 것으로서 인권의 최후 보루이다.

　인권파는 다음과 같이 생각하였다. 인권은 오직 법치가 확립된 전제하에서만 보장을 받을 수 있다. 법치를 확정하자면 무엇보다 먼저 헌법을 제정하여야 한다. 헌법은 법치의 토대이다. 그렇기 때문에 헌법은 인권보장의 전제이다. 인권의 보장은 헌법 규정에 의거해야 하는 외에 또 반드시 상응하는 구제수단에 의거해야 한다. 헌법 역시 헌정의 토대와 기점이다. 헌정은 하나의 과정이지 하나의 지점에 불과한 것이 아니다. 헌법은

---

133) 라융기, 「인권의 의혹을 풀다」, 『신월』 제3권 제10기.

헌정의 도구이다. 이 도구가 있어야 정부와 인민이 모두 헌법의 제한을 받게 되고 정부는 헌법에 의거하여 국가를 통치하게 되며 인민은 헌법에 의거하여 보장을 받게 된다. 법으로 정한 범위를 벗어난 행위가 있으면 인민은 기소를 할 수 있고 감찰원(監察院)은 규탄할 수 있으며 사법원은 공소를 할 수 있다. 헌법에 의문이 있으면 수시로 해석하는 기관이 있어야 하고, 헌법이 만약 새로운 형세 혹은 새로운 수요에 적응하지 못한다면 반드시 수정하는 기관과 과정이 있어야 한다. 수정하는 기관과 과정은 반드시 인민과 여론의 감독을 받아야 한다. 당 역시 반드시 헌법을 준수하고 헌법의 제약을 받아야 한다. 그러지 않으면 당은 특권계층이 될 것이고 이른바 법치는 법치가 될 수 없다. 당과 헌법의 준수는 결코 충돌되는 것이 아니다. 헌법은 당의 강령과 주장의 수용체가 될 수 있고 헌법은 당의 종지를 실현시킬 수 있다.[134] 인권파들은 다음과 같이 생각하였다.

국민당은 헌법의 필요성을 인식하고 약법운동에 가담해야 한다. 그렇지 않으면 국민의 자유는 보장을 받을 수 없게 되고 국민당은 무인군벌의 압제와 지배를 받을 수밖에 없을 것이다. 헌법과 훈정은 서로 모순되지 않는다. 훈정은 반드시 헌법에 의거해야 만 비로소 완성될 수 있다. 훈정을 하려면 반드시 헌법이 있어야 한다. 헌법은 인민에게 참여능력이 있다고 규정하였다. 인민의 참정 과정 본신이 바로 일종 가장 훌륭한 훈정이다.[135] "'민치제도 자체가 곧 일종 교육이다', '민치제도 자체가 곧 정치훈련이다', '헌정으로 다스리는 것은 유일한 입숙(入塾)교육이다', '입숙교육을 모르기 때문에 급히 책을 읽어야 한다.'"[136] 헌법의 주요 목적은 다만 인민의 권리를 규정하는 데에만 있는 것이 아니라 더 중요하게는 정부 각 기관의 권한을 제한하는 데 있다.[137] 오직 정부와 당이 헌법과 법률을 지켜야만 공민에게 헌법과 법률을 지키도록 요구할 수 있다. 그렇기 때문에 정부 관리와

---

134) 호적, 「우리에게는 어느 때에야 헌법이 있게 될까?」, 『신월』 제2권 제4기.
135) 호적, 위의 글.
136) 호적, 위의 글.
137) 호적, 위의 글.

당원들이 법을 배우고 법을 알며 법을 지키고 법을 보호하는 것은 헌정과 법치를 실행함에 있어서 제일 중요한 문제이다.[138] 법치에는 아래와 같은 세 차원의 문제가 있다. 첫째, 법치의 진정한 의미는 집정자의 법률준수에 있다. 둘째, 법치의 중요한 조건은 국가의 기본 대법에서 인민권리지상원칙을 승인하는 데에 그치는 것이 아니라 원칙적인 실행에 있어서 면밀하고 신중한 세칙이 있어야 한다는 데에 있다. 법치는 '법으로 정한 수속'에 관심을 기울여야 한다. 셋째, 법치의 국가에서는 일체 범죄사건에 대하여 법률적으로 정의를 상세하게 확정하고 범위를 긍정해야 한다. 즉 죄와 벌은 법이 정해야 한다.[139]

『신월』 잡지에서 일으킨 인권문제토론은 20세기에 있었던 몇 차례 인권토론 열풍 속에서 제일 주목을 받고 제일 이론적 의의가 있는 토론이었다. 현대 중국 문화혁신 중에서 '인권운동'의 대표적 인물인 호적이 차지하는 중요한 지위는 세상이 인정하는 바이다. 중국의 중대한 사회, 정치, 문화, 사상 문제에 대한 그의 자유주의 관점은 보수적인 기풍을 개화시키는 작용을 하였다. 호적이 중국자유주의 인권사상의 기수라고 하는 것은 조금도 과장되지 않은 말이다. 엄복이 끌어들이고 진독수가 개창한 자유주의 인권사상의 노선은 호적에 이르러 성숙되는 추세를 보였다. 엄복과 진독수가 자유주의 인권관을 창도하는 동시에 서로 다르게 동요를 하면서 유리되고 배회하는 경향이 있었다면, 호적은 인권문제 상에서 자유주의 관점에 대하여 시종 일관적이었고 조금도 보류하지 않았다. 인권파의 자유주의 인권관은 20세기 상반기에 이르러 인권사조에 있어 최고조에 이르렀다. 국공 양당 사이에 끼인 인권파들은 양쪽에 빌붙지 않아 후에 실패로 끝났다. 하지만 인권파가 발동한 '인권운동'은 중국 역사상에서 가치가 있는 한차례 인권사상의 계몽운동이었다. 인권파가 제시한 인권, 자유, 민주, 법치, 헌정, 훈정 등에 관한 이론 및 경제, 교육, 인구, 재정 등 각 방면에 대한 개혁착상은 오늘날에도 여전히 참고적 의의가 있다.

---

138) 호적, 위의 글.
139) 라융기, 「법치란 무엇인가?」, 『신월』 제3권 제11기.

## 제5절
## 30, 40년대의 제도성 '인권' 개념

북벌승리 후, 국민당은 전국의 정권을 장악하고 자신과 다른 경향을 배척하고 일당독재의 전제통치를 실행하기 시작하였다. 국민당의 전제독재 하에서 중국의 인권상황은 갈수록 나빠졌다. 일본제국주의는 1931년부터 침략활동을 벌이다가 1937년에 이르러 전면적인 침략전쟁을 일으켰다. 30, 40년대의 중국은 이미 신문화운동의 계몽을 거쳤기에 인권사상이 벌써 일정하게 전파되었다. 대내로는 인권을 침범하는 국민당의 각종 폭행을 반대하고, 대외로는 일본의 침략에 항거하고 독립자주를 추구하는, 이 인권의 추구는 서로 보완하고 서로 도와서 완성시키면서 민권보장동맹 같은 인권조직이 나타났고, 원옥(冤獄)배상운동, 인권운동과 같은 인권활동이 일어났다. 항일전쟁 승리 후, 중국공산당과 민주인사들은 인권쟁취, 내전반대, 민주건국을 인권투쟁의 목표로 삼았다. 30, 40년대는 중국백년인권발전사에서 인권사상이 매우 활발한 년대가 되었다.


## 1. 인권보장동맹의 '인권' 개념 - 정치성인권

1932년 12월 18일, 송칭링(宋慶齡)과 차이위안페이(蔡元培), 양행불(楊杏佛), 여조환(黎照寰), 임어당(林語堂) 등 다섯 사람은 공동으로 선언을 발표하고 10일 후 중외 기자회견을 열어 민권보장동맹을 발기, 조직하였다. 송경령이 주석을 맡고 채원배, 양행불, 노신, 임어당, 추도분(鄒韜奮), 왕조시(王造時), 호적, 장몽린(蔣夢麟) 등 수많은 학자들이 정의를 위해 용감히 인권의 깃발아래 모여서 백방으로 인권을 호소하였다. 그들 중에는 자연과학자, 사회과학자, 작가, 신문기자, 편집, 출판가, 변호사 등 각 영역의 일류인물들이 있었는데, 당시의 좌, 중, 우 각종 정치경향의 인사들이 포함되었다.[140] 민권보장동맹의 활동은 중국의 인권쟁취, 인권보장의 한 입체적 증거였다.

민권보장동맹의 종지는 "민권의 보장을 위해 노력하도록 민중을 불러일으키고"[141] 호소, 항의, 서한, 전보, 시찰, 청구 등의 방식으로 인권보장활동을 진행하는 것이었다. 동맹종지 제1항에는 다음과 같이 밝혔다. "국내 정치범의 석방과 모든 가혹한 형벌, 민권을 짓밟는 구금 및 살육의 폐지를 위해 분투한다. 본 동맹은 우선 이름 없고 사회의 관심을 받지 못하는 대다수 죄수들을 위해 힘쓴다."[142] 동맹은 우선 정치범의 석방에 대한 요구를 주요 목적으로 하고, 적어도 "국내 정치범들에게 법률 및 기타 원조를 주고 감옥의 상황을 조사하며, 국내의 민권압박의 사실을 공포하여 사회의 여론을 일으키려"[143] 하였다. 정치범에 대한 특정한 구조 활동과 죄수들에 대한 관심 외에 동맹은 또 "결사집회자유, 언론자유, 출판자유 등 모든 민권 노력에 협조하기 위해 분투"[144]할 것을 주장했다.

민권보장동맹은 인권과 민권이라는 이 두 가지 개념을 명확히 구분하면서 정치와 관련된 권리를 민권이라고 불렀고 정치에 관련되지 않은 권리를 인권이라고 불렀다. 민권보장동맹은 다음과 같이 생각하였다. "정치성권리는 기타 권리에 비해볼 때 더욱 중요하다. 그렇기 때문에 민권보장은 특히 정치범들이 침범을 당하고 있는 정치적 권리의 보장과 그들을 구조의 대상으로 삼아야 한다. 민권보장동맹은 인권의 추구에 대하여 국경을 초월하였다. 동맹 구성원에는 좌익 외국기자 스메들리도 포함되어 있다. 1933년 5월 13일, 송칭린, 차이위안페이, 루쉰, 스메들리 등 동맹 지도자들은 중국민권보장동맹을

---

140)  부국용(傅國涌), 『문인의 저기(文人的底氣)―백년중국언론사전영(百年中國言論史剪影)』, 윈난인민출판사, 2007, 158쪽.
141)  「중국민권보장동맹장정(中國民權保障同盟章程)」 제2조. 『중국민권보장동맹』, 중국사회과학출판사, 1979, 2쪽.
142)  『중국민권보장동맹』 제3쪽.
143)  『중국민권보장동맹』 제3―4쪽.
144)  『중국민권보장동맹』 제4쪽.

대표하여 상해 주재 독일영사관에 항의서를 내고 잔인무도하게 인권을 짓밟은 독일 파시스트의 죄악적 행위에 항의하였으며 유대인에 대한 히틀러의 박해와 학살을 규탄했다.

1933년 6월 18일, 민권보장동맹 총 간사 양행불(楊杏佛)가 국민당에 의해 암살당했다. 그 후 동맹은 활동을 중지했다. 중국민권보장동맹이 존재한 시간이 비록 고작 반년밖에 안되지만 민주, 인권, 특히 정치 권리와 자유에 대한 그들의 추구는 국내외에서 보편적인 동정과 지지를 받았고 매우 큰 영향을 불러 일으켰다.


## 2. 원옥(冤獄)배상운동 중의 '인권' - 원옥구제권

30년대 중기에 전국변호사협회 및 각지의 변호사공회(公會) 등 법률단체가 주체가 되어 억울한 투옥을 없애고 억울함을 당한 사람이 국가의 배상을 받도록 하는 것을 목적으로 한 인권구제운동, 즉 원옥배상운동을 시작하였다.

1927년 5월 27일, 남경국민정부가 막 세워졌을 때 상해변호사공회가 청원서를 올려 인권보호제도를 제정하고 통령으로 실시할 것을 건의하였다. 청원서는 다음과 같이 지적하였다. "출정제도(出庭)에 의하여 무릇 관서에 의해 구금된 자는 반드시 24시간 내에 법정에 압송되어 심문을 받아야 한다. 그렇지 않을 경우 피구금자 혹은 그의 친척과 친구들은 법정에 소를 내 법정심문을 청구해야 한다. 미결구류배상제(未決拘留賠償制)는 최후에 무죄로 판결이 선고된 피구금자에 대하여 구류로 인해 입은 손실을 고소인, 고발인 혹은 국고에서 배상책임을 짐과 아울러 신문에 공시를 내어 명예를 회복해주어야 한다."[145] 1931년 전국변호사협회 제3차 대표대회는 '잘못된 재판에 대하여 정부에서 국가배상책임제도를 실시하는 것에 관한 건의안'을 채택하였다. 그리고 1933년에

---

145) 『상해변호사공회 인권보호제도 건의안』, 『법학총서』 1930년 3월 창간호.

있었던 제5차 대표대회에서는 또 선쥔유(沈均儒) 등이 공동으로 상정한 "입법원에서 즉각 원옥배상법안을 제정, 반포해주기를 바란다"는 제안을 채택하였다. 이 제안이 입법부에 상달된 후 그대로 보류되었다. 1934년에 변호사협회 제6차 대표대회가 광주에서 거행되었다. 회의에서는 선쥔유를 필두로 하는 원옥배상특별위원회를 설립하기로 결정하였고 후에 또 41명 위원으로 이루어진 '원옥배상운동위원회'를 마련해 정식으로 원옥배상운동을 시작하였다.

'원옥배상운동위원회'에서 확정한 원옥 종류에는 다음과 같은 것들이 들어있었다. 첫째, 과실에 의한 원옥. 이 유형의 원옥은 대부분 증거가 부족하거나 수사가 허술하거나 심리가 세밀하지 못한 등 원인에 의해 초래된 것들이다. 둘째, 고의적인 원옥. 이 유형의 원옥은 대부분 사실을 없애거나 증거 수집이 공정하지 못하거나 아니면 뇌물 혹은 부정재판에 의해 초래된 것들이다. 셋째, 권위에 의한 원옥. 이 유형의 원옥은 개인의 조종이거나 당부(黨部)의 지령 혹은 권력의 간섭에 의해 초래된 것들이다. 전국변호사협회에서 만드는 『법학총서』는 제3권 제3기를 「원옥배상운동특간」으로 만들어 각지 변호사 공회에서 운동을 전개하도록 이론적으로 지도하고 매년 6월의 단오절이 들어있는 주를 '배상운동주'로 정하고 6월 5일을 원옥배상운동일로 확정하였다. 상해변호사공회는 당시 운동의 주역이었다. 변호사들은 제각기 신문사, 방송국 영화관 등 공공장소에 가서 연설을 하거나 원옥배상법에 관한 선전물을 배포하였다. 운동은 사회 각계의 광범위한 동정과 지지를 얻었다. 『신보』는 "국가배상제도가 실현되게 함으로써 억울하게 옥살이를 한 자들이 구제를 받을 수 있게 하였다. 이와 같은 인권 보장 운동은 최근 들어 그야말로 주의를 돌릴만한 사건이다"[146] 라고 평론하였다.

원옥배상운동이 직접적으로 청구한 요구는 국가배상법률 제정이었다. 1935년 5월 5일, 원옥배상운동위원회는 쑤저우에서 제1차 전체위원회를 열었다. 회의에서는 『원옥

---

146) 『신보』 1935년 5월 16일 자.

배상법초안』,『원옥배상운동사업대강』과 『원옥배상선언』을 심사, 채택하였다. 도합 16조로 된 『초안』은 원옥배상법률 관계의 성립, 배상의 의무 주체, 배상의 대상 및 배상의 절차 등을 상세하게 규정하였다.[147] 이것은 중국에서 인권 보장에 취지를 두고 원옥에 대한 국가 배상을 실현하기 위한 첫 번째 법률 초안이다. 1936년 5월 5일, 국민당은 『중화민국헌법초안』을 공포하였는데 『55헌초』라고 칭했다. 『55헌초』 제2장 인민의 권리와 의무에는 '무릇 인민의 자유 혹은 권리를 침해한 공무원은 법률 징계 외에 반드시 형사 및 민사 책임을 져야 하고 피해 인민은 법률에 따라 그로 인해 입은 손실을 국가에서 배상해 줄 것을 청구해야 한다'[148]고 국가배상제도에 관한 전문 조항을 넣었다. 이 조항에 의거해 1937년 1월 국민당중앙 정치회의는 입법원에서 원옥배상법 초안을 작성하기로 결정하였다. 초안은 6월 2일에 작성되었는데, 안건의 명칭(案名)은 『억울하게 구속되어 형벌을 받은 사건에 대한 보상법』이었다. 6월 25일 오후 입법원에서는 임시회의를 열고 이 초안을 심의하였는데, '법제, 형법 두 위원회에서 심사하도록 교부'하기로 결의하였다. 이 결정은 『원옥배상법』의 통과를 지연시켰다. 얼마 후 노구교(盧溝橋) 사변이 일어나고 항일전쟁이 폭발하면서 『원옥배상법』은 부득이하게 방치되었고 원옥배상운동도 자연히 끝나게 되었다.

원옥배상운동의 긍정적 결과 중 하나는 중국 역사상 최초의 국가배상법 초안의 작성을 추동하였다는 것이다. 『55헌초』 역시 국가배상 내용을 규정한 까닭에 임시약법 이외에 국민정부가 제정한 가장 훌륭한 한부의 헌법초안이라는 평가를 받을 수 있었다. 『억울하게 구속되어 형벌을 받은 사건에 대한 보상법(無罪被押受刑補償法)』은 비록 정식으로 반포, 실시되지 못했지만 원옥배상운동이 이미 민중의 인권구제의식을 환기시키고 무절제한 공권력에 경고의 경계선을 그어놓았다는 것만은 의심할 여지가 없다.

---

147) 1935년 6월 9일 『법률평론』 제12권 제32기 「원옥배상운동 금일 확대선전
    거행(冤獄賠償運動今日擧行擴大宣言)」 참조.
148) 『중화민국헌법초안』 제26조.

원옥배상운동은 인권에 대한 사람들의 인식이 문화와 개념에서 이미 제도로 상승하였고 인권의 제도성 보장을 추구하고 있다는 것을 표명하였다. 운동 발기자의 말을 빌리면 "만약 원옥배상제도가 없다면 이른바 인권 보장이란 허울 좋은 문명에 지나지 않는다."[149] 구제가 없는 인권은 허위적인 것이라는 인식은 인권 개념을 승화한 것이다.


## 3. 항일전쟁시기 '인권운동' 중의 '인권' 개념 (1)-인권은 곧 인간으로서의 권리와 요구


항일전쟁시기 대량의 문화인들이 홍콩으로 피난을 갔다. 1938년 초, 민주인사 주경문(周鯨文)이 홍콩에서 반 월간지 『시대비평(時代批評)』을 창간했다. 1941년에 『시대비평』 잡지는 인권운동에 관한 글을 공모하여, 「인권운동특간」(73기와 74기 합간)을 출판하였다. '인권운동의 이론', '인권을 박해한 사실', '인권운동을 어떻게 전개할 것인가', '인권운동의 광대한 의견' 등의 공간이 있는 특간에는 백여 편의 글이 실렸는데, 기본적으로 40년대 초 인권에 대한 사람들의 이해를 대표하였다.

인권의 주체에 대하여 그들은 인권 향유자의 범위를 반드시 확대해야 한다고 주장하면서 중국 특색이 짙은 '백성의 권리'를 제시하였다. 그들은 다음과 같이 지적하였다. "과거의 인권운동이 쟁취하고자 했던 것은 일부의 인류에 속하는 인권이었지 전체 인류에 속하는 인권이 아니었다." 지금의 인권운동은 노동대중의 인권에 특별히 주목하고 있다. 인권의 주체는 '계급을 불문하고 지위를 불문하고, 연령, 성별, 적관, 가정재산 등을 불문해야 한다. 무릇 사람이라면 인권을 향수 할 수 있다.' 그들은 부녀자들을 '집으로 돌아가라'고 한 당시의 논조 및 여직원 고용을 금지한 일부 정부 부문의 통령과 소식에 대하여 날카롭게 비판하면서 다음과 같이 요구하였다. "모든 직업부문은 일률적으로 여성들에게 개방하고

---

149) 1935년 6월 9일 『법률평론』 제12권 제32기, 「원옥배상운동 금일 확대선전 거행」 참조.

직업여성의 임신과 출산을 보다 확실하게 보호해 주어야 하며 보편적으로 탁아소를 설립하여 직업여성들의 어려움을 해소해 주고 독립적인 경제권을 쟁취하고 부녀의 구국의 자유를 보장해 주어야 한다."[150)

『인권운동강령』에서 주경문은 다음과 같이 말하였다. "우리―중국의 선량한 인민은 국가와 민족을 구하기 위하여, 자신의 사람으로서의 권리를 찾기 위해, 조국의 위기와 암흑 앞에서 분노의 외침을 부르짖지 않을 수 없으며 투쟁의 행동을 표시하지 않을 수 없다."『인권운동강령』은 인권은 '사람으로서의 기본적인 권리'라고 명확히 지적하면서 '사람으로서의 자격'으로 분투하여 대외적으로는 제국주의에 반항하고 침략에 저항하며, 대내적으로는 봉건세력과 전제독재에 반항하고 절대주의의 문화사상의 통치와 사람이 사람을 착취하는 경제제도에 반대할 것을 호소하였고 '사람으로서의 신성불가침범의 권리'를 요구하였다. 『인권운동강령』은 사람과 사회, 국가와의 관계를 분석하면서 다음과 같이 생각하였다. 인간사회의 가장 숭고한 의의는 바로 사람마다 원만하고 유쾌하게 살고 사람답게 사는 것이다. 오직 사람마다 사람답게 살 수 있어야 이 사회에는 비로소 광명이 있게 된다. 국가는 사람을 위해 존재하지만 사람은 국가를 위해 존재하는 것이 아니다.

사람마다 모두 자기를 위해 살고 동시에 남을 위해 산다. 사람다운 '사람'으로 살려면 '인간의 자격과 국민의 신분'으로 공공생활 중에서 개인의 생명권, 신체자유권, 거주자유권, 사상자유권, 언론출판자유권, 신앙의 자유권, 집회결사의 자유권, 직업자유권, 공개심판권, 폭력반대권, 최저생활재료 향유권, 국가사무관리권 등 권리를 누려야 한다. 이것은 사람의 기본 권리이고 사람으로서의 권리이다. 이런 권리가 없다면 사람은 사람답게 살 수 없다. 이런 권리가 보장되면 비단 사람이 사람답게 살 수 있을 뿐만 아니라 비로소 사회가 진보하고 문화가 개방될 수 있으며 민족의 해방을 기대할 수 있고 국가의 강성에 정확한 토대가 마련될 수 있다.

---

150) 조국지(曺國智), 『여성과 인권운동』

인권의 근원 문제에서 『인권운동특간』에 실린 글들을 보면 당시 대다수 작자들은 천부인권에 대해 비판적인 태도를 가지고 있었다. 이를 테면 장우어(張友漁)는 다음과 같이 지적하였다. "당시의 반봉건압박 민주혁명운동에서 천부인권설이 확실히 악의 세력을 공격하는 위대한 작용을 하였다. 하지만 그것의 이론기초와 사실근거를 오늘날의 시각으로 볼 때 모두 튼튼하지 못하다. 민권은 자연적인 산물이 아니라 역사적인 산물이고 하늘에서 내려준 것이 아니라 인간의 투쟁으로 이뤄낸 성과이다. 이런 주장은 이론적으로든 사실적으로든 모두 정확하다."[151] 그들은 천부인권이라는 이 '형이상학적 색채가 짙은' 이론은 위대한 역사적 공적이 있긴 하지만 또 결함도 있다고 하면서 "인권은 당연히 정치적이고 비 자연적인 것"이기에 'Natural right'는 반드시 'Political right'로 대체되어야 한다고 주장하였다.

『시대비평』잡지는 전문적으로 하나의 난을 개설하여 언론, 출판, 연구, 강연 등 각 방면에 대한 제한을 포함한 인민의 권리에 대한 국민당정부의 침범을 비판하였다. 인권 운동중의 글들을 보면 당시 '인권', '자유', '민주', '사회주의' 등은 모두 호소력이 강한 개념이었고 인권의 개념은 이미 널리 퍼지고 인심에 침투되었으며 사람들이 관심을 갖는 인권문제는 정치, 경제, 문화 등 각 방면과 사회 각 계층에 미치었고 주목하고 있는 문제들은 모두 아주 현실적이었다. 하지만 인권에 대한 기본 이론문제는 기본적으로 그다지 깊이있게 토론이 전개되지 못하였다. 마르크스주의자와 자유주의자가 이 관점에서 가지고 있는 인권개념은 아주 비슷해서 우리는 이미 일반적인 표준—이를테면 자유주의자는 '제1대인권'이 '제2대인권'보다 우선적이라고 주장하나 마르크스주의자는 이와는 반대라는 것, 자유주의자는 자유권을 주장하나 마르크스주의자는 생존권을 주장한다는 것 등—으로는 구분하기 어려웠다. 기껏해야 폭력혁명으로 사유제를 소멸시키고 사회주의를 실현하려 하느냐 아니냐는 현실 인권의 경로로 구분할 수 있을 뿐

---

151) 주경문(周鯨文), 『인권운동과 삼민주의』.

이었다. 상술한 특징은 대체로 두 가지 원인에서 비롯되었다. 그 하나는 항일통일전선의 건립으로 인해 인권과 같은 민감한 정치문제에서 각 파의 사상 주장이 중간화(中間化)에로 기울어졌기 때문이고, 다른 하나는 당시 중국에 나타난 인권개념이 이미 세계와 보조를 맞췄기 때문이었다.

항일전쟁시기 서방의 인권은 이미 제2단계로 발전하였다. 다시 말하면 제1대인권, 즉 공민의 정치권리를 요구하던 것에서부터 제2대인권, 즉 경제, 사회, 문화 유형의 권리를 요구하는 것으로 발전하였다. 『인권운동특간』의 작자들은 항일전쟁시기 중국의 인권운동은 어디서부터 시작되었고 무엇을 주로 요구해왔는가에 대해 토론을 벌였다. 일부 사람들은 인민들의 생활이 엉망이기는 하지만 제일 결여되어 있는 것은 정치권리, 더욱이는 언론자유, 집회자유, 결사자유 등의 권리라고 인정하면서 중국의 인권운동은 처음부터 다시 시작해야 한다고 주장하였다. 이를테면 김중화(金仲華)는 『보장여론과 보장인권』에서 사상과 언론자유는 바로 가장 기본적인 인권인데, 이 기본적인 인권이 제한을 받으면 인류는 정신적 죄수가 되어 영혼을 잃은 꼭두각시가 되고 만다고 했다.

대부분 작자들은 제1대인권의 중요한 작용을 긍정하는 동시에 목전의 인권운동은 후자에 좌표를 정해야 한다고 생각하였다. 사회주의 사조는 당시 중국의 인권관념에 대해 영향이 아주 컸다. 『인권운동특간』은 비교적 보편적으로 무산계급(혹은 노동대중)의 경제권리, 생존권리 및 권리의 실현에 눈길을 돌렸다. 주경문은 『인권운동강령』에서 가장 중요한 것은 '사람이 사람을 착취하는 경제제도를 반대하는 것'이라고 말했다. 심지원(沈志遠)은 현재 인권운동의 특징을 분석하면서 다음과 같이 지적하였다. "20세기의 인권운동과 과거의 인권운동을 비해보면 성질, 규모, 임무와 대상이 모두 다르다. 20세기 인권운동의 주도권은 산업서민계급의 손에 쥐어져있고 그 대상은 국내의 횡포자가 아니라 전 세계 인류를 통치하고 노역시키는 폭력통치와 금융귀족이다. 오직 사람에 대한 사람의 착취가 소멸되어야만 비로소 인류가 진정으로 자유평등을 얻었다고 말할 수 있다."[152]


## 4. 항일전쟁시기 '인권운동' 중의 '인권' 개념 (2) - 인권과 항전

　인권운동 중에서 인권과 항전 관계는 하나의 중요한 주제이다. 수많은 글들은 당시 인권 보장이 무시된 사실을 직설적으로 폭로하고 자신과 다른 성향을 배척하고 항전을 이류로 인권을 제한한 정부를 비평하면서 다음과 같이 인정했다. 인권은 항전을 저해하는 것이 아니라 항전을 추진한다. 인권은 항전 역량의 통합과 증강을 추진한다. 항전을 끝까지 지키려면 그 누구든 기시, 배척, 박해를 당해서는 안 되며, 무엇보다도 먼저 국민에게 당연히 있어야 할 모든 권리를 쟁취해야 한다.

　이를테면 모순(茅盾)은 다음과 같이 말했다. "피 점령지구에서의 적들의 기만과 마취 공작은 실속 있는 선전으로 저지할 수 있다. 백성들은 비록 학문이 없지만 인간과 노예를 구분할 수 있기에 적들은 백성을 노예로 만들려고 하지만, 우리는 백성을 인간이 되게 하려 하고 인권을 부여해 자신의 주인이 되게 하려 한다는 것을 알고 있다. 자신을 위해 싸운다는 것을 알게 하는 것이 바로 항전을 지구적으로 전개하는데 필요한 길이다. 그렇기 때문에 오늘날 인권운동을 제시하는 것은 바로 항전의 역량을 강화하기 위한 것이다."[153] 추도분(鄒韜奮)은 『당파와 인권』이라는 글에서 '이당분자(異党分子)'를 압박하고 학대하는 국민당을 비평하면서 "인권이 반드시 보장되어야 비로소 당파 단결이 공고하게 될 수 있고 당파가 단결, 합작해야 인권이 확실히 보장되도록 계속 보증할 수 있다"고 생각하였다. 그들은 당시의 항전은 '당에서 주체하는 항전'이고 중국은 '이름만 민주이지

---

152) 심지원(沈志遠), 『인권운동과 민족해방』.
153) 모순, 『인권운동은 항전을 가강하는 힘(人權運動就是加强抗戰的力量)』.

기실은 독재'라고 풍자하고 비난하였다.

한유동(韓幽桐)은 다음과 같이 지적하였다. "인권은 민주정치의 기본 내용이고 인권운동은 민주정치의 초보운동과 계몽운동이다. 인권운동은 기필코 민주운동으로 발전하고 민주운동도 흔히 인권운동을 토대로 한다. 설령 외부 침략에 항거하는 심각한 시기라고 하더라도 인권과 민주는 의연히 추구할만한 가치가 있다." 한유퉁은 또 전쟁기간의 정치는 독재에 적합한 것이지 민주에는 적합하지 않고 인권은 더구나 보장할 필요가 없다는 일부 사람들의 관점에 대해 반박하면서 다음과 같이 생각하였다. "당전의 항전 중에서 인민과 국가의 이익은 모순되는 것이 아니라 일치하는 것이며, 인권 보장도 국가를 방해하지 않는 외침에 저항하는 행동이다. 오직 인권이 보장되어야 비로소 인민들로 하여금 국가에 대한 의견을 대담히 말할 수 있고 지혜를 모으고 인력을 집중하여 공동으로 외래의 침략에 항거하도록 할 수 있다."[154] 항전시기에 있어서 헌정건설은 비단 정지해서는 안 될 뿐만 아니라 오히려 더욱 강화하고 바싹 관철해야 한다.

인권은 사람들의 노력으로 쟁취해야 한다. 인권을 쟁취하는 수단에 대해 여러 가지 주장이 있다. 어떤 사람은 법률의 범위 내에서 합법적인 수단으로 인권을 쟁취할 것을 주장하고 어떤 사람은 폭력혁명으로 인권을 쟁취할 것을 주장하며, 또 어떤 사람은 사유제를 폐지하고 사회주의 길을 걷는 것으로 인권을 쟁취할 것을 주장한다. 기본적으로 자유주의 인권관과 공산주의 인권관으로 구분할 수 있다. 이를테면 동추수(董秋水)는 『인권투쟁논』에서 인권을 쟁취하고 보장하는 기본적인 출발 원칙은 일체 인민과 전투에 속하는 것이 일체를 결정한다고 주장했다. 그는 다음과 같이 인정했다. 만약 경제토대, 생산관계, 경제기구로부터 문제를 해결하지 않는다면 이 사회를 변화시킬 방법이 없다. 오직 모든 착취계층과 특권계급을 소멸시켜야만 비로소 사람들이 해방이 될 수 있고 진정한 인권을 취득할 수 있다. 그는 노예를 원치 않는 모든 사람들이 일어나 대외 항전과 대내

154) 한유동, 『인권운동과 민주정치』.

정치투쟁에 적극적으로 뛰어들 것을 호소했고 민족해방, 민족독립, 민주자유, 민생행복으로 사람으로서의 권리를 쟁취할 것을 요구했다. 그 외 『인권운동특간』의 작자들은 흔히 점진적인 합법적 투쟁에 의한 개혁을 주장한 것이 아니라, 한꺼번에 문제를 모두 해결하여 '철저하게 인권을 실현'하기를 희망했다.

## 5. 중국민주동맹의 '인권' 개념 (1) - 인권의 민주화

중국민주동맹은 신민주주의혁명시기에 성립된 하나의 애국민주당파로서 중국민주당파의 한차례 연합이었다. 중국민주동맹은 탄생된 날부터 인권보장과 헌정실행을 자신의 소임으로 삼고 그것을 위해 게으름 없는 노력과 투쟁을 해왔다.

중국민주동맹의 최초의 조직형식은 통일건국동지회였는데, 1939년 10월에 황염배(黃炎培), 양수명(梁漱溟), 장백균(章伯鈞), 심균 등 항일을 주장하는 당파 지도자와 장란(張瀾) 등 사회 명인들에 의해 중경에서 성립되었다. 같은 해 11월 23일, 청년당, 제3당, 구국회, 직교사(職敎社), 향건파(鄕建派), 무당파 인사의 일부 책임자들이 공동으로 황염배를 주석으로 추대했고, 『통일건국동지회간장(統一建國同志會簡章)』과 『통일건국동지회신약(信約)』을 토론, 제정하였다. 『간장』에는 이 회는 "통일을 공고히 하고 적극적으로 나라를 건설하는 것을 목표로 한다"고 명확히 표명하였다.[155] 『신약』은 다음과 같이 규정하였다. "중국에는 금후 오로지 건설로 혁명을 완성하고 진보로부터 평등에 이르며 일체 국내의 폭력투쟁 및 파괴행동에 반대하는 것만 필요하다. 헌법이 반포된 후 즉시 헌정을 실시하고 헌정정부를 성립한다. 무릇 헌법을 준수하는 각 당파는 일률적으로 평등한 지위로 공개적으로 존재한다. 모든 군대는 국가에 속하며 통일적으로

---

155) 『중국민주동맹역사문헌』, 문사자료출판사, 1983, 1쪽.

지휘하고 통일적인 편제를 갖는다. 정권 혹은 무력으로 당의 사무를 추진하는 것에 찬성하지 않으며 내전을 일체 반대한다. 사상학술의 자유를 존중할 것을 주장한다."[156] 통일건국동지회 문건 중의 일부 규정은 인민의 결사자유와 학술자유를 주장한 민주동맹 최초의 인권 이념을 체현하였다. 이런 자유는 민주동맹 성립의 취지였고 국민당 당국이 일당독재를 실시하고 자기와 다른 경향을 타격하고 배척한 정책에 대한 반항이었다.

　　1941년 1월, 국민당 수구파들은 거리낌 없이 국내외를 놀라게 한 '환남사변(皖南事變)'을 일으켰다. '각 소당파와 중간파들은 국민당에 대해 크게 실망하면서 민주와 반 내전을 위해 단결해야 할 필요성을 심각하게 느꼈다.'[157] 그리하여 통일건국동지회에서는 중국민주정단동맹으로 확대, 개편하기로 결정하였다. 동맹의 정치주장을 선전하기 위하여 중국민주정단동맹의 중앙상무위원 양수명은 9월 18일 홍콩에서 동맹의 기관지 『광명보(光明報)』를 창간했다. 『광명보』는 항일을 선전하고 타협에 반대하면서 항전 건국은 국민의 공동대업이라고 호소하였고 민주를 실행하고 법치를 이행할 것을 요구하였으며 목전의 제일 절박한 요구는 국내 단결을 강화하는 것으로 민주정신은 단결의 근본이고 정치상에서 민주를 실현하는 것은 국가 단결의 전제라고 생각하였다. 그리고 "먼저 언론의 자유를 정신적인 스스로의 노력"[158]로 삼을 것을 주장하면서 학술자유, 언론, 출판, 집회, 결사 등 자유를 존중하고 보장해줄 것을 요구하였다. 10월 10일 이 신문은 『중국민주정단동맹성립선언』,『시국에 대한 중국민주정단동맹 주장 강령』 등 중요한 문헌을 발표하여 인권 보장을 목적으로 하는 중국민주정단동맹의 정치주장과 투쟁목표를 선포하고 인민들이 정치, 경제, 군사, 사회 각 방면의 권리와 자유를 향수하도록 보장해 줄 것을 정부에 요구하였다. 『광명보』는 인권사상을 선전하고 인권을 박해한 국민당 당국의 행실을 적발하면서 인민들의 권리 의식을 크게 계발시켜주었다.

---

156)　『중국민주동맹역사문헌』, 223쪽 참고.
157)　『환남사변』(자료선집), 중공중앙당교출판사, 1982.
158)　『중국민주동맹역사문헌』, 4쪽.

민주운동의 발전에 적응하고 민주정단동맹의 응집력을 추진시키기 위해, 1944년 9월 19일 중국민주정단동맹은 중경의 상청사 특원(上淸寺特園)에서 전국대표회의를 열고 동맹의 단체회원제를 취소하고 동맹조직에서 '정단'이라는 두 글자를 삭제하여 '중국민주동맹'이라고 고치기로 결정하였으며, 『중국민주동맹강령(초안)』을 토론, 채택하여 '진짜 순수한 민주국가를 건립'할 것을 주장했다. 중국민주동맹의 성립은 중국의 민주당파가 연합하여 인권사상을 선전하고 정부에서 확실하게 인권을 보장할 것을 호소하기 시작했음을 나타낸다.

중국민주동맹은 임시 전국대표대회의 정치보고에서 '사회 모든 정치, 경제 조직은 인류가 사람답게 사는 목적에 이르기 위한 도구에 지나지 않으며, 사람은 모든 조직, 모든 제도의 주인'[159]이라고 공언함으로써 개인주체지위를 중심으로 하는 인권관을 표명하였다.

중국민주동맹은 다음과 같이 생각하였다. '민주'라는 이 낱말을 원래 '민중통치'라는 의미이다. 민주는 인류생활의 하나의 방식이고 인류가 사람답게 사는 하나의 이치이다. 민주제도는 사람은 자신의 주인이고 사람의 존엄과 가치는 평등하며 사람마다 사람답게 살 기회는 당연히 평등해야 한다는 것을 인정한다. 사람마다 자유평등의 권리를 가지는 것, 사람마다 자신의 주인이 되어 사람답게 사는 목적에 이름으로써 모든 사람들로 하여금 최대의 발전을 이루도록 하는 것, 이것이 바로 민주이다. 이 사회에서 사람마다 사람답게 살고 사람마다 자신의 주인이 되며 모든 정치, 경제 조직이 이 목표의 실현을 위한 도구가 되는 것, 이것이 바로 민주이다. 인민은 국가의 주인이고 인민이 국가를 세우는 유일한 목적은 오로지 전체 인민의 복리를 도모하는 데 있다.[160] 이 목적을 이루기 위해서는 인민들이 정부를 만들어 인신, 사상, 신앙, 언론, 출판, 집회, 결사 등의 자유를 보장해야 한다. 정부의 존재는 바로 전체 인민의 복리를 도모하기 위한 것이기에 반드시 전체 인민이

---

159) 『중국민주동맹역사문헌』, 75쪽.
160) 『중국민주동맹역사문헌』, 74~75쪽 참고.

소유하고 관리하고 향유해야 하지, 한 사람 혹은 일부의 사람이 독점하고 혼자만 누리게 해서는 안 된다. 중국의 인권이 무참히 짓밟힌 현실에 근거하여, 중국민주동맹은 정치, 경제, 사회 등 각 방면에서의 인민의 기본 권리를 확실하게 보장해 줄 것을 국민정부에 요구하였다. 민주동맹은 목전 중국의 "정치, 외교, 군사, 경제, 재정 및 문화교육 모든 분야에 문제가 존재하고 있으므로 가령 여러 방면으로부터 철저히 개선하지 않는다면, 그 결과는 국가 전반이 전쟁시기와 전쟁 후에 극히 좋지 않은 영향을 받게 될 것"[161]이라고 생각하였다. 그러므로 중국을 '진짜 순수한 민주국가'로 만들어야 한다는 민주동맹의 제의는 사회 각 방면에서 모두 민주화를 해야 한다는 것을 말한다.

국민당 일당 독재의 잔혹한 현실을 감안하여 중국민주동맹은 인민의 정치권을 첫 번째에 놓고 정치가 민주화하고 당의 통치를 결속하고 인민의 각항 정치적 권리를 보장할 것을 주장하였다. 『중국민주동맹강령(초안)』 제1조에는 "민주국가는 인민을 주인으로 하고 인민의 공공복리를 국가의 목적으로 하며 그 주권은 인민에게 속해야 한다."[162] 인민에게는 당연히 선거와 피선거의 권리가 있어야 한다고 명확히 규정하였다. 민주동맹은 다음과 같이 생각하였다. "선거를 민주정치의 토대로 하고 민의기관의 대표 및 지방자치의 관리에 대하여 반드시 진정한 민주선거를 실시해야 한다. 국가는 반드시 건전하고 양호한 선거제도를 건립하고 당부에서 선거를 조종하고 관리가 선거를 조작하는 악폐를 뿌리 뽑아야 한다."[163] 국민당 당국이 일당 독재를 실시하면서 혼자서 정권을 쥐락펴락하는 까닭에 "현재 모든 민의기관의 대표는 모두 당부와 정부에서 지정하거나 동그라미를 쳐서 확정[164]하고 나랏일이 하나의 당에 독점되고 재능 있는 인재를 끌어들이지 못하고 양호한 건설이 실행되지 못하여 민주는 어떤 형태로 바꾸든 간에 사실상 허울 좋은 이름뿐인

---

161) 『중국민주동맹역사문헌』, 258~330쪽.
162) 『중국민주동맹역사문헌』, 26쪽.
163) 『중국민주동맹역사문헌』, 16쪽.
164) 『중국민주동맹역사문헌』, 16쪽.

결과"를 불러왔다. 그러므로 국가는 건전하고 양호한 선거제도를 건립해야 하고 국민당 당국은 반드시 일당 독제를 포기해야 하며 선거에 간섭하거나 선거를 조종하지 말고 진정한 민주선거를 실행해야 한다. 대표에게 학력자격의 제한을 두지 말고 '참의회 및 향진대표 시험제도'[165]를 취소하여 민의기관의 대표가 진정으로 민의를 대표할 수 있게 하는 것은 "천하를 공정하게 하는 준칙으로 현명하고 능력 있는 자를 선거할 수 있는"[166] 길이다.

민주동맹은 다음과 같이 생각하였다. "경제의 민주화란 정부의 그 어떤 정책이든 절대 한 사람의 뜻에 따라 독단하고 독행할 것이 아니라, 반드시 민중의 건의를 들어야 한다는 것을 의미한다." 인민에게는 정부의 경제, 재정 정책에 대해 알 권리가 있다. 민주동맹은 다음과 같이 주장했다. "재정은 무조건적으로 공개해야 하고 무릇 예산, 결산 및 인민에게 부담을 가중시키는 조치는 반드시 현재 존재하는 민의기관에 교부하여 심사, 통과시켜야 한다. 조세 증가, 공채 모집 및 강제성을 띤 저축 등 사항은 반드시 민의기관의 동의를 얻어야 한다."[167] 민주동맹은 인민의 경제 권리가 짓밟히는 대신 소수의 관료자본이 전쟁 중의 어수선한 틈을 타서 재산을 많이 불리는 현실을 직접 목격하고 나서 국가는 인민의 생존권, 사업권, 휴식권을 보장해 주어야 하고 경제의 민주화를 실현하여 다 같이 재부를 모으도록 해야 하며, 빈부 차이를 소멸하여 인민이 경제상에서 평등하도록 보장해 주어야 한다고 소리쳤다. 『중국민주동맹강령(초안)』 제2조에서는 인민의 사유재산을 확인하고 국유 및 공유 재산을 확립하면서 다음과 같이 규정하였다. 자신의 사유재산에 대한 인민의 권리는 당연히 법률로 명확히 규정해야 하지, 그 어떤 당파나 조직이 명령이나 법령으로 인민의 자유재산권을 제한해서는 안 된다. 인민에게는 생존권, 사업권과 휴식권이 있어야 한다. 국가는 "인민의 생존권, 사업권과 휴식권을 보장해야 하고 원유 지방의 단체 혹은 친속관계의 기초를 잠시 빌려 노약자, 홀아비와 과부, 고아와

---

165) 『중국민주동맹역사문헌』, 8쪽.
166) 『중국민주동맹역사문헌』, 16쪽.
167) 『중국민주동맹역사문헌』, 33쪽.

독거노인, 장애자의 생활을 도모해 주어야 한다."[168] 민주동맹은 다음과 같이 생각하였다. 인민의 사회 지위에 관심을 기울이고 인민의 사회권리를 보장해 주는 것은 민주국가의 하나의 중요한 표지이다. 이것이 바로 사회권의 민주화이다. 인민은 당연히 교육을 받을 권리를 누려야 한다. 교육의 목적은 "독립적인 인격을 양성하고 선량한 기풍을 육성하며 민주정신을 발전"시키는 데 있다. 민주동맹은 다음과 같이 제시했다. "인민이 교육평등의 권리를 누리도록 보장해야 한다. 초등교육은 일률적으로 강제적으로 입학시키고 중학교 교육은 되도록 일반화하며 빈곤한 우수 청년들에 대해서는 고등교육을 받도록 보장해야 한다." "정부는 당연히 현실적으로 계획을 제정해야 한다. 한정된 기한 내에 문맹을 철저히 퇴치하고 여러 가지 형식의 보충교육을 적극적으로 널리 보급해야 한다." "보편적으로 직업학교를 설립하여 국가 공업화의 수요에 적응해야 한다."[169] 인민에게는 나라로부터 도움을 받고 구제를 받을 권리가 있어야 한다. 국가는 "민족의 우생(优生)을 창도할 직책을 감당해야 하며, 아울러 공공위생사업 보급에 전력을 기울이고 공공의료제도를 건립하여 인민의 의약 및 휴양의 공급을 감당해야 한다." "국가는 당연히 사회의 모든 보험사업을 처리하고 질병, 사망, 노년, 장애, 실업, 임신 등 보험정책을 추진하여 인민 생활의 안전을 보장해야 한다."[170] 1945년 1월 15일, 민주동맹은 『장개석의 신년문고 발표에 대한 시국선언(對蔣介石新年文告發表時局宣言)』을 발표하여 국가는 당연히 "인민의 최저생활을 보장하고 사병 및 공무원의 대우를 개선하며 전시와 전후의 재해민에 대하여 통일적인 구제를 해 주어야 한다"[171]고 한발 더 나아가 주장했다.

---

168) 『중국민주동맹역사문헌』, 28~29쪽.
169) 『중국민주동맹역사문헌』, 29~30쪽.
170) 『중국민주동맹역사문헌』, 30쪽.
171) 『중국민주동맹역사문헌』, 37쪽.

## 6. 중국민주동맹의 '인권' 개념 (2) - 인권의 제도화

중국민주동맹은 '진짜 순수한 민주국가를 건립'하는 것은 인권 보장의 토대와 전제이고 오로지 민주제도 하에서만 비로소 인민의 권리와 자유가 실현될 수 있다고 생각하였다.

민주동맹은 중국에서 인권을 실현하고 보장하려면 무엇보다 먼저 민주제도를 건립하고 국민당의 일당독재를 폐지해야 한다고 하면서 중국에서 인권을 저해하는 최대의 장애가 바로 국민당의 당치(党治)정책과 장개석 개인의 급격한 팽창과 유아독존이라고 생각하였다. 민주동맹 주석 장란은 『중국에는 진정한 민주정치가 필요하다(中國需要眞正民主政治)』라는 글에서 국민당 당국이 신령처럼 받드는 '당치(党治)'의 본질에 대하여 다음과 같이 폭로하였다. "당치란 무엇인가? 당치란 결코 정당의 정치가 아니다. 그것은 기타 당의 존재를 원하지 않을 뿐만 아니라 기타 당의 존재를 부정하는 것이다. 당치는 어느 한 당이 정권을 잡은 후 '당이 나라를 다스리는 것'을 높이 부르짖으면서 일당독재를 실행하고 국가를 당의 소유로 간주하는 것이다." 그러므로 '당치'의 본질은 바로 "당이 곧 국가라는 것이고 이른바 '짐은 곧 국가다(朕卽國家)'라는 것과 조금도 다를 것 없다."[172] 말로만 '당치'이지 기실은 독재인 것이다. 언론, 사상, 출판에 검사와 통치를 실시하고 당화(黨化)교육을 실시하며 학교 내에 특무기구를 설치하여 민주, 자유를 선전하는 교원과 학생들을 제멋대로 체포하고 사사로이 심판기구를 설치하여 제멋대로 인주인사들을 처벌하는 등의 자유를 짓밟고 공포를 조성하는 국민당 당국의 행위에 초점을 맞추어 민주동맹은 즉시 당치를 끝내고 민주적인 정부를 건립할 것을 주장했다.[173] 1944년 9월 19일 전국대표회의에서 채택된 『중국민주동맹강령(초안)』에서 중국민주동맹은 중국 인권보장제도에 대한 구상을 집중적으로 논하였고 인권보장을

---

172) 척여고(戚如高), 변도(潘濤), 『장란과 중국민주동맹』, 광동인민출판, 2004, 91쪽.
173) 『중국민주동맹역사문헌』, 31쪽.

가치방향으로 하는 헌법을 제정하고 헌법을 토대로 하여 국가 기구를 다시 건립하며 인민이 직접 혹은 간접적으로 국가를 관리하는 권리를 행사하게 할 것과 정당의 합법화, 평등화, 그리고 국가의 법치화를 제시하였다. 거기에는 다음과 같은 구체적인 조치가 포함되었다. 첫째, 입헌정치를 실행하고 헌법을 제정하여 헌정을 실시하며 법치를 엄격히 실행한다. 민주동맹은 다음과 같이 주장했다. "한 나라에는 당연히 기본 대법이 있어야 한다. 하루 빨리 인민의 권리, 의무와 정부의 권한, 책임과 관련되는 민주헌법을 반포, 시행해야 한다. 헌법의 제정에는 반드시 국민대표가 약간의 사람을 추천하여 의정에 참여하게 해야 하며 국민대회에서 결정하고 반포하여 전국적으로 상하를 불문하고 공동으로 준수해야 한다.

즉 일국의 원수라고 해도 역시 엄격하게 준수해야 하지 자기의 뜻에 따라 법률을 고쳐서는 안 된다."[174] 그 어떤 사람 혹은 정당이든지 반드시 법률의 규정에 따라 행사해야 하지 명령으로 고치거나 법률을 어겨서는 안 된다. 둘째, 정당 지위의 합법화, 평등화를 실시하고 각 당파의 공개적인 활동 권리를 인정하며 정당 활동의 합법화를 규정한다. 민주동맹은 다음과 같이 생각하였다. 만약 한 나라가 "정권을 잡은 집정당을 제외하고 기타 재야당파의 합법적인 존재를 허용하지 않는다면 공개적인 정당은 비단 정치활동에서 그들을 제한할 뿐만 아니라, 심지어는 사회사업에 종사하거나 기타 정당한 직업에서 마저 당파적 관계로 말미암아 분명하게 차별을 받게 한다."[175] 이것은 민주국가가 아니다. 민주동맹은 다음과 같이 생각하였다. 국민당 당국은 반드시 즉시 일당독재를 끝내고 당파금지를 해제하며, 각 당파의 공개적이고 합법적인 지위를 인정하고, 즉시 모든 정치범을 석방하고 당파회의를 소집하여 전쟁 시기에 거국적으로 일치하는 연합정부를 마련해야 한다.[176] 각 당파는 책임을 지는 원칙에 입각하여 참정, 의정하여 자유롭게 언론을 발표하고 당파관계의 제한 혹은 사법기관의 처벌을 받지 않아야 한다. 셋째, 지방자치를

---

174) 척여고, 번도, 『장란과 중국민주동맹』, 앞의 책, 93쪽.
175) 『중국민주동맹역사문헌』, 18쪽.
176) 『중국민주동맹역사문헌』, 36~37쪽.

실행한다. 민주동맹은 다음과 같이 주장했다. 중국은 지방자치를 실행한다. 현급 이하는 자치를 실행하고 인민의 보편선거로 선출된 대표가 직접 지방을 관리하는 권력을 행사하다. 현급 이상에는 현 의회, 성 의회를 설치하고 중앙에는 국회를 설치함으로써 인민을 대표하여 주권을 행사한다. 민주동맹은 다음과 같이 인정했다. 지방자치는 민주정치의 토대이다. 지방자치를 실행하는 것은 인민이 국가관리 직권을 행사하도록 양성하고 인권의식을 양성하는 데 대하여 적극적인 의의가 있다. 국가는 보편선거제도를 실행하여 "민중대표는 반드시 민주의 자유의지에 의해 직접 선거하게 해야 하지, 한 당의 당부인원과 같은 정부의 관리가 지정하고 명단에 따라 추천하거나 두 배로 추천한 후 다시 당과 정부에서 동그라미를 쳐서 결정하지 못하게 해야 한다."[177] 넷째, 분권원칙과 의회제 원리에 따라 국회, 대통령, 부대통령, 행정원, 대리원, 문관원을 선출하여 국가관리 직책을 나눠서 실행한다.

국회는 인민을 대표하여 주권을 행사하는 최고 기관으로서 참의원과 중의원으로 구성되는데 법률을 제정하고 예산을 통과시키며 선전포고와 전쟁결속을 결정하고 관리의 탄핵과 파면 및 헌법이 부여한 기타 직권을 가진다. 참의원은 각성 의회 및 각 소수민족자치기구에서 선거한 대표로 구성하고 중의원은 전국 인민이 직접 선거한 대표로 구성한다. 국가에는 대통령, 부대통령 각각 1명을 두는데 국호, 성 의회 및 각 소수민족자치기구에서 공동으로 선거하여 선출한다. 국가에는 행정원을 설치한다. 행정원은 행정의 최고기관이다. 행정원에는 원장 1명을 두는데 대통령에 인선을 제출하고 행정원을 구성할 권리를 부여한다. 행정원 원장은 중의원이 책임진다. 국가에 대리원을 설치한다. 대리원은 최고의 사법기관이다. 대리원에는 원장 1명을 둔다. 원장 및 전국 법관은 모두 종신 직업이다. 사법은 절대적으로 독립되어 행정 및 군사의 간섭을 받지 않는다. 국가에 문관원을 설치하여 문관의 시험응시, 임용, 관직 수여, 실적평가, 봉급,

---

177) 척여고, 번도, 『장란과 중국민주동맹』, 앞의 책, 93쪽.

승천, 징계, 퇴직휴양, 양로 등의 사무를 맡아서 관리하고 국가의 문관제도를 정립하며, 문관 선발에서 공개경쟁 시험제도를 실시하여 시험을 거치지 않은 자는 임용하지 못하게 한다. 문관원 원장 및 전국 사무관은 반드시 각 당파를 초월해야 한다. 다섯째, 군대의 국가화를 실현한다. 민주동맹은 다음과 같이 주장했다. 중국의 역사가 증명하다시피 "중국은 통일에서 흥하고 분열에서 망한다."[178] 국공 양당의 모순과 혼란은 그 이해관계가 이미 "양 당 뿐만 아니라 더 나아가 전반 민족의 운명에까지 영향을 미쳤다." 그러므로 "군대는 국가화 되어야 한다. 군대가 국가에 속해야 한다는 것은 군인은 오로지 국가에 충성해야 하지, 그 어떤 개인에 속하여 사유화되어서는 안 되며, 그 어떤 당파에 속하여 사유화되어서는 안 된다는 것이다."[179] 민주동맹은 "인민은 오로지 국가를 보위하는 대외전쟁에서만 군대에 참가하고 세금을 바칠 의무가 있지 내전이 진행될 때, 그 어떤 명령에도 복종해야 할 책임은 절대적으로 없다"[180]고 주장했다.

---

178) 『중국민주동맹역사문헌』, 앞의 책, 6쪽.
179) 『중국민주동맹역사문헌』, 앞의 책, 38~39쪽.
180) 『중국민주동맹역사문헌』, 앞의 책, 39쪽.

## 신중국 수립 전 중국공산당의 인권 호소 - 『신화일보』 의 '인권'을 위주로

중국공산당은 창립 초기에 벌써 인권의 구호를 우렁차게 외쳤고 인권의 깃발을 높이 추켜들었다. 1949년 이전에 중국공산당은 소비에트지역, 섬감녕변구(陝甘寧)와 해방구 등 세 개의 집정시기가 있었는데, 인권, 입법 방면에서 일정한 성적을 거두었다.[181] 『중화소비에트공화국 헌법 대강』,『섬감녕변구 시정강령』,『섬감녕변구 헌법 원칙』 중에서 중국공산당 영도하의 인민이 누릴 기본 권리를 규정하였고 일부 혁명근거지에서는 전문적으로 인권보장 방면의 법률문건을 제정하였다. 이를테면

---

181) 국민당도 인권 입법 방면에서 업적을 쌓았다. 국민당에서 초안을 작성한 헌법성 문건에는 1930년의 『타이위안확대회의 약법초안』, 1931년의 『중화민국훈정시기 약법』, 1934년의 『중화민국헌법 초안』, 1936년의 『중화민국헌법 초안』(즉 『55헌초』), 1946년 국민대회에서 채택하고 1947년에 정식으로 효력이 발생한 『중화민국헌법』 등이 있다. 이런 헌법성 문건에서 기본 권리와 자유는 모두 제1장 '총강'의 뒤인 제2장에 규정되어있고 모두 '인민의 권리, 의무'라는 표제를 달았고 내용도 대체로 비슷했다. 1936년의 『중화민국헌법 초안』 이 규정한 기본 권리는 아주 상세했는데, 다음과 같은 내용을 담고 있다. (1) 평등권. 중화민국 국민은 남여, 종족, 종교, 계급의 구별이 없이 법률상에서 일률적으로 평등하다. (2) 인신자유권. 인민은 신체의 자유를 가지고 있고 법률에 의거하지 않으면 체포, 구금, 심문 혹은 처벌을 하지 못한다. (3) 군사재판을 받지 않을 권리. 인민은 현역군인을 제외하고 군사재판을 받지 않는다. (4) 거주자유. 인민은 거주의 자유를 가진다. 거주 처소는 법률에 의거하지 않으면 침입, 수색, 차압하지 못한다. (5) 이전의 자유. 인민은 이전의 자유를 가진다. 법률에 의거하지 않으면 이전을 제한하지 못한다. (6) 표현의 자유. 인민에게는 언론, 저작 및 출판의 자유가 있다. 법률에 의거하지 않으면 제한하지 못한다. (7) 통신자유. 인민에게는 비밀통신의 자유가 있다. 법률에 의거하지 않으면 제한하지 못한다. (8) 종교 신앙의 자유. 인민에게는 신앙종교의 자유가 있다. 법률에 의거하지 않으면 제한하지 못한다. (9) 집회결사의 자유. 인민에게는 집회 결사의 자유가 있다. 법률에 의거하지 않으면 제한하지 못한다. (10) 재산권. 인민의 재산은 법률에 의거하지 않으면 징용, 징수, 차압 혹은 몰수 하지 못한다. (11) 인민에게는 법률에 따라 청원, 소원 및 소송할 권리가 있다. (12) 참정권. 인민에게는 법률에 의한 선거, 파면, 창제, 복결의 권리가 있다. (13) 시험권. 인민에게는 법률에 따라 시험에 응시할 권리가 있다. (14) 국가배상권. 무릇 공무원이 법을 어기고 인민의 자유 혹은 권리를 침해했을 경우 법에 따라 징벌하는 외에 당연히 형사 및 민사 책임을 져야 한다. 피해인민은 그가 입은 손실에 대하여 법에 따라 국가에 배상을 청구할 수 있다. 이러한 인권법은 국민당 1당 전제독재 하에서 형식만 갖추고 내용이 없는 규정으로 전락했다.

1940년 11월 11일에 공포 실시한 『산동성인권보장조례』, 1940년 11얼 17일에 채택한 『섬감녕변구 인권, 재권 보장 조례』, 1941년 11월 23일에 공포한 『기로예(冀魯豫)변구 인민권리 보장 잠행 조례』, 1942년 11월 6일에 채택한 『진서북(晉西北) 인권보장조례』, 1943년 2월 21일에 공포한 『발해구(渤海) 인권보장조례 집행규칙』, 1948년 4월 13일의 『하얼빈특별시정부포고―비법구류, 심문 및 타인의 인권을 침해하는 등 행위를 금지하는 것에 관하여』, 1948년 5월 『예환소(豫皖蘇)변구행정공서 인권을 확실히 보장하고 마구 잡아들이고 마구 때리고 핍박으로 진술을 받는 것을 엄금하도록 각급 정부에 훈령을 내림』, 『발해구인권보장조례 수정』 등이 그것이다.

인권 입법과 인권 실천 외에도 중국공산당은 모든 노력을 다하여 인권을 선전하고 인권을 호소했다. 『해방일보』[182]와 『신화일보』[183]는 30~40년대 중국공산당의 인권주장을 집중적으로 표현하였다. 특히 1938년에 창간된 『신화일보』는 항일전쟁과 해방전쟁 시기 중에 국공산당이 창간한 최초의 전국적인 기관지로서 항전 초기 중국공산당이 국민당 통치구에서 유일하게 공개 출판한 대형 일간지이다. 『신화일보』의 발행은 항일전쟁과 해방전쟁의 전 과정을 거의 함께 했다. 9년이라는 긴 시간에 『신화일보』는 공산당의 강령 노선과 방침과 정책을 선전하고 모택동, 주은래, 유소기 등 공산당 지도자들의 중요한 강화와 글을 발표하였으며 국민당의 독재통치를 폭로함과 동시에 장개석를 포함한 국내의 국민당 고급지도자의 항일언론도 열정적으로 환영하는 태도로 실었고 민주당파와 각계 지명인사들에게도 비교적 자유로운 강단을 제공해 주었다. 심균유(沈鈞儒), 황염배(黃炎培), 도행지(陶行知), 곽말약(郭沫若), 모순(茅盾), 유아자(柳亞子), 등초민(鄧初民), 마인초(馬寅初), 장서만(張西曼), 호궐문(胡厥文), 호자앙(胡子昻) 등 수많은 학자와 사회 활동가들이 자주 『신화일보』에 기고했다.

---

182) 1941년 5월 15일에 창간되어 1947년 3월 27일에 정간되었는데, 거의 6년이라는 시간에 도합 2,130기를 출간했다.
183) 1938년 1월 11일에 정식으로 창간되었는데, 1947년 2월 28일에 국민당당국에 의해 폐간되었다.

『해방일보』는 항일전쟁시기와 해방전쟁시기의 중국공산당이 연안에서 간행한 중공중앙기관지이다. 1941년, 『해방일보』는 창간한지 얼마 안 되어 「천부인권은 불가침, 인민의 권리는 확실하게 보장되어야」라는 제목의 글을 발표하여 인권의 기치를 높이 들었다.[184] 『해방일보』는 민주인가 아닌가 하는 척도는 주로 인민의 인권, 정치권, 재산권 및 언론, 출판, 집회, 결사, 신앙, 거주, 천이의 자유와 기타 권리가 확실하게 보장되었는가 아닌가를 보아야 한다고 주장하였다. 『해방일보』는 해방구와 국민당 통치구의 인권사건에 대해 모두 비평하였고 인권을 존중하고 인권을 보장하고 불법구금을 엄하게 금지하고 심문법을 실시하고 사법개혁을 할 것을 요구하였으며 평민의 인신자유는 정치민주의 척도[185]라고 제시하였다.

　　『해방일보』에 비해 『신화일보』는 더 일찍 창간되었고 발행시간이 더 길며 발행범위가 더 넓고 인권 토론이 더 많아서 30~40년대 중국공산당의 기본적인 인권주장을 대표하였다. 본 절에서는 주로 『신화일보』에 발표된 글과 모택동, 주은래, 유소기 등의 글과 담화 등을 결부시켜 중국공산당의 인권 개념을 분석하려 한다.


## 1. 인권과 민주

　　1937년 5월, 모택동은 중국공산당 전국 대표회의에서 다음과 같이 지적하였다. 항일통일전선을 건립하기 위하여서는 국내 민주가 없이는 안 된다. "그러므로 민주를 쟁취하는 것은 목전의 발전 단계에 있어서 혁명임무의 중심적 연결고리이다. 민주임무의 중요성을 분명하게 알지 못하고 민주를 쟁취하는 노력을 늦춘다면, 우리는 장차 진정하고

---

184) 『해방일보』 1941년 5월 26일 자 「천부인권은 불가침, 인민의 권리는 확실하게 보장되어야」 참고.
185) 『해방일보』 1942년 1월 27일 자 「인권보장」, 『신화일보』 1946년 2월 8일 사론 「평민인신자유는 정치민주의 척도」 참고.

튼튼한 항일민족통일전선을 건립하지 못할 것이다. … 항일과 민주는 상호 조건이 된다…. 민주는 항일의 보증이고 항일은 민주운동의 발전에 유리한 조건을 제공한다." 1944년 6월 12일, 모택동은 중외기자단의 물음에 답하면서 다음과 같이 말했다. "중국의 결점은 한마디로 말해서 민주가 결여된 것이다. 중국인민을 민주를 아주 필요로 하고 있다. 왜냐하면 오직 민주가 있어야만 항전이 비로소 힘이 있을 수 있기 때문이다. …민주는 반드시 각 방면으로 실행되어야 한다. 정치상, 군사상, 경제상, 문화상, 당무상 및 국제관계상 등에서 이 모든 것들이 다 민주를 필요로 하고 있다." 민주와 항전에 관해서 모택동은 정식 강연에서 거의 모두 강조하였다. "오직 민주가 있어야만 항전이 비로소 힘이 있게 된다. 중국은 민주가 부족하기에 오직 민주가 짙어져야 중국은 비로소 한걸음 전진할 수 있다. 민주가 없으면 항일전쟁은 이어나갈 수 없고 민주가 있게 되면 항전이 10년이든 8년이든 우리는 필연코 승리할 것이다."

『신화일보』의 글은 미국 남북전쟁시기와 제2차 세계대전 중 미국의 대통령선거를 예로 들면서 민주주의는 생명의 활력소이고 이 위대한 활력소는 전쟁의 시련을 견뎌낼 수 있다는 것을 설명하였다. 2차대전 중이었지만 "여러 진정한 민주국가들은 의회에서 예나 다름없이 공개적인 변론과 대정부 질문을 했고 여론도 평소대로 정부의 인사기구 정책에 대하여 첨예하게 비평을 했으며 인민들은 평소대로 집회결사, 선거파면의 자유를 행사했고 한 나라 원수에게 영향 줄 수도 있는 대선마저 평소대로 진행되었다. 이 모든 것은 민주제도는 비단 전쟁시기에도 얼마든지 적용될 수 있을 뿐만 아니라 전쟁 시기에 오히려 더욱 영활하게 운용될 수 있고 범위도 더 확대될 수 있다는 것을 설명해준다."[186] 어떤 글은 또 '민주제일'의 구호는 확실히 필요한 것이라고 강조하면서 다음과 같이 생각하였다. 당시 중국에서 제일 절박한 문제는 민주를 실행하는 것이다. 민주가 있으면 일체 문제는 연달아 저절로 풀린다. 백성과 군대의 합작을 이루자면 당연히 백성들로 하여금 민주자유를 누리게

---

186) 「민주주의는 생명의 활력소」, 『신화일보』 1944년 11월 15일 자.

해야 한다. 그러므로 민주를 실행하는 것이 제일 중요한 관건이다.[187] 『신화일보』의 글들은 국민의 소질이 높지 못하다고 민주를 거절하는 것을 반대하면서 다음과 같이 생각하였다. 민주정치를 응용하여 인민을 교육하고 인민을 향상시켜야 한다. 민중 자신의 민주생활은 우리들이 훈련과 교육을 받을 수 있는 제일 훌륭하고 제일 신속한 방식이다. 민주제도하에서 보다 쉽게 민중을 교육하고 훈련시킬 수 있다.[188]


## 2. 인권의 주체 - 인민

인권의 주체 방면에서 볼 때, 공산당은 인권을 인민의 권리로 이해하면서 외적과 결탁하는 사람과 한간(漢奸) 및 항전과 단결을 파괴하는 완고파는 인권을 누릴 수 없다고 명확히 지적하였다. 이를테면 모택동은 "전국 인민들에게는 인신자유의 권리, 정치 참여의 권리와 재산 보호의 권리가 있다. 하지만 일본침략자와 결탁하는 한간 및 항전과 단결을 파괴하는 반동적인 완고파들은 말을 할 자격이 없다"[189]고 하였고 유소기도 "이 정권은 모든 항일하는 인민의 민주권리를 보장한다. 이를테면 인민의 언론, 집회, 결사, 출판, 거주, 영업, 사상의 자유이다. 그 누구든 오직 외적과 한간과 내통하는 행위가 없고 항일군대를 파괴하고 반대하는 행위가 없으며 정부의 법령을 위반하는 행위가 없다면 그가 어느 당, 어느 파에 속하는 사람이든, 어느 계급, 계층에 속하는 사람이든 정부는 일률적으로 보호해 준다. 모든 당파는 오직 항일을 하고 민주를 반대하지 않는다면 일률적으로 합법적 지위에 있다"[190]고 말했다. 똑같은 '인민'이라는 단어지만 공산당이 상용한 '인민'과 30년대 호적,

---

187) 「민주가 없는 모든 것은 보기 좋은 허울에 지나지 않는다」, 『신화일보』 1945년 2월 12일 자.
188) 「민주정치문제」, 『신화일보』 1939년 2월 25일 사론.
189) 모택동, 「섬감녕변구참의회에서의 연설」, 『해방일보』 1941년 11월 22일 자.
190) 『유소기선집』 상권, 인민출판사, 1981, 175쪽.

라융기 등이 '인권운동'중에서 사용한 '인민'은 다르다. '인권운동'에서 사용한 '인민'은 '보편적인 개체인'을 가리켰고 공산당이 사용한 '인민'에는 명확한 계급속성과 명확한 적용범위가 있다.

중국공산당의 인권 입법에서 인권주체의 계급성에 대해 구체적으로 설명하였다. 『중화소비에트공화국 헌법 대강』은 다음과 같이 규정하였다. 소비에트 정권은 노동자, 농민, 홍색전사 및 모든 노동민중에게 속한다. 이 전제하에서 소비에트정원 영역 내의 노동자, 농민, 홍색전사 및 모든 노동민중이 향수하는 기본 권리에는 소비에트 법률 앞에서 일률적으로 평등하고 언론, 출판, 집회, 결사의 장가 있으며 혼인자유, 교육을 받을 권리, 종교자유, 소수민족의 자결권, 여성이 사회 경제적, 정치적, 문화적, 생활적 활동에 참여할 권리 등이 들어있다. 섬감녕변구시기에 항일통일전선과 민주정치 건립의 수요로부터 출발하여 인권주체의 범위를 다소간 확대하였는데 한간을 제외한 모든 사람들이 보호를 받았다. 『섬감녕변구시정강령』에는 다음과 같이 규정하였다. 모든 항일 인민(지주, 자본가, 농민, 노동자 등)의 인권, 정치권, 재산권 및 언론, 출판, 집회, 결사, 신앙, 거주, 천이의 자유권을 보장한다. 인민은 그 어떤 방식으로든지 그 어떤 공무원의 불법행위를 고발할 권리를 누린다. 사유재산을 보호하며 이미 토지를 분배한 구역에서는 토지를 취득한 농민의 모든 사유 토지제를 보증한다. 국민교육을 보급하고 자유에 대한 연구를 장려한다. 민족평등의 원칙에 의하여 몽골족, 회족과 한족의 정치, 경제, 문화상의 평등 권리를 실행하며 몽골족, 회족의 자치구를 건립하고 몽골족, 회족의 종교 신앙과 풍속습관을 존중한다.

## 3. 인권의 내용 (1) - 인신권과 광범위한 자유권

인권의 내용면에서 보면, 때로는 '인권'개념은 단지 인신권리를 가리켜서 흔히 '재산권'과 대응된다. 이를테면 1941년 11월 17일에 채택한 『섬감녕변구 인권, 재산권 보장 조례』는

'인권'과 '재산권'을 병렬시키고 아래와 같이 설명하였다. 인권이 정부의 보장을 받으면 법률에 의거하지 않았을 경우, 합법기관에서 합법적 수속을 거쳐도 제멋대로 체포하지 못하며 반드시 법률에 의거하여 합법적인 절차로 재판하고 처벌해야 한다. 자산권이 보장을 받으면 인민의 사유재산은 완전하게 법률의 보호를 받게 된다.[191] 수많은 경우에서 인권의 내용인 인신권, 각종 자유권, 정치 권리와 경제사회권리가 포함되었다.

자유권은 당시 공산당이 부르짖고 쟁취하려 했던 하나의 중요한 권리였다. 그들이 쟁취하려던 자유권의 내용은 아주 광범위했는데 인신자유 외에도 사상자유, 언론자유, 신문자유, 출판자유, 학술자유, 창작자유, 교육독립, 집회, 결사 자유 등 각항의 자유가 포함되었다. 1944년 3월 12일 주은래는 손중산 서거 19주년을 기리는 연안 각 계층 집회에서 한 연설에서 다음과 같이 지적하였다. "우리는 헌정을 실행하려면 반드시 먼저 헌정의 선결 조건을 실행해야 하는데, 제일 중요한 선결조건은 세 가지가 있다고 생각한다.

첫째는 인민의 민주자유를 보장하는 것이고, 둘째는 다른 당의 정치활동에 대한 금지를 해제하는 것이며, 셋째는 지방자치를 실행하는 것이다. 인민의 자유와 권리는 아주 많다. 하지만 현재 전국의 인민에게 제일 절박하게 필요한 자유는 인신거주의 자유, 집회결사의 자유, 언론출판의 자유이다. 인민의 주택이 아무 때나 불법적으로 수색을 당하고 인민의 신체가 아무 때나 불법적으로 체포되어 은밀하게 형벌과 심문을 당하고 은밀하게 처형되거나 강박에 의에 훈련을 받으며 인민의 집회결사의 자유가 금지당하고 인민의 언론출판이 극단적인 제한과 검문을 받는다면, 어찌 헌정을 토론하고 주장을 발표할 인민의 자유가 보장될 수 있겠는가?"[192] 1944년 6월 12일 모택동도 중외기자단의 물음에 답하면서 "오직 언론, 출판, 결사의 자유와 민주선거에 의해 구성된 정부의 토대 위에 건립되어야만 비로소 효과적인 정치가 있게 된다"고 말했다. 『유엔헌장』이 반포된 후, 공산당은 또

---

191) 『동필무(董必武)선집』, 인민출판사, 1985, 110~112쪽.
192) 1944년 3월 12일 손중산 서거 19주년을 기리는 연안 각 계층 집회에서 한 주은래의 연설.

『유엔헌장』에 의거하여 언론, 출판, 집회, 결사, 선거, 파업, 행진, 시위의 자유 그리고 가학교를 운영하고 정당의 지배를 받지 않을 권리를 쟁취하려 하였다.[193]

사상과 학술의 자유 방면에서 공산당은 다음과 같이 주장하였다. "어느 한 사상의 논리가 합리적인가 불합리적인가, 도덕적인가 부도덕적인가, 국가와 민족의 이익에 위해를 주는가 주지 않는가?"에는 학술, 사상 자체의 법칙이 있기에 반드시 학술과 사상 자체가 스스로 해결해야 하지 외부 힘의 간섭이 있어서는 안 되며, 정치역량이 외부에서 간섭해서는 안 된다. 사상의 자유를 주장하는 것은 바로 사상 자체의 법칙을 강화하여 그 법칙이 사상의 자유로운 전개, 자유로운 발전 중에서 건실해지고 건강해지게 하기 위해서이다. 사상이 자유로워질수록 그것의 시비곡직은 따라서 명확해지고 주도면밀해진다."[194]

언론의 자유와 신문의 자유를 부르짖었다. 공산당은 루스벨트가 언론의 자유를 4대 자유의 제1조에 놓고 처칠이 언론자유를 7항 표준의 제1항에 놓은 것은 언론자유의 중요성을 충분히 설명한다고 하면서 다음과 같이 지적하였다. "민주가 있으면 곧 언론자유가 있게 된다. 언론자유가 없으면 민주가 아니다. 민주와 언론의 자유는 갈라놓을 수 없다."[195] 언론의 자유는 민주정치의 기본이고 인류 사회진보에 있어서 반드시 갖춰야 할 조건이다. 언론의 자유가 없으면 진정한 민주가 있을 수 없다. 민주적이지 않으면 단결, 통일을 이룰 수 없고 승리를 쟁취할 수 없으며 건국을 할 수 없고 전쟁 후 세계에서 영구적으로 평화로운 행복을 누릴 수 없다. 그러므로 평상시에도 언론자유가 필요할 뿐만 아니라 전쟁시기에는 더구나 언론자유가 필요하다. "언론출판은 인민들이 우매와 무지에 빠지지 않게 막아준다. 민주인지 독재인지는 언론의 자유가 있느냐 없느냐를 보고 판별할 수 있다. 통신과 언론의 자유는 민주 자유의 기본 요소이다. 만약 이러한 자유가 없다면 말할 권리를 잃은 사람은 반드시 동시에 기타 자유까지 잃게 된다. 자유를 상실하면 노예와

---

193) 1946년 1월 18일 자, 『신화일보』 참고.
194) 반재년(潘梓年), 「학술사상의 자유 문제를 논함」, 『신화일보』 1944년 3월 26일 자.
195) 「언론자유와 민주」, 『신화일보』 1944년 4월 19일 자.

다를 바 없기에 국민이라고 할 수 없다. 한 나라에서 통치를 받고 있는 인민에게 최소한의 말할 자유마저 없다면 그 통치는 독재에 속한다. 지금의 말로 하면 그것은 파쇼의 독재이지 단연코 민주가 아니다. 그러므로 언론과 통신의 자유를 쟁취하는 것은 민주를 쟁취하는 것보다 먼저 해야 할 일이다." "악의적으로 신문을 보류하면 반드시 자유의 쇠락을 조성하게 된다. 한 나라의 앞날이 발전하느냐 정지하느냐, 앞으로 나가느냐 퇴보하느냐, 번영하느냐 쇠퇴하느냐 하는 것을 가릴 수 있는 제일 좋은 측정기는 그 나라의 신문이 감히 여론을 대표할 수 있느냐 없느냐 하는 것이다." 공산당은 "목전의 현실은 신문과 여론이 분리되었고 여론은 인민들의 마음속에 매몰되었으며 신문과 잡지는 현실을 떠났다"고 비판하면서 다음과 같이 제시하였다. "진정한 민주정치, 자유세계를 건립하려면 반드시 신문이 자신의 직책을 다 하고 인민을 위해 봉사하고 공정한 여론으로 정부를 감독하고 정부를 지도하는 것에서부터 시작해야 한다." "신문과 여론이 하나가 되는 것은 지금 제일 절박한 인민의 요구이다."[196]

출판의 자유를 요구했다. 공산당은 다음과 같이 지적하였다. "출판은 문명의 표지이다. 문명국은 항상 민간 출판업이 흥해지면 긍지를 느끼고, 항상 민간 출판물의 품질이 우량하고 종수와 수량이 많아지면 자랑스럽게 생각한다. 문명국은 헌법에서 비단 인민의 사상, 신앙, 언론, 출판의 자유를 보증했을 뿐만 아니라, 명문으로 검열제도를 포기하거나 혹은 검열제도의 채용을 금지한다고 명문으로 선고하였다. 진정한 출판법은 곧 인민의 자유출판의 보장서로서 그 임무는 민간의 출판업이 자유로움을 보장하는 것이다. 인민의 자유출판은 사상, 신앙과 선량한 학술 언론의 자유가 집중된 반사경이다."[197] "한 나라의 출판업 상황은 그 나라의 문화상황, 민주정도를 보여주는 제일 정확한 측정기이다. 진정한 출판의 자유를 이루자면 반드시 현행의 검열방법을 철저히 폐지해야 하고 반드시 종이,

---

196) 「신문자유—민주의 토대」, 『신화일보』 1945년 3월 31일자, 「언론자유, 신민사업의 활동의 원」, 『신화일보』 1944년 9월 1일 사론.
197) 「출판법수정」, 『신화일보』 1946년 2월 18일 전문논고.

인쇄, 교통운수 등 각 방면에서 충분한 자유를 보장해야 한다."[198]

학술자유, 창작자유, 교육독립을 쟁취하려 하였다. 공산당은 다음과 같이 생각하였다. 학술의 자유란 바로 자유롭게 연구하고 자유롭게 토론하고 불법적인 간섭을 받지 않는 것이다. 오로지 파쇼 국가만이 학술의 자유를 홍수와 맹수로 취급한다. 중국은 학술자유를 필요로 하고 있다. 학술자유는 민주정치의 초석중 하나이다. 교육독립을 제창하는 것은 진정한 학술의 자유이다.[199] 공산당은 "당화교육을 폐지하고 교학의 자유를 보장하며 학부의 존엄을 회복할 것"을 주장했다. 『신화일보』는 황염배, 곽말약, 도행지, 하연(夏衍), 모순, 심지원, 전백찬(翦伯贊) 등 수많은 민주문화인사의 언론을 빌려 학생의 인권을 존중할 것을 주장하면서 민주제도하에서 교육자의 제일 기본적인 방침은 인격교육을 발전시키고 청년들의 독립인격과 정신의 자유를 배양하는 것이라고 생각하였다.[200] 그리고 청년들에 대한 사상훈련 문제에서 사상통제와 사상주입을 반대하면서 다음과 같이 생각하였다. "사상은 살아있는 것이기에 계발하고 인도함으로써 훈련받는 자들이 자각적이고 자원적으로 정확한 길을 걷게 해야 하지 그렇지 않으면 그 작용을 발휘할 수 없다. 믿지 않았던 것에서부터 믿기까지 오로지 설득과 인도 그리고 자각과 자원을 거쳐야 하지 강박적으로 명령을 해서는 안 된다."[201] "청년들에 대하여 절대 무력으로 대처하지 말아야 한다. 적수공권의 학생들에게는 확실히 무력을 쓰지 말아야 할 필요가 있다. 그들의 신체, 언론, 집회, 결사 등 기본적 자유를 보장해 주어야 한다. 정치문제에 대한 청년들의 태도에 대하여 회피하거나 단절시킬 것이 아니라 반드시 많이 연구하고 많이 변론하여 진정으로 이해해야 한다. 이것은 민주와 사상학술의 자유이다.[202]

---

198) 「출판업의 위기」, 『신화일보』 1945년 6월 26일 자.
199) 장사음(庄沙音), 「학술자유론」, 『신화일보』 1942년 10월 11일 자 참고.
200) 『신화일보』 1944년 6월 25일 자.
201) 「사상을 조롱 속에서 벗어나게 하자(讓思想沖破牢籠)」, 『신화일보』 1941년 6월 2일 자.
202) 『신화일보』 1945년 12월 11일 자 참고.

공산당은 집회, 결사에 대하여 엄격한 허가 제도를 실시하는 국민당을 비판하면서 다음과 같이 생각하였다. 집회, 결사 자유는 인민의 기본 권리 중의 하나로서 조금도 침범해서는 안 된다. 국민당의 법령은 거리행진 준비를 책임진 인원이 반드시 사전에 성명, 연령, 직업, 주소, 거리행진 취지, 집회 지점, 진행 날자와 시간, 경과 노선 등을 해당 '치안주관기관'에 보고하고 살포할 인쇄물과 붙일 표어를 '치안주관기관'에 보내 심사를 받을 것을 요구하는데, 이런 법령은 인민의 거리행진 자유를 제한하는 법령이다. 이런 '법'이 근거가 되면 금후 각 당국은 제멋대로 사전에 모든 인민단체의 거리행진을 막거나 임시로 금지할 수 있다. 그렇게 되면 거리행진의 자유는 논할 수도 없게 된다.[203] 영국이나 미국 같은 민주국가들의 인민 집회, 결사는 성질, 지점, 참가자의 직업, 성별의 여하를 막론하고 사전에 경찰의 허가를 받을 필요가 없고 경찰에 보고할 필요도 없다. 집회, 결사가 일반 형법을 위반하면 일반 형법에 따라 죄를 묻고 그렇지 않으면 내버려 둔다. 특별허가제도는 인민의 기본 자유를 행정기관에서 통제하게 하기에 인민들이 집회나 결사를 하려고 하면 반드시 '은전(恩准)'을 청구해야 하고 그렇지 않으면 '범법'행위를 구성하게 된다. 공산당은 또 군대나 경찰 헌병 및 행정기관에 인민의 집회, 결사를 제멋대로 간섭하고 해산시킬 권리를 부여해 준 국민당을 비판하면서 다음과 같이 주장했다. 이렇게 광범위한 권력을 관청에 주는 것은 인민의 자유를 침해하는 권리를 전부 준 것이다. 영국이나 미국의 경찰은 평소에 근본적으로 인민의 집회를 해산시키지 않는다. 다만 모종 집회가 소란을 일으킬 위험성이 발생했을 때에만 내정부의 허가를 받고 현장에서 소요법을 말해주고 집회 참가자들이 스스로 해산하게 한다. 만약 경찰기관의 판단이 잘못 되었다면 반드시 일정한 책임을 지게 된다.[204]

---

203) 「인민자유 또 박해를 받아, 내정부 시위제한법 반포(人民自由又遭損害, 內政部頒限制遊行法)」, 『신화일보』 1946년 5월 13일 자 참고.
204) 「집회결사 자유의 현실(集會結社自由的實現)」, 『신화일보』 1946년 2월 18일 사론 참고.

## 4. 인권의 내용 (2) - 민주정치권

공산당은 루스벨트가 제시한 4대 자유[205]를 찬성했고 미국의 민주제도가 힘이 풍부하다고 찬양했으며 특히 정부를 비판하는 미국인민의 자유와 권리에 찬동했다.

공산당은 다음과 같이 인정했다. 민주정치는 "기본적으로 공통점을 갖고 있는데 그것은 바로 정권이 인민에게 장악되고 인민에 의해 운용되며 인민의 행복과 이익을 위해 봉사한다는 것이다. 이러한 정권은 틀림없이 인민의 자유 권리를 존중하고 보호하고 자유 권리를 잃은 인민이 다시 자유 권리를 찾도록 하고 자유 권리를 잃지 않은 인민은 자유 권리를 충분히 누리게 한다. 특히 언론, 출판, 집회, 결사와 같은 현행 민주정치의 기본 조건이 되는 인민의 최저한도의 자유 권리는 반드시 확실하고 충분하게 보장되도록 한다."[206]

진정한 평등하고 보편적인 선거를 요구하였다. 선거권은 민주국가의 인민이라면 반드시 누려야 할 최저한도의, 가장 기본적인 정치 권리이다. 무릇 진정한 민주국가라면 반드시 인민들이 선거권을 누리게 해야 한다. 이런 국가의 인민은 '정신적 결함'이 있거나 '법원에 의해 공권을 박탈당한' 사람을 제외하고 일단 성년이 되면 그 어떤 성별, 종족, 신앙, 자산, 교육 정도, 사회출신, 거주연한 등의 제한 조건 없이 모두 선거권을 누릴 수 있다. 또 다른 면에서 한 사람에게는 오직 하나의 선거권만 있다. 그 어떤 성별, 종족, 신앙, 재산, 교육정도, 사회출신, 거주조건 등의 우월한 조건이 있다고 하여 하나 이상의 선거권을 취득할 수 없다. 인민이 선거권을 가지면 비단 대의사(代議士)를 선거할 수 있을 뿐만 아니라 정부의 관리를 선거할 수도 있고 지방관리를 선거할 수 있고 중앙관리도 선거할 수 있다. 특히 국회든 국민회의든 인민을 대표하는 대표기관은 반드시 인민이 스스로 대표를

---

205) 「루스벨트방송연설, 4대 자유(羅斯福的廣播演說)」, 『신화일보』 1943년 7월 31일 사론 참고.
206) 「민주제일」, 『신화일보』 1943년 9월 15일 사론.

선거하여 구성해야 하지 그렇지 않으면 이런 기관은 민의기관이 되지 못한다. 인민은 동등한 피 선거권을 가져야 한다. 만약 사전에 피 선거 자격을 제한해 놓거나 혹은 심지어 관방에서 일정한 후보자를 제시한다면 설령 선거권이 제한되지 않더라도 선거 유권자는 결국 투표의 도구가 될 수밖에 없다. 진정한 보편선거제도라면 선거권이 '일반적'이고 '평등'해야 할 뿐만 아니라 피 선거권 역시 '일반적'이고 '평등'해야 하며 인민들이 모두 평등한 선거권을 향수해야 하고 동등한 피 선거권도 누려야 한다. 철저하게, 충분히, 효과적으로 보편선거를 실행하여 인민들로 하여금 실제적으로 '보편적'이고 '평등한' 선거권과 피선거권을 누리게 하려면 반드시 선거 전에 각 지방단체 및 인민들에게 선거의 자유, 의안 제출의 자유, 선전, 토론의 자유 및 집회, 결사, 언론, 출판의 완전한 자유권을 가지도록 보장해 주어야 한다.[207] 중국의 광대한 인민들은 문화수준이 너무 낮아 과연 선거권을 응용할 능력이 있을까 하는 의문에 대해서도 효과적으로 답변하면서 다음과 같이 생각하였다. 선거를 치르는 것과 선거를 훌륭하게 치르는 것의 관건적인 차이점은 인민에게 자신의 의견을 발표하거나 타인의 의견을 반대할 수 있는 권리가 있는가 없는가, 인민들이 진정으로 아무런 속박이 없이 모 개인을 옹호하거나 지지할 수 있는가 없는가에 달려있다. 선거의 기술문제는 결코 해결할 수 없는 것이 아니다.[208]

공산당은 일당독재를 주장한 것이 아니라 정치민주를 주장했고, 각당, 각파, 각계, 각군의 연합통치, 즉 통일전선의 정권과 33제의 실행을 주장했다. 1940년 유소기(劉少奇)는 다음과 같이 지적하였다. "어떤 사람은 공산당이 정권을 탈취하여 공산당의 '1당 독재'를 건립하려 한다고 말하는데 이것은 일종 악의적인 날조와 모함이다. 민주 세력으로서의 공산당은 대다수 인민과 백성을 위해 봉사하며 항일을 위해 각 계급이 연합한 민주정권을 위해 분투한다 … . 오직 가능만 하다면 인민의 조직이 이미 상당히 정당한 정도로 발전하고

---

207) 「선거권을 논함」, 『신화일보』 1944년 2월 2일 사론 참조.
208) 역민(力民), 「중국에는 진정한 보편선거가 필요하다(中國需要眞正的普選)―인민의 문화수준이 낮으면 민주선거를 실행할 수 없는가?」, 『신화일보』 1946년 1월 24일.

인민이 자기가 원하는 사람을 선거하여 자신의 일을 관리하게 할 수 있을 때 공산당은 추호도 남김없이 정권을 인민에게 돌려줄 것이고 인민이 선거한 정부에 전부 넘겨주어 관리하게 할 것이다. 공산당은 정부를 독단하기를 원치 않거니와 독단할 수도 없다. 공산당에는 인민의 이익과 목적 외에는 그 어떤 다른 이익과 목적이 없다.

공산당은 행정관서가 민중단체에 중요한 주관인원을 파견하는 제도도 반대하면서 다음과 같이 생각하였다. 인민의 집회, 결사는 원래부터 인민들 자신의 일이기에 그들에게는 자신의 의지에 근거하여 조직의 형식과 선거를 결정하고 모든 책임자를 임용할 권리가 있으므로 외부 힘의 견제와 간섭을 받지 말아야 한다. 정부에서 한사코 직위를 지정하고 사람을 파견하거나, 심지어 정부에서 '서기'를 파견하여 대권을 움켜쥐고 모든 것을 독단하게 하면 인민단체의 원래 성질과 기능이 변화하게 된다.[209]

공산당은 정치범을 석방하고 범인을 학대하고 사형(私刑)으로 고문하는 불법행위를 엄하게 징벌할 것을 주장하였다. 공산당은 다음과 같이 지적하였다. "진정한 법치와 비법치의 구별은 법률이 있는가 없는가, 인민이 법을 지키는가 지키지 않는가에 있는 것이 아니라, 이른바 법이 최종적으로 민주의 공의(公義)에 뿌리를 뒀느냐 두지 않았느냐에 있는데, 이른바 법률의 준수가 집행기관 본신의 행위가 일정한 법률에 근거 했는가 아닌가에 있다. 진정한 법치는 반드시 민족의 토대위에 건립되어야 한다. 민주정치의 표현행태로서의 법치는 국가에 반드시 상하가 공동으로 지켜야 할 근본법—헌법이 있을 것을 요구한다. 헌법의 작용은 주로 인민의 권리를 보장하고 정부의 권력을 제한하는 데 있다. 인민에게는 당연히 입법권, 선거권, 복결권, 파면권, 창제권 등의 권리가 있어야 한다. 헌정과 민주를 담론함에 있어서 우선적으로 해결해야 할 문제는 인권을 보장하고 인민들에게 언론의 자유가 있도록 하는 것이다.[210]

---

209) 「집회결사자유의 실현」, 『신화일보』 1946년 2월 18일 사론.
210) 「법치와 인권」, 『신화일보』 1944년 7월 20일자.

## 5. 인권의 내용 (3) - 경제사회권

마르크스주의와 사회주의 사상의 추종자로서의 공산당은 노동대중의 생존권과 노동권에 지극히 관심을 기울였고 경제사회권의 보장을 추구하고 경제적인 독립, 자유, 민주를 요구하였다. 공산당은 다음과 같이 지적하였다. 자유적인 사상과 독립적인 경제생활은 밀접한 연관이 있다. 중국이 진보를 하려면 반드시 정치민주를 실현해야 하거니와 또 반드시 경제민주를 실현해야 한다. 사회 전반으로 말하면 정치민주를 실현하는 목적은 결국 경제민주를 실현하기 위해서이다. 경제민주의 완벽한 실현은 정치민주의 보장이 없이는 불가능하다.[211]

1946년 4월 23일 섬감녕변구 제3기 참의회 제1차 대회에서 채택한 『섬감녕변구 헌법원칙』[212]에는 여섯 가지 조항의 '인민권리'를 규정하였는데 그중에서 경제생활의 권리가 중요한 지위를 차지했다. 그 여섯 가지 조항을 보면, (1) 인민이 정치상 각항의 자유를 행사하기 위한 권리는 당연히 정부의 유도와 물질적인 도움을 받아야 한다. (2) 인민에게는 경제상의 불공평과 빈곤에서 벗어날 권리가 있다. 그 보증 방법은 소작료와 이자를 삭감하여 적당하게 내고 노동자의 생활을 개선하고 노동효율을 높이고 경제건설을 대대적으로 발전시켜 재난을 구제하고 노약, 빈곤을 부축해 주는 것 등이다. (3) 인민은 우매와 병에서 벗어날 권리가 있다. 그 보증 방법은 무료로 국민교육과 고등교육을 실시하고 우등생을 우대하며 인민을 위해 봉사하는 사회교육을 보편적으로 실시하며 위생교육과 의약설비를 발전시키는 것이다. (4) 인민에게는 무장하여 자기를 지킬 권리가 있다. 그 방법은 자위군, 민병을 조직하는 것 등이다. (5) 변구의 인민은 민족을 불문하고 일률적으로 평등하다. (6) 여성에게는 남녀평등의 권리 외에도 여성을 돌보는

---

211) 『군중』 주간 제10권 제16기, 1945년 8월 25일.
212) 『섬감녕변구헌법원칙』에는 '정권조직', '인민권리', '사법'. '경제', '문화' 등 5개 부분, 도합 25조가 포함되어있다.

특수한 권리가 있다. 중화인민공화국이 수립되기 전에 '인권'은 중국공산당이 높이 추켜든 깃발이었다. 중국공산당이 이해한 '인권'의 개념은 하나의 계급적 인권 개념이지 보편적 인권 개념이 아니었다. 서로 다른 계단임에도 불구하고 인권주체의 범위는 다소 달랐다. 때론 하나의 계급이었고 때론 몇 계급의 연합이었다. 이를테면 소비에트 구역에서 쟁취하고자 한 것은 무산계급의 인권이었고 항일전쟁시기에 쟁취하고자 한 것은 항일통일전선 중의 무산계급, 소자산계급 등 몇 계급의 인권이었다.

개혁개방 30년래의 '인권' 개념

## 이끄는 말

중화인민공화국이 수립된 이후 상당히 긴 시간 동안 인권이라는 이 단어에는 자산계급의 꼬리표가 붙었고 인권연구는 금지구역이 되었으며 인권 개념은 냉궁(冷宮)에 처박혀버렸다.[213] 이런 상황이 개혁개방이 시작될 때까지 지속되었다.

만약 10년을 한 계단으로 보고 분석하면, 1978년부터 1988년까지의 10년은 모순적 충돌 속에서 인권을 탐색하면서 돌파해 온 10년이었다. 1978년 5월『광명일보』는「실천은 진리를 검증하는 유일한 표준이다(實踐是檢驗眞理的唯一標準)」라는 글을 발표하여 중국 이론계의 사상해방에 큰 물결을 일으켰다. 1978년 12월 18일부터 22일까지 열린 당의 11기 3중 전원회의가 중화인민공화국 수립 이래 위대한 역사적 전환을 실현하면서 인권연구도 점차 이루어지기 시작했다. 1978년 12월 6일자『인민일보』는「법률 앞에서 공민의 일률적 평등을 지키자」라는 이보운(李步云)의 글을 발표하면서 공민에는 적대계급분자도 포함된다는 관점을 제기하였는데, 이는 법학분야에서 사상이론의 금지구역을 돌파한 최초의 글이다. 1979년 6월 19일자『광명일보』는 '인권과 공민권을 논함'이라는 서병(徐炳)의 글을 발표하여 인권 이론을 정면으로 상세히 논술하였다. 1979년 10월 1일자『인민일보』는 또 이보운과 쉬빙이 합작하여 쓴 글『중국 죄인의 법률적 지위』를

---

213) 이를테면 중국의 초대 사법부 부장 스량(史良)은 1946년 상해에서 중국국제인권보장회가 설립될 때 이사를 맡았다. 그의 책상에는 '인권보장'이라는 좌우명이 놓여있었다. 하지만 중화인민공화국이 수립된 이후에 그녀는 '인권'이라는 단어를 다시는 쓰지 않았다.

발표하여 이론상 죄인의 공민적 지위를 논술하였고 죄인의 합법적 권리 보장의 문제를 처음으로 제시하였다. 죄인을 포함한 공민은 모두 '법률 앞에서 평등하다'는 이 관점은 사람들의 사상 상에 큰 충격을 주었고 법학이론계와 법률실무계에 죄인의 법률적지위에 대한 대 토론을 일으켰다. 대 토론은 법학계의 사상해방을 직접적으로 추동하였고 당시의 사회에 귀중한 인권계몽작용을 했다는 것은 의심할 여지가 없다. 1979년 한해에 신문과 잡지에 발표된 인권 관련 글은 40여 편에 달하여 중화인민공화국이 수립된 이래 30년 동안 발표된 인권 관련 글과 거의 비슷하다.[214] 80년대 초에 철학계와 윤리계에서 인성, 인도주의와 사람의 이화문제에 대한 토론을 전개하면서 인권 연구의 전개에 유익한 바탕을 만들어 주었다. 그 후 인권관, 공민의 각항 기본 권리, 국제인권문건과 인권보장기제 등에 관한 연구는 모두 일정 정도로 전개되었다.

1982년 『헌법』은 전문장절로 공민의 기본 권리를 규정하고 인권보장의 헌법적 토대를 닦아놓았다. 그해 중국 이론계의 권위적 잡지인 『붉은기(紅旗)』는 글을 발표하여 "사회주의와 인권은 일치"하며 "헌법이 규정한 원칙은 중국으로 하여금 기본 인권이 제일 튼튼한 토대가 되도록 보장했다"고 지적하였다. 『헌법』에 규정한 공민의 인신권리, 정치권리, 노동권리 등은 '모두 기본 인권의 구체적인 표현이다.' 이는 중국 인권연구의 중대한 전환점이다.[215] 1985년 등소평은 인권문제를 논하면서 다음과 같이 말했다. "인권이란 무엇인가? 제일 중요한 것은 얼마만큼 많은 사람들의 인권이냐 하는 것이다. 소수인의 인권이냐 아니면 대다수 사람들의 인권이냐, 전국 인민의 인권이냐? 서방세계의 이른바 '인권'은 우리가 말하는 인권과 본질적으로 별개의 것으로서 관점이 다르다."[216] 이 말은 인권이라는 개념을 인정했고 두 개의 근본적으로 다른 인권관을 구분한 것으로서

---

214)  『중국인권년감』(부록 2 중국인권 논문역문, 논저역작 일람표)의 통계에 근거함.
215)  손철(孫哲), 『신인권론』, 하남인민출판사, 1992, 124쪽.
216)  등소평, 『자산계급자유화를 하는 것은 곧 자본주의 길을 걷는 것이다(搞資産階級自由化就是走資本主義道路)』, 『등소평문선』 제3권, 인민출판사, 1993, 125쪽.

인권연구에 아주 큰 지도적 의의를 가지고 있다. 하지만 중화인민공화국이 수립된 이래의 역사적 원인과 아울러 70년대 말 이래 미국을 대표로 하는 일부 서방국가에서 '인권외교'라는 구실을 빌려 중국 인권 상황을 외곡하고 공격하였기에 80년대의 전반적인 이론 환경은 깊이 들어가 인권문제를 연구하는 데 그다지 적합하지 않았다. 이 시기의 인권연구는 주로 서방의 인권관념과 인권발전사를 비판적으로 소개하는 것이었다. 비록 일부 글들은 사회주의 '존중인권'을 강조하고 다른 형식으로 인권을 '자산계급구호'로 낙인찍은 관점[217]을 논박하였지만, 인권 개념은 여전히 수많은 글들에서 잘못 해석 되었다. 『인권은 자산계급구호이다』, 『인권은 무산계급구호가 아니다』, 『인권구호는 허위적이다』, 『마르크스주의의 깃발에는 인권이 없다』 등 수많은 비판의 글들이 여러 신문과 잡지에 실렸고, 인권문제의 이론적 금지구역이 뚫리지 않았으며, 인권문제의 연구에도 반복이 생겼다.

1989년부터 1998년까지의 10년은 인권금지구역을 타파하고 감히 서방과 인권대화를 하면서 세계 인권발전의 주류에 융합되기 시작한 10년이었다. 1989년 4월 4일에 『중화인민공화국 행정소송법』이 채택되어 행정권에 감독과 제약을 할 수 있게 되었다. 이는 인권보장의 제도 건설에 중대한 돌파가 있음을 나타낸다. 같은 시기, 일부 인권문제에 대하여 계속 탐색하고 연구한 학자들이 있었다.[218] 1989년 7월 29일 강택민은 전국선전부장회의에서 한 강화에서 어떻게 마르크스주의 관점으로 '민주, 자유, 인권'문제를 대할 것인가를 해결해야 한다면서 마르크스주의의 기본 관점으로 정확하고도 통속적으로 민주, 자유, 인권을 해석해야 한다고 지적하였다. 그 후에도 몇 년간 강택민은 계속 인권에 대한 관점을 표현 하였는데 그 요지는 다음과 같다. 중국을 놓고 말하면 가장 중요한 인권은 바로 생존권이다. 몇 십 년 동안 중국공산당은 중국인민을 이끌어 자신의

---

217) 손철, 『신인권론』, 앞의 책, 125쪽.
218) 손철, 『신인권론』, 위의 책 125쪽.

인권을 쟁취하기 위해 끊임없이 분투해왔다. 민주와 인권은 상대적이고 구체적인 것이지 절대적이고 추상적인 것이 아니다. 각국의 민주, 자유, 인권 상황을 관찰할 때, 그 나라의 역사문화 전통, 경제발전 상황과 사회제도를 떠나서는 안 된다. 인권문제는 결국 한 나라 주권범위 내의 일이기에 인권문제를 이용하여 타국의 내정을 간섭하는 것을 단호히 반대한다. 1991년 3월 2일, 중앙선전부에서는 인권문제소형좌담회의를 가지고 인권문제에 대한 강택민의 지시를 전달하면서 인권문제를 연구할 것을 호소하였다. 회의 참가자들은 한결같이 인권문제에 대해 깊이 있게 토론을 하고 실사구시적으로 중국 인권 상황과 문제를 연구하여 서방의 도전에 맞서는데 찬성을 표시했다. 인권금지구역은 허물어지기 시작했다. 당시 북경의 대학교와 연구부문 및 언론매체들이 인권좌담회, 토론회를 연이어 조직하면서 인권은 인기 화제가 되었다. 1991년 11월 1일, 국무원대변인실(新聞辦公室)은 『중국의 인권상황(中國的人權狀況)』 이라는 백서를 발표하였다. 이는 중국정부가 세계에 공포한 최초의 인권과 관련한 관방문건이다.[219] 인권백서는, 인권은 하나의 위대한 명사로서 충분한 인권을 실현하는 것은 오랜 세월 인류 공동의 이상이라고 밝혔다. 이는 중화인민공화국이 수립된 이래 정부문건 최초로 중국 정치 중에서의 인권개념의 지위를 긍정함으로써 인권의 기치를 세운 것이다.

인권백서가 발표된 후 인권연구의 대문이 마침내 열리고 인권을 무작정 배척하던 국면이 빠르게 전환되었으며 인권을 연구하는 열풍이 일어나면서 중국의 인권 연구와 인권제도의 보장이 정규적인 궤도에 들어서기 시작했다. 비록 그 후 모종의 원인으로 말미암아 인권연구가 풍파를 거치고 타격을 받았지만 사상해방의 조류를 돌려놓을 수는 없었다.[220] 1997년 4월 7일 강택민은 프랑스 국방부장을 회견할 때 다음과 같이 말했다. "중국정부는 인권의 보편성 원칙과 구체적인 국정에 근거하여, 인민의 생존권과

---

219) 곽도휘(郭道暉), 도위(陶威), 「인권금지구역을 어떻게 허물어졌는가?(人權禁區是怎麻突破的)」, 『법학』 5기, 1999.
220) 여세윤(呂世倫), 사중(仕中), 「인권연구 중의 일종 풍파(人權研究中的一場風波)」, 『법학』 5기, 1998.

발전권을 실현하기를 노력하여 경제, 사회와 문화를 누리는 인민들의 권리 수준을 크게 높여주었다. 아울러 중국은 민주와 법제건설을 부단히 완전하게 하고 인민의 공민권리와 정치권리를 보장해 주고 있다. 인권문제를 두고 나라들 간에 서로 다른 견해가 있는 것은 정상적인 일이고 피할 수 없는 일이다. 분쟁이 있는 것이 무슨 대수인가? 중요한 것은 어떤 경로를 통해 그 분쟁을 해결하는가 하는 것이다. 중국은 여태껏 인권문제를 오직 평등과 상호 존중의 기초위에서 대화와 교류로 풀어나갈 것을 주장해왔다." 이 담화는 인권의 보편성원칙에 대하여 명확히 긍정하였고, 세계 각국과 인권문제에 대해 대화와 교류를 하고 세계인권사업의 개방을 공동으로 추진하려는 태도를 다시 한 번 천명한 것이다. 1997년 9월, 당의 15차 대표대회가 소집되었는데 당의 보고에서 처음으로 '인권'이라는 단어가 나왔다. 15차 당대회 보고 제6부분 '정치체재개혁과 민주법제건설'에서 다음과 같이 명확히 지적하였다. "공산당의 집정은 바로 인민이 국가를 관리하는 권력을 장악하게 하여 민주선거, 민주결책, 민주관리와 민주감독을 하도록 영도하고 지지함으로써 인민이 법에 따라 광범위한 권리와 자유를 향수하도록 보장하고 인권을 존중하고 보장하는 것이다."1997년과 1998년에 중국정부는 각각 『경제, 사회와 문화 권리 국제공약(經濟社會和文化權利國際公約)』과 『공민권리와 정치권리 국제공약(公民權利和政治權利國際公約)』에 서명을 하였다. 이 두 가지 국제인권공약에 서명한 것은 중국이 기타 나라와 인권문제 상의 분쟁을 줄이고 중국의 인권 건설이 세계 인권발전의 주류에 융합했음을 표시한다. 1998년 강택민은 미국대통령 클린턴이 중국을 방문했을 때 다음과 같이 선고했다. "사회제도, 의식형태, 역사전통과 문화배경이 서로 다름에 따라 중미 양국은 기본인권을 실현하는 경로와 방식이 다르고 일부 문제에 대한 견해가 일치하지 못하는 충돌이 존재한다. 이것은 이상한 일이 아니다. 중국정부는 인권과 기본자유를 촉진하고 보장할 것을 장엄히 약속한다."[221]

221) 풍림(馮林) 주편, 『중국공민인권독본』, 경제일보출판사, 1998, 485쪽.

1999년부터 2008년까지 10년은 중국 인권이 착실하게 앞으로 발전한 10년이었다. 이 10년 동안 인권은 여러 방면과 여러 영역에서 착실하게 훌륭한 성취를 거두었다. 인권 성취에 있어 뛰어난 표현 중 하나는 바로 두 번이나 헌법수정안을 채택하고 특히 '인권'이라는 단어를 헌법에 써넣은 것이다. 1999년 강택민은 인권문제를 담론할 때, 여러 차례에 걸쳐 다음과 같이 표시하였다. "중국정부는 인권문제를 매우 중요하게 생각하고 있다. 인권은 역사적인 산물로서 그것의 충분한 실현은 각 나라의 경제문화수준과 상호 연결되어 차츰차츰 발전하는 과정이다. 집체인권과 개인인권, 경제, 사회, 문화의 권리와 공민, 정치의 권리는 나누어 생각할 수 없는 것이다. 중국은 국제인권문서중의 인권의 보편성 원칙을 존중한다. 하지만 동시에 각국의 사회제도 문화, 역사전통과 경제발전정도가 다름에 따라 인권을 보호하는 구체적인 조치와 민주의 표현형식이 다소 다르다는 것도 인정한다. 중국은 계속하여 평등과 상호존중의 기초위에서 관련 국가와 인권에 대한 대화와 교류를 진행하고 상호 이해를 촉진하며 분쟁을 합당하게 처리하기를 원한다."

1999년 3월 15일에 제3차 헌법수정안이 채택되었고 법으로 나라를 다스리는 기본 치국의 방침이 확정되면서 인권보장은 한걸음 크게 내디디게 되었다. 2001년 2월, 전국인민대표대회 상무위원회의에서 『경제, 사회와 문화 권리 국제공약』을 비준함으로써 국제인권공약이 중국에서 실시되도록 대문을 활짝 열어놓았다. 2002년 11월에 소집된 당의 16차 대표대회에서 진술한 보고에서 '사회주의민주제도를 유지하고 완벽화'할 것을 논술하는 부분에서 다음과 같이 지적하였다. "민주제도를 건전히 하고 민주형식을 풍부히 하며 공민의 질서가 있는 정치참여를 확대하고 인민이 법에 따라 민주선거, 민주결책, 민주관리와 민주감독을 실행하도록 보장하여 광범위한 권리와 자유를 누리게 해야 하며 인권을 존중하고 보장해야 한다." 이로써 '인권에 대한 존중과 보장'을 사회주의정치문명 및 신세기, 신단계 당과 국가 발전의 중요한 목표로 확정하였다. 2003년에 『행정허가법』은 행정권력의 운행을 한층 더 규범화 했다.

그해 8월 1일에 『도시의 생활무의탁 유랑걸식인원의 구조관리방법(成市生活無着的流浪乞討人員救助管理方法)』이 실행되고 수용, 송환 제도가 폐지되었다. 그해

9월 1일,『법률원조조례』가 정식으로 실시되면서 기한을 초월하여 구금하는 현상이 정리되기 시작하였다. 법을 어긴 자를 사회구역에서 교정(矯正)하는 사업이 시험단계에 들어갔다. 2004년 3월 14일에 소집된 제10기 인민대표대회 제2차 회의에서 채택한 제4차 헌법수정안에 '국가는 인권을 존중하고 보장한다'고 써넣음으로써 공민의 합법적인 사유재산이 보다 엄격하게 보호를 받게 되었고 사회보장제도 조항은 생존권 보장의 초석이 되었다. 그 때에 수정한 14조항의 헌법수정안 중에서 12조항이 인권과 관련이 있다. 특히 '인권'이라는 단어를 헌법에 써넣고 처음으로 '인권'을 정치이념에서 법률개념으로 승화시켜 인권이 헌법 가치의 핵심이 되게 하였다. 이는 인권정신이 헌법에 도입되면서 중국이 인권보장의 신시대에 들어섰음을 나타낸다. 이것은 중화인민공화국 헌법건설, 나아가 개혁개방이래 인권 진보의 중요한 성과 중 하나이고 중국 민주헌법과 정치문명건설의 위대한 사건이며 중국인권발전의 중요한 이정표이다.『국민경제와 사회발전 제11차 5개년 계획을 제정하는 것에 관한 중공중앙의 건의』에서도 "인권을 존중하고 보장하여 인권사업의 전면적인 발전을 촉진"할 것을 제시하였다.

2006년 3월 제10기 전국인민대표대회 제4차 회의에서 비준한『국민경제와 사회발전 제11차 5개년 계획』은 "인권을 존중하고 보장하여 인권사업의 전면적인 발전을 촉진해야 한다"고 명확히 지적하였고 처음으로 인권사업의 발전을 현대화건설사업의 중요한 구성부분으로 삼아 국가발전계획에 넣었다.

2007년 10월, 당의 17차 대표대회 보고에서 처음으로 인권사업의 발전을 당과 국가 사업 발전의 중요한 방향으로 삼아 당 대회 보고에서 총 정리했다. 보고는 지난 5년 동안 "인권사업이 건강하게 발전하였다"고 지적하였고 "인권을 존중하고 보장하여 법에 의해 전체 사회성원의 평등참여, 평등발전의 권리를 보장해주어야 한다"고 제시하였다. 17차 당 대회에서 채택한『중국공산당장정(수정안)』은 총강에서 사회주의 민주정치의 내용에 관한 부분을 충실히 하였고 당의 영도, 인민이 나라의 주인이 되는 것, 법으로 나라를 다스리는 것의 유기적인 통일을 지켜 중국 특색의 사회주의 정치발전의 도로를 걸을 것을 강조하였다. 그리고 기층 군중의 자치제도를 유지해야 한다는 내용과 인권을 존중하고 보장하여 민주선거, 민주결책, 민주관리, 민주감독의 제도와 절차를 건립하고 건전히 하는 것에 관한 내용을 보충하였다. '인권'을 헌법에 써넣으면서 인권연구, 인권교육과 인권실천이 모두 거대한 발전을 거두었고, 형사소송법, 민사소송법, 변호사법 등 인권보장법의 수정이 안정적이고 깊이 있게 진행되었다. 『정부정보공개조례』, 『노동계약법』 등 법률 법규의 실시와 인력자원 및 사회보장부 농민 공공작사(農民工工作司)의 성립 등은 모두 공민권리의 보장에 새로운 힘을 실어주었다.

'인권연구 방면에서' 1990년 중앙 선전부는 8개의 연구 과제를 마련하여 연구책임단위를 확정한 후, '인권여구자료총서'를 편찬할 자료수집에 착수했다. 총서는 1993년에 사천인민출판사에서 출판하여 이후의 인권연구에 자료를 제공하였다. 1991년 3월 12일, 『중국법학』 편집부와 중국법학회 연구부는 공동으로 "어떻게 인권과 법제 문제의 이론연구를 전개할 것인가?"라는 주제로 세미나를 가졌다. 세미나에 참가한 20여 명의 전문가와 학자들은 인권을 연구하자면 반드시 무엇보다 먼저 사상을 해방하고, 우려를 버리고, 마르크스주의 역사유물주의의 높이에 서서 고금중외(古今中外) 모든 인권사상 중의 인류공동문명의 성과에 속하는 정수를 흡수하고 당대 국제적으로 공인하는 준칙을 참조하여 마르크스주의 인권이론을 풍부히 해야 한다고 한결 같이 생각하였다.

세미나에서는 또 일련의 인권이론을 선정하여 연구에 참고로 제출하였다.[222] 1991년 6월 18일부터 21일까지 중국사회과학원 법학연구소에서는 인권이론심포지엄을 가졌다. 전국의 교육, 연구와 시제 부문에서 70여 명 전문가, 학자들이 심포지엄에 참가하였다. 심포지엄은 법학의 견지에서 인권의 개념, 마르크스주의 인권관과 서방 인권관의 원칙적 경계선, 자본주의 인권제도에 대한 분석과 평가, 사회주의 중국의 인권 보장, 주권원칙과 인권의 국제적 보호 등 5개 전문 테마를 가지고 토론을 벌였다.[223] 『인권백서』가 발표된 후인

---

222) 곽도휘(郭道暉), 도위(陶威), 「인권금지구역을 어떻게 허물어졌는가?」, 『법학』 5기, 1999.
223) 이림(李林), 「인권이론연구를 깊이 있게 이끌자(把人權理論硏究引向深入)—중국사회과학원 법학연구소 인권이론심포지엄 종술」, 『중국법학』 5기, 1991.

11월 4일, 중앙선전부는 또 비교적 규모가 큰 인권심포지엄을 개최했다. 이때 인권에 대한 토론은 중국에서 이미 새로운 고조(高潮)를 형성하였다.

중국사회과학원에서는 인권연구센터를 설립하고 인권이론연구, 인권정책연구, 인권과 관련한 두 공약에 대한 연구, 외국 인권저작의 번역, 인권자료건설 등의 사업을 적극적으로 진행하였다. 이를테면 1992년 7월에 편찬하기 시작한 『중국인권백과전서』가 5년이라는 시간을 들여 완성(1998년 5월에 출판)되었다. 인권이론연구 내용에는 다음과 같은 문제들이 포함되었다. 사회주의 인권의 기본 이론과 실천, 인권의 세 가지 존재형태, 인권, 사회 발전권과 법정권리, 도덕권리로서의 인권과 법률권리로서의 공민권, 인권의 보편성과 특수성, 개인인권과 집체인권, 인권의 도덕기초, 자연권리설의 역사적 래원, 발전중인 나라와 인권, 아시아 국가의 인권관, 여성과 인권, 여성인권에 대한 유엔의 보호시스템의 완벽화, 국제인권법과 여성에 대한 폭력행위, 전환시기의 중국 농촌 빈곤여성의 생존권과 발전권의 실현, 입법 중에서의 인권—평등, 자유, 안전, 국제 신 질서와 이권, 인권 공동표준의 근거, 국제인권, 인권의 공동표준, 국가주권, 인권의 국제적 보호와 국가주권, 인신권리의 법률보장, 헌법과 인권보장, 국제인권공약의 실시시스템 등이다.

인권정책에 대한 연구에는 국내 인권보장 법률제도와 중국의 인권정책 등 일련의 중대한 문제들이 언급되었는데 거기에는 다음과 같은 문제들이 포함되었다. 인권의 개념에 관하여, 중국은 당연히 사회주의인권의 기치를 높이 들어야 한다. 인권의 국제보호와 인권을 구실로 타국의 내정을 간섭하는 것과의 경계선을 똑똑히 가려야 한다. 생존권의 부당한 관점 및 그것에 적당히 취해야 할 입장에 관하여, 발전권은 각항 인권을 실현하는 필수 조건이다. 현대인권 발전의 세 가지 특징, 인권문제에 대한 개발도상국가의 주요 관점, 주권과 인권의 문제, 변호사법 제정에서 국외 법률원조 건의를 참고할 수 있다.

중국 사회주의 시장경제 법률체계 구상 및 법률 제정, '수용심사제도', '유추적용제도', '반혁명죄'를 폐지해야 한다. 형사법제 발전과 민주권리의 보장, 형사정책과 공민권리의 보장, 죄형의 법적 확정 원칙과 인권 보장, 피해인의 형사소송 권리 및 그 보장문제 연구, 자유형(自由刑)의 제한과 인권 보장, 사형과 인권 보장, 형법중의 사형 조항의 합병, 삭감에 관한 의견과 건의, 위법적으로 취득한 형사증거자료의 증거효력을 배제하는 원칙을 실시하는 것에 관한 약간의 건의, 무죄추정과 죄형의 법적 확정, 형사재판 간이절차와 공민권리의 보장, 직권남용죄와 공민권리의 보장, 죄수의 권리 보장, 공민인신권리 침해죄에 관한 입법의 완벽화, 중국 형법의 수정과 인권 보장, 형사법제의 공정성, 법인 범죄에 관한 프랑스 신 형법전(刑法典)의 규정, 피해자의 처지를 개선하는 것에 관한 외국의 두 가지 제도 등이 있다. 이상의 연구성과는 중국의 『형사소송법』과 『형법』의 수정 및 형사 입법을 전반적으로 완벽화 하는데 있어서 일정한 작용을 했다. 인권과 관련한 두 가지 공약에 대한 연구에서는 다음과 같이 인정했다. 『경제, 사회와 문화 권리의 국제공약』과 『공민권리와 정치권리 국제공약』은 오늘날 세계에서 제일 중요한 인권법률 규범으로서 통일된 국제 인권 표준과 보장시스템을 확립하는데 있어서 아주 중요한 의의가 있다. 인권센터는 중국정부 관련 부문에서 중국은 당연히 빠른 시일 내에 두 가지 국제 인권공약에 서명하고 가입해야 한다고 건의하였다. 이 두 가지 공약은 세계 각국 인민이 장기적으로 투쟁하여 얻은 결과이기 때문이다. '두 가지 인권공약'에 가입하는 것은 이미 국제적 조류이다.

중국은 '두 가지 인권공약'에 가입할 수 있는 충분한 조건과 튼튼한 토대를 갖추었다. '두 가지 인권공약'에의 가입은 중국의 인권보장제도를 한층 더 완벽화하는 데 유리하다.[224] 중국사회과학원 인권연구센터 외에 전국의 수많은 교육, 연구와 실무 부문의 수많은 전문 학자들이 인권 관련의 연구에 투입되었고 인권연구의 범위가 부단히 확장되었으며 연구가 깊이 있게, 세분화 되어 진행되었고 연구 성과가 끊임없이 나와서 일련의 인권학설들이 형성되고 발전되었다. 인권연구와 인권교육의 목적은 인권에 대한 보편적 이해, 존중, 준수와 보장을 증진하려는 데에 있다. 개혁개방이래, 중국의 인권이론과 인권실천은 신속한 발전을 가져왔다. 개혁개방이래의 인권연구를 회고하고 반성하는 것은 금후의 인권건설에

---

224) 이림(李林), 「인권: 연구와 전파(人權:硏究與傳播)」, 『환구법률평론』 3기, 2001.

매우 필요하다.


## 1. 인권개념에 관한 이론

　거의 모든 인권문제는 인권개념의 해석과 관련된다. 사람들은 부당한 의미로 인권이라는 단어를 사용하는데 그것이 표현하는 주장은 심지어 완전히 정반대이기도 한다. 인권개념의 복잡성에는 역사적, 현실적 요소도 있지만 학술문제로서의 인권 자체가 아주 범위가 넓고 복잡한 것과 무관하지 않다. 인권 및 그에 대한 역사적 해석에는 정치, 경제, 법률, 철학, 종교, 윤리의 수많은 문제, 그리고 인류 전반적인 역사에 대한 해석이 포함된다. 그 뿐만 아니라 인권의 원리 중의 모든 문제는 인권의 주체, 내용, 분류, 내원, 보장 등의 문제를 포함하고 있어 광의적 의미에서는 모두 인권의 개념 문제로 볼 수 있다.

　학자들은 서로 다른 각도에서 인권에 대해 정의를 내렸다. 이를테면 어떤 학자들은 도덕적 의의에서 인권이라는 단어를 사용하여 인권과 인성, 인도, 자연, 도덕 등을 서로 연결시켰다. 어떤 학자들은 법률적 의의에서 인권이라는 단어를 사용하여 인권과 공민권리 심지어는 국가 의지를 동등하게 보았다. 또 어떤 학자들은 인권 중의 개인의 자유와 정치 권리를 강조하고, 심지어 인권의 내용이 여기에만 국한된다고 인정하고, 또 어떤 학자들은 경제, 사회, 문화의 권리를 강조했으며, 어떤 학자들은 자결권(自決權), 생존권, 발전권, 환경권 등의 신 인권을 강조하였다. 어떤 학자는 인권을 모든 국가와 인민의 최저 표준에 적용된다고 보았고, 어떤 학자는 인권을 모든 국가와 인민이 노력하여 실현해야 할 이상 목표로 보았다. 어떤 학자는 개인주의, 개인자유, 사회분열의 각도에서 인권을 이해하였고, 어떤 학자는 사회연대, 집체주의, 문화전통의 각도에서 인권을 해석하였다.[225]

---

225) 하용(夏勇), 『인권개념기원―권리적 역사 철학』, 중국정법대학출판사, 2001, 176, 221~222쪽.

어떤 학자는 인권 개념에 관한 중국 학술계의 네 가지 관점의 학설을 귀납하였다. 첫째는 인성고유권리설(人性固有權利說)인데, 인권은 인성 중에 고유한 권리로서 만약 이런 권리가 없으면 인간은 인간답게 살지 못한다고 인정한 학설이고, 둘째는 권리의 제일 일반 형식설인데 인권은 인간의 사회권리와 개인권리의 추상과 개괄이고 권리의 제일 일반적인 형식이라고 인정하는 학설이며, 셋째는 평등권과 자유권의 통일설이고, 넷째는 자산계급 특권설이다.[226] 또 어떤 학자들은 인권 개념에 관한 중국의 여섯 가지 관점의 학설을 귀납하고 평가하였다. 그 첫째는 인권은 사람답게 사는 권리, 즉 한 사람이 당연히 누려야 할 권리라는 설로, 이 부류의 정의는 적어도 논리적으로 동의반복(同義反復)의 혐의가 있다고 인정된다. 둘째는 인권이란 실질적으로 공민권, 공민의 기본 권리 혹은 인민의 기본 권리라는 설로 이 부류의 정의는 인간, 공민, 인민 등 몇 개 개념을 혼동하여 논리적이지 못하다고 인정된다. 셋째는 인권이란 공민의 자유, 평등의 권리를 가리킨다는 설로, 이런 확정은 논리적으로 여전히 부족하다고 인정된다. 넷째는 인권이란 사회적으로 인정을 받은 사람의 모든 권리이며 인권의 성질과 범위는 사람들의 물질생활조건에 의해 결정된다는 설로, 이런 유형의 정의는 상당한 합리성을 가지고 있다고 인정된다. 다섯째는 인권이란 인간의 자연속성과 사회본질에 따라 당연히 누려야 할 권리라고 하면서 인권의 '당연함'을 강조한 학설이다. 여섯째는 가치철학의 각도에서 인권의 정의를 내리면서 인권은 인간 가치의 사회적 인정이고 인간 가치의 일종 사회적 표현형식이라는 설이다. 이 몇몇 학자들은 인권, 즉 인간의 권리는 인간(혹은 그 결합)이 당연히 누려야 하는 것과 실제 누리는 사회적 인정을 받은 권리의 총화라고 제시하였다.[227]

구체적으로 말하면 이외에 또 아래와 같은 인권 개념의 이론들이 있다. 어떤 학자는 다음과 같이 생각했다. 인권, 즉 인간의 권리는 사회관계 중에서의 인간의 지위를

---

226) 요방(饒方), 「인권과 법제이론 심포지엄 종술(人權與法制理論硏討會綜述)」, 『중국법학』 4기, 1991, 41쪽.
227) 라옥중(羅玉中), 만기강(萬其剛), 류 송산(劉松山), 『인권과 법제』, 북경대학출판사, 2001, 3쪽.

반영하였고 일정한 주체의 일종의 자격과 우세이며, 일정한 사회의식 혹은 사회규범에 의해 '정당한 것'이라고 인정된 행위 자유이다. 인권의 성질과 범위는 사회의 경제구조 및 상응하는 문화벌전의 제약을 받는데 결국에는 사람들의 물질생활조건에 의해 결정된다.[228] 권리는 곧 인간의 가치, 인간의 지위, 인간의 존엄이다. 오직 인간이라면 곧 인간의 권리가 있고 인간의 가치가 있으며 인간의 지위를 가지고 있다.[229] 인권은 일정한 사회역사 조건하에서 법률의 인가를 받은 공민이 누리는 권리를 가리킨다.[230] 인권은 일정한 생산방식 중에 생활하는 모든 인간 혹은 절대다수의 자격이 있는 인간이 자기에게 필요한 것을 향유하는 것을 가리킨다.[231] 인권은 일정한 사회 혹은 일정한 국가에서 인가와 보장을 받은 모든 개인이 실제 갖고 있고 당연히 갖고 있어야 할 권리의 가장 일반적인 형식이다.[232] 각기 다른 나라에서 생활하는 사람은 서로 다른 역사배경, 사회제도, 문화전통과 경제발전 수준 등의 제약과 영향을 받아 그들이 향수하는 권리는 같지 않을 수 있다.[233] 어느 학자는 인권은 사회성원의 주관적 요구와 사회 객관적 조건의 허가의 통일이라는 총체적 인권 개념을 제시했다.[234] 어느 학자는 인권은 비단 도덕권리, 당연한 권리, 법정권일 뿐만 아니라 게다가 만인이 일상생활 속에서 실제적으로 누리는 권리라고 강조하였다.[235] 어느 학자는 인권은 본질상 일종의 경제 권리이고 일정한 계급의 경제이익의 정치상과 법률상의 표현이라고 인정했다.[236] 어느 학자는 인권을 자유와 평등의 권리라고 정의를 내리면서

---

228) 손국화(孫國華) 주편, 『인권: 자유에로 나가는 척도(人權:走向自由的標尺)』, 산둥인민출판사, 1993, 48쪽.
229) 장춘진(張春津), 『인권론』, 천진인민출판사, 1989, 43쪽.
230) 양경(楊庚), 『인권의 본질을 논함(論人權的本質)』
231) 엽립훤(葉立煊), 리스전(李似珍), 『인권론』, 복건인민출판사, 1991, 1쪽.
232) 정항생(鄭杭生)주편, 『인권신론』, 중국청년출판사, 1993, 4쪽.
233) 방삼(龐森), 『당대 인권 ABC』, 사천인민출판사, 1991, 5쪽.
234) 만악상(萬鄂湘), 곽극강(郭克强), 『국제인권법』, 무한대학출판사, 1994, 2쪽.
235) 이운용(李雲龍), 『인권문제개론』, 사천인민출판사, 1998, 1~4쪽.
236) 동정평(董正平), 「두가지 종류 인권의 경제 근원(兩種人權的經濟根源)」, 풍탁연(馮卓然), 곡춘덕(谷春德)주편, 『신인권론』, 1992.

인권은 인간의 자유권과 평등권이고 권리의 제일 일반적인 형식이라고 했다.[237] 또 어느 학자는 인민과 공민권의 각도에서 인권의 정의를 내리면서 '인권은 사실상 공민권'이고 '공민의 기본 권리에 대한 일종의 칭호'이며 '인민의 기본 권리'이고 '공민의 모든 권리에 관련되고 포함되는 것을 가리키는 것이 아니라, 단지 그 기본적이고 보편적인 권리만을 가리키는 것'이리고 하였다.[238] 어느 학자는 인권은 "사회적 승인을 받은 사람의 모든 권리인데, 그중에는 헌법이 규정한 공민의 권리가 포함되어 있다"고 하였다.[239] 어느 학자는 인권은 모든 생물적 의의상 인간 존엄의 보장을 위해 반드시 향유하는 권리라고 생각하였다.[240] 이보운은 "인권은 인간이 자신의 본성, 즉 자연속성과 사회속성에 근거하여 당연히 누려야 하는 권리"[241] 라고 하였고 심종령는 "인권은 사람들이 가치, 도덕관념에서 출발하여 한 사람으로서 혹은 군체의 사람으로서 사회관계 중에 당연히 가져야 할 권리와 당연히 이행해야 할 의무이며 인권은 일종의 가치관념, 도덕관념의 체현이기에 사람들은 서로 다른 인권관을 가지고 있다"[242]고 생각하였다. 한대원은 다음과 같이 생각하였다. "인권은 최초에 도덕권리 중에서 발전하기 시작했는데, 그 기본적인 함의는 인간으로서 당연히 향유해야 하는 자유이고 인간이 생존하는 기본 자격이다. 도덕권리로서의 인권은 국가를 초월하고 실정법(實定法)을 초월한 성질을 갖고 있다. 즉, 인권은 일반 상황에서 도덕적 부여와 사회적 윤리의 힘으로 존재한다. 인권이 실정화(實定化)된 후 기본권 혹은 기본 권리가 된다. 인권은 자연법에 근원을 둔 일종의 자연권으로서 영원히 변하지 않은 가치상의 효력을 갖고 있고 가치체계로 표현된다."[243] 탁택연(卓澤淵)는 인권은

---

237) 호의성(胡義成), 「상부인권론(商賦人權論)」, 『산서사법대학학보』 6기, 1991.
238) 교위(喬偉), 「인권을 논함」, 『문사철』 6기, 1989.
239) 맹춘연(孟春燕), 「마크크스주의 인권관을 견지하고 자산계급인권관을 반대하자」, 『인민일보』 1990년 9월 17일 자.
240) 서현명(徐顯明), 『인권법원리』, 중국정법대학출판사, 2008, 103쪽.
241) 이보운(李步雲)주편, 『인권법학』, 고등교육출판사, 2005, 10쪽.
242) 심종령(沈宗灵), 「인권은 어떤 의의상의 권리인가(人權是什麻意義上的權利)」, 『중국법학』 5기, 1991.
243) 한대원(韓大元), 『헌법학기초이론』, 중국정법대학출판사, 2008, 200쪽.

"인간이 당연히 향유해야 하는 권리이고 인간의 자연속성을 토대로, 사회속성을 본질로 하는, 인간이 인간다운 대우를 받아야 하는, 인간에게 속하는 권리이다"[244]라고 했다. 장항산(張恒山)는 "인권은 사람이 문화공동체 의식의 토대위에서 사회가 무해한 표준에 근거하여 인정되고 사람의 생존, 발전에 필요성이 있는 기본 행위의 정당성"[245]이라고 생각하였다. 제연평는 다음과 같이 생각하였다. "인권은 사람이 동물과 구별되는 기본 조건이고 인권은 사람으로서의 최저 한도의 조건이다. 이 조건을 구비하지 못하면 완전한 의의상의 사람이라고 할 수 없다. 인권의 의의는 세 가지 측면에서 설명할 수 있다. 도덕 측면에서 인권은 당연히 향유해야 할 권리를 말하고, 정치 측면서 인권은 공공권력에 대항할 수 있는 권리를 말하며, 법률 측면에서 인권은 법률제도의 영혼이다."[246]

하용(夏勇)는 인권 개념의 기원을 탐색하고 그 생산적 조건의 과정과 원인을 연구하면서 그 이론적 근원과 제도적 근원을 탐구했다. 인권은 원래 인류 공동의 요구에 근거하여 탄생됐고 인권 개념은 인류문명 전반적인 진화의 산물이다. 하나의 명사로서의 인권은 어의론(語義學)에서 고유한 함의를 가지고 있고, 하나의 윤리원칙으로서의 인권은 철학 상에서 특정된 유래와 속성을 가지고 있으며, 하나의 법률개념으로서의 인권은 법학 상에서 특정된 주체, 객체와 분류를 가지고 있다. 하나의 명확하고 비교적 일치하는 인권개념을 확정할 수 있다. 인권개념의 확정성이 없으면 인권개념의 다양성이 있을 수 없다. 인권은 '인간'과 '권리' 두 부분으로 구성되었는데, 그 본래의 의미는 모든 개인이 모두 향유하거나 혹은 반드시 향유해야 하는 권리이고 '모든 사람 권리'라는 것이다. 인권은 두 가지 측면의 의의를 포함하고 있다. 첫째 측면은 권리를 가리키는 것으로, 즉 '모모 권리'라는 것이고 두 번째 측면은 개념 혹은 원칙을 가리키는 것으로, 즉 '매 개인이 모두 향유하거나 혹은 반드시 향유해야 하는 권리'라는 것이다. 전자는 법학적 의의상의 권리이고 후자는 인간의 일부

---

244) 탁택연(卓澤淵), 『법치국가론』, 법률출판사, 2003, 43쪽.
245) 장항산(張恒山), 『법리요론(法理要論)』, 북경대학출판사, 2002, 391쪽.
246) 제연평(齊延平), 『인권과 법치(人權與法治)』, 산둥인민출판사, 2003, 9쪽.

원칙에 관한 것으로서 그것은 인간 및 인류사회는 당연히 어떻게 인간을 대해야 하는가에 관한 문제로, 인간을 존중하는 판단, 명제 혹은 원칙으로 구성되어서 '인도(人道)'라고 부를 수 있다. 일반적으로 말하면 인권개념은 권리와 인도 두 가지 개념으로 구성되며, 양자의 융합이다. 인권학설은 권리학과 인간학 이 두 가지 학문을 떠날 수 없다.[247]

서현명는 다음과 같이 생각하였다. "인권은 인간의 가치에 대한 사회적 인정으로서 인간이 동물과 구별되는 관념적, 도덕적, 정치적, 법률적 표준이다. 그것에는 '사람의 권리', '사람이 사람다운 권리', '사람이 사람이게 하는 권리'와 '사람이 존엄이 있는 사람이 되게 하는 권리' 등 여러 가지 단계가 포함된다. 제3대 인권의 출현과 더불어 인권에 대한 우리의 인식은 또 한층 깊어졌다. 사람은 비단 반드시 존엄이 있어야 할 뿐만 아니라, 당연히 전면적인 발전을 획득해야 한다.

인권은 당연히 사람으로 하여금 존엄이 있게 할 뿐만 아니라 전면적 발전을 획득하는 권리가 되어야 한다. 하지만 인권이라는 이 체계는 아직 완결되지 않았고 여전히 개방되어 있다. 조화권(和諧權)은 틀림없이 제4대 인권의 대표가 될 것이다. 인권 중의 '인'은 '자연인', '인민', '공민', '시민', '국민', '민족', '종족', '집체' 심지어 법인(法人)으로 해석할 수 있을 것이고, 그것이 대답하는 것은 주체(主體) 문제이다. 인권 중의 '권'은 '자연의 권리', '시민의 권리', '국민의 권리', '인민의 권리', '공민권', '기본권', '헌법권', '공민의 기본 권리' 등으로 해석될 수 있을 것이고, 그것이 회답하는 것은 모든 권리 중에서의 인권의 지위 문제이다. 사람에게 향유되는 모든 권리가 모두 인권인 것은 아니며 아직 사람에게 누려지지 않는 권리라 해서 인권이 아닌 것은 결코 아니다. 인권의 기치가 막 수립되기 시작했을 때는 아직 자산계급 공화국이 없었다. 이 시기의 인권은 다만 관념상의 의의와 정치투쟁상의 의의였을 뿐이다. 그 전의 인권을 이전부터 가까운 시가까지 그 궤적을 추적해 보면 그것은 다만 인권의 맹아, 인권의 요구, 인권의 사상과 18세기 중기 이후에 비로소 형성된 인권

---

247) 하용(夏勇), 『인권개념 기원―권리적 역사 철학』, 원판 서언

이론이라고 할 수밖에 없다. 제도적 의의로서의 인권은 자산계급 국가가 건립된 후에야 비로소 있게 되었다. 자산계급국가가 형성된 후 인권이 법률영역에 진입됨에 따라 두 개의 부분으로 나눠졌다. 한 부분은 국가보다 우선으로, 국가보다 더 높게 인정되었는데 이 부분은 여전히 직접 인권으로 불린다. 다른 한 부분은 국가 다음으로, 국가에서 비롯된 것으로 인정되었는데, 그것은 정치공동체와 밀접히 연관된 권리로 인식되었다. 이 부분은 공민권으로 불린다."[248]

인권은 구체적이고 역사적이고 발전적이며 인권의 개념 역시 역사의 전진과 더불어 부단히 발전, 변화한다.

## 2. 인권의 주체

### (1) 인권주체결정설(人權主體決定說)

어느 학자는 다음과 같이 지적하였다. "인권주체와 인권내용 사이에서 인권주체가 인권내용을 결정한다. 인권주체 문제를 단순히 '인권에 관계되는 적용범위'에 귀결시켜서는 안 된다."[249] 인권주체이론은 지식론에서 '누구의 권리인가?'에 대답하여 인류로 하여금 이 문제의 곤혹에서 벗어나게 하는 외에도 인권이론의 전반에서 중요한 지위를 차지하고 있고, 인권구제와 인권보장에 대하여 무엇으로도 대체할 수 없는 실천 기능을 가지고 있다는 것을 반드시 인식해야 한다. 첫째, 어떤 인권주체가 있으면 곧 어떤 인권체계에 대응하게 된다. 논리적으로 분석해 보면 먼저 인권의 내용을 확정하고 나서 그것을 향유할 자격이

---

248) 서현명(徐顯明), 『법리학교본』 중의 '인권과 자율' 참조.
249) 리림(李林), 장조캉(將兆康), 모지홍(莫紀宏) 등, 「마르크스주의를 지도로 인권이론을 신입하여 연구하자(以馬克思主義爲指導深入硏究人權理論」, 『법학연구』 5기, 1991.

있는 주체를 찾는 것이 아니다. 물론 인권의 실천에서 흔히 모종의 인권주체를 인권보장 외에 배척하기도 한다. 그렇다 보니 인권투쟁이 적지 않은 정도에서 인권주체를 확장하는 투쟁으로 비쳐지면서 이것은 인권의 주체와 인권관계의 또 다른 한 방면이며, 인권제도성의 보장 문제로서 인권주체결정설은 결코 그렇지 않을 뿐만 아니라, 오히려 인권주체 결정설이 이러한 인권투쟁을 지지할 수도 있다고 인식되기도 한다. 하지만 그것과는 정 반대로 인권주체는 인권보다 먼저 존재하였고 인권은 인권주체가 도덕상, 법률상에서 필요로 하는 권리이다.

그러므로 모든 인권이론은 인권주체가 미리 마련한 토대위에 건립되고 인권의 전체 내용은 최초에 인권주체에서 출발하였다. 둘째, 인권에 대한 모든 연구는 비단 어떻게 주체로 하여금 가장 충분한 인권을 향유하게 하겠는가를 논리의 기점으로 할 뿐만 아니라, 어떻게 주체로 하여금 가장 충분한 인권을 향유하게 하겠는가를 최종목표로 하고 있다. 인권 연구는 인권주체에 복종하고 봉사해야 하고 인권의 가치는 오로지 그리고 반드시 인권주체의 만족을 통하여 체현되어야 한다. 성숙된 인권 이론과 과학적 인권 연구는 무엇보다 먼저 인권주체에 대해 연구한다. 셋째, 인권주체와 인권내용이라는 이 양대 구성요소 중에서 비단 인권주체가 인권내용을 결정할 뿐만 아니라, 인권과 기타 그 어떤 유형의 권리가 서로 구별되게 하는 것은 인권내용이 아니라 인권주체이다. 더 깊이 말하자면 인권과 기타 권리의 최대 구별은 주체의 구별에 있다. 그 이유의 하나는 인권주체는 오로지 사람이어야 하지만 기타 권리의 주체는 다양하기 때문이다. 국가, 정부, 군체, 법인 등이 모두 여러 가지 권리의 주체가 될 수 있고 동물의 권리, 식물의 권리, 자연의 권리 등의 개념도 제시된 적이 있다. 또 하나의 이유는 인권주체는 반드시 보편적인 것이어야 하기 때문이다. 인권은 그 어떤 구체적인 사람도 소홀히 할 수 없다.

인권의 보편성은 우선 인권주체의 보편성이다. 인권의 개념 중에는 천연적으로 주체 요소가 포함되어 있다. 인권의 정당성도 인권의 보편성 중에 체현된다. 하지만 기타 권리는 주체의 보편성을 요구하지 않는다. 넷째, 인권이 왜 인권이 될 수밖에 없는 이유도 인권주체의 이론에서만 설명될 수 있다. 인권을 '사람이 향유하는 혹은 반드시 향유해야 하는 권리'라고 간단해 해석할 것이 아니라, 반드시 '사람을 사람으로 취급하는' 데에 꼭 필요한 권리라는 측면을 뚜렷하게 나타내야 한다.[250] 총체적으로 인권은 인간의 존재와 인간 존엄의 보장 중에서 산생된 권리이고 '인간'을 '인간'으로 대우하는데 없어서는 절대 안 되는 권리이다. 인권주체와 인권내용 사이의 이와 같은 일종의 관계를 똑똑히 하는 것은 인권의 이론연구와 인권의 보장 실천에서 모두 아주 유익하고 필요한 것이다. 첫째, 인권의 정당성은 인권주체의 보편성을 요구한다. 만약 오로지 형식적으로만 보편적 주체를 인정하고 차이가 있는 인권주체의 특수한 요구를 거들떠보지 않는다면 구축된 인권체계에는 사실상 인권주체의 보편성이 말살되고 인권의 정당성이 제거된다.

그러므로 인권주체는 인권의 정당성과 관련된다. 둘째, 인권주체의 확정성은 인권의 내용을 확정하는 전제 조건이다. 인권내용상의 여러 가지 논쟁은 흔히 인권주체에 대한 서로 다른 예비 설정에서 기인된다. 인권주체를 떠나서 인권의 내용과 체계를 토론한다는 것은 불가능한 일이다. 인권의 내용과 체계의 결함은 필연적으로 불충분한 인권보장을 초래하게 된다. 만약 인권주체 상의 분쟁이 어디에 있는가를 충분히 의식한다면 인권의 내용을 제정함에 있어서 일종의 새로운 고찰의 도구를 얻게 된다. 셋째, 기왕 인권의 모든 연구가 어떻게 인권주체로 하여금 가장 충분한 인권을 향수하게 하겠는가를 논리 기점과 최종 목표로 삼았다면, 자각적으로 인권주체에 대한 보다 전면적인 분석과 고찰을 미리 기대할 수 있게 인권보장의 수준을 높일 수 있다. 오랜 시간 동안 인권이론이 인권의 내용을 지나치게 중요하게 생각하면서 이미 인권주체에 대한 망각을 초래하였다. 인권주체에 대한 연구는 대체로 두 가지 차원(向度, Dimension)에서 전개할 수 있다.

하나는 인권주체에 대한 철학적 분별(辨思)이다. 그 목적은 철학, 정치학, 윤리학 등의 입장에서 인간을 인식함으로써 인권의 내용을 대체적으로 확정하는 데 있다. 다른 하나는 역사와 현실의 실증 각도에서 인권주체가 일반 의미상 인간에서 법률주체로 전환하는 것과

---

250) 하용(夏勇), 『인권개념 기원-권리적 역사 철학』, 원판 서언

그 변화가 인권의 현실에 주는 의의와 영향을 고찰하는 것이다. 그 목적은 인권의 실현을 위해 법률과 제도의 보장을 제공하기 위한 것에 있다.[251]

### (2) 보편인권주체설(普遍人權主體說)

1991년에 중국사회과학원 법학연구소에서 소집한 인권이론 심포지엄에서 소수의 사람들은 인권의 주체는 인민이며 오직 공인, 농민, 지식인과 사회주의를 열애하는 애국자만이 비로소 인권을 누릴 수 있다고 생각하였다. 또 어떤 사람은 인권의 주체는 공민이므로 반드시 공민권으로 인권을 대체해야 한다고 인정했다. 하지만 대다수 참가자들은 인권의 주체는 모든 사람이기에 적아(敵我) 모순에 속하는 사람도 당연히 생명권, 인격권 등 인권을 향유해야 한다고 주장하면서 다음과 같이 인정했다. "인권은 공민권과 다르다. 공민권은 인권을 대체할 수 없다. 왜냐하면 공민권의 주체는 공민이고 인권의 주체는 무국적인과 외국인을 포함한 모든 사람이기 때문이다. 공민권은 다만 인권의 법률 표현 형식일 뿐이지만 인권의 내용은 그것보다 더 광범위하다. 공민권은 국내법 개념이지만 인권은 국내법과 관련되면서 또 국제법과도 관련되고 법률규범과도 관계되면서 또 기타 사회행위규범과도 관련된다. 만약 공민권으로 인권을 대체하면 사실상 인권의 국제성과 인권의 국제보호를 부정하는 것이다."[252]

서현명는 인권의 주체는 반드시 보편적인 사람이어야 한다고 하면서 다음과 같이 생각하였다. "인권의 보편성은 우선 인권주체의 보편성이다. 인권이 보편성을 갖고 있다는 것을 인정하는 것은 오늘날 세계의 공통된 인식이다. 주체의 각도에서 인권의 보편성을 밝히는 것은 더구나 특별한 역사적 의의가 있다. 주체의 보편성은 인권의 요구이자 역시

---

251) 곡상비(曲相霏), 『인권의 주체를 논함(論人權的主體)』, 산둥대학 박사학위논문, 2004.
252) 이림(李林), 「인권이론연구를 깊이 있게 이끌자―중국사회과학원 법학연구소 인권이론심포지엄 종술」, 『중국법학』 5기, 1991.

인권이 인권일 수 있는 독특한 가치가 존재하는 구심점이다. 인권과 특권의 차별은 권리의 내용이 다르다는 것에 있는 것이 아니라 권리를 향유하는 주체의 범위가 다른 데 있다. 일단 인권주체의 보편성의 울타리에 구멍이 생기는 것을 허용하면, 인권은 곧 인권이 아니라 특권으로 변질된다. 권리와 보편적 주체가 결합되기 전에는 소유의 역사 권리는 모두 특권이었지 인권은 없었다. 주체의 보편성은 인권이 기타 그 어떤 일종의 역사 원리와 구별되는 제일 뚜렷한 특징이고 또한 권리 자신의 발전과정에서의 한차례 질적 비약이다."[253] 모지홍(莫紀宏) 도 다음과 같이 지적하였다. "어학상 '보편'이라는 단어는 '공동'에 가깝다. 바로 『세계인권선언』에서 선언한 것처럼 모든 사람은 이 선언에서 확인한 모든 권리와 자유를 향유해야 하지, 종족, 부피색, 성별, 언어, 종교, 정치 혹은 기타 관점, 민족 혹은 사회기원, 재산, 출생 혹은 기타 정황 때문에 차별 대우를 받아서는 안 된다. 상술한 규정에 근거하면 '보편인권'중의 '보편'이라는 단어를 해석하는데 제일 적합한 것은 '모든 사람'이다. 『세계인권선언』 중의 보편인권의 의의를 해석해 보면, 인권을 향유하는 주체의 보편성으로 보편인권의 담겨진 내용을 해석하는 것이 보다 보편인권의 특징을 더 잘 체현하였다."[254]

인권이 근대로부터 현대로 발전한 역사 역시 인권주체가 점차 보편화한 역사이다. 고전인권이론은 보편인권주체를 확립하지 못했다. 계몽운동 및 자산계급혁명시기의 인권이론 그리고 당시의 인권선언 중에서 인권의 주체라고 한 것은 특정한 사람이었지 보편적인 사람이 아니었다. 인권주체는 이론상 벌써 한계가 있었다. 주체가 모호한 고전인권이론이 그 자체로 표면상 자아모순에 빠졌다는 것은 당시 유행한 계약이론으로도 해석할 수 있다. 즉 '정치계약' 중의 '사람마다' 혹은 '모든 사람' 등의 보편성을 띤 글귀는 당연히 계약체결에 참여한 사람을 가리킨 것이지, 계약 이외의 사람은 포함하지 않았다.

---

253) 서현명(徐顯明), 「인권의 보편성과 인권문화에 대한 해석」, 『법학평론』 6기, 1999.
254) 모지홍(莫紀宏), 송야팡(宋雅芳), 「국제인권공약과 국내헌법의 관계를 논함(論國際人權公約與國內憲法的關係)」, 『중국법학』 3기, 1999.

19세기 중엽부터 20세기 상반기까지 인권발전의 제2단계에서 사회주류사상으로서의 인권이론은 인권의 보편화의 발전을 그렇게 추동하지 못했다. 그와는 반대로 수많은 자산계급 사상가들이 각양각색의 학설들을 창조하여 한계가 있는 인권주체이론을 변호하였다. 이런 이론은 20세기 중엽 제2차 세계대전 중에서 극에 달했다. 바로 이 전례 없는 대 재난 속에서 보편성 인권의 절박한 수요와 절박한 추구가 잉태되었다. 인권문제는 처음으로 더는 한 나라 혹은 한 지구 범위내의 문제가 아니고, 한 소수인 집단 혹은 계급범위내의 문제가 아니며, 어느 하나의 인권원칙의 문제가 아닌 세계범위 내의 모든 사람의 문제가 되었다. 1948년 12월 10일 유엔은 파리의 샤이오궁에서 『세계인권선언』을 채택했다. 선언은 세계의 "모든 사람들은 민족 피부색, 성별, 언어, 종교, 정치 혹은 기타 견해, 국적 혹은 사회출신, 재산, 출생 혹은 기타 신분 등 그 어떤 구별이 없이 본 선언에 기재된 모든 권리와 자유를 향유한다"고 명확하게 선고하였다. 유엔대회는, 『세계인권선언』은 모든 인민 모든 국가가 공동으로 노력할 목표라고 선포하였다. 선언은 어휘 사용에서도 특히 '모든 남자(all men)'를 '모든 인민(all people)'으로 바꿨다. 『세계인권선언』은 보편적 인권주체가 이론적으로 마침내 확정됐음을 상징한다. 이것이 바로 인권이 '한계가 있는 주체에서 보편적인 주체로' 발전한 과정이다.[255]

인권주체로서의 이성, 재부, 종족, 피부색, 성별, 윤리도덕 등 각종 조건을 부가한 사람이 아니라 반드시 경험 의의상의, 생물학 의의상의 구체적인 모든 개인이다.[256] 인권이 관심을 갖는 것은 '어떤 사람인가'가 아니라 '사람이 옳은가'이다. 오직 모두 사람이라면 당연히 인권을 향유해야 한다. 인권을 논할 때 반드시 사람을 '생리학 의의상의 사람' 혹은 '인류학 의의상의 사람'으로 추상화해야 한다. 이렇게 해야만 비로소 사람의 그 어떤 사회성 차별을 구실로 인권을 부여하거나 혹은 박탈하는 것을 근절시킬 수 있고, 비로소 진정으로 무릇

255) 서현명, 곡상비, 「인권주체계설(人權主體界說)」, 『중국법학』 2기, 2001.
256) 곡상비(曲相霏), 「자유주의인권주체관비판(自由主義人權主體觀批判)」, 『인권연구』, 2004.

사람이면 모두 통일적으로 평등하게 인권을 향유하도록 할 수 있다. 역사와 현실이 또다시 증명하듯이 사람의 사회성 차별은 줄곧 수많은 사람들의 인권을 박탈한 근본 원인이었다. 사람의 사회성 차별에 뒤얽히면 진정한 보편적 인권이 있을 수 없다. 모든 사람들이 모두 인권을 향유하게 하려면 반드시 모든 사회성 차별을 추상화해야 한다. 인권은 '사람이 목적'이라는 것을 고수한다. 인권이 요구하는 본질로 보면 인권에서 말하는 사람은 확실히 단지 '원시적 사람', '도덕적인 판단을 가미하지 않은 사람', '자유의지의 생명이 있는 임의의 사람'이다. 만약 '원초적인 사람'이 아닌 복잡한 사회성 차별이 부가된 사람이라면 인권의 향유에 통일성과 평등성이 없게 되고 진정한 인권이 없게 된다.[257]

또 어떤 학자는 형식상의 보편인권주체와 실질상의 보편인권주체를 구분하였다. 경험의의상의, 생물학의의상의 구체적인 모든 사람은 계몽운동에서 탄생한 사람과 비교할 때, 그 내용에 이미 완전한 변화가 발생했다. 만약 계몽운동의 그 과정을 인간의 탄생이라고 한다면 내용에 변화가 발생한 이 과정은 당연히 인간의 환생이라고 해야 한다. 모든 인권이론은 인권주체에 대한 예상(豫設)위에 건립되었기에 인권의 보편성은 비단 인권주체형식상의 보편성을 요구할 뿐만 아니라, 특히 인권이론이 각기 다른 인권주체에 존재하는 각자의 독특성을 밝히고 다른 점이 있는 인권주체가 인권에 대한 특수성과 특정 요구를 승인하고 존중할 것을 요구한다.[258]

### (3) 집체와 개체

제2차 세계대전 이후 인권은 단순한 국내 문제로부터 세계가 공동적으로 관심을 갖는 중대한 국제문제로 발전하였다. 인권문제가 국제법이 조정해야 할 대상이 된 후

---

257) 구본(邱本), 「무상인권과 범인주의(無償人權與凡人主義)」, 『철학연구』 2기, 1997.
258) 곡상비(曲相霏), 「자유주의인권주체관 비판」, 『인권연구』, 2004.

인권이론은 주체상, 내용상과 보장방법상에서 세 가지 큰 변화가 발생하였다. 그중 주체의 변화는 인권이 과거에 단순한 개인인권에서 종족, 민족으로 내용이 구성된 집체인권으로 발전한 것으로 표현되었다.[259] 집체인권의 개념은 제시되자마자 곧 엄청난 쟁론을 불러왔다. 서방학자들은 거의가 개인주의와 자유주의 입장을 받아들이고 인권의 주체는 개체라고 강조하면서 집체인권과 개인인권은 대립되는 것이라고 생각하였다. 그들은 제3세계 국가가 집체인권을 중시하고 선전하는 것은 공민과 정치권리를 대체하기 위한 것이라고 인정하면서 심지어 집체인권이 일부 제3세계 나라가 서방의 민주를 반대하는 구실이 될 것을 걱정하였다. 하지만 동방과 제3세계의 학자들의 인권은 '사람'의 권리라는 것을 부인하지 않으면서 또 인권은 하나의 역사 범주와 사회 범주이고 인권은 개인의 권리이면서 집체의 권리이기도 하다고 강조하였다. 그들은 다음과 같이 생각하였다. "집체인권과 개인인권은 변증법적 통일 관계로서 집체인권을 포함한 모든 인권은 모두 반드시 최종적으로 개인인권으로 체현된다. 집체인권은 개인인권이 충분하게 실현되게 하는 선결조건이며 필요한 보장이다. 동시에 모종의 집체인권 역시 개인의 인권이다. 이를테면 발전권, 평화권, 환경권 등은 집체인권이면서 또한 개인인권이기도 하다."[260] 중국 인권백서에서는 중국정부는 비단 개인인권 보장을 십분 중요하게 생각할 뿐만 아니라 집체인권 보장도 중요하게 생각한다고 하면서 집체인권이 인권에 속한다는 것을 명확히 긍정하였다.

이보운(李步雲)는 다음과 같이 주장하였다. 인권의 주체는 주로 개인을 가리키지만 부녀, 아동, 장애자, 소수민족 혹은 민족, 소비자, 실업자 등 일부 군체도 가리키며 또 민족, 한 나라의 인민, 전 인류도 포함한다. 집체인권이란 개인인권과 비교해서 이르는 말로서 어느 한 부류 사람들이 당연히 향유해야 하는 인권이다. 집체인권의 권리주체는 어느 한 부류의

---

259) 서현명(徐顯明), 「인권주체쟁론이 불러온 몇 가지 이론 문제(人權主體之爭引出的幾個理論問題)」, 『중국법학』 5기, 1992.
260) 백계매(白桂梅), 「신 일대 인권을 논함(論新一代人權)」, 『법학연구』 5기, 1991, 1~6쪽.

특수한 사회 군체 혹은 어느 한 부류의 민족과 어느 한 나라이다.

집체인권에는 국내집체인권과 국제집체인권 두 가지가 포함된다. 국내집체인권은 특수군체권리라고도 하는데 주로 소수민족의 권리, 아동의 권리, 여성의 권리, 노인의 권리, 장애자의 권리, 죄범(罪犯)의 권리, 국외 교민과 난민의 권리 등을 가리킨다. 국제집체권리는 또 민족인권이라고도 하는데 오늘날 국제사회가 통상적으로 이해하고 승인하는 것에 따르면 주로 민족자결권, 발전권, 평화와 안전권, 환경권, 재부와 자원의 자유처리권, 인도주의 원조권 등을 가리킨다. 한 나라 인민이 국제집체인권의 주체가 됨은 주로 발전권으로 나타난다. 국가, 정부는 모두 인권의 주체가 될 수 없다. 전 인류 혹은 각국 인민이 국제집체인권의 주체가 됨은 주로 환경권 및 평화안전권에서 나타난다. 집체인권과 개인인권의 경계선은 절대적이 아니다. 국내집체인권이든 국제집체인권이든 모종의 각도에서 보면 모두 역시 개인인권일 수 있다. 개체인권은 집체인권의 토대이고 집체인권은 개체인권의 보장이다.[261]

곽도휘(郭道暉)는 다음과 같이 생각하였다. "집체권리란 일반적으로 어느 한 사회공동체의 공공이익을 말하고, 개체권리란 일반적으로 사회 개체의 사유권리를 말하는 것으로서 양자는 대다수 사람의 이익과 소수의 이익관의 관계라고 할 수 없고 집체주의냐 아니면 개인주의냐 하는 구별은 더구나 아니다. 집체권리는 개체권리의 합(合)이 아니고 집체권리를 양과 질에서 개체의 사적권리로 나눌 수 있는 것도 아니다. 법률에는 개체사인권리, 개체협동권리, 군체공유권리, 개체공유권리, 집체공유권리, 사회공유(共享)권리, 개체와 집체의 병존권리 등 복잡하고 다양한 권리 형태가 존재한다. 집체권리는 일반적으로 어느 한 사회공동체의 공적 권리(공유권리 혹은 공공권리)를 가리킨다. 즉, 국가, 민족, 사회단체, 정당, 군중단체, 기업, 사업 단위 등 법인조직 및

---

261) 이보운(李步雲), 「개인인권과 집체인권을 논함(論個人人權與集體人權)」, 『중국사회과학원 연구생원 학보』 6기, 1994. 「인권의 양대 이론문제(人權的兩個理論問題)」, 『중국법학』 3기, 1994. 『인권법학』, 고등교육출판사, 2009, 10쪽.

국제조직의 공적 권리이다. 개체 혹은 개인권리는 일반적으로 사적 권리인데 개인의 사유권리 혹은 사인권리이다. 공공권리는 일반적으로 오로지 집체조직이 향유하고 집체가 그 법인대표를 거쳐 행사하지, 개개인의 사유권리로 나누지 못한다. 군체권리는 공동이익과 일치하는 신분 혹은 처지의 개인이 그가 소속된 어느 한 사회의 특수군체 중에서 동등하게 향유하는 권리를 가리킨다. 이를테면 여성, 아동, 노인, 장애인, 화교, 종교계, 소수민족, 종족, 외국인, 무국적인 등 군체 중의 하나의 분자는 모두 동일 군체 중의 기타 분자와 마찬가지로 동등한 특수권리를 향유한다. 공민 역시 하나의 대 군체라고 할 수 있다. 집체권리와 개체권리 사이에는 평등병존, 상호불침범과 상호의존, 상호제약, 상호전화(轉化) 및 상호대립 혹은 대항의 변증관계가 존재한다. 사회주의인권과 자본주의인권의 본질적 구별을 집체인권을 중시하느냐 아니면 개체인권을 중시하느냐의 구별에 귀결시키거나 혹은 '집체권리는 개체권리보다 높다'는 일반 명제를 제시하는 것은 모두 합당하지 않다. 사회주의국가는 집체권리를 중시하면서 또 개체권리도 매우 중시한다. 일정한 의의에서 말하면 집체권리는 결국 개체권리의 실현이라는 이 최종목표를 위해 봉사한다."[262]

만악상(萬鄂湘)은 사회성원설을 제시하면서 다음과 같이 생각하였다. "인권의 주체는 일정한 자격을 갖고 있는 사회성원인데 국제사회성원과 국내사회성원으로 나눌 수 있다. 국내사회성원은 국가헌법, 헌법성 법률과 기타 인권과 공민권을 보호하는 전문 조항의 법률과 같은 국내 인권법의 주체이다. 이 부류의 주체는 주로 한 나라 정부의 관할을 받는 공민, 외국교민, 무국적인, 난민, 법에 의해 공민권과 인신자유를 발탈당한 형사범, 전시의 적국인, 포로, 부상병 등이거나 혹은 가정, 공회조직, 종교단체, 소수민족 등 상술한 구성원으로 조성되고 어느 방면의 공동이익을 갖고 있는 사회단체이다. 국제사회성원은 국제인권조약, 관습법과 같은 국제인권법의 주체인데, 이 부류의 주체는 주로 국가,

---

262) 곽도휘(郭道暉), 「집체권리와 개인권리를 논함」, 『상해사회과학원 학술계간』 3기, 1992.

민족과 종족이다. 국제법과 국내법이 필연적으로 연결되기에 일부 국내인권법의 주체도 국제이권법의 주체가 될 수 있거나 혹은 하나의 주체가 동시에 국제, 국내의 이중성을 겸할 수 있다. 이를테면 국제 상에는 전문 여성, 아동, 난민, 전쟁포로, 무국적인을 보호하는 공약이 있는데, 이 사람들은 자기의 소속 국가 혹은 소재 국가에서 이런 유형의 공약에 가입했다면 직접 국제인권법의 특수 보호 대상이 되어 이중의 보호를 받는다. 또 예를 들어 국가를 놓고 말하자면, 그것은 국제인권법과 국내인권법의 제정자이기에 국내법에서는 인권의 의무주체로서 국가는 본국 인민, 외국 교민, 적국 주민과 전쟁포로의 기본 권리를 보호해야 할 의무를 감당해야 하고 국제법상의 의무 주체로서의 국가는 기타 국가의 주권과 국제인권을 존중하고 기타 국가와 평화공존하고 국제공약을 이행해야 하는 의무를 감당해야 한다."[263]

이림(李林)은 국제인권의 주체는 하나의 포용이 광범위한 개념이라면서 다음과 같이 생각하였다. "국가는 국제인권의 주요 주체이면서 동시에 공민, 무국적인과 난민 그리고 여성, 아동, 종족, 민족 더 나아가 전 인류를 포함한다. 인권의 주체로부터 말하자면 인권은 본질적으로 오로지 사람만이 향유할 수 있다. 인권주체로서의 사람은 주로 그리고 기본적으로 개인을 가리키고, 그 다음 비로소 개인의 연장선, 즉 여성, 아동 노인, 장애자 등 군체, 종족, 민족 등 집체, 전 인류를 포함한 인민을 가리킨다. 물론 유가문화와 이슬람문화와 같은 일부 문화유형에서는 집체를 본위로 받들고 '사람'은 민족 혹은 문화 군체를 대표하는 국가의 집체 개념으로 해석하면서 개인은 집체에 종속된다. 이런 문화에서 집체가 주요하고 기본적인 것이다. 개인을 우선으로 하든지 집체를 본위로 하든지 인권의 주체는 '사람'이라는 이 기본 속성을 근본적으로 동요시키지 못한다. 무릇 '사람'의 범주에 속하지 않는 주체는 원칙적으로 인권개념의 범주에 포함시키지 말아야

---

263) 만악상(萬鄂湘), 「인권의 정체 개념을 논함(論人權的政體槪念)」, 『무한대학학보』 1, 1993.

한다."[264] 왕천광(王晨光) 도 다음과 같이 생각하였다. "집체인권의 개념을 사람의 사회성 각도에서부터 이해할 수 있고 인류사회의 존재와 발전 수요의 각도로 이해할 수도 있다. 집체인권은 결코 개인인권의 간단한 복합체가 아니다. 사회조직의 성질과 계획에 의해 그것은 단체적, 민족적, 사회적 인권으로 표현된다. 그중 민족적, 사회적 인권은 오늘날 사회에서 보다 주의를 기울여야 할 집체인권인데 거기에는 민족자결권, 민족생존권, 독립권, 발전권, 환경권 등이 포함되어 있다. 집체인권은 비단 이론적인 근거일 뿐만 아니라 일종의 객관적 존재이기도 하다."[265]

그 외 어떤 학자는 다음과 같이 생각하였다. 개인인권에 비해 상대적으로 말하면 집체인권은 공통의 특징을 갖고 있는 어느 한 부류의 사람들이 하나의 정체로서 향유하는 권리를 가리킨다. 개체인권과 집체인권 외에 또 민족인권, 즉 광대한 제3세계 국가의 민족 및 국가의 생존과 발전의 권리가 있다. "사람이 통상적으로 개체의 사람, 집체의 사람, 국가 공민으로서의 사람으로 나뉘는데, 인권도 개체인권, 집체인권과 민족인권으로 나누어 상응하는 3위 1체의 완전한 권리체계를 구성할 수 있다."[266] 또 어떤 학자는 "인권주체는 개인, 특수집체(여성, 아동, 노인, 장애자, 죄범 등), 민족(특수한 인종과 문화로 조직된 인간 군체), 국가(주권은 국가 인권의 특수 표현이다), 제3세계(세계의 발전도상에 있는 국가)가 포함 된다"[267]고 인정하였고 또 어떤 학자는 "민족, 인민과 인류의 권리는 집체인권에 속한다"[268]고 생각하였다.

인권주체의 확대를 우려하여 학자들은 인권의 주체에 대하여 깊이 있게 탐구하였다. 서현명 등은 인권주체 확장의 역사를 정리하고 나서 이미 공론으로 형성된 인권내용의

---

264) 이림(李林), 「국제인권과 국가주권」, 『중국법학』 1기, 1993, 「인권개념의 외연」, 『학습과 탐색』 5기, 1999.

265) 왕천광(王晨光), 『인권내용의 구분 및 그 작용(人權內容的劃分及其作俑)』, 『북경대학학보』 3기, 1992.

266) 손철(孫哲), 『신인권론』, 54쪽.

267) 엄존생(嚴存生), 「인권의 주체를 논함」, 『당대인권』, 중국사회과학출판사, 1992.

268) 두강건, 『인권의 이상, 역설, 현실』, 사천인민출판사, 1992, 87쪽.

'3대(三代)'로 구분하는 것과 같이, 인권주체범위의 확장 역시 대체로 '유한주체에서 보편주체'로, '생명주체에서 인격주체'로, '개체에서 집체'로의 세 과정으로 귀납할 수 있고 근대의 전반적인 인권주체이론은 모두 이 세 과정을 중심으로 하여 전개되었다고 하면서 다음과 같이 지적하였다. "민족권리, 종족권리로부터 변화해 온 집체인권은 2차 대전 이후에야 비로소 쟁의를 통해 수용된 개념으로서 그것은 국제인권법의 범주에 속하여 국내법 영역에는 원칙적으로 사용되지 않았다. 집회, 결사, 시위행진 등 인권도 집체인권으로 본 것은 분명 이와 같은 인권에 대한 오해이다. 왜냐하면 집회, 결사, 시위행진의 자유는 그 속성으로 말하자면 개인의 표현자유이고 그것들은 언론, 출판 자유와 마찬가지로 개인의 사상, 감정, 요구, 염원 등을 표현하는 동일 계열의 법정방식이기 때문이다. 이런 권리는 개체의 자원에 의해 행사되는 것이고 집체 혹은 군체는 집회, 결사, 시위행진의 자유가 행사된 후의 결과이며, 인권 행사 과정의 파생물로서 개인은 군체 혹은 집체 중에서 항상 독립표현의 지위를 보유한다."[269] "국가는 그 어느 때도 모두 인권의 주체가 아니다."[270]

장문현는 다음과 같이 지적하였다. "집체인권의 주체는 주권국가, 국가 혹은 정치 의의상의 민족이지 사회문화 혹은 인류학의 의의상의 민족과 정체로서의 인민이 아니다. 자신의 주관적 의념에 따라 제 마음대로 집체인권의 주체를 국내법 영역의 각종 집체와 사회단체로 확대해서는 안 된다. 국내법 영역에 '집체이권'의 개념을 인입하기에는 적당하지 않다. 하지만 국제법 영역에서 '집체인권'은 내려놓을 수 없는 기치이다. 인권은 사람에게 속하는 혹은 사람과 관련된 권리이다. 인권의 주체는 주로 개체이다. 바로 마르크스가 말한 것처럼 '감각이 있고 개성이 있고 직접 존재하는 사람', '실제 활동에 종사하는 사람', '경험을 통해 관찰할 수 있는, 발전 중에 있는 사람'이다. 인권주체와

---

269) 서현명, 「인권주채 쟁의가 불러온 몇 가지 이론문제」, 『중국법학』 5기, 1992. 서현명, 곡상비, 「인간주체계설」, 『중국법학』 2기, 2001.
270) 서현명(徐顯明), 「인권연구무궁기(人權研究無窮期)」, 『정법논단』 2기, 2004.

권리주체는 두 가지의 다른 개념이다. 권리주체는 그 범위가 넓은데 비해 인권주체는 한정된 개념이다. 인권주체를 개인으로 한정하고 인권을 개인권리로 범위를 확정함으로써 그것이 집체권리, 사회권리, 국가주권과 서로 대응되는 하나의 독립된 범주가 되게 하는 것은 이론적, 실천적 의의가 있다. 그 하나는 인권에 부합되는 진실한 의의이고 다른 하나는 인권을 계량화(量化)함으로써 우리가 믿음직한 근거를 가지고 한 나라의 인권 상황을 판단할 수 있게 한다는 것이다. 또 다른 하나는 사람들에게 인권개념의 국한성을 깨우쳐 준다는 것이다. 즉 인권은 개인권리로서 각종 권리 중의 하나일 뿐 집체권리, 국가권리, 사회권리 등 기타 주체의 권리를 포괄하거나 대체하지 못한다. 철학적 의의에서든 일반 단어의 뜻으로 보든 개인권리를 주요 존재 형식으로 삼는 인권을 추상적인 것으로 보고 집체권리와 사회권리만을 구체적인 것으로 보아서는 안 된다. '개인'과 '사람'은 다른 개념이다. '사람'은 고도로 추상화된 개념으로서 그 추상화 정도는 집체, 사회, 국가보다 높다. 하지만 '개인'은 비교적 구체적인 개념으로서 그 구체적인 정도는 집체, 사회, 국가보다 더 높다. 만약 개체권리와 집체권리, 사회권리에서 군이 추상적 권리와 구체적 권리를 가려낸다면 차라리 집체권리, 사회권리가 더 추상적인 권리이고 개체권리가 비교적 구체적인 권리라고 보아야 할 것이다. 이 학설은 다음과 같이 생각하였다. 개인권리는 집체권리, 국가권리 등과 마찬가지로 모두 정당한 이익에 대한 확인이고 모두 법률의 평등한 보호를 받는다. 개체권리를 중시한다고 하여 개인주의를 초래하는 것은 아니다. 개체가 법률적 권리를 충분히 행사하도록 허용하고 격려하는 것은 바로 공공이익을 보장하고 촉진하여 입법 목표를 실현함에 있어서 반드시 거쳐야 하는 경로 중 하나이다."[271]
이와 유사한 관점을 표현한 학자들도 있었다. 이를테면 추상적으로 말하면 인권은 집체권리와 개체권리의 유기적 통일이고 인권의 탄생, 인권의 실현과 발전, 인권의 보장은

---

271) 장문현(張文顯), 「인권의 주체와 주체의 인권을 논함(論人權的主體與主體的人權)」, 『중국법학』 5기, 1991.
「인권, 권리, 집체인권」, 『중국법학』 3기, 1992.

모두 사회 집체에서 비로소 이루어질 수 있다는 견해, 인권은 서로 다른 시기, 방면에서도 집체성 권리로 표현되지만 그렇다고 인권은 본질적으로 개체의 권리라는 것을 부인하는 것은 아니라는 견해 등이다.[272] 또 어떤 학자들은 다음과 같이 주장했다. "권리를 향유하는 주체는 최종적으로 개체이지 집체가 아니다. 모든 집체개념(국가, 인민 등)은 최종적으로 모두 반드시 개체에 귀결되게 된다. '권리'라는 것은 개체가 집체의 침범을 받지 않기 위한 보장으로 탄생하였고 발전하였다. 개체주의의 배경을 잃는다면 '권리'는 의의를 상실하게 된다. 그러므로 한 나라의 내부 사무를 처리할 때 집체개념이 지나치게 광범위하게 된다. 오직 대외 사무 중에서만이 이런 유형의 개념이 비로소 유용할 것이다.[273]

집체인권이라는 이 개념에 대하여 긍정적 입장이든 부정적 입장이든 처음에는 모두 신중하고 참다운 태도로 문제를 분명하게 연구하려 했다. 어느 학자는 자결권 등 이른바 집체인권에 대한 분석을 통하여 집체인권의 개념에 다음과 같은 질의를 제시했다. 국제인권법에서 자결권은 인민의 권리이지만 자결권 역시 하나의 개인 인권이다. 자결권에는 개인과 국가 및 정부 사이의 전통적인 인권관계가 포함되어 있다. 즉 국가와 정부는 자결권의 권리 주체가 아니라 자결권의 의무 주체이다. 이런 의의에서 말하면 자결권을 집체성의 개인인권으로 이해할 수 있다. '집체인권'이라는 이 네 글자를 문법적으로 이해하면 '집체'는 인권의 규정어이고 '인'은 인권의 주체이며 '권'은 인권의 내용이다. 만약 집체를 인권의 주체로 이해한다면 집체인권 개념 중에서 '집체'와 '인'이라는 두 개의 주체가 충돌하게 된다. 자결권을 부정하는 것 역시 개인 인권이라는 이 함의에 속하기에 '인민'이라는 이 추상적이고 가상적인 인격을 인권의 주체로 대하는 것은 이론과 실천에서 모두 백해무익하다. 만약 집체인권이라는 이 수사학적 의의가 있는 개념에 대하여 명백하게 논술하지 않는다면, 그것은 쉽게 집체주의, 민족주의와 극권(極權)주의의

272) 라명달(羅明達), 허항주(賀航洲), 「인권의 개체 속성을 논함」, 『정법논단』 1기, 1993.
273) 장천범(張千帆), 『헌법학도론』, 법률출판사, 2004, 487~488쪽.

도구로 전락되어 매우 큰 해를 초래하게 된다. 특히 이 집체가 사실상 왕왕 국가와 모종의 밀접한 연결이 있을 경우 집체는 암암리에 국가 혹은 정부 자체로 전환된다. 어떤 인권문제를 고려하든 모두 먼저 개인으로부터 출발하지 않을 수 없고 방법론상의 개인주의를 포기해서는 안 된다. 비록 개인의 인권을 충분히 실현하자면 전면적으로 혹은 부분적으로 집체의 모종 권리를 발전시킬 필요가 있긴 하지만 집체의 권리가 개인의 권리에 얼마만큼 중대한 의의가 있든지를 막론하고 그것은 집체의 권리를 반드시 인권이라고 불러야 한다는 것을 의미하지는 않는다. 그렇지 않으면 인권은 포함하지 않는 것이 없는 개념이 되고 만다. 반드시 인권을 개인의 권리에 한정시켜야 한다. 법인의 권리, 집체의 권리와 인권이라는 이런 개념은 병렬하여 사용할 수 있다. 하지만 법인(法人), 집체 등의 권리를 모두 인권이라고 부를 필요는 없다.[274]

어느 학자는 집체를 독립적인 권리 주체로 보면서 집체인권을 인정하는 것에 대해 다음과 같이 질문을 했다. 첫째, 한 집체의 권리를 확장시켜 집체를 권리의 주체가 되게 할 소지가 없는가? 여기서 말하는 것은 집체의 행동능력 문제이다. 둘째, 집체의 권리를 주장할 필요가 있거나 혹은 반드시 주장해야 하는가 하는 문제, 즉 집체권리의 필요성 문제이다. 집체권리가 강조하는 핵심은 확실히 개인인권과 같지 않다. 집체가 권리의 주체가 되면 인권 이념의 본래의 핵심이 희미해진다. 즉 인권이 하나의 국가에 대항하고 개인의 권리를 중심으로 하는 권리로서의 이념이 약화된다. 이것은 인권의 발전에 끼치는 영향에 대하여 반드시 심사숙고해야 할 문제이다. 인권의 이해에서 지나치게 의식형태 색채와 주의의 쟁론을 부가시키면 아무리 인권 쟁론이 여러 가지 주의의 쟁론에서 완전히 벗어날 수 없다고 하더라도 그것은 서로 다른 입장 사이의 대화에 이르는데 불리하고 공통의 인식으로 진리에 접근하는 데에도 불리하다.[275] 또 어떤 학자들은 다음과 같이

---

274) 곡상비(曲相霏), 『인권의 주체를 논함』, 상둥대학 박사학위논문, 2004.
275) 엽전성(葉傳星), 「인권개념의 이론 분기 해석(人權槪念的理論分岐解析)」, 『법학가』 6기, 2005, 47~48쪽.

지적하였다. 집체인권의 개념은 개인인권 외에 또 하나의 인권주체를 세움으로서 인권의 주체로서의 개인의 지고무상의 지위가 흔들리고 집체의 명의로 개인인권을 침탈(侵奪)하기 위한 구실을 제공해 줄 수 있다는 것에 그 위험이 있다. 이것은 인권 실천이 초래할 수 있는 좋지 못한 결과를 고려한 결과이다. 집체주의가 사회합작을 구성하는 하나의 진귀한 품성인 것만은 확실하다. 하지만 집체주의가 개인의 자유를 압제하는 일반적인 이유가 될 때 그것의 위해는 그야말로 절정에 이른다. 집체라는 이 명칭이 너무나 많은 차이와 개인의 선택을 가리고, 집체의 의지가 때때로 민의, 공의, 사회이익, 공공이익의 면모로 나타나서 압박에 그치지 않기 때문이다. 추상적인 집체의 의지와 독재가 하나로 이어지면 아름다운 공의(公意)도 재난의 근원이 될 수 있다.

### (4) 특수인권주체설(特殊人權主體說)

인권주체의 구체적 표현의 형태는 보편인권주체의 구체화이다. 모든 인권은 주체에 의해 향유되고, 하나의 보편성 권리로서의 인권에 대한 모든 자연인의 향유에는 추호의 차별도 있을 수 없다. 하지만 어떤 인권은 단지 향유만으로는 주체의 요구를 만족시켜주지 못한다. 주체는 그것이 내포하고 있는 이익을 얻으려 하고 실제적으로 그것을 행사하려 한다. 행사하는 인권은 동태적이고 외향적이다. 비록 그것도 보편적으로 차별 없이 모든 자연인에게 향유되지만 모든 자연인이 그것을 행사하는 것은 아니다. 행사할 줄 모르거나 불충분하게 행사하거나 부당하게 행사하면, 주체 자신 혹은 타인의 권리에 대한 침해를 초래하게 된다. 현실생활 중에서 대부분의 자연인은 주관적 혹은 객관적인 각종 요소로 말미암아 자기 자신의 인권을 충분히 행사할 수 없거나 정당하게 행사하지 못하는 것 때문에 인권을 행사할 때 사회 혹은 타인의 특수한 보살핌을 받는 약자의 주체가 된다. 여성, 아동(미성년), 노인과 신체장애인(신체장애, 지력발달장애, 정신장애 포함)은 자신의 자연적 조건 때문에 숫자가 제일 많은 약인권(弱人權)의 주체 군체가 된다. 난민, 무국적인, 외국교민, 전쟁포로, 전쟁시의 부상병과 전쟁시의 평민 등은 국제인권법 영역에서의 약인권 주체이다. 이 특수한 법률 관계에서 일방이 약세 지위에 처해 있거나 특수한 요구를 받게 되면 그 인권의 보장은 특수성을 띠게 된다. 공무원, 정무원, 군인과 경찰 등은 국가를 대표하여 공권력을 장악하고 행사하는 공권력인이다. 자연인으로서의 공권력인의 인권주체의 자격은 추호도 의심할 여지가 없다. 하지만 국가 권력을 장악하고 행사하는 그들에게는 공권력이 몸에 붙어 일반적인 인권주체보다 더 '강대'해 진다. 그러므로 만약 그들의 권리 행사를 엄격하게 제한하지 않으면 공권력은 아주 쉽게 포학과 전횡의 도구가 되고 만다. 그러므로 '강대'한 것을 특징으로 하는 공권력은 인권주체 중의 특수한 하나의 부류가 되고 전통적인 인권이론도 공권력의 대표자를 인권과 대립하는 것으로 간주하고 제약했다. 또 다른 일면에서 공권력인은 직무 이행으로 말미암아 때로는 부득이하게 모종의 권리를 포기할 수밖에 없다. 이를테면 군인과 무장경찰은 훈련과 임무집행 과정에 자신의 생명권, 건강권, 자유권 등의 인권에 도전을 받게 되고 공무원은 직업적 수요로 말미암아 언론자유, 표현자유, 정치활동 참여 자유, 겸직 등 방면에서 제한을 받게 되면서 특수한 인권주체가 된다. 특수 법률관계에서 공권력인의 '강대'한 특징과는 정 반대로 범죄혐의자, 형벌을 받는 자 등은 형벌을 받는다는 처지 때문에 존엄권, 건강권, 학대와 차별을 받지 않을 권리 등의 권리가 쉽게 침범을 받으면서 특수한 법률주체가 되었다. 종교, 언어, 종족, 피부색 등의 원인으로 한 나라의 소수자가 된 사람 역시 현대사회의 약자인권주체이다. 그 외 변연(邊緣)주체는 인권주체의 자격이 있느냐 없느냐를 두고 인권이론에서 아직도 쟁의가 있는 부분을 가리킨다. 제일 전형적인 변연주체는 태아인데 그것과 관련된 문제는 보편적인 생물학적 의의상의 사람은 어느 때부터 사람이라고 부를 수 있는가, 아직 태어나지 않은 태아는 인권의 주체인가 아닌가, 낙태가 인권침범인가 아닌가 하는 등이다.

보편적 인권 실현 과정에 이러한 특수한 인권주체에 대하여 그들 각자의 특수정황을 고려하여 특수한 보호를 하지 않는다면 그 인권은 진실성을 잃게 된다. 특수성 인권을 승인하는 것은 사람에 대한 형식적인 평등을 버리는 것이고, 사람에 대한 실질적인 평등을 추구하는 것이다. 특수성 인권에서 파생된 특권과 역사 권리로서의 특권은 질적인 차별이 있다. 전자는 다만 보편적 인권 실현의 수단인데, 비해 후자는 그 본신을 제외하고는 다른 목적이 없다. 전자의 권리주체는 보편인권의 주체 중에 약자와 장애자이고 후자의 주체는 약자와 장애자를 배제한 후의 사회강자이다. 전자는 사회권리의 총화(總和)를 증가시키고 후자는 오히려 사회권리의 총화를 감소시킨다.[276)]

## 3. 인권의 내용

오늘날 세계에서 인권은 이미 인문사회과학 영역에서 제일 복잡하고 제일 쟁의가 많은 중대한 문제 중의 하나가 되었다. 인권에 대한 사람들의 견해와 이해에서 그렇게 많은 상이한 의견과 쟁론이 벌어지는 중요한 원인 중의 하나는 바로 인권의 발전사가 이상과 현실, 전통과 변혁, 도덕과 법률 등의 충돌로 충만되었고 문화유형, 역사전통, 정치이념, 경제이익 등의 차이로 말미암아 인권개념의 외연에 대해 서로 다른 인지와 이해가 있었기 때문이다. 인권과 기타 권리는 주체, 내용, 존재형식, 근원, 보장방식 등 방면에서 차이가 존재하고 모든 권리가 다 인권인 것은 아니다.

### (1) 인권체계개발설(人權體系開發說)

인권의 내용에 대하여 이림 등은 다음과 같이 강조하였다. 인권개념은 역사와 문화의 산물로서 서로 다른 역사조건과 문화배경에서 인권개념의 외연에 대하여 서로 다른 이해와 정의가 있다. 서방국가는 인권개념의 외연에 대한 이해에서 주로 제1대 인권, 즉 공민권리와 정치권리를 강조하고 발전중인 나라에서는 제1대 인권과 제2대 인권, 즉 경제, 사회와 문화 권리는 상호 관련되어 분리할 수 없는 것이라고 주장한다. 인권 개념의 외연은

---

276) 서현명, 곡상비, 「인간주체계설」, 『중국법학』 2기, 2001.

끊임없이 발전하는 하나의 개방체제이기에 당연히 최대한 광범위한 의의에서, 최대한 큰 포용도에서 이 개념이 관련되는 범위를 고려함으로써 인권개념 외연의 추상화(延泛)와 용속화를 방지하면서 또 그것의 개방성, 겸용성과 과학성을 보증해야 하고 인권개념 외연에 있어서 과거의 '확장사(擴張史)'를 정확히 대하면서도 또 미래의 발전과 확충을 정시해야 한다.[277]

서현명는 다음과 같이 생각하였다. "인권은 무엇보다 먼저 사람을 사람이게 하는 권리이다. 역사사의 수많은 요소가 사람을 사람이 되지 못하게 하기에 인권은 그것을 획득하였을 때, 사람으로서의 권리를 얻게 하고 사람을 사람이 되게 한다. 제2차 세계대전이 끝나기 전의 인권 문헌에는 근본적으로 존엄권이란 말을 찾아볼 수 없었다. 존엄권은 2차 대전이 끝난 후에야 비로소 출현하였다. 이 시기 인권의 정의는 사실상 이미 풍부해졌다. 인권은 사람으로 하여금 존엄이 있는 사람이 되게 하는 권리이다. 하지만 제3대 인권의 출현과 더불어 인권에 대한 우리의 인식은 보다 깊어졌다. 사람은 비단 존엄이 있어야 할 뿐만 아니라 당연히 전면적인 발전을 획득해야 한다. 인권은 당연히 사람으로 하여금 존엄이 있고 전면적 발전을 획득한 사람이 되게 하는 권리이다. 하지만 인권이라는 이 시스템은 아직 끝나지 않고 여전히 개방되어 있다. 조화권은 당연히 제4대 인권의 대표가 되어야 한다."[278]

## (2) 전면인권설(全面人權說)

서방의 일부 인권학설은 다음과 같이 생각하고 있다. 공민권리와 정치권리만이 인권일 뿐 경제, 사회, 문화 권리 등은 인권이 아니라 단지 일종의 희망, 이상, 목표를

---

277) 이림, 「인권개념의 외연」, 『학습과 탐색』 5기, 1999.
278) 서현명, 「인권연구무궁기」, 『정법논단』 2기, 2004.

나타낼 뿐이다. 이를테면 M. 크랜스톤은 실용성, 최중요성, 보편성이라는 인권 확정의 세 가지 표준을 제시하면서 경제, 사회, 문화권리는 이 표준에 부합되지 않으므로 인권 안에 포함되지 않거나 혹은 적어도 공민, 정치 권리와 같은 종류의 의의가 아닌 권리라고 생각하였다.

　중국의 인권관은 다음과 같이 생각한다. 경제, 사회, 문화 권리는 공민, 정치 권리와 마찬가지로 모두 인권체계에서 떨어뜨릴 수 없는 구성부분이다. 이를테면 왕천광는 인권은 하나의 정체적인 개념으로서 거기에는 수많은 방면의 내용이 포괄되어 있다고 생각하였다. 비록 각기 다른 역사시기와 국도(國度)에 따라 그 내용은 증가 혹은 삭제의 변화가 있기는 하지만 현행 각국의 법률 규정 및 국제법 문건에 따르면, 인권개념에는 여전히 공인하는 기본 내용이 있다. 인권내용의 각기 다른 방면은 각기 다른 표준에 근거하여 각기 다른 유형으로 나눌 수 있다. 통상적으로 인권주체가 다름에 따라 개인인권과 집체인권으로 나누고, 인권내용의 성질에 따라 정치, 공민 권리와 경제, 사회 권리로 나눈다. 이것은 각국 인권이론 연구 중에서 보편적으로 인정하는 구분 방법이다. 중국 인권백서도 사실 이런 방법에 따라 인권을 개인인권과 집체인권, 생존권, 인신권과 정치권리, 경제, 문화, 사회 등 방면의 권리로 나누었다.[279]

## (3) 우선인권설(首要人權說)

　중국인권백서는 "인권은 우선 인민의 생존권이다. 생존권이 없으면 기타 모든 권리는 논할 여지가 없다"고 지적하였다. 생존권이 우선이라는 학설은 다음과 같이 주장한다. 생존권은 곧 인간의 생명이 존재하는 권리이고 사람 본신의 생사존망과 관계되는 문제이다. 그 어떤 인권을 담론하든 사람의 존재가 선결조건이 된다. 생존권은 첫째가는

---

279) 왕천광, 「인권내용의 구분 및 그 작용」, 『북경대학학보』 3기, 1992.

인권이고 기타 모든 권리를 향유하는 근본적인 전제와 토대이다. 마르크스는 『독일의 의식형태』에서 다음과 같이 지적하였다. "우리는 우선 반드시 모든 인류생존의 제일 전제, 다시 말하면 모든 역사의 제일 전제를 확정해야 한다. 그 전제는 바로 사람이 '역사를 창조'하려면 반드시 생활을 할 수 있어야 한다는 것이다. 하지만 생활을 하려면 우선 의, 식, 주 및 기타의 것이 필요하다."[280] 사람은 반드시 먼저 먹고 마시고 입고 거주하고 입는 문제를 해결한 후에야 비로소 기타 활동에 종사할 수 있다. 생존권에는 비단 사람의 생명 안전이 불법적으로 박탈과 침해를 당하지 않을 권리가 포함될 뿐만 아니라, 또 모든 사람이 생명의 존재를 유지하기 위해 필요한 의, 식, 주 및 기타 생활조건이 기본적으로 보장받을 수 있는 권리도 포함된다. 기본 생활이 보장되고 기아와 빈곤에서 벗어나는 것은 생존권 개념에서 특별이 중요한 실질적인 내용이다. 생존권은 우선적인 인권이라는 관점은 『세계인권선언』및 기타 국제공약의 정신과 일치하다. 『세계인권선언』은 사람마다 '사람의 존엄에 부합되는 생활조건'과 '본인과 식구의 건강과 복리를 유지하는 데 필요한 사회봉사를 향수할' 권리를 향유해야 한다고 규정하였고, 『경제, 사회, 문화 권리 국제공약』에서도 사람마다 '기아에서 벗어날 기본 권리'를 향유할 것을 확인했다. 생존권은 제일 인권이라는 학설은 각국가는 서로 다른 국정으로 말미암아 인권을 실현하는 구체적 경로에서 인권이 우선 발전하는 중점을 선택할 수 있다고 인정한다. 생존권이 제일 인권이라는 학설은 중국의 역사와 국정에 부합된다. 중국의 백여 년 동안의 역사가 증명하듯이 국가가 독립하지 않으면 인민의 생명과 안전이 보장을 받을 수 없고 기타 모든 권리도 담론할 여지가 없는 것이다. 중화인민공화국이 수립된 이후 반세기 남짓한 시간의 노력을 거쳐 중국은 이미 먹고 입는 문제를 기본적으로 해결하였다. 이는 대단한 성과이다. 하지만 중국은 인구가 많고 일인당 자원이 상대적으로 부족하며, 경제, 문화가 비교적 뒤떨어져 있기에 먹고 입는 문제를 기본적으로 해결했다고 하여 인민의 생존권이 위협을

---

280) 『마르크스전집』 제3권, 인민출판사, 1960, 31~32쪽.

받지 않는다 하기에는 아직 부족하다. 개발도상국가로서 생존권은 과거에도 그랬거니와 지금도 중국인민의 제일 인권이다.[281]

또 어떤 학자는 생존권과 발전권은 제일 인권이며 인권개념의 핵심이라고 제시하면서 다음과 같이 주장하였다. 생존권은 기타 권리를 향수하는 데 있어서 전제와 토대이다. 발전권은 사람들이 향유한 권리가 부단히 광범위해지도록 보증하는 기본 조건이다. 생존권과 발전권은 피압박 민족, 피압박 계급이 빈곤과 낙후 및 노역에서 벗어나려고 갈망하는 집중적 표현이다. 독립권, 생존권, 발전권을 쟁취하기 위한 개발도상국가 투쟁은 인권 이론과 실천에 신선한 내용을 주입하여 생존권의 내용에 거대한 발전을 가져오게 하였다.[282]

곽도휘는 정치권리는 오늘날 중국의 제일 인권이라고 지적하면서 다음과 같이 생각하였다. 인권의 계급성만 말하고 보편성을 부인하거나 '다수인의 인권'만 고려하고 '소수인의 인권'을 소홀히 하는 관점, '주권이 인권보다 높다', '집체인권이 개인의 인권보다 높다'고 단편적으로 강조하는 관점, '생존권이 제일 인권'이라는 것만 말하고 정치권리가 먼저여야 하는 가치 지위를 소홀히 하는 관점 등은 모두 편파적이다. 인권은 자연성과 사회성, 계급성과 보편성의 통일이다. '민주가 인권보다 높다'는 것을 추상적으로 강조하면 '주권으로 인권을 압제'하는 독재통치에 이론적 기반을 제공해 줄 수 있다. 오늘날 중국의 제일 인권은 당연히 정치 인권이어야 한다.[283]

건은 언론자유가 제일 인권이라는 관점을 제시하면서 다음과 같이 생각하였다. 현재의 인권이론 연구 중에서 제일 인권에 대한 연구는 당연히 충분한 주목을 받아야 한다. 제일

---

281) 동운호(董雲虎), 「생존권은 첫째가는 인권(生存權是首要的人權)」,
『인권민주자유종횡담(人權民主自由縱橫談)』, 동심출판사, 1994.
282) 양경(楊庚), 「생존권과 발전권이 첫째가는 인권임을 논함(論生存權和發展權是首要的人權)」,
『수도사범대학학보』 4기, 1994.
283) 곽도휘(郭道暉), 「인권의 본성과 가치위계(人權的本性與價値位階)」, 『정치논단』 2기, 2004.

인권 개념의 출현은 인권범주를 보다 심도 있게 분류하게 하였다. 기본인권에서 제일 인권을 한층 더 분류해 내는 것은 인권범주의 계단성, 관련성과 호동성(互動)을 깊이 있게 제시하는 데 도움이 된다. 지난 반여 세기에서 국내외 조건은 중국 인민이 쟁취해야 할 제일 인권은 생존권이라고 결정하였다. 생존권이 해결해야 하는 문제는 인민이 배불리 먹고 따뜻하게 입는 문제로서 이것은 확실히 과거 중국의 인권 방면에서 직면한 제일 임무였다. 몇십 년 동안 인민들의 간고한 노력을 거쳐 중국은 생존권 방면에서 세상이 주목하는 성과를 취득하였다. 바로 정부의 인권백서가 선포한 것과 같이 중국 인민의 먹고 입는 문제는 이미 기본적으로 해결되었다. 먹고 입는 문제가 기본적으로 해결되었으면 생존권 문제도 기본적으로 해결된 것이다. 생존권 문제의 기본적인 해결과 더불어 중국 현실에서의 제일 인권에 변화가 발생하였다. 금후 몇 십년간 생존권은 이제 중국 인민의 제일 인권이 아니다. 자유권, 특히 언론자유권은 중국 인민의 제일 인권이 될 것이다.[284]


## 4. 인권의 형태

### (1) 인권 3형태와 4형태설

1990년 서현명는 『인권을 논함』 이라는 글에서 다음과 같이 지적하였다. "권리에는 당연히 가져야 할 권리와 법률이 정해준 권리 및 현실의 권리 등 여러 가지 형태가 있다. 법률은 권리의 모체가 아니라 법률은 권리를 부르짖은 결과이다. 권리는 매 개인의 물질생활 조건에 의해 결정된 요구 속에 있다."[285] 1991년 이보운(李步雲)은 인권의 3종

---

284) 두강건, 「첫째가는 인권과 언론자유(首要人權與言論自由)」, 『법학』 1기, 1993.
285) 서현명, 「권리를 논함」, 『문사철』 6기, 1990.

존재형태를 명확히 제시하면서 다음과 같이 생각하였다. 인권의 현실과 존재의 형태에서 말하면 인권은 당연히 있어야 할 권리, 법정권리와 실유권리(實有權利), 이렇게 세 가지 형태로 나눌 수 있다. 본래의 의의에서 말하면 인권은 사람에게 '당연히 있어야 할 권리'를 가리킨다. 법률이 규정한 권리는 사람들이 법률이라는 이 도구를 운용하여 사람의 '당연히 있어야 할 권리'를 법률화, 제도화하여 그것으로 하여금 최대한 효과적으로 보장을 받게 한 것일 따름이다. 그러므로 법정권리는 제도화 된 인권이다. 법정권리는 당연히 있어야 할 권리에 비해 비록 일종의 보다 구체적이고 명확하고 긍정적인 제도화된 인권이긴 하지만, 그것은 당연히 있어야 할 권리와 똑같은 것은 아니다. 법정권리 외에 또 당연히 있어야 할 권리가 존재한다. 당연히 있어야 할 권리는 법정권리의 존재로 인하여 전이되지 않는다.

 사람에게 당연히 있어야 할 권리는 법률이 확인하고 보장해 주기 전에는 현실 사회생활 중에 객관적으로 존재한다. 실유권리는 사람들이 실제 향유할 수 있는 권리를 가리킨다. 한 국가에서 사람에게 당연히 있어야 할 권리에 대하여 법률적으로 완벽하게 규정하였다고 하여 인권 상황이 아주 좋아졌다고 할 수 없다. 법정권리와 실유권리에는 흔히 거리가 있다. 당연히 있어야 할 권리가 법정권리로 전환하고 다시 실유권리로 전환하는 것은 인권이 사회생활 중에서 실현되는 기본 형식이다. 인류 문명의 발전과 더불어 3자 간의 외연은 접근될 수 있지만 영원히 모순이 존재하게 된다. 당연히 있어야 할 권리는 영원히 법정권리보다 크고 법정권리는 영원히 현재 가지고 있는 권리보다 크다. 바로 이런 모순이 인권으로 하여금 끊임없이 실현되도록 촉진한다.[286] 장문현(張文顯)는 당연히 있어야 할 권리, 법규권리, 습관권리, 현실권리 등 인권의 네 가지 형태설을 제시하였다. 그는 다음과 같이 생각하였다. 당연히 있어야 할 권리는 인권의 최초 형태로서 그것은 특정 사회의 사람이 일정한 사회의 물질생활 조건과 문화전통에 의해 탄생한 권리 수요와 권리 요구이며 사람으로서 당연히 향유해야 할 권리이다. 넓은 의미로서의 당연히 있어야 할 권리에는

---

286) 이보운, 「인권의 3종 존재형태를 논함(論人權的三種存在形態)」, 『법학연구』 4기, 1991.

모든 정당한 권리, 즉 법률 범위 내외의 모든 정당한 권리가 포함된다. 좁은 의미로서의 당연히 있어야 할 권리는 당연히 있어야 하고 있을 수 있지만, 아직 법률화 하지 못한 권리를 특정적으로 가리킨다. 습관권리는 장기간 사회생활 과정에서 형성되었거나 혹은 그 전 사회에서 이어져 내려와서 군체성, 중복성 자유행동으로 표현되는 사람들의 권리를 말한다. 습관권리 역시 법외 권리로서 법률권리의 확인에 모종 근거 혹은 제약의 작용을 한다. 법규권리는 실증(實證) 법률이 명확히 규정했거나 혹은 입법강령, 법률원칙을 통하여 선포되었고 규범과 관념형태로 존재하는 권리로서 '객관권리'라고도 부른다.

법규권리는 법률 명문으로 규정한 권리에 한정되지 않고 사회경제, 정치와 문화수준, 법률에 근거한 정신과 논리에 의해 추정된 권리, 즉 추정권리를 포함한다. 일반적으로 법률이 명문으로 금지하거나 강요하지 않은 상황에서 인권추정을 할 수 있다. 현실권리는 주체가 실제적으로 향유하고 행사하는 권리이다. 이 권리는 주체의 객관적인 노력에 의해 실현되기에 '주관권리'라고도 부른다.[287] 습관권리가 인권의 형태로 될 수 없다고 주장하는 학자도 있었다. 그들의 이유는 다음과 같다. 습관권리는 합리적인 것과 불합리적인 것의 구분이 있다. 합리한 습관권리는 이미 법률에 의해 인정되었기에 법정권리에 귀결되었다.

즉, 습관권리는 법정권리와 동시에 존재하는 하나의 특수 영역으로서 오직 법률과 동시에 병존하고 습관이 법정권리의 전신이 된 상황에서만이 비로소 합리적인 권리이다.[288]

---

287) 장문현, 「인권의 주체와 주체의 인권을 논함」, 『중국법학』 5기, 1991.
288) 진홍량(陳興良), 「인권 및 그 형법 보장을 논함(論人權及其刑法保障)」, 『당대 중국 형법 신시계(當代中國刑法新視界)』, 중국정법대학출판사, 1999, 206~207쪽.

## (2) 규정된 인권과 추정된 인권설

이 이론은 다음과 같이 생각했다. 인권에는 규정된 인권과 추정된 인권 두 가지 다른 형태가 있다. 규정된 인권은 인권의 강령성 혹은 원칙성 규정 및 인권에 대한 열거성(列擧性) 선고(宣告)를 가리키고, 추정된 인권은 인권의 강령성 혹은 원칙성 규정에서 추정된 인권의 내용을 가리킨다. 인권이 열거되어 선고될 수 있을 때 되도록 추정방식의 사용을 피해야 한다. 왜냐하면 인권은 추정이 필요할 때, 흔히 공권력에 의해 침해의 위험을 무릅쓰기 때문이다. 추정된 인권은 제도적으로, 이를테면 입법해석 혹은 사법판결에 의해 인정된 효력이 결여되면 여전히 사람들에 의해 곡해되거나 짓밟힐 수 있다. 그러므로 인권의 추정이 효력을 가지려면 반드시 국가 의무의 추정을 확립해야 한다. 즉 국가권력이 공민의 생활에 대하여 간섭하려면 반드시 스스로 근거를 증명해야 할 의무를 감당해야 한다. 인권추정은 오직 국가의 의무와 제도로서 공동으로 추정되어 존재할 때만이 비로소 유효할 수 있다. 기술적 의의로서의 인권추정은 인권의 추정 혹은 모종의 모체성(母體性) 권리에서 추정하여 연역된 인권 혹은 자(子) 권리의 방법을 가리킨다. 이를테면 정치권리에서 알 권리(知情權)를 추정하여 연역하거나 알 권리에서 정보의 자유권을 추정하여 연역하는 것 등이다. 규정된 인권과 추정된 인권은 공동으로 내용 면에서 인권 체계를 이룬다.[289] '제도로서의 인권'이라고도 불리는 제도성 인권은 인권이 법정(法定)에서 사실로 완전한 전환과 보장의 시스템을 가리킨다. 제도성 인권에는 '법정의 인권'형태를 포함하면서 또 '실유의 인권' 형태도 포함하는데 그것은 이 두 가지의 형태 인권이 제도 상태에서 유기적으로 통합하는 것이다. 제도성 인권은 인권을 사람의 요구에서 사상가의 논술로, 입법자의 설계로, 실제에서의 향유로 전반적인 과정을 가장 일반화한 방법을

---

289) 서현명(徐顯明), 「인권의 체계와 분류를 논함」, 『중국사회과학』 6기, 2000.

이용하여 완전하게 표현한 개념이다.[290]


## 5. 인권의 근원

비록 인권이라는 이 개념이 제시된 지는 3백여 년의 역사가 있다고 하지만 인권의 토대 혹은 인권의 근원은 무엇인가 하는 문제에 대해서는 시종 사람들이 만족할 만한 해석이 없었다. 근 20년 동안 적지 않은 중국의 학자들도 인권의 근원에 대한 문제를 열심히 사색하면서 여러 가지 다양한 견해를 내놓았는데 주로 다음과 같은 것들이 있다.


### (1) 상부(商賦)인권설

상부인권설은 다음과 같다. 마르크스주의 유물사관은 경제 관계를 꿰뚫고 인권의 비밀을 밝히는 과학적 방법을 내놓았다. 인권의 기본 함의는 자유와 평등이지만 그것들은 모두 상품 교환이 발전한 산물이다. 상품교환은 관념적, 법률적, 사회적, 정치적인 상부 구조에서 인권으로 반영되고 인권은 또 반대로 상부 구조의 여러 단계에서 상품교환을 수호한다. 그러므로 마르크스주의의 인권이론 체계를 '상부인권론'이라고 부를 수 있다.

상품경제의 산생 및 그것의 토대에서 형성된 자유평등의 역사에 대한 고찰도 인권의 상부 모형을 증명하였다. 자유평등은 자본주의의 전유물이 아니다. 자유평등의 인권은 사회주의에 반드시 있어야 할 내용이다. 사회주의 경제는 계획적인 상품경제이고 사회주의 인권은 집체인권을 주도적인 방향으로 삼으면서 동시에 개인의 인권을 충분히 존중하기에

---

290) 서현명(徐顯明), 위의 책.

자본주의의 개인주의 인권관과 근본적으로 구별된다.[291] 인권은 우선 상품교환 관계의 산물이고 인권의 발생과 발전은 결국 사회경제 구조의 제한을 받으면서 동시에 사회문화 발전 수준의 제약도 받는다.[292]

### (2) 국부(國賦)인권설

인권은 투쟁으로 얻어진 것이라는 설은 중화인민공화국 수립 초기에서 50년대 이후까지의 일부 헌법교과서에서 기인되었는데, 중화인민공화국 공민의 기본 권리는 투쟁으로 얻어진 것이라고 생각하였다. 장광보(張光博)는 "인민이 국가 주권을 장악해야 비로소 인권을 얻게 되고, 인권은 혁명을 거치고 정권을 탈취하면서 얻어진 것이지 천부인권도 아니고 상부인권도 아닌 국부인권"이라고 생각하였다.[293]

### (3) 생부(生賦)인권설

이 학설은 다음과 같다. 인권은 사회역사의 산물이고 사회의 일정한 생산방식의 산물이며 사회의 일정한 경제관계의 제도상, 정치상, 법률상 표현이다. 인권은 사회의 일정한 생산방식 혹은 경제관계가 부여한 것이기에 '생부인권'이라고 간단히 말할 수 있다. 사회에는 여러 가지 생산방식 혹은 경제관계가 존재하기에 그곳에서 서로 다른 인권이 탄생된다.[294] 인권문제는 사유제와 계급대립의 출현에 따라 발생하였고 인권이론은

---

291) 호의성(胡義成), 「상부인권론」, 『산서사범대학학보』 6기, 1991.
292) 왕예생(王銳生), 「인권연구의 철학방법론(人權研究的哲學方法論)」, 풍탁연(馮卓然), 곡춘덕(谷春德)
    주편, 『인권집론』.
293) 장광보(張光博), 「헌법학의 몇 개 이론문제에 관하여(關于憲法學的幾個理論問題)」,
    『인민의 벗(人民之友)』 12기, 2000.
294) 엽립훤(葉立煊), 리스전(李似珍), 『인권논』, 4쪽.

자본주의 상품경제의 산물이다. 인권은 천부적인 것이 아니고 날 때부터 갖고 있는 것이 아니라 일정한 사회관계의 산물이고 자본주의 상품경제 발전의 산물이다.[295]

(4) 학부(學賦)인권설

학부인권설은 다음과 같다. 인류 생명의 본질은 유전정보와 문화정보에 대한 획득, 보유, 복제, 표현, 이용, 창조와 처치의 과정이다. 인권은 바로 인류의 능동적인 정보 학습과 전시의 조건, 기회, 방식과 결정이다. 그러므로 학부인권이지 신부(神賦), 천부, 상부, 법부, 제부 혹은 교부(敎賦) 인권이 아니다. 역사상 정보의 결핍, 독점, 왜곡, 거짓은 물질과 정보에 대한 인류의 이중적 의탁, 인류 정보의 본질의 이화와 인권의 외곡과 상실을 초래했다. 사회가 전면적으로 정보화된 오늘 정보의 풍부화, 우월화, 개방화는 현대인이 진정으로 정보의 주체로 돌아오고 인권을 전면적으로 보장하고 실현하는 데 충분한 가능성을 제공하였다. 이런 가능성은 현실의 기본 조건, 방식과 경로로 전환되어 학습화한 사회를 건설하고 형성하며 전원이 끝까지 학습운동을 전개하게 한다.[296]

(5) 무상(無償)인권과 범인(凡人)주의설

구본(邱本)이 제시한 무상인권설과 범시주의설은 다음과 같다. 인권은 사람이 사람으로 되게 하는데 없어서는 안 될 권리이다. 사람이라는 것은 사람이 인권을 향유할 수 있는 유일한, 그리고 가장 충분한 이유이다. 인권의 주체는 사람이다. 그 어떤 도덕적 표준으로

---

295) 풍탁연(馮卓然), 「인권문제에서의 몇가지 문제에 대한 사고(關于人權硏究幾個問題的思考)」,
    왕정평, 「마르크스주의적 인권이론과 실천(馬克思主義的人權理論與實踐)」, 풍탁연(馮卓然), 곡춘덕(谷春德)
    주편, 『인권집론』.
296) 부송도(傅松濤), 「정보주체, 학부인권과 종신학습(信息主體, 學賦人權與終身學習)」, 『학술연구』 5기, 2003.

좋은 사람, 나쁜 사람을 구분했는가를 막론하고 그들이 오직 사람이기만 하다면 반드시 인권을 향유해야 한다. 실질적으로 인권은 생리학자의 안광으로 사람을 보는 것이지 도덕적 학자의 안광으로 사람을 보는 것이 아니다. 인권은 오로지 사람이 옳으냐 아니냐를 볼 뿐이지 그 사람에게 도덕이 있느냐 없느냐를 보지 않는다. 인권의 향유는 주로 도덕을 표준으로 하는 것이 아니다. 그 이유는 첫째, 도덕표준은 사람에 따라, 사유에 따라, 지방에 따라 달라지기에 쉽게 한계를 확정하거나 조종할 수 없기 때문이다. 만약 인권의 향유에서 도덕을 표준으로 한다면 인권의 향유가 극히 임의적으로 좌지우지되어 반드시 인권을 향유해야 하는 사람이 인권을 향유하지 못하거나, 당연히 인권을 향유하지 말아야 할 사람이 인권을 향유하는 결과를 초래하게 되고 도덕 표준이 다르다는 점을 이용하여 도덕표준을 남용함으로써 제멋대로 인권을 부여하거나 혹은 인권을 박탈하는 결과를 초래하게 된다. 둘째, 도덕의 정의를 어떻게 내리든지를 막론하고 가치 평가에서 도덕을 항상 숭고하게 보는 것은 사람에 대한 높은 차원의 요구이다. 하지만 '사바세계(娑婆世間)'에 살고 있는 사람들 대부분은 '범부속인(凡夫俗子)'이고 그들 중의 대다수는 반드시 '도덕적인 사람'이 되어야 하는 것은 아니다. 만약 그들이 모두 인권을 향유하지 못한다면 인권의 본질적 요구에 부합되지 않을 뿐만 아니라 사회 현실에도 부합되지 않는다.

모든 사람의 인권은 모두 신성불가침의 권리이다. 모든 개인의 인권이 불가침의 권리라는 것은 또한 사람마다 그 어떤 사람의 인권이든 침범해서는 안 되는 신성한 의무가 있다는 것을 의미한다. 이 의무는 한 사람이 인권을 향유하는 전제 조건이다. 만약 누군가 이 의무를 이행하지 않는다면 그것은 자연인권의 요구를 위반한 것이기에 공정원칙에 근거하여 사회자연은 그 본인의 인권 향유에 대하여 상응하는 '보복'을 하게 된다. 여기서 알 수 있는 것은 자연인권은 형식상 제한이 없고 조건이 없는 것 같지만 본질적으로는 상호 제약하고 상호 조건이 된다. 이런 제약과 조건은 자연인권 자체에 내재해 있다. 그와 반대로 만약 자연인권 이론과 달리 "사람에게는 태어날 때부터 일련의 권리를 가지고 있는 것이 아니고 이런 권리는 그 어떤 상황에서든지 박탈할 수 없거나 양도할 수 있는 것이 아니고 조건 없이 종신토록 향유할 수 있는 것이 아니다"라고 인정한다면 그것은 모든 사람의 인권은 신성불가침의 권리가 아닌 것으로, 따라서 사람마다 그 어떤 사람의 인권이든 침범해서는 안 되는 신성한 의무를 감당하지 않아도 된다는 것을 의미한다. 이 부분에 대한 긍정은 사실 인권 파괴에 편리를 도모해 주는 것으로서 이것이야 말로 인권 파괴를 방임하고 격려하는 것이다.

　일반 권리와 의무의 관계는 인권에 완전히 적용되는 것이 아니다. 인권은 일종의 특수한 권리이다. 그 특수성은 인권이 가지고 있는 필요성, 보편성, 평등성과 지상(至上)성에 있다. 필요성이라는 것은 인권은 사람이 사람으로 됨에 있어서 없어서는 안 될 권리이고 인권을 향유하지 못하면 사람이 될 수 없다는 것을 가리킨다. 인권의 필요성은 인권이 우선 중요하게 생각하는 것은 사람으로서 인권을 향유하였느냐 향유하지 못했느냐 하는 것이지 사람으로서의 의무를 다 했느냐 못했느냐가 아니라는 것을 표명한다. 보편성은 어떤 사람이든지를 막론하고 오로지 사람이기만 하면 모두 인권을 향유해야 한다는 것을 말한다. 인권의 보편성은 인권의 향유 주체는 모든 사람인데 거기에는 의무를 다할 수 있는 사람이 포함될 뿐만 아니라 의무를 다 할 수 없는 사람도 포함된다는 것을 표명한다.

　평등성은 사람이 향유하는 인권은 질적으로나 양적으로 반드시 동등해야지 누구도 더 많이 향유하거나 더 적게 향유해서는 안 된다는 것을 가리킨다. 인권의 평등성은 의무를 많이 이행했다고 하여 인권을 많이 향유해서는 안 되고 의무를 적게 이행했다고 하여 인권을 적게 향유해서는 안 되며 의무를 다 하지 못한 사람도 인권을 향유해야 한다는 것을 표명한다. 인권의 지상성은 기타 권리와 의무는 인권과 충돌해서는 안 되며 인권을 위해서라면 기타 권리와 의무는 희생할 수 있다는 것을 표명한다. 상술한 인권의 성질은, 인권은 일반성 권리와 의무 관계를 고집할 수 없고 자기의 독특한 권리와 의무 관계를 가지고 있음을 결정한다. 첫째, 한 사람이 인권을 향유해도 그 어떤 의무든 다 하지 않는다.

　둘째, 한 사람이 인권을 향유해도 동등한 의무를 감당하지 않는다. 셋째, 한 사람이 인권을 향유해도 소극적인 의무만 감당한다. 여기서 말하는 소극적 의무란 바로 "타인이 동등하게 인권을 향유하는 것을 방해하지 않는" 의무[297]이다.

### (6) 인성설(자연속성과 사회속성설)

이보운 등은 다음과 같이 지적하였다. 1991년 이래 중국 대다수 학자들은 이미 인권의 근원은 사람 자체, 즉 사람의 본질에서 찾아야 하지 그 어떤 외부의 은혜에 두고 있지 않다는 관점으로 치우쳤다. 그중 한 관점은 인권의 근원에는 사회속성과 자연속성 두 가지 방면을 포함했다고 인정했고, 다른 한 관점은 인권은 단지 사회속성에 비롯됐다고 인정했다. 이보운 등은 다음과 같이 인정했다. 인권은 사람의 본성에 근원을 두고 있는데 그 본성에는 자연속성과 사회속성 두 방면을 포함한다. 사회속성이란 사람은 각종 사람과 사람 사이의 사회관계 속에서 생활한다는 것을 가리킨다. 사람의 이익과 도덕, 그들의 사상과 행위 등은 모두 각종 사회관계와 도덕관계의 영향과 제약을 받지 않을 수 없다. 인권은 이종(異種)의 사회관계이고 사람과 사람 사이의 이익관계이고 도덕관계이며, 사회생활 중에서 정의를 핵심으로 하는 일련의 윤리 관념이 지지하고 인정하는 일종의 이익분배이고 추구와 향유이다. 인권의 근원 문제에서 보면 사람의 사회속성은 인권에 대하여 두 가지 의의가 있다. 하나는, 사회관계는 인권 존재에 있어서 하나의 전제 조건이라는 것이다. 만약 홀로 이 세계에 생활하고 사람과 사람 사이의 사회관계 속에 생활하지 않는다면 인권과 인권문제는 근본적으로 존재하지 않는다. 다른 하나는, 인권제도와 인권사상은 모두 일정한 역사시기의 사회 경제, 정치, 문화제도의 영향과 제약을 받고 인권의 내용 및 그 실제 향유의 정도는 인류의 물질문명, 제도문명과 정신문명이 나날이 발전함과 더불어 진보하고 제고된다는 것이다. 사람의 자연속성에는

---

297) 구본(邱本), 「무상인권과 범인주의」, 『철학연구』 2기, 1997.

천성, 덕성, 이성 등 세 가지 기본 요소가 포함된다. 우선 인성은 천성을 가리킨다. 사람의 생명은 함부로 박탈되지 않고 사람의 인신 안전이 위협받지 않으며, 사람의 인신자유가 침범을 받지 않고 사람의 사상자유가 속박을 받지 않으며, 사람의 최저 생활이 보장을 받고 사람에게는 행복을 추구할 권리가 있다는 것 등은 모두 사람의 천성과 본능이다. 천성의 구체적 내용은 생명, 자유, 행복(복리)이다. 다음으로 인성은 사람의 덕성을 가리키는데 그 주요 내용은 평등, 박애, 정의이다. 사람은 일종의 윤리도덕을 추구하는 고급동물로서, 이는 일반 동물과 구별되는 하나의 근본이다. 사람은 '동정심', '연민의 마음', '측은지심'을 천성적으로 타고 나고 사람과 사람 사이에 서로 의존하고 도와주는 교제 중에서 점차 정의감을 핵심으로 하는 일련의 윤리도덕관을 키우게 된다. 인권의 본래 함의가 '당연히 가져야 할 권리'라고 할 때 거기에는 이미 도덕의 함축된 의미를 함유하고 있다. 우리가 인도주의 원칙에 따라 약세 군체를 구조하고 현대 민주이념에 근거하여 다수에 복종하면서도 또 소수를 보호할 때 인권의 윤리성이 쉽게 드러난다. 그 다음으로 인성은 사람의 이성을 가리킨다. 이성은 다의어로 학자에 따라 흔히 여러 가지 함의가 부여된다.[298]

### (7) 도덕양심설

인권이 도덕에서 비롯된 권리로 인정되는데 대해 심종령는 다음과 같이 생각하였다. "인권의 본래 뜻은 모종의 가치, 도덕관념을 가리켰다. 따라서 일종의 도덕적 의의상의 권리와 의무이다. 도덕은 법률과 같지 않다. 하지만 도덕적 의의상의 권리라는 이 명제는 성립될 수 있다."[299] 하용(夏勇)도 다음과 같이 생각하였다. 인권은 사람이 사람으로서 반드시 향유해야 하는 권리로서 그것은 본질적으로 도덕권리이지 법정권리가 아니다.

---

298) 이보운(李步雲), 「인권의 근원을 논함」, 『정법론단』 2기, 2004.
299) 심종령(沈宗靈), 「인권은 어떤 의의상의 권리인가?(人權是什麻意義上的權利)」, 『중국법학』 5기, 1991.

인권은 도덕체계에 속하고 도덕원리에 의존하여 유지된다. 인류사회는 도덕사회이고 사람은 도덕적 동물이다. 상호 관련되는 다음 세 가지의 원리가 인권의 도덕적 토대의 형성에서 핵심적 작용을 한다. 1) 사람은 반드시, 그리고 능히 실재 법에 의존하지 않고 또 법정권리보다 높은 권리를 향유한다. 2) 이런 권리는 사람마다 평등하고 사람마다 사람으로서의 똑같은 존중을 받고 가치의 법칙을 가지고 있기에 반드시 모든 사람이 향유해야 하다. 2) 이런 권리는 반드시, 그리고 당연히 모종의 사회제도형식을 통하여 법정권리로 표현된다. 이 세 가지 원리는 인권의 핵심을 형성하였고 인권원리의 구조를 형성하였다.[300]

장항산(張恒山)는 다음과 같이 생각하였다. 인권이란 주로 모든 사람들이 정부를 상대로 향유하는 권리를 가리킨다. 정부와 법률은 반드시 인권을 확인해야 하지만 인권의 의거는 아니다. 인권은 자연에 대한 대응이 아니기에 따라서 인권은 자연에서 온 것이 아니다. 인권은 인민 자체에서 나오고 오로지 인민 자체에서 나올 수밖에 없다. 인권이 인민으로부터 나온다는 것은 단순하게 정부에 대한 인민들의 요구에서 나온다는 것이 아니라 인민들 상호간의 확인에서 나온다는 것을 말한다. 인민 중에 각개 개체가 상호 개체가 향유한 권리를 확인하는 것은 인권의 형성과 존재의 진정한 근거이다. 모든 인권은 모두 사람의 요구, 수요, 욕망과 관련이 있다. 사람의 각종 요구, 수요, 욕망이 인권으로 받아들여지느냐 마느냐는 모종의 평가 표준의 검사를 받아야 한다. 사람은 자신의 이익의 본능에 근거하여 사람의 각종 요구, 수요, 욕망에 대하여 평판하는 것이 아니다. 사람의 자신의 이익 본능은 개개인으로 하여금 자아에 대하여, 외계에 대하여 평판을 할 수는 있다. 하지만 통일된 평판 표준을 형성하지는 못한다. 이론적으로 보면 자리(自利) 본능은 사람들로 하여금 의식상 상호 단절되게 한다. 자리 본능은 모든 사람들로 하여금 의식상에서 오직 자기만 고려하고 남은 고려하지 않게 한다. 자리 본능은 모든 사람들로

---

300) 하용(夏勇), 『인권개념의 기원—권리의 역사 철학』, 부록 2 '인권도덕기초탐색' 참조.

하여금 이익상 오로지 자기만 인지하게 하고 타인을 인정하지 않게 한다. 사람마다 자리본능에 의해 자가와 자아이익의 봉폐 속에 제한되고 좁은 울타리 속에 갇힌다면, 사람은 동일한 사물, 동일한 문제에 대해 동일한 평판을 할 수가 없다.

어느 학자는 다음과 같이 한발 더 나아가 생각했다. 심리적으로 자기의 처지가 제일 불리한 사람이라고 상상 할 때, 인권이 자기를 보호하려는 사람들의 심리수요에 만족을 줄 것을 주장한다. 그러므로 인권은 우선 사람의 이기성(自私性)에서 해석을 얻었다. 하지만 한 사람이 오직 자리심(自利心)만 있다면 인권을 요구하고 자신의 눈앞의 이익을 희생할 가능성이 많지 않다. 인권의 정당성은 오로지 도덕상에서만이 해석과 설명을 얻을 수 있다. 이것이 바로 동정심이다. 인권은 비단 나를 주체로 하여 타인을 사고하는 것일 뿐만 아니라 타인의 입장에 서서 타인의 생각을 고민하는 것이다. 동시에 타인에 대비해 말할 때나 역시 하나의 타인이다. 이와 같은 일종의 서로를 상대로 하는 관계 속에서만이 비로소 인권이 발생된다. 인권은 사람의 동류감(同類感)을 기초로 하고 사람에 대한 사람의 측은지심과 애심을 기초로 한다. 도덕적 양심은 이처럼 진귀한 것이어서 자칫하면 놓칠 수 있다. 『세계인권선언』의 작성자들은 이 점을 분명하게 통찰하였다. 그러므로 그들은 선언이 하루 빨리 통과되도록 모든 노력을 들여 추진시켰다. 그들은 이제 전쟁의 기억이 점차 희미해지고 현실의 이익분쟁이 사람들이 전쟁 중에 건립한 동정심을 조금씩 와해시키고 전쟁이 불러일으킨 측은지심이 점점 담담해지게 되면, 보편인권선언이 통과될 희망이 물거품이 될 수 있다는 것을 분명하게 알고 있었기 때문이었다. 유가사상 속에 풍부하게 들어있는 양심이란 자원은 인권의 근원이 될 수 있다. 양심의 개념은 유가의 근원적 개념이다. 양심은 속박할 수 없는 선량한 마음이고 인도(人道)이며 인애(仁愛)의 마음이고 사람을 사랑하는 마음이다. 사람의 연민, 동정도 행동으로 전환되어야 한다. 양심은 외적으로 자유롭고 인격의 존엄이 되어야 한다. 그렇지 않으면 인권보장의 내적 원칙을 확립할 수 없다. 양심은 하나의 선량함의 뿌리이다. 그 뿌리에서 새싹이 돋아나고 잎이 무성해지게 하려면 햇빛에 쪼이고 비를 뿌리면서 정성을 들여 키워야 한다. 유가사상에는 비록 풍부한 도덕적 자원이 있지만 유가는 오로지 내적인 수양만 강조하고 외적인 제도를 소홀히 하여 기회를 놓쳐 자칫 양심이 사라지게 한다. 이것은 아마도 유가가 인권개념으로 발전하지 못한 원인중의 하나일 것이다.[301]

## 6. 인권의 속성

### (1) 인권의 보편성과 특수성, 절대성과 상대성, 공성(共性)과 개성설

인권의 보편성과 특수성, 절대성과 상대성 문제는 인권철학에서 하나의 극히 중요한 이론문제로서 비단 인권의 주체와 내용에 관계될 뿐만 아니라, 인권보장과 실현의 방식 그리고 국제인권표준, 인권과 주권의 관계 등에도 밀접히 관계된다. 이 문제에 대하여 학자들은 깊이 있게 논술하였다.

이림(李林)는 국제적 시각으로 인권의 보편성과 상대성 문제에 대하여 다음과 같이 분석했다. 오늘날 세계에서 인권은 이미 비단 일종의 국가적 차원, 지역적 차원 혹은 국제적 차원의 제도화와 법률화의 현상이 되었을 뿐만 아니라, 동시에 일종의 세계 전반에 영향을 주는 보편적 문화현상이 되었다. 인권의 보편성과 상대성에 대한 토론은 주로 인권의 개념, 인권의 근거, 인권 관념의 문화통합 등 몇 가지 문제를 둘러싸고 진행되었다. 인권보편주의는 다음과 같이 주장하였다. 인권은 사람이 사람으로서 오로지 그가 사람이기 때문에 향유할 수 있는 권리이다. 이 권리는 태어나면서부터 갖는 보편적이고 무조건적인

---

301) 곡상비(曲相霏), 「인권의 정당성과 양심이론(人權的正當性與良心理論)」, 『문사철』 3기, 2005.

권리이고 박탈당할 수 없는 권리로서 그 어떤 지방의 그 어떤 사람이든 아무도 예외 없이 향유해야 하는 권리이다. 그러므로 보편적인 인권가치와 공통의 인권표준이 존재한다. 모든 국가는 반드시 이 가치를 존중하고 이 표준을 집행해야 한다. 하지만 인권상대주의는 다음과 같이 생각하였다. 인권은 조건적이고 사회적이며 상대적인 권리로서 국가마다 인권의 존재와 실현은 특정된 경제사회조건과 문화전통에 의거해야 하고 국가마다 반드시 자신의 상황에 따라 구체적인 인권표준을 확정해야 한다. 상대주의는 주로 도덕상대주의와 문화상대주의로 나뉜다. 하지만 광의적으로 말하면 도덕은 한 사회의 문화체계 속에 있기에 문화상대주의 속에 포함될 수 있다.[302]

인권의 보편성이라는 이 범주에는 일반적으로 주체의 보편성, 내용의 보편성 및 가치의 보편성 등 세 가지 방향이 포함된다.[303] 보편인권의 이념은 인간의 존엄위에 건립되고 인권보편성의 근원은 인권의 가치에 있고 사람이 사람으로서의 기본적 존엄을 수호하고 공고히 하는 데 있다. 인권보편성은 인권의 정신적 측면에 중점을 둔다. 인권의 특수성은 인권의 역사와 실천 측면에 중점을 둔다. 각국의 역사 경우가 다름에 따라 인권에 대한 사람들의 감정과 이해도 다르다. 인권의 보편성과 특수성 문제는 하나의 학술문제인 동시에 하나의 정치문제이기도 하다. 하지만 보다 중요한 것은 하나의 태도문제이고 신앙문제이다. 인권의 표준은 하나의 당연히 가져야 할 가치의 문제이고 인권 실천은 하나의 실천기술의 문제이다. 가치문제에서 인권표준의 보편성이 우선적인 문제이고 인권 실천기술문제에서는 인권의 특수성을 우선 고려해야 할 문제이다.[304]

이보운은 일찍 1992년에 발표한 '사회주의 인권이론과 실천'이라는 글에서 인권은 공성(共性)과 개성의 통일이라고 제시하면서 인권의 보편성과 특수성의 함의 및 그

302) 이림(李林), 「인권의 보편성과 상대성(人權的相對性與普遍性)—일종 국제적 시각」, 『학습과 탐색』 1기, 2006.
303) 제연평(齊延平), 「보편인권을 론함」, 『문사철』 3기, 2002.
304) 제연평, 『인권과 정치』, 산둥인민출판사, 2003, 34, 112쪽.

이론적 의거에 대하여 분석하였다. 1998년에 이보운은 또 「인권의 보편성과 특수성을 논함」이라는 글을 발표하여 인권의 보편성, 특수성의 기본 함의 및 그것의 존재와 발전의 토대에 대하여 비교적 깊이 있는 탐구를 했다. 2007년에 이보운은 양송재(楊松才)와 공동으로 집필한 글 「인권의 보편성과 특수성을 논함」이라는 글을 발표하면서 인권은 보편성을 가지고 있으면서 또 특수성도 가지고 있으며 인권은 당연히 보편성과 특수성의 통일이어야 한다고 생각하였다.[305]

이보운 등은 다음과 같이 생각하였다. 인권의 보편성의 구체적인 내용은 주로 세 가지 방면에서 표현된다. 첫째, 인권의 내용은 보편적이다. 즉 각국에서 모두 당연히 보편적으로 존중하고 준수해야 할 하나의 인권공동표준이 존재한다. 유엔에서 인권에 관한 몇 십건의 국제문서를 채택한 것은 인권의 보편성의 체현으로서 그 목적과 종지는 각 국가의 국가기구, 사회조직에 인권을 보장하는 공동 표준을 제공하기 위한 것이었다. 둘째, 인권의 권리주체가 보편적이다. 즉 사람마다 모두 인권을 향유한다. 셋째, 인권의 의무주체 역시 보편적이다. 즉 그 어떤 국가든 예외 없이 인권을 존중하고 보장하는 주요 책임을 감당해야 한다. 인권보편성의 이론적 근거는 첫째, 인권은 사람의 본성과 고유한 인격, 존엄과 가치에 근원을 두고 있고 사람의 본성은 서로 통하고 그 누구든 당연히 박탈당하지 말아야 할 존엄과 가치가 있다는 것이다. 둘째, 전 인류는 공통의 이익이 있고 전 인류의 공통 이익은 인권의 공통표준의 제정과 실시가 필요하고 가능하도록 해 주었다는 것이다. 셋째, 전 인류는 공통의 도덕을 가지고 있다는 것이다.

유가평(兪可平)는 다음과 같이 생각하였다. 인권은 전 인류의 기본 가치로서 보편성과 특수성을 띠고 있다. 하지만 이것은 현실성적으로 하는 말이지 인권에는 시실 극히 큰 국한성과 상대성이 있다. 이 국한성과 상대성은 다음과 같은 몇 가지로 표현된다. 1) 인권은

---

305) 이보운, 양송재(楊松才), 「인권의 보편성과 특수성을 논함(論人權的普遍性與特殊性)」, 『중국사회과학원 연구생원 학보』 5기, 1998. 펑쳐란, 「인권문제에서의 몇 가지 문제에 대한 사고」, 펑쳐란, 곡춘덕 주편, 『인권집론』.

본래부터 있었던 것이 아니라 그것은 인류 역사가 근대자본주의 계단으로 발전해 오면서 산생된 산물이다. 2) 계급사회에서 인권은 상당한 정도에서 특권의 형식으로 존재한다. 3) 똑같은 사회 역사 배경 하에서 인권의 내용 및 그 현실 상황은 흔히 엄청나게 다르다. 인류의 기본 가치로서의 인권은 사회 진보와 발전을 평가하는 종합성적인 잣대이다. 인권은 자명성, 보편성, 양보불가성, 침범불가성 등의 특성을 가지고 있다. 무릇 정부 혹은 타인이 개인에게 준 은혜, 양보, 승낙은 모두 인권이 아니다. 인권의 보편성은 이런 권리를 개인마다 모두 가지고 있음을 말하므로 이 보편성은 권리주체의 무한성이라고 부를 수 있다. 인권의 양보불가성은 이런 권리가 건전한 인성을 체현하고 사람들은 그 인성을 양도할 수 없기에 그 권리를 포기하지도, 양도하지도 못함을 말한다. 인권의 침범불가성은 이런 권리는 박탈할 수 없고 사람마다 모두 자기에 대한 그 어떤 불공정한 침해에 대해서든 반항할 권리가 있음을 말한다. 인권의 박탈불가성, 침범불가성과 자명성(自明性)으로 말하면, 인권에 대한 개인의 향유는 절대적이다. 하지만 인권은 실제상 개인과 사회의 상호 관계의 한 방면이기에 인권의 행사는 상대적이다. 개인은 인권을 행사할 때 타인과 사회의 정상 활동을 방해해서는 안 된다.[306]

서현명는 다음과 같이 생각하였다. 세계에서 보편적으로 인정된 인권은 보편성인권인데 그것은 전 인류에 적용된다. 보편성인권 외에 또 특수성인권이 존재하는데 그것은 서로 다른 국가와 지구에 적용된다. 인권의 보편성은 인권의 특수성을 부정하지 않는다. 하지만 보편성인권과 특수성인권은 나란히 병렬할 수 있는 권리관계는 아니다. 즉 양자의 관계는 같은 측면에서 분리되고 대립되는 관계가 아니라 다른 측면에서 피차 연관되는 관계이다. 인권의 특수성은 이중적 함의를 가지고 있다. 하나는 특수한 인권주체가 향유하는 인권의 특수성을 가리킨다. 특수한 인권주체란 주로 여성, 아동, 노인, 장애자 등 사회 약자 및 종족, 종교, 언어, 문화 의의상의 소수인 그리고 체포된 사람, 형벌을 받은 사람, 무국적인

---

306) 유가평(兪可平), 「인권과 마르크스주의」, 『당대인권』, 중국사회과학원출판사, 1992.

등의 군체를 말한다. 보편인권을 실현하는 과정에서 이 특수한 인권주체에 대하여 특수한 보호를 하지 않는다면 그 인권은 진실성을 잃게 되고 바라볼 수는 있으나 가까이 갈 수는 없는 인권이 되어버린다. 특수성 인권은 사람에 대한 형식적인 평등을 버리는 것이고 사람에 대한 실질적인 평등을 추구하는 것이다. 특수성 인권에서 파생된 특권과 역사 권리로서의 특권은 질적인 차별이 있다. 전자는 다만 보편성 인권을 실현하는 수단일 뿐이고 후자는 자기를 제외하고는 다른 목적이 없으며 전자의 권리주체는 보편적 인권주체 중의 약자와 장애자이지만 후자의 주체는 약자와 장애자를 제외한 후의 사회 강자이며 전자는 사회권리의 총화를 증강시키지만 후자는 오히려 사회 권리의 총화를 감소시킨다. 인권특수성의 두 번째 함의는 각기 다른 국가와 지구는 역사전통, 문화, 종교, 가치관념, 자원과 경제 등 요소의 차별로 인해 인권의 충분한 실현을 추구하는 과정에서 구체적인 방법과 수단, 양식이 매우 다양할 수 있기에 오직 인권의 기본 원칙만 어기지 않는다면 일치를 강요하지 말아야 한다는 것이다.[307]

### (2) 인권의 상호의존성과 분할불가성설

『빈 선언과 행동계획』에는 인권을 종류에 따라 배열하던 원래의 방법을 깨고 알파벳 순서에 따라 공민적(civil), 문화적(cultural), 경제적(economic), 정치적(political), 사회적(social) 권리라고 새롭게 순서를 배열하였다. 이 배열에는 상징적인 의의가 있다. 그것은 다만 형식상에서 자유권과 사회권 사이의 차이를 타파하고 사회권리 내부의 각종 권리 간의 기계적인 분류를 제거했을 뿐만 아니라, 또 서로 다른 권리의 중요 정도의 구분을 메웠다. 이것은 기본 권리와 인간의 존엄 사이의 관계에 대한 각기 다른 국가와 지구 사람들의 인식도 한걸음 전진했다는 것을 나타낸다. 갈수록 더 많은 사람들이 인간 존엄의

---

307) 서현명, 「인권에 대한 보편성과 인권문화의 해석」, 『법학평론』 6기, 1999.

실현은 여러 방향으로 향하는 다중의 권리가 힘을 합치고 수호해야 하는 일이라는 데 인식이 기울어졌다. 이로 인하여 사물의 본질에 대한 인식에 보다 가까워졌고 실천 중에서 각종 권리에 대한 보호를 추진하는데 이성(理性) 기초를 닦아주게 되었다.[308] 근본적으로 말하면 모든 기본 권리는 인간의 존엄에 복종하고 그것들로 인간의 존엄을 목적으로 하는, 상호 연관되고 떨어뜨려 놓을 수 없는 객관적 가치질서를 공동으로 구성하고 수호해야 한다. 이것은 인권의 상호의존성과 분할불가성의 근원이다.

인권의 분할불가성과 상호의존성을 결코 인권발전의 경로에서 다양성과 인권발전 전략의 차이성을 배제하지 않는다. 서로 다른 국가에 따라, 심지어는 한 국가에서도 서로 다른 역사시기에 따라 자기의 사회발전수준 및 서로 다른 역사, 문화, 종교 배경이 다름으로 인하여 자기에게 적합한 인권발전의 배치를 하게 된다. 이것은 인권의 상술한 성질과 결코 모순되지 않는다. 사회경제발전 수준이 다르면 사람들이 부딪치는 인권문제도 같지 않다. 서방 국가들은 인권 역사 진전의 선행자로서, 이미 비교적 완미한 인권보장제도를 건립하였다. 하지만 이는 공업화가 완성되고 사회경제가 이미 극히 큰 발전을 가져온 토대 위에서 실현된 것이다. 공업화의 과정에서 서방 나라들은 인권의 보장과 발전을 위해 필요한 사회 자원을 축적해 놓았다. 하지만 발전중인 나라들은 여러 가지 요소의 제한으로 인해 사회경제 발전 수준이 비교적 낮고 사회 재부의 총량이 아직 풍족하지 못하다보니 인권사업을 전면적으로 추진하고 발전시키고 인권체계중의 각항의 권리를 실현할 능력이 없다. 그들에게 빈곤과 낙후는 인권에 대한 최대의 위험이다. 그러므로 경제를 발전시키고 생존권과 발전권을 해결하는 것은 흔히 제일 절박한 임무가 된다.

---

308) 정현군( 鄭賢君), 「헌법의 사회기본권 부류와 구성(論憲法社會基本權的分類與構成)」, 『법률과학』 2기, 2004.

## (3) 인권의 정치성, 계급성, 법률성설

서현명는 인권 정치성에 대한 네 가지 함의를 주장하였다. 첫째, 인권제도의 건립은 정치투쟁의 결과이다. 자산계급이 봉건특권을 반대하는 중에 취득한 것이고 무산계급이 자산계급의 특권을 반대하는 중에 취득한 것이다. 그러므로 무릇 인권쟁취를 담론하자면 반드시 정치투쟁 심지어 정치혁명을 담론하지 않을 수 없다. 둘째, 인권의 대립적인 방면은 국가권력이다. 인권과 국권은 늘 대립통일 속에 처해 있다. 국권이 인권을 어떻게 대하느냐 하는 것은 인권이 국권을 평가하는 정치표준이 되었다. 한 나라에서 제일 이상적인 상황은 공권력과 개인 이익이 일치하게 조화를 이루는 것이다. 두 권력의 모순이 최저로 완화되는 때는 바로 인권상황이 최고로 좋은 때이다. 양자의 모순이 극도에 이르면 곧 투쟁이 폭발한다. 국가권력은 시종 인권모순과 대비된다. 국가가 하루를 존재하면 인권과 하루가 모순된다. 국가가 소멸 될 때, 인권과 국가의 모순이 비로소 소멸되게 된다. 인권과 공권의 대립성과 투쟁성은 인권이 시종 정치성을 띠게 됨을 결정한다. 현대사회에서 인권이 국가에 의해 도구화, 의식형태화와 정치화가 된 후, 인권이 국가의 침해를 받을 확률이 더욱 높아진다. 특히, 인권을 몽둥이로 삼아 다른 국가를 탄압하는 군사대국에서는 인권이 그 나라의 의식형태 중에서 더욱 정치화된다. 셋째, 인권의 구제와 보장 수단에서 본능적인 자아구제의 경로가 생긴다. 즉 행정적, 사법적 방식으로 인권이 보장을 받지 못하거나 법률적으로도 모든 구제수단을 다 썼는데도 인권이 보장을 받지 못하게 되면 인권주체는 저항의 방식으로 인권침해를 저지한다. 그때 저항권은 '혁명적 인권'으로 불린다. 저항은 늘 예봉을 악정권(惡政權) 혹은 악법으로 돌리기에 흔히 본래보다 더 심각한 탄압을 받을 수 있다. "압박이 심하면 저항도 심해지는 법"이다. 이와 같은 인권의 반항적 성격은 이때 흔히 정치성으로 일컬어진다. 넷째, 인권체계에서 정치권리와 공민권리 자체가 정치의 조성부분이다. 국가에 대한 공민의 태도, 능동성, 참여정도는 모두 한 나라 정치의 주요 내용이 된다. 사람들의 정치권리는 당연하게 정부를 재편성하고 법률을 바꾸고 정치체재를 결정할 수 있다. 이 모든 것이 정치활동이다.[309]

이보운 등은 인권에는 정치성과 의식형태의 일면이 있는가 하면 또 초(超)정치와 초의식형태(이것은 주로 특히 정치의식형태를 가리킨다)의 일면도 있는데, 이는 인권의 보편성과 특수성과 밀접히 관련된다. 국내 인권을 놓고 말하면 일부 인권, 이를테면 선거권, 지정권, 언론자유 등 정치권리와 자유는 정치를 정치의식형태와 갈라놓을 수 없다. 그것들의 내용과 형식 및 그 실현방식과 정도는 한 나라의 국가제도, 정당제도 및 그 정치의식형태와 밀접히 관련된다. 일부 인권, 이를테면 생명권, 인격권 등 기본 권리, 장애자 권리, 여성, 아동 권리 등은 당연히 각 당파, 각 정치견해의 영향을 받지 않고 보편적이고 똑같은 존중을 받아야 한다. 국제인권을 놓고 말하면 어떤 인권 문제는 국내 관할 사항에 속하기에 당연히 국가 주권 원칙에 따라 한 국가가 자주적으로 처리해야 한다. 또 어떤 인권 문제는 국제 관할 사항에 속한다. 이를테면 침략과 침략전쟁, 종족 멸절과 종족 차별 등은 국제 평화와 안전을 엄중히 위협하는 국제 범죄이기에 사회제도가 다른 나라를 포함한 국제사회의 모든 성원들은 모두 당연히 반대해 나서야 한다. 인도주의 성질에 속하는 수많은 인권, 이를테면 난민과 무국적인에 대한 보호, 혹형과 기타 잔인하고 인도적이지 못하고 인격을 모욕하는 대우 혹은 처벌에 대한 금지 등도 당연히 초정치, 초의식 형태의 것이다. 만일 인권에 초정치 의식형태의 일면이 존재한다는 것을 인정하지 않으면, 그 어떤 인권문제든 모두 정치와 정치의식형태와 연결시키게 되다. 이와 같은 '인권의 정치화'와 '인권의 의식형태화'는 일종의 옳지 않고 유해한 이론과 실천이다.[310]

인권의 개념에는 계급성의 속성을 함유하고 있다. 인권이론은 계급투쟁 속에서 발생되고

---

309) 서현명, 『제도성 인권 연구(制度性人權硏究)』, 무한대학 박사학위 논문, 1999년.
310) 이보운, 「인권의 보편성과 특수성을 논함」, 『중국사회과학원 연구생원 학보』 5기, 1998.

계급투쟁 속에서 발전된 것으로서 그것은 사회의 계급투쟁에 대한 반영이다. 각기 다른 역사 시기에 인권이론은 늘 특정된 계급 혹은 집단을 위해 봉사해왔지 사실상 지금까지 '보편적'이고 '초계급적'인 인권을 실현한 적이 없다. 마르크스는 "평등하게 노동력을 착취하는 것은 우선적인 인권"[311]이라고 말했다. 이는 자산계급인권에 대한 작가의 비판이다. 엥겔스는 다음과 같이 말했다. "중세의 등급이 현대의 계급으로 전환된 때로부터 자산계급은 그것의 그림자, 즉 무산계급을 경상이고 불가피하게 따라왔다. 마찬가지로 자산계급의 평등 요구도 무산계급의 평등 요구를 따라왔다. 계급특권을 소멸하자는 자산계급의 요구가 제시된 때로부터 동시에 계급 자체를 소멸하자는 무산계급의 요구가 출현하였다…. 무산계급은 자산계급의 말꼬리를 잡았다. 평등은 표면적으로만, 국가의 영역에서만 실현될 것이 아니라 당연히 실제적으로, 그리고 사회적, 경제적 영역에서 실현되어야 한다."[312] 인권은 계급적인 것이고 그것은 계급의 정체성에서 제시되었으며 역시 계급의 평등을 위해 함께 나누었다. 무릇 대규모의 차별 대우를 실행할 때마다 그 이유는 언제나 계급이었다.[313]

### (4) 인권의 도덕성, 이기성(利己性)과 무해성(無害性)설

서현명는 다음과 같이 생각하였다. 인권은 도덕성을 가지고 있다. 그것은 자기에 대한 자리(自利)성과 타인에 대한 호리(互利)성의 이중적 속성을 가지지만, 이 이중성에서 어느 하나가 없어지면 인권은 사람들이 염원하는 것이 된다. 이것은 만약 인권이 자기에게

---

311) 『마르크스, 엥겔스 전집』 제23권, 인민출판사, 1972, 324쪽.
312) 『마르크스, 엥겔스 전집』 제20권, 인민출판사, 1971, 116쪽.
313) 양경(楊庚), 「인권의 본질을 논함(論人權的本疾)」, 천신하(陳新夏), 「인권의 계급성문제에 대하여(關于人權的階級性問題)」, 풍탁연(馮卓然), 곡춘덕(谷春德), 『인권론집』. 서현명, 『제도성 인권 연구』, 무한대학 박사학위 논문, 1999. 이림(李林), 「마르크스인권관 초보 탐구」, 『중국법학』 4기, 1991, 범연녕(范燕寧), 「인권이론의 역사발전」, 유가평(兪可平) 「인권과 마르크스주의」, 『당대인권』.

이익이 없으면 반대로 사회 혹은 국가가 자기를 탄압하는 도구가 되기에 사람들은 차라리 인권을 요구하지 않을 것이라는 것을 말한다. 인권의 이기성 혹은 자사성은 사람에 대한 첫째가는 가치로서, 그것이 사람이 사람답게 되는데 만족을 주는 일반적인 기능이 없다면 인권은 필연적으로 이화(異化)된 것이 되어버린다. 마찬가지로 인권이 만약 한 사람에는 유리하고 타인에게는 해롭다면 그 인권은 타인의 존중을 받을 수 없다. 타인에 대한 무해성은 인권의 사회성 권리가 되는 기본 조건이다. 한 사람이 다른 한 사람을 존중하고 타인을 자기와 같은 유형으로 볼 때, 그 존중은 도덕과 인도 범위 내의 것이다. 만약 그 존중이 타인의 권리에 대한 존중을 통하여 사람에 대한 존중에 이른다면, 그것은 도덕의 의의를 초월하여 침범할 수가 없는, 침범해서는 안 되는 법률의 영역에 들어간다.

이때 사람에 대한 존중은 법률의 존중을 통하여 강제적으로 진행된다. 타인이 존중을 받는 것은 여기서 동시에 사람의 도덕과 법률의 이중적 의무가 된다. 물론 사람들이 이 의무를 인정하는 전제는 자신에 대한 타인 인권의 무해성이다. 이렇게 자기에 대한 인권의 유리성(有利性)과 타인에 대한 인권의 무해성은 하나로 통일된다. '사회정체와의 이탈'은 개인권리와 사회권리의 대립을 가리킨다. 통일 중에서의 대립은 통일의 토대이다. 개인권리가 사회권리 혹은 국가권리와 다른 범위로 구분되었을 때, 개인권리는 비로소 성립될 가능성이 있게 된다. 개인과 사회가 구분이 없는 인류형태에서는 개인의 이익은 모두 사회를 통해 표현된다. 이런 사회에는 개인의 존재가 없다. 상술한 인권의 특징은 엥겔스에 의해 기본상 모두 도덕적으로 평가되었다. 그러므로 무릇 인권은 모두 사람의 본질적인 이기주의를 벗어난 권리라는 것이 엥겔스의 결론이다. 이것은 가장 심각한 인간학상의 결론이다. 인권이 만약 상술한 이기성이 증명되지 않는다면 당연한 종극적 가치를 증명할 도리가 없다. 바로 그것이 이와 같은 이기성을 가지고 있는 동시에 또 사람에게 무해한 도덕성도 가지고 있기 때문에 비로소 사람마다 필요로 하고 법률에 의해

보호되는 것이다.[314]

　　장항산(張恒山)은 다음과 같이 생각하였다. 수많은 학자들은 인권의 필요성의 특성을 알아내고 인권의 무해성의 특성을 무시하면서 단순히 사람의 수요, 요구, 이익의 각도에서 인권의 근거를 자세하게 설명하였다. 이런 해석은 인류의 수많은 악질적인 수요, 요구 및 타인에게 손해를 주는 이익 추구를 진정한 인권개념에서 몰아낼 수 없다. 이런 해석은 인류의 법치사회가 왜 죄행이 엄중한 살인범의 생명과 일반 죄인의 자유를 박탈 할 수 있는가도 해석하지 못한다. 이런 해석은 또 모든 범죄자를 징벌하는 인류 법치사회의 기본 수단-자유박탈형-은 도리가 없다고 추론할 수 있다. 사실상 무해성은 모든 이익과 자유가 인권으로 불릴 수 있는 제일의 기본적인 전제 조건이다. 인권은 우선 그것이 무해성이 있고 그 다음 사람의 수요, 요구에 만족을 주는 필요성이 있다. 무해성은 한 사람의 이익, 수요, 요구 혹은 행위의 정당성의 충분한 증명이고 정당성은 또 '권리'라는 이 개념의 가장 본질적인 내용이다. 그러므로 무해성은 인권의 가장 기본적인 특징이라고 말할 수 있다. 무해성은 사람의 이익, 수요, 요구 혹은 행위가 '타인에게 손해를 줘서는 안 된다'는 이 제일 기본적인 도덕 규범의 검사를 받은 후에 확정된 것이기에 인권은 먼저 정해진 것이 아니라 '타인에게 손해를 줘서는 안 된다'는 이 제일 기본적인 도덕 의무 규범이야 말로 먼저 정해진 것이다.[315]


## 7. 중국전통문화와 인권

　　어떤 학자들은 중국전통문화중의 인권사상과 인권자원을 발굴할 것을 주장하였다. 한

---

314) 서현명, 『제도성인권 연구』, 무한대학 박사학위 논문, 1999.
315) 장항산(張恒山), 「인권의 도덕 기초를 논함」, 『법학연구』 6기, 1997.

학자는 이렇게 생각했다. 인권이론은 5단계로 나눌 수 있다. 거기에는 인권의식, 인권사상, 법률상의 인권 등이 포함된다. 넓고 심오한 중국전통문화중에는 풍부한 인권의식과 인권사상이 들어있다.[316] 어느 학자는 중국 고대에 이미 공자의 '인(仁)', 묵자의 '겸애(謙愛)', 맹자의 '민위귀(民偉貴)', 황종의의 '천하위주(天下爲主)', 왕부지의 '천하위공(天下爲公)' 등과 같은 인본주의사상이 나타났다고 하였고, 어느 학자는 중국 고대 인권관념의 특징을 '군경민중(君輕民重)'의 민본사상, '예의결합'의 법제사상, '선의후리(先義後利)'의 가치사상, '이화위귀(以和爲貴)'의 중화(中和)사상, '경국제민(輕國濟民)'의 경제사상, '천하위공(天下爲公)'의 대동사상으로 개괄하였으며, 또 어떤 학자는 유가의 인권사상을 전문적으로 논술하면서 유가의 인권사상은 사람의 주체에 대한 깊은 사랑, 사람의 생존권에 대한 지극한 관심에서 체현된다면서 '입인(立人)', '달인(達人)' 사상은 현실 인권의 비교적 이상적인 경로라고 생각하였다.[317]

또 어떤 학자들은 중국 현대사상의 맥락에 대하여 깊이 탐구하면서 다음과 같이 생각하였다. 19세기 말 20세기 초, 당시의 의식이 있는 지식인들이 중국 전통사상에서는 알지 못하던 일종의 개념을 창립하였는데 그것이 바로 '인권'이다. 강유위는 제일 먼저 '사람' 및 그것이 '객관자연 존재성'과 '개체 존재성'을 발견하였고 하나의 '신세계'를 동경하고 거기의 '사람'은 각종 권리와 무궁한 즐거움을 향유할 수 있을 것이라고 희망했다. 후에 엄복과 담사동이 각각 자기의 방식으로 '사람'의 자유와 평등사상을 천명했고 양계초가 그에 앞선 모든 사상을 결합하여 '주체성'과 '공민성'의 특징을 가지고 있는 사람을 '신민(新民)'[318]이라고 정의를 내렸다.

하용과 서현명 등은 중국 전통문화 속의 조화사상을 전력으로 발굴하여 근대 이래의

---

316) 황남삼(黃楠森), 운상(云翔), 「중국전통문화중의 인권사상을 발굴하자」, 『인권』 5기, 2002.
317) 탕은가(湯恩佳), 「유가의 인권사상을 논함」, 진계지(陳啓智) 주편, 『유가전통과 인권 민주사상』, 제노서사, 2004, 23~29쪽.
318) 여소평(黎燒平), 「중국현대인권개념의 기원」, 『중국법학』 1기, 2005.

인권개념으로 제고시키고 총괄했다. 하용은 다음과 같이 생각하였다. "중국 전통문화에는 인권개념이 발생되지 않았다. 하지만 인권과 중국 전통은 결코 근본적인 충돌이 없다. 일종의 도덕권리로서의 인권이 내적으로 발생한 것이고 보편적인 것이기에 한민족의 도덕전통과 '백성들이 일상적으로 사용'하는 사회풍습을 벗어날 수 없다. 인문주의는 중국 전통문화의 근본 특징이다. 중국 전통문화중의 일부 도덕 원리, 이를테면 '인, 의, 예, 지, 신'과 같은 것은 현대 인권원리와 연결이 가능한 점이 많이 있다. 인권이 포함하고 있는 인도정신과 대동정신은 중국 전통문화 속에 존재할 뿐만 아니라 상당히 풍부하다. 중국에서 결여된 것은 법치정신이다. 인권사상의 논리적 구조에서 보면 고대 인권사상은 논리상 초험권위(超驗權威)관념, 평등인격관념, 본성자유 관념으로 구성되었다. 중국 역사에 비록 인권사상이 출현하지 않았지만, 중국 고대 사상에는 실재법을 초월한 도덕법관념 및 인격 평등 관념이 존재했다는 것은 의심할 바 없다. 자유 관념은 유교, 도교, 불교에 모두 아주 충분히 들어있었다. 하지만 그것이 내향적이고 자족적이고 초탈적인 까닭에 사회 이익 관계속의 자리(自利), 자위(自衛)와 대항(對抗)과 아주 적게 연관되다보니 권리개념으로 도출되지 못했던 것이다. 인권개념의 도입은 선진적인 지식인들이 전통을 반성하고 전환시키는데 도구와 자유주의의 윤리원칙을 제공했다. 5.4운동 전후에 인권을 담론한 중국의 지식분자들은 이미 비교적 정확하게 인권개념의 기본 의의를 파악하였다. 그들은 다음과 같이 지적하였다. 당대 세계의 인권원리는 기실 정도상에서 이미 서방의 전통적인 사람과 사람간의 소극적인 상호 제약관계를 초월하기 시작했다. 당연히 중국 전통의 조화관념으로 인권을 승화시키고 총괄해야 했다. 응용의 의의에서 말하면 인권과 조화는 서로 받아들이면서 또 서로 유익하다. 조화는 우주의 근본이며 심각하고 위대하고 영원한 생명력이 있는 이념이다. 중화전통 중에 예의 문화품격은 정체적이고 자연적인 조화정신에 있다. 서방문화사에서는 사람과 자연, 사람과 사람, 사람의 영혼과 육체는 분열되었고 대항적이다. 충돌과 대립에 뿌리를 둔 전통인권관은 이미 현대사회문화의 다원적 도전에 대응하지 못하고 인권원리주의자들의 고수, 인권정치학의 용속(庸俗)적인 실용화, 인권합리학의 기술성 진보 등은 모두 인권 자체의 고유한 비판정신을 해친다.

하지만 중국문화전통에는 서방과 같은 그런 긴장관계가 존재하지 않는다. 중국문화에 고유한 조화정신은 역사가 유구한 서방 인권문명의 전통과 상호 융합되고 화합되어 인권을 조화권 본위시대라는 하나의 새로운 시대로 밀고나갈 것이다.[319]

지난 백여 년 동안 중국에서 인권이라는 말은 여러 차례 기복을 반복했고 내용도 많이 변화했다. 서방의 인권개념에 비하면 중국의 인권개념은 서방의 인권개념과 같이 발전한 일면이 있고, 자체의 분명한 특징을 가지고 있고, 호적 등이 지킨 자유주의 인권개념이 있고, 또 양계초 등을 대표로 하는 국가주의 인권개념도 있고, 신문화운동에서 싹튼 목적성 인권개념도 있고, 또 국가 구국부강에서 착안한 수단성 인권개념이 있고, 보편적 개인인권개념이 있고, 또 계급성 인권개념과 집체인권개념도 있다. 만약 자유주의와 개인주의를 인권개념의 출발점으로 삼는다면 백여 년 동안 중국의 '인권'개념과 보편인권개념은 거리가 있다.

---

319) 하용(夏勇), 「인권개념의 기원-권리의 역사 철학」, 『인권과 인류 조화』. 서현명, 「조화권, 제4대인권」, 『인권』 2기, 2006. 제연평, 「조화인권-중국정신과 인권문화의 호제」, 『법학가』 2기, 2007.

# 기본 권리 개념 및 그 변화

제2장

기본 권리 개념 및 그 변화

중국헌법학 발전 역사에서 1950년대는 이전의 것을 이어받아 새로운 것을 개척한 중요한 시기였다. 구중국의 50여 년 동안의 헌법학 성장 역사와 중화인민공화국의 헌법학 역사 사명 간의 가치와 사실 관계는 중국헌법학의 기본 구조와 방법론적 특색을 구성하였다.

학자들이 어떤 연구방법 혹은 연구태도를 막론하고 중국의 사회구조와 배경 속에서 헌법학의 역사를 분석할 때, 50년대 헌법학이 가지고 있는 시대 특색과 학술 풍격은 부득이하게 관심을 가져야 할 중요한 학술명제였다. 비록 당시의 중국 헌법학이 바야흐로 '헌법학국제화'의 배경 속에 처해 있었고, 그 내용과 학술영역이 확대되고 발전되었다고는 하지만 헌법학의 학술사상과 기본명제로부터 보면 당대 중국의 헌법학은 100년래 헌법학 역사 전통이 쌓아놓은 기본지식 환경과 학술명제를 뛰어넘지 못했고, 일부 기본적 학술명제는 여전히 전통헌법학의 학술 유산과 성과를 계승하고 있으며, 헌법학학술사상의 맥을 잇고 있다는 것이 필자의 견해이다.

헌법학은 인류가 공동으로 정의와 행복을 추구하는 지식체계이고 인류 학술 지혜의 결정으로서, 헌법을 통하여 국가를 다스린 공동 경험을 반영한다. 각기 다른 국가와 역사 발전단계에서 헌법의 역사는 반드시 가치와 사실의 엄격한 검증을 받아야 한다. 하지만 헌법학은 상대적으로 말하면, 더욱이 일종의 공공성 가치로서 학술사상의 발전과 계승을 위해 광활한 공간을 남겨놓았다. 학술역사를 존중하고 학술의 공동체 가치를 수호하는 것은 헌법학 발전의 사회적 토대이다. 비교헌법학의 각도에서 보면 기본 권리의 역사와 학술유산은 한 나라 헌법학의 전통과 학술 품격을 집중적으로 체현하고 헌법가치를 탐구하는 공동 경험과 문화적 특성을 반영한다. 본 장의 주요 임무는 문헌에 대한 정리와 분석을 통하여, 중국 헌법문화의 배경 하에 기본 권리라는 개념이 형성되고 발전된 과정을 탐구하고 중국 헌법학 자체의 역사와 가치의 토대를 전력으로 제시함으로써 중국 헌법학의 미래를 객관적으로 사고하기 위한 유익한 역사문헌의 토대를 제공하는 데 있다.

제1절

기본 권리 개념의 형성

중국 헌법학계에서는 보편적으로 기본 권리는 헌법학의 기본 범주 중에 하나라는 명제를 수용하고 있다.[320] 하지만 학술상에서는 기본 권리 개념과 헌법문화 사이의 관계에 대한 체계적인 해석이 없고 기본 권리 문화 토대에 대한 체계적인 연구가 이루어지지 않았다. 학설사의 각도에서 보면 우리는 "기본 권리가 중국에서 어떻게 형성되었는가?"라는 이 학술 명제에 대답을 해 줘야 할 필요가 있다. 필자는 기본 권리의 범주는 특성 시대 헌법의 존재 가치와 사실에 대한 고도의 개괄로서 헌법학의 기본 기능과 학술 추세를 반영해야 한다고 생각한다. 기본 권리 범주의 연구는 우선 역사와 문화의 각도에서 이루어져야 하고 역사 사실 중에서 기본 권리의 학술 유산과 전통을 발굴할 필요가 있는 것이다.

## 1. 외국 헌법문화와 기본 권리 개념의 여러 서술

각국의 헌법 발전의 역사가 서로 다른 배경을 가지고 있기에 헌법문화는 다양하게 표현되었고 구체적으로 기본 권리의 내용을 표현하는 언어 역시 다르다. 기본 권리의 영문 서술은 'fundamentalrights'인데 『옥스퍼드법률대사전』에는 "하나의 정밀하지 못한 전문용어로서 일반적으로 국민의 기본자유 혹은 정치이론가, 특히 미국과 프랑스의

---

320) 물론 학술계에는 헌법권리, 기본권, 기본 권리, 기본적 권리, 기본인권 등 몇 가지 다른 서술(表述)이 있다. 중국헌법 원전(原典)의 규정, 학술전통과 학술계의 오랜 관습 등을 고려하여, 본 장절에서는 기본 권리로 통일한다.

정치이론가들이 주장하는 자연권리를 말한다"[321]고 해석하였다. 독일의 헌법학은 인권과 기본권을 구분하면서 '기본권' 개념은 헌법상의 권리를 반영한다고 생각한다. 미국에서는 일반적으로 '기본적 권리'(fundamental humanrights)를 채용하는 동시에 '헌법상의 권리'를 채용하는 학자도 있다. 프랑스에서는 1789년 '인권선언'으로부터 '사람의 권리'와 '시민의 권리'를 구분하다가 후에 '공공자유 혹은 공공권리'를 보편적으로 채용함으로써 프랑스 헌법문화의 특징을 체현하였다. 일본에서는 서방 입헌주의를 이식하는 과정에 학자들은 인권, 기본권, 기본인권, 헌법상의 권리 등 부동한 서술을 채용하였다.

어느 학자는 '일반적으로 말하면 인권이라는 단어 앞에 '기본'이라는 형용사를 더하여 '기본 권리'라고 부르고 있는데, 그 의의는 대체로 인권과 같다. 여기서 이른바 '기본'이라는 것은 그다지 큰 의의를 가지지 않는다. 인권은 기본인권과 같은 것이다'[322]라고 생각했다. 한국에서는 서방인권사상의 발전과 더불어 국가 독립과 부강의 이념으로부터 출발하여 각기 다른 역사 시기에 '인권', '기본권', '헌법에서 보장된 권리' 등 여러 개념이 형성되었다. 각국의 기본 권리 발전 역사가 표명하는 바와 같이 기본 권리에 대한 여러 서술과 내용의 변화는 기실 각국의 역사와 문화전통을 반영하였다.[323]

---

321) [영] 데이비트 M 워크, 『옥스퍼드법률대사전』, 광명일보출판사, 1989, 364쪽.
322) [일] 나카무라 무츠난(中村睦南), 「인권개념에 관하여(關于人權概念)」, 『법학교실』 제206호(1997년 11월호).
323) 기본권의 기원 문제에 대한 서방학자들의 연구는 주로 기본권 형성 역사와 법문화의 전승경험을 토대로 하였고, 모두 그리스와 로마시기를 연구의 출발점으로 하였다. 진자양(陳慈陽), 『기본권 핵심이론의 시증화 및 그 난제(基本權核心理論之實證化及其難題)』, 한로도서출판유한회사, 2002, 13쪽.

## 2. 중국에서의 기본 권리 개념의 발생

### (1) 헌법학 학술문헌중의 서술

기본 권리의 발생과정에 대한 설명의 편리를 위해서는 먼저 중국 문화언어환경에서의 권리개념의 기원과 변화를 설명할 필요가 있다. 이에 대하여 학자들은 이미 가치가 있는 연구를 진행하였다.[324] 학자들의 연구 성과에 의하면 중국에서 권리를 포함한 일부 전문용어와 서방의 헌정문화의 배경 속에서 형성된 개념 사이에는 가치상의 관련성이 결여되었다. 이를테면 '권리'라는 단어는 문언문에서 주로 권세와 이익을 뜻하였고, 동사로 사용될 때는 이해득실을 따지는 것을 가리켰는데, 서방의 rights가 가지고 있는 정확, 당연히 등 가치 판단과 매우 큰 차이가 있었다. 그러므로 20세기 초에 서방사상에 익숙했던 엄복은 '권리'를 rights로 번역하는 것에 동의하지 않으면서 도덕적 함의를 가지고 있는 '민직(民直)'과 '천직(天直)'으로 표시할 것을 주장했다. 이것이 말하는 것은 rights의 중국 진입과 democracy의 중국 진입은 유사하며, 모두 중국에 고유한, 하지만 의의는 서방 관념과 다른 단어로 현대의 새로운 관념을 표현하였다.[325]

일찍이 1830년에 선교사가 편찬한 『동서양고매월통기전(東西洋考每月統記傳)』에서 선교사는 '사람마다 자주의 이치가 있다(人人自主之理)'라는 단어조합으로 rights를 표현하였다. 하지만 이 용법은 상당히 긴 시간 동안 중국의 사대부들에게 받아들이지 않았다. 1864년에 출판된 『만국공법』이라는 책에 '권', '권리', '인민의 권리', '사람의 권리', '사권', '인민의 사권' 등 여러 단어들이 등장했다. 그중 '권리'는 '무릇 한 나라 내에서 자주자립의 능력이 있는 사람이라면 모두 반드시 공민의 권리가 있어야 하고 입적을 시켜야 하며

---

324) 이를테면 왕인박(王人博), 「헌정문화와 근대중국」, 하용(夏勇), 『중국민권철학』, 삼련서점, 2005.
325) 김관도(金觀濤), 유청봉(劉靑峰), 「중국근현대관념 기원 연구와 데이터 베스 방법(中國近現代觀念基源化數據庫方法)」, 『사학월간』 2기, 2005.

당지의 공민과 똑같은 권리를 부여해야 한다고 해석하였고 인민의 권리는 "세계 각국은 자신의 영토 범위 내에서 법률에 따라 정치를 실행해야 하며 국외의 세계 각지에서도 마찬가지로 자신의 공민에 대하여 정치를 실행해야 한다. 하지만 각국 인민의 권리를 방해해서는 안 된다. 이것은 우호국가의 행위 준칙이다"라고 해석하였다. 이로부터 '권리'라는 이 단어는 비로소 서방의 rights관념에 명확하게 대응 되었다는 것이 일반적인 인식이다.[326] 물론 『만국공법』 중에서의 '권리'라는 단어의 의의는 주로 국가의 헌법적 권력과 이익을 가리킨 것이지 개인의 자주성과 직접적으로 관련되지 않음으로써 국가적 관념과 입장에서 사고하고 판단한 것이다.

여기서 볼 수 있듯이 권리관념이 처음 중국에 전해져 들어올 때, 이미 rights의 주요 의의를 떠났는데 그것은 중국의 전통적인 '권리'관으로 서방의 현대관념에 '격의(格義)'를 진행한 결과이다. 통계에 의하면 1900년부터 1915년에 이르러 자주적인 이념의 적용 범위는 국가(군체)에서 개인으로 확장되었고, 권리의 의의는 서방문화에서 원래의 함의에 비교적 접근하였다.[327] 1919년 후에 권리에는 '기술화'의 추세가 출현하였다. 권리 내용의 변화는 한편으로 중국헌법학 언어 환경 하에서의 '기본 권리' 개념의 기원과 변화에는 서방과 다른 배경과 과정이 있었음을 설명한다. 그러므로 언어의 뜻의 변화에 대한 분석에는 의미론에서 변화에 대한 고찰이 필요할 뿐만 아니라, 동시에 언어의 뜻의 가치가 내포하고 있는 의의의 변천 과정에 대한 고찰도 필요하다. 중국헌법학 역사에서 어느 때 기본 권리라는 말이 출현했는가 하는 것은 고증이 필요한 학술명제이다.[328] 어느

---

326) 김관도, 유청봉, 「중국근현대관념 기원 연구와 데이터 베스 방법」, 『사학월간』 2기, 2005.
327) 김관도, 유청봉, 「중국근현대관념 기원 연구와 데이터 베스 방법」, 『사학월간』 2기, 2005.
328) 기본 권리라는 낱말에 대한 분석에는 두 가지 기본 방법이 있다. 하나는 형식적 의의 상에서 기본 권리의 변화 과정을 분석하는 것이고 다른 하나는 실질적 의의 상에서 분석하는 것이다. '기본 권리'라는 서술이 출현하지 않았다 하더라도 실질적인 내용에는 기본 권리의 성질의 내용을 가지고 있다. 문헌의 한계로 인해 여기서는 형식적 의의 상의 분석을 채용하고 실질적 의의 상의 분석을 보충 방법으로 하였는데 그 취지는 기본 권리의 역사 과정을 정리하려는 데 있다.

대만학자는 "기권권리는 역사가 유구하지만 기본 권리가 어느 때 기원했는가를 확정할 방법이 없고, 어느 기본 권리가 제일 먼저 발생한 기본 권리인가를 확정할 방법도 없다"고 인정했다. 필자의 초보적인 고찰에 의하면 일찍이 청말신정(淸末新政)때 단방(端方) 등이 서방국가의 헌정을 고찰한 후, 출판한 『구미정치요의(歐美政治要義)』와 『열국정요(列國政要)』(1907년)에서 각국 헌법중의 권리와 자유의 내용에 대하여 '중국식'의 해석을 하였다. 이를테면 단방은 구미의 정치를 소개할 때 '의무'와 '권리'라는 이 개념을 언급하면서 "무릇 이권 및 공민권을 향유하면 다른 종교를 신앙한다고 하여 침탈당하지 아니 하며 그가 짊어진 공민 및 국가 의무 역시 다른 종교를 신앙한다 하여 부담이 덜어지지 아니한다"고 말했다. 그리고 서방의 통신자유를 언급할 때, 또 "우리 인민은 헌법이 규정한 권리를 행사할 수 있는가?"라고 하였다. 여기서 출현한 '인권', '공민권', '헌법의 권리' 등 어휘들에는 비록 내용과 가치의 불확정성이 존재하기는 하지만 언어의 뜻에는 '기본 권리'에 접근하는 일부 요소들을 가지고 있다. 1915년 주작인(周作人)은 『신촌의 정신(新村的精神)』이라는 글에서 "사람마다 생존의 권리가 있기 때문에 대가없이 의식주를 취득해야 한다. 하지만 현실 생활에서 사람의 기본 권리는 얼마든지 출신, 경제상황 등 조건의 제약에 의해 완전히 취득하지 못할 수도 있다. 만약 권리가 도덕과 동등하다면 빈곤한 사람으로 말하면 개인권리는 아무런 의미가 없다. 즉 권리는 욕망하는 것이 아니"[329]라고 하였다. 『신보』가 1919년 노동절 특간호에 발표한 「인류 3대 기본적 권리(人類三大基本的權利)」라는 '연천(淵泉)'의 글에서 인류의 3대 기본 권리는 "노동자의 생존권, 노동자의 노동권과 노동자의 노동전수(全收)권"[330]이라고 하면서 "인류의 3대 기본 권리를 보장하여 우리의 노동자로 하여금 정치, 사회, 경제적으로 중심적 지위를 점유하게 해야 한다"고

---

329) 김관도, 유청봉, 「중국근현대관념 기원 연구와 데이터 베스 방법」, 『사학월간』 2기, 2005.
330) 장복령(庄福齡), 『중국 마르크스철학 전파사(中國馬克思主義哲學傳播史)』, 중국인민대학출판사, 1988, 69쪽.

지적하였다.[331] 1922년 1월 11일, 헌법초안위원회 54차 회의에서 '생계장(生計章)' 초안을 토론할 때, 헌법회의 구성원인 임장민(林長民)이 '기본권'과 '기본 권리'의 개념을 제시하였다. 그는 "국가는 반드시 방법을 강구하여 개인의 재산권과 경제자유권을 제한해야 한다면서 '인생의 기본권을 파괴할 수 있는 것 중에 하나는 재산이고, 다른 하나는 영업이며, 또 다른 하나는 사인자유매매교역으로, 만약 이에 대해 주의를 돌리지 않는다면 반드시 자본계급을 조성하여 얼마든지 인생의 기본 권리를 파괴할 수 있다고 생각하였다."[332] 1923년 4월 17일, 헌법초안위원회에서 '생계장'초안을 채택하였다. 초안 설명에서 임장민은 또다시 '기본 권리'의 개념을 제시하면서 생존권은 '인생기본 권리'라고 주장하였다.[333] 이것은 중국에서 최초로 '기본 권리' 개념을 언급한 관방문서일 것이다.

전반 20, 30년대에 국가권력이 기본 권리의 규제를 받는다는 이념이 형성되기 시작했고 개인기본 권리의 가치가 학술계의 큰 관심을 받았다. 그 주요 원인은, 한 방면으로는 기본 권리의 형성 과정에 외국법이 중요한 영향을 끼쳤고, 다른 한 방면으로는 중국전통 권리사상 중에 점차 '민권, 인권이 국권과 정권보다 보다 높다는 인권 관념'[334]이 점차 형성되었기 때문이었다. 이런 기본 권리 사상의 발전을 배경으로 학술계는 기본 권리와 국가권력의 관계를 중요시하지 않던 상황을 바꾸고 이성적 태도로 기본 권리 이론을 탐구하기 시작했다. 고찰에 의하면 헌법학 저작중 비교적 일찍 '기본 권리'라는 단어를 사용한 사람이 장줘리(張卓立)이다. 그는 『독일신헌법론』(1926년 상무인서관)이라는 책을 번역할 때 '독일인의 기본 권리와 의무'[335]를 언급했다. 1927년, 왕세걸(王世杰),

---

331) 라돈위(羅敦衛), 「호남성헌법비평(湖南省憲法批評)」, 『동방잡지』 제19권 제22호(헌법연구호), 1922년 11월 25일.
332) 『헌법초안위원회 제54차 회의록』, 제4쪽.
333) 임장민(林長民), 『생계장 증가의 이유(增加生計章之理由)』, 국헌초안위원회 사무처, 『초안편람』, 1925년 8월, 108쪽.
334) 두강건(杜鋼建), 범충신(范忠信), 「기본 권리이론과 학술비판태도」, 왕세걸(王世杰), 전단승(錢端升), 『비교헌법』, 서언, 5쪽.
335) 『민국시기 총 서목』(법률), 북경도서관, 1985, 66쪽.

전단승(錢端升)은 『비교헌법』 이라는 책에서 기본 권리 개념에 대하여 비교적 계통적으로 분석하였다. 이 책의 제2편의 제목이 '개인적 기본 권리 및 의무'이고 국가기관 및 그 직권의 내용을 '개인 기본 권리와 공민단체'라는 장절 뒤에 배치하였다. 책에서 작자는 다음과 같이 생각하였다. 현대 국가의 헌법 중에 개인 기본 권리, 의무를 규정한 조항은 대체로 하나의 중요한 부분이 되었다. '기본 권리' 및 기본의무는 아직 이번 헌법에서 습관적으로 사용하는 명사는 아니다. 우리가 '기본'이라는 두 글자를 사용하는 것은 이 권리가 각국 헌법제정자들이 개인에게 없어서는 안 되는 권리로 간주한다는 것을 표시하기 위한 것이다. 책에서 작자는 "어떤 권리를 개인의 기본 권리로 해야 하는가 하는 것은 자연히 시대의 사조와 각국 제헌자의 견해에 따라 달라진다."[336]고 생각하였다. 이와 같은 기본 권리의 이념을 토대로 하여 작자는 기본 권리를 소극적인 기본 권리, 적극적인 기본 권리와 참정권으로 나누었다. 이것은 기본 권리의 내용에 대한 중국 헌법학자의 비교적 계통적인 논술로서 그 후의 기본 권리 이론의 발전에 중요한 학술적 영향을 끼쳤다. 상술한 학술명제에는 여전이 일부 부정확한 내용이 있기는 하지만, 그 분석에는 국가와 개인의 관계가 담겨있고 기본 권리는 '제헌자들이 개인에게 없어서는 안 될 권리로 여긴 권리'라고 인정하였으며 기본 권리가 갖고 있는 일부 특징을 반영하였다.

1929년에 이르러 학술계에는 '기본권'이라는 논법이 출현하였다. 1929년 4월 15일에 주군종(朱群宗)은 『사회과학론총』 제1권에 「기본권의 법률관(基本權的法律觀)」 이라는 논문을 발표하였다.[337] 장지본(張知本)은 1933년에 출판한 『헌법론』 에서 당시 비교적 대표적인 헌법학 기본 범주를 개괄하고 당시의 헌법학 기본이론과 기본제도를 계통적으로 소개하였다. 이 책의 기본 범주에는 헌법과 국가, 권리와 의무, 국가기관조직과 직권, 지방제도 등이 있다. 그중 인민의 권리와 의무는 이 책의 이론 골격을 이루는 기본 요소로서

---

336) 왕세걸(王世杰), 전단승(錢端升), 『비교헌법』 , 61쪽.
337) 하근화(何勤華), 이수청(李秀清) 주편, 『민국법학논문정수(民國法學論文精萃)』 제2권, 헌정법률편, 부록.

핵심적 개념이라고 할 수 있다. 1935년에 윤사여(尹斯如)가 편찬한 『헌법학대강』도 인민의 권리와 의무를 헌법학의 기본 개념으로 파악하였다.

주채진(朱采眞)의 『헌법신론』(1929년) 제2편은 민권론인데 '헌법상의 기본 권리'문제 등을 상세히 토론하였다. 1933년 우징슝(吳經熊)은 『헌법중 인민의 권리 및 의무』라는 글에서 권리와 의무 주체로서 인민의 헌법에서의 지위와 작용에 대하여 중점적으로 설명하고, 역사의 산물로서의 권리는 사회성과 시대성을 갖고 있음을 강조하였으며, "권리의 사회성과 시대성은 권리의 근원"이라고 생각하였다. 하지만 글에는 권리의 '기본성질'을 언급하지 않았고 인민과 공민의 같은 점과 다른 점도 구체적으로 구분하지 않았다. 같은 해 장유장(章友江)이 출판한 『비교헌법』 제2편은 '인민 기본 권리와 의무'이다.[338] 1944년 오계원(伍啓元)의 『헌정과 경제』에서는 '인민의 기본 권리'를 언급하였다. 1933년, 장군매가 제시한 '인민기본 권리 3항의 보장의 건의(人民基本權利三項之保障之建議)'라는 제안을 평론할 때 장우어(張友漁)는 '인민기본민주권리의 보장'이라는 개념을 제시하면서 '인민의 기본 권리'의 의의를 적극적으로 평가하였다. 그는 '인민의 기본 권리'는 인신자유, 결사집회자유, 언론출판자유가 포함되어있다고 하면서 이 세 가지 인민의 권리는 비록 전체 민주권리를 포함하지 않았지만, 이미 중요한 세 가지에 미쳤다고 인정하였고 "한 나라가 민주적인가 아닌가는 반드시 이 세 가지를 중요한 지표로 삼아야 한다"고 제시하였다.[339]

30년대에 들어선 후 학술계는 인권, 권리와 기본 권리를 구분하고 기본 권리가 체현하는 요소를 해석하려고 시도하기 시작했다고 말할 수 있다. 이를테면 인권개념에 대하여 구한평(丘漢平)은 이른바 인권이란 바로 타고난 자연 권리인데, 바꾸어 말하면 이런 권리가

---

338) 하근화, 위의 책, 629쪽.
339) 장우어(張友漁), 『헌정론총』(상책), 군중출판사, 1988, 150쪽.

없으면 사람은 생존 할 수 없다[340]고 하면서 『대헌장』은 한 방면에서는 몇 가지 기본 권리를 규정했으면서 다른 한 방면에서는 도리어 인민과 영국의 왕이 맺은 계약이라고 생각하였다.[341] 인권과 권리의 관계를 설명할 때 그는 다음과 같이 말했다. "헌법에서 인권을 열거한 것이다. 바꿔 말하면 인민의 권리는 헌법이 명확하게 승인한 것이다. 그것은 인민의 권리는 헌법이 준 것이라는 뜻임이 틀림없다. 헌법이 없으면 인권이 없고 인권이 있으려면 헌법이 있어야 한다는 것은 조리가 없는 말이고 아주 모순되는 말이다. 왜냐하면 사람의 생존권리는 헌법보다 앞서 존재하는 것이기 때문이다. 인권은 타고 난 것이라는 것을 인정한다면 헌법의 규정은 불필요한 것이다."[342] 이런 인식은 "제헌의 목적은 통치자의 권력을 제한하여 인권의 보장에 이르도록 하기 위해서"라는 헌법의 기능에 대한 그의 기본 인식에서 비롯된 것이다. 인권을 보장하는 방식을 분석할 때 그는 다음과 같이 생각하였다. 인민이 당연히 향수해야 한다고 인정하는 기본 권리는 먼저 통치계급으로 하여금 인정하도록 요구한 후 일일이 헌법에 규정해야 한다. 만약 누군가 헌법의 규정을 어긴다면 곧 헌법의 규정에 의해 제재를 해야 한다. 하지만 장군매의 논문에서는 인권과 기본 권리 혹은 권리를 엄격하게 구분하지 않았다. 인권에 대한 그의 해석은 기본상 기본 권리의 가치 내용에 접근했다. 이를테면 「인권은 헌정의 기본(人權爲憲政基本)」이라는 글에서 그는 다음과 같이 지적하였다. 국가는 권력의 강함을 막론하고 인민에 대하여 이것은 너의 명령이고 이것은 너의 재산이고 이것은 너의 사상과 너의 행동 범위라고 범위를 그어주어야 한다. 이 범위 안은 인민들 각자의 천성적이고 이양할 수 없는 권리이다. 이 범위 안에서는 국가가 제멋대로 간섭하거나 강요하지 못한다. 이 범위 안에서 사람들은 저마다 인권이라는

---

340) 구한평(丘漢平), 「인민의 권리에 관한 헌법상 규정의 논의(憲法上關于人民之權利規定之商権)」,
      『구한평법학문집』, 중국정법대학출판사, 2004, 311쪽.
341) 구한평, 위의 책.
342) 구한평, 위의 책.

권리를 향유한다.[343] 그는 Wattel의 한마디를 인용하여 "그러므로 이것을 인권 혹은 인민의 기본 권리라고 부른다"고 하였다.[344]

국민시기 발표된 2천여 편의 헌정논문에 대한 통계를 보면 대부분 논문은 '기본 권리'라는 말을 직접적으로 사용하지 않았다. 1949년 이전에 출판된 30여부의 헌법학 저작에서 대부분 학자들은 '인민의 권리, 의무'라는 말을 채용했을 뿐, 직접적으로 '기본 권리'라는 말을 사용한 서술은 아주 적다.[345] '인민의 권리, 의무'라는 개념은 당시 학술계에서 보편적으로 채용한 용어이다. 비록 기본 권리라는 단어가 학술계에서 보편적으로 받아들인 개념이 되지 못했지만 각종 논술에는 이미 기본 권리의 일부 가치적 내용이 포함되었다. 그것은 학자들이 국가와 공민 관계의 각도에서 기본 권리의 역사 기능 문제를 사고하기 시작했다는 것을 표명한다.

## (2) 헌법초안과 본문 중의 기본 권리에 대한 서술

학리상의 기본 권리와 헌법초안 중의 구체적인 서술은 다소 다른 점이 있다. 어느 학자는 『흠정헌법대강』 이래의 각종 헌법성 문건 중에 나타난 권리 조항에 대해 분석하고 나서 '중국에서 여태껏 나온 헌법조문에서 국가 권력의 배치는 시종 비교적 큰 비중을 차지한 것에 비해 기본인권에 대한 규정은 매우 적은 비율을 점했을 뿐'[346] 이라고 생각하였다. 하지만 『흠정헌법대강』 에 열거한 '신민권리' 내용을 보면 실제상 일정한 정도로 '기본 권리'의 내용이 포함되어 있다. '대강'의 부록 부분의 제목은 '신민권리의무'인데 9개

---

343) 장군매, 『헌법의 길』, 156~157쪽.
344) 장군매, 위의 책, 157쪽.
345) 『국민시기총서목(國民時期總書目)』(법률), 55~57쪽 참조.
346) 허우위(候宇), 「권리의 곤혹과 무내(權利的困惑與無奈)」, 정저우대학 헌법과 행정법연구센터 편, 『사회전형시기 헌정건설문제 국제심포지엄논문집』, 2007년 5월 21일~22일.

조항으로 되어있다. 그중 앞의 6개 조항은 기본 권리 방면에 관한 것이고 뒤의 3개 조항은 기본의무 방면에 관한 것이다. 기본 권리의 범위를 보면 『흠정헌법대강』이 규정한 범위는 비교적 협소하여, 단지 인신자유, 언론, 출판, 집회, 결사 등 소수의 몇 항만 언급되었을 뿐 기타 기본 권리는 언급되지 않았다. 그러므로 다만 대강의 본문 내용으로 보면 당시의 민권 보장이 충분하다고 말하기 어렵다. 하지만 주의를 돌려야 할 점은 『흠정헌법대강』은 단지 하나의 '대강'일 뿐으로 하나의 헌법성 강령이지, 정식 헌법의 원전(原典)이 아니라는 것이다. 혁광(奕劻), 부룬(溥倫)이 상주한 상주문에서도 "헌법대강의 상세한 조항은 헌법을 초안할 때 참작하여 결정하라"고 명확히 밝혔다. 헌법과 헌법대강을 평가하는 표준도 당연히 달랐다. 그렇기 때문에 『흠정헌법대강』 중의 민권 보장 조치가 유효성, 광범성이 결여된다는 이유 때문에 민권 보장에 실제적으로 끼친 적극적인 의의를 부정해서는 안 된다. 이를테면 제2조에는 '신민은 법률 범위 내에서 모든 언론, 저작, 출판 및 집회, 결사 등 일에 모두 그 자유를 허락한다'고 규정하였고, 제3항에는 '신민은 법률의 규정에 의거하지 않고는 체포, 감금, 처벌하지 못한다'고 규정하였으며, 제6조에는 '신민의 재산 및 주거는 무단으로 침범하지 못한다'고 규정하였고, 제7조에는 '신민의 현행 부세(賦稅)는 신 법률에 의해 변경되지 않았다면 예전대로 납부한다'고 규정하였다. 이런 규정들은 일정한 의의에서 근대 입헌주의의 느낌을 띠고 있다. 비록 당시의 칭호는 '신민'이지 '공민'이 아니긴 하지만, 비록 규정된 기본 권리의 내용이 아직 비교적 공허하고 범위가 협소하고 '부록'에 규정되어 있기는 하지만 역사의 관점에서 보면 이런 내용은 모두 공민권리에 대한 일종의 '확인'으로 기본 권리의 보장에 근거를 제공하였다.

1930년대에 출현한 일부 민간헌법 초안에 '기본 권리'에 대한 내용이 출현한 적이 있다. 이를테면 쉐위진(薛毓津)이 작성한 『중화민국헌법초안』 제1편의 명칭은 '중화민국인민의 기본 권리와 경제권리'인데 제3장 '인민의 기본 권리'에 개인의 권리, 가정, 집회결사, 공권과 공직, 종교, 교육, 유권(幼權) 등을 구체적으로 규정하였다. 왕총혜(王寵惠)의 『중화민국헌법초안』 제2장은 '국민'으로 국민행사의 기본 권리를 열거한 후, 이런 내용을 규정한 의의를 특별히 제기하면서 "본 조항은 국민에게 제일 중요하고 제일 쉽게 행정침범을 당하거나 혹은 입법기관에 의해 동요될 수 있는 자유를 헌법에 기재하여 민권이 보장되게 하고 이것을 헌법 통례의 성문이 되게 한다"[347]고 생각하였다.

1940년대 혁명근거지의 헌법성 문헌에서 주목할 만한 것은 1946년 10월에 제정한 『중화민국 섬감녕변구헌법 초안』(제6고) 제16조에 "본 헌법에서 열거한 혹은 열거하지 않은 인민의 자유 권리는 모두 헌법의 보장을 받으며, 법률 혹은 법령에 의해 침범당하지 못한다'고 규정했다는 사실이다. 이것은 중국 헌법성 문건에서 '미열거권리'의 보호문제를 규정한 최초의 서술이다.[348] 1937년에 이르러 정식 출판된 『소련헌법』 번역본은 제9장을 '공민의 기본 권리 및 의무'로 번역하였다. 그 외 1949년에 출판된 『조선헌법』 번역본은 제2장을 '공민의 기본 권리와 의무'로 번역하였다.

## 3. 기본 권리 개념의 형성 중에 미친 외국법의 영향

이상에서 1949년 이전의 기본 권리 개념의 형성 과정을 간단히 분석하고 기본 권리와 문화관계를 해석하는 일부 문헌자료를 제공하였다. 전체적으로 보면 1949년 이전의 기본 권리 개념의 내용은 불확정적이고 동시기 외국 헌법학중의 기본 권리 개념과 비교해 볼 때 문화의 주체성과 가치내용의 완정성이 결핍되었다. 기본 권리의 형성 과정에 중국의 사회구조와 문화배경은 기본 권리의 '중국화'를 위해 필요한 자원을 제공하였다. 하지만 외국의 기본 권리 이론이 일으킨 기반 작용을 홀시할 수 없다. 중국헌법학의 역사적 기점은 19세기 말 20세기 초[349]로서 헌법학의 '수입'과 문화충 돌기(1902-1911), 헌법학의 형성기(1911-1930), 헌법학의 성장기(1930-1949) 세 단계를 거쳤다. 서로 다른

---

347) 하신화(夏新華), 호욱성(胡旭晟) 정리, 『근대중국헌정역정: 사료정수』, 290쪽.
348) 『사각재(謝覺哉)일기』, 인민출판사, 1981, 1001쪽.
349) 한대원, 「중국헌법학: 20세기의 회고와 21세기 전망」, 『헌정론총』 제1권, 법률출판사, 1998, 67쪽.

역사발전시기에 헌법학 체계에서의 기본 권리는 중서문화의 충돌과 융합 중에 '중국화'의 경로를 선택하였다. 외국헌법의 이론이 일정한 가치상의 참고를 제공하기는 하였지만 가치 내용을 구축할 만큼의 작용은 하지 못했다. 중국의 기본 권리 형성과정에 중요한 영향을 끼친 나라들로는 독일, 일본, 프랑스, 미국 등인데 그중 직접적으로 영향을 끼친 나라는 일본이다. 청말 입헌 때 일본의 헌정체제는 청말 입헌의 주요 참조가 되었고, 메이지헌법이 체현한 헌법이념은 『흠정헌법대강』의 토대가 되었다. 당시 입헌을 주장한 대다수 정치가와 학자들은 일본헌법사상의 영향을 직접 받아들였다. 이를테면 강유위, 양계초 등은 일본에서 헌법이론을 계통적으로 연구하고 소개하였으며, 서방헌법이론도 일본을 통해 전파되었다. 초기의 중국헌법학의 형성 과정 중에 도입한 헌법학 저작의 대부분은 일본의 헌법학 저작이었다. 이를테면 이야마 츠요시(井山毅)의 『각국국민공사권자(各國國民公私權者)』(1902), 다카다 사나에(高田早苗)의 『헌법강의』(1902), 기쿠치 미나그(菊池學而)의 『헌정론』(1903), 오노 고우(小野幸)의 『국헌법론』(1903), 호즈미 야츠카(穗積八束)의 『헌법대의』(1903), 다나카 게이지로(田中次郎)의 『일본헌법전서』(1905), 이토 히로부미(伊藤博文)의 『일본헌법요의』 등이 그것이다. 메이지헌법 제정의 주요 참여자와 국체헌법학 학자의 헌법사상은 중국의 초기 헌법이론의 발생에 중요한 영향을 끼쳤다. 1920, 30년대 일본헌법학의 주류는 '국체헌법학(國體憲法學)'이었는데 독일의 공법이론을 모방하여 국가이익과 천황의 지위를 강조하였고 '부국강병'이념의 지도하에 헌정체제를 건립하였다.

학자들의 고찰에 의하면 1895년에 출판된 황준헌(黃遵憲)의 『일본국지』는 "근대 중국에 완전 새로운 헌정이론사상을 수입함과 동시에 청 말의 헌정 개혁에 중요한 귀감이 되었다."[350] 일본주재 청 정부 초대 참사관으로서의 그는 일본이 메이지유신을 실시한 후의

---

350) 장예지(張銳智), 「황준헌의 〈일본국지〉 중의 헌법사상 및 그
    영향(黃遵憲'日本國志'中的憲政思想及其影響)」, 『법제와 사회발전』 2기, 2006.

사회변화와 헌정실천 진행에 대하여 고찰하고 비교적 완전한 헌정이론체계를 제시하였다. 이를테면 근 자유민권운동에 대한 고찰을 통하여, '민권'사상을 제시하면서 민중의 권리의 근원은 두 가지가 있는데 하나는 천부인권이고 다른 하나는 사회계약이라고 생각하였다.

그는 "의리(義理)를 논하자면 사람은 하늘의 명을 받고 태어나서 각자 자유가 있고 자주의 길이 있으며, 권리를 논하자면 군주와 평민, 아비와 아들은 모두 똑같이 자신의 권리가 있다"[351]고 하였다. 그리고 그는 계통적으로 민권의 기본범주를 제시[352] 하면서 자유권, 평등권, 참정권과 결사권은 민권의 기본내용이라고 생각하였다. 광서황제가 제일 마지막으로 읽은 책의 목록에서도 일본헌법의 영향을 받았음을 알 수 있다. 통계에 의하면 1908년 1월 29일 내무부에서 광서황제에게 바친 40여 종의 책 중에는 『일본헌법설명서』 , 『일본헌정략론』,『비교국법학』,『헌법론』,『헌법연구서』 등이 있다. 2월 17일에 보충한 책에도 『일본헌정략론』 등이 있다. 이런 책들은 대부분 입헌 방면의 내용이 언급되어 있는데, 일본 헌법 방면의 서적이 대부분이었다.[353] 일본의 경험을 참조로 하여 제시한 권리 이론은 중국 초기 헌법실천과 권리이론 발전에 중요한 영향을 끼쳤다.

1930년대 후, 신민주주의 헌정이론의 연구 성과가 나와 중국 헌법학의 내용을 보다 풍부히 했다. 30년대부터 일부 진보적 학자들이 소련 헌법상의 기본 권리 이론을 소개하고 연구하면서 소련 헌법의 저작들을 출판하기 시작하였다. 이를테면 정기부(丁杏夫)의 『소비에트헌법천설(淺說)』(1930), 량쿵이(梁孔譯)의 『소련헌법해설』, 정빈(鄭斌)이 편찬한 『사회주의 신헌법』, 장중실(張仲實)의 『소련헌법교정』 등이다. 40년대에

---

351) 장예지(張銳智), 「황준헌의 〈일본국지〉 중의 헌법사상 및 그 영향」, 『법제와 사회발전』 2기, 2006.
352) 민권은 서방에서 각기 다른 문화 내용과 전통을 가지고 있다. 어떤 학자들은, 민권은 서방에서 개체 의의상의 권리를 가리키는 것이 아니라, 단지 군체 이익에 대한 국가 법률의 관심과 인정을 촉진시키고, 특히 소수민족, 여성 등의 법률상의 권리를 평등한 가치로 국가법률의 측면에서 한층 더 침투된 표현이라고 생각한다. 중국에서 '민(民)'도 시종 하나의 '군(群)'의 개념으로서 서방의 개체 의의상의 자주 권리와 거리가 멀고 헌법상의 모든 권리를 포괄할 수 없다. 정현군(鄭賢君), 「기본 권리 헌법구성 및 그 실증화(基本權利憲法構成及其實證化)」, 『법학연구』 2기, 2002.
353) 엽효청(葉曉靑), 「광서황제가 마지막 열람한 책 목록」, 『남방주말』 2007년 5월 31일.

이르러 일부 학자들은 또 미국, 프랑스 등의 기본 권리 이론을 도입하였다. 이를테면 하버드대학교 로스쿨 원장 파운더는 남경 국민정부 사법행정부 고문으로 강연을 하거나 논문을 발표하는 등 형식으로 미국의 헌법이념과 기본권사상을 체계적으로 소개하였다. 파운더는 1947년에 전국 사법행정검토회의에서 『근대사법의 문제(近代司法的問題)』 및 『법률교육 제1차 보고서(法律敎育第一次報告書)』(1946), 『중국 헌법을 논함』(1946), 『비교법 및 역사가 중국 법제상의 당연한 지위(比較法及歷史在中國法制上應有之地位)』 등을 발표하였다. 『중국헌법을 논함』이라는 글에서 파운더는 인민권리의 보장 문제를 전문적으로 담론하면서 "개인의 권리와 정부의 직권을 어떻게 구분해야 하는가의 경계선은 시간과 장소가 다름에 따라 다르고 역사를 고찰해 보면 이전의 우리의 요구는 고대에 비해 차이가 크다. 권리에 대한 인민의 소유와 행사의 한계를 결정짓는 것은 확실히 쉽지 않은 일이다"라고 토론했다. 파운더는 중국법률이 "개인이 헌법을 어긴 법률에 대하여 법원에 구제를 청구할 권리"를 규정 할 수 있는가의 여부는 "반드시 중국의 환경에 따라 결정되어야 한다"고 주장하였다. 여기서 알 수 있는 것은 1949년 이전의 중국의 기본 권리 개념과 체계는 중국 전통의 헌법문화와 외국 헌법의 종합적인 영향을 받았고, 중국의 기본 권리 문화의 다양성과 종합성을 체현하였다는 것이다.

## 1954년 헌법문헌에서의 기본 권리 개념의 확립

1949년 9월 29일에 채택된 『중국인민정치협상회의공동강령』은 중국헌법사에서 신민주주의 성질을 띤 최초의 헌법성 문건으로서 임시헌법의 작용을 하였다.

『공동강령』에는 공민의 기본 권리를 전문적 장절로 규정하지 않고, 제2장 총강에서 공민의 기본 권리를 규정하였는데 거기에는 주로 선거권과 피선거권, 사상, 언론, 출판, 집회, 결사, 통신, 인신, 거주, 이전, 종교 신앙 및 시위행진의 자유권이 들어있다. 내용을 보면 비록 본문에서 기본 권리라는 어휘를 직접 사용하지는 않았지만 규정한 권리는 모두 기본 권리 범주에 속하고 정치 권리와 자유의 기본 내용을 집중적으로 반영하였다.

1954년에 헌법을 제정할 때, 기본 권리와 의무를 어떻게 규정하는가 하는 것은 비교적 많은 관심을 모았다. 우선 1954년 헌법은 『기본 강령』의 구조를 조정하여 기본 권리의 주체를 '국민'에서 공민으로 고쳤고 공민의 기본 권리와 의무를 전문적인 장절로 규정하였다. 다음으로 기본 권리를 제2장 국가기구의 바로 뒤인 제3장에 배치하였다.[354]

---

354) 이런 구조의 배치가 과연 합리적인가를 두고 당시 헌법 제정과정에 논쟁이 비교적 많았다. 전국정치협상회의 헌법초안분조 연석회의에서 제4조, 제8조의 토론 중에 일부 사람들이 공민 기본 권리를 규정한 제3장을 제2장과 바꿔놓을 것을 제시했다. 그 이유는 주로 인민의 권리가 먼저 있은 다음 국가기관이 발생된다는 것이었다. 헌법초안의 헌법 구조를 설명할 때, 톈자잉(田家英)은 다음과 같이 말하였다. "헌법은 각 나라마다 나라 나름의 형식이 있다. 나 개인의 견해에 의하면 장절의 순차는 원칙적 문제가 아니다. 초안을 작성할 때 각 개념을 개괄하여 사람들이 알아보기 쉽게 하기 위하여 이렇게 장절을 나누었다. 각 장절은 하나의 개념이고 4개의 장절은 4의 개념이다. 제1부분 총강은 국가의 근본 제도이고 국가의 총 임무와 국가의 근본 정책이다. 제2부분은 국가 조직 계통이다. 국가는 계급 독재의 도구이고 기계이다. 이 부분은 바로 국가 기계에는 이러한 것들이 있다는 말이다. 표제에 대해서는 아직 고려할 수 있다. 제3부분은 공민의 기본 권리와 의무이다. 한 방면으로 그것은 정치제도의 한 부분이고 다른 한 방면으로 그것은 국가 기관의 권력 근원 및 국가 정치 중의 공민의 정치 지위를 규정하였다. 제4부분은 국기, 국장, 수도이다. 이것은 국가 주권 및 국가의 근본적 정치사상의 상징이다. 제2장과 제3장을 서로 바꿔야 하는가 하는 것에 대해서는 각국 헌법들의 제정 방법이

그리고 1953년 중공중앙 판공청에서 반포한 '중화인민공화국 헌법 초안 초고'(제1부분)과 1954년 헌법초안 중에서 모두 '기본 권리'의 형식으로 헌법 법전 중에 권리와 의무 부분을 규정하였다. 이런 격식이 줄곧 현행 헌법의 본문까지 지속되면서 중국 헌법 법전의 기본 구조와 특색이 되었다. 1954년 헌법 본문에 '기본 권리'라는 어휘를 직접 채용한 주요 원인은 첫째, 헌법 제정 중에 소련헌법, 조선헌법, 몽골헌법, 루마니아헌법, 불가리아헌법 등 일부 인민 민주국가의 헌법 법전을 참고로 했고, 그중 소련헌법의 영향이 비교적 컸기 때문이다. 둘째, 『공동 강령』의 실시를 통하여 사회와 국가 관계가 필요한 조정을 얻었고, 국가와 공민 관계의 각도에서 공민의 헌법 지위를 명확히 해야 할 필요가 있었기 때문이다. 셋째, 헌법학의 규범적 의의에서 보면, 1949년 이전에 나타나기 시작한 '권리', '자유', '헌법상의 권리' 등의 어휘들로는 기본권이 당연히 가지고 있어야 할 내용을 다 개괄할 수 없고 새로운 언어로 권리 실천의 요구를 반영할 필요가 있었기 때문이다. 넷째, 학술계에서 쌓은 기본 권리에 관한 연구 성과가 객관적으로 일정한 가능성을 제공했기 때문이었다.

기본 권리의 유형에서 1954년 헌법은 기본 권리에 관한 『공동 강령』의 규정을 보류함과 동시에 5년 이래 사회 발전의 실제에 근거하여 기본 권리의 내용과 유형을 증가시켰다. 노동권, 노동자의 물질방조권, 휴식권 등 일부 조항은 새로 증가한 것이다. 어떤 조항은 『공동강령』에서 규정한 것이지만, 1954년 헌법이 서술상 보다 더 규범화시켰다.

---

같지 않다. 내가 전에도 말했듯이 우리의 헌법과 알바니아 헌법이 아주 비슷하다. 하지만 여기에서는 같지 않다. 알바니아의 헌법은 공민의 권리와 의무를 총강에 넣었다. 우리가 공민의 권리와 의무를 뒤에 놓은 것은 공민의 권리가 정치제도에서 발생되기 때문이다. 앞에서도 말한 것처럼 국가의 모든 권력은 인민에게 속한다. 공민의 권리를 뒤에 놓았다고 하여 결코 공민의 지위를 깎아내리는 것이 아니다.' 이 설명은 기실 공민권리와 국가권력의 상호 관계에 대한 당시 제헌자와 학술계의 기본 이해를 반영한다. 하지만 국가, 사회와 개인의 합리한 관계를 충분히 인식하지 못하고 공민권리 형성과 실현 과정 중의 국가권력의 작용을 강조하였다. 물론 구조상의 전후 순서의 문제는 당시에 볼 때, 일종의 '형식' 문제일 수 있어서 실질적인 의의를 가지지 않았다. 한대원 편찬, 『1954년헌법과 중화인민공화국헌정(1954年憲法與新中國憲政)』, 호남인민출판사, 2004, 437쪽.

제3절

1950년대의 기본 권리 개념

## 1. 1950년대 기본 권리 개념의 발전 배경

기본 권리 개념의 발전 과정에서 1950년대는 중요한 역사시기이다. 제헌활동의 전개와 더불어 기본권리 문제가 이론명제에서 실천 활동이 되면서 사회 각계의 광범위한 관심을 불러 일으켰다. 맑은 '법통(法統)'이 부정당했다고 하여 구시대의 헌법학이 완전히 소실되고 구시대의 헌법학자들의 작용이 완전히 부정됐다는 것을 의미하지 않는다. 중화인민공화국 건립 초기에 대륙에 남아있는 진짜 '헌법학자'라고 할 수 있는 학자가 몇 명 없었다. 그들의 작용을 어떻게 발휘시킬 것인가 하는 것은 당시 제헌 과정에서 부딪칠 수밖에 없는 문제였다. 이른바 '구시대'에서 온 학자들은 의식적 혹은 무의식적으로 헌법학의 역사 유산을 계승하고 새로운 정권의 체계 하에서 새로운 헌법학의 기본 범주를 건립하기 위해 노력하였다. 1950년대, 특히 1954년 헌법 제정 전후에 헌법학자들은 각기 다른 형식의 이론사고와 학술활동을 진행하였다. 이를테면 국가 헌법초안위원회 33명 위원은 주로 정치가와 민주당파 인사들로 구성되었지만 거기에는 마연초(馬演初), 장란(張瀾) 등의 학술계 대표도 포함되어 있었다. 헌법초안위원회 산하의 일부 기구에도 부분적으로 학자들이 참여하였다. 헌법초안을 토론하는 과정에서 중앙은 동필무(董必武), 풍진(彭眞), 장제춘(張際春) 등 동지들로 연구팀을 조직하고 주경생(周鯁生), 전단승(錢端升)을 법률고문으로, 엽성도(葉聖陶), 여숙상(呂叔湘)을 어문 고문으로 초빙하여 헌법초안의 내용에 대하여 구체적으로 토론과 전문적 논증을 했다. 이를테면 전국정치협상회의 헌법초안 좌담회에서 학자들은 헌법초안을 두고 수많은 학술견해를 발표하였다.

헌법초안위원회는 17개 좌담팀으로 나누고 각 하조에서 2~4명의 소집인(召集人)을 두었다. 소집인의 명단에는 수많은 헌법학자 혹은 정치학계의 유명 학자들의 이름이 있었다. 이를테면 장란(張瀾), 라융기(羅隆基),비효통(費孝通), 심군유(沈鈞儒), 황염배(黃炎培), 장내기(章乃器), 장해약(張奚若), 후외려(侯外廬), 마연초(馬演初), 장지양(張志讓) 등이다. 목전에 보류되었던 당시 토론의 보관서류를 보면 초안에 대한 학자들의 토론은 기본적으로 헌법학의 전문적인 문제를 둘러싸고 진행되었고 헌법학의 기본 이론의 각도에서 각종 초안의 내용에 대해 분석을 진행하였다.[355] 기본 권리의 개념과 체계의 파악에서 제헌자와 제헌과정에 참여한 학자들은 소련과 동유럽의 헌법학이론과 헌법제도에 큰 관심을 기울이면서 그것을 토대로 중화인민공화국 헌법학의 기본 체계와 범주를 구성하였다. 하지만 각종 정치, 경제와 문화 등 복잡한 요소의 영향으로 말미암아 중화인민공화국 헌법학 발생에 대한 소련헌법학의 기본 범주의 영향은 한계가 있었다. 기본 권리의 문제에서 학자들은 일정한 정도에서 중국 실제에 적합한 헌법이론에 주목했다. 즉 '계급성'을 핵심범주로 하는 정황 하에서 확립하면서도 또 중국헌법학은 여전히 중국 언어 개념과 체계에 적합하도록 노력함으로써 이론 개념이 중국의 사회환경과 토양에 뿌리 내리도록 하였다. 이 점에서 중국헌법학은 일정한 정도로 자주성과 학술주체의식을 표현하였다.

## 2. 1950년대 기본 권리의 개념과 체계

기본 권리가 헌법 본문에 확립된 후, 학술계에서는 본문을 토대로 하여 개념과 이론 문제의 연구를 진행하였다. 50년대에 출판된 기본 권리를 전문적으로 논술한 학술 저작에 대한 분석을 통하여 필자는, 전체적으로 볼 때 기본 권리라는 이 어휘는 학술계에서

---

355) 한대원 편, 『1954년 헌법과 중화인민공화국헌법』, 제117쪽 참조.

보편적으로 채용하는 개념이 되었고, 당시 역사발전의 실제와 서로 적응하는 기본권리 체계가 초보적으로 확립되었으며 중화인민공화국 헌법학 기본 권리 체계의 건립을 위해 토대가 마련되었다고 생각한다.

    1. 기본 권리 개념 방면에서 어떤 학자는 권리의 내용과 중요성의 정도에 따라 권리와 기본 권리의 경계선을 나누려고 시도하였다. 오덕봉(吳德峰)은 다음과 같이 생각하였다. "헌법에서 규정한 기본 권리는 중국 공민의 기본 권리이고 역시 제일 중요하고 제일 근본적인 권리로서 그것은 중국 공민의 각종 권리의 법률적 토대이다. 일반 권리에 대해서는 각종 법률이 헌법이 제정한 원칙에 근거하여 규정한다."[356] 여기에서 그는 사실상 공민에게 있어서 '제일 중요하고 제일 근본적인 권리'라는 기본 권리의 판단 표준을 제시한 것이다. 하지만 '제일 중요하고 제일 근본적인' 표준을 구체적으로 어떻게 확정할 것인가에 대해서는 책에서 구체적으로 설명하지 않았다. 기본 권리의 논술방면에서 주목할 만한 하나의 문제는 권리의 주관성과 객관성이다. 50년대의 권리 이론에 근거하면 권리란 공민이 모종의 행동으로 자신의 이익을 얻을 수 있거나 당연히 얻는 것을 의미하는데, 그 행위의 가능성에는 주관적 가능성과 객관적 가능성이 포함되어 있다. 주관적 가능성의 각도에서 보면 주체에게는 이익을 실현할 수 있는 주관조건이 있어야 하는데, 주관적 가치의 실현은 객관적 조건과 서로 결부되어야 한다. 즉 국가의 작용을 거쳐, 특히 국가가 제공해 준 물질조건으로 실현해야 한다. 기본 권리의 가치형태를 주관과 객관 두 개의 방면으로 나누고 객관조건으로 권리 실현의 사회 효과를 판단하는 것은 기본 권리를 분석하는 일반적인 이념으로서 헌법 본문과 헌법이론 중의 기본 권리 사이의 분리와 일정한 정도의 충돌을 반영한다. 물론 당시의 학술환경으로 보면 기본 권리의 성질 문제는 학술계의 필요한 주목을 받지 못했고 대다수 학자들은 권리와 기본 권리의 구별 문제에서

---

356) 오덕봉(吳德峰), 『중화인민공화국헌법 강화(中華人民共和國憲法講話)』, 호북인민출판사, 1954, 106쪽.

학술적 자각을 확립하지 못하였다. 이를테면 신광(辛光)은 『중화인민공화국 공민의 기본 권리와 의무』라는 책에서 권리 개념에 대하여 비교적 체계적으로 탐구하였다. 그는 다음과 같이 생각하였다. 중국 공민의 기본 권리와 의무를 정확히 인식하자면 무엇보다 먼저 반드시 공민, 공민 권리와 의무에 대한 마르크스 레닌주의의 개념을 이해하고 중국 공민의 권리와 의무의 본질과 특징을 이해한 후, 비로소 한층 더 구체적으로 그 각항의 권리와 의무의 내용을 인식할 수 있으며 권리와 의무를 대하는 우리의 정확한 태도를 수립할 수 있다.[357] 공민 권리의 기본 개념에 대하여 그는 다음과 같이 생각하였다. 이른바 공민의 권리란 바로 국가 법률이 확정한, 공민이 모종의 행위를 실현할 가능성인데 이 가능성은 국가의 보호를 받는다. 하지만 당시에 기본 권리의 개념을 구체적으로 제시하지 못하였고 학자들이 이해한 기본 권리는 실제상 법률 권리 개념의 확장이었다. 즉 기본 권리는 선명한 계급성을 갖고 있는, '모종의 행위를 실현할 가능성'이고 행위를 통해 이익을 도모하는 것은 기본 권리 개념의 일반 내용이다.

2. 기본 권리의 성질 문제에서, 기본 권리는 국가가 부여한 일종의 권리로서 '중국인민이 장기간 용감히 분투한 혁명투쟁의 결과'이고 혁명의 승리와 중국인민해방의 표지[358]라는 것이 학자들의 기본 견해였다. 어떤 학자들을 또 중국 헌법이 규정한 인민권리는 '천부'적인 것이 아니라 인민혁명투쟁의 결과[359]라고 더 명확히 말했다. 또 어떤 학자들은 "중국 헌법에서 공민의 기본 권리와 의무에 관한 규정은 입법 형식으로 인민이 취득한 각종 권리와 자유를 기재하고 일부를 구체적으로 규정함으로써 공민이 진정으로 이런 권리와

---

357) 신광(辛光) 편, 『중화인민공화국 공민의 기본 권리와 의무(中華人民共和國公民的基本權利與義務)』, 호북인민출판사, 1955, 2쪽.
358) 이광찬(李光燦), 『중국 공민의 기본 권리와 의무』, 인민출판사, 1956, 6쪽.
359) 신광 편, 『중화인민공화국 공민의 기본 권리와 의무』, 7쪽.

자유를 향수하도록 보장한 것"[360]이라고 생각하였다. 헌법에 규정한 기본 권리의 의의에 대하여 어떤 학자들은, "중국 헌법에 규정한 공민의 기본 권리와 의무는 모든 공민에 대하여 모두 특별하게 중요한 의의가 있다. 이런 권리와 의무의 규정은 바로 사회생활과 국가사회중의 모든 공민의 지위를 확정한 것"[361]이라고 생각하였다. 신광은, 중국 헌법은 중국 공민의 법률적 지위를 확정하였는데 그 지위의 중요 표지는 바로 공민의 기본 권리와 의무를 규정한 것[362]이라고 지적하였다.

기본 권리의 근원에 대한 이러한 인식은 근본적으로 기본 권리의 '천부성'을 부인하고 오직 합법적 범주 내에서 기본 권리를 해석하였으며, 성질적인 방면에서는 권리가 당연한 상태와 실유(實有) 상태의 분류를 부정하고 기본 권리를 전체적인 계급성의 범주 내에 포함시키면서, 기본 권리의 성질에 대한 국가정권의 결정적 작용을 긍정하였다. 이 점은 서방 국가들의 기본 권리의 발전 과정과 구별되는 것으로서 다른 문화와 정치철학을 반영하였다.

어떠한 권리가 기본 권리가 될 수 있는가의 문제에서 학자들은 주로 소련의 기본 권리 이론을 거울로 삼아 국가와 개인이 관계와 현실생활에서의 중요성 정도에 의해 판단한다고 주장하였다. 당시 소련의 헌법이론은 다음과 같이 생각하였다. 개인의 법률적 지위는 결국 법정의 권리와 의무에 의해 결정되는데 그중 헌법이 규정한 기본 권리, 자유와 의무는 개인의 법률적 지위를 형성하는데 있어서 결정적 의의가 있다. 왜냐하면 이러한 권리, 자유와 의무는 소비에트국가와 공인, 개인 지간에 존재하는 상호 협력, 상호 책임, 상호 제약 관계를 가장 충분히 반영하기 때문이다.[363] 이 이론의 영향 하에 중국학자들은 통상적으로 개인이 사회생활 중에서 체현하는 가치 정도에 의해 기본 권리의 기능을

---

360) 이광찬, 『중국 공민의 기본 권리와 의무』, 2쪽.
361) 양화남(楊化南), 『중화인민공화국 공민의 기본 권리와 의무』, 105쪽.
362) 신광 편, 앞의 책, 1쪽.
363) 신광 편, 앞의 책, 10쪽.

인식하고 분류하였다.

3. 기본 권리의 보장과 사회기능. 50년대의 헌법학자들은 기본 권리 실현의 물질조건과 사회현실조건을 매우 중요시했다. 이것 역시 기본 권리를 실현하는 제도에 관한 소련헌법의 영향을 받았기 때문일 것이다. 자본주의 국가 헌법의 기본 권리 실현의 허위성을 비판하는 동시에 사회주의헌법의 우월성을 나타내기 위하여 기본 권리 실현의 진실성으로 사회주의헌법의 우월성을 표현하려는 것은 당연히 이해할 만한 것이다. 이를테면 호기안(胡其安)은 , "공민의 기본 권리에 대한 중국 헌법 규정의 주요 특징 중 하나는 바로 공민에게 민주적 권리와 자유를 부여할 때, 비단 형식상 선포를 할 뿐만 아니라, 이런 권리와 자유의 실현을 위한 물질적 조건을 제공한 것"이라고 생각하였다.[364] 모든 헌법학 저작들에서 학자들은 형식적 의의의 권리와 실질적 의의의 권리를 구분하면서 기본 권리의 실현에 대한 물질조건의 영향을 강조하였다. 기본 권리에 대한 이러한 해석은 기본 권리가 존재하는 형태에 대한 당시 학술계의 기본적인 인식을 표명하였고, 당연히 갖춰야 할 형태와 실제 갖추고 있는 형태로부터 사고를 하지 않고 기본 권리를 단지 현실에 존재하는 형태중의 개념으로만 이해하였다.

4. 기본 권리의 체계. 50년대에 출판된 공민기본 권리와 의무에 대하여 전문적으로 연구한 몇 권의 책에서 우리는 기본 권리 체계에 대한 학자들의 학술적 사고를 알 수 있다. 양화남(楊化南)이 집필한 『중화인민공화국 공민의 기본 권리와 의무』라는 책에서는 평등권, 정치 권리와 자유, 인신 자유, 종교 신앙 자유, 사회제 권리, 문화교육 권리, 화교의 정당한 권리, 거류권으로 기본 권리 체계를 건립하였다.[365] 기본 권리에 대한 이달(李達)의

---

364) 호기안(胡其安), 『중국 공민의 기본 권리와 의무』, 화동인민출판사, 1954, 4쪽.
365) 양화남(楊化南), 『중화인민공화국 공민의 기본 권리와 의무』, 중국청년출판사 1955년 판 참조.

분류는 공민의 평등권리, 공민의 정치 권리와 자유, 종교 신앙 자유, 공민의 인신불가침의 자유, 공민의 사회경제권리, 공민의 문화교육권리, 국외 화교의 정당한 권리와 이익에 대한 보호, 중화인민공화국의 거류권이다.[366]

1950년대에 출판된 기본 권리에 대한 저작 중에서 기본 권리에 대한 이광찬(李光燦)의 분류는 일정한 특징이 있다. 그는 기본 권리의 구체적으로 내용에 따라 유형화(類型化)하여 기본 권리의 특징과 내용을 세분화하였다. 그의 분류는 법률상의 일률적 평등, 선거권, 언론, 출판, 집회, 결사, 행진(游行), 시위의 자유, 종교 신앙의 자유, 인신자유와 주택부 불침범, 통신비밀의 법률적 보호, 거주와 이주의 자유, 노동의 권리, 노동자의 휴식권리, 노동자가 물질적인 도움을 받을 권리, 교육을 받을 권리, 과학연구, 문학예술창작과 기타 문화 활동의 자유, 여성의 평등권리, 위법으로 실직한 그 어떤 국가기관의 사업일꾼에 대해서든지 고발할 수 있는 권리이다.[367]

기본 권리에 대한 신광(辛光)의 분류를 보면 공민의 향유하는 모든 권리를 평등권 리(법률상에서의 공민의 일률적인 평등, 남녀평등, 민족평등), 정치 권리와 자유(선거권과 피선거권, 정치자유, 위법으로 실직한 그 어떤 국가기관 사업일꾼에 대해서든지 고발할 수 있는 공민의 권리), 종교 신앙의 자유, 인신불가침의 자유(인신자유, 통신비밀, 거주와 이주의 자유), 사회경제권리(노동권, 휴식권, 물질방조권), 문화교육권리(교육권, 과학연구 진행, 문학예술창작과 기타 문화 활동의 자유)로 개괄하였다.[368]

기본 권리에 대한 루방언(樓邦彦)의 분류는 상술한 분류와 약간 다르다. 그는 기본 권리를 발휘하는 효력의 영역을 표준적으로 구분하였다. 그 구체적 분류를 보면 법률 앞에서 사람마다 평등하다는 것을 기본 권리와 의무의 총체적 원칙으로 하고 국가생활과 정치생활 방면의 기본 권리에 선거권과 피선거권, 언론, 출판, 집회, 결사, 행진, 시위의

---

366) 이달(李達), 『중호인민공화국헌법 강화』, 인민출판사 1956년 판 제212쪽 참조.
367) 이달, 위의 책.
368) 신광(辛光) 편, 앞의 책, 제13쪽.

자유가 있고, 개인의 자유 방면의 권리에 종교 신앙자유, 주택불가침의 자유, 통신비밀, 거주와 이주의 자유를 포괄시켰으며, 경제생활과 문화생활 방면의 기본 권리에 노동권, 휴식권, 물질보장권, 교육을 받을 권리, 과학연구와 문학예술 창조의 자유 등이 있고 그 외에 국외 화교의 정당한 권리와 이익의 보호 등으로 구분되었다.[369]

## 3. 1950년대의 기본 권리 개념과 체계에 대한 총체적 평가

제헌과정 중에 기본 권리 체계를 어떻게 규정할 것인가와 당시의 학술연구의 환경은 밀접한 관계가 있었다. 계급성을 기본 출발점으로 하여 헌법 현상을 분석하는 것은 1950년대 법학계의 기본적인 학술 경향과 학술 풍격이었다. 하지만 당시의 역사 조건 하에서 학자들은 헌법학의 기본 범주를 처음으로 창립하는 과정에 본보기로 삼을 만한 양식이 많지 않다보니 소련헌법학의 기본 범주의 영향을 많이 받았다. 중화인민공화국 헌법학의 기본 범주의 주요 이론의 원천은 소련헌법학이고 학술계는 주로 소련헌법학의 중국화 방면에서 노력을 경주하였다고 말할 수 있다.

소련헌법학의 주요 영향은 다음과 같은 것에서 표현되었다. 우선 개념상에서 소련헌법학의 권리와 기본 권리 개념을 기본적으로 받아들였고 계급성을 헌법 분석의 기본적인 인식의 도구로 삼았다. 기본 권리의 성질과 기능에서 기본 권리의 가치 다양성을 철저히 부정하고 국가성(國家性)으로 사회가치체계를 대체함으로써 기본 권리의 가치를 국가 관념형태 내에 한정시켰다. 기본 권리의 부류에서 소련의 경험을 온전히 옮겨온 것은 아니지만 기본 이념상에서 그 영향을 받았다. 소련은 기본 권리에 대하여 분류연구방법을 취하여 공민의 기본 권리를 사회경제 권리, 정치 권리와 인신 권리로 나누었고 기본

---

369) 루방언(樓邦彦), 『중화인민공화국헌법 기본지식』, 신지식출판사 1955년 판 제170-171쪽 참조.

권리가 존재하는 구체적 영역에 근거하여 구체적으로 사회경제생활 영역내의 기본 권리, 문화영역내의 기본 권리, 국가사회영역내의 기본 권리, 사회정치생활 영역내의 기본 권리, 개인생활 영역 내와 인신권리 영역내의 기본 권리 등으로 나누었다.[370] 기본 권리의 구체적 해석에서 기본 권리 이론에 대한 소련헌법의 영향도 소홀히 할 수 없다.

그렇다면 소련헌법학의 영향을 어떻게 평가해야 하는가? 필자는 당연히 역사적, 객관적인 태도를 취해야 한다고 인정한다. 역사적인 시각으로 볼 때 소련헌법학의 영향 및 중국 1950년대에 건립된 기본 권리 이론에는 일정한 객관적 토대와 합리성이 존재한다. 서방의 기본 권리의 철학과 이념과 비교해 보면 양자 사이에는 구별이 존재하면서 또 일정한 정도의 관계도 존재한다. 이것을 구별하는 점은 주로 다음과 같은 몇 가지에서 표현된다. 우선 기본 권리가 형성된 사회생태가 서방사회와 다르므로 단순하게 서방의 기본 권리의 가치로 중국헌법 체제중의 기본 권리의 가치를 판단해서는 안 된다. 서방의 기본 권리는 개인을 출발점으로 한 것에 반해 50년대 중국학자들은 기본 권리를 사고할 때 흔히 국가, 집체를 기본 출발점으로 하였는데 이는 각자의 사회 구조를 반영하였다. 다음으로 기본 권리 가치의 내용이 구별된다. 서방사회의 기본 권리는 주로 개체가 국가 권력에 대항하는 구조 중에 존재하면서 분명한 방어적 성질을 띠고 있고 서방사회의 정치 철학에 따른다. 하지만 소련과 50년대 중국의 기본 권리는 개체와 국가권력 사이의 대항을 주요 특징으로 한 것이 아니라, 상호 합작, 협조를 가치 취향으로 하였으며 일종의 국가주의 체제하에 '조화와 공존'을 목표로 한 사회관리 양식이다. 셋째, 서방의 기본 권리 이론에는 국가가 기본 권리를 실현하는 의무의 주체라는 점이 명확하고 구체적이다. 하지만 50년대의 중국헌법 본문과 기본 권리 이론에는 실현의 주체가 비교적 모호하고 사회개제는 기본 권리 가치에 대한 자신의 느낌과 국가가 의무를 이행하는 것에 대한 감독이 부족했다.

하지만 또 다른 일면에서 보면 1950년대에 형성된 기본 권리의 가치 형태와 기본 권리

---

370) 천보음(陳宝音), 『국외 사회주의 헌법론』, 중국인민공안대학출판사 1997년 판 제143쪽 참조.

이론의 보편적 가치 사이에는 일정한 공통점도 존재한다. 첫째, 의무 주체로 보면 다시 학술계에는 비록 '기본 권리 실현의 의무 주체는 국가'라는 명제를 명확하게 제시하지 않았지만, 기본 권리 실현의 조건을 강조할 때, 특히 물질 조건의 상황으로 볼 때 기본 권리의 실현 과정중의 국가(사회)의 책임과 방식이 실제적으로 존재하였다. 둘째, 당시에 비록 '화해-합작'의 기본 권리 철학을 채용하였지만 기본 권리에 대한 구체적 해석과 상호 관계에 대한 설명에서 이익이 다름에 따라 발생할 수 있는 모순(대항)을 일정한 정도로 주목했고 일정한 이론적 설명을 하였다. 셋째, 국민-공민-인민으로의 개념의 변화에서 볼 때 당시의 기본 권리 이론은 기본 권리가 당연히 가지고 있어야 할 개체성을 완전히 포기하지 않고 정치공동체의 가치를 반영한 '인민'과 개체 가치를 반영한 '공민' 사이의 합리적인 가치균형을 찾으려고 노력함으로써 개체의 이익을 보장하였다.

제4절

1980년대 이후의 기본 권리 개념


　　1957년 이후에 사회 정치환경에 변화가 일어나면서 1950년대에 초보적으로 형성되었던 기본 권리 개념과 체계는 정치관념 형태의 영향을 받아 한발 더 발전할 수 있는 사회 토대와 환경을 잃어버리고 장기적인 정체상태에 처했다. 무려 20여년에 걸친 중국사회의 발전에서 기본 권리는 다만 헌법 원전(原典)의 개념으로만 존재하면서 학술적, 실천적 기능과 의식을 잃어버렸다. 1980년대 이후에야 비로소 헌법학의 회복과 발전과 더불어 학술개념으로서의 기본 권리는 다시 중국헌법학자들의 학술 시야 속에 들어왔다.

　　1980년대 초에 이르러 헌법학 저작들에는 기본 권리에 대한 논술과 연구에 관한 것들이 비교적 적었다. 이를테면 오가린(吳家麟)이 편찬한 『헌법학』에는 공민의 기본 권리와 의무를 하나의 장절로 설정했지만, 그 내용은 전체 책의 12%밖에 차지하지 않았다. 당시 학술계의 보편적인 관점은, 헌법은 국가의 '총 강령, 총 장정'이라고 하면서 경제발전과 사회진보 중에서의 헌법의 도구적 가치를 강조하였다. 헌법학계에서는 보편적으로 헌법 총론, 국가제도 등 방면의 내용에 주목하고 인권보장 방면에서의 헌법의 종극(終極)적 가치는 소홀히 하였다.

　　기본 권리 이론에 대하여 계통화가 이루어진 연구는 1990년대부터 시작되었는데, 그 학술의 기점은 기본 권리 개념과 특별행정구 주민의 기본 권리에 대한 분석이었다.[371]

---

371) 왕숙문(王叔文), 「홍콩특별행정구 주민의 기본 권리와 의무(論香港特別行政區居民的基本權利和義務)」, 『법률과학』 5기, 1990. 서현명, 「기본 권리분석」, 『중국법학』 6기, 1991. 주영곤(周永坤), 「헌법 기본 권리의 직접 효역을 논함(論憲法基本權利的直接效力)」, 『중국법학』 10기, 1997. 동지위(董之偉), 「헌법학사회권리분석 모형의 사상포함(憲法學社會權利分析模型的思想蘊含)」, 『법률과학』 4기, 1996.

체계화된 연구는 2000년도 이후에 시작되었다. 2000년도 이후의 기본 권리 연구에 테마화, 이론화와 체계화의 추세가 나타났다. 국외 헌법학이론이 대량으로 인입되면서 미국, 독일, 일본 등 나라의 기본 권리이론과 관련된 판례가 번역 등 형식을 통하여 중국 헌법학계에 영향을 주었다.

　2001년 최고인민법원에서 '제옥령(齊玉苓)'사건에 대한 사법해석을 제시한 후 기본 권리의 효력, 헌법과 사법, 교육권의 헌법구제, 헌법과 사법관계 등의 문제를 둘러싸고 학술계에 논쟁이 일어났다. 하지만 우리가 되짚어 생각해 봐야 할 것은 헌정, 헌법, 자유, 권리 등의 어휘가 대중적인 언어가 되었을 때 우리는 그것이 오로지 그 언어 자체의 의의를 서술한 것으로 생각했지, 언어의 배후 가치로 그 내용을 체험하거나 깨닫지 못했다는 것이다. 이를테면 기본 권리의 범주 문제에서 우리는 대량의 국외 이론을 소개했지만 학술개념의 역사 배경, 특수한 헌법체제간의 관계 등의 문제에 대해서는 필요한 학술적 판단이 부족했고 국외의 학술 전문용어로 중국의 헌법 현상을 서술하고 분석하는 데 습관이 되었다. 기본 권리 성질에서 우리는 때로는 '대항성' 가치만 강조하고 헌법문화의 차이성, 다시 말하면 '대항성'의 배후에 있는 '협조성' 요소를 소홀히 하였고 동시에 서방 국가의 기본 권리의 전통에 나타난 다양성에 대해 잘 사고하지 못하였다. 마찬가지로 헌법과 헌정 개념의 이해에서도 우리는 헌법공공성에 의해 발생되는 보편적 적응성(普适)에 주목하였지, 사회의 특수한 가치에는 별로 주목하지 못했다.

　2004년에 인권조항이 헌법에 들어간 후에 인권과 기본 권리의 관계 및 개념에 대한 객관적 평가가 다시 학술 명제로 헌법학의 시야에 들어오면서, 장기간 본문 중에 묻혀있던 기본 권리가 실천의 형태로 나왔고 헌법학계에 새로운 학술과제를 불러왔다. 인권조항의 입헌은 중국 헌법중 원래 있었던 기본 권리체계로 하여금 극히 개방성을 띠게 하였으며 기본 권리 체계의 주체 범위와 내용을 크게 넓혔다. 이런 개방성은 주로 다음과 같은 것에서 체현되었다. 첫째, 인권조항의 입헌은 중국 헌법 중의 기본 권리의 주체범위를 넓혔다. 중국 헌법 제2중 '공민의 기본 권리와 의무'에는 기본 권리의 주체는 공민이라고 규정하였다. 인권조항이 입헌한 후 헌법의 인권주체는 '사람'으로 변했는데 거기에는 공민뿐만 아니라 외국인과 무국적인 등도 포함된다. 이리하여 기본 권리의 주체 범위도 따라서 확대되었다. 둘째, 인권조항의 입헌은 중국 헌법 중의 인권의 내용을 넓혔다. 중국 헌법은 명시의 방법으로 공민 27항의 기본 권리를 열거하였다. 인권의 가치성 및 기본 권리 체계의 개방성에서 보면 기본 권리 조항에 대하여 확대 해석하여 헌법에는 넣지는 않았지만 인간의 존엄과 가치와 떨어뜨려 놓을 수 없는 부분의 권리, 이를테면 생명권, 파업의 자유, 이주의 자유, 소송권 등은 인권조항 속에서 해석되었다. 그렇게 해서 헌법의 기본 권리 체계에서 인권체계로 진화 발전함으로써 중국의 인권관과 헌법관의 심각한 변화를 반영하였고 중국헌법학의 발전과 진보를 상징하였다.

# 제헌권의 개념 및 그 변화

제1절

청말의 제헌권 이론

청말은 제헌권 이론이 중국에 도입된 초기 시기였다. 이 시기에 각종 제헌권 이론들이 분분히 출현해서 서로 논박하면서 한때는 번영 발전하는 추세가 나타났다. 그중 영향이 비교적 큰 제헌권 이론에는 군주제헌론, 국민제헌론, 한족제헌론, 협법제헌론 등이 포함된다.


## 1. 군주제헌론

군주제헌론의 대표학자 양계초(梁啓超)이다. 1901년, 양계초는 중국에서 군주제헌을 실시할 것을 적극적으로 선전하였다. 그는 입헌의 정형에는 네 가지 유형이 있다고 생각하였다. 첫째, 군주가 시대의 추세에 순응하여 헌법을 제정하는 것인데, 그 특징은 군주가 안녕하고 나라가 태평한 것이다. 이 유형의 나라는 프로이센, 일본 등이다. 둘째, 군주가 민중의 핍박에 의해 입헌하는 것인데 민주입헌이다. 이 유형의 나라는 프랑스 및 남미의 여러 나라들이다. 셋째, 민중은 입헌하려 하는데 군주가 불허하고 민간에는 혁명할 힘이 없어서 군주와 재상을 죽이려는 것이다. 이런 유형의 나라는 러시아 등이다. 넷째, 온 나라가 우매하고 백정(百政)이 혼란하여 군주나 국민이 입헌의 필요성을 느끼지 못하고 타민족에 의해 소멸되는 것이다. 이런 유형의 나라는 인도이다. 이 네 가지 유형 중에서 군주가 시대의 추세에 순응하여 헌법을 제정하는 것이 제일 좋은 방식임은 더 말할 나위가 없다. 구체적으로 말하면 양계초는 군주제헌의 좋은 점은 아래와 같은 몇 가지에 있다고 생각하였다. (1) 군주의 권력과 관권을 공고히 할 수 있다. 이것은 민권을 명확히 규정하는 것을 통해 실현할 수 있다. 양계초는 다음과 같이 말했다. 각국 헌법에는 민권을 규정하지 않은 것이 없다. 만약 민권이 없다면 군주의 권력은 한계가 있고 유지하기 어렵고 민권이 없으면 관권은 한계가 있고 유지하기 어렵다. 그렇기 때문에 "민권이란 헌법을 옹호하는 것이지 손상시키는 것이 아니다." 다시 말하면 군주가 제헌을 하면 객관적으로 군주의 권력과 관권을 보호하는 효과가 있다. (2) 황제의 통치 지위를 보존하고 혼란을 맹아상태에서 근절할 수 있다. 양계초는 다음과 같이 생각하였다.

입헌을 하게 되면 군주의 지위와 권력이 확정되는데 어떻게 관리들이 틈을 타서 간신이 될 수 있겠는가? 대신들의 영전은 모두 의회의 득표수에 의해 결정되고 군주도 민심이 향하는 바를 헤아린 후 권력을 부여한다. 이렇게 되면 조조, 왕망과 같은 간신들이 조정에 자리를 잡고 앉을 수 없다. 군주가 실시하려고 하는 정책은 대신들이 반복적으로 토의한 후 의원에서 토론하여 대다수가 찬성한 후에야 추진할 수 있다. 민간의 질고는 의원에 요구하여 구제를 실시하도록 해야 한다. 이렇게 한다면 군주나 정부를 원망하는 현상이 어떻게 나타나겠는가? (3) 혁명을 없앨 수 있다.

양계초는 다음과 같이 지적하였다. 오늘날 중국에는 큰 우환이 있는데 멀게는 외국의 침략과 억압이고 가까이는 내부 분란이다. "국내의 혼란한 쟁론은 인민들이 국가의 나약함을 직접 목도한데서 비롯된 것이다. 다른 선진국가의 정치가 확실히 자기 나라보다 우월하고 그로 인하여 부강한데 반해 본국은 모든 것이 낙후한다는 것을 계속 보면서 수많은 불평이 싸인 까닭에 정부를 원망하게 되었다." 그렇기 때문에 근래에 혁명으로 반란을 일으킨다는 말이 성행한다. 무력으로 진압해서는 절대 안 된다. 천하를 태평하게 하는 제일 좋은 방법은 헌법을 반포하는 것이다. "국가가 내란에 빠질 맹아를 제거하려면 다른 방법이 없다." 그는 입헌은 세계 정치 발전의 추세이므로 만약 군주가 시대적 추세에 따르지 않고 헌법을 제정하지 않는다면 "개인의 능력으로 사회 진보의 대세를 막으려는 것으로 계란으로 바위를 치는 격이고 버마재비가 나무를 흔드는 격으로서 너무나 자기 주제를 모르는 일"이라고 경고하였다.

이런 상황이라면 황제의 통치 지위는 보존하기 어렵게 된다. 그는 민주입헌은 군주독재

압박의 결과라고 단언했다. "당년에 영국이 속지인 미주를 학대하지 않았다면 오늘날의 미국은 대략 호주나 캐나다와 같았을 것이다."

비록 기대에 부풀어 있었지만 양계초는 입헌에 관한 일은 신중해야 하고 당연히 그 나라의 역사와 문화전통에 근거하고 그 나라 인민의 정도에 적합해야 하지 제멋대로 타국의 헌법조항을 베껴다가 자기 것으로 사용해서는 안 된다고 생각하였다. 그는 다음과 같이 강조하였다. "목전 중국은 국민의 소질이 낮아서 즉시 입헌하기에는 적합하지 않다. 아무리 빨라도 10년 혹은 15년이 지나야 중국은 비로소 입헌을 거론할 수 있다. 하지만 그 전에 반드시 준비는 해야 한다. 헌법이란 영원히 바뀌지 아니하는 것(萬世不易)이요, 모든 법도의 근원이기에 애초에 건립할 때부터 상세하고 신중해야 하고 반드시 완미해야 한다." 그의 제헌 건의에는 상원의 조직은 반드시 완벽을 기해야 하고 사법권은 독립해야 하며 책임내각제를 정하고 지방차지는 반드시 완벽을 기해야 한다는 것 등이 포함되어 있다.

군주제헌이 조리 있고 질서 정연하게 진행되도록 하기 위해 양계초는 또 점진적인 헌법방안을 초안하였다.

(1) 황상이 공개조서를 내려 중국은 구주입헌의 제국이고 만세에 불변하지 않음을 관리와 백성들에게 알려야 한다.
(2) 중신(重臣) 세 사람을 파견하여 유럽의 각국 및 미국, 일본을 돌아다니면서 헌법의 같은 점과 다른 점, 성공과 실패를 고찰하게 해야 한다.
(3) 파견되었던 신하가 돌아오면, 즉시 궁중에 입법국을 설치하고 헌법 초안을 작성하여 임금이 보도록 수시로 진상해야 한다.
(4) 각국의 헌법 원문 및 헌법을 해석한 명작을 입법국에서 번역하여 천하에 공포함으로써 국민들이 그 내력을 알게 하고 지식을 늘이게 하여 될 수 있는 것과 안 될 것에 대해 조언을 하게 해야 한다.
(5) 초안이 작성되면 완성이 되지 않았더라도 먼저 관보국(官報局)에 반포하여 전국의 백성들이 모두 토론에 참여하게 하거나 저서를 내거나 신문에 글을 내거나 연설을

하거나 혹은 입법국에 상서를 하여 조목마다 분석하여 판별하게 함으로써, 5년 혹은 10년 후에 손익을 결정한 후 본문을 확정하여 반포해야 한다. 그 후 전 국민의 투표를 거치지 않고서는 제멋대로 헌법을 고치지 말아야 한다. (6) 조서를 내려 국가 정권의 구성형식(政体)을 결정한 날부터 20년을 헌법의 실행 기한으로 해야 한다.[372]

양계초의 군주제헌론은 광범위하고 심원한 영향을 가지고 있었다. 1906년 8월 26일, 정치를 고찰한 대신 재택이 여러 번 군주에게 입헌을 주청하면서 헌법의 제일 중요한 장점은 세 가지가 있다고 강조하였다. "첫째, 황제의 자리가 보장된다. 군주입헌국가에서 군주는 신성불가침의 존재이다. 군주는 행자사무에는 책임지지 않고 대신들이 책임진다. 행정에 실책이 있거나 의회가 반대하거나 의원에서 탄핵을 한다고 해도 대신들이 사직하고 새롭게 정부를 다시 조직하면 그만이다. 그렇기 때문에 재상이라는 직위는 조석으로 위태롭지만 군주의 보좌는 흔들리지 않는다. 둘째, 외부 혼란이 점차 줄어든다. 지금 외국에서 중국을 업신여기는 것은 국가가 가난하고 약한 원인도 있지만 중국의 정치체제에도 그 원인이 있다. 전제국가, 반개화국에 속한 중국을 자기들과 동류의 정상 국가로 대하지 않는 것이다. 일단 헌정을 실시하면 중국을 차별하던 다른 국가들도 존중해 줄 것이고 침략정책을 평화적 외교관계로 바꿀 것이다. 셋째, 내란이 없어질 것이다. 해외 및 조계, 각종 단체들이 뒤얽히고 어수선하다. 지나치게 혁명을 제창하고 인심을 선동하며 정부가 민중을 압박한다고 질책하고 관리들을 민중의 적으로 여긴다. 부패, 범죄자들은 인민을 먹이감으로 삼고 백성을 도탄 속에 빠뜨린다. 그렇다 보니 곧이듣는 사람들이 많아진다. 만약 헌정을 실시한다면 세계의 공평제도가 들어와 선진적인 문명사회의 궤도에 들어서서 요언을 퍼뜨리고 폭란을 선동한다 해도 곧이듣고 따르는 사람이 없어질 것이다. 수배령을 내려 잡지 않는다 해도 내란의 우환은 자연히 눈 녹듯 사라질 것이다. 입헌의

---

372) 양계초, 「입헌법의」, 『음빙실합집1·음빙실문집지五』, 6~7쪽.

이로운 점이 이러할진대 이것을 행하는데 무슨 의문이 있겠는가?"[373] 양자의 관점을 자세히 비교해보면 일맥상통하다는 것을 어렵지 않게 알 수 있다.

양계초의 관점은 조서(上論)에서도 체현되었다. 1906년 9월 1일, 양궁(兩宮)이 정식으로 예비헌법을 선포하였다. 그 요점을 살펴보면, 첫째는 중국에 존재하는 문제를 생각하였다. "국력이 왕성하지 못한 것은 상하가 어긋나고 내외가 소원하여 궁이 백성을 지키지 못하고 백성이 나라를 지키지 못하기 때문이다. 하지만 각국이 부강한 것은 헌정을 실행하고 공론(公論)에 따르며 군민이 모두가 하나되어 호흡을 같이 하고 다른 사람의 장점을 널리 받아들이며 권한을 명확히 밝히고 재부를 모아서 나라 관리에 쓰며 백성들을 억울하게 하지 않기 때문이다. 그리고 각국이 서로 본보기가 되고 변통하여 이익을 도모하기 때문이다. 정치가 잘 이루어지고 국민이 단결되는 데에는 그 까닭이 있는 것이다." 두 번째 요점은 조취를 취하여 점진적으로 입법을 한다는 것이다.[374]

양계초가 제시한 군주제헌론은 더 중요하게는 정치적 차원에서 고려되었다. 당시 중국은 비록 여러 열강들과의 대항에서 또다시 패배를 당했지만, 그는 중앙정부에 대하여 의연히 믿음을 가지고 있었다. 필경 중앙정부는 정치 실체였고 전국에 대하여 아직 비교적 강한 통제력을 가지고 있었다. 그리고 현행 정부를 대체할 수 있는 개인 혹은 단체가 없었다. 이것이 문제의 관건이었다. 군주제헌론은 군주의 지위에 대한 일종의 긍정이었다.

만약 민주제헌을 제창했다면 군주를 부정하는 의미가 있었고 군주를 부정한다는 것은 혁명을 의미했다. 당시의 정세를 놓고 말하면 중국은 외환을 겪고 난 후 다시 혁명을 겪기 어려웠다. 군주제헌론은 어느 정도로 혁명을 피할 수 있었고 국가의 운명을 유지할 수 있었다. 하지만 군주에게 근심을 하게 했다. 헌법초안이 나온 후 반드시 "전국의 백성들의

373) 「각국을 고찰한 정치대신 재택의 입헌 선포를 주청한
밀절(出使各國考察政治大臣載澤奏請宣布立憲密折)」, 『청말 입헌 주비 서류 사료』 상책, 173~176쪽
374) 「예비헌법을 선포하기 전에 먼저 체제를 규정하는 것에 관한 조령(宣示豫備立憲先行厘定官制諭)」, 『청말 입헌 주비 서류 사료』 상책, 43~44쪽.

어려운 점을 판단하는 토론"을 벌리게 한 후 '손익에 의해 제정'하도록 했는데 이런 설계는 머리를 많이 썼다고 할 수 있다.


## 2. 한족제헌론

양계초의 군주제헌론은 근대 중국 제헌권 이론의 발전 기점이 되었다. 제헌권 이론의 활발한 발전은 1905년 이후에 이루어졌다. 1902년 청 정부는 정치를 고찰하러 외국에 사람을 파견하기로 결정하였고 입헌정치개혁의 조치가 본격적으로 시행되었다. 이런 상황에서 제헌의 주체 문제는 광범위한 관심을 불러일으켰고 제헌권 이론은 전례 없이 풍부해졌다. 당시 주집신(朱執信), 호한민(胡漢民), 왕정위(王精衛) 등은 청나라를 반대하는 혁명 이념으로부터 출발하여 만족(滿族) 제헌의 합법성 지위를 강력히 부인하면서, 한족제헌론을 대대적으로 선전하였다. 개괄하면 그 주요 이유는 다음과 같다.

1) 민족융합은 제헌의 필요한 조건이다. 만족은 한인에게 해를 입히고 스스로 특권을 정하였기에 당연히 제헌의 자질이 없다. 주집신은 다음과 같이 지적하였다. "헌법을 제정함에 있어서 조항이 중요한 것이 아니라 '그 백성이 협동하여야 자치를 할 수 있고 그 후에 헌법이 탄생하게 된다.' 그렇기 때문에 '헌법으로 다스리자면 민족이 단합해야만 한다.' 하지만 현실 상황은 만족과 한족이 상호 원한에 맺혀 살인을 감행한지 오래되어 사이좋게 우호적으로 지내려는 기미가 추호도 보이지 않고 '그 협동의 전경이 보이지 않는다.' 만약 입헌을 하면 만족인의 특권이 필연적으로 폐지되고, 두 민족 모순이 그로 인하여 더 깊어지고 협동이 어려워진다. 한족으로 말하면 복수가 앞서서 폭정을 그 다음에 진행할 것이니 굴욕을 갚지 않고 큰 욕망을 채우지 않고서는 '조항이 있더라도 입법으로 다스리는 것은 할 수 없을 것이다.'" 그는 실례를 들어 다음과 같이 말했다. 오스트리아, 헝가리가 분열된 것은 민족 사이에 조화가 이루어지지 않았기 때문이고 네덜란드, 벨기에도 역시 마찬가지이다. 그렇기 때문에 주집신은 다음과 같이 강조하였다. "민족동일은 오늘날

입헌에서 제일 강대한 세력이 되었다. 만약 국민들 중 민족이 서로 다를 때 그중 정치능력이 더 뛰어난 자가 아닌 자를 복종시키는 것이 정치적으로 제일 양호하다." 그는 "오늘날 중국은 입헌을 열망하는데 반드시 한족을 주축으로 하고 만족을 다음으로 해야 가능하다. 정치능력으로 말하면 한족은 만족보다 십배, 백배 우월하다. 만족의 국체는 지탱할 수가 없다. 만족과 연합한다는 것은 아닌 것이 아니라 일종의 연루(拖累)이다"라는 미국인의 평론을 인용하면서 다음과 같이 지적하였다. 만족과 한족이 화목하게 지낸 후 비로소 헌법을 언급할 수 있지 헌법을 제정한 후에 만족과 한족이 화목하게 지낼 수 없다. 한족은 2백여 년을 하루와 같이 나라를 잃은 원한을 잊지 못했다. 입헌 전에 우호적으로 지내지 못하면 입헌 후에는 더욱 불가능하다. "또한 민족이 연합함에 있어서 선결적인 조건은 발전 수준이 비슷하고 각 방면의 능력이 서로 보완할 수 있고 도와서 일을 완성시킬 수 있어야 하는 것이다. 그래야만 연합을 운운할 수 있는 조건이 이루어진다. 그렇지 않으면 직접 제거해야 한다. 만족은 우리 한족에 대해 말할 때 무슨 좋은 점이 있는가? 오히려 숱한 손해를 불러올 뿐이다. 하지만 만족과 한족의 차별은 일소할 수 없다. 양자가 병립할 수 없다는 것을 알려면 직접 하나를 제거해야 한다." 그렇기 때문에 그는 제헌문제에서 먼저 '될 수 있는가'를 보고 후에 '욕망하는가'를 보아야 한다면서 "입헌의 능력을 가지고 있는 것은 오로지 한족뿐이다. 한족은 혁명을 할 능력이 있기에 입헌의 능력도 구비하였다. 지금 입헌으로 혁명의 정세를 해소한다는 것은 일종의 양보와 위축"이라고 결론을 내림으로써 만족 제헌의 합법성과 가능성을 완전히 부정하였다.[375]

2) 열등민족은 헌법을 제정했다 하더라도 악(惡) 헌법이다. 주집신이 만족 제헌의 합법성을 부정할 때, 그 중요한 이유 중에 하나는 바로 만족은 열등민족이고 헌법 제정의 가능성을 구비하지 못했다는 것이었다. 이런 관점은 청 정부를 반대하는 사람들이 공통으로 인식하는 상당히 보편적인 것이었다. 호한민은 다음과 같이 생각하였다. "한족이라는

---

375) 주집신(朱執信), 「입헌을 희망하나 불가능한 만주를 논함(論滿洲欲立憲而不能)」, 『민보』 1기.

이 인구가 많고 우수한 민족이 수준이 낮은 소수의 민족에 의해 통치되고 우리에 의해 동화되는 것이 아니라 강제적으로 그들에 의해 동화된다는 것은 극히 불합리적인 일이다. 객관적 현실의 각도에서 보면 이러한 정세는 오래 갈 수 없다. 그렇기 때문에 만족을 배척하는 것은 독립을 추구하고 구국을 추구하는 일이다." 만족은 "악렬한 민족이면서 우리의 정부를 가로챘다." 현 정부의 악은 또 "민족성에 따른 것이고 제거할 수 없는 것"이다. 그렇기 때문에 "비록 개혁으로 위장하지만 악렬하기가 이와 같으니 구미의 기성 헌법을 그대로 본뜨기에 급급해 해도 악렬한 것은 역시 다를 바가 없다."[376]

3) 만족제헌은 일종의 한인을 농락하는 책략이므로 믿을 바가 못 된다. 왕 징웨이는 다음과 같이 지적하였다. 지금의 정부는 외족의 정부이다. "내 민족이 아니면 마음도 다르기 마련이다. 만족사람들은 세력이 약해질 것을 두려워하고 한족의 핍박을 받을 것을 우려하여 각종 조항을 제정하여 한족을 속박하려고 하는데 한족들이 좋아하겠는가? 각기 다른 민족은 전쟁으로 인한 정복으로 말미암아 이국에서 같은 국민이 되었다. 정복자는 장기간 우월한 위치에서 피정복자를 통치한다. 피통치자는 하루도 그 통치에서 벗어나지 못하고 습관적으로 수치를 모르게 된다. 마치 거지가 시주를 받은 후 형세에 의해 무슨 일을 하지 못하는 것이 아니라 도의상에서 하지 말아야 해서 하지 못하는 것과 같다." "그렇기 때문에 만주정부의 이른바 입헌은 일종의 정치 책략이므로 한족은 그것에 속아넘어가지 말아야 한다. 중국의 입헌이 성공하려면 오로지 만족의 통치를 뒤엎고 독립을 쟁취함으로써 한족이 주도해야 실현될 수 있다."[377]

만족을 배척하는 인사들이 부르짖은 한족제헌권은 사실상 일종의 좁은 의미의 민족제헌권이고 한계가 있는 제헌권이다. 이 한족제헌권은 특정 시대의 산물로서 강렬한 배타성을 가지고 있다. 시에예스가 프랑스의 특권등급을 반대할 때 이와 비슷한 견해를

---

376) 호한민(胡漢民), 「〈민보〉의 6대주의」, 『민보』 3기.
377) 왕정위(王精衛), 「민족의 국민」, 『민보』 1, 2기.

발표한 적이 있다. 그는 다음과 같이 말했다. "제3신분은 왜 오만하게 자기를 정복자 종족의 후예라고 허풍을 떨면서 선인의 권리를 계승한 모든 가족들을 일률적으로 프랑크족이 살고 있는 삼림에 보내지 않았는가?"[378] 만족배척 인사들이 만족제헌을 부정한 관점은 이것과 느낌은 달라도 모두 마찬가지로 미묘한 점을 갖고 있음은 의심할 여지가 없다. 한족제헌권은 양날의 칼이다. 한 방면으로 그것은 민족자결권의 성질을 갖고 있어 19세기 이래 민족자결의 역사 발전의 조류에 맞는 것이고 혁명의 색채가 농후한 것이다. 다른 한 방면으로 그것은 또 정치통일체를 해체하는 나쁜 결과를 가지고 있다. 중국은 유럽과 달라서 비록 민족 간에 간혹 정벌행위가 있기는 하지만 천백년래의 민족의 융합을 거쳐 중국의 정치통일체가 이미 형성되었다. 한족제헌권은 바로 이 통일을 와해시키는 경향이 있다. 이 관념은 국민의 통일 심리와 어긋나기에 민국이 수립된 후 한족제헌권은 자연적으로 소실되었고 그것을 대체한 것이 국민제헌론이다.


## 3. 국민제헌론

프랑스대혁명 전야에 시에예스가 제헌권이론을 제시한 이래, 국민제헌론의 영향이 점차 확대되었고 중국인들도 받아들였다. 국민제헌론은 청말에 여론이 주목한 일종의 중요한 제헌권 이론이었다. 그중 이경방(李慶芳)과 뢰소성(雷昭性)의 소개가 제일 조리가 있었다.

이경방은 철리, 역사와 법리 세 가지 방면에서 국민제헌의 필요성을 전면적으로 주장하였다.

1) 철리상에서 볼 때 인류는 정치적 동물로서 정치에 대하여 각자 자신의 뜻을 표현할

---

378) [프] 시에예스, 『특권론 제3신분이란 무엇인가?(特權論 第三等級是什麼?)』. 장즈렌 역, 상무인서관, 1990, 24쪽.

자유가 있기에 만약 강제적으로 압제한다면 상당히 위험하다. 한 사람의 뜻은 필연적으로 한 개인의 권리를 본위로 하고 소수인의 뜻은 필연적으로 소수인의 의사를 본위로 한다. "만약 국민 다수가 나서서 공식적으로 헌법을 정한다면 그 헌법은 대다수 국민이 뜻을 모은 표현일 것이다." 이경방은 다음과 같이 생각하였다. "사람은 세상에 태어나서 흔히 자신의 이익을 원칙으로 한다. 만약 한 사람 혹은 소수인의 뜻이 대다수 사람을 좌지우지 한다면 대다수 사람은 쉽게 손해를 보게 되고 사회질서는 이로 하여 보장되기 어려우며 국가는 이것보다 더 큰 위험은 없다. 이것이 첫째이다. 둘째는 개인은 사회조직을 벗어나서 존재할 수 없다. 국가는 개인의 육체와 정신 행복의 매우 효과적인 보장이다. 만약 국가의 정사에 국민을 참여시키지 않는다면, 개인이 어떻게 사회와 국가를 소중히 여기겠는가? 그렇기 때문에 독재국가에서 법률이 엄밀할수록 법률에 대한 사람들의 파괴력이 더 크고 법률은 공문이 된다. 그러므로 만약 군주가 헌법의 반포를 확정하거나 집정하고 있는 주요 관리가 확정한다면 이렇게 반포된 헌법은 민심을 얻지 못할 것이고 사람들은 관심이 없을 것이며 옹호하지 않을 것이다. 만약 대다수 국민이 헌법 제정의 전반 과정에 참여한다면 헌법은 민중 자체의 헌법이 되어 아끼고 애호할 것이고 엄격하게 준수할 것이며 주도면밀하게 실시할 것이다. 이러한 헌법이야말로 진정으로 유효한 것이다." 한 나라에서 만약 대다수 사람이 법률을 사랑하고 법률을 지키고 법률을 행할 마음이 있다면 이것이야말로 진정한 입헌국가이다. 그렇기 때문에 국민입법은 철리상에서 확고 불변의 근거가 있다.

2) 역사상에서 보면, 세계 각국은 가장정치, 족장정치, 추장정치, 구족정치 혹은 군주정치, 입헌정치를 거치며 진화 발전하지 않은 나라가 없다. 솔직히 말하면 그 어떤 국가든 한 사람의 정치 혹은 소수인의 정치가 다수의 정치로 나아가지 않은 적이 없다. '이 사실을 숨겨서는 안 된다.' 중국은 다수의 정치로 나가고 있는데 하나는 시대적 추세가 그렇게 하게 하기 때문이고 다른 하나는 역사 발전의 필연이다. 중국은 장래에 헌법을 근본법으로 하여 입법정치를 실행해야 한다. "만약 '헌법'이 국민의 공적인 결정에 의해 나온 것이 아니라, 독재에서 나온다면 그 헌법의 정도는 틀림없이 낮을 것이고 역시 지구상의 문명법치국가가

되지 못한다." 헌법 정도의 높고 낮음은 독재와 공식 결론을 표준으로 해야 한다. 영국 헌법이 우수하다고 할 수 있는 것은 그 헌법이 국민들의 결정에 의해 나온 것이기 때문이고 러시아 헌법의 수준이 낮은 까닭은 그것이 독재에 의해 나왔기 때문이다. 장래 중국의 헌법이 좋은 헌법이 될 수 있느냐 없느냐는 전력으로 독재와 항쟁하는가와 모든 조문이 모두 인민에 의해 확정됐는가에 있다. 국민입법은 사실상 반드시 믿어야 할 근거가 있다.

3) 법리상에서 보면, 헌법은 근본법이고 역시 기본법이기도 하다. 이른바 근본법이라 함은 헌법에서 무수한 법률이 탄생할 수 있기 때문이고 이른바 근본법이라 함은 헌법에 수많은 법률을 덧붙일 수 있기 때문이다. 이경방(李慶芳)은, "헌법은 국민의 뜻이 합쳐 이루어진 것이기에 헌법의 정도는 합쳐진 국민의 뜻의 정도와 정비례 되며, 헌법은 뜻이 합쳐진 것인 만큼 그것의 제정도 한 사람의 뜻이나 혹은 소수인의 뜻에 의해 이루어져서는 안 된다"고 지적하였다. 그는 법률과 명령을 구분하면서 다음과 같이 생각하였다. "무릇 어떤 법률을 제정함에 있어서 반드시 다수의 동의를 근원으로 해야 한다…. 한 사람 혹은 소수의 사람에 의한 규정은 없으며, 여러 사람 공동의 염원을 얻지 못하고 법률이 된 적은 없었다." 하지만 명령은 다르다. 군주와 중앙의 국무대신 및 각 지방의 장에게는 모두 명령을 반포할 권리가 있다. 하지만 그것은 다만 명령이라고 부르지 법률이라고 부르지 않는다. 그는 중국에서 장차 헌법을 반포하면 그것을 법률이라고 선포해야 하지, 기타 명령에 속하는 것으로 선포하여 군주가 독재를 하게 해서는 안 된다면서 다음과 같이 말했다. "만약 합쳐진 국민의 뜻과 힘을 바탕으로 하지 않는다면 그것은 명령과 같은 헌법이니 법학가들의 웃음거리가 되지 않겠는가? …국가는 헌법을 제정해야 한다. 그 법은 국민과 밀접히 연관되지 않는 것이 없다. 합쳐진 국민의 뜻이 헌법으로 표현되면 헌법은 완전히 무결한 영역이 된다." 그렇기 때문에 국민의 헌법을 정하는 것은 법리적으로

확고부동한 근거가 있다.[379]

이경방의 국민제헌론은 구미의 공리주의, 사회계약 등의 정치 이론을 종합하고 소화, 흡수하였기에 이론이 강하고 체계가 형성되어 당시에는 독특한 특색을 가지고 있었다.

뢰소성(雷昭性)은 국민주권 각도에서 국민제헌론을 논술하였다.

1) 헌법은 일종의 국민주권의 운용이다. 뢰소성은 다음과 같이 생각하였다. "국가 권력의 유일한 원천은 사실상 국민에게 있다." 미국의 연방헌법, 프랑스대혁명시기의 헌법 등은 모두 정치 실제에서 국민주권 사상이 발견된 저명한 사례이다. "… 주권에는 국가의 완전한 권리도 포함되는데 모두 국민에게 속한다. 군주는 다만 위임을 받고 국민의 공복(公僕)이 될 뿐이다. 그런데 공복이 그 일을 다스리지 못한다면 주인이 그 권리를 회수하는 것은 당연한 일이다." 뢰소성은 유럽 역사의 발전 각도에서 국민제헌의 유래를 회고하였다. 국민은 국가의 주체로서 언제나 국가의 주권을 잡고 있다. 비단 국내 정치와 법률에 대하여 모두 국민이 주재할 뿐만 아니라 국내 교섭에서도 국민이 최고 기관이 되어 자체적으로 다루지 않은 것이 없다. 위탁을 받고 일을 직접 처리하는 사람도 국민이 아닌 사람이 없고 임기가 만기되면 그 권력은 여전히 국민에게 돌아간다. 하지만 후에 권세가 뒤바뀌고 상하가 전도되어 위탁을 받은 자가 반대로 주인의 자리에 올라 본분을 넘어서 주권을 훔치고 기고만장하게 설치는 바람에 국민이 오히려 유린을 당했다. 하지만 국민은 비록 나약해지고 권력을 빼앗긴 채 위험에 처해 있었지만 흘러간 역사가 마음속에 맴돌아서 마침내 분발하여 잃었던 주권을 되찾았다. 헌법은 이렇게 탄생되었다. 그렇기 때문에 뢰소성은 다음과 같이 강조하였다. "국민이 주권을 회복한 후 헌법을 국가의 항구불변의 법칙으로 규정하였다. 헌법은 국민주권에 의해 창조된 것이지 헌법이 국민에게 권력을 준

---

379) 이경방(李慶芳), 「중국국회의(中國國會議)」, 『신해혁명 전10년 시론 선집(辛亥革命前十年詩論選集)』 3권, 117~119쪽.

것이 아니며 국민주권이 헌법을 배태한 것이지 헌법이 국민주권을 낳은 것이 아니다."[380]

2) 제헌의 원동력은 인민에게서 온다. 뢰소성은 다음과 같이 지적하였다. 헌법은
형식상에서 군주와 백성의 상하 권리와 의무를 규정하였지만, 실제로는 정부의 권력을
제한하고 인민에게 참정권을 주었다. 인민이 그 권리를 얻었다는 것은 사실 정부를 나누는
것이다. 정부는 원래 권력을 나누려 하지 않았지만 인민이 한사코 자기에게 속해야 할
권리를 얻으려 했다. 그렇게 하여 인민과 정부는 경쟁의 상황에 처하게 되었다. 비록 경쟁의
위치에 있다 하더라도 득과 실은 능력의 대소에 따라 달라진다. 정부는 압제로 권력을
조금이라도 덜 빼앗기려 하고 인민은 경쟁으로 권력을 더 얻고 이득을 더 보려 했다. 위에는
넘쳐나는데 아래에는 부족하여 평형이 유지되지 못했다. 만약 인민이 정부와 신경전을
벌이지 않는다면 소원을 이룰 수 없다. 인민과 정부의 능력을 비교한다면 천양지차이다.
각국 인민은 권리를 쟁취하기 위하여 때론 격렬한 충돌방식도 불사한다. 그렇기 때문에
뢰소성은 다음과 같이 지적하였다. "헌법은 대부분 격렬한 시대에 인민의 핍박에 의해
이루어지지 평화시대에 정부의 도움으로 이루어지지 않는다. 더 확실하게 말하면 인민의
핍박에 의해 만들어진 헌법이야말로 진짜이고 정부의 도움에 의해 만들어진 헌법은
가짜이다."[381]

뢰소성의 국민제헌론은 두 가지 기본 특징이 있다. 하나는 국민주권론으로서 국민은
국가 권력의 유일한 원천이고 제헌권은 일종의 국민 주권의 운용이라는 것이고 다른 하나는
항쟁론으로서 헌법은 인민이 정부와 항쟁한 결과이고 항쟁이 없이는 진짜 헌법이 있을 수
없다는 것이다. 이경방의 국민제헌론과 뢰소성의 국민제헌론을 비교해 보면 제일 선명한
차이는, 후자는 주권개념을 도입했고 전자는 이 문제에서 분명하지 않았다는 점이다. 이런

---

380) 뢰소성(雷昭性), 「중국입헌의 관찰과 유럽국회의 근거(中國立憲之觀察與歐洲國會之根據)」, 『신해혁명
　　전10년 시론 선집』 3권, 703쪽.
381) 뢰소성(雷昭性), 「중국입헌의 관찰과 유럽국회의 근거」, 『신해혁명 전10년 시론 선집』 3권, 698~699쪽.

구별이 출현하게 된 까닭은 그들의 정치 이념과 밀접하게 관계된다. 이경방은 개혁을 주장하면서 국민제헌론으로 당국을 설득하여 점진적인 방식으로 입헌을 실현하기를 희망하였다. 그렇기 때문에 그는 법리의 논술에 보다 많이 치중하였다. 주권개념은 태어난 때부터 혁명의 성질을 가졌고 낡은 질서를 부정하였기에 사회 혼란을 조성하였다. 뢰소성은 급진파 인물로서 혁명을 주장하였기에 그의 국민제헌론은 주권이 인민에게 있음을 우선 명확히 하였고 더 나아가서 입헌의 효과적인 방식은 항쟁이라고 강조하였다.

그의 국민제헌론에는 혁명의 분위기가 다분하다. 국민제헌론은 제헌권이론 발전의 주류로서 근대제헌이론은 국민제헌론에서 시작되었다. 하지만 국민제헌론은 청조 말기에 그렇게 큰 영향을 끼치지는 못했다. 그 이유는 첫째, 국민제헌론은 자연법, 계약론 등 근대 서방의 정치 가치관념에서 잉태되고 발전되었는데 중국문화는 서방문화와 달라서 지금까지 복종에 치중하여, 권리의식과 개인관념이 부족하여 민중이 국민제헌론을 받아들이려면 한동안의 과정이 필요했기 때문이다. 둘째, 국민제헌론이 한족제헌론에 귀결됐기 때문이다. 청말에는 만족과 한족의 갈등이 아주 심했다. 많은 사람들은 만족과 한족의 관계 각도에서 사회문제, 정치문제를 관찰하였다. 당시 한족의 인구는 전국 인구의 90% 이상을 차지하였다. 만약 국민제헌이론을 실행하자면 반드시 선거제도를 도입해야 하는데 선거제도를 도입하면 한족에게 절대적으로 유리했다. 그렇게 되면 만족의 우월한 지위는 보존할 수 없었다. 그렇기 때문에 민족관계에서 보면 국민제헌론은 혁명과 다를 바가 없었으므로 당국은 쉽게 동의하려 하지 않았다. 다시 말하면 청 말의 독특한 정치생태환경이 국민제헌론의 난처한 처지를 결정했다고 할 수 있다.


## 4. 협정제헌론

당시의 실제 정치상황으로 말하면 한족제헌론, 국민제헌론은 의심할 여지없이 혁명의 의미를 가지고 있었고, 군주제헌론은 만족인에 의해 주재되었기에 당시의 실정에 적합하지 않았다. 그렇다면 구주와 백성사이의 제헌권 다툼을 어떻게 조정해야 하겠는가? 군주와 백성이 협상하여 헌법을 제정해야 한다는 관념은 이러한 시대적 요구에 의해 발생되었다. 그 이유는 대체로 다음과 같다.

1) 역사 발전 과정으로부터 보면 헌법은 군주와 백성이 협상한 산물이다. 일부 사람들은 다음과 같이 생각하였다. 18세기 이전의 유럽에는 전제통치의 폐해가 심각했다. 루소는 거기에 불만을 품고 사회계약론을 창시하였다. 프랑스대혁명시기 계약론을 토대로 『인권선언』을 공포하였다. 그 후 유럽 대륙의 여러 나라에서 파업 혹은 유혈혁명을 하면서 헌법이 제정되고 국가 기초가 다져졌고 전제통치의 위세는 지속되기가 어려워졌다. 빈회의 이후 민주사상이 조절되고 왕권신수설(君權神聖)이 한때를 풍미했다. 루이17세는 그 기회를 빌려 군권을 기초로 하는 헌법을 제정하였고 각국이 분분히 따라하면서 전제통치의 독해는 또다시 유럽을 뒤덮었다. 하지만 얼마 안가서 인민운동이 다시 궐기했고 격렬한 경쟁이 조성되었다. 경쟁의 결과 군주와 백성이 조화를 이루었고 헌법은 군주와 백성의 공동 제정을 기준으로 하였다. 이른바 흠정헌법은 "알려는 사람조차 없었다."

2) 중국은 협정헌법의 형식을 취할 수밖에 없었다. 제정 주체로 말하면 헌법은 세 가지 종류로 나눌 수 있다. 하나는 협약헌법, 즉 헌법이 군주와 백성의 협약에서 형성된 것인데 프로이센 등의 나라에서 이 제도를 취했다. 다음은 민약헌법, 즉 헌법이 인민의 협의에 의해 형성된 것인데 프랑스 등의 나라에서 이 제도를 취했다. 또 다른 하나는 국약헌법, 즉 헌법이 연합국가에 의해 형성된 것인데, 이를테면 독일연방에서 이 제도를 취했다. 이와 같은 구분 방법에 따르면 중국은 협약헌법의 형식을 채취할 수밖에 없다. 왜냐하면 중국의 형세는 결코 평등국가의 연합에 근거하지 않았으므로 국약헌법의 실행이 불가능하기 때문이다. 민약헌법은 오늘날 실현 불가능한 것이 아니다. 하지만 정부가 권력을 휘두르면서 백성을 가두고 민중을 압제한다면 어떻게 인권을 신장할 수 있겠는가? 협약헌법은 가장 실행 가능한 것이다. "인민이 요구를 하고 군주가 순응하여 쌍방이 합작함으로써 튼튼한 헌법의 토대를 마련한다면 이러한 헌법이야말로 가장 완미한 것이다." 그리고 어차피 명색이 헌법이라면 제정이 된 후 상하를 불문하고 똑같이 지켜야

한다. 그렇기 때문에 협정 외에는 헌법이라는 이름에 걸맞는 다른 수단은 없다.

군주협정제헌론을 주장하는 사람은 적지 않다. 『대공보』는 다음과 같이 지적하였다. "중국 입헌에 있어서 만약 '소수의 사람이 헌법을 제정하고 그 각항의 장정을 결정한다면' 그런 헌법은 어찌 소중하게 여길 가치가 있겠는가? 헌법의 제정은 국민의 공인을 기준으로 하기에 반드시 국민을 대표하는 자들이 회의를 통해 결정해야 비로소 나라에 반포할 때 방해를 받는 폐단이 없을 수 있다."[382]

전제 정치에서 입헌으로 넘어가는 중에 있어서 군민협정제헌은 일종의 흔히 볼 수 있는 제헌 형식이고 군주와 국민 사이의 타협이다. 협정제헌은 실질상 일종의 다원적 세력 단위 사이의 타협으로써 그 타협은 바로 헌법이 온전하게 될 수 있는 전제 조건 중 하나이기도 하다. 타협은 군주와 국민 사이에 나타날 수 있고 다원적 세력 단위 사이에 나타날 수도 있으며 정당 사이에 나타날 수도 있다. 협정제헌은 기타 세력 단위를 인정하는 것을 토대로 하는데 비교적 강한 현실 의의를 갖고 있다. 국민제헌론의 장점은 헌법의 제정에 원리적인 지지를 제공하는 것이지만, 국민은 필경 단지 하나의 추상적인 개념이다. 만약 그것이 설립되어 일상 직능을 행사하면서 규정대로 공무활동을 완성해간다면 곧 국민의 질을 잃게 된다. 그렇게 된다면 국민제헌은 어떻게 실현할 수 있겠는가? 협정제헌은 일종의 아주 좋은 선택이다. 하지만 협정제헌은 타협을 토대로 하기에 만약 역량 대비가 지나치게 현저하다면 협정제헌은 당연히 성공할 방법이 없다. 역량을 나타내는 방식은 아주 많다. 이를테면 여론 압력, 군사 대항, 정치 제재 등이다. 청말에 체제 내에서 제헌을 요구하는 각성 도독(都督)들의 목소리가 높았고 국민운동도 점차 활발해졌으며 여론의 영향도 부단히 확대되어 협정제헌의 사회적 토대가 기본적으로 형성되었다. 하지만 민족 모순의 빠른 발전, 나날이 격화되는 국민의 입헌 심리상태, 만족당국의 여러 가지 우려로 인해

382) 「중국입헌의 중요한 뜻을 논함(論中國立憲之要義)」, 『대공보』에 실렸음. 왕런즈(王忍之) 편 『신해혁명전 10년간 시론 선집』 1권 하책, 943쪽.

협정제헌은 물거품이 되고 말았다.

청말에 각종 제헌권 이론이 끊임없이 나타나서 서로 부딪치고 서로 논박하면서 사람들의 시야를 크게 넓혀줌으로써 국민정치운동의 깊이 있는 발전을 촉진하였다. 조금 더 일찍 나타난 군주제헌론이든 후에 나타난 국민제헌론, 협정제헌론, 한족제헌론이든 모두 근대 법학관념의 전파에 적극적인 의의가 있었다는 것은 의심할 여지가 없다. 그 이전에 이미 개방된 60년 중에는 전례 없던 일이었다. 각종 제헌권 이론의 출현은 청말에 다원화 사회가 바야흐로 형성되고 정치통일체의 구성분자로서의 국민이 이미 자신의 존재를 의식하고 정치적 요구를 하고 있음을 나타낸다. 각종 제헌권 이론의 실제를 따지고 보면 전통의 군주전제사상에 대한 부정이고 특권 정치에 대한 부정이며 헌법 질서에 대한 추구로서 법치관념이 중국에서 이미 거세게 발전하고 있음을 나타내는 것이기에 저지할 수 없었다.

제2절

국회제헌권의 확립과 쇠락(1912-1914)

국회제헌권은 신해혁명 발전 과정에 확립되어 『중화민국심시약법』에서 일종의 법권이 되었다. 국회제헌권은 확립과 법리 방면에서 모두 결함이 존재했으나 그것은 민초제헌권(民初制憲權)이론의 발전에 매우 중요한 작용을 하였다.

## 1. 국회제헌권(國會制憲權)의 확립

국회제헌권은 신해혁명의 발전과정에서 확립되었다. 무창(武昌)봉기 후, 각성에서는 분분히 이에 호응하였다. 1911년 11월 7일까지 독립을 선포한 성이 14개에 달했다. 11월 11일, 강소 도독 정덕전(程德全)과 절강 도독 탕수잠(湯壽潛)은 공동으로 상해 도독 진기미(陳其美)에게 전보를 보내어 상해에 임시 회의기관을 설립할 것을 제의하였다. 전보에 다음과 같이 썼다. "무한의 일이 터지면서부터 각성이 호응하여 공화정치는 이미 전국의 여론에 의해 공인되었다 …. (미국독립전쟁기간) 8년의 고투 끝에 최후의 성공을 거둘 수 있었던 것은 13개 주의 회의 총기관이 통일적으로 질서를 유지한 힘에 의거했기 때문이다…. 중국에서 상해는 제1의 항구도시로 중외의 이목이 집중되고 교통이 편리하며 병화(兵禍)를 입지 않는 곳이다. 급히 미국의 제1차 (대륙)회의의 방법을 모방하여 상해에 임시 회의기관을 설립하여 대내외적으로 적절한 방법을 의논하고 국토의 통일을 보호하고 인도(人道)의 평화를 회복해야 할 것이다. 각성은 신속히 상해에 모여 회의에 임하기를 바란다."[383] 회의 소집 방법은 각성의 옛 자의국(諮議局)에서 대표 1명을, 각성의 현재 도독부에서 대표 1명을 각각 파견하여 상해에 상주하고 두 개의 성 이상의 대표가 참석하면 회의를 열 수 있고 후에 도착하면 도착하는 대로 회의에 임하기로 했다. 회의 대강은 외교대표 공인, 군사운행의 연락방법, 청실(淸室)에 대한 조치였다.

정덕전과 탕수잠이 전보를 보낸 이튿날, 강소 도독부 대표 뢰분(雷奮), 심은부(沈恩孚), 절강 도독부 대표 요동예(姚桐豫), 고이등(高爾登)은 각성에 전보를 보내어 결합의 방법을 상의하였다. 전보에 다음과 같이 썼다. "악성(鄂, 호북) 봉기가 일어 난지 달포가 넘어 각성에서 호응하면서 광복한 성이 이미 14개에 이르렀으나 아직 결합의 방법이 나타나지 않았다. 외부에서 핍박을 하니 대외로 행동하여 반드시 빠르게 통일을 해야 한다…. 각성에서는 정부를 설립하고 반드시 각각 대표를 파견하여 미국 독립 당시의 제1, 2차 회의를 본 따 신속히 결합을 준비해야 한다. 지금 쟝쑤, 절강 두 성에서 공동으로 임시국회를 발기하였다 …. 일이 긴박하니 오늘 즉시 사람을 보내 회의에 참여하기 바란다."[384] 11월 15일, 강소 도독부 대표 레이 편, 상해 군사도독부 대표 원희락(袁熙洛), 유환징(兪寰澄), 주보강(朱葆康), 푸잰 대표 임장민(林長民), 반조이(潘祖彛)는 상해 강소 교육총회에서 제1차 회의를 가졌다. 의결을 거쳐 '각성 도독부 대표연합회'(간칭 각성 대표회)의 정식 설립을 선고하였다.

대표회의의 각성 대표는 각성 도독부에서 파견하여 각성의 봉기 행동에 협조하는 것을 종지로 하였는데 미국독립전쟁시기의 대륙회의와 비슷하게 임시 대의기관의 성질을 띠었다. 대표회의의 설립이 혁명형세의 발전을 추동하면서 중국의 공화입헌의 시험이 조용히 시작되었다. 각성 대표회의가 임시국회의 직권을 이행한 가장 잘 나타내는 상징은 『임시정부조직대강』을 제정한 것이다. 12월 2일 각성 대표들은 무한에 집결하여

---

383) 『대공보』 1911년 11월 14일 자.
384) 상해사회과학원 역사연구소 편, 『상해에서의 신해혁명 사료 선집(辛亥革命在上海史科選輯)』, 상해인민출판사, 1966, 1063쪽.

『임시정부조직대강』을 제정하기로 의결하고 뢰분, 마군무(馬君武), 왕정정(王正廷)을 초안 작성자로 천거하였다. 대강은 도합 4장 21조로 되어 있는데 내용에는 주로 다음과 같은 것들이 들어 있다. (1) 임시대통령. 임시대통령은 각성 도독부 대표들의 선거에 의해 선출되는데 투표 총 수의 3분의 2 이상 득표를 하면 당선이 된다. 매 성에 1표이다. 임시대통령에게는 전국을 통치하고 육해군을 통솔할 권리가 있으며 참의원의 동의를 거쳐 선전(宣戰), 화해(媾和), 조약체결, 각 부 부장 임용, 및 외교사절 파견, 임시중앙 심판소의 설립 등의 권력이 있다. (2) 참의원. 참의원은 각성 도독부에서 파견한 참의원으로 구성하는데 선전, 화해 및 조약체결 등에 부분적인 외교권을 가지고 있고 임시대통령이 제기한 각 부 부장 및 외교사절을 심사하는 임명 비준권이 있으며 임시정부 예산을 의결하고 임시정부의 지출을 검사하며 전국적 통일 세법을 의결하고 화폐제도 및 공채발행 사건 등 재정권을 의결하고 임시(暫行) 법률권을 의결한다. 참의원은 각성에 3명으로 제한하는데 파견 방법은 각성 도독부에서 자체적으로 결정한다. (3) 행정기관. 행정기관에는 외교, 내무, 재정, 군무, 교통의 다섯 개 부를 두며, 각 부의 소속 직원의 편제 및 권한은 부장이 결정하여 임시대통령의 비준을 받아 시행한다.

　　『임시정부조직대강』은 정부 조직 형식을 규정하여 헌법의 주요 특징을 구비하였다. 대강의 제21조에는 또 임시정부조직대강의 실시 기한을 중화민국헌법이 성립되는 날까지로 규정하였다. 여기서 볼 수 있듯이 대강은 법률상 임시 헌법적인 성질을 갖고 있다. 다시 말하면 각성 대표회는 확실히 임시 국회의 직능을 이행하였다. 각성 대표회에서 『임시정부조직대강』을 제정한 것은 중국 국회제헌을 실제로 시작한 것이 된다.

　　국회제헌권의 법률적 지위는 『중화민국임시약법』에서 확립되었다.

　　『임시정부조직대강』에서는 급하게 채택하다보니 부족한 부분이 아주 많았다. 1912년 남경 참의원에서 자체적으로 편집위원회를 조직하여 『중화민국임시약법초안』을 작성하여 2월 7일에 참의원 심의에 회부했다. 그 사이 심의, 수정을 달포 남짓 거치면서 3월 8일에 제3차 수정 원고를 완성하고 3월 11일에 임시 대통령이 공포하였다. 『임시약법』 제54조에는 '중화민국의 헌법은 국회에서 제정한다'고 규정하였다. 『국회조직법』은

1912년 8월 10일에 공포되었는데, 제20조에는 "민국 헌법안의 초안 작성은 양원의 의원 내에서 같은 수의 위원을 선출하여 행하게 한다"고 규정하였고, 제21조에는 "민국헌법의 의정은 양의회(兩議會)가 공동으로 행한다"고 규정하였다. 이로써 국회제헌권의 법률적 지위가 정식으로 확립되었다.

국회제헌권의 형성과정을 보면 결함이 없다고 할 수 없다. 첫째는 각성 대표회 대표의 선출방법이 선거의 성질을 갖고 있지 않아서 국민을 대표할 수 없었다. 각성 대표회 대표의 대다수는 도독이 파견하였는데 도독은 군정 장관으로서 민의 성질을 갖추지 못했다. 미국대륙회의의 대표는 모두 민의기관의 선거로 선출되었는데 각성 대표회의 대표의 선출 방법은 그것에 비할 수 없었다. 둘째, 각성 대표회 지능은 월권 혐의가 있는 듯하다. 발기자의 목적에 근거하여 각성 대표회의 직권은 외교대표 공인, 군사운행의 연락방법, 청실에 대한 조치 등 3항이었다. 하지만 각성 대표회의는 자체적으로 『임시정부조직대강』을 작성하고 자체로 표결하여 공포함으로써 최초 성립의 목적을 위배했다. 『대강』은 각성 도독 혹은 자의국 등 민의기구의 비준을 받지 못했다. 그렇기 때문에 법리상 각성 대표회의에서 제정한 『대강』은 월권혐의에서 자유로울 수 없다.

셋째, 남경 참의원이 과연 헌법성 문헌을 제정할 권리가 있는가 하는 문제에 대해 비교적 논쟁이 많다. 『임시약법』은 남경 참의원에서 제정했다. 남경 참의원은 각성 대표회로부터 발전하여 온 것인데 참의원의 선출 방법, 직권 범위 등의 방면은 각성 대표회와 마찬가지로 결함이 있고 합법성에 한계가 있어 보편적으로 인정을 받기 어려웠다. 넷째, 『임시약법』의 효력을 의심해 볼 수 있다. 필자의 고찰에 의하면 1912년 3월 8일 약법 전안을 표결할 때의 참의원 출석인 수는 오전에 31명, 오후 26명이었다. 당시 참의원 법정인 수는 적어도 66명이었다. 『참의원의사세칙(參議院議事細則)』에 의하면 참의원에서 의제를 토의할 때, "일반 법률, 재정 및 중대 의안의 경우 반수 이상의 의원이 참석하면 의제를 논의할 수 있고" 표결할 때는 "다수에 준하며 찬반이 동수이면 의장이 자기 뜻에 따라 결정 한다"고

했다.[385] 설령 『임시약법』을 일반 법안으로 보더라도 상술한 규정에 의하면 출석인 수가 적어도 당연히 33명 이상이어야 했다. 그렇기 때문에 절차적인 면에서 보면 약법이 과연 효력이 있는가 하는 것은 더 논의해 봐야 할 문제이다.[386] 만약 『임시약법』이 무효라면 국회제헌권의 합법성도 잇따라 문제가 생기게 된다. 다섯째, 『임시약법』이 국회제헌권을 규정한 것이 월권이 아닌가 하는 혐의가 있다. 남경 참의원에는 중화민국헌법을 누가 제정하는가 하는 것을 확정할 권리가 없다. 민국헌법을 '양회(즉 미래 민국헌법중의 참의원과 중의원)에서 공동으로 행한다'는 조목은 더구나 장래 헌법의 선택권을 박탈한 것이다. 왜냐하면 미래 국회의 조직형식은 반드시 미래 헌법이 규정해야 하지 『임시약법』이 규정해서는 안 되기 때문이다. 여섯째, 국회제헌권의 조문 규정이 너무 막연하고 명확하지 않아서 이해상 혼란을 가져오기 쉽다. 『임시약법』 제54조에는 헌법은 국회에서 제정한다고 막연하게 규정하였다. 이미 알고 있듯이 헌법의 제정에는 일련의 절차가 포함되는데 흔히 보는 것은 제헌권수여·헌법초안작성·헌법초안심의·헌법초안표결·헌법비준·헌법효력발생 등이다. 성문헌법국가에서 이런 절차는 통상적으로 다른 기관에서 완성하는데 흠정헌법이 아니라면 적어도 한 기관에서 독자적으로 완성하지 않는다. 그런데 『임시약법』은 헌법을 오로지 국회에서 제정한다고 규정하였는데 이는 너무 간단하다. 규정이 너무 모호한 까닭에 이런 조문은 훗날 국회제헌권을 반대하는 하나의 중요한 이유가 되었다.

사실 남경 참의원이 국회제헌권을 확정할 때, 당시 임시정부 내부에도 다른 의견이 있었다. 남경임시정부가 수립된 후 송자오런(宋敎仁)이 법제국장을 맡았다. 송자오런은 1월 27일 이전에 『중화민국임시정부조직법초안』을 작성하였다. 30일 임시 내동령

---

385) 장궈푸(張國福) 선편, 『참의원의사록참의원의결안휘편(參議院議事錄參議院議決案彙編)』, 북경대학출판사, 1989, 226쪽.
386) 류진송(劉勁宋), 「남경참의원인수와 임시약법의 효력(南京參議院人數與臨時約法的效力)」, 『근대사연구』 1기, 2005.

손중산은 송자오런이 작성한 초안을 참의원에 보내어 민국조직법을 작성하고 교정하는데 참고하도록 했다. 31일, 참의원은 회의를 열고 초안을 토론하였다. 회의에 참가한 의원들은 "헌법 발안권은 오로지 국회에만 있고 국회가 소집되기 전에는 본원이 유일한 기관이다. 그렇기 때문에 임시조직법은 반드시 본원에서 작성해야 한다. 지금 법제국에서 급하게 초안을 작성한 것은 월권을 피하기 어렵다. 비록 참고 자료로 하라고 하지만 사실 본원에 필요한 것이 아니다."라고 한결같이 생각하였다.[387] 참의원은 정부가 제시한 『임시정부조직법초안』을 돌려보냈고 정부에서도 별로 문제시 하지 않고 국회제헌권을 묵인하였다. 당시 동맹회원이 임시정부와 참의원에서 우세적 지위를 차지하고 있었기에 어느 기관에서 약법을 제정하든지 나쁜 결과가 일어날 수 없었다. 이것이 대략 임시정부가 참의원과 충돌하지 않은 원인일 것이다.

## 2. 국회제헌권의 결함과 폐단

국회제헌권의 법리적 결함은 그것이 나타난 후 논쟁을 일으켰다. 1912년 5월 『민주보』 주필 장사쇠(章士釗)는 글을 발표하여 국가의 근본문제를 의논하는 것은 적당하지 않다고 남경 참의원 의원들을 일깨워주었다. 그의 이론 기초는 입법과 법을 만드는 것과의 구별이었다. 그는 다음과 같이 말했다. "입법자는 오로지 일정한 원칙에 근거해서만 입법을 하지만 법을 만드는 자는 입법 이외의 여러 가지 원칙을 합하여 법을 스스로 만든다." 의회만능의 영국에는 입법과 법을 만드는 것과 구별이 없지만 대륙 국가는 이에 대해 아주 중요하게 생각한다. "입법의 의회권력은 늘 한계가 있다. 유독 법을 만드는 의회는 영문에서 만능이라는 뜻을 가지고 있다. 그런데 만능의 뜻은 바로 헌법제정, 헌법개조이거나 혹은

---

387) 장궈푸, 『민국헌법사』, 화문출판사, 1991, 54쪽.

헌법과 보통 법과의 계선을 없애는 것에서 제일 쉽게 표현된다."[388] 더 확실히 말하면 장사쇠는 참의원이 임시국회 성질의 기구로서 제헌권의 권력을 행사하지 않기를 바라면서 입법권과 제헌권을 구분하였다. 하지만 그가 법권과 제헌권의 구별을 발전시켜 논술하지 못했고 『임시약법』이 규정한 국회제헌권이 합법인가 아닌가에 대해 평론하지 못하고, 오히려 『임시약법』의 합법 성질을 전력으로 수호했다는 점은 극히 아쉬움을 남긴다.

강유위는 국회제헌권의 내적 결함을 명확하게 지적하였다. 그는 다음과 같이 말했다. 헌법은 3권 정립을 강조한다. 행정, 사법, 입법은 다 같이 헌법에 예속된다. 그렇기 때문에 헌법 제정은 반드시 국민대회에서 토론해야만 비로소 공평할 수 있다. 참의원은 입법기관으로서 제헌 대권을 혼자 장악하고 행정권, 사법권을 박탈하였기에 공평하다고 할 수 없고 그 폐해는 상상할 수도 없다.[389] 필자의 소견에 의하면 강유위, 장사쇠처럼 입법권과 제헌권을 반드시 다른 기관해서 행사해야 한다는 관점을 제시한 사람은 그리 많지는 않았다. 흔히 기존의 관점을 가지고 논의하면서 『임시약법』에 대한 불만 때문에 남경 참의원의 합법성을 부인하면서 제헌권과 입법권의 관계에 대해서는 계통적인 논술을 적게 하였다.

반대로 적지 않은 여론들이 다음과 같이 생각하였다. 지금 이미 민국시대이기 때문에 국민이 주권을 행사하지만 국민은 스스로는 조직되어 헌법을 제정할 수 없다. 이런 상황에서 반드시 어느 기관에서 국민을 대표하여 헌법을 제정해야 한다. 국회가 바로 이런 국가기관이다. 이런 인식은 국민제헌권이 국회제헌권으로 전환되도록 촉진했는데, 『임시약법』에 체현되어 일종의 법이 되었다. 『대공화일보(大共和日報)』는 1912년 3월 26일자에 『임시약법을 부인 한다(否認臨時約法)』라는 제목의 사론을 발표하여 다음과 같이 표시했다. "국민은 공화국의 주인으로서 주권자이고 참의원은 도독부의 관리로서

388) 장사쇠(章士釗), 「참의원에 고하는 글(高參議員)」, 『민립보(民立報)』 1912년 5월 1일 자. 『장사쇠전집』 2권, 문회출판사, 2000, 245쪽.
389) 강유위, 「공화평의(共和平議)」, 『강유위정론집』 하책, 1025쪽.

무주권자이다. 그렇기 때문에 국민은 참의원의 『임시약법』을 승인하지 않을 권리가 있는데, 이는 제일 간단명료한 이유이다." 다시 말하면 만약 참의원이 국민의 선거에 의해 선출된다면 참의원이 제정한 『임시약법』은 효력의 쟁의가 존재하지 않는다는 것이다. 이런 관점은 민국초기에 상당히 보편적이었다.

우리가 알듯이 국회제헌권이 헌법에서 성문화된 나라는 극히 드물다. 헌법과 보통 법률의 구별은 고대 그리스, 로마 시대에 이미 제시되었다. 근대 미국, 프랑스 제헌시기에 이에 대해 명확한 구분이 있었다. 미국의 필라델피아 제헌회의에서 헌법의 비준방식을 토론할 때 매디슨은 한 대표의 아래와 같은 발언을 기록하였다. "각 방(邦) 의회는 각 방 헌법의 산물에 지나지 않기에 그것이 창조자보다 커서는 안 된다. 그가 알기로는 이런 헌법 중에는 방 의회에 이런 권리를 부여한 헌법은 없었다. 그가 알기로는 어떤 방 헌법 중에는 이런 권리를 언급하지 않았고 방 의회에 헌법을 비준할 권리를 부여하지 않았다."[390] 프랑스대혁명 전야에 시에예스는 다음과 같이 지적하였다. 헌법은 근본법이라는 것은 결코 그것이 국민의 의지 밖에 독립적으로 존재한다는 것을 가리키는 것이 아니라, 근본법에 의거하여 존재하고 행동하는 기관이기에 절대로 국민의 의지에 저촉해서는 안 된다. "헌법의 모든 부분은 헌법이 설립한 권력기구가 제정해서는 안 되며 입헌권력기구에서 제정해야 한다. 그 어떤 일종의 위탁을 받은 권력은 모두 이런 위탁의 조건에 대하여 추호의 변동도 해서는 안 된다.'[391] 이것은 헌법을 제정하는 권력과 헌법이 설정한 권력을 구별한 저명한 논단이다. 이 논단은 후에 거의 각국 제헌의 통용 공식처럼 되었다. 하지만 청말 민초기간에 국민들은 헌법 제정의 권력과 헌법이 설정한 권력 간의 구별을 깊게 소개하지 않은 것 같다. 바로 그렇기 때문에 국회제헌권이 법리상에서 계통적이면서 엄격한 비평을 받지 않았는지도 모른다.

---

390) [미] 매디슨, 『변론: 미국제헌회의기록』, 상책, 랴오닝교육출판사, 2003, 399쪽.
391) [프] 시에예스, 『특권론  제3등급은 무엇인가?』, 59쪽.

이론상에서 말하면 국회제헌권의 결함은 상당히 선명하다. 국회는 헌법이 창설한 기구이다. 헌법이 창설한 기구가 헌법을 제정한다면 법리상 당연히 자기의 권한을 확대하고 기타 국가기관을 압제할 것이다. 물론 이것은 단지 이론상의 추측일 뿐 실천 속에서는 또 다른 기타 문제도 있을 것이다. 미국, 프랑스 두 나라의 제헌이 제헌회의를 채용한 까닭은 법리상의 이유 외에 실제상에서 일종의 정치적 선택이었다. 미국을 놓고 말하면 『연방조례』는 각 주 의회의 일치 동의를 토대로 만들어졌는데, 이런 규정들은 연방의 수많은 사무를 진행하기 어렵게 하였다. 만약 헌법회의가 헌법을 비준하였다면 당연히 각 주 의회의 보이콧을 피하고 인민에게 호소하는 형식으로 보다 큰 권위를 취득했을 것이다. 프랑스를 놓고 말하면 특권등급은 각종 곤란의 근원이었다. 3급 회의 체제하에서 제3등급의 이익은 보장하기 아주 어렵다. 그렇기 때문에 시에예스는 직접 국민을 제헌권의 주체로 설정하였다. 하지만 전체 공민이 직접 제헌권을 행사한다는 것은 불가능하기에 제헌회의 방식이 시대의 요구에 의해서 나오게 된 것이다. 여기서 알 수 있는 것은 미국, 프랑스를 막론하고 제헌회의의 출현은 일종 혁명적 선택이었다는 것은 의심할 여지가 없다. 바로 그렇기 때문에 미국과 프랑스 양국도 다만 법리상에서 국회제헌권의 가능성[392]을 부인할 뿐 실제적인 교훈은 없다. 중국의 상황은 미국, 프랑스 양국과 차이가 아주 크다. 중국은 그전에 헌법을 실행한 교훈이 없었고 당시 서방의 헌정문화에 대한 이해도 깊지 못했다. 그런 상황에서 남경 참의원 중 동맹회에 적을 둔 의원들이 『임시약법』을 급하게 제정하였는데 제헌권이론에 대한 그 당시 사람들의 인식 요소 외에 정치 요소도 중요하게 고려되었다. 당시 손중산이 임시대통령 직에서 사직하여 행정기관에서 동맹회의 영향이 크게 약해졌다. 원세개를 견제하기 위하여 동맹회는 『임시약법』을 제정하고 약법 중에 헌법은 국회에서 제정한다고 규정하였다.

---

392) 1780년 전의 주헌법과 1801년의 『연방조례』를 미국의 국회제헌으로 볼 수 있다. 하지만 그런 국회제헌권 이론의 전제와 민주의 심리적 토대는 사회계약론인데 청말민초시기에 이런 가치관념은 아직 국민 공통의 인식이 되지 못했기에 쉽게 유추할 수 없다.

그렇기 때문에 민초 국회제헌권의 확립은 인식상의 원인 외에 일종의 정치적 선택이 컸다.

국회제헌권은 법리상 선명한 결함이 있고 정치상 국회 독재 위험이 있다. 이런 결함은 1912년 하반기부터 충분히 폭로되기 시작하였다. 장사쇠는 국회제헌의 갖가지 폐단들을 정리하였는데 대체로 3가지이다. 첫째, 국회제헌은 당쟁을 불러오기 쉽다. 악성 당쟁은 민국 년초에 극히 악명이 높았다. 장사쇠는 그것을 극도로 미워하면서 제헌기구 중에서 당쟁을 막는데 주력하였다. 그는 "보통 입법기관은 당쟁의 소용돌이로서 그렇게 하는 자들로 하여금 정권의 미끼가 되게 하고 사인의 이익은 보존하게 한다"[393]고 말했다. 둘째, 의원들에게 헌법 제정 능력이 부족했다. 장사쇠는 다음과 같이 표시했다. "의원들은 민간으로 와서 민의를 대표하는데, 그들의 지혜와 지식은 국한성이 있기 때문에 하나의 법을 제정하기에는 충분하지 않다. 입안에서 중요한 것은 독립적인 견해이기에 전문가의 손에 의해 만들어지지 않으면 반드시 파열에 이르게 되고 독특한 헌법이 이루어 질 수 없다. 다른 법도 모두 이러하다."[394] 그렇기 때문에 그는 국회 이외에 "반드시 법제국을 설치하여 법률에 정통한 학자가 이 일을 장악하여… 헌법은 국회에서 의정하지만 초안은 반드시 국회에서 제시할 필요가 없다"[395]고 제시하였다. 셋째, 국회가 입법과 제헌이라는 두 종류의 직능을 겸임하였기에 몸을 빼서 제헌하기가 어렵다. 장사쇠는 다음과 같이 표시하였다. 보통 입법기관은 입법 범위가 아주 넓어서 머리가 혼란스럽고 한곳에 집중하지 못해 세밀하게 법률을 제정하기 어렵다. 그 뿐만 아니라 "보통 입법기관은 입법사무가 구구절절 행정과 연관되기에 행정의 사유로 인해 입법상의 절차가 매번 방해를 받는다. 헌법회의가 정부 밖에 독립한다면 이런 폐단을 면할 수 있다.'[396]

---

393) 장사쇠, 「헌법회의의 주장(憲法會議之主張)」, 『독립주보』 1912년 12월 29일 자. 『장사쇠전집』 2권, 632쪽.
394) 장사쇠, 「헌법초안작성문제(憲法草案問題)」, 『독립주보』 1912년 10월 27일 자. 『장사쇠전집』 2권, 602~603쪽.
395) 장사쇠, 「헌법초안작성문제」 위의 책, 602~603쪽.
396) 장사쇠, 「헌법회의의 주장」, 앞의 책, 603쪽.

장사쇠의 몇 가지 인식은 국회제헌의 폐단을 집어냈다. 10여년 후 국회제헌의 역사를 돌이켜볼 때, 분노의 정서가 말과 행동에 드러났고 국회제헌의 인식도 하나의 새로운 이론으로 상승하였다. 장사쇠는 다음과 같이 개탄했다. "국회는 헌법의 규정에 의해 설립된 기관으로서 그 권력은 헌법이 부여한 것이다. 만약 부여된 권력을 자신의 사적인 일에 사용하고 제멋대로 삭제하거고 수정하여 자기에게 유리한 목적에 이른다면 인류의 이러한 약점이 단체에서도 체현되게 된다." 민국 이래 국회제헌이 자신에 대하여 권력을 사적으로 행사하지 않은 적이 없다. 양계초는 여러 국민들에게 부탁하여 국민제헌을 제시하려고 시도하고 이것은 "국민자위의 제일 정의"[397]라고 강조하면서 국회제헌을 반대하였다. 평소에 민국헌법의 아버지라고 불린 장군매(張君勱)는 분노하여 이렇게 말했다. "의원이 헌법을 논의하는 것은 국회의 권력인데 타인이 무엇을 어쩐단 말인가? 의원이 헌법을 의논하지 않는 것도 역시 국회의 권력인데 타인이 무엇을 어쩐단 말인가? 의원이 또 제헌의원의 자격으로 의회가 해산하지 않는 것을 쟁취하는 것도 국회의 권력인데 타인이 무엇을 어쩐단 말인가? 총체적으로 국회 위에는 국회의 시비를 판단할 자가 없으니 국회가 자신의 권한, 국회와 다른 기관의 관계를 모두 스스로 제정하니 타인은 참견할 수 없다. 이것은 국가 헌법이 오늘까지 이루어지지 못하는 원인이다. 국회의원들은 모두 공인하면서 날마다 자신을 위하여, 자신의 기관을 위하여 사리를 챙기는데 전국의 4억 민중 모두 저지할 방법이 없다." 그는 "제헌의 업(業)을 국회의원들에게 맡긴 것은 오늘날 가장 큰 착오"[398]라고 개탄했다. 물론 이런 후회는 모두 사후의 개탄일 뿐이었다.

---

397) 양계초, 「국민자위는 제일의 정의(國民自衛之第一義)」, 『음병실합집 4 음병실문집 35』, 28쪽.
398) 장군매, 『헌정의 길』, 102~103쪽.

## 3. 국회제헌권의 수정 시도

『임시약법』이 국회제헌권을 확립하긴 했으나 민초 국회의 의사 효율이 낮아서[399] 제헌 능력까지 연루되는 바람에 질의를 받았다. 1912년 하 반년, 양도(楊度) 등이 북경에서 헌법초안작성 예비회의를 조직하고 정덕전(程德全), 장건(張謇) 등이 남방에서 비슷한 기구 건립을 추진하면서 『국회조직법』을 수정하고 헌법 제정에 참여하려고 시도했다. 채악(蔡鍔)은 1912년 12월 17일에 대통령 원세개에게 밀전을 보내어 행정기관이 국회 제헌에 영향을 미치게 하는 책략을 제시하였다.[400] 같은 날 직예(直隷)도독 풍국장(馮國璋), 하남 도독 장진방(張鎭芳)이 공동으로 북방의 각성 도독에게 전보를 보내어 정덕전을 지지하고 국회제헌에 간섭하려고 꾀했다.[401] 한동안 정계에 은밀하게 격랑이 일면서 국회제헌권이 엄중한 도전에 직면했다. 그중에서 장사쇠의 헌법회의론이 가장 영향력이 있었고 가장 체계적이었다.

장사쇠는 헌법을 국회에서 제정하는 것에 반대하지 않았다. 그는 "다른 민선기관을 설치하여 전문 헌법을 의논하는 것도 시대가 허용하는 것이 아니"[402]라고 말했다. 하지만 그는 헌법초안 작성권과 헌법표결권을 구분하면서 그것을 빌려 국회제헌권을 나눠 누리려고 시도했다. 그는 다음과 같이 표시했다. 『임시약법』 제16조에 근거하면 "중화민국의 입법권은 참의원이 행사한다"고 하였는데 그 뜻은 중화민국의 참의원은 모든 법률을 능히 제정할 수 있다는 것이다. 『임시약법』 제38조에는 또 "임시대통령은 법률안을 참의원에 제시해야 한다"고 규정하였는데 그것은 법률안의 초안은 기타 기관에서 작성할 수 있다는 뜻이다. 그렇기 때문에 법률안을 대통령이 의결에 교부하고 참의원이 의결하는 것은

---

399) 주로 입법 효율이 낮고 내각 교체가 빈번하며 감독권을 남용하는 등에서 주로 표현되었다.
400) 증업영(曾業英) 편, 『채송파(蔡松坡)집』, 상해인민출판사, 1984, 627~628쪽.
401) 『장진방 존전(存電)』 참조.
402) 장사쇠, 「헌법초안작성문제」, 『독립주보』 1912년 10월 27일 자. 『장사쇠전집』 2권, 603쪽.

법률적으로 참의원의 제정법률권에 손상을 주지 않는다. 이런 연고로 "중화민국의 헌법은 국회에서 제정한다"는 『임시약법』 제54조에 초안 작성이 포함되지 않으며 "국회에서 모든 법률을 제정하나 기타 기관에서 초안을 작성할 수 있다"는 뜻으로 자연스럽게 해석할 수 있다.[403] 여기에서 장사쇠가 말한 제정이 함의는 표결과 동등하다. 더 깊이 말하면 장사쇠는 국회제헌을 반대하지 않았지만 실제로는 헌법을 국회에서 표결하는 것에 반대하였다. 그것은 그가 국회에서 헌법초안 작성을 지지하는 것을 의미하지 않는다. 그와는 반대로 그는 표결권과 초안작성권을 분리해야 하며 국회는 초안 작성에 합당하지 않다고 단호하게 주장했다. 이것이야말로 그가 헌법표결과 헌법초안 작성을 구분한 진정한 목적이다.

민국 초 의회의 폐단이 국회 제헌권에 여러 가지 폐단을 불러올 가능성을 고려하여 장사쇠는 당연히 국회 밖에 하나의 기구를 전문 설치하여 헌법 초안을 작성하게 함으로써 국회로 하여금 "먼저 헌법 초안을 반포하고 토론을 하면 그로부터 자연히 유익한 일이 생기게 될 것"이라고 제시하였다. 그는 다음과 같이 강조하였다. "비록 국회에서 헌법초안을 작성하더라도 기타 단체에서 먼저 초안을 작성하는 것을 금지하지 말고 예비로 두었다가 먼저 작성된 초안이 과연 좋고 효과적이어서 국회에 영향을 줄 수 있다면 그것을 근거로 의결을 발의할 수 있어야 한다."[404] 장사쇠는 헌법초안 작성기관을 따로 설치해야 한다고 주장했지만 그 기관에 이름을 달지는 않았다. 서술의 편리를 위해 우리는 그 기관을 헌법회의라고 부르기로 하자.[405]

헌법회의론의 전제중 하나는 바로 국회제헌이 꼭 민의를 대표하지 않는다는 것이다.

---

403) 장사쇠, 「헌법초안작성문제」, 위의 책, 711쪽.
404) 장사쇠, 「헌법초안작성문제」, 『독립주보』 1912년 10월 27일 자, 『장사쇠전집』 2권, 601~603쪽.
405) 장사쇠는 국회 밖에서 헌법초안의 작성기관을 따로 설치해야 한다고 대대적으로 주장하였지만 그는 단지 개념의 각도에서 견해를 밝혔을 뿐 정치적 실천을 중시하지 않았다. 그가 국회 밖에 설치하자고 주장한 헌법초안 작성기구도 고정된 명칭이 없이 때로는 법제국이라고 불렀다가 때로는 헌법회의라고 부르기도 했다. 그는 일찍 「헌법회의의 주장」이라는 글에서 자신의 주장을 밝혔는데 거기에서 헌법회의관으로 그의 제헌주장을 밝혔었다.

국회제헌론은 다음과 같이 인정했다. 헌법이 민의에 의해 제정되자면 헌법 표결이 민의에 의해 결정돼야 할 뿐만 아니라, 헌법의 작성 역시 민의에 의해 결정되어야 한다. 국회제헌이 바로 능히 민의를 체현할 수 있다. 다시 말하면 만약 국회 밖에 다른 기관을 설치하여 헌법초안을 작성하게 한다면 민의를 대표할 수 없다는 것이다. 장사쇠는 결코 헌법 제정은 반드시 민의를 체현해야 한다는 것에 반대하지 않았다. 그는 다른 나라들은 국회 내의 변론과 국회 밖의 감정이 호흡을 같이 하고 표리가 동일하여 능히 민의를 대표할 수 있지만, 지금의 참의원은 민의를 대표할 수 없다고 표시했다. 그는 실례를 들면서 다음과 같이 말했다. "기자는 주로 신문보도를 주업으로 하나 국가의 대사에 관심이 없는 것은 아니다. 국회 조직법이 통과되었을 때, 기자가 상해 상무인서관에서 그 법률 문서를 소책자로 만들어서야 사람들이 전문을 읽을 수 있었고 관심을 가질 수 있었다. 참의원에서는 일찍 헌법조문을 소책자로 만드는 문제에 대하여 이렇게 소책자로 만드는 행위는 의연히 기자의 개인행위라고 규정하였다. 남방에는 신문, 잡지가 수백 종이 있고 북경, 상해에는 정객이 수 백 명이 있는데 지금까지 그들이 헌법을 토론한다는 말은 전혀 들어본 적이 없다. 참의원에서 이 조문을 토론할 때, 그들이 그 조문을 유럽과 미국의 법률조문과 비교하여 구분하면서 충분히 고려했는지에 대해서 수많은 의문이 남아있다. 이러한 무감각한 정책은 아주 가슴 아픈 일이다. 민의가 전달되지 못했다는 것은 객관적인 현실이다."[406]

당시 어떤 여론은 미국의 필라델피아 제헌회의는 헌법회의의 선례로 중국도 미국의 제헌 경험을 거울로 삼아 필라델피아 제헌회의 방식을 모방할 수 있다고 생각하였다. 하지만 어떤 사람은 필라델피아 제헌회의에 대해 다른 이해를 가지고 있었다. 1913년 1월 8일, 『국광신문(國光新聞)』의 평론은 다음과 같이 썼다. "미국의 헌법 수정을 고찰하여 보면 실제로는 1786년 아나폴리스회의[407]에서 시작되었다. 해밀턴은 상법회의(商法會議)를

---

406) 장사쇠, 「헌법초안작성문제」, 『독립주보』 1912년 10월 27일 자. 『장사쇠전집』 2권, 711~712쪽.
407) 1786년 9월, 북미 5개 주의 대표들이 안나폴리스에서 회의를 열고 각 상업무역정책을 조절하였다. 회의후 회의에 참석한 대표가 다음 해 5월 필라델피아에서 회의를 소집하여 현행의 『연방조례』를 수정할 것을

이용하여 헌법회의로 만들려고 했다. 국회 밖에 다른 헌법초안 작성기관을 두지 않았는지 짐작이 간다." 다시 말하면 중국에서 헌법을 제정함에 있어서 국회 밖에 또 다른 헌법초안 작성기관을 둘 필요가 없다는 것이다. 필라델피아 제헌회의에 대한 장사쇠의 해석은 이것과는 정반대이다. 그는 다음과 같이 인정했다. 아나폴리스회의는 상업 문제를 토의하려고 열린 것이다. 필라델피아회의는 아나폴리스회의의 화신이 아니기에 아나폴리스회의로부터 변화한 것이라고 할 수 없다. 그는 다음과 같이 강조하였다.

"두 회의는 관계가 있다. 미국은 동맹조항을 시행한 까닭에 여러 차례 실패를 하고 재정이 무질서해져서 갑자기 다스리기 어려웠다. 외인의 업신여김과 내부와의 충돌의 정도가 배로 높아져서 바로잡기 힘들었던 중앙정부의 고민이 깊었다. 각 주도 그것 때문에 고민했고 상인들은 어려운 처지에 빠져서 주와 주간의 상업이 부진했다. 아나폴리스회의는 국회(콩드레스)의 권한을 침해하여 이런 상황을 바꾸려 했다. 하지만 동맹조항에 묶여 회의가 시도하던 바를 이루지 못하게 되자 정책의 폐단을 아쉬워하고 조항의 불량을 개탄하면서 다음 해에 헌법회의를 열어 근본대계를 해결할 것을 국회에 보고하기로 결의하였다. 이것이 필라델피아회의의 유래이다. 그 회의는 국회에서 소집하였으나 회의가 개최되어 폐막할 때까지 시종 곁에서 지켜보았을 뿐이다. 회의는 비밀리에 진행되어 회의에서 무슨 문제를 토론하였는지 국회는 일절 묻지 않았다. 다만 회의를 소집할 때 통고를 했고 헌법이 작성되어 국회 및 각 주 의회에 제시되었을 때 표결했을 뿐이다.

미국은 헌법회의를 확실히 '국회 밖에 두어 따로 헌법초안기관을 설립'하였다."[408] 다시 말하면 필라델피아 제헌회의 양식을 모방할 수 있다는 말이다. 그 뿐만 아니라 장사쇠는 또 다음과 같이 지적하였다. "헌번초안 작성을 국회 이외의 단체에 맡기자는 것은 일종의 법학상의 주장으로서 비난할 바가 아니며 반드시 선례를 찾아 그것을 증명해야 할 것이다.

---

건의하였다. 안나폴리스 회의를 흔히 필라델피아회의의 시작으로 보고 있다.
408) 「헌법초안문제잡론」, 『독립주보』 1913년 1월 12일, 19일 자, 『장사쇠전집』 2권, 710쪽.

뒤떨어지고 겉만 번지르르한 말로 그것을 무너뜨려 성립되지 못하게 하려는 것은 부질없는 일이다. 오늘날 필라델피아회의를 법이라고 말하지 않는다. 하지만 그 이론이 헌법 속에 포함되어 있는데 무슨 방법으로 그것을 훼멸할 수 있겠는가? 미국 헌법 제5장에는 국회는 주 의회 3분의 2의 청원이 있으면 헌법회의를 소집하고 수정안을 제시한다고 명확히 밝히고 있다. 합중국의 권리가 필라델피아회의에서 논증되었고 1789년 이후에는 헌법에 큰 수정을 하지 않았으며 그 주의가 뒤엎어지지 않았다. 미국 각 주에는 모두 헌법이 있고 그것의 작성 혹은 수정 수속은 모두 특별회의에서 한다. 그런 예를 들라고 하면 피라델피아 같은 예가 한둘이 아닌데 무슨 더 의논을 한단 말인가?"[409]

국령제헌권(國令)에 대한 또 다른 수정은 도독참여제헌의 주장이다. 1912년 12월, 정덕전, 양계초 등은 헌법초안 작성위원회를 발기하여 도독이 파견한 대표로 헌법초안 작성위원회를 조직하여 헌법초안을 작성할 것을 제시하였다. 한동안 여론이 들끓었다. 어떤 사람들은 입법에 관한 일에 도독이 사람을 천거하는 것은 행정부가 입법부를 간섭하는 것이기에 절대 있을 수 없는 일이라고 주장했다. 장사쇠는 다른 의견을 내놓았다. 그는 다음가 같이 지적하였다. 헌법기관은 중요한 부서이기 때문에 "인물이 각 정치중심에서 나와 거기에 앉아야 각성의 생각이 미칠 수 있다. 이른바 정치중심이라는 것은 행정이든 입법이든 구분없이 행정이 중심일 수도 있고 입법이 중심일 수도 있다…. 오늘날 중국 각성의 정치중심은 과연 어디에 있는가? 이 문제를 말하려면 부득이하게 도독에 대해 토론하지 않을 수 없다. 왜냐하면 도독은 위원들에 의해 선출되고 정치방면을 고려하는 것이지 단순히 행정방면을 고려하는 것이 아니기 때문이다. 이전의 참의원은 각성에서 도독을 파견하여 조성하였는데 바로 이 방면을 고려한 그 원리이다."[410] 장사쇠가 볼 때 도독이 사람을 파견하여 헌법초안을 작성하게 하는 방법의 장점은 아주 분명했다. "첫째,

---

409) 「헌법초안문제잡론」, 『독립주보』 1913년 1월 12일, 19일 자, 『장사쇠전집』 2권, 710쪽.
410) 「헌법초안문제잡론」, 『독립주보』 1913년 1월 12일, 19일 자, 『장사쇠전집』 2권, 708쪽.

도독은 확실히 각성의 정치 중심이다. 광복 때 모두 도독이 나서서 싸웠고 큰 작용을 발휘하였다. 예전의 청조로부터 지금에 이르기까지 각성의 정치에서 민의가 참여하여 반영된 적은 적었다. 둘째, 대다수의 선거 조치가 정확하지 못하여 국내의 우수한 인재는 소수인이 천거에 의탁하고 결정권이 있는 다수의 천거가 군중의 염원을 능가한다. 한 사람의 의견은 쉽게 파악되지만 대다수 사람들의 의견은 쉽게 통제된다. 지식이 낙후한 인민들로 말하면 더욱 그러하다. 셋째, 사람들 중에는 흔히 무지막지한 사람이 적지 않다. 이러한 사람이 최고 권력기관을 장악하면 이의(異議)를 무시하고 지적을 받아들이지 않는다. 하지만 대중이 추천한 도독은 다르다. 늘 배후의 의론을 의식하게 되고 감히 제멋대로 하지 못하며, 자기 당파의 견해라고 하더라도 감히 공개적으로 드러내지 못하며 완전히 근절시키지 못하더라도 대체적으로 감독은 할 수 있다. 넷째, 특히 주의해야 할 것은 대표와 위원은 다르다는 점이다. 대표는 최종 결정권이 있지만 위원은 최종적으로 자기의 의견에 권한을 부여한 지명자에게 귀환된다. 그렇기 때문에 도독이 추천하여 파견한 위원은 당파의 견해로 인해 대계에 영향을 줄 수 있어서 그 판단능력은 대표에 비할 바가 못 된다. 왜냐하면 인민대표는 최후 결정권자이기 때문이다."[411]

헌법회의의 장점은 마침 국회에서 초안을 작성하는 방법에서 나타난 결함에 있었다. 첫째, 헌법회의는 당쟁을 피할 수 있다. 만약 헌법초안 작성 전문기관을 따로 설치하면 행정과 서로 관섭하지 않을 수 있고 세금을 부과하거나 세입권을 처리하는 일도 없으며 어느 한쪽으로의 기울어짐도 없이 평등해서 인선에 용이하다. 동시에 열렬한 업무 일꾼은 보통 입법기관에 투신할지언정 헌법회의에 가입하려고 다투지 않는다. 이런 상황에서 헌법회의 성원은 학식과 경험을 충분히 이용할 수 있고 들뜨거나 경솔함이 없을 것이며 독립적인 자태를 유지할 수 있고 당의 압제를 받지 않을 수 있어 실제 상황에 따라 비평을 하고 제의를 할 수 있다. 이렇게 되면 "당파 문제는 헌법 범위 내에서 자주 일어나지

---

411) 「헌법초안문제잡론」, 위의 책, 713-714쪽.

않고 서로 관련이 없게 되며 당쟁도 거기서부터 시작되지 않는 것이 제일 큰 장점이다."
둘째, 헌법회의는 제헌전문인재를 찾을 수 있다. 장사쇠는 다음과 같이 지적하였다.
"국회의원은 임기가 너무 길고 의원 선거도 부정이 만연할 수 있다. 이런 두 가지 폐단은
고상한 인사들로 하여금 의원이 되지 않으려 하게 한다. 하지만 헌법회의는 임기가 아주
짧고 또 이상이 있고 국가의 이익을 위해 개인의 이익은 희생하려는 국민들의 헌법제정의
참여를 불러일으킬 수 있다. 그렇기 때문에 '이런 회의는 그 능력과 도덕의 높이가 국회
이상이다.' 그 뿐만 아니라 만약 회의를 순전히 헌법을 위해서만 둔다면, 회원들은 헌법에만
정력을 집중할 수 있어 제헌과 입법의 직능을 동시에 이행하면서, 조성된 국회의 '머리가
혼란스럽고 한곳에 집중하지 못해 세밀하게 법률을 제정하기 어려운' 폐단을 피할 수 있게
된다." 장사쇠 제헌관의 독특한 특징 중 하나는 헌법초안 작성기관은 반드시 법률로 정한
지위가 있어야 한다는 것이다. 그것은 대체로 다음과 같다.[412]

첫째, 기관을 법으로 정하지 않으면 규칙적이고 엄숙한 정신이 절대 있을 수 없다.
장사쇠는 다음과 같이 말했다. "참의원은 법률로 정한 것임에도 의사를 진행할 때, 늘
혼잡하고 대충 넘어가는 현상이 있는데 하물며 연합단체야 더 말할 것 있겠는가? 헌법을
토론하는 것은 일반 입법에는 비할 바 없는 것이어서 그 장소는 반드시 국회보다 더
규칙적이고 엄숙해야 하거늘 법으로 정하지 않고서야 어찌 되겠는가?"

둘째, 기관을 법으로 정하지 않으면 의사절차를 법률적 수단으로 유지할 수 없다. 그는
다음과 같이 말했다. "의원이 의회에 출입하여 직책을 이행하자면, 이 사업에 대한 열정이
있어야 한다. 반드시 열정을 쏟아 부어야 하는 까닭은 세 가지가 있다. 첫째, 본 사건이 장차
어떤 효력을 발생할지 전혀 파악이 없기 때문이다. 둘째, 관련 일꾼들의 과도한 심사 때문에
제시된 안건에 대해 권태를 느낄 수 있기 때문이다. 셋째, 공연한 공격이 많고 몸을 사려
빠지려는 사람이 많기 때문이다. 이러한 세 가지 상황은 법률적 수단이 아니고서는 해결할

---

412) 「헌법초안문제잡론」, 위의 책, 720~722쪽.

수 없다. 만약 법률이 없다면 이러한 회의는 중도에서 요절될지도 모른다."

셋째, 기관을 법적으로 정하면 헌법회의가 비밀리에 진행될 수 있도록 보증할 수 있다. 장사쇠는 헌법은 비밀회의에서 작성될 수밖에 없다고 인정하면서 다음과 같이 말했다. "의원이 어느 유파에 속하면 인정과 도의상에서 그 어느 유파의 색채를 띠게 된다. 그렇기 때문에 쌍방의 견해는 자연히 통일되지 않을 것이 당연하다. 하지만 회의를 할 때, 이러한 다른 견해는 드러낼 수 없다. 왜 그런가? 왜냐하면 의원은 추천인의 감독에서 벗어날 수 없기 때문이다. 이를테면 중앙정부에서 명령으로 법률을 대체하고 근본법을 어기는 것을 개의치 않을 것을 주장한다면, 한 사람을 의원으로 추천하여 의회에 가서 선전하고 추진해야 한다. 이러한 사람은 정부와 똑같은 관점을 가지고 있다고 할 수 없다. 같으면서도 다른 차별이 있을 수 있다. 하지만 정부의 감시와 지시 하에 그 의원은 자신의 지위를 잃을 것을 두려워해 시종 감히 의의를 제기하지 못하고 회의에서 억지로 찬성한다. 그렇기 때문에 그 회의에서 채택된 결의는 모두 정확하지 못하다. 그 결과 각종 편견을 모아서 저울질하며 실행하게 된다. 안건이 많으면 형식주의로 가게 된다. 안건이 나오면 어떻게든 채택된다. 우리는 그들이 애국적인 열정을 지니고 안건에 대하여 각 방면의 이해관계를 충분히 이해하고 심사숙고하기를 바란다. 하지만 이렇게 할 수 있는 의원은 많지 많다. 미국인들은 필라델피아회의에 대해 평론하면서 당시 제시된 의안의 조항을 바꿀 수 없다고 인정한 사람은 한 사람도 없었다고 하였다. 매 조항은 제시되고 채택되기까지 수많은 수정을 거쳐 원래의 조항과는 완전히 달라졌다. 고치지 못하고 통과만 한다면 헌법회의의 신성함을 어떻게 지킬 수 있고 어떻게 국회가 당파에 의해 휘둘리지 않게 할 수 있겠는가? 요청을 받은 사람은 반드시 회의의 비밀을 지켜야 한다. 아무리 성격이 강하고 자기주장을 지키는 사람일지라도 그의 주장이 완전히 논리에 부합된다고 할 수는 없다. 이를테면 한 의원이 이느 한 당의 주장을 취소할 것을 요구한다고 하자. 그 당파에서 회의에 참가한 사람이 굴복한다 해도 회의 밖의 당원들은 난리가 날 것이다. 처음에는 신문이나 잡지로 공격을 할 것이고 나중에는 폭력까지 동원될 것이다. 그렇게 되면 토론은 진행될 수 없다. 비밀을 지켜야 한다는 요구는 필라델피아회의에서부터 시작되었다. 이 원칙을 바꿔서는 안 된다. 비밀을 지키려면 법률로 규정하지 않으면 안 된다. 왜냐하면 자유롭게 결합된 단체에서 회원들은 독립적인 행위을 할 결심을 하고 있지 않을 뿐더러 비밀을 지켜야 할 필요성을 느끼지 못하기 때문이다. 그리고 누가 비밀 고수의 규정을 제안하면 그 사람은 먼저 앞장서서 집행해야 하기 때문이다."

넷째, 기관을 헌법으로 제정하면 초안 작성기관의 독립을 확보할 수 있다. 성공한 헌법회의가 되자면 존 스튜어트 밀의 말처럼 전국의 엘리트를 한곳에 집중시켜야 한다. 의지가 있으면 반드시 행동해야 한다. 법정 기관에서 토론에 참가한 사람은 국회의 어려움을 감내해야 토론을 진행할 수 있다. 자유초안은 법률에 근거하여 변론해야 하고 여론의 힘을 빌어야 한다. 그래야만 유효한 초안이 나올 수 있다. 그렇지 않으면 초안이 국회에 상정되더라도 채택된다는 보장이 있을 수 없다. 그러니 다른 것이야 더 말 할 필요도 없다. 동시대의 다른 사람들과 마찬가지로 장사쇠의 헌법관은 임시참의원의 여러 가지 부당한 행위에서 비롯되었다. 그는 국회제헌의 여러 가지 결함과 헌법회의의 내적 우세에 대해 치중하여 탐구하였고 나아가 당쟁을 제헌 과정에 끌고 들어가는 것에 반대하였다. 그는 국회제헌의 합법성을 시인하면서 법률 범위 내에서 국회 밖에 따로 헌법초안 작성위원회를 만들려고 시도하였다. 일종의 주장으로서의 그의 헌법회의관은 크게 비난할 바는 못 된다. 장사쇠의 정론은 민국초기에 영향력이 컸다. 모종의 정도상에서 말하면 헌법회의가 헌법초안을 작성하는 문제에 대한 격렬한 토론은 그가 시작했다고 볼 수 있다. 그의 수많은 관점은 무척 신선한 것이어서 널리 유전되었다. 이를테면 대통령에게 헌법제정에 참여할 권한이 있다는 관점은 민국헌법 고문 아리가 조오(有賀長雄)보다 몇 달이나 앞섰다. 하지만 장사쇠의 헌법회의관에도 많은 부족한 점이 있고 체계를 이루지 못했으며 실무적이지 못했다. 이를테면 주권과 헌법의 관계 등 수많은 제헌이론의 중요한 문제에 대하여 만족스러운 해석을 하지 못했다.

장사쇠의 헌법회의론은 결코 국회제헌권을 부정하려는 것이 아니라 헌법회의가 국회 제헌권을 나눠 가지고 헌법제정에 참여하려고 시도한 것이다. 이러한 헌법회의 참여 이론은 객관적으로 헌법제정에 참가하는 다원화 정치세력의 염원을 만족시켜 줄 수 있었고 동시에 국회제헌권도 수호할 수 있었다. 하지만 장사쇠는 자신을 뒷받침해 줄 당파세력이 없다보니 이 헌법회의론을 실천해 볼 수 없었다. 하지만 그렇다 하더라도 민초 제헌이론 발전에 발휘된 그의 작용을 부정할 수는 없다.

민초에 행정제헌권은 두 가지 유형이 있었다. 하나는 행정참여 제헌론이고 다른 하나는 행정 주도 제헌론이다. 양자가 발생한 법리적 토대는 완전히 다르다. 행정참여 제헌론에는 도독참여제헌과 대통령참여 제헌을 다 포함하고 있으나 행정 주도 제헌론은 대통령 제헌론이다.


## 1. 도독(都督)참여 제헌론

엄격한 의미에서 말하면 행정참여제헌론은 결코 국회제헌권에 대한 부정이 아니라 일종의 수정이다. 도독참여제헌은 행정제헌론의 중요한 형식 중 하나이다. 도독 참여 제헌론의 이론적 근원은 대체로 두 가지인데, 하나는 도독정치 중심론(앞에서 서술하였기에 여기서는 다시 서술하지 않음)이고, 다른 하나는 도독이 국회제헌의 결함을 보완해야 한다는 이론이다. 여기서 도독 참여 제헌론은 곧 이런 개념이다.

양계초는 도독 참여 제헌론의 중요한 창시자이다. 그는 국회의원이 헌법초안을 작성하면 "헌법의 의미에 너무 깊이 빠져 끝이 없다"고 하면서 당연히 전문기관이 헌법초안을 작성해야 한다고 생각하였는데 그 이유는 다음과 같다.

첫째, 초안 작성 인원이 너무 많으면 좋지 않다. 이것은 인원수가 많고 적음에 대한 문제이다. 양계초는 다음과 같이 인정했다. 국회위원제와 전문기관설치제는 표면상으로 보면 별로 구별이 큰 것 같지 않지만 국회 양원의 의원을 합하면 8, 9백 명이나 되는데 헌법초안 작성 위원을 선거할 때 세력이 클 수 있다. 의원의 10분의 1을 선출한다고 해도 이미 너무 많다.

둘째, 초안 작성은 당연히 비밀을 엄격히 지켜야 한다. 양계초는 초안 작성 과정에 만약 비밀을 잘 지키지 않으면 외부의 영향을 받아 체계가 혼란해질 수 있을 것을 우려했다. 그는 중국인들은 원래 비밀 엄수 습관이 부족하므로 전문기관을 설치하면 국회제헌보다는 더 비밀을 지킬 수 있을 것이라고 생각했다.

셋째, 국회의원는 모두 반드시 헌법 편찬에 적합해야 하는 것이 아니다. 반드시 국내에서 최고로 학식과 경험이 있는 사람을 초빙하여 헌법초안 작성에 전심전력으로 몰두하게 함으로서 완벽하게 작성하도록 해야 한다. 헌법은 국가의 근본법으로서 국회 한 기관에만 국한시키는 것은 바람직하지 못하다.

넷째, 헌법초안 작성위원회는 동서양의 법학대가들을 고문으로 초빙하여 여러 사람의 지혜를 모을 수 있어 훨씬 더 좋은 효과를 거둘 수 있다. 하지만 만약 국회에서 외국인을 고문으로 초빙한다면 그것은 위엄에 손상을 주는 일이다.

다섯째, 초안 작성인원은 추호도 당파의 의견을 가지고 있어서는 안 된다. 국회는 정당들의 경쟁 장소이기에 정당의 의견이 거기에 뒤섞일 수밖에 없다. 이렇게 정당의 영향이 없어지기 어렵다. 그렇게 되면 결과적으로 시간이 오래 지나도록 탈고를 하지 못하거나 이리 저리 끌려 다니면서 체계를 잡지 못해 국가에 해를 끼치게 될 것이다. 그런데 전문기관을 설치하면 이 난제를 해결할 수 있다.

여섯째, 초안을 빨리 완성해서 국회에 교부하여 표결에 부쳐야 정식 정부가 비로소 빨리 성립될 수 있다. 이 여섯 가지 이유 중에서 양계초는 셋째와 다섯째 이유는 "국가의 안전과 위험, 번영과 쇠퇴와는 큰 관계가 없지만 애국을 원하는 군자라면 냉정하고 공평하게 살펴봐야 한다"라고 생각했다. 이를 위해 양계초는 별도로 기관을 설치하여 헌법초안을 작성하게 하자고 주장하면서 기관 이름을 '민국헌법초안작성위원회'라고 붙이고 약 4, 50명의 위원으로 조직하자고 제시했다. 위원자격 취득 방법은 대통령, 부통령이 각각 3명을 지정하고 참의원이 본 원 의원 중에서 3명 내지 5명을 선거하고, 각성에서 각각 2명을 추천(그 추천 방법은 도독이 3명을 추천해서 성 의회에 제시하면 성 의회에서 그 3명중

2명을 선정하는데 선정된 2명 중에는 반드시 본 성 관리가 아닌 자가 1명 있어야 한다)하고 각 정당 중에 본부가 이미 수도에 있고 그 본부가 성립 된지 1개월이 넘는 경우 각 당에서 1명씩 선출하는 것으로 했다.[413)

양계초의 건의에 따르면 헌법초안작성위원회 인수의 3분의 2 이상은 성 도독이 선정하게 되니 명실상부하게 도독이 초안 작성에 참여하게 되는 것이고 국회의원 인수는 고작 10분의 1에 불과한 것이다. 이 방안은 완전히 도독이 제헌에 참여하는 원칙을 관철했다.

양계초 등의 건의는 열렬한 호응을 받았다. 1913년 1월 27일 자 『시사신보』에 의하면 그때 이미 17개 성의 도독들이 찬성을 표시했다. 채악(蔡鍔)은 다음과 같이 표시했다. "헌법이라면 국회에서 만들어야 한다. 하지만 초안의 예정은 중국의 실정을 어기지 않았을 뿐만 아니라 공화의 원리도 어기지 않았다."[414) 국회제헌권은 한동안 여러 도독으로부터 도전을 받았다.

양계초가 창의한 도독참여제헌론과 그것이 국회제헌권의 결함을 메울 수 있다는 것은 차라리 일종의 정치선택이라고 말하는 것보다 못하다. 양계초가 예로 든 국회제헌권의 결함들을 보면 충분한 법리로 지지한 것이 아니라 바로 정치적으로 고려한 것들이었다. 정치적 각도에서 보면 도독참여제헌론은 마침 당시 일부 도독들이 설계한, 제헌에 참여하고자 하는 중요한 일환의 하나였다. 장사쇠 등 사람들이 국회 밖에 따로 헌법 초안작성기관을 설치하여야 한다고 고취하는 동시에 일부 도독들도 어떻게 국회를 이용하여 제헌에 영향을 줄 수 있을까를 획책하고 있었다. 채악은 그중 가장 열성적인 사람이었다. 1912년 12월 17일, 채악은 대통령 원세개에게 전보를 보내어 국회제헌에 영향을 줄 수 있는 책략을 내놓았다. 첫째, 양계초, 양도(楊度) 등 사람을 비밀리에 불러다가 헌법초안을 신속하게 작성한다. 둘째, 헌법초안은 각성 도독이 제시하여 연구를 하게 한다.

---

413) 양계초, 「헌법초안작성기관을 전문 설치하는 것에 관한 건의(專設憲法案起草機關議)」, 『용언』 1권, 3호.
414) 증업영(曾業英) 편, 『채송파(蔡松坡)집』, 상해인민출판사, 1984, 631쪽.

셋째, 초안을 국회의 의결에 교부한다. 넷째, 만약 의원들이 다른 주장을 하고 대통령이 생각컨데 장애가 있어서 실행하기 어렵다면 각성에 전보를 보내어 지지를 구한다. 다섯째, 자신와 각 도독은 공동으로 항쟁하여 중앙을 옹호할 것이다.

양계초의 창의와 채악의 착상은 아귀가 맞아 떨어졌다. 다시 말하면 그들이 제의한 도독참여제헌은 주로 정치적인 면에서 고려했고 실제로도 그러하였다. 채악이 국회제헌을 반대한 이유는 주로 다음과 같다. 1) 지금 나라는 토대가 튼튼하지 못하고 외환이 심각하니 반드시 공고히 하고 강력한 정부가 있어야 한다. 민권을 단지 국권의 융통성이 있는 측면으로 볼 수 있다. 국권이 공고해진 후에야 비로소 민권이 발전하는 시기가 있을 수 있다. 2) 헌법은 국가의 근본법이기에 헌법을 제정할 때 본국의 현실 실정과 역사, 민심을 세심하게 살펴야 하지 타국의 인쇄물을 그대로 모방해서는 안 된다. 3) 국회에서 제헌을 하면 "어느 당의 견해에 편중하고 극단적으로 나갈 것이며, 행정수장의 규칙을 모방하면서 국가의 활동능력에 손상을 주는 것을 피할 수 없다." 임시정부 시기 중앙정부가 약해진 것은 사실 임시약법이 조성한 나쁜 결과이다.[415] 다른 말로 하면 채악은 국회제헌의 법리적 결함에 대하여 계통적인 비평을 전개한 것이 아니라 다만 표면적인 현상만을 논하면서 도독이 제헌에 참여해야 한다고 제기한 것이다.

각성 도독과 양계초 등 사람들이 헌법초안 작성위원회를 설립해야 한자고 주장한 데에는 주로 두 가지 이유가 있었다. 하나는 헌법은 국회에서 제정하지 말아야 한다는 것이고, 다른 하나는 헌법제정기구에는 당연히 당파에 사로잡힌 견해가 없어야 한다는 것이다. 총체적으로 말하면 이 두 가지는 모두 헌법초안작성위원회 설립의 충분조건이 될 수 없다.

1. 헌법은 국회에서 제정하여서는 안 된다. 채악는 장편의 전보문에서 국회는 헌법이 설립한 기관인데 헌법이 없다면 어떻게 국회가 있을 수 있겠느냐고 하면서 헌법초안

---

415) 증업영 편, 『채송파(蔡松坡)집』, 위의 책, 627~628쪽.

작성위원회를 설치하는 것은 부당하지 않다고 제시하였다. 이 주장은 비교적 설득력이 있다. 앞에서 서술했던 바와 같이 헌법이 창설한 권리와 헌법을 창설하는 권리의 구별은 프랑스대혁명 이후부터 거의 각국 제헌의 통용 공식이 되어서 각국들이 특정기구와 특정절차를 통해 헌법을 제정하였다. 하지만 반드시 주의를 기울여야 할 것은 이탈리아, 미국, 프랑스에서 이 제헌 원칙을 제시할 때는 혁명성질을 띠였는데, 그것은 그전의 정치 방식에 대한 일종의 철저한 부정이었다는 점이다. 미국에서 부정한 것은 주 의회 헌법의 직접 비준권이었고 프랑스에서 부정한 것은 전반적인 특권등급이었다. 미국과 프랑스의 이 혁명적 선택이 효과를 거둘 수 있었던 것은 양국의 자연법, 인민주권, 사회계약론 등 관념이 사람들 마음속에 깊이 침투된 것과 무관하지 않다. 당시 미국인들은 오로지 인민의 동의를 거친 정부만이 합법적인 정부라고 생각했고, 마찬가지로 오로지 인민이 비준한 헌법만이 비로소 보다 큰 권위를 가질 수 있다고 굳게 믿고 있었다. 인민주권의 제1원리가 사람들의 마음속에 깊이 침투되었고 그 이론은 강한 설득력을 가지고 있어서 주 의회에서 보다 강한 반대의 이유를 내놓을 수 없었다. 프랑스에서 사회계약론이 헌법 제정에 끼친 영향은 세인들이 다 아는 사실이다. 시에예스는 국민을 직접 제헌권의 주체로 설정하였기에 쉽게 보편적으로 받아들여졌다. 채악이 만약 헌법은 반드시 헌법초안 작성위원회에서 제정해야 한다고 고수했더라면 틀림없이 법리상 국회제헌권을 박탈했을 것이다. 그런데 국회제헌권은 임시약법이 부여한 것이므로 이 거동은 임시약법을 부정하는 것이 된다.

그렇기 때문에 역시 혁명의 성질을 띠었다. 하지만 이런 혁명이론이 지지를 받을 수 있겠는가는 예측 불가능했다. 왜냐하면 당시 중국은 정치관념이 아직 보급되지 못했고 자연성, 인민주권, 사회계약 등 근대 서방의 헌정문화관념이 몹시 부족했으며 권리 의식도 상당히 박약하고 전통적인 집권사상의 영향이 아주 깊었다. 중국은 민국이 됐으니 주권은 인민에게 있다. 채악은 도독의 신분으로 전국에 전보를 보내어 헌법초안 작성위원회 설립에 참여할 것을 요구했다. 이 행위는 도독 신분에 어울리지 않으며, 적어도 의회가 그보다 더 민의를 대표할 수 있었다. 그렇기 때문에 이런 문화배경과 특정 신분의 상황에서 그는 헌법을 창설하는 권리와 헌법이 창설한 권리의 분별론으로 지지를 얻으려 시도했으나 이론적으로 어려웠다. 하지만 채악은 이런 이론을 추진하지 않았고 국회의 법정 제헌권도 직접 반대하지 않으면서 여전히 헌법을 국회에서 표결하는 것에 찬동하였다. 다만 헌법초안 작성위원회를 통하여 헌법문제에 대한 각성 도독들의 견해를 표현하려고 했을 뿐이다.

2. 헌법제정기구에는 당연히 당파에 사로잡힌 견해가 없어야 한다.

적지 않은 사람들이 국회에 당파에 사로잡힌 견해가 존재하면 헌법 제정에 불리하다고 생각하였다. 확실히 이 주장을 하기 전에 일부 국회정당은 흔히 국가 이익은 불구하고 당의 사사로운 이익을 위하여 나쁜 일을 저지르는 데에 온갖 극악무도한 수단을 다 동원하였다. 하지만 무슨 증거로 국회가 구제불능의 상태가 됐다는 것을 표명할 수 있겠는가? 무슨 일이든 점차 완미해지는 과정이 있다. 국회 정치 역시 마찬가지이다. 만약 국회에 당파에 사로잡힌 견해가 있다고 하여 국회의 제헌권을 취소한다면 그것은 목이 메인다고 단식을 하는 꼴이 아닌가? 다른 제헌방식을 취하면 당파에 사로잡힌 견해를 피할 수 있다고 누가 장담할 수 있겠는가? 미국헌법의 아버지 메디슨은 일찍 이렇게 분명히 지적하였다. 당쟁은 인류사회 정치생활에서 피할 수 없는 일종의 현상이다. 어차피 없앨 수 없다면 적당한 방법으로 인도하는 방식을 취하여 소수인이 다수인의 이익을 침해하거나 다수인이 소수인의 이익을 침범하는 것을 막는 수밖에 없다. 회피하는 것은 문제를 해결하는 방법이 아니며 폭력적인 형식으로 압제하거나 위협하는 것은 독재와 무슨 다른 점이 있는가? 그와는 반대로 근대 이래 세계적 범위 내의 제헌 현상을 보면 헌법의 지구적인 생명력은 흔히 제헌시의 당쟁과 밀접하게 연결되어 있다.

일정한 의의에서 말하면 헌법의 생명력은 당쟁에서 온다고 말할 수 있다. 미국연방헌법이 제정될 때 제헌회의 대표들의 당파 경향은 선명했는데 큰 주와 작은 주, 남방과 북방, 각종 이익집단과 사상관념이 서로 논쟁을 그치지 않았다. 만약 근대 제헌현상 중에서 당파는 오로지 정치경향으로 작용을 했을 뿐이라고 말한다면, 현대 헌법은 거의가 각종 정당이 협상한 결과이다.[416] 상반된 사례도 있다. 프랑스의 1793년 헌법, 1795년 헌법은 기본상한 세력이 통제하였기에 당쟁이 없었다. 하지만 동시에 제정된 헌법은 생명력이 없었다. 이런 특징은 세계 제헌현상에서 아주 보편적이다. 이론적으로 볼 때 여러 세력이 협상하여 헌법을 제정하는 것은 헌법의 완정에 유리하다. 어차피 당쟁을 피할 수 없다면 차라리 각종 견해를 충분히 표현하게 하고 타협의 기초위에서 일치를 이루어내면 된다. 헌법이 효력을 발생한 후 당파는 헌법 및 그 부속 법률을 이용하여 자신의 이익을 수호하게 되고 그것으로 인하여 헌법이 존중을 받으면서 그 생명력은 당파 경쟁으로 인해 오히려 일정한 보장을 받게 된다. 총체적으로 말하면 이상의 두 가지는 헌법초안 작성위원회를 설립하려는 이유가 되기 어렵고 국회제헌권의 지위는 그것 때문에 동요하지 않는다. 이 때문에 임시대통령 원세개가 헌법초안 작성위원회 설립에 관한 안건을 제시했을 때, 임시참의원의 거절을 받은 것은 당연한 일이다.

## 2. 대통령 참여 제헌론

### (1) 대통령 참여 제헌론의 법리적 의거

각성의 도독이 제헌 참여를 쟁취하려다가 좌절했을 때, 또 다른 행정제헌론인 대통령 참여 제헌론이 수면 위에 드러났다. 도독이 제시한 이유와는 달리 대통령제헌권의 제시는 법적으로든 이론적으로든 모두 강한 설득력이 있어 국회제헌권 형성에 큰 충격을 주었다.

대통령 참여 제헌론은 『임시약법』에 대한 해석에서 기인되었다. 장사쇠는 비교적

---

416) 이를테면 1948년 연방독일헌법이 제정 될 때, 제헌회의위원은 65명으로 구성되었다. 그중 기독교민주연맹-기독교사회연맹의 대표가 27명, 사회민주당 대표가 27명 자유민주당 대표 5명, 독일당 2명, 중앙당 2명, 공산당 2명이었다. 독일 제헌은 비단 당파를 회피하지 않았을 뿐만 아니라 정당 대표 비례를 명확히 하였다.

일찍 대통령에게 헌법을 제정할 권리가 있다고 제기했다. 1913년, 장사쇠는 글을 발표하여 다음과 같이 지적하였다. 『임시약법』 제16조에는 "중화민국의 입법권은 참위원이 행한다"고 규정하였는데, 그 뜻은 중화민국의 참의원은 모든 법률을 제정할 수 있다는 것이다. 『임시약법』 제38조에는 또 "임시대통령은 제정된 법률안을 참의원에 제시해야 한다"고 규정하였는데, 그 뜻은 법률안의 초안 작성은 다른 기관에서 행할 수 있다는 것이다. 그렇기 때문에 법률안을 대통령이 제시하고 참의원이 의결하는 것은 법률상 참의원에서 법률을 제정한 권리에 아무런 손상을 주지 않는다. 이런 까닭에 『임시약법』 제54조에는 "중화민국의 헌법은 국회에서 제정한다"고 규정한 것은 자연히 초안 작성은 포함할 필요는 없으며 "국회에서 제정하는 모든 법률은 다른 기관에서 초안을 작성할 수 있다"[417]는 것으로 해석할 수 있다. 장사쇠의 목적은 물론 헌법초안작성과 헌법표결을 구분하기 위한 것이지만 간접적으로 대통령에게 헌법제정에 참여할 권리가 있다는 것을 표명하기도 한 것이다. 이것은 그가 국회조직법을 수정하여 행정부분에서 헌법 제정에 의견을 표현할 수 있게 하자는 정덕전의 제의에 찬성한 것과 같은 방법은 다르지만 같은 효과를 내는 부분이 있었다.

대통령 제헌권론은 1913년 국회에서 정식으로 헌법을 제정하는 기간에 널리 유행되었다. 그 시기 민국정부 헌법과 법률 고문인 아리가 조오(有賀長雄)가 『공화헌법지국책(共和憲法持久策)』이라는 글을 발표하여 대통령에게 제헌에 참여할 권리가 있다고 공개적으로 제시했다. 아리가 조오는 다음과 같이 지적하였다. "공화정체의 헌법을 제정할 때, 반드시 국민의 심리에 관심을 기울여야 한다. 국민의 심리가 불공평하다고 여기면 헌법이 성립됐다고 하더라도 오래 가기 어렵다. 그 불공평한 점이 훗날 헌법을 파괴하는 근원이 된다." 그는 국회제헌권에 대해 다른 의견을 주장하였다. 그는 다음과 같이 말했다. "3권 분리는 공화정체의 요소이다. 하지만 지금 국회의원들은 자기들에게

417) 「헌법초안문제잡론」, 『독립주보』 1913년 1월 12일, 19일 자. 『장사쇠전집』 2권, 711쪽.

헌법을 제정할 권리가 있다는 것을 이용하여 국회권력을 확장하고 있는데, 분명하게 3권 분립의 종지를 어기고 2권 분립주의(즉, 국회정부제)에 기울어지고 있다." 그는 『천단헌초(天壇憲草)』를 예로 들어 국회가 제헌을 통해 권력을 확충한다고 공격하였다. 그 권력에는 국무총리를 임명할 때, 반드시 참의원을 동의를 거쳐야 한다는 것, 국무원에 대한 중의원의 불신임투표, 행정소송이 일반 법원에 예속되는 것, 국회위원회 문제 등이 포함되었다.

아리가 조오가 이 글을 쓴 목적은 국회제헌의 폐단에 불만을 표시하고, 더욱이 이상의 네 가지가 행정권 독립에 큰 영향이 있다는 것, 국민심리 중의 3권 분립 원리와 부합되지 않는다는 것을 표현하기 위해서였다. 그는 국회제헌에 대하여 반대하지 않았지만 대통령에게도 제헌에 참여할 권리가 있다는 점을 강조하였다. 1) 『임시약법』의 정신에 의하면 '대통령이 헌법제정사업에 참여하는 것을 실제적으로 허용한다.' 『임시약법』 제55조에는 임시대통령에게는 약법의 보충, 수정을 제의할 권리가 있다고 규정하였다.

『임시약법』을 제정할 때 임시대통령은 북방에서 취임하여 의결에 참가하지 못하였으므로 『임시약법』이 제정된 이후 보충, 수정을 제의할 권리를 허용한 것이다. 의결이 된 이후에는 보충, 수정을 허락하고 의결이 되기 전에는 자신의 의견을 주장하지 못하게 하는데 『약법』 정신을 고려해 보면 이렇게 해서는 절대 안 된다.[418] 2) 미국과 프랑스에서 헌법을 제정할 때 대통령이 먼저 읽어 보았던 헌법사업의 선례가 있다. 미국이 헌법을 의정할 때에 "국민 30만 명 중에서 중의원 의원은 한 사람이다. 워싱턴은 실제 이 설을 주장하였다." 프랑스가 제헌시에 정식대통령 막 마옹은 "외무대신 브로리에게 명하여 국민회의의 헌법초안 작성위원회에서 헌법초안을 제시하게 하였다." 그것은 프랑스 현행헌법(프랑스에서 1875녀에 제정한 헌법임—필자 주)의 원본이었다. 3) 원세개는 이미 정식 대통령으로 당선되었다. 그는 "청나라 황제가 내놓은 통치권을 공화정체로 바꿀 때

---

418) [일] 아리가 조오(有賀長雄), 「공화헌법지구책(共和憲法持久策)」, 『신보』 1913년 10월 31일 자.

공화통일 남북전권에 위임된 사람이고 또 임시대통령을 1년 넘게 지내며 쓴맛 단맛을 직접 맛보면서 국민행정에 제일 경험이 많은 사람이며, 또 장차 중화민국헌법이 성립되면 민국의 정무를 총괄하면서 민국 국민의 행복 발전을 책임질 큰 책임을 맡을 사람이다. 그 사람이 이미 선출되어 취임을 했는데 헌법을 제정하는 대업에 대해 묻지 못하게 하니 이 일은 누가 봐도 불공평하다." 더욱이 중요한 것은 "불공평한 까닭에 국민의 심리와 어긋나는 헌법을 의정한다면 장차 어쩐단 말인가? 헌법이 국민의 심리와 어긋나면 언젠가는 기회를 틈타 국민과 국회 사이에 이간책을 쓰고 다음은 강한 힘을 가지고 일부 국민들에게 호소하여 헌법을 개조하려는 자가 기필코 있을 것이다. 프랑스 1852년 혁명이 바로 그 예증이다."[419]

국민정부의 또 다른 헌법고문인 굿노는 대통령에게는 당연히 헌법공포권이 있다고 주장했다. 굿노는 자신의 글에서 『임시약법』은 비록 헌법 제정에 대한 대통령의 권리를 명확히 규정하지 않았지만 초안작성자는 대통령에게 헌법공포권이 있음을 은연중에 내포시켰다면서 다음과 같이 말했다. "『임시약법』 제30조에는 대통령은 전국의 대표로서 법률을 공포한다고 규정했는데 이 조항은 초안 작성자의 뜻을 이미 밝힌 듯하다. 『약법』 제55조에서는 보충, 수정 제의권을 대통령에게 주었고, 제38조에서는 대통령이 법률안을 참의원(지금의 국회)에 제시한다고 규정하였으며, 제46조에서는 국무원 및 그 위원은 참의원에 출석하여 발언할 수 있다고 규정하였다. 이런 규정들에는 모두 대통령에게 헌법제정에 참여할 권리가 있음을 내포하고 있다. '내가 인정하건데 대통령에게는 확실히 헌법상의 권리가 있어 전부 헌법의 초안을 제의할 수 있다. 이를테면 법률안을 제시하고 헌법수정을 제의하거나 약법의 보충을 제의하며 국무원을 파견하고, 그 위원이 헌법의 문제에 관하여 회의에서 발언을 할 수 있는 것은 모두 약법 제46조와 같다." 그 외 굿노는 또 사실적으로 놓고 말할 때 대통령은 국무사무를 총괄한지 이미 2년이나 되는 경험을 갖고 있기에 약법이 좋고 나쁨에 대해 다른 사람은 못 미치는 명석한 견해를 내놓을 수 있을

---

419) [일]아리가 조오, 위의 글.

것이라며, 대통령은 헌법에 대해 토론할 권리가 있고 사실상 그것은 도움이 되는 일인데 국회가 법률상의 문자 다툼을 가지고 권한에 대한 변론을 할 필요가 있겠는가라고 질문을 했다.[420] 장사쇠, 아리가 조오, 굿노 모두 대통령이 헌법 제정에 참여하는 이론의 해석에 대하여 도리가 없다고 말할 수 없었다. 문제는 『임시약법』의 해석권이 누구한테 있는가 하는 것이다. 『임시약법』에는 이에 대한 규정이 없다. 소홀히 하여 빠뜨린 이 부분은 입법기관과 행정기관의 충돌을 불러오기 쉬웠는데 사실상 우려하던 대로 발전하고 말았다.

(2) 대통령이 제헌에 참여하는 것에 관한 실제 요구

1913년 10월 18일, 대통령 원세개는 헌법회의에 자문을 하고 헌법 공포권을 요구했는데 그 이유는 아래와 같다.[421]

1) 『임시약법』에 의하면 대통령에게는 법으로 정한 헌법 공포권이 있다. 『임시약법』 제19조에는 모든 법률을 의결한다는 참의원의 직권이 들어 있고, 제54조에 이르기를 중화민국헌법은 국회에서 제정하며, 제22조에 의하면 참의원이 의결한 안건은 임시대통령이 공포, 실시하고, 제30조에 이르기를 임시대통령이 법률을 공포한다. 무릇 이상의 규정들은 모두 약법에 있어서 법률을 의결하고 헌법을 제정하는 전 참의원의 직권범위에 속한다. 민국의회가 성립된 이래, 『국회조직법』 제14조의 규정에 의하여 민국헌법이 제정되기 전에는 『임시약법』에서 규정한 참의원의 직권을 민국의회의 직권으로 하며 민국의회는 무릇 법률안건을 의결하거나 헌법을 제정하는 것을 막론하고 모두 반드시 『임시약법』 및 『국회조직법』에서 정한 절차를 기준으로 해야 하는 것은 의심할

---

420) [미] 굿노, 「중화민국헌법초안의 평의」, 왕젠 주편 『외국인과 중국법의 근대
    (西法東漸-변혁外國人與中國法的近代變革)』, 중국정법대학출판사, 2001, 122쪽.
421) 『정부공보』 1913년 10월 23일 자 참조.

여지가 없는 일이다.

2) 대통령은 헌법을 공포한 선례가 있다. 헌법이 실시되기 전에는 『약법』의 효력이 헌법과 동등하다. 민국 원년, 전 참의원이 『임시약법』을 의결했을 때, 그해 3월 11일에 임시대통령에 보내어 공포할 사안이 있다고 보고했고, 또 『임시약법』 제56조에도 본 약법은 공포한 날부터 각 명문을 실시한다고 규정하였다. 헌법의 효력과 동등한 약법을 참의원에서 의결한 후 공포하기에 앞서 대통령에게 보내어 자문을 했다. 민국입법의 선례에 따르면 이번에 의결한 대통령 선거법안이든 장래에 의정할 헌법안이든 모두 대통령이 공포해야 하며 이것은 빨리 시행할 수 있는 도리이기도 하다. 총체적으로 국민회의는 민국헌법안에 대하여 오로지 초안작성권과 의정권이 있을 뿐 선포권은 없다. 그렇기 때문에 『국회조직법』의 규정은 증거가 명백하여 뒤집을 수 없는 것이기에 제멋대로 고치기 어려운 것이다. 대통령선거 법안은 헌법안의 일부분으로서, 만약 『임시약법』에서 제정한 어구를 고집하려 한다면 제정자들은 선포에 관한 것도 포괄시켜 반드시 『국회조직법』 제20조, 21조에서 작성하지 않고 의정하지 않은 전문 조항을 뒤에 넣으면 된다. 그렇지 않으면 헌법회의는 대통령선거 법안에 대하여 작성과 의정 외에 절대 『임시약법』 제22조 및 제30조의 공포권을 침해할 수 없다.

3) 헌법회의에서 대통령의 헌법공포권을 명확히 할 것을 요구한다. 『임시약법』이 규정한 제정의 함의는 두 가지가 있다. 하나는 임시대통령은 반드시 관직제도와 규장제도를 제정해야 하고 다른 하나는 중화민국의 헌법은 국회에서 제정한다는 것이다. 만약 국회가 헌법의 제안, 결의 선포를 다 겸한다면 관직제도, 규장제도에 대한 대통령의 제정권도 반드시 제안, 의결, 선포 3자를 겸비한 후에야 가능하다. 그런데 왜 대통령의 제정권은 반드시 단서 조항의 구속을 받아야 하는데, 국회의 제정권은 본 법의 각항 독립 조문의 구속을 받지 않는가? 민국 입법 절차를 짐작해 보면 약법은 매우 일관된 정신이 있었다. 대통령이 국회의 의결권을 침해하면 당연히 약법이 허용하지 않듯이 국회가 대통령의 공포권을 침해해도 마찬가지로 약법이 용납하지 않는다. 본월 5일, 대통령선거 법안을 자문할 때, 본 대통령은 비록 정부 공보에 수정 없이 발표된 전문을 찾아보았지만

일시적인 아쉬움에 마음이 편하지 않았다. 국가의 입법은 다 절차가 있는데 이렇게 중요한 법안을 공포하는 절차를 헌법의 효력과 동등한 『임시약법』 및 『국회조직법』에 따르지 않으니 이렇게 시작되면 오늘날의 국민회의의 직권도 제멋대로 약법의 규정 범위 밖으로 나가는 것으로 약법을 준수하는 책임은 정부에 있고 약법에 복종하는 사람은 국민이라고 보면 쌍방의 정리에 위배되고 더욱이는 민국의 앞날의 복에 누가 되지 않을까 심히 걱정이 된다. 이미 정부 공보에 발표한 대통령선거법을 자문하는 것이 과연 약법을 공포하여 실시한 규정에 따른 것인지, 장래 국민회의에서 제정할 헌법초안을 『국회조직법』 제20조, 제21조의 규정에 따라 초안작성과 의결에 한계를 두는 것인지, 이는 입법 권한에 관계되는 일이기에 국회에 자문하니 속히 답을 주기 바란다.

원세개의 자문에 헌법회의는 헌법초안이 아직 작성되지 않아 회의를 열고 의론할 기회가 없었다는 이류로 답을 하지 않았다.


## 3. 대통령주도제헌론

대통령주도제헌은 약법회의를 통해 실현되었는데 약법회의는 정치회의에서 비롯되었다. 정치회의는 원래 국무총리 웅희령(熊希齡)이 소집한 일종의 행정회의였는데, 목적은 지방행정사안을 의논하려는 것이었다.[422] 무릇 연령이 35세 이상이고 행정경험이 10년 이상이며 세계의 대사에 밝고 품행이 우수한 자를 각성에서 두 명씩 북경에 파견해야 한다. 만약 북경에 주재하는 그 성 인원 중에 적합한 자가 있으면 임명하여 충당할 수도 있다. 회의가 소집된 후, 마침 국민당 국회의원의 자격이 취소되는 바람에 정부는 유리한 형세를 틈타 정치회의로 이름을 바꿨다. 정치회의는 대통령이 8명을 파견하고 국무총리가

---

422) 『동방잡지』 제10권 제6호, 1913년 12월 1일 자 참조.

2명, 각 부 총장이 각각 1명, 법관이 2명, 각성에서 2명, 몽골, 서장 사무국에서 몇 명을 파견하여 구성되었다. 정치회의는 실제상 대통령이 소집하고 설립한 일종의 자문기구로서 법적 성질을 띠지 않았다.

정치회의가 성립된 후 여원홍(黎元洪) 등이 건의를 하여 미국 필라델피아제헌회의 선례를 모방하여 정치회의에 『임시약법』을 수정할 권리를 부여해 줄 것을 요구하면서 다음과 같이 말했다. "중외 개혁 초기를 고찰해 보면 형세에 의해 법률을 제정해야 하지 법률에 의해 시국을 만들어서는 안 된다. 미국은 공화의 모범이다. 국회를 열어서 처음으로 제정한 헌법은 정부를 속박했기에 장래성이 없었다. 그리하여 필라델피아회의를 소집하여 헌법을 수정하는 조치를 취했다. 회의에 참가한 의원들은 모두 정치경험을 가지고 있었기에 회의에서 채택된 결의는 대부분 원래의 헌법 범위를 벗어났다. 이러한 헌법 수정은 법을 어긴 것이 아니다. 이것은 헌법을 수정한 선례이다. 지금 정치회의가 이미 소집되었고 미국 역사에서 헌법수정회의와 같이 대통령이 국무원에 명령하고 여러 관련 인사들에게 구국의 대계를 자문하였다. 만약 여러 사람들의 의견이 통일되면 공화정체의 정신은 한층 더 확대 발전될 것이다. 남경정부의 14개 성 행정관 대표로 구성된 참의원이 비록 아주 완전하지 못하더라도 워싱턴 헌법수정과 같은 배경을 가지고 있다."[423]

정치회의는 여원홍 등의 선의의 의견을 거절하고 대통령이 별도로 법률작성기관을 설립할 것을 제의하였다. 그 주요 이유는 "정치회의는 중앙정부 및 각성, 각 지방 위원으로 조직된 … 정부의 자문기관이기 때문에 근본적으로 법률의 보충이나 수정에 참여할 직책이 없다"는 것이었다. 『약법』을 보충, 수정하는 것에 관한 대통령의 요구에 의해 정치회의는 다음과 같이 건의하였다. "이번 회의는 법리와 목전의 형세에 근거하여 자문기관과 보통 입법기관 외에 당연히 특별히 법률제정기관을 설치함으로써 국민국가의 근본법을 개조하여 세상에 공포해야 한다고 생각한다. 약법을 존중하는 각도에서 도독 여원홍 등과

---

423) 『동방잡지』 제10권 제8호, 1913년 12월 1일 자 참조.

함께 입법의 염원에 부합되는 입법기관을 설치하여 장차 약법을 수정한 후 약법에 속하는 각종 중요한 법안을 거기에서 제정하면 국가의 대사가 미루어지지 않을 수 있다."[424] 여기서 알 수 있는 것은 법률작성기관은 곧 헌법수정기관이었다. 법률작성기관의 직능과 조직방식 역시 정치회의에서 의정했다. 정치회의는, 법률작성기관은 『임시약법』 및 『약법』 에 부속된 중요한 법안을 보충, 수정하는 것을 직권으로 하기에 당연히 약법회의라고 불러야 한다고 표시하였다. 약법회의를 조직하는 의원은 선거방식을 채용하였고 선거 구획(區劃)은 도회집중주의(都會集中主義)를 취했으며 선거자격은 인재표준주의를 취했다. 이렇게 하니 현명하고 능력 있는 자를 선출하는 중국 전통에도 부합되고 선거를 제한하는 각국의 훌륭한 규정에도 부합되었다.

원세개는 『약법회의조직조례(約法會議組織條例)』를 공포하는 동시에 남경 임시참의원 조직을 비난하는 것도 잊지 않았다. "『임시약법』은 남경임시참의원에 의해 탄생했다. 그때 그 참의원의 의원들은 14개 성에서 파견된 대표들로 개편되었다. 약법이 제정된 후 통일된 정부가 수립되었지만 약법이 지칭한 참의원은 이미 최초에 조직된 참의원과 달랐다. 그 원을 조직하고 있는 의원들은 단지 약법이 규정한 선거방법에 매여 행동하다보니 정중함이 부족했다. 이번 정치회의에서 의결한 약법회의조직조례는 모든 의원 선거방법을 절충하여 규정하였고 약법을 제정하기 전의 참의원을 본보기로 하여 그 의원을 순전히 파견된 자로만 구성했을 뿐만 아니라 지정파견한 선거와 분명히 달라서 모두 법리와 사실에 부합된다."[425]

『약법회의조직조례』는 도합 22조[426]로 되어있는데 그 주요 내용은 다음과 같다.

---

424) 『동방잡지』 제10권 제8호, 1913년 12월 1일 자 참조.
425) 『동방잡지』 제10권 제9호, 1913년 12월 1일 자 참조.
426) 조례 내용은 『동방잡지』 제10권 제9호, 1913년 12월 1일 자에 실렸음.

1. 약법회의 직권을 규정하였다. 조례 제1조에는, 약법회의는 약법안 및 약법에 부속되는 중요한 법안을 보충, 수정, 의결하는 것을 직권으로 한다고 규정하였다.

2. 약법회의의 의원 구성을 규정하였다. 의원은 수도 선거회에서 4명을 선출하고 각성 선거회에서 2명씩 선출하며, 몽골, 서장, 청해 연합선거회에서 8명을 선출하고 전국상회연합회에서 4명을 선출하여 조직한다.

3. 선거인 자격을 규정하였다. 무릇 중화민국 국적이고 만 30세 이상의 남자로서 아래에 열거한 자격 중 하나로 인정되는 자는 선거인 명부에 오를 수 있다. 1) 고등관리에 임직했었거나 임직하고 있고 정치에 통달한 자. 2) 과거 급제 이상 출신으로 성망이 높은 자. 3) 3년 이상의 고등전문 이상 학교를 졸업하고 과학을 깊이 연구한 자. 4) 만원 이상의 재산이 있고 공익에 기여한 자. 선거인의 조사는 선거 감독의 편의에 의해 선거감독이 주재하는 지방에 거주하는 자에 한한다. 몽골, 서장, 청해는 북경에 있는 왕공세작세직(王公世爵世職) 및 기타 관련 인원이 할 수 있다. 전국상회연합회는 북경에 있는 직원 및 기타 유력한 회원이 할 수 있다. 선거감독이 그가 정치에 통달하고 공익에 기여한 자라고 인정하면 선거인명부에 올리고 위의 4종 유형의 규정을 적용하지 않는다.

4. 피선거인 자격을 규정하였다. 무릇 중화민국 국적의 만 35세 이상의 남자로서 아래에 열거한 자격 중 하나로 인정되는 자는 피서거인명부에 오를 수 있다. 1) 5년 이상 고등관리에 임직했었거나 임직하고 있고 실적이 확실한 자. 2) 국내외에서 전문학교 이상의 학교에서 법률, 정치학을 3년 이상 전공하고 졸업했거나 과거급제 이상의 출신으로 법률, 정치학을 배우고 깊이가 확실한 자. 3) 학식이 풍부하고 정통하였으며 전문저술이 풍부하고 실용적인 자. 전항의 피선거인을 선거할 때 각성의 선거회는 본성의 사람에 국한되지 아니하며 기타 선거회는 지방에 국한되지 아니한다.

5. 선거방법을 규정하였다. 1) 선거 날짜는 지령(敎令)으로 확정한다. 2) 선거감독의 확정: 수도선거회의 선거감독은 내무총장이고 각성 선거회 선거감독은 각성 민정장이며 몽골, 서장, 청해 연합회 선거회 선거감독은 몽장(蒙藏)사무국 총재이고 전국상회연합회 선거회 선거감독은 농상총장이다. 3) 선거인명부, 피선거인명부, 선거감독은 늦어도 선거일 3일전에 완성해야 하고 피선거인명부는 피선거인 정원의 2배를 한도로 한다. 4) 선거회 선거인이 피선거인 정원의 10배 이상이 아니 되면 회의를 열지 않는다. 단 몽골, 서장, 청해 및 전국상회연합회 선거회는 편의에 의해 5배 이상을 한도로 한다. 5) 투표방법. 선거회의 선거는 기명투표법을 채용하고 득표가 많은 사람을 당선시킨다. 득표수가 동일하면 추첨방법으로 결정한다. 6) 당선자격 확정. 당선인 자격은 약법회의 의원자격 심사확정회의 확정을 거치지 않으면 확정하지 못한다. 약법회의 의원 자격심사확정회의 조직은 지령으로 정한다. 약법회의 의원자격 심사확정회가 당선인 합격을 심사 확정한 후 심사확정회는 의원증서를 수여하고 심사에서 불합격으로 확정되면 그 선거회 선거감독에게 통지하여 다시 회의를 열고 선거한다.

6. 약법회의 의사 절차를 규정하였다. 1) 인원수 요구. 약법회의는 총 의원의 3분의 2 이상이 출석하지 않으면 회의를 열지 않고 출석 의원의 3분의 2가 동의하지 않으면 의결하지 않는다. 2) 의장의 선출. 약법회의 의장 1명, 부의장 1명은 의원들이 상호 선거한다. 반수 이상의 득표를 얻는 자가 당선되고 2차 투표까지 가도 당선인이 선출되지 않을 경우 제2차 투표에서 득표수가 많은 2명이 결선투표를 한다. 3) 약법회의에서 의결한 안건은 대통령의 재가를 거쳐 공포한다. 4) 약법회의가 회의를 할 때 정부에서 사람을 파견하여 의견을 발표해야 하지만 의결에는 참여하지 못하다.

약법회의는 약법 보충, 수정 기관이지만 그 직능은 합법적이 아니다. 정부가 약법회의를 법률수정기관으로 인정한 이상 반드시 『임시약법』의 합법성을 승인해야 했다.

『임시약법』 제55조는 다음과 같이 규정하였다. '본 약법은 3분의 2의 참의원 의원 혹은 임시대통령이 발의를 하고 5분의 4 이상 의원이 참가한 회의에서 회의에 참가한 의원의 4분의 3이 가결해야 보충, 수정할 수 있다.' 하지만 약법회의는 분명 참의원이 아니었다. 양자는 직권이 다르고 탄생방법도 달랐다. 그렇기 때문에 약법회의의 보충, 수정은 『임시약법』에 부합되지 않는다. 정부가 국회를 해산시킨 것은 의심할 여지없는 한차례 혁명이었다. 원세개도 이에 대해 모르는 것이 아니었다. 그는 정치회의 훈사(訓詞)에서 다음과 같이 말했다. "본 대통령은 내분, 외환이 그치지 않은 때를 맞아 자신의 몸을 아끼지 않고 위험한 국면에 나서게 되었다. 당시 생명과 재산이 위험한 처지에 처했지만, 본인 한 사람의 생명과 재산을 희생하여 전국 인민의 생명과 재산을 지켰다. 그때 명예가 위태로운 상황에 처했지만 모든 것을 희생하는 것을 두려워하지 않고 여론을 믿고 맡기고 정부를 공고히 하고 내정을 정돈함으로써 국가 역량을 발전시키려 했다."[427] 그 말속에 은밀하게 혁명을 암시했다. 만약 원세개가 뒤에 숨지 않고 혁명당인들처럼 공개적으로 혁명사실을 승인했더라면 법률작성기관의 성질이 오히려 명확해졌을 것이고 차라리 제헌회의라고 불렀을 것이다. 하지만 그는 법적 정통성을 지키고 법리적 의거를 찾아 합법적인 형식으로 헌법혁명의 실체를 덮으려고 꾀하였다. 그는 이렇게 재주를 부리려다 일을 망쳐서 약법회의의 불법적 성질이 더욱 분명하게 드러났다.

약법회의의 의원이 탄생한 것은 완전히 유한인민주권원칙(有限人民主權原則)을 관철하여 선거인과 피선거인의 자격 제한을 아주 엄격하게 하였다. 자격 제한은 주로 교육, 행정경험과 재산 이렇게 세 방면에서 체현되었고, 절대 다수 국민은 그로 인하여 선거 범위 밖으로 밀려나 배척되었다. 이런 자격 제한의 선거로 탄생된 정치는 일종의 엘리트 정치일 수밖에 없는 것으로 국민의 성질과 거리가 멀었다. 남경참의원 의원을 선거할 때

427) 원세개(袁世凱), 「정치회의개회훈사(政治會議開會訓詞)」, 『북양군벌1912-1928』 제2권, 무한출판사, 1990, 1394~1395쪽.

"그 파견 방법은 각 지방에서 자체적으로 결정한다"고 아주 모호하게 규정했는데, 이에 반해 약법회의의 선거방식은 상당이 명확한 것으로 이것 역시 일종의 진보이다. 약법회의의 의원 선거에서 수도에서 4명을 선거하고 몽골, 서장, 청해 연합회에서 8명을 선거하고 전국상회연합회 선거회에서 4명을 선거한다고 규정하였는데, 이런 비례대표제의 규정은 긍정할 만하다. 더욱이 전국상회와 학식이 풍부하고 정통한 사람을 돌본 것은 실제상 중국사회의 다양성과 다원적 이익단위의 존재를 인정한 것이다. 헌법제정 각도에서만 본다면 약법회의 의원의 탄생 방법은 취할 바가 못 되는 것은 아니다.

약법회의는 실질상 제헌회의로서 『임시약법』을 보충, 수정한다는 명목으로 약법 제정을 행사하려는 것이 진실이었다. 다만 이 헌법회의가 합법이라는 외투를 걸치지 못했을 뿐이다. 약법회의의 성립으로 인해 『임시약법』을 보충, 수정하는 정부의 조직기구가 완성되었고 정부의 견고한 제헌이론이 철저히 관철되도록 보장하였다. 대통령과의 관계로부터 보면 약법회의는 의심할 여지없는 대통령의 어용기구로서 대통령의 제헌권은 약법회의로 인해 전면적으로 실현되었다.

# 기본 의무의 개념 및 그 변화

제1절
의무와 기본 의무 개념의 인입


## 1. 청말에 제시된 의무개념


현재 중국 헌법학계에서 공민의 의무를 토론할 때, 흔히 '기본 의무'의 개념을 사용한다. 하지만 사람들이 처음 사용한 것은 '의무'개념이었다.

필자가 찾아본 자료에 의하면 헌법학 의의에서 최초로 '의무'의 개념을 사용한 중국학자는 양계초(1873~1929)였다. 그는 1899년 『각국헌법이동론』이라는 책의 제6장 '관리와 백성의 권리 및 의무'에서 헌법상의 '관리와 백성의 의무'를 논하였다. 그는 다음과 같이 썼다. "관리와 백성의 권리 및 직분을 명문화하는 것은 여러 국가 헌법의 요점이다. 언론출판의 자유, 집회결사의 자유, 행위의 자유, 거주의 자유, 소유권리(이를테면 어떤 문건이 나의 소유일 때, 타인이 빼앗거나 점유하지 못하는 것을 소유의 권리라고 일컫는다), 청원의 권리(청원자가 만약 어떤 일을 하려고 할 때, 먼저 행정관 혹은 그 일과 관련이 있는 사람에게 먼저 청원하는 것. 이에 대해 더 상세히 서술하려 함) 및 기타 중대한 각종 권리, 그리고 납세의무, 병역의무 및 기타 중대한 각종 권리를 모두 반드시 명확히 해야 한다. 하지만 그 범위와 심각성은 나라에 따라 같지 않다."[428] 그 후 진무(陳武)가 1905년 9월 15일 발행한 『국법학』이라는 책에서 '의무'에 대하여 비교적 상세하게 분석하였다. 그는 다음과 같이 생각하였다. "의무란 법률상의 인격자가 법률에 의하여 발동되는 의지이다. 거기에는 두 가지 요소가 있다. 하나는 본질이다. 의무의 본질, 즉 의지는 권리의 본질과

---

428 ) 양계초, 『양계초법학문집』, 범충신 편, 9쪽.

같다. 다른 하나는 내용이다. 통속적으로 말하면 이익을 추동하는 의지가 곧 권리이고 불이익을 추동하는 의지가 곧 의무이다. 그렇기 때문에 권리는 곧 이익이고 의무는 곧 불이익이라는 말은 옳지 않다. 의무의 본질은 의지이고 본질의 내용은 이익으로서 불이익이 곧 의무인 것은 아니다." 그는 또 '공법상의 의무'의 개념을 명확하게 제시하면서 다음과 같이 생각하였다. "공법상의 의무란 국가 혹은 국가가 인정하는 권력단체가 개체에 대하여 권력을 행사할 때 법률상의 인격이 법률에 의해 발동되는 필요한 의지를 말한다." 그는 또 공법상의 의무를 개인의 공법상 의무와 국가의 공법상 의무로 구분하였는데 개인의 공법상의 의무는 두 가지 유형으로 나눌 수 있다고 하였다. 하나는 "근무(勤務)를 급부(給付)하는 의무인데 크게 말하면 병역의무와 같은 것이고, 다른 하나는 물질을 급부하는 의무인데 크게 말하면 납세의무와 같은 것이다."[429]

1905년에 청나라 조정에서 재택, 단방 등 5명의 대신을 외국에 파견하여 각국 정치를 고찰하게 하면서부터 '의무'라는 말은 관방에서 널리 사용되기 시작했다. 이를테면 외교사절로 외국에 가서 정치를 고찰한 대신 재택 등이 5년을 기한으로 입헌정체로 바꾸는 것에 대해 올린 주청에서 이렇게 썼다. "여러 나라의 군신백관들은 위로는 황제에게 충성을 다 하고 아래로는 백성의 행복을 위해 힘을 다하는 것을 '의무'로 여겼고 사사로운 이익을 위해 대계를 방해한다는 말을 듣지 못했다."[430] 일본을 고찰한 상황에서는 "사람마다 납세와 병역의 의무를 알고 있었고 사람마다 상무애국(尚武愛國)정신이 있었다…"[431]라고 썼다. 단방은 1906년 8월 26일 『나라를 평정시키고 천하를 안정시킬 것을 청구하는 상주문』에서 "그들이 책임을 모르고 원망하기보다는 차라리 다 알고 찬성하게 되면 원망이 없을 뿐만 아니라 납세의 의무를 적극적으로 이행할 것이니 그렇게 하는 것이 어떠한가?", "인민에게 납세의무가 있고 인민에게 병역의무가 있다는 것을 헌법에 써 넣으면 가르치지 않아도

429) 진무(陳武) 등 편, 『국법학』, 정법편집사, 1905, 135, 137, 143쪽.
430) 하신화, 호욱성 정리, 『근대중국헌정역정: 사료모음』, 39쪽.
431) 『청말입헌주비서류사료』 상책, 6쪽.

알게 되고 형벌을 가하지 않아도 스스로 배우게 된다." "돈 한 푼, 물건 하나도 모두 백성들에게서 온 것이니 관리가 한 짓인 줄 몰라도 제멋대로 써서 사리를 도모한 것이라고 의심하고 납세의무를 적극적으로 이행하지 않을 것이다"[432]라고 말했다. 1907년에 청정부의 파견을 받은 헌정고찰대신 달수(達壽)는 1908년 8월 7일 일본헌정 상황을 고찰한 보고에 다음과 같이 썼다. "입헌 국가의 인민에게는 모두 납세와 병역 의무가 있다. 이 두 가지 의무를 참정의 권리로 바꿔야 한다. 군주가 이 두 가지 의무를 얻게 되면 권리가 발전할 수 있고 국가가 이 권리를 얻게 되면 국가의 사상이 양성될 수 있다."[433] 1908년 8월 27일, 헌정편사관자정원(憲政編査館資政院)에서 헌법대강 및 의원법, 선거법 요령을 준비하는 사항에 대해 군주에게 올리는 상서에서 다음과 같이 썼다. "동서양 군주입헌 국가들은 단체가 다르고 헌법이 각각 다르지만 제일 중요한 대의는 몇 가지 안 됩니다. 첫째는 군주는 신성불가침이라는 것, 둘째는 군주의 통치권은 헌법에 따라 행사한다는 것, 셋째는 신민은 법률에 따라 당연한 권리를 누리고 해야 할 의무를 이행한다는 것입니다…. 한마디로 개괄하면 헌법은 군주의 통치권리를 공고히 하고 겸하여 신민을 보호하는 것으로, 신 등이 그 뜻을 중히 여겨 헌법대강을 작성할 때, 대권(大權) 사항을 첫 번째로 열거한 것은 군주가 신민의 기본이라는 뜻이고 다음으로 신민의 권리와 의무 사상을 열거한 것은 신민은 국가의 근본이라는 뜻입니다."[434] 같은 날, 청나라 조정이 반포한 『흠정헌법대강』에는 '신민의 권리와 의무(그 상세한 항목은 헌법 초안을 작성할 때 참작하여 결정하였다)'를 열거하여 "신민은 법률의 규정에 따라 납세, 병역 의무가 있으며 신민에게는 국가의 법률을 준수 할 의무가 있다"[435]고 명확히 규정하였다.

청말 '의무'개념에 대한 관방의 사용은 역으로 '의무' 개념을 학술계로 널리 보급되는 것을

---

432) 하신화, 호욱성 정리, 앞의 책, 45, 46, 50쪽.
433) 하신화, 호욱성 정리, 앞의 책, 59쪽.
434) 하신화, 호욱성 정리, 앞의 책, 125~126쪽.
435) 하신화, 호욱성 정리, 앞의 책, 128쪽.

촉진시켰다. 이를테면 1910년에 출판한 보정량(保廷樑)의 『대청헌법론』 제2장 '신민'중의 제3절의 표제는 '신민의 의무'[436]였다.

## 2. 남경임시정부와 북양군벌시기 의무개념의 광범위한 사용

청말 관방과 학자들의 '의무'개념에 대한 사용은 그 후, 특히 민국시기에 관방과 학계에서 '의무'개념을 광범위하게 사용할 수 있게 중대한 영향을 끼쳤다.

1912년 3월 11일, 손중산이 임시대통령의 명의로 공포한 『중화민국임시약법』 제2장 '인민'중의 제13조에는 "인민은 법률에 의하여 납세 의무가 있다"고 규정하였고 제14조에는"인민은 법률에 의하여 병역의무가 있다"고 규정하였다. 1913년 10월 1일 국회 헌법초안 작성위원회에서 작성한 『중화민국헌법초안』(즉, 『천단헌초』) 제3장 '국민' 중의 제17조에는 "중화민국 인민은 법률에 의해 납세, 조세 의무가 있다"고 규정하였고, 제18조에는 "중화민국 인민은 법률에 의해 병의 의무가 있다"고 규정하였으며, 제19조 제1항에는 "중화민국 인민은 법률에 의해 초등교육을 받을 의무가 있다"고 규정하였다. 1914년 5월 1일 원세개가 주도한 이른바 '약법회의'가 공포한 『중화민국약법』(즉 '원기약법') 제2장 인민 중의 제11조에는 "인민은 법률의 규정에 의하여 납세의무가 있다"고 규정하였고, 제12조에는 "인민은 법률의 규정에 의하여 병역의무가 있다"고 규정하였다. 1923년 10월 10일에 공포한 『중화민국헌법』(즉 조혼'회선헌법') 제4장 '국민'중의 제19조에는 "중화민국인민은 법류에 의해 납세, 조세 의무가 있다"고 규정 하였고, 제20조에는 "중화민국인민은 법률에 의거하여 병역에 복역할 의무가 있다"고 규정하였으며, 제21조에는 "중화민국인민은 법률에 의하여 초등교육을 받을 의무가

---

436) 보정량, 『대청헌법론』, 480쪽.

있다"고 규정하였다. 이와 같은 관방의 헌법성 문건, 헌법초안과 헌법 법전에서 사용한 것은 모두 '의무'의 개념이다.

이 시기에 관방의 영향을 받아 학자들은 헌법상의 공민의 의무를 토론할 때, 광범위하게 사용한 것 역시 '의무'의 개념이다. 이를테면 1913년에 양계초가 초안을 작성한 『진보당이 작성한 중화민국헌법초안(進步黨擬中華民國憲法草案)』 제2장 '인민'의 제5조는 "중화인민은 법률의 규정에 의하여 납세, 조세 의무가 있다"였고, 제6조는 "중화인민은 법률의 규정에 의하여 병역에 복역할 의무가 있다"였으며, 제7조는 "중화인민은 법령의 규정에 의하여 모든 공직에 종사할 권리와 의무가 있다"[437]였다. 왕총혜(王寵惠)는 1913년 3월에 출판한 『중화민국헌법소견』 중에 초안을 잡은 '헌법초안' 제2장 '국민' 제11조에 "국민은 법률의 규정에 따라 납세의 의무가 있다"고 썼고(그는 "본 조항은 약법 제13조 규정을 본 땄다"고 특별히 설명했다), 제12조를 "국민의 법률의 규정에 의하여 병역의 의무가 있다"고 썼다.(그는 '본 조항은 약법 제40조 규정을 본 땄다'고 설명하였다)[438] 1914년 웅원한(熊元翰)은 『국법학』에서 다음과 같이 썼다. "인민이 국가의 주권에 복종해야 한다. 복종자는 기실 국가 존재의 요건이다. 각국 헌법에 인민의 의무라는 장절을 설치하고 병역 및 납세 의무를 규정한 것은 특히 중요하다. 병역 및 납세의 의무를 법률로 규정하면 그의 의무를 모두 법으로 정할 필요가 없다. 법률규정이 생긴 후에 권리와 의무가 생기기 시작하였다. 권리와 의무는 법률의 규정에 의해 발생한 것이지 천부적인 것이 아니다."[439] 1922년 장군매(張君勱)가 상해국시회의(上海國是會議) 국헌초의위원회(國憲草議委員會)를 대표하여 초안을 작성한 『중화민국헌법초안』 제9장은 '국민의 권리, 의무'이다. 그중 제85조는 "중화민국 인민은 납세의 의무가 있다"이다.[440] 1925년 왕복염(王馥炎),

---

437) 하신화, 호욱성 정리, 『근대중국헌정역정: 사료모음』, 252쪽.
438) 왕총혜(王寵惠), 『왕총혜법학문집』, 법률출판사, 2008, 28쪽.
439) 웅원한(熊元翰), 『국법학』, 안휘법학사, 1914, 55, 57쪽.
440) 장군매, 『국헌의』, 상무인서관, 1922, 163쪽.

이작휘(李祚輝)가 합작하여 작성한 『중화민국연성헌법초안』 제13장은 '국민의 권리 및 의무'이다.[441] '의무'는 당시에 이미 건립되고 있는 중국헌법학의 중요한 범주 중 하나가 되었다고 말할 수 있다.


## 3. 기본 의무의 개념 제시 및 남경 국민정부시기에서 그것의 사용


왕세걸(王世杰)이 1927년에 출판한 『비교헌법』에서 제일 먼저 '기본 의무'라는 개념을 사용하였다.[442] 책의 제2편 '개인의 기본 권리 및 의무'에는 '인민의 기본 의무'라는 장절(제2장)을 두었다. 당시에 그는 '기본 의무'는 아직 일반 헌법에서 익숙하게 사용하는 명사가 아니다'라고 지적하였다. '기본'이라는 두 글자를 쓴 것은 이 의무가 각국 제헌자들이 '개인에게 있어서 절대 면제될 수 없는 의무로 인정'하기 때문이었다. 책에서 볼 수 있는바 왕세걸 이 '기본 의무'개념을 사용한 것도 주로 외국 헌법의 관련 규정의 영향을 받았기 때문이었다. 그는 책에서 1919년 독일헌법 제2편은 '독일인민의 기본 권리와 기본 의무'를 표제로 하였고 유고슬라비아의 1921년 헌법 제2장은 '국민의 기본 권리 및 기본 의무'를 표제로 했다고 특히 지적하였다.[443]

왕세걸은 또 현대헌법은 왜 기본 의무를 규정하는가에 대해 논하였다. 그는 다음과 같이 지적하였다. "국가가 그런 권리를 반드시 승인해야 하는 것은 그런 권리가 개인의

---

441) 왕복염(王馥炎), 이작휘(李祚輝) 『중화민국연성헌법초안 및 설명서(中華民國聯省憲法草案及說明書)』, 태동도서국, 1925, 118쪽.

442) 1927년, 전단승(錢端升)은 왕세걸의 『비교헌법』에 대한 서평 「왕세걸씨가 쓴 비교헌법」에서 다음과 같이 지적하였다. "내용 및 구조로 말하면 이 책은 프랑스식 헌법서와 비슷하다. 이 책은 크게 6개 부분으로 나누었다. 첫째는 국가 및 헌법의 개념을 논했고, 둘째는 인민의 기본 권리와 의무를 논했으며…" 전단승, 「왕세걸이 쓴 비교헌법」, 『현대평론』 157기, 1927.

443) 왕세걸, 전단승, 『비교헌법』, 57, 129쪽.

우성(優性) 발전의 조건이기 때문이다. 개인 우성의 발전은 그 조건을 승인하기만 해서는 실현될 수 있는 것이 아니다. 개인 우성이 발전하도록 하기 위해서는 국가가 인민이 약간의 의무를 이행하도록 강박하지 않을 수 없다. 그렇기 때문에 현대 일반 국가의 헌법은 개인의 권리를 표명하는 외에 흔히 동시에 인민의 의무도 표명한다." 그는 프랑스, 독일을 예로 들면서 유럽 각국 헌법이 기본 의무를 규정한 발전, 변화, 특히 범위의 확대, 내용의 확대, 새로운 의무의 증설 등을 분석하였다.[444]

'기본 의무' 개념이 제시된 후 일부 학자들도 이 개념을 사용하기 시작하였다. 이를테면 1934년 롼이청(阮毅成)이 지은 『비교헌법』에는 다음과 같이 썼다. "인민은 국가에 대하여 수많은 기본 권리가 있을 뿐만 아니라, 동시에 약간의 기본적인 의무도 짊어져야 한다. 이른바 기본적인 의무는 근대 각국의 헌법 중에서 법률에 대한 복종, 조세납부, 병역복역, 최저교육수용, 일과 노동, 국가에 대한 봉사 등 여섯 가지만이 아니다."[445] 1934년 리위민(李毓民)이 편찬한 북평법률함수학교강의(北平法律函授學校講義) 『헌법요론』 제5장의 제목은 '인민의 기본 의무'인데 그는 각국 헌법에서 분분히 기본 의무를 규정한 원인을 분석하면서 다음과 같이 지적하였다. "그전의 법률 관념은 개인을 본위로 하였기 때문에 헌법은 인민의 권리에 치우치고 인민의 의무에 대하여서는 아주 적게 규정하였다. 현재의 법률 개념은 사회를 본위로 하려고 하기 때문에 각국은 사회 이익과 발전에 중점을 두기 위하여 인민의 의무에 대해서도 상세하게 규정할 수밖에 없다."[446] 1934년 장연약(章淵若)이 지은 『현대헌정론』 제6장에서 '제헌원칙'을 토론할 때 '기본 의무'의 개념을 사용하였다. "내가 어려운 시국을 구하려 할 때 준법, 납세, 위국, 구지(求知), 일(工作), 노동, 재산운용 등 국가와 사회에 대한 인민의 기본 의무를 엄밀하게 규정해야

---

444) 왕세걸, 전단승, 『비교헌법』, 129~131쪽.
445) 완의성(阮毅成), 『비교헌법』, 상무인서관, 1934, 57쪽.
446) 이위민(李毓民), 『헌법요론』, 북평취괴당장정강의서국, 1934, 119, 120쪽.

한다."[447] 1934년 여름, 매여오(梅汝璈)는 1934년 7월에 공포한 『중화민국헌법초안 초고 심사수정안』 (즉 『55헌초』 첫 몇 단계 원고)을 평의할 때, 제2장 '인민의 권리의무'에 대하여 개선 건의를 제시하면서 '기본 권리와 의무', '기본 권의(權義)'의 개념을 사용하였다. "필자가 보건대 본 장의 제목을 '인민의 기본 권리와 의무'로 하는 것이 좋을 것 같다. 그 이유는 첫째, 본 장에서 다룬 권의는 예시(例示)의 성질이지 열거의 성질이 아니다. 다시 말하면 인민의 권의가 너무 많다. 본 장은 수치적으로 예를 열거한 것에 지나지 않는다. 그냥 제목을 '기본 권의'로 하는 것이 정확하다. 둘째, 본 장은 간접 법률의 보호주의를 채용하였기에 '기본'이라는 두 글자를 넣는 것이 더구나 필요하다. 셋째, 유럽 헌법 혹은 정치 저술에서 이러한 권의를 대부분 '기본 권의'라고 일컬었다."[448] 1945년 양동(梁棟)도 『헌법의 기본 인식』 이라는 책에서 '인민의 기본 의무' 개념을 사용하면서 헌법상에서의 인민의 의무에 대하여 논술하였다.[449] 1947년 사영주(謝瀛洲)은 또 '기본 의무'의 함의 및 그 헌법적 의의에 대하여 자기의 견해를 제시하면서 다음과 같이 생각하였다. "인류의 사회관계가 갈수록 복잡해지고 인민이 당연히 이행해야 할 의무가 그렇게 단순하지 않으므로 헌법이 다루는 것은 그 중의 중요한 것이다. 그러므로 독일의 바이마르 헌법은 그 장절의 제목을 인민의 기본 의무라고 달아서 기본 의무 외에 또 기타 의무가 존재함을 명시했다. 기실 모든 의무는 모두 법률에서 탄생되었다. 이를테면 병역의무는 병역법에서, 납세의무는 각종 세법에서, 교육의무는 국민교육법에서 탄생했다. 헌법에서 보여주는 것은 단지 일종 입법 방침일 뿐이다. 입법기관이 법률로 인민의 기타 의무를 독촉하여 헌법의 정신을 어기지 않게 한다면 인민도 헌법에서 규정하지 않았다는 이유로 이행을 거절하지

447) 장연약(章淵若), 『현대헌정론』, 중화서국, 1934, 119쪽.
448) 매여오, 『헌법초안 초고 수정안 평의(憲法草案草稿修正案評議)』, 유중구(俞仲久), 오경웅(吳經熊) 교정, 『헌법문선』 상해회문당신기서국, 1936, 1001~1029쪽. 매소오(梅小璈), 범충신(範忠信) 선편 『매여오법학문집』, 중국정법대학출판사, 2007, 200쪽.
449) 양동(梁棟), 『헌법의 기본 인식』, 국민도서출판사, 1945, 50-52쪽.

않을 것이다."[450)

하지만 당연히 제시해야 하는 것은 '기본 의무' 개념의 중국에서의 탄생은 결코 이 개념이 바로 보급되어 당시 중국헌법학의기본 범주가 된 것은 아니라는 점이다. 1930, 40년대에 여전히 수많은 학자들은 '의무', '인민의 기초의무(人民底義務)', '국민의 의무', '인민의 의무', '인민적 의무', '인민 의무', '국민 의무', '공민의무' 등 수많은 개념을 사용하였다. 이를테면 1930년 손효촌(孫曉村)은 『헌법ABC』라는 책 제6장 '국민의 권리와 의무'에서 '국민의 의무'(제5절, 그 제목은 '국가의 의무')를 전문 장절로 논하였다.[451) 1930년 왕불위(王黻煒)는 『비교헌법학』이라는 책에서 '국민 의무의 중요성은 많은 헌법이 규정한 것은 병역과 납세 두 가지를 벗어나지 못한다'고 썼고 옹경당(翁敬棠)은 1931년 1월 『법령주간』제1차 특간에 발표한 「중국 근본법과 각국 헌법의 몇 가지 문제」[452)라는 글에서 "인민의 의무와 관련되는 납세, 병역 등에 대하여 당연히 논의가 있어야 한다"[453)고 썼다.

1931년 정수덕(程樹德)는 『비교헌법』이라는 책에서 다음과 같이 논술하였다. "인민의 국가에 대하여 복종해야 할 의무가 있지만 독재정체 시대에는 무한복종이었다. 하지만 입헌국가에서의 인민은 법률 범위 내에서의 복종이 시작되었고, 보통 헌법이 규정한 것은 모두 두 가지였다. 하나는 병역의 의무…, 다른 하나는 납세의 의무…였다."[454) 1933년 11월, 우징슝(吳經熊)이 상해청년회에서 발표한 강연의 제목은 '헌법 중의 인민의 권리 및 의무'[455)였다. 장지본(張知本)이 1933년에 상해법학편역사에서 출판한 『헌법론』의 제6장의 제목은 '인민의 의무'[456)였다. 비공(費鞏)이 1934년에 출판한 『비교헌법』의 제2편

450) 사영주(謝瀛洲), 『중화민국헌법론』, 상해감옥, 1947, 82쪽.
451) 손상춘, 『헌법ABC』, 세계서국, 1930, 58쪽.
452) 왕복위, 『비교헌법학』, 전인, 1930, 99쪽.
453) 하근화, 이수청, 「국민법학논문정수」제2권, 『헌정법률편』, 96쪽.
454) 정수덕, 『비교헌법』, 화통서국, 1931, 241쪽.
455) 오청웅, 『법률철학연구』, 칭화대학출판사, 2005, 105쪽.
456) 장지본, 『헌법론』, 170쪽.

'공민과 국가' 제1장 '인권보장' 중의 제1절의 제목은 '공민 의무의 성질'[457]이다. 1945년 살맹무(薩孟武)는 『헌법제요』라는 책에서 '인민의 의무'[458]라는 개념을 사용하였다.

위에서 볼 수 있듯이 '기본 의무'는 당시 아직 헌법학의 기본 범주가 되지 못했다. 당시의 헌법성 법률, 헌법초안과 헌법본문 중에도 '기본 의무'의 개념을 사용하지 않았다. 이를테면 1931년에 제정한 『중화민국훈정시기약법』과 1936년에 제정한 『중화민국헌법초안』(즉 『55헌초』) 및 1946년에 제정한 『중화민국헌법』의 제2장 제목은 모두 '인민의 권리 의무'이지 '기본 의무'의 개념을 사용하지 않았다. 이는 '기본 의무' 개념의 보급과 그것이 헌법학의 기본 범주가 되는 데에 영향을 끼쳤다.

---

457) 비공, 『비교헌법』, 세계법정학사, 1934, 103쪽.
458) 살맹무, 『헌법제요』, 대동서국, 1945, 70쪽.

제2절

중화인민공화국 성립 이후 기본 의무 개념의 발전

위에서 볼 수 있는 바와 같이 중화인민공화국이 건립되기 전에 '기본 의무'는 중국헌법학계에서 광범위하게 사용하는 개념이 되지 못했고, 당연히 헌법학의 기본 범주가 되지도 못했다. 하지만 중화인민공화국이 성립된 이후, 1954년 헌법(특히 1982년 헌법)이 제정된 이래, '기본 의무'는 헌법계에서 공민의 의무를 토론할 때, 사용하는 기본 용어가 되었고 헌법학 저작, 특히 거의 모든 헌법학 교과서의 기본 개념이 되었다. '기본 의무'는 실제상 중국헌법학의 기본 범주가 된 것이다. 1954년 헌법이 제정된 후 당시 헌법을 홍보하는 소책자들이 출판되었다. 이런 소책자들은 모두 공민의 기본 의무에 대하여 소개하고 논술하였다. 이를테면 1954년 유청(劉靑) 등이 지은 『헌법상식강화』[459], 1954년 북경 시민주부녀연합회(市民主婦女聯合會)에서 편찬한 『중화인민공화국헌법 6강』[460], 1955년 루방언(樓邦彦)이 지은 『중화인민공화국헌법 기본 지식』[461], 1956년 이달(李達)이 편찬한 『중화인민공화국헌법 강화』[462], 1957년 유배화(劉培華)가 편찬한 『중화인민공화국헌법 강의 제강』[463], 1957년 중앙정법간부학교 국가법강좌에서 편찬한 『중화인민공화국헌법 강의』[464]은 모두 '중국 공민의 기본 의무', '공민의 기본 의무'에 대해 전문적으로 논술하였고 중국 헌법이 규정한 공민의 기본 의무에 대하여 소개하였다.

---

459) 유청 등, 『헌법상식강화』, 노동자출판사, 1954, 29쪽.
460) 북경시민주부녀연합회 편찬, 『중화인민공화국헌법 6강』, 중국청년출판사, 1954, 29쪽.
461) 루방언, 『중화인민공화국헌법 기본 지식』, 신지식출판사, 1955, 174~185쪽.
462) 이달 편찬, 『중화인민공화국헌법 강화』, 인민출판사, 1956, 235~243쪽.
463) 유배화, 『중화인민공화국헌법 강의 제강』, 료오닝인민출판사, 1957, 143~144쪽.
464) 중앙정법간부학교 국가법강좌 편찬, 『중화인민공화국헌법 강의』, 법률출판사, 1957, 291~301쪽.

그중에서 루방언은 『중화인민공화국헌법 기본 지식』 에서 "중화인민공화국 공민은 각종 기본 권리를 누리는 것 외에 또 사회, 국가에 대하여 일정한 기본의무를 이행한다"[465]고 썼고 유배화는 『중화인민공화국헌법 강의 제강』 에서 "공민의 의무는 바로 국가가 공민들로 하여금 이행하도록 요구하는 일종의 책임이다. 공민의 기본 의무는 바로 공민의 가장 중요하고 가장 근본적의 의무이다. 중국 헌법이 규정한 기본 의무에는 헌법 준수, 법률과 노동 규율 준수, 공공질서의 준수, 사회공덕 존중, 공공재산에 대한 애호, 법에 의한 납세, 조국의 보위와 병역 등이 있다"[466]고 지적하였다. 그 외 또 어떤 학자들은 공민의 기본 권리와 의무에 관한 전문 저작들을 썼다. 이를테면 호기안(胡其安)은 『중국 공민의 기본 권리와 의무』 (화동인민출판사, 1954)를, 신광(辛光)은 『중화인민공화국 공민의 기본 권리와 의무』 (호북인민출판사, 1955)를, 양화남(楊化南)은 『중화인민공화국 공민의 기본 권리와 의무』 (중국청년출판사, 1955)를, 이광찬(李光燦)은 『중국 공민의 기본 권리와 의무』 (인민출판사, 1956)를 쓴 것 같은 것들이다. 상술한 소책자와 전문 저작들의 출판 및 '기본 의무'에 대한 소개와 토론은 비단 '기본 의무'가 당시 사람들의 학습과 토론의 중요 화두 중의 하나가 되었고 사람들의 기본적인 용어로 되었다는 것을 표명할 뿐만 아니라, '기본 의무'의 개념이 광범위하게 사용되고 중국 헌법학의 기본 범주가 되는데 커다란 작용을 하였다. 1954년부터 1957년 사이에 '기본 의무'는 이미 기본상 중국 헌법학의 하나의 기본 범주가 되었다고 말할 수 있다. 주지하듯이 1957년 이후, 중국에는 '좌'적인 사상이 범람하였다. 특히 후에 또 '문화대혁명'이 일어나면서 법학 연구가 정지되었다. 헌법학도 예외가 아니어서 헌법학 교육과정 수업마저 사라졌다. '기본 의무'의 범주도 당연히 그 시대에서 사라졌다. 그러다가 1970년대 말에 와서 1975년 헌법과 1978년 헌법이 제정되고 '문화대혁명'이 결속되면서 헌법학의 교학과 연구는 비로소 점차 회복되었고 '기본

---

465) 루방언, 『중화인민공화국헌법 기본 지식』, 174-185쪽.
466) 유배화, 『중화인민공화국헌법 가의 제강』, 143~144쪽.

의무'의 개념도 다시 사용되었으며 소량의 소책자와 헌법강의를 통해 중국 '공민의 기본 의무'에 대해 소개하고 논술하기 시작했다. 이를테면 1976년 길림철도국 노동자이론팀과 길림대학 법률학부 헌법학학습팀에서 편찬한 『중화인민공화국헌법 학습 문답』, 1978년 여선여(余先予) 등이 집필한 『신시기 치국의 총 장정』, 1979년 북경대학 법률학부 헌법 학강좌에서 편찬한 『중화인민공화국헌법 강의』 등이 중국 공민의 기본 의무에 대해 간단 하게 논술하였다.[467]

　'기본 의무'의 개념이 진짜 광범위하게 사용되고 우리 날 헌법학에서 하나의 큰 기본범주가 된 것은 1982년 헌법 이후의 일이다. 1982년 헌법이 제정된 후, '기본 의무'는 헌법학저적, 특히 헌법학교과서의 기본내용이 되었다. 이를테면 1982년 소위운(蕭蔚云), 위정인(魏定仁)이 편찬한 『헌법학개론』은 '공민의 기본 권리와 의무'라는 장절에서 '공민의 기본 의무에 대한 자산계급국가 헌법의 일반 규정', '공민의 기본 의무에 대한 사회주의국가 헌법의 일반 규정', '공민의 기본 의무에 관한 중국 헌법의 규정'에 대하여 논술하였다.[468] 1983년 오가린(吳家麟)이 주필을 맡은 『헌법학』은 제4편 '공민의 기본 권리와 의무'에서 '자산계급헌법이 규정한 공민의 기본 의무', '사회주의국가 공민의 기본 의무', '중국 공민의 기본 의무'에 대하여 비교적 체계적으로 논술하였다.[469] 1988년 하화휘(何華輝)가 지은 『비교헌법』은 제2편 '헌법규범의 비교연구'의 제3장 '공민의 기본 권리'에서 '공민의 기본 의무'에 대하여 탐구하고 비교하면서 '헌법이 규정한 공민의 의무는 공민의 기본 의무'[470]라고 지적하였다. 1989년 허숭덕(許崇德)이 주필을

---

467)　길림철도국 노동자 이론팀, 길림대학 법률학부 헌법학학습팀 편찬, 『중화인민공화국헌법 학습
　　　문답(學習'中華人民共和國和國憲法問答')』, 지린인민출판사, 1976, 79쪽; 여선여(余先予) 등, 『신시기 치국의
　　　총 장정(新時期治國的總章程)』, 상해인민출판사, 1978, 112~116쪽; 북경대학 법률학부 헌법학강좌 편찬,
　　　『중화인민공화국헌법 강의』, 서남정법학원국가와 법의 이론 강좌, 1979, 200~224쪽.
468)　소위운(蕭蔚云), 위정인(魏定仁) 편찬, 『헌법학개론』, 북경대학출판사, 1982, 264, 268, 294쪽.
469)　오가린 주필, 『헌법학』, 341, 355, 386쪽.
470)　하화휘, 『비교헌법학』, 무한대학출판사, 1988, 245쪽.

맡아 편찬한『중국헌법』제11장 '공민의 기본 권리와 의무'에 전문 '중국 공민의 기본 의무'를 토론하는 장절을 삽입했다.[471] 1999년 장벽곤(蔣碧昆)이 주필을 맡아 편찬한 『헌법학』, 위즈칭(兪子淸)이 주필을 맡아 편찬한 『헌법학』과 허숭덕이 주필을 맡아 편찬한 『헌법』은 모두 '공민의 기본 권리와 의무'라는 장절에 '중국 공민의 기본 의무' 혹은 '공민의 기본 의무'라는 절을 넣었다.[472] 2000년 동화평(董和平), 한대원(韓大元), 이수충(李樹忠)의 『헌법학』제3편 '기본 권리와 기본 의무'에는 '공민의 기본 의무'를 전문적으로 토론하는 장절을 두었다.[473] 2000년에 주엽중(周葉中)이 주필을 맡아 편찬한 『헌법』도 '공민의 기본 권리와 의무'에 '중국 공민의 기본 의무'를 전문적으로 논술하는 장절을 두었다.[474] 2000년 허숭덕이 주필을 맡은 『헌법학』, 2002년 양해곤(楊海坤)이 주필을 맡은 『헌법학기본론』, 2004년 호금광(胡錦光)과 한대원이 쓴『중국헌법』, 2006년 한대원이 주필을 맡은 『헌법학』, 2008년 두승명(杜承銘)이 주필을 맡은 『헌법학』 등 헌법학 교과서들은 모두 전문적으로 '공민의 기본 의무'를 토론하는 장절을 두었다. 특히 언급할 만한 것은 1982년 헌법이 제정된 후 일부 학자들이 공민의 기본 권리와 의무에 관한 전문저작을 써서 기본 권리와 기본 의무에 대하여 전문적으로 논술했다는 것이다. 이를테면 1983년 장경복(張慶福), 피순협(皮純協)가 쓴 『중국 공민의 기본 권리와 의무』(사천인민출판사, 1983년, 1987년 장우어(張友漁)가 쓴 『공민의 기본 권리와 의무』(천진인민출판사, 1987), 장경복, 왕덕상(王德祥)의 『중국 공민의 기본 권리와 의무』(대중출판사, 1987), 손영생(孫榮生)이 편찬한 『중국 공민의 기본 권리와 의무』(민족출판사, 1987) 등이 있으며 복건인민출판사에서도 1985년에 『중국 공민의

471) 허숭덕, 『중국헌법』, 중국인민대학출판사, 1989, 425쪽.
472) 장벽곤(蔣碧昆) 주필, 『헌법학』 수정본, 295쪽; 위즈칭(兪子淸) 주필, 『헌법학』, 중국정법대학출판사, 1999, 251쪽; 허숭덕 주필, 『헌법』, 중국인민대학출판사, 2000, 184쪽.
473) 동화평(董和平), 한대원(韓大元), 이수충(李樹忠), 『헌법학』, 법률출판사, 2000, 423쪽.
474) 주엽중, 『헌법』, 고등교육출판사, 2000, 278쪽.

기본 권리와 의무를 논함』이라는 책을 출판하였다. 이와 같은 전문 저작과 수많은 헌법학 교과서들은 '기본 의무'의 개념이 중국 헌법학계, 나아가서는 법학계 전반에 광범위하게 사용되고 중국 헌법학에서 하나의 중요한 기본범주가 되게 하는데 매우 큰 촉진 작용을 하였다.

상술한 것을 종합해 보면 '기본 의무'가 중화인민공화국 성립 후 법학계의 기본개념이 되고 사실상 중국헌법학의 기본범주가 된 것은 중화인민공화국이 성립한 후 제정한 4부의 헌법 규정과 밀접한 관계가 있다는 것을 어렵지 않게 알 수 있다. 1954년 헌법, 1975년 헌법과 1978년 헌법의 제3장 표제 및 1982년 헌법 제2장 표제는 모두 '공민의 기본 권리와 의무'였다. '기본 의무'는 우선 각 부 헌법의 기본 개념이었고[475] 그로부터 중국 헌법학의 기본범주로가 되었다고 말할 수 있다.

분명하게 알 수 있는 것은 1975년 헌법, 1978년 헌법과 1982년 헌법이 규정한 '기본 의무'는 중화인민공화국의 최초 헌법, 즉 1954년 헌법의 '기본 의무'의 규정과 직접적인 관계가 있다. 중화인민공화국이 성립되기 전에 '기본 의무'의 개념은 보편적으로 상용되지 않았고 중화인민공화국이 건립된 초기에도 이 개념은 광범위하게 사용되지 않았으며 1949년부터 임시헌법의 작용을 한 『공동강령』에도 '기본 의무'의 개념은 나타나지 않았다는 점은 생각해 볼 문제이다.[476] 그렇다면 왜 1954년 헌법에 '기본 권리와 의무'라는

---

475) 헌법 본문중의 '기본 권리와 의무'를 학술계에서는 일반적으로 '기본 권리'와 '의무'로 이해하지 않고 '기본 권리'와 '기본 의무'로 이해한다. 이런 이해와 해석은 정확한 것이다. 1982년 11월 26일, 펑전(彭眞)은 제5기 전국인민대표대회 제5차 회의에서 진술한 『중화인민공화국헌법 수정초안에 관한 보고』에서 '기본 의무'라는 개념을 명확하게 사용하였다. "초안은 공민이 국가와 사회에 대하여 당연히 이행해야 할 각항의 의무를 규정하였다. 모두들 공민의 이와 같은 기본 의무를 준수하고 이행해야만 비로소 헌법이 규정한 공민의 권리를 향수하도록 보장할 수 있다." 전국인대상무위원회 판공청 비서2국 편찬, 『중국헌법문헌통편(中國憲法文獻通編)』, 중국민주법제시판사, 2004, 64쪽.

476) 『중국인민정치협상회의 공동강령』 제8조에는 "중화인민공화국 국민은 모두 조국을 보위하고 법률을 준수하며 노동기율을 준수하고 공공재산을 애호하며 공역병역에 응하고 부세를 납부할 의무가 있다"고 규정하였고 제9조에는 "중화인민공화국 경내 각 민족에게는 모두 평등한 권리와 의무가 있다"고 규정하였다. 1949년 9월 22일, 주은래는 '인민정협공동강령초안의 특징'을 논술할 때 사용한 것이 바로 '국민의 의무' 개념이었다. "…개혁 이전에 그들은 인민의 범주에 속하지 않았으나 여전히 중국의 한 국민이었고 잠시

제기법이 나타나게 된 것일까? 그것은 주로 소련의 1936년 헌법의 영향을 받았기 때문이다. 1954년 1월 15일, 항저우(杭州)에서 헌법초안 작성사업을 주최하던 모택동은 유소기 등 중앙지도자들에게 전보를 보내 정치국에서 헌법초안 초고를 토론할 때 편리하도록 여러 정치국위원 및 북경에 있는 중앙위원들이 1936년 소련 헌법과 루마니아, 폴란드, 독일, 체코 등의 헌법을 읽어볼 것을 지시했다.[477] 분명한 것은 1954년 헌법의 제정은 1936년 소련헌법의 영향을 틀림없이 받았다. 한대원의 비교, 분석에 의하면 1954년 헌법(초안)과 소련의 1936년 헌법은 동일한 부분이 33조항에 달하여 1954년 헌법의 32%를 차지하고 1954년 헌법(초안)이 소련의 1936년 헌법과 비슷한 부분이 29조항에 달하여 1954년 헌법의 28%를 차지한다.[478] 그중, 공민의 기본 권리와 의무에 관한 규정은 더구나 예외가 아니며, 심지어 제목까지 꼭 같다. 1936년 소련 헌법의 제10장 표제는 '공민의 기본 권리와 의무'이고 1954년 중국 헌법 제3장의 표제 역시 '공민의 기본 권리와 의무'이다. 한대원이 지적한 것처럼 1954년 중국 헌법 초안은 "소련의 1936년 헌법을 참조로 한 토대 위에서 중국사회 발전의 실제 상황에 근거하고 중국공산당의 기본 헌법관을 토대로 하여, 공민의 기본 권리와 의무를 규정하였다."[479]

---

그들에게 인민의 권리를 누리게 하지 않았지만 그들로 하여금 국민의 의무를 준수하게 할 것이 필요했다. 이것이 바로 인민민주독재였다."(전국인대상무위원회 판공청 비서2국 편찬, 『중국헌법문헌통편』, 중국민주법제시판사, 2004, 289쪽.) 1952년에 이르러 어떤 학자가 『공동강령』 제8조를 해석할 때도 여전히 "본 조항 규정은 중화인민공화국의 국민이 당연히 이행해야 할 의무"라고 인정했다. 주싱쟝(朱星江)편, 『중국인민정치협상회의공동강령해설』, 상해문공서점, 1952, 26쪽)하면서 '기본 의무' 개념을 사용하지 않았는데 이것은 1952년까지도 '기본 의무'가 중국 법학계에서 보편적으로 사용하는 개념이 되지 못했다는 것을 증명한다.

477) 한대원 편저, 『1954년 헌법과 중화인민공화국헌정』, 68~70쪽.
478) 한대원 편저, 위의 책, 68~70쪽.
479) 한대원 편저, 위의 책, 95쪽.

제3절

1990년대 이래 기본 의무의 개념 논쟁


## 1. '기본 의무'는 헌법학의 기본 범주라는 것에 관한 명확한 제시와 그 분기


제일 처음으로 헌법학의 기본 범주라는 이 문제에 대하여 전문적으로 연구한 사람은 장광보(張光博)이다. 그는 1980년대에 글을 써서 헌법, 국체, 정체, 국가구역구조, 법제, 권리, 의무, 국가기구는 헌법학의 상용적인 기본 범주[480]라고 인정하면서 '의무'가 헌법학의 기본 범주라고 처음으로 명확하게 제시하였다. 90년대에 들어서서 1994년에 이용(李龍)도 '의무'는 헌법학의 기본 범주라고 제시하였다. 그는 민주와 법제, 권리와 의무, 국체와 정체, 단일제와 연방제, 국가권력과 국가기구, 인민과 공민 등 6쌍, 12개의 기본 범주를 제시하였다.[481] 이룡과 주엽중은 글을 발표하여 헌법학의 기본 범주에는 당연히 헌법과 헌정, 주권과 인권, 국체와 정체, 기본 권리와 기본 의무, 국가권력과 국가기구 등 5쌍의 기본 범주[482]가 포함돼야 한다고 주장하면서 '기본 의무'는 헌법학의 기본 범주라고 처음으로 명확하게 제시하였다.

그 후, 특히 거의 몇 년 동안, 갈수록 많은 헌법학자들이 '기본 의무'는 헌법학의 기본범주 중 하나라고 명확히 강조하였다. 이를테면 어떤 학자들은 공민의 기본 의무는 공민의 기본 권리와 서로 대응되는 한 쌍의 헌법학 범주라고 생각하였다.[483] 왕세도(王世濤)는

---

480) 장광보, 「헌법학기본범주의 재인식」, 『법학연구』 3기, 1987.
481) 이룡, 『헌법기초이론연구』, 무한대학출판사, 1994, 37쪽.
482) 이룡, 주엽중, 「헌법학기본범주간론(憲法學基本範疇簡論)」, 『중국법학』 6기, 1996.
483) 진정홍(秦前紅)주필, 『신헌법학』, 무한대학출판사, 2005, 120쪽.

공민의 기본공리와 마찬가지로 공민의 기본 의무도 종래로 헌법학의 기본 범주 중 하나였다[484]고 생각하였다. 청년학자 하택상(夏澤祥)은 다음과 같이 생각하였다. 서방의 헌법학이론 본신이 가지고 있는 가치 지향, 헌법반전과 헌법학연구에 대한 정치권력의 간섭, 헌법가치에 대한 헌법학자의 수호 및 사회현실에 대한 비판 등 세 가지 요소로 인해 중국 헌법학 기본 범주에는 네 가지 종류의 역사 유형이 나타났다. 첫째, 안정적인 헌법학 범주-기본 권리와 기본 의무, 둘째, 상대적으로 안정적인 헌법학 범주-국가권력과 공민권력, 셋째, 특수한 헌법학 범주-당치(黨治)와 계급성, 넷째, 발전, 변천 중의 헌법학 범주-인권이 그것이다.[485] 황건수(黃建水)는 다음과 같이 생각하였다. 헌법의 범주가 반영하는 헌법관계의 각 요소로 보면 헌법학 범주 체계를 주체범주, 객체범주, 내용범주, 관계범주와 가치범주 등 5가지 유형으로 나눌 수 있다. 그중 '기본 의무'는 헌법학의 내용 범주 중 하나이다. 범주를 단계별로 보면 헌법범주를 일반범주, 기본범주와 핵심범주 등 서로 다른 단계로 나눌 수 있다. 그중 '기본 권리와 기본 의무'는 헌법학의 기본 범주이다. 헌법학 범주 체계의 구조로 보면 헌법학의 범주를 근(根)범주, 간(干)범주, 지(枝)범주와 엽(葉)범주로 나눌 수 있다. 그중 '기본 권리와 기본의무'는 헌법학의 범주이다.[486] 유왕홍(劉旺洪) 등은 다음과 같이 생각하였다. 중국 헌법학의 범주 체계는 당연히 '하나의 핵심, 세 쌍의 범주' 구조 체계가 되어야 한다. 즉 인권은 헌법학의 핵심 범주이고 기본 권리와 국가권력, 직권과 직책, 기본 권리와 기본 의무는 헌법학의 세 기본범주이다.[487]

사실상 '기본 의무'는 이미 중국 헌법학의 기본 범주가 되었지만 '기본 의무'가 헌법학의

---

484) 왕세도, 「헌법에 공민의 기본 의무를 규정하지 말아야 하는가?(憲法不應該規定公民的基本義務嗎)
   -장천범 과 상론」, 『시대법학』 5기, 2006.
485) 하택상, 「중국 헌법학 기본 범주의 역사 유형(我國憲法學基本範疇的歷史類型)」,
   『하남성정법관리간부학원학보』 5기, 2006.
486) 황건수, 「중국헌법학의 범주체계 심석(中國憲法學的範疇體系探析)」, 『상구사범학원학보』 4기, 2007.
487) 류왕홍 등, 「제3차논의: 중국헌법학의 범주와 방법(中國憲法學的範疇與方法) -제3기 '중국헌법학기본범주와
   방법'학술 쎄미나 종술」, 『금릉빕률평론』, 2007년 가을호.

기본 범주인가를 두고 아직까지 중국 헌법학계는 완전히 공동된 인식을 가져오지 못했고 일부 충돌이 있다는 점을 지적할 필요가 있다. 주요 충돌은 아래와 같은 세 가지이다.

첫째, 기본 의무는 헌법학의 기본 범주라는 것을 인정하지 않거나 적어도 명확하게 강조하지 않는다. 이를테면 어떤 학자는 공민 권리와 국가 권력은 당연히 헌법학의 기초 범주가 되어야 한다고 생각한다.[488] 어떤 학자는 헌법학 신 체계의 핵심 범주에는 당연히 헌정, 헌법, 헌법관계, 헌정권리, 헌정주체, 헌정행위, 헌정사건, 헌정소송, 위헌행위, 헌정책임 등이 포함되어야 한다고 생각한다.[489] 어떤 학자들은 공민 권리와 국가 권력은 헌법학의 기본 범주라는 데에 치우치면서 헌법학 중의 그것들을 '헌법권리'와 '헌법권력'이라고 부름으로써 헌법학의 특징을 체현한다.[490] 어떤 학자는 다음과 같이 주장한다. 중국헌법학의 기본 범주를 구성하는 요소에는 국가-사회, 헌법-법률, 입헌주의-민주주의, 인권-기본 권리, 주권-국제사회가 포함된다. 그중에서 제일 핵심적인 범주는 인권-기본 권리이다.[491] 또 어떤 학자는 당대 중국헌법학의 기본 범주를 7조 14개 범주, 즉 민주와 공화, 헌법과 법치, 기본 권리(인권)와 국가권력, 헌법직권과 헌법책임, 헌법규범과 헌법효력, 헌법구제와 헌법소송, 헌법개념과 헌법해석으로 개괄할 수 있다고 생각한다.[492] 이런 학자들은 모두 '기본 의무'를 헌법학의 기본 범주에 포함하지 않고 있다.

둘째, 기본 의무가 헌법학의 기본 범주라는 것을 인정하지만 '기본 의무'라는 개념을 쓰지 않고 '법률의무', '의무', '공민의무', '헌법의무' 등 개념을 쓴다. 이를테면 동즈웨이는

---

488) 원정방(文正邦), 부자당(付子堂), 「헌법학의 이론 지점 약론(略論憲法學的理論支点)」, 『탐색』 3기, 1992.
489) 엽필풍(葉必豊), 『의법치국과 헌법학의 신 체계를 논함(論依法治國與憲法學的新體系)』, 『법학평론』 6기, 2000.
490) 양해곤, 『신 세기에 들어선 중국헌법학(跨入新世紀的中國憲法學)-중국헌법학연구 현황과 평가』, 중국인사출판사, 2001, 905쪽.
491) 한대원, 「1950년대 중국헌법학 기본범주에 대한 분석과 반성(對20世紀50 年代中國憲法學基本範疇的分析與反思)」, 『당대법학』 3기, 2005; 한대원, 『헌법학기초이론』, 33쪽.
492) 범진학(范進學), 「중국헌법학기초범주체례신론(中國憲法學基本範疇體系新論)」, 『사천대학학보(철학사회과학판)』 6기, 2009.

다음과 같이 인정한다. 헌법학의 모든 범주는 중요 범주와 일반 범주 두 부분으로 나뉘는데 기초 범주와 기본 범주가 중요 범주를 구성하고, 기타의 범주는 모두 일반 범주 혹은 보통범주이다. 사회 권리는 기초 범주(핵심범주)이고, 공민권리, 국가권력, 사회잉여권리, 사회총체권리, 법률의무, 헌법 등 6가지 개념은 기본범주이다.[493] 후에 이 학자는 상술한 범주 중의 '사회권리'를 '법권'으로, '공민권리'를 '권리'로, '국가권력'을 '권력'으로, '법률의무'를 '의무'로 고쳤다.[494] 또 판진쉐는 헌법학의 기본 범주를 (1) 인권과 국가권력 (2) 기본 권리와 헌법의무 (3) 헌법규범과 헌법효력 (4) 헌법책임과 헌법구제 (5) 헌법소송과 헌법해석 등 5쌍으로 개괄하였다.[495] 그리고 또 한 청년학자는, 헌법학의 범주 체계는 '국가권력-공민권리'와 '국가권력-공민의무'를 기본 범주로, '국가직책'을 기석 범주로, '인권'을 종결 범주로 하고 그밖에 약간의 보통 범주로 이루어진 체계라고 인정한다.[496] 이런 학자들은 모두 '기본 의무'의 개념을 사용하지 않았다. 여기서 지적할 만한 것은 중국 헌법학계에서 수많은 학자들은 '기본 의무'와 '헌법 의무'라는 두 개념을 혼용하면서 '기본 의무'를 '헌법의무'라고 부르기도 한다고 생각했다는 것이다.[497] 어떤 학자들은 다음과 같이

493) 동지위(童之僞), 「헌법학신체계의 범주결구를 논함(論憲法學新體系的範疇架構)」, 『법학연구』 5기, 1997.
494) 동지위, 『법권과 헌정』, 산둥인민출판사, 2001, 10, 466~522쪽.
495) 유왕흥 등, 「제3차논의: 중국헌법학의 범주와 방법 -제3기 '중국헌법학기본범주와 방법'학술쎄미나 종술」, 『금릉법률평론』, 2007 가을호.
496) 하택상, 「헌법학범주체계논강(憲法學範疇體系論綱)」, 『동오법학』, 2008 봄호, 25쪽.
497) 이를테면 주귀빈, 『중국헌법과 정치제도』, 법률출판사, 1997, 242쪽; 장벽곤 주필, 『헌법학』 수정본, 263쪽; 양해곤 주필, 『헌법학기본론』, 165쪽; 류무 린, 『헌법학』, 중국인민공안대학출판사, 인민법원출판사, 2003, 251쪽; 인샤오후(殷嘯虎), 『헌학학요의』, 북경대학출판사, 2005, 245쪽; 원정팡(文正邦) 주필, 『헌법학교정』, 법률출판사, 2005, 229쪽; 리융, 장칭후, 『공민의 헌법의무를 논함(論公民的憲法義務)-헌법에서 비롯된 평형정신』, 산둥인민출판사, 2008, 43쪽 등. 특히 언급해야 할 것은 임래범은 헌법의무에는 두 가지 유형이 포함되어 있다고 지적했다. 하나는 일반인이 헌법에서 당연히 감당해야 할 의무, 즉 중국 헌법문건 및 헌법이론에서 통상적으로 말하는 '공민의 기본 의무'이고, 다른 하나의 유형은 특정한 주체, 주로 국가기관 혹은 공공권력주체 및 실제 권력의 소유자(이를테면 국가공무원)가 헌법상에서 감당해야 하는 의무라고 하였다. 이를테면 중국 현행 『헌법』 제5조 제4항에서 규정한 "모든 국가기관과 무장역량, 각 정당과 각 사회단체, 각 기업 사업단위 조직은 반드시 헌법과 법률을 준수해야 한다"는 것이 바로 이런 유형에 속한다고 하였다. 임래범, 『헌법규범에서 규범헌법에 이르기까지(從憲法規範到規範憲法)』, 법률출판사, 2001, 235쪽.

생각하였다. 기본 의무에 대해 사람들은 각기 다르게 부른다. 어떤 사람은 헌법 의무라고 하고 어떤 사람은 공민 의무라고 하는가 하면 또 어떤 사람은 헌법의 기본 의무라고 한다. 사실상, 이런 말들은 모두 한 개념이다. 기본 의무는 이 의무의 기본특징을 뚜렷하게 한 것이고 헌법 의무는 헌법에서 규정한 이런 의무의 형식 특징을 뚜렷하게 한 것이다. 헌법의 기본 의무라고 부르는 것이 개념이 반영하는 사물의 특징을 제일 전면적으로 반영한다. 그런데 공민 의무는 광범위한 의의상의 의무로 오해되기 쉽기에 이렇게 부르지 않는 것이 좋다.[498] 하지만 또 어떤 학자들은 다음과 같이 생각하였다. '공민의 기본 의무'도 좋고 '(공민의) 헌법 의무'도 좋고 그 함의에는 모두 다른 해설이 존재하거나 혹은 포함된 내용이 분명하지 않거나 충돌이 있는 등의 문제가 존재한다. 그렇기 때문에 '헌법 중의 공민의 의무'라는 이 직접 서술적이고 내용이 명확한 개념으로 '공민의 기본 의무', '헌법 의무' 등 쟁의가 있는 개념을 대체해야 한다.[499]

셋째, 기본 의무와 기본 권리가 헌법학에서 한 쌍의 범주라는 것에 이의를 제기했다. 이를테면 어떤 학자들은 다음과 같이 생각하였다. 각 주체 사이의 각종 기본 권리가 서로 충돌하는 것을 조정하고 사회 공공이익을 촉진하기 위하여 국가는 부득이 전체 공민이 일정한 기본 의무를 이행할 것을 요구한다. 모종의 의의에서 말하면 공민의 기본 의무는 직접 그가 향유하는 기본 권리에서 발생하는 것이 아니라 국가권력이라는 이 매개의 작용에 의해 형성된다. 기본 권리의 향유 주체(공민)와 기본 의무 감당 주체(공민)는 두 개 서로 다른 구체 법률관계 속에 처해있다. 공민의 기본 의무가 대응관계를 이루는 범주는 당연히 국가의 모종 특정한 권력(이를테면 공민의 납세의무가 국가의 징세권에 대응하는 것)이어야 한다.[500] 어떤 학자들은 또 공민 권리와 공민 의무는 모두 헌법학의 기본 범주이지만 양자 사이에 논리적인 대응관계가 부족하기에 한 쌍의 범주를 구성하지

---

498) 양해곤 주필, 『신 세기에 들어선 중국헌법학 -중국헌법학연구 현황과 평가』, 223쪽.
499) 강신뢰(姜新蕾), 「헌법중의 공민의무를 논함(論憲法中公民義務)」, 『천부신론』 2기, 2008.
500) 임래범, 「헌법의무를 논함」, 『인대법률평론』 2집, 2000, 153, 166, 167쪽.

못하며 공민 의무와 짝을 이루는 것은 당연히 국가 권력이어야 한다고 보다 명확하게 지적하였다.[501]


## 2. 법률은 당연히 기본 의무를 규정해야 하는가에 관한 쟁론

총체적으로 보면 중화인민공화국이 성립된 후 '기본 의무'가 비록 중국 여러 헌법의 기본 개념이 되었고 법학계에서도 하나의 기본 범주가 되었지만 '기본 의무'라는 이 기본 범주를 전문적으로 연구한 학자가 많지 않았고 관련 논문이나 전문 저작은 더욱 적었다. 바로 임래범이 지적한 것처럼 "기본 권리를 언급한 논술과 해석은 넘쳐나는데 반해 기본 의무에 관련한 이론연구는 소외되고 쓸쓸했다."[502] 하지만 언급할 만한 것은 21세기에 들어와서 중국 헌법학계에는 헌법에 당연히 기본 의무를 규정해야 하는가 하지 말아야 하는가 하는 토론과 쟁론이 일어났다는 점이다. 이 쟁론은 실질상 기본 의무가 헌법 및 헌법학의 기본 범주가 옳은가 아닌가의 논쟁이라고 할 수 있다.

제일 처음 유군영(劉軍寧)이 2001년에 글을 써서 다음과 같이 생각하였다. 헌정의 종지는 정부의 권력을 제한하고 개인의 자유를 보호하는 것이다. 헌정하의 헌법도 당연히 이 종지에 부합되어야 한다. 헌법에 수많은 의무를 나열하면 헌법은 권리 보호의 문건으로 성질이 변하게 된다. 헌법의 목적이 유한(有限) 정부를 확정하는 것인 만큼 그 예봉은 국가에 초점을 맞춰야 한다. 만약 헌법에 수많은 공민의 의무를 규정하면 그 결과는 필연적으로 헌법의 예봉이 공민을 겨냥하게 되고 당연히 겨냥해야 할 정부와 권력자를 피하게 된다. 이런 헌법은 반 헌정의 길을 걷는 헌법이다. 헌법에 공민의 의무를 규정해서는

---

501) 하태상, 「헌법학범주체계논강」, 『동오법학』 2008년 봄호, 29쪽.
502) 임래범, 「헌법의무론」, 『인대법률평론』 2집, 2000, 149쪽.

안 된다는 것은 결코 공민은 제멋대로 해도 된다거나 공민은 그 어떤 의무도 감당하지 말아야 한다고 주장하는 것이 아니다. 공민은 당연히 의무를 감당해야 한다. 하지만 이런 의무는 다만 공민이 누리는 자유와 권리에서 탄생할 뿐이고 권리와 자유 밖에서 독립된 그 어떤 자유로운 의무는 없다. 만약 인민이 자신의 행위를 규제하려면 그들의 대표를 통해 의회에서 입법을 할 수 있다. 이를테면 일반 사람의 행위를 규범화하는 형법, 민법, 혼인법, 배상법 등을 제정하거나 공공장소에서 흡연을 금지하는 법령 등을 제정하는 것이 그것이다.[503]

뒤이어 채정검(蔡定劍)이 2002년에 글을 써서 다음과 같이 주장하였다. "헌법은 정부의 권력을 규제하는 것이지 공민으로 하여금 의무를 이행하게 하려는 것을 목적으로 한 법률이 아니다. 법리상으로 말하면 헌법은 공민에게 의무를 설정하지 말아야 한다. 왜냐하면 우리는 헌법에 공민의 기본 의무를 규정하는 의의가 어디에 있는지 해석할 수 없기 때문이다. 그것은 과연 이런 의무가 중요한 것이기에 반드시 이행해야 한다고 강조하기 위해서인가 아니면 공민의 의무에 분명하게 경계선을 그어주기 위해서인가? 헌법에서 규정한 의무 외에 법률은 또 공민에게 의무를 설정할 수 있는가? 만약 그럴 수 있다면 그 두 가지 의무는 무슨 관계인가? 헌법이 공민의 의무를 규정하는 수많은 법리문제는 해석하기 어렵다. 만약 공민에게 헌법 의무를 감당해야 할 의무가 있다는 뜻이라고 한다면, 정부에는 헌법의 규정에 의하여 공민이 의무를 이행하도록 강요할 권리가 있게 되니 이렇게 되면 정부가 공민의 의무를 마구 남용하는 현상을 초래할 수 있어 정부의 권력이 지나치게 커지게 된다. 정부가 공민에게 의무를 감당하게 하는 데 있어서 반드시 명확하고 구체적인 법률 규정이 있어야 하고 정부는 법률에 의하여 엄격하게 처사해야한다. 공민이 의무를 이행하도록 함에 있어서 엄격한 법정 제도가 있어야 하고 헌법의 원칙에 의해 처리하지

---

503) 유군영, 「헌법은 누구를 방범하는가?(憲法是防犯誰的?) -왜 공민의 의무를 헌법에 써넣지 말아야 하는가를 겸하여 논함」, 『의보』 2001년 8월 25일; 왕세도, 「헌법은 공민의 기본 의무를 규정하지 말아야 하는가? -장챈판와 상의함」, 『시대법학』 5기, 2006.

말아야 하는 것은 정부 권력의 남용을 막고 공민의 권리를 보호하기 위해서이다. 왜 헌법에 공민의 의무를 규정하는 문제에 있어서 해도 되고 안 해도 된다는 태도를 취하는 것의 의의는 바로 거기에 있다."[504]

장천범은 2005년에 "헌법은 당연히 공민 의무를 규정하지 말아야 한다"는 관점을 보다 명확하게 지적하였다. 그는 다음과 같이 생각하였다. "헌법은 당연히 공민의무를 규정하지 말아야 한다. 왜냐하면 이것은 법률의 보편적 임무이기 때문이다. 계약론의 근본적 출발점에 근거하면 헌법의 목적은 이런 법률이 모든 이성적인 공민이 포기할 수 없는 기본 권리를 지나치게 침범하는 것을 방지하기 위해서이다. 그렇기 때문에 의무조항을 남겨야 할 그 어떤 여지도 없다. 헌법이 규정한 법률의 의무는 단지 정부 기구, 특히 입법기구를 겨냥한 것이지 개인을 겨냥한 것이 아니기 때문에 법률의의에서 사인(私人)의 헌법 의무를 추궁할 수 없다. 그러므로 '그 어떤 공민이든 헌법과 법률이 규정한 권리를 향수하는 동시에 헌법과 법률이 규정한 의무를 이행해야 한다'는 현행 『헌법』 제33조 규정은 헌법과 법률의 성질에 있어서의 중요한 구별을 말살했다고 할 수 있다. 그 뿐만 아니라 공민 의무에 관한 현행 헌법의 규정은 대부분 군더더기거나 모호하고 실시하기 어려운 것들이다. 오해를 조성할 수 있는 것 외에 헌법의 공민 의무 조항은 그 어떤 법률작용도 발휘할 수 없다."[505]

장천범의 관점에 대하여 왕세도가 질의를 했다. 그는 다음과 같이 생각하였다. "사회계약론과 서방국가의 헌법 원전(原典)에 의하면 헌법이 공민의 기본 의무를 규정하지 말아야 한다는 결론을 내릴 수 없다. 헌법이 주로 권리를 규정하고 보편 법률이 주로 의무를 규정한다는 관점은 법리에 위배될 뿐만 아니라, 중외 입법의 실천에도 부합되지 않는다.

---

504) 채정검, 「헌법이란 무엇인가에 관하여」, 『중외법학』 1기, 2002. 2006년에 이르러 그는 또 다음과 같이 발전하여 제시하였다. 헌법 발생의 최초 원인으로 보면 헌법에는 공민의무를 규정하지 말아야 한다. 왜냐하면 헌법은 정부에 대한 인민의 계약으로서 그 목적은 정부에 권력을 주어 정부권력의 남용을 규제하려는 것이기 때문이다. 공민은 정부와 법률의 제한을 받고 정부와 법률은 헌법의 제한을 받는다. 공민은 법률의무 감당해야 하지 헌법의무를 감당해서는 안 된다. 『헌법정해』 제2판, 률률출판사, 2006, 238쪽.
505) 장천범, 「헌법은 무엇을 규정하지 말아야 하는가?」, 『화동정법대학학보』 3기, 2005.

사회계약론이 개인으로부터 국가로 권리를 양도하는 과정 및 개인과 국가가 달성한 계약은 당연히 공민과 국가의 권리와 의무 이중 관계를 도출해야 하지 장이 이해한 사회계약처럼 단지 개인의 기본 권리를 보장하는 일방적인 목적에만 있는 것이 아니다. 계약론에 대한 장의 잘못된 이해는 그가 헌법의 유일한 기본 권리론을 불러온 사상 근원으로서 "그 어떤 공민이든 헌법과 법률이 규정한 권리를 향수하는 동시에 헌법과 법률이 규정한 의무를 이행해야 한다"는 중국 헌법학자들이 보편적으로 신봉하는 헌법 원칙을 추호의 의심도 없이 부정하기에 까지 이르게 했고 헌법과 법률의 성질상의 중요한 구별을 말살하도록 하였다. 헌법과 보통 법률의 주요 구별은 법률 효과가 다른 데 있다. 헌법은 '고급법'이지만 헌법과 보통법은 규범의 내용에서 일치성이 존재하는데, 그것은 헌법은 원칙적인 규범이고 법률의 법률이라면 보통법은 다만 헌법의 규범에서 자신의 가치 취향과 발전 공간을 찾는다는 점에서 나타난다. 헌법은 인권의 보증서이다. 이 기본 헌정정신에 근거하여 보통 법률은 당연히 공민의 권리를 확인하고 확충해야 하지, 어찌 '주로 공민의 의무를 규정'한단 말인가? 만약 헌법이 주로 공민의 권리를 규정하고 보통헌법이 주로 공민의 의무를 규정한다면 헌법에 규정한 공민의 권리는 어떻게 구체화하고 어떻게 관철, 실행할 수 있겠는가? 헌법과 보통법의 권리, 의무의 구분은 한 계통으로 이어져 내려온 헌법과 보통법 사이의 혈연적 연계가 끊어졌음을 의미한다. 중국의 입법 실천이 표명하는 것은 보통 법률은 모두 헌법원칙의 지도하에 제정되었고 권리 보장의 헌정정신은 모든 입법 활동을 꿰뚫고 있다.

모든 보통 법률은 권리 법안이라고 할 수 있다. 중국의 공민의 권리체계는 바로 헌법의 기본 권리를 핵심으로, 보통 법률이 확인한 권리를 주체로 전개되었다. 그 외 공민 의무에 관한 헌법의 규정은 결코 '모호'한 것이 아니라 공민 의무 중의 '영예'와 '이익' 등의 개념에 관해서 모두 분명하게 내용이 내포되어 있다. 헌법이 이런 개념을 사용한 것은 근본법으로서 가지고 있는 고도의 원칙성과 개괄성의 결과이다. 바로 헌법의 이 속성으로 인해 비로소 헌법으로 하여금 포용의 정신과 지구적인 적응능력을 가지게 하였다. 그 뿐만 아니라 사실상, 법률상의 개념과 술어는 당연히 일정한 개괄성을 가져야 한다. 이를테면 각국의 헌법 중에 일반적으로 규정한 '권리', '자유' 자체는 개괄성을 가지고 있다. 보기에는

'모호'해 보이지만 이런 개념이 내포하고 있는 헌정원칙이 민주헌정의 발전을 인도한다."[506]

한대원은 헌법에 규정한 기본 의무는 필요성과 정당성을 갖고 있는데, 아래와 같은 몇 가지에서 주로 표현된다고 생각한다. (1) 근대헌법발전에서 보면 헌법의 기본 가치와 목표로서의 민주와 인권가치의 실현은 다만 기본 권리의 범주에만 의거하는 것이 아니라, 국가와 정치의 공동체가 제공하는 필요한 보장이 필요하고 기본 의무가 가지는 실제상의 헌법이 실현한 기본 목표 중[507]에 내포되어 있다. (2) 헌법과 정치 공동체의 관계에서 보면 사회공동체 존재와 발전의 토대를 위하여, 한 방면으로는 공민은 기본 권리를 획득해야 하고, 또 다른 방면으로는 사회공동체도 공민이 기본 의무를 이행하는 것을 통하여 공동체 발전에 필요한 정치적, 사회적 책임을 감당해야 한다. 모종의 의의에서 말하면 기본 의무의 존재는 사회공동체와 사회질서를 유지하는 객관적 토대이다. (3) 기본 권리와 기본 의무의 관계로 보면 양자에 존재하는 공동의 토대는 사회공동체와 사회질서의 발전을 수호하고 유지하게 하고 더 나아가서 헌법질서의 안정을 확립하게 한다. (4) 헌법 원전(原典)의 비교에서 보면 세계 대다수 국가 헌법 문본(텍스트)은 모두 다양한 형식의 공민의 기본 권리를 규정하였다. (5) 기본 의무는 개방적인 가치체계로서 현대 헌정체제하의 기본 의무는 단순한 복종을 특징으로 하는 전통적 의무가 아니고 헌법의 기본 정신의 의무를 벗어난 것도 아니다. 그것은 헌정체제 하에서 사회공동체를 수호하는 기본 조건이고, 사회 전면적인 발전의 수요에 적응한다. 이를테면 환경보호의 의무, 교육을 받을 의무 등은 모두 개성의 발전에 대한 제한이 아니라 개성의 전면적 발전에 대한 수요이다. 헌법이 공민의 의무(기본 의무)를 규정하지 말아야 한다는 소수 학자들의 주요 이유를 중심으로 이용, 장청화는 그들이 쓴 『공민의 헌법의무를 논함론(論公民的憲法義務)』 이라는 책에서 헌법에 당연히 공민의무(기본 의무)를 규정해야 할 10가지 이유를 밝혔다. (1) 계약론에서

---

506) 왕세도, 「헌법은 공민의 기본 의무를 규정하지 말아야 하는가? -장챈판와 상론」, 『시대법학』 5기, 2006.
507) 한대원 주필, 『헌법학』, 326-328쪽.

비롯되었기에 헌법에 비로소 의무의 규정이 있게 된다. (2) 이부 권리를 포기함으로써 더 많은 권리와 보장을 얻는 것이야 말로 인류의 이성적인 선택이다. (3) 공민의 의무를 규정하였는가 하지 않았는가 하는 것이 헌법과 보통법의 구별이 되어서는 안 된다. (4) 헌법이 실시되지 못하는 주요 원인은 '헌법의 부담이 과중'하기 때문이 아니다. (5) 서방 국가의 헌법 원전(原典)에서 공민의 의무를 볼 수 없는 것은 아니다. (6) 공민의 헌법의무는 현대국가의 합법적 법률형식을 확인하며 헌법의 필요한 구성요소가 된다. (7) 헌법 중의 공민의무의 규정은 헌법 권리를 유효하게 실현하기 위해서이다. (8) 인성 중에는 탐욕, 자사, 게으름 등 나쁜 면이 있어 감독을 받지 않는 권리는 범람의 가능성이 있다. 헌법에 공민의 의무를 규정하는 것은 주권자로서의 공민이 책임을 다하도록 감찰하고 독촉하는 필요한 수단이다. (9) 공민의 헌법의무는 충분히 실시할 수 있다. (10) 공민헌법의무는 이른바 '독재'의 '시금석'이 아니라 헌법 발전의 추세이다.[508]

---

508) 이용(李勇), 장청화(蔣淸華), 『공민의 헌법의무를 논함 -헌법에서 비롯된 평형정신』, 216-221쪽.

# 공민의 개념 및 그 변화

제1절

공민 개념의 인입

## 1. '공민'의 중국 정착

한자 어원학 각도에서 고증해 보면 '공(公)'자와 '민(民)'자는 모두 풍부한 뜻이 있다.

'공'은 하나의 뜻글자이다. 자형을 보면 위에는 '八'자로서 서로 배치됨을 뜻하고 아래는 '厶'('私'자의 원 글자)자이다. 합하면 '사적인 것과 배치'됨을, 즉 '공정무사'함을 뜻한다. 그 본 뜻은 공정무사함이다. 이하 8종의 해석 모두 일정한 각도로 공의 의미를 설명할 수 있다. 첫째, 공은 평분(平分)이다.[509] 사(厶)를 짊어진 것이 공이고 혹은 그 사를 사람과 나누는 것이 공이다.[510] 공은 공정무사라고 말할 수 있다.[511] 무사를 고려하는 것이 공이다.[512] 둘째, 공기(公氣: 正大, 公正); 공소(公素:公正質朴); 공결(公潔:公正廉潔); 공신(公愼:公正勤愼); 공성(公誠:公正誠實). 셋째, 공(共), 공동(共同) 예: 천하에는 공리(公利)가 있는데 도리어 기쁘게 행하는 자가 없고, 또 천하에는 공해(公害)가 있는데 도리어 없애려고 하지 않는다.[513] 넷째, 공환(公患, 공동의 우환, 공동의 재난); 공의(公擬, 공동입안); 공률(公律, 공인된 법률). 다섯째, 공공(公共), 공가(公家), 공중(公衆)과 '사(私)'는 상대적이다.[514] 여섯째, 공중(公衆; 大伙兒; 公家; 公有的; 누구도 관여하지 않는 것으로 파생된다),

---

509) 『설문(說文)』을 참고.
510) 『한비자 오두(五蠹)』를 참고.
511) 『춘추 원명포(元命苞)』를 참고.
512) 『가자(賈子) 도술(道術)』을 참고.
513) 황종희, 『원군』을 참고.
514) 가의(賈誼), 『론적저소(論積貯疏)』를 참고.

공읍(公揖, 대중에게 만들어진 하나의 인사 예절), 공본(公本, 공중의 상서); 공욕(公欲, 공중의 욕망); 공전(공전(公餞),공중이 거행한 연회). 일곱째, 국제 사이의 문제. 예: 공해(公海); 공원(公元); 공척(公尺); 공리(公里). 여덟째, 웅적(雄的), 웅성적(雄性的). 예; 공축(公畜)

'민'도 해석이 여러 가지이다. 첫째, 고문의 형상에서 나왔다. 고대에 이민백성, 평민을 가리켰고, 군주, 관리와 상반되는 뜻으로 쓰였다. 예: 민, 중맹(衆萌)이다. 고문의 형상에서 나왔다.[515] '맹(萌)'은 정신상의 암흑과 무지를 나타낸다. 민은 백성(氓)이다.[516] 옛날에는 사민, 즉 사민, 상민, 농민, 공민이 있었다.[517] 백성은 신(神)의 주인이다.[518] 천자는 조민(兆民)이라고 했으며 제후는 만민(萬民)이라고 했다.[519] 서민의 굶주림을 없앤다.[520] 민은 머물 곳이 적당하지 않다.[521] 민을 우리의 의지에 따라 행하게 할 수 있으나 이해시킬 수는 없다.[522] 내가 관중(關中)에 들어간 후 그 누구도 감히 접근하지 못하게 하고 관리와 백성(民)을 조사하고 관부의 창고를 닫고 장군을 기다렸다.[523] 민은 귀하고, 사직은 그 다음이며, 군주(君)는 가볍다.[524] 둘째, 일반적으로 사람을 가리킨다. 예: 민은 천지로부터 생기는 것이다.[525] 먹는 것은 민의 근본이다.[526]

'공'과 '민'을 연결시켜 하나의 새로운 단어를 만든 것은 근대 이후에 출현한 것으로서 중국전통문화에는 '공민'이라는 개념이 존재하지 않았다. 막스 베버는 일찍이 '서방

515) 『설문(說文)』을 참고.
516) 『광아(廣雅)』를 참고.
517) 『곡양전 성공원년(谷梁傳 成公元年)』을 참고.
518) 『좌진 환공6년(左傳 桓公六年)』을 참고.
519) 『좌전 민공원년(左傳 閔公元年)』을 참고.
520) 『서 순전(書 舜典)』을 참고.
521) 『서 반경상(書 盤庚上)』을 참고.
522) 『논어 태백(論語 泰伯)』을 참고.
523) 『사기 항우본기(史記 項羽本紀)』를 참고.
524) 『맹자 진심하(孟子 盡心下)』를 참고.
525) 『좌전 성공십삼년(左傳 成公十三年)』을 참고.
526) 『회남자(淮南子)』를 참고.

이외에는 지금까지 도시 공민이라는 개념이 존재하지 않았다'고 지적한 적이 있다.

　민주정치가 없고 개인의 지위가 독립적이지 못했으며 삼엄한 봉건계급이 존재한 것은 근대 중국 이전에 '공민'이라는 개념이 없었던 주요 원인이었다. 군주에 대하여 말하면 '온 천하가 왕의 땅이 아닌 곳이 없었고 천하의 백성이 왕의 신하가 아닌 사람이 없었다. 그렇다 보니 민주정치는 발생할 수 없었다. 어쩌다 현명한 군주가 나와 인민을 중시한다 해도 그것은 다만 민본 사상의 발로일 뿐이었다. 백성에 대해 말하면 공민은 정치 권리를 향수하거나 행사할 필요가 없고 자기가 주인이 될 필요가 없이 그저 본분에 맞게 하나의 법을 지키는 주체가, 의무에 순종하는 주체가 되면 그만이었다.

　동시에 개인은 독립된 인격이 없었고 독립적인 공민의 지위는 더구나 누릴 수 없었다. 전통적인 중국에서 국가는 사실상 하나의 확대된 가족조직이었다. 그와는 반대로 서방사회의 원자(原子)는 개인이지 가족이 아니었다. 그렇기 때문에 개성주의가 풍부한 서방사람들의 인격 의식이 서방문화 중에 자유주의의 토대를 구성하였다. 하지만 동방의 정치사회는 가족구조를 본위로 하는 가족과 국가의 구조와 구성방식이 같아서 개인의 자유는 가족에 의존해야만 비로소 생존하고 지위가 있을 수 있었다. 이런 제도의 배경 하에 '공민'이라는 개인은 생성되기가 어려웠다.

　그밖에 강렬한 봉건등급제가 모든 사람들의 신분을 엄격하게 얽매고 있었기에 공민은 발생할 수 없었다. 중국의 고대사회에서 일관적으로 임금은 신하의 벼리가 되고 아비는 자식의 벼리가 되며 남편은 아내의 벼리가 되었다. 노비, 노재(奴才), 신자(臣子), 신민(臣民) 등은 모두 엄격히 지켜지는 등급이 있어서 그 등급은 뛰어넘을 수 없었다. 장기적인 3강 5상의 교화는 사람의 심령을 침식하여 민중들로 하여금 이런 등급 구분에 안주하여 운명에 순응하는 백성으로 사는데 습관이 되도록 하였다.

　'공민'이라는 단어는 들여온 것이고 중국 전통에는 오로지 '백성'만 있었다. 백성은 생선과 고기처럼 유린당하는 대상이었기에 그들에게는 평등이란 없었다. 역사적으로 보면 국민 개념이 내포하고 있는 국민 의식이 일어난 것은 근대 중국에서였다. 최초로 중국인들에게 흘러 들어온 정치어휘는 20세기 초의 근대 문인지사들이 서방의 헌법저작을 소개하면서부터였다고 해야 할 것이다.

제일 처음으로 중국사람에게 서방의 '공민'을 소개한 사람은 양정남(량정남)일 것이다. 고증에 의하면 아편전쟁이 일어난지 얼마 지나지 않아 양정남은 『합성국설(合省國說)』에서 미국의 민주제도를 소개하였는데 거기에서 선거에 의해 발생된 미국 '통령'(대통령) 및 '일공지민(一公之民)'을 언급하였다. '일공지민'의 진실한 함의는 당연히 하나의 공중 선거의 민중, 즉 공공의 뜻에 복종하는 사람일 것이다. 이런 공민 개념은 아직 현대 공민의 함의와 완전히 같은 것은 아니었다. 강유위는 비교적 일찍 근대의의의 '공민' 개념을 제시한 사람이고 역시 최초로 '입공민(立公民)'을 제시한 사람이다.[527] 상해예비입헌공회도 일찍이 『공민필독초편(公民必讀初編)』이라는 소책자를 발행했다.[528] 어떤 학자들은 공민이라는 단어는 근대 일본에서 도입되었는데 그 본 뜻은 행사참정권 등 공권으로서의 주체를 가리켰다고 주장한다.[529]

서방의 르네상스와 계몽운동은 우선 먼저 개체로서의 '사람'과 개체로서의 '공민'을 발견하였다면, 중국 청 말의 계몽사조는 국가의 '국민' 혹은 '공민'을 발견하였다. 청말민초시기에 생활한 중국 지식인들로 말하자면, 근사 역사에서 번잡했던 사회격동과 정치변혁은 그들에게 풍부한 이론적 소재를 제공하였다. 만청의 선진적인 지식인들의 사회정치에 대한 연구는 중화민족에 대한 서방 열강들의 침략에 대하여 일어난 우환의식과 진취정신에서 비롯되었다. 그들은 강렬한 민족주의 정서와 국가주의 경향을 나타냈는데 이런 경향은 필연적으로 그들의 사상 이론 중에 침투될 수밖에 없었다.[530] 국가를 멸망의 위기로부터 구하여 생존을 도모해야 한다는 시대의 주제에 직면하여 근대 민족국가를

---

527) 왕전둥(王振東), 『인권: 세계에서 중국에로』, 당건독물출판사, 1999.
528) 『공민필독초편(公民必讀初編)』은 발행한지 1년도 채 안 되어 26번 인쇄했는데 그중 적지 않은 책들을 관방 혹은 단체에서 주문하여 발행하였다.
529) 일본헌법은 지금까지 '국민'이라는 용어를 쓰고 있다.
530) 「양계초의 헌정문화관(梁啓超憲政文化觀)」, 『호북교육학원학보』 1기, 2007.

건립하고 민족의 독립과 국가의 부강을 실현하려는 것이 19세기 말 20세기 초 중국의 선진적 지식인들 공동의 추구가 되다시피 했다. 계몽이론과 국가이론을 구축하기 위하여 만청의 지식분자들은 '공민'이라는 단어를 중국에 도입하였고 어떤 학자들은 공민의 뜻에 '국민'이라는 단어를 사용하였다. 근대 중국의 공민 발전사에서 소홀히 할 수 없는 인물은 적어도 엄복, 강유위, 양계초, 손중산, 호적 등을 빼놓을 수 없다.

## 2. 근대 공민관의 대표 인물 및 그 사상

### (1) 강유위: 공리적으로 국민이라는 단어를 사용하였다.

강유위의 생각에 '공민'은 '세계공민' 혹은 '공정부'의 공민이었다. 공민에 대한 이런 이해는 대동세계 관념과 크게 연계되어 뚜렷한 이상적 색채를 띠였다. 청정부가 새 정치를 추진할 때, 강유의는 '공민자치'를 적극적으로 고취시키면서 '입공민', 즉 군주입헌정체하에 선거권과 피선거권이 있는 공민을 제시하였다. 강유위는 다음과 같이 생각하였다. 이른바 공민은 "사람마다 의정권이 있고 사람마다 나라를 근심할 책임이 있기에 공민이라 일컫는다." 강유위는 서방의 일부 나라들에서 공민을 구분하는 표준에 근거하여 공민의 자격을 얻을 수 있는 조건을 "여러 해 거주한 자로서 나이가 20살 이상이며 청백하고 범죄 전과가 없으며 빈한한 백성을 이롭게 하고 10원의 세금을 납부할 수 있는 자"로 제시하였다. 이와 같이 재산, 연령, 거주 연한 등을 공민의 표준으로 한 것은 분명 프랑스와 미국 등 나라의 영향을 받은 것이다. 강유위는 '입공민'의 여러 가지 유익한 점을 다음과 같이 분석하였다. '공민'을 두면 네 가지 유익한 점이 있다. 즉 "애국의 마음이 나날이 타오르고 빈민 구제의 행위가 상호 격려되며 개인 행위가 수치심을 알고 국가의 각종 학술문화가 발전한다." 강유위는 또 다음과 같이 생각하였다. 공민의 신분은 일정한 정치 권리와 정치 신분을 의미하는 것으로서 오직 공민의 자격이 있는 사람만이 비로소 의원과 지방

관리로 선출할 수 있다. '입공민'을 통하여 국민이 분발하게 하고 공민의 자격을 얻기 위해 적극적으로 납세하게 함으로써 국가의 수입을 증가시켜야 한다. 강유위는 중국이 빈약한 원인은 국민들에게 권리가 없고 국가의 모든 권리와 책임이 한두 사람에게 있기 때문이라고 보았다. "그렇기 때문에 공민이 있으면 강해지고 공민이 없으면 약해지며 공민이 있으면 패해도 존재할 수 있고 공민이 없으면 패하면 망하게 된다"고 했다. 이는 강유위의 사상 중에 공민과 국민은 두 개의 다른 개념이었다. 공민은 보다 많은 정치 권리와 정치 의무가 있음을 의미하고 '입공민'의 목적은 국인 사이에 정치신분의 차이를 형성시켜 국민이 적극적으로 공민으로 전환되게 하기 위함에 있었다. 그렇기 때문에 이와 같은 공민의 이해에는 엘리트주의(精英主義) 색채가 농후했다.

 (2) 양계초의 '신민관'

   양계초는 일생동안 섭렵한 분야가 광범위한데 중국에서 '공민'이라는 말을 비교적 일찍 사용한 사람이었다. 양계초의 사상은 변화가 많기로 유명하여 사회 대변혁시대의 시대적 특징이 전형적으로 표현되었다.

 ① 유신변법시기 양계초의 '군(群)'사상
   양계초의 공민관을 논술함에 있어서 소홀히 못하는 것이 바로 그의 '군'사상이다. 양계초의 '군'의 개념은 강유위에게서 따온 것이다. "계초가 천하를 다스리는 도리에 대해 해남에게 물었다. 해남이 말하기를 "군을 본체로 하고 변법을 응용해야 한다. 이 두 글자(群과 變)를 세우면 천만 년의 천하를 다스릴 수 있다"고 하였다."[531]
   유신파는 군주입헌을 실행할 것을 주장했다. 중국의 2천여 년의 봉건군주독재 전통에

---

531) 양계초, 「설군서(說群序)」, 『음병실합집 1. 음병실문집 2』, 3쪽.

직면하여 그들은 이론상 새롭게 군민 관계에 대하여 정의를 내리려고 했다. 그들은 다음과 같이 인정했다. "진조(秦朝)로부터 명조(明朝)에 이르기까지 2천년 이래 법률적인 금지 조항이 갈수록 많아지고 정치가 나날이 황폐해졌으며 군주의 권력이 갈수록 커지고 국가의 위망이 갈수록 손상을 받았다. 위로는 관리에서 아래로는 백성에 이르기까지 우매한 생활을 해왔고 현상에 안주하고 순종하는데 습관이 되어 옛 규정을 고수하면서 바꾸려 하지 않았고 우매함을 벗어나지 못하고 새로운 지식을 받아들이지 못했다. 역대의 민적(民賊)들은 자신의 정책이 유효하다고 인정하면서 갈수록 더 심하게 실행했다.

조정에서 중시하는 것은 주로 외환을 방지하는 것이었다. 거기에는 두 가지가 있는데 하나는 외족의 침입이고 다른 하나는 토비들의 변란이다. 두 가지 일이 겹쳐지면 멸망하게 된다. 당초 민중을 경계하던 조치와 제도는 지금에 와서 스스로를 얽매고 발전을 저해하는 조항이 되었다."[532] 군주의 권력이 강해지면서 나라의 위력이 손상된 것이 중국이 낙후해진 근본적인 원인이었다. 서방의 정치학은, 정치 분석의 기점은 당연히 사회의 기점인데 이것이 바로 단체의 형성이라고 인정한다. 사회는 여러 단체로 조성되었는데 그들은 정치를 생성하는 토대이다.[533] 하지만 당시의 중국에는 서방과 같은 완미하고 성숙된 시민의식이 아직 발생하지 않았다. 서방에 대한 초보적인 이해는 유신파들로 하여금 '사회'의 중요성을 알게 하였다. 그렇기 때문에 양계초는 중국 고대로부터 고유한 '군'의 개념으로 자신의 사상을 논술하는 수밖에 없었다. 양계초는 다음과 같이 생각하였다. "군체 관념의 양성에서 우선적인 것은 '신독 (愼獨)'이다. 군술(群術)로 군을 다스리면 군이 이루어지고 독술로 군을 다스리면 군은 실패한다. 자기의 군의 실패는 곧 다른 군의 이익이다."[534]

권력을 잡은 자로 말하면(양계초의 사상에서는 주로 군주를 가리킴) 장기간 지켜오던 '과인'의 신분을 내려놓고 '중(衆)'의 일원이 되는 것이고, 백성으로 말하면 자기를 군체

---

532) 양계초, 「론중국적약유우방폐(論中國積弱由于防弊)」, 『음병실합집 1. 음병실문집 2』, 96쪽.
533) [미]립슨, 『정치학의 중대문제』, 화하출판사, 2001, 25쪽.
534) 양계초, 『설군서』, 『음병실합집 1. 음병실문제 2』, 4쪽.

중의 일원으로 보는 것이다. 기실은 '상하상통'하여 정체를 형성하라고 호소한 것이다. 그가 생각하고 이루려 한 것은 모두 세계와 과도기의 역사 환경에서 본 민족이 '열패'에서 빠져나오려는 것이었다. 진화의 법칙에 의해 '군체가 되는가 안 되는가', '군수로 군을 다스릴 수 있는가 없는가' 하는 것이 이 종(種) 내지는 민족이 도태에서 벗어날 수 있는가 없는가의 중점이 되었다.

군은 어떻게 산생되는가? 양계초는 "개인의 수요와 욕망은 스스로 얻을 수 있는 것이 아니고 개인의 고통과 재난은 혼자의 힘으로 감당할 수 있는 것이 아니다. 그렇기 때문에 반드시 서로 배합하고 도와야 비로소 공존과 자존의 목적에 이를 수 있다"[535]고 주장하였다. 다시 말하면 군의 발생은 자신의 이익을 실현하고 자신의 안전을 보위해야 할 필요성에서 비롯된 것이다. 그런데 군이 발생되면 대외적으로 본 군체와 타 군체 사이의 관계에 대한 필요성이 발생하기 마련이기 때문에 대내로는 군체 사이의 관계를 어떻게 처리해야 하는지의 필요성이 발생하게 된다.

군의 개념에 대한 서술을 통해 양계초는 공민과 국가 간의 관계, 정부와 국가 간의 관계, 국가와 국가 간의 관계를 체계적으로 제시하였다. "첫째는 개인을 알아야 국가를 알게 되고 둘째는 조정을 알아야 국가를 알게 되며 셋째는 외족을 알아야 국가를 알게 되고 넷째는 세계를 알아야 국가를 알게 된다." [536] 이렇게 되면 필연적으로 '큰 나'와 '작은 나'의 경계선 및 공 관념과 사 관념의 모순이 발생하게 된다. 모순을 해결하려면 공덕과 사덕을 구분하고 국가적 관념을 수립하여 신민사상을 체현할 필요성이 요구된다.

② 일본망명시기 양계초의 신민사상

1898년 일본 망명은 양계초로 말하면 개인적으로 큰 불행이었다. 그가 머지않아

---

535) 양계초, 『신민설(新民說)』, 요닝인민출판사, 1994, 104쪽.
536) 『신민설』, 요닝인민출판사, 1994, 22쪽.

개량주의 이상을 실현하려던 기회와 권력을 잃었기 때문이다. 하지만 사상적으로 말하면 망명은 한차례 의외의 좋은 기회이기도 했다. 일본에서 지낸 몇 년은 양계초의 사상이 가장 창조성이 풍부했던 시기였다. 그는 처음에는 『청의보』에, 후에는 『신민총보』에 끊임없이 새 관념, 새 이상을 내놓았다. 그중 제일 영향력이 있었던 것은 1902년에 『신민』이라는 제목으로 연재한 글인데 거기에서 그는 비교적 체계적으로 자신의 도덕과 정치사상을 제시하였다.[537]

하지만 근대 중국에서 제일 처음으로 신민문제를 제시한 사람은 엄복이다. 그는 1895년의 『세변의 절박함을 논함(論世變之亟)』에서 서양과 중국의 강하고 약한 판세를 논할 때 '인', '민' 혹은 '인민'의 요소에 중점을 두었다. 그리고 『원강(原強)』이라는 글에서는 더구나 '민'을 국가 강약의 근본으로 보았다.[538] 그는 다음과 같이 말했다. "목전에 강해질 것을 바란다면 지엽적인 것과 근본적인 것을 함께 다스리지 않으면 안 된다. 지엽적인 것은 어떤 것인가? 대권을 집중시키고 군대를 훈련시키는 것인데 그것은 러시아의 방법이었다. 근본적인 것은 어떤 것인가? 그것은 바로 민중의 지혜, 힘, 도덕 세 가지를 합한 것이다. 민주의 지혜를 어떻게 개발하고 민중의 힘을 어떻게 강화시키며 민중의 도덕을 어떻게 명확히 할 것인가 하는 이 세 가지는 목전의 제일 긴박한 일이다. 평가는 발전을 가져온 후의 일이다."[539] 그렇지만 '신민사상'을 체계적이고 전면적으로 논술한 것은 양계초부터 시작되었다.

엄복이 진화론의 '개민지(開民智)', '고민력(鼓民力)', '신민덕(新民德)'이라는 간절한 호소에 근거하여 유신파 계몽이론의 사상 주제를 밝혔다면 양계초의 신민설은 엄복의

---

537) [미] 장호(張灝), 『양계초와 중국사상의 과도(梁啓超與中國思想的過程, 1890-1907)』, 쟝쑤인민출판사, 1997, 106쪽.
538) 이희소(李喜所) 주편, 『양계초와 근대중국사회문화(梁啓超與近代中國社會文化)』, 천진고적출판사, 2005, 2쪽.
539) 엄복, 「원강」, 『엄복집』 제1책 제14, 15쪽.

진화론식의 공민계몽이론을 한발 더 나아가 발휘하였다. 『신민설』은 중국에 있어 초기 계몽명작으로서 그 주제는 국민사상을 혁신하고 공민정신을 배양하는 '신민의 길'이다. 『신민설』에서 양계초는 '신민의 길은 중국이 부강해지는 길'이라고 첫머리에 요지를 분명하게 밝히면서 '신민'을 '오늘날 중국에서 가장 급한 일'로 귀납했다. 그는, 중국을 진흥시키려면 내적으로는 국민의 문명정도를 높이는 데 중점을 두고, 외교에서는 민족주의로 나라를 세워야 하는 것이고 국민이 모여서 나라를 이루기에 민족주의는 반드시 '신민'을 토대로 하여야 한다고 보았다. 양계초의 공민이론은 민족국가의 구축을 둘러싸고 전개되었다. 그의 이상 속의 '신민'은 현대 유럽과 미국 민주사회의 공공정신이 풍부한 '공민'이였는데, 그는 때론 '국민' 혹은 '시민'이라고 부르기도 했다.

  a. '국민'과 '공민'의 함의 및 사용

  '국민'과 '공민' 개념의 사용은 근대 중국사회에서 아주 중요하다. 중국의 전통적 관념에서 '신민', '자민', '소민', '초민'과 같은 말을 도처에서 흔하게 볼 수 있다. 사람들의 내심세계에는 '성왕은 영명'하고 '소민은 어찌 나설 수 있겠는가'라는 군주 숭상과 자아 폄하의식이 농후했다. 만청의 선진적인 지식인들이 마침내 '국민' 혹은 '공민'을 발견했고, 한 나라의 '국민' 혹은 '공민'으로서 의무도 있고 권리도 있으며 인격은 평등하다는 것도 알게 되었다. 이것은 매우 큰 의의를 갖고 있다. 동시에 '국민' 혹은 '공민'이라는, 근대의식이 농축된 두 개의 개념이 있음으로 인하여 근대 사상계몽에 편의를 제공해 주었다. '국민' 혹은 '공민'이 중국에서 유행한 것은 중국 사상계가 하나의 새로운 시대-신민관념이 공민관념으로 과도하는 시대에 들어섰음을 나타낸다고 말할 수 있다.[540]

---

540) 진영삼(陳永森), 「신해혁명시기 공민권리사상의 계몽(辛亥革命時期公民權利思想的啓蒙)」, 『복건사범대학학보』 5기, 2004.

'국민'이라는 낱말은 선진시기에 이미 나타났다. 『좌전』에는 "신명이 있으니 국민이 믿을 것이오.(先神命之, 國民信之)"[541]라는 말이 있고 한나라의 제후 예속국의 백성을 국민이라고 불렀는데 그 기본 함의는 '한 국가의 백성'이라는 뜻이다. 강유위는 무술변법기간에 여러 차례 '국민'이라는 낱말을 사용하였는데 그 기본 함의는 한 나라의 인민으로서 민족주의의 범주였다.

하지만 '국민'이라는 낱말에 근대 의의를 부여한 사람은 양계초이다. "중국인들은 국민이 있다는 것을 몰라서, 몇 천 년 동안 통용된 말은 오로지 국가라는 두 글자로, 국민이라는 두 글자로 불렀다는 말을 듣지 못했다. 국가란 무엇인가? 국민이란 무엇인가? 국가란 한 나라를 한 가정의 사유자산으로 부르는 말이고… 국민이란 한 나라를 인민의 공공재산으로 부르는 말이다. 나라는 백성이 모여 이루어졌다. 국민이 없으면 나라가 없다. 한 나라의 백성이 한 나라의 일을 다스리고 한 나라의 법을 정하며 한 나라의 이익을 도모하고 한 나라의 우환을 걱정한다. 그 백성이 업신여김을 당하지 않아야 그 나라가 망하지 않는다. 그 백성을 일컬어 국민이라고 한다."[542] 후에 그는 또 "국가사상이 있고 스스로 정치를 표현할 수 있는 자를 국민이라고 한다[543]고 하였다.

'공민'이라는 낱말이 제일 처음 나타난 것은 『한비자　오두』인데 첫째는 사리를 포기하고 공공이익과 국가를 위해 전력을 다하는 사람을 가리켰다. 한비자는, "안일과 사리를 추구하고 위험과 고생은 피하려고 하는 것"은 사람의 본성이기에 "공적인 것을 위해 전력을 다하는 사람은 적고 사리를 도모하려는 사람은 많다"[544]고 인정했다. 다음으로 조정에서 직접 통제하는 신민을 '군주의 민' 혹은 '공가의 민'[545]이라고 불렀다. 이것은 사인

---

541) 『좌전(左傳). 소공(昭公)13년』 권24.
542) 양계초, 「근세국민경쟁의 대세 및 중국의 전도를 논함(論近世國民競爭之大勢及中國前途)」, 『음병실합집1. 음병실문집 4』, 56쪽.
543) 양계초, 「국가의 사상을 논함(論國家之思想)」, 『음병실합집6. 음병실문집 4』, 16쪽.
544) 한비자, 『5두(五蠹)』
545) 한비자, 『5두』

지주(私人地主)에 의거해 사는 농민들에 상대되는 말이다.

1899년, 양계초는 자신의 『국민10대원기론』에서 다음과 같이 말했다. "사람이 독립을 하지 못하면 노예라고 부르고 민법상 공민으로 인정하지 않으며 나라가 독립을 하지 못하면 예속국이라고 부르고 공법상 공국으로 인정하지 않는다."[546] 그 후 그는 또 『자유를 논함』이라는 글에서 '공민'을 언급했다. "무릇 한 나라에서 사는 자로서 만약 나이가 해당되고 공민의 자격을 가지고 있으며, 한 나라의 정사에 참여할 수 있다면 국민군체로서 정부로부터 자유를 쟁취할 수 있다."[547] 양계초가 여기서 가리킨 '공민'은 법률상 자유독립권이 있고 정치상 참여권이 있는 국가 구성원이다.

양계초은 또 "공민의 자격은 일국의 정사에 참여할 수 있는 것으로서 국민 전체가 정부로부터 쟁취한 자유"[548]라고 강조하면서 다음과 같이 생각하였다. "'부민'에서 '국민'이 된 것은 문명과 야만의 분수령이다. 부민은 부족으로 거주하면서 스스로 풍속이 생기지만 국민은 국가사상이 있고 스스로 정치를 표현한다." 양계초는 공민의 참여식 정치자유에 관심을 기울이면서 인민이 참여한 공공정신으로 국가독립의 민족주의를 촉진하려는 그의 주장을 체현하였다.

b. 신민사상의 일부 내용

양계초의 신민사상은 "본래 우리 민족에게 없는 것을 보충하는 길"을 통하여 '국민의 독특한 기질'을 형성하려 하였다. 그는 두 가지 방면으로 착수할 것을 주장하였다. "하나는 원래 있던 것을 다듬어 새롭게 만드는 것이고, 다른 하나는 원래 없던 것을 보충하여

---

546) 양계초, 『국민10대원기론 독립기(國民十代元氣論 獨立記)』, 『음병실합집1. 음병실문집 3』, 62쪽.
547) 양계초, 『신민설 자유론』, 『음병실합집6. 음병실전집 4』, 40~41쪽.
548) 양계초, 『신민설』, 56쪽.

새로운 것으로 만드는 것이다. 둘 중 하나가 없어도 효과가 없게 된다."[549] 여기서 알 수 있는 것은 '신민'은 중서문화가 융합된 산물이고 역시 '군자'와 '공민'의 결합이기도 하다는 것이다. 물론 신민설의 중점은 중국에 부족한 서방 공민의 정신을 보충하는 데 있었다. 양계초는, 영국이나 미국의 공민에 비해, 중국인에게 제일 부족하고 보충해야 할 것이 공덕, 국가사상, 진취와 모험 정신, 권리의식, 자유, 자치, 진보, 자존, 합군(合群), 생리(生利)기능, 의력(毅力), 의무사상, 사무, 사덕과 정치능력 등을 현대공민이 반드시 갖춰야 할 품덕과 소질이라고 보았다. 양계초의 신민설의 요지는 바로 국민정신을 개조하여 현대 민족국가의 공민을 배양하는 데 있었다.

이외에 배울 내용 중에서 양계초가 제일 강조한 것은 민덕, 민지, 민력의 본원적 지위였다. "정치, 학술, 기예 등 모두가 타인의 장점을 취해 나의 부족한 점을 보충하는 것이지만 민덕, 민지, 민력은 정치, 학술, 기예의 큰 근원이다."[550] 여기서 양계초는 이미 그의 '신민'의 주요 강령을 제시했는데 그것은 바로 신민덕, 개민지, 고민력이었다. 그가 바라는 것은 바로 이런 정치인, 도덕인이 통일된 새로운 공민이었다.

첫째, 공덕과 사덕. 양계초의 '덕' 사상 중에서 공덕과 사덕은 두 개의 아주 중요한 개념이다. 그는 군체와 자기와의 구분을 강조하면서 국민은 군의 의식이 있을 것을 호소하였다. "사람마다 자기 자신만을 돌보는데 능하다면 그것은 사덕이고 사람마다 군체를 돌보는데 능하다면 그것은 공덕이다."[551] 공덕과 사덕이라는 이 두 개념의 정의를 내릴 때 양계초는 능할 '선(善)'자를 썼다. 선의 지향이 다름은 사덕과 공덕을 구별하는 표준이 되었다. "사덕이 없으면 일어설 수 없고 공덕이 없으면 뭉칠 수 없다."[552] 사덕의 발양은 개체의 입신이고 공덕의 발양은 군체의 응집이다.

---

549) 양계초, 『신민설』, 7쪽.
550) 양계초, 『신민설』, 9쪽.
551) 양계초, 『신민설』, 16쪽.
552) 양계초, 『신민설』, 16쪽.

사덕과 공덕의 양자 관계를 토론할 때, 양계초는 우선 다음과 같이 지적하였다. "양자는 모두 인생에서 없어서는 안 될 것'이고 '사덕과 공덕은 서로 대치되는 명사가 아니라 서로 어울리는 명사"[553]이다. 즉 양자는 서로 보완하는 관계로서 어느 하나가 없어도 안 된다는 것이다. 하지만 양자의 발생과 발전은 선후가 있는데 사덕을 먼저 배양해야 한다. "사인이 사유의 덕성이 없다면 수많은 사인으로 이루어진 군체는 공유의 덕성이 이루어질 수 없다는 것은 너무나 명백한 도리이다." "그렇기 때문에 국민을 만들자면 개인의 사덕을 배양하는 것을 첫째로 해야 하고 국민을 만드는 데 종사하는 자는 개인의 사덕을 배양하는 것을 첫째로 삼아야 한다."[554] 사덕은 공덕의 토대이고 공덕은 사덕의 발전이다. "공덕은 사덕에서 도출된 것이다. 사덕만 알고 공덕을 모른다면 결여된 것은 다만 도출되지 않은 그 부분이다. 사덕을 얕잡아 보고 엉터리인 것들을 모두 공덕에 의탁한다면 이러한 도출은 잘못된 것이다. 그렇기 때문에 사덕을 양성했다고 해도 그것은 덕육(德育)의 절반을 이룬 것에 불과하다."[555] 여기서 양계초는 사덕을 잘 양성한다면 공덕을 양성하는 일은 절반은 완성한 셈이라고 생각했다는 것을 알 수 있다. 하지만 마지막 착안점은 공덕에 두면서 "공덕을 알아야 새로운 도덕이 탄생하고 새로운 공민이 발생된다"[556]고 하였다.

둘째, 국가사상. 양계초가 제시한 제1조 공덕은 바로 민족국가를 인정하고 국가사상을 구비하는 것이다. 그는 네 가지 각도로부터 사람들로 하여금 국가를 인식하도록 인도하였다. "국가관념이란 어떤 것인가에서, 첫째는 자신의 존재에서 국가의 존재를 감지하는 것이고, 둘째는 조정(朝廷)의 존재에서 국가의 존재를 감지하는 것이며, 셋째는 다른 민족과 함께 있을 때 국가의 존재를 감지하는 것이고, 넷째는 세계의 존재에서 국가의

553) 양계초, 『신민설』, 162쪽.
554) 양계초, 『신민설』, 163쪽.
555) 양계초, 『신민설』, 163쪽.
556) 양계초, 『신민설』, 21쪽.

존재를 감지하는 것이다."[557] 이 네 가지 각도에서 민족국가를 대하면 이 네 방면의 관계를 잘 처리할 수 있다.

"백성이 나라를 알지 못하고 나라가 백성을 알지 못한다"는 말은 양계초의 글에서 늘 나오는 말이다. 양계초는 일찍이 "우리 지나 사람은 애국의 성질이 없는 것이 아니다. 그들이 애국을 모르는 것은 나라를 알지 못하고 있기 때문이다."[558]라고 개탄한 적이 있다. 종족과 종교의 각도에서 보면 서방국가는 고대 그리스로부터 시작하여 실력이 상당한 민족과 민족의 겨룸 중에 이와 같은 내외의 충돌은 서방 민족으로 하여금 자연히 국가에 대한 수요와 국가에 대한 관념을 발생시키게 하였다. 바꾸어 말하면 외족을 상대하면서 국가가 있음을 알게 된 것이다. 하지만 중국은 전국 이후, 진나라의 통일로부터 '천하'라고 부르면서 외교에서는 흔히 천조상국(天朝上國)이라고 자청하는 사람이 없었다. '동이, 남만, 서융, 북적'이라는 호칭에서 한족과 주변 민족의 불평등한 관계를 알 수 있다. 한족문명 자체의 흡인력과 강대한 국력이 불러온 것은 이와 같은, 대등하지 않은 민족의 교류와 충돌이었다. 이것은 화하민족으로 하여금 전반적으로 대외에 대한 위기감을 결여시켰고 따라서 국가에 대한 인식을 결여시켰다. 그렇기 때문에 국가에 대한 개체의 인정을 배양하는 것이 무엇보다도 시급했다.

국가 관념이 있게 되면 국가 안에서의 자신의 배역에 대하여 인식하게 된다. 중국은 통일이 된 후 천하가 한 사람의 사유재산이 되었다. 군주 권력의 합법성은 하늘에서 왔다고 여겼기에 "우리 중국은 진, 한 이래 수 천 년의 군주는 모두 백성을 노예로 보았고 백성은 스스로 노예라고 자처했다."[559] 중국의 국민은 권리가 적은데 반해 의무가 많았다. 권리가 없는 의무는 필연코 정치상의 무관심을 불러온다. 하지만 현대 서방 국가의 정치권력의 합법성은 '동의'의 토대 위에 건립되었다. "서방사람들은 국가를 백성의 공동 소유로 보고

557) 양계초, 『신민설』, 22쪽.
558) 양계초, 「애국론」, 『음병실합집1. 음병실문집 3』, 66쪽.
559) 양계초, 「애국론」, 위의 책, 73쪽.

제왕장상은 모두 나라의 공복이다."560) 차이가 있는 이런 인식은 필연적으로 개인과 국가의
관계, 개인과 정부의 관계, 국가와 정부의 관계에 대한 사고를 불러오게 된다.

개인과 국가의 관계를 처리함에 있어서 양계초는 늘 '합군(合群)'을 언급했고
'리타(利他)'를 말하기도 했다. "합군의 도덕이란 개인이 무리 속에 존재할 때, 늘 자기를
다수에 배합하도록 통제하는 것이고 작은 단체가 큰 단체 속에 존재할 때, 늘 작은 단체가
큰 단체와 배합하도록 통제하는 것이다."561) "사람마다 모두 자기 이외에 보다 크고 보다
중요한 것이 존재한다는 것을 반드시 인식해야 한다. 어떤 생각을 하든, 어떤 말을 하든,
어떤 일을 하든 반드시 자기 개인 이외의 전체 사회에 대한 영향을 고려해야 한다."562)
그는 정체적인 관념이 있어야 하고 언행과 처세에 있어서 큰 국면의 이익을 돌볼 것을
강조하였다. 이와 같은 이타와 합군은 결코 개체 이익을 희생하라는 것이 아니다. 양계초의
이론에서 "자신에게 이롭게 하자면 반드시 먼저 군체를 이롭게 해야 한다. 그러면 자신의
이로움은 거기에서 오게 된다", "그렇기 때문에 번지르르한 말로 겸애를 담론할 필요가 없을
뿐만 아니라 자신를 위해 스스로를 속이고 남을 속일 필요도 없다."563) 이와 같은 공민과
국가는 일종의 서로 이익을 보는 상태에 이르게 된다.

셋째, 권리의무사상. 양계초는 『권리사상을 논함』의 첫머리에서 "사람마다 사람에
대하여 당연히 해야 할 책임이 있고 사람마다 자신에 대하여 당연히 해야 할 책임이
있다."564)고 하였다. 권리관념은 군체를 유익하게 하기 위한 것이다. 권리사상의 결여를
언급 할 때 양계초는 자기에게 책임지지 않는 것은 직접적으로 군체에 해를 끼치고
타인에게 책임지지 않는 것은 간접적으로 군체에 해를 끼친다고 생각하였다.

---

560) 양계초, 「애국론」, 위의 책, 79쪽.
561) 양계초, 『10종덕성상반상성의. 독립과 합군』, 『음병실합집1. 음병실문집 5』, 44쪽.
562) 양계초, 『신민설』, 23쪽.
563) 양계초, 「10종덕성상반상성의 독립과 합군(十種德性相反相成義 獨立與合郡)」,
     『음병실합집1. 음병실문집 5』, 49쪽.
564) 양계초, 『신민설』, 42쪽.

"권리는 어디에서 발생하는가? 권리는 강함에서 발생한다."[565] 권리는 경쟁에서 온다. 왜냐 하면 경쟁에서 강자는 약자를 굴복시키고 권리를 얻기 때문이다. 이와 같은 권리에 대한 양계초의 이해는 서방 공민사회의 전통적 '천부인권'적 관점을 벗어났다. 그는, 권리는 태어날 때부터 평등하다는 것을 인정하지 않으면서 현실 정치에서 권리(권력)의 운용과 실천에 차별이 존재한다고 해석하였다. 그가 강하면 권력을 얻을 수 있고 우수하면 권력을 얻을 수 있다고 강조한 목적은 국민이 전체의 권리를 보호하고 군체에 대하여 책임지도록 촉진하기 위해서였다.

양계초는, 권리는 사람의 생존에 있어서 제일 중요한 조건으로서, 권리가 없는 자는 노예, 짐승과 다를 바 없고 권리의식의 강약은 그 사람의 품격과 관련된다고 생각하였다. 그의 권리관에는, 국민은 사인이 모여 이루어지고 국권은 사인의 권리가 모여 이루어지는 것이다. 국가가 나무라면 권리사상은 뿌리와 같다는 그의 신민설은 민족주의적 취향이 뚜렷하게 나타났다.

자유는 공민의 제일 기본적인 권리 중 하나이다. 양계초는 자유에 대해서도 논술하였다. 그는 자유에 대한 견해 역시 군체주의적 경향을 떠나지 않았다. "자유란 단결의 자유이지 개인의 자유가 아니다. 문명시대에는 단결의 자유가 강해지고 개인의 자유가 약해진다."[566] 그는 비록 자유를 천하의 공리와 인생의 중요한 수단, 그리고 구미 입국(立國)의 기본에 귀결시켰지만, 그가 공개적으로 제창한 '진짜 자유' 혹은 '문명의 자유'는 단체의 자유이지 개인의 자유가 아니었다. 그는, 단체의 자유는 개인 자유의 토대이고 개인 자유는 단체의 자유를 떠날 수 없다고 강조하였다. "개인과 군체를 비교할 때 군체는 개인보다 높다. 개인의 존재가 군체 속에 융합되는 것은 인치(人治)의 대 도리이다."[567] 그렇기 때문에

---

565) 양계초, 『신민설』, 24쪽.
566) 양계초, 『신민설』, 61쪽.
567) 양계초, 『신민설』, 62쪽.

양계초의 자유는 사실상 민족적, 집체적 자유이다.[568]

권리와 의무의 관계에 대하여 양계초는 비록 조화적인 관점을 가지고 있었지만 분명 의무의 가치에 더욱 치우쳤다. 그는 다음과 같이 생각하였다. "사람은 인생에서 당연히 얻어야 할 권리가 있지만 사람의 인생에는 당연히 이행해야 할 의무도 있어 양자는 상응한다."[569] 권리와 의무의 평형은 문명사회의 특징이다. 하지만 권리는 결국 의무에서 온다. "권리는 어디에서 비롯되는가? 권리는 승자의 선택에서 비롯된다. 어떻게 해야 승자가 될 수 있는가? 경쟁에서 우수한 자가 돼야 한다. 어떤 사람이 우수하다고 할 수 있는가? 인민을 위해 의무를 이행하는 능력과 분량이 다른 사람보다 뛰어나야 한다."[570] 이와 같이 진화론식의 의무로써 권리를 해석한 권리이론은 신민설 군체 본위의 가치 취향을 체현하였다.


c. 공민과 민족국가


민족국가의 존망은 양계초가 줄곧 관심을 가진 문제이다. 하지만 백성이 모여 이루어진 국가의 생사존망은 국민을 떠날 수 없다. 당시의 양계초에게 공민의 본보기는 앵글로색슨이었다. 그는 이렇게 말했다. "오색인을 비교하면 백인이 제일 우수하고 백인을 서로 비교하면 튜턴인이 제일 우수하며 튜턴인을 서로 비교하면 앵글로색슨인이 제일 우수하다. 이 말은 추세에 따라 하는 말이 아니라 진화론에서 피할 수 없는 통례가 확실히 이러하다."[571] 그가 보건대 유럽의 각 민족 중에서 튜턴인 중의 앵글로색슨인이 제일 우수했던 것이다. 그들은 독립자조의 기풍이 풍부하고 기율, 질서 관념이 제일 강하며

---

568) 진영삼, 「신해혁명시기 공민권리사상의 계몽」, 『복건사범대학학보』 5기, 2004, 86쪽.
569) 양계초, 『신민설』, 142쪽.
570) 양계초, 『신민설』, 142쪽.
571) 양계초, 『신민설』, 12쪽.

상식이 제일 풍부하고 권리의식이 제일 강하며 견인과 보수적 성격이 제일 풍부하고 현실을 중시하고 허영에 들뜨지 않는다. 앵글로색슨인은 튜턴인의 자유정신과 로마문화를 계승하여 특성이 풍부한 민족을 형성하였고 민족국가를 조직하였다. 그들이 창립한 대의 제도는 인민 모두가 정권에 참여하게 하고 민의를 집중시켜 공의가 되게 하였으며 민권을 모아서 국권이 되게 했을 뿐만 아니라, 또 단체와 개인, 중앙정부와 지방자치의 권력 경계선을 정하여 서로 침범하지 못하게 함으로써 민족 전체가 시대의 변화에 순응하여 발달하도록 하였다.[572]

양계초의 신민설은 일종의 동아(東亞)의 민족주의 공민이론으로서 민족주의와 사회다원주의를 토대로 하였고 민족의 생존 경쟁은 시종 이론 확립의 이론적 종지와 학리적 의거로 삼았다. 그는 다음과 같이 생각했다. "오늘날 세계는 민족주의 시대이고 서방 열강이 민족제국주의로 세계에 군림하고 있다. 그렇기 때문에 오늘날 열강들의 민족제국주의를 저지하여 재앙을 막음으로써 생명을 구하려면 오로지 민족주의 책략을 실행하는 수밖에 없다. 중국에서 민족주의를 실행하자면 신민을 버려서는 안 된다."[573] 동시에 그는 또 "민족주의로 나라를 건립해야 하는 오늘날, 백성이 약하면 나라가 약하고 백성이 강해야 나라가 강하다"[574]고 강조하면서 다음과 같이 생각하였다. 경쟁의 진화세계에서 공민정신이 제일 풍부한 앵글로색슨은 중심 중의 중심이 되었고 강한 민족 중의 강한 민족이 되었다. 중국 전통에는 사람을 한 사람, 한 가족 사람, 한 고향 사람, 한 민족 사람과 천하의 사람이라는 자격은 있었지만 유독 없는 것이 국민의 자격이었다. 열국이 병립하고 약육강식, 우승열태의 시대에 만약 국민의 자격이 없다면 절대 세계에 생존할 수 없다. 양계초의 신민설에서 보면 서방의 진화론적 개인주의가 이미 일종의 중국의 진화론적 민족주의로 전환되었다.

---

572) 양계초, 『신민설』, 10~15쪽.
573) 양계초, 『신민설』, 6쪽.
574) 양계초, 『신민설』, 10쪽.

양계초의 신민설은 진화론 민족주의에 기반을 두었고 그 기본 논리는 우승열태의 진화세계에서 민족 간의 생존경쟁은 최종적으로 민족 소질의 우승을 대체하게 된다는 것이다. 그렇기 때문에 양계초의 신민설의 이론구조에는 민족주의와 공민정신은 불가분의 것이었다. 그는 다음과 같이 지적하였다. "민족주의란 무엇인가? 각지의 같은 종족, 같은 언어, 같은 종교, 같은 습관의 사람들이 서로 동포로 보고 독립자치와 완벽한 조직의 정부에 종사하면서 공익을 도모하기 위하여 타 종족을 통치하는 것이다."[575] 이 '민족주의'의 개념에는 양계초의 공민정신 중의 합군, 독립, 자치, 국가사상, 공덕 등 요소가 융합되었음이 분명하다.

영국, 미국의 공민정신이 개인 본위와 권리개념을 기본특징으로 한다면 양계초의 민족주의 공민이론은 도덕주의와 군체주의 경향이 농후하다. 그는 '공덕'을 제일로 제창하면서 다음과 같이 인정했다. "도덕의 본질은 군체를 이롭게 하는 것이다. 각국의 도덕은 고상함과 통속적인 것의 차이로 인해 등급이 다르지만, 그 군체의 견고화, 군체의 이익, 군체의 진보를 목적으로 하지 않은 것이 없다. 중국의 도덕은 사덕이 뛰어나고 공덕이 결여되어 있다. 그렇기 때문에 공덕을 발명하고 공덕을 제창하는 것이 절박하게 요구된다. 공덕의 목적은 군체를 이롭게 하는 것이다."

'국가사상'은 신민설의 신 관념이다. 양계초는 중국인은 국가사상이 부족하고 '국민의 자격'을 갖추지 못했다고 비평하였다. 그는 경쟁은 문명 진화의 어머니이고 국가는 진화 경쟁중의 최대 단체라고 보았다. "'국가는 최상의 단체'[576]이고 국가는 '사애(私愛)의 본위이고 박애의 극점'[577]이다." 진화세계의 우승열태는 결국 국민의 화합 여부 및 공공관념의 강약에 의해 결정된다. 진정으로 공공관념이 풍부한 사람은 흔히 일부의 사사로운 이익을 희생하거나 전부의 사사로운 이익을 희생하여 공익을 얻는다.

---

575) 양계초, 『신민설』, 5쪽.
576) 양계초, 『신민설』, 25쪽.
577) 양계초, 『신민설』, 25쪽.

양계초는 미국 돌아보고 온 뒤 Bluntchli Johann Caspar의 국가이론에 찬성하기 시작했다. Bluntchli Johann Caspar의 국가이론에 의하면 국가 주권은 국가 자체에 있고 국가에는 최고의 본질과 가장 근본적인 목적이 있으며, 인민은 단지 국가의 도구일 뿐이고 국민의 사적인 이익과 국가의 집체적 이익이 충돌했을 때, 국민은 당연히 국가를 위해 희생해야 한다. 그렇기 때문에 국가는 첫째이고 개체적 공민은 둘째이다.[578]

양계초는, 개체가 강대해 지게 하려면 개체가 서로 경쟁하게 해야 한다고 생각하였다. 하지만 그는 또 내부 경쟁은 총체적 이익이 손상을 받아 총체가 경쟁력을 잃고 다른 총체와의 대항 중에서 도태하게 되므로 개인주의와 자유주의는 모두 국가 총체에 해롭다고 생각하였다. 그는 국민의 이익 의식이 물론 중요하지만 우선적인 것은 그래도 국가의식, 공덕의식, 의무의식, 합군의식을 갖추는 것이며, 오직 이렇게 해야 만이 국가가 비로소 민족제국주의 시대에 생존해갈 수 있고 국민도 비로소 최종적으로 생존할 수 있다고 보았다.

d. 요약

'공민'이라는 이 서방에서 현대국가의 인민권리를 상징하는 국민신분은 중국에서 반드시 우매한 '국민성'에서 벗어나 문명이 꽃피는 일종의 신 이상이 되었다. 그런데 계몽의 사명을 짊어진 것은 극소수의 선진적인 지식인들이었다.

양계초는 학교를 세워 국민 소질을 높이고 신문을 발행해 새로운 정보를 전달함으로써 국민이 중국을 이해하고 세계를 이해하게 하며 낡은 것을 타파하고 새것을 수립하며 국민들에게 애국, 보국을 호소하며, 서방 서적의 번역을 통하여 국민들로 하여금 서방의

---

578) 양계초, 「정치학 대가 Bluntchli Johann Caspar의 학설(政治學大家伯倫理之學說)」,
『음병실합집2 음병실문집13』, 49쪽, 중화서국, 1988, 88~89쪽.

사회정치학설을 이해하게 할 것을 제창하였다. 양계초는 신소설을 창도하였고 신소설을 이용하여 새로운 사상을 전파하였다. 그는 소설은 일반 민중에게 가장 호소력이 있다고 인정하면서 '신민'으로 '개량군치(改良群治)'에 이를 수 있기를 희망했다.

양계초는 이와 같은 '신민덕, 계민지, 개민력'의 구체적 방법과 조치를 통하여 신민사상을 대대적으로 선전했고 비단 봉건제도를 비판했을 뿐만 아니라, 20세기 초기 중국의 혁명운동을 위해 힘을 준비했다. 『신민설』은 중서를 비교하는 논술을 통해 국민의 나쁜 근성에 대해 논리가 투철하고 정곡을 찌르는 폭로를 했고 금후의 신문화운동에 대해 선도적 작용을 했다.

『신청년(新靑年)』은 『신민총보(新民總報)』를 계승하여 민초계몽운동의 사상적 이정표가 되었다. 신문화운동의 『신청년』의 언사와 양계초의 '신민설'은 일맥상통하여 역시 국민성 개조와 공민정신 배양이 종지였고, 만청계몽운동의 사회 다원주의 관념을 답습하였으며 종군(種群)의 '우승열태(優勝劣汰)'와 '물경천택(物競天擇)'은 여전히 5.4 지식인의 계몽사상의 중요한 이념이었다. 다만 혁명사조의 격랑을 겪고 나서 신문화인의 공민 관념은 보다 급진적인 추세를 보였는데, '과학과 인권을 똑같이 중요시한다'는 사상혁명은 보다 선명한 자유주의 색채를 띠었다. 5.4지식인의 공민에 대한 주장은 만청의 양계초식의 민족주의 공민이론을 뛰어넘고 서방의 개인주의사상을 받아들였다.

 (3) 손중산의 국민관

손중산은 중국이 부강과 현대화로 나가지 못하는 하나의 중요한 원인이 바로 국민의 소질이 높지 못하고 나쁜 근성이 있기 때문이라면서 현대화를 실현하기 위해 국민에

대하여 개조를 할 필요성이 있다고 생각하였다. 그때 손중산의 국민관념은 기실 공민과
동등하였다.

① 국민의 나쁜 근성[579]

첫째, 지식정도가 부족하다. 손중산은 다음과 같이 생각하였다. "중국인민의 지식 정도가
낮은 것은 숨기거나 피할 일이 아니다. 게다가 수천 년의 전제독제의 독해(毒害)가 인심에
깊이 침투되어 사실상 미국의 흑인노예나 외래의 소수민족보다도 지식이 더 낮다." 그리고
국민의 지식 정도가 낮아서 국민들에게 귀신을 숭배하는 문화심리를 불러왔다. 손중산은
다음과 같이 지적하였다. "중국 인민에게는 귀신을 숭배하는 풍속이 있다. 해마다 귀신을
맞는 조치로 종이돈을 태우는 비용만 해도 전국적으로 대략 몇 천 만원에 이른다. 숱한 돈을
날리면서 이렇게 무익한 일을 하고 숱한 재물을 소모하면서 쓸 데 없는 일을 한다. 이것은
국내의 오래된 낡은 풍속이다. 낭비가 아편전쟁보다 더 크니 이것은 집정자들이 당연히
제지해야 할 일이다."

둘째, 가족주의 관념이 농후하다. 손중산은 다음과 같이 말했다. "중국인이 제일 숭배하는
것은 가족주의와 종족주의이다. 그렇기 때문에 중국에는 오로지 가족주의와 종족주의만
있을 뿐 국족주의는 없다. 외국의 방관자들은, 중국인은 하나의 흩어진 모래알이라고
말한다. 그 원인은 어디에 있는가? 그것은 바로 일반 인민에게 오로지 가족주의와
종족주의만 있을 뿐 국족주의(國族主義)가 없기 때문이다. 중국인은 가족과 종족에 대한
단결력은 아주 강대하여 왕왕 종족을 보호하기 위해서는 자신의 생명도 희생한다. 하지만
국가에 대해서는 거대한 정신력을 희생하지 않는다. 그렇기 때문에 중국인의 단결력은

---

579) 정영군(鄭永軍), 「신해혁명후 손중산국민성개조사상 분석(辛亥革命后孫中山國民性改造思想探析)」,
『귀주사회과학』 2기, 2003.

오로지 종족에만 머물러 있을 뿐 국가로까지 확장되지 못했다."

셋째, 자유에 대한 갈망이 부족하다. 손중산은 다음과 같이 생각하였다. "고대 중국 인민은 '농사를 지어 밥을 먹고 우물을 파서 물을 마시'면서 본래는 아주 자유로웠다. 자연에 순응하여 아무 것도 하지 않아도 천하가 저절로 잘 다스려 진다'고 한 노자의 말도 인민들이 아주 자유롭다는 뜻이었다. 당시의 인민들은 충분한 자유가 있어서 자유가 귀중한 줄 몰랐다. 지금도 역시 마찬가지이다. 그렇기 때문에 외국인들은 처음에 그 연유를 몰라서 중국 인민들은 자유를 숭상하지 않는다고 아주 이상하게 여겼다. 유럽의 역사를 보면 중국과 달랐다. 유럽은 로마제국이 멸망한 후, 영토가 각국에 의해 나누어졌고 인민들은 노예가 되었다. 근 세기에 수많은 전쟁이 일어났는데 모두 자유를 쟁취하기 위해 싸운 것이다. 중국인들은 개혁정치만 알았을 뿐 자유라는 것이 무엇인지 몰랐다. 중국의 역대 황제들은 인민들로 하여금 양식과 세금을 납부할 것을 요구하였고 오로지 조정의 통치에 영향을 주지 않으면 그만이었다. 그렇기 때문에 외국인들은 중국인들이 자유를 모른다고 비평하였다." 사실 "유럽인들이 자유롭지 못해 자유를 쟁취하려고 것이었다. 반면에 중국인들은 아직 자유에 목마른 상황이 아니어서 자유를 모르는 것이다."

넷째, 적극적인 진취정신이 부족하다. 손중산은 다음과 같이 강조하였다. "중국이 근대에 오랫동안 쇠퇴부진하고 헐떡거리는 것은 확실히 도리를 알기는 쉽지만 실행하기는 어렵다는 학설에 의해 오도됐기 때문이다. 이러한 학설이 중국학자들의 심리에 파고들었고 학자들이 군중들에게 전파함으로써 어려운 것을 쉽게 알고 쉬운 것을 어렵게 아는 결과를 초래하였다. 생기가 없고 두려움이 쌓이는 중국에서 두려워하지 말아야 할 것을 두려워하고 두렵지 않은 것을 오히려 두려워했다. 그렇기 때문에 쉬운 것은 피해 도망치려 하고 어려운 것은 가까이 하려 하지 않았다. 처음에는 무슨 일이나 본질을 파악하고 나중에 어떻게 할지를 고려하다가 본질을 파악하고 나서 성공할 확률이 없으면 자신의 역부족을 알고 탄식을 하면서 포기해버린다. 혹시 불굴의 지사가 있어서 평생의 노력을 들여 조그마한 지식을 장악하지만 정작 하려고 하면 너무 어려워서 지식이 있으면서도 불구하고 감히 뛰어들지 못한다. 알지 못하는 것은 알지 못해 못하고 아는 것도 감히 하려고 엄두를

317

내지 못한다. 그렇다 보니 천하의 일을 제대로 해낼 수 있는 것이 하나도 없다. 이것이 바로 중국이 쇠퇴하고 부진한 원인이다." 중국인들은 "이치를 알기는 어렵지 않지만 실제로 행하자면 어렵다"는 전통학설의 오류에 깊이 빠져 낡은 것을 고집하고 진취적이지 못하는 문화심리가 생기게 된 것이다.

다섯째, 맹목적으로 외국을 배척하던 것에서부터 외국을 숭상한다. 중국은 장기간 '닫힌 시대'에 처해 있은 까닭에 중국인들이 외국을 배척하는 상황이 오래 지속되어 일종의 '황도고인(荒島孤人)의 사상'이 있었다. 이는 외국 자본과 외국 인재를 이용하여 '중국을 부강하게 만드는' 것에 나쁜 영향을 끼쳤다. 하지만 나라를 개방하면서부터 적지 않은 사람들이 또 '외국을 배척'하던 것에서부터 극단적으로 "외국을 숭배하고… 무슨 일이든지 외국을 모방"하며 사물에 대하여 "근본 연구를 하지 않기"에 이르렀다. 손중산의 이와 같은 묘사는 기실 이지가 부족하고 지나치게 정서화(情緒化) 되어가는 감정방면에서의 국민의 결함을 폭로한 것이다.

② 신 국민의 필수적인 소질

첫째, 지식이 있고 문화가 있는 국민. 과학문화는 인류의 지혜, 이성과 문명의 적극적인 추진력이다. 손중산은 다음과 같이 명확하게 인식하였다. "중국이 빈곤과 낙후에서 벗어나서 부강과 문명의 길을 걷고자 한다면, 착실하게 민족문화의 소질을 높여야 하는데 이는 부강한 나라를 건설하는 전략적 임무이다. 국가가 진정으로 '지자(智者)는 배움의 기회를 잃어서 놀게 되는 결과를 부르지 않고, 우자(愚者)는 배움을 게을리 하여 무지막지하게 무너지는 결과를 부르지 않으며, 부녀자들이나 어린이마저 모두 책을 읽는 것'을 실현하는 때가 국가 경제문화가 번영하고 진보하며 우매와 무지의 치욕을 씻을 때이다." 역사가 증명하듯이 국민의 문화소질이 높아져야 비로소 근대 국민의식을 양성할 수 있다. 손중산은 다음과 같이 말했다. "국가는 야만에서 문명으로 진화한다. 인류도 역시 마찬가지로 지식이 없던 데로부터 지식이 있는 데로 진화하고 낡은 관념에서 벗어나

새 관념이 발생하며 낡은 사상에서 벗어나서 새 사상이 발생한다." 손중산은 국민소질의 제고는 경제발전을 촉진할 뿐만 아니라, 동시에 국가정치 민주화 건설에 대해서도 효과적인 추동작용을 한다고 긍정하면서 다음과 같이 생각하였다. 민주정치가 야심가에 의해서 재난과 변란이 일어나는 것은 바로 "국민에게 신 사상이 부족하여 권리를 포기할 때 강도와 같은 관리들이 기회를 틈타 나라의 정권을 조종하기 때문이다. 민국 10년래 이처럼 혼란이 크게 일어난 것도 역시 그 원인 때문이다."

둘째, 신 도덕이 있는 국민. 신국민은 애국심이 있어야 한다. 손중산은 다음과 같이 생각하였다. "사람이 됨에 있어서 제일 중요한 것은 무엇인가? 그것은 바로 어떻게 애국을 하고 어떻게 해야 나라를 관리할 수 있는가를 아는 것이다." 하지만 그 특수한 시대에 손중산은 애국주의와 혁명 민주주의를 같은 것으로 보면서 중국이 빈곤하고 낙후한 반식민지, 반봉건주의로부터 번영 창성하는 자본주의 강국으로 전환하려면 반드시 과감히 필사적으로 싸우고 용감히 희생하며 죽음을 두려워하지 말고 생명을 포함한 자기의 모든 것을 바쳐야 한다고 생각하였다.

신국민은 사회공덕이 있어야 한다. 손중산은 국민의 도덕 소질을 높이자면 또 반드시 사회 공덕 의식을 양성하고 건강한 사회 기풍 형성에 노력해야 한다고 생각하였다. 그는 다음과 같이 지적하였다. 사회공덕을 수립하려면 "덕을 밝혀 백성을 계몽하고 우선 낡고 불건전한 사상을 씻어내야 한다." 봉건적이고 낙후한 풍속습관을 개혁하는 것으로부터 시작하여 낡은 풍속습관을 고치고 적극적으로 향상하는 도덕기풍을 양성해야 한다. 인간의 영혼을 정화하고 사회풍기를 바꾸는 것은 국민 소질과 정신문명건설 수준을 높이는 데 있어서 중요한 조건이다. 손중산은 다음과 같이 지적하였다. "민국이 건립된 후 '노비를 두는 것', '잔인하게 전족을 하는 것', '굴욕스럽게 머리채를 따는 것'을 단호히 폐지하고 '아편의 유통', '매춘과 도박', '술을 마시고 난동을 부리는 것' 및 '풍수를 보는 것' 등의 우매하고 낙후하고 봉건적인 습관을 단호하게 폐지하고 건강하고 양호한 생활방식과 조화로운 인간관계를 건립해야 한다. 봉건적인 등급관념과 호칭 및 무릎을 꿇고 엎드려 절을 하는 것을 폐지하고 인격이 평등하고 상호 존중하는 새로운 인간관계를 건립하며 위생제도를 실행하고 문명적 예의를 중요시하는 것은 국민소질 개선에서 반드시 있어야 할 일들이다."

신국민은 자유평등을 중요시해야 한다. 손중산은 등급관념에 의탁하는 의식을 극복하고 '자유평등'의 의식을 수립해야 하며 자유평등의 의식을 인심(人心)에 주입함으로써 심리상 공화와 자유평등에 관심을 가지도록 해야 한다고 주장하였다.

신국민은 '낙관주의 정신', '인내의 의지', '앞으로 나아가는' 행동이 있어야 한다. 손중산이 말한 낙관과 인내는 바로 사업에 대해 신심이 충만하고 진취적이며 분발하는 것을 말한다. 그는 국민들에게 용감히 혁명하여 변혁으로 진보를 도모하고 일본의 유신, 구미의 진보가 그러했던 것처럼 과감하게 모험을 하며 용감하게 행동하고 백절불굴의 정신으로 매진해야 한다고 훈계하였다. 그가 "일을 하기는 쉽지만 그 속의 이치를 알기는 어렵다"는 것을 반복적으로 논술한 것은 사람들의 신심과 의지를 강화시켜 국민들로 하여금 적극적으로 실천하게 하기 위해서였다. 손중산은, 낙관, 인내과 행동이 중요한 것은 "사업은 활동으로 성공하고 활동은 인내를 요소로 하며 세계의 만사는 인내해야 성공할 수 있기 때문"이라고 보았다. 그는 사업의 성공은 행동과 행동을 유지시키는 신심, 의지를 전제로 한다는 심리학의 기본 원리를 서술하였다. 그렇기 때문에 그는 이렇게 말했다. "낙관은 성공의 근원이고 비관은 실패의 어머니이다." 국민을 깨우쳐주려면 절대 "비관하고 어려움을 겁내며 감정에 태만하고 위축되는 '무형의 적'의 침입을 받지 않아야 한다." "자심반대(自心反對)'하면 나중에 아무 일도 이루지 못한다."

신국민은 반드시 개방된 심리상태를 가져야 하는 동시에 '남의 언행을 맹종'하지 말아야 한다. 맹목적으로 외국을 배척하는 국민의 심태에 대하여 손중산은, 국가가 부강할 수 있느냐 없느냐 하는 중요한 요소는 국민이 외계와 왕래하려 하느냐 하지 않느냐에 있다고 주장하면서 국가는 당연히 개방적인 심태를 가지고 '외국의 탄탄한 재력, 학식이 풍부한 인재, 훌륭한 기술'을 환영해야 '중국의 부강'을 도모할 수 있다고 호소하였다. 동시에 손중산은 또 외국에 대해 무턱대고 의뢰하고 맹종하며 자신감을 잃는 것이 아니라 중국과 유럽의 장, 단점을 냉정하게 분석하고 '자기의 사회 상황에 따라 하는 것'이야 말로 정확한 태도라고 훈계하였다.

셋째, 건강한 체력과 영혼이 있는 국민. 신체와 영혼의 건강은 국민소질의 중요한 토대이고 역시 국민의 종합소질을 제고하는 중요한 요소이다. 손중산은 다음과 같이 생각하였다. "국력을 건강하게 하려면 반드시 먼저 국민의 체력을 키워야 한다." 하지만 장기간 중국 인민은 생계가 어렵고 영양이 매우 불량한데다가 기타 일부 불량한 생활 방식과 습관으로 인하여 국민의 체력적 소질이 갈수록 악화되었다. 손중산은 음식과 국민의 건강을 연결시키면서 그것이 국민 체질의 증강에 끼치는 적극적인 작용을 충분히 긍정하였다. 그는 다음과 같이 인정했다. "음식 수량과 질은 모두 국민의 건강과 직접적인 관계가 있다. 식량이 부족하면 열량을 충족시키지 못한다." 생원(生元, 세포를 가리킴. -인용자 주)은 신체 내에 축적된 지방에서 취하게 되는데 열량은 거기에 연료를 제공한다. 지방이 다 소모되면 생원은 근육에서 취하게 된다. 그렇기 때문에 음식 섭취가 부족한 사람은 체형이 마른 자이다. 손중산은 아편, 전족 등 심신건강을 해치는 악습과 낡은 관습을 단호하게 금지해야 한다고 주장하였다. 그는 다음과 같이 지적하였다. "오늘날까지 문명이 진화한 사람들은 문명정도가 높을수록 자연과 멀어지고 적절하지 못한 행위를 더 많이 한다. 이를테면 술, 담배, 아편 등 여러 가지 몸에 해로운 사물들이 갈수록 많아지고 사람들의 애호와 불량한 습관도 문명의 진화와 더불어 증가되고 있다. 지금 근대문명의 인류가 받고 있는, 음식 등으로 오는 질병은 부지기수이다." 여기서 생활방식이 과학적이냐 아니냐는 국민의 심신건강을 결정하는 중요한 요소가 된다는 것을 알 수 있다. 그는 또 "체육을 민족 건강의 기본으로 하여 당연히 교육의 우선으로 삼아야 하고 노력해야 한다"고 하면서 체육단련의 중요성을 지적하였다.

## 3. 근대중국: 신민, 국민에서 인민, 공민에 이르기까지

### (1) '신민'에서 '국민'에로

중국 입헌운동은 청조 말년에 시작되었는데 대표적 사건은 『흠정헌법대강』 발표를 예비 입헌의 강령으로 삼은 것이다. 하지만 『흠정헌법대강』은 여전히 몇 천 년래의 군신관계의 영향을 벗어나지 못했다. 『흠정헌법대강』은 마지막 전체 장절 '신민의 권리'에서 모든 '민'은 신민이라고 부르며[580] 여전히 3강5상의 속박을 받는다고 규정하였다. 그 후, 청 왕조는 신해혁명의 압력 하에 세력을 만회하기 위하여 1911년 10월 30일에 『중대19신조』를 급하게 공포하였다. 이 헌법성 문헌을 믿을 수 있느냐 없느냐는 제쳐놓고라도 재미있는 것은 당시의 섭정왕 재풍(載灃)이 '천연덕스럽게 태묘에 가서 옹호선서를 했다[581]'는 점이다. 『중대19신조』는 '신민'이라는 말을 쓰지 않고 '국민'이라는 단어를 사용하였다. 그리고 7조만 하여도 '상원의원은 국민이 법적으로 특별 자격이 정해진 자 중에서 공선한다'고 규정하였다. 그 외 전편 문건에 인민 혹은 국민의 권리와 의무는 제기하지 않았다.

비록 근대 입헌운동사에서 『흠정헌법대강』, 『중대19신조』는 줄곧 청 왕조의 '입헌의 명의를 빌어 혁명을 저지한' 작품이기는 하지만 법률문건에서 '신민'으로부터 '국민'에로 전환은 이 과정 중에 조용히 완성되었다. 이와 같은 명문으로의 표현은 적어도 청 왕조가 형식적 평등의 중요성을 인식했다는 것을 설명하는 것으로서 어느 정도 적극적인 의의를 보여준 것이다.

물론 학술상의 헌법용어가 관방에 의해 수용됐다는 것은 청 왕조가 입헌의 필요성을

---

580) 봉건사회에서 군, 신, 민은 등급의 칭호이다. 하지만 민주혁명의 엄준한 형세 하에서 청 왕조는 할 수 없이 3원 등급 관계를 군과 신민 2원 관계로 고쳤다.
581) 장벽곤(將碧昆), 『중국근대헌정헌법사략(中國近代憲政憲法史略)』, 법률출판사, 1988, 85쪽. 이 거동은 다만 내실이 없이 겉모습만 갖춘 것이기는 하지만 형식상에서는 '충효헌법'의 분위기가 조금 있었다.

깊이 느꼈다는 것을 설명하기는 하지만 시기가 이미 늦었다. 2천 여 년 전, 우리의 선조들이 군신, 군민, 관민 및 군자와 소인 등 개념을 발명하였고 그것으로 사람들 사이의 정치관계를 규범화했다. 우리가 '국민'이라는 외래어를 받아들였을 때는 역시 우리가 정치관계에 대하여 새로운 인식이 발생했다는 것을 의미한다.

## (2) '국민'과 '인민'의 동시 사용

1912년에 반포된 『중화민국임시약법』(이하 『임시약법』으로 약칭 함)은 '중화민국의 주권은 국민 전체에 속한다'고 장엄하게 선포하였다. 하지만 너무나 뜻밖에도 이 조항 외에 기본 권리와 의무를 결정하면서 사용한 것은 전부 '인민'이라는 낱말이었다. 그런데 '인민'이란 말이 무엇을 가리키는지 상세하게 나와 있지 않았다. 그 뒤를 따라 반포된 『선거법』 역시 인민의 선거 권리를 제한하는 여러 가지 조건을 규정하였다. 이를테면 '오직 년에 직접세 2원 이상을 납부하고 가치가 5백원 이상의 부동산을 가지고 있으며 선거구역 내에서 2년 이상 거주했고 소학교 졸업 이상 문화수준이 있는 자만이 비로소 선거권이 있다'고 한 조목이 그것이다. 피선거권에는 더구나 여러 가지 제한을 설치함으로써 '인민'이란 유산자에 대한 칭호임을 증명하였다. 그렇기 때문에 어느 학자는 『임시약법』에서 사용한 인민의 개념에 대하여 계급분석을 하면서 "실제상 그것이 가리키는 것은 자산계급에 국한된 것이지 광대한 노동인민을 포함시킨 것은 아니다"[582]고 주장했다. 1913년에 이른바 '중화민국국회헌법초안작성위원회'에서 작성한 '천단헌법초안'은 '무릇 법률의 규정에 의해 중화민국 국적에 속하는 자는 중화민국 국민이다'라고 보다 명확하게 규정함으로써 처음으로 국민자격의 인정에 대해 언급하였다. 하지만 기본 권리와 의무에 대한

---

582) 장벽곤(蔣碧崑), 위의 책, 130쪽.

규정에서는 도리어 그 전의 문건을 답습하여 '인민'을 사용하였다. 그때로부터 1914년 『중화민국약법』('원기약법'이라고도 함), 1923년의 『중화민국헌법』('회선헌법'이라고도 함) 은 모두 이것을 의거로 하였다. 그 후 1931년의 『중화민국훈정시기약법』 및 민국정부 후에 작성한 『중화민국헌법초안』(『55헌초』라고도 함), 민국정부 후에 제정된 『중화민국헌법』(1946년)은 대동소이하게 모두 국가권력에 속하는 주체의 모든 각 분자를 '국민'이라고 불렀고 권리, 의무의 주체를 '인민'이라고 불렀다. 하지만 『훈정시기약법』에는 "중화민국 국민은 남여, 종족, 계급의 구별이 없이 모두 법률상에서 일류로 평등하다"고 규정한 제6조, "중화민국국민은 건국대항 제8조의 규정에 의해 환전한 자치현에서, 건국대항 제9조에 규정한 선거, 파면, 창제, 복결의 권리를 향유한다"고 규정한 제7조 등 두 개 규정이 증거가 된다. 이것은 "민국의 민권은 민국의 국민이면 향수할 수 있고, 이 권리를 민국을 반대한 사람에게 주어 그것을 빌려 민국을 파괴하게 하려는 것이 아니다"[583]라고 한 국민당 제1차 대표대회 선언중의 한 마디에 비해 보면 민국시기 '국민'의 총체적 범위와 '인민'의 범위는 일치한다. 단지 '국민'은 개체를 표현한 것이고 '인민'은 집체를 표현한 것이라는 것이 거의 설명된다. 이것은 그 후 '공민'이라는 낱말을 받아들이는데 있어서 '복선'을 깔아둔 셈이다.

  (3) '공민'의 사용

  근대 저명한 헌법학교재 중 하나인 『비교헌법』에는 '공민단체'라는 장이 전문적으로 들어 있는데 거기에서는 다음과 같이 주장했다. "공민이라는 이 명사는 참정권이 있는 인민을 가리키는 말이다. 어느 한 공민이 향유하는 참정권은 그 범위가 다른 나라 공민의

---

583) 『중국국민당 여차 대표대호 및 중안전체회의 자료(中國國民黨歷次代表大會及中央全會資料)』, 강명일보출판사, 1984, 11쪽.

참정권과 다르기 때문에 공민이라는 이 명사는 한 나라에는 그 나라로서의 함의가 있다."[584] 그 장에서는 공민단체의 세 가지 종류 정형을 서술했다. 첫째, 어떤 국가에서는 정권이 완전히 정부를 조종하거나 심지어는 정부 중의 한 독재군주를 조종하기에 국민은 국가정책의 결정에 참여할 그 어떤 기회도 없다. 이를테면 1905년 이전의 러시아 등의 나라가 그러했다. 이런 유형의 국가에서는 공민단체란 존재하지 않는다고 말할 수 있다. 둘째, 어떤 국가에서는 공민단체는 존재하지만 공민의 직권은 선거에 제한되어 있다. 이를테면 오늘날 프랑스, 영국 두 나라가 그러하다. 그런 경우 공민은 선민과 함께 부를 수 있다. 셋째, 또 어떤 국가에서는 공민단체가 단독으로 선거권을 향유할 뿐만 아니라 직접 입법할 수 있는 권리와 직접 관리 의원을 파면시킬 수 있는 권리도 향유한다. 스위스 및 미국의 각 주 등이 그러하다. 이런 경우 선민이라는 말은 공민이라는 낱말을 대체할 수 없다.

손중산은 일찍 『중화혁명당 총강』에서 '혁명시기' 당원이 다른 대우를 향수하는 세 가지 신분(등급신분)을 규정하였고 당원과 비당원의 구별을 공민과 비공민의 구별로 한정하였다. "첫째, 무릇 혁명군이 봉기하기 전에 당에 들어온 자는 수의(首義)당원이라고 부르고 수의당원은 모두 공훈공민에 속하며 모든 참정, 집정의 우선권이 있다. 둘째, 무릇 혁명군이 봉기한 후, 혁명정부가 성립되기 전에 당에 들어온 자는 협조당원이라고 부르고 협조당원은 유공 공민에 속하며 선거 및 피 선거 권리를 얻는다. 셋째, 무릇 혁명정부 성립 이후에 들어온 당원은 보통당원이라고 부르고 보통당원은 선진공민에 속하며 선거의 권리를 향유한다." "비당원은 혁명시기 내에 공민의 자격을 가지지 못하며 헌법이 반포된 후에 헌법에서 그 권리를 얻는다."[585] 혁명당인 신분에 대한 손중산의 인식은 공화공민 신분과 극히 큰 차이가 있다. 그가 강조한 것은 정치등급의 권리이고 공민신분이 강조한

584) 왕세걸, 『비교헌법』, 133쪽.
585) 「화혁명당 총장」, 『손중산전집』 제3권, 중화서국, 1984.

것은 동등한 형식의 평등 민권과 인권이다. 하지만 이와 같이 민주평등 관념이 결여된 등급국민사상은 당시에는 오히려 '훈정당치의 중요 근거'[586]가 되었다. 여기에서 우리는 '공민'의 특수 지위 및 그에 관련되는 정치 권리의 내용을 엿볼 수 있다.

국민정부가 1929년에 반포한 『향진자치시행법』에는 다음과 같이 규정되어 있다. 중화민국 인민은 본 향, 진 구역에 1년을 거주하였거나 혹은 주소가 있은 지 2년 이상이고 만 20살이 되는 자로서 선서(宣誓)등기를 거치면 향, 진의 공민이 되어 향, 진, 구 대회에 출석하여 선거, 파면, 창제, 복결의 권리를 행사할 수 있다. 다만 첫째, 반혁명 행위가 있어서 판결을 통해 확정된 자, 둘째, 탐관오리, 토호열신(劣紳)이 판결을 거쳐 확정된 자, 셋째, 공민의 권리를 박탈당했다가 아직 회복되지 아니한 자, 넷째, 금치산자, 다섯째, 아편 혹은 기타 대용품을 흡입한 자는 소극적으로 제한한다. 『향진자치시행법』은 어떤 나라 사람은 공민으로 등록할 수 없고 선거권이 없다고 강조하였다.[587] 이 자치시행법은 또 선민의 성별, 재산, 자력(資力)과 문화조건 등 이전의 자치법규의 각종 한정을 없앴다. 이를테면 직접세 2원이상자, 500원 가치의 동산 혹은 부동산을 보유한 자, 공직에 임직했었거나 지금 임직하고 있는 자 혹은 교원, 고등소학 이상의 학교를 졸업했거나 혹은 상응하는 자격을 가지고 있는 자 등이 그것이다. 그때 공민과 국민 사이의 구별은 주로 정치에 참여할 권리를 행사할 수 있느냐 없느냐에 있었다.

'공민'이라는 낱말이 처음 신민주주의의 법률문건에 나타난 것은 1934년 제2차 전국소비에트 대표대회에서 수정, 통과한 『중화소비에트공화국 헌법대강』에서였다. 그중 제4조에는 '소비에트정권 영역에서 노동자, 농민, 홍색전사 및 모든 노동대중과 그들의 가족은 남여, 종족, 종교를 가리지 않고 소비에트법률 앞에서 일률적으로 평등하며 모두 소비에트공화국의 공민이다'고 썼다. 노, 농, 병 노동대중이 진정으로 자기의

---

586) 서귀(徐貴), 『헌법의 형식성에서 본 중국헌정문제(從憲法的形式性看中國憲政問題)』, www. libertas2000. net/gallery/ConChina/xvben. htm.
587) 사진민(謝振民), 『중화민국입법사』, 중국정법대학출판사, 2000, 699쪽.

정권을 장악하게 하기 위하여 『소비에트선거법』은 '무릇 소비에트 공민에 속하고 16세 이상이면 모두 소비에트 선거권과 피선거권을 가지며 직접 대표를 파견하여 각급 노농병 소비에트대회에 참석할 수 있다'고 규정하였고 제13조에서는 또 '모든 소비에트공민은 종교선전을 반대할 자유가 있고 제국주의 교호는 오로지 소비에트 법률에 복종할 때에만 비로소 존재가 허용된다'고 규정하면서 또 '공민'이라는 낱말을 사용하였다. 그 문건은 전반을 통하여 '소비에트정권은 노동자, 농민, 홍색전사 및 모든 노고민중에게 속한다'는 것을 표명하였고 다만 선거권과 '정권공공이익'의 부분에만 공민이라는 개념을 사용하였다. 이것은 근대 헌법이론이 논술과 일치하다. 문건을 제정한 자는 이 문제를 의식하지 못했거나 혹은 단지 소련문건을 단순하게 모방한 것이었을 것이다. 왜냐하면 그 후 반포한 『섬감녕변구시정강령』,『섬감녕변구헌법원칙』에 '공민'이라는 낱말은 그림자도 보이지 않았고 다시는 '국민'이라는 낱말을 사용하지 않고 일률적으로 '인민'을 기본 권리 의무의 주체로 채용하였기 때문이다.

정치언어의 변천은 정치문명의 전형을 반영한다. 근대 중국의 '신민'에서 '국민'에로의 전환은 일대 진보이고 '국민'에서 '공민'으로의 전환은 조용한 일대 변화였다. 하지만 '인민'이라는 낱말을 기본 권리 향유 주체로서의 용어 사용은 『임시약법』을 시작으로 한 뒤 그 후에는 거의 아무런 변화도 없었다.

제2절

공민 개념의 발전

## 1. 중화인민공화국: '공민' 과 '인민'

### (1) 『공동강령』 국민이라는 낱말의 조용한 변화

1949년의 『공동강령』은 비단 선례를 계속 이어서 '인민'을 기본 권리의 향유주체로 하였을 뿐만 아니라 주권 귀속자에서도 똑같이 '인민'을 사용하였다. 이를테면 제12조에는 '중화인민공화국의 국가정권은 인민에게 속한다'고 규정하면서 '국민'이라는 낱말의 운용을 거의 포기하였다. 하지만 『공동강령』은 결코 온전히 포기하고 쓰지 않은 것이 아니라 의무에 관한 조항에서 '국민'이라는 용어를 사용하였다.[588] 이를테면 제4조, 제5조에서 각항 권리에 대해 규정할 때 주체적으로 사용한 낱말이 '인민'이였다면 제8조[589]에서 의무에 대해 규정할 때의 주체는 분명 '국민'이라는 낱말이었다. 다음으로 제42조에서 공덕을 제창할 때 또 '국민'을 채용하였다. 이것은 무척 재미있는 미묘한 변화이다. 근대에서, 특히 중화민국의 헌법성 문헌에서는 거의 모두 국민을 주권의 귀속자로 하였고 중화인민공화국이 성립된

---

588) 『공동강령』 제8조 참조. 권리에 대해 말할 때 인민이라는 개념을 사용하고 의무에 대해 말할 때에는 국민이라는 개념은 사용한 이 현상은 주의를 기울여야 할 대목이다. 다시 말하면 만약 그 반대로 사용하였더라면 어딘가 습관이 되지 않았을 수 있다. 그렇다면 우리의 습관성이란 도대체 무엇이며 어느 때에 초래된 것인가? 그리고 어느 때부터 우리는 '공민'이라는 낱말에 인민과 국민을 포함시켜 법률상의 용어로 쓰도록 결정한 것인가?

589) 이 조항의 원문은 '중화인민공화국 공민은 모두 조국을 보위하고 법률을 준수하며 노동기율을 지키고 공공재산을 보호하며 병역에 복역하고 세금을 납부할 의무가 있다'이다.

후의 첫 헌법성 문헌은 국민을 의무의 주체로 사용하였다. 이것이 과연 '적이 쓰면 우리는 부정한다'는 심리 때문이었을까?

실제상 '인민'과 '국민'의 구별에 대하여 주은래가 『〈공동강령초안작성 경과와 강령의 특징〉에 대한 보고』에서 다음과 같이 서로의 차이를 변별하고 분석하였다.

"인민은 노동자계급, 농민계급, 소자산계급, 민족자산계급 및 반동계급에서 깨달은 일부 애국민주분자를 가리킨다. 하지만 관료자산계급이 재산을 몰수당한 후, 지주가 재산이 분배된 후, 그들을 소극적으로는 반동활동을 엄하게 진압한 것이고 적극적으로는 보다 강압적인 노동을 시켜 그들로 하여금 새로운 사람으로 개조한 것이다. 개조가 되기 전에 그들은 인민의 범주에 속하지 못했지만 여전히 중국의 국민이었기에 잠시 그들에게 인민의 권리는 향수하지 못하게 하였지만 그들로 하여금 국민의 의무는 지키게 할 필요가 있었다."[590] 그가 강조한 것은 바로 인민민주독재의 하나의 체현이었다. 여기서 알 수 있는 것은 '인민'내부의 국민과 '비인민'의 국민은 권리 향수에서 천지차이가 있다는 것이다.

## (2) 공민개념의 정식 사용

흔히 중화인민공화국에서 제일 처음 '공민'을 사용한 규범성 문건은 1953년에 공포한 『중화인민공화국 전국인민대표대회 및 지방 각급 인민대표대회 선거법』이었다고 알고 있다. 『선거법』 제4조에는 다음과 같이 규정하였다. "무릇 만 18세가 되는 중화인민공화국 공민은 민족, 종족, 성별, 직업, 사회출신, 종교 신앙, 교육정도, 재산상황, 거주기한을 막론하고 모두 다 선거권과 피선거권이 있다." 하지만 전편에는 이 대목 말고는 국민이라는 낱말을 찾아볼 수 없다. 입법비관은 『선거법』에 정식으로 '국민'을 대체하여 '공민'을

---

590) 『인민일보』 1949년 9월 26일 자. 허숭덕 주필, 『중국헌법참고자료선편』, 중국인민대학출판사, 1990.

사용한 것에 대해 해석을 하지 않았다.[591] 당시 등소평(鄧小平)이 말한 『선거법』 초안에 대한 설명 중에도 '공민'이라는 낱말을 채용한 이유와 의의를 조금도 언급하지 않았다. 그 시기의 관련 신문, 잡지들에도 이에 대한 설명은 없다.

만약 당시 '공민'으로 '국민'을 대체한 것이 아주 사람들의 주목을 끄는 일이 아니었다면 사람들은 필연코 아주 당연한 것으로 이해하고 운영하였을 것이다. 사람들이 당연한 것으로 이해할 수 있는 이유는 무엇인가? 어떤 학자들은 이에 대해 다음과 같이 생각하였다. "이는 한 방면으로는 국민당의 낡은 법적 정통성에 공산당의 철저한 거부를 표시했고 다른 한 방면으로는 세계의 언어사용과의 일치를 체현한 것이다. 이 두 가지 이유는 비록 각종 저술에서 찾아볼 수 없지만 일정한 도리가 있다. 왜냐 하면 국민당정부의 6법 전통을 폐지함과 아울러 그 습관적 용어를 포기하는 것은 당시의 계급투쟁 정서에 부합되기 때문이다. 하지만 '국민'이라는 낱말을 완전히 사용하지 않은 것은 아니다. 이를테면 『공동강령』은 '국민'을 의무의 주체로 사용하였다. 공민을 채용하도록 영향을 끼친 또 하나의 요소는 주로 1918년 『러시아소비에트사회주의연방공화국헌법』(이하 『소비에트러시아헌법』으로 약칭 함)의 영향이었다. 이를테면 거기의 선거법에 관한 규정은 '무릇 만 1세의 러시아 공민은 신앙, 민족, 거주정황을 막론하고 모두 각급 소비에트의 선거권과 피선거권이 있다'고 되어 있다."[592]

누가 '공민'이라는 단어의 사용에 영향을 주었는가? 소련의 영향이 세계 기타 어느 나라보다 더 컸다는 것을 믿을 수 있는 이유가 있다. '공민'이라는 낱말이 처음 나타난 것은 1934년 『중화소비에트공화국헌법대강』에서였다. '공민'의 사용에 대해 거의 관심을

---

591) 우리는 당시의 입법 배경과 당시 '공민'으로 '국민'을 대체한 것에 대한 사회 반영을 찾아보려고 시도했으나 찾을 수가 없었다.
592) 하지만 선거권과 피선거권을 향유하지 못하는 몇 부류의 사람도 있었다. 이를테면 영리를 목적으로 노동을 고용한 사람, 자금, 기업과 재산의 수입에 의거하여 사는 사람, 사인영업, 무역 및 상업의 중간인(中間人), 승려와 종교인사, 구경찰기구, 헌법특별관 및 보안소 직원과 대리인, 구러시아황족 등이다. 임윤정(任允正), 『독련체국가헌법비교연구(獨聯體國家憲法比較研究)』, 중국사회과학출판사, 2001, 9쪽.

돌리지 않은 것은 혁명투쟁 초기에는 소련의 본보기와 방향을 사용해야 할 필요가 있었기 때문이었다. 그렇기 때문에 '소비에트'라는 이름을 그대로 옮겼을 뿐만 아니라, 일부 구체 조항은 소련의 헌법성 문헌과 높은 정도의 일치를 유지하였다.

이를테면 1918년 『소비에트러시아헌법』 제64조에는 "무릇 아래에 열거한 러시아 사회주의연방소비에트공화국의 남여는 신앙, 민족, 거주정황 등이 어떠하든지를 막론하고 무릇 선거일 전에 만 18세가 되었다면 모두 각급 소비에트의 선거권과 피선거권이 있다"고 규정하였고 제20조에는 "러시아사회주의연방소비에트공화국은 각 민족 노동자의 일치성을 고려하여 러시아공화국의 경내에 거주하고 노동에 종사하며 노동계급에 속하거나 혹은 타인을 사용하여 노동하지 않는 농민 중의 외국인민에 대하여 러시아 공민의 모든 정치 권리를 줌과 아울러 각급 지방 소비에트는 그 어떤 복잡한 수속을 거치지 않고 이런 부류의 외국인민에게 러시아 국적의 각항의 권리를 줄 수 있도록 승인한다"[593]고 규정하였다. 하지만 중국 군대에 비교적 큰 영향을 끼친 일본의 1889년 『대일본제국헌법』 이든 1947년의 『일본국헌법』 이든 모두 '공민'이라는 낱말을 사용한 적이 없다.

1953년 4월 3일 『선민자격의 약간의 문제에 대한 중앙선거위원회의 해답(中央選擧委員會關于選民資格若干問題的解答)』은 "중국 경내에 체류하는 외국인에게 선거권과 피선거권이 있는가?"라는 물음에 다음과 같이 대답했다. "무릇 중국 경내에 체류하지만 중화인민공화국 국적을 취득하지 못한 외국인은 선거권과 피선거권이 없다. 이미 중화인민공화국 국적을 취득하였다면 공민의 자격을 가지며 만 18세가 되는 자는 선거권과 피선거권이 있다." 이 회답은 '이미 국적을 취득한 자'와 '공민자격 소유'를 병렬된 두 개 조건으로 삼았다. 동시에 전국인민대표대회 및 지방 각급 인민대표대회 선거를 위해 선민등록 사업을 잘하게 하기 위해 반포한 『전국인구조사등록방법』 제3조는 무릇

---

593) 소련의 1977년 『헌법』 제59조에는 '소련공민은 반드시 소련헌법과 소련법률을 준수해야 하고 사회주의 공공생활규칙을 존중해야 하며 소련공민의 숭고한 칭호에 부끄러움이 없어야 한다'고 썼다. 여기서 공민이라는 낱말에는 강렬한 가치 경향이 있다는 것을 알 수 있다.

중화인민공화국 공민은 모두 등록을 해야 한다고 규정하였다. 이런 법률규정은 "국민은 중화인민공화국 국적의 사람이고 공민의 자격은 하나의 함의가 보다 풍부한 어휘이지 국적을 취득한 당연한 결과 아니며 국가의 국적을 취득하여 한 나라의 공민으로 되더라도 공민의 자격을 취득하지 못하면 한 나라의 공민이라고 할 수 없다는 것"을 표명한다.

문제는, 『공동강령』 중의 '중화인민공화국인민은 법에 의하여 선거권과 피선거권을 향유한다'는 규정과 『선거법』 중의 '무릇 만 18세의 중화인민공화국 공민은… 모두 선거권과 피선거권이 있다'는 규정과 비교해 보면 이것이 '공민'이라는 단어로 '인민'이라는 단어를 대체한 것이지 통설중의 '국민'을 대체한 문제가 아니라고 인정한 이유가 있다. 구체적인 선거권의 주체 신분에서 '공민'이라는 개체개념으로 '인민'이라는 집체개념을 대체한 것은 입법상의 성숙을 반영한다. 왜냐하면 구체적 조작과 집행 중의 선거법은 부득이하게 개체에 실현할 필요가 있기 때문이다.

어찌 됐든 1953년의 『선거법』은 실제상 여전히 전통습관에 따라[594] 참정권 주체의 원 뜻에서 선례대로 '공민'을 선거권과 피선거권의 주체로 사용하였고 '국민'은 중화인민공화국이 성립된 후 조용히 의무의 주체로 변했다. 적지 않은 학자들은, 중화인민공화국 성립초기의 『공동강령』은 '공민'의 의의로 '국민'을 사용하였다[595]고 인정한다. 이것은 사실 착오적인 이해이다. 하지만 이 변천은 충분한 주의를 불러일으키지 못했다. 이를테면 『헌법학전서』는 공민을 "흔히 한 나라 국적을 가지고 그 나라 헌법과 법률 규정에 의해 권리를 향수하고 의무를 감당하는 사람"이라고 해석하였고 '국민'은 "한 나라 국적을 가지고 그 나라 헌법과 법률이 규정에 의해 일정한 권리가 있고 일정한 의무를 감당하는 일반 공민을 가리킨다"고 해석하였다.[596]

594) 사람들 관념 중의 습관을 말한다. 이를테면 구시대 공민은 참정권이 있는 사람을 가리켰다.
595) 수많은 사람들은 이 시기 '국민'이라는 낱말과 '공민'이라는 낱말은 함의가 같다고 인정했다.
596) 강사림(姜士林) 등 주편, 『헌법학전서』, 당대세계출한사, 1997, 27~28쪽.

## (3) 공민개념의 보편적 사용 및 정식으로 명확해지게 됨

1954년 헌법부터 시작하여 '공민'이라는 이 용어는 비단 일반적 기본 권리의 향유자를 표시하는 데 사용하였을 뿐만 아니라 동시에 기본 의무의 책임자도 가리켰다. "그때부터 공민이라는 이 개념의 법적 내용에는 변화가 발생하였다."[597] 독립적 개념으로서의 '국민'이 헌법성 문건에서 소실되어 '경제', '생산총액' 등을 제외하고 또 다른 의의의 단어를 조성하였다. '인민'은 그전에 기본 권리의 주체로 표현되던 것에서부터 단지 표면적 귀속자의 신분을 표명하는 데 사용되었다. 그 후 연이어 제정, 수정한 3부의 헌법에서 모두 '공민'이라는 개념을 널리 채용하였고 동시에 '국민'이라는 개념은 독립적으로 사용하지 않았다. 하지만 1982년 헌법이 발표될 때에 이르러 공민의 함의는 비로소 명확해졌다. 그 제33조에는 '무릇 중화인민공화국 국적을 가지고 있는 사람은 모두 중화인민공화국 공민이다'라고 규정하였는데 그것은 중국에서 공민은 중화인민공화국 국적을 가지고 있다는 것을 제외하고는 그 어떤 다른 자격의 제한을 받지 않는다는 것을 표명하였다. 그로부터 공민의 범위가 확대됐을 뿐만 아니라 공민 사이의 자격 평등성도 뚜렷해 졌다. 물론 구체적으로 각 조항마다 권리에서는 권리 자체가 다름에 따라 공민의 권리능력과 행위능력의 향유는 완전히 일치하지 않았다.

한 나라의 성원이 일단 공민의 신분을 가지면 원래의 사람과 관련된 기타 신분 혹은 속성, 이를테면 계급, 집단, 지역, 민족, 성별, 직업, 신앙, 지위, 경력 등 차이는 법률 앞에서 전부 좁아졌다. 그때 매 사람마다 사회성원은 모두 각종 관계에서 벗어나 국가 중에서 하나의 최소 단위가 되었다. 공동의 신분은 그 어떤 공동의 '인성'을 가지도록 결정한다. 이것이 바로 공민 신분과 기타 신문의 구별이다.

---

597) 임래범(林來梵), 『헌법규범에서 규범헌법에까지(從憲法規範到規範憲法)-규범헌법학의 일종 선언』, 벌률출판사, 2001, 85쪽.

(4) 공민개념의 법률상의 오용

중국 헌법의 해석에 의하면 공민은 중국 국적을 가진 사람이다. 하지만 이런 주체신분은 모든 법률에서 어울리고 서로 적응되는 것이 아니다. 이를테면 『중화인민공화국민법통칙(이하 『민법통칙』 으로 간칭 함) 제2장의 표제는 '공민(자연인)' 인데 이와 같은 민사주체의 서술 방식은 그 후의 각종 법률문건과 민법저작 중에 계속되었다. 중역본의 대륙법체계(大陸法系)국가, 이를테면 독일, 이탈리아 법전 중 민사주체부분에 관한 규정에는 이런 현상이 없었다. 사실상, 민법상의 민사주체는 한어 언어환경 중의 서술에서 여러 차례 변화를 겪었다. 1929년 국민정부의 민법 중에서는 '자연인'이었고 1949년 중화인민공화국 성립 후의 각종 법률문건에서는 '공민'이라고 불렀으며, 1986년 『민법통칙』 에서는 '공민(자연인)'이라고 절충하여 불렀다.

하지만 '공민(자연인)'이라는 표제는 확실히 오해를 불러일으키기 쉽다. 즉 자연인을 공민의 별칭으로 양자를 임의로 써도 되는 줄 오해할 가능성이 있다. 기실 '자연인'과 '공민'이라는 이 두 개념은 외연상 모두 다르다. 중국 경내에서 공민은 다만 중화인민공화국 공민을 가리키지만 자연인은 중국공민 뿐만 아니라 외국인과 무국적인도 포함한다. 여기서 자연인의 범위는 공민의 범위보다 크다는 것을 알 수 있다. 『민법통칙』 은 이런 불편한 서사법 때문에 부득이하게 제8조 제2항에 '본법에서의 공민에 대한 규정은 중화인민공화국 영역내의 외국인, 무국적인에게 적용할 때 법률에서 따로 규정이 있는 것은 제외한다'고 규정하였다.

## 2. 공민개념의 법률 확인

### (1) 현대국가의 공민개념

'공민'이라는 단어가 국가의 전체 성원에게 보편적으로 적용된 것은 자산계급이 혁명의 승리를 취득하고 자산계급국가를 건립하면서부터였다. 근대 자산계급 혁명 후, 조성된 민족국가와 혼동하지 않기 위해 여기에서 표명하는 현대국가는 주로 상대적으로 안정된 정권이 건립된 후 오늘까지 지속되어 온 국가를 가리키고 탐구하는 공민의 개념 역시 이런 국가 헌법의, 공민에 대한 규정에 근거한다.

'공민' 개념은 모든 현대 각국가 헌법에 채용된 것은 아니다. 일부 국가의 헌법은 '인민' 혹은 '국민' 개념을 채용하였다. 이를테면 1919년 『바이마르헌법』 제2편의 제목은 '독일인민의 기본 권리와 의무'인데 제109조에는 '독일인민은 법률 앞에서 일률적으로 평등하다.'고 규정하였다. 『일본헌법』은 '국민'이라는 개념을 채용하고 제3장 제목을 '국민의 권리 및 의무'로 달았으며 제10조에 '일본 국민이 당연히 구비해야 할 조건은 법률이 규정한다'고 규정하였다. 1987년의 『대한민국헌법』은, 주권은 국민에게 속하고 모든 권력은 국민에게서 온다고 규정하면서 헌법 전편에 '공민', '인민'이라는 단어는 없다. 사우디아라비아, 카타르, 모로코 등 일부 군주정체의 국가는 국가 주권이 군주의 손에 통제되고 '국민', '신민'이 있을 뿐 '공민'은 없다.

헌법에 '공민'이라는 개념을 채용한 국가들도 그 의의가 완전히 같은 것은 아니다. 개괄하면 주로 두 가지이다. 하나는 그 나라 국적의 사람을 가리키는데 이런 의의를 채용한 국가가 절대 다수이다. 다른 하나는 그 나라 국적을 가지고 또 일정한 조건을 구비한 사람을 가리킨다. 자산계급혁명이 승리한 후, 자산계급국가는 헌법에서 상당히 오래 동안 공민에 대하여 여러 가지 제한적 조건을 규정하였다. 인민이 자신의 권익을 쟁취하는 운동을 벌임에 따라 이런 법률상의 제한은 갈수록 적어졌다. 하지만 지금도 여전히 소수 국가의 헌법에는 공민은 반드시 그 나라 국적을 가지고 있는 외에 연령조건, 문화조건, 생계수단 등 일부 기타 조건을 규정해 놓았다. 이를테면 『페루헌법』 제80조에는 "공민은 성년의 남녀 페루인으로서 만 18세의 결혼한 사람과 권리 능력을 획득한 사람이다"라고 규정하였고 『멕시코헌법』 제34조에는 "공민은 정당한 생계수단이 필요하다"라고 규정하였으며 『에콰도르헌법』 제15조에는 '무릇 연령이 만 18세의, 읽고 쓸 수 있는 에콰도르 사람이면 성별을 불문하고 모두 공민'이라고 규정하였다. 현대 국가는 공민의 부가조건에서 이미 종교, 혈통, 성별의 속박에서 벗어나왔음이 분명하다. 물론 이런 국가의 헌법은 물론 공민의 조건을 규정함에 있어서 차이가 존재하지만 하나의 공동된 전제 조건이 있는데 그것은 바로 본 나라의 국적을 가지고 있어야 한다는 것이다.


(2) 국적론


① 국적입법의 중요성


18세기 말과 19세기 초에 국적문제가 비로소 비교적 상세하게 법률에 의해 규정되었다. 그전에 유럽의 일부 봉건국가는 인구를 등급과 직업단체 등에 따라 각기 다른 종류로 구분하였고 개인이 예속된 종류가 다름에 따라 그들의 각기 다른 권리와 의무가 결정되었다. 당시 등급과 직업단체 등의 예속관계는 법률에서 중요한 의의를 가지고 있었다. 하지만 국가의 예속(국적)은 상대적으로 그다지 중요하지 않았다. 우선, 자산계급국가의 발생에 따라 이런 법률적 요새가 무너지면서 국가의 예속이 중요한 의의를 취득하였다. 국적법의 제정이 필수가 된 것은 한 나라가 국적을 가지고 있느냐 아니냐가 그 나라의 정치 권리의 향수여부를 의미하기 때문이다. 이를테면 프랑스대혁명 후 프랑스헌법은, 국민은 국회대표를 선거하여 입법에 참여시킬 권리가 있다고 규정하였다.

다음으로, 국제무역과 교통의 대대적인 발전으로 하여 인구의 유동도 크게 증가되었다. 그런데 국가는 특정 영토 내에서 특정 인구에게 그 권리를 행사하기에 특정 인구를 결정하는 것이 한 나라 국적법의 목적이다. 마지막으로, 본국인은 외국인이 향유하는 권리와 감당하는 의무와 완전히 같을 수 없기에 국적을 취득하는 것과 상실하는 것에 관한 법률을 제정할 필요가 있었다.

② 개인에 대한 국적의 의의

오직 국가가 있어야 개인에게 국적을 부여할 수 있다. 국적은 개인이 특정한 국가의 성원으로 그 국가에 예속되는 일종의 법률상의 신분이다. 그것은 국제법상의 하나의 개념이면서 또 헌법상의 개념이다. 하지만 주로 국내법 규정이다. 주지하듯이 국제법이 주권국가가 교제하는 규칙이라면 국적은 주권국가가 본국의 공민을 보호하는 표지이다. 국적은 외국인의 자격과 서로 대응되는 것이다. 그 어떤 개인이든지 만약 한 국가의 국민이 아니라면 그 나라로 놓고 말하면 외국인이다. 국적이라는 이 개념은 최초에 단지 한 나라 '민'이 외국과 왕래할 때 비로소 필요한 표지였고, 한 나라 내에서는 다른 점이 없이 일국의 '민'은 모두 평등하다고 가히 단정할 수 있다. 한 사람이 그 나라 국적을 가지면 곧 그 나라와 일종의 특별한 법률관계가 발생한다.[598] 즉 그는 그 나라의 국민으로 인정되고 그는 그 나라에 대해 외국인은 향유할 수 없는 얼마간의 권리를 가지며 외국인은 감당할 수 없는 의무를 감당하게 된다. 이를테면 국내로 말하면 일국의 국민은 흔히 선거권과 피 선거권과 같은 정치권리를 가지게 되고 병역복무의 의무를 감당하게 되는데 외국인은 이와 같은 권리와 의무를 향유하거나 감당할 수가 없다. 국민은 그 나라에 대해 나라를 배반한 죄를 범할 수 있다. 하지만 외국인은 그 국가에 대해 이런 죄를 범할 수 없다. 국제법으로 말하면 한 나라는 외국에 거주하는 본국의 국민에 대하어 보호할 권리가 있고 그가 귀국하면 받아들일 의무가 있다. 하지만 외국인에 대해서는 원칙상 보호할 권리가 없고 그의 입경을 받아들일 의무가 없다. 하지만 국경 밖으로 내 보낼 권리는 있다. 종합적으로 국적은

---

598) 이호배(李浩培), 『국적문제의 비교 연구』, 상무인서관, 1979, 5쪽.

비단 한 사람의 법률적 신분이고 한 사람이 국내에서 권리를 행사하고 의무를 이행하는 선결조건이며, 역시 국외에 거주하는 공민이 모국을 외교적 보호를 청할 수 있는 법률적 의거이다. 그것은 한 사람으로 하여금 심리적으로 어느 국가에 대한 귀속감이 생기게 하고 공민은 그 귀속감으로 인하여 국가의 공공이익, 공공사업에 대하여 관심을 갖는 감정이 생기게 된다.

③ 국적취득방식: 원시국적과 계유국적(繼有國籍)

원시국적은 출생국적(nationality by birth)이라고도 하는데 한사람이 일생 중 취득한 최초의 국적을 말한다. 원시국적을 부여하는 기준은 세 가지가 있는데 하나는 혈통주의[599]이고 다른 하나는 출생주의이며 또 다른 하나는 절충주의이다. 원시국적은 흔히 부모의 국적에 의해 국적을 확정한다. 이런 확정방법의 기원은 아주 오래되었는데 주로 가족 혹은 부락의 성원 신분이 발전해 온 것이다. 출생주의는 출생지가 소속된 국가의 국적을 표준으로 하는데 그것은 봉건제도의 산물이다. 왜냐 하면 봉건군주(封建君主)와 신민의 관계는 토지를 토대로 하고 봉건군주는 신민에게 토지를 주고 신민은 봉건군주에 대해 충효와 병역의 의무를 감당하며 봉건군주는 신민에 대하여 보호를 약속한다. 하지만 순수하게 이 두 가지 주의를 입법원칙으로 하는 경우는 극히 드물다. 대부분 국가에서는 채용하는 원칙을 절충주의이다. 즉 혈통주의를 위주로 하고 출생지주의를 보조로 하거나 혹은 출생지주의를 위주로 하고 혈통주의를 보조로 한다.

계유국적은 한 사람이 출생한 이후 관련 사실에 근거하여 어느 한 국가에서 국적을 부여

---

599) 이호배는 다음과 같이 인정했다. 혈통주의라는 명사는 아주 합당하지 않아서 사람들로 하여금 국적은 인종에 의해 부여한 것이라고, 즉, 부모의 혈통 혹은 종족에 의해 결정되는 것이라고 오해하게 하기 쉽다. 특히 인종국적의 관념이 히틀러 파쇼들에 의해 침략의 구실이 되었다는 점을 볼 때 혈통주의라는 이 명사가 부당하다는 것이 더욱 뚜렷해 진다. 리 의 제시 중 비교적 좋은 대명사는 '친족관계에 의한 국적'이다.

하는 것을 가리킨다. 계유국적에는 두 가지 유형이 있는데, 하나는 당사인의 의사(이를테면 입적을 자원 신청하는 것과 국적을 선택하는 것)에 의해 취득하는 것이고 다른 하나는 당사인의 의사에 근거하지 않고 법률규정에 근거하여 취득하는 것이다. 이를테면 혼인, 입양, 준혼생(准婚生), 영토이전 혹은 공직수용 등 사실로 인해 관련 국내 법규에 근거하여 취득한 계유국적 같은 것이다.

한 사람이 어느 특정 국가의 국민신분을 상실하면 곧 국적이 상실된다. 국적 상실은 자원상실과 비 자원상실 두 가지로 나뉜다. 자원에 의한 국적 상실은 당사인의 의사를 토대로 국적 포기를 성명하거나 혹은 국적 해제를 신청하는 것이다. 비자원에 의한 국적 상실은 당사인의 의사에 의해 좌우되는 것이 아니다. 그것은 법률 규정의 당연한 결과거나 혹은 주관 기관이 법률 규정에 근거하여 당사인의 국적을 박탈한 결과이다.

다중국적 문제를 해결하기 위해 오늘날 각 나라들에서는 국적 상실을 허용한다. 하지만 유엔의 1948년 『세계인권선언』은 '사람마다 국적을 향유할 권리가 있다. 그 어떤 사람의 국적이든지 이유 없이 박탈하는 것을 허용하지 않으며 그가 국적을 변경할 권리를 부인하는 것을 허용하지 않는다'고 규정하였다. 이 선언은 비 자의에 의한 국적 상실에 대하여 부정적 태도를 취한 것이다.

④ 국적에 의해 발생되는 권리와 의무

공민의 활동 범위와 참여의 법률관계는 국내에만 한정되어 있지 않기에 공민의 권리와 의무는 본국에서 가지는 권리와 의무, 국제 상에서 가지는 권리와 의무 두 가지 유형으로 나누어진다.

국적에 의해 발생되는 권리와 의무는 각국의 서로 다른 국내법으로 인해 일치하지 않은 권리와 의무가 생기게 된다. 이를테면 중국에서는 원시국적이든 아니면 계유국적이든 그 법률적 결과는 마찬가지이다. 하지만 미국에서는 원시국적을 취득하는 경우와 계육국적을 취득하는 경우에 향유하는 권리와 감당하는 의무가 다르다. 이를테면 계육국적 취득자는 대통령에 당선될 수 없다. 국적에 의해 발생되는 국제법상의 권리와 의무는 두 가지 방면으로 나뉜다. 국제공법(公法)상에서 국적의 의의는 개인과 특정 국가의 관계를 확정하는 데 있다. 국적을 가지게 되면 본국에 충성할 의무와 관할을 받을 의무를 감당해야 하고 국가가 그에 대해 외교보호를 실행해 줄 것을 청구할 권리가 있다. 국제사법(私法)상에서 국적은 속인법(屬人法)을 적용하는 하나의 중요한 연접점일 뿐만 아니라, 국가가 외국에 거주하는 공민이 민사권익이 침해를 받았을 때 원고가 본국에 돌아와 소송을 할 때 관할권을 행사하는 일종의 근거이다.

## (3) 현대 공민 개념의 특징

현대법학에서 공민이란 어느 한 국가의 국적을 가지고 있는 개인을 가리킨다. 한 사람이 어느 한 국가의 국적을 가지게 되면 흔히 그 나라 공민으로 인정되고 그 나라 헌법과 법률이 규정한 권리를 향유함과 아울러 반드시 상응한 의무를 이행해야 하다. 이 개념은 공민의 네 가지 특징을 반영한다.

첫째, 공민은 일종의 법률상 자연인의 신분 혹은 자격이다. 어떤 사람은 일종의 권리, 의무 주체의 신분과 자격이라고 말하기도 한다. 자연인이란 일종의 그 어떤 인위적인 색채 혹은 제정법 가치가 부가되지 않은 개인임과 아울러 사지백해(四肢百骸)를 구비하고 피와 살로 이루어진, 기타 동물과 구별되는 사람이다. 법학에서 자연인은 법인에 상대하여 이르는 말이다. 동시에 자연인으로서의 공민은 군체가 아닌 개인의 신분을 가리킨다. 고대 로마에서 사람과 자연인은 확실하게 달랐지만[600] 현대사회에서 말하면 한 자연인은 반드시

---

600) 고대 로마에서 사람과 자연인은 차별이 존재했다. 한 사람(homo)으로서 그로 하여금 권리, 능력을 획득하게 할 수 있는 조건을 충분히 구비했을 때, 기술용어상에서 '페르소나(persona)'라고 부른다. 즉 그가 로마사람이 아니더라도 로마사회의 권리주체로서 우선 반드시 사람(자연인)이어야 하고 동시에 기타 기본 조건을 구비해야 한다. 자유적(status libertatis)이어야 한다는 것은 시민법 관계로 말하면 마땅히 시민(status civitatis)이어야

하나의 개인이어야 한다.

둘째, 공민개념은 개인과 국가 관계의 한 방면을 반영한다. 공민은 민족국가공동체의 주체이다. 공민의 신분은 자연적으로 획득한 것이 아니라 정치공동체가 제정한 기본법률(이를테면 헌법)이 인정한 후 얻은 것으로서 '공민'신분의 출현은 늘 국가의 확립과 떼어놓을 수 없다. 어느 한 국가에 속하는 공민이면 곧 국가의 보호를 청구할 권리를 포함한 그 나라 법률이 부여한 권리를 향유함을 의미한다. 국가 및 그 권력형식의 출현, 그리고 공민신분의 확립은 인민과 국가권력 사이의 일종의 새로운 관계의 확립을 나타낸다. 즉 국가권력과 공민 사이에 일종의 제도화적 권리와 의무 관계가 확립됨을 의미한다. 그 뿐만 아니라 공민개념이 내포하고 있는 '주권재민(主權在民)'의 원칙은 국가 및 그 모든 권력은 공민의 자격이 있는 모든 사람에게 속하지 그 어떤 개인이거나 그 어떤 부류 사람들에게 속하는 것이 아님을 의미한다.

셋째, 공민개념은 공민 사이의 평등관계를 반영한다. 그것은 모든 공민은 법률 앞에서 완전히 평등하며 무릇 그 나라 국적을 가지고 있는 사람은 모두 똑같은 권리를 향유하고 똑같은 의무를 감당한다는 것을 의미한다. 왜냐 하면 그들은 모두 동등한 신분, 즉 공민이라는 신분을 가지고 있기 때문이다. 그 어떤 직무를 담당하고 있든, 그 어떤 사업에 종사하거나 그 어떤 출신이든 그들은 모두 평등한 공민이지, 법률은 그 어떤 특수한 공민을 인정하지 않는다. 평등은 공민개념의 가장 중요한 특징이다. 공민개념은 자산계급이 봉건등급제도를 반대하는 혁명 중에서 보편화되었기 때문에 봉건사회의 "군주 한 사람만

---

한다. 일정한 한도 내에서 자기의 의사를 좇아 자기의 인생과 행동의 자유권을 행사하는 것은 '자유인'이고 완전히 상실한 자는 '노예'이다. 자유인은 또 그가 자유를 취득한 방식에 따라 천성적인 자유인과 해방적 자유인으로 나뉜다. 전자는 출생으로 인해 자유를 얻고 후자는 노역에서 해방되어서야 자유를 얻는다. 반대로 세 가지 종류의 신분을 볼 수 있다. 자유를 상실한 지위는 '최대인격의 감등(減等)'이고 시민신분을 상실한 것은 '중인격(中人格)의 감등'이다. 최소인격의 감등은 수양의 경우, 자권인(自權人)수양의 경우, 귀순부권(歸順夫權)의 혼인의 경우 혹은 부권(父權)에서 벗어남으로 인해 관련 가정의 권리를 상실한 경우이다. [이] Pietro Bonfante, 『로마법교과서』, 황펑(黃風) 역, 중국정법대학출판사, 1992, 41쪽.

군림하고 나머지는 모두 신민"이라는 의식과 비교해 말할 때, "등급을 폐지하고 인격평등을 인정"한 공민의 의의는 더욱 뚜렷해진다.

넷째, 공민자격의 취득과 상실은 국적의 취득과 상실에 의해 전이된다. 공민자격을 판단하는 유일한 표준은 그가 그 나라 국적을 가지고 있느냐 없느냐이다. 하지만 출생국적과 계유국적을 구체적으로 확정하는 조건은 한 나라 주권 범위 내의 일이다. 이러한 확정은 흔히 역사의 흔적을 피할 수 없게 되는데, 그것은 공민으로 하여금 비단 일종의 법률적 신분뿐만 아니라, 또 일종의 정치신분도 가지게 함으로써 국적의 확립에 복잡한 정치적 요소가 뒤섞이게 한다.


## 3. '공민'의 습관용의(習慣用義)와 문본(原典)의 함의 사이의 차이

위에서 국민개념에 대해 거슬러 올라가 고찰한 것은 규범성 문건에 사용된 '공민'에 대한 소급이었지, 동시대의 공민 개념이 관념상, 현실 중의 습관적 운용 상태에 대해서는 고찰이 부족했다. 현실의 공민개념과 관념적 공민개념은 공민개념의 문화적 지속(連續)을 제일 잘 설명한다. 국민, 공민, 인민의 개념의 변천은 거의 모두 당시의 시대적 배경과 관련이 있는데 그 어떤 규범성 문건도 거의 설명을 하지 않았다.[601] 그렇기 때문에 1982년 헌법이 공민의 함의를 이미 명확히 하였음에도 불구하고 명확한 정의와 사용상에는 거리가 존재하고 습관용의와 문본함의에는 차이가 존재한다.

혹시 우리가 보통민중, 학술계, 정치계 인물의 '공민'관념으로 공민이라는 단어에 대한

---

601) 주은래가 진술한 『〈공동강령초안작성경과와 강령의 특징〉에 관한 보고(關于共同綱領草案起草經過和綱領的特點的報告)』는 '인민'과 '국민'을 구분하였다. 하지만 등소평이 저술한 『〈선거법〉초안에 관한 보고』 및 유소기가 저술한 『중화인민공화국 헌법초안에 관한 보고』는 모두 '공민'이라는 단어 사용에 대한 해석이 없다.

고찰을 시도해 본다면, 이러한 분류는 인위적으로 '공민'의 평등성을 파괴한다는 비평을 불러올지 모른다. 하지만 실제상 이러한 분류는 오히려 우리로 하여금 관념 중의 '공민'에 대하여 보다 전면적으로 인식하게 할 것이다. 왜냐 하면 각기 다른 인물의 관념은 정치와 법률에 대하여 각기 다른 영향이 발생하기 때문이다.

① 보통 민중이 사용하는 '공민'. 비록 일상생활 중에서 사람들은 '공민'이라는 단어를 아주 적게 사용하는 대신 많게는 '백성', '민초', '주민' 등 단어로 대체하지만 가끔 공민을 사용할 때는 흔히 아래와 같은 몇 가지 상황이 벌어진다. 첫째, 나는 공민이다. 나에게는 당연히 선거에 참가할 권리가 있다…. 둘째, 당신은 국가 공민이다. 당신은 당연히 국가 혹은 집체의 이익을 중히 여겨야 한다…. 셋째, 나는 국가 공민이다. 그렇기 때문에 나에게는 여차여차해야 할 책임이 있다…. 넷째, 나는 중국 공민이다. 그렇기 때문에 조국에 대하여 귀속감이 있다….[602] 조국을 사랑하는 것은 공민의 자연감정의 발로이다. 총체적으로 말하면 '공민'은 대부분 정치적 감정을 표현한다.

② 학술사상 중의 공민 용어. 대체로 두 가지 상황이다. 하나는 공민과 관련되는 기타 문제를 연구할 때, 법률이 규정한 공민개념을 기점으로 하고, 다른 하나는 공민을 주요 연구대상으로 하는 이론[603]에서는 공민을 공권력 행사에 참여하고 공공 정책결정에 영향을 주며 공공이익에 관심을 갖고 공공의 책임감이 풍부한 그 일부 사람들에 국한한다. 학자 서국동(徐國棟)은 『시민을 논함 -겸하여 공민을 논함』 이라는 글에서 "만약 시민의 표준을

---

602) 상술한 네 가지 상황은 단지 적당한 때 익숙한 사람 앞에서의 질문이어서 과학적 조사의 요소는 구비하지 못했지만 '공민'에 대한 보통 민중의 반응을 설명할 수 있다.

603) 마장산(馬長山), 「주인의식에서 공민의식으로 가다(從主人意識走向公民意識)」, 『법률과학』 5기, 1997. 충르윈(叢日雲), 「공민문화구축(構建公民文化)」, 『정치학』 3기, 2000. 서국동(徐國棟), 「시민을 논함(論市民) -겸 공민을 논함(兼論公民)」, 『정치와 법률』 4기, 2002. 송앤(褚松燕), 「공민자격정의의 해석 양식 분석(公民資格定義的解釋模式分析)」, 『정치학』 5기, 2002. 샤오한(蕭瀚), 「공민시대로(走向公民時代)」, www.gongfa.com. 양파(梁波), 「당대 중국공민 정치참여의 제약 요소(當代中國公民政治參與的制約因素)」, 『구실』 5기, 2002. 총일운(叢日雲), 『論傳統政治教育到公民教育』, 정치문화연구망 참고.

채용한다면 우리는 한 법률이 정한 인성 표준이 너무 낮다고 말할 것이고, 만약 하나의 공민 표준을 채용한다면 우리는 한 법률 규범의 인성표준이 비교적 높다고 말할 것이다."[604]

③ 정치인물 언어 중의 '공민'. 걸출한 정치 인물들의 언어는 늘 한 나라에서 주도적 지위에 있는 의식형태를 보다 정확하게 반영한다.

사람들의 관념 중의 '공민'은 헌법 중의 '공민'보다 훨씬 풍부하다. 아주 오래전부터 사람들은 거의 정치 국가를 상대하여 "모든 공민의 생명의 목적은 국가를 위해 힘쓰고 공적인 것을 위해 헌신하며 정치라는 '기계'에서 '나사못'과 '치륜'의 역할이 부여한 직책을 다하는 것"[605]이라고 생각한다. 이 뿐만 아니라 "공민의 역할은 도덕상 개인이 가정에서의 역할보다 높고 공민이 참가하는 정치생활도 개인의 공상업 생활보다 더 높다"[606]는 것을 반드시 알아야 한다고 생각했다. 이러한 의식이 얼마나 공민의 본질에서 멀거나, 얼마나 공민의 본질에 접근했는지를 막론하고 공민의 공공책임, 국가에 대한 공민의 권리, 공민의 공공의식은 중국에서 별로 큰 변화가 없었다.

604) 서국동(徐國棟), 「시민을 논함 -겸하여 공민을 논함」, 『정치와 법률』 4기, 2002.
605) 유군녕(劉軍寧), 「미덕과 암흑의 시대(美德與暗黑的時代)」, 『공화 민주 헌정 -자유주의사상 연구』, 350쪽.
606) 하증과(何增科), 「시민사회개념의 역사적 연변(市民社會概念的歷史演變)」, 『중국사회과학』 5기, 1994.

제3절
공민의 본질


중국에서 공민개념의 역사는 서방에서의 공민개념 발전 법칙에 따라 전개된 것이 아니다. 하지만 당대로 발전하면서 개념의 법률 사용에서 우리는 같은 길을 걸었다.(나라와 나라 사이의 법률 교류를 가리킴) 그래도 공민의 문화적 내막과 주체의식에는 큰 차이가 있다. 이런 차이는 우리를 혼란스럽게 한다. 공민이란 도대체 무엇인가? 중국에서의 공민개념의 역사발전을 더듬으면서 공민의 함의가 법률본문과 습관용법에서 어떤 차이가 있는가를 분석해 보는 것은 공민개념에 대하여 확실히 분명하게 밝힐 때가 왔기 때문이다.


## 1. 현재 공민개념의 결함

'공민'의 출현이 중요한 가치가 있고 공민개념의 수용이 개인의 법률신분을 명확하게 하였지만 현대법학이론에서 공민개념은 결코 완전무결한 것이 아니다. 중국 여러 유형의 헌법교과서를 살펴보면 흔히 공민개념을 소개할 때, 국적을 정의항(definiens)으로 하고 국적을 소개할 때, 또 공민을 정의항으로 하는 등 일종의 해석할 수 없는 논리적 착오가 나타나는 것을 발견할 수 있다. 양자에는 순환해석의 혐의가 존재하며 개념의 내용은 시종 명확하게 밝혀지지 않고 있다.

동시에 '공민'이라는 단어에 대한 사람들의 실제 운용과 이론상의 '공민'개념도 서로 부합되지 않는다. 가령 우리가 사전(詞典) 편찬자를 포함한 대다수 사람들이 '공민'이라는 단어에 내린 정의를 고려하지 않고 우리가 이 단어를 우리 시대에 실제로 응용하는 방식을 고려한다면 공민이라는 이 단어는 '한 나라 국적을 가진 자연인'에 국한되지 않는다는 것을 발견할 수 있다. 이렇게 되면 이해상의 착란이 발생한다. 한 나라 국적을 가진 사람을 공민이라고 한다는 것에 따르면 우리는 기본적으로 한 나라 공민의 대체적인 범위를 확정할 수 있다.[607] 하지만 한 국가의 공민문화, 공민의식을 강조하거나 공민의 어느 한 조항의 권리를 강조할 때 우리는 오히려 공민의 이론적 정의를 외면한다.

이 문제는 또 우리가 늘 '국민', '시민', '인민' 등 다른 술어로 공민이라는 이 개체를 표현하고 다만 특정된 환경에서만 공민이라는 술어를 사용하는 것에서도 체현된다. 이를테면 'civil'라는 단어는 공민적, 정부적, 국가적, 사회적, 공민 사이적, 세속적, 시민적, 문명적 등 여러 가지 함의가 있다. 번역자는 언제나 그 단어가 서로 다른 언어환경에서 가지는 구체적 함의를 취한다. 그렇다면 번역자는 어떤 관념에 근거하여 어느 함의를 취하는 것일까? 그 표준은 또 무엇일까? 사용상의 혼란과 모호는 나중에 공민이라는 단어에 당연히 내포되어야 할 의미를 약화시킨다는 것은 의심할 여지가 없다. 여기에는 대중이 개념을 정확하게 파악하지 못할 가능성은 존재하지 않는다. 오직 존재하는 가능성이라면 개념이 사물의 본질을 정확하게 반영하지 못하고 인류의 인식 성과를 정확하게 총화하지 못할 수 있다는 점이다. 이상의 현상을 전면적으로 관찰해 보면 현대법학연구 중의 공민개념에는 적어도 아래와 같은 부족한 점이 있다.

(1) '공민'과 '국민'의 차이가 모호하다.

주지하듯이 '공민'과 '국민' 사이에는 차이가 존재한다. 하지만 개념 중에는 반영되지 않는다. 이를테면 공민적(公民籍)과 국적(國籍)의 의의는 완전히 같은 것이 아니다. 국적은

---

607) 여기서 다만 대체적인 범위만을 판단할 수 있는 것은 주로 국적취득 방식에 다양성이 있고 출생국적에 명확한 등록수속이 없기 때문이다.

주로 한 나라에 예속되었기에 그 나라 주권에 복종한다는 개념을 토대로 하지만, 공민적은 이 개념을 포함하는 외에도 또 정치 권리의 향유를 포함하고 있다. 일부 국가에서는 늘 국민이기는 하지만 공민은 아닌 사람이 존재한다. 이를테면 프랑스에서 식민지의 토착 거주민은 비록 프랑스 국적을 가지고 있어 프랑스 국민이지만 프랑스 공민은 아니다. 미국의 1940년 국적법전 제101조도 국민을 두 개의 유형으로 나누었다. 하나는 미국 공민이고 다른 하나는 비록 미국 공민은 아니지만 미국에 대해 영구적으로 충효의무를 지고 있는 사람이다. 필리핀이 독립을 하기 전에 필리핀 사람은 미국 공민이 아니지만 미국 국민으로 인정되었다. 1952년의 미국 이민법과 국적법에서도 국민과 공민의 구별은 여전히 존재했다.

영어와 프랑스어에서 'subject', 'sujet'라는 단어는 늘 'national'라는 단어의 동의어로 쓰인다. 하지만 엄격하게 말하면 그것들 사이에는 차이가 있다. 전자의 정확한 뜻은 다스림을 받는 자, 즉 어떤 공중권력의 지배를 받는 사람 혹은 어떤 주권에 예속된 사람이다. 그렇기 때문에 다스림을 받는 자라는 뜻은 국민이라는 뜻보다 더 광범위하다. 이를테면 갑이라는 나라의 보호를 받는 나라의 국민은 비록 갑이라는 나라의 국적이 없지만 역시 갑이라는 나라의 다스림을 받는 자이다. 이 뿐만 아니라 갑이라는 나라에 거주하는 외국인 역시 갑이라는 나라가 잠시 다스리는 자(sujets temporaires)라고 할 수 있다. 중문에서 이 두 개의 단어는 지금까지 '신민'으로 번역되었다. 왜냐하면 그것들이 늘 군주제를 실시하는 국가의 국민을 가리키기 때문이다.

(2) '공(公)'에 내포되어 있는 함축된 의미가 결여되었다.

공민에는 하나의 아주 중요한 수식자 '공(公)'이 있다. '공'자에는 수많은 함의가 있는데 대체로 공공, 공평, 공정, 공개 등과 밀접하게 연결된다. '공'은 '사(私)'와 대응되며 공민과 상대적인 것은 이른바 사민(私民)이다. 사민이란 개인의 이익을 혹은 관련 이익을 중히 여기고 개인의 사리 및 그로 인한 자연인 신분에서 파생되는 대인관계를 행사의 법칙과 전제로 하는 자연인을 가리킨다. '공민'의 이념은 그것과 상반되는 것으로서 국가와 사회의 성원 신분으로 존재하는 정치인과 사회인을 가리킨다. '공민'은 공공이익을 중요시하고 직접 혹은 간접적으로 공공사무에 참여하며 자기가 의존하여 존재하는 정치공동체를 애호한다. 공민이 국가와 사회 이익과 관련되는 문제와 부딪치면, 공민의 신분을 우선시 하면서 사민으로서의 이익과 대인관계를 극복한다.

'국정'을 정의하는 공민개념은 단지 '민'의 함의만 반영할 뿐 '공'의 정보는 전달할 수 없다. 그 결여된 함의로 인해 공민의 본질속성이 체현되지 못한다.

### (3) '공권리(公權利)'의 주체 지위가 은폐되었다.

공민은 공권리의 주체이고 국가와 대응되는 하나의 주체로 출현했다. 공민과 정치국가의 관계는 서방의 초기 사회계약론자를 통해 충분히 나타났다. 사회계약론은 국가와 사회 기원에 일종의 해석을 제공하였다. 즉, 자연상태에서의 개인은 '사람은 늘 이웃 사람과 전쟁상태에 처해'(토마스 홉스의 말)있거나 혹은 모든 성원을 위해 '복지를 도모하고 그들의 재산을 보호'(존 로크의 말)하는 것을 피하기 위해 피차 일부 자연 권리를 양도하고 사회를 결성하며 통치기구를 건립하고 통치자를 확정할 것에 동의한다는 것이다. 사회계약론에 의하면 통치기구와 통치자는 비록 평등주체의 자원 협상에 의한 산물이지만 그것이 발생되면 곧 공민개체에서 독립된다. 현대사회라 해도 공민은 단지 복잡한 투표절차를 통해서만 통치기구와 통치자에 대한 간접적인 영향을 줄 뿐이다. 사회계약설이 도출해 낸 일부 결론이 제레미 벤담 이래의 일부 사상가의 비평에 부딪쳤지만 그 학설이 채용한 사유방식 및 그것이 확립한 가치 목표는 오히려 갈수록 보편적 의의를 띠었는데, 이 점은 사회계약론의 비평자도 부정한 적이 없다. 공민개념이 존재할 수 있게 하는 공민과 국가 관계의 모식은 공민과 국가의 상호 대립 패턴으로 표현된다.

국적을 전제로 하는 국민개념은 공민이 국가와 공민 사이 관계 패턴에서의 주체지위의 표현이 결여되고 공민의 적극적 혹은 주도적 지위의 내용에 대한 해석이 결여되어 관리를 수용하고 보호를 향수하는 등, 한 나라 공민으로서의 공민의 소극적이고 피동적인 지위를 일방적으로 표현하였다. 그렇다 보니 공민의 권리와 공공권력의 본질적 관계를 반영할 수 없고 공민과 국가(혹은 공민권리와 공공권력) 관계의 보편적 의의를 체현할 수 없다. 즉 국가와 공민의 양극 대립의 설정을 토대로 공공권력이 공민권리에서 오지만 공민에게 속한다는 이론 전제를 구축하였다.


## 2. 공민자격의 표준

현대 공민개념이 표현하는 '공민'과 '국적'의 관계로는 공민의 본질을 설명하기에 부족하다. 오히려 '공민자격'과 '공민' 사이는 서로 받쳐주고 있다. 공민자격과 국적은 연계가 있으면서 또 구별된다. 연계로 말하면 한 사람이 공민자격을 가지려면 반드시 국적을 가져야 한다. 하지만 한 사람이 국적을 가졌다고 하여 반드시 공민자격을 가지는 것은 아니다. 일부 국가에서는, 공민은 단지 국민의 일부일 뿐으로 그 나라 국적을 가지면 국민의 신분을 가지지만 공민의 신분은 가지지 못할 수도 있다. 차이점으로 말하면 공민자격 개념의 외연은 국적의 외연보다 좀 협소하다. 구체적으로 특정 국가의 공민 개념은 사실 일종의 공민자격의 법률적 인정일 뿐 엄격한 의미로서의 공민의 정의는 아니다.


### (1) 공민자격의 확정

공민자격의 역사는 인류 징착의 공동체와 마찬가지로 유구한데 그것은 어떤 사람은 어느 공동사회의 성원이고 어떤 사람은 어느 공동사회의 성원이 아닌가를 규정한다.[608] 공민자격에 대한 고찰은 우리가 공민 개념의 본질을 이해하는데 도움이 된다. 일반적으로 말하면 공민자격 확정에 영향을 주는 요소는 아래와 같은 몇 가지이다.

① 혈통. 혈통을 일종의 전통적인 영향 요소이다. 메인이 지적한 바와 같이 폴리스의 "공화정치는 하나의 원시가족 선조의 혈통이 하나로 결합된 수많은 사람들의 집합체에서 기인되었기에 초기의 공화정치에서 모든 사람들은 무릇 자기들이 성원이 된 집들은 모두 공통혈통 위에 건립되었다고 인정했다."[609] 고대 그리스인, 로마인 혈통의 귀속은 흔히 그 공민자격 혹은 종족공민, 귀화공민을 결정했다. 현대에 와서도 우리는 출생국적의 확정 원칙의 하나는 혈통주의, 즉 자기 부모의 국적을 자기 국적으로 하는 현상을 발견할 수 있다.

② 성별. 현대 이전에는 성별을 줄곧 공민자격 인정에서 당연한 요소로 보았다. 고대 폴리스에서 공민자격은 흔히 해당 폴리스 혈통에 속하는 남성 자유민에 국한되었다. 스파르타쿠에서 정복자 부락의 성년 남자는 모두 공민이었다. 아테네에서 노예, 여성, 타 폴리스 사람은 모두 공민집단에 들어올 수 없었다. 현대사회에서 남녀평등을 강조하지만 정치 권리를 행사함에 있어서 여전히 성별의 차별이 존재한다. 이를테면 쿠웨이트는 비록 1962년에 헌법을 반포하고 민선의회를 설립하였지만 선민은 반드시 '만 21세의 본국에서 출생한, 문화가 있는 남성공민'이어야 하고 부녀자들은 여전히 국가정치생활 밖으로 배제되었다. 하지만 총체적으로 말하면 20세기에 자본주의세계를 석권한 여권운동은 공민의 범위를 진일보 확대하였고 공민개념의 외연을 발전시켰다.

③ 재산. 고대 폴리스의 진화발전 중에 재산은 줄곧 공민자격에 영향을 주는 중요한 요소였다. 이를테면 솔론개혁 때 전시에 제공할 수 있는 재산이 많고 적음에 따라 공민을

---

608) [澳] 巴巴利特, 『공민자격』, 대북계원도서회사, 1991, 1쪽.
609) 메인, 『고대법』, 74쪽.

5백석급, 기사급, 쌍우(雙牛)급, 보병급 등 네 개 등급으로 나누었다. 아주 오랜 시간동안, 오로지 귀족과 일정한 재산이 있는 사람만 공민의 자격이 있었고 빈곤 등 원인으로 공민의 의무를 이행할 수 없는 사람은 자연히 공민권을 잃었다. 근대에 와서 재산에 의한 차별이 타파되었다. 하지만 공민자격이 있는 공민은 여전히 재산상황으로 인해 각기 다른 정치적 지위가 발생할 수 있었다. 이를테면 프랑스의 1791년 헌법에는 적극적인 공민만이 비로소 선거권과 피선거권을 향유한다고 규정하였다. 적극적인 공민이란 왕국의 그 어느 지방에서 적어도 3개의 공작일(工作日) 가치의 직접세를 이미 납부하고, 납세영수증을 제시한 자를 말한다. 세를 바칠 수 없는 사람은 선거권이 없다는 것은 더 말할 필요도 없다.

④ 국적. 자산계급혁명이 승리하고 민주제도가 건립된 후, 헌법과 법률을 통하여 국적이 공민자격 취득의 기본조건이 되고 재산의 많고 적음 등 기타 외적 차별은 모두 공민자격 취득에 아무런 영향도 발생하지 못했다. 공민자격에 대한 제일 첫 반응은 바로 모두가 공통적, 보편적, 평등적 신분이었고, 기타 그 어떤 계급 혹은 계통의 색채를 띤 신분, 이를테면 노동자, 농민 혹은 관련 권력, 지위거나 간부, 업주 등 금전적 배역이 존재하지 않았다. 이런 의의에서 국적을 취득하면 곧 공민자격을 취득했다. 하지만 어떤 나라는 계유국적을 취득하면 반드시 즉시 공민자격을 취득하는 것은 아니었다. 이를테면 미국은 국적을 취득한 후에도 공민과 비 공민을 나뉘어 국적취득의 법률적 경과가 다를 뿐만 아니라 원시국적을 취득하는 것과 계유국적을 취득하는 것은 권리를 향수하고 의무를 감당하는 데 있어서 다르다. 이를테면 계유국적을 취득한 사람은 미국대통령이 될 수 없다.[610]

⑤ 연령자격. 연령이 직접 공민자격이 되는 경우는 아주 적다. 하지만 실제상 한 나라 헌법이 규정한 매 조항의 공민 권리는 오직 공민이 일정한 연령에 도달해야만 비로소 행사할 능력이 있다. 이 법정 연령 하의 '정치행위'는 왕왕 공민 권리의 행사로 보지 않기에

---

610) 서현명 주편, 『공민권리의무통론(公民權利義務通論)』, 군중출판사, 1991, 98쪽.

법정책임 추궁에서도 아주 너그럽다. 왜냐하면 정치행위의 선택은 일정한 지식을 필요로 하고 지식 및 판단능력은 또 연령과 대체적으로 대응되기 때문이다.

⑥ 지역. 지역은 공민자격의 당연하고 확정정인 요소로서 한 나라 공민자격은 흔히 당지에 거주하는 사람에게 부여한다. 하지만 어떤 역사 단계에서는 지역 역시 일종의 특별히 고려한 요소가 되었다. 이를테면 1945년 이전에 프랑스에서는, 공민은 주로 프랑스 본토 사람을 가리켰고 그들은 정치 권리를 완전히 향유하였지만 식민지 사람들은 '프랑스 신민' 혹은 '프랑스 피통치자'로 치부되어 완전한 정치권리를 향유하지 못했다.

물론 상술한 요소는 흔히 한 가지 혹은 여러 가지가 공민자격의 확정에 작용을 하고 다만 일부 특수한 상황에서만 통치자는 이러한 표준들은 완전히 무시하고 공민자격의 제한을 완화한다.

헌정 실천에서 보면 각 나라들은 공민자격의 인정을 매우 중요시한다. 각국에서의 공민 자체의 변화 과정이 다 같은 것이 아니기에 각국의 입법 규정에도 일정한 변화가 나타난다. 공민자격은 공민의 일종 권리능력에 대한 인정으로서 어떤 사람이 공민신분을 향유하고 공민신분을 향유하는 사람에게는 필경 어떤 권리와 의무가 있는가에 대해 각국은 모두 특정한 입장을 가지고 있다. 그렇기 때문에 일종의 보편적으로 적용할 수 있는, 공민에게 반드시 필요로 하는 권리와 의무의 원칙은 있을 수 없다.

이를테면 : 『필리핀헌법』(1986년 10월 12일 제헌위원회 채택, 1987년 2얼 2일 전국 공민투표로 표결) 제4장 '공민자격' 제1조 규정은 공민의 정형에 속한다. (이전의 법률 조항에는 모두 '인민', '인'의 개념을 사용했음. -필자 주.)


본 헌법이 통과될 때 이미 필리핀 공민인 자;

그의 부친 혹은 모친이 필리핀 공민인 자;

그의 모친이 필리핀 공민이고 본인은 1973년 1월 17일 이전에 출생하였으며,

성년이 된 후 필리핀 국적을 선택한 자;

법률 규정에 의해 입적을 한 자.

『싱가포르헌법』은 제53조부터 69조까지 아주 상세하게 공민의 자격을 규정하였다. 싱가포르 공민의 신분은 아래에 열거한 방식으로 취득한다. 그것은 바로 출생, 세계(世系), 등재 혹은 등록, 인적 등 5가지 경로이다.

『인도헌법』(1949년 11월 26일 제헌회의에서 채택)은 제5조부터 제11조까지 공민의 자격을 규정하였다.

『포르투갈공화국헌법』 제4조는 '무릇 법에 의해 포르투갈 공민의 자격을 취득했거나 혹은 국제협정에 의해 포르투갈 공민의 자격을 취득한 것으로 간주되는 자는 모두 포르투갈 공민이다'라고 규정하였다.

『칠레공화국정치헌법』은 제2장에 국적과 공민을 규정하였다. 예를 들면 제13조에는 '연령이 만 18세로서 중형에 처해진 적이 없는 칠레사람은 칠레공민이다. 공민에게는 투표권, 민선(民選) 직무를 얻을 수 있는 권리, 헌법과 법률이 부여한 기타 권리가 있다'고 규정하였다. 물론 먼저 반드시 칠레사람이어야만 국적을 취득할 수 있다. 그리고 제17조에는 다음과 같이 규정하였다. '아래에 열거한 상황에서는 공민 신분을 상실한다. 첫째, 칠레국적을 상실한 경우. 둘째, 중형을 선고받은 경우, 셋째, 법률이 공포 행위로 확정한 죄행을 범했다고 고소된 경우.'

『그리스공화국헌법』(1975년 6월 7일 채택) 제4조는 공민자격에 관련된 문제인데 거기에는 '공직담임', '수입에 의한 공공부담 분담', '조국보위', '귀족칭호 혹은 등급칭호에 의해 그리스 공민을 수여하지 않으며 일률적으로 인정하지 않는다'는 내용들에 대해 규정하였다.

말레이시아연합방의회가 1952년에 채택한 『말레이시아연합방공민권 수정법령』은 공민권이 국적과 같지 않음을 강조하였다.

## (2) 공민자격의 특징

사람들은 아주 자연스럽게 공민의 자격을 공동체 혹은 공동체의 (정식)성원자격에 속하는 것으로 기술한다. 공동체의 완전한 성원자격은, 한 방면으로는 공민자격은 모 정치공동체 성원자격의 동의어이고, 다른 한 방면으로는 공민자격은 또 일련의 권리와 책임이 확정한 법률적 지위의 상징이다.

공민자격은 주권국가가 법률에 의거하여 확정하고 인가하는 것으로서 개인이 정치체계에 들어 온 것에 대한 관방의 확인이다.[611] 어떤 사람은 비록 한 나라에서 살고 있지만 공민자격을 구비했음이 국가의 법률에 의해 인가되지 않았다면 그는 그 나라에서 비공민의 신분으로 생활하는 수밖에 없다.

공민자격의 취득은 공민의 권리와 공민의 의무를 완전히 향유하고 감당함을 의미한다. 공민자격은 "모두가 향수하고 모두가 분담해야 하는 좋은 점과 부담"이다. 한 사람이 공민자격을 취득했다는 것은 "한 공동체의 일종의 완전한 성원의 지위(신분)를 부여받았다"[612]는 것을 의미하며 이런 지위를 부여받은 사람은 권리와 의무에서 일률적으로 평등한 것이지 일부 공민이 일부 권리와 의무를 향유하고 다른 일부분 공민은 모든 권리와 의무를 향유하는 것이 아니다.

공민자격은 정치적인 면에서의 공민의 적극적인 참여를 의미한다. 공민은 정치생활에 적극적으로 참가하는 것을 통해 공공생활을 구축할 수 있다. 고대 그리스 폴리스의 공민자격이 근대 민주제 민족국가의 공민자격과 다른 점은 주로 두 정치공동체의 규모와 범위에 있다.[613] 아리스토텔레스로 말하면 공민자격은 곧 폴리스 통치집단의 특권적 지위였다. 근대민주국가에서 공민자격의 토대는 선거 참여를 통해 정치권리를 행사하는 자격인데, 이런 참여는 사회 전반으로 확대된다. 바버는, "정치영역은 공민자격 정의의 근본 영역으로서 공민이 공민으로 되는 것은 그들이 정치를 토론하고 참여하기 때문이다"[614]라고

---

611) [미] Thomas Janoski, 『공민과 문명사회』, 랴오닝교육출판사, 2000, 293쪽.
612) T · H · Marshall, Citizenshhip, and Social Deuelopment-Essays, Garden City, N.Y.: Doubleday, 1964, p.72
613) [澳] 巴巴利特, 『공민자격』, 대북계원도서회사, 1991, 2쪽.
614) See Benjamin Barder, Strong Democracy: Partcipatory Politlcs for a new age, Berkeley: Uni-versity of California

생각하였다. 또 공동체 주의자들은 심지어 공민자격을 소유해야만 공동체 성원은 비로소 자기가 사회 비전을 결정하는 데서 중요한 작용을 하였다고 느끼고 집체 결책의 책임을 짊어지고 공동체의 일원으로 공동이익에 투신한다고 강조한다.

그 외 『브리태니커백과사전』은 권리와 의무의 각도에서 공민자격의 특징에 대하여 일반 의의상 간략한 해석을 하였다. "공민자격은 개인과 국가 간의 관계를 가리킨다. 이 관계는, 개인은 국가에 대하여 충성을 유지하고 그것으로 인하여 국가의 보호를 받는 권리이다. 공민의 자격은 책임이 따르는 자유신분을 의미한다. 한 나라의 공민이 가지고 있는 모종의 권리, 의무와 책임은 그 나라에 거주하는 외국인과 기타 비 공민에게는 부여하지 않거나 혹은 일부분만 부여한다. 일반적으로 말하면 선거권과 공직 담당권을 포함한 완전한 정치 권리는 공민자격에 의해 얻은 것이다. 공민자격이 통상적으로 감당해야 하는 책임에는 충성, 납세와 병역이 있다."[615]

이상에서 보면 오직 공민의 자격을 가진 사람만이 공민의 권리를 향유하고 공민의 의무를 이행할 수 있다. 국적 요소에 비하면 공민자격의 실질이 공민개념의 본질을 보다 더 반영한다.


## 3. 공민개념의 본질

개념은 사물의 범위와 본질을 반영하는 사유형식이다. 현실 사물을 반영한 그 어떤 개념에나 모두 확정적인 내포와 외연이 있다. 내포는 사물의 본질에 대한 개념의 반영이고 외연은 사물의 범위에 대한 개념의 반영이다. 사물이 한 사물로 되는 것은 그것이 질의

---

Press, 1984, pp. 117~119.
615) 『브리태니커백과사전』 4권, 중국대백과전서출판사, 1999, 236쪽.

규정성에 의해 결정된다. 사물의 범위는 주로 사물의 량(量)의 규정성을 가리킨다. 공민의 개념을 탐색하는 지향점은 공민의 본질을 찾는 데 있다. 앞에서 서술한 역사 연변의 인식을 통하여 우리는 '공민' 개념의 일부 특징을 발견할 수 있다.

 (1) 공민은 자연인의 정치공동체에서의 일종의 배역으로서, 공동체의 이익에
    대한 중시가 사적인 이익에 대한 중시를 초과한다.

  사람은 다른 생활에 직면하면 다른 배역을 맡게 된다. 정치생활에 몸을 두면 그는 공민이고 경제생활에 몸을 두면 그는 시민이며 가정생활에 몸을 두면 그는 부모, 부부 혹은 자녀이다. 매 하나의 배역은 모두 독립적으로 존재하지 어느 한 배역이 기타 배역을 총괄할 수 없다. 만약 역사상에 '가정'이 '나라'를 대체하고 '정치'가 '경제'를 대체한 시기가 있었다면 현대의 비평표준으로 볼 때 당시 사람의 발전은 틀림없이 정상적으로 발전하지 못한 것이며 당시의 사회질서는 틀림없이 기형사회였을 것이다.

  사실상, 모든 사람은 인간의 자격으로 말하면 개별적인 의지를 가질 수 있다. 하지만 그것은 공민의 자격으로 가지는 공의(公意)와는 상반되거나 혹은 다르다.[616] 양자의 의지는 개별적인 자연이 공민과 부동하다는 것을 설명한다.

  '자연인은 완전히 자기를 위하여 생존하고… 공민은 정체(整體)의 일부분이다. …양호한 사회제도는 사람의 마음을 변화시키는데 가장 합당한 제도로서 그것은 사람의 절대적인 생명을 박탈하고 상대관계에 생명을 부여하여 이른바 '나'를 공동의 단일체(單一體) 속에 이식한다. 이렇게 되면 그는 더는 자기가 하나의 단일체라고 여기지 않고 정체의 일부분으로 느끼게 되며 오로지 공동체 중에서만 비로소 자기의 존재를 느끼게 된다. …사회질서 중에서 한 사람이 만약 또 자기의 자연감각의 우월한 지위를 보존하려고

---

616) [프] 루소, 『사회계약론』, 허요우(何兆武) 역, 28쪽.

한다면, 영원히 자기와 모순된다. 그렇게 되면 그는 영원히 사람도, 공민도 아니게 된다.[617]

하지만 이런 배역은 모두 동일한 자연인이 감당한다. 사람은 서로 다른 사회관계 속에서 자신의 다른 이익을 추구한다. 양호한 법치 국가에서 이런 이익은 거의 언제나 일치하고 조화롭다. 하지만 이런 이익이 가끔 충돌할 가능성도 배제할 수 없다. 이때 그는 반드시 어느 정도 취사선택을 해야 한다. Michael Walser는 다음과 같이 생각하였다. "공민은 특정 전통의 결정을 받아들이고 사회의의에 대하여 일치한 합의를 보는 특정된 사회적 평등의 성원이며 공동체의 존속에 모두 동등한 관심을 보인다. 만약 공동체가 위험에 직면하게 되면 모든 공민은 모두 반드시 뭉쳐 일어나서 공동체를 보위해야 한다. 왜냐하면 공동체의 가치가 기타 모든 가치보다 높기 때문이다. 그리고 그는 이런 정치공동체는 일종의 봉폐성(封閉性)과 배외성(排外性)을 나타낸다"고 하면서 일정한 영역 내 각성원의 긴밀한 관계를 강조하고 공동체 외의 기타 배역의 심입(深入)을 부정하였다.

그리스, 이탈리아의 폴리스 생활에서 한 명의 자유인은 두 가지 신분을 가진다. 우선 그는 특정 도시국가의 시민이다. 이런 의의에서 그는 자기 자신에게 속하고 사인으로서 자기의 이익을 도모한다. 다음으로 그는 특정된 국가의 공민이다. 이런 의의에서 그는 자신에게 속하는 것이 아니라 국가에 속하며 한 명의 '공인'으로서 필요시에 반드시 자기의 개인 이익을 희생하면서 공공이익을 수호해야 한다.[618] "만약 시민의 표준을 채용한다면 하나의 법률규정의 인성 표준은 비교적 낮고 만약 하나의 공민적 표준을 채용한다면 하나의 법률 규범의 인성 표준은 비교적 높다고 말할 수 있다."[619] 사실상 우리가 순전히 '사리'와 '공리'로 구분하는 것은 합리하지 못하다. 왜냐하면 모든 '사'와 '공'의 전제는 개인의 기초적 인권이 실현되는 것이기 때문이다.

---

617) [프] 루소, 『에밀』 제1권, 리핑(李平) 역, 상무인서관, 2007, 54쪽 주해3.
618) 서국동(徐國棟), 「시민사회와 시민법」, 『법학연구』 1994년 제4기 참조.
619) 서국동(徐國棟), 「시민을 논함. -겸하여 공민을 논함」, 『정치와 법률』 4기, 2002.

### (2) 공민의 본질 - 국가권력 행사에 대한 참여와 감독

폴리스에서 민족국가에 이르기까지 비록 공동체의 강역(疆域)은 소국과민(小國寡民)의 폴리스에서 영토가 광활하고 인구가 많은 국가로 확대되었다. 하지만 공민의 내용에는 결코 실질적 변화가 발생하지 않고 민주는 여전히 공민의 민주였다. 고대 그리스에서 노예, 자유민과 공민의 본질적 차이의 관건은 정치 권리를 향유하고 행사 하느냐 아니냐에 있지 생존과 치부(致富)에 있는 것이 아니다. 대의 민주제에서 공민은 국가 주권의 양도자이고 민주정치의 기본 참여 단위이기도 하다.

공민은 국가에 의해 발생되고 민주제도의 건립과 운행은 공민이 국가권력의 행사 주체가 되게 하는 가능성을 열어 놓았다. 그것은 일정한 의지(이런 의지는 국가 의지이다)를 표현하는 국가기관을 의미한다. 이를테면 헌법의 규정에 의해 진행되는 '공민투표', '공민심사' 등 의의의 공민은 모두 선거권이 있는 사람으로 입법기관을 세우고 이런 의의의 공민으로서 헌법의의 상의 국가기관의 직능을 행사함을 의미한다.

강역 확장의 통치, 공민 외연의 확대, 공민 내용의 간략화와 더불어 공민의 범위가 확대되었고 공민권이 향유하는 주체가 증대되었다. 하지만 주체의 증대는 결코 공민 내용의 희석을 의미하는 것은 아니다. 국가권력에 대한 공민의 참여와 감독의 본질에는 여전히 변화가 없다. 공민은 원래 직접 국가권력의 행사에 참여하고 감독하던 것에서부터 간접적으로 참여하고 아무 때든 감독을 행사하는 주체로 변했으며, 공민의 본질적 내용은 여전히 존재한다.

공민의 본질은 변함이 없고 변한 것은 단지 사람과 공민 관계에 대한 우리들의 인식이다. 고대 그리스에서는 사회에서 독립한 개인 개념이 아직 출현하지 않았다. 당시 사람들이 보건대 개인의 본질은 '어느 한 공동체 속에 있었다.' '에 … 있다'는 것은 개인을 놓고 말할 때 유연이 아니라 사람의 본질이다. '사람은 천성적으로 정치동물'이라는 아리스토텔레스의 명언에서 가리키는 '사람'은 폴리스 공민을 가리킨다. 그리스 사람과 로마 사람이 '사람'을 말할 때 그들이 가리키는 것 역시 자기들이 속해있는 폴리스의 공민이다. 하지만 우리는 한 사람의 존재를 공민 신분으로 단순화할 수 없다고 본다. 한 사람은 집합된 전체 회의의 일원일 뿐만 아니라 또 하나의 개인이다. 다시 말하면 우리가 오늘 담론하는 '인'과 '공민'은 고대의 '인'과 '공민'과는 다르다. 왜냐하면 사회의 진보, 인류 공동체의 발전과 더불어 사람은 한 국가의 공민일 뿐만 아니라, 또 기타 다른 신분도 겸하여 가지고 있기 때문이다. 이 때의 사람은 하나의 풍부하고 가득차고 독립적인 사람이다.

하지만 공민의 내용도 자산계급의 승리와 더불어 갈수록 단순화 되었다. 공민의 신분이 갈수록 보급될 때, 우리는 인류정치사에서 헌법성 문헌에 '적극적인 공민'과 '소극적인 공민'으로 구분되고 입법회의 대표로 당선되는 재산 자격이 규정됨으로써 당시 전체 프랑스에서 단지 30%의 공민만 선거권을 가지는 일이 있었다는 것을 발견하게 되었다. 인권 원칙과 상대적으로 말하면 이는 일종의 역사의 퇴보이다. 하지만 그것은 반대로 사람들이 공민과 비 공민 사이에 대하여 여전히 그의 정치신분으로 범위를 정하는 심리상태를 실증하였다.

### (3) 공민개념은 당연히 공민의 본질을 체현해야 한다

『블랙법률사전』은 미국의 'Citizen'라는 단어[620]에 대해 "One who, under the constitution and laws of the united states, or of a particular state, is a member of the political community, owing allegiance and being entitled to the enjoyment of full civil rights"라고 해석하였다. 이것은 공민의 본질을 가장 잘 반영한 정의이지만, 단지 미국공민을 특별히 가리킨 것이라고 말할 수 있다.

공민의 범위가 최대한도로 발전되었을 때 공민개념은 당연히 상응하는 변화가 있어야

---

620) See Blacks Law Dictionary Hery, Hery Campbell Black, M.A, fifth Edition by the publishers edito-tial staff. PAWL,MINN. West Publising Go, 1979, P.167.

하는 것이 아닌가? 우리는 당연히 정의에 대한 잘못된 인식을 피해야 한다. 개념의 발전은 언제나 그 본질을 둘러싸고 진행되기 때문이다. 상술한 인식에 근거하여 우리는, 공민은 한 나라의 국적을 가짐과 아울러 공공권력의 행사와 감독에 참여하는 사람이라고 개괄할 수 있다.

여기에서 '공공권력의 행사와 감독에 참여'하는 '권리'는 다만 수시로 개입할 수 있고 잠시 내버려 둘 수도 있는 일종의 권리의 향유만을 가리킨다. 그것은 고대 그리스 공민처럼 반드시 의사 심판에 참가하는 것으로 공민 신분을 표시하는 것과는 다르다.

'공공권력의 행사와 감독에 참여'라는 표현을 채용하고 '정치 권리를 행사할 권한이 있다'는 표현을 직접 쓰지 않은 것은 중국 형법 중의 '정치 권리의 박탈'과의 상호 충돌을 피하기 위해서이고 정치 권리를 박탈하는 형벌을 받은 사람들로 하여금 검거권 박탈, 신소권(申訴權) 혹은 기타 정치방면에 참여하는 권리를 잘못 박탈당하는 것을 피하기 위해서이다.

한 개념에는 그것이 감당하지 못하는 무게가 있다. 어떤 학자는, 공민개념은 그 연혁, 역사에서 이른바 '공권'이라고 지칭되는 주체라는 이 긴 단계를 거쳐 왔다면서 이 개념에는 그와는 반대로 '개인' 혹은 일종의 '사(私)'라는 존재의 본질적 요소가 주입될 필요성이 있다고 생각하였다.[621] 헌법권리의 일반 주체로서의 공민개념은 한 방면으로는 중국 전통적인 '공(公)'의 정치, 법률, 문화의 투영을 받으면서 계속 모종의 신성한 색채를 획득하고, 다른 한 방면으로는 또 반드시 그 외연에 대한 전통문화의 투영을 철저하게 숙청하여야 비로소 그것에 당연히 있어야 할 법적 내용을 확립할 수 있다. 중국 현실에서 사의 관념이 부족했던 그 초조함이 종이 위에 생생하게 나타났지만 '사리(私利)'에 관심을 갖는 공민의 현실적 수요는 개념을 수정하면 곧 만족될 수 있는 것이 아니다. 개념의 부하를 증가시키면 개념의 정확한 사용이 더 어려워지게 될 뿐이다. 반대로 공민은 공민대로,

---

621) 임래범, 『헌법규범에서 규범헌법에 이르기까지-규범헌법학의 일종 선언』, 법률출판사, 2001, 86쪽.

정치는 정치대로, 시민은 시민대로 사용하고 공과 사를 하나의 개념에 뒤섞지 않으면서 그것들을 깨끗이 닦으려고 시도한다면 이런 개념이 보다 선명하게 사람들 앞에 나타나게 될 것이다.


## 4. 공민의 본질을 분명히 하는 의의

공민의 본질을 분명히 하는 것은 비단 개념 범주의 통일과 교류에 이로울 뿐만 아니라 공민 의식의 수립과 최종적으로 법치건설에 결합하는 사상문화의 토대를 다지는데도 도움이 된다. 그 의의는 아래와 같은 몇 가지에 있다.

첫째, 그것은 공민 개념의 사용에서의 혼란한 상황을 일소할 수 있다. 절대다수의 사람들은 '공민문화'와 '시민문화', '공민'과 '국민'의 차이를 마음속으로 이해하지만, 그 사이의 차이를 말로 표현하지 못한다. 일부 조합된 영어 단어도 흔히 서로 다르게 번역된다. 이와 같이 그 어느 때나 모두 사람들의 이해에 의거하고 일정한 언어환경을 빌어 판단하는 방법은 확실히 개념의 운용에 도움이 안 된다.

하지만 '국민'으로 현재의 '한 나라의 국적을 가진 사람'이라는 '공민' 개념을 대체하면 그다지 번잡한 과정이 발생되지 않고 이론의 혼란을 일으키지 않을 뿐만 아니라, 이 두 가지가 동시에 존재하는 개념으로 하여금 각자 표현할 수 있는 범위를 가지게 하여 외연 상에서 더 명확해 지게 한다.

둘째, 그것은 원래의 개념이 해석하지 못하는 수많은 언어 모순을 해소한다. 이를테면 "중화인민공화국 공민은 법률에 따라 병역 복무의 의무가 있다" "정치권리를 박탈당한 죄범도 공민이다" "정치권리를 박탈당한 사람에게도 병역복무의 의무가 있다"는 삼단논법에서 우리는 흔히 그 결론적 착오를 해석할 때 저항에 부딪친다. 또 이를테면 인권과 공민권은 과연 병렬관계인가 종속관계인가 하는 것은 아주 똑똑하지 않지만 일단 공민 개념의 본질을 분명하게 알게 되면 공민의 권리를 잡탕이 된 권리로 이해하거나 인권이 헌법에 들어가야 하냐 말아야 하냐를 두고 끊임없이 쟁론하지는 않게 된다. 인권은 하나의 순수하게 인간의 신분에 근거하여 향유하는 기본 권리이고 공민권은 공민신분에 근거하여 향유하는 권리이다.

또 번역을 예로 들면 civil rights와 citizen rights(혹은 rights of citi-zens)의 헛갈림을 피할 수 있다. 어느 학자는 다음과 같이 지적하였다. civil rights를 공민의 권리로 이해할 것이 아니라 당연히 그 전의 국가 혹은 '헌법 이전'의 권리 및 시민사회에서 확립한 시민 권리로 이해해야 하는데 그 핵심은 여전히 자유권이다.[622] 인권과 대응되는 것은 human right이고 (시)민권은 civil right이며 공민권은 citizen rights이고 자연 권리와 대응되는 것은 natural rights이다.

셋째, 그것은 공민 주체의식의 건립에 이로운 것으로서 한 나라 국적을 갖고 있는 사람이 '공민' 신분을 얻게 하고 자신의 권리와 의무를 더 많이 의식하게 하며 '국가공권력'의 침범에 경각성을 높이게 할 수 있다. 이것 역시 공민정신을 수립하고 공민사회를 건설하며 법치 목표를 위해 문화토대를 다지는 데 도움이 된다. 총체적으로 공민은 한 국가의 국적을 가지고 그 나라 공권력 행사와 감독에 참여할 수 있는 권리를 가지고 있는 사람이다. 중국에 인입된 이래 '공민'의 법률 원전(原典)에서의 발전과 습관 의미상의 발전은 일치하지 않는다. 필자는 다음과 같이 인정한다. 서로 다른 국가의 법률 원전(原典)은 공민의 범위를 정하는데 있어서 똑같지 않지만 공민의 본질은 변한 적이 없었다. 공민 개념은 중국에 수입품으로 들어와 '정착'하였기에 그것을 둘러싼 것은 언제나 그것과 상생하고 융합되는 토양이었던 것은 아니었다. 다행인 것은 의식 영역에서 사람들은 여전히 그것이 고유한 정치내용을 '공민'에 사용하였다는 것이다. 오직 이런 의의에서 '공민'을 사용해야 우리는 비로소 헌정과 서로 부합되는 공민문화를 형성할 수 있고, 공민의 참정 적극성을 발휘시키며 공민의 주체 지위를 높여주고 건전한 공민사회를 건설할 수 있다.

---

622) 임래범, 『헌법규범에서 규범헌법에 이르기까지-규범헌법학의 일종 선언』, 법률출판사, 2001, 79쪽.

헌정개념 및 그 변화

제1절

청말, 민초시기의 헌정개념

## 1. 어원학 의의에서의 중국식 '헌정'

일본의 지식인들은 메이지유신 전에 중국전통문화의 영향을 깊이 받았다. 후에 비록 탈아입구(脫亞入歐)를 하였지만 서방의 정치, 법률 명사를 번역하여 소개할 때 여전히 한자로 번역하였다. 이러한 명사들은 후에 또 일본에 다녀온 학자들의 소개로 중국에 전파되었다. 이와 같이 단어를 빌려오는(loanword, 즉 '외래어','외래사') 방식으로 새로운 어구를 만드는 것은 일종의 보편적인 사회언어현상[623]이었다. '헌정'이라는 단어가 일본에서 만들어 진 것도 이런 상황에 속한다.

'헌정'(Xian Zheng)은 '현대일어에서 온 외래어'로서 일어가 한자를 빌려 유럽의 단어(특히는 영국 단어)를 번역할 때 생겨난 것이다. 영어 constitutional government는 일어의 로마자로는 kensei로 표현하는데 한어에서는 '헌정'으로 번역하였다. 그런데 그것과 관련이 있는 '헌법'이라는 단어는 고대한어의 일본한자의 단어에서 기원하였는데 일어의 로마자화 표현은 constitution kenp [624]이다. 일본에서 제일 처음 중문으로 된 '헌법'이라는 단어를 사용한 것은 성덕태자(聖德太子) 17년 헌법에서 부터였는데, 그러나 이는 오늘날의 함의가 아니었다. 서양 관념이 일본에 들어온 후 '국헌'이라는 두 글자로 표현하기

---

623) 풍천유(馮天瑜), 『신어탐원(新語探源)-중서일문화호동과 근대한자술어생성(中西日文化互動與近代漢字術語生成)』, 중화서국, 2004, 서언.
624) 유화(劉禾), 『어계를 넘은 실천(跨語際實踐)-문학, 민족과 번역 소개된 현대성(중국, 1900-1937)』, 송위걸(宋偉杰)역, 390, 409쪽.

시작하다가, 메이지10년(1877년)에 와서야 '헌법'이라는 두 글자로 고쳐서 사용하였다.[625]

고대 한어에서 '헌(憲)'자의 제일 기본 의의는 법률 혹은 법령이다. 『패문운부 (佩文韻府)』에는 '헌은 곧 법'이라고 해석하였다. "헌의 법을 사람들에게 알림을 헌법이라고 한다."(『주례』)에서 '헌법'이라는 단어가 제일 처음 가리킨 것은 법령의 공포였다. 물론 고대한어에서의 '헌', '헌법'은 현대 의의로서의 '헌정', '헌법'이 아니었다. 하지만 한어의 원래 뜻은 일어가 그것을 빌려 서방학문의 어휘를 번역하고 중국인들이 일어 한자 단어를 한발 더 나아가 이해하고 소개하는 데 필연적으로 중요한 영향을 끼쳤다.


## 2. 양계초: 헌정은 입헌정체

양계초는 중국 근대역사에서 제일 처음 '헌정'의 정의를 내린 학자이다. 그는 1899년 무술변법이 실패한 후 일본으로 망명한 기간에 쓴 『각국 헌법 이동론』이라는 글에서 처음으로 다음과 같이 지적하였다.

> "헌정(입헌군주국정체의 약칭)의 시조는 영국이다. 영국 사람들은 7백 년 전에 이미 독재체제의 정체를 입헌의 정체로 점차 변화시켰다. … 오늘에 이르기까지 원래의 것을 버리지 않았을 뿐만 아니라 입헌정체도 점점 진보하면서 완벽한 헌정을 만들어 가고 있다."[626]

20세기 초 이후, 양계초는 입장을 바꾸어 민주입헌정체의 각도에서 헌정을 이해하였다.

---

625) [일] 와가츠마 사카에(我妻榮), 『신법률학대사전』 '헌법' 단어 해석. 둥판위(董璠興)등 역, 중국정법대학출판사 1991.

626) 양계초, 『양계초법학문집』, 범충신편, 2쪽. 글에서 양계초는 여러 차례 '헌정'이라는 단어를 다루었다.

'힙헌정체'에는 군주입헌정체와 민주입헌정체가 포함되어 있기 때문이었다. 그렇기 때문에 양계초는 '입헌헌정'이라는 이 의의 상에서의 헌정을 이해했다. 1901년 6월 7일에 그는 『청의보』에 '입헌법의'라는 제목의 글을 발표하면서 다음과 같이 지적했다.

> "세계의 정치는 두 가지가 있다. 하나는 입헌의 정치이라고도 부르는 헌법의 정치이고 다른 하나는 독재의 정치라고도 부르는 무 헌법의 정치이다. 일정한 정치를 받아들여 국민을 다스리는 것을 정체라고 한다. 세계의 정체에는 세 가지가 있다. 하나는 군주제정체이고 다른 하나는 군주입헌정체이며 또 다른 하나는 민주입헌정체이다. 입헌정체를 유한권(有限權)의 정체라고도 부른다."[627]

1911년 2월, 양계초는 또 헌정과 비헌정의 차별은 세 가지가 있지만, 그 핵심은 의회제도를 행하는가, 행하지 않는가에 있다고 지적하였다.

> "학자들은 헌정과 비 헌정의 구별을 세 가지로 생각했다. 하나는 민선의원이고 다른 하나는 책임내각이며 또 다른 하나는 사법독립이다. 그렇기 때문에 헌정의 특징에서 앞의 두 가지가 더욱 뛰어나다. 의원과 내각은 반드시 서로 의존하고 서로 보완해야 하는 것으로서 양자는 실제로는 통일된 것이다."

1908년에 양계초는 입헌정체와 독제정체의 구별은 '국회의 유무'에 있다면서 국회가 있는 국가야 말로 '입헌국'이라고 생각하였다.[628] 1910년 그는 국가권력을 다시 분립하는가

---

627) 양계초, 「입헌법의」, 『양계초전집』 제2책, 북경출판사, 1999, 405쪽.
628) 양계초, 「중국국회제도사의(中國國會制度私議)」, 『음병실문집점교』 제2책, 윈난교육출판사, 2001, 967쪽.

하지 않는가의 각도에서 '입헌정체'의 범위를 확정하면서 "정체의 구별은 직접적인 기관의 단복(單複)을 표준으로 한다. 단 하나의 직접적 기관이 있고 국권 행사를 제한하는 자가 없다면 전제정체라고 부르고 두 개의 직접 기관이 있어 국권을 행사할 때 상호 제한한다면 입헌정체라고 부른다"고 했다[629] 1911년에 그는 계몽 절대주의를 주장한 뒤에 그는 또 입장을 바꾸어 허군원수(虛君元首) 의회내각제를 주창하면서 "입헌정체는 군주가 정치상의 책임을 지지 않는 것을 제일 원칙으로 한다. 그것이 전제정체와 구별되는 점이다."[630]

중요하게 생각할 만한 것은 양계초가 국회의 존재, 권력분립과 의회내각제를 헌정의 실질적인 표지로 삼고 실제상에서 이미 간접적으로 헌정과 민주를 관련시켰다는 점이다. 그가 '헌정'을 '입헌정체'로 해독했다는 것은 그가 확실히 정치방면에서 아주 고심했다는 것을 말해 준다. 청나라 조정의 개혁에 대한 우려를 해소하는 것을 목적으로 입헌, 헌정 등의 말이 체제의 승인을 얻게 하고 헌정운동이 제도적 측면에서 발전하게 하였다. 위에서 서술한 '헌정', '입헌정체'는 바로 『각국헌법이동론』중 '정체'라는 장절에서 논술한 것이다. 국체와 정체의 구별을 논술하기 위해 그는 또 1899년 4월부터 10월까지 『청의보』에 '국가론'이라는 글을 연재했다.[631]

양계초의 정체와 국체 분립의 관점은 그 후 청나라 조정 관원 다서우(達壽)와 약속이나 한 듯이 맞아떨어졌다. 청나라 조정 학부우사랑 다서우는 1907년 9월부터 1908년 7월까지 일본을 방문하면서 이요우 메요찌(伊東 巳代治)의 도움으로 호즈미 야츠카(穗積八束), 아리가 조오(有賀長雄), 오오타 미네사부로우(太田峰三郎) 등 저명한 학자의 지도를 받았다. 귀국 후 그는 비교헌법, 일본헌법사, 의원법, 사법, 행정, 재정에 관련되는 자료 등 6개 방면의 자료를 귀납 정리하였는데 5편 15책에 달했다. 다서우는 다음과 같이

629) 양계초, 「헌정천설(憲法賤說)」, 「음병실문집점교』 제2책, 윈난교육출판사, 2001, 957~958쪽.
630) 양계초, 「입헌국조서의 종류 및 그것이 법률상의 지위(入憲國詔旨之種類及其在國法上之地位)」, 『음병실문집점교』 제2책, 윈난교육출판사, 2001, 1062쪽.
631) 양계초, 『〈음병실합집〉 집외문』 하책, 북경대학출판사, 2005, 1226~1236쪽.

생각하였다. "국체'는 국가통치권을 가리키다. 그것은 역사 속에 뿌리 박혀 있기에 쉽사리 변화가 발생하지 않는다. 하지만 군주국체와 민주국체 두 가지 유형이 존재한다. 그런데 정체는 시국의 변화에 따라 변화한다. 거기에도 입헌과 독재의 구별이 있다." 다서우는 일본의 상황을 예로 들면서 정체의 전환은 국체와 관련이 없다고, 즉 입헌의 정체를 채납하여도 군주국체를 변함없이 유지할 수 있다고 논술하였다. [632]

'국제'의 개념에 대해 후에 손중산과 모택동이 재차 정의를 내리면서 당대 중국 헌법학의 중요한 개념 중 하나가 되었다.

관심을 기울여야 할 것은 양계초가 '헌정'을 해석할 때 응용한 '입헌정체'라는 단어는 제일 처음 1887년 황준헌(黃遵憲)의 『일본국지』에서 나온 것이다. [633] 황준헌은 다음과 같이 말했다.

> "4월에 좌우원을 폐지하고 원로원, 대심원을 설립하였고 입헌조직을 건립하도록 영을 내렸다. …지방관을 소집하여 민심을 살피게 하고 공익을 위해 봉사하게 했으며, 점차 민주공화입헌제도를 건립하도록 했다. …황상께서 친히 입헌정체를 확정한다. 대체로 서방을 본 따서 국법을 설립하고 관민 상하가 분권을 하도록 하며 똑같이 법률의 제약을 받는다."

---

632) 달수(達壽)는 『헌정고찰대신 다서우가 일본에서 돌아와 헌정에 관련된 사항을 조목별로 진술하다』에서 다음과 같이 지적하였다. "정체는 입헌에서 오고 나라의 안정은 황실의 안정에서 온다. 헌법은 헌정에서 오고 국제는 주권의 안정에 의해 존재한다." "정체라는 것은 국체와 구별하여 말하는 것이다. 이른바 국체란 국가의 치권을 말하는데 군주의 손에 있거나 인민의 손에 있다. 통치권이 군주의 손에 있으면 군주국체라고 부르고 통치권이 인민의 손에 있으면 민주국체라라고 부른다. 그런데 이른바 정체란 입헌과 전제의 구분일 뿐이다. 국체는 역사에 뿌리를 두고 있기에 정체의 변화에 의해 비슷해지지 않는다. 정체는 시대의 추세에 의해 전이되는 것 같지만 국체의 불변처럼 개변하기 어려운 것은 아니다." 고궁박물원 명청서류부 편, 『청말예비입헌서류사료』 상책, 중화서국, 1979, 25, 26쪽.
633) 『일본국지』는 일본의 메이지유신을 기술하고 소개함과 아울러 중점적으로 연구한 책이다. 황준헌은 1876년 8월에 향시에 급제한 후 다음해 주 일본대사 하여장(何如璋)를 따라 여러 차례 일본으로 갔다. 1977년 겨울부터 1881년까지 주 일본대사관 참찬(參贊)으로 있었고 그 후에는 주 샌프란시스코 총 영사, 주 영국대사관 참찬, 주싱가포르대사관 총 영사 등 직무를 지냈다.

『일본국지』 1887년 여름에 완성된 후 중국을 휩쓸면서 조정과 재야를 진동시켰다.[634] 양계초는 황준헌과 사적으로 사이가 무척 좋았다. 그는 『일본국지』를 통독하고 '후서(後序)'를 썼다. 서에서 그는 이 책은 '뜻과 목표가 깊다'고 칭송하면서 책이 자신에게 준 영향을 다음과 같이 피력하였다. "중국인은 일본에 대해 아는 것이 적다. 황자가 『일본국지』를 썼다. 양계초가 그 책을 읽고 나서 즐거워서 이제야 일본을 알고 이제야 일본이 강한 이유를 안 것이 다행이라고 황자를 칭찬했다. 그리고 또 이제야 중국을 알았고 이제야 중국이 왜 약한지를 알았다고 분노했다." 양계초는 '서후'를 저명한 『시무보』에 발표함으로써 당시 중국사회에 대한 『일본국지』의 영향을 더 심화시켰다.[635] '입헌정체' 등 이 책이 제기한 새로운 명사도 지식계에 널리 알려졌고 사용되었다.

'입헌'이라는 단어 역시 황준헌에 소개에서 발원한다. 이 단어는 1879년 황준헌의 『일본잡사시(日本雜事詩)』에 제일 처음 나타났는데, 주로 외국정당을 소개하는 '왈 입헌당(日立憲黨)'에서 쓰였다.[636] 무술변법에서 강유위는 상주를 올려 '입헌을 하고 국회를 열어 중국을 안정시킬' 것을 청구하였다.[637] 1830년부터 1895년 사이에 '입헌'이라는 단어는 아주 드물게 사용되었고 1900년 이전에는 사용 횟수가 얼마 되지 않았다. 1902년 후에 '입헌'이라는 단어의 사용이 점차 늘어나게 된 것은 『신민총보』의 창간과 관련된다. 입헌파와 혁명파의 변론으로 인해 1906년에 '입헌'이라는 단어의 사용 횟수가 최고봉에

---

634) 광서는 무술변법 전야에 두 번이나 옹동화(翁同龢)에게 『일본국지』를 바치라고 명령하면서 거기에서 메이지유신의 경험을 배우려 하였다. 이홍장(李鴻章)과 장계동(張之洞)도 『일본국지』를 본 후 깊은 감명을 받았다. 이홍장의 『일본국지』에 대한 서술이 있다. "직관, 식물, 군대, 형벌, 학술, 공예 등을 널리 탐구하였고 그 나라 법 개혁이 서양을 따른 자초지종에 대한 고증이 더구나 잘 갖추어져있다. 옛것을 참작하는 것은 위급한 시국을 구하기 위한 것이다"라고 하였고 장계동은 "일본국지를 상세하게 읽어보니 조례가 상세하고 대강과 세복이 다 갖춰져 있으며 그 뜻이 심원하고 공을 많이 들였다. 서양 각국의 풍속과 정치를 훤히 알 수 있다"고 하였다. 중국사학회 편, 『무술변법』 제4책, 상해신주국광사, 1953, 324쪽.

635) 황준헌, 『일본국지』, 1003~1004쪽.

636) 황준헌, 『일본잡사시』, 호남인민출판사, 1981, 『일본잡시사시광주(日本雜事詩广注)』.

637) 강유위, 『헌법을 정하고 국회를 열 것에 관한 청구 분석(1898년 8월, 請定立憲開國會折)』, 탕지균(湯志鈞) 편, 『강유위정론집』 상책.

달했다.[638] 입헌정체의 간칭으로서의 '헌정'이라는 단어는 비록 처음 사용될 때 '입헌정체'와 '입헌'처럼 광범위하지 못했다. 하지만 양계초가 사용하게 되고 또 청나라 조정의 입헌활동에 대한 그의 영향으로 인하여[639], 1906년 9월 1일 청나라 조정에서 예비입헌 조서를 반포하여 "오늘부터 오로지 제때에 상세한 고찰을 하고 외국의 것을 참조하여 헌정을 실시한다"고 선포[640]한 후 '헌정'이라는 단어는 사회에서 보편적으로 사용하는 개념이 되었다.

### 3. 엄복(嚴復): 입헌은 종치(衆治)

'헌정'과 '민주'의 개념을 명확하게 연결시킨 것은 엄복으로부터 시작되었다. 1905년, 엄복은 상해기독교청년회의 초청을 받고 여덟 차례 강연을 하면서 '입헌이란 어떤 것인가'를 똑똑하게 해석하였다. 그 후 강연내용이 『정예통보(政藝通報)』에 등재되고 『광익총보(廣益總報)』 등에 전재된 후 상해, 상무인서관에 의해 『정치 강의』라는 제목의 단행본으로 출판되면서 그 영향력이 광범위해졌다. 쑤꿍취안은 『중국 정치사상사』에서 이 책을 중국인이 스스로 쓴 최초의 정치학 저작이라고 인정하였다. 이 책에서 엄복은 "근래에 중국에서는 입헌에 대해 토론하고 있다. 입헌이란 다른 것이 아니라 종치(衆治)이다. 종치는 부득불 민중의 대표를 써야 하는 제도이다"[641]라고 말했다.

---

638) 고초군(高超群), 「백 개 현대정치술어 의미 휘편(百個現代政治術語詞意匯編)」, 김관도(金觀濤), 유청봉(劉靑峰), 『관념사 연구: 중국 현대 중요 정치술어 형성』 부록 2, 497쪽.
639) 양계초가 직접 고위층의 정치결책에 개입한 사실은, 그가 1906년 6, 7월에 청나라 조정의 파견을 받고 각국을 고찰한 사절 대홍자(戴鴻慈)와 단방(端方)을 대필하여 쓴 5편의 글에서 증명된다. 이 대필 친필원고는 근래에 모두 발견되었다. 하요홍(夏曉虹), 「새로 발견된 친필원고로부터 본, 양계초가 외국에 나간 다섯 대신을 위한 총잡이가 된 내막(從新發現手稿看梁啓超爲出洋五大臣做槍手眞相)」, 『남방주말』 23판, 2008년 11월 13일.
640) 고궁박물원 명청서류부 편, 『청말예비입헌서류사료』 상책, 43쪽.
641) 엄복, 「정치강의」, 『엄복집』 5책, 중화서국, 1986, 1311쪽.

고증에 의하면 『정치강의』는 19세기 영국 케임브리지 대학 존 실리(Sir John Seeley)의 『정치과학도론』(An Introduction to Political Science)의 토대 위에서 번역, 개작된 책이다.[642] 그렇기 때문에 엄복이 '입헌'을 '종치'(민주)로 본 관점에도 역시 일부 서방학의 바탕이 깔려있다. 물론 엄복의 '민주사상'은 사실상 국가주의이다. 그는 비록 입헌을 종치로 이해했지만 그의 '종치'에 들어있는 '민(民)'은 추상적인 의의이고 '군(群)'의 범주에 속하는 것이지 '개체'의 개념이 아니다. 이것은 손중산과 일부 은연중의 일치하는 면이 있다. 엄복은 오로지 군주권을 민주권으로 변화시켜야 비로소 국가의 권력이 충분히 운용될 수 있게 하고 국가가 비로소 부강하게 된다고 생각하였다. 슈워츠(Benjamin I. Schwartz)는 엄복은 밀의 사상 핵심을 잘못 배치하여 부강을 우선적인 목표에 놓고 개인의 자유와 권리는 치부로 가는 도구가 되었으며, 군체의 자유가 개인의 자유를 압도하였다[643]고 생각하였다. 리저허우(李澤厚)는 엄복은 한 방면으로는 자유를 본체로 보고 개인 자유의 중요성을 충분히 이해하였고, 다른 한 방면으로는 또 국가의 자유, 부강과 구국의 목적을 개인 자유의 위에 놓아서 엄복으로서는 해결할 수 없는 모순을 조성하였다고 생각하였다.[644]

## 4. 손중산: 헌정은 민권주의 실현의 정치 기제

손중산의 사상은 양계초, 엄복과 일맥상통하고 서방의 헌정이념과 일정한 차이가 있다. 국민성의 인식에 기초하여 손중산은 부강의 책략을 체험으로 이해한 토대위에서 권능분립(權能分立)의 학설을 채용하였다. 그는 서방 헌정개념이 강조한 권한 제한을 근본적으로 반대하였다. 그는 민초시기 의회정치를 반성하고 서방 정치제도 발전을 참고로

---

642) 척학민(戚學民), 「엄복의 〈정치강의〉 원전(原典) 근원」, 『역사연구』 2기, 2004.
643) [미] 슈워츠(Benjamin I. Schwartz), 『부강추구: 엄복과 서방(富强追求:嚴復與西方)』, 쟝쑤인민출판사, 1996.
644) 이택후(李澤厚), 『중국근대사상사론』, 인민출판사, 1979, 278~284쪽 참조.

한 기초위에서 인민유권(人民有權), 정부유능, 권능분치(權能分治)의 '만능정부'이론을 제시하였는데 그 목적은 의회정치하의 행정권이 견제를 받아 약해지고 무능해지는 폐단을 극복하기 위해서였다. 이러한 토대 위에서 손중산은, 헌정은 군정, 훈정, 헌정 건국 3부 곡의 제일 마지막 연결고리라는 자신의 헌정학설을 제시하였다. 『국민정부건국대강』에서 그는 다음과 같이 주장하였다.

> "국민정부는 삼민주의, 5권 헌법에 의거하여 중화민국을 건설하고… 건설의 절차는 군정시기, 훈정시기 헌정시기 세 개 단계로 나누며… 헌법이 반포되는 날, 즉 헌정이 선고될 때부터 전국인민은 헌법에 의해 전국 대 선거를 치른다. 국민정부는 선거가 끝난 후 3개월 내에 해산하고 민선정부에 정부를 넘겨 건국을 선고한다."[645]

『건국방략』에서 손중산은 더구나 정부를 '혁명'의 최종 목적과 귀속으로 승화시켰다. "제3은 건설의 완성시기인데 이 시기에 헌정이 실시될 것이다… 이 헌정시기, 즉 건설이 완성되면 혁명이 성공되는 날이다. 이것이 혁명방략의 요지이다."[646] 손중산의 기획에 의하면 헌정시기는 인민이 정권을 장악하고 정부가 치권을 장악하여 정권이 치권을 통제하는 시기이다. 헌법의 반포는 헌정 건설 완성의 상징이다. 헌정에 이를 때면 '인민주권' 즉 민주가 실현되었음을 의미한다. 헌제체제 하의 국민대회 자체가 곧 직접민권을 행사하는 형식이다. 손중산은 헌정의 공능 각도에서 헌정을 정의하여 헌정과 민주(손중산은 '민권주의'를 보다 더 많이 사용하였다. 민주와 민권주의 관계에 대하여 아래 '민주'개념 부분에서 상세하게 논술한다)를 서로 연결시켰다. 민권주의와 헌정은 사실 동전의 양면과

---

645) 손중산, 「국민정부건국대강(1924년 1월 23일)」, 『손중산전집』 9권, 126-128쪽.
646) 손중산, 『건국방략  알면 필히 행할 수 있다(1917-1919,建國方略  能知必能行)』, 『손중산전집』 6권, 204~205쪽.

같아서 헌정은 바로 민권주의를 실현하는 정치기제이다. 이에 대하여 손중산은 자기가 존경하는 후배인 『55헌초』의 주요 추종자의 한사람인 손과(孫科)에게 다음과 같이 해석하였다. "헌정의 실시는 곧 민권주의의 실행이다." "만약 헌정을 진행할 수 없다면 민권은 더욱 실시될 수 없고 삼민주의도 실현되지 못하며 이른바 정치건설은 빈말에 지나지 않는다."[647]

하지만 손중산의 민권 헌정관에는 일부 이론과 실천상의 모순이 있다. 그는 대의제를 반대하고 국민대회가 직접민권을 행사할 것을 주장하였다. 하지만 또 권능 분립을 주장하였는데, 이것은 실제상 국민대회를 공중에 뜨게 하여 국민대회를 다만 하나의 국가주권을 행사하는 추상적인 것(載體)으로 만든 것이다. 1940년대에 손중산의 민권헌정이론을 어떻게 대하는가 하는 것은 사실상 구체적 헌법제도의 설계 방향과 관계되고 의회정치, 대의제가 중국에서의 실시할 가능성과도 관계되었다. 야당파(중국공산당을 포함)들은 서방식의 헌정체제를 건립할 것을 전력으로 주장하였다. 오직 이런 정당정치의 헌정체제하에서만 그들은 비로소 정권을 향유하고 국민당과 맞설 가능성이 있었기 때문이었다.

여기서 언급해야 할 것은 손중산의 민권주의가 이미 소비에트국가의 정치체재에 이미 관심을 기울였다는 점이다. 그는 서양의 대의정체에는 유폐가 적지 않다면서 "근래에 러시아는 일종의 정체를 발명하였는데 이런 정체는 대의정체가 아니라 '인민독재' 정체이다 … 대의정체에 비하면 많이 개량되었다"[648]고 말했다. 이런 관념은 후에 모택동의 '인민민주독재' 사상과 우연하게 어울린다. 이에 대한 진일보적인 연구는 뒤에서 상세히 논술한다.

---

647) 손과, 「헌정실시의 몇 가지 문제(實施憲政的幾個問題)」, 『손과문집』, 대만상무인서관, 1970.
648) 손중산, 「민권주의. 제6강」, 『손중산선집』 하권, 인민출판사 1981, 722쪽.

제2절

모택동의 '헌정' 개념


1940년 2월 20일 연안의 각계 인민 헌정촉진회 성립대회에서 모택동은 헌정, 헌법 문제에 관하여 강연을 하였다. 그는 다음과 같이 말했다.


중국에는 부족한 것이 매우 많지만 주로 두 가지가 부족하다. 그 하나는 독립이고 다른 하나는 민주이다… 헌정이란 무엇인가? 그것은 바로 민주적 정치이다. 나는 오옥장 동지가 방금 한 말에 찬성한다. 그런데 우리가 지금 요구하고 있는 민주정치란 어떠한 민주정치인가? "그것은 신민주주의적 정치이며 신민주주의적 헌정이다. 그것은 낡고 때가 지난 구미식의 자산계급전정의 소위 민주정이 아니며 동시에 아직은 또 소련식의 무산계급전정의 민주정치도 아니다… 신민주주의 헌정이란 무엇인가? 그것은 몇 개의 혁명적 계급이 연합하여 한간과 반동파에 대하여 실시하는 전정이다… 그렇기 때문에 지금의 헌정운동은 아직 취득하지 못한 민주를 쟁취하는 것이지 이미 민주화 된 사실을 승인하는 것이 아니다."[649]


이 강연의 배경은 중국 전쟁 중의 제1차 헌정운동이었다. 항전 중에 '헌정'이 화제에 오를 수 있었던 것은 세 번째 힘의 추동에서 비롯되었다. 중국에 대한 일본의 침략은 국민당의 권위 통치를 무너뜨렸다. 항전 초기, 국민당은 사회 역량을 항전에 동원시키기 위해 사회의


---

649) 모택동, 「신민주주의적 헌정」, 『모택동선집』 제2권, 731, 732, 733, 735쪽.

정치적 통제와 압제를 늦춘 까닭에 국내의 정치 분위기는 비교적 느슨해졌다. 1937년, 국민당 중앙은 각 재야 당파 및 사회 명유들을 초청하여 여산에서 좌담회를 열고 각 당의 합법적 지위에 대해 초보적으로 생각하였다. 1938년 3월 국민당은 임시 전국대표대회를 소집하고 『중국국민당항전건국강령』을 채택하였으며 국방참정회의 토대 위에 국민참정회를 설립하기로 결의하였다. 국민참정회의를 플랫폼으로 하여 수많은 사람들은 민주에 대한 요구를 분명히 밝혔고 헌정을 항전, 민주와 연결시키면서 예봉을 국민당의 정치적 약점과 민감한 문제인 '당치'에 돌렸다. 1939년 9월에 열린 국민참정회의 1기 4차 회의에서 제시된 수많은 제안들은 당치를 끝내고 헌정을 실시할 필요성을 천명하였다. 장개석는 정치적 압력에 의해 부득이하게 다음과 같이 공개적으로 시인하였다. "총리가 창도한 삼민주의에서 민권주의의 최종 목적은 바로 민주정치를 하는 것이다." "헌정을 실시하는 문제 역시 민주정치를 추진하기 위한 것이다."[650] 하지만 장개석는 여전히 당치훈정의 양식을 고수하면서 "항전이 끝나기 전에는 당연히 군사가 첫째이고 승리가 첫째이며 군정시기적인 사업을 위주로 하는 한편 훈정사업을 적극적으로 진행해야 한다"[651]고 하였다.

국민당은 줄곧 각종 자원을 동원하여 '헌정'화제를 제도화하는 주도권을 튼튼히 장악하고 각종 방법으로 민간헌정의 목소리를 제도 내의 경로에 몰아넣고 없애버리려고 시도하였다. 헌정이란 화제가 1939년, 1944년에 각각 두 차례 최고조를 이룬 원인도 국민당의 '정부 추동'과 무관하지 않다. 그런데 그 추동의 동기 중 하나는 바로 민주의 목소리에 응답하면서 없애버리고 체제 밖의 민주운동을 체재내의 제헌 절차 속에 끌어들여 헌정이란 화제의 통제와 독점을 통해 민주적 요구를 말살시키려는 데 있었다. 항전 중의 '헌정'이란 화제는

---

650) 장중정(將中正), 「국민정부 주석 장중정의 훈사(國民政府主席蔣中正訓詞)」, 중경시정치협상회의 문사자료연구위원회 등, 『국민참정회의 실기(國民參政會紀實)』 하권, 중경출판사, 1985, 1305쪽.
651) 장중정, 「의장 장중정의 폐막사(議長蔣中正閉幕詞)」, 중경시정치협상회의 문사자료 연구위원회 등, 『국민참정회의 실기』 하권, 중경출판사, 1985, 429쪽.

집정자가 정치동원을 하는 도구가 되었고 일종의 정치 권위적 의제구성이 되었다. 정치권위는 한 편으로는 '헌정'을 자신의 지도 지위를 강화하는 것과 연결시키고, 또 다른 한 편으로는 민주의 준법의식을 높이고 사회질서를 수호하자는 논술과 연결시켰다.

동원이란 "국가의 무장역량이 평화 상태에서 전시상태로 바뀌는 것이고 모든 경제부문(공업, 농업, 운수업 등이 전쟁의 수요에 공급하는 사업으로 바뀌는 것이다."[652] 하나의 정치학 범주로서의 '정치동원'은 주로 공민행위에 대한 정치권의 어떤 유도와 조종을 기술할 때 쓰인다. 그런 유도와 조종을 실시하는 하는 것은 흔히 어떤 특정된 정치목표에 도달하기 위해서이다. 정치동원은 현대 사회에서 광범위하게 존재하는 일종의 정치현상이다. 정치동원은 위에서 아래로 실시되고 정치참여는 아래에서 위로 실시된다.[653]

일종의 정치동원 도구로서의 '헌정'은 정치권위의 일종의 의제 구성이면서 또 대중의 승인에 의거한다. 일정의 '의제'로서의 '헌정'은 민주항전 단계에서는 우선 '항전'과 '건국' 문제와 연결된다.

국민당은 1938년에 열린 임시 전국대표대회에서 『중국국민당항전건국강령』을 채택하고 국민정부도 1939년 3월 12일에 『민주정신총동원강령』을 반포하여 '국가본위, 민족본위, 군사제일, 승리제일, 의지집중, 역량집중' 등 공동목표를 제시하고 '항전'과 '건국'을 '노예로 전락되어 멸망하는 상황을 피하기 위한, 자유 평등보다 높은'[654] 지도방침으로 삼았다. 항전과 건국의 관계에 대하여 왕정위는 제2기 국민참정회의 제1차 회의 개막사에서 다음과 같이 해석하였다. "항전과 건국은 동시에 병행해야 한다. 항전을 하지 않으면 건국을 할 수 없고 건국을 하지 않으면 항전을 할 수 없다. 우리는

---

652) 『현대한어사전』, 상무인서관, 1996, 303쪽.
653) 공번빈(孔繁斌), 「정치동원(政治動員)」 장봉양(張鳳陽) 등 『정치철학관건사』, 강소인민출판사, 2006, 296쪽.
654) 「〈항전건국강령〉을 옹호하는 결의안(1938년 7월 12일 대회 채택」, 중경시정치협상회의 문사자료연구위원회 등, 『국민참정회의 실기』 상권, 중경출판사, 1985, 192쪽.

항전과 건국은 한 가지 일이지 별도의 일이 아니라는 것을 알아야 한다. 외환을 막아내는 행동을 항전이라고 하고 자신을 튼튼히 하고 부단히 역량을 키우는 것을 건국이라 한다. 그렇기 때문에 항전과 건국은 기실 똑같은 일이다." 장개석도 제1기 구민참정회의 제5차 회의 개막사에서 "항전은 현재 우리들의 가장 중요한 임무이고 건국은 우리들의 최후 목표"[655]라고 말했다.

'항전'과 '건국'의 관계를 논증하는 목적은 "수십 년 내 중국은 밖으로는 강한 이웃의 침략을 받아 왔고 내부로는 봉건잔여세력의 속박을 받아왔기에 민주정치의 실현을 요구하려면 반드시 강하고 효과적인 하나의 중앙정부가 나서서 전국 민중의 힘을 집중시키고 훈령을 강화하면서 그것을 영도해야 한다"[656]는 것을 강조하기 위해서이다.

삼민주의의 정치철학에 의하면 '건국'의 목적은 헌정을 실현하는 것이다. 그렇기 때문에 헌정은 '항전건국' 구호 중 하나의 중요한 방면이 되었다. 장개석는 국민당 11중 전원회의 개막사에서 다음과 같이 말했다. "건국 사업은 복잡하게 뒤엉켜 있고 사항이 아주 많다. 하지만 제일 요긴한 것은 바로 우선 우리의 정치건설을 확립하는 것인데 정치건설의 토대는 헌정을 실시하는 데 있다."[657] 그런데 "헌정을 실시하는 것은 결코 한부의 법전을 공포하면 되는 일이 아니다. 헌정을 실시하는 핵심은 어디에 있는가? 국민이 법을 중시하고 법을 지키며 국민의 대표가 정부를 도와 법령을 추진하는 것이 바로 헌정을 실시하는 것이다." "우리는 사람들이 헌정을 담론하는 것을 반대하지 않는다. 하지만 사실로 헌정을 실시하기를 바란다. 우리에게 제일 필요한 것은 헌정의 실체이지 헌정의 조항이 아니다."[658]

여기에서 집권자는 한 방면으로는 헌정과 그것에 대한 지도지위를 강화하는 것을

655) 「의장 장중정의 개막사」, 중경시정치협상회의 문사자료연구위원회 등, 『국민참정회의 실기』
　　　상권, 중경출판사 1985, 666쪽.
656) 「의장 왕요밍의 개막사」, 중경시정치협상회의 문사자료연구위원회 등, 『국민참정회의 실기』
　　　상권, 중경출판사, 1985, 157쪽.
657) 소공권(蕭公權), 『헌정과 민주』, 칭화대학출판사, 2006, 53쪽.
658) 「오늘날의 헌정 문제」, 중경 『중앙일보』 1939년 9월 14일 자.

연결시키고, 다른 한 방면으로는 또 민중준법의식, 사회질서 수호를 강화하는 것과도 연결시켰다는 것을 알 수 있다. 이와 같은, '헌정'에 대한 정치 홍보식의 해석은 중경 『중앙일보』의 사론(私論) 『항전시기의 헌정』에서도 반영되었다. 사론은 헌법과 헌정의 구별을 언급하는 것으로부터 시작하여 "반드시 헌법초안에 관심을 가지는 것 외에 또 지방자치에 많은 주의를 기울이고 노력해야 하며" 중앙정부에 대한 입헌 소원을 각급 지방정부 및 구체사무에 돌려야 한다고 하면서 "지금 헌정을 담론하는 사람들은 앉아서 '빈말'을 하기 보다는 차라리 민중의 교육운동에 더 힘쓰는 것이 낫다"는 결론을 얻어냈다. 그 외 "헌법은 본래부터 정상생활 속에 존재하는 법이지 비정상 시기의 법이 아니며 백년의 근본 대법이지 일시적인 구급약이 아니"라고 하면서 "국가가 외적과의 전쟁으로 한창 긴급한 시기에 가장 요긴한 것은 어떻게 적에게 승리하는가의 문제"라는 이유로 당면의 헌법문제는 항전이 최종적으로 승리한 후에 진행해야 한다고 미루었다.[659]

관방에서 점차 '헌정'의 여론을 장악한 후 민간의 헌정 여론은 점차 일종의 귀족식의 빈말운동이 되어버렸다. 장개석은 황염배(黃炎培) 등에게 "각 방면의 민주적 조류가 고조된 것은 항전 7, 8년 이래의 수확이다. 유독 그것을 빌려 정부를 공격하는 것을 제외하고는 민주 조류는 고조될수록 좋다"[660]고 말했다. 이에 대해 어느 역사학자는 그 말 뒤에 숨을 뜻은 사실 "정부는 국민당 일당제의 정부이다. 정부를 공격하지 못한다는 것은 일당제를 공격하지 못한다는 것이다. 이와 같은 민주 조류는 고조될수록 민주 궤도에서 더 벗어나는 것이다"[661]라고 민감하게 밝혔다.

뒤에서 논증하겠지만 1940년부터 1947년 사이 중국에는 시살상 민주와 헌정이라는 두 가지 부동한 정치운동이 존재하였는데 헌정이라는 화제에는 시효성(時效性),

---

659) 「항전시기의 헌정」(중경 『중앙일보』 사론). 중경시정치협상회의 문사자료연구위원회 편,
     『훈정시기약법』 참조.
660) 등야(鄧野), 『연합정부와 1당 훈정: 1944년-1946년 간 국공정쟁』, 사회과학문헌출판사, 2003, 36쪽.
661) 등야, 위의 책, 36쪽.

배리성(背離性)과 장역성(場域性)의 특징이 있다. 헌정이라는 화제는 체제 내에 인텔리들의 목소리를 반영하였고, 민주라는 화제는 체제 외에 인텔리들의 요구를 반영하였다. 1940년대에 당파관계와 정치실천에서 국민당은 줄곧 '주인'으로 자처하면서 정부의 '법통'[662]을 반복적으로 강조하였고 현유의 체제(당시 훈정체제와 『약법』)하에서 기타 당이 정부에 참여하는 것을 승인하는 문제를 강조하였다. '법통'에 대응하기 위해 중국공산당은 "민주적인 것이야 말로 합법적인 것"이라고 제시하면서 국민정부의 당치체제 자체에 대한 질의를 통하여 그것이 건립한 질서의 정당성을 뒤엎으려 하였다.

이와 같은 '민주'와 '법통'의 쟁의를 단지 '설전(舌戰)'으로만 보아서는 안 된다. 거기에는 사실 정치이익과 정치사실의 문제가 포함되어있다. '주인'으로서의 국민당은 이미 집정자의 지위를 차지하였기에 자신의 정치이익에서 출발하여 현 상태를 유지하고 점진적으로 개량할 것을 보다 많이 강조하였다. 하지만 기타 당파는 '손님'의 각도에서 '법통'은 독재, 전제를 계속하려는 구실로 변했다고 생각했다.

이런 상황에서 야당은 어떻게 청의(淸議)식의 헌정을 초월하여 '헌정'이라는 화제를 '밥이 있으면 함께 나눠 먹는' 민주권리(특히 참정권) 요구로 전환시킬 것인가? 중국공산당은 각급 당의 기층 조직에서 "민주헌정운동에 적극적이고 주도적으로 참여하고 영도하여 그것이 광대한 민중을 발동하여 민주정치를 실현하는 유력한 군중운동이 되게 하라"고 당내에 지시를 내렸고 국민당 정부에 "즉시 인민의 언론, 집회, 결사, 출판, 신앙자유의 민주권리를 실행함으로써 국민대회를 소집하여 헌정을 실시하는 선결 조건이 되게 할" 것을 요구하였다. 그리고 헌정운동을 전개하는 방법은 "각지에서 국민헌정촉진회의 군중단체를 성립하고… 국민당으로 하여금 비교적 진보적인 방법을 채취하도록 하는 동시에 각 당파와의 토론에서 절충의 방법을 거절하지 않도록 핍박하고 각종 국민대회를 반대하고 헌정을 반대하고 민주의 언론과 행동을 반대하는 것을 엄정하게 비판하는 것"이라고

662) 법통문제에 대한 상세한 연구는 뒤의 관련 부문을 참조.

하였다.[663]

'헌정은 곧 민주정치'라는 것에 관한 모택동의 논단은 바로 이런 언어환경에서 발생된 것이다. 같은 시기에 중공 사상가 우위장(吳玉章)과 장우어(張友漁)의 논저에도 사실 유사한 서술이 있다. 우위장은 모택동과의 같은 날의 강연에서 다음과 같이 지적하였다.

> "지금 우리가 실행하려고 하는 헌정은 신민주주의의 헌정이다… 우선 그것은 반제국주의적, 즉 항일민족통일전선의 민주여야 한다. 그것은 하나의 계급 혹은 소수의 자산계급 및 한 정당의 소유여서는 안 되며 한간, 매국노를 제외한 각 계급, 각 당파, 각 민족이 모두 평등의 권리가 있는 '전민성 민주'여야 한다. …다음으로 그것은 반드시 반봉건, 반관료, 반탐오부패와 모든 암흑세력을 반대하는 민주여야 하며 퇴보를 반대하고 진보를 고수하는 정치의 광명을 찾는 민주여야 한다."[664]

장우어는 모택동의 강연 한 달 전에 두 번이나 글을 써서 다음과 같이 지적하였다.

> "헌정이란 무엇인가? 헌정은 바로 민주정치이다. 이른바 헌정은 헌법으로 국가체제, 정권조직 및 정부와 인민 상호 간의 권리와 의무 관계를 규정하여 정부와 인민이 모두 이런 규정 하에 있게 하기에 향수해야 할 권리를 향수하고 부담해야 할 의무를 부담하며 누구를 막론하고 이런 규정을 어기거나 초월하는 자유행동을 허용하지 않는 일종의 정치형태이다."[665]

---

663) 「헌법운동을 추진할 데 관한 중앙의 제2차 지시(中央關于推進憲政運動的第二次指示)」, 중안통전부, 중안서류관 편, 『중공중앙항일민족통일전선문건선편』(하), 당안출판사, 1985, 336쪽.
664) 우위장, 「연안 각계 헌정촉진회 성입대회에서 한 우위장동지의 강화」, 『해방』 주간 120기, 1940, 8쪽.
665) 장우어, 「헌정과 헌정운동」(1940년 1월 27일), 『장우어문선』 상책, 법률출판사 1997, 137쪽.

380 중국 헌법학설사 연구(하)

헌정운동이란 무엇인가? 간단히 말하면 바로 헌정정치의 실현을 요구하는 운동이다. 이른바 입헌정이란 사실상 바로 민주정치이고 헌정운동 역시 민주운동이다. 우리가 알듯이 입헌정치의 주요 특징은 헌법으로 국가체제, 민권조직 및 정부와 인민 사이의 권리와 의무 관계를 규정하여 정부와 인민으로 하여금 모두 이런 규정 하에서 당연히 향수해야 할 권리를 향수하고 당연히 부담해야 할 의무를 부담해야 한다. 누구를 막론하고 이런 규정을 위반하거나 초월하는 자유행동을 할 수 없다. 이것은 의심할 여지없이 독재적 전제 통치자, 특히 봉건적 군주에 대한 일종의 제한이고 일종의 구속이다. 그렇기 때문에 입헌정치를 요구하는 운동은 역시 반독재, 반전제, 반봉건의 민주정치운동이다."[666]

1943년 9월, 중국국민당 제11중 전체회의는 국민대회를 소집하여 헌정 실시를 촉진하기로 결의하였다. 그 후 전시중국제2차헌정운동이 형성되었다. 1944년 3월 1일, 모택동은 중국중앙정치국을 대표하여 당내에 통지한 『헌정문제에 관하여』 에서 "중앙에서 우리 당이 이번 헌정운동에 참가하기로 결정한 것은 이번에 모든 가능한 민주분자들을 자신의 주위에 흡인하여 일제에 전승하고 민주국가를 건립하는 목적을 달성하기 위해서라고 헌정운동에 참가하는 진실한 정치의도를 재차 밝혔다.[667]

민간헌정운동이 일종의 귀족식 빈말로 변한 상황에서 중공 및 그 지도자들은 '헌정은 바로 민주정치'로서 '민주'와 '헌정'을 서로 연결시켜 국민당 정부에 정치적 압력을 실시해야 한다고 예리하게 지적하였다. '민주' 요구를 헌정 여론이라는 경로를 통해 표현하는 방법은 보다 쉽게 체제내의 승인을 받았고 기타 재야 당파의 호응을 이끌어 냈다. 청년당의 수령

666) 장우어, 「중국허정운도의 역사적 발전」 (1940년 1월 1일), 『장우어문선』 상책, 123쪽.
667) 모택동, 「헌정문제에 관하여」, 중공중앙문헌연구실편, 『모택동문집』 제3권, 인민출판사, 1996, 90쪽.

이황(李璜)은 "만약 당파의 합법적이고 공개적인 지위 및 공개적 경선의 자유 권리가 없다면 진정한 민주가 없으며 있다고 하여도 일종의 형식에 지나지 않고 가상에 지나지 않는다"[668]고 말했고, 좌순생(左舜生) 등은 "우리가 요구하는 것은 헌정의 실제이지 결코 헌정의 빈말이 아니며 기대하는 것은 헌정 발전에 알맞은 민주 환경이지 흰 종이에 검은 글로 찍은 한 장의 헌법이 아니다"[669]라고 하였다. 민주연맹 주석 장란(張瀾)은 "중국에 민주가 없으면 영원히 방법이 없게 된다. 오늘날 중국에 필요한 것은 진정한 민주이다"[670]라고 하였다. 그는 1943년에 장편논문 『중국은 진정한 민주정치를 필요로 한다』를 발표하여 '진정한 민주정치'의 다섯 가지 표준을 제기하였다.

> "(1) 정치의 주권은 반드시 전체 국민의 손에 있어야 하지 한 사람의 손에 있어서는 안 된다… (2) 민중의 공무는 전체 민중이 직접 토론하여 처리해야 직접 민주정치라고 할 수 있다. 만약 이렇게 할 수 없다면 적어도 전체 민중이 추천하고 선거한 대표로 의정기관을 설치하여 국사를 토론하고 정부를 감독함으로써 이른바 간접민주정치를 실행해야 한다… (3) 민중의 대표는 민주의 자유 의지에 의해 직접 추천하고 선거해야 하지 일당의 당 인원이 정부 관리와 회동하여 인선과 범위를 지정해서는 안 된다… (4) 지방인민 및 그 대표가 중앙의 정사에 참여함에 있어서 반드시 선거, 파면, 창제, 복결 등 네 가지 권리를 자유적으로 행사하게 해야 하지, 절대 그 권력을 감소시키거나 유혹이나 위협이 있어서는 안 된다. (5) 한 나라에는 당연히 근본 대법이 있어야

---

668) 이황(李璜), 좌순생(左舜生), 「참정원 이황, 좌순생 담화 발표(參政員李璜, 左舜生發表談話)」 (중경 『신화일보』 1944년 9월 5일자), 중경시정협문사자료연구위원회 편, 『국민참정회의실기』 하권, 1294쪽.
669) 좌순생 등, 「먼저 민주조치를 실시하고 나중에 국민대회를 소집하여 단결 통일을 보장하고 항전, 건국에 이롭게 할데 관한 안건」, 중경시정협문사자료연구위원회 등 편, 『국민참정회의실기』 하권, 1470쪽.
670) 장란, 「민주에 관한 담화(1944년 8월 28일)」, (『신화일보』 1944년 9월 16일 자), 사천사버학원 『장란문집』 편집조 편, 『장란문집』, 사천교육출판사, 1991, 201쪽.

한다. 즉 하루 빨리 인민의 권리와 의무, 정부조직의 권리와 책임에 관한 민주헌법이 반포되어 실시되어야 한다."[671]

'헌정'과 '민주'라는 화제의 이와 같은 전환은 중국인들의 서방의 지식과 제도를 인입함에 있어서의 실용주의적인 태도를 반영하였다. '헌정'과 '민주'에 대한 모택동의 상호 해석은 정치가, 사회활동가들의 정치 강의, 여론선전에서 사용하는 방식이다. '헌정'은 한 부류의 '거대한 화제'로서 이와 같은 '거창한 언어'에는 매우 큰 해석공간이 있다. '헌정'에 대한 모택동의 정의는 구체적 정치실천 중의 이성적인 선택이었고 사회정치운동 중의 구체적 실천에 의해 결정된 것으로서 일종의 언어 책략이다. 정치가들은 언어 기교를 이용하여 개념의 원래 있었던 경계선을 타파하고 상대방의 언어 플랫폼과 자원을 이용하여 논증하고 해석을 함으로써 자신의 목적에 도달하려고 시도한다. 여기에서 모택동은 바로 서방의 '헌정', '민주'라는 두 가지 개념 중 본래의 관련성 및 그것에 대한 중국인의 인식과 표현의 모호성을 이용하였다.

강조해야 할 것은 모택동이 '헌정'과 '민주정치'를 서로 연결시킨 것은 단지 일종의 언어투쟁 책략이 아니라 일종의 구체적인 정치실천이었다는 점이다. 1940년 3월 6일 모택동이 『항일근거지의 정권문제』를 발표함과 더불어 섬감녕변구 '33제' 정권의 건립과 운영에 있어서 헌정은 민주정치 사상으로 구체적 정권 양식위에 실현되었다.[672] 위에서 볼 수 있는 것은 '헌정' 개념에 관한 당대 중국의 연구와 논쟁은 사실 및 학리 상에서 모두 '헌정은 민주의 정치'라는 모택동의 모범적인 정의를 돌아갈 수 없었다. 헌정학설사의 원류를 거슬러 올라가면 이 용어는 본래 근대 일본의 번역 단어에서 인용되었고 황준헌의 추천과 소개로 중국에 들어왔다. 최초의 중요한 정의는 '입헌군주국정체의 약칭'에 관한

---

671) 장란, 「중국은 진정한 민주정치를 수요한다(中國需要眞正的憫酒政治)」, 사천사범학원 『장란문집』 편집조 편, 『장란문집』, 187~188쪽.
672) 한대매(韓大梅), 『신민주주의헌정 연구』, 인민출판사, 2005, 184쪽.

양계초의 견해를 볼 수 있는데, 국체의 범주와 구별된다. 양계초는 의식적으로 국체와 정체를 구분하여 정치개혁의 장애를 감소시켰다. 하지만 엄복은 입헌과 중치(衆治)를 명확하게 연결시켰다. 그렇기 때문에 이른바 '민(民)'은 여전히 추상주의 상의 개념이었다. 그 후 손중산은 일찍이 건국 3단계와 민권주의 이론 하에 헌정을 민권(민주) 실현의 정치시스템 및 건국의 목표로 이해하였다. 모택동의 모범적인 정의는 한 방면으로는 전인들의 원류를 계승하고, 다른 한 방면으로는 또 당시의 정치 현실을 토대로 하여 정치이익의 실현을 목표로 하였는데 일종의 정치언어에 속하는 동시에 역시 일종의 정체양식의 개괄이기도 하다. 이와 같은 중국식의 독특한 '헌정' 개념은 서방 공법학의 언어환경 속에서는 원만한 해석을 얻을 수 없다. 그렇기 때문에 당연히 당전의 정치 실천과 공법이론의 상호 결합된 정치언어로 보아야 한다.

## 제3절
## 1940년대 '헌정'과 '민주'의 표현

만약 1940년대 전반 중국이 '역사3협(역사삼협)'에 처해 있었다고 한다면 당시 진짜 3협 상류의 도시 중경, 국민정부의 수도는 생기발랄하게 발전하는 사회정치운동으로 인하여 실로 '격류의 위험한 여울'에 빠져 있었다. 그 운동에 대하여 수많은 학자들은 민주운동으로 규정지었다. 민주를 쟁취하는 것이 그 운동의 핵심 구호 중 하나였기 때문이었다. 비록 그 한 단락의 역사는 최종적으로 '총'에 의거해 결속되었지만 혁명적 역사관의 입장에서는 '호랑이 보고 가죽을 달라고 한' 행동 혹은 '제3갈래의 길'의 파산이라고 할 수도 있다.

하지만 그렇게 말하면 당시 사람들의 일부 진정한 노력을 말살시킬 수 있다. 어떤 학자에 의해서는 그 한 단계 역사는 흔히 헌정운동 혹은 입헌운동으로 불리기도 한다. 비록 최종적으로 내놓은 『중화민국헌법』 및 그 '법통'이 1949년에 효력을 멈춘 것은 헌법과 법률로 중국사회 정치 질서를 다시 구축하려는 데 목적을 둔 그 운동의 노력이 수포로 돌아간 것을 표시하고, 그 헌법 자체와 헌법운동의 과정이 일부 '색안경'을 낀 헌법사학자들의 조소와 비판의 대상이 되었다. 하지만 해협을 건너 중국 타이완 지구에 그 '헌법'이 지금도 여전히 생존해 있고 오늘까지 당 지역의 사회정치생활을 통제할 줄은 몰랐다. '몽둥이로 단번에 때려죽이는' 그런 역사의 방법은 공정성과 객관성이 부족한 것 같다.[673]

---

[673] 작자의 열독에 의하면 국내 헌정사의 연구는 대체로 세 가지 유형으로 나뉜다. 하나는 헌법사실에 치중한 고찰이고, 다른 하나는 헌법 본문에 치중한 비교이며, 또 다른 하나는 어느 한 사람의 헌법사상에 치중한 연구이다. 이런 연구는 아래와 같은 문제가 존재한다. 첫째는 제도사와 사상사가 벗어나고, 둘째는 주로 자료에 대해 정리하고 소개하는 측면에 그치면서 통사적인 저작이 많은 반면 특정 테마에 대한 연구가 적으며, 셋째는 중공, 친공의 민주당파의 자료와 연구가 비교적 많은 반면 국민당 인사 혹은 반공민주인사들, 이를테면

필자가 1940년대를 고찰의 개별 사례로 선택한 것은 주로 아래와 같은 두 가지를 고려했기 때문이다. 첫째, 1940년대는 중국 근대사회가 민주, 헌정으로 나간 첫 번째 중요한 계기였다. 민주, 헌정이 당시 사회의 주류 화제가 되어 일종의 사회집체 행동 혹은 사회조류로 형성되었다. 만약 전체 중국이 '역사3협'에 처해 있었다고 한다면 당시 생기발랄하게 발전한 사회정치운동은 바로 '격류의 위험한 여울'이었다. 모종의 의미에서 말하면 1940년대는 바로 중국 근대의 '헌법시각(憲法時刻)'이었다.[674] 둘째, '헌정', '민주'에 관한 모택동의 모범적인 정의는 바로 이것을 배경으로 제시된 것이다. 만약 '헌정', '민주' 개념에 관한 당대 중국의 연구 상황에 대하여 분석해 보면 각종 관점은 모두 모택동을 대표로 하는 중국 공산당들이 1940년대에 내린 정의를 피해가지 못했다는 것을 발견할 수 있다. 그렇기 때문에 필자는 1940년부터 1947년이라는 이 단계를 선택하여 고찰하였다. 필자가 관심을 돌린 문제는 상술한 시기에 두 가지 화제(즉 헌정화제와 민주화제, 본장에서 인용표를 사용한 '헌정'과 '민주'는 이런 화제를 특히 가리킨 것이다)가 간행물 목록 중에 사용된 빈도의 발전, 변화 및 그 현상과 관련된, 서방에서 들여온 헌정과 민주이념이 1940년대 사회정치 질서 구성 중의 역할, 기능과 상호 작용이다.

뒤의 글은 데이터베이스 방법과 문헌분석 방법을 채용하고 데이터베이스 통계를 이용하여 1940년~1947년의 출판물 차례 중에 나타난 헌정, 민주 및 헌법, 국민대회(국대) 등 몇 개의 키워드에 대한 분석과 고찰을 토대로 문제를 제시한 후 문헌분석을 통하여 본문, 사실과 언어 간의 상호 증명을 진행하면서 문제에 대하여 합리적인 해석을 할 것이다.

---

천취톈(陳啓天), 장군매(張君勵) 등에 대한 연구가 부족하고 심지어는 소개 성격의 작업도 이제 막 시작하였다. 과거의 근대사 연구는 주로 정치사, 투쟁사에 치중했고 근 10여 년 동안 현대성 문제(전형문제, '혁명'화제의 반성), 현대국가 중의 인텔리의 운명 등은 이미 성숙되었다. 하지만 비교하여 말하면 1930년대의 연구 성과가 비교적 많고 1940년대에 관련된 것이 비교적 적다.

674) 헌법질서와 주류 정치실천이 변천하는 사회의 수요를 따라 가지 못할 때 국민의 의지가 동원되어 공공사무에 관심을 가지거나 혹은 공공변론을 진행하면서 새로운 헌법 전범을 형성한다. 이때의 헌법 변천은 인민의 의지를 잘 드러낸다. 정상적인 상태를 초월한 정치중의 입법 형식은 최고의 정치 정당성을 대표하며 금후의 정상적인 상태의 정치에서 표준이 된다.

## 1. 1940년-1947년 간행물 차례 중 '헌정', '민주' 의 사용 빈도

### (1) 연구데이터베이스의 구축과 이론 예측

본 장에서 통계, 분석을 할 대상은 자체적으로 구축한 1,986개 간행물의 차례, 제목 데이터베이스이다. 이 데이터베이스는 필자가 아래의 두 개의 데이터베이스의 자료로 조성했다. 하나는 『민국시기, 강행물차례제목데이터베이스(民國時期期刊篇名數據庫)』(2006년 판[675])인데 이 데이터베이스를 이용하여 1940년부터 1947녀의 간행물 차례 제목 중에 '헌정', '민주', '헌법', '국민대회(국대) 등 네 개 키워드를 포함하고 있는 간행물에 대해 검색하고 차례 제목 중 법률규정 명칭, 짧은 소식, 인명, 지명. 기구명 등 쓸데 없고 중복된 정보를 삭제한 후 1,925개 제목을 남겼다. 다른 하나는 『민국시기, 헌정논문제목색인』[676] 인데 이 색인 중에서 상술한 키워드의 유효한 정보인 도합 61개의 제목을 취했다. 특히 설명할 것은 상술한 제목 중에는 당시의 신문 정보가 기본상 없는데 신문 정보의 중요성에 의해서가 아니라 객관적 조건의 국한성(이를테면 인물, 재물의 국한성)에 의해 전부 찾기 어려웠다는 점이다. 본 장의 연구 대상은 '헌정'과 '민주'지만 보조적 분석을 위해 필자는 '헌법', '국민대회(국대)'에 대해서도 검색하여 통계했다.

네 개의 키워드를 골라 채용한 이론 예설에는 두 가지 방면이 있다.

우선 네 개 화제는 모두 교정(呈正)과 관련성이 있다. '헌정' 개념에 관한 당대 중국의 연구와 쟁론은 사실 및 학리 상에서 모두 '헌정은 민주의 정치'라는 모택동의 모범적 정의를 돌아갈 수 없었기 때문에 '민주'를 '헌정'의 보조 언어로 예측하였다. 헌정의 전제는 헌법의 존재라는 학리에 근거하여 '헌법'을 선택했다. 국민대회(국대)의 제헌과 민의 대표의 기능에

---

675) 상해도서관 『전국신문잡지색인』 편집부, 『민국시기강행물차례제목데이터베이스(2006)』.
676) 진영해(陳灵海), 유연연(劉娟娟), 「민국시기헌정논문제목색인(民國時期憲政論文題目索引)」, 하근화(何勤華), 이수청(李秀清) 편, 『민국법학논문정수』(제2권, 헌정법률편) 부록 참조.

근거하고 또 국민대회 자체가 또 민주의 제도 체현이기에 '국민대회(국대)'를 선택했다.

다음으로 제목 키워드 수량 변동에 영향을 주는 주요 요소는 정치이다. 신문학계 통설은 매체의 정치(계급)속성과 상업속성의 병존, 즉 이중 속성을 승인한다. 1940년대에 『신보(申報)』 등 일부 저명한 도시 신문과 작은 신문 외에 정당한 배경이 있는 수많은 신문, 잡지는 상업요소가 비교적 낮고 주로 정치선전 도구의 역할을 했을 뿐 현대적 문화소비의 역할을 하지 못했다. 모든 생산은 주로 정당의 정치수요였고 그 다음 상업이익을 얻는 것이었다. 그렇기 때문에 매체 내용에 대한 지배는 위에서 아래로 진행되었지 아래에서 우위로 진행되지 못했다. 그 외 매체와 작자의 관계에서 매체가 '문지기'의 역할을 하고 전파자(매체 및 그 편집)는 부득불 자신의 입장과 시각에서 정보를 걸러내고 여과했다. 그렇기 때문에 제목의 키워드 수량의 변동은 사회 수요(사회관심도)를 반영할 수밖에 없었다. 하지만 일정하게 간행물 혹은 작자의 정치경향 혹은 정치배경도 반영하였다.

통계의 편의를 위하여 필자는 단시기내(특히는 같은 해)에 매체의 총 수량과 작자의 수량에 변화 파동이 크지 않다고 가설하고 양자를 불변의 양으로 보았다. 매체 수량과 작자 수량이라는 이 두 개의 요소에 대한 배제를 통하여, 사회지식군체의 일종의 지식생산방식(집필) 자체 및 이런 집필의 결과(관련 글 수량의 증감)는 곧 사회정치, 여론, 관념변화를 반영하는 하나의 거울이 된다.

2) '헌정', '민주' 빈도가 반영하는 현상

상술한 데이터베이스의 통계를 통하여 1940년부터 1947년 사이의 네 가지 키워드의 기본정황(도표 1)을 볼 수 있고 '헌정'과 '민주'의 3대 기본 법칙을 얻어낼 수 있다.

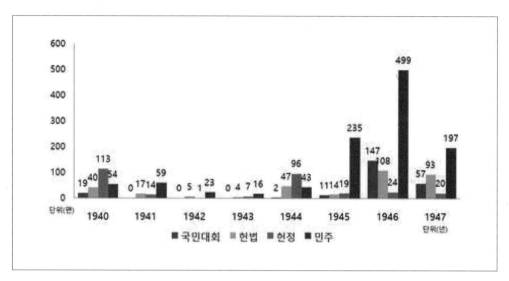

(도표 1) 1940년~1947년 네 가지 키워드 기본 개황

① '헌정'과 '민주'의 시효성(時效性)

시효성은 '헌정', '민주'가 시간에 따라 기복을 이루는 파동을 말한다. 양자는 동일한 시간대에 나타나는 빈도에 차이가 있을 뿐만 아니라, 동일한 키워드더라도 다른 년도에 변화가 비교적 크다. 기실 파동 자체는 정상적이다. 하지만 지나치게 극렬한 파동은 사람들로 하여금 그 배후의 원인에 대해 생각해 보지 않을 수 없게 한다. '헌정'을 예로 들면 1940년, 1944년 두 해의 수량은 다른 해에 비해 현저하게 높아서 각각 113편과 96편에 달했고 그와 가까운 해인 1941년, 1945년에는 각각 14편, 19편으로 내려갔다.(도표2)

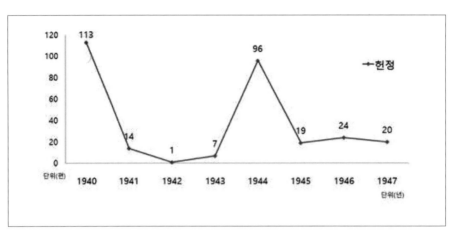

(도표 2) 1940년-1947년 '민주' 출현 빈도

다음으로 '민주'가 출현한 빈도를 보면 1945년, 1946년에 각각 최고점에 달했고 기타 년도(특히 항전 승리 이전)에는 줄곧 활기가 부진했다.(도표3)

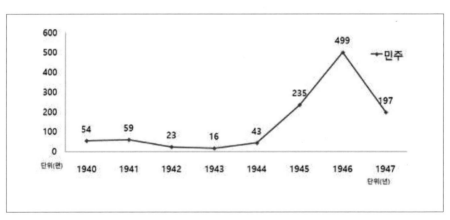

(도표 3) 1940년-1947년 '민주' 출현 빈도

이와 같은 시효성이 보편성을 가지고 있느냐 하는 것을 고찰하기 위해 필자는 또 '헌법', '국민대회(국대)'에 대해서도 고찰했는데 역시 마찬가지라는 것을 발견했다.

(도표 4와 도표 5)

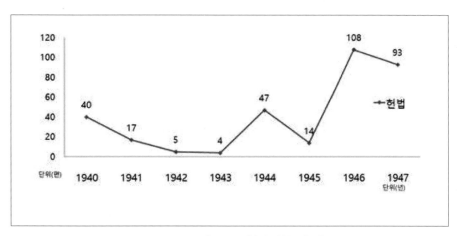

(도표 4) 1940년-1947년 '헌법'출현 빈도

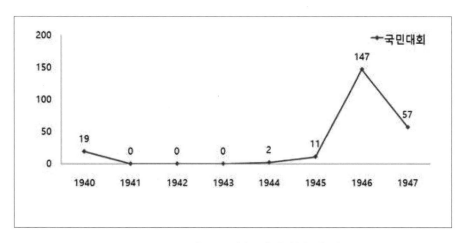

(도표 5) 1940년-1947년 '국민대회' 출현 빈도

　'헌법'과 '국민대회(국대)'는 모두 1946년에 최고조를 이루었다. 그리고 전자는 최고점에 도달하기 전인 1940년, 1944년 두 해에 각각 두 개의 작은 고조를 이루었는데 이는 '헌정'의 빈도 변화 추세와 일치했고 앞에서 언급한, '헌정', '헌법', '국민대회'가 관련성이 있다는 데 관한 예측을 부분적으로 증명하였다.

② '헌정'과 '민주'의 배치성(背馳性)

　대비 관찰을 보다 잘하기 위해 필자는 도표 2와 도표 3을 하나의 도표로 합병하여 도표 6을 만들었다. 그 도표를 통해 발견한 바에 의하면 '헌정'과 '민주'는 모종의 배치성을 명확하게 가지고 있다. 즉 발전 추세에서 정반대이다. 이를테면 1944년 이후, '민주'의 길에서 '헌정'은 오히려 해매다 내려가는 추세를 보이다가 1946년에 이르러 양자의 배리는 고봉을 이루었다. 시기에 따르는 변화는 화제(話語)로서의 '헌정'과 '민주'의 공성을 반영한다. 하지만 고정된 공동 역사의 정경(이를 테면 같은 해)에서 양자는 왜 배치를 하는 것일까? 여기에서 또 다른 일부 문제를 끌어낼 수 있다.

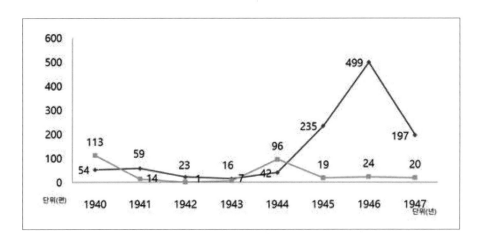

(도표 6) 1940년-1947년 간행물 차례 중 '헌정', '민주'의 비교

　'헌정'과 '민주'의 배치는 헌정과 민주의 내적 이론상의 긴장 때문인가 아니면 외적 요소의 영향 때문인가? '헌정은 민주의 정치'라는 모택동의 모범적 정의와 이 배치성의 관계를 어떻게 해석해야 하는가? 진일보의 연구를 거치면 '헌정'과 '민주'는 다른 사람이 다른 간물에 논설을 진행한 것이라는 점을 발견할 수 있다.

③ '헌정'과 '민주'의 영역성

'헌정'과 '민주'는 일정한 시간 내의 산물이면서 역시 일정한 정경(場景)에서의 작품이다. 작자는 상술한 데이터베이스를 이용하여 작자의 정보를 분석하고 통계한 후 '헌정'과 '민주'의 언어표현자(핵심작자군)가 다소 구별이 있다는 것을 발견하였다. 이를테면 표 1이 반영한 '헌정', '민주' 작자 군체의 차이를 반영하였는데 두 개 작자군 속에 오로지 한 사람(엽청, 葉靑)만 중복되었다.

표1) '헌정'과 '민주'의 표현자

|  | '헌정'의 핵심자작군 | | '민주'의 핵심작자군 | |
|---|---|---|---|---|
|  | 작자 | 글 발표 수 | 작자 | 글 발표 수 |
| 1 | 양유형(楊幼炯) | 6 | 등초민(鄧初民) | 11 |
| 2 | 장연약(章▓若) | 6 | 엄경요(嚴景耀) | 9 |
| 3 | 장지본(張知本) | 5 | 엽청(葉靑) | 8 |
| 4 | 임규보(林桂圃) | 5 | 이공박(李公朴) | 8 |
| 5 | 만류(万流) | 4 | 마서윤(馬叙倫) | 8 |
| 6 | 진각현(陳覺玄) | 3 | 모순(茅盾) | 7 |
| 7 | 양한조(梁寒操) | 3 | 장문원(張文元) | 6 |
| 8 | 신무(新武) | 3 | 라융기(羅隆基) | 6 |
| 9 | 진해징(陳海澄) | 2 | 왕공우(王贛愚) | 5 |
| 10 | 진열보(陳烈甫) | 2 | 빈연(彬然) | 5 |
| 11 | 진서경(進序經) | 2 | 임환평(林煥平) | 5 |
| 12 | 북구기(北鷗記) | 2 | 석소충(石嘯冲) | 5 |
| 13 | 적간(狄侃) | 2 | 장백균(章伯鈞) | 4 |
| 14 | 유자건劉子健) | 2 | 회상(懷湘) | 4 |
| 15 | 무구(無咎) | 2 | 설봉(雪峰) | 4 |
| 16 | 양조룡(楊兆龍) | 2 | 진백심(陳柏心) | 4 |
| 17 | 엽청(葉靑) | 2 | 시복량(施▓亮) | 4 |
| 18 | 장문백(張文伯) | 2 | 주건인(周建人) | 4 |

작자군에서의 '각자의 하계를 분명히 하여 서로 범하지 않는 것'은 어느 작자는 어떤 유형의 화제 글을 쓰는데 취미가 있고 특징이 있는가에서 온 것이다. 하지만 글이 실린 지면(잠시 '핵심간행물'이라고 부르자) 정통의 통계(표 2)에 의하면 글을 발표한 수량이 상위 10위를 차지하는 간행물 중 '헌정'과 '민주'의 상위 5위는 같지 않고 중복된 것은 단지 두 개의 간행물 뿐(『중앙주간』과 『대학』(청두))이라는 것을 발견할 수 있다.

표 2 ) '헌정'과 '민주'의 간행물

|  | '헌정'의 핵심간행물 | | '민주'의 핵심간행물 | |
| --- | --- | --- | --- | --- |
|  | 간행물 | 발표 수량 | 간행물 | 발표 수량 |
| 1 | 중화법학잡지 | 30 | 민주주간(쿤밍) | 70 |
| 2 | 상해주보(상해) | 23 | 민주(상해) | 62 |
| 3 | 삼민주의반월간 | 16 | 중앙주간 | 44 |
| 4 | 중국청년(중경)[1] | 15 | 문췌 | 43 |
| 5 | 중산월간(중경) | 14 | 대학(청두) | 29 |
| 6 | 중앙주간 | 14 | 민주정치 | 29 |
| 7 | 대로(타이허) | 10 | 중화논단 | 27 |
| 8 | 중외춘추 | 8 | 민주세계 | 25 |
| 9 | 대학(청두) | 8 | 민주세기 | 24 |
| 10 | 내지통신 | 6 | 대중생활(상해) | 23 |

모종의 의의에서 설명하면 헌정과 민주를 논설하는 지식군체(혹은 간행물)는 다른 군체에 속한다. 아래의 문제는 '헌정'과 '민주'를 각각 어떤 군체에서 논설했는가 하는 것이다. 이에 대해 아래에 진일보한 분석을 하려고 한다.

## 2. '헌정', '민주'의 표현자와 지면의 정치 배경 분석

### (1) '헌정'의 표현자와 지면

본 장에서 분석하는 자료는 주로 표 1, 표 2가 제공한 정보이다. 1940년대 '헌정'의 표현자를 보다 전면적으로 이해하기 위해 필자는 대형 회고성 도서 목록 『국민시기 총서목. 법률(1911-1949)』[677]와 『중문법학과 법률도서 서목』[678] 중의 '구법서(舊法書)'에 근거하여 제목에 '헌정'이라는 글의 정보가 들어간 서적(도표 7을 참고)을 통계하였다.

마약 이 도표와 도표 2를 비교해 보면 1940년과 1944년의 서적, 간행물이 모두 고점에 올랐음을 발견하게 된다. 유일한 구별이라면 1946년~1948년의 서적 방면의 데이터가 비교적 높다는 것이다.

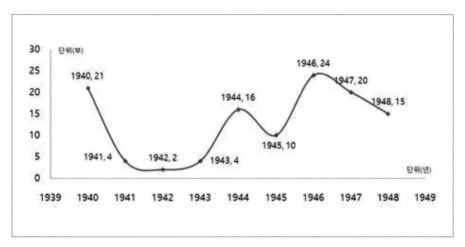

(도표 7) 1940년~1948년 '헌정', '헌법' 저작 출판량

677) 북경도서관, 『민국시기 총 서목. 법률(1911-1949』, 서목문헌출판사, 1990.
678) 시난정법학원 도서관, 『중문법학과 법률도서 서목』(1-5책), 시난정법대학도서관 인, 1984.

40년대 '헌정'의 표현을 보다 전면적으로 이해하기 위해 필자는 또 도서 목록 데이터에 근거하여 그 기간에 공개적으로 출간된 '헌정', '헌법' 서적의 작자 성명을 표로 작성하였다.

표 3) '헌정', '헌법' 전문 저작을 출판한 작자 인명록

| 저작발표수 | 작자 성명 |
|---|---|
| 3부 | 살맹무(薩孟武), (劉士篤), 유정문(劉靜文), 라지연(羅誌淵, 그중 1부는 다른 사람과 공저임), 김명성(金鳴盛) |
| 2부 | 한유동(韓幽桐), 진성청(陳盛清), 엽청(葉青), 평심(平心), 소한제(邵翰齊) |
| 1부 | 양유형(楊幼烱), 장우강(章友江), 진장형(陳長衡), 파인(巴人), 백망(白芒), 애생(艾生), 왕정빈(王淸彬), 여춘포(茹春浦), 장영남(張映南), 반념지(潘念之), 하형(何炯), 하백붕(賀伯鵬), 왕총혜(王寵惠), 종노(宗魯), 이종황(李宗黃), 강인(江寅), 두광훈(杜光壎), 임계포(林桂圃), 왕세걸(王世傑), 전단승(錢端升), 동림(董霖), 손과(孫科), 진북구(陳北歐), 진세재(陳世材), 장중실(張仲實), 장연약(章淵若), 장신부(張申府), 왕총혜(王寵惠), 장우어(張友漁), 오계원(伍啓元), 조소염(曹紹濂), 루방언(樓邦彦), 양동(梁棟), 오인초(吳人初), 김양본(金良本), 호경명(胡經明), 강해조(江海潮), 진계천(陳啓天), 부황린(傅況鱗), 동기(童沂), 반공전(潘公展), 비효통(費孝通), 양경지(楊勁支), 호경명(胡經明), 라향림(羅香林), 추도분(鄒韜奮), 진열보(陳烈甫), 왕자란(王子蘭), 장지본(張知本), 범여수(範予邃), 진설도(陳雪濤), 웅백리(熊伯履), 등충창(鄧充閶), 장군려(張君勵), 하영길(何永佶), 곽원(郭垣), 사영주(謝瀛洲), 진정굉(陳定閎), 라이빈(羅異斌), 동탁여(童琢如), 이초광(李楚狂), 경문전(耿文田), 유종록(劉宗祿), 정언영(鄭彦榮), 단림대(段林臺), 저옥곤(儲玉坤), 주관(朱觀), 왕손록(王孫錄), 유종록(劉宗祿), 정언분(鄭彦棻), 증자생(曾資生), 장도행(張道行), 장세걸(張世傑) |

위의 표와 본 장의 전 1부분 표1 간행물 핵심작자군('헌정'과 '민주'의 표현자)를 대비하고 필자가 목전에 장악하고 있는 자료에 근거하여 작자들의 직업 배경을 아래와 같이 소개한다.

표 4) '헌정' 핵심작자의 직업 배경

| 성명 | 1940년~1947년의 주요 신분 |
|---|---|
| 양유형(楊幼炯) | 중앙대학, 기남대학 등에서 , 건국법상학원 원장, 『중화일보』 총 주필, 입법원 입법위원, 헌정실시촉진위원회 상무위원, 1949년 대만에 간후 계속 '입법위원' 임직. |
| 장연약(章淵若) | 중앙대학, 기남대학, 동오대학 법학, 국립노동대학 교장, 국민대회 대표, 1948년 7월 국민정부 교무위원회 부위원장, 상해시정부 비서 담임. |
| 장지본(張知本) | 『55헌초』 초안작성전문가, 지명법학가, 입헌위원, 국대 대표, 1949년 1월 사법행정부 부장 담임. |
| 임계포(林桂圃) | 『삼민주의주간』 창간인, 1948년 입법원 입법위원 및 입법원 법제위원회 위원. |
| 양한조(梁寒操) | 구이린사령부 정치부 주임, 군사위원회 총 정치부 부부장, 국민당중앙 선전부 부장, 국방최고위원회 부비서장, 국민당 삼민주의이론위원회 주임위원, 국대대표 및 입법위원. |
| 진열포(陳烈甫) | 샤먼대학 정치학. |
| 진서경(陳序經) | 시난연합대학 법상학원 원장, 난카이대학 교무처장 겸 정치경제학원 원장, 경제연구소 소장. |
| 양조룡(楊兆龍) | 입법원 헌법초안작성위원회 전원, 중앙대학 . 시베이연합대학 법상학원 원장. 교육부 참사 및 법률교육위원회 비서장, 중앙대학, 동오대학 중경분교, 조양법학원 법학. 항전 승리후 사법행정부 형사사 사장, 최고법원 검찰서 대리검찰장. |
| 엽청(葉青) | 국민당의 저명한 정치이론가, 국민당중앙 선전부 부부장. |
| 살맹무(薩孟武) | 중앙정치학원 전직, 중산대학 법학원 원장(1946-1948) |
| 유사독(劉士篤) | 중경시 퉁난중학교 교장, 감찰위원. |

| | |
|---|---|
| 유정문(劉靜文) | 중앙대학 정치학. |
| 라지연(羅誌淵) | 국립정치대학 행정학부 , 1947년 입법원 전문위원. 후에 대만으로 감. |
| 김명성(金鳴盛) | 입법원 입법위원. |
| 한유동(韓幽桐) | 시베이연합대학 , 구국회 상무위원. 1946년 이후 둥베이행정위원회 위원, 교육위원회 위원, 민족위원회 위원, 송장성교육청 청장. |
| 진성청(陳盛淸) | 국입영사대학 형법, 국립기남대학, 국립동제대학 민법, 형법 |
| 평심(平心) | 1941년 상해가 함락된 후 투옥, 출옥 후 상해 법장사에서 경사(經史)자료를 열독하고 정리함. 중국민주촉진회 창시인 중 한 사람임. |

여기에서 알 수 있는 것은 '헌정'을 주장한 지식인 대부분은 체제내의 진식인이라는 것이다. 그들은 국민당, 국민정부 내의 고위 관리 혹은 브레인이거나 혹은 학술적 지위가 이미 인정된 대학, 사회현달들이었다.

그 외 표 5 '헌정' 지면의 배경에서 볼 수 있는 것은 '헌정'유형의 글을 발표한 것은 수도 중경의, 관방에 배경이 있는 전문이론 간행물이 위주였다는 것이다.

표 5) '헌정' 핵심간행물 소개[679]

| 간행물명칭 | 편집부 소재지 | 간행물 성질 혹은 주최측 |
|---|---|---|
| 『중화법학잡지』 | 중경, 상해 | 중화민국법학회가 주최하는 학술간행물 |
| 『상해주보』 | 상해 | 대중간행물 |
| 『삼민주의반월간』 | 중경, 남경 | 중국국민당 기관간행물 |
| 『중산월간』 | 중경 | 중산학사에서 주최하는 종합성 간행물 |
| 『중앙주간』 | 중경, 남경 | 국민당중앙 당부에서 주최하는 간행물 |

## (2) '민주'의 표현자와 지면

'민주' 핵심 작자군 인명록에 근거하면 '민주'표현자의 직업 배경은 아래(표 6)와 같다.

표 6) '민주' 핵심 작자의 직업 배경

| 성명 | 1940~1947년의 주요 신분 |
|---|---|
| 등초민(鄧初民) | 차오양학원 정치학부 주임. 중국민주동맹 중앙위원. |
| 엄경요(嚴景耀) | 범죄학자, 앤징대학사회학부 . |

---

679) 본 표와 아래의 표 6은 주로 아래와 같은 자료를 참고로 하였다. 팡한치(方漢奇), 『중국신문사업통사』 제2권, 중국인민대학출판사 1996년 판; 천쉬루(陳旭麓), 리화싱(李華興), 『중화민국사사전』, 상해인민출판사 1991년 판; 장셴원(張憲文), 팡칭추(方慶秋), 황메이전(黃美眞), 『중국민국사대사전』, 장쑤고적출판사 2001년 판.

| 이공박(李公朴) | 민주동맹 윈난성지부 집행위원, 『미주주간』 편집위원. 민주동맹 중앙집행위원 겸 민주교육위원회 부주임. 사회대학 부교장 겸 교무장, 『민주교육』 월간 주필. |
|---|---|
| 마서윤(馬敍倫) | 항전기간 상해에 억류, 저술에 전념. 항전 승리 후 중국민주촉진회 발기인. |
| 모순(茅盾) | 저명학 작가, 사회활동가. |
| 라융기(羅隆基) | 중국민주정단동맹 성원. 『민주일보』 사장, 중경정치협상회이 ─ 민주동맹측 대표. |
| 왕공우(王贛愚) | 난카이대학, 시난연합대학 법학. |
| 임환평(林煥平) | 민족혁명통신사 홍콩분사 사장, 홍통남방학원 원장, 대하대학 |
| 장백균(章伯鈞) | 중국민주동맹 상무위원, 조직부장. |
| 시복량(施復亮) | 학자, 문화계 구국회 책임자. 민주건국회 창시인, 중앙상무위원 겸 부주석. |
| 주건인(周建人) | 생활서점, 신지식서점 편집. 중국민주촉진회 이사. |

이상에서 알 수 있는 바는 '민주'를 주장한 지식인 대부분은 '제3종의 역량'을 가졌거나 친공(親共) 배경을 가지고 있고 일부는 체제 외의 지식인들이다. 40년대 초기 민주동맹이 성립된 후 이런 유형의 지식인들을 대부분 흡수하였다.

표 7) '민주' 핵심간행물 소개

| 간행물 명칭 | 편집부 소재지 | 간행물 성질 혹은 주최측 |
|---|---|---|
| 『민주주간』 | 곤명, 북경 | 중국민주동맹 윈난성지부에서 출판한 간행물 |
| 『중앙주간』 | 중경, 남경 | 국민당중앙 당부에서 주최한 간행물 |
| 『문취』 | 상해 | 상해 정치성 주간 |
| 『중화논단』 | 중경, 상해 | 중화민족해방운동위원회(중국농공민주당 전신)에서 주최한 간행물 |
| 『대중생활』 | 홍콩 | 종합성 시사주간 |

## (3) 표현자와 지면의 비교

상술한 것들을 종합하면 우리는 '헌정', '민주'의 영역성에 대한 인식이 보다 깊어지는 동시에 아래와 같은 몇 가지 법칙을 발견하게 된다.

첫째, '헌정', '민주'의 표현자는 주로 지식인들인데 이런 지식인 중의 수많은 사람들은 해외에서 돌아온 사람들이고, 특히 법학, 정치학, 사회학을 배운 경력의 사람들이 적지 않다. 이런 사람들의 참정(參政) 양식에는 세 가지 종류가 있다. 첫 번째 종류는 개인의 신분으로 관방 정치계통에 가입하여 직업 관료가 되는 것이고 두 번째 종류는 계속 자유 지식인 신분으로 민간에 남아 관방계통 및 당파 정치와 거리를 유지하면서 '문인논정'의 방식으로 관방의 정치와 당파의 정치를 비판하고 개인자유와 민주헌정을 고취하는 것이며, 세 번째 종류는 자유주의자들이 연합하여 당을 만들고 격진주의와 보수주의 이 외의 '제3종 역량[680]'으로 독립하여 정치계통으로의 편입을 강행하는 부류이다.

둘째, '민주'의 지면은 주로 곤명, 상해 등 대학에 집중된 지방의 사회대중 간행물이다.

---

680) 어떤 사람은 '제3종의 역량'은 네 가지 유형으로 나누어진다고 인정한다. 첫째, 항일 중에 점차 형성되어 전국 각 대도시에 퍼져 나간 항일의 군중성 단체와 조직(이를테면 '구국회'라는 구국단체), 둘째, 손중산의 연아연공(聯俄聯共), 부조농공(扶助農工)의 혁명노선을 지키려는 국민당 내부의 좌파(이를테면 제3당), 셋째, 계급투쟁을 찬성하지 않으면서 개량의 수단으로 사회개조를 진행하려고 시도하는 단체와 개인(이를테면 중화교육직업하, 향촌건설파), 넷째, 중국공산당의 정치노선도 반대하고 국민당의 체제 통치도 반대하는 정당(이를테면 중국국가사회당, 중국청년당)이다. 그것들은 비록 큰 충돌이 존재하지만 '항일을 유지하고 타협을 반대'하며 '정치개혁을 실시하여 국가정치를 민주화에 궤도에 올라서게' 하려는 두 개 기본 문제에서는 일치를 보였다. 문여명(聞黎明), 『제3종의 역량과 항전시기 중국 정치』, 상해서점출판사, 2004, 1~5쪽 참조. 환남사변 이후 중공 당내에서는 이와 같은 중간파의 정치입장에 대하여 통보가 있었다. "대체로 세 가지 유형으로 나뉜다. 하나는 구국회 및 제3당과 같은 소자산계급의 대표인데 우리와 제일 가깝고 우리를 제일 동정한다. 다른 하나는 황앤페이, 장란 등과 같은 민족자산계급의 대표인데 대자산계급에 불만이 있지만 긴요한 관두에는 원칙 없는 분쟁조정자가 된다. 또 다른 하나는 장군매, 쥐순성 등과 같은 실의 정객인데 국공 분규 속에서 자기의 승급과 재부의 이익을 도모하려 한다. 하지만 참정회의 주석단 위치를 얻은 후 면모를 바꾸었다. 그래도 그들은 모두 국민당의 일당독재정치를 반대하고 황앤페이, 쥐순성, 잔퀀리 등이 조직해 일어나서 '민주연합'을 발기함으로써 자기를 보호하고 발전을 기하기에 여전히 일종 중간 지위이다." 『중공중앙 1941년 3월 정치정보』 (1941년 3월 22일), 중경시정협 문사자료연구위원회 등 편, 『국민참정회의 실기』 하권, 918쪽.

필자가 주류인 전문간행물 『중화법학잡지』를 검색해 본 바에 의하면 '민주'라는 단어가 포함된 제목의 글을 아주 적게 발표하였다. 1940년부터 1947년 사이 총 1,126편의 '민주'를 다룬 글 중 『중화법학잡지』에 발표된 글은 단지 4편뿐이다. 『중화법학잡지』는 헌법의 구체적 제도문제에 보다 관심을 기울였다.

　여기서 설명해야 할 것은 사실상 수많은 간행물은 정치입장과 배경으로 구분하고 판단하기 어렵다는 것이다. 표현자는 때로는 단지 개인을 대표하지 '조직'[681]을 대표하지 않는다. 표현자와 지면에 대하여 이것 아니면 저것이라는 식으로 두 개의 군체로 구분하는 것은 단지 웨버(韋伯)의의 상의 '이상유형'으로서 진일보한 연구의 도구이다.

---

(681) 사영(謝泳), 『서남연대지식분자군의 형상과 쇠락(西南聯大知識分子郡的形成與衰落』, 허기림(許紀霖), 『20세기 중국지식분자 사론』, 신성출판사, 2005, 400쪽.

제4절

'헌정'과 '민주' : 조화롭지 못한 변주곡

언어가 일종의 부호로서 객관적인 연계가 없는 대상 사이에 연계가 있는 듯한 일종의 관계를 건립한다면 원시의 이미지는 '가리키는 것(所指, referent)'으로 전환되고 원시 이미지의 표현 형식은 '의미하는 것(能指, signifier))'이 되어 양자 사이에는 간격과 긴장관계가 발생된다. 헌정 여론과 헌정, 민주여론과 민주 사이에는 '지시하는 것'과 '의미하는 것'의 모순이 존재하는 것은 의심할 여지가 없다. 하지만 '헌정'과 '민주'는 1940년대에 모두 중국사회 질서를 건립함에 있어서 같은 문제였기에 이런 모순은 사실상 하나의 비유로 해석할 수 있다. 즉, '헌정'과 '민주'는 40년대에 연주한 것은 같은 악보였으나 연주자가 다르고 연주를 한 마당이 다름에 따라 그 합주는 일종의 조화롭지 못한 변주곡으로 변해버렸다.

## 1. 배치성(背馳性) 배후의 동일성

앞에서 간행물 목록에 나타난 키워드의 빈도에 근거하여 '헌정'과 '민주'의 시효성, 배치성과 영역성을 기술했고 '헌정'과 '민주'의 배치성이 형성된 원인에 대하여 필자의 짧은 소견을 제시하였다. 서방의 언어 환경에서는 헌정과 민주의 '가리키는 것'과 '의미하는 것'은 모두 다르다. 민주주의는 일종의 정치합법성의 표준을 제공하는 동시에 또 일종의 결책 기제도 제공하였다. 이런 결책 기제는 서방에서는 대의제의 제도 구조로 표현되고 헌정은 국가권력에 대한 제한을 강조하여 공민 권리의 실현을 보장한다. 민주와 헌정 사이의 내적 긴장관계는 헌정이 민주의 권력을 제한하는 것으로 표현된다.

헌정은 당연히 민주제도를 상대로 한 비판성 제도 구조여야 하고 민주는 국가의 모든 권력이 완전히 보편선거로 표현되는 공공 염원에 의해 결정되게 해야 한다. 헌법은 국가 권력의 자주성을 보장하여 그것이 전제 결단의 간섭을 받지 않게 하고 이런 권력이 무한권력을 갖고 있는 인민의 압력을 피하게 하여 '다수'가 '소수'를 침해하는 다수인의 폭정을 피하게 해야 한다. 이를테면 헌정의 제도 중에 사법독립을 강조해야 하며 사법기관은 일반적으로 민주 선거의 절차에 의해 발생되지 않는다. 상술한 의의에서 말하면 '헌정은 실질상 반민주적이다.'[682]

서방의 헌정과 민주의 개념으로 보면 민주는 '주권이 인민에게 있다'는 의의 상에서 현실제도(현대사회의 주체는 법률제도)의 법외의 이치의 일종 가치를 실현하였다. 이와 유사한 통치정당화의 논증은 중국 고대사회에서 주로 '도통(道統)'의 개념으로 실현되었다. 하지만 헌정은 주로 제도적 측면에서 일종의 권력 제한 기제를 이용하여 질서화의 현실적 배치를 완성한다. 이는 직접 민주, 간접 민주(대의제) 등 민주의 각종 실현 형식은 모두 헌정의 구조 내에서만 비로소 진정한 실현이 이루어지기 때문이다.

헌정이 없는 민주는 기조(François Pierre Guillaume Guizot)가 경고한 바와 같이 "민주는 전쟁의 고함소리이고 대다수 하층민이 소수의 상층민을 반대하는 기치이다. 이 기치는 때로는 제일 합리적인 권리를 위해 들고, 때로는 제일 잔혹하고 제일 사악한 격정을 위해 든다. 그 기치는 또 때로는 제일 불공정한 탈권자를 반대하기 위해 들고 때로는 제일

---

682) [미] 욘 엘스터 등 편, 『헌정과 민주』, 사붕정(謝鵬程) 역, 224쪽.

합법적인 권위에 대항하여 들기도 한다."[683] 루소가 인민을 주권자로 선포할 때 그는 국가권력의 종극적인 근원 문제에 일종의 해답을 주었다. 하지만 이런 해답은 동시에 잠재적으로 민주정치에 대하여 최대의 위협을 형성하기도 하였다. 인민의 불가 '분할', 불가 '대표'를 강조하면 인민주권을 일종의 조작(操作) 가능한 제도적 배치로 전환하기 어렵다. 만약 그것을 제도적 배치로 전환한다면 반드시 민주정치의 반대인 가짜민주의 명의로 전제의 실질을 행하는 극권주의(極權主義)의 민주로 나가게 된다.[684] 그렇기 때문에 조작의 측면에서 유효하게 운행할 수 있는 일련의 '헌정' 장치를 건립하는 것은 민주에 대하여 분명 아주 중요하다.

반면 민주가 없는 헌정도 마찬가지로 소수인 권리 보호를 난제에 부딪치게 한다. 민주의 출발점은 당연히 개인의 가치와 자유여야 하고 소수인을 포함한 모든 사람의 공민권리가 평등의 가치요구에도 부합되고 사회발전의 법칙에도 부합되도록 보호하는 것이어야 한다. 이런 사상관념의 근원은 인권의 보편성에 있고 인간의 존엄과 가치를 전제로 한다. 다수와 소수는 서로 전환할 수 있다. 누구든 자기가 영원히 대다수에 속한다고 보장할 수 없고 한 사람은 평생 다수 혹은 우세에 처해 있을 수 없다.[685]

중국 근대 언어 환경에 서서 필자는, '헌정'과 '민주'는 두 가지 다른 '의미하는 것'이지만 일정한 정도 하에서 하나의 '가리키는 것'을 말한다고 인정한다. 배치성과 동일성은 보기에는 모순되는 것 같지만 사실은 통일되는 것이다. 배치현상의 배후에는 동일성의

---

683) John Donne편, 『민주의 여정』, 지린인민출판사, 1999, 149쪽.
684) 이런 의의에서 러셀은 루쏘를 '전통군주전제와 상반되는 위민주독재의 정치철학 발명자'라고 불렀다. [영]러셀, 『서방철학사』하권, 상무인서관, 1984, 225쪽.
685) 민주의 핵심은 소수가 다수에 복종하는 것으로서 다수가 소수를 통치하고 결정한다고 할 수 있다. 하지만 그것은 결코 소수인의 권리를 홀시하거나 손해를 입혀도 된다는 것을 의미하는 것은 아니다. 소수인의 권리에 관심을 돌리고 심지어 동물권익의 보호에로 확장시키는 것은 자기를 도미노패가 넘어가는 첫 패와 멀리하는 것이다. 더구나 역사 경험으로부터 보면 진리는 흔히 소수인의 손에 장악되어 있고 사회도 흔히 소수인의 피와 생명을 대가로 전진하게 된다. 만약 우리가 보다 이성적이고 보다 관용적인 태도로 소수인의 권리문제를 대한다면 사회문명 진보의 발걸음은 더 빨라질 것이다.

실체가 있다. 이런 동일성은 당연히 단지 지향적인 동일성일 뿐 양자가 완전히 같은 것은 아니다. 표현의 각도, 즉 현상으로부터 보면 주로 두 개의 군체가 각각 이 두 개의 '언어'를 쓰고 있는 것이다. 하지만 표현의 실질적 내용을 보면 양자는 또 같은 것이며 '헌정'과 '민주'는 모두 제도 설치와 가치 배려의 이중 기능을 완성한다. '헌정'에 대하여 말하면 질서의 토대로서의 기능 외에도 건국목표로서의 '도통'의 기능도 완성해야 한다. '민주'로 말하면 '당치'에 대한 비판 외에도 권리 소원제도를 일종의 권력을 통제하고 권력을 제한하는 양식이 되게 한다. 그렇기 때문에 '헌정'과 '민주'는 서로 해석할 수 있다. '헌정은 민주정치'라는 모택동의 논단은 바로 이와 같은 동일성의 전형적인 표현이다.

어휘 배후의 '고금지쟁(古今之爭)'은 '가리키는 것'과 '의미하는 것'과의 모순을 보여주었다. 이러한 '긴장관계'는 바로 옛 사람과 오늘의 사람을 연결시키고 과거와 현재를 융합시키며 '대시야(大視域)'의 관점에서 역사 사건과 역사 인물을 볼 때 '자기를 포기'해야 할 뿐만 아니라 '자신도 과거 속에 함께 들어감'으로써 과거를 '이해'하고 고금이 격리되는 것을 피해야 한다. 이와 같이 구별되면서 또 결합되는 모순 혹은 긴장관계'는 역사를 이해하는 하나의 과정이고 이해를 포함한 역사를 자신에게 헌신시키는 과정이기도 하다.[686]

하지만 실천 중에서 '헌정'과 '민주'의 상호 해석은 정치가, 사회활동가들이 정치강연, 여론선전의 의의에서 보다 많이 사용되었다는 점도 알아야 한다. 이런 환경에서 '헌정'과 '민주정치'는 동의한 뜻을 표현한다. 즉, 일종의 질서를 건립하는데 이런 질서는 일종의 조작 가능한 제도구조이면서 또 모종의 도덕적 호소력과 정당한 인도의 기능도 가지고 있다.

그와는 반대로 전문 학술분야, 특히 구미의 법학배경이 농후한 민국법학계에서 '헌정'과 '민주'의 구별은 당연히 말하지 않아도 알 수 있다. 이를테면 양조룡(楊兆龍)은 다음과 같이 말했다. "만약 수학적 공식으로 표현하면 헌정국가는 같기로 '법치국가에 법률의 민주화를 더한 것'이거나 혹은 '법률적 민주화의 강화'이다. 헌정 실현의 조건은 두 가지를 벗어나지

---

686) 장세영(張世英), 『철학도론』, 북경대학출판사, 2002, 277쪽.

못한다는 말이다. 그 하나는 법치의 실행이고, 다른 하나는 법률의 내용 혹은 정신을 민주화하거나 혹은 그 민주화를 강화하는 정도이다."[687] 소공권도 다음과 같이 말했다. "나 개인도 헌정은 일종 정치적 생활방식이지 멀고 허황된 이상이 아니라는 것을 믿는다." "헌정은 과정이면서 목표이기도 하다." "민주란 무엇인가? 우리의 간단한 답이라면 인민이 말할 수 있는 기회가 있고 모든 언론과 소식을 얻을 수 있는 기회가 있으며 평화적 방식으로 생활 경로를 자유적으로 선택할 수 있는 기회가 있고 평화적 방식으로 정부와 정책을 선택할 수 있는 기회가 있는 것을 말한다." "헌정사상은 적어도 세 가지 뜻을 포함한다. 하나는 국가가 지존무상의 기본대법을 가지고 정부의 직권을 규정하는 것이고, 다른 하나는 인민의 권리가 그 대법의 보장을 받고 그 어떤 인사의 법령의 침삭이든지 허용하지 않는 것이고, 또 다른 하나는 국가치권이 법률을 최고의 형식으로 삼는 것이다."[688]

'헌정'과 '민주'는 한 부류의 '방대한 언어'로서 자신의 독특한 기능을 가지고 있다. '큰소리'는 한 민족 생존의 최저 기본선이다. 만약 자기 문제에 대한 진정한 의식이 없다면 '큰소리를 할' 권리를 포기할 수밖에 없고 다른 사람으로 하여금 자신의 미래를 기획하게 하고 다른 사람의 길을 걸을 수밖에 없다. 하지만 "중국의 사회적 병은 국제 관계속의 지위 불평등이다. 바꾸어 말하면 중국은 줄곧 다른 사람들에게 첩, 토끼 혹은 창녀였다." "중국의 근 백 여 년의 역사는 근대, 현대를 건조하는 국가의 실패사였고, 독립평등을 갈구하고 법치를 동경해 온 역사였다."[689] 법치도 그렇고 헌정민주양식도 그렇고 모두 서방 강한문화가 수출된 결과이다. 근대이래 중국인은 바로 서방의 압박 하에 점차 이와 같은 '큰소리'를 하는 용기와 자격을 상실하였다.

---

687) 양조룡, 「헌법의 길」, 『중화법학잡지』 제3권 제5기(1944년 5월), 『양조룡법학문제』, 457쪽.
688) 소공권(蕭公權), 『헌정과 민주』, 26, 160, 35쪽
689) 채추형(蔡樞衡), 『중국법리자각의 발전(中國法理自覺的發展)』, 청화대학출판사, 2005, 21, 25쪽.

## 2. 동일성 배후의 중국 질서 형성 문제

### (1) 상호 해석 중의 '실용주의' 입장

'헌정'과 '민주'가 모두 중국 사회의 질서 형성을 지향하는 것인데, 왜 두 가지 말로 표현해야 하는가? 이것은 정치실천의 이성적 선택이고 사회정치운동 중의 구체 실천에 의해 결정된 것이며 하나의 정치 선전 책략이다. 표현상 '헌정'은 때로는 민주의 내용을 표현하고 민주라는 이 개념의 기능에 다다른다. '민주'도 때로는 헌정의 내용을 표현하고 헌정이 실현하려는 효과를 일으킨다.

'헌정'과 '민주'의 상호 해석은 한 방면으로는 정치가의 언어 기교의 운용, 즉 개념 어휘의 원래의 경계선을 타파하고 상대방의 언어 무대와 자원을 이용하여 자신의 목적을 논증, 해석하고 실현하려는 시도를 반영하고, 다른 한 방면으로는 쌍방도 서방의 두 가지 개념 중 원래의 관련성 및 중문 표현의 혼탁성을 이용하여 자신에게 유리한 일면을 강조하면서 자기에게 필요한 부분을 취한다.

기실 1930년대 초에 호적 등 자유주의 지식인들이 발기한 '인권보장'운동 때 지식인 중에서는 '민주와 독재'에 대한 논쟁이 발생했다.[690] '헌정'은 1939년 전후에 제3종의 역량에 의해 제시되었는데 자유와 권리를 쟁취하려는 데 목적이 있었다. 하지만 국민당 정부가 모든 자원을 동원하여 점차 '헌정'의 바통을 넘겨받아 '헌정'의 언어권을 장악하는 바람에 민간의 헌정 여론은 점차 일종 귀족식의 빈말 운동으로 변질되면서 그 영향력이 약해졌다. 이런 상황에서 제3종 역량과 중국공산당은 '민주'를 일종의 구호로 제시하였는데, 실제상 여전히 현존의 사회질서를 바꾸려는 일종의 소원을 표현한 것이다. 이로부터 다음과 같은 변주곡이 형성되었다.

---

690) 고혼(顧昕), 『민주사상의 척박한 토양(憫酒思想的貧瘠土壤)』, 허기림 편, 『20세기 중국사상사론』, 동팡출판센터, 2000, 362-410쪽.

즉 국민당 측은 '헌정'을 대대적으로 떠들어 대면서 '민주'를 '민의'로 둔갑시켜 체제내의 제헌 과정에 넣으려고 시도했고, 제3종 역량과 중국공산당측은 '민주'라는 패를 들고 '민주'를 '법통'에 질의하고 체제 내 제헌에 대항하는 무기로 전환시켜 최종적으로 국민당 정부에 압력을 가해 정권을 개방하고 전제를 포기하도록 핍박하려고 시도했다.

국민당 측으로 보면 서방의 헌정 개념 중의 '질서화'의 의의를 강조하고 '권력 제한'의 내용을 버리면서 제도설치에서 '주권은 인민에게 있다'는 중의 '인민'을 추상화(이를테면 『55헌초』 중의 '국민대회'의 설치)함으로써 재야당이 강렬히 반대하는, 즉 형식상에서 헌정을 부르짖고 실질상에서는 전제 독재를 실시하는 국면을 형성하였다.

재야당으로 보면 민주 개념 중의 정치합법성의 내용 및 헌정 중의 권력제한 기제를 치중하여 강조하면서 민중대표의 신분으로 정치에 참여하여 현재의 정치국면을 변화시키려고 시도했다. 하지만 이러한 '민의대표'는 절차성적 위탁기제가 없었기에 장개석에 의해 '빈말'이라고 조소를 받았고 "부당한 이익을 나누어 가지려 한다"고 꾸짖음을 받았다. 이와 같이 헌정과 민주에서 자기에게 필요한 부분만 취하는 식의 해석은 사실상 서방의 지식과 제도를 도입함에 있어서 중국인의 전형적인 실용주의 태도를 반영하였다. 중국인에게는 실용주의 정신이 부족하지 않다. 유가는 경(經), 권(權)의 구분을 강조한다. '경'은 원칙으로서 당연히 지켜야 한다. 하지만 구체 상황에 부딪쳤을 때는 당연히 구체적으로 분석하고 따져볼 수 있다. 이런 임기응변은 공자가 『춘주』에서 확정한 원칙이다. 도구로서의 의미인 '헌정'과 '민주'에는 실용주의 정신이 침투되어 있다. 정치가들이 임기응변을 지나치게 강조하는 바람에 표현과 실천 사이에 거리가 생기게 되었다.

## (2) 중국근대질서 구성의 난제

안정한 사회질서를 건립하려면 상술한 실용주의의 입장이 어떻게 중국 근대사회 질서형성 중에서의 이중 임무를 실현할 수 있게 해야 하는가? 조작 가능한 일종의 제도

구조를 구비해야 할 뿐만 아니라, 이와 같은 제도 구조는 또 도덕적 호소력과 정당한 인도 기능적 가치를 내포하고 있어야 한다. 전자는 권위이고 후자는 신앙이다. 전자는 지식 도입, 제도 의식으로도 실현할 수 있지만 후자는 신문화의 재건설과 리모델링에 의거할 수밖에 없다. 이 과정에서 또 신앙과 권위의 충돌 및 자유와 질서의 모순에 부딪치게 된다.

한 방면으로는 중국 근대는 '도통'과 '정통'의 분열에 직면해 있다. '정통'의 위기는 전쟁과 제도건설을 통해 완성할 수 있다. 하지만 '도통'의 위기는 문화와 신앙의 재건설에 의거해야만 한다.

권위와 신앙의 충돌 문제는 국내인들에게 왕왕 하나의 중국화의 명제-'법률신앙'의 가능 여부로 전환된다.[691] 중국의 지식인들은 '법률신앙' 문제를 담론할 때의 배후에는 하나의 언어 환경이 있다. 즉 중국사회의 정신신앙의 위기는 법률의 정신 위기를 초래하였는데 그것은 100년래 중국사회 정신이 전환된 역사에서 발원한 것으로서 전통문화에 대한 부정이 중국사회를 응집한 정신역량의 상실을 불러왔다.[692]

법률이 권위가 되자면 무엇보다 합법적이어야 한다. 그런데 만약 법률이 합법성 토대를 구비하지 못했다면 실천 중에서 권위가 되지 못하지 않겠는가? '악법'이라고 하여 결코 법률적 효력이 없는 것이 아닌 것처럼 합법적 토대가 없는 정권도 민중이 부득불 복종해야 하는 권위가 있다. 하지만 최종적인 권위는 모종의 심리적 인정의 토대 위에 건립된다. 이런 의의에서 말할 때 만약 법률질서가 정당성을 구비하지 못한다면 법률적 권위도 존재하지 않는다. 다른 한 방면으로는 질서와 자유의 모순은 바로 중국사회 질서 구성의 경로 선택 문제이다. '정부에서 추진'해야 하는가 아니면 '자연적으로 진화발전'해야 하는가? 하나의 효과적인 '대정부'가 우리를 위해 질서를 기획하고 우리에게 헌법, 법률하의 자유를 부여하게 해야 하는가 아니면 하나의 강대하고 자유가 충만된 사회를 토대로 권력이 수많은

---

691) 장영화(張永和), 「법률이 신앙될 수 없는 이유(法律不能被信仰的理由)」, 『정법논단』 3기, 2006.
692) 곽충(郭忠), 「당대 중국사회 전형시기 법률의 사회정신 토대를
논함(試論當代中國社會轉型時期法律的社會精神基礎)」, 『법학가』 4기, 2006.

제한을 받는 하나의 '소정부'를 조직해야 하는가?

이와 같은 경로의 선택은 반드시 중국사회 구조에 대한 심각한 인식을 토대로 해야 한다. 중국사회에 대한 다른 인식은 다른 경로의 선택을 이끌어 낸다. 양수명(梁漱溟)은 만년에 중국사회에 대한 그와 모택동의 다른 인식을 해석한 적이 있다.[693]

1940년대에 질서 문제는 당연히 제일 중요한 문제였다. 강한 정부가 없다면 비단 민주 법치를 건설할 수 없을 뿐만 아니라, 민족국가의 생존마저 실현할 수 없었다. 하지만 질서에 대한 중시는 또 흔히 자유에 대한 제한을 은연중 내포하고 있다. 그런데 자유에 대한 강조는 또 때로는 현재의 질서를 타파하는 전주곡이기도 하다.[694] 급격한 사회 전환이 본래의 사회 균형을 깨뜨려서 낡은 규범이 이미 타파되고 새로운 규범이 아직 건립되지 않았을 때, 사회 변천은 사회 규범의 혼란을 조성하게 되고 사회 성원도 이로 인하여 갈수록 통제하기 어렵게 변해버린다. 자유가 고귀한 것이겠지만 자유는 수많은 일처럼 "잡으면 죽어버리고 놓아주면 혼란해진다." 혼란을 다스리는 것의 순환은 궤도와 같다. '거두어들이는 것'과 '놓아주는 것'의 한도를 어떻게 장악하는가 하는 것은 정치가의 지혜와 신중한 정책에 달려있다.

---

693) 양수명(梁漱溟)은, 모택동은 계급의 경쟁을 강조한 반면, 자신의 빈부귀천은 상통하게 회전될 수 있고 중국사회는 산만한 상태를 갖추고 있으며 중국인들은 화해를 선호한다고 여겼다. [미] 앨리토(Guy Salvatore Alitto) 취재, 양수명 구술, 『이 세계는 좋아질 것인가?(這個世界會好嗎) -양수명의 만년 구술』, 동방출판센터 2006, 81, 97쪽.

694) 토크빌(Tocqueville)은 프랑스대혁명의 기원에 대한 고찰을 통하여 다음과 같이 생각하였다. "혁명의 발생은 언제나 사람들의 처지가 갈수록 나빠지는 데서 비롯되는 것이 아니다. 흔히는 줄곧 추호의 원망도 없이 그런 일이 없는 듯이 도저히 참을 수 없는 법률을 참아오던 인민들이 일단 법률의 압력이 약해지면 곧 그것을 강력하게 내친다. …뿐만 아니라 경험이 우리에게 알려주다시피 나쁜 정부로 말하면 제일 위험한 시각은 흔히 그것이 개혁을 시작하는 때이다." [프랑스] 토크빌, 『구제도와 대혁명』, 상무인서관, 1992, 21쪽.

제5절

'법통'과 '헌정', '민주'


## 1. 익숙하면서도 낯선 '법통'


'법통'의 개념에 대하여 우리는 익숙하면서도 낯설다. 익숙한 까닭은 국내 중국법제사 교과서를 펼치면 제일 마지막 부분에 모두 『국민당 육법전서를 폐지하고 해방구 사법원칙을 확정할 데 관한 지시』라는 문건이 언급되는데 거기에서 '가짜법통'을 폐지하고 '육법전서를 폐지'하는 일을 다루었기 때문이다. '법통'의 개념은 이미 국민당정부의 '육법전서'와 '위헌법'과 더불어 중국 법학분야에서 서서히 사라졌다. 1984년 판 『중국대백과전서 법학권』과 수많은 법학류 사전에서도 이 단어를 올리지 않았다. 근년 내 육법전서 폐지 문제를 다시 언급하면서 중국 학계에서는 비로소 몇몇 논문들에 이 개념이 제기되기는 하였지만 그 개념이 내포하고 있는 의미 및 원류 등의 문제에 대해서는 아직까지 연구가 부족하다.

중국헌법학설 사료를 섭렵하노라면 '법통'이라는 단어가 중화민국 국가정권과 헌정건설에 시종 연관되어 있고 역시 당시 헌법 이론과 실천의 핵심문제였으며, 중국헌정사 내지 대만문제를 연구함에 있어서 외면할 수 없는 개념이라는 것을 발견하게 된다.

필자는 다음과 같이 인식한다. '법통'이 내포하고 있는 의미는 3위1체로서 서로 연계되어 있는 세 가지 방면으로 구성되었다. 하나는 정치권력의 정당성이고, 다른 하나는 헌법과 법률 체계 자체이며 또 다른 하나는 법률전통이다. 3자의 관계를 살펴보면 통치 권력의 정당성은 반드시 일정한 헌법과 법률 체계 등 제도(이를테면 국민대회 혹은 인민대표대회 등 민의기관, 헌법이 주도하는 헌정체계)를 통해야만 지탱할 수 있고 통치권력, 헌법과 법률체계는 또 흔히 일정한 법률전통 속에서 형성되고 일정한 문화와 절차성을 구비한다.

## 2. '법통'이라는 단어의 전통문화 근원

'법통'은 '수입'된 단어가 아니기에 중국전통문화 속에 그 근원이 있기 마련이다. 중국전통문화 중의 불교 '법통'관, 유가 '도통'관의 핵심이 되고 있는 '통'과 '정통'이 '법통' 개념이 문화적 핵심을 이루었다.

'법통'이라는 단어는 최초에 불교 범주로서 불법의 전통 체계를 가리켰다. 불교에는 남북조 때 아주 많은 종파가 생겨났는데 그 종파 밑에 또 몇 개의 작은 파벌이 있었다. 종파마다 각기 나름대로의 전통 계승, 즉 법통이 있었다. 불교문헌에서 법의 함의는 다양하고 용법과 그 내용도 비교적 복잡하다. 『불학대사전』은 법의 함의를 임지자성(任持自性), 궤생물해(軌生物解) 두 가지로 나누었다. 전자는 각자 본성의 모든 존재를 가리키고 후자는 인식의 표준, 규범, 법칙, 도리, 교리, 교설, 진리, 성행 등, 즉 사람이 모든 사물에 대하여 이해하는 근원을 말한다. 동일한 법문계통에서 세속의 권속을 법류, 법권이라고 부르고 계승자를 법자, 법사, 법제, 법손이라고 부르며 그 승계 순서를 법영, 법계, 법류, 법통이라고 부른다. 법통개념의 발생은 중국 본래 문화에 대한 불교의 호응과 흡수를 표명한다. 불교는 중국 종교에서 '혈통'을 핵심으로 한 응집력 형식에 주의를 돌리고 제도 건설을 할 때, 우선 본 종의 법통을 확립했다. 한 종파로 말할 때 법통은 존재와 발전의 역사 의거이다. 동시에 법통은 종파 내부의 응집력을 쉽게 형성하게 하여 종교의 발전에 유리하다. 이와 같은 응집력은 동일 법문에 대한 인정이고 종주의 지위에 대한 인정이기도 하다.[695]

---

(695) 불교는 남북조 때 중국에 들어온 후 아주 많은 종파가 출현하였다. 중국 영역에 헌어계, 장어계, 팔리어계 3대 계통이 있다. 한어계 불교에는 주로 천대종, 3론종, 법상종, 율종, 정토종, 선종, 화엄종, 밀종 등이 있다. 이러한 종파에는 모두 자신의 법의 전승이 있다. 불교 선종을 예로 들면 『단경』에서 사(혜능)가 말하기를 "고불((옛날 부처님)이 세상에 나오신 것은 그 수가 한량없어서 가히 헤아리지 못하니 이제 7불을 처음으로 삼으면 과거 정엄겁의 비비시불과 시기불과 비사부불과 지금 현겁의 구류손불과 구나함모니불과 가엽불과 석가모니불 7불이 되는데… 위에서 말한 여러 조사는 나름대로의 계승이 있으니 대대로 전해야 하지 잘못 계승되는 일이

불교가 중국에 전해진 후 유가문화에 대해 도전을 했다. 한유(韓愈)는 『원도(原道)』에서 제일 처음 이른바 '도통'의 개념을 제시하였다. 그는 다음과 같이 생각하였다. 유가의 '도'는 불교의 '법'과 마찬가지로 성스럽게 계승해야 한다. '옛 성인의 길'은 바로 요, 순 우, 탕, 문, 무, 주공, 공자, 맹자 그리고 그 후에 유가들이 이어 받은 도이다. 도통은 바로 선왕의 도를 전수한 계통이고 도통의 '단(端)'이다. 중국은 불교에 앞서 중국문화의 정통성을 가지고 있기 때문이다. 한유 후에 주희는 『중용장구서(中庸章句序)』에서 도통에 대하여 집대성 하였다. "중용은 어떤 연고로 지어진 것인가? 중용의 작자는 자사(自思)이다. 자사는 도의 학문이 점차 사람들에게 잊혀 지거나 심지어는 소실될 것을 우려하여 이 글을 지어 후세에 전하려고 했다. 먼 옛날부터 성신이라고 불린 상고의 사람들은 천(天)에 대한 관찰 활동에서 점차 극에 이르는 원리, 즉 우주의 보편법칙을 발견하였는데 그것을 도(道)라고 부르고 대대로 전해 내려왔다. 이것을 도통이라고 한다. 지금 경서에서 볼 수 있는 것 중에 윤집궐중(允執厥中)이라는 것이 있는데 그것은 요가 순에게 자리를 넘겨줄 때 한 말이다. 또 인심유위, 도심유미, 유정유일, 윤집궐중(人心惟危, 道心惟微, 惟精惟一, 允執厥中)이라는 말이 있는데 이것은 순이 우에게 자리를 넘겨줄 때 한 말이다. 요가 한 그 한마디 말은 이미 도의 극에 이르는 원리란 어떤 것인가를 분명하게 말해주었고 극에 이르는 원리의 내용을 전부 담았다. 그리고 순이 후에 한 말에는 세 마디가 첨가 되었는데 그것은 요의 말인 전인후과(前因后果)를 보다 잘 설명하기 위해서였다. 왜냐 하면 전인후과를 분명하게 알아야 도에 대한 이해가 정확하고

---

없도록 해야 한다"고 하였다. 구체적으로 여러 선사 아래의 독자적 계통에는 모두 단독으로 편찬한 법계가 있다. 선법 승계 계통을 편찬할 때, 특히 정출과 방출에 중점을 두면서 정출을 줄거리로 하고 방출을 보조로 하였다. 혜능 이후에는 대를 이어 단독으로 계승하던 제도를 결속짓고 문하의 용상을 일방 법주로 하고 제종의 소계계 전승을 배열 순서로 하였다. 이와 같은 정출과 방출의 구분은 종족중의 정서(正庶) 구분과 비슷하다. 어느 한 구체적 선종문하에서 선종의 사원 조직중의 방장은 사원의 중심이고 방정 의발(衣鉢)에 대한 계승은 덕이 있는 자가 승계한다. 둥췬(董群), 「유가 윤리에 대한 선종의 회통을 논함(略論禪宗對儒家倫理的會通) -예, 효, 충을 사례로 한 고찰」, 『동남대학학보』 3기, 2000.

세밀한 경지와 가까워질 수 있기 때문이다. 요, 순, 우는 모두 천하의 대성이다. 도를 대대로 전해 내려가는 것은 천하의 대사이고 대승이 도를 전하는 것은 천하의 대사이다. 도를 전승하는 일을 심중하게 하고 반복적으로 훈계한다면 그러할 것이다. 이렇게 말할 때, 천하의 이치중 이보다 더 심각한 도리가 어디에 있겠는가? 인류가 도를 얻은 이래 대대로 성인들은 서로의 도를 전승하였는데 그중에는 탕, 문, 무와 같은 군주가 있는가 하면 고도(皐陶), 이(伊), 부(傅), 주(周), 소(召)와 같은 대신도 있었는데 모두 도통을 전수하였다. 우리가 존중하는 공자처럼, 비록 본인은 관직에 있지 않았지만 이왕의 성인들의 도에 관한 학문을 계승하고 정리하여 후세 사람들이 도의 학문을 배우는데 길을 열어주었다. 도의 공덕으로 말하면 그의 덕은 요, 순과 같은 군왕보다 더 크다."[696]

　도통이라는 것은 도의 실마리이다. '도'는 중국 전통사상의 핵심 개념이다. 그 원래의 뜻은 도로(道路)로서 오로지 걷는다는 뜻을 가지고 있다. 그것을 '이(理)'와 연계시키면 또 만물의 법칙을 가리킨다. 옛 사람들은 자신의 정치이념과 예법 질서의 정식 가치를 '도'로 개괄하였는데 그것은 정치의 종국적 가치 근거와 의의의 근원을 표현한 것이면서 또 입법의 근거와도 관련이 된다. 그 목적은 정치이념, 정신가치를 구체적인 정치양식, 집정자와 구별함으로써 현실정치에 정당성의 근거를 찾아주려는 데 있었다. 중국 전통문화에는 '도통'과 '정통(治統)'의 구별이 있다. 고대 성현과 지식인이 주장한 것은 '도통'이었고 황제와 관리가 주장한 것은 '정통'이었다. 도통은 국가의 입국의 본을 확립한다. 황제는 성인의 도에 근거하여 국가를 다스린다. 도통은 정통을 비판하고 교정하는 동시에 또 정통에 합법성을 제공함으로써, 정치질서가 인도와 안정에 합리하고 합법적이고 부합되도록 한다. 고대사회의 도는 흔히 통치자의 덕과 관련이 있다. 통치자의 '위정이덕(爲政以德)'은 '성인지도'를 체현하였다. 이른바 '도를 따르고 군주를 따르지 않는다'는 것은 통치자가 도와 멀어져 덕을 잃고 천하가 질서를 잃은 것에 대한 '혁명'이 하늘의 뜻에 순응하는 정당한

696) 주희, 『사서집주(四書集注)』, 삼진출판사, 1998, 21-22쪽.

행동이라는 것이다.

'도통'이든 불교의 '법통'이든 핵심은 '통'에 있다. '통'에는 세 가지 뜻이 있는데 하나는 실마리를 뜻하고, 다른 하나는 일맥상승의 계통(정치, 문화 제 방면)을 뜻하며, 또 다른 하나는 통령, 통령작용을 하는 원칙과 기준을 가리킨다.

제일 첫 번째 함의가 본의(本意)이다. 통훈(統訓)은 기(紀)이데 본래의 뜻은 실 묶음의 첫머리이다. 기의 파생적 의미는 기재(記載)인데 자료가 하나로 관통된 일종의 역사 체재를 특별히 지칭한다. 습관적으로 기(紀)는 정리를 거친 기재를 치우쳐 가리키고, 기(記)는 기재를 가리킨다.[697] 통과 기 두 글자는 호훈(互訓)하면서 때로는 통기(統紀)로 읽혀지면서 사학(史學)의 별명이 되기도 한다. 옛날 사서를 편찬할 때 동일한 시기에 몇 개의 정권이 존재하는 상황에서 제일 중요한 것은 기재의 시점과 기재의 표준 시간을 찾는 것인데 그것은 실을 뽑을 때 첫머리를 찾는다는 뜻과 은연중 맞아떨어진다. 그렇게 선정한 표준이 바로 '정통'인데 그것으로부터 형성되어 장기간 중국인의 두뇌를 지배한 정통관념이다. 전통관은 "중국 역대 왕조의 정부 및 그 학자들을 2천년 동안 곤혹시킨 하나의 핵심 관념이다."[698] 현대 문화철학의 각도에서 보면 '통'은 어떤 사상, 문화 혹은 정치의 발단과 계승의 원(源)과 유(流)로 구성된, 한결 같은 연속성과 정체성이다. 앞에서 언급한 '통'의 파생적 의미에서 그 동사적 의미는 물건을 통설한다는 뜻이고 명사적 의미는 일관된 서열이다. 이 서열의 시간, 공간 속의 존재가 바로 이른바 우리가 말하는 '전통'의 함의이다.

불교의 '법통', 유가의 '도통' 관념은 근대 중국 '법통' 개념의 운용을 위한 하나의 문화상의 바탕과 매개이다.

---

697) 왕력(王力) 주편, 『왕력고한어자전』, 중화서국, 2000, 920, 910쪽 참조.
698) "정통의 확정은 역사 편찬에서 제일 처음 해야 할 일이므로 정통의 뜻은 사서 편찬과 밀접하게 관계된다." 요종고(饒宗頤), 『중국사학상의 정통론(中國思想上之正統論)』, 상해원동출판사, 1996, 1, 3쪽. 고대의 동중서(董仲舒), 구양수(歐陽修), 고염무(顧炎武)로부터 근대의 양계초에 이르기까지 모두 '정통'문제를 언급했다.

## 3. '법통'을 대표한 '민주'와 '헌정'

### (1) 북양정부시기의 '법통' 쟁론

근대 '법통' 개념의 독특성은 그것이 수많은 사람들로부터 사용되었음에도 불구하고 상세하게 정의가 내려지지 않았다는 데 있다. 그렇기 때문에 어용학의 각도에서 이 개념이 어떤 상황에서 어떤 내용을 표현하고 있는지를 고찰해도 무방하다.

최근 20세기 중화법학총서로 다시 인쇄한 『중화민국입법사』는 각각 '법통분열시기', '법통회복시기', '법통폐기시기'로 장절의 제목을 달았다. 민국헌법 실천에서 이른바 '법통' 논쟁이 늘 나타났다. 특히 민국북양정부시기, 어느 군벌이 올라오든지 모두 부득이 국회를 조종하여 약법 혹은 헌법을 제정해야 했다. 이런 사실과 현상은 실제상 근대정치의 생태에 대한 전통 '도통'관의 영향을 반영한다.

군벌은 합법적인 허울을 얻기 위해 법통을 쟁취하려는 것은 형식이고 본질은 도통을 쟁취하고 '정통'의 지위를 쟁취하려는 것이다. 누가 정통이면 누가 곧 제헌권을 통제하고 독점하여 제헌의 과정과 결과를 주도하게 되는 것이다. 제헌권은 헌법에 앞선 권력으로서 그 자체가 헌법규범의 제약을 받지 않는다. 하지만 중국 도덕관념 중 하나의 중요한 내용은 오로지 하나의 정통만을 인정하고 그 정통을 어기면 반역으로 보았다는 것이다. 그렇기 때문에 파벌의 군벌마다 모두 북경 정부를 통제하는 것을 중요한 목표로 삼았고 모두 헌법과 국회를 권력을 탈취하는 도구로 삼았다. '송교인(宋敎仁)사건' 후, 손중산은 재차 혁명의 길에 나섰다. 그렇기 때문에 남방정부는 북경 정부의 합법성을 인정하지 않았고 북경 정부도 각종 법률문제로 군인들의 빈번한 간섭을 일으켜 국회를 소집할 수 없었다.

국민초기에 입헌을 중시하고 헌법의 실행을 중시하지 않았던 사실이 설명하듯이 당시 중국의 인권은 '법통'에 대하여 형식주의의 이해와 헌법(법률)의 형식상의 완비를 추구하는 데 그치고 의회의 '합법률성(合法律性)'을 추구하는데 그쳤을 뿐 '법통' 배후의 '정당성'은 포기하였다. 그렇기 때문에 누가 헌법을 통제하면 누가 당연히 '정통'의 지위를 차지하였다.

이것은 사실상 일종의 허황한 '배물교(拜物敎)'였다.[699] 후에 중화인민공화국 헌법학의 창조자가 된 장우어는 1926년 1월 16일에 『법통과 밥사발(法統與飯碗)』이라는 글에서 다음과 같이 풍자적으로 말했다.

> "법통을 회복하자고 날마다 노래처럼 높이 부르고 있다… 법통의 회복을 주장하는 사람들은 약법이 불완전하고 위헌법(僞憲法)이 가치가 없다는 것을 알 수도 있다. 그들의 이른바 법은 당연히 책사의 방법, 도사의 법술 따위의 법을 가리킨다. 이른바 통치라는 것 역시 이러한 법의 계속에 지나지 않는다. 책사의 방법, 도사의 법술은 밥 한 사발을 얻어먹기 위해 생각해 낸, 남을 해치고 자기에게 이로운 법일 뿐이며 법통을 주장한 것은 기실 그들의 '법을 얻어먹기 위한 방법'에 지나지 않는다."[700]

그는 1926년 4월 15일의 한 편의 글에서도 다음과 같이 불평을 털어놓았다.

> "합법적 정부요, 비합법적 정부요, 헌법회복이요, 약법회복이요라고 하고 흑법, 백법, 짧은 법, 긴 법으로 어찌나 떠들어 대는지 귀가 먹먹하고 눈앞이 아물아물

---

699) 석필범(石筆凡)은 다음과 같이 생각하였다. 청말 입헌운동이 발생한 이래 각종 정치역량은 이미 전통합법성의 자원을 다시 이용한다는 것이 불가능해졌기에 부득불 일종의 정치합법성에 대한 새로운 해석을 찾아야 했는데, 서방에서 들어온 헌정이론은 마침 이 전향을 만족시켰다. 근대에 있어서 어느 파벌 군벌이 올라 않든지 간에 모두 부득불 국회를 전력으로 조종하여 약법 혹은 헌법을 제정하고 근본대법으로 통치의 합법성을 얻어서 형식상 무력통치의 겉면에 합법의 허울을 쓰려고 시도했다. 헌법은 군벌통치의 장식품이 되었고 그들의 총칼에 걸려있는 화환이 되었다. 이와 같이 군사역량에 의거하여 만들어진 정부는 권력의 토대가 군사 권위에 의거해 있었고 그 형식적 합법성은 기타 사회역량의 질의와 도전을 피할 수 없었다. 인민은 실제상 헌법에 밝혀져 있는 권리를 향수하지 못한 반면에, 통치자가 제헌권을 독점하고 있었기에 국가권력의 형식적 합법성과 실질적 합법성은 중대한 도전에 직면하였다. 석필범, 『근대중국자유주의헌정사조연구(近代中國自由主義憲政思潮研究)』, 산동인민출판사, 2004, 9, 51쪽.
700) 장우어, 『장우어문선』 상책, 7쪽.

할 지경이다. 이른바 정부도 법률을 한 푼의 가치도 없는 휴지조각으로 보는데 오히려 민중들이 죽어라고 그 법률을 지키고 있으니 이것이야 말로 이상한 현상이 아닌가?"[701]

『케임브리지중화민국사』는 다음과 같이 생각하였다. "사람들은 1916-1928년 사이에 대량의 정력을 들여서 헌법초안을 작성하고 헌법 조항을 두고 쟁론을 했으며 헌법의 어겼다고 상대방을 질책하고 헌법을 회복했다고 동맹자를 축하했다. 또 다른 방면에서는 1916년 후, 파별 충돌의 여러 차례의 순환과 더불어 정치가들의 입헌 수법에서 거짓말이 현저하게 늘어났고 국민정권에 대한 민중의 지지가 빠르게 내려갔다. 그 최종 결과는 자유공화국의 관념에 대한 신용이 바닥에 떨어지면서 일련의 권위주의적 첫 정권, 즉 국민당의 국민정부가 발생되었다." 당시의 국회와 헌법이 권력 정당성의 근거로 인정될 수 있은 것은 당시 헌법학설 및 민주공화사조와 관련이 있다. "개인주의적인 서방에서 헌법은 개인 권리를 보호하고 불가피한 이익충돌을 조정하는 준칙으로 간주되었다. 중국에서는 헌법이 집단의 역량을 응집하는 당전 사회 목표의 기본 성명으로 간주되었고 여론을 추동하고 착오를 방지하는 수단으로 간주되었다." 그렇기 때문에 헌법은 "현대국가 표지의 조성부분으로 간주되었다. 헌법은 통치자를 위하여 그 합법성을 인정하도록 요구하는 데 근거를 제공했다."[702]

## (2) 항전 및 국공담판 시기의 '법통'논쟁

국민당이 정권을 취득한 것은 비록 혁명의 결과이지만 정권을 취득한 후 그 독점 지위를

---

701) 장우어, 『장우어문선』 상책, 15쪽.
702) [미] 페어뱅크(費正淸), 『케임브리지중화민국사』 하권, 중국사회과학원출판사, 1994, 287~288쪽.

수호하고 독점하기 위해서는 국민당은 '법통'의 깃발을 사용해야 했다. 국민당정권의 정통성을 논증하기 위해 정(居正)은 삼민주의를 제시하였다.

종적인 면에서는 요, 순, 우, 탕, 문, 무 이래 선성선현과 일맥상통한 도통이고 횡적인 면에서는 세계 명사들의 학설을 널리 취하여 거기서 절충하고 다듬는 것이다… 금후 모든 법제, 법규, 법령, 법례 등 무릇 법률의 형성은 그것은 작성방면이든 집행방면이든 혹은 읽는 방면이든 해석하는 방면이든 모두 삼민주의 요지를 관철해야 할 뿐만 아니라, 반드시 삼민주의를 최고의 지도 원칙으로 삼아야 한다.[703]

1943년 3월, 장개석는 타오시성(陶希聖)이 집필한 『중국의 운명』을 발표하였는데 민족주의를 제창하는 것을 빌려 전통문화를 미화하면서 더 나아가 '개인본위의 자본주의와 계급투쟁의 공산주의'를 반대하였다. 이 책은, 장개석의 도덕사상과 정치사상은 국부(國父)의 혁명 유지를 계승했고 국부의 뒤를 이어 중화민족 5천년의 도통을 받아들였다고 강조하였는데 기실은 도통을 빼앗아 자기의 정통을 강화하기 위해서였다.[704]

항전시기에 적후방의 항일민주정권이 아직 중앙정부의 정식 승인을 받지 않았기에 이와 같이 정부를 공격하는 것은 불법적이다. 그렇기 때문에 유소기(劉少奇)는 근 백년 이래 중국의 독립자주와 인민의 민주자유를 쟁취하는 것은 중국혁명의 양대 임무라고 제시하였다. 적후방의 항일문주정권의 합법성은 중앙정부의 승인에 의해 성립되는 것이 아니라 양대 임무를 종지 자체가 가지고 있는 합리성에 의해 성립된다. 국민당

---

703) 거정(居正), 『왜 중국 법계를 다시 구축해야 하는가?(爲什麻要建中國法系)』, 『거정문집』 하책, 화중사범대학출판사, 1989, 504, 507쪽.
704) 어느 사학가는 다음과 같이 예리하게 지적하였다. "장개석은 도통(道統)이라는 것을 놓칠리가 없었다… 기실 손중산은 근본적으로 자기 사상이 중국 도통을 계승한 것이라고 말한 적이 없다", "장개석가 위로 요, 순, 문, 무로부터 손중산에 이르기까지의 도통을 계승했다고 하는데 누가 그와 정통을 다툴 자격이 있겠는가." 왕영조(汪榮祖), 이오(李敖), 『장개석평전』(『이오대전집』 25), 중국우의출판회사, 2000, 490, 491, 489쪽.

정부는 민족존망과 인민의 행복을 돌보지 않았기에 불법적이다. 하지만 적후방에 건립된 항일민주정부는 실제상 제일 합법적이다. 유소기는 다음과 같이 말했다.

"어떤 것이 합법적이고 어떤 것이 불법적인가? 목전 항일전쟁시기에 민족의 이익이 무엇보다 높고 항일의 이익이 무엇보다 높은 것이 바로 중국인민의 최고 법률원칙이다. 정부의 모든 법률 명령은 모두 반드시 민족의 이익을 보호하고 항일의 승리를 보장하는 것이어야 한다. 삼민주의, 항전건국강령이 바로 목전 법률의 토대이다. 그렇다면 적후방에 항일민주정권을 건립하고 민주정치를 실행하며 삼민주의를 실행하고 항전건국강령을 실행하며 민족이익, 항일이익을 실행하는 것을 무엇보다 높은 원칙으로 하는 것이 바로 제일 합법적이다. 따라서 실행하지 않으면 불법적이다… 대다수 인민이 인정하는 것, 선거한 것은 합법적이다. 반대로 대다수 인민이 인정하지 않는 것, 반대하는 것, 독점하고 강점하는 것은 불법이다. 항일민주정권은 인민이 선거한 것이기에 합법적이다. 기타의 정부는 인민이 선거한 것이 아니기에 불법적이다. 만약 중앙정부가 삼민주의와 항전건국강령을 실행한다면 반드시 적후방의 항일민주정부를 승인하고 그것을 지방정부로 삼아야 한다. 중앙정부가 인정하지 않는다면 중앙정부 인원이 법을 어기고 삼민주의와 항전건국강령이라는 이 법률의 토대를 어겼음을 증명할 뿐이다. 중앙정부가 '정부를 인민에게 돌려주지' 않고 항일민주정부로 개조하지 않는 것 역시 불법적이다."[705]

1945년 중경담판에서 장개석의 담판 조건 중의 하나가 바로 '법통'을 고수하는 것이었다.

705) 유소기, 「항일민주정권을 논함(論抗日民主政權)」 (1940년 12월), 『유소기선집』 상권, 175, 176쪽.

1945년 8월 29일 일기에서 그는 세 가지를 열거했다.

1)현재의 정부 법통 외에 정부 개조 문제를 언급하지 않는다. 2) 시기를 나누거나 혹은 국부적으로 해결하지 않고 반드시 현 단계에 모든 문제를 해결한다. 3) 정령, 군령의 통일에 귀결시키고 모든 문제는 반드시 그것을 중심으로 한다.[706]

당시 누군가 다음과 같이 예리하게 지적하였다.

> "정치협상회의에서 모든 정치문제의 논쟁 핵심은 바로 '법통론' 문제이고 정부를
> 대표하여 지키려고 하는 것은 바로 법통론의 수호이다. 이른바 법통이란
> 간단히 말하면 의식형태 상에서는 과거 유가 '도통' 관념의 계속이고 정치의의
> 상에서는 봉건사회에서 각 왕조의 '정통'관념의 작용을 발생시키려는 것이며
> 그것의 목적은 현 정권의 합리성, 독점성과 배타성의 이유를 설명하고 현
> 정권의 존재 이유를 설명하여 최종적으로 그것을 빌려 현 정권이 계속 변하지
> 않고 존재할 수 있기를 희망하는 것이다."[707]


## (3) 혁명과 반혁명의 '법통' 논쟁

'법통'의 논쟁은 40년대 말에 뜨겁게 발전하였다. 국민대회가 소집되었고 헌법의 반포는 중국공산당과 민주동맹을 완전히 '불법'의 위치에 놓았다. 전쟁의 전반적인 정세가 진정되자 중국공산당은 정치협상회의를 따로 열려고 계획했다. 바로 그때 '위법통'

---

706) 진효의(秦孝儀) 편, 『총통장공대사장편초고(總統蔣公大事長編初稿). 제5권』 하, 대북재단법인 중정문교기금회, 2003, 2655, 2656쪽.
707) 오단과(伍丹戈), 「법통론(法統論)」, 『평민』 1, 2, 3기, 1946, 15쪽.

폐지사건이 발생하였다.

1949년 1월 4일, 모택동은 신화사를 위해 일련의 평론을 썼는데, 그 첫 번째 평론인 『전쟁범죄자의 평화 구걸을 논함』에서 장개석가 1949년 양력설에 발표한 『신년공고』를 간단하게 평론하였다. 장개석가 그 글에서 내놓은 평화회담 '5항 조건'중의 하나가 바로 '중화민국의 법통을 중단하지 않는다'는 것이다. 이에 대해 모택동은 다음과 같이 신랄하게 풍자하였다. "중국 반동계급과 반동정부의 통치적 지위를 확보하며 이 계급과 이 정부의 '법통이 중단되지 않도록' 확보하다. 이 '법통'은 절대로 '중단'되어서는 안 되며 만약 '중단'된다면 소멸당할 것이고 국민당 비적도당이 멸망을 고하게 될 것이며 모든 대, 중, 소 전쟁범죄자들이 붙잡혀서 치죄를 당할 것이다."[708] 10일 후, 즉 1949년 1월 14일, 모택동은 장개석의 『신년문고』에 정식으로 대답을 하면서 국민당과 평화담판을 함에 있어서의 '8항조건'을 제시하였다.

> "그 조건들은 (1) 전쟁범죄자를 징벌할 것. (2) 가짜헌법을 폐지할 것. (3) 가짜법통을 폐지할 것. (4) 민주원칙에 의하여 모든 반동군대를 개편할 것. (5) 관료자본을 몰수할 것. (6) 토지제도를 개혁할 것. (7) 매국조약을 폐지할 것. (8) 반동분자가 참가하지 않은 정치협상회의를 소집하여 민주연합정부를 성립하고 남경 국민당반동정부 및 그 소속 각급 정부의 모든 권력을 수용할 것 등이다. 중국공산당은, 상술한 각항 조건은 전국인민의 공동 의사를 반영한 것으로서 오직 상술한 각항 조건 하에서 이루어진 평화만이 진정한 민주적인 평화라고 인정한다."

이것은 1949년 4월 중국공산당 대표단이 장치중(張治中)을 수장으로 하는 국민당 정부

---

708) 모택동, 「전쟁범죄자의 평화 구걸을 논함(評戰犯求和)」, 『모택동선집』 제4권, 인민출판사, 1991, 1382쪽.

대표단과 평화담판을 진행한 토대였다. 여기에서 모택동은 이미 가짜 헌법과 가짜 법통을 폐지하는 문제를 정치선언으로 우렁차게 제시하였고 법통 앞에 '가짜'라는 모자를 씌워 놓았다. 뒤이어 1949년 2월, 중공중앙은 『국민당 육법전서를 폐지하고 해방구 사업원칙을 확정할 것에 관한 지시』를 발부하였다.

기파민(紀坡民)은, 모택동이 '가짜 법통을 폐지'할 것을 선포하면서부터 당시 중공중앙 법률위원회 주임을 담임했던 왕명(王明)이 '육법전서를 폐지'할 것에 관한 문건을 작성하면서 사건이 실질적인 중요한 변화를 일으키게 되었다고 하였다.[709] 기파민의 연구 결론에 의하면 장시파오(張希坡)가 질의와 반박을 했다고 한다.[710] 총체적으로 말하면 가짜 법통을 폐지하는 사건에 관한 당대 학계의 연구 성과는 그리 많지는 않다.[711]

모택동이 정식 회담을 한지 1개월 후인 1949년 2월 14일, 신화사(陝北)는 『위법통의 폐지에 관하여』라는 제목의 글을 발표하였다. '법통' 개념에 대한 중국의 당대 법학계의 기본 관점과 이해는 대부분 이 글에서 비롯되었다. 신화사의 문답체의 이 글은 가짜법통

---

709) 기파민은 다음과 같이 생각하였다. 첫째, 모택동이 '가짜법통폐지'를 선포한 기본은 국민당의 평화 구걸 담판에 대응하기 위한 일종 정치 책략이었는데 왕밍이 '육법전서폐지' 문건을 작성하면서 우리 당이 해방구를 영도하는 데 있어서, 그리고 후에는 중화인민공화국의 사법사업에 있어서 반드시 관철, 집행해야 할 중앙의 정식 결정이 되었다. 둘째, 모택동이 '가짜법통폐지'를 선포할 때, 이 '가짜법통'이 어디에 속하고 무엇을 가리키는가 하는 것이 분명하지 못했다. '가짜 법통'을 장개석가 내전을 발동하기 위해 부가한 『헌법』, 『형법』 상의 '동원감란(戡亂)령', '긴급치죄법' 등 공산당을 반대하고 인민을 반대하고 민주역량을 진압하는 특별단행 조항을 가리킨다고 이해할 수도 있고 국민당이 일방적으로 '정치협상결의'를 파기한 것과 그의 정부가 합법적인 것이 아니기에 '가짜법통'임을 가리킨다고 이해할 수도 있다. 기파민, 「육법전서폐지 전후」, 『남방일보』 2003년 3얼 20일 자. 기파민, 『재산권과 법』, 삼련서점, 2001, 288~302쪽.
710) 장희파(張希坡), 「가짜 〈법통〉을 폐지하는 것은 국민당의 〈육법전서〉를 대표로 하는 모든 반도 법률을 폐지하는 것 -국민당의 〈육법전서〉를 폐지할 데관한 중공중앙의 지시'의 일부 사실에 부합되지 않는 대목을 겸하여 평함」, 『법학잡지』 1기, 2005.
711) 그 성과는 다음과 같은 것들이 있다. 지해평(池海平), 유화권(兪華權), 「역사의 필연적 선택과 중국 법치의 도로(歷史的必然選擇與中國法治的出路) -건국 초기 구법통의 폐지에 관한 반성」, 『이론월간』 5기, 2003. 이용(李龍), 유연태(劉連泰), 「〈육법전서〉 폐지에 관한 회고와 반성(廢除六法全書的回顧與反思)」, 이룡주편, 『중화인민공화국 법제건설의 회고와 반성(新中國法制建設的回顧與反思)』, 중국사회과학출판사, 19~51쪽. 저신가(褚宸舸), 「법통 및 그것이 전통문화 연원(法統及其傳統文化淵源)」, 『당대법학연구』 (푸단대학법학원내부간행물), 4기 2004.

폐지 사건에 관한 중공중앙의 관방 해석으로서 '법통' 논쟁에 대한 정치상의 상세한 논증을 대표하기도 한다. 그 글을 일부 발췌하면 다음과 같다.

"국민당정부의 이른바 '법통'이란 국민당 통치 권력의 법률상의 근원을 두고 하는 말이다. 국민당 반동파는 자신들의 반인민적 통치는 '합법'적 '정통'이라고 인민들을 기만하였고 국민당의 통치 권력은 1947년 양력설에 국민당 정부가 반포한 '헌법'에 근거한 것이라고 인민들을 기만하였다. 이 '헌법'은 1946년 11월 국민당 정부가 소집한 '국민대회'에 근거한 것이고 이 '국민대회'는 1931년 6월 국민당정부가 반포, 실행한 '훈정시기약법'에 근거한 것이다. 이와 같은 것들을 거슬러 올라가면 국민당의 성립에 이르게 된다…. 구 통치계급 및 그 변호인들은 흔히 마치 이러한 법통이 먼저 있고 일정한 헌법과 법률의 전통이 먼저 있은 후에 이러한 전통적인 헌법과 법률에 근거하여 모종의 국가정권이 발생하는 것처럼 거짓말을 퍼트린다. 이러한 거짓말은 역사의 진실과 전혀 부합되지 않는다. 역사의 진실을 보면 그 어떤 법통, 그 어떤 헌법과 법률이든 계급사회에서는 일정한 계급이 계급투쟁 속에서 창조하고 국가정권을 취득한 후에 창조할 수밖에 없다. 또한 그것을 빌려 이런 국가정권의 성질을 체계적으로 표현하고 일정한 역사시기 속의 계급과 계급 관계를 표현하는데 이런 관계의 토대는 생산관계 즉, 생산 수단에 대한 점유 관계이다. 그 어떤 국가 정권이든 모두 주요 생산 수단을 점유한 일정한 계급 혹은 계급의 연맹이 폭력으로 기타 계급에 대하여 계통적인 독재를 실시하고, 하나 혹은 몇 개 계급의 이익을 보호하는 것을 빌려 피 통치계급의 반항적 기관을 진압한다. 어떠한 성질의 국가정권이 있으면 어떠한 헌법과 법률계통이 있고 어떠한 법통이 있게 된다. 피 통치계급은 폭력으로 낡은 통치계급의 폭력을 뒤엎어야 만 비로소 국가정권을 탈취할 수 있다. 그렇기 때문에 혁명적 계급은 반드시 반혁명 통치계급의 반혁명 법통을 폐지하고 자신의 혁명적 법통을 새로 건립해야 한다. 국민당정부의 이른바 법통의 진실한 내용은 어떤 것인가? 국민당 정부는 자신들의 법통은 신해혁명 후의 남경 임시정부와 1925년부터 1927년의 광저우와 무한 정부를 이어받은 것이라고 스스로 떠들고 있다. 사실상, 신해혁명 후의 남경 임시정부는 일부분 자산계급과 일부분 지주 계급이 연합한, 구 민주주의 색채를 띤 독재정권이었다. 하지만 그 정부는 고작 한 달 남짓 밖에 존재하지 못하고 봉건군벌 원세개에게 탈취되었다. 1925년부터 1927년의 광저우와 무한의 정부는 무산계급이 어느 정도 참가하고 소자산계급, 자산계급 및 일부분 지주계급이 연합한, 일정하지 않은 정도의 신민주주의의 색채를 띤 독재정권이었다. 하지만 이 정권은 1927년 장개석, 왕정위를 수반으로 하는 국민당이 피비린내 나는 정변을 단행한 후 뒤엎어졌다. 국민당 반동파는 혁명을 배반하고 손중산과 그가 1924년에 중국 국민당 제1차 전국대표대회에서 제정한 혁명적 삼민주의를 배반하였으며 인민을 학살하고 제국주의에 빌붙어 대지주, 대 자산계급이 전국인민에 대하여 공포를 실시하는 반혁명 독재정권을 건립하였다. 이 반혁명 독재정권은, 장개석의 이른바 '법통' 계승의 중요한 부분마다 부득이하게 음모적인 정변, 공포, 매수, 위조 등 방법으로 실시할 정도로 고립되었다. 그렇기 때문에 국민당의 이른바 법통은 비단 인민대중들이 종래로 인정하지 않았을 뿐만 아니라, 심지어는 자산계급과 국민당 내부의 어떤 사람까지도 인정하려 하지 않는다. 장개석 집단이 계승한 것은 사실상 중국번(曾國藩), 원세개 등 봉건매판계급이 대외로는 나라를 팔아먹고 대내로는 인민들을 잔혹하게 해친 반혁명 전통이다. 태평천국 이래, 신해혁명부터 1925년에서 1927년에 이른 대혁명을 걸친 불완전한 혁명전통은 1927년 이후 계속 혁명을 견지한 중국공산당에 의해 계승되고 발양되었다. 중국인민은 중국공산당의 영도 하에 과거의 불완전한 혁명전통을 계승했을 뿐만 아니라 바야흐로 완전하고 새로운 혁명투쟁으로 자신의 완전한 혁명적 신 전통, 즉 혁명적 법통을 건립하고 있다. 장개석 집단은 자신들의 반혁명적 권력을 보존하고 혁명적 권력에 대항하기 위해 혁명적 법통을 인정하지 않고 자신들의 반혁명 법통을 고집하고 있는 것이다…. 중국 인민은 국민당의 반혁명통치를 철저하게 뒤엎은 토대위에 곧 독립, 통일, 민주, 부강의 인민 민주적 신 중국, 즉 중화인민공화국을 건립할 것이다. 이 인민민주정권은 노동자, 농민, 독립노동자, 수공업자, 지식분자, 자유자산계급과 진보인사를 포함한 절대다수의 인민을 대표한다. 이 인민민주정권의 권력 근원은 무엇인가? 인민민주정권은 그 어떤 이전에 존재했던 헌법과 법률계통에 근거한 것도, 그 어떤 예전에 존재했던 법통에 근거한 것도 아니라 무산계급이 영도 하에 인민대중들이 (노농연맹을 토대로) 제국주의를 반대하고 봉건주의를 반대하고 관료 자본을 반대한 대혁명을 진행한 승리의 결과이다."[712]

## 4. '법통'에 관한 당대 학자들의 여러 해석

### (1) 계급성에 대한 강조

1980년대 이래 부분적인 서술은 기본상 1949년에 발표된 「가짜법통의 폐지에 관하여」의 관점을 따랐다. 이를테면 『사해(辭海)』(축소본)에서 법통이라는 단어의 해석은 다음과 같다. "착취계급이 자신들의 통치권력의 법률적 근원을 가리키는 말. 그들은, 일정한 헌법과 법률의 전통이 먼저 있은 후에 이러한 전통적인 헌법과 법률에 근거하여 모종의 국가정권이 발생해야 비로소 '합법'적이고 '정통'적인 것이라고 핑계를 댄다."[713]

일부 법학전문성 사전에서는 다음과 같이 서술했다.(괄호안의 것은 다른 사전에서의

---

712) 신화사, 「가짜법통폐지에 관하여(關于廢除僞法統)」, 『인민일보』, 1949년 2월 16일 자 제1면.
713) 『사해』(축소본), 상해사서출판사, 1979, 906쪽.

다른 서술임) 법통은 법률의 전통(법의 역사적 전통 혹은 헌법성 법률의 전통)을 가리킨다. 착취계급은, 법통은 통치 권력의 법률적 근거로서 매 하나의 국가는 먼저 일정한 법률전통이 있고 그러한 전통에 근거하여 발생된 국가정권이야 비로소 '합법적'이고 '정통적'이며 이로 이해 동요될 수 없다고 생각(평계를 댄다)한다. 기실 (마르크스주의 법학 혹은 무산계급은), 국가정권은 법률에서 비롯되는 것이 아니며 그 어떤 헌법과 법률이든 모두 일정한 계급이 정권을 취득한 후, 그 정권을 수호하고 공고히 하기 위해 제정한다(법률은 정권을 장악한 통치계급이 자신이 필요한 가능성에 의거하여 제정하고 인가한다)고 인정한다. 무산계급은 (총제적으로) 반동계급의 법통을 인정하지 않으며 낡은 국가기계를 때려 부수는 동시에 낡은 법통을 폐지한다.(비판적으로 낡은 법의 유익하고 합리한 요소를 섭취하고 자신의 법률제도를 건립하며 점진적으로 자기의 법률전통을 형성한다.)[714]

## (2) 정당성에 대한 강조

그 어떤 일종의 인류 사회의 복잡한 형태든 모두 정당성 문제에 직면하게 된다. 즉 이 질서가 그 성원의 충성을 얻을 수 있는가 없는가, 왜 얻을 수 있는가의 문제이다. 만약 정치철학 입장에 서서 보면 법통은 본질적으로 정권의 정당성이다. 일부 사전들은 법통의 합법성에 대한 내용을 제시하였다. 이를테면 『현대한어사전』에는 "법통은 헌법과 법률의 전통이고 통치 권력의 법률적 근거이다"라고 해석하였다.[715] 중국 대만지구에서 출판한

---

714) 교위(喬偉) 주편, 『신편법학사전』, 산둥인민출판사, 1985, 631쪽. 『법학사전』 편집위원회, 『법학사전』 제3판, 상해사서출판사, 1989, 657쪽. 추유(鄒瑜), 『법학대사전』, 중국정법대학출판사, 1991, 1023쪽. 왕계부(王啓富), 『법률사전』, 지린인민출판사, 1998, 1095쪽. 그중 『법률대사전』에서는 법통은 일반적으로 법률의 전통을 가리키면서 또 일정한 법률제도에 의해 형성된 통치 질서와 상태를 특히 가리키기도 한다고 지적했다.
715) 중국사회과학원 언어연구소 사전편집실, 『현대한어사전』, 상무인서관, 1983, 297쪽.

『사해』,『중화대사전』 에는 "법통은 법률관계상의 정당한 계통, 즉 법률상의 합법적 지위가 있음을 일컫는데 정통이라고도 한다"고 해석했다.[716]

### (3) 문화성에 대한 강조

무수신(武樹臣) 은 법률실천활동을 지배하는 가치 토대를 '법통'이라고 부르고 입법, 사업의 기본 방식을 포함한 가치 토대의 사회화 과정을 '법체'라고 불렀다. '법통'과 '법체' 사이에 양자를 소통시키는 경로, 즉 법률적 사유 활동이 있다. 그는 다음과 같이 생각하였다. 한 민족 혹은 한 국가의 '법통'과 '법체'는 장기간을 거쳐 형성되기에 상대적으로 안정적이다. 하지만 법률의 사유 활동은 상대적으로 활동적이고 변동적이다. '법통'으로부터 법률사유 활동을 거쳐 다시 '법체'의 정(靜)과 동(東)의 통일을 이루면 총체적인 법률실천 활동을 구성한다.[717]

유영근(兪榮根) 은 『도통과 법통』 이라는 책의 '자서'에서 다음과 같이 제시하였다. 도통은 중국 문화사상의 고유한 범주이다. 법통에는 계급성 일면 외에도 또 민족적, 문화적 품성이 있다. 법통은 법계의 기본 정신이고 법계의 영혼이다. 중화 법계의 법통은 유가의 도통과 일치하는 중국 고대법에 일관된 문화정신이다. 법통은 도통처럼 스승의 학예가 제자에서 제자로 대대로 전해지고 스스로 계통을 이룬다.[718]

유영근(兪榮根) 은 만년에 출판한 『중화백과대사전』 에서 다음과 같이 인정했다. "법통은 일반적으로 역사 전통을 가리킨다. 즉, 법률 중에 영원한 가치를 가지고 있는 요소이다. 국가 통치계급은 자신의 통치 권력의 합법과 정통을 설명하기 위해 자기들이

---

716) 『사해』 최신증보본, 중책, 타이완중화서국, 1982, 2622쪽. 『중화대사전』 19책, (대북)중국문화연구소, 1968, 8017쪽.

717) 무수신(武樹臣) 등, 『중국전통법률문화』 , 북경대학출판사, 1994, 35쪽.

718) 유영근(兪榮根), 『도통과 법통』 , 법률출판사, 1999, 27~28쪽.

제정한 법률제도를 영원하고 대대로 전해지며 시종일관 변하지 않는 전통 제도로 간주한다. 마르크스주의 법학은, 모든 법률에는 모두 계급성이 있기에 무산계급은 정권을 취득한 후 당연히 낡은 전통을 폐지하고 무산계급 통치 질서에 적응되는 법률제도를 건립해야 한다고 생각한다."[719]

역사문화는 정신과 가치의 저장 장치와 표현으로서 역사 문화는 응집의 기능을 가지고 있다. 그것은 대대로 전해지는 친연(親緣)의식과 사회성원의 승인이 있기에 그 규범 기능은 흔히 무형의 방식으로 표현되는데 주로 행위에 대한 합리성과 정당성으로 도덕적 판단과 평가를 진행한다. 바로 양조룡(楊兆龍)이 비교적 일찍이 말한 것처럼 새로운 법률 혹은 후에 발생한 법률은 낡았거나 혹은 먼저 발생한 법률을 흡수하는데 이런 사실의 발생은 우연한 것이 아니라 필연성을 띠고 있다. 실제에 있어서 하나의 신 정권이 건립된 후 일부 주도성 혹은 관건성 법률 규범을 건립할 뿐 꼭 완전히 '무'에서 창조해 내는 것은 아니다. 그 보조성 혹은 종속성 법률규범의 대부분은 과거의 오랜 경험의 지혜가 누적된 결과이다.[720]

### (4) 절차성에 대한 강조

지웨이둥(李衛東)은 절차를 중국 법치문제를 해결하는 관건으로 삼으면서 다음과 같이 생각하였다. 개인이 이익을 권리로 전변시키지 않으면 그 이익은 안정하지 못하고 국가가 복종을 의무로 전환시키지 않으면 그 복종은 믿을 만한 것이 못된다. 이런 전환을 실현하는 장치가 바로 절차이다. 절차의 요건이 결여된 법제는 조화롭게 운영되기 어렵고 억지로 추진하면 고대 법가의 엄격하고 가혹한 형벌과 법령과 같아진다. 그 결과 흔히 치법은 존재하나 치법이 망하게 되는 것이다. 그렇기 때문에 절차는 당연히 금후 중국

719) 『중화백과대사전』, 중국대백과전서출판사, 1999, 48쪽.
720) 양조룡(楊兆龍), 『장자오룽법학문집』, 17쪽.

법제건설 내지는 사회발전의 진정한 초점이 되어야 한다. 일정한 조건하에서 가치문제를 절차문제로 전환하여 처리하는 것은 정치 교착 국면을 타파하는 현명한 선택이다.[721] 이 이론에 근거하여 지웨이둥은 헌법 최고 효력의 토대는 무엇이며 헌법을 바꾸는 근거와 조건은 또 무엇인가라는 문제에서 헌법의 본질은 일종 특수한 규범 구조와 공정한 절차에 있다면서 다음과 같이 생각하였다. 그것은 단지 강권(强權)이 누구에게 속하고 여론이 어느 쪽에 치우치는가 하는 문제만이 아니다…. 절차는 만능이 아니지만 절차는 갈수록 가장 기본적인 가치 근거가 되고 역으로 실질적인 내용 자체에도 깊은 영향을 끼친다.[722]

하용(夏勇)은 더 나아가서 법통은 곧 절차 법칙이라고 인정하면서 다음과 같이 제시하였다. 가치법칙, 정치법칙과 절차법칙은 각각 인본과 자유, 인민주권과 절차정의를 체현하는데, 중국 전통의 술어로 표현하면 바로 각각 도통, 정통과 법통을 대표한다. 가치법칙과 정치법칙, 절차법칙의 관계는 도통과 정통, 법통의 관계이다. 유학의 말로 하면 내성(內聖)과 외왕(外王)의 관계이다.[723]

또 다른 글에서 하용은 '절차법칙'의 중요성을 재차 강조하였다.

(중국)은 규범화, 절차화의 제도 배치가 취약하고 주의력을 주로 혁명, 기의 혹은 정치운동, 사회운동에 돌렸으며 정권을 탈취한 후에도 민주와 법치의 원칙에 따라 절차합법성의 문제를 해결하기 어려웠다. 제일 취약한 곳은 인간 본위의 가치 법칙이거나 인민주권의 정치법칙에 있는 것이 아니라 제도 이성에 관한 절차 법칙에 있다. 한 정권을 뒤엎는다는 것은 흔히 도통, 정통, 법통을 동시에

721) 계위동(季衛東), 『법치질서의 구축(法治秩序的建構)』, 중국정법대학출판사, 1999, 85, 10, 11쪽.
722) 계위동(季衛東), 「헌법의 새 범식(憲法的新範式)」, 『독서』 12기, 2003.
723) 하용(夏勇), 「중국헌법개혁의 몇 개 기본 이론문제(中國憲法改革的幾個基本理論問題) ―'헌법개혁'에서 '헌정헌법'까지」, 『중국사회과학』 2기, 2003.

훼멸시키는 것이다.[724)]

기실 '법통'을 절차법칙, 절차정의로 이해하는 것은 견강부회(牽强附會)의 혐의가 있고 가치법칙과 정치법칙, 절차법칙의 관계는 도통과 정통, 법통의 관계이고 내성과 외왕의 관계라고 말하는 것은 보다 정교하고 세심한 논증이 결여된 듯하다.

---

724) 하용, 「민본과 민권: 중국권리언어의 역사 토대(中國權利話語的歷史基礎)」, 『중국사회과학』 5기, 2004.

## 제6절
## '헌정' 개념에 대한 당대 중국의 연구


국가도서관에 소장된 문헌 통계에 의하면 1980년부터 1995년까지 15년간 제목에 '헌정'이라는 단어가 들어간, 엄격한 의미에서의 학술저작은 고작 두 부 뿐이다.[725] 하지만 1980년대 말기에 중국에서 출판한 사전에 이미 '헌정'이라는 단어가 나타났는데 "헌정은 헌법을 중심으로 한 민주정치이다. 즉 민주와 법제의 결합으로 정권을 구성한 조직형식이다"라고 해석하였다.[726] 당대 중국에서 헌정 개념에 관련된 연구가 활발해진 것은 1990년대부터이다.[727] 그 후 '헌정'이라는 단어는 기본상 법학계를 풍미하는 개념의

---

725) 그것은 중화인민공화국 헌법학의 기초를 세운 한 사람인 장우어의 문집 및 그가 지도한 박사 천윈성(陳云生)의 저작이다. 장우어, 『헌정논총』, 군중출판사, 1986. 진운생, 『민주헌정의 새로운 조류(民主憲政新潮): 헌정감독의 이론과 실천』, 인민출판사, 1988. 진운생의 저작은 그의 박사논문(『헌법감독의 이론과 실천』, 중국사회과학원, 1987년)에 근거하여 수정한 것임. 그 외 대홍자(戴鴻慈)의 『구국출사일기: 청말 서양에 가서 헌정을 고찰한 5대신 중 한 사람의 일기』, 호남인민출판사 1982 및 상해사회과학원 법학연구소 편역실에서 편역한 『각국 헌정제도와 민상법 요람(各國憲政制度和民商法要覽)』(유럽, 아프리카, 미주, 대양주, 아시아주 분책), 법률출판사 (1986~1987)이 있다.

726) 『헌법사전』, 지린인민출판사, 1988, 351쪽. 『헌법학사전』(산둥대학출판사 1989, 692쪽)의 정의도 이와 비슷함.

727) 비교적 일찍 잡지에 등재된 논문은 주로 장원센, 신춘응(信春鷹)의 「민주+헌정=이상적 정치제도」(『비교법연구』 1기, 1990)와 린저(林喆)의 「헌정개념의 식별분석」(『중국법학』 1993년 제2기)이 있다. 주의를 돌릴만한 것은, '헌정'이라는 단어가 1990년대에 이미 박사학위논문에 나타나기 시작했고 국가도서관에서 소장한, '헌정'이라는 단어를 키워드로 한 박사학위논문 중에서 제일 빠른 것은 1990년 중국사회과학원 왕숙문(王叔文)이 지도한 유소군(劉笑君)의 논문 『중국특색이 있는 사회주의헌정 건설을 논함(論中國特色的社會主義憲政建設)』(중국사회과학원 헌법학 전업, 1990년)이라는 점이다. 그 후 또 북경대학에 두 편의 논문이 있는데 하나는 조보조(趙寶照), 이경붕(李景鵬)가 지도한 요예명(姚禮明)의 타이완문제 연구 논문 『대만헌정체제의 변천(臺灣憲政體制的變遷)』(북경대학 정치학이론전업, 1992년)이고 다른 하나는 장국화(張國華)가 지도한 조아군(趙雅君)의 근대법률사 방면의 논문 『헌정사상의 집착 추구자(憲政理想的執着追求者): 양계초의 헌정생애와 헌정사상』(북경대학, 1993년)이다. 무한대학 하화휘(何華輝)가 지도한 3편의 박사논문 제목에도 모두 '헌정'이라는 단어가 나타났는데 그것들로는 주민(周敏)의 『헌정절차론』(1994년), 주평학(鄒平學)의 『정치적 경제 분석』(1995년)과 당숭은(唐崇銀)의

언어가 되었고[728] 최근 년 간 앞에서 서술한 '헌정개념 취소론' 및 관련 논쟁이 나타나기에 이르렀다.

진단홍(陳端洪)은 중국 당대에 '헌정' 개념을 비교적 일찍 연구한 학자중의 한 사람이다. 그는, 헌정은 바로 유한정부이고 그것은 정치행위와 정부활동에 대한 유효한 통제기술의 확립과 유지를 지향하는데 그 목적은 인간의 권리와 자유를 보장하려는 데 있다고 명확하게 단언하였다.[729] 이 정의는 헌정에 대한 1980년대 사전의 이해와 부동한 점이 많다.

추평학(鄒平學)는 비교적 일찍이 헌정개념의 정의 방법에서 중국에서 대표성을 띤 5종의 헌정 개념을 종합해 냈다. 첫째, 정태 서술을 위주로 하고 동태를 겸하여 함유한 계정(界定).[730] 둘째, 실질 요건과 형식 요건 두 가지 방면의 정의.[731] 셋째, 민주정치의 요의를 뚜렷하게 하고 동태서술과 정태 개괄을 함께 중요시한 것.[732] 넷째, 헌법의 동태 과정으로 헌정의 요소를 보여준 것.[733] 다섯째, 헌정과 민주, 자유의 실제 관계에 대한

---

『중국공민의 권리 수요와 헌정동력 기제 전환을 논함(論中國公民權利需求與憲政運動力機制轉型)』(1996년) 이다.

728) 국가도서관의 소장의 통계에 의하면 1996년부터 2000년 사이의 책 중에 '헌정'이라는 단어가 들어가 있는 학술저작은 각각 3, 9, 3, 3, 3부이고 2001년부터 2007년 사이에는 일약 늘어나서 각각 6, 10, 11, 32, 20, 24, 21부이다. '헌정'을 제목의 키워드로 한 박사논문은 130편인데 2004년(2004년 포함) 이후에 84편, 2003년 이전에 46편(그중 1999년에만 해도 8편임)이다.

729) 진단홍(陳端洪), 「헌정초론(憲政初論)」, 『비교법연구』 4기, 1992. 진단홍, 『헌법과 주권』, 법률출판사, 2007, 5쪽.

730) 헌정은 일종 정치형태라고 인정하는 것인데, 중국 헌법학의 기초를 세운 장우어의 정의(뒤에 상세하게 서술함)가 대표적이다.

731) 허숭덕는, 모택동이 제시한 헌정은 바로 민주정치이고 헌정의 실질적 함의를 구성하였는데 거기에 형식을 첨가하면 헌정은 당연히 헌법을 실시하는 민주정치라고 생각하였다. 허숭덕, 「사회주의 헌정의 평범하지 않은 역정(社會主義憲政的不平凡歷程)」, 『중국법학』 5기, 1994. 이와 비슷한 서술은 이룡(李龍)이 주편한 『헌법기초이론』, 143쪽을 참조할 수도 있다.

732) 헌정은 헌법이 확인하고 규정한 민주정치제도 및 그 실시라고 인정하는 것이다. 장경복(張慶福), 『헌법과 헌정』, 허숭덕 주편, 『헌법과 민주정치』, 중국검찰출판사, 1994, 11~12, 42쪽. 이와 유사한 서술은 장경복이 주편한 『헌법학 기본 원리』 상책(사회과학문헌출판사 1999), 39, 55~56쪽이 있다.

733) 헌법은 미주, 인권과 법치 3요소를 포함한 하나의 동태적 과정이라고 인정한다. 곽도휘(郭道暉), 『헌정간론』, 『법학잡지』 1993년 제5기.

판별과 분석을 통하여 헌정을 인식하는 것.[734] 추평학는 분석을 통하여 중국학자들은 보편적으로 모택동의 헌법에 대린 정의를 받아들였다고 생각하였다.[735]

1990년대 중기에서 말기에 이르면서 '헌정'이란 화제가 흥기하던 때의 저작들을 총체적으로 분석해 보면 세 갈래 학술 맥락을 볼 수 있는데 완전히 다른 학술 취지를 체현하였다.

첫째, 서방학문과 서방제도를 소개한 것인데 주요 대표 저작으로는 양치평(梁治平), 하위방(賀偉方)이 주편하고 북경 삼련서점이 출판한 '헌정번역총서'를 첫 손에 꼽는다.[736] 지금까지 영향이 비교적 큰 것은 또 유군녕(劉軍寧)의 전문저서 및 장천범(張千帆)의 체계서이다.[737] 그 외 또 유향문(劉向文), 송아방(宋雅芳)의 전문저서와 유해년(劉海年) 등이 주편한 '중국-스위스헌법국제연구토론회문집' 등이 있다.[738]

둘째, 중국헌정사의 연구이다.[739] 헌정사에 대한 연구는 지금까지 진행되고 있다. 그것은 중국근대경험과 학리자원에 대해 정리하고 다시 다루는 것을 통하여 역사로 현실의

---

734) 두강건, 「신헌정주의와 정치체제개혁」, 『저장학간』 1기, 1993

735) 저풍학, 「헌정학설」, 『법학평론』 2기, 1996.

736) 이 번역총서에서 1996년에 출판한 책들로는 다음과 같은 것들이 있다. [미] Lousi Henkin, 『헌정. 민주. 대외사무』 덩정라이(鄧正來)역. [미] Lousi Henkin, Albert J.Rosenthal 편, 『헌정과 권리: 미국헌법의 국외영향』, 정거(鄭戈) 등 역. 1997년에 에 출판한 책들로는 다음과 같은 것들이 있다. [미] 엘스터, [노르웨이] Rune Slagstad 편, 『헌정과 민주: 이성과 사회변천 연구』, 반근(潘勤), 사붕정(謝鵬程) 역. [미] Stephen L.Elkin, [미] Karol Edward Soltan, 『신헌정론: 아름다운 사회를 위해 정치제도를 설계하다』, 주엽겸(周葉謙) 역. [미] 卡爾.J.弗里得里希, 『초험정의: 헌정의 종교지위(宗敎之維)』, 주용(周勇), 왕려지(王麗芝) 역, [미] Kenneth W.Thompson 편, 『헌법의 정치이론』, 장즈밍(張志銘) 역. [영] M. J. C. 웨이열(維爾), 『헌정과 분권』, 수리(소력) 역. [영] W. vIor 詹宁斯, 『법과 헌법』, 공상서(龔祥瑞), 후건侯健) 역 등.

737) 유군녕(劉軍寧), 「공화. 민주. 헌정: 자유주의사상 연구」, 장천범(張千帆), 『서방헌정체계』 상, 하책. 중국정법대학출판사, 2000~2001.

738) 유향문(劉向文), 송아방(宋雅芳), 『러시아연방헌정제도』, 법류출판사 1999, 유해년(劉海年), 『인권과 헌정』, 중국법제시판사, 1999.

739) 2000년 이전의 주요 저작들로는 왕영상(王永祥)의 『중국현대헌정운동사』, 인민출판사, 1996; 은소호(殷嘯虎)의 『근대중국헌정사』, 상해인민출판사, 1997; 왕인박(王人博)의 『헌정문화와 근대중국』, 법률출판사 1997; 지은비(遲雲飛)의 『송교인(宋敎仁)과 중국민주헌정』, 호남사법대학출판사, 1997; 강평(姜平)의 『중국백년민주헌정운동』, 감숙인민출판사, 1998, 은소호, 『중화인민공화국헌정의 길』 (1949-1999), 상해교통대학출판사, 2000.

관심사를 서술하고 표현하려는 당대학자들의 시도와 무관하지 않다.

셋째, 중국의 당대 문제에 입각한 것이다. 이런 유형의 저서들은 비교적 적다.[740]

1990년대 초 중기에 수많은 학자들이 헌정에 대해 직접 가가자의 정의를 내렸다. 그 후 대부분 학자들은 '헌정은 무엇 무엇이다'라는 전칭판단(全稱判斷)은 피하고 다만 헌정이 포함하고 있는 요소의 각도에서 분석적인 논술을 하였다. 이를테면 전복신(錢福臣)은 담겨져 있는 내용이 제일 많은 헌정정의에는 법치, 인민주권, 민주, 분권과 제형, 인권 등 다섯 가지 요소를 포함하고 있는 대신 담겨져 있는 내용이 제일 적은 헌정정의는 권한 제한이라고 생각[741]했고 신춘잉(信春鷹)은 헌정 3요소설을 제시했는데 거기에는 인민주권의 공시, 법치와 분권제형의 정부, 위헌심사기구의 설립, 안정적인 사법독립제도의 보장, 개인인권에 대한 존중과 보장이 포함되어 있으며,[742] 이보운(李步云)은 3요소설을 제시하여 민주는 헌정의 토대이고 법치는 헌정의 중요한 조건이고 인권보장은 헌정의 목적이라고 주장했고,[743] 주엽중(周葉中)이 주편한 교재는 4요소설을 주장하면서 헌정은 헌법을 기초로 하고 민주정치를 핵심으로 하며 법치를 초석으로 하고 인권 보장을 목적으로 하는 정치형태 혹은 정치과정이라고 주장했다.[744] 상술한 저서들을 읽고 연구하고 나면 어떤 관점을 막론하고 모두 모택동을 대표로 하는 중국 공산당인들이 1940년대에 헌정에 대해 내린 정의, 즉 '헌정은 무엇인가? 그것은 곧 민주의 정치이다'라는 정의를 피해가지 못했다는 것을 발견하게 된다. 모택동의 이 정의는 '헌정' 개념에 관련한 당대 중국의 전범성(典範性) 정의 중 하나로 볼 수 있다고 말할 수 있다.

---

740) 하화휘(何華輝), 이룡(李龍), 『시장경제와 사회주의헌정건설』, 무한대학출판사 1997년 판; 모지홍(莫紀宏), 『헌정신론』, 중국방정출판사 1997년 판; 장경복(張慶福), 『헌정논총』 제1권, 제2권. 법률출판사 1998~1999년 판.

741) 전복신(錢福臣), 『헌정철학문제요론』, 법률출판사, 2006, 3~21쪽 참조.

742) 신춘응(信春鷹), 「헌정: 현대헌법의 정수」, 이보운(李步云) 주편, 『헌정비교연구』, 법률출판사, 1998, 149~151쪽.

743) 이보운(李步云), 「헌정과 중국」, 이보운, 장원센 주편, 『법리학논총』 제1권, 법률출판사, 1999, 589쪽.

744) 주엽중(周葉中), 『헌법』 제2판, 고등교육출판사, 북경대학출판사, 2005, 177쪽.

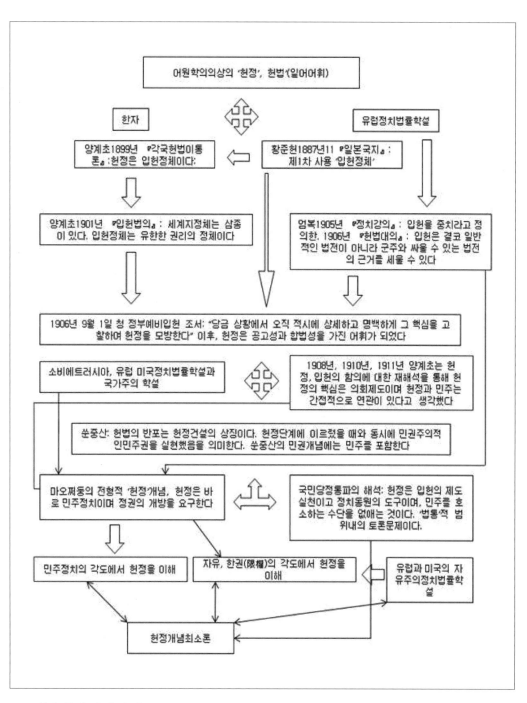

중국식'헌정'의 개념 발전도

# 제7장

## 민주 개념 및 그 변화

2006년 '민주는 좋은 것'이라는 유가평(兪可平) 의 통속적인 표현은 근대에 있어서 중국식 '민주'에 관한 토론을 불러일으켰다.[745] 어떤 사람은 민주의 보편성을 강조하면서 국정을 구실로 민주화의 발전을 제지하는 것에 반대하였고 또 어떤 사람은 민주는 서방의 언어체계에 속한다고 인정하면서 중국은 당연히 의식형태 영역에서 적극적이면서 용감하게 서방과 경쟁을 하고 '자유민주'의 언어 계통을 분석하여, 실사구시적으로 중국인의 생활방식을 종합하고 '중국도로' 혹은 '중국양식'의 이론에 대한 해석을 해야 한다고 주장하였다. 하지만 또 어떤 학자들은, 이러한 논쟁은 하나의 측편에 있는 것도 아니고 동일한 문제도 아니라고 제시하면서 다음과 같이 말했다. "민주는 일단 발생되면 보편적인 의의를 띤다. 영국, 미국에서 민주를 실행한 이래 전 세계 3분의 2의 지구에서 민주를 실현했다는 점에서 그 보편성의 정도를 알 수 있다. 하지만 민주가 어떤 지구에서 어떤 형식으로 나타나는가 하는 것은 당연히 나라에 따라서 다르고 민족에 따라서 다르다.'[746]

근래의 토론에서 민주개념의 논쟁은 주로 민주의 함의에 '절차성'과 '실질성'이 존재하는가의 쟁의와 '위로부터 아래로'와 '아래로부터 위로'가 존재하는가의 논쟁이다. 오랜 시간 동안 민주에 대한 우려는 주로 조작적 측면에 있었다. 첫째, '공동의 결정'이 포퓰리즘으로 넘어가거나 다수 자의 폭정(폭민정치)이 되는 것을 근심한 것이고, 둘째, 인민이 주인이 되는 것이 제도를 통해 조작(操作)되기 어렵고 인민은 흔히 '대표하는'

---

745) 유가평(兪可平), 『민주는 좋은 것(民主是個好同書) —유가평탐방기』, 사회과학문헌출판사, 2006.
746) 주학근(朱學勤), 『2007: 사상은 파국되고 있고 개혁은 개방해야(思想在破局,改革要開放) —주학근탐방록』, 『남방도시보』, 2007년 12월 31일, 2008년 1월 1일.

사람에서 '대체되는' 사람이 됨으로써 개별적 엘리트의 독재가 형성될 것을 걱정한 것이다.

현실 중의 곤혹을 해결하자면 역사를 되돌아 볼 필요가 있다. 중국에서 민주는 어떤 언어환경에서 쓰이는가? 민주개념은 어떻게 근대 중국의 백 여 년이라는 이 '장역(場域)' 속에서 발전되었는가? 민주와 헌정에는 어떤 관계가 존재하는가? 본 장에서는 관련 학설에 대한 회고와 역사사실의 상호 해석을 통하여 이 문제들에 답하려 한다.

제2절
중국식 '민주' 개념의 형성

## 1. 서방에서의 민주개념 발생과 발전[747]

민주개념은 서방에서 아주 일찍 발원하였지만, 서방의 전통적 사상에서의 발전 중에서 흔히 칭찬보다는 비방이 많았다. 실증의 각도에서 말하면 2,500년의 역사에서 처음 2,300년은 '나쁜 것'으로 간주되었고 최근 10여년에 와서야 바뀌어 '좋은 것'으로 간주되었다.[748]

고대 그리스에서 민주의 본래 함의는 '인민의 통치'로 한계가 정해졌다. 이른바 민주란 공민이 참정하여 폴리스의 공공사무를 친히 결정하고 관리하는 것, 즉 공민이 스스로 자기를 다스리는 것이다. 민주의 개념은 여러 가지가 있지만 그 중 광범위하게 인정되는 개념은 '인민의 통치'이다. 일상생활 속에서 민주는 흔히 사람들에 의해 일종의 집체 행위를 가리켰다.[749] "플라톤은 『이상국』에서 민주의 좋고 나쁨의 구별을 지적하였고, 아리스토텔레스는 『정치학』에서 민주는 정상적인 상황에서 가장 좋은 체제라고 인정했다."[750]

---

747) 편폭의 제한과 논술의 중점을 고려하여 본 부분에서는 중국 근대 민주사상에 영향을 준 서방의 정형시기(18세기 중엽에서 제1차세계대전 이전)의 민주사상에 대해 정리하고 최근 20년, 특히 요즘의 서방 민주사상의 발전에 대해서는 생략한다.

748) 왕소광(王紹光), 『민주4강(民主四講)』, 생활. 독서. 신지식 삼련서점, 2008, 2쪽.

749) 최초에 민주는 생산과 생활에서 인류 조직활동의 결책방식이었다. 사회성원이 공공이익의 결책에 참여하고 영향을 주는 것은 민주를 식별하는 하나의 관건적인 요소였다. [미] 코언(科恩), 『민주를 논함』, 네충신(聶崇信), 주수현(朱秀賢) 역, 상무인서관, 1988, 10쪽.

750) 처칠은 후에 "민주는 가장 나쁜 체제이다. 다만 기타 정체는 더 안 좋을 뿐이다"라는 명언을 했다. 민주에 대한

중세기에 '민주'는 일종의 특정된 고대 정체로 간주되었다. 중세기에 '민주'라는 단어는 정치와 사회 상황을 보여주는 개념이 아니라 단지 학자들이 아리스토텔레스의 이론을 담론할 때만 학술용어로 나타나는 단어였다. 중세기에 대다수 학자들은 '순 민주' 혹은 '절대 민주'의 가능성을 의심하는 것에 관한 아리스토텔레스의 관점을 답습하였다. 후에 홉스가 제시한 사회계약설은 그 목적이 전제주의의 합리성을 논증하려는 데 있으며 뚜렷한 반민주성질을 가지고 있다. 그와는 달리 스피노자도 세 가지 종류의 국가, 즉 민주제, 귀족제와 군주제 국가를 고찰하였는데 그는 군주제를 주장하지 않고 민주정체를 옹호하였다.

민주가 서방에서 모두의 긍정을 받는 것은 18세기 중엽 이후의 일이다. 방유규는 다음과 같이 생각하였다. "1780년부터 1800년까지는 현대 민주사조가 궐기한 관건적인 년대이다. 근본적으로 말하면 오늘날의 '민주'개념의 어의는 프랑스대혁명 전후에 발생하고 발전했으며 널리 전파되었다. 한 방면으로 '민주'는 학자의 용어에서 흔히 보는 정치술어로 철저하게 전환되어 일부 당파가 스스로 자기를 한계를 짓거나 혹은 정체 특색을 서술할 때 쓰였고 가끔은 정부 문건에도 나타났으며, 다른 한 방면으로 '민주'개념의 광범위한 사용과 더불어 그 어의는 크게 확장되어 일반 사회와 역사 철학의 내용이 첨가되었다."[751]

칸트는 1795년의 중요한 저작 『영구적 평화를 논함』에서 정부형태 및 국가가 어떻게 정권을 사용할 것인가를 담론하면서 한 나라가 공화가 아니면 전제라고 지적하였다.

그는 이것이 아니면 저것이라는 두 가지 체제로 전통적인 아리스토텔레스의 3종 형태, 즉 군주제, 귀족제와 민주제(그것이 변형된 정체는 각각 참주정체, 과두정체, 평민정체이다)를 대체하였고 몽테스키외가 『법의 정신을 논함』에서 구분한 군주제, 공화제와 독재를 비켜나갔다. 칸트는, 군주제도 마찬가지로 변혁의 길에서 공화적, 혁명적 목적에 도달할

---

이런 해석은 뒤에 나오는, 이른바 '소극적 민주'에 관한 개괄을 참조.

751) 방유규(方維規), 「서방과 중국의 '의회', '민주'와 '공화' 개념의 변천(議會, 民主與共和概念在西方與中國的嬗變)」, 『21세기』 4기, 2000.

수 있다고 생각하였다. '공화'는 칸트의 이론에서 비단 민주사사의 대개념이 되었을 뿐만 아니라 역사철학의 가치 취향 개념의 높이에 이르렀다. 그는 중요한 것은 정신력이라고 보았고, 당연히 어떻게 통치해야 하는가 하는 문제에서 그는 오로지 대의제의 공화국이야 말로 미래에 바람직한 체제이고, 기타 모든 비대의제 정부 형태는 기형적인 괴물이라고 생각하였다. 방유규는 다음과 같이 생각하였다. "칸트의 관점은 시대의 계발에서 온 것이다.

1793년에 채택된 『프랑스헌법』은 주권이 인민에게 속한다고 선언했다. 프랑스 대혁명은 실천 상에서 결코 전통적인 것과 순 민주에 대한 의심을 불식시키지 못했을 뿐만 아니라 그와는 반대로 극단민주의 헌법이 더구나 그런 의심을 더해 주고 조장시켰다. 그렇기 때문에 혁명 이후의 복벽시대에 유럽의 언어 속에서 '민주'와 '민주주의'의 태반은 방법적 의미의 책망을 내포하고 있는 용어였다. 그것은 '민주' 개념이 바야흐로 중국에 들어오기 시작한 때였다.[752]

방유규는 한걸음 더 나아가서 다음과 같이 생각하였다. 프랑스대혁명시대부터 '민주'개념은 더는 체제와 국가 형태에 국한되지 않고 역사성과 사상상 확장을 하여 '민주'는 한 사회와 정신의 개념이 되었고 일종 민주원칙에 관련이 되는 학설이 되었다. '민주'는 결코 정체에 전부 의뢰하지 않고 군주입헌제라고 하더라도 마찬가지로 민주정치를 실현할 수 있다. 그것의 근거는 일종 원시적 사회계약이고 중인의 의지를 토대로 한 정치사상으로서 아리스토텔레스의 국가형태를 의거로 한 민주제에서 벗어나서 '민주'가 하나의 발전추세와 역사운동의 개념이 되도록 하였다.[753]

장호(張灝)는 18세기 중엽에서 제1차 세계대전까지가 민주사상이 정형화된 시기이고, 중국의 근대민주사상에 영향을 준 것도 여기 이 시기의 서방 민주사상이었다고 생각하였다.

이 시기의 서방 민주사상은 대체로 적극적인 민주관념과 소극적인 민주관념 두 가지

---

752) 방유규(方維規), 「서방과 중국의 '의회', '민주'와 '공화' 개념의 변천」, 『21세기』 4기, 2000.
753) 방유규, 위의 논문, 『21세기』 4기, 2000.

유형이었다. 적극적인 민주관념의 전제는, 민주는 일종의 도덕 이상을 실현하기 위해 발생된 제도라고 생각하는 것이다. 서방 근대사조, 이를테면 공화주의, 프랑스대혁명 전후의 격진주의, 19세기의 신혜겔주의 및 사회주의, 무정부주의 등은 모두 그 현저한 형상과 흔적이 있다. 적극적인 민주관은 서방의 민주참여 및 입헌정체가 사상적으로 발전하는데 일찍이 아주 중요한 공헌을 하였다. 하지만 동시에 그것은 왕왕 집체주의와 유토피아적 경향이 있었다. 루소와 마르크스 사상이 그 뚜렷한 예이다. 그들은 모두 민주는 하나의 도덕적 이상을 실현하기 위해 설치하는 제도라고 생각하였다.[754)]

소극적인 민주관은, 민주는 도덕적 이상의 실현을 목표로 한다는 것을 인정하지 않았다. 그들은 다음과 같이 생각하였다. 민주는 인성의 한계에 초점을 맞추어 구상한 일종의 제도이다. 인간의 자사자리(自私自利)를 근원적으로 제거할 수 없다. 오로지 제도로 효과를 통제하거나 인도하려고 추구할 뿐이다. 이것이 바로 민주의 기능이다. 서방 근대사상에서 인성의 한계에 대한 자각은 두 가지 근원이 있다. 하나는 유대교와 기독교 전통에서 온 인성 죄악관이고, 다른 하나는 서방 근대의 르네상스 이래 인성에 대한 관찰에서 축적한 현실관이다. 소극적인 민주관은, 민주는 다만 일종의 제도, 일종의 절차일 뿐으로 개인 권리의 보호는 외래의 침해(이 침해가 기타 개인이든 정부 전제든 다수 군중의 독단이든지를 막론하고)를 받지 않고 자사자리한 평범한 대중으로 하여금 그것이 개인, 단체를 막론하고 피차 충돌할 권리를 주며 거래흥정의 방법이나 서로 양보하는 방법으로

---

754) 루소의 민주관념은 자유에 대한 그의 두 가지 관념(자연적 자유와 정치적 자유)에 기반을 두었다. 정치적 자유란 오직 오로지 인류 군체적 생활에서만 비로소 실현되는 자유를 가리킨다. 루소는 정치적 자유는 고대 그리스, 로마의 폴리스 정치에서 일찍이 진정으로 실현되었다고 믿었다. 루소의 민주관 역시 고전공화주의에 근거하여 구상한 것이다. 그렇기 때문에 그것은 집단주의를 토대로 매우 이상화했다. 즉 민주공화정치하에서 사람마다 자유스러울 뿐만 아니라 개인 자유의 핵심은 조화롭고 사심이 없는 사회였다. 마르크스의 민주관은 당시 '자유주의식의 민주'에 대한 맹공격하면서 민주는 하나의 도덕적 이상을 실현하기 위해 설치하는 제도이고 이 제도의 구상에는 강렬한 집단주의 정신과 유토피아주의 색채를 함유하고 있다고 주장하였다. 장호(張灝), 「중국근대전형시기의 민주관념(中國近代轉型時期的民主觀念)」, 『유암(幽暗)의식과 민주전통』, 신성출판사, 2006, 229~230쪽.

상호 조절하고 피차 타협하면서 평화롭게 군체 생활을 영위해 나가는 것이다. 그렇기 때문에 민주에는 숭고한 목표가 없다. 확실히 존 스튜어트 밀이 강조한 것처럼 민주는 인성의 자사자리에 적응하기 위해 발전한 하나의 억지로 실현하는 제도일 뿐이다. 이러한 사상은 『연방당인문집』에서 비교적 선명하게 드러났다.[755]

## 2. 중국 '민주' 개념의 기원

중국에서의 서방민주사상의 발전은 먼저 개념을 들여와서 소개하고 후에 정치운동과 정치실천으로 추동하는 경로를 따랐다. '민주'라는 단어가 중국의 문화언어 환경에서 기원하여 변화한 과정에 대하여 웅월지(雄月之), 방유규(方維規), 김관도(金觀濤), 유청봉(劉青峰), 왕인박(王人博), 계굉성(桂宏誠) 등 학자들이 이미 가치 있는 연구를 진행하였다.[756] '민주'라는 단어는 예로부터 중국에 있었다. 선진문헌 중에서 그 함의는 인민의 통치자(제왕의 별칭)이였다. 중국에서 제일 먼저 서방의 민주사상과 유사한 표현을 한 사람은 황종희(黃宗羲)이다. 그는 『명이대방록(明夷待訪錄)』이라는 책에서 '민위주, 군위객(民爲主, 君爲客)'을 제시했다. 하지만 '민주'라는 단어는 사용하지 않고 반대로 '인주(人主)'라는 말로 황제를 불렀다.

서계여(徐繼畬)의 『영환지략(瀛寰志略)』은 중국에서 최초로 서방 민주제도를 소개한

---

755) 장호(張灝), 「중국근대전형시기의 민주관념」, 『유암(幽暗)의식과 민주전통』, 230쪽.
756) 웅월지(雄月之), 『중국근대민주사상사』 수정본, 상해인민출판사, 2002; 방유규(方維規), 「서방과 중국에서의 '의회', '민주'와 '공화' 개념의 변천」, 『21세기』 4기, 2000; 김관도(金觀濤), 유청봉(劉青峰), 「'공화'에서 '민주'에 이르기까지」, 『관념사 연구: 중국현대 중요 정치술어의 형성(中國現代重要政治術語的形成)』; 왕인박(王人博), 「서민의 승리 ─중국민주화제고론」, 『중국법학』 3기, 2006; 계굉성(桂宏誠), 『중화민국입헌이론과 1947년의 헌정 선택(中華民國憲法理論與1947年的憲政選擇)』, (타이완)수위자문과학기술주식유한회사, 2008. 뒤에 서술할 관련 부분에서 상술한 학자들의 연구 성과를 종합하려 함.

중요한 저작이다. 하지만 이 책에는 '민주'라는 단어를 사용하지 않았다. 근대 중국에서 최초로 '민주'라는 단어로 서방사회제도를 번역한 것은 1864년에 총리아문에서 자금을 들여, 정위량(丁韙良, William Alexander Parsons Martin)이 주역한 『만국공법』이라는 책이다. 김관도의 통계에 의하면 『만국공법』에 '민주'라는 단어가 18차례 사용되었다.

마시니(Federico Masini)는 일찍이 『만국공법』 중의 '민주'는 Republic의 오역이라고 지적했다.[757] 이 관점에 대하여 김관도는 그 책의 중, 영문의 대조를 통하여 Republic의 대역에 '민주'가 꼭 완전한 것은 아니며 Democratic Republic와 Democratic Character의 번역에도 쓰인다고 인정했다.[758] 이를테면 이 책에서 '민주'를 사용한 몇 곳을 살펴보면 때론 서방 현대민주국가의 '민주'와 '국'의 연용(聯用)을 가리켰다. "1797년에 네덜란드의 7성에 변고가 있어 프랑스가 그것을 정벌하였다 … 그리하여 그 나라 국법을 민주의 나라로 고쳤다."[759] 또 다른 곳을 보면 "미국 합방의 대법은 각 방의 영구적으로 민주를 보호하여 외적의 침벌이 없도록 했다."[760]고 했다. 방유규는, 민주는 하나의 아주 모호한 개념으로서 전문 Democracy를 가리킨 것이 아니었다는 것을 발견하였다.

이것은 몇 부의 비교적 일찍 나온, 서양인이 편찬한 쌍어(雙語)사전을 통해 발견한 것이다. 이를테면 로버트 모리슨의 『오거운부(五車韻府)』(1822년)에는 Democracy를 "통솔하는 사람이 없어도 안 되지만 여러 사람이 마구 관리해도 안 되는 것"이라고 해석했다. 메더스트(Walter Henry Medhurst)의 『영한자전』(1847년)은 Democracy를 '중인(衆人)의 국통(國統), 중인의 치리(治), 다인의 란관(亂管), 소민의 농권(弄權)'이라고 해석했다. 롭샤이드(Wilhelm Lobscheid)의 『영화자전』(1866년)에서는 Democracy를 '민정은

757) 마시니(馬西尼), 『현대한어어휘의 형성(現代漢語詞匯的形成) —19세기 한어외래어연구』, 한어대사전출판사, 1997, 54, 172~173쪽.
758) 김관도, 유청봉, 『관념사 연구: 중국현대 중요 정치술어의 형성』, 250쪽.
759) 정위량(丁韙良) 주역, 『만국공법』 제1권, 숭실관존관, 1864, 20쪽.
760) 정위량(丁韙良) 주역, 위의 책, 13쪽.

다인이 마구 관리하고 백성이 권리를 다루는 것'이라고 해석하였다. 이러한 해석은 모두 서방 역사상 '민주'에 대한 개념이거나 모종의 설법에서 직접적으로 왔는데 심지어는 그 발단의 시대까지 거슬러 올라간다. 하지만 로버트 모리슨의 『오거운부(五車韻府)』, 메더스트(Walter Henry Medhurst)의 『영한자전』, 롭샤이드(Wilhelm Lobscheid)의 『영화자전』에서 민주개념의 변천 역사를 알아보기는 어렵고, 19세기 민주에 대한 서방의 사고가 불러온 결과 즉, 고전민주와 현대민주, 전통관념과 민주정체의 현실 사이에 이미 거대한 간격이 형성되었다는 것을 알아 낼 수 없다. 이런 방면에서 말하면 영향력이 있는 상술한 세 가지 사전에서 해석한 '민주'에 대한 개념은 이미 시기가 지났고 모종 의의에서 말하면 낡아도 너무 낡았다고 할 수 있다. 그것은 번역, 소개자와 수용가가 모두 이론상 '민주'라는 단어에 대하여 깊이 연구하지 못했고 사람들은 흔히 일부 해외의 새로운 일들만 이해했기 때문이다.[761]

방유규는, '민주'라는 단어로 Democracy를 번역한 것은 일정하게 역사와 문화의 영향을 받은 것이라고 인정했다. '민주' 등 개념의 번역, 소개와 상세한 해석은 중국에서의 민주사상의 전파와 관련된다. 어떤 어휘는 번역 과정에 서로 다른 배경과 이해의 차이로 인해 다르게 번역되었다. 이를테면 아편전쟁 전에 곽실석(郭實臘) 등은 『동서양고매월통기전』(East-ern Western Monthly Magzine)에서 제시한 '자유지리(自由之理)' 혹은 '민자주(民自主)'와 같은 것이다. 1890년대 이전에 중국의 지식계는 거의 '민주'개념에 대하여 소개하는 데 한정되었고 공동의식이 결여되었으며 민주제도에 관심을 가질 때, 군주전제를 뒤엎을 담략과 상상이 부족하였으며, 영국, 독일 혹은 일본식의 '군민공주', 즉 군주입헌식의 민주를 숭상했다. 김관도는 갑오전쟁 이전에 Democracy로 번역한 것은 '민주'를 제외하고도 또 '민정'이라는 단어가 있었다는

---

761) 방유규, 「서방과 중국에서의 '의회', '민주'와 '공화' 개념의 변천」, 『21세기』 4기, 2000.

것을 발견하였다.[762] Democracy가 줄곧 확실하지 않은 역법이었고 고정되지 않은데다가 그것이 중국에 들어 올 때, 거의가 정체와 서로 연결되었기에 Republic과 떼어 놓을 수 없는 관계를 맺었다. 또 19세기에 아직 Republic과 대응되는 고정된 중문 개념이 없다가 19세기와 20세기가 교차되는 시점에 와서야 '공화국'으로 많이 번역되다보니 '민주는 흔히 서방의 Democracy의 본래 함의도 가지고 있으면서 또 Republic도 지칭하게 되었다. 심지어 20세기에 들어선 이후에도 민주의 나라로 Republic을 대응시키는 일도 심심찮게 있었다. 그렇기 때문에 방유규는 다음과 같이 인정했다. "Democracy와 Republic라는 이 두 개의 서방 개념은 중국에 들어온 후, 아주 오랜 역사시기 동안 기본상 동의어였고 사람들은 이 두 개의 개념을 한어로 명확하게 구분하려고 애쓰지 않았다. 따라서 사람들에게 주는 인상은 다만 낱말을 응용한 문장 만들기 혹은 수사상의 구별이었지 두 개의 개념의 경계선이나 상세한 해석이 아니었다."

중국에서 서방민주제도의 최초 인입은 일반적으로 부동한 정체와의 소개(더욱이 의회와 선거)와 연계시켰다. '민주'개념이 중국에 들어올 때, 주로 민주사상 혹은 일종의 정치신앙의 이념으로 소개된 것이 아니라, 다만 그 체제형태와 조작방식으로 소개되었다. 이와 같은 체제형태와 조작방식은 주로 의회제이다. 연구에 의하면 Democracy라는 단어가 중국에 들어온 것은 의원, 의회와 국회(최초에는 '바리만'으로 번역되었다)보다 늦지 않았다. 19세기 중엽, 『해국도지』 등 세계 개황을 소개하는 중요한 저작에서 우리는 당시 사람들이 주로 소개한 것은 미국과 영국 의회라는 것을 어렵지 않게 발견할 수 있다. 이것은 이 시기 서방에서 민주를 토론한 주요 경향과 극히 관련이 있다. 그것은 바로 직접 민주를 폄하하고

---

762) 이를테면 이홍장은 중국 주재 일본대사 모리 아리노리(森有礼)에게 "일본은 민정국가인가 군주국가인가?"라고 물었다. 이홍장, 모리 아리노리, 『이홍장과 모리 아리노리 문답 절략(照錄李鴻章與森有禮問答節略)』, 93쪽. 1873년 장덕이(張德彝)가 프랑스 국세를 담론할 때 "초7일, 파리의 곳곳이 함락되고 군주가 체포되었으며 중의(衆議)가 민정으로 되었다"고 하였다. 장덕이(張德彝), 『프랑스파견기록』, 악초서사, 1985, 64쪽. 1881년에 일본에서 출판한 『철학자전』에도 '민정'으로 Democracy를 번역하였다. 김관도, 유청봉, 『관념사 연구: 중국현대 중요 정치술어의 형성』, 256쪽 참조.

간접적 대의제 민주를 창도한 것인데 그 결정적 요소는 미국의 전범에서 왔다. 즉, 프랑스 대혁명이 실패한 후 미국과 영국은 이론계에서 관심을 갖는 대의제 민주의 본보기가 되었다.[763]

---

763) 방유규, 「서방과 중국에서의 '의회', '민주'와 '공화' 개념의 변천」, 『21세기』 4기, 2000.

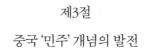

제3절

중국 '민주' 개념의 발전

## 1. 청말부터 신문화운동전까지의 '민주' 개념

김관도는 사상사의 데이터베이스를 이용하여 1864년부터 신문화운동 전까지 '민주'라는
단어의 사용 정황을 통계해냈다.(표 8 참고)

표 8) '민주'의 의의 분류 통계 (1964~1951)[764]

| 의의 분류 | 황제 | | | 민선의 국가원수 | | | 세습군주와 다른 또 다른 일종의 정치제도 | | | 인민이 주인이 된 것과 인민통치 | | | 총수 |
|---|---|---|---|---|---|---|---|---|---|---|---|---|---|
| 태도 | + | 0 | - | + | 0 | - | + | 0 | - | + | 0 | - | |
| 1864 | | 0 | | | 1 | | | 15 | | | | | 16 |
| 1875 | | | | | | | | 6 | | | | | 6 |
| 1877 | | | | | | | | 2 | | | | | 2 |
| 1878 | | | | | | | | 1 | | | | | 1 |
| 1880 | | | | | | | | 1 | | | | | 1 |
| 1881 | | | | | 1 | | | 1 | | | | | 2 |
| 1883 | | | | | | | | 5 | | | | | 5 |
| 1884 | | | | | | | | 2 | | | | | 2 |
| 1885 | | | | | | | 3 | 12 | | | 3 | | 18 |
| 1886 | | | | | | | | 2 | | | | | 2 |
| 1887 | | | | | | | | 13 | | | | | 13 |
| 1890 | | | | | 2 | | | | | | | | 2 |

764) 김관도, 유청봉, 『관념사 연구: 중국현대 중요 정치술어의 형성』, 253-254쪽 참조.

| | | | | | | | | | | | | |
|---|---|---|---|---|---|---|---|---|---|---|---|---|
| 1892 | | | | | | 1 | | 1 | | | | 2 |
| 1893 | | | | | | 9 | 3 | 1 | | | | 13 |
| 1894 | | | | 4 | | | 4 | | | | | 8 |
| 1895 | | | | 37 | | | 108 | | | | | 145 |
| 1896 | | | | 19 | | | 27 | | 5 | 7 | | 58 |
| 1897 | | 2 | | 29 | | 11 | 92 | 54 | | | | 188 |
| 1898 | | 1 | | 20 | | 8 | 51 | 15 | 1 | 2 | 10 | 108 |
| 1899 | | 1 | | 2 | | 2 | 35 | 1 | | | 3 | 44 |
| 1900 | | | | 3 | | 1 | 22 | | | | | 26 |
| 1901 | | | | 2 | | 9 | 75 | 6 | 3 | 2 | 15 | 112 |
| 1902 | | 1 | | 3 | | 19 | 112 | | 0 | 3 | 64 | 202 |
| 1903 | | | | 7 | | 27 | 63 | | 12 | | 43 | 152 |
| 1904 | | | | | | 18 | 241 | | | 101 | 2 | 362 |
| 1905 | | | | 2 | | 4 | 81 | | 2 | 18 | 9 | 116 |
| 1906 | | | | 4 | | 22 | 147 | | 5 | 7 | 8 | 193 |
| 1907 | | | | | | 1 | 72 | | 1 | 6 | 7 | 87 |
| 1908 | | | | | | 6 | 33 | | 3 | 4 | | 46 |
| 1909 | | | | | | 1 | 110 | | | 17 | 2 | 130 |
| 1910 | | | | | | | 22 | | 1 | | 3 | 26 |
| 1911 | | | | 2 | | | 5 | | | | 11 | 18 |
| 1912 | | | | | | | 22 | | | | | 22 |
| 1913 | | | | 2 | | 2 | 108 | | | 3 | | 115 |
| 1914 | | | | | | | 18 | | | 2 | | 20 |
| 1915 | | | | | | | 111 | | 3 | 3 | | 117 |

김관도는 연구를 거쳐 아래와 같은 몇 가지 결론을 내렸다.

첫째, 19세기에 '민주'라는 단어는 네 가지 의의로 쓰였다. 하나는 전통적 의의의 '민지주(民之主)'이고 다른 하나는 '민주지(民主之)' 즉 인민 지배와 인민 통치이며 또 다른 하나는 세습군주제도와 대립되는 정치제도, 이를테면 '민주국'과 같은 것이고 나머지 하나는 첫 번째 종류와 유사한 외국의 민선 최고 국가 수령이다. 민선각도에서만 민주를 이해한다면 대의제와 헌법을 소홀히 하게 된다.

둘째, 사람들이 이 단어를 사용하는 네 가지 의의의 가치취향과 애호는 사회발전 변화에 따라 변화했다. 1896년부터 1900년 사이에 중국은 민주의 세 번째 함의를 받아들일 수 있었는데 그것은 서학중원설과 관련이 있다.[765] '민주'를 중국의 전통적 정치와 상반되는 제도로 이해하는 것이 이 단어의 주요 의의였다. 특히 갑오전쟁 이후 유가 윤리가 의심을 받으면서 중국인들은 새로운 사회조직의 출로를 찾기 시작했는데 이때 민주관념이 보급되기 시작했고 '민주'라는 언어의 사용이 처음으로 돌출되어 출현하였다. '민주'의 사용은 1904년, 1906년, 1909년과 1913년에 돌출되어 나타났다. 하지만 갑오전쟁 이후 사람들의 관심을 불러일으킨 것은 민주의 세 번째 의의였다. 1900년에 중국에서 서방의 정치제도를 도입한 후, 민주의 두 번째 의의가 광범위한 관심을 불러일으켰다. 혁명파들은 전민의 참정과 민권의 확장을 주장했고 입헌파들은 전민의 참정에 반대하였다. 그렇기 때문에 '민주'에 대한 비판과 긍정은 쟁론이 일어났다. 동시에 민주의 부정적인 영향이 사람들의 주의를 불러일으키기 시작했다. 이를테면 민주가 불러오는 다수인의 폭정 같은 것이다. 20세기 초에 양계초는 『국가론』을 번역할 때 대중의 참정은 민주전제를

---

765) 민주제도를 긍정하는 사람들은 민주의 근원을 3대시기의 제도와 억지로 비교한다. 이를테면 양계초는 1896년에 일찍 이렇게 밝혔다. "서방의 역사를 민주의 국가라고 일컫는 것은 그리스, 로마에서 기원한다. 나는 그 세계는 비민주였다고 인정한다. 만약 그것을 민주라고 한다면 우리 중국의 고대 역시 민주가 있었다고 할 수 있다." 양계초, 「앤유링(嚴幼陵)에게 드리는 글」, 『음병실문집지1』 1책, 108쪽.

불러온다고 인정했다.[766] 1906년에 양계초는 『개명전제론』에서, 중국은 아직 백성의 지혜가 트이지 않았고 민주입헌의 국민 자격이 아직 구비되지 않아서 백성이 주인이 되면 흔히 대란이 일어나고 민선통치자가 전제를 실시하는 결과를 초래하게 된다고 진일보하게 논술했다.[767] 20세기가 되기 15년 전에는 민주의 두 번째와 네 번째 의의의 부정적 평가가 항상 존재했다. 그렇기 때문에 김관도는, 청말민초시기의 예비입헌과 정당정치의 사상이념을 지도한 것은 민주사상이 아니라 공화(Republicanism)사상인데 거기에는 엘리트 정치의 뜻이 은근히 내포되어있다고 지적하였다.[768] 이것은 도표 1 민주와 공화의 사용차수의 구별에서 나타낼 수 있다.

## 2. 신문화운동시기의 '민주' 개념

중국의 현대민주 개념은 5.4신문화운동속에서 성숙되었다. 연구에서 밝혀진 것에 의하면 5.4운동 전의 '민주관념'은 주로 국가원수의 민주선거, 대중참여, 대표제(전통유가의 도덕엘리트주의와 서방 대의제가 혼합된 대의제), 정부권력에 대한 헌정약속 등 네 가지였다. 1919년 이후, 서방민주정치와 의회제도의 이식 시도가 여러 번 실패하면서 전 두 가지 의의가 강조되고 후 두 가지 의의가 점차 희미해졌다.[769]

---

766) 양계초, 「정치학대가 Bluntchli Johann Caspar의 학설」, 『양계초의 법학문집』, 범충신 선편, 46~67쪽 참조.
767) 양계초, 「개명전제론(開明專制論)」, 『양계초전집』 3책, 북경출판사, 1999, 1470~1486쪽.
768) 김관도, 유청봉, 『관념사 연구: 중국현대 중요 정치술어의 형성』, 260, 262쪽. Repub-licanism는 Democracy에 비해 참정자의 도덕을 더 강조하고 공영역으로서의 정치와 사영역으로서의 정치의 권리를 강조한다. 공화는 일종의 정체로서 군주제에 상대적으로 대비해 말하는 것이다. 그것의 기원은 비단 고대 그리스의 민주 이론과 실천에서 온 것일 뿐만 아니라 더욱이 아리스토텔레스의 그리스 민주에 대한 비판에서 왔다. 고전 공화정체의 가장 뚜렷한 특징은 그것이 민중의 미덕에 의해 유지되는 정체라는 데 있다. 현대 공화주의가 혼합정체, 분권제형, 법치, 대의제 등 헌정원칙과 하나로 결합된 것은 직접민주에 대한 일종의 제한이다.
769) 김관도, 유청봉, 『관념사 연구: 중국현대 중요 정치술어의 형성』, 276쪽.

'민주'라는 단어를 사용함에 있어서 당시 보편적으로 대표성을 띤 것은 진독수(陳獨秀)의 「강유위의 공화평의를 반박함」이었다. 이 글의 배경은 장훈(張勳)복벽 무렵에 강유위가 『불인』 잡지에 「쉬다보(徐大博)에게 드리는 글」과 「공화평의」 라는 두 편의 글을 발표하여 군주입헌을 고취한 것이다. 강유위는 당시 정치 질서가 없고 경제가 어려우며 부패가 만연하고 외교가 실패하는 등 방면으로부터 민초의 정치당국을 비판하면서 이것은 민주공화의 악과라고 인정하고 중국을 구하려면 반드시 군주입헌으로 돌아가야 한다고 주장하였다. 진독수는 당시 민주정치가 조성한 각종 위기에 대한 강유위의 서술을 동의하면서도 그 결론은 동의하지 않았다. 그는 사회위기의 근원은 당시 추진한 민주공화에 있지 진정한 민주제도에 있는 것이 아니라고 생각하였다.

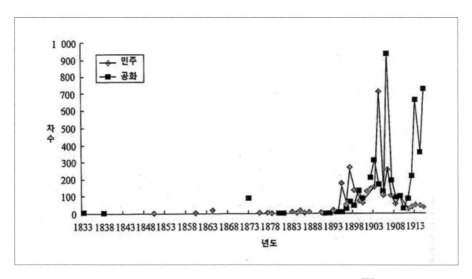

도표 8) '민주'와 '공화'의 사용 차수(1864~1925)[770]

770) 진독수, 「강유위의 공화평의를 반박함(駁康有爲共和平議)」, 『신청년』 제4권 제3호(1918년 3월 15일).

김관도는, 이 글에서 '민주'라는 단어를 도합 55차례 사용하였는데 그중 54차례의 함의는 군주와 대립된 것이고 1차례는 서방사회제도를 표현하는 데 사용되었다는 것을 발견하였다. 이것은, 신문화운동에서 비교적 집중적으로 '민주'라는 단어를 사용하기 시작한 것은 민권입헌의 실패하고 군주제도의 복벽과 강유위 등이 강력히 군주입헌을 떠들 때 신지식인 군체가 분명하게 군주입헌의 복벽을 반대하기 위하여 부득이하게 군주제와 대립되는 정치술어로 자기의 이념을 표현하면서 부터였다.

　　'민주'라는 단어는 신문화운동 중에서 비록 '과학', '자유'와 '권리' 같은 단어에 비해 적게 사용되긴 하였지만, '민권'보다는 몇십 배 더 많이 사용되었다. 이것은, 신문화운동 중에서 지식인들이 분분히 '민주'로 '민권'을 대체하려 했다는 뜻을 나타냈다. '민주'는 중국 문화가 현대로 전환하는 중에 스스로 창조해낸 신조어로서 일본에서 들어온 '민권'이라는 단어를 압도하였고 신문화운동의 중국 본토적 성질을 깊게 대표하였다.

　　쟝이화(姜義華)는, '민주'라는 단어는 5.4시기에 극히 심각한 모호성과 다의성을 가지고 있었다고 지적하였다.[771] 진관토오는 『신・년』 잡지 중의 민주 의의를 분류, 통계하였는데 민주의의의 모호성과 다의성을 제시한 것은 1919년 이후의 일이다.(표 9를 참고.)

---

771) 강의화(姜義華), 「방황 중의 계몽(彷徨中的啓蒙)」, 『문사지식』 5기, 1999.

표 9) 『신청년』 중의 『민주』 및 그 관련 어휘의 의의 분류 통계[772]

| 권수 태도의향 | 정 | | | | 중성 | | | | 부 | | | |
|---|---|---|---|---|---|---|---|---|---|---|---|---|
| | 민주 | 민치 | 德謨克拉西 | 총수 | 민주 | 민치 | 德謨克拉西 | 총수 | 민주 | 민치 | 德謨克拉西 | 총수 |
| 1<br>1915년 9월<br>−1916년 2월 | 6 | 0 | 0 | 6 | 19 | 0 | 0 | 19 | 2 | 0 | 0 | 2 |
| 2<br>1916년 9월<br>−1917년 2월 | 4 | 5 | 0 | 9 | 16 | 0 | 0 | 16 | 1 | 0 | 0 | 1 |
| 3<br>1917년 3월<br>−1917년 8월 | 10 | 2 | 0 | 12 | 25 | 0 | 0 | 25 | 0 | 0 | 0 | 0 |
| 4<br>1918년 1월<br>−1918년 6월 | 57 | 1 | 0 | 58 | 0 | 3 | 0 | 3 | 0 | 0 | 0 | 0 |
| 5<br>1918년 7월<br>−1918년12월 | 14 | 14 | 0 | 28 | 0 | 7 | 0 | 7 | 0 | 0 | 0 | 0 |
| 6<br>1919년 1월<br>−1919년11월 | 16 | 10 | 5 | 31 | 23 | 0 | 1 | 24 | 0 | 0 | 0 | 0 |
| 7<br>1919년12월<br>−1920년 5월 | 13 | 91 | 3 | 107 | 13 | 1 | 0 | 14 | 0 | 1 | 0 | 1 |
| 8<br>1920년 9월<br>−1921년 4월 | 11 | 35 | 12 | 58 | 43 | 36 | 1 | 80 | 35 | 0 | 22 | 57 |
| 9<br>1921년 5월<br>−1922년 7월 | 17 | 3 | 11 | 31 | 32 | 2 | 2 | 36 | 75 | 3 | 5 | 83 |
| 계간<br>1923년 6월<br>−1924년12월 | 10 | 4 | 17 | 31 | 74 | 14 | 2 | 90 | 125 | 14 | 35 | 174 |
| 부정기간행물<br>1925년4월<br>−1926년 7월 | 7 | 1 | 25 | 33 | 47 | 0 | 7 | 54 | 372 | 6 | 68 | 446 |
| 총수 | 165 | 166 | 73 | 404 | 292 | 63 | 13 | 368 | 610 | 24 | 130 | 764 |

772) 김관도, 유청봉, 『관념사 연구: 중국현대 중요 정치술어의 형성』, 277쪽.

여기에서 알 수 있는 것는 1919년 이전에 민주의 의의는 아주 명확했는데 바로 군주와 대립되는 서방 현대정치제도를 가리켰다. 1919년 이후, 민주이념을 표현하는 단어 사용에 있어서 변화가 일어났다. 사람들은 '德謨克拉西(데모크라시)'와 '민치'로 Democracy(데모크라시를 가리켰다.[773] 하지만 다른 경향의 사람들은 '민주', '민치'와 '德謨克拉西(데모크라시)'로 민주관념을 표현 할 때, 그 내용이 크게 달랐는데 이는 민주개념이 다시 자리매김한 결과이다. 1925년 이후, 『신청년』에서 '민주'는 자산계급 민주제도와 정당을 가리키는데 많이 쓰였고 '민주'의 다중적 의미는 크게 감소되었는데, 이는 새로운 '민주' 의의가 이미 확정되었다는 것을 표시한다.(도표 9)

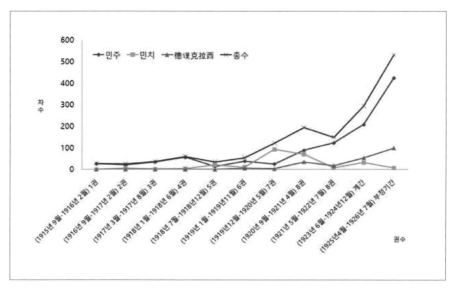

도표 9) 『신청년』에서 '민주', '민치'와 '德謨克拉西'의 사용 차수[774]

---

773) 이대쇠, 「경제상으로 해석하는 중국 근대사상 변동의 원인(由經濟上解釋中國近代思想變動的原因)」, 『신청년』 제7권 제2호 참조.
774) 김관도, 유청봉, 『관념사 연구: 중국현대 중요 정치술어의 형성』, 279쪽.

신문화운동 전에는 사람들에게 대의제(민주정치)가 사회질서 이룬 실질적 체험이 없었다. 민주가 일종의 군주와 대립되는 서방정치 이상을 대표하는데, 필연적으로 국가원수 민선, 다수 지배, 대의제라는 이 세 가지 함의를 동시에 포함하였다. 이 세 가지 의의 중에서 대의제가 핵심으로서 그것은 원수 민선(民選)과 다수지배를 유효하게 하나로 결합시켜 일종의 실시 가능한 정치제도가 되게 하였다. 민국 초년의 시도, 특히 의회정치 실패 이후, '민주' 개념은 점차 의회정치와 선거절차를 배제하여 대의제가 결여되었고 다수 지배와 국가원수 민선 사이의 연계가 끊어져 민주가 이루어지기 어렵게 변했을 뿐만 아니라, 가치 의의가 사회와 격리된 환경이 출현하기도 하였다. 그렇기 때문에 반드시 민주의 가치 토대를 다시 만들어야 했다. 이때 사회주의 사상이 중국에 들어와서 마침 이 빈 공간을 메울 수 있었다.

1918년 이후 중국의 민주 개념의 전환은 20세기 민주관과 19세기 민주관의 중대한 차이를 불러왔다. 민주 의의의 재정립의 제일 첫 요소는 그것이 군주와 대립된다는 데 근거를 두고 있다. 신문화운동에서 사람들은 유가 윤리는 군주입헌의 복벽의 토대라고 보편적으로 인정하면서 군주는 반드시 유가윤리 등급을 폐지할 것을 요구하고 평등을 일종의 새로운 도덕으로 제시하였다. 이대쇠(李大釗)가 말한 것처럼 "정치상의 민주주의운동은 부권(父權)적 군주전제정치를 뒤엎은 운동이며 공자의 충군주의를 뒤엎는 운동이었다."[775] 왕인박(王人博)의 연구에 의하면 1919년을 전후하여 중국의 지식계에서는 '평민주의' 혹은 그것과 비슷한 어휘로 Democracy를 번역하였다.[776] 모택동은 『상강평론』 창간호에서 처음으로 Democracy를 '평민주의'로 번역하였다. 같은 시기에 이대쇠는 비록 어떤 한어 어휘로 Democracy를 번역해야 할지 분명하지는 않았지만 그는 이미 Democracy가 중국에 대해 가질 수 있는 새로운 의의 혹은 새로운 가치에 민감하게

---

775) 이대쇠, 「경제상으로 해석하는 중국 근대사상 변동의 원인」, 『신청년』 제7권 제2호 참조.
776) 왕인박(王人博), 「서민의 승리 — 중국민주언어고론(中國民主言語考論)」, 『중국법학』 3기, 2006.

주의를 기울였다. 1918년, 그는 정치(曾琦, 후에 청년당 영수가 됨)의 저작을 위해 쓴 글에서 Democracy에 대해 다음과 같이 해석하였다.

　(1) 우리의 신성한 청년들은 오늘날 Democracy는 단지 하나의 국가 조직 내지는 세계의 조직이 아니라는 것을 반드시 알아야 한다. 이 Democracy는 비단 인류생활사 중의 하나의 점에 불과한 것이 아니라 한 걸음 한 걸음 세계로 나가는 하나의 전반적인 여정이다. 우리가 Democracy를 옹호하고 국내의 일만 관여하고 국외의 일에는 관심을 갖지 않아도 성공할 수 있는 것은 아니다. 반드시 세계를 활동무대로 하고 자국의 Democracy를 세계의 Democracy의 일부분으로 활동해야 비로소 성공할 희망이 보인다. 독일의 군국주의를 깨부수지 못한다면 세계의 Democracy는 모두 위험하기 때문이다. 만약 아시아에서 어느 나라가 군국주의를 행한다고 한다면 독일과 마찬가지로 우리 중국의 Democracy는 안녕하지 못할 것이다. 우리가 Democracy를 요구하는 것은, 오로지 군주가 없는 국가만 되면 그만인 그런 차원이 아니라 반드시 억눌렸던 개성이 모두 해방되고 위세를 부리던 세력을 모두 제거하고 부정당한 제도를 모두 바로 잡아서 한 걸음 한 걸음씩 앞으로 전진하여 세계 대동에 이르러야만 비로소 우리가 요구하는 Democracy의 진짜 의의를 관철했다고 할 수 있다. 그렇기 때문에 비록 군주가 물러났다고 하지만 한 무리의 군벌이 여전히 설친다면 우리의 Democracy운동은 당연히 더 격렬해야 한다. 만약 자산계급 혹은 중산계급의 Democracy를 이미 획득했다면 곧이어 사회주의가 차례인 것은 Democracy중의 하나의 진행과정이지 Democracy와 다른 것으로 보아서는 안 된다. 목전에 우리의 유일한 요구라면 여전히 우리 중국의 Democracy를 유지하고 그것이 앞으로 발전하는 데 토대가

있게 해야 하며 세계의 민주에 걸림돌이 되지 않게 하는 것이다.[777]

왕인박은 이상의 글을 분석하고 나서 다음과 같이 생각하였다. 이대쇠에 의해 다시 부각된 Democracy개념은 군주정체와 서로 대립되는 '신형의 정체'라는 차원의 어의를 보류한 외에 또 다음과 같은 함의를 증가시키고 확대하였다. 첫째, 그것은 개인주의의 일종 가치 예측으로서 모든 압제된 개성은 Democracy의 가장 기본적인 가치라는 것을 신장하였다. 둘째, Democracy는 특권을 소실시키는 용제이고 사회의 기본 평등은 중요한 어의이다. 셋째, 그것은 일종의 합리적인 제도로서 개성의 수호, 평등한 제도 구조와 합리적 재산 분배 등을 포함한다. 넷째, 그것은 일종의 평화적인 세계질서와 일종의 국가 간의 평등한 관계를 가리킨다. 이것은 비참한 조국에서 자란 그 어떤 중국 지식인에 대해 말하든지 모두 열강으로 구축된 세계 패턴에 대한 일종의 가장 기본적인 정의적 요구이다.[778] 같은 시기 진독수는 Democracy를 '민주주의'로 번역하면서 'for people(위민)'에 의해서가 아니라 링컨의 'by people(유민)'에 근거하여 민주주의를 해석하였고 Democracy라는 단어에서의 인민주체성을 강조하였다. 그는 '민본주의'라는 번역에 분명하게 반대하면서 그것은 중국전통의 민본사상과 혼동하기 쉽다고 생각하였다. 같은 해, 진독수는 또 『민치실행의 토대』라는 글을 발표하였는데, 그는 미국철학자 존 듀이의 민주사상에 근거하여 Democracy를 '민치주의'로 번역하면서 다음과 같이 생각하였다. Democracy에는 정치의 민치주의, 민권의 민치주의, 사회의 민치주의, 생계의

---

777) 이대쇠, 「〈국체와 청년〉의 서문(跋國體與青年)」, 『과학과 연구』 5기, 1979. 이 글은 1918년 12월에 써서 1919년 1월 16일에 출판된 『국체와 청년』에 발표되었다. 이 글은 오랫동안 언급되지도, 중시를 받지도 못했고 이대쇠 동지에 관한 국내외 각종 저작의 목록에도 수록되지 않았다. 류예(劉埜), 「이대쇠동지의 산실된 글(關于李大釗同志的佚文) -〈국체와 청년'의 서문」, 『교학과 연구』 5기, 1979. 이 글은 '문화대혁명'의 대 민주 재난을 겪은 후에 '다시' 발견되었다. 그렇기 때문에 비단 이대쇠가 처했던 시대 뿐만 아니라 '문화대혁명' 후의 '민주'학설사에서도 사람들로 하여금 꽤나 의미심장하다.

778) 왕인박(王人博), 「서민의 승리 ─중국민주언어고론」, 『중국법학』 3기, 2006.

민치주의 등 네 가지 함의를 포함하고 있다. 앞의 두 가지 조항에는, 진정으로 민의를 대표한 기구, 인민의 권리를 보장할 수 있는 헌법, 언론, 출판, 신앙과 거주주의 자유를 포함한 권리의 보호 등의 내용이 들어있고 뒤의 두 가지 조항에는 계급특권과 빈부차이의 제거, 인격 평등과 사회 평등의 실현 등의 내용이 들어있다.[779]

김관도는 다음과 같이 생각하였다. 민주 의의를 정립하는 것에 대한 요소는 어떻게 다수 통치를 실행하는가 하는 것이다. 일단 대의정치를 배제하고 나면 개인 권리를 존중하는 토대 위에서의 다수 통치를 실현하기 아주 어려워진다. 유일한 방법은 민주 배후의 도덕과 의식형태 가치를 고도로 강조하고 도덕으로 강제하여 인민과 다수의 지배를 실현하는 것이다. 이때 논리상에서 두 가지 가능성이 있다. 하나는 의식형태적 정당으로 보편적인 도덕적 가치와 공공의식을 체현하고 당의 독재로 다수 통치를 체현하는 것이고, 다른 하나는 도덕 의식형태의 순화를 목적으로 한 군중운동을 전개하여 이른바 군중도덕통치의 대 민주를 실현하는 것이다. 사실상 이것은 바로 신문화운동 후의 민주관념에 대한 대다수 중국인의 이해이다.[780]

---

779) 진독수, 『두슈문존』, 안휘인민출판사, 1987, 220쪽.
780) 김관도, 유청봉, 『관념사 연구: 중국현대 중요 정치술어의 형성』, 263쪽.

제4절

중국헌법 중의 '민주' 개념

아래에 헌법(초안 포함) 본문 중의 '민주' 개념에 대하여 고찰하는 것은 제도상 중국식 '민주'의 모범적 정의를 발견하려는 데 그 목적이 있다.

## 1. 민초시기 헌법 중의 '민주'

'민주'에 대한 규범은 1912년 『중화민국임시약법』에 존재했다. 『중화민국임시약법』 제1장 『총강』 제1, 2조에는 각각 "중화민국은 중화인민으로 조직되었다", "중화민국의 주권은 국민 전체에 속한다"고 규정하였다. 이와 유사한 규정은 또 1914년 『중화민 국약법』에도 있는데 제1장 『국가』 제1, 2조에는 "중화민국은 중화인민으로 조직되었다", "중화민국의 주권은 국민의 전체에 근원을 두고 있다"고 규정하였다.

하지만 중국 헌법 본문에서 최초로 '민주'라는 단어가 나타난 것은 1913년 10월 31일 국회 헌법초안작성위원회에서 작성한 『중화민국헌법초안』(『천단헌법』이라고도 함)에서였다. 제1장 『국체』 제1조에는 "중화민국은 영원히 통일된 민주국가이다"라고 규정하였다. 1919년 제2기 국회(즉 안복국회)에서 조직한 헌법위원회에서 의결한 『중화민국헌법초안』 제1장 『국체』 제1조에는 "중화민국은 영원히 통일된 민주 국가이다"라고 규정하였다. 이 초안의 설명서에는 국체를 상대로 할 때 '공화'라는 단어를 쓰지 않고 '민주'라는 단어를 사용하였고 헌법초안작성자는 또 그중의 법리에 대하여 아래와 같이 전문 해석하였다.

"최근 국내의 법학자들 중에는 '민주'라는 두 글자보다 차라리 '공화'라는 명칭을 쓰는 것이 좋겠다고 비평하는 사람들이 적지 않다. 민국이라고 이름을 지은 것이 먼저이고 헌법은 후에 제정하였기에 부득이하게 오늘날 헌법 변경에서 중화민국이라는 명칭을 쓰는 것이다. 헌법학자들의 분류에 의해 말하면 공화국 중에 아직 소수의 공화귀족, 공하국민이 있다. 공화의 구별로만 공화를 말하면 그 경계선이 분명하지 않다. 만약 민주라는 명칭에 이미 공화의 뜻이 포함되어 있다면 소위 귀족의 공화제도와 엄연하게 구별된다."[781]

그 후, 1923년 10월 10일에 반포한 『중화민국헌법』 (즉 '회선헌법')의 제1장 『국체』에서도 "중화민국은 영원히 통일된 민주국가이다(제1조)"라고 규정하였고, 제2장 『주권』에서는 "중화민국 주권은 국민 전체에 속한다(제2조)"고 규정하였다. 여기서 언급할만한 것은 단계서(段祺瑞)가 집정한 정부조직의 국가헌법초안작성위원회가 1925년 12월 11일에 채택한 『중화민국헌법안』 두 곳에서 민주 개념의 의의가 있었다는 점이다.

첫째, 제1장 『국체 및 주권』에는, "중화민국은 영원히 민주공화국이고(제1조) 중화민국의 주권은 국민 전체에 근원을 두고 있다(제2조)"라고 규정하였는데 이는 헌법 본문 중에 처음으로 '민주'와 '공화'를 연용한 것이다. 둘째, 이 초안 제13장 『교육』에는, "전국의 교육은 도예(道藝)를 모두 중시하고 민주정신의 발휘를 종지로 한다(제150조)"고 규정하였는데, 처음으로 민주와 정신을 연용한 것으로 민주가 이미 당시의 주류적 가치가 되었다는 것을 표시한다.

---

781) 하신화(夏新華), 호욱성(胡旭晟) 정리: 『근재중국헌정역정: 사료회취』, 511쪽.

## 2. 남경국민정부헌법중의 '민주'

1928년 10월 3일, 중국국민당 중앙집행위원회 제172차 상무회의의 의결을 거쳐 국민정부는 10월 8일에 『중화민국국민정부조직법』을 공포하였다. 이 법의 제1조는 "국민정부는 중화민국의 치권(治權)을 총괄한다"고 규정하였다. 이 법은 서언에서 다음과 같이 선언했다.

> "중국국민당은 혁명의 삼민주의, 5권헌법에 의해 중화민국을 건설한다. 즉
> 병력으로 장애를 쓸어내고 군정시기에서 훈정시기로 진입하며 5권의 합당한
> 규모를 건립하여 인민의 정권행사 능력을 훈련시키고 헌정을 촉진하기 위하여
> 정권을 인민에게 준다. 지금 역사상 본 당에 부여한, 정부를 지도하고 감독하는
> 직책에 의해 국민정부조직법을 제정한다."

1932년의 『중화민국훈정시기약법』은 비록 제2조에 "중화민국의 주권은 국민 전체에 속한다"고 규정하였으나 건국3단계 학설에 따라 국민은 실제 권력을 행사하지 못했다. "훈정시기에 중국국민당 전국대표대회가 국민대회를 대표하여 중앙통치권을 행사한다. 중국국민당 전국대표대회가 폐회를 했을 때 그 직권은 중국국민당 중앙집행위원회가 행사한다.(제30조) 선거, 파면, 창제와 복결 네 가지 정권의 행사는 국민정부가 훈도한다.(제31조) 행정, 입법, 사법, 시험과 감찰 다섯 가지 치권은 국민정부가 행사한다.(제32조)" 1936년의 『중화민국헌법초안』(『55헌법』)은 다음과 같이 규정하였다.
"중화민국은 삼민주의공화국이다."(제1조) "중화민국의 주권은 국민 전체에 속한다."(제2조) 국민이 중앙권력을 행사하는 제도플랫폼은 바로 이 초안 제3장 제27조부터 제35조까지에 규정한 '국민대회'제도이다. "국민대회의 조직, 국민대표의 선거, 파면 및 국민대회가 직권을 행사하는 절차는 법률로 정한다."(제35조)
"국민대회는 아래에 열거하는 국민대표로 조직된다. 매 현, 시 및 그것과 동등한

465

구역에서 각각 대표 1명을 선출한다. 하지만 인구가 30만 명을 넘을 경우 50만 명이 증가할 때마다 대표 한 사람을 추가 선거한다. 현, 시, 동등구역은 법률에 의해 정한다. 몽고, 서장에서 선출하는 대표의 수는 법률로 정한다. 국외에 거주하는 국민이 선출하는 대표의 수는 법률로 정한다."(제27조)

"국민대표의 선거는 보편적이고 평등하며 직접적인 무기명투표 방법으로 행한다."(제28조), "중화민국으로서 만 20세가 된 자는 법률에 의해 대표선거권을 가지고 만 25세가 된 자는 법률에 의해 피선거권을 가진다."(제29조)

"국민대표의 임기는 6년이다. 국민대표가 법을 어겼거나 실직했을 때 원 선거구는 법률에 의해 파면한다."(제30조)

"국민대회는 3년에 한 번씩 대통령이 소집하는데 회의 기간은 한 달이고 필요에 의해 한 달을 연장할 수 있다. 국민대회는 5분의 2 이상 대표의 동의를 거치면 자체적으로 임시국민대회를 소집할 수 있다. 대통령이 임시국민대회를 소집한다. 국민대회의 개회 지점은 중앙정부소재지이다."(제31조)

"국민대회의 직권은 아래와 같다. 대통령, 부통령을 선거하고 입법원 원장, 부원장을 선거하며 감찰원 원장, 부원장을 선거하고 입법위원과 감찰위원을 선거한다. 대통령, 부통령, 입법, 사법, 고시, 감찰 등 각 원 원장, 부원장, 입법위원, 감찰위원을 파면한다. 법률을 창제하고 법률을 복결하며 헌법을 수정한다. 그리고 헌법이 부여한 기타 직권을 가진다."(제32조) 뒤이어 1936년 5월 14일 국민정부는 또 『국민대회조직법』, 『국민대회대표선거법』(동년 7월 4일 수정, 동년 9월 17일 수정)을 공포하였고, 1936년 7월 1일에는 또 『국민대회대표선거법 시행세칙』을 공포하였다.

1938년 3월, 국민당은 우창(武昌)에서 임시 전국대표대회를 열고 『항일구국강령』을 제정하여 국민참정기관을 조직하기로 결정하였다. 국민참정회의(國民參政會議)는 이렇게 성립되어 1938년 7월에 제1기 제1차 회의를 소집하였다. 그 성원은 각 당의 영수 혹은 전문가들이었다. 1939년 9월 제1기 국민참정회의 제4차 회의가 중경(重慶)에서 열렸다. 회의는『국민대회를 소집하여 헌정을 실시하는 것에 관한 결의안』을 채택하고 국민정부에 공문을 올려 정기적으로 국민대회를 소집하고 헌법을 정하며, 헌정을 실시하는 것에 대해 명문화한 법령을 공포해 줄 것을 요구했다. 회의 후, 민주헌정운동은 또 다시 왕성하게 흥기했다. 의장 장개석는 장군매, 장사쇠, 쥐순성, 전단승, 황앤페이, 부스낸 등 19명을 헌정기성회 위원으로 선정하고 국민참정회 헌정기성회를 조직함으로써 헌정을 서두르도록 정부를 협조하게 하였는데 주로 헌법초안에 관한 각항 자료와 연구를 해야 할 문제를 수집하는 일이었다. 11월, 국민당 5기 6중 전체회의에서는 1940년 11월 12일에 국민대회를 열기로 결정하였다. 1940년 3월, 헌정기성회는『55헌법초안』에 관한 각 방면의 의견을 모은 후, 삭제와 보충을 거쳐 헌법초안수정안을 국민참정회 심의에 교부하였다. 4월 6일, 제1기 국민참정회 제5차 회의는『중화민국헌법초안 수정안 초안』(역사에서는 '기성헌초(期成憲草)'라고 함)을 토론, 채택했다.

'기성헌초'는『55헌초』을 제일 많이 수정한 헌법이다. '국민대회의정회'라는 기구를 설치함과 아울러 국민대회의 직권을 확대했다. 그리고 국민대회 의정회, 사법원, 감찰원에서 각기 3명의 위원을 추천하여 헌법해석위원회를 구성함으로써 헌법해석권을 행사하게 했는데 위원장은 위원들이 상호 추천하게 하였다. '기성헌초'에서 대통령의 권력이 일정 정도 제한되고 인민이 정부에 대하여 제한이 있는 감독을 할 수 있게 하였다.

'기헌헌초' 제3장『국민대회 및 국민대회 의정회』에서는 다음과 같이 규정하였다. "국민대회는 중화민국의 최고 권력기관이다."(제27조) "국민대회 폐회 기간에 국민대회 의정회를 설치한다."(제37조) "국민대회 의정회 의정원은 150명에서 200명으로 하며 국민대회에서 상호 선거한다. 국민대회 의정회 의정원의 선거는 지역에 따라 분배하지 않는다. 하지만 매 성마다 적어도 2명은 있어야 하고 몽골, 서장 및 국외 교민의 국민이 적어도 각각 3명은 있어야 한다."(제38조) "국민대회 의정회 의정원의 임기는 3년이며 다시 선거되면 연임할 수 있다."(제39조) "국민대회 의정회의 의정원은 공무원을 겸임하지 못한다."(제40조) "국민대회 의정회는 6개월에 한 번씩 회의를 연다. 하지만 필요할 때

의정이 임시회의를 소집한다."(제44조) 그 외 제41조에는 국민대회 의정회의 직권을 아래와 같이 규정하였다.

1. 국민대회 폐회 기간에 계엄안, 대사면안, 선전(宣戰)안, 동란평정안, 조약안을 의결한다.

2. 국민대회 폐회 기간에 입법원의 의결한 예산안, 결산안을 다시 결정한다.

3. 국민대회 폐회 기간에 입법원칙을 창제하고 입법원의 법률안을 다시 결정한다. 무릇 국민대회 의정회에서 다시 결정하여 채택한 법률안이라면 대통령은 당연히 법에 의해 공포해야 한다.

4. 국민대회 폐회 기간에 감찰원이 법에 의해 국민대회에 제시하는 탄핵안을 수리한다. 국민대회 의정회는 감찰원이 제시한, 대통령, 부대통령의 탄핵안에 대하여 출석한 의정원의 3분의 2의 결의로 수리했을 경우 당연히 임시국민대회를 소집하여 파면 여부를 결정해야 한다. 행정, 입법, 사법, 고시, 감찰 등 각 원의 원장, 부원장에 대한 감찰원의 탄핵안은 국민대회 의정회에 출석한 3분의 2의 의정원에 의해 통과 됐을 경우 그 탄핵된 원장, 부원장은 즉시 직무가 해임된다.

5. 국민대회 의정회는 행정원 원장, 부원장, 각 부 부장, 각 위원회 위원장에 대하여 불신임안을 제시한다. 행정원 원장, 부원장, 각 부 부장, 각 위원회 위원장은 국민대회 의정회에서 불신임안이 통과되면 즉시 해임된다. 행정원 원장, 부원장에 대한 국민대회 의정원의 불신임안은 반드시 회의에 출석한 3분의 2의 의정원의 동의를 거쳐야 성립된다. 국민대회 의정원에서 통과한, 행정원 원장 혹은 부원장에 대한 불신임안에 대하여 대통령이 동의하지 않으면 당연히 임시국민대회를 소집하여 최후의 결정을 내려야 한다. 만약 국민대회가 국민대회 의정회의 결의를 유지하면 원장 혹은 부원장은 반드시 사퇴해야 한다. 만약 국민대회가 국민대회 의정회의 결의를 부결한다면 반드시 국민대회 의정회 의정원을 다시 선거하여 국민대회 의정원을 다시 조직한다.

6. 국민대회 의정원은 국가정책 혹은 행정조치에 대하여 대통령 및 각 원의 원장, 부장, 위원장에게 질의하고 보고를 청취한다.

7. 인민의 청원을 받는다.

8. 대통령이 맡긴 사항.

9. 국민대회가 위탁한 기타 직권.

국민대회의정회(國民大會議政會) 제도는 국민당의 강렬한 반대를 받았다. 참정회의 비서장 왕세걸은 제1기 5차 회의에서 장개석의 의견을 선독하면서 '기성헌초'와 기타 부속 건의를 정부에 보내 타당하게 처리하겠다고 말했으나 흐지부지되고 말았다. 9월 18일, 국민당 중앙 집행위원회 상무회의는 전쟁이 긴장상태에 있고 교통이 차단된 등의 원인으로 인해 국민대회를 연기하여 소집하기로 결정하였고 '기성헌초'도 방치되었다.

항전이 끝난 후, 1946년 1월 10일 정치협상회의가 소집되었다. 정치협상회의는 『'55헌초' 수정의 12항 원칙』을 채택하였는데, 그 주요 내용은 5권헌법의 '낡은 병'에 서방국가 헌법의 '새 술'을 담는 것이었다. 이를테면 장군매가 제의하여 통과한, '국민대회 허상적 설치화(虛置化)'의 제도설계, '전국 선민이 4권을 행사하고 명의를 국민대회로 하는 것', '입법원과 감찰원이 공동으로 서방민주국가 의회의 직권을 행사하는 것', '행정원과 입법원의 관계가 서방의 책임내각과 의회의 관계에 상당하게 하고 대통령은 실제 정치책임을 지지 않게 하는 것' 등이다. 정치원칙이 공포된 후 중국공산당 및 민주당파는 무척 기뻐했고 국민당은 부모가 죽은 듯 슬퍼하며 강렬하게 반대하였다.

당시 정치협상회의 비서장이었던 뢰진증(雷震曾)은 다음과 같이 회고했다.

> "정치협상회의 헌초 수정 원칙은 중산의 5권헌법 '권능분립'의 이론과
> 세계 민주국가 헌법의 기본원칙을 조화시키려는 것이었다. 다시 말하면
> 형식상에서는 되도록 5권헌법의 정치제도를 채용하여 국민당 사람들의
> 요구를 만족시키고 실질적으로는 인민의 대표가 능히 정부를 감독하고 정부는
> 반드시 인민의 대표기관에 책임을 지는 정치 제도를 유지하려는 것이었다.
> 대부분의 국민당 사람들은 늘 중산의 유지를 되도록 헌법에 넣으려고 했기
> 때문에… 유지에 근거하면 진정한 민주정치를 건설할 수 있는가 하는 것에
> 대한 선입견이 깊었다. 그들은 오로지 5권헌법을 실행해야 민주정치를

건립할 수 있는 것이지 의회제도는 아니라고 인정했다. 기타 당파 인사들은 '의회정치'의 민주정치를 믿었고 입법권으로 행정권을 통제하려 했으며 행정이 입법사이에서 제약하고 균형을 이루게 하는 작용을 하도록 했다… 그들은 반드시 이렇게 해야 비로소 진정한 민주정치이고 오로지 이렇게 해야 사회가 진보하고 인권과 자유가 비로소 보장을 받을 수 있다고 생각하였다."[782]

국민당 2중 전원회의는 같은 해, 3월 16일에 또 아래와 같은 '헌법수정원칙' 결의를 채택하였다. "첫째, 헌법제정은 반드시 건국대강을 가장 기본적인 의거로 해야 한다. 둘째, 국민대회는 반드시 형식이 있고 조직이 있게 집중적으로 회의를 여는 방식으로 건국대강이 규정한 직권을 행사해야 한다. 그 소집 횟수는 적당하게 증가시켜야 한다. 셋째, 입법원은 행정원에 대하여 동의권 및 불신임권을 가져서는 안 된다. 행정원 역시 입법원 해산에 대한 제청권을 가져서는 안 된다. 넷째, 감찰원은 동의권을 가질 수 없다. 다섯째, 성은 성헌법을 제정할 필요가 없다." 그때 손커(孫科)는 국민당의 의견을 각 당파 대표와 헌초심의회의에서 계속 협상했다. 3월 중순에 이르러 헌법수정원칙에 대하여 새로운 협의를 했는데 그 결과는 아래와 같다. 첫째, 국민대회는 형체가 있고 조직이 있게 4권을 행사한다. 둘째, 정치협상회의의 '헌초수정원칙' 제6항(즉 입법원의 불신임권 및 행정원의 해산권 등)을 취소한다. 셋째, 성 헌법을 '성은 성자치법을 제정한다'로 개정한 것을 취소한다.[783] 1946년 11월 초, 헌법심의위원회가 『55헌초수정안』(후에 『중화민국헌법초안수정안』으로 고쳐 불렀고 '정협헌초(政協憲草)'라고도 불렀음)을 완성하고 국방최고위원회를 거쳐 채택한 후 국민정부가 입법원 심의에 교부하였다. 입법원은 수정안에 대하여 토론과 수정을 하지 않고 국민정부에 보내 국민대회에

---

782) 레이전(雷震), 「제헌술요(制憲述要)」, 『레이전전집』 23권, 계관도서주식유한회사, 1989, 9쪽.
783) 진여현(陳茹玄), 『증정중국헌법사』, 타이완문해출판사, 1947, 255쪽.

보냄으로써 입법 절차를 마쳤다.

1946년 11월 5일, 중국공산당과 민주동맹이 참가를 거부한 상황에서 국민당은 국민대회(제헌국대)를 열고 정치협상회의가 제정한 『중화민국헌법초안수정안』을 대회의 토론에 교부하였다. '정협헌초' 중에는 국민대회의 권력이 축소되었고 행정원이 입법원에 책임지게 되어 있어서 입법원은 정권기관이면서 또 치권기관으로 그 권력이 뚜렷하게 확대되었다. 국민대회는 '정협헌초'에 대하여 크게 수정하지 않고, 12월 25일에 헌법초안 3심을 끝내고 표결, 채택함으로써 『중화민국헌법』이 완성되었다.

『중화민국헌법』은 제1조 "중화민국은 삼민주의를 기초로 한다"는 구절의 뒤에 "민유, 민치, 민향의 민주공화국이다"라는 말을 첨가하였는데, 그 목적은 삼민주의 당파의 색채를 해소하기 위한 것이었다. 제2조에는 중화민국의 주권은 국민 전체에 속한다고 규정하였다. 제3장 『국민대회』에는 "국민대회는 본 헌법의 규정에 의거하여 전국 국민을 대표하여 정권을 행사한다"고 규정하였다.(제25조) 제27조에는 국민대회의 직권을 아래와 같이 규정하였다. "대통령, 부대통령을 선거하고 대통령, 부대통령을 파면한다. 헌법을 수정한다. 입법원이 제시한 헌법수정안을 복결한다. 창제와 복결 두 가지 권리에 대하여 앞에서 말한 제3, 제4 두 가지 규정 외에 전국 반수의 현시가 창제, 복결의 두 가지 정권을 행사하기를 기다리고, 국민대회가 방법을 제정하여 그것을 행사한다"고 규정하였다. 제12장 『선거, 파면, 창제, 복결』에서 "창제, 복결의 두 권리의 행사는 법률이 정한다고 규정하였다."(제136조)

## 3. 중화인민공화국 헌법중의 '민주'

1949년의 『중국인민정치협상회의 공동 강령』부터 헌법 본문 중의 '민주'라는 단어는 주로 아래와 같은 언어 환경에서 사용되었다. 『공동강령』은 『서언』에서 '인민민주독재', '애국민주분자', '인민민주통일전선', '민주당파', '애국민주분자', '신민주주의' 등의 민주를 곁들인 어휘들이 제시되었다.

"중국인민은 핍박받는 지위에서 신 사회, 신 국가의 주인이 되었고 인민민
주독재의 공화국은 그때의 봉건, 매판, 파쑈 독재의 국민당통치를 대체하였다.
중국인민 민주독재는 중국 노동자계급이, 농민계급, 민주자산계급 및
기타 애국민주분자의 인민민주통일전선의 정권이고 노농연맹을 토대로
하고 노동계급이 영도하는…. 중국인민정치협상회의는 신민주주의, 즉
인민민주주의를 중화인민공화국 건국의 정치적 토대로 하는 것을 모두
동의하였고 아래와 같은 공동 강령을 제정한다. 무릇 인민정치협상회의에
참가한 각 단위, 각급 인민정부와 전국 인민은 모두 공동으로 준수해야 한다."

『총강』에서 '신민주주주의', '인민민주주의', '인민민주사업', '인민민주국가'라는 말이
나오는데 구체적으로 아래와 같이 분포되었다.

"중화인민공화국은 신민주주의, 즉 인민민주주의의 국가로서 노동계급이
영도하고 노농연맹을 토대로 하여 각 민주계급과 국내 각 민족의 단결을
실행하는 인민민주독재로서 제국주의, 봉건주의와 관료자본주의에
반대하고 중국의 독립, 민주, 평화, 통일과 부강을 위해 분투한다….(제1조)
중화인민공화국은 반드시 모든 반혁명활동을 진압하고 모든 제국주의와
결탁하고 조국을 배반하고 인민민주사업을 반대하는 국민당반혁명 전쟁
범죄자와 기타 회개할 줄 모르는 반혁명 우두머리들을 엄하게 징벌한다.(제7조)
중화인민공화국은 세계상의 모든 평화와 자유를 애호하는 국가와 인민과
연합하고 먼저 소련, 각 인민민주국가와 각 압박받는 민족과 연합하며
국제평화민주진영에 서서 제국주의 침략을 공동으로 반대함으로써 세계의
지구적 평화를 보장한다.(제11조)"

『정권기관』이라는 장절에서는 '인민민주통일전'이라는 말과 '민주주의중앙집권제'라는 말을 제시하였다. "중국인민정치협상회의는 인민민주통일전선의 조직형식이다."(제13조) "각급 정권기관을 일률적으로 민주주의 중앙집권제를 실시한다."(제15조) 헌법의 기타 부분에서도 '신민주주의', '평화민주' 등 어휘들이 나타난다. "중화인민공화국의 문화교육은 신민주주의적, 즉 민족적, 과학적, 대중적 문화교육이다."(제41조) "중화인민공화국은 인민의 이익을 옹호하기 위하여 평화민주투쟁에 참가하였다가 본국 정부의 압력을 받은 까닭에 중국 경내로 피한 외국인에 대하여 당연히 거주권을 주어야 한다."(60조)

1954년 헌법 및 그 후의 3부의 헌법에서 '민주'라는 단어는 주로 『서언』, 『총강』에서 나타나는데 헌법에서 강령성 조항으로서 목표성, 원칙성을 띠는 조항이다.

1954년 헌법 서언에서는 '인민민주독재', '신민주주의', '민주계급', '민주당파', '인민민주통일전선' 등의 어휘들이 제시되었다.

> "장기간의 피압박, 피노역의 역사를 끝내고 인민민주독재를 건립한
> 중화인민공화국… 중화인민공화국의 인민민주제도, 즉 신민주주의제도는
> 중국이 평화의 도로를 통하여 착취와 빈곤을 없애고 번영하고 행복한 사회주의
> 사회를 건설할 수 있게 보장 한다 … 중국 인민은 중화인민공화국을 건립하는
> 위대한 투쟁 중에 이미 중국공산당을 영도로 한 각 민주계급, 각 민주당파,
> 각 인민단체의 광범위한 인민민주통일전선을 결성하였다 … 중국은 위대한
> 소비에트 사회주의공화국 연맹과 각 인민민주국가와 이미 깨뜨릴 수 없는
> 우의를 맺었다…"

1975년 헌법 서언에는 단지 '신민주주의혁명의 위대한 승리를 취득하였고 사회주의혁명과 무산계급독재의 새로운 역단 단계를 시작하였다'는 구절에만 '신민주주의'라는 말이 나올 뿐 기타 민주라는 어휘는 이미 없어지고 '독재', '혁명' 색채를 띤 어휘로 대체되었다. 1978년 헌법 서언에는 '신민주주의혁명', '애국민주당파', '집중되면서 또

민주적인' 등 말들이 나타났다.

> "…신민주주의혁명이 철저한 승리를 취득하고 1949년에 중화인민공화국을 건립하였다… 우리는 노동계급이 영도하고 노농연맹을 토대로 하며 광대한 지식인과 기타 노동군중과 단결하고 애국민주당파, 애국인사, 타이완 동포, 홍콩, 마카오 동포, 화교동포와 단결하여 혁명통일전선을 공고히 하고 발전시켜야 한다… 전국인민에 집중되면서 또 민주적이고 규율이 있으면서 또 자유적이며 통일의지가 있으면서 또 개인의 심정이 유쾌하고 생동 활발한 일종의 정치국면을 조성하기에 노력함으로써 모든 적극적인 요소를 동원하고 모든 곤란을 극복하는 데 유리하게 함으로써 보다 훌륭하게 무산계급 독재를 공고히 하고 보다 빨리 우리의 국가를 건설해야 한다."

1982년 헌법(현행헌법) 서언에는 '민주자유', '신민주주의혁명', '인민민주독재', '사회주의민주', '민주적', '민주당파' 등의 어휘들이 나온다.

> "중국인민은 나라의 독립과 민족의 해방, 민주주의, 자유를 위하여 앞 사람이 쓰러지면 뒤 사람이 계속 따라서 용감하게 싸웠다… 신민주주의혁명의 위대한 승리를 쟁취하였으며… 중화인민공화국을 창건하였다… 중국은 신민주주의 사회로부터 사회주의 사회로의 이행을 점차 실현하였다… 노동계급이 영도하는, 노농동맹에 기초한 인민민주주의독재, 즉 본질에 있어서는 무산계급독재가 공고히 되고 발전되었다… 중국에서의 신민주주의혁명의 승리와 사회주의사업의 성과는 중국공산당이 마르크스 - 레닌주의, 모택동 사상을 지침으로 하여 진리를 수호하고 오류를 시정하면서 중국 각 민족 인민을 영도하여 온갖 난관과 애로를 이겨내고 이룩한 것이다… 중국 각 민족 인민들은 계속 중국공산당의 영도 밑에 마르크스-레닌주의, 모택동 사상, 등소평 이론, '세 가지 대표' 중요사상의 인도 밑에 인민민주주의 독재를

지키고 사회주의의 도로를 지키며 개혁개방을 지키고 사회주의의 제반 제도를 부단히 완성하며 사회주의 시장경제를 발전시키고 사회주의적 민주주의를 발전시키며 사회주의법제를 건전히 하며 자력갱생하고 전력 분투하여 공업, 농업, 국방, 과학기술의 현대화를 점진적으로 실현하며 물질문명과 정치문명, 정신문명의 조화로운 발전을 추진함으로써 중국을 부강하고 민주적이고 문명적인 사회주의의 나라로 건설할 것이다… 이미 중국공산당이 영도하는, 각 민주당파와 각 인민단체가 참가한… 광범위한 애국통일전선이 결성되었다… ”

1949년 후에 나온 네 부의 헌법 '총강'을 보면 1954년 헌법에는 '인민민주국가', '민주주의 중앙집권제', '인민민주제도' 등 어휘를 포함한 강령성 조항들이 나타났다.

"중화인민공화국은 노동계급이 영도하고 노농연맹을 토대로 하는 인민민주국가이다. (제1조) 중화인민공화국의 모든 권력을 인민에게 속한다. 인민이 권력을 행사하는 기관은 전국인민대표대회와 지방 각급 인민대표대회이다. 전국인민대표대회, 지방 각급 인민대표대회와 기타 국가기관은 일률적으로 민주주의중앙집권제를 실시한다. (제2조) 모든 국가기관 사업일꾼은 반드시 인민민주제도에 충실해야 하고 헌법과 법률에 복종해야 하며 인민을 위해 봉사하기에 노력해야 한다. (제18조) 중화인민공화국은 인민민주제도를 보호하고 모든 매국적이고 반혁명적인 활동을 진압하며 모든 매국적과 반혁명분자를 징벌한다. (제19조)"

1975년 헌법의 '총강'에는 '민주주의중앙집권제', '민주협상', '집중과 또 민주적인' 등 제기법 등이 나타난다.

"중화인민공화국의 모든 권력을 인민에게 속한다. 인민이 권력을 행사하는

475

기관은 노농병의 대표를 주체로 하는 각급 인민대표대회이다. 각급 인민대표대회와 기타 국가기관은 일률적으로 민주주의중앙집권제를 실행한다. 각급 인민대표대회 대표는 민주협상에 의해 선거 발생된다.(제3조) 대명(大鳴), 대방(大放), 대변론, 대자보는 인민군중이 창조한 사회주의혁명의 새로운 형식이다. 국가는 인민군중이 이러한 형식을 운용하여 집중이 있으면서 또 민주가 있고 기율이 있으면서 또 자유가 있으며 통일의지가 있으면서 또 개인의 심정이 유쾌하고 생동하고 활발한 정치국면을 조성하는 것을 보장하여, 국가에 대한 중국공산당의 영도를 공고히 하고 무산계급독재를 공고히 하는데 이롭게 해야 한다.(제13조)"

1975년 헌법 '총강'에는 '민주주의중앙집권제', '민주원칙' 등 제기법이 출현하였고 '국가기구' 부분에서는 '민주협상'이라는 말이 출현하였다.

"각급인민대표대회와 기타 국가기관은 일률적으로 민주주의중앙집권제를 실행한다.(제3조) 국가는 사회주의적 민주원칙을 견지하고 인민이 국가 관리에 참가하여 각항 경제사업과 문화사업을 관리하고 국가기관과 사업일군을 감독하도록 보장한다.(제17조) 전국인민대표대회는 성, 자치구, 직할시와 인민해방군이 선출한 대표로 조성한다. 대표는 반드시 민주협상의 방법을 거쳐 무기명투표로 선거, 발생한다.(제16조) 지방 각급 인민대표대회는 모두 지방 국가권력기관이다. 성, 직할시, 현, 구를 설치한 시의 인민대표대회 대표는 한 급 아래의 인민대표대회에서 민주협상을 거쳐 무기명 투표로 선거한다. 구를 설치하지 않은 시, 시할구(市轄區), 인민공사, 진의 인민대표대회 대표는 선민(選民)이 민주협상을 거쳐 무기명투표로 직접 선거한다.(제35조)"

1982년 헌법(현행헌법)의 '총강'에는 '인민민주독재', '민주주의중앙집권제', '민주선거'라는 제기법이 나타난다.

> "중화인민공화국은 노동계급이 영도하는, 노농동맹에 기초한 인민
> 민주주의독재의 사회주의국가이다.(제1조) 중화인민공화국의 국가기구는
> 민주주의중앙집권제원칙을 실시한다. 전국인민대표대회 및 지방 각급
> 인민대표대회는 민주 선거에 의하여 조직되며 인민대표대회 앞에
> 책임지고 인민대표대회의 감독을 받는다.(제3조) 국유기업은 법률이 정한
> 것에 따라 종업원대표대회 또는 기타 형식을 통하여 민주주의적 관리를
> 실시한다.(제16조) 집체경제조직은 민주주의적 관리를 실시하며 법률이
> 정한 것에 따라 관리일꾼을 선거 및 소환하며 경영관리상의 중대한 문제를
> 결정한다.(제17조)"

표 3을 통하여 아래와 같은 것을 알 수 있다.

첫째, 민주는 헌법의 정치토대의 범주 개념이다. 이를테면 인민민주독재, 신민주주의, 인민민주통일전선 등의 단어들.

둘째, 민주는 국체의 범주이다. 이를테면 인민민주독재라는 단어.

셋째, 민주는 정권활동 원칙의 범주이다. 이를테면 민주주의중앙집권제.

넷째, 민주는 국가 기본 제도의 원칙이다. 이를테면 민주제도, 민주협상, 민주선거, 민주관리 등 단어. 일부 강령성 규정을 제외하고 헌법에서 구체적 민주제도에는 일반적으로 민주선거, 민주협상(결책 과정의 민주), 민주감독(결책 평가의 민주) 등 세 가지가 있다.

다섯째, 민주는 또 좋은 의미의 형용사로 사용되었다. 이를테면 민주당파, 애국민주분자.

표 10) 중화인민공화국헌법 본문중의 '민주' 사용 정황 통계

|  | 서언 | 총강 | 국가기관 | 기타부문 |
|---|---|---|---|---|
| 『공동강령』 | 인민민주독재, 애국민주분자, 인민민주통일전선, 민주당파, 애국민주분자, 신민주주의 | 신민주주의, 인민민주주의, 인민민주사업, 인민민주국가 | 인민민주통일전선, 민주주의중앙집권제 | 신민주주의, 평화민주 |
| 1954년헌법 | 인민민주독재, 신민주주의, 민주계급, 민주당파, 인민민주통일전선 | 인민민주국가, 민주주의중앙집권제, 인민민주제도 | 무 | 무 |
| 1975년헌법 | 신민주주의 | 민주주의중앙집권제, 민주협상, 집중이 있으면서 또 민주도 있는... | 무 | 무 |
| 1978년헌법 | 신민주주의혁명, 애국민주당파, 집중이 있으면서 또 민주가 있는... | 민주주의중앙집권제, 민주원칙 | 민주협상 | 무 |
| 1982년헌법 | 민주자유, 신민주주의혁명, 인민민주독재, 사회주의민주, 민주적, 민주당파 | 인민민주독재, 민주주의중앙집권제, 민주선거, 민주관리 | 무 | 무 |

이러한 어휘들은 한 부의 헌법에서 대부분 단 한번 나타난다. 하지만 어떤 어휘들은 반복하여 여러 번 나타난다. 이를테면 '인민민주전쟁'은 공동강령 및 중화인민공화국의 4부의 헌법 본문 중에 각각 3, 1, 0, 0와 3차례 나타났는데 그 발전 궤적은 아래에서 연구할 것이다.

## 제5절
### '민권주의'에서 '인민민주독재'에 이르기까지


## 1. 민권주의로서의 '민주' 개념


중화민국 남경정부가 성립된 후 '민주'개념은 민권주의를 통하여 표현되었다. 중화민국 남경정부는 삼민주의를 지도사상으로 하였다. 삼민주의(민생, 민권, 민족)가 민국제헌의 토대가 된 『건국대강』[784]에서 '민권주의'의 함의는 민주사상에 가장 가까웠다.

연구에서 밝혀진 것에 의하면 손중산은 습관적으로 '공화'라는 단어로 국가원수는 공공추천으로 발생된 정치라고 표현하였다. 그가 '민주'라는 단어를 사용한 것은 흔히 '인민이 일국의 주인'임을 가리키면서 '군주'라는 단어의 반의어로 사용하였다. 지금의 이른바 Democracy를 손중산은 습관적으로 '민권'이라는 단어로 표시하였는데, 그 민권이라는 말에는 민주의 함의가 내포되어 있었다. 중국근대헌법학설, 더욱이 손중산의 헌법이론에서 '민권'과 '민주'는 두 개의 개념이고 '공화'와 '대의'도 두 개의 개념이다. 하지만 그것이 가리키는 것은 같은 것이다.[785] '민권'의 함의에 대하여 대다수 사람들의 공통 인식은, 민권과 민주라는 두 단어의 의의는 오랜 시간동안 기본적으로 같은 것이었다는 것이다.[786] 아래의 글은 손중산의 '민권주의' 중의 민주관이다.

---

784) 『건국대강』은 손중산이 제시하고 1924년 중국국민당 제1차 전국대회대회를 거쳐 채택되었다.

785) 계홍성(桂宏誠), 『중화민국입헌이론과 1947년의 헌정 선택』, 98-106쪽 참조.

786) 당대의 대표성적 논저에는 미조구치 유조, 손광더, 세광, 왕인박 등의 연구가 있다. 미조구치 유조는, 중국의 언어환경에서 민권이라는 이 단어는 '반군권으로서의 민권', '지방분권으로서의 민권', '국민권으로서의 민권', '생민권문제로서의 민권' 네 가지 방면을 표현한다고 인정했다. [일] 미조구치 유조, 『중국민권사상의 특색』, 원래 대북 『중국현대화논문집』에 수록, 손거 번역, 융 편, 『공법』 제1권, 법률출판사 1999, 3쪽. 손광더는

손중산은 다음과 같이 지적하였다.

"민을 권과 아울러 말하면 민권은 바로 인민의 정치역량이다… 정치라는 두 글자의 뜻을 간단히 말하면 정은 중인(衆人)의 일이고 치는 관리로서 중인의 일을 관리하는 것이 바로 정치이다. 중인의 일을 관리할 능력이 있는 것이 정권이다. 오늘날 인민이 정치를 관리하는 것을 일컬어 민권이라고 한다… 민권의 맹아는 비록 2천 년 전의 로마, 그리스 시대에 싹트기 시작했으나 확립된 것은 겨우 150년 밖에 안 된다. 그 이전에는 여전히 군권시대였다. 군권 이전은 신권시대였다… 민권사에 대해 말할 것 같으면, 주지하듯이 프랑스에 루소라고 하는 학자가 있었는데 루소는 유럽에서 극단적인 민권을 주장한 사람이다. 그의 민권사상 때문에 프랑스혁명이 일어났기에… 민권이라는 이 단어는 외국의 학자들은 항상 그와 자유라는 명사를 병렬시켰다… 구미 인민 최초의 전쟁은 자유를 쟁취하기 위한 것이었다. 자유를 쟁취한 후 학자들은 비로소 그 결과를 일컬어 민권이라고 했다. 이른바 '데모크라시(德謨克拉西)'는 그리스의 고대 명사이다. 구미 민중들은 오늘까지 그 명사에 대하여 크게 관심을 갖지 않고 그저 정치학의 한 술어로 보는데 지나지 않는다. 민권이라는 사실은 그리스, 로마 시대에 이미 그 실마리가 시작되었다. 그 시기 정체는 귀족공화였기에 이미 이 명사가 있었고 후에 그리스, 로마가 멸망한 후 이 단어가 잊혀졌다. 최근 2백 년 내에 자유를 위해 전쟁을 하면서 민권이라는 이 명사가 또 다시 회복되었다. 근 몇 십 년 내에

청말민초시기 민권에 대한 사람들의 이해에 대하여 상세하게 정리하였다. 손광덕, 「청말헌정운동시기 민주정치의 제창(淸末憲政運動時期民主政治之提倡)」, 『국립정치대학학보』 71기(1995년 10월), 1~34페이지 참조. 쎄팡, 「'장즈퉁의 민권 반대'에 대한 해부(張之洞反對民權說剖析)」 -겸하여 19세기 후기 중문 단어 '민권'과 '민주'의 함의를 분석함」, 『사회과학연구』 2기, 1998. 쎄팡, 「무술전후 '민권', '민주'에 대한 국인들의 인식(戊戌前後國人民權民主的認知)」, 홍콩 『1세기』 65기(2001년 6월); 왕인박, 『민권 어의 고론』, 「정치적 중국의 길(政治的中國之道)」 을 참고.

민권을 논하는 사람들이 더 많아졌고 중국에도 유행되어 아주 많은 사람들이 인권을 논의하고 있다… 민권을 실행한 원조로 거슬러 올라가 보면 미국혁명 후 인민이 얻은 첫 민권은 선거권이었다. 근래에 스위스 인민들은 선거권 이외에 또 창제권과 복결권을 가졌다. 인민은 관리를 선거할 권리가 있고 법률도 창제하고 수정할 수 있다. 창제권과 복결권은 법률을 두고 하는 말이다. 그렇기 때문에 미국의 수많은 인민들은 오늘날 네 가지 민권을 얻었다. 첫째는 선거권, 둘째는 파면권, 셋째는 창제권, 넷째는 복결권이다."[787]

여기에서 알 수 있는 것은 손중산의 민권주의는 공민의 정치권리를 가리키며 민주주의의 실현은 실제상 민주의 실행이다. 손중산은 『중국혁명사』에서 다음과 같이 말하였다. "중국 역사상의 혁명에서 그 혼란시기가 연장된 까닭은 사람들이 모두 군주제도를 바라면서 서로 쟁탈을 멈추지 않았기 때문이다. 민주제도를 실행한 후 이러한 분쟁의 실마리가 사라졌다. 이러한 것은 장래의 건설과 교육자 두고 하는 말이다… 다시 말하면 첫째, 군주제도의 불평등, 둘째, 만족 전제통치의 불평등, 셋째, 각종 반동세력이 모두 황제가 되려 하면서 만들어 낸 불평등이다." 손중산은 다음과 같이 종합했다. "바로 이 세 가지 상황 때문에 내가 제창한 민권주의의 제일 관건은 민주에 있고 그와 비슷하게 민주제도를 결코 행할 수 없다고 여기는 데 있다. 반드시 입헌을 한 후에 나라를 다스려야 한다.'[788] 그렇기 때문에 손중산 이론의 언어환경에서의 '민주'라는 단어는 원래 Democracy의 뜻이 아니라 인민이 한 나라의 주인임을 가리켰다.(즉 국가원수) 하지만 이러한 민주제도는 대의제의 민주가 아니라 전민의 민주였다.

손중산은 『민권주의』에서 대의제와 '새끼돼지 의원'(매수되고 이용된 의원을 낮추어

---

787) 손문, 「삼민주의. 민권주의」(1924년 1월부터 8월까지), 『손중산전집』 9권, 중화서국, 1986, 254, 264, 273, 312, 313, 325쪽.
788) 손문, 「중국혁명사」(1922년 1월 29일), 『손중산전집』 9권, 61쪽.

부르는 말. -역자 주)을 비평하면서 '전민정치'의 발전방향을 제시하였다.

"인민은 의원으로 선거된 뒤 의회에서 국사를 관리할 수 있다. 무릇 국가의 대사는 모두 의회에서 채택되어야 비로소 집행할 수 있다. 만약 의회에서 통과되지 못하면 집행할 수 없다. 이러한 정치체제를 '대의정체', 이른바 '의회정치'라고 한다. 하지만 이러한 대의정체를 성립한 후 과연 민권이 충분히 발휘됐다고 할 수 있을까? 대의정체가 성립되기 전에 구미 인민들은 민권을 쟁취하면서 대의정체를 얻으면 무상의 민권이라고 생각했다… 구미 인민들은 이전에 대의정체를 쟁취하면 매우 만족스러울 줄 알았다. 우리 중국은 혁명 이후 대의정체에에 이르렀는가? 민권을 얻은 이익은 결국 어떠했는가? 모두 알다시피 지금의 대의사(代議士)들은 모두 '새끼돼지의원'이 되어 돈만 주면 몸을 팔고 장물을 나누고 이익을 탐해서 전국의 인민들에게 멸시를 당한다. 여러 나라들에서 이러한 대의정체를 실행하면서 폐단을 피하지 못하기는 하지만 중국에 전해 들어온 후 그 폐단이 더 심하다. 여러분들이 이러한 정체에 대하여 관심을 갖지 않고 구하려 하지 않으면서 국사를 새끼돼지의원들에게 맡긴 채, 그들더러 마음대로 하게 내버려 둔다면 국가의 전도는 아주 위험하게 된다. 그렇기 때문에 외국사람들이 희망하는 대의정체가 인류와 국가의 장기적인 안정을 실현하는 해법이라고 여긴다면 그것은 믿을 바가 못 되는 것이다… 근래에 러시아에서 새로운 일종의 정체가 발생하였다. 그 정체는 대의제가 아니라 '인민독재'의 정체이다. 그 인민독재의 정체는 어떤 것인가? 우리가 알고 있는 자료가 아주 적기에 어떠하다고 판단할 수 없다. 다만 이런 인민독재의 정체는 당연히 대의정체를 비교적 많이 개량했을 것이라고 생각할 뿐이다. 하지만 우리 국민당은 삼민주의로 중국을 개조할 것을 제창하며 주장하는 민주는 구미의 민권과 다르다. 우리가 구미의 이전의 역사를 자료로 삼는 것은 구미를 따라 배우고 그들의 뒤를 따르려는 것이 아니라 중국을 '전민정치'의 민국으로 개조하여 구미를 앞서려는 것이다… 중국은 혁명 이후에 구미를 본 따서 민주를 실현했다. 구미의 민권이 지금 대의민정체에 이르도록 발달하였기에 중국도 외국을 따라 잡아 민권을 실행하여 대의정체도 있게 되었다. 하지만 구미 대의정체의 좋은 점은 조금도 배우지 못하고 나쁜 점만 150배를 배웠다. 국회의원들이 돼지새끼의원으로 변하고 부패에 어지럽혀졌는데 이는 세계 각국에 여태껏 없었던 것이다. 이것은 그야말로 대의정체의 괴상한 현상이다. 그렇기 때문에 중국은 외국의 민권정치를 배움에 있어서 잘 배우지 못했을 뿐만 아니라 잘못 배웠다… 오늘 우리가 민권을 주장하는 것은 정치를 인민들의 손에 쥐어주기 위해서이다. 그러하다면 인민은 무엇이 되었는가? 중국은 혁명 이후 민권정체를 성립해야 하고 모든 일에서 반드시 인민이 책임지고 결정해야 한다. 그렇기 때문에 지금의 정치를 '민주정치'라고 부를 수 있다. 다시 말하면 공화정체 하에서는 인민이 황제가 되게 해야 한다."[789]

민권주의의 구체적 실현은 바로 5권 헌법의 정치제도이다. 『건국대강』에서 손중산은 다음과 같이 지적하였다. 제도상에서 말하면 민권주의는 곧 바로 '인민의 정치지식 능력에 대하여 정부가 훈도하여 선거권, 소환권, 창제권, 복결권을 행사하게 해야 한다.'[790] 물론 그의 이러한 제도 건립의 전제는 '권능분립'의 '정치보모론'이고 인성에 대한 기본 가설 위에 건립하는 것이다.[791] 손중산의 '권능분립'의 핵심은 '직접민권'이다. 즉 지금 우리가 말하는

---

789) 손문, 「삼민주의. 민권주의」 (1924년 1월부터 8월까지), 『손중산전집』 9권, 313~314, 319쪽.

790) 하신화, 호욱성 등 정리, 『근대중국헌정역정: 사료회취』, 598쪽.

791) '이 권능 분별의 도리는 예전에 구미의 학자들이 발견하지 못한 것이다. 권과 능의 분별이란 과연 어떤 것인가? 이 분별에 대해 분명하게 말하려면 인류 분별에 대한 예전의 나의 발견으로부터 말해야 한다. 인류에 대한 나의 분별에는 어떤 근거가 있는가? 바로 사람 각자의 천부적 재능에 근거한 것이다. 나의 분별에 따르면 사람은 세 가지 부류가 있다. 첫 번째 부류의 사람은 선지선각이라고 부르고… 두 번째 부류 사람은 후지후각이라고 부르며… 세 번째 부류 사람은 부지부각(不知不覺)이라고 부른다.' 손문, 「삼민주의. 민권주의」 (1924년 1월부터 8월까지), 『손중산전집』 9권, 323쪽.

'직접민주'이다. '전민정치', '직접민주'를 실현하는 경로 방면에서 손중산은 민권에는 선거, 소환, 창제, 복결의 4대정권이 포함되어 있고 정부에는 행정, 입법, 사법, 고시, 감찰 이렇게 5항의 치권이 있다고 제시하였다.

> "인민은 네 가지 권리가 있어야 비로소 충분한 민권이라고 할 수 있고, 그 네
> 가지 권리를 실행하여야 비로소 철저한 직접민권이라고 할 수 있다. 충분한
> 민권이 없었던 예전의 인민은 관리, 의원을 선거한 후 더 관여할 수 없었는데
> 이러한 민권은 간접민권이다. 간접민권은 바로 대의정체이다. 대의사로 하여금
> 정부를 관리하게 하면 인민은 직접 정부를 관리할 수 없다. 인민이 직접 정부를
> 관리하려면 인민이 이 네 가지 민권을 실행할 수 있게 해야 한다. 인민이 네 개
> 민권을 실행할 수 있어야 전민정치라고 할 수 있다. 전민정치란 무슨 뜻인가?
> 예전에도 말했지만 그것은 4억 명이 황제가 되는 것이다. 4억 명이 어떻게 해야
> 황제가 될 수 있는가? 그것은 바로 이 네 가지 민권으로 국가의 대사를 관리해야
> 한다. …이 네 가지 민권은 정권이라고 부르기도 하는데 바로 정부를 관리하는
> 권리이다… 정부쪽에는 다섯 가지 권리가 있어야 한다. 그 다섯 가지 권리란
> 행정권, 입법권, 사법권, 고사권, 감찰권이다. 인민의 네 가지 정권으로 정부의
> 다섯 가지 치권을 관리해야 하나의 완전한 민권정치기관이라고 할 수 있다.
> 이러한 정치기관이 있어야 인민과 정부의 역량이 서로 균형을 이룰 수 있다."[792]

'전민정치', '직접민주'의 실현을 위하여 손중산을 아래에 언급하는 '5권헌법'의 제도를 설계하였다.

---

792) 손문, 「삼민주의. 민권주의」 (1924년 1월부터 8월까지), 『손중산전집』 9권, 350~352쪽.

## 2. 5권헌법이론에서의 '민주'의 체현

손중산은, 대의제도는 주권이 인민에게 있다는 제기법에 부합되지 않기에 만약 단지 대의제도에 국한된다면 주권이 인민에게 있다는 것은 빈말에 지나지 않는다고 인정했다. 그는 『중화민국건설의 기초(中華民國建設之基礎)』라는 글에 '관치'와 '민치'의 대립을 제시하였다.

> "주권이 백성에게 있다는 주장에 관한 규정은 유명무실한 규정이 아니다. 권력이 관청에 있고 백성에게 있지 않다면 그것은 관치이고 권력이 백성에게 있고 관청에 있지 않다면 그것은 민치이다. 민치가 다른 것과 다른 점이라면 정치권력이 인민에게 있고 그 권력을 직접 혹은 간접적으로 행사하는 것에 있다. 박탈된 자유가 여전히 인민에게 있고 인민이 주체가 되고 인민이 주도가 되는 것이 바로 관치와 확연히 다른 점이다."[793]

'민치'를 어떻게 실현해야 하는가에 대하여 손중산은 다음과 같이 종합하였다.

> "민치를 실현하려면 그 방법은 다음과 같다. 첫째, 분현자치(分縣自治). 현으로 나누어 자치를 하고 직접민권을 행하는데 연성자치와 다른 점이 여기에 있다… 둘째, 전민정치. 인민에게 선거권, 창제권, 복결권, 소환권이 있다. 상세한 것은 건설잡지 전민정치론을 보라. 이상의 두 가지는 모두 직접민권인데 전자는 현자치에서 행하는 것이고 후자는 국사에서 행사는 것이다. 셋째, 5권분립…

---

793) 이 글은 민국 11년(1922년) 상해신문보 30주년을 기념하여 쓴 것이다. 『손중산전집』에 수록되었다. 중국국민당 중앙위원회 당사위원회 편, 『국부전집』 2책, 중국국민당 중앙위원회 당사위원회, 1989, 351~353쪽.

넷째, 국민대회… 이상의 네 가지를 종합해 말하면 민치의 실행은 반드시 이 길을 걸어야 하고 그 실행의 순서는 분현자치 보다 빨라서는 안 된다. 분현자치가 없다면 인민은 의탁할 곳이 없게 되고 전민정치는 실현되지 못할 수도 있다. 전민정치가 없으면 5권 분립과 국민대회가 있더라도 나중에 주권이 인민에게 속하지 못할 것이다."[794]

즉, 손중산의 전민정치이론에는 두 가지 제도적 토대가 있는데 하나는 국민대회제도이고 다른 하나는 지방자치제도이다.[795] 이 두 가지 제도는 모두 그 후의 5권헌법에서 체현된다.

아래의 치국기관도(도표 10)에 대한 손중산의 해석에 따르면 '헌법에서 규정한 5권분립 외에 가장 중요한 것은 바로 현지이고 직접민권을 행사하는 것이다. 직접민권이야 말로 진전한 민권이다. 직접민권은 네 가지이다. 즉 선거권, 소환권, 창제권, 복결권이다. 5권헌법은 하나의 큰 기계와 같고 직접민권은 기계의 제동장치이다.'[796]

794) 중국국민당중앙위원회 당사위원회 편, 『국부전집』 2책, 353쪽.
795) 이 두 가지 제도는 모두 목전의 중국 대륙의 법학계에서 연구가 비교적 적은 영역이다.
796) 손문, 「5권헌법」 (1921년 3월 20일), 하신화, 호욱성 등 정리, 『근대중국헌정역정: 사료회취』 , 590쪽.

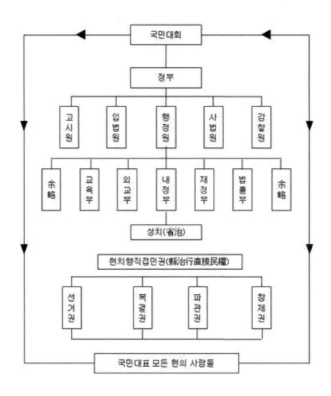

도표 10) 손중산 5권헌법 하의 치국기관도[797]

## 3. '인민민주독재' 이론에서의 '민주독재'

### (1) '민주독재'개념의 외국학설사[798]

　독재(dictator)가 라틴문자로 제일 처음 나온 것은 고대로마에서였다. 그 뜻은 고대

797) 손문, 「5권헌법」 (1921년 3월 20일), 하신화, 호욱성 등 정리, 『근대중국헌정역정: 사료회취』, 589쪽.
798) 본 부분의 내용은 주로 김안(金雁), 진휘(秦暉)의 「무산계급독재'와 '인민독재' -1848년~1923년 사이의 국제사회주의정치이론의 연변」, 『당대세계사회주의문제』 3기, 2007.

로마의 군사독재관(dictator) 체제(로마공화국에 전쟁이 일어났을 때의 일종 비상 체제)에서 나왔다. 즉 군사 통수권자에게 로마법의 제한을 받지 않는 단기간 독재권력을 수여하는 것이다.[799] '독재'는 법률의 속박을 받지 않는, 일종의 긴장상태(통상적으로는 전쟁)와 관계되는 임시조치이지 일종 정상적인 집정방식이 아니다. 이 점에서 그것은 '전제'의 개념과 다르다. 일종 전쟁시기 독재로서의 '독재'는 민주의 중단을 의미한다. '독재'가 있으면 '민주'가 없다. 그렇기 때문에 '민주독재'라는 제기법은 민주와 독재 각자의 원뜻에서는 서로 모순된다. 하지만 그 후 '민주독재' 개념이 흥기하였다. 사르토리는 『민주신론』이라는 책에서 『또 다른 일종의 민주?』라는 전문 장절을 할애하여 이에 대해 비판하면서 '민주독재'와 '인민민주'라는 어휘의 출현이 민주개념상의 '어휘전쟁'을 불러왔다고 주장했다.[800] 근대의 '독재'라는 단어가 정치개념이 된 것은 최초 프랑스대혁명에서였다. 자코뱅당 독재시기에 로베스피에르는, 독재는 "자유와 그것이 적 사이의 전쟁상태이고 헌정은 승리한 후나 평화시기의 자유정체"[801]라고 언급하였다. 근대 노동자운동의 흥기와 더불어 '무산계급독재' 개념은 '독재' 개념의 토대 위에서 발생하였다. 그것은 프랑스 노동자운동에서 제일 처음 나타났고 블랑키파에 의해 제일 처음 제시되었다. 마르크스와 엥겔스가 '무산계급(혹은 노동자계급) 독재'라는 개념을 제시한 역사적 배경은, 1848년 독일혁명이 내전 상태로 발전하자, 당시 프로이센자유파 수령 캄프하우젠이 군중의 지지 하에 정권을 잡았다. 하지만 그는 입헌회의 준비에 바삐 돌아 다니다보니 강력한 수단으로 국세를 장악하지 못하였다. 그 결과 헌정을 반대하는 각 방(邦) 당국이 군사를 일으켜서 반격하여 감프하우젠 정부를 뒤엎었다. 마르크스는 이에 대해 다음과 같이 평론하였다.

---

799) 전쟁이 결속된 후 독재관은 수여받은 권리를 원로원에 내려놓는다. 하지만 원로원은 그의 독재기간의 행위를 추구하지 않는다. 당시의 관례에 의하면 독재관에게 권리를 부여하는 기간은 반년이고 연기하려면 다시 권리를 부여해야 한다. 아우구스투스가 후에 원수(princeps)로 불려 지면서 로마가 제국시대에 들어선 후 군사독재관의 제도는 존재하지 않았다.

800) [미] 사르토리, 『민주신론』, 상해인민출판사, 2009, 519, 520쪽.

801) [미] 사르토리, 『민주신론』, 상해인민출판사, 2009, 519, 520쪽.

이런 상태에서는 "그 어떤 임시성 국가기구도 모두 독재를 필요로 하고 강력한 독재를 필요로 한다. 우리는 독재를 실행하지 않았다고 첫 시작부터 감프하우젠을 질책했다", "감프하우젠이 한창 입헌의 환상에 취해 있을 때 무너진 정당이 관료기구와 군대에서 자신들의 진지를 공고히 하였다."[802] 1850년 마르크스는 『1848년부터 1850년까지의 프랑스 계급투쟁』이라는 책에서 1848년 프랑스혁명이 내전으로 격화됐을 때 "자산계급에 의해 블랑키사상이라고 불린 공산주의 주위에 뭉쳤는데" 이 사상은 "바로 끊임없이 혁명을 선포하였고 무산계급의 계급독재를 실현하였다"[803]고 언급하였다. 마르크스는 블랑키파의 '혁명독재'이론에 찬동하였는데 주로 진압을 두려워하지 않고 폭력으로 폭력에 대항한 입장에 찬동하였다. 그리고 플랑키파 '혁명독재'의 또 다른 함의, 즉 '선진적인 소수'에 의거하여 '낙후한 다수'를 강압하는 것에 대해 마르크스와 엥겔스는 줄곧 반대하였다. 그 후 그 함의는, 혁명 중에 폭력으로 진압자의 폭력에 대항해야 할 뿐만 아니라 혁명 후의 평화 조건 하에서도 '독재'로 '낙후자'를 대처하는 것, 즉 '혁명성공 후의 혁명독재'를 의미했다. 엥겔스는 후에 '독재'를 여러 번 언급하면서 블랑키즘과 포퓰리즘의 '혁명성공 후의 혁명독재'이론에 대하여 엄격하게 비판하였다. 그렇기 때문에 후에 소련의 국가 의식형태에 의해 무산계급독재를 논술한 경전적 문헌으로 인식된 1871년의 『프랑스내전』에는 실제상 '무산계급독재'라는 이 개념이 나타나지 않았고 최초판본에도 '독재'라는 말이 없었다.

김안(金雁), 진휘(秦暉)는 다음과 같이 생각하였다. 러시아혁명 실천에서 레닌은 러시아 포퓰리파의 '독재'로 마르크스, 엥겔스의 '독재' 개념을 살짝 바꾸고 낙후자에 대한 선진자의 강박을 정치의 정상적인 상태로 삼았다. 이는 후에 국제사회주의운동의 분열을 불러온 근본적인 원인이다. 러시아 포퓰리즘 전통에서 '인민독재'의 주장은 역사가 유구하다. 이 사상은 비록 폭력으로 폭력을 대항한다는 의무도 있지만 본질상에서는 '영웅이 군중을

---

802) 『마르크스엥겔스전집』 제5권, 인민출판사, 1958, 457쪽.
803) 『마르크스엥겔스전집』 제5권, 인민출판사, 1958, 104쪽.

지배'하는 이론의 파생물이었다. 포퓰리즘의 선구자인 체르니셰프스키로부터 시작하여 터카쵸브, 네차예프, 지코미러브 등 러시아 포퓰리즘 사상가에 이르기까지 모두 '대다수'가 사리에 어두워 낙후하면 필연코 선진적이 소수가 그들에 대하여 강제를 실행하게 된다고 생각하였다. 러시아 본토 문화의 연원인 '인민독재'와 앞에서 서술한 블랑키파의 '우수분자독재'는 아주 비슷하다. 일찍이 1902년, 포퓰리즘파 이론의 영향 하에 레닌은, 선진자는 당연히 낙후한 '다수'에 대하여 강제를 실시해야 한다는 관점을 명확히 표현하면서 다음과 같이 생각하였다. 무산계급독재가 필요한 까닭은 러시아가 농민국가이고 낙후한 농민, 즉 러시아 국민의 대다수는 믿을 수 없기 때문이다. 무산계급이 농민의 지지를 얻는다면 "'독재'를 담론할 필요가 근본적으로 없다." [804] 그는, 러시아에 '무산계급독재'가 필요한 근본 원인은 대다수사람, 즉 농민의 '낙후'로 인해 민주가 '무산계급'에 불리하기 때문이라고 보았다. 이러한 논리는 레닌이 만년에 한 미발표담화에서 다음과 같이 분명하게 말했다. "우리는 지금까지 자유를 말하지 않았다. 다만 무산계급독재를 말했을 뿐이다. 우리가 무산계급독재를 실행하는 것은 그것이 무산계급 이익의 정권을 위해 일하기 때문이다. 러시아에서 본래 의미상의 노동계급, 즉 산업노동계급은 (러시아 인구 중에) 소수 뿐 이기에 무산계급독재를 실행하는 것은 바로 그 소수인의 이익을 위한 것이다. 기타 사회성분이 공산주의가 요구하는 경제조건에 복종하지 않는 한 이 독재는 계속될 것이다. 터놓고 말하면 과도시기, 즉 독재시기는 아주 길 것이다. 4, 50년의 시간일 수도 있다." [805] 김안과 진휘는 다음과 같이 생각하였다. 이와 같은 가장 '혁명'적인 '민주독재' 이론은 진정한 군주독재와 한발 차이이다.

후에 일어난 국제사회주의운동의 분열(소련과 유고슬라비아충돌 포함)의 근본 원인은

---

804) 『레닌전집』 6권, 인민출판사, 1986, 215~216쪽.
805) 레닌, 『에스빠냐사회주의노동자당대표단과의 담화(同西班牙社會主義工人黨代表團的談話)』, 김안, 진휘, 「무산계급독재'와 '인민독재'(無産階級專政與人民專制) -1848~1923년 사이의 국제 사회주의정치이론의연변」, 『당대세계사회주의문제』 3기, 2007.

바로 그 사상 속에 '민주'와 '독재'의 다툼이 있었기 때문이다.[806]

## (2) 중국 '인민민주독재' 개념의 제시

'인민민주독재'라는 이 개념의 발생에 대하여 우선 국체와 정체에 대한 중국공산당 내의 다년간의 실천과 탐색의 산물로 보아야 한다.

장희파(張希坡)는, 인민대표대회제도는 소련의 '소비에트' 제도를 베껴온 것으로서 역사의 진실 상황에 부합되지 않는다고 인정했다. 일찍이 1924년~1927년의 제1차 국내혁명 시기의 노농운동에서 인민민주독재와 인민대표대회제도의 맹아가 나타났는데, 아래와 같은 세 가지 형식이 있었다. 성항(省港)대파업에서 성항파업노동자대표대회와 성항파업위원회, 농민운동에서 농민대표대회와 농민협회, 상해노동자 3차 무장봉기에서 상해시민대표대회와 상해시민정부를 건립하였다. 제2차 국내혁명전쟁시기에 노농민주독재와 노농병소비에트대표대회제도가 있었고 항일전쟁시기에 항일민주독재와 참정회제도가 있었다. 항일민주독재와 참의회제도의 실시는 인민대표대회제도의 확립을 위해 중요한 경험을 제공하였다. 해방전쟁시기, 해방구의 끊임없는 확대와 더불어, 특히 대중도시에 들어간 후, 혁명근거지의 정권건설은 참의회제도가 점차 인민대표대회회의로 과도하는 단계에 처해 있었다. 그 과도 형식을 보면, 농촌에서는 대지개혁을 실시한 후, 빈농단과 농회의 토대위에 점차 구향(區響)(村) 두 급의 인민대표회의를 건립하고 도시에서는 각 계 인민대표회의를 건립하였다.[807] 정체건설의 경험에 관하여 모택동은 일찍 1940년 1월에 『신민주주의론』에서 다음과 같이 종합하였다.

---

806) 김안, 진휘, 「무산계급독재'와 '인민독재' -1848-1923년 사이의 국제 사회주의정치이론의 연변」,
『당대세계사회주의문제』 3기, 2007.
807) 장시보(張希坡), 「우리 나라 인민민주독재와 인민대표대회제도의
연진(我國人民民主專政和人民大會制度之演進)」, 『법학가』 5기, 1998.

"여기서 말하고 있는 것은 '국체'문제이다. 이 국체문제는 청말부터 수십 년 동안이나 논쟁하여 왔지만 아직까지도 분명하게 해명되지 못하고 있다. 기실 그것은 단 하나의 문제, 즉 국가에 있어서의 사회 각 계급들의 지위를 말할 따름이다. 자산계급은 언제나 이러한 계급적 지위를 은폐하고 '국민'이라는 명사를 사용하여 실제로는 자신들 계급의 독재를 실시하고 있다. 이러한 은폐는, 혁명적 인민들에게 아무런 이익도 주지 못하는 것이므로 이것을 그들에게 분명하게 밝혀주어야 한다. '국민'이라는 이 명사는 사용할 수 있지만 반혁명분자, 한간들은 국민 속에 들어 있지 않다. 반혁명분자, 한간에 대한 모든 혁명적 계급들의 독재, 이것이 바로 지금 우리에게 필요한 국가이다."[808]

"이밖에 또 '정체' 문제라는 것이 있는데 그것은 정권구성의 형태문제를 말하는 것이며, 일정한 사회적 계급이 어떠한 형태를 취하여 적을 반대하고 자신을 보호하는 정권기관을 조직하느냐 하는 것을 말하는 것이다. 적당한 형태의 정권기관이 없이는 국가를 대표할 수 없다. 현재 중국에 있어서는 전국인민대표대회, 성 인민대표대회, 현 인민대표대회, 구 인민대표대회, 그리고 향 인민대표대회에 이르기까지의 체계를 취할 수 있으며 동시에 각급 대표대회에서 정부를 선거할 수 있다. 그러나 성별, 신앙, 재산, 문화정도 등의 차별이 없는, 진정으로 보편적이고 평등한 선거제를 실시하여야 하며 그래야만 국가 내에서의 각 혁명적 계급들의 지위에 적응할 수 있으며, 인민의 의사를 표현하고 혁명투쟁을 지휘하는데 적응할 수 있으며 신민주주의 정신에 적응할 수 있다."[809]

---

808) 모택동, 「신민주주의론」, 『모택동선집』 2권, 인민출판사, 1991, 676쪽.
809) 모택동, 「신민주주의론」, 『모택동선집』 2권, 인민출판사, 1991, 676쪽.

1945년 4월 24일 모택동은 『연합정부를 논함』에서 다음과 같이 지적하였다.

"신민주주의의 정권조직에 있어서는 민주집중제를 취하여 각급 인민대표대회에서 주요 방침정책을 결정하며 정부를 선거하여야 한다. 그것은 민주적인 동시에 또 집중적인 것이다. 다시 말하면 민주의 기초 상에서의 집중이며 집중지도하에서의 민주인 것이다. 이러한 제도만이 광범위한 민주를 구현하고 있어, 각급 인민대표대회로 하여금 고도의 권력을 가지게 할 수 있으며, 또 나라 일을 집중적으로 처리할 수 있어 각급 정부로 하여금 각급 인민대표대회로부터 위임받은 모든 사무를 집중적으로 처리하는 동시에 인민들의 모든 필요한 민주적 활동을 보장하도록 할 수 있다."

여기에서 알 수 있는 것은 정체 의미상의 '민주집중제', '인민대표대회' 등의 개념은 비교적 일찍 제시되었고 그것에 비하여 중국공산당 내에서 제련되어 나온 '인민민주독재'의 개념은 좀 늦었다.

1947년 10월 10일 『중국인민해방군 선언』에서 '민주연합정부를 성립한다'는 구호를 보류하였다. 하지만 동 유럽 국가들이 '인민민주제도'라고 부르는 주장의 실행을 제시하기 시작하였다. 1948년 4월 1일, 모택동은 진수간부회의에서의 강화에서 민주연합정부를 건립해야 한다는 주장을 언급하였다. '인민민주독재'가 중국공산당 당내에서 최초로 출현한 것은 1948년 6월 중공중앙 선전부가 모택동의 지시에 근거허여 레닌의 『공산주의 운동 중의 '좌파'적 유아병(共産主義運動中的左派幼稚病)』이라는 책을 다시 인쇄한 제2장 '선언'의 단락에서였다. 레닌은 "자본주의가 공산주의로 과도함에 있어서 당연히 아주 풍부하고 다양한 정치형식이 출현하지만 본질은 결국 한 가지인데 모두 무산계급독재이다"

<sup>810)</sup>라고 지적하였다. 편집자는 다음과 같이 지적하였다.

> "레닌이 이 책에서 말한 것은 무산계급독재에 관한 것이다. 오늘날 우리
> 중국에서 건립하려는 것은 무산계급독재가 아니라 인민민주독재이다.
> …인민민주독재는 무산계급이 영도하는, 인민대중의 반제, 반봉건,
> 반 관료자본주의의 신민주주의 혁명이다. 이 혁명의 사회성질은 일반
> 자본주의에서 벗어나는 것이 아니라 신민주주의를 건립한 사회와 각 개
> 혁명계급 연합독재의 국가이고 무산계급독재는 자본주의를 뒤엎고 사회주의를
> 건설하는 것이다."<sup>811)</sup>

1948년 9월, 모택동은 중공중앙정치국 회의에서 처음으로 '인민민주독재'라는 제기법을 사용하면서 "우리 정권의 계급성은, 무산계급이 영도하는, 노농연맹을 기초로 하는 것이지만 단지 노농뿐만 아니라 자산계급민주분자도 참가한 인민민주독재"<sup>812)</sup>라고 했다.

1948년 12월, 드미트로브는, 무산계급독재를 집행하는 데 인민민주제도의 직권에서 소비에트제도와 인민민주제도는 '무산계급독재의 두 가지 형식이다'<sup>813)</sup>라고 지적하였다. 이것은, 인민민주제도는 사실상 무산계급독재라는 제기법이 이미 국제공산주의 운동에 의해 인정되었다는 것을 설명한다. 1948년 말, 모택동이 신화사를 위해 쓴 1949년 신년헌사 『혁명을 끝까지 진행하자(將革命進行到底)』에서 "전국 범위 내에서 국민당의 반동 통치를 뒤엎고 전국 범위 내에서 무산계급이 영도하고 노농연맹을 주체로 하는

---

810) 『레닌선집』 3권, 인민출판사, 1995, 140쪽.
811) 『신화일보』 (태항판) 1948년 6월 15일 자.
812) 『모택동문집』 5권, 인민출판사, 1996, 135쪽.
813) 『드미트로브선집』, 인민출판사, 1953, 314쪽.

인민민주독재의 공화국을 건립해야 한다"[814]고 공개적으로 제시하였다.

1949년 1월 14일, 소련에서는 미코얀을 중국에 파견하였다. 사철(師哲)의 회고에 의하면 모택동은 미코얀에게 다음과 같이 보다 명확하게 표시하였다. "우리의 신정권은 노동연맹의 토대 위에서 인민민주독재로 사실상 무산계급독재이다. 정부를 구성하는 것은 각 당파, 사회 지명인사가 참가하는 민주연합정부이다. 하지만 국가정권의 영도권은 공산당의 수중에 있다."[815]

신화사는 1949년 2월 8일에 『진리보(眞理報)』 총편집 П.Н.Поспелов이 1월 21일 레닌 서거 25주년 대회에서, 발표한 보고 중에서 '인민민주'에 대해 인정한 부분을 다음과 같이 번역하여 발표하였다. 인민민주정권은 자본주의에서 사회주의로 과도하는 각종 문제를 해결하는 방면에서 무산계급독재의 작용을 일으켰다.[816]

1949년 3월, 중공 7기 2중 전원회의에서 모택동은 '인민민주독재'라는 개념을 한층 더 명확히 하면서 인민민주독재의 영도 역량과 계급역량에 대하여 다음과 같이 범위를 정했다. "무산계급이 영도하고 노농연맹을 토대로 하는 인민민주독재는 우리 당이 올바르게 노동계급과 전체 농민계급, 광대한 혁명적 지식분자들과 단결할 것을 요구하는데 그것은 이 독재의 지도역량과 기초역량이다."[817] 유건평(劉建平)의 고증에 의하면 중국공산당이 '인민민주독재' 개념을 제시한 것은 당시 국제 국세가 반파쇼동맹으로부터 냉전에 이르기까지에 근본적인 변화가 발생한데서 비롯되었고, 특히 소련, 스탈린과 복잡하게 연계되어 있다. '인민민주'(Popular Democracy)는 원래 일종의 통일전선 이론이었다.

일찍이 이탈리아공산당 영도자 팔미로 톨리아티가 일종의 '신민주주의'사상을 제시하였다. 전후 초기, 동유럽 국가에서는 연합정부를 조직하는 건국 실천에서, '수많은

814) 『모택동선집』 4권, 인민출판사, 1991, 1375쪽
815) 사철(師哲), 『역사 거인의 신변에서(在歷史巨人身邊)』, 중앙문헌출판사, 1991, 376~377쪽.
816) 『인민일보』 1949년 2월 10일자 참조.
817) 『모택동선집』 4권, 1436~1437쪽.

사회주의 민주적 요소를 가지고 있으면서 또 수많은 자산계급 민주적 요소를 가지고 있는' 사회제도가 '인민민주제도'라고 명확히 하였다. 다시 말하면 '인민민주제도'는 동유럽 국가의 공산당이 착상하고 연합정부가 인민들을 영도하여 장기간의 평화건설를 통해 사회주의 정권으로 나가는 형식이었다. 소련은 '두 개 보루'를 전력으로 추진한 후 동유럽 국가에 대한 통제를 강화하였다. 공산당정보국 성립대회에서 소련은 동유럽국가에 대하여 '신민주제도', '인민민주제도' 등을 사용하였다. 하지만 동 유럽 국가들은 그때 아직 소련이 의식형태로부터 착수하여 국제정치상에서 동유럽을 통제하려는 의도를 다 이해하지 못하였다. 소련과 유고슬라비아의 충돌은 소련이 '티토분자'를 철저히 숙청하고 동유럽국가의 의식형태에 대한 지도를 강화하는데 계기를 제공해 주었다. 하지만 미소 냉전, 소련과 유고슬라비아 충돌의 국제적 정치배경 하에서 '인민민주제도'가 소련에 의해 '무산계급독재'의 실체를 억지로 부여하였는데, 이는 정부를 공산당의 단독 집정으로 바꾸고 독재의 힘으로 소련 모식의 사회주의로의 과도를 신속하게 추동하는 사회정치결과를 초래하게 하였다.[818]

중국공산당은 일찍이 인민민주독재가 무산계급독재와 구별된다는 관점을 고수하면서 '인민민주독재'의 구호를 제시하고 자산계급과 연합하는 문제에 대하여 당내에서 주저하는 현상이 생겼다. 하지만 소련이 중국공산당의 군사적 승리에 오히려 중국혁명과 그 영향에 관심을 기울이고 있을 때 중국공산당도 자체적인 수요에 따라 '인민민주독재는 사실상 무산계급독재'라는 이론 규정을 받아들였다. 1949년 6월 말, 모택동은 중국공산당 성립 28주년을 기념하여 발표한 『인민민주독재를 논함』이란 글에서 인민민주독재이론을 전면적이고 계통적으로 논술하였다. 『인민민주독재를 논함』이 발표될 때는 마침 신정협회의(新政協會議)가 준비를 시작한지 얼마 되지 않는 때여서 그것은 비단 중국이

818) 유건평(劉建平), 「소련, 스탈린과 중국공산당의 인민민주독재 이론 및 그 체제의 확립(蘇聯斯大林與中國共産黨的人民民主專政理論及其體制的確立)」, 『중공당사연구』 6기, 1997.

미래에 소련을 위수로 하는 사회주의 진영에 가입하는 것에 관한 '일방적' 정책에 대한 공개적인 태도 표시[819]이고 미래 정치체제 중 '국체' 문제에 대해 한층 더 명확히 한 것이 된다.

### (3) '인민민주독재'에 대한 모택동의 전범(典範)적 해석

모택동은 '인민민주독재'를 제시하는 배경과 목표에 대하여 다음과 같이 생각하였다.

> "서방의 자산계급문명, 자산계급민주주의, 자산계급공화국방안은 중국인민의 마음속에서 일제히 파산되고 말았다. 자산계급의 민주주의는 노동계급이 영도하는 인민민주주의에 그 자리를 내어주었고 자산계급공화국은 인민공화국에 그 자리를 내어주었다. 그리하여 인민공화국을 거쳐 사회주의와 공산주의에 도달하며 계급의 소멸과 세계대동에 도달할 가능성을 조성하였다."[820]

모택동은, 인민민주독재는 곧 바로 인민민주독재이고 적들에 대한 독재이며 인민민주와의 결합이라고 생각하였다. 그는 다음과 같이 말하였다.

---

819) 모택동은 다음과 같이 말하였다. "(1) 국내에서 민중을 불러일으키는 것이다… (2) 국외에 있어서는 우리를 평등하게 대하는 세계의 민족들 및 각국 인민과 연합하여 공동으로 분투하는 것이다. 즉 소련과 연합하며 각 인민 민주국가와 연합하며 기타 각국의 무산계급 및 광범위한 인민과 연합하여 국제적 통일전선을 결성하는 것이다." 모택동, 「인민민주독재를 논함(論人民民主專政)」, 『모택동선집』 4권, 1472쪽.
820) 모택동, 「인민민주독재를 논함」, 『모택동선집』 4권, 1471쪽.

"'당신들은 독재한다.' 사랑하는 당신들이여, 당신들은 옳게 말하였다. 우리는 바로 그렇다. 중국인민의 몇 십 년 동안을 두고 쌓아온 모든 경험은 인민민주독재(專政)를 실시할 것을 우리에게 요구한다. 이것을 인민민주독재(獨裁)라고도 하는데 하여튼 마찬가지이다. 즉 반동파들의 발언권을 박탈하고 인민들만 발언권을 가지게 하는 것이다.[821] 인민이란 무엇인가? 중국에 있어서 현 단계에는 노동계급, 농민계급, 성시 소자산계급 및 민족자산계급이다. 이 계급들이 노동계급과 공산당의 영도아래 단결하여 자신들의 국가를 조직하고 자신들의 정부를 선거하여 제국주의의 주구, 즉 지주계급과 관료자산계급 및 이 계급들을 대표하는 국민당반동파와 그 졸개들에 대하여 전정을 실시하며 독재를 실시하며 그들을 압박하여 순순히 복종만 하고 함부로 지껄이거나 행동하지 못하게 한다. 만약 함부로 지껄이거나 행동한다면 즉시 금지를 명하고 하고 제재를 가한다. 인민내부에 대해서는 민주제도를 실시한다. 인민은 언론, 집회, 결사 등의 자유권을 가진다. 선거권은 인민에게만 주고 반동파에게는 주지 않는다. 이 두 가지, 즉 인민내부에 대한 민주와 반동파에 대한 독재가 서로 결합된 것이 곧 인민민주독재이다."[822]

모택동은, 인민민주독재와 손중산의 '민권주의'의 구별은 바로 누가 영도하는가 하는 문제라면서 인민민주독재는 노동계급이 영도한다고 생각하였다.

"1924년 손중산이 직접 영도하였고 공산당인이 참가한 국민당 제1차 전국대표대회에서는 저명한 선언서를 채택하였는데, 그 선언서의 '근세 각국의

---

821) 모택동, 「인민민주독재를 논함」, 『모택동선집』 4권, 1475쪽.
822) 모택동, 「인민민주독재를 논함」, 『모택동선집』 4권, 1475쪽.

소위 민권제도'는 흔히 자산계급에게 독점되어 평민을 압박하는 도구가 되고 있다. 그러나 국민당의 민권주의는 일반 평민이 공유로 하는 것이고 소수 인이 사유(私有)로 하는 것이 아니다'라고 지적하였다. 누가 누구를 영도하는가 하는 문제를 제외하고 일반 정치 강령으로 말한다면 여기서 언급된 민권주의는 우리가 말하고 있는 인민민주주의 혹은 신민주주의와 부합되는 것이다. 일반 평민이 공유하는 것만 허락하고 자산계급이 사유하는 것을 허락하지 않는 국가제도에 노동계급의 영도를 더하면 그것이 곧 인민민주독재의 국가제도인 것이다.[823] 인민민주독재의 토대는 노동계급과 농민계급 및 도시 소자산계급의 연맹이며 주로 노동자와 농민의 연맹이다. 그것은 이 두 계급이 중국인구의 80~90%를 차지하고 있기 때문이다. …인민민주독재는 노동계급의 영도를 필요로 한다. …우리의 28년은 이와는 크게 다르다. 우리에게는 많은 귀중한 경험들이 있다. 기율이 있고 마르크스-레닌주의 이론으로 무장하였고, 자아비평의 방법을 사용하고 있으며 인민군중과 연계를 맺고 있는 당, 이러한 당이 영도하는 군대, 이러한 당이 영도하는 각 혁명적 계급, 각 혁명적 파벌들의 통일전선, 이 세 가지는 우리가 적에 전승하는 주요 무기다. … 우리의 경험을 종합하여 한 점에 귀결시키면 그것은 곧 노동계급(공산당을 통하여)이 영도하는, 노농 연맹을 토대로 하는 인민민주독재이다. 이 독재는 반드시 국제혁명역량과 일치단결하여야 한다. 이것이 곧 우리의 공식이며 이것이 곧 우리의 주요한 경험이며 이것이 곳 우리의 주요한 강령이다."[824]

---

823) 모택동, 「인민민주독재를 논함」, 『모택동선집』 4권, 1477, 1478쪽.
824) 모택동, 「인민민주독재를 논함」, 『모택동선집』 4권, 1478, 1479, 1480쪽.

1949년 9월, 중국인민정치협상회의에서 채택한 『공동강령』 서언에서는, "중국인민민주독재는 중국 노동계급, 농민계급, 소자산계급, 민족자산계급 및 기타 애국민주분자의 인민민주통일전선의 정권이며 노농연맹을 토대로 하고 노동계급이 영도한다"고 지적하였다. 『공동강령』 의 제정은 인민민주독재정권의 완전한 건립을 표시한다.

### (4) '인민민주독재' 개념의 중국에서의 발전

허숭덕은 다음과 같이 생각하였다. 중화인민공화국 성립 초기, 혁명 임무든 사회 성질이든 모두 신민주주의에서 사회주의로 과도 혹은 전환하는 시기를 거쳤다. 그것과 적응해야 할 인민민주독재 역시 신민주주의 정권에서 무산계급독재로 과도 혹은 전환하는 시기를 겪었다.[825]

1952년 6월, 모택동은 중앙 통전부에서 올려 보낸, 『민주당파 사업에 관한 결정』 에서 다음과 같이 밝혔다. "지주계급과 관료자산계급을 타도한 이후, 중국 내부의 주요 모순은 노동계급과 민족자산계급의 모순이다. 그렇기 때문에 민족자산계급을 더는 중간계급이라고 부르지 말아야 한다. 그 후 점차 농업, 수공업과 자본주의상업에 대한 사회주의개조를 진행해야 한다." 1952년 10월, 유소기가 중공대표단을 인솔하고 모스크 바를 방문하여 소공 19차 대표대회에 참가했을 때, 그는 모택동의 위탁을 받고 중국이 사회주의로 과도하는 것에 관한 방안을 두고 스탈린의 의견을 청취하였다. 그중 하나가 바로 전국인민대표대회를 소집하고 헌법을 제정하는 것에 관한 중공중앙의 방안이었다. 스탈린은 사회주의 과도에 대한 중공의 방안을 찬성하면서 동시에 다음과 같이 생각하였다. 중화인민공화국에 대한 국제상의 적대 세력의 공격을 반박하고 중국이

---

825) 허숭덕, 「중국 정권성질의 전변을 논함」, 『민주와 법제』 11기, 1981.

보다 훌륭하게 건설 사업을 하자면 중국은 당연히 전국인민대표대회를 열고 헌법을 제정하는 시간을 앞당겨야 한다. 스탈린은, 1954년에 선거와 헌법통과를 진행할 수 있다고 건의하면서 다음과 같이 말하였다. "적들은 두 가지 논조로 노농대중에게 선전하여 당신들을 반대할 것이다. 하나는, 당신들이 선거를 하지 않았고 정부가 선거를 통해 발생한 것이 아니라는 것이고, 다른 하나는 국가에 헌법이 없다는 것이다. 정치협상회의는 선거를 통한 것이 아니기에 남들은 당신들이 무력으로 자리를 통제하고 자칭한 것이라고 생각할 수 있다. 공동강령은 전민 대표에 의해 채택된 것이 아니라 하나의 당이 제시하고 기타 당파가 동의한 것이다. 당신들은 적들의 손에서 그 무기를 해제시켜야 한다.

나는 당신들의 의견에 동의한다. 공동강령을 국가의 근본 대법으로 만들어야 한다."[826] 모택동의 심열과 수정을 거친, 과도시기 당의 총 노선에 관한 『선전제강(宣傳提綱)』은 중국혁명의 역정에 대하여 권위적 이론으로 범위를 확정하였다. 중화인민공화국의 성립은 신민주주의혁명이 기본적으로 끝나고 사회주의혁명이 시작되었음을 표시한다. 그에 상응하여 중공중앙은 1953년 12월 19일에 『목전 정권성질에 관한 지시』를 발표하여 인민민주독재와 무산계급독재는 본질상 구별이 없다는 의견을 당내 고위층에 전달하였다. 중앙은 다음과 같이 생각하였다. "인민민주독재와 무산계급독재는 사실상 구별이 없다. 성급 이상 고급간부들은 이 문제에 대하여 알아야 할 필요가 있다. 하지만 일반 간부들에게 이렇게 해석하고 선전하는 것은 적당하지 않다… 그 이유는 첫째, 실제적인 면에서 말하면 현재 정권의 통일전선의 조성은 공산당과 노동계급의 영도에 방해되지 않는다… 만약 그것이 실질적으로 무산계급독재라고 광범위하게 선전한다면 수많은 민주인사의 불안, 불만과 여러 가지 추측을 불러올 것이고, 자산계급의 공황심리를 불러일으킬 것이다. 이는 목전의 시기에 불리하고 책략적이지 못하다… 둘째, 이론적인 면에서 말하면 모택동은

---

826) 목조용(穆兆勇), 「중화인민공화국 첫 헌법의 탄생(新中國第一部憲法的誕生)」, 『남방주말』 2003년 8월 21일.

『신민주주의론』과 『인민민주독재를 논함』이라는 두 편의 글에서 이미 우리의 정권은 무산계급 영도하의 각 혁명계급의 연합독재이고 노동계급이 (공산당을 통해) 영도하고 노농연맹을 토대로 하는 인민민주독재라고 명확히 설명하였다. 이는, 중국 노동계급의 현재와 금후 한 시기의 영도적 지위는 적합하고 수정하지 않아도 되며 만약 지금 수정한다면 오히려 불이익이라는 것을 설명한다. 그렇기 때문에 각지 영도기관은 반드시 이 문제에 선전을 통제하고 모든 간부들은 인민민주독재는 실질상 무산계급독재(즉 실질상에서는 공산당 한 개 당에서 강령 정책과 계획을 결정하는 것)라는 것에 관한 선전과 토론을 중단해야 한다…"[827)

1954년 헌법 제1조에는, 중화인민공화국은 노동계급이 영도하는 노농연맹을 토대로 하는 인민민주국가라고 규정하였고 서언에는 또 중국인민은… 인민민주독재의 중화인민공화국을 건립하였다고 규정하였다. 중국 당내 학자들은, 여기에서 '인민민주국가'란 바로 '인민민주독재'의 국가를 가리킨다고 인정한다.[828) 하지만 제1기 전국인민대표대회에서 발생된 정부의 10명 부총리 중에 당 외 인사는 한 사람도 없었다.

1956년 유소기는 제8차 대표대회 정치보고에서, 중화인민공화국이 성립된 후 인민민주독재는 실질상 이미 무산계급독재가 되었다고 언급하였다.[829)

1956년 4월 25일, 모택동은 『10대 관계를 논함(論十大關係)』에서 '무산계급독재'라는 말을 사용하기 시작하면서 "무산계급정당과 무산계급독재는 지금에 있어서 없어서는 안 되고 계속 강화하지 않으면 안 된다"고 하였고 "무산계급독재는 큰 강제성이 없다"고 하면서 '무산계급독재'는 시대에 뒤떨어진 것이 아니라고 생각하였다.[830) 1956년 11월 15일, 모택동은 8기 2중 전원회의에서 크고 작은 민주의 분류에 대하여 아래와 같이

827) 중공중앙문헌연구실 편, 『건국 이래 중요문헌 선편』 4책, 중앙문헌출판사, 1993, 682~683쪽.
828) 허숭덕 주편, 『헌법학(중국부분)』 2판, 고등교육출판사, 2000, 142쪽.
829) 『유소기선집』 하권, 인민출판사, 1985, 205, 242쪽.
830) 『모택동문집』 제7권 인민출판사, 1999, 303쪽.

언급하였다. 몇 명의 사, 국급 지식분자 간부들이 소민주(小民主)는 성에 차지 않는다면서 대민주(大民主)를 요구하였다. 그들이 행하려는 '대민주'는 바로 서방 자산계급의 국회제도를 채용하고 서방의 '의회민주', '신문자유', '언론자유' 등 일련의 것들을 배우려는 것이다. 그들의 이러한 주장에는 마르크스주의 관점이 부족하고 계급적 관점이 부족한 것으로서 착오적인 것이다. 하지만 대민주, 소민주라는 말은 무척 형상화되었기에 우리는 그 말을 빌려 쓴다… 근년 래, 당내와 당내에 모두 대민주의 실행을 요구하는 사람들이 있다. 기실, 인민내부에서 대민주를 실행하자고 요구하는 것은 그릇된 것이다.

대민주란 무엇인가? 대민주는 적을 대체하는 것이다. 우리의 역사에서 보면 진승, 오광은 군대를 일으켜 진나라에 대항하였고 왕망은 자영을 폐하고 한나라의 황위를 빼앗았으며 동한 영제 때의 황건봉기, 한진(漢晉) 때의 조조, 유비, 손권은 천하를 다투었고, 청조 때의 홍수전, 양수청 등은 금전(金田)봉기를 일으켰는데… 그것은 대민주의 방법이었다. 우리가 혁명을 하여 장개석를 뒤엎은 방법 역시 대문주의 방법이다. 이번에 영국과 프랑스가 이집트를 침략한 것에 반대하여 진행한 시위행진도 대민주이다. 우리는 대민주를 찬성한다. 하지만 대민주는 적에 대처하고 통치계급에 반대하는 것이지 인민내부에는 대민주를 사용해서는 안 된다는 것을 반드시 분명히 해야 한다. 마찬가지로 제국주의, 계급적 적들이 우리에 대처하는 것도 대민주의 수단이다… 기실 우리는 적을 대처할 때, 줄곧 대민주를 채용해 왔다. 다만 오늘날 국내 계급모순은 이미 기본상 해결된 상황에서 우리가 자산계급에 대처할 때에는 대민주를 채용하지 않았고 대민주를 채취하기를 희망하지 않았으며, 정풍의 방법으로 거칠지 않게 사상교육을 진행하는 방법을 채용하였다. … 물론 대민주는 관료주의분자를 대처할 때에도 적용한다. 심각하게 관료주의를 행사하고 군중을 벗어난 사업에서 큰 손해와 나쁜 결과를 빚어내어 군중들이 더는 참을 수 없을 때, 왜 대민주로 관료주의 분자를 대처하지 못하겠는가?

모택동은, 대민주의 주요 형식은 '4대' 즉 '대명, 대방, 대자보, 대변론'이라고 생각하였다. 중공 8기 3중 전원회의에서 모택동은 다음과 같이 말했다. "1957년 중국혁명은 가장 혁명적이고 가장 생동적이며 가장 민주적인 군중투쟁의 형식을 창조하였는데 그것은 바로 대명, 대방, 대변론과 대자보이다. 혁명의 내용이 자기의 발전에 적합한 형식을 찾은 것이다. 그때로부터 무릇 대소 시비의 문제는 그것이 혁명의 문제든 건설의 문제든 모두 변론의 형식으로 신속하게 해결하였다.

모택동은 '대민주'라는 제기법에 비추어 '소민주'를 제시하였다. 그는 "인민내부의 문제와 당내문제의 해결방침은 대민주를 채용하는 것이 아니라 소민주를 채용하는 것이다." 헝가리는 대민주를 실시한지 오래지 않지만 3년이 되어서야 원기를 회복하였기에 그래도 소민주를 하는 것이 좋다. 신문출판계 대표들과 담화를 할 때, 모택동은 다음과 같이 말했다. "지금 대민주를 실행하는 것은 대다수 인민의 이익에 적합하지 않다. 어떤 사람은 다른 사람에게 대민주를 실시하고 골탕을 먹이려 하면서, 자신한테 돌아오면 민주는 작으면 작을수록 좋다고 한다. 내가 생각하건데 문학, 신문 등 방면에서 문제를 해결할 때, 작은 민주를 실시하고 그 작은 민주에 작을 '소'자를 더 얹어서 차분하게 해야 한다."831) 모택동의 생각에 소민주의 형식은 주로 정풍이었다.

1962년 1월 30일, 모택동은 '7천인대회'에서 연설을 할 때 '무산계급독재'와 '인민 민주독재'라는 두 가지 언어를 병용하면서 다음과 같이 지적하였다. "민주집중제가 없으면 무산계급독재는 공고히 될 수 없다. 인민내부에는 민주를 실행하고 인민의 적에 대하여서는 독재를 실시하는 이 두 가지 방면을 떨어뜨려 놓을 수 없는 것이다. 이 두 가지 방면을 결합하는 것이 바로 무산계급 독재 혹은 인민민주독재이다. 무산계급은 어떻게 영도를 실행하는가? 공산당의 영도를 통하여 실행한다. 공산당은 무산계급의 선진부대이다. 무산계급은 사회주의 혁명과 사회주의 건설을 찬성하고 옹호하고 참여하려는 모든 계급과 계층을 단결시키고 반동계급 혹은 반동계급의 잔여세력에 대해서는 독재를 실행한다. '문화대혁명' 기간에 '인민민주독재'라는 말은 폐기되어 쓰지 않고 '무산계급독재'라는 말을 썼다. 1975년 헌법 서언에는 아래와 같은 한 단락이

831) 『모택동문집』 제7권, 인민출판사, 1999, 160, 264쪽.

포함되어있다.

　　"중화인민공화국의 성립은 중국인민이 백여 년의 용감한 분투를 거쳐
　　마침내 중국공산당의 영도 하의 인민혁명전쟁으로 제국주의, 봉건주의와
　　관료자본주의의 반동 통치를 뒤엎고 신민주주의의 위대한 승리를 거두었으며
　　사회주의혁명과 무산계급독재의 새로운 역사 단계를 시작했음을 상징한다."

　　『총강』 제1조에는 '중화인민공화국은 노동계급이 영도하고 노농연맹을 토대로 하는 무산계급독재의 사회주의 국가이다'라고 규정하였다. 1978년 헌법 『총강』 제1조는 1975년 헌법의 규정을 그대로 이어받았다.

　　1981년 6월, 당의 11기 6중전회는 『건국 이래 당의 약간의 역사문제에 관한 결의 (關于建國以來黨的若干歷史問題)』에서 다음과 같이 지적하였다. 반드시 인민민주독재를 공고히 하고 국가의 헌법과 법률을 완벽화해야 한다. 1982년 헌법에서는 '무산계급독재'라는 말을 '인민민주독재'로 고치고 헌법 『서언』에서 '인민민주독재, 즉 무산계급독재'를 '인민민주독재, 실질상의 무산계급독재'로 수정하였다.

　　중국 목전의 주류헌법학설은 다음과 같이 인정한다. 인민민주독재는 노동계급이 영도하고 노농연맹을 토대로 하여 인민에게 민주를 실행하고 적에게 독재를 실행하는 일종 국가정권을 가리킨다. 그 특징은 노동계급이 (공산당을 통하여) 국가정권의 영도계급이고 노농연맹은 계급의 기초이며 지식분자는 의존할 수 있는 역량 중 하나라는 것이다. 그리고 인민에 대한 민주와 적에 대한 독재라는 두 가지로 분리할 수 없는 방면을 포함하고 있고 애국통일전선은 인민민주독재의 중요한 특색이라는 것이다.

　　인민민주독재의 실질은 곧 무산계급독재라는 것은 아래와 같다. 양자는 공통의 이론적 토대를 가지고 있고, 인민민주독재정권은 노동계급이 자신의 선봉대인 중국공산당을 통하여 영도한다. 이는 무산계급독재의 근본을 나타낸다. 인민민주독재정권이 집행하는 것은 사회주의 개조와 사회주의 건설의 임무이다. 지금 바야흐로 사회주의 현대화건설의

임무를 짊어지고 고도의 문명, 고도의 민주가 있는 사회주의 강국을 건설하여 공산주의를 실현하는데 토대를 마련하는 동시에 국가의 독재 기능을 유지한다. 이러한 임무는 인민민주독재가 여전히 무산계급독재의 위대한 역사적 사명을 짊어지고 있다는 것을 반영한다.[832]

중국 헌법학설은 다음과 같이 인정한다. '인민민주독재'라는 제기법은 '무산계급독재'와 동등할 수 없다. 그것은 인민민주독재라는 제기법에는 아래와 같은 장점이 있기 때문이다. 첫째, 중국의 사회와 계급 상황에 보다 적용한다. 둘째, 중국 인민정권의 민주와 독재 이 두 가지 방면의 정치 내용을 보다 전면적이고 확실하게 반영한다. 셋째, 중국 정권 건설의 역사적 전통에 보다 부합된다.[833]

## (5) 중국의 '인민민주독재' 학설의 반성

모택동을 대표로 하는 '인민민주독재' 이론은 1940년대에 제시되어 후에 헌법에서 신중국의 국가성질의 권위적 표현이 되면서 오늘날까지 발전해 왔다. 학설사의 의의에서, 모택동 시대의 언어환경에서 '민주독재'는 독특한 내용을 가지고 있다.

첫째, 민주 주체와 독재 대상이 역사의 발전, 사회의 정세의 변화에 따라 변화되었다.

이 의의에서 말하면 그것은 계급투쟁 과정에 '동태'를 구비한 민주이다. 모택동의 민주관념은 사회계급의 '인민'과 '적'이라는 계층의 토대 위에 건립되었다. 국가정권하에서 사회 대부분의 사람은 민주의 주체에 속하는데, 그 속에는 또 영도계급(노동계급), 계급토대(노농연맹)와 단결의 대상(통일전선)으로 나뉜다. 또 다른 일부분의 사람은 독재의 대상에 속하는데 그들은 소수의 사회제도 파괴자 혹은 이 부분 형사범

---

832) 허숭덕 주편, 『헌법학(중국부분)』 2판, 144~145쪽.
833) 허숭덕 주편, 『헌법학(중국부분)』 2판, 145~147쪽.

죄분자(주로 국사죄(國事罪) 등 중대한 위해성을 가지고 있는 범죄)이다. 인민과 적의 경계는 고정되어있거나 명확한 것이 아니라 그 사이는 수시로 바뀐다. 어떤 사람은 비효통(費孝通)의 이론을 빌어 이러한 계층을 '인민의 순서 차이의 구도'라고 형상적으로 부른다.[834] 또 어떤 학자는, 인민민주독재의 국가에서는 언제나 적은 부분의 사람들을 잠재적인 '적'으로 본다고 하였다. 이러한 민주는 우선 일종의 투쟁 원칙과 책략이 된다.[835]

중국의 역대 정치권위는 무릇 '혁명'의 수단으로 정치권위가 됐다면 자신이 '혁명'으로 일어선 토대를 부정할 수 없다. 그렇지 않으면 혁명행위에 근거가 없게 된다. 하지만 또 자신에 대한 타인의 '혁명'은 용납하지 않는다. 멍칭타오(孟慶濤)는, 모택동의 후기의 '무산계급독재 아래에서의 계속적인 혁명'이론은 바로 이러한 모순의 깊은 반영이고 그 전형적인 원전(原典)이 바로 1975년 헌법이라는 데 주의를 기울였다. 1975년 헌법에서의 중요한 어휘는 '인민'과 '우리'였다. '인민'은 본문에서 빈도수가 높게 나타났다. 이를테면 '중국 각 민족 인민', '인민혁명전쟁', '중국 인민'… 등인데 헌법제정자는 그것을 아주 중요한 개념으로 서술했음을 나타낸다. 그 헌법에서 또 '우리…'라는 서술형식을 대량으로 사용하였다.[836] 헌법은 '우리'와 '인민'이라는 이 두 가지 집체성 개념의 연결을 성공적으로 실현하였다. '우리'는 곧 '인민'이었다. '우리'와 '인민'은 모두 정치신분 구분의 기능을 가지고

---

834) 이건용(李建勇), 「모택동사상 중의 '인민'의 '순서 차이 구도' 성질을 논함(論毛澤東思想中人民的差序格局性質)」, 『모택동사상연구』 4기, 2006. '순서 차이 구도'는비효통의 『향토중국』이라는 책에서 체출한, 중국전통향촌 사회관계에 관한 중요한 개념이다. 그는 중국인의 전통적인 사회조직망에서 혈연, 친연과 지연을 유대로 '자신'이 윤리와 인지의 중심에 처해있고 기타 모든 관계는 모두 '자신'으로부터 파생하며 사회 구도는 마치 물에 돌이 던져져서 일어나는 파문처럼 둥그런 파문에 밀려 연계가 발생되고 원심과 원심 밖의 잔잔한 물결이 사회의 '부단히 확장되는 질서'를 구성한다고 생각하였다. '순서 차이의 구도' 핵심은 사회관계의 가깝고 먼 정도에 따라 사라에 등차가 있음을 강조하는 것이다.

835) 조국위(趙國衛), 『헌정에로 나가다 - 중국현대민주의 연변 과정』, 지린대학 박사학위논문, 2005년 12월, 109~110쪽.

836) 이를테면 "우리는 반드시 사회주의역사단계에서의 중국공산당의 기본 노선과 정책을 지켜야 하며 무산계급독재 하에서 계속 혁명을 고수해야 한다…", "우리는 노동계급이 영도하고 노농연맹을 토대로 하는 각 민족 인민의 대단결을 공고히 하고 혁명통일전선을 발전시켜야 한다", "국제사무에서 우리는 무산계급국제주의를 지켜야 한다" 등이다.

있어서 '타인'과 '적'을 구분할 수 있었다. '우리'라는 단어는 최고의 정치신분을 가지고 있는 정치권위와 가장 일반적인 대중을 한데 묶어 피차의 정치신분에 가까이 끌어당겨 하나의 통일체를 구성하였고 '당신들, 그들'을 보다 멀리 밀어내어 '적'의 계열을 구성하였다. '무산계급독재 하에서의 계속적인 혁명'에서 '계속적 혁명'은 부단한 혁명을 표명하는데, 그 실제는 바로 혁명을 장래의 아름다운 사회로 지향하는 과정으로 본 것이다.[837]

민주주체와 독재대상의 구분은 확실한 가치규칙과 객관적 사실에 따르는 것이 아니다. 인민과 적이라는 정치성 구분은 정치권위의 결단을 필요로 한다. "모든 정치활동과 정치동기가 귀결해 낼 수 있는 구체적, 정치적 구분은 벗과 적의 구분이다."[838] 모택동은 일생동안 사회계급분석의 방법을 습관적으로 사용하여 '누가 우리의 벗이고 누가 우리의 적인가'에 대하여 결단을 내렸다. 일단 누군가 최고 수령에 의해 국가의 '적'으로 간주될 경우 영수가 한마디 호소하면 인민들이 일어나서 중대한 사건의 결정권을 실현할 수 있었는데 이는 국가주권의 존재를 체현하였다. 인민들의 강대한 역량 밑에 '대민주'의 방식으로 '군중독재'와 '전면독재'를 실행하면 그 사람은 '인민'에서 순식간에 '적'이 되었다. 이러한 놀라운 전환은 '문화대혁명'중에 증명된 것이다.

둘째, '민주독재'에서의 '민주'의 주요 의의는 국가권력 정당성의 논증을 제공해 주는데 있다. 혁명과정에서 '민주'는 국가정권의 건립을 위해 경로, 방법과 의식형태 면에서의 지지를 제공해 준다. 이를테면 앞에서 논증한 바와 같이 중국공산당은 1940년대에 국민당과의 투쟁에서 '민주야 말로 합법적'이라는 관점을 제시하였는데 국민당 정부의 당치체제 자체에 대한 질의를 통하여, 그것이 건립한 질서의 정당성을 뒤엎고 자신의 정당성을 건립하였다. 혁명형식이 국가정권형식으로 전환되는 과정에 '군중운동', '군중관점' 역시 관료주의를 저지하는 예리한 무기였다.

---

837) 맹경도(孟慶濤), 『혁명과 질서 -중국의 1975년 헌법을 예로 들어』, 서남정법대학 학사학위논문, 2005년 4월, 7, 8쪽.
838) [독일] 카를 슈미터, 『정치의 개념』, 유종곤(劉宗坤) 등 번역, 상해인민출판사, 2003, 138쪽.

'민주'는 주로 국가 정당성의 논증을 제공하기에 '공의(公意)'로서의 그것은 제한을 받지 않은 민주이다. 제도적 측면으로 돌아가면 군중운동, 즉 인민이 집단적으로 거리에 나가 환호하고 갈채를 하는 '대민주'의 형식을 채용하는 수밖에 없다. 투표선거로는 민의를 완전히 실현할 수 없다. 군중들이 지도자에 대해 환호하고 갈채를 보낼 때, 인민민주는 사실상 비로소 진정으로 실현된다. 모택동이 만년에 홍위병들을 여러 번 접견한데서 볼 수 있듯이 그는 그러한 광장의 '대민주'를 편애하였고 오로지 그러한 '무법천지'의 '천하대란'을 거쳐야만 비로소 '천하대치'를 이룰 수 있다고 여겼다.

양계초의 '개명전제론(開明專制論)'에서 손중산의 '훈정'이론에 이르고, 또 모택동의 '인민민주독재', '무산계급독재하의 계속적인 혁명', '민주독재'의 개념이 중국 근대에 흥기하고 중국을 통치한 데에는 내적인 사상맥락이 있다.

장호(張灝)은 중국 전환시기의 민주사상에 대하여 연구를 하면서 중국의 지식인들이 '격조 높은 민주관'에 비교적 기울고 있다는 것을 발견하였다. 한 방면으로 보면 민족주의의 관점에서 민주를 인식하고 민주는 민족독립, 국가부강에 없어서는 안 될 조건, 즉 '민주구국'을 강조하고, 다른 한 방면에서 보면 전통도덕의 사회군체의 추세로 민주를 인식하고 개체를 초월한 공통의 우주 혹은 사회 정체에 대한 긍정을 강조하였다. '공'의 관념은 이러한 정체의 추세를 대표한 것이다. 민주는 일종의 대공무사(大公無私)한 정신을 대표한다. 이러한 정신은 민족주의와 결합하여 민주를 일종의 여러 사람의 지혜와 힘, 단결애국의 사상으로 볼 수 있고, 또 유토피아 사상과 결합하여 민주가 하나의 대동사회를 대표하였다고 볼 수 있다. 이러한 유토피아적 민주사상은 집단주의정신을 표현하였다. 그렇기 때문에 중국식 '민주'는 일종 전민주의의 민주이다. 전민주의(Populism)는 변종된, 루소 식의 민주사상을 가리키는데 근대 유럽에서 발원되었고 20세기의 아시아 및 라틴아메리카에서 흔히 보게 된다. 이 사상은 한 민주사회에서 인민은 최고의 정치주체라고 인정하는 것이다. 인민전체는 사회에서 전체 인민 총수의 집합을 말하는 것이 아니라, 하나의 독립된 총체를 가리키는데 독립된 생명과 의지가 있다. 민주정치는 바로 이 공의를 추구하는 표현이다. 중국의 전환시대에서 전민주의는 전통적인 유가의 엘리트

권위주의사상을 반대하는 것으로 출현하였다. 그것은 한 방면으로는 성현군주가 정치 주체라고 여기는 이전의 엘리트주의적 관념을 버리는 것이고, 다른 한 방면으로는 소수의 엘리트와 다른 인민대중이야말로 정치의 주체와 역사의 동력임을 강조하였다. 전환의 초기부터 시작하여 일반 지식분자들은 모두 전민주의는 곧 민주사상을 대표했다고 여겼다. 무정부주의와 사회주의가 중국에 수입된 후 이러한 전민주의는 정치상 일반 최하층의 대중을 인정하는 일종의 의식으로 변화되었는데 중국 근대 민주사상과 정치문화에 깊은 영향을 미쳤다. 근대 지식인의 민주관념의 표면 아래에서 엘리트주의와 전민주의는 일종의 기괴한 결합을 이루었다.[839]

　　장호는 다음과 같이 생각하였다. 이러한 엘리트주의는 전통적 성현숭배를 반영했을 뿐만 아니라, 동시에 일종의 객관 환경의 현실적 수요를 반영하였다. 당시 지식분자들에게는 다음과 같은 일종의 사상적 곤경이 있었다. 한 방면으로 이론상 그들은, 대중은 신성한 것이고 전통적 천의(天意)는 이미 인민에 의해 '공의(公意)'로 대체되었다고 강조하는 한편, 다른 한 방면으로 실제정황으로 말하면 그들 역시 인민대중의 우매와 낙후를 알았고 그들의 각 방면 소질을 제고해야 할 필요성을 알았다. 지식인들은 한 방면으로 이론상 대중은 역사의 동력이라고 선양하면서, 다른 한 방면으로는 그들 역시 일반 인민은 현실 상황에서 흔히 적극적이고 주도적인 지위에 처해있지 않고 소극적이고 피동적인 지위에 처해있다는 것을 알고 있었다. 이러한 곤경에서 지식분자들은 '선지선각'을 해야 하는 필요에서 선전, 교육 사업에 종사함으로써 대중의 소질을 높였다.[840] '민지, 민덕, 민력'을 제고하라고 호소한 양계초의 '신민설'도 그렇고 "28년 동안 쌓아온 경험에서, 손중산이 자신의 임종유촉에서 '40년 동안 쌓은 경험'이라고 하면서 말한 것과 같은 결론을 얻었다. 즉, 승리를 달성하려면 '반드시 민중을 불러일으키며 우리를 평등하게 대하는 세계의 민족들과 연합하여 공동으로

---

839) 장호(張灝), 「중국근대전환시기의 민주관념(中國近代轉型時期的民主觀念)」, 『어두운 의식과 민주전통』, 231~236쪽.
840) 장호(張灝), 「중국근대전환시기의 민주관념」, 『어두운 의식과 민주전통』, 234~235쪽.

분투해야 한다'는 것을 깊이 알게 되었다."[841] "인민의 국가가 있어야만 인민은 비로소 전국적 범위에서, 전체적 규모에서 민주적 방법으로 자신을 교육하여 개조함으로써 내외 반동파의 영향에서 벗어나며(이 영향은 지금도 매우 큰 것이며 앞으로도 장기간 존재할 것이며 그렇게 빨리 숙청되지 않을 것이다), 낡은 사회로부터 가지고 온 자신의 나쁜 습관과 나쁜 사상을 개조하고 반동파가 이끄는 그릇된 길로 들어가지 않으며 또한 계속 전진하여 사회주의사회와 공산주의사회로 나아갈 수 있다"[842]고 한 모택동의 말도 그렇다.

엘리트주의와 전민주의의 결합은 전환시대의 민주사상으로 하여금 상당한 불안정성과 취약성을 가지게 하였다. 엘리트 권위주의의 논리위에 위기시대의 각종 객관적 환경이 더해지다 보니 사람들은 흔히 강하고 유력한 정치중심으로 위기와 변동하는 정세에 대처해야 한다고 느꼈다. 그렇기 때문에 노자는 '큰 도가 무너지면 성인이 나타난다'고 했다. 장호는 다음과 같이 말했다. 5.4신문화운동시대에 민주사상이 대량적으로 퍼진 후에 이어서 닥쳐온 것은 정치권위주의가 만연한 시대였는데 표면으로 보기에는 괴의한 것 같지만 사실 그 사상에는 내적인 연관이 있었다.[843]

하지만 권위주의적 주류민주이론의 통치하에 중국 근, 현대는 영, 미 자유주의적 민주관념의 전파에 못지않게 민주개념의 또 다른 하나의 사상적 맥락이 형성되었다는 것을 당연히 알아야 한다. 이를테면 『신월』 잡지를 중심으로 한 1930년대의 인권운동이 그러하다. 호적은, 헌정과 민주는 정치엘리트들이 추동하여 실행한 것이고 책임자는 당연히 정치엘리트여야 하지 정치가가 민중에게 병을 주고 약을 줘서는 안 된다고 지적하였다. "인민이 헌법의 효능에 대하여 근본적으로 의심하고 헌법을 근본적으로 믿지 않는 것은 완전히 정부가 스스로 조성한 것이다. 관리, 군인, 당부(黨部) 자신이 법을 지키려 하지 않는다.

---

841) 모택동, 「인민민주독재를 논함」, 『모택동선집』 4권, 1472쪽.
842) 모택동, 「인민민주독재를 논함」, 『모택동선집』 4권, 1476쪽.
843) 장호(張灝), 「중국근대전환시기의 민주관념」, 『어두운 의식과 민주전통』, 236쪽.

정부는 입법에 앞서 실행한 생각이 없었기에 수많은 형식만 갖춘 문건을 작성하였다. 헌법 중에 열거한 조항은 언제나 실제와 동떨어진 원칙이고, 상세한 실시 절차가 첨가되지 않아서 모두 효력이 없는 종이에 지나지 않았다. 이것이 바로 중국의 근본법이 인민의 믿음을 얻지 못하는 하나의 근본 이유이다."[844] 라융기는 다음과 같이 생각하였다. "20세기의 진정한 민주정치정부는 반드시 두 가지 조건을 구비해야 하는데, 하나는 인민이 위탁한 치권이고 다른 하나는 전문가에 의한 행정이다."[845] 인권운동은, 훈정을 명목으로 독재를 실시하는 것에 반대하고, 중국에 민주의 전통이 없고 인민은 어떻게 법치 하에서 생활해야 하는가를 모른다는 것을 구실로 민주정치의 실시를 거절하는 것에 반대하는 것이다. 호적은, 민주정치 자체가 곧 민중이 정치훈련을 받는 아주 좋은 학교라고 지적하였다.[846] 40년대에 소공권(蕭公權)은, 중국 민중은 민주헌정 이론에 대하여 비록 인식이 부족하지만 훈정에 의해서가 아니라 헌정을 실행하는 과정을 통하여 인민의 정치능력을 배양하여 해결해야 한다고 지적하였다. 오랜 시간 동안, 일부 정치가와 학자들은 중국 헌정과 민주에 실패한 원인을 '국민성'에 돌린 이론은 기실 본말이 전도되는 착오를 범한 것이다. 훈정을 주장한 것은 두 가지 착오가 있다. "첫째, 그들은, 헌정은 고도의 정치로 잘 알지 못하는 인민은 시도할 수 없다고 여겼다. 둘째, 그들은 예비헌정과 헌정의 실시를 두 개의 '말뚝'으로 밀어붙이면서 반드시 먼저 훈정이 있은 후에 헌정이 있어야 한다고 여겼다." 이러한 착오적인 인식에 소공권은 다음과 같이 지적하였다.

1) 훈정은 아무 때나 시작할 수 있다. 하지만 비교적 완전하게 헌정을 실시하자면 상당한 시일을 거쳐 추진하고 진보해야 한다. 2) 낮은 차원의 헌정에서 높은 차원의 헌정을 실현하는 과정에는 사실상 하나의 학습(교육이라고도 할 수 있다) 과정이 포함되며, 학습의

---

844) 호적, 「제헌은 수법보다 못해(憲法不如守法)」, 『민국법학논문정수』(제2권. 헌정법률편), 304~307쪽.
845) 라융기, 「우리는 어떤 정치제도를 요구하는가?」, 『시월』 2권 12호.
846) 호적, 「'인권과 약법'의 토론(〈人權與約法〉的討論)」, 『신월』 2권 4호.

과정과 실행의 과정은 하나로 융합되어 선후 단락을 갈라놓을 수 없다. 3) 헌정은 과정이자 역시 목표이기도 하다… 소수의 능력이 있는 사람부터 시작하는 것은 과정이고, 다수인의 '민치(民治)의 자질'을 배양하여 '전민(全民)'의 '보편선거'라는 목적에 도달한다.[847]

1940년대 중기의 『관찰』지, 50년대 중국 대만지구의 『자유중국』지를 중심으로 저안평(儲安平), 뢰진(雷震), 은해광(殷海光) 등을 대표로 하는, 자유민주사상을 강조하는 지식인층이 형성되었다.


## 4. 당대 중국사회의 민주개념

사르토리는 『민주신론(民主新論)』에서 "스스로 증명하지 않는다는 것은 인민민주는 쓸데없는 말과 같다. 왜냐 하면 민주라는 단어에 원래 인민의 권력이라는 함의가 있기 때문이다"라고 풍자했다. 칼 포퍼는 제2차 세계대전이 끝난 후 민주개념에 일종의 어휘적 논쟁이 존재하는 상황에 맞춰, "우리는 어휘를 가지고 민주라는 단어의 진실 혹은 기본 함의라는 이 가짜 문제에 대하여 논쟁을 끊임없이 할 필요가 없으며 어떤 이름이 마음에 들든지 그것을 선택하면 그만이다"라고 하면서 다음과 같이 생각하였다. "논쟁은 확실히 어휘에 대한 논쟁이 아니지만 그것은 어휘를 수단으로 삼는다.

어휘는 우리의 논쟁에서 갈라놓을 수 없는 일부분이다. 만약 관념이 나쁜 결과를 조성한다면 어휘도 당연히 나쁜 결과를 조성한다. 관념이라는 손에 어휘라는 장갑이 끼어져있기 때문이다. 모종의 관념은 모종의 어휘로 전달된다. 모종의 방식으로 한 개

---

847) 소공권(蕭公權), 「헌정의 조건」, 『헌정과 민주』, 26, 27쪽.

사물을 명명하는 것은 그 사물을 어떻게 해석할지를 건의하는 것과 마찬가지이다."[848] 당시 서방학계는 민주의 함의에 대하여 의론이 분분하였다. 고전 민주론은 민주는 인민의 의지에 따라 진행되는 정치통치라고 인정했고 엘리트 민주론은 민주는 인민이 투표로 권력을 결정하는 것이라고 인정하였으며, 다원 민주론은 민주는 다종 이익집단의 상호 작용이라고 인정하였고, 참여 민주론은 민주는 바로 인민이 정치의 정책결정에 참여하는 것이라고 생각하였다.

민주의 함의에 대한 중국 학계의 대표적인 관점에는 아래와 같은 몇 가지가 있다. 첫째, 국가형태설인데, 민주란 다수인의 의지를 정권의 토대로 하는 국가형태라고 인정하는 것이다. 둘째, 정치통치설인데, 민주란 인민을 주체로 하는 정치통치이며 민주란 민의를 토대로 하는 정치통치라고 인정하는 것이다. 셋째, 조직형식설인데, 민주란 통치계급이 평등하게 국가정권을 장악하는 조직형식이라고 인정하는 것이다. 넷째, 제도설인데, 민주란 다수인의 의지에 의해 국가와 사회 사무를 관리하는 제도 혹은 통치계급 중의 다수인이 국가를 관리하는 제도라고 인정하는 것이다. 다섯째, 제약설인데, 민주란 정부권력에 대한 인민군중의 제약이라고 인정하는 것이다. 여섯째, 기제설인데, 민주란 예정된 절차에 따라 정책결정을 하거나 혹은 바꾸는 기제라고 인정하는 것이다.[849] 그중에서 비교적 통속적이고 주류적인 관점은, 민주란 인민주권, 인민의지의 실현이고 인민이 스스로 창조하고 스스로 건립하고 스스로 규정한 국가제도임과 아울러 이러한 국가제도로 자신의 사무를 결정하는 것이라고 인정하는 것이다. 개괄하여 말하면 민주란 인민이 나라의 주인이 되는 것이다.[850]

1980년대부터 오늘에 이르기까지 중국 헌법학의 주류적 관점은, 민주를 국체로서의 민주와 정체로서의 민주 두 가지 유형으로 나눈다는 것이다. 즉, 국체로서의 민주로 인정하는 것은 중국 현행 헌법에서 인민민주독재의 국체에 관한 서술(제1조) 및 제2조

---

848) [미] 사르토리, 『민주신론』, 상해인민출판사, 2009, 510, 520쪽 참조.
849) 왕수림(王壽林), 『당대중국사회주의민주론』, 중공중앙당교출판사, 2002, 21. 22쪽.
850) 이철영(李鐵映), 『민주를 논함』, 인민출판사, 중국사회과학출판사, 2001, 26쪽.

'중화인민공화국의 모든 권력은 인민에게 속하고… 인민은 법률규정에 따라 각종 경로와 형식을 통하여 국가사무를 관리하고 경제와 문화 사업을 관리하며 사회 사무를 관리하는 것'이라는 것이다. 정체로서의 민주는 중국의 인민대표대회제도이다.

어떤 학자는 다음과 같이 생각하였다. 우리는 흔히 국체로서의 민주와 정체로서의 민주에 대하여 구분하지 않고 양자를 똑같이 취급한다. 기실 이 두 가지 방면의 민주는 연관되면서 또 구분된다. 독재와 상대적으로 이르는 민주, 즉 국체로서의 민주는 민주의 유형, 민주의 실질, 다시 말하면 어떤(어느) 계급, 어떤 사람이 국가의 주인이 되어 민주를 향유하는가를 가리킨다. 이 점에서 말하면 자산계급의 민주는 무산계급민주 혹은 사회주의민주와 본질적인 구별이 있다. 정체로서의 민주는 한 나라에서 민주를 향유하는 어떤 계급과 사람이 어떤 구체적 형식과 구체적 제도를 통하여 주인으로서의 권리를 실현하는가를 가리킨다. 사회주의 초급단계 민주건설의 임무는 주로 정체로서의 민주 건설을 크게 강화하고 구체적인 민주제도를 건립하고 실시함으로써 인민이 주인이 되고 지위와 권력이 확실하게 실현되게 하여 점차 정체와 국체가 서로 적응하지 못하는 모순을 해결하는 것이다.[851]

또 어떤 학자는 다음과 같이 인정한다. 국가제도 의의상의 민주에는 인민주권, 평등, 소수가 다수에 복종하는 것 등 세 가지 원칙이 포함된다. 이 세 가지 원칙으로 보면 민주에는 국체의 의의도 포함되고 정체의 의의도 포함된다. 인민주권의 원칙은 분명 국체의 범주에 속하고 소수가 다수에 복종하는 원칙과 평등원칙은 청체의 범주에 속한다. 마르크스주의 경전 작가들은 흔히 국체와 정체 두 가지 의의 상에서 민주라는 개념을 논술하고 사용한다. 민주문제는 국체문제이면서 또 정체문제이다. 사회주의 국가에서 민주는 내용의 자격 방면에서, 인민민주를 실현하고 인민이 주인이 되는 것을 실현하며

---

851) 왕귀수(王貴秀), 「국체로서의    와 정체로서의 민주(作爲國體的民主和作爲正體的民主)」,
『이론전연』 3기, 1987.

국가에서의 인민군중의 주인공 지위를 보장하려 하는데, 이것이 바로 국체문제이다. 민주는 형식의 자격 방면에서, 어떻게 인민대표기관의 형식과 민주집중제의 조직원칙을 통하여 인민의 의지를 체현하고 집중할 것인가 혹은 인민공결(公決)의 형식을 통해 인민의 의지를 반영하고 체현하여 인민이 국가를 관리하는 권리를 실현할 것인가를 해결하려 하는데 이것이 정체문제이다.[852]

1970년대 말에 개혁개방정책을 실시한 이래, 중국공산당은 정, 반 두 가지 방면의 역사 경험을 심각하게 총화하고 인민을 영도하여 중국사회주의 민주정치 건설의 새로운 시기에 들어섰다. 중국공산당은 중국 특색의 헌정민주에 대하여 새로운 인식을 가지게 되면서 잇따라 다음과 같이 제시하였다. 민주가 없으면 사회주의가 있을 수 없고 사회주의 현대화가 있을 수 없다. 반드시 사회주의 법제를 강화하여 민주가 제도화, 법제화되게 해야 한다. 법에 의해 나라를 다스려 사회주의 법치국가를 건립해야 한다. 사회주의 민주정치를 발전시켜 사회주의 정치문명을 건설해야 한다. 공산당의 영도, 인민이 나라의 주인이 되는 것과 법에 의해 나라를 다스리는 것의 유기적 통일을 고수해야 한다. 사람을 기본으로 하고 인민을 위하여 집정하며 사회주의의 조화로운 사회 등 치국의 이념을 구축해야 하다. 근래 중국공산당의 집정이념에 새로운 변화가 발생하였다. 사람을 기본으로 하는 사상을 뚜렷하게 하였고 중국의 지도자들이 서로 다른 장소에서 민주문제를 여러 차례 언급하였으며, '민주'에 대하여 전면적인 평가를 하였다.[853] '민주'는 사람들이 추구하는 하나의 독립적인 정치가치가 되었고, 모든 공민의 정치권력이 진실하게 실현되었으며, 모든 사람이 전면적으로 자유롭게 발전하는 필요한 것을 구성하였다.

2005년 10월 19일, 중국정부는 『중국의 민주정치건설(中國的民主政治建設)』이라는 백서를 발표하여 처음으로 백서의 형식으로 중국특색의 사회주의 민주정치 경험을

---

852) 이원서(李元書), 「국체, 정체와 민주」, 『학습과 탐색』 2기, 1985.
853) 한광(漢廣) 정리, 『호금도, 온가보의 민주 등 보편가치에 대한 논술(胡溫論民主等普世價値)』 참조.

계통적으로 종합하였다.

『중국의 민주정치건설』 백서는 중국사회주의 민주정치의 네 가지 특색을 귀납하였다.

첫째, 중국의 민주는 중국공산당이 영도하는 인민민주주의이다. 중국의 민주정치제도는 중국공산당이 중국인민을 영도하여 창건한 것이다. 중국 민주정치제도의 발전과 완정화는 중국공산당의 영도 하에 진행되었다. 중국공산당의 영도는 인민이 나라의 주인이 되도록 근본적으로 보장하였다. 중국공산당은 인민이 나라의 주인이 되는 구체적 실현 형식을 영도하고 지지하고 보장하였다. 1) 인민을 영도하여 인민대표대회제도를 통해 국가권력을 장악함으로써, 국가제도의 법률과 방침, 정책이 인민의 공동의지를 체현할 수 있도록 보증하고 인민의 근본 이익을 수호하며 인민이 주인이 되도록 보장한다. 2) 인민을 영도하여 헌법과 법률 규정에 따라 각종 경로와 형식을 통해 국가사무를 관리하고 경제와 문화 사업을 관리하며 사회 사무를 관리함으로써 국가의 각항 사업의 발전이 인민의 염원, 이익과 요구에 부합되도록 보증한다. 3) 인민을 영도하여 기초적 민주를 실행하고 군중이 법에 따라 자신의 일을 처리하게 하며, 민주선거, 민주결책, 민주관리, 민주감독을 통해 자아관리, 자아교육, 자아봉사를 실행하게 한다. 4) 인민을 영도하여 공민은 법률 앞에서 일률적으로 평등한 원칙을 엄격히 관철하고 공민으로 하여금 법률상, 사실상의 광범위한 자유와 권리를 향수하게 하며 인권을 존중하고 보장하고 공평과 정의를 수호한다. 이러한 제도와 법률의 보장을 통하여 인민이 진정으로 나라의 주인이 되어 자기에게 속하는 공공권력과 각항의 공민 권리를 운용하여 자신의 이익을 수호하고 실현한다.

둘째, 중국의 민주는 가장 광대한 인민대중이 주인이 되는 민주이다. 인민이 주인이 되는 것은 중국 사회주의 민주의 본질이다. 중국의 민주는 자본의 조종을 받지 않고 소수인의 민주가 아니라 가장 광대한 인민의 민주이다. 중국에서 민주권리를 향수하는 인민의 범위에는 법률에 의해 정치권리가 박탈당하지 않은 모든 사람이 포함된다.

셋째, 중국의 민주는 인민민주독재를 믿음직하게 보장하는 민주이다. 인민민주독재는 한 방면으로는 인민내부에서 가장 광범위한 민주를 실행하여 인권을 존중하고 보호하며 국가권력이 인민의 수중에 장악되도록 보장하며 인민을 위하여 복무할 것을 요구하는 것이며, 다른 한 방면으로는 사회주의 제도를 파괴하고 국가 안전과 공공 안전에 위해를 가하며 공민의 인신 권리와 민주 권리를 침범하고 탐오, 회뢰(賄賂)와 독직 등 각종 범죄행위에 대하여 법에 의해 독재의 수단을 사용하여 제재함으로써 가장 광대한 인민의 군본 이익을 보장할 것을 요구한다.

넷째, 중국의 민주는 민주집중제를 근본 조직원칙과 활동방식으로 하는 민주이다. 민주집중제를 실행하는 것은 민주를 충분히 발휘하여 집단의 공무를 논의하고 인민들의 염원과 요구가 충분히 표현되고 반영되도록 하며 그 기초위에서 정확한 의견을 집중하여 집체적으로 결정함으로써 인민의 염원과 요구가 실현되고 만족하게 하는 것이다. 민주집중제를 실행하는 것은 또 '다수를 존중하고 소수를 보호'하며 무정부주의의 '대민주'를 반대하고 개인의 의지가 집체를 능가하는 것을 반대할 것을 요구하는 것이다.

『중국의 민주정치건설』 백서는 '국정에 부합되는 선택', '중국공산당은 인민을 영도하여 나라에 주인이 되게 했다', '인민대표대회제도', '중국공산당의 다당합작과 정치협상 제도', '민족구역자치제도', '성향(省鄉)기층민주', '인권의 존중과 보호', '중국공산당 민주집정', '정부민주', '사법민주' 이렇게 10개 부분이다. 백서는 당시 '민주정치'의 내용에는 다음과 같은 것이 포함되었다고 생각하였다.

첫째, 인민대표대회제도는 중국인민이 주인이 되는 근본 정치제도이다. 인민은 전국인민대표대회와 지방 각급 인민대표대회를 통하여 국가권력을 행사한다.

둘째, 중국공산당이 영도하는 다당 합작과 정치협상 제도는 당대 중국의 기본 정치 제도이다. 2005년 2월, 중국공산당은 『중국공산당의 다당 합작과 정치협상제도 건설을 한층 더 강화하는 것에 관한 중공중앙의 의견』을 발부하여 다당 합작과 정치협상의 역사적 경험과 성공적인 방법을 종합한 기초 상에서 다당 합작과 정치협상의 원칙, 내용, 방식, 절차 등을 한층 더 명확히 함으로써 중국특색의 사회주의 정장제도를 건전히 하고 완정화 하는데 방향을 제시하였다. 중국공산당이 영도하는 다당 합작과 정치협상 제도의 정치적 우세는 광범위한 민주참여를 실현하고 각 민주당파, 각 인민단체와 각계 인사의 지혜를 집중시켜 집정당과 각급 정부 정책 결정의 과학화, 민주화를 촉진하고 집중통일을 실현하여 각 방면 군중의 이익에 대한 요구를 고루 돌보면서 감독이 결여되는 일당집정의 폐단을 피할 수 있고 다당 분쟁과 상호배척으로 조성되는 정치혼란과 사회의 불안정을 피할 수 있다는 데 있다.

셋째, 민족구역자치는 국가의 통일적인 영도 하에 각 소수민족이 집거한 지방에서 자치기관을 설립하여 자치권을 행사하고 구역자치를 실행하는 것이다. 중국이 민족구역자치의 방법으로 민족문제를 해결하는 것은 본국의 역사 발전, 문화특징, 민족관계와 민족분포 등 구체 상황에 근거한 제도 배치로서 각 민족 인민의 공동 이익과 발전의 요구에 부합된다. 중국헌법과 민족구역 자치법은 민족구역자치 및 그 실시에 대하여 명확하게 규정하였다. 민족구역자치제도는 중국의 기본 정치제도이다.

넷째, 기층 민주를 확대하는 것은 중국특색의 사회주의 정치를 발전시키고 완정화하는 필연적 추세와 중요한 토대이다. 목전의 중국은 이미 농촌촌민위원회, 도시거민위원회와 기업종업원대표대회를 주요 내용으로 하는 기층민주자치체계를 건립하였다. 광대한 인민이 도시와 향촌의 기층 군중성 자치조직에서 법에 의해 직접 민주선거, 민주결책, 민주관리와 민주감독의 권리를 행사하고 소재한 기층 조직의 공공사무와 공익 사업에 대하여 민주자치를 실행하는 것은 이미 당대 중국의 가장 직접적이고 가장 광범위한 민주실천이 되었다.

다섯째, 인권을 존중하고 보장하며 법에 의한 인민의 광범위한 권리와 자유를 보증하는 것은 사회주의 민주를 발전시키는 내적 요구이다. 사회주의 민주는 국가의 모든 권력이 인민에게 속하고 인민이 실제적으로 헌법과 법률이 규정한 공민 권리를 향유하는 것이다. 중국의 사회주의 민주는 공민의 각항 권리가 보장되고 부단히 발전하는 토대위에 건립된 민주이다.

여섯째, 민주집정은 중국공산당이 인민을 위하여 집정하고 인민에 의거해 집정하는 것을 고수하며 인민이 주인이 되도록 보증하고 인민민주독재를 고수하고 완정화하며 당과 국가의 민주집중제를 지키고 완정화하여 당내 민주의 발전으로 인민민주를 선도하고 발전시키는 것이다. 2004년 9월 중공 16기 4차 전원회의는 『당의 집정능력

건설을 강화하는 것에 관한 중공중앙의 결정』을 내려 민주집정과 과학집정, 의법집정을 중국공산당 집정의 기본 방식으로 확립함으로써 중국공산당의 민주집정능력의 건설을 강화하고 민주집정수준을 제고하는 새로운 단계를 열었다.

일곱째, 민주집정은 각급 정부가 민주집정의 요구에 따라 '행위규범, 운행조화, 공정투명, 염결고효(廉潔高效)의 행정관리 체제를 형성한다'는 목표를 세우고 행정능력의 건설을 전력으로 강화하는 것으로서 과학민주 정책의 결정, 의법행정과 행정감독을 강화하는 민주정신을 체현하였다.

여덟째, 사법 민주는 사법이 제도와 절차에서 법률 앞에서는 사람마다 평등하다는 원칙과 죄형법정원칙 등을 지키고 심급제도, 회피제도, 공개심판제도, 인민배심원제도, 인민감독원제도, 변호사제도, 법률원조제도, 인민재정제도 등을 통하여 사법공정을 실현하며 인민의 민주권리와 공민의 합법적 권익을 보장하는 것이다. 『중국의 민주정치건설』은 끝으로 중국의 민주정치건설이 따라야 하는 원칙을 강조하였다. 첫째, 중국공산당의 영도, 인민이 주인이 되는 것과 의법치국의 유기적인 통일을 견지해야 한다. 이것은 중국이 사회주의 민주정치를 발전시키는 가장 중요하고 가장 근본적인 원칙이다. 둘째, 사회주의제도의 특징과 우세를 발휘해야 한다. 셋째, 사회 안정, 경제발전과 인민의 생활수준의 부단한 제고에 유리해야 한다. 넷째, 국가주권, 영토완정과 존엄을 수호하는 데 유리해야 한다. 다섯째, 점진적으로 순차적으로 발전하는 객관법칙에 부합되어야 한다. 중국의 사회주의 정치건설은 인민이 주인이 되는 실현 정도와 수준을 부단히 제고하는 하나의 역사 과정이다.

2007년 10월, 중공 17대 보고에서 호금도는 "확고부동하게 사회주의 민주정치를 발전시켜야 한다"고 전문적으로 주장하면서 "민주제도를 건전히 하고 민주형식을 풍부히 하며 민주경로를 넓히고 법에 의해 민주선거, 민주결책, 민주관리, 민주감독을 실행하여 인민의 알권리, 참여권, 표현권, 감독권을 보장해야 한다"고 제시하였다. 어느 학자는 이에 근거하여 당시 중국의 민주제도를, 선거민주를 주요 표지로 하는 인민대표대회제도, 협상민주를 주요표지로 하는 정치협상제도, 직접민주를 주요표지로 하는 군중자치제도,

당내민주를 주요 표지로 하는 당의 각항 제도, 이렇게 네 가지 방면으로 개괄하였다.[854]

그 외, 당대 헌법학설에서 언급할 만한 것은 민주개념에 공중참여제도가 포함되었다는 점이다. 그것은 우선 근래 중국에 대량의 공중참여사건이 출현했기 때문이었다. 이를테면 근래 환경보호와 도시기획 영역의 공중참여운동이 왕성하게 일어났다. 갈수록 많은 도시 주민들이 그것과 관련되는 도시기획의 제도 및 정책결정 과정에 참여하면서 공중참여 영역이 밝고 아름다운 풍경을 이루었다. 2001년의 남경 자금산 관경대소송[855], 2002년의 무한 장강제방 내의 고급아파트 철거, 2004년의 호산 소림사 풍경구 토지구획사건, 2005년의 원명원호수바닥에 막을 깐 사건 등은 모두 공중참여의 모습들이다. 비교적 전형적인 것은 2007년 샤먼의 PX항목사건[856]이다.

---

854) 바오신젠(包心鑒), 「중국특색의 사회주의의 민주제도(中國特色社會主義的民主制度)」, 『학습시보』 2008년 4월 7일.
855) 남경시 기획국에서는 중국 『풍경명승구역건설관리규정』과 『남경시총체계획』, 『남경시중산릉원풍경구관리조례』의 규정을 어기고 자금산 최고봉인 두사령(頭蛇嶺)에 관경대를 건설하는 것을 비준하고 3,000만원을 투자할 계획이었으나 광대한 시민의 반대를 받았다. 동남 대학의 두 명의 가 그 사건을 남경시중급인민법원에 소송을 제시했으나 중급인민법원에서는 그들이 원고 자격을 갖추지 못했다는 이유로 수리하지 않았다. 두 명의는 또 성 고급인민법원에 소송을 했지만 역시 수리되지 않았다. 나중에 관련 부문의 간섭으로 관경대를 폭파하기로 결정하였다. 하지만 폭파하기 전에 이미 적어도 1,000만원이 투입되었다. 장더, 「자금산에 관경대가 선다(紫金山要建觀景臺) -누구에게든 자금산을 파괴할 권리가 없다」, 『법제일보』 2001년 10월 23일 자 참조.
856) 하문(廈門)PX항목이란 대만자본기업인 등룡방경(하문) 유한회사에서 투자하여 샤먼 창해구에 건설하려고 한, 년 생산량 80만톤의 파라자일렌화학공장의 항목을 말하는데 선정된 부지는 하문도(廈門島)에서 16킬로미터 밖에 떨어지지 않고 국가급 명승구역인 고랑서 및 시 중심과 7킬로미터 밖에 떨어지지 않은 곳이었다. 이 투자항목은 샤먼 시위, 시정부의 대대적인 지지를 받았다. 2007년 3월, 중국과학원 원사 조옥분(趙玉芬)을 대표로 하는 105명 전국정협위원들이 '샤먼 해창PX항목 부지 이전 건의에 대한 의안'에 연명으로 서명하였다. 하지만 그 의안은 통과되지 못했다. 6명의 원사들도 그 항목을 막으려 했으나 성공하지 못했다. 항목 투자는 국가개발위원회에서 비준했기에 국가 환경보호총국은 항목의 '부지이전' 문제에서 근본적으로 권력이 없었다. 2007년 5월 20일부터 누군가 핸드폰 메시지로 샤먼 시민들에게 XP항목을 반대하는 문자를 유포하면서 시민시위를 호소하였다. 사람들은 짧은 시간 내에 메시지는 서로 퍼뜨리면서 점점 더 확대되었다. 시민 중의 환경보호인사들의 반대 하에 샤먼시정부는 5월 30일에 PX항목을 연기한다고 선포하였다. 2007년 6월 1일 오전, 수많은 샤먼시민들은 손에 노란 리본을 매고 샤먼시정부 광장에 모여 '산책'을 하면서 샤먼을 구하고 PX항목을 반대할 결심을 표현하였다. 신 매체시대의 민의 표현 및 6월 초의 샤먼 시민들의 이성적이고 평화적인 '산책' 사건은 당지 정부의 집정능력이 전에 없던 시련에 처했다. 비등하는 민의와 강력한 정부, 환경보호와 경제발전에서 어느 것이 더 중요한가? 민의의 추동 앞에서 샤먼시 정부는 공중참여 절차를 발동하였다.

공중참여에 대한 중국의 헌법과 행정 법학계의 연구는 점차 중심 화제가 되어 대량의 학술저서들이 출판되면서 일부 관련 이론의 관점이 발생되었다.[857] 중국의 공중참여는, 지정식(知情式)참여, 소구식(訴求式)참여, 협상식참여, 합작식(合作式)참여, 창제식참여 등의 양식으로 나뉜다는 연구가 있다. 계통적 이론의 각도에서 보면 또 수입(輸入)성 참여로도 나눌 수 있다. 이를테면 공공결책의 동의권(動議權)과 담판 및 협상의 기제를 확립하여 정부 정책결정을 위해 동력과 정보를 제공함으로써 공중참여로 하여금 결책의 의사일정에 들어가도록 하게 하는 것이다. 결책과정 중의 교대성(交互性) 참여, 결책 및 그 과정에 대한 감독은 정부로 하여금 책임감을 높이고 결책의 실수를 적게 하도록 한다. 그리고 수출(輸出)성 참여는 정부의 정책에 대하여 관철과 집행을 강화하게 한다.[858] 공중참여의 관건은 참여 후, 정부에 대한 영향이 어느 만큼 큰가 하는 것이다. 정부의 반응은 공중참여에 대한 정부의 태도를 체현하고 공중참여의 범위와 깊이에 직접적인 영향을 준다. 참여 자체는 정부가 회응(回應)성을 구비했다는 것을 의미하지 않으며 민주표현의 기제가 실현되었다는 것도 의미하지 않는다. 참여를 소원을 표현하는 방식이 되게 해야 할 뿐만 아니라 정부 결책을 감독하고 정부행위를 통제하는 일종의 중요한 수단이 되게 해야 한다.[859] 그렇기 때문에 정부의 공공결책의 반응 정도가 어떠한가 하는

---

12월 5일, 샤먼 해창에서 대중들의 의견을 공모하기 시작했다. 12월 13일, 샤먼시에서는 중점구역(해창 남부 지구)기능객관 평가와 공간배치가 환영에 주는 영향평가 대중참여 좌담회를 열었다. 나중에 정부에서는 PX항목을 장주로 이전하기로 결정하였다.

857) 왕석자(王錫鋅), 『공중참여와 행정과정(公衆參與和行政科程): 하나의 이념과 제도분
   석의 구조』, 중국민주법제시판사, 2007; 왕석자, 『행정과정중의 공중참여제도
   실천(行政過程中公衆參與的制度實踐)』, 중국법제시판사, 2008; 왕석자주편, 『공중참여와 중국 신 공공운동의
   홍기(公衆參與和中國新公共運動的興起)』, 중국법제시판사, 2008, 채정검(蔡定劍) 주편, 『공중참여:
   유럽의 제도와 경험(公衆參與:歐洲的制度和經驗)』, 법률출판사 2009; 채정검 주편, 『공중참여: 모험사회의
   제도건설公衆參與:風險社會的制度建設』, 법률출판사 2009.
858) 이위권(李衛權), 『정부회응론(政府回應論)』, 중국사회과학출판사, 2005, 210~211쪽.
859) 정부의 회응은 직능형 회응, 소구(訴求)형 회응, 책임형 회응과 초전(超前)형 회응으로 나눌 수 있다. 직능형
   회응은 정부 본직사업에 대한 기본 요구로서 행정관리활동에서 본직 사업으로부터 출발하여 정부 공공봉사의
   내용을 중심으로 가능한 범위 내에서 해결하거나 답을 주는 것을 말한다. 소구형 회응은 정부가 민생에 관심을

것은 한 나라의 민주화 정도를 체현한다. 장검생(章劍生)은 공민의 회의방청제도를 어떻게 보장할 것인가에 대하여 연구하였다. 공민이 국가기관의 관련된 회의를 방청하는 것은 공민이 알권리를 실현하는 일종의 구체적 방식이고 공민이 국가권력의 주체로서 국가사무에 참여하고 이해하는 중요한 경로이다. 전국인대 상무위원회는 제7기부터 시작하여 방청석을 설립하고 공회, 청년단, 부녀회 등 군중단체에서 대표를 파견하여 상무위원회 회의를 방청하도록 했다.

그 전 혹은 그 후에 전국의 수많은 성, 시, 현 인민대표대회 상무위원회도 잇따라 공민 방청제도를 건립하였다. 방청권의 규범적 토대는 『헌법』 제2조 제3항에는 "인민은 법률 규정에 따라 각종 경로와 형식을 통하여 국가사무를 관리하고 경제와 문화 사업을 관리하며 사회 사무를 관리한다"고 규정하였다. 여기에서 '각종 경로와 형식'이란 주로 공회, 부녀회 등 군중성 조직과 기타 각종 조직형식을 통하여 국가 관리에 참여하고 종업원대표대회 등 각종 형식을 통하여 경제와 문화 사업을 관리하며 촌민위원회와 거민위원회 등 형식을 통하여 기층 사회 사무를 관리하고, 헌법이 규정한 공민의 각항 정치 권리를 행사하는 것을 통하여 국가의 정치생활에 참여하는 것을 가리킨다. 방청은 공민의 정치 권리를 행사하는 범주에 속한다. 목전까지 중앙 차원의 법률에는 회의 방청 권리에 대한 규정이 없다. 하지만 실천 속에 갈수록 많은 지방성 입법에 공민참여 방식을 규정하였다.

장검생(章劍生)은 다음과 같이 지적하였다. 공민의 방청권리를 제한 혹은 박탈하는 행위의 성질은 실질적 의의 상에서의 '행정행위'이다. 행위의 형식으로 말하면 그것은 때로는 인대상무위원회 판공청(실)에서 행하는데 인대상무위원회 판공청(실)은 물론

갖고 민의를 이해하는 중요한 활동으로서 각종 사건 및 민중이 절박하게 해결을 바라는 문제에 대하여 정부가 제때에 대응하고 유효하게 처리하는 것이다. 어떤 소송 청구는 만약 현재의 법률로 해결할 방법이 없을 경우 정부가 정책 혹은 공공 결책의 방식으로 회응할 필요가 있다. 책임성 회응은 사회위기를 처리하는 정부의 능력을 반영하는 것으로서 사회관리 과정 중의 일부 중요한 문제에 대하여 책임이 있는 정부가 정책창제와 제도창제를 진행하는 것이다. 초전형 회응은 정부가 일반 대중을 초월하여 멀리 내다보는 탁월한 식견으로 사회발전에 대하여 기획하고 예견적인 관리조치를 취하는 것이다.

행정기관이 아니지만 실질적으로 말하면 이러한 행위는 공민 개인권리에 대한 일종의 강제성 제한 혹은 박탈이다. 실질적 의의상의 행정행위에 대한 판단은 행위의 내용을 표준으로 해야 하지, 그 행위가 어느 국가기관에서 행한 것인지를 고려해서는 안 된다.[860] 그 원인은 아래와 같다. "국가의 행정사무는 주로 행정기관에서 집행하지만 완전히 행정기관에 의해서 집행되는 것은 아니다. 일정한 범위 내에서 입법 및 사법기관도 행정행위를 행할 수 있다. 입법 및 사법기관 역시 자체의 인사, 재산, 질서유지 및 기타 입법, 사법의 행정사무가 있다. 그 외 비소송사건 및 변호사등록에 대한 사법기관의 처리 역시 행정행위의 성질에 속한다."[861] 그렇기 때문에 장검생(章劍生)은, 회의방청권의 권리 구제 기제로부터 보면 가장 가능성이 있는 것은 행정소송절차라고 지적하였다.[862]

많은 학자들이 신상 폭로와 공민의 사생활(隱私權) 보장 문제, 인터넷 관리제도 등 '인터넷 민주'를 중요하게 생각하고 있는데, 특히 관심을 가질만한 것은 군체 민의의 형성 기제와 군체화 사건의 문제이다.[863] 중국에서 인터넷이 신속하게 발전하면서 민중들은 이전의 그 어느 시기보다 더 쉽게 연관성을 강화하고 서로 영향을 준다.

---

860) 장검생(章劍生), 「공민참여로서의 방청권 및 그 공법 보방(作爲公民參與的'傍聽權'及其公法保障)」, 『법치연구』 2기, 2009.

861) 진민(陳敏), 『행정법 총론』, 타이완신학립출판유한회사, 2007, 2쪽.

862) 『행정소송법』에는 소송에 걸릴 수 있는 것은 행정기관과 행정기관 사업일군이 행한 구체적 행정행위라고 규정하였다. 『중화인민공화국 행정소송법'을 집행함에 있어서 약간의 문제에 관한 최고인민법원의 해석』 제1조에는 '공민, 법인 혹은 기타 조직이 국가행적 직권을 가지고 있는 기관과 조직 및 그 사업일군의 행정행위에 불복할 경우 법에 의해 소송하는 것은 인민법원 행정소송의 사건 수리 범위에 속한다'고 규정하였다. 여기에서 최고 인민법원이 『국가행정 직권을 가지고 있는 기관과 조직 및 그 사업일꾼이라는 표현을 쓴 것은 행정행위의 주체가 행정기관에만 제한되지 않는다는 것을 말해 준다. 그 어떤 '기관과 조직 및 그 사업일꾼'이든 일단 '국가행적직권'을 행사하면서 한 의사표시는 행정행위이다. 행정 상대인은 그 행정행위에 불복하면 행정소송을 제시하여 법률의 구제를 모색할 수 있다. 장검생(章劍生), 「공민참여로서의 방청권 및 그 공법 보방」, 『법치연구』 2기, 2009.

863) 군체 관념의 형성에 대하여 국내외 전문가와 학자들에게는 많은 이론들이 있다. 서방 학계의 공통된 인식은 한 군체의 각성원은 모종의 문제에 대하여 토론을 한 후, 그 군체는 토론 전의 그 어느 한 성원의 관점에 비하여 더욱 극단적인 결정을 내린다는 것이다. 당대 중국은 사회 전환이 가져온 수많은 문제로 말미암아 군체 관념의 극단화가 더구나 쉽게 강화되었다. 더욱이 약세 군체가 형성한 민의는 아주 강렬한 정치 항쟁성을 가지고 있고 법률이 도달하려는 정의의 가치를 늘 체현하는 것이 아니다.

하지만 또 군체 관념의 극단화를 위해 더욱 편리한 플렛폼을 제공하기도 했다. 인터넷 환경의 특징은 관점의 표현으로 하여금 극단과 편집이 필요하게 했다. 이는 인터넷에 대량의 정보 근원이 집중되어 있어서 강렬한 관점만이 비로소 비교적 보편적인 관심을 불러일으키고 모든 표현자의 의도가 다 관중을 흡인하고 관중을 설득하는 것이 아니기 때문이다. 인터넷 세계에는 비교적 강렬한 수사(修辭)가 주도하는 우세(인터넷 민의는 흔히 폭발성이 있는 글에 집중되고 글을 올린 사람이 가지고 있는 관점이 왕왕 자극적이기에 댓글을 다는 사람도 마찬가지로 비교적 강한 수사적 우세를 구비하였다)가 존재하기 때문에 주장자의 관점과 의견은 더욱 격렬하다.[864] 민의가 가지고 있는 불확실성 모험과 조작 가능한 곤란은 객관적으로 존재하는 사실이다. 그렇기 때문에 '인터넷민주'를 어떻게 중시해야 하는가 하는 문제가 발생한다. 인터넷정보는 흔히 종이 매체와 상호 작용을 해야 비로소 여론을 조성하게 된다. 근래 중국의 '팽수시안(彭水詩案)', '직산문안(稷山文案)'으로부터 요즘의 '영보 댓글안(靈寶帖案)'에 이르기까지, 옹안의 '부와탱(俯臥撑)'에서 쿤밍의 '타묘묘(躲猫猫)'에 이르기까지 사건의 발전은 대부분 우선 인테넷에서 전파되다가 주류매체가 개입하고 여론 고압을 조성한 후 다시 보다 높은 행정권이 개입하는 방식으로 종결되는 상황을 반복해왔다.[865]

총체적으로 말하면 당대 '민주'개념에는 확산화의 추세가 나타났고 수많은 민주개념이 제시되었는데 민주개념에 대한 통일된 인식이 형성되기 어렵다. 또 어떤 학자들은, '민주'가 초래하는 수많은 모험의 출현을 피하기 위한 가장 좋은 방법은 헌정과 민주를 상호 결합하는 것이고 민주는 반드시 헌정이어야만 비로소 합리적이라고 지적한다.[866]

---

864) 강빈(姜斌), 「사법 중 군체관념의 형성 기제(司法中群體觀念的形成機制)」, 『절강사회과학』 3기, 2010.

865) 저신가(褚宸舸), 「인터넷정치화는 피면할수 없는 것(網絡政治化是不可避免的)」, 홍콩 『21세기』 6기, 2009.

866) 연계영(燕繼榮), 「민주의 곤혹과 출로 -중국정치개혁 경험에 대한 반성(民主之困局與出路-對中國政治改革經驗的反思)」, 『학습과 탐구』 2기, 2007; 쉬유위(徐友漁), 「중국식 민주의 모식과 도로」, 『동주공진』 12기, 2007.

서방 공법학의 언어 환경에서 헌정과 민주는 아주 많은 관계가 있다. '주권은 백성에게
있다'는 것은 헌정의 원칙 중의 하나이다. 이것은 양자가 가치추구와 모종의 원칙에서의
일치성을 나타내는 것일 뿐만 아니라 양자가 모두 사회계약과 자연적 방법을 빌려 그
이론적 기초로 삼았음을 표시한다. 역사적 사실로 보면 헌정은 민주의 산물이고 민주는
헌정의 기초를 구성하였다. 하지만 내적인 연관은 결코 양자 사이에 긴장관계가 존재하지
않는다는 것을 나타내지는 못한다. 전통적 입헌주의 및 당대의 성숙된 헌정이론은
일반적으로 '국가권력 혹은 정부권력의 통제'라는 차원의 함의를 둘러싸고 헌정의 범주를
정한다. 이것은 '헌정'이라는 단어의 원시적(경전적) 함의이다. 민주는 주로 일종의 정치
정당성의 표준을 제공하는 동시에 일종의 결책 기제를 제공한다. 이러한 결책 기제는
서방에서는 대의제의 구조로 표현된다. 민주는 인민이 통치권을 장악하여 자신의 목표에
도달하는 것에 치우치고, 헌정은 유한(有限)정부와 법치 따위의 제도 안배를 중시한다.
민주는 흔히 낙관적 인성론의 기초위에 건립되고 헌정은 비관적 인성론의 기초위에
건립된다.[867] 민주와 헌정 사이의 내적인 긴장관계는 헌정이 민주 권력의 제한을 요구하는
것에서 표현된다. 이런 의미에서 말하면 '헌정은 사실상 반민주적이다'라고 말할 수 있다.[868]

근대 중국에서 헌정과 민주의 실현은 정치실천의 측면에서 내적인 분쟁과 긴장관계가
곧 나타난다. 중국에서 루소의 민주사상은 로크, 밀의 자유사상의 영향보다 훨씬 컸고

---

867) 장풍양(張風陽) 등, 『정치철학키워드(政治哲學關鍵詞)』, 쟝쑤인민출판사, 2006, 115쪽.
868) [미] 엘스터, [노르웨이] Rune Slagstad, 『헌정과 민주: 이성과 사회변천 연구』, 생활 독서 신지3]삼련서점,
1997, 224쪽.

민주의 외침은 헌법권의 추구보다 훨씬 더 높았다.[869] 헌정과 민주의 충돌의 근본은 양자 배후의 정당성 토대가 다른 데 있었는데 입헌의 권의를 중시하느냐 아니면 권력의 근원이냐 하는 것이었다. 루소식의 민주는, 권력의 정당성은 인민의 주권과 공의로 부터 나온다고 강조하는데, 그 목적은 권력 제형의 정치체제를 통하여 인민의 자유를 보장하는 것이다. 하지만 자유주의는 인민주권을 중요시하고 권력은 인민에서 비롯되고 정치의 정당성은 거기에 있다고 믿는다. 민주파들은, 누가 권력을 장악하는가 하는 것이 핵심문제인데 주권이 백성에게 있고 인민이 정권을 장악하면 공화가 곧 실현된다고 본다. 그들이 중요시하는 것은 국가를 누가 통치하는가 하는 것이다. 하지만 양계초를 대표로 하는 입헌주의자들이 보다 중요시한 것은 정체, 즉 국가가 어떻게 통치되는가 하는 것이고 헌법의 원칙에 따라 통치하는가 하는 것이다. 양계초는 헌정(입헌)을 정체문제로 보았다. 그가 보다 관심을 갖는 것은 권력 제형과 정부 관리의 질서화이다.

오직 헌법하의 질서만이 비로소 정치투쟁에 질서가 있는 공간을 줄 수 있기 때문이다. 헌정파들은, 중요한 것은 최고 권력이 과연 어디에서 오는가라는 것이 아니라 입헌이고 권력은 헌법과 법률의 제한을 받아야 한다고 생각하였다. 정치 게임의 결과는 '민주'가 '헌정'을 압도하였다. 점점 거세게 일어나는 민주 대조류의 추동하에 1949년에 건립된 공화국은 공공권력에 대하여 고도의 경계심을 유지한 헌법을 그 제도의 정당성으로 한 것이 아니라 인민주권을 기본관념으로 한 국가였다.[870] 기실, 모택동이 '헌정은 민주'라는 정의를 형성 혹은 받아들인 것은 주로 당시 중국에 존재한 민주주의의 조류는 일종의 섭취가 가능한 정치 자원이라는 것을 민감하게 통찰하고 정치상의 적대 역량에 대항하는 것으로, 국가의 각종 정치세력을 통합함으로써 새로운 국가체제를 건립하고 민주가

---

869) 중국 학자가 루소의 사상에 대해 반성한 역작 중에서 비교적 일찍 나온 책은 주쉐친이 쓴 『도덕이상국의 훼멸(道德理想國的灰滅) -루소로부터 로베스피에르에 이르기까지』, 상해삼련서점, 1994.
870) 허 기 림(許紀霖), 「근대 중국정치 정당성의 가치 충돌과 내적 긴장(近代中國政治 正當性的價値衝突和内在緊張)」, 『화동사범대학학보(철학사회과학판)』 1기, 2008.

528  중국 헌법학설사 연구(하)

부여한 이런 국가체제를 정당성으로 하기 위해서였다. 하지만 민주가 부여한 국가체제의 정당성은 왕왕 일종 법의 질서를 초월한 즉각적인 정치행위로서 한 번의 부여로 곧 완성되는 것으로 이해되었다. 그렇기 때문에 국가체제를 완성한 후 민주의 자원이 특정된 상황에서 이용한다면 몰라도 그것이 아니라면 형식화한 정치구조에 안치되어 현실의 정치생활 중에 구체화 할 수 없는 토템이 된다. 이 역시 '헌정개념 취소론'이 발생하는 관념적 근원 중의 하나이다. '민주' 개념에 대한 본 장의 연구가 표명하듯이 19세기부터 1919년 사이의 '민주' 개념은 비교적 명확했다. 첫째는 전통적 함의로써 '민의 주(民之主)'이고, 둘째는 인민지배와 인민통치이며, 셋째는 세습군주와 대립되는 정치제도이고, 넷째는 국가 최고 영수의 민선이었다. 그중 둘째와 셋째 의의가 제일 많이 사용되었다. 하지만 1919년 이후, 민주개념에 대한 논쟁이 갈수록 컸다. 그 원인은 민국 초년에 공화정치의 실패가 조성한 공화이념(정부권력에 대한 헌정 약속과 유가의 엘리트주의와 서방대의제의 혼합물인 대표제)이 부정되고 신문화운동의 맹렬한 조류 하에 민주가치를 재평가한 것에 있었다. 1919년 이후의 민주관념이 보다 많이 강조한 것은 대중 참여와 인민 통치이고 헌정의 건립은 소홀히 하게 되었다. 인민 통치는 다수인의 통치를 의미한다. 만약 대의제를 배제하고 다수통치를 실현하자면 오직 두 가지 방법뿐이었다. 하나는 전민직접통치('문화대혁명'시기의 대중 참여는 이와 관련이 있다)이고, 다른 하나는 보편적 도덕 가치와 공공의 의지를 대표한 정당이 독재를 실현(모택동의 인민민주독재는 여기에서 비롯되었다)하는 것이었다.[871] 1923년 이후, '민주독재'는 민주의 여러 함의 중에서 두드러지게 나타났다. 1940년 모택동은 『신문주주의의 헌정』에서 심지어 "신민주주의 헌정이란 무엇인가? 바로 몇 개 계급이 연합하여 한간, 반동파에 대하여 독재를 실시하는

---

871) 김관도, 유청봉, 「'공화'에서 '민주'까지 -서방현대관념에 대한 중국의 선택성 흡수와 재구성」, 『관념사연구: 중국현대중요정치술어의 형성』, 252~281쪽 참조. 장붕원은 중국 근대 4차례 국회의원 선거에 대한 고찰을 통하여 갈수록 결점이 많이 나타난다는 것을 발견하였다. 장붕위안, 『중국민주정치의 곤혹 1909-1949: 만청 이래 의회선거 논술』, 지린출판그룹, 2008.

것이다"라고 말하기까지 했다. 여기에서 '헌정'이 강조하는 것은 '민주독재'인데 그것이 겨냥한 것은 국민당의 '일당독재'이다. 하지만 이런 '민주독재'는 나중에 '문화대혁명'에서 무산계급혁명하의 전면독재로 발전하여 실질상 개인독재로 변했는데 그 교훈이 심각하다고 하지 않을 수 없다.

법학, 철학, 사회과학의 합법성에 관한 관심의 각도는 다르다. 합법성에 관한 법학의 관심은 주로 권력의 제도 배치, 즉 누가 무엇에 의거하여 권력을 얻는가와 어떤 한도 내에서 정당하게 권력을 행사하는가에 집중된다. 우리는 우선 현행의 법률로 권력의 획득과 행사가 합법적인가 하는 여부를 판단해야 하고, 그 다음 법률은 당연히 어떻게 자체의 정당성을 규정해야 하는가? 즉, 한 사회의 권력 관계를 어떻게 배치해야 하는가 하는 것은 도덕철학, 정치철학이 관심을 갖는 문제이다. 이상의 것은 모두 희망적인 문제이다. 하지만 실연적인 문제, 즉 특정사회의 형태에서 합법성을 얻는 각기 다른 경로는 사회학 연구의 핵심이 되었다. 현대 헌정이론에 의하면 강력한 힘이 국가 발생의 주요 요소라고 해도 국가는 강력한 힘을 근거로 해서는 안 된다. 국가가 만약 인민이 복종하도록 강요하려고 한다면 스스로 강력한 힘 외의 윤리적 근거를 따로 찾아야 한다.[872] 이러한 근거는 바로 국가권력 운용의 목적으로서, 첫째는 대외적으로 국민의 안전을 보호하는 것이고, 둘째는 대내적으로 사회의 질서를 수호하는 곳이며, 셋째로는 인민의 도덕, 지식, 물질 행복의 발전을 촉진하는 것이다. 중국 헌정 여론의 홍기의 밑바탕에는 여전히 근대 이래 사상과 제도의 배경이 깔려있다. 인민주권이 확립된 후, 보다 중요한 것은 정체의 제도건설이다. 하지만 또 다른 방면에서 어떻게 헌법을 통해 헌정의 기제와 구조를 건립하고 완정화하며, 특히 어떻게 헌법 규범의 구조 내에서 적당하면서 유효하게 공공권력을 제한하여 공민의 기본 권리를 보장하는 것으로 정치권력의 정당성을 부여할 것인가 하는 것은 중국사회의 미래 발전에서 피해갈 수 없는 역사적 과제이다.

---

872) 왕세걸, 전단승, 『비교헌법』, 상무인서관, 1999, 63~64쪽.

헌법주의의 개념 및 그 변화

제8장

헌법주의의 개념 및 그 변화

　　"헌법과 입헌주의는 헌법학의 기초개념으로서 양자는 각기 다른 범위와 정도에서 헌법과 사회생활의 상호 관계를 반영한다", "만약 헌법개념이 일종의 정태적(靜態的)인 가치체계를 표현한다고 한다면 입헌주의 개념은 일종의 사회생활을 지도하는 동태적(動態的)인 가치체계를 반영한다." 입헌주의(constitutionalism)는 '헌법에 의거하여 국가를 다스리는 일종의 정치원리이다.'[873] 백년 중국헌법학설사를 전면적으로 관찰하면 '입헌주의'라는 개념과 관련되는 학설의 발전에는 3가지 큰 특징이 나타났다. 첫째, 먼저 입헌주의 개념과 관련되는 개념이 있은 후에 '입헌주의'개념이 출현하였다. 즉 먼저 '입헌' 등 개념이 있고 후에야 '입헌주의' 개념이 있었다. 둘째, 처음에는 비록 '입헌주의' 개념이 없었고 후에 이 개념은 비교적 적게 사용되었지만 입헌주의 주장과 학설은 줄곧 존재했다. 즉 먼저 입헌주의 주장이 있고 나서 후에 '입헌주의' 개념이 있었다. 셋째, 근 10여년 동안 '입헌주의' 개념이 다시 학자들의 관심을 받았고 그것에 대한 인식이 끊임없이 깊어지지만 '헌정주의' 개념과 '입헌주의' 개념이 병진하는 추세를 보였다.

---

873) 한대원, 『아시아주입헌주의연구(亞洲立憲主義硏究)』, 중국인민공안대학출판사, 1996, 서문과 1쪽.

제1절
중국에서의 '입헌주의' 개념의 제시


## 1. 중국에서의 입헌개념의 발생


누가 중국에서 최초로 군주입헌사상을 제시하였는가에 대하여 사학계에는 다른 견해들이 존재하는데 적어도 세 가지 견해가 있다. 첫 번째는 견해는, 청말의 사상가이고 중국의 최초의 간행물 평론가와 저널리스트로 추앙받는 왕도(王韜, 1828~1897)를 구주(歐洲)입헌을 처음으로 제시한 중국인으로 보는데 그가 일찍이 1870년대에 『중민편(重民篇)』에서 자신의 군주입헌 주장을 똑똑하게 표명하였다는 것이 그 근거이다. 두 번째 견해는, 왕도가 비록 『중민편』에서 군주입헌의 우월성을 많이 담론하기는 했지만 청말(淸末)에 중국에서 확실하게 그것을 실행한 것은 청말의 저명한 실업가이고 사상가이며 유신파의 대표인물인 정관응(鄭觀應, 1842-1922)이라고 하면서, 그는 1870년대에 쓴 『의정을 논함』에서 중국에서 군주입헌을 실시할 것을 명확하게 요구하였다고 주장하였다. 다시 말하면 중국에서 군주입헌을 처음 창도한 사람은 정관응이라는 것이다. 세 번째 견해는, 왕도, 정관응보다 앞서 근대에서 최초로 서방의 고등교육을 받은 중국유학생 룽홍(容閎, 1828~1912)이 1860년 11월 9일에 태평천국의 간왕(干王) 홍인간(洪仁玕)에게 진상한 일곱 가지 개혁건의에서 제시한 '민정정부'가 바로 군주입헌정부라고 주장한다. 다시 말하면 룽홍이야말로 중국 군주입헌의 첫 창도자라는 것이다.[874]

---

874) 애홍림(哀鴻林), 「누가 중국에서 최초로 군주입헌을 제시했는가를 다시 논함

중국역사상 누가 최초로 입헌사상을 제시했는가의 문제는 한층 더 고증해야 할 바이다. 하지만 필자가 자료를 찾아본 바에 의하면 중국에서 역사상 제일 처음으로 '입헌'개념을 명확하게 사용한 사람은 정관응이다. 그는 자신의 명저 『성세위언』 5권 본을 발간하던 해, 즉 1894년(광서 갑오년)에 『문군도희(文君道希), 정군소감(鄭君蘇龕)과 입헌개국회를 논하는 글』에서 처음으로 '입헌'이라는 단어를 사용하였다. 그는 다음과 같이 썼다. "국문이 열린 후 각국의 세력들이 분분이 들어와서 시국이 위급해졌다. 백성과 관리들이 모두 매우 큰 압력을 받았다. 식견이 있는 사람들은 모두 소를 올려 국회를 빨리 소집하여 헌법을 제정해도 위험한 국면을 대처하기에 부족하다고 했다. 긴박한 정세에는 큰 우환이 숨겨져 있다. 만약 빈말만 하고 실현하지 않는다면 10년이 지난 후에도 입헌은 완정한 효과를 볼 수 없다. 그렇기 때문에 입헌의 요구는 반드시 실제로 부터 출발해야 한다. 신속하게 국회를 소집하여 선후완급에 따라 정세를 분별 있게 처리해야 한다. 무릇 어느 당파든 모두 반드시 국가와 백성에게 유리한 것을 전제로 해야 한다. 나라가 존재하느냐 망하느냐 하는 긴박한 관두에 낡은 것을 고집하면서 시간을 끌어야 한단 말인가?" 그 후, 정관응은 『속히 입헌하는 것에 관해 섭정왕에게 올리는 글』, 『최근 시국에 관해 손섭신(孫燮臣)재상에게 올리는 글』, 『주효람(朱曉嵐)에게 보내는 관찰서』, 『요백회(姚伯怀)태수에게 보내는 글』, 『광저우상무총회에 보내는 총 협력서』, 『반란사정군(潘蘭史征君)과 입헌을 논하는 글』, 『향산자치연구회에 답복하는 글』, 『반란사정군에게 보내는 글』, 『반란사정군과 시국을 논하는 글』, 『농공상부 관균생(關均笙)에게 보내는 글 및 남양 구적원(邱寂園)에 부치는 글을 함께 기록함』, 『순덕 등궁보(順德鄧宮保)에게 보내는 글』, 『등육생(鄧毓生) 태수에게 보내는 글』, 『중국상무일보' 총편집 판란사정군에게 보내는 글』, 『어이계당태사서(与李際唐太史書)』, 『영국박사 Timothy Richard에게 보내는 글』, 『용백양(龍伯揚)에게 보내는 참의서』 『오질용(伍秩庸) 사랑에게

(再 談誰在中國最早提出君主立憲)」, 『사학월간』 4기, 1985.

보내는 글』,『반란사(潘蘭史), 하군랑차(何君閬樵)와 참의원 의원 선거에서 우선 도덕을 중히 여길 것에 대해 논의함』,『허군여산(許君如山), 양군소백(楊君昭白)과 공화서를 논의함』,『진차량(陳次亮) 부랑에게 보내는 글』,『도박금지를 요청하기위해 광저우 독찰 장안수(張安帥)에게 올리는 글』,『중외 강약은 예교와 다름을 논하기 위해 판란사정군에게 보내는 글』,『량연손(梁燕孫) 경경(京卿)에게 보내는 글』,『숭도원 동선사 평회회 제군과 각국 정치를 논하는 글』 등 일련의 상서, 서신과 글에서 '입헌', '국회를 빨리 열어 헌법을 반포', '헌정을 속히 실행하고 의원을 빨리 열어야', '국회를 열어 헌법을 내와야', '헌법을 내오고 국회를 열어', '헌정정체', '헌정', '입헌정', '진입법', '가입법', '입헌지의', '입헌시대', '입헌지제', '입헌정신', '입헌국', '속정(速定)헌법', '입헌국체', '입헌국가', '민주입헌', '군주입헌', '입헌지도', '헌법반포', '군주입헌국', '정(定)헌법, 개(開)학당' 등 개념을 대량으로 사용하였다.[875]

　그 후 청말 유신파 대표인물이며 중국 근대 계몽사상가인 강유위와 양계초 등도 앞 다투어 '입헌' 등의 개념을 사용한 사람들이다. 1898년 1월 29일, 강유위는 황제의 명을 받고 쓴 『청 황제에게 올리는 제6서』에서 다음과 같이 지적하였다. "당년에 일본에서 유신을 신작할 때 주로 세 가지 특징이 있었는데, 첫째는 대신들이 사상을 통일하고 국가개혁의 방향을 확정한 것이고, 둘째는 인재를 선발하는 정책을 건립한 것이며, 셋째는 헌법을 의정하는 제도와 기구를 건립한 것이다."[876] 강유위는 같은 해 7월에 내각학사 괄보통무(闊普通武)를 대신하여 쓴 '헌법을 확정하고 국회를 열 것을 요청하는 편지'에서 다음과 같이 명확하게 썼다. "신이 듣건대 서방의 각국이 강대해진 까닭은 헌법을 만들고 국회를 열었기 때문이라고 하옵니다. 국회는 대신과 백성이 공동으로 국가 대사를 토론하는 장소입니다. 3권 분립 학설이 나온 뒤로 국회가 입법을 하고 법관이 사법을 하며 정부가 행정을 하면서

875) 하동원, 『정관웅집』 하책, 287, 291, 293, 295, 299, 301, 302, 303, 304, 306, 309, 310, 312, 315, 317, 319, 321, 322, 323, 324, 360, 383, 392, 403, 406, 420, 428쪽.
876) 강의화(姜義華), 장영화(張榮華), 『대동몽환-강유위문선』, 백화출판사, 2002, 56쪽.

황상께서 총괄하며 헌법을 제정하고 공동으로 헌법의 규제를 받사옵니다. 요순 3대를 본 따고 외부로는 동 서방 강국을 모방하여 헌법을 제정하고 국회를 열어 정부와 국민이 공동으로 법에 의거하고 법을 지켜야 하옵니다. 3권 분립의 제도를 실시하면 중국의 강대해질 날은 시간문제입이다."[877]

양계초[878]는 1899년에 쓴 『각국헌법이동론』에서 다음과 같이 썼다. "헌법은 영어로 Constitution이라고 하는데 국가의 모든 법률의 근본적 대전이라는 뜻이라고 할 수 있다. 그러므로 무릇 국가의 대전에 속하는 것이라면 그것이 독재정체든 입헌정체든 모두 헌법이라고 부른다. 정체의 종류를 예전 사람들은 여러 가지로 나누었지만, 오늘에 이르러 각 나라들에서는 군주국과 공화국 두 가지 유형으로 나눈다. 군주국은 또 작게 독재군주와 입헌군주 두 가지 유형으로 나눌 수 있다. 그 이름으로 말할 때 공화국과 입헌국은 같은 종류이다. 하지만 실제상 오늘날 공화국은 모두 의원을 구비한 국가이므로 통칭하여 입헌정체라고 해도 안 될 것이 없다." "전세계에서 입헌군주국, 공화국 등은 그 명칭은 비록 같더라도 국내 실정은 각국마다 모두 다르다." "헌정(입헌군주국정체의 약칭)의 시조는 영국이다. 법률이란 비록 국가의 모든 법률규칙의 명칭이나, 입헌국은 국회를 거쳐 정한 것을 법률이라고 부른다." "입헌국의 법률은 국회에서 의정하지 않은 것이 없다."[879] 양계초는 1901년 6월 7일에 출판된 『청의보』 제81책에 발표한 『입헌법의』라는 글에서

---

877) 하신화, 호욱성 등 정리, 『근대중국헌정역정: 사료회취』, 16, 17쪽.
878) 범충신(范忠信)는, "헌법학을 아는가 모르는가는 한 사람이 근대 법학가로 될 수 있는가 없는가를 결정한다. 왜냐하면 그것은 중국전통법학과 중국근재법학의 근본 분야 소재이기 때문이다"라고 생각하였다. 양계초는 헌법학 방면에서 『각국헌법이동론』, 『입헌법의』, 『입법권을 논함』, 『헌법의 3대정신』, 『중국국회제도사의』, 『헌정천설(憲政淺說)』, 『입헌정체와 정치도덕』, 『책임내각해석』, 『개명전제론(開明專制論)』 등 논문과 저작들을 썼다. 양계초는 비단 '중국 근대의 제일 걸출한 법학가'일 뿐만 아니라 '특히 중국에서 헌법학의 창시자로서 그의 창시인적 지위는 논쟁할 필요가 없다. 양씨의 법학저작에서 편폭이 제일 많은 것은 헌법학저작이다. 양씨를 우선 헌법학가라고 하는 것이 보다 정확하다. 상세한 내용은 범충신이 『양계초법학문집』을 편찬할 때 쓴 서언 『법학가 양계초를 알아 본다(認識法學家梁啓草)』를 참조. 양계초, 『양계초법학문집』 서언, 2, 4, 10쪽.
879) 양계초, 『양계초법학문집』, 범충신 편찬, 1, 2, 8쪽.

다음과 같이 한발 더 나아가 제시하였다. "세계의 정치에는 두 가지가 있는데, 하나는 헌법이 있는 정치(입헌의 정치라고도 함)라고 하고, 다른 하나는 헌법이 없는 정치(전제의 정치라고도 함)라고 한다."

"세계의 정체에는 세 가지가 있다. 하나는 군주전제 정체이고, 다른 하나는 군주입헌 정체이며 또 다른 하나는 민주입헌 정체이다." "헌법이란 어떤 것인가? 영구불변의 헌법을 세우는 것으로서 일국의 사람이라면 군주든 관리든 인민이든 모두 공동으로 지켜야 하는 것이고 국가의 모든 법도의 근원이다. 그 후 그 어떤 령이든 법이든 백번 변해도 헌법의 종지를 떠날 수 없다." "입헌정체를 유한권의 정체라고도 부르고 전제정체를 무한권의 정체라고도 부른다. 유한권이라는 것은 군주는 군주의 권리가 있지만 그 권리는 유한한 것이고 관리는 관리의 권리가 있지만 그 권리는 유한한 것이며 인민은 인민의 권리가 있지만 그 권리는 유한한 것이라는 뜻이다."[880]

## 2. 입헌주의 개념의 최초 제시

입헌주의 정신이 포함된 '입헌', '입헌법', '헌정', '행(行)헌정', '입헌정체', '입헌국' 등 개념은 비교적 일찍 출현하였는데 19세기 말에 제시되었고 출현 후 재빨리 넓게 전파되었으며 광범위하게 사용되었다. 하지만 '입헌주의'라는 개념의 출현은 비교적 늦어서 1930, 40년대에 와서야 처음으로 제시되었다. 왕세걸(王世杰)[881], 전단승(錢端升)[882]은

880) 후의걸(侯宜杰) 편, 『신민시대-양계초문선』, 백화출판사, 2002, 35, 36쪽.
881) 왕세걸(王世杰, 1892-1983), 자는 세팅(雪艇)이고 호북성 충양사람이다. 영국 런던대학 정치경제학 학사, 프랑스 파리대학 법학박사를 받고 북경대학 , 무한대학 교장, 국민당 정부 법제국 국장, 교육부 부장, 외교부 부장, 총통부 비서장, 행정원 정무위원, 중앙연구원 원장, 국민당중앙 선전부 부장 등의 직무를 역임. 1936년, 왕세걸은 중화민국헌법초안(55헌초) 작성위원회 고문을 담임하였다. 1949년에 타이완으로 가서 '총통부 자정(資政)'을 맡았다. 1983년 타이완에서 병으로 사망했다.
882) 전단승(錢端升, 1900-1990), 상해. 1919년 청화대학 졸업, 1923년 미국 하버드대학 철학박사 학위 취득,

1936년에 출판한 『비교헌법』 제6편 '중국제헌사략(史略) 및 현행정제'에서 처음으로 '입헌주의'개념을 사용하였다. "무술정변의 전후, 강유위, 양계초 '변법'운동 외에 또 손중산 의 혁명운동이 있었다. 손 의 홍중회는 광서 24년(1898)에 성립되었다. 하지만 그 회가 당시 주의를 기울인 것은 오로지 종족혁명 뿐이었다. 그 회의 당시 선언에는 아직 입헌주의를 제시하지 않았다." "광서 31년(1905) 6,7월 청나라 조정은 일본이 메이지 15년에 이토 히로부미를 유럽에 파견하여 헌정을 고찰하게 한 것을 모방하여 재택(載澤), 대홍자(戴鴻慈), 서세창(徐世昌), 단방(端方), 소영(紹英)을 서양에 파견하여 정치를 고찰하게 했다. 일본과 러시아 전쟁이 끝나고 나서 적지 않은 인사들이 분분이 입헌을 주장했고 프랑스 주재 사신 손보기(孫寶琦) 및 몇몇 변강의 관리들도 입헌을 제청하였다. 청나라 조정은 민의의 압박에 의해 관리들을 서양에 보낸 것이다… 같은 해 10월에 정무처 왕대신에게 지시를 내려 헌법대강을 준비하게 했고, 메이지 16년에 헌정 조사팀을 설치한 선례를 모방하여 정치 고찰관을 설치하게 함과 아울러 왕대신 등을 대신으로 삼았다. 이는 청나라 조정이 정식으로 입헌주의를 인정한 시작이다."[883] 『비교헌법』 에는 적어도 3곳에서 '입헌주의'라는 어휘가 나온다. 상술한 두 곳을 제외하고 또 한 곳은 이 책의 서언에서이다. 전단승, 왕세걸은 '증정3판 서문'에서 이렇게 썼다. "이 책은 처음 발간한 이래 10년이 지났다. 이 10년은 각국 헌법의 변동이 비교적 격렬한 기간이었다. 낡은 헌법을 수정하거나 혹은 새 헌법을 따로 정하거나 혹은 헌법조항은 수정하지 않았지만 정제의 실제는 이미 크게 변화한 등이다. 이런 변동의 내용이 어떠하고 입헌주의에 대한 영향은 어떠한지는 이 책의 독자들이 빨리 알고 싶어 하는 것이다. 이 책의 수정 및 보충은 한시도

---

청화대학, 중앙대학, 서남연합대학과 북경대학  역임. 1952년 북경정법학원 원장, 1954년 중화인민공화국 헌법초안작성사업 고문을 역임. 1957년 에 '우파'로 구분되고 '문화대혁명'기간에 박해를 받음. 두 차례 박해를 받은 죄명은 모두 ' 『비교헌법』 을 써서 반동적 자산계급정치학 이론을 고취했다'는 한 죄목이였다. 1974년부터 외교부 고문을 담임했고 1982년부터 전국인민대표대회 상무위원회 위원, 법률위원회 부주임위원, 중국법학회 부회장을 담임함. 1990년 북경에서 사망했다.
883) 왕세걸, 전단승, 『비교헌법』 , 345, 347쪽.

미룰 수 없다."[884]

　여기서 설명해야 할 것은 '입헌주의' 개념의 제시는 1927년일 가능성이 크다. 즉, 왕세걸이 1927년에 출판한 『비교헌법』에 '입헌주의' 개념을 사용했을 수 있다. 왜냐하면 왕세걸, 전단승이 1936년에 공동으로 출판한 『비교헌법』은 왕세걸이 1927년에 혼자서 출판한 『비교헌법』의 보충, 수정 3판이고 '입헌주의' 개념이 언급된 제6편 '중국제헌사사략 및 현행정제'는 원 책 제5편 제2장 '중국제헌문제경과'의 토대 위에서 보충되어 이루어진 것이기 때문이다.[885] 지금까지 찾은 자료에 의하면 왕세걸은 '입헌주의' 개념을 제일 처음으로 사용한 사람이라고 말할 수 있다. 또 지적해야 할 것은 왕세걸, 전단승은 『비교헌법』에서 '입헌주의' 개념의 함의에 대하여 명확한 해석을 하지는 못했다는 것이다. 그 외 언급해야 할 것은 구홍밍 이 지난 세기 20년대 초에 '헌정주의' 개념을 사용했다는 사실이다. 그는 '헌정주의와 중국'이라는 글을 써서 『아주학술잡지(亞洲學術雜誌)』 1921년 1, 2기 합본에 발표했었다. 하지만 그는 영어로 글을 썼다.[886]

---

884) 왕세걸, 전단승, 『비교헌법』, 증정 3판 서.
885) 왕세걸, 전단승, 『비교헌법』 증정3판 서문 참조.
886) 황흥도(黃興濤) 등 번역, 『고홍명문집(辜鴻銘)』, 하이난출판사, 1996, 175, 626쪽.

제2절

근대 중국에서의 입헌주의 학설의 흥기

## 1. 조기 입헌주의가 강조한 입헌

사람들은 흔히 주의란 객관세계, 사회생활 및 학술문제 등에서 가지고 있는 계통적인 이론과 주장을 가리킨다고 인정하고 있다.[887] 이에 따라 우리는, 입헌주의 역시 일종 헌법을 제정하고 헌법을 실행하는 데 관한 비교적 계통적인 주장이라고 말할 수 있다. 이렇게 보면 '입헌주의' 개념은 비록 1930, 40년대에 발생하였지만 입헌주의는 거의 19세기 말에 정관응이 '입헌'개념을 제시함과 동시에 출현하기 시작하였다. '입헌' 개념이 제시된 날은 바로 '입헌주의'가 시작한 것이라고 말할 수 있다.

일본이 청 정부를 강압하여 『마관조약』을 체결한 1895년, 정관응은 『진차량(陳次亮)부랑에게 보내는 글』에서 다음과 같이 지적하였다. "만약 국회를 열고 헌법을 제정한다면 상하가 서로 속이는 일은 없을 것이다."[888] "청도를 빌려주기로 독일과 이미 상의가 된" 1898년, 정관응은 "시국이 갈수록 험난해 지니 어찌 공연한 걱정이라고 하겠는가? 조속히 국회를 열고 민심을 단합하여 외적의 침략을 물리쳐야 한다"[889]고 지적하였다. 1895년부터 1897년 사이에 그는 자기가 쓴 『치란가(治亂歌)』에서 "헌법을 실시하지 않고 전제정치가 엄하면 관리의 권력 커지고 백성은 너무 천해지며 함부로 국사를

---

887) 중국사회과학원 언어연구소 사전편집실 편찬, 『현대한어사전』 수정본, 상무인서간, 1996, 3판, 1643쪽.
888) 하동원(夏東元) 편, 『정관응집』 하책, 360, 1547쪽.
889) 하동원(夏東元) 편, 『정관응집』 하책, 290쪽.

논하고 죄가 중해지며 상하가 벌어지고 인심이 흩어진다"[890]고 하면서 헌법을 제정하지 않으면 벌어질 해로움에 대하여 맹렬하게 규탄했다. 후에 『판란사정군과 입헌을 논하는 글』에서도 그는 다음과 같이 명확히 지적하였다. "보편적으로 말하면 입헌은 나라에 이롭고 군주에게 이로우며 백성에게 이로운 대신 관리들에게 불리하다. 왜 나라에 이롭고 군주에게 이로우며 백성에게 이롭다고 하는가? 헌법을 제정한 후 상, 하를 막론하고 공동으로 준수해야 하기에 악독한 관리들이 군주의 권리를 빌려 제멋대로 파렴치한 짓을 하지 못하게 되니 백성들이 감격하여 모두 나라를 사랑하게 되고 따라서 나라는 안정되고 번영할 수 있다. 왜 관리들에게 불리하다고 하는가? 의원(議院)을 설립한 후 선출된 의원은 탐관오리를 발견했을 때 정부에 청구하여 파면시키거나 공중 매체에 폭로할 수 있으므로 관리들은 자기의 행위를 덮어 감추거나 어물쩍 넘어갈 수 없다. 따라서 탐관오리들은 위압감을 느끼게 된다. 만약 헌법을 제정하지 않는다면 크고 작은 관리들이 권력을 마구 휘두르고 시도 때도 없이 각종 명목으로 백성들의 재물을 갈취하면서 제멋대로 못된 짓을 다 한다. 지금의 국민 의식은 고대에 비할 수 없을 만큼 압박이 심할수록 강하게 반항하므로 국세를 예측하기 어렵다."[891] 『상순덕등궁보서(上順德鄧宮保書)』에서 그는 "개혁만 하고 헌법을 제정하지 않는 것은 뿌리 없는 나무와 같다", "입법은 개혁의 근본이다", "상하가 한 마음이 되지 못하면 헌법을 내올 수 없고 헌법을 내올 수 없으면 민심이 튼튼해질 수 없으며 민심이 튼튼하지 못하면 태평한 세월이 오래 갈 수 없다"[892]고 강조하였고, 『오질용시랑(伍秩庸侍郞)』에서는 "헌법은 한 나라의 근본 대법이다. 반드시 양호한 헌법이 먼저 있은 후에야 각종 법률이 비로소 근거가 있게 된다. 헌법은 한 나라의 근본 대법이다. 관건은 정부의 독단적 전횡을 제한하고 인민의 권리를 보장하는 것이다. 그렇기 때문에 세계상의 나라들에서는 헌법이 있는 국가는 입헌국가이고 헌법이 없는 국가는

---

890) 허우이제, 「군주입헌의 첫 창도자에 대한 나의 견해(關于首倡君主立憲者之我見)」, 『문사철』 5기, 1989.
891) 하동원(夏東元) 편, 『정관응집』 하책, 300쪽.
892) 하동원(夏東元) 편, 『정관응집』 하책, 321쪽.

전제국가이며 헌법이 있으면 법제국가이고 헌법이 없으면 비 법제국가이다. 헌법이 있기와 없기는 이렇듯 중요하다"라고 진일보 지적하였다. 『용백양에게 보내는 참의서』에서 정관응은 다음과 같이 강조하였다. "유럽의 각 입헌국의 군주와 신하들은 법률의 다스림을 받지 않는 자가 없고 사법독립의 정신은 고대를 진동하고 오늘을 빛내기에 적합해서 신명처럼 침범할 수 없다. 중국과 의원 모두는 정부에 조목조목 진술서를 진정하여 조속히 헌법을 제정하고 유능하고 청렴한 관리들이 법률을 준수하고 합리적으로 유지하며 사법과 입법, 행법 3권을 정립하고 동요하지 말았으면 좋겠다"[893] 『허군여산(許君如山), 양군소백(楊君昭白)과 공화서를 논의함』에서 그는 다음과 같이 한발 더 나아가 강조했다.

"국가의 유일한 헌법을 받들어야 하지 헌법이 없으면 국가라고 할 수 없다. 국가가 안정되려면 표준이 있어야 한다. 아주 정확한 말이다. 입법, 사법, 행정 3권은 똑같이 중요하며 입헌 국가는 신성불가침의 고귀한 기관이다. 유럽의 여러 입헌국은 그것을 따르고 어기지 않는다."[894] 여기서 알 수 있는 바는 정관응은 입법을 간단히 제시한데 그친 것이 아니라 입법 및 헌법 자체에 대하여 이미 비교적 심각하게 인식하고 있었고 정부의 전제 권력을 제한하고 인민의 권리를 보장하려는 비교적 계통적인 사상과 주장을 제시하였다. 그렇기 때문에 어느 학자는 "정관응이 최초로 제정헌법을 제시하여 군주의 권리를 제한하고 인민의 권리를 보장하였으며 민주, 평등을 주장하고 봉건전제에 반대하면서 당시 제일 강렬한 목소리를 냈다. 근대 중국에서 군주입헌을 제일 처음 제창한 월계관을 당연히 그에게 주어야 한다"[895]고 생각하였다. 정관응의 입헌사상은 이미 일종의 입헌주의로 발전하였고 적어도 입헌주의의 맹아가 되었다고 할 수 있다.[896]

---

893) 하동원(夏東元) 편, 『정관응집』 하책, 319쪽.
894) 하동원(夏東元) 편, 『정관응집』 하책, 323쪽.
895) 후의걸(候宜杰), 「군주입헌의 최초 제창자에 대한 나의 견해」, 『문서철』 5기, 1989.
896) 어떤 학자들은, 먼저 의회주의가 있고 나서 후에 헌법주의가 있었다고 생각한다. 여소파(閭小波),
    「'의회주의'에서 '헌법주의'에 이르기까지(從'議會主義'到'憲法主義)- 위원(魏源)에서 손중산에 이르기까지
    민주소송청구의 검토」, 상해중산학사 편, 『근대중국』 제11집, 상해사회과학원출판사, 2001.

20세기에 들어선 후, 입헌주의의 주장은 일종의 사회 사조가 되면서 신해혁명 무렵에는 최고조를 형성하였다. 양계초는 1901년에 일본에서 『청의보』를 창간하고 『입헌법의』를 발표했으며 강유위는 1902년에 해외 수 백 만 명의 화교를 대표하여 『임금에게 정권을 돌려주고 헌법을 만들어 생사존망의 위기를 구해줄 것을 요청하는 편지』를 청나라 조정에 올렸다. 군주입헌에 관한 그들의 주장[897]은 국내외에 광범위한 영향을 끼쳤는데, 그것은 군주입헌사상의 흥기를 표시한다.[898]

1902년부터 국내 간행물의 여론은 입헌을 고취시키기 시작(신문과 잡지를 창간하여 입헌을 선전하기도 했다. 이를테면 1902년에 양계초는 『신민총보』를 창간하였다)하면서 입헌을 요구하는 글들을 일상적으로 실었다. 심지어 1903년 8월 18일 광서황제 생일에 천진의 『대공보』는 '한 사람이 좋은 일 있으니 만수무강을 축원하고 헌법을 빨리 제정하여 나라를 오래도록 유지하자'는 축사를 실었다. 이부 의식이 있는 관료들도 입헌을 주장하기 시작하였다. 이를테면 1904년 프랑스 공사 손보기는 상서를 올려 청정부가 '영국, 독일, 일본의 제도를 참조하여 입헌정체의 나라를 만들어야 한다'고 건의하였는데 사회 여론의

---

897) 어느 학자는, 양계초의 입헌주의사상의 정수는 '군주권리의 제한'과 '국민창출'이라는 두 가지 방면을 동시에 내포했다는 점이라고 인정했다. 개괄해 말하면 그는 입헌을 창도했지만 우선 직면한 것은 입헌정치를 담당해야 하는 '민'에게 '민지(民智)'가 미개한 상태였다. 그리하여 그는 진정한 입헌정치의 '국민청치세상' 단계가 도래하기 전에는 '군주와 백성이 공동으로 주재'하는 입헌군주제를 실행하는 수밖에 없다고 생각하였다. 하지만 전통적인 절대적 군주권력을 제약하기 위해서 그는 책임 내각제를 확립할 구상을 세움과 동시에 '전국 각 방면의 세력', '민의'를 대표하는 의회라는 이 기관을 아주 중요한 위치에 놓았다. 그런데 의회가 '민의'를 대표하는 일종의 '의지기관'이지만 결국은 반드시 '민지미개'의 상황에서 벗어나기를 기다려야 하고 '보편선거'에 참가할 수 있는 '국민'의 존재를 기다려야 했다. 그렇다보니 양계초는 당시 그가 인식하고 있던 중국국민의 '민지'상황 앞에서 고민에 빠졌다. '전제군주'와 '성숙되지 않은 국민'이라는 진퇴양난에서 벗어나기 위해 그는 '신민설'을 창도하였다. 즉 '국민근성'을 가지고 있는 중국인의 국민성을 개조하고 국민교육을 통하여 '신민'을 창조하는 것과 동시에 이런 개조를 실현하기 전에 혁명적 입헌공화제가 아니라 '과도시대'의 일종 '개명전제'의 군주입헌제를 실행하려 했다. 임래범(林來梵), 능유자(凌維慈), 「중국입헌주의의 기점 -청말군주입헌주의에 대한 성찰」, 『사회과학전선』 4기, 2004.

898) 어느 학자는, 중국인이 입헌주의를 접촉하기 시작하고 헌법에 관심을 가진 것은 양계초의 논문 『입헌법의』(1901)의 발표가 보여준 것처럼 강유위, 양계초 등이 일본으로 망명한 후부터였다고 생각하였다. 임래범(林來梵), 능유자(凌維慈), 「중국입헌주의의 기점 -청말군주입헌주의에 대한 성찰」, 『사회과학전선』 4기, 2004.

강렬한 반향을 불러일으켰다. 총체적으로 당시의 입헌사조는 이미 성대하게 일어났다. 그리하여 당시의 어떤 사람은 "19세기 유럽의 민정 풍조가 20세기를 넘어서면서 아시아에 불어 들어왔다… 그리하여 4억 명 중의 이른바 의식이 있는 인사들은 모두 해내외를 향하여 입헌, 입헌, 입헌을 외친다"고 하였다. 바로 당시 일부 신문, 잡지들이 말한 것처럼 "오늘날 입헌의 목소리는 전국을 휩쓸고 위로는 훈척사신(勳戚士臣)에서 아래로는 교사학자(校舍學士)에 이르기까지 입헌을 말하지 않는 자가 없고, 한 사람의 호소에 많은 사람이 호응하면서 이구동성"이었다. '입헌'이라는 두 글자는 이미 중국 사대부의 입버릇이 되었다. 1905년 중국영토에서 발생한 일본과 러시아 전쟁에서 입헌을 한 작은 일본이 전제통치의 대 러시아에 승리한 후 국내의 입헌 여론은 날마다 높아지고 조정과 재야, 상하에서 의론이 분분하였다. 이부 조정 관리와 변경을 지키는 총독들도 입헌에 들떠 있었다. 호남순무 단방, 일본대사 양추(楊樞), 직예총독 원세개, 양강총독 주복, 후광총독 장계동, 양광총독 잠춘훤(岑春煊) 등은 분분히 상서를 올려 입헌을 촉구하였다.

1905년, 청 정부는 5명 대신을 서양에 파견하여 각국 정치를 고찰하게 했다. 1906년, 9월 1일, 청나라 조정은 마침내 『예비입헌을 선포하기 전에 먼저 관제를 규정하는 공문』을 반포하고 『모방헌정』을 선포했다. 입헌사상의 흥기는 청나라 조정의 입헌을 이끌어냈고 또 예비헌법의 선포는 거꾸로 입헌사상의 발전을 추동하여 고조에 이르게 하였다. 1906년 이후, 헌정연구회, 예비입헌공회, 헌정강습회 등 입헌사회단체들이 분분히 성립되고 『헌정월간』, 『예비입헌공회보』, 『공민일보』, 『정론』 등 입헌을 선전하는 신문과 잡지들이 분분히 창간되었으며 입헌파들은 한 차례 또 한 차례의 청원운동을 발동하였다. 1910년에 폭발한 4차 전국성 국회청원 열풍은 더욱 더 입헌사상을 최고봉에 오르게 했다.[899] 어느 학자는, 중국 청말 군주입헌운동은 비록 1911년 신해혁명에 의해 중단되었지만, 그것은 중국 군주입헌주의의 종점이었고, 중국의 전반 입헌주의의 진정한 기점이기도 했다고

---

899) 여인개(黎仁凱), 『근대중국사회사조』, 하남인민출판사, 1996, 200~231쪽.

생각하였다.[900] 주의해야 할 것은, 근대 중국의 입헌주의는 서방의 입헌주의와 똑같지 않다는 점이다. 어느 한 학자가 지적한 바와 같이, 중국인들은 서방에서 배워온 '입헌' 혹은 '헌정'을 중국을 부강하게 할 수 있는 방법으로 생각했지만, 사실은 '의원을 연다'거나 혹은 '국회를 연다'는 의의로 인식한 것으로서 모두 당연히 현대 '민주' 사상을 형성한다는 내용에 귀결시켜야 한다. 하지만 서방의 입헌주의 사상의 핵심 가치는 '민주'에 있는 것이 아니라 자유주의사상이 부연한 '유한정부' 및 '법치'에 기초를 두었다. 그렇다면 왜 중국식의 입헌주의 사상에 확연히 나타난 것은 '민권'과 '민주' 사상 및 그 사조의 맥락을 체현한 '의원을 연다'거나 혹은 '국회를 연다'는 제도의 형식이고 '유한정부'를 가치로 하는 서방 '헌정'과 '법치'의 관념이 결여했던 것 일까? 중국이 백년 동안 서방주권독립의 민족국가를 건립하려는 욕망이 절실했던 이유 외에 인성에 대하여 낙관하는 관점에서 부연된 중국인들의 '내성외왕(內聖外王)' 사상과 공교롭게도 서방사람들의 인성에 비관적이고 신중한 태도에서 부연된 헌정 혹은 법치관과 대조를 이룬 것이 바로 각각 서방과 중국식 입헌주의의 영역을 형성한 원인이라고 할 수 있다.[901]

## 2. "헌정은 최후의 성과이고 헌정의 핵심은 제헌이 아니다" 라는 것에 관한 양수명 (梁漱溟), 양조룡(楊兆龍) 등의 학설

청말의 입헌주의 주장은 입헌의 중요성을 강조하는데 치중하고 입헌을 호소하는데 중점을 두었으며, 그 제시자는 주로 정치가였으며 정치성이 강한 반면 학설성이 약했다고 한다면, 신해혁명 후 민국시기에 들어서서 '중화민국헌법' 제정 문제를 둘러싸고 입헌주의는

---

900) 임래범(林來梵), 능유자(凌維慈), 「중국입헌주의의 기점 -청말군주입헌주의에 대한 성찰」, 『사회과학전선』 4기, 2004.
901) 계굉성(桂宏誠), 『중국입헌주의의 사상기초』, 200, 250, 251쪽.

헌정의 실현을 중시하였고 그 제시자는 주로 학자였으며 그 학술성이 강하고 헌법학설의 모양을 갖추기 시작했다. 왕세걸이 '입헌주의' 개념을 처음 제시한 것이 바로 그 중 하나이다. 특히 19세기 3, 40년대에 이르러 중국의 입헌주의는 하나의 새로운 고봉(물론, '입헌주의'라는 이 개념은 아주 적게 사용되었지만)에 이르렀고 입헌주의는 두 가지 다른 헌정학설로 발전하였다.

청말의 예비헌법으로부터 국민약법에 이르기까지, 특히 5.4신문화운동을 겪으면서 헌정, 민주, 과학과 인권 등은 모두 일반 지식계인사와 청년학생들의 말할 필요도 없는 공리와 종교가 되었고 '중국문제'를 장악하고 해결할 수 있는 신성한 법보로 여겨졌다. 하지만 양수명 등은 도리어 "중국은 아직 헌법으로 성공할 시기에 이르지 않았고" 헌정은 최후의 성과이기에 제헌에 급급해 하지 말고 먼저 새로운 생활습관 등을 양성해야 한다고 주장했다. 저명한 사상가이고 철학가이며 '중국 최후의 유가'로 불리는 양수명(1893~1988)은 "헌정은 한 국가 내에서 통치와 피통치 두 가지 방면이 서로 약속하고 공동으로 이해하는 기초 상에서 국사는 어떻게 처리하고 국권은 어떻게 운행할 것인가를 확정한 후 대중이 믿고 행하는 그런 정치"라고 인정하면서 다음과 같이 지적하였다. "헌정은 헌법 위에 건립되는 것이 아니다. 헌법은 일이 확정하는 일종 형식일 뿐이다." 헌정은 '세(勢)'와 '리(理)'의 위에 건립되고 '외력'과 '내력'의 두 가지 역량 위에 건립된다. (1) 이른바 '세' 혹은 '외력'은 바로 누구도 누구를 능욕하지 못 하는 것을 말한다. 그는 다음과 같이 말했다. "헌을 입해야 하는 까닭은 그것이 부득이하게 입해야 하는 것이기 때문이다.

솔직히 말하면 피차 모두 힘이 있어서 말살하지 못하는 까닭이다. 약속을 거쳐 이해가 생겼더라도 나중에는 지키며 좇아서 행해야 한다." "헌정은 국내 각 계급 간의 맞서는 형세 위에 건립된다." (2) 이른바 '리' 혹은 '내력'은 바로 정신역량이다. 그는 다음과 같이 말했다. "자유평등, 민주는 완전히 외부의 힘에 의한 것이 아니라 사람의 마음에 본래 그런 요구가 있는 것이다. 인류사회는 '세'만 있는 것이 아니라 '리'도 있다. 이를테면 모종의 도리의 신념, 정의감, 용인의 아량, 자존심, 책임감, 전면을 돌보는 선의, 신용을 지키는 신념 등은 헌정 건립의 이유이고 그 운행의 필요한 조건이다. 내가 말한 이른바 내력 혹은 자력 혹은 정신력은 그것을 가리킨다. 만약 이런 면이 없다면 헌정도 어찌 가능하겠는가?"

양수명은, 중국이 몇 천 년 동안 헌정이 발생하지 못하고 중국의 근 수십 년의 헌정운동이 실패한 원인이 바로 중국에 서로 대항하는 각종의 '외력'이 없기 때문이고 정신역량, 즉 '내력'이 없기 때문이라고 인정했다. 그는 다음과 같이 말했다. "헌정이 서양에서 출현한 것은 기실 서양사회에 각종 역량이 충만 되었기 때문이다. 그것을 중국의 수 천 년 헌정이 발생되지 못한 것과 대비해 보면 더구나 선명하다. 내 뜻은 중국에 계급이 결여하다는 것을 가리킨다. 영국의 헌정 성적이 좋은 것을 논한다면 그 정신 역량에 공을 돌리지 않을 수 없다. 이것 역시 중국의 근 수 십년의 헌정운동 실패와 대조해 볼 수 있다."[902]

양수명은 또 다음과 같이 생각하였다. "일종의 정치제도가 헌법 조항에 의탁하지 않는다면 도리어 정치습관에 의탁하게 된다. 서방의 정치제도는 중국의 그것에 상당하는 정치습관이 없는, 완전히 근거가 없는 것이다." 그 뿐만 아니라 서양의 이러한 제도가 발생된 것은 완전히 앞날을 쟁취하고 양보를 하려 하지 않는 정신 때문이다. 그들이 쟁취하려는 것은 첫째, 개인의 여러 가지 자유권이고 둘째, 공공의 일에 참여하는 공민권(참여권)이다. 이러한 문제가 확정되면 헌정에 들어가게 된다. 헌정은 그것을 유지하고 운용하는 자에 의거하고 그 정신에 의거한다. "이러한 정신은 그야말로 헌정의 영혼이다. 하지만 중국은 1911년 혁명 후부터 서양제도의 외형을 베꼈을 뿐 대다수 인민의 근본정신은 그것과 상응하지 않는다."[903]

여기서부터 헌정문제에 관한 양수명의 태도에는 큰 변화가 있다. "이전에는 헌정을 구급약방문으로 알았는데 지금은 치료 후의 성과로 알고 있다", "헌정은 원대한 계획이지

902) 양수명, 「헌정은 무엇 위에 긴립되는가?(憲政建築在什麻上面?)」, 『대공보』 (중경) 1944년 5월 1일 자. 중국문화서원학술위원회 편찬, 『양수명전집』 제6권, 산둥인민출판사, 1993, 463~468쪽.
903) 양수명, 「중국헌정문제를 담론함(談中國憲政問題)」, 『민헌』 1권 2기,(중경) 1944. 중국문화서원 학술위원회 편찬, 『양수명전집』 6권, 491, 492쪽.

이른바 급한 일이 아니라고 할 수 있다."[904] 그는 심지어 다음과 같이 생각하였다. "중국은 아직 헌법이 성공할 수 있는 때에 이르지 않았다." "이른바 헌법은 대체로 신 정치구조의 외견이다. 정치구조는 사회구조에 의거해 한 층 한 층 만들어 진다. 결과 헌법이 성공하게 되면 중국의 신 사회의 구조가 대체로 형성된 것이다." "제헌은 급선무가 아니다. 제헌을 외치려면 우선 향촌건설운동부터 시작해야 한다." 즉 "새로운 생활습관, 새로운 예의풍습을 양성하여 중국 신 사회의 조직구조를 건립해야 한다."[905]

일찍 동오대학 법학원 원장을 담임하였고 1948년에 해아국제법원에 의해 세계 50대 걸출한 법학가의 한 사람으로 평가되는 양조룡(1904~1979)도 이와 비슷한 관점을 가지고 있었다. 그는 다음과 같이 인정했다. 이른바 헌정(Constitutional Government)은 지면상의 헌법(Constitutional Law)과 구별된다. 전자는 실제 정치가 헌법의 추상적 원칙의 지배를 받은 결과 혹은 헌법의 추상 원칙이 실제 정치상의 구체화이고 이른바 '실제 정치에서 이미 작용이 발생한 헌법'(Constitutional Law in Action)이다. 후자는 다만 일부 실제정치와 관계가 발생하지 않은 추상원칙의 총칭이고 이른바 '책에서의 헌법'(Constitutional Law in Books)이다. 전자는 '활헌법'(Living Constitutional Law)이고 후자는 '사헌법'(Dead Constitutional Law)이다. 우리가 헌정을 실시하는 것은 비단 일련의 추상적인 헌법원칙을 확립하는 것뿐만 아니라, 방법을 강구하여 일련의 추상적인 헌법원칙이 죽은 것에서 산 것이 되게 하고 서책의 것에서 실제 정치에서 작용이 발생하는 것이 되게 하는 것이다. 그렇기 때문에 "헌정의 핵은 헌법 자체에 있는 것이 아니라 헌법 원칙이 실제에서 발생하도록 하는 방법에 있다."[906]

---

904) 양수명, 「중국허정문제를 담론함」, 중국문화서원 학술위원회 편찬, 『양수명전집』 6권, 498쪽.
905) 양수명, 「중국은 아직 헌정 성공의 때에 이르지 않았다(中國此刻尙不到有憲法成功的時候)」, 『대공보』 (천진) 1944년 4월 22일자. 중국문화서원 학술위원회 편찬, 『양수명전집』 5권, 산중인민출판사, 1992, 467, 470쪽.
906) 양조룡(梁漱溟), 「헌법의 길」, 『중화법학잡지』 3권 5기, 1944년 5월, 『양조룡법학문집』, 43~44쪽.

양조룡은 다음과 같이 생각하였다. 제1차세계대전 후에 세계에는 헌법이 있는 국가가 적지 않았지만 진정으로 '헌정'국가라고 부를 만한 국가는 아주 적고 그 몇 개 국가의 헌법도 그다지 고명하지 않다. 이를테면 서방 근대헌정운동의 근원지로서의 영국은 그 헌법 대부분이 오늘에 이르기까지 여전히 불문법의 범주를 벗어나지 못했고 그 내용 및 범위가 확정되지 못했으며 그 효력도 특별하게 보장되지 못했다. 미국의 헌법은 비록 성문화되었지만 내용 및 입법 기술로 말하면 기타 국가의 헌법에 미치지 못한다. 그렇다면 왜 미국, 영국 등의 나라에서만 헌정이 실시되었는가? 주요 원인은 "영국, 미국 등 국가에서 헌법 형식의 좋고 나쁨이나 내용의 복잡함과 간단함을 중요하게 여기지 않고 어떻게 헌법의 추상원칙을 실제 정치에서 작용을 일으키도록 할 것인가, 즉 어떻게 '죽은 헌법'을 '산 헌법'으로 만들겠는가에 대부분의 정력을 쏟기 때문이다."[907]

양조룡은 다음과 같이 지적하였다. 중국의 과거 몇 십 년 헌정의 실제 발전의 진도가 왜 그렇게 느렸는가? 그 주요 원인은 우리가 추상의 헌법원칙, 즉 '죽은 헌법'에 너무 편중하고 '산 헌법'의 배양 사업에 전력을 기울이지 않았기 때문이었다. 헌정을 실시하는 중심 사업은 '제헌'이 아니라 '헌법생명소'의 배양이다. "'중법(重法)'의 기풍은 여전히 법률의 '생명소'이다. 이른바 '중법'이란 '성심성의껏' 법률을 받들어 수행하는 것이다. 즉 법률을 신앙하는 것을 일종의 실제 행위의 기풍으로 보는 것이다. '헌법생명소'는 바로 헌법을 존중하고 신앙하며 헌법의 규정 혹은 원칙을 굳게 믿고 힘써 행하는 풍기이고 생활행위에서 헌법정신에 알맞은 습관을 양성하는 것이다."[908]

---

907) 양조룡, 「헌법의 길」, 『양조룡법학문집』, 44쪽.
908) 양조룡, 「헌법의 길」, 『양조룡법학문집』, 45, 55, 59쪽.

## 3. '헌정은 수시로 시작할 수 있다'고 하는 것에 관한 장포취안(張佛泉),
호적(胡適), 소공권(蕭公權) 등의 학설

지난 세기 2, 30년대 북경대학 법학학부 였던 장포취안(1907~1994)은, 청말 이래 중국이 헌정을 실시하지 못했던 중요한 원인은 중국인들이 헌정에 대하여 일종의 오해를 했기 때문이라고 생각하였다. "그들은 헌정을 너무 틀에 박힌 것으로 보았다. 그들이 바란 헌정은 정체된 내실이 없는 이상이었다. 그들은 그 이상을 닿을 수 없는 높은 곳에 걸어놓았고 우리의 생활 밖에 걸어놓았다. 헌정을 실시하려면 반드시 몇 십 년의 노력으로 준비해야 하고 손을 뻗으면 만질 수 있어야 한다." 양계초가 주장한 '개명전제'와 '신민교육', 손중산의 '훈정지설' 및 양수명의 '향촌건설운동'은 모두 이런 유형에 속하는데 그들의 "헌정개념도 마찬가지로 높이 걸려있는 것처럼 너무 틀에 박힌 것이었다." 장포취안은 다음과 같이 생각하였다. 이러한 헌정관념은 근본 상에서 틀린 것이다. 헌정은 "당연히 살아있는 생활과정이지 결코 죽은 개념이 아니다. 헌정은 아무 때나 어디서든 시작할 수 있다. 헌정의 힘이 조금이라도 있으면 그것이 발휘되게 해야 하고 많아지게 되면 또 발휘되게 해야 한다." 그는 "헌정은 소수의 정치능력이 있는 사람부터 시작해야 한다"고 주장했다.[909]

현대 저명한 학자이며 신문화운동의 영수 중 한 사람인 호적도 다음과 같이 생각하였다. "민주헌정은 그 무슨 닿을 수 없는 이상 목표가 아니라 일종의 과정일 뿐이다." "헌정은 아무 때든 어디서든 시작할 수 있고 작은 규모로부터 시작할 수 있다… 유치원부터 시작하여 점차 학교로 올라가야 한다."[910] 그는 다음과 같이 지적하였다. 헌정은 "능히 배울 수 있는 일종의 정치생활의 습관"인데 유일한 학습 방법은 실제적으로 이러한 생활에 참가하는

---

909) 장포취안, 「우리는 필경 어떤 헌정을 요구하는가?(我們究竟要什麻樣的憲法)」, 『독립평론』 1937년 5월 30일, 236호.
910) 호적, 「헌정을 다시 논함」, 『독립평론』 1937년 5월 30일, 236호, 왕인박, 『헌정문화와 근대중국』 497쪽에서 발췌.

것이다. "헌정의 학습방법은 헌정을 실시하는 것이다." 이것은 수영을 배우려면 반드시 물에 들어가야 하고 테니스를 배우려면 반드시 경기장에 나가야 하는 것과 마찬가지이다. 하지만 천리지행도 첫 발자국부터 시작된다. "이러한 배우면서 이르는 과정을 피해서는 안 된다." 호적은, 헌정은 "먼저 제한이 있는 선거부터 시작하고 소학교 교육을 1년 이상 받은 공민으로부터 시작하여 교육의 보급에 따라 점차 정권의 보급을 이루어야 하며, 지금 필요한 헌법은 일종의 알기 쉽고 행하기 쉬우면서 글자마다 구절마다 실행이 가능한 헌법"이라고 주장했다.[911]

현대 저명한 정치가이며 일찍이 연경(燕京)과 청화 등의 대학을 지낸 소공권(1897-1981)은 기본적으로 장포취안과 호적의 관점에 찬동하면서 다음과 같이 생각하였다. "헌정은 일종의 정치적 생활방식이지 멀고 허황된 이상이 아니다." 헌정은 아무 때든 시작할 수 있다. "헌정을 실현하는 것 외에는 헌정능력을 훈련할 다른 방법은 없다." 양수명 등의 착오는 "헌정 실행 중에 헌정의 진보를 꾀해야 한다는 것을 모른 것뿐이다." 그는 다음과 같이 주장했다. (1) 헌정은 아무 때든 시작할 수 있지만 비교적 완미하게 헌정을 실현하자면 상당한 시일의 추진과 진보를 겪는 것이 필요하다. (2) 낮은 차원이 헌정에서 높은 차원의 헌정을 실행하는 과정에는 사실 하나의 학습(교육이라도 할 수 있다)과정이 포함되어 있고 학습과정과 실행과정은 하나로 융합되어 앞뒤로 단락을 지어 놓을 수 없다. '헌정에 대한 채비를 하는 것'과 '헌정을 실행하는 것'을 두개로 갈라놓아서는 안 된다. (3) 헌정은 과정이자 목표이고 목표는 과정의 일부분이다. 유치원적 헌정이 '점차 진학'하는 것은 과정이고 대학적 헌정은 목표이며 '소수의 정치능력이 있는 사람부터 시작'하는 것은 과정이고 다수인의 '민치(民治) 기질'을 양성하여 '전민', '보편선거'에 이르는 것은 목표이다. '비교적 원만한 헌정을 실행하자면 오로지 비교적 유치한 헌정부터 시작해야 한다.'[912]

---

911) 호적, 「우리가 행할 수 있는 헌정과 헌법(我們能行的憲政與憲法)」, 『독립평론』 1937년 7월 11일, 242호.
912) 소공권, 「헌정의 조건」, 1937년 6월 13일 『독립평론』 238쪽. 소공권, 『헌정과 민주』, 26~27쪽.

소공권이 강조한 다음과 같은 것들에 주위를 기울여야 한다. "헌정의 실행은 아무 때든 시작할 수(그리고 당연히)있지만 민치기질을 양성하는 교육은 당연히 시시각각 중요하게 생각해야 한다." "유치원적 헌정에도 역시 최저한도의 조건이 있어야 한다. 책을 읽고 글을 익히는 것은 그 중의 하나이다. 그 외 두 가지 아주 중요한 조건에 주의를 기울여야 한다. (1) 일반적인 인민은 법률을 존중하는 습관이 있다. (2) 일반적인 인민은 법에 의해 정치견해를 발표하고 다수에 복종하는 습관이 있다."[913]

## 4. 두 가지 입헌주의학설의 공동한 인식

상술한 두 가지 입헌주의학설은 표면상에서 볼 때 다른 점이 아주 많다. 한 쪽은, 헌정은 최후의 성과와 결과라고 인정하고, 다른 한 쪽은 헌정은 아무 때든 시작할 수 있다고 주장한다. 하지만 사실 그들에게는 공통점이 있다. "그들은 모두 중국이 최후에 진정한 헌정을 실현하는 것을 귀속으로 한다"[914]는데 인식을 같이 하고 있고 모두 헌법을 존중하고 법을 지키는 습관을 양성하는 것을 중시한다. 이를테면 양수명은 "새로운 생활습관과 새로운 예의풍습을 양성해야 한다"고 주장했고 양조룡은 '헌법생명소'(즉, '헌법정신에 알맞은 습관'의 양성을 강조하였으며, 샤우궁취안은 "인민은 법률을 존중하는 습관"과 "법에 따라 정치견해를 발표하고 다수에 복종하는 습관"이 있다고 강조하였다. 장보취안, 호적도 마찬가지로 헌법을 존중하고 법을 지키는 습관의 양성을 주장했다. 장보취안은, "몇년 동안 나는 몇 차례 글을 발표하여 우리는 당연히 일종의 민치 정신, 기질 양성에 노력해야 한다고

---

913) 소공권, 「헌정의 조건」, 『헌정과 민주』, 27, 28쪽.
914) 허장윤(許章潤), 「항전 전후의 두 가지 헌법관(抗戰前後的兩種憲法觀)」, 『21세기』 1998년 6월호. 쉬장룬, 『설법 활법 입법』, 중국법제시판사, 2000, 102쪽.

지적하였다"[915]고 말했고, 호적은 "제헌을 하기 전에 정부는 당연히 실제로 법을 지키는 본보기를 보여줘야 하고 법을 지키는 습관을 양성해야 하며 인민의 신임(信任) 심리를 간접적으로 양성해야 한다. 이것이야 말로 헌정을 준비하는 것이다. 헌정 준비는 사람을 고용하여 초안을 작성하거나 토론을 하는데 있는 것이 아니라 법률을 실행하는데 있다."

"총체적으로 제헌은 준법보다 못하다. 준법은 제헌사업의 진정한 준비사업이다"[916]라고 말했다. 동시에 근대 입헌학자들도 헌법을 존중하고 헌법을 믿고 헌법을 준수하고 헌법을 수호하는 기풍과 습관이라는 이 '헌법생명소'의 양성은 하루의 노력으로 이루어지는 것이 아니라 하나의 장기적 사업이므로 급히 이루려 하지 말고 심사숙고하여 계산해야 하며 동시에 또 헌정의 실현에 대한 신심을 강조해야 한다는 것을 분명하게 인식했다. 이를테면 양조룡 은 다음과 같이 명확하게 지적하였다. "헌법은 일반 사람들에게 홀시되기 쉽고 헌법을 존중하는 기풍을 수립하기는 비교적 어려우며 헌법의 원칙은 늘 효력을 잃거나 변질한다. 그렇기 때문에 헌정을 추진하려면 정부 및 사회 방면에서 특히 한 무리의 책임자들이 솔선수범하여 일반 사람의 관심과 신앙을 불러일으켜야 하며 생활행동에서 일종의 헌법정신에 알맞은 습관을 조성해야 한다." "'헌법생명소'의 양성은 '비록 일조일석에 될 수 있는 일은 아니지만 결코 절대 안 될 일도 아니다.

모두들 헌정의 실제 성질을 분명하게 바라보고 진심으로 다가가며 빈말을 하지 말고 실천을 숭상하며 요령을 피우지 말고 두려움을 겁내지 말며 윗사람이 솔선수범하고 아랫사람이 습관이 된다면 헌정의 실현은 중화민족에게 있어서 승산이 있는 일이다." "우리는 헌정운동을 옹호하는 사람들이 그 후 근본적인 곳에 눈을 돌리고… 준비사업을 많이 하여 헌정 정신의 토대를 먼저 닦아놓을 것을 희망한다."[917]

915) 자보천, 『우리는 필경 어떤 헌법을 요구하는가?』, 장충동(張忠棟) 주필, 『민주 헌정 법치』 상권, 93쪽.
916) 호적, 「법제는 준법보다 못하다(制憲不如守法)」, 『독립평론』 제50호(1933년 5월 14일), 하근화(何勤華) 등 주필, 『국민법학논문정수』(제2권. 헌정법률편), 307쪽.
917) 양조룡, 「헌정의 길」, 『양조룡법학문선』, 59, 60쪽.

근대 입헌주의학설이 강조한 헌정의 골자는 제헌에 있는 것이 아니라 헌법을 존중하고 헌법을 지키는 습관을 양성하는 데에 있었고 '죽은 헌법'의 제정에 있는 것이 아니라, '산 헌법'의 배양에 있었다. 이와 같은 입헌주의학설은 헌법기관이 걸핏하면 헌법을 수정하고 헌법학자들도 헌법수정을 떠드는 오늘날 우리들로 하여금 심사숙고하지 않을 수 없게 한다.

제3절

근대 중국에서의 '입헌주의'개념의 발전


## 1. '입헌주의' 개념의 재출현과 발전


1949년 신중국이 건립된 후, 특히 '문화대혁명' 기간에 모두 다 알고 있는 원인으로 말미암아 헌법학의 연구는 오랜 시간동안 관심을 받지 못했고 심지어는 완전히 정지되었다. 꽤 오랜 기간에 중국에는 헌법학설이 없다보니 헌법학설사 및 헌법학설범주사는 당연히 없었고 '입헌주의'의 학설범주사도 있을 리 없었다.

그래도 다행인 것은 1978년 개혁개방 이후, 특히 1982년 헌법이 반포된 후 우리나라의 헌법학연구가 회복되기 시작했다는 것이다. '입헌주의'라는 개념도 중화인민공화국의 헌법학설사에 다시 나타났다. 이 개념이 처음 다시 나타난 것은 번역문에서였다.

일본의 『법률학가(法律學家)』 1982년 5월호에 실린 글 『국제헌법협회』를 장취신(張啓新)이 발췌, 번역하여 『국외사회과학문적(國外社會科學文摘)』 1982년 11기에 발표하였고[918] 일본 도쿄대학출판회사에서 편찬한 책 『정치학입문』 중의 일부분인 『정치사회와 정치제도』를 동북사범대학 외국연구소 왕예화(王業華)가 번역하여 『연변대학학보(사회과학판)』 1983년 1기에 발표하였다.[919] 이 두 편의 번역문에서 중화인민공화국 건립 후, 처음으로 '입헌주의'라는 단어를 사용하였다. 물론 번역에서 '입헌주의'라는 개념을 사용한 것은 일본어의 영향을 받았다고 말할 수 있다. 일본에서

---

918) 「국제헌법협회」, 장취신 역, 『국외사회과학문적』 11기, 1982.
919) 도쿄대학출판회 편, 『정치사회와 정치제도』, 왕예화 역, 『연변대학학보(사회과학판)』 1기, 1983.

사용한 '입헌주의'라는 단어는 한자 『立憲主義』를 썼기 때문이다.

지적해야 할 것은 중화인민공화국의 헌법학설사에서 제일 처음으로 '입헌주의'의 개념을 계통적으로 사용하여 헌법학을 연구한 학자는 한대원 이라는 점이다.

그는 지난 세기 90년대 초부터 '입헌주의'에 대하여 전문적으로 연구하기 시작하였고 일련의 논문들을 발표하였다. 그가 쓴 논문「일본 근대 입헌주의 발생의 원류(日本近代立憲主義産生的源流)ㅡ메이지헌법 제정 과정의 문화충돌을 중심으로(以明 治憲法制定過程中的文化衝突爲中心)」는 『비교법연구』 1992년 2, 3기 합본에 발표되었고, 논문「아시아주입헌주의(亞洲立憲主義): 발전과 원류」는 『법학가』 1993년 제1기에 발표되었으며, 논문「시장경제와 중국특색의 입헌주의의 추세(市場經濟與中國特色立憲主義走向)」는 『법학가』 1994년 제6기에 발표되었고, 논문「입헌주의와 경제발전(立憲主義與經濟發展)ㅡ아시아주의 경험」은 『법제와 사회 발전』 1995년 제1기에 발표되었으며, 논문「아시아주 입헌주의 개념 초보적 탐구」는 『법률과학』 1995년 4기에 발표되었고, 논문「입헌주의 사회효과의 평가 약론(略論立憲主義社會效果的評價)」은 『법률평론』 1995년 6기에 발표되었다.

그리고 1996년 11월에 한대원은 중국인민공안대학출판사에서 자신의 저작 『아시아주입헌주의 연구』를 출판하였는데 그 책은 그의 동명 박사논문(1994년 6월 통과)을 기초로 하여 쓴 것이다. 『아시아주 입헌주의 연구』의 제2판은 2008년 4월 중국인민공안대학출판사에 의해 출판되었다. 1992년 한대원이 '입헌주의'개념을 사용하기 시작하면서부터 이 개념은 중국 법학계, 특히 헌법학계에서 점차 많이 사용되었다. 『중국간행물전문데이터베이스』에서 필자는 '입헌주의'를 키워드로 검색을 해보았는데, 1992년 1월부터 2011년 4월 사이에 도합 170편의 논문(그중 2000~2011년 사이의 논문이 147편에 달함)이 있었고 1911년부터 1991년 사이에는 도합 30편 뿐 이었다. '입헌주의'를 제목으로 검색하였더니 1992년~2011년 사이에도 54편의 논문(그중 2000~2011년 사이의 논문이 44편임)이 있었으나 1911년부터 1991년 사이에는 1편밖에 없었다. 동시에 '입헌주의'를 제목으로(혹은 제목 중에 '입헌주의'라는 단어가 들어간 제목) 한 저작도 여러 부 나왔다.[920] 중화인민공화국 성립 후 긴 시간동안 연구가 공백이었던 상황에 상대적으로 말하면 상술한 숫자는, '입헌주의'의 개념이 이미 갈수록 학자들의 관심을 받기 시작했고 또 받고 있으며 '입헌주의'의 개념이 점차 많이 사용되고 '입헌주의'에 대한 연구가 많아지고 있으며 '입헌주의'라는 이 개념이 중국 헌법학계에서 보급되기 시작했고 '입헌주의'의 개념이 이미 중국 헌법학에서 하나의 기본적인 범주가 되었다는 것을 말해준다.


## 2. 입헌주의의 함의


입헌주의란 무엇인가에 대하여 1995년까지도 어느 학자는 입헌주의의 계급성을 강조하면서 입헌주의는 일종의 근대 자산계급 민주정치의 주장이라면서 다음과 같이 생각하였다. 선거에 의해 발생된 대의기구에 의해 헌법이 제정되고 입헌제도가 실행된다. 모든 국가기관의 권력과 공민의 권리, 의무는 모두 당연히 헌법을 준칙으로 함으로써 그 어느 기관, 특히 행정기관과 개인이 권력을 남용하지 못하도록 방지해야 한다. 그것은 유럽 자산계급혁명시기에 자산계급 대표인물이 군주제도를 반대하고 자산계급 민주공화국을 건립할 때 어느 정도 진보적 의의가 있었다.[921]

만족스러운 것은 한대원 등 대다수 학자들이 입헌주의의 정의를 내림에 있어서

---

920) 1996년에 한대원이 출판한 전문 저작 『아시아주 입헌주의 연구』(제2판은 2008년 중국인민공안대학출판사에서 출판했음) 외에 관련 저작들로는, 류서우강(劉守剛)의 『서방입헌주의의 역사 토대(西方立憲主義的歷史基礎)』(산둥인민출판사 2005), 주쿵우(朱孔武)의 『재정입헌주의연구』(법률출판사 2006), 류즈강(劉志剛)의 『입헌주의의 시야로 본 공법문제(立憲主義視野下的公法問題)』(상해3련서점 2006), 왕서우톈(王守田)의 『입헌주의 원류와 발전』(지적재산권출판사 2007), 주하이보의 『현대입헌주의의 문화토대를 논함(論現代立憲主義的文化基礎) -이성주의와 자연법철학』(법률출판사 2008), 계굉성의 『중국입헌주의의 사상 근원(中國立憲主義的思想根源): 도덕, 민주와 법치』(사회과학문헌출판사 2009), 류즈강의 『입헌주의언어환경속의 헌법과 민법의 관계(立憲主義語境下憲法與民法的關係)』(복단대학출판사 2009년 판) 등이 있다.

921) 허숭덕 주필, 『중화법학대사전: 헌법학권』, 중국검찰출판사, 1995, 332쪽.

입헌주의의 보편적 가치를 지키면서 입헌주의는 헌법에 의해 나라를 다스리는 일종 정치원리이고 헌법에 의해 국가 권력을 제약하고 인권을 보장하는 원리라고 인정했다는 점이다.[922] 천홍이(陳弘毅)는 다음과 같이 생각하였다. "입헌주의(constitutiomalism)는 인류사회가 당연히 어떻게 국가를 조직하는가에 대한, 그리고 그 정치생활에 대한 일종의 규범성 사상으로서 그 정수는 헌법과 법률로 정부의 발생을 규범화하고 그 권력의 행사를 교체하며 인민의 인권이 정권의 침해를 받는 것을 방지하고 정권의 행사가 인민의 이익에 부합되도록 하는 것이다."[923] 류서우강 박사의 관점도 이와 유사하다. 그는 "입헌주의는 곧 헌법 혹은 일련의 법률(정부의 임의의 수정 능력을 초월한 것을 제외하고)로 정부의 강제성 권력을 효율적으로 제약하고 인권을 보장하는 관념"이라고 생각하였다.[924]

## 3. 입헌주의와 입헌

입헌주의와 입헌의 관계에 대하여 일반적으로 양자는 밀접하게 연계되면서 또 큰 구별이 있으며 입헌주의는 입헌과 등호를 칠 수 없다고 인정한다. 이를테면 한대원은 다음과 같이 생각하였다. "입헌은 주로 헌법 제정을 가리킨다. 그리고 후에 국가에서 제정한 헌법을 반포하는 것은 근근이 장식과 같은 헌법 혹은 명의상의 헌법일 뿐이고 '헌법독재'(물론

---

922) 한대원, 「시장경제와 중국특색 입헌주의의 추세(市場經濟與中國特色立憲主義走向)」, 『법학가』 6기 ,1994; 「아시아주입헌주의 개념 초보적 탐구(亞洲立憲主義槪念初探)」, 『법률과학』 4기, 1995; 「아시아주입헌주의 연구(亞洲立憲主義硏究)」, 1, 2쪽, 「아시아주입헌주의 연구」 제2판, 중국인민공안대학출판사, 2008, 2쪽.
923) 천홍이, 「입헌주의를 논함」, 천홍이, 『법리학의 세계』, 중국정법대학출판사, 2003, 108쪽.
924) 류서우강, 『서방입헌주의의 역사토대』, 산둥인민출판사, 2005, 44쪽. 이 학자는 또, '입헌주의'라는 단어는 일종의 제도(이런 의의로 헌법제도라는 단어를 많이 썼다)라고 이해할 수도 있고 일종의 계통적 이론이라고도 이해할 수가 있는데 주로 헌법제도에 관련되는 계통이론을 가리킨다고 생각하였다. 류서우강, 『20세기 서방입헌주의의 곡절과 회귀(20世紀西方立憲主義之曲折與回歸)』, 하근화 주필, 『20세기 서방 헌정의 발전 및 그 연변(20世紀西方憲政的發展及其變革)』, 법률출판사, 2005, 47쪽.』

'장식과 같은' 헌법이 존재하는 국가에도 여전히 일정한 형식의 입헌주의 철학이 존재하긴 하지만)를 건립하는 것이다. 입헌주의는 비록 입헌을 조건으로 하지만 그 자체는 입헌의 가치보다 높다. 입헌주의는 결코 입헌 활동만 가리키는 것이 아니라 그 가치는 헌법정신을 반영하고 실현하는 데 있다. 입헌에서 입헌주의에 이르기까지는 하나의 자발적인 연변 과정이 아니라 그것은 일종 보편성 원리의 개괄과 제련을 필요로 한다."[925] 다시 말하면 입헌은 결코 권력의 제약과 인권 보장의 입헌주의 원리를 반영하고 체현하는 것이 아니다. "헌법이 있다고 하여 꼭 입헌주의의 국면이 있는 것은 아니다. 왜냐 하면 역사상 일찍이 일부 헌법이 존재하였지만, 성문으로 형성된 헌법의 형식이 있었을 뿐 헌법 자체에는 인권의 이념을 자각적으로, 전면적으로 반영하지 못했기에 사회생활 중에서 실시되기 어려웠고 입헌주의 원리의 실현은 더구나 말할 나위도 없었기 때문이다."[926] 이러한 "인권의 기본 가치를 전면적으로 반영하지 못한" 입헌과 헌법은 심지어 "실제상 반입헌주의의 대명사가 되기까지 했다." [927]


## 4. 입헌주의와 입헌사상

한대원은 다음과 같이 생각하였다. 입헌사상은 흔히 입헌을 둘러싸고 나타나는 각종 주장과 관점으로 표현되고 제헌활동을 위해 사상 및 이론 기초를 제공한다. 입헌주의 사상은 때론 "국가에서 통지 지위를 차지하는 계급의 각 역사시기의 근본 이익과 염원을

---

925) 한대원, 「아시아주입헌주의 연구」, 2, 10, 11쪽; 한대원, 「아시아주입헌주의 연구」 제2판, 2, 16, 17쪽.
926) 한대원, 「아시아주입헌주의 연구」, 10쪽.
927) 한대원 주필, 『비교헌법학』, 고등교육출판사, 2003, 28쪽; 한대원, 임래범, 정쉬안쿼, 「헌법학전제연구」, 『중국인민대학출판사』, 2004, 56쪽. 한대원, 『헌법학기초이론』, 51쪽.

반영한다."[928] 특히 제헌자 본인의 입헌사상은 입헌주의의 실현에 아주 중요한 영향을 끼친다. 입헌주의 역사를 연구할 때 초기 입헌사상에 대하여 일부 고찰을 하여 사상 배경으로부터 입헌주의 내용을 발굴해 낼 필요가 있다.[929] 다시 말하면 학자들은 이미 입헌사상이 권력에 대한 강제 제약과 인권 보장이라는 입헌주의 원리와 부합될 필요가 없다는 것을 인식하였다. 거기에는 입헌주의의 내용도 포함된다.


## 5. 입헌주의와 헌정

국내의 일부 헌법학자들은 헌정과 입헌주의를 같은 것으로 보고 그것들을 영문 constitutionalism의 다른 해석으로 보면서 헌정(constitutionalism)을 '입헌정체', '입헌주의'라고 부를 수 있다고 생각한다.[930] 하지만 주의를 해야 할 것은, 지금 갈수록 많은 학자들이 입헌주의와 헌정의 구별을 인식하기 시작했고 양자의 영문도 다르다는 것이다. 입헌주의는 constitutionalism이고 헌정은 constitutional government이다.[931]

한대원은 다음과 같이 생각한다. 헌정(constitution government)이라는 단어는 서양에서 기원했는데 영문의 함의로 말하면 헌법을 의거로 하는 민주 형식이고 그 실체를 말하면 '유한정부'의 제도 혹은 이상을 체현한 것이다. 때때로 헌정은 또 헌치(憲治, the rule of constitution)로 표현되는데 헌정질서의 상태를 가리킨다. 헌정은 또 때로는 '민족 및 국가

928) 쿵링왕(孔令望), 「입헌사상 약론」, 『법학』 3기, 1988.
929) 한대원, 「아시아주입헌주의 연구」, 11쪽; 한대원, 「아시아주입헌주의 연구」 제2판, 17쪽.
930) 이를테면 주엽중(周葉中) 주필, 『헌법』, 176쪽; 후샤오화(胡肖華), 샤오베이겅(肖北庚) 주필, 『헌법학』, 호남인민출판사, 호남대학출판사, 2001, 34쪽 등이다.
931) 양조룡은 일찍 지난 세기 40년대에 헌정과 영문 Constitutional Government을 대응시켰고 영문 Constitutionalism와 대응시키지 않았다. 이는 흔히 Constitutionalism을 '헌정'이라고 번역하는 지금 중국 헌법학계에 아주 큰 계시를 주고 우리가 입헌주의(Constitutionalism)의 범주를 이해하는데 도움이 된다.

기초의 생활 질서'(Politische verfassung)로 표현되기도 한다. 헌정질서든 생활질서든 헌정의 실현은 일종의 원리적인 지도를 필요로 한다. 다시 말하면 조리 있고 질서 정연한 헌법질서는 일종의 원리의 구체화와 발전이고 이런 원리는 입헌주의 사상과 가치에서 비롯된다. 그렇기 때문에 헌정과 입헌주의는 내용 방면에서 수많은 비슷한 점이 있다. 하지만 그 활동형식과 기능으로 말하면 양자는 또 다르다. 헌정은 헌법정신 실현 과정의 제도와 헌법 질서를 보다 강조하는데 입헌주의를 운용한 헌법의 국가정치형태, 즉 헌법국가(Verfassungsstaat)를 가리킨다. 하지만 헌법주의는 헌법 실현을 지도하는 각종 원리, 즉 분권을 반영하고 인권과 민주를 반영하는 요소에 치우쳐 강조한다. 그렇기 때문에 원리론의 각도에서 보면 입헌주의 개념은 헌법 형식과 운행의 전 과정, 즉 헌법사상을 창립, 실시, 실현하는 모든 과정을 개괄했다.[932] 허숭덕는 다음과 같이 생각했다. 헌정(constitution government)과 입헌주의(constitutionalism)는 두 개의 서로 구별되면서 또 서로 중첩되는 개념이다. 헌정은 국가 치리(治理)의 방식, 상태이고 역시 일종의 정체 혹은 정치제도이다. 입헌주의는 일종의 주장이고 학설로서 민주정치 이상의 실현을 쟁취하는 일종의 이론이다. 하지만 입헌주의가 현존하는 제도로 이해되었을 때 그것은 또 헌정의 개념과 서로 중첩될 수 있다.[933]

주복혜(朱福惠)는 다음과 같이 생각하였다. 입헌주의를 인권보장과 정부권력 제한의 원리라는 기초위에서 객관적 평가를 하는 것이 비교적 과학적이다. 헌정은 헌법 실시의 결과를 가리킨다면 입헌주의는 일종의 헌법법리이다. 즉 이러한 법리에 의거하여 헌법을 제정하고 헌법을 실시한다.[934]

---

932) 한대원, 「아시아주입헌주의 연구」, 12~13쪽; 한대원, 「헌정개념의 헌법학설사 의의를 간단히 논함(簡論憲政概念的憲法學說史意義)」, 『법학』 3기, 2008.
933) 허숭덕, 「헌정 개론」, 북경시법하회 헌법학연구회 편찬, 『헌법논단』 제2권, 중국민항출판사, 2006, 12쪽.
934) 주복혜, 「입헌주의 헌법규범의 법리 해석 -겸하여 중국헌법 규범의 특수성을 논함(立憲主義憲法規範的法理詮釋-兼論中國憲法規範的特殊性)」, 『기남학보(철학사회과학판)』 3기, 2006.

## 6. 입헌주의와 헌정주의

두젠강는, Constitutionalism라는 단어가 중국에 도입된 후 다르게 번역되었는데 '입헌주의', '헌법주의', '헌정주의'는 동일한 단어를 각기 다른 각도에서 번역한 어휘이다.[935]

헌법주의와 입헌주의에 대하여 한대원은 다음과 같이 생각하였다. 헌법주의와 입헌주의는 모두 헌법을 좇아 사회생활을 다스리는 원리이다. 하지만 헌법주의라는 이 원리 혹은 원칙에 흔히 그것이 의거하고 있는 헌법 자체의 정당성 혹은 가치판단의 문제가 언급되지 않는다. 하지만 입헌주의가 의지하는 헌법은 흔히 인권 보장과 권력분립의 헌법이고 헌법실시의 전제 조건을 만족시킨다. 그렇기 때문에 헌법주의와 헌정주의가 동등하다는 것은 합당하지 않다.[936]

관심을 기울일 만한 것은, 학계에서 흔히 '입헌주의'와 혼용하는 '헌정주의'[937] 개념의 사용도 갈수록 많아지고 있다는 것이다. '중국간행물전문데이터베이스'에서 필자가 '헌정주의'를 키워드로 검색을 한 바에 의하면 1992년 1월부터 2011년 사이에 262편의 논문(그중 2000~2011년 사이 논문이 251편임)이 있었는데, 그 시기 '입헌주의'를 키워드로 한 논문 170편보다 많았다. '헌정주의'를 제목으로 검색했더니 1992-2011년 사이에 56편의 논문(그중 2000~2011년 사이에 55편)이 있었는데 동시기 '입헌주의'를 키워드로 한 논문

---

935) 두강건, 「신 헌정주의와 정치체제 개혁」, 『절강학간』 1기, 1993.

936) 한대원, 『아시아주입헌주의 연구』, 14쪽.

937) 필자가 '중국간행문전문데이터베이스'에서 검색한 바에 의하면 위징주(郁景祖)가 『당대세계사회주의문제』 1986년 제2기에 발표한 「아랍사회주의의 주요 이론 및 연원(阿拉伯社會主義的主要理論及淵源)」 이라는 글에서 중화인민공화국이 성립된 후 처음으로 '헌정주의' 개념을 사용하였다. 그 후 저우웨이칭(周爲青)은 『상해사회과학원학술계간』 1992년 제4기에 발표한 논문 「헌정초론」, 건이 『절강학간』 1993년 제1기에 발표한 논문 「신헌정주의와 정치체제 개혁」 에서 선후하여 '헌정주의' 개념을 사용한 후(이를테면 진단홍은 『헌정초론』 이라는 글에서 "헌정주의는 정부와 공민의 관계 중의 정부에 대하여 법률적으로 제한하고 피통치자의 권리, 자유와 정부의 유효한 동작 사이의 미묘한 평등을 의미한다"고 생각하였다.) '헌정주의' 개념을 사용하는 헌법학자들이 점차적으로 많아졌다.

54편과 비슷했다. 동시에 학계에서도 '헌정주의'를 제목으로 한 저작들을 출판하였다.[938] '입헌주의', '헌정주의'라는 이 두 개의 범주는 거의 동시에 사용되고 발전되었다고 할 수 있다. 그것은 양자가 하나의 같은 문제에 속하고, 심지어 양자를 동일한 범주로 볼 수 있으며 영문의 constitutionalism라는 단어를 다르게 번역한 것을 볼 수 있기에 수많은 학자들은 양자를 통용하였다. 지금 보면 이 두 개의 개념은 중국 헌법학계에서 말머리를 나란히 하고 함께 달리는 사용 추세가 나타났다. 또 어떤 학자들은 constitutionalism를 '헌정', '헌정주의' 혹은 '입헌주의'로 번역할 수 있지만 '입헌주의'를 사용할 때 '언어환경'에 돌출하게 나타나는 실질적 의미에는 한 부의 성문헌법의 의미도 포함되고 '헌정' 혹은 '헌정주의'를 사용할 때는 헌법 성문과 무관하다고 인정한다.[939]

한대원은 다음과 같이 생각하였다. 영문 constitutionalism는 주로 헌정주의, 헌제주의, 헌법주의, 입헌주의, 입헌정치, 헌정, 의회중심주의, 책임정치 등으로 번역되는데 이 몇 가지 번역은 사실상 다른 시기, 다른 역사 단계에 헌법과 입헌주의 개념에 대한 사람들의 인식정도를 반영한다. constitutionalism의 원뜻으로 말하면 입헌주의와 헌정주의가 상대적으로 보다 가깝고 입헌주의가 상대적으로 보다 정확하다. 왜냐 하면 입헌주의는 헌법에 의해 국가권력을 제한하고 인권을 보장하는 정치원리이고 헌법을 제정하고 헌법을 실행하고 헌법을 수정하는 등 다른 연결고리에서 가치의 인도와 원리의 지도 작용을 발휘하는데 그중 제헌은 입헌주의 운행의 기초와 전제로서 제헌활동이 없으면 헌법을 실행하는 과정이 형성되기 어렵기 때문이다. 헌정주의는 constitutionalism의 의의에 아주 근접하고 때론 입헌주의와 통용할 수 있는데, 그 내용 자체로 말하면 실질적인 구별이 없다. 한대원은 자기가 입헌주의라는 단어를 채용한 근거가, 입헌주의라는 제기법이 헌법을 제정하고 헌법을 실행하는 모든 원칙에 따르고 '헌법이 짊어진 역사 경험'을 정확히

---

938) 이를테면 왕앤(王炎), 『헌정주의와 현대국가』, 생활 독서 신지삼련서점, 2003; 왕이(王怡), 『헌정주의: 관념과 제도의 전환』, 산둥인민출판사, 2006 등이 있다.
939) 구이훙청, 『중국입헌주의사상의 근원: 도덕, 민주와 법치』, 81쪽.

반영할 수 있으며 헌법원리 체계에서 일반 대중에 의해 인정되는 단어라는 것에 있다고 표시하였다. 그 외 국제헌법협회에서 조직한 학술토론회에서 정식으로 사용한 단어 역시 입헌주의였다.[940)]

---

940) 한대원, 「아시아주입헌주의연구」, 2쪽.

## 공화 개념 및 그 변화

제9장

공화 개념 및 그 변화

'공화'라는 개념은 하나의 중요한 헌법학개념으로서 중국인에게는 낯설지 않다. 왜냐
하면 중국 국명이 '중화인민공화국'이기 때문이다. 어원학의 각도에서 보면 '공화'라는 이
개념은 수입된 것이 아니다. 중국 고대의 고전서적에 일찍이 '공화'라는 단어가 나왔다.
『사기』에 의하면 "기원전 841년, 서주 호경(鎬京)의 '국인'이 려왕(厲王)의 폭정에 견딜
수 없어 폭동을 일으켰다. 려왕은 체(彘, 지금의 서사현)로 쫓겨났다. 소공, 주공 두 재상이
행정을 하고 호를 공화라고 하였다."[941] 한 단락을 보면 중국 역사에서 '공화'는 일종 정치
배치이고 그것이 표현한 것은 귀족들이 국가권력을 나눠 누리는 통치방식이다. 이런
의미에서의 '공화'와 우리가 오늘날 말하는 '공화'는 완전히 별개의 것이다. 오늘날 사람들이
말하는 공화는 서방에서 들여온 개념으로서 헌정의 함의를 가지고 있고 자유, 평등, 민주와
정치와 마찬가지로 동등한 가치를 가지고 있다.

---

941) '공화'에 관해 또 다른 설이 있다. 『죽서기년(竹書紀年)』에는 려왕이 쫓겨난 후 공백화가 제후의 추대를
받아 왕정을 대행하고 호를 '공화'라고 했다고 기재되어있다. 이 설법에 의하면 '공화'는 단지 서주가 통치자의
이름으로 명명한 하나의 연호에 지나지 않고 정체형식으로서의 '공화'와는 아무런 연관이 없다.

제1절
공화사상의 기원과 발전

## 1. 고전공화사상

서방의 전통적 정치이론에서 '공화'는 흔히 국가체제형식의 의의로 사용되었다. 아리스토텔레스는 『정치학』에서 정체를 군주제, 귀족제와 공화제 세 가지로 나누었다. 그는, 정체가 무릇 한 사람을 통치자로 하고 나라 전체 인민의 이익을 돌볼 수 있는 것을 흔히 군주제라고 불렀고, 무릇 정체가 소수인을 통치자로 하면 귀족제라고 불렀으며, 무릇 정체가 군중을 통치자로 하고 전 나라 인민의 공공이익을 돌보면 공화제라고 하였다.[942] 근대 이래의 학자들 대부분은 국가원수의 발생 방식에 따라 군주제와 공화제로 나누었다. 일반적으로 만약 국가원수가 세습에 의해 발생되면 군주제라고 불렀고, 만약 국가원수가 직접 혹은 간접적인 민주선거로 발생되면 공화제라고 불렀다고 생각한다. 20세기 후반기에 와서 세계 192개 국가 중 145개 국가에서 공화제를 실행하였다. 역사적 각도에서 고찰하면 공화제 국가의 역사는 근대 자산계급 혁명시기를 분계선으로 하여 대체적으로 두 시기로 나눌 수 있다. 그중 그 전의 시기를 고전공화제시기로 하였다. 이 시기는 아리스토텔레스, 키케로, 프리티우스, 마키아벨리, 해링턴, 루소 등 수많은 공화국의 운명에 관심을 갖는 사상가들이 나타났는데 그들의 사상을 '고전[943] 공화주의'라고 부른다. 이른바 공화주의는

---

942) 아리스토텔레스, 『정치학』, 우서우펑(吳壽彭) 번역, 상무인서관, 2006, 35쪽.
943) 포콕(J.G.A.Pocock)의 『고전시기 이후의 공민이상(古典時期以降的公民理想)』에서 사용한 '고전'의 함의를 차용하여 이 책의 '고전'에는 이중의 의의를 가진다. 우선 우리에 대한 모종의 권위를 가지는 것을 가리킨다. '이러한 권위는 이미 오래된, 경전의 형식으로 표현된 '이상'에서 온다. (포콕, 『고전시기 이후의 공민이상』,

개념 분석의 방법으로는 정의를 내리기 어렵다. 공화제국가에 관한 이론이라고 터놓고 말하는 수밖에 없다. "공화주의의 정치관 사이에는 실직적인 차별이 있는 것이지, 공화주의라고 할 수 있는 일종의 통일관점이 없기 때문이다."[944] 그렇기 때문에 우리는 공화주의자의 학설 사이에서 공통의 원칙과 주장을 찾는 수밖에 없다.

## (1) 제형(制衡)

'제형'을 말하자면, 곧 아르스토텔레스가 『정치학』에서 직능의 분립에 대해 한 논술이 떠오른다. 그는 모든 정체에는 세 가지 요소가 있는데, 하나는 의사기능 부분으로 그것은 주로 폴리스의 일반 공무를 고려한 것이고, 다른 하나는 행정기능 부분이고, 마지막 하나는 심판(사법)기능 부분이라고 주장했다.[945] 하지만 수많은 학자들은 이 한 단락의 말을 '분권'의 논술로 생각한다. 어느 평론가가 말한 것처럼 "이러한 해석은 설득력이 없다. 아리스토텔레스는 여기에서 그처럼 분류사업에 종사하는 그 어떤 사람도 쉽게 알아내지 못한 것을 인식했을 뿐이다. 규칙과 절차가 있는 모든 통치는 입법기능, 행정기능, 사법기능으로 구성되어있다. 그는 결코 이 세 가지 기능은 반드시 각기 다른 기구에서 체현되어야 한다고 인정한 것이 아니고, 더욱이 이 세 가지 기능의 상호 의존과 상호

---

『지식분자논총』 2, 『공화. 사회군체와 공민』, 쟝쑤인민출판사, 2004, 30쪽에 수록됨) ; 다음으로 '고전'은 한 역사시기를 가리킨다. 흔히 '고전'시기는 지중해의 고대문명, 더욱이 기원전 5세기, 4세기의 아테네와 기원전 3세기에서 1세기의 로마라고 인정한다. 공화주의 전통의 기원에 대하여 학계에는 논쟁이 있다. 일부 사람들은 로마에서 기원되었다고 인정하고 루소는 스파르타에서 기원했다고 주장했으며 헤겔과 당대의 일부 학자들은, 공화주의전통은 더 오랜 아테네까지 거슬러 올라가야 한다고 주장한다. 이 책은 아테네에서 기원했다는 관점에 치우쳐 있다. 공화주의는 로마공화국 이후, 중세 르네상스 시기 이탈리아 폴리스에서 가장 전형적인 것은 베니스이다. 베니스공화국의 정부형식과 근대 자산계급혁명 후 보편적으로 건립된 공화국 정부형식은 아주 큰 차이가 있다. 그렇기 때문에 우리는 근대 자산계급 공화정체 건립 이전의 이론도 고전 공화주의 이론으로 간주한다.
944) [미] 캐스 선스타인, 『공화주의를 초월한 부흥(超越共和主義復興)』, 잉치(應奇), 류쉰렌(劉訓練) 번역, 편찬, 『공민공화주의 』, 동방출판사, 2006, 282쪽.
945) [그리스] 아리스토텔레스, 『정치학』, 우서우펑(吳壽彭) 번역, 상무인서관, 2006, 96쪽.

작용을 통하여 권력을 통제하는 작용이 일어난다는 것을 인정하지 못했다."[946] 직능을 분립했다고 하여 꼭 제형이 있다고는 할 수 없다. '제형'이 공화정체 요소의 하나가 된 것은 주로 공화국의 정치제도 체계에 '대항원칙(對抗原則)'을 도입했기 때문이다. 이를테면 로마공화국의 정치 기구는 원로원, 집정관 등 각종 행정관원 및 공민대회를 포함한다. 원로원은 고문기구이다. 하지만 원로원의 건의는 중요한 작용을 하고 있고 때로는 결정적인 작용을 하기도 한다. 최고행정관은 두 명의 집정관으로 구성되는데 선거에 의해 선출된다. 그 중 어느 한 사람의 정책결정도 모두 다른 한 명의 집정관 혹은 보민관의 부결을 받을 수 있다. 보민관은 공민에 대한 행정관의 처벌을 부결할 수 있는 권력을 가지고 있고, 심지어 평민의 이익에 위배되는 공민대회의 법안과 원로원의 법령을 부정하는 권위까지 가지고 있다. 하지만 그 지위로 말하면 보통 행정관에 지나지 않는다. 공민대회는 입법기관이다. 이러한 배치를 통하여 국가의 권력이 각기 다른 기구에 분산되게 함으로써 그 어떤 사람이 자신의 권력을 주재자적 지위로 확장시키려는 위험을 방지 할 수 있다.

하지만 근대 이래의 자유주의자들이 권력분립, 통치 등을 제형을 형성하는 요소로 삼은 것과는 다르다. 키케로, 普利此烏斯 등 고전공화주의자들은 어떤 것이 양호한 정부형식인가 하는 문제에 대한 토론을 통하여 제형에 대한 미래도를 그렸다. 普利此烏斯는, 군주제든 귀족제든 민주제든 그 어떤 단순한 정치체계 모두 영구하게 존재할 수 없고 오로지 혼합정부만이 제일 안정한데, 그것은 기타의 정체에 비해 혼합정부가 쇠퇴에 저항할 수 있기 때문이라고 생각하였다. 프리티우스는 스파르타를 고찰하였다. 그는 리쿠르고스는 최적의 정부의 모든 장점과 특징을 통합시켜 그 어떤 요소도 지나칠 수 없도록 하였는데 그것은 권력들마다 모두 기타 권력의 저항을 받기 때문이었다고 생각했다. 이러한 방식을 통하여 그는 스파르타의 정치체계가 장기적으로 평형 상태를 유지하게 했다. 프리티우스는 다음과 같이 생각하였다. "로마공화국에서 세 가지 정부 요소를 다 찾을 수 있다.

---

946) [미] Scott Gordon, 『국가를 통제하다(控制國家) -서방헌정의 역사』, 잉치 역, 쟝쑤인민출판사, 2001, 86쪽.

원로원은 귀족요소이고 공민대회는 민주요소이며 집정관은 군주요소이다. 3자는 평등하고 조화롭고 평형을 이루어 공화국이 최적의 정치질서를 건립할 수 있게 하였다." 어느 학자는 다음과 같이 단정하였다. 15세기와 16세기의 공화주의 이론가들은 모두 혼합정부학설의 지지자들이다. "그들이 혼합정부를 수호한 이유는, 그것이 공화국의 제도 구조 내에서 각개 사회집단에 광활한 공간을 제공하고 최고 권력의 각 방명(입법, 상의와 관리)이 합당하게 집행되도록 보장하기 때문이다."[947]

(2) 공공우선

'공화국'이라는 단어는 라틴어의 rus-publica에서 기원하였는데 공공사무 혹은 공공이익을 의미한다. 그렇기 때문에 "공화국은 결코 그 어떤 특수한 정부체제가 아니다. 그것은 완전히 정부에 의하여 건립하고 행사해야할 종지, 이유와 목표를 체현하였다."[948] 공화국은 바로 공공이익, 공동재산과 공동사업을 촉진하는 하나의 국가이다. 고전공화주의자들도 물론 개인의 권리와 주유를 부정하지 않고, 심지어 정부는 개인의 권리를 보호해야 할 의무가 있다고 생각한다. 키케로는 『의무를 논함』에서, 개인이 선천적인 자유를 포기하고 정치사회를 조직하도록 하려는 동기는 재산을 편히 향유하고자 하는 욕망이며, 국가의 임무는 개인의 생명, 재산과 자유를 보호하는 것이라고 언급하였다.

첫째, 개인 권리의 실현을 특정한 공민 신분과 하나로 연결시켰다. 『정치학』에서 아리스토텔레스는 '공민(polites)'을 통치를 실행하면서 동시에 또 통치를 받는 사람으로 한계를 정했다. 즉, 공민은 주도적으로 법률을 제약하는 특성과 피동적으로 기타 공민이 제정한 법률에 복종하는 특성을 동시에 가지고 있다. 아리스토텔레스가 이러한 명제를

---

947) [이탈리아] 모리치오 비롤리 , 『공화주의의 부흥 및 그 국한성(共和主義的復興及其局限)』, 류쉰렌 역, 『공민공화주의』, 156쪽.
948) 토마스 페인, 『메인선집』, 상무인서관, 1982, 243~244쪽.

제시한 전제 조건은 그가 공과 사, 폴리스와 가정에 대하여 구분한 것이다. 그는 한 사람의 자격이 있는 공민이 되려면 그는 반드시 한 가정의 주인이 되어 가정에서 노예와 여인의 노동이 그의 수요를 만족시켜야 하고 그로 하여금 한가한 시간에 자유롭게 기타 동등한 사람과 함께 폴리스의 사무에 투신하도록 할 수 있어야 한다고 생각하였다. 그렇기 때문에 그는 이상적인 공민이라면 당연히 공공이익 혹은 공공의 선(public good)을 사적인 이익 위에 놓아야 한다고 보았다. 아리스토텔레스는 비록 사인의 선호를 부정하지 않았지만 공공이익이 사인영역보다 더 중요하다고 인정하면서 그 이유는, 사람은 오직 공공영역 속에서만이 비로소 최대의 능력을 발휘할 수 있기 때문이라고 하였다. 이에 기초하여 아리스토텔레스는 오직 자유적이고 이성으로 공공이익을 토론하는 능력을 갖춘 사람만이 비로소 공민이 되기에 적합하다고 생각하였다. 마키아벨리는 『군주론』에서 다음과 같이 생각하였다. 자유란 오로지 공공생활을 통해서 공공이익을 중심으로 하는 정치체계 성원의 신분만이 비로소 얻을 수 있는 것이다. 그렇기 때문에 아테네에서든 로마공화국에서든지 공공사무에 참여하는 권리를 누릴 수 있는 사람은 소수인일 수밖에 없다.

둘째, 개인의 자유에 대한 법률의 제한이 구성되지 않음을 강조하면서, 개인의 자유는 국가의 자유 속에 포함되어 있다고 생각하였다. 개인의 자유와 국가 법률의 관계에서 홉스와 벤담은, 법률 자체가 바로 자유에 대한 일종 위협이라고 주장하였다. 홉스는 신민의 자유는 오로지 집권자가 자신의 행위에 대하여 규정을 한 사물 속에 존재한다고 인정했고 벤담도 모든 강제적인 법률, 특히 모든 목적이 자유를 창조하는데 있는 법률은 모두 되도록 자유를 없앨 것이라고 하였다. 하지만 해링턴은 다음과 같이 주장하였다. "법률은 전체 평민이 제정하는 것으로서 목적은 오직 매개 평면의 자유를 보호하는 것이다.(그렇지 않으면 그들은 자업자득을 하게 된다.) 이러한 방법을 통하여 개인의 자유는 공화국의 자유가 된다."[949] 그렇기 때문에 공화국은 하나의 "법률의 제국이지 사람의 제국이 아니다."

---

949) [이탈리아] 모리치오 비롤리, 『공화주의의 부흥 및 그 국한성』, 158쪽.

셋째, 공공이익과 개인이익의 충돌이 발생할 때 공공이익을 그 위에 놓을 것을 강조하였다. 루소는 『사회계약론』에서 "우리는 모두 모든 역량을 공의의 최고 지도 아래에 놓아야 한다. 공의는 영원히 공정한 것이고 영원히 공공의 이익을 출발점과 귀착점으로 한다"고 주장하였다.[950] 그렇기 때문에 주권자가 일단 공민이 국가를 위해 봉사할 것을 요구하면 당연히 즉시 행해야 한다. 왜냐하면 "주권자는 주권자를 구성하는 각 개인으로 구성되었기에 주권자에게는 그들의 이익과 상반되는 그 어떤 이익이 없거니와 있을 수도 없기"[951] 때문이다. 고전공화사상이 공공영역을 강조한 대신 개인영역을 소홀히 하고 집체이익을 중요시한 대신 개체이익을 소홀히 하면서 개인의 복지는 영원히 공공의 선에 양보해야 한다고 강조한 탓에 어느 학자는 이러한 공민사상은 독재의 합법성을 키울 가능성 있고 캐스 선스타인이 평가한 것처럼 "공화주의는 사인의 이익이 공공이익에 복종하는 신념에 대하여 일종의 전제주의적이고 심지어 신비주의적인 위험이 존재"[952]하며 "사실상 모든 당대 형식의 다수독재는 모두 이러한 공공정신을 강조하는 공민관을 이용한다. 이러한 정권에서 이른바 '훌륭한 공민'이란 일반적인 도덕적 고려를 포기하고 완전히 권위가 인정한 공공의 선을 받아들인 사람을 가리킨다."[953]

## (3) 공민미덕(公民美德)

공민미덕은 고전공화주의의 한 원칙이다. 고전공화주의자는, 폴리스 혹은 공공체는 일종의 숭고한 도덕이상을 대표하였는데, 그 목표는 지배가 없고 사람들이 서로

---

950) [프랑스]루소, 『계약론』, 35쪽.
951) [프랑스]루소, 『계약론』, 23쪽.
952) [미] 캐스 선스타인, 『공화주의를 초월한 부흥』, 류쉰롄 역, 『공민공화주의』, 158쪽
953) 린휘왕(林火旺), 「자유주의사회와 공민도덕(自由主義社會與公民道德)」, 『철학과 문화』 제22권(1995년 12월) 제12기.

평등하게 상대하는 공존형태를 창조하는 데 있다고 생각한다. 공민 개인은 폴리스 혹은 공동체의 일부분이기에 폴리스 혹은 공동체는 자유적이고 평등하게 공민에 의거하여 정치에 적극적으로 참여할 때 양성된 양호한 덕행을 창조하고 수호한다. 그렇기 때문에 고전공화주의자의 관념에서 공민미덕은 폴리스 혹은 공동체의 사무와 밀접하게 연결되어 있다. 아리스토텔레스는 다음과 같이 강조하였다. "모든 공민은 반드시 훌륭한 공민의 품성을 갖춰야 한다. 오직 이렇게 해야만 폴리스가 가장 우수한 폴리스가 될 수 있다." 이른바 '훌륭한 공민의 품성'이란 바로 "통치자로서 어떻게 자유인을 다스리는가를 알고 자유인의 한 사람으로서 당연히 어떻게 그의 통치를 받아야 하는가를 알아야 하는 것이다."[954] 하지만 키케로는 다음과 같이 생각하였다. "품덕(品德)의 존재는 완전히 그것에 대한 사용에서 비롯된다. 그리고 그것에 대한 가장 고귀한 사용이 곧 국가를 다스리는 것이다."[955]

구체적으로 말하면 공민미덕에는 다음과 같은 것이 포함되어 있다. (ㄱ) 정의(正義). 고전공화주의자들은, 정의는 공동의 선으로서 공화국 건립의 기초이고 정의는 모든 공민은 평등하다는 평등 관념을 체현하였다는 것이다. (ㄴ) 우의(友誼). 고전공화주의자들은 공화국을 유지하는 유대는 공민의 우의인데 그중 모든 개인은 타인을 자유로운 동반자로 보며 이러한 우정은 권리 주체 사이의 각종 분쟁을 해소할 수 있다고 본는 것이다. (ㄷ) 애국정신. 몽테스키외는 일찍, 조국을 사랑하는 미덕은 공화정체의 원칙이라고 말했다.

고전공화주의자들은, 애국은 일종의 공민신분의 경험에서 비롯된 정치적 감정으로서 그것의 독려는 공민이 공민의 의무를 이행하도록 할 수 있다는 것이다. 키케로는 다음과 같이 말하였다. "내 동포 공민의 안전을 위하여 나는 내 개인의 위험으로 모든 사람들의 안녕한 생활을 바꿔줄 것을 원한다. …조국은 근근이 우리의 편리를 위하고 우리에게

---

954) 아리스토텔레스, 『정치학』, 30~31쪽.
955) 키케로, 『국가편 법률편』, 선슈핑(沈叔平), 쑤리이(蘇力) 역, 상무인서관, 1999, 12쪽.

안전을 실현해 주는 보호소가 아니라 우리의 안녕을 위해 안정한 은거지를 제공해 준다. 그와는 반대로 조국이 우리에게 이러한 유리한 조건을 주었기에 조국은 필요할 때, 우리의 용감성과 재능 등 보다 크고 보다 중요한 부분을 사용할 수 있으며, 우리에게 남겨주는 것은 조국의 수요에 만족을 주고 난 후에 남은 그 부분이 될 수 있다."[956] 그들의 말대로라면 애국은 공화국을 사랑하는 것이다. 여기에서 '공화국'에는 법률, 풍속, 습관, 정부, 헌법 및 그것으로 형성되는 생활방식이 포함된다.

### (4) 법치

법치는 공화체제의 원칙중 하나이다. 아리스토텔레스는 『정치학』에서 법치와 인치의 관계를 전문적으로 토론하면서 다음과 같이 생각하였다. "무릇 감정요소에 의거하지 않은 치사(治事)는 늘 감정에 의한 치사에 비해 우량하다. 법률에는 감정이 없다."[957] "법치는 당연히 한 사람의 다스림보다 우선이어야 한다."[958] 존 로크는 다음과 같이 생각하였다. "누가 국가의 입법권 혹은 최고 권력을 장악했으면 그는 당연히 이미 제정된, 전국인민에게 공포되어 다 알고 있는, 경상적으로 유효한 법률에 의거하여 통치를 실행해야 하지 임시 명령에 의해 통치를 실행해서는 안 된다."[959] 루소는, 법치를 실행하느냐의 여부를 공화국성립의 표준으로 삼으면서 "무릇 법치를 실행하는 국가는 그 형식이 어떻든지 나는 공화국이라고 부른다"[960]고 말했다. 여기서 강조할 점은, 고전공화주의 자들이 강조한 것은 형식적 의의의 법률에 의한 다스림이라는 점이다.

---

956) 키케로, 『국가편 법률편』, 선슈핑(沈叔平), 쑤리이(蘇力) 역, 17쪽.
957) 아리스토텔레스, 『정치학』, 51쪽.
958) 아리스토텔레스, 『정치학』, 53쪽.
959) 로크, 『정부론』 하, 예치팡(葉啓芳), 취쥐농(瞿菊農) 역, 80쪽.
960) 루소, 『인류불평등의 기원과 토대를 논함(論人類不平等基源和基礎)』, 리창산(李常山) 역, 상무인서관, 1962, 53쪽.

형식적 의의의 법률은 입법자가 제정한다. 그런데 입법자에게 흔히 무한대의 권위가 부여되면서 법률의 구속 대상에서 제외된다. 루소는 인민은 "주권자로서 입법권력 외에 그 어떤 다른 역량이 없기에 법률에 의거해 행동하는 수밖에 없다" [961]고 생각했다. 주권자가 입법권을 행사할 때 제한을 받는가? 루소는 그것이 명령의 일종으로 일반화한 형식으로 표현 되는 것 외 "그 어떤 법률도 인민공동체를 제약하지 않으며 제약할 수 도 없다. 설령 사회계약 자체라도 그러하다"고 생각하였다. [962]

## 2. 서방 근대 공화사상

근대 이래 서방 국가의 정부형식은 보편적으로 공화정체를 채용하였고 사람들은 이러한 정부형식은 자유주의를 이론적 기초로 하여 건립된 것이라고 보편적으로 생각하였다. 공화주의와 자유주의는 두 개의 완전히 다른 이론형태로서 그것들 사이에는 상당한 긴장관계가 존재한다. 이를테면 공공이익과 사인이익에 충돌이 생겼을 때, 공화주의는 공공이익을 촉진시키기 위해 사인이익을 소홀히 할 수 있다고 강조하고, 자유주의는 사인이익을 촉진시키는 것을 맨 위에 놓거나 심지어는 국가의 목표로 삼는다. 또 예를 들면 공공영역과 사인영역 사이의 관계에서 공화주의는 사인영역이 공공영역에 귀속된다고 강조하고 공민은 공공사업에 관심을 기울이고 공공사무에 참여할 책임이 있으며 민주참여 과정에 필요한 정치덕행을 양성해야 한다고 주장한다. 공화주의와는 달리 자유주의는 정부의 권위는 당연히 공공영역에 국한돼야 하고 비공공영역은 개인자유의 범위에 속해야 한다고 강조한다. 그리고 모든 사람은 자유의 추구를 최적의 생활방식으로 여길 수 있고

---

961) 루소, 『사회계약론』, 114쪽.
962) 루소, 『사회계약론』, 22쪽.

공공영역의 규범을 어기지만 않는다면 정부는 그 어떤 이유로든지 개인의 활동을 간섭하지 말아야 한다고 주장한다. 또 공민은 정치를 간섭하지 않아도 되고 정부도 공민 덕행의 양성 등에 관심을 기울이지 않아도 된다고 인정한다. 이러한 상황에서 하나의 아주 자연스러운 문제는 고전공화사상이 자유주의를 이론적 기초로 한 공화제 정부를 겸용할 수 있는가 하는 문제이다.

최근에 사람들은, 공화주의와 자유주의는 비록 두 개의 엄연히 다른 이론형태이지만 그것들은 모두 공화제 정부에 관련되는 이론이며 그것들 사이에는 밀접한 학술적 연관성이 있다는 것을 발견하였다. 이탈리아철학자 모리치오 비롤리가 지적한 바와 같이 자유주의 정치이론은 모든 형식의 절대 권력에 대한 적대시, 분권 등을 포함한 대량의 공화주의의 원칙을 채용하였다. 그는 다음가 같이 말했다. "역사적 관점에서 보면 자유주의의 가장 튼튼한 원칙은 고전주의에서 계승해 온 것이고 그것 차제의 사상과 사유 방식은 오히려 그것의 개념 중에서 가장 약한 부분이다."[963] 이 책에서는 모리치오 비롤리의 관점에 동의하면서 역사상 자유주의는 공화주의 원칙에 대하여 계승성을 가지고 있다고 인정한다. 그 표현은 아래와 같은 세 가지 방면에서 볼 수 있다.

첫째, 제형방면. 고전공화주의 이론 속에 이미 '제형'의 요소가 포함되어 있다. 하지만 앞에서 서술한 바와 같이 이러한 '제형'은 권력의 분립을 거쳐서가 아니라 군주제, 귀족제와 민주제의 각각 모든 종류의 정부 형식의 모든 장점을 모두 결합하여 혼합정부를 형성하는 형식으로 실현하였다. 고전공화주의자들은 '제형'은 공화정체의 수호에 대하여 상대적으로 부차작인 요소라고 보았다. 그들은 다음과 같이 생각했다. 훌륭한 정부는 '공공의 선'이 책임진 공민의 덕행에 의거하고 공화국이 우수한 사람이 다스리는 것을 수용하도록 보장하는 것은 공민이 모든 공공사무의 정책결책에서 발언권을 갖는 것에 비해 더 중요하다. 그렇기 때문에 플라톤은, 훌륭한 정부의 관건은 가장 우수한 사람을 선택하여

---

963) 모리치오 비롤리 , 『공화주의의 부흥 및 그 국한성』 , 158쪽.

통치자가 되게 하는 것이고 일단 그가 통치자가 되면 그에 대해 제한하지 말아야 한다고 주장했다. 하지만 고전공화국의 실천은 오히려 공민미덕에 의거하면 공화국이 늘 폭정과 무정부 상태에 빠지게 된다는 것을 나타내었다.

이 점에 비추어 근대 지유주의자들은 훌륭한 공화정부는 당연히 제도의 제형에 의거해야 하지 공민의 우량한 미덕에 의거해서는 안 된다고 주장했다. 그들은 오로지 각종 정치와 사회제도의 설계는 최적의 것이고 공민도덕의 우열과 그 여부는 부차적인 것이라고 믿었다. 메디슨은 선거를 한 통치자에 대하여 제한을 하지 말아야 한다는 플라톤의 사상에 반대하면서 다음과 같이 생각하였다. "입법권, 행정권과 사법권을 한 사람의 수중에 쥐어주는 것은, 그것이 한 사람이든 소수 혹은 다수이든, 세습이든 아니면 자기가 임명 혹은 선거한 사람이든 모두 공정하게 결정한다면 그것은 폭정이다."[964] "서거한 전제정체는 결코 우리가 쟁취한 정부가 아니다." 우리가 쟁취한 정부는 비단 자유의 원칙을 토대로 해야 할 뿐만 아니라 그 권력도 몇 개 기구에서 나누고 평형을 유지하여 한 권력이 기타의 합법적 한도를 초월하지 말아야 하며 기타 권력에 의해 효과적으로 제지되고 제한되어야 한다.[965] 몽테스키외에 제시한, "모든 권력이 있는 사람들은 모두 권력을 남용하기 쉽다"는 문제에 초점을 맞추어 해밀턴 등이 내놓은 대책은, "야심은 반드시 야심으로 대항해야 한다"는 것이었다. 그들은 입법권, 행정권과 사법권은 한 사람 혹은 기구의 손에 집중되어서는 안 되며 그렇지 않으면 자유는 존재할 수 없다고 지적하였다. 오늘날 분권 제형은 이미 공화정체를 위해 제도설계를 함에 있어서 반드시 좇아야 하는 하나의 기본 원칙이 되었다. 하지만 그것은 최초에 공하주의 '제형'학설의 영향을 받았고 고전공화국 실천에 대하여 반성을 거쳤다.

둘째, 민주의 형식에 대하여. 고전공화국으로 말하면 아테네든 고대 로마든 모두

---

964) [미] 해밀턴, 제이, 메디슨, 『연방당인문집(聯邦黨人文集)』, 청펑루(程逢如) 역, 상무인서관, 1980, 246쪽.
965) [미] 해밀턴, 제이, 메디슨, 『연방당인문집』, 254쪽

직접민주제를 실행하였고 공민 신분을 구비한 사람이 폴리스 혹은 공화국의 사무에 참여하였다. 비록 공화국에서 공민 신분을 구비한 사람은 비교적 적었지만 아테네에서 공민대회에 참가한 법정인수는 6,000여명에 달했고 실제 대회에 참가할 자격이 있는 사람은 이보다 훨씬 더 많았다. "그 어떤 협상집단에는 모두 기본적 제한 조건이 있는데 그것은 다음과 같은 사실에서 기원했다. 한 번에 오직 연설자가 한 사람이여야 경청을 하고 이해를 하지만 둘 혹은 여러 사람이 동일한 청중에게 연설하면 잡음을 초래하게 되고 혼란을 불러오게 된다."[966] '한 번에 한 사람' 규칙은 조직 규모의 확대와 더불어 조직 중의 각성원은 자신의 사상을 표현할 기회가 감소되고 영수인물의 주도성이 점점 늘어나며 나중에는 민주적 배치가 과두 정치에 자리를 내주게 됨을 의미한다. 그렇기 때문에 고전공화국은 이론상에서 모든 공민은 모두 발언권이 있지만 사실상 토론에서 지배적 지위에 있는 사람은 예외 없이 비교적 높은 사회계층에 속하는 소수의 엘리트이며 "거기에서 늘 한명의 연설가 혹은 수완이 고명한 정치가가 혼자 대권을 장악한 것처럼 모든 것을 좌지우지 하는 것을 보게 된다."[967] 그렇기 때문에 직접민주의 공화정체 규모는 오로지 작은 나라의 적은 백성에 적합하다.

자유주의 원칙을 기초로 한 공화정체에서 공민의 정치 참여는 여전히 공동체에 존재하는 정당성의 기초이다. 하지만 공민의 사람 수가 고전공화시기보다 크게 증가되었다. 왜냐하면 오직 법률상에 규정한 조건에 만족되면 그 어떤 사람도 모두 공민자격을 가질 수 있기 때문이다. 고전공화정체의 규모가 지나치게 작은 폐단을 극복하기 위해 자유주의적 공화정부 이론은 대의민주기제로 직접민주의 부족한 점을 보완하는 방법을 생각해냈다. 즉 공민의 선거로 발생된 대표로 대의기관을 조성하고 그것이 인민을 대표하여 입법권을 행사하는 것이다.

---

966) [미] 오스트롬, 『복합공화제의 정치이론(複合共和制的政治理論)』, 마오쇼우룽(毛壽龍), 상해삼련서점, 1999, 90쪽.
967) [미] 해밀턴, 제이, 메디슨, 『연방당인문집』, 298~299쪽.

이렇게 대의기구를 통과하면 공화제가 능히 국토가 넓고 인구가 많은 국가에 적용할 수 있게 된다. 여기서 알 수 있는 것은 자유주의적 공화제 정부 이론의 대의제 민주는 공화주의 직접민주의 기초 위에서 발전해 왔고 양자는 현대 민주의 두 가지 구체적 형식이 되었다.

셋째, 법치에 관하여. 법치는 공화정체의 하나의 원칙으로서 수많은 고전공화주의자들은 모두 법치의 창도자들이다. 근대 자유주의자들도 마찬가지로 법치를 강조한다. 물론 그 법치의 내용이 고전공화주의자들이 말한 법치와 똑같은 것은 아니다. 이를테면 고전공화주의자들은 형식적 의의의 법률에 의한 다스림을 강조하는 반면, 근대 자유주의자들은 실질적 의의의 법률에 의한 다스림을 강조하고, 고전공화주의자들은 입법자는 구속을 받지 말아야 한다고 강조하는 반면, 근대 자유주의자들은 입법자는 당연히 최고 규범의 효력을 가진 헌법의 구속을 받아야 한다고 인정하는 것 등이다. 하지만 그 기본이념은 일치한다. 즉, 공화국 사람의 행위는 법의 지배를 받아야 하고 공동체 의지를 체현한 법의 권위는 공동체 성원 개인의 권위보다 크다는 것이다.

상술한 것을 종합하면, 자유주의의 공화제 정부 이론은 결코 공화주의사상을 포기하고 창조한 것이 아니라, 그것은 공화주의의 일부 유익한 성분을 계승하고 흡수하고 고전공화주의 이론의 폐단을 극복하고 수정한 토대 위에서 이론적으로 완미화한 것이다. 그렇기 때문에 표면적으로 보면 자유주의사상과 공화주의사상에는 대립이 존재하지만 실질적으로 어느 학자가 지적한 바와 같이 이러한 대립은 "기본상 일종의 허위적인 대립이다."[968]

---

968) [미] 캐스 선스타인, 『공화주의를 초월한 부흥』, 299쪽.

## 3. 서방 당대 공화사상

당대 공화주의는 1960년대 이래의 현대 서방학자들이 고전공화주의사상을 연구한 기초 위에서 형성한 사회사조이다. 60년대 이전 상당히 긴 기간 동안 서방의 학자들은 공화사상에 대하여 별로 토론하지 않았는데, 60년대 이후에 상황에 변화가 발생하여 수많은 서방학자들이 공화이론의 연구에 방향을 돌리기 시작했다. 이 변화에는 심각한 사회적 배경이 있는데 주로 두 가지 요소라고 할 수 있다. 하나는 지난 세기 60년대로부터 미국 등 서방 국가의 공공생활에는 쇠약현상이 나타났다.

이를테면 공민들의 기여정신이 부족해지고 사회 사무에 참여하는 동력이 약해지고 공공도덕이 부족해지고 개인의지가 극도로 팽창되고 정신이 공허해지는 등이다. 90년대 후기에 미국의 '공민부흥전국위원회'와 '공민사회위원회'는 미국의 시민사회에 대하여 연구를 했다. 두 위원회의 연구는 이른바 '미국진보의 패러독스(美國進步的悖論)'에 중점을 두고 진행되었다. 즉, 한 방면으로는 미국은 세계가 모두 인정하는 경제, 군사와 기술이 매우 강한 국가이고, 다른 한 방면으로는 그 사회에 병폐가 많기로 세계에서 수위를 다투는 국가라는 것이다. 그 후 '공민부흥전국위원회'는 『방관자의 국가(傍觀者的國家): 공민의 불참은 어떻게 미국을 약화시키는가? 및 우리는 무엇을 할 수 있는가?(公民不參與是如何削弱美國的及我們能夠做什麻)』라는 제목의 보고를 발표하여 미국사회에 병폐가 많은 주요 원인이 공민의 불참이기 때문에 당연히 개인의 공공활동을 촉진하고 공민의 행위를 끌어올려야 한다고 지적하였다. '공민사회위원회'는 『시민사회에 호소하다(呼吁市民社會): 민주는 왜 도덕의 진리를 필요로 하는가?(爲什麻民主主要道德眞理)』라는 제목의 보고를 발표하였다.

보고의 결론은, 미국 공민성의 위기는 우선 철학적, 도덕적 문제라는 것이다. 보고는 다음과 같이 썼다. "자아치리(自我治理)에 있어 없어서는 안 될 것은 인정이 있는 사람과 양호한 생활의 본질에 관한 모종의 도덕관념에 의해 발생된 결과이다. 사람이 생존하는 도덕 기초가 무시를 당할 때 남는 것은 오로지 역량(power)뿐이다."[969] 미국에 출현한 이러한 현상을 서방의 일부 유력인사들은 극도로 발전한 자유주의가 초래한 필연적인 결과라고 하였다. 이러한 사회적 폐단을 극복하는 일은 자유주의 자체로서는 해결할 수 없는 것이다.

두 번째 요소는 글로벌화가 가져온 일부 영향이다. 우리는 지금 바야흐로 글로벌시대에 살고 있다. 글로벌화는 서로 다른 국가와 지구 사이의 인원, 물질과 정보 사이의 긴밀한 연계, 상호 영향과 상호 의뢰를 증가시켰다. 전 유엔비서장 안난(Annan)이 말한 것처럼 "글로벌화한 세계는 한 척의 쪽배와 같아서… 만약 한 사람이 병에 걸리면 모든 사람들이 감염의 위험에 봉착하게 되고 만약 한 사람이 분노하면 수많은 사람들이 상해를 입기 쉽다."[970] 지구온난화, 환경공해 및 질병위협 등 전 세계적 문제에 봉착했을 때 인류는 하나의 운명공동체를 결성한다. 이러한 상황에서 개인의 기본 권리의 실현은 국가권력에 대한 제한과 규범에만 의탁할 수 없고 주권국가가 존중과 보장의 의무를 이행하는 데에만 의탁할 수 없다. 그것은 국가적 차원에서 각 주권국가는 공민 권리에 영향을 주는 글로벌화 문제를 공동으로 협상하고 힘을 합치고 협력하며, 주권국가 내부에서는 국가권력을 규범화하고 국가가 공민의 권리를 존중하고 보호하고 실현하는 의무를 이행하는 외에 또 사람들이 책임감을 양성하여 개인의 권리와 사인의 사무를 대하듯이 공동으로 부딪힌 공공 사무에 대하여 책임을 감당해야 한다. 그런데 자유주의는 공민 개인의 책임이 일으키는 작용을 배제하는데 그것은 엄연히 글로벌화의 요구에 적응되지 못하는 것이다.

시대가 제기한 상술한 문제에 직면하여, 서방의 일부 정치학자와 경제학자들은 공화주의 관념으로 어떻게 제도를 구축하고 완벽하게 할 것인가를 생각하기 시작하였다. 그들이 제시한, 완벽화한 사회를 건설하는 목표는 정권을 장악한 소수의 엘리트에 의거해 실현할

---

969) 런샤오(任曉), 「기금회와 미국정신(基金會與美國精神)」, 『미국연구』 2기, 2003.
970) 양리웨이(楊力衛), 「글로벌화의 두 얼굴(全球化的兩種面孔)」, 『개방시대』 3기, 2003.

수 있는 것이 아니라, 전 사회와 모든 개인이 공동으로 노력해야 가능한 것이다. 모든 공화주의 학설 중에서 관심을 기울일 만한 것은 포콕(J. G. A. Pocock)과 틴 스키너(Quentin Skinner) 이렇게 두 학자의 관점인데 그들의 연구 대상은 비록 모두 고전공화주의의 정치자유이지만 연구 결론은 현저한 차이가 있다.

포콕은 공화사조의 부흥을 이끈 대표적 역사학자이다. 그는 르네상스시기의 공화주의 사조 및 그 후 영국, 미국 혁명의 영향에 대하여 창조적으로 역사분석을 했다. 그의 학술목적은 바로, 인류지식사(人類智識史)에는 자유주의의 역사 외에 또 공화주의의 역사가 관통되어 있는데 전자의 주제가 법률과 권리라면 후자의 주제는 덕행으로 인격을 사고하는 것이라는 점을 나타내려는 데 있었다. 포콕은 저작에서 공화주의 정치 자유관에 관한 벤자민 콩스탕 등의 통설에 동의하면서 그것은 일종의 정치참여와 공민 덕행의 적극적인 자유를 강조한 것이라고 생각하였다. 그는 다음과 같이 말했다. "수사학자와 인문주의자가 운용하는 공화라는 단어는 일종 적극적 자유의 관념이다. 그것은 정치동물인 사람은 유독 공공생활에서 적극적인 행동을 실행하고 그 본성이 비로소 완성되는데 자유의 뜻이 실현되면 이러한 공공생활에 장애가 없게 된다. 그렇기 때문에 폴리스가 가지고 있는 자유는 통치에 있고 공민은 반드시 통치권에 참여하여 통치와 피 통치에 동시에 도달해야 한다."[971] 그는, 공화사상가가 강조하는 것은 공민이 통치권에 참여하는 행사 및 민주참여 과정 중에 필요한 정치 덕행의 양성이지, 자유주의가 중점적으로 강조하는 것처럼 공민이 통치자가 침범해서는 안 되는 권리를 가져야 한다는 것이 아니며 반드시 법률의 다스림으로 통치자 및 기타 공민의 부당한 간섭을 해소해야 한다고 생각했다. 그렇기 때문에 포콕은 공화주의정신과 자유주의는 겸용할 방법이 없다고 생각하였다.

포콕과 스키너는 모두 '케임브리지학파'에 속하며 공화사조 부흥의 유명인물이었다.

---

971) 샤오까오앤(蕭高彦), 「스키너와 당대 공화주의의 모범경쟁(史金納與當代共和主義之典範競爭)」, 『동오(東吳)정치학보』 15기, 2002.

하지만 스키너는 공화주의 정치자유의 성질 및 그 역사 근원에 대하여 완전히 다른 해석을 하였다. 그는 『현대정치사상기초』(1978), 『마키아벨리』(1981) 등 일련의 저작에서 공화주의 자유를 적극적 자유로 인정하는 학계의 통설에 반대하면서 공화자유관의 본질은 개인의 행위가 소극적 자유의 간섭을 받지 않는 것을 강조하는 데 있다고 주장하였다. 그런데 이러한 개인의 소극적 자유는 오직 공화국에서만 최적의 보장을 받을 수 있다.

왜냐하면 개인 자유의 행사는 반드시 공공의 선을 기초로 해야 하지, 만약 자유에 대한 공민의 추구를 공공의 선을 유지하는 위에 놓는다면 국가는 부패의 위험에 직면하게 되기 때문이다. 쉽게 부패하는 공민의 천성을 극복하고 공민이 자유정체의 공공의 선에 공헌하는 것을 통하여 개인의 소극적 자유의 실현을 확보하는 것에 제일 중요한 기제는 강제적 법률이다. 그는 다음과 같이 보았다.

법률은 공민의 개인 자유 및 집체의 정치 자유를 유지하였고, 그것은 공공의 선의 토대이다. 법률은 인성의 부패 상태를 바꿀 수 있고 공민이 덕행에 부합되는 행동을 하도록 강제할 수 있다. 그렇기 때문에 공민은 반드시 법률의 강제적 제약을 통해서만이 진실한 자유를 얻을 수 있다. 이러한 논리에 입각하여 스키너는 공화주의 전통이 중점적으로 강조하는 덕행 및 공민의 의무를 다하는 등의 이상은 개인 권리를 지나치게 강조하는 자유주의 관점에 비해 보다 더 공화정체의 안정을 유지할 수 있으며, 그러나 덕행은 반드시 강제성적인 법률을 통해야 만들어질 수 있다고 제시하였다. 스키너의 관점이 공화주의 전통의 입장을 바꾸어 공화주의 정치 자유를 소극적 자유에 위치하게 했으며, 이는 공화주의가 자유주의를 보충해 주는 주장이 되도록 하였기에 학계에서는 일반적으로 '수정공화주의'라고 부른다.

페팃(Philip Noel Pettit)은 스키너 이론의 영향을 받아 역시 공화주의 자유를 소극적 자유의 위치에 놓았다. 그는 일찍이 자유주의자의 소극적 자유관과 공화주의자가 가지고 있는 소극적 자유관을 하나의 형상적인 비유로 구별한 적이 있다. 자유주의 자유관은 간섭을 받지 않는 상태는 마치 그 어떤 궤도가 없는 평면상태에서 구체가 임의로 이동하는 것과 같다면, 공화주의 자유관은 궤도를 따라 움직이는 구체에 비할 수 있다. 끊임없이 이동하는 그것의 상태는 일종의 간섭의 받지 않은 상태를 이루었고 그 운동을 유지하는 궤도는 마치 강제적 법률이 일으키는 인도 작용과 같다. 사람의 행동은 법률로 다스리는 사회에서만이 비로소 궤도를 따라 나가기 때문에 부패 상태에 빠지지 않을 수 있고 진정으로 간섭을 받지 않는 자유를 얻을 수 있다.

제2절

공화사상에 대한 중국의 계승

비록 중국 고대의 고전 중에 '공화'의 개념이 있었지만 헌법학설의 시각에서 보면 중국에서 '공화'의 개념을 대규모로 사용한 것은 신해혁명 전후, 즉 청말, 민초시기이다. 그리고 그때 사용한 '공화'의 내용도 중국 역사상의 '주  조공화(周, 召共和)'가 아니라 근대 이래 헌정의 가치를 내포한 서방의 '공화'였다. 존재형태로 보면 서방의 '공화'는 중국에서 다음과 같은 과정을 거쳤다. 우선 그것은 어떤 사람의 관념, 사상으로 표현되었고 다음으로 이러한 관념, 사상이 정치상의 단체의 인가를 받았을 때 공화는 일종의 정치사의 요구로 표현되었다. 그 다음 정치상의 요구가 헌법에 의해 확인되었을 때 헌법이 제도와 원칙으로 표현되었다. 끝으로 헌법에 확립된 제도가 실천에서 실현되었을 때 공화는 일종의 헌법의 사실적 상태로 표현되었다. 상술한 공화의 관념, 요구, 제도와 사실, 이 4종류의 형태, 특히는 앞 세 종류의 형태는 모두 청말민초시기, 즉 19세기 말 20세기 초를 전후한 20여 년의 시간 동안 완성된 것이다. 그 후 민주공화의 개념은 이미 사람들의 마음속에 깊이 뿌리 내려 중국의 주요 임무는 이미 공화국의 건립이 문제가 아니라 어떠한 공화국을 건립해야하는가가 문제가 되었다.


## 1. 공화사상을 선전한 청말, 민초시기의 간행물과 문헌

19세기 말 20세기 초에 중국은 바야흐로 어디로 나가야 하는가라는 교차로에 서 있었다. 청 정부가 부패무능하고 열강들이 중국을 분할하였으며 인민은 토탄 속에 빠져 있었다. 심간한 국제, 국내 정치적 환경은 중국의 일부 유지인사들로 하여금 계속 제국의 제도를 연기하느냐 아니면 새로운 민족국가를 건립하느냐를 두고 반드시 선택을 하도록 하였다. 손중산을 대표로 하는 공화주의자들이 내린 선택은 폭력혁명의 수단으로 군주전제통치를 뒤엎고 공화국가를 건립하는 것이었다. 공화사상을 선전하고 공화이념을 실현하기 위하여 당시의 공화주의자들은 각종 간행물과 저작을 통해 민주공화사상을 선전하였는데 그 사상이 활발하기로 춘추전국시기에 못하지 않았다. 그 전형을 살펴보면 아래와 같다.

(1) 『소보(蘇報)』와 추용(鄒容)의 『혁명군』

『소보』는 1896년 6월 26일 상해에서 창간되었다. 초기에는 잡다한 일과 일반 사회보도를 많이 실었다. 1900년 호남 거인 진범(陳范)이 『소보』의 소유권을 사서 일부 정론적 글을 실어 유신변법사상을 선전하면서부터 신문은 특색을 띠었다. 1902년 겨울 『소보』가 '학계풍조'라는 전문적인 공간을 특별히 할애해 학생들의 애국운동과 혁명활동을 공개적으로 지지하고 차이위안페이(蔡元培), 장태염(章太炎), 우즈훼이(吳稚暉), 장사쇠(章士釗) 등 격진인사를 핵심작가와 편집팀으로 삼아 신문은 전국 학계의 주목을 받기 시작했다. 1903년, 『소보』는 애국학사 사원 장사쇠를 주필로 초빙하여 혁명과 공화사상을 선전하였다. 이때로부터 『소보』는 근본적인 변화를 일으켜 국내에 수많은 신문간행물 중에서 독보적 존재가 되었다. 장사쇠가 주필을 담당한 기간에 신문에 실은 글 중에서 가장 영향력이 있는 것은 추용의 『혁명군』에 대한 평가와 장태염의 『강유위의 혁명을 논한 책을 반박하여(駁康有爲論革命書)』이다.

『혁명군』은 추용(1885~1905)이 쓴 2만 여 자의 소책자이다. 이 책은 1903년 5월에 상해 대동서국에서 출판하였고 장태염이 서문을 썼다. 7장으로 이루어진 이 책은 세 가지 핵심사상이 있다. 첫째, 혁명으로 봉건군주전제통치를 뒤엎어야 한다는 사상이다. 추용은 봉건군주제를 모든 불평등, 부자유 등 죄악의 근원으로 보고 천하의 모든 군주는 모조리 없애 "영원히 전제의 군주가 부활하지 못하게 경계하고", "나의 천부적 권리를 되찾을 것"을 주장하였다. 둘째, 혁명 전후의 교육 임무를 제시하였다. 추용은, 혁명은 야만혁명과 문명혁명으로 나눈다면서 다음과 같이 생각하였다. 야만혁명은 파괴만 하고 건설을 하지 않으며 공포시대를 조성하고 국민에게 재난과 변란을 주는 반면 문명혁명은 파괴를 하고 건설을 하며 국민을 위해 자유, 평등, 독립, 자주의 모든 권리를 쟁취해 주고 국민을 위해 행복을 창조해 준다. "혁명 전에 반드시 교육이 있어야 하고 혁명 후에도 반드시 교육이 있어야 한다." 국민들이 평등과 자유의 대체적 의의를 알게 하고 정치 법률 관념을 수립하도록 교육해야 한다. 셋째, 곧 건립할 자산계급 민주공화국의 설계도를 제시하고 구체적으로 25조항의 강령을 작성하였는데 그 기본 관점은 다음과 같다. 1) 건립한 후의 공화국 명칭을 '중화공화국'으로 확정한다.

'중화공화국은 자유 독립의 국가'이고 '전국의 남자든 여자든 막론하고 모두 공민'이며 '무릇 국인이면 남녀가 일률적으로 평등하고 상하귀천이 따로 없다.' 국민은 '국세를 부담하고 국가를 보위해야 하는 의무 외에 언론, 사상, 출판 등 자유의 권리를 가지며 인민의 권익은 정부의 보호를 받고 침범을 받지 않는다.' 강령은 특히 '그 어느 때든 정부가 인민의 권리를 침범하는 일이 있으면 인민은 즉시 혁명을 일으켜 낡은 정부를 뒤엎고', '새 정부로 바꾼다'는 것을 강조하였다. 2) 자산계급의회제를 실행한다. '각성에서 투표로 총 의원 1명을 선거하고, 각성의 총 의원이 투표로 한 명을 선거하여 잠시 대통령이 되어 전국의 대표 인물이 되게 하며 부통령 1명을 선거한다. 중앙정부를 건립하여 전국의 총 기관이 되게 한다.' 지방은 자치를 실행한다. 3) 중국 국정을 참조하여 중화공화국 헌법을 제정한다. 4) 각국과의 평등과 대외 독립의 외교정책을 고수한다. 『혁명군』은 중국근대사에서 제일 처음으로 자산계급민주공화국의 정치주장을 계통적으로 제시하였다. 어느 한 평론가는 이를 근대중국의 『인권선언』이라고 일컬었다.

『소보』는 『혁명군』의 사상에 대하여 높은 평가를 하였는데, 이러한 언론은 청 정부를 당황하게 만들었다. 『소보』는 1903년 7월 7일에 강제로 폐쇄되었다.

(2) 『민보(民報)』와 손중산의 '삼민주의(三民主義)'

『민보』는 중국동맹회의 기관보이다. 이 신문은 1905년 11월 26일 도쿄에서 창간된 대형 월간인데 논설, 시평, 참총(談總), 선록(選錄) 등 전문 난을 설치했고 매 기의 자수는 6만자 내지 8만자였다. 계속 이어서 편찬 사업에 참가한 사람들로는 호한민(胡漢民), 왕정위(王精衛), 천텐화(陳天華), 주집신(朱執信), 갸오중카이(廖仲愷), 장태염(章太炎), 류스페이(劉師培) 등이다. 손중산은 『민보』를 위해 쓴 발간사에서 처음으로 동맹회의 주장을 민족주의, 민권주의와 민생주의로 개괄하였다. 그렇기 때문에 '삼민주의'를 선전하는 것은 『민보』의 주요 내용이 되었다. 『민보』가 발행된 기간에 발표된 민주, 공화 방면에 관련된 글에는 다음과 같은 것들이 있다.

① 천텐화(서명 스황) :「중국이 민주정체를 창립하는 데 적합함을 논함(論中國宜開創民主政體)」,『민보』제1호에 실린 이 글은 공화를 지향하는 작자의 절박한 심정을 표현하였지만 민주공화제도 자체에 대한 논술이 너무 적다.

② 왕정위 :「민족적 국민(民族的國民)」,『민보』 제1, 2호에 연재. 글은 두 개의 큰 부분으로 이루어 졌는데, 제1부분은 민족주의의 언급에 치중하여 만족과 한족이 조화를 이룰 수 없는 관계를 논술하였고, 제2부분에서는 국민주의의 언급에 치중하여 만족과 한족인민 간의 권리의 불평등을 논술했고, 국민주의에 이르려면 반드시 먼저 만족을 반대하는 혁명을 일으켜야 한다고 주장했다.

③ 호한민 :「〈민보〉의 6대주의(民報之六大主義)」,『민보』제3호에 실림. 6대주의란 현재의 악렬한 정부의 전복, 공화정체의 건설, 토지국유화, 진정한 세계평화의 유지, 중국, 일본 양국 국민의 연합에 대한 주장, 세계 열강이 중국의 혁신사업을 찬성해 줄 것에 대한 요구이다.

④ 왕정위 :「최근 〈신민총보〉의 비 혁명론을 반박하여(駁'新民總報'最近之非革命論)」, 『민보』제4호에 실림. 중국은 혁명을 하지 않으면 입헌을 담론한 여지가 없고 민주를 담론할 여지가 없다고 하면서 혁명은 제헌의 유일한 수단이라고 생각하였다.

⑤ 왕정위 : 「만주입헌을 원하는 자들은 왜 듣지 않는가?(希望滿洲立憲者盍廳諸)」, 『민보』제5호에 실림. 글에서 만주정부가 입헌을 절대 할 수 없음을 입증하였다.

⑥ 왕정위: 「〈신민총보〉의 정치혁명론을 다시 반박함(再駁'新民總報'最近之非革命論)」, 『민보』제6, 7호에 실림. 글은 오직 혁명주의만이 전제를 뒤엎고 공화를 건립하는 정치혁명의 목적에 도달할 수 있음을 논증하였다.

⑦ 왕정위: 「민주입헌과 국민혁명」, 『민보』제8호에 실림. 글의 제1부분은 만주인이 입헌의 구실을 빌어 중앙집권을 실시하려는 것이 사실임을 증명하면서 입헌은 미끼이고 중앙집권은 낚시로서 양으로는 한인(漢人)의 허망(虛望)을 받아들이고 음으로는 만인(滿人)의 실권을 심는다고 지적하였고, 제2부분에서는 그 당시 한인들이 어떻게 해야 하는가를 토론하였다. 그는 지방자치단체에 적극 참가하고 일을 많이 처리하고 권력을 보다 많이 점할 것을 주장했다.

『민보』는 '삼민주의'를 대대적으로 선전한 것 외에 또 세계 각국의 자산계급혁명운동과 민족해방운동을 소개하였고 서방의 신문화와 신사조를 소개하였는데 거기에는 사회주의사조와 무정부주의사조도 포함되었다. 『민보』가 출판된 후 국내외 동맹회와 혁명을 동정하는 지식인들의 열렬한 환영을 받아서 그 최고 발행량은 17,000여부에 달했다. 『민보』는 1910년 2월에 종간되었다.


(3) 『신청년』과 진독수의 「구사상과 국체문제(舊思想與國體問題)」


1915년 9월 15일 진독수가 주필을 맡은 『청년잡지』가 상해에서 창간되었는데 잡지는 1916년 9월부터 잡지명을 『신청년』으로 바꾸었다. '2차혁명'이 실패한 후, 중국의 시국은 진독수로 하여금 "중국을 구하고 공화를 건립하려면 우선 사상혁명부터 해야 한다"는 것을 인식하게 하였다. 1917년 『신청년』제3권 제3호는 진독수의 글 「구사상과 국체문제」를 실어 그가 『신청년』을 창립한 최초의 희망을 보다 잘 표현하였다. 그는 다음과 같이 말했다. "수년 동안 공화를 창조하고 공화를 재조(再造)한 인물은 적지 않다고 생각한다.

양심적으로 말하면 진심으로 공화란 무엇인가를 알고 머리에 군주정체시대의 낡은 사상을 담고 있지 않은 사람이 얼마나 될 수 있겠는가? 서양의 학자들은 '근대 국가는 국민의 뜻 위에 건설된다'고 했다. 지금 원세개는 죽었지만 그가 이용했던, 군주전제에 기울어진 낡은 사상은 예전 그대로이다. 군주전제가 다시 발생하지 않고 민주공화가 안정될 수 있다는 것은 내가 보건대 하늘에 오르는 것보다 더 어렵다.' '오늘날 공화를 공고히 하려면 먼저 국민의 머릿속에 있는, 공화를 반대하는 낡은 사상을 깨끗이 씻지 않으면 안 된다. 민주공화의 국가조직, 사회제도, 윤리관념은 군주전제의 국가조직, 사회제도, 윤리관념과 완전히 상반되는 것으로서 하나는 평등의 정신에 비중을 두고 다른 하나는 존비(尊卑)의 계급에 비중을 두기에 절대로 조화가 될 수 없다. 만약 한 방면으로 공화정치를 실행하고 한 방면으로 군주시대의 낡은 사상을 보존하려 한다면 절대 될 수 없는 일이다. '두 배에 발을 얹는' 이러한 방식은 반드시 이것도 저것도 아니며 공화도 아니고 전제도 아닐 것이고 국가에 조직이 없고 사회에 제도가 없어 엉망진창이 될 것이다.' '이 부패하고 낡은 사상이 나라에 온통 퍼졌기에 우리는 진심으로 공화국체를 공고히 하려면 공화를 반대하는 윤리문학 등 낡은 사상을 완전히 깨끗이 씻지 않으면 안 된다. 그렇지 않으면 공화정치를 진행할 수 없을 뿐만 아니라 공화라는 간판도 걸 수 없을 것이다.'[972] 진독수는 사상을 개조할 임무를 청년들에게 보다 많이 기탁하면서 새로운 세대의 청년들이 각오를 높이고 관념을 갱신할 것을 희망하였으며 자유, 진보, 과학을 숭상하고 세계적인 안광을 갖추라고 청년들을 격려하였다.

1919년 1월 제6권의 편찬위원회는 진독수, 첸쉬안퉁(錢玄同), 고일함(高一涵), 호적, 이대쇠와 선인무어(沈尹默)가 돌아가면서 편집하였다. 5·4운동 전후 이 간행물은 주로 민주, 과학의 내용을 선전하고 제창하면서 루쉰의 단편소설 『광인일기(狂人日記)』, 『공을기(孔乙己)』, 『약(藥)』, 이대쇠의 논문 『서민의 승리(庶民的勝利)』, 『볼세

---

972) 진독수, 「구사상과 국체문제(舊思想與國體問題)」, 『신청년』 제3권 제3호, 1917년 5월 1일.

위크주의의 승리(布尓什維主義的勝利)』, 진독수의 논문 『신청년죄인의 답변서 (新青年罪案之答辯)』 등을 실어 마르크스주의를 선전하고 봉건윤리도덕에 반대하며 인성의 각성을 외치는데 적극적인 작용을 했다. 1920년 9월 『신청년』은 상해공산주의 소조직 기관간행물이 되었고 1923년 6월에 중국공산당 중앙위원회 이론적 기관간행물이 되었다가 1926년 7월에 정간되었다.


## 2. 대표적 인물의 공화사상

### (1) 손중산의 공화사상

중국근대사에서 손중산은 위대한 혁명가, 혁명의 신분으로 공화국 역사에 올랐다. 그는 일생 동안 여러 차례 혁명을 이끌었는데 그중 중국민주공화국가의 건립에 결정적 작용을 한 것은 신해혁명이었다. 우리는 신해혁명을 경계선으로 하여 손중산의 공화사상을 대체로 두 개의 단계로 나눈다. 첫 번째 단계는 신해혁명 이전 시기인데 손중산의 공화사상의 주요 내용은 왜 공화의 길을 선택해야 하는가, 공화의 목적을 어떻게 실현할 것인가라는 두 가지 방면에 집중되어 있다. 두 번째 단계는 신해혁명 후로 그의 사상은 주로 공화제도의 구조, 특히 중앙과 지방의 관계에서 표현되어 있다.

① 제1단계: 신해혁명 전, 손중산의 공화사상

신해혁명 전의 손중산의 공화사상은 아래와 같은 몇 가지에서 표현되었다.

a. 공화를 신 국가 구조의 제도로 선택하였다. 아편전쟁 이후, 청 정부 정권의 통치의 합법성은 갈수록 심각한 위기에 직면하였다. 유력인사들은 각종 해결방안을 내놓았다. 손중산을 대표로 한 혁명파들이 내놓은 해결방안은 군주전제제도를 뒤엎고 프랑스와

미국을 본받아 공화정체를 건립하는 것이었다. 손중산은 왜 공화를 신 국가의 제도로 선택할 구상을 하였을까? 우리는 그 답안을 1897년 8월에 있었던 손중산과 미야사키 토우텐(宮崎寅藏)의 담회에서 알 수 있는데 주로 두 가지 원인이 있다. 하나는 손중산이 "공화는 우리가 세상을 다스리는 정수이고 선철의 유업"이라고 인정했기 때문이었다. 다시 말하면 중국인은 일찍 공화를 거쳤고 지금까지 여전히 '3대기치'를 흠모하며, 일찍이 이미 '공화의 정수를 행한 자'였다는 것이다. 다른 원인은 손중산이 공화정치가 혁명에 있어 편리한 점이 있다고 인정했기 때문이었다. 그는 다음과 같이 생각하였다. 중국 역사에서 왕조가 바뀔 때 "수 십 년이 지나도 통일이 되지 않고 무고한 백성은 피해자가 된 것이 몇 번인지 모른다." "이렇게 된 원인은 거사를 하는 자들에게 공화사상이 없었기 때문이다. 지금 백성들로 하여금 장기간의 전쟁의 고난에서 헤어 나오게 하려면 반드시 번개와 같은 혁명을 발동하여야 한다. 동시에 미국 공화정부처럼 '야심은 반드시 야심으로 대항'하는 방법을 취해 '영웅들로 하여금 야심을 채우게 해야 한다.' 미국의 개국공신 해밀턴 등은 『연방당문집』제51편에서 '공화정부'(repub-lican government)를 토론할 때 다음과 같이 말했다. '모종의 권력이 점차 동일 부문에 집중되는 것을 방지하는 가장 믿음직한 방법은 바로 각 부문의 책임자에게 기타 부문을 저지하는 데 필요한 법적 수단을 주는 것과 개인의 주동성이다.' 이 제일 가장 믿음직한 방법은 바로 '야심은 반드시 야심으로 대항(Ambition must bemade to counteraact ambition)'하는 것이다." [973] 동시에 손중산은, 워싱턴은 비록 독립전쟁시기의 영수지만 결코 영수이기 때문에 자연히 대통령이 된 것이 아니라, 각 주의 공개선거(公選)로 대통령이 된 것이라고 보았다. 이로부터 손중산은 "영웅들로 하여금 야심을 채우게 해야 한다"는 것을 생각해 냈다. "야심을 채우는 방법은 연방공화의 명목 아래 평소에 성망이 높은 자를 한 부의 장이 되게 하여 재능을 마음껏 펼치게 한 후 중앙정부가 통제하고 관리하여 연방의 주축이 되게 하는 것이다. 그 도리가 이미

---

973) [미] 해밀턴, 제이, 메디슨, 『연방당인문집』, 264쪽.

명백해졌다.

우리가 민권주의를 실행한 후 역대의 야만적 할거국면, 국가가 장기간 혼란스럽고 불안한 국면, 호걸들이 제 분수에 맞지 않게 기회를 타서 난을 일으키고 재난이 무고한 사람에게까지 미치는 국면 등은 다시는 없을 것이다. 그렇기 때문에 공화정치는 혁명을 신속하고 안정적으로 발전하게 할 수 있는 편리함을 주었다."[974]

b. 혁명수단을 통해 공화의 목적을 실현한다. 공화목표의 실현에 관한 수단에 관하여 1897년에 미야사키 토우덴과 한 담화에서 손중산은 "공화주의국가 제도의 건립이 식은 죽 먹기인가? 나는 혁명을 감당할 사람이 필요하다고 생각한다"[975]라고 명확히 지적하였다. 그 후 손중산은 『민보』 1주년 강화에서 민족혁명과 정치혁명의 관계를 언급할 때 또 혁명의 목적을 이야기 했다. 그는 다음과 같이 말했다. "어떤 사람은 민족혁명은 만주민족을 멸종시키려 한다고 하는데 이는 아주 잘못된 말이다. '민족혁명의 원인은 만주인이 우리의 나라를 멸망시키는 것이 달갑지 않기 때문이고, 우리의 정치를 세우고 그들의 정부를 멸하며 우리 민족의 국가를 다시 광복시키기 위해서이다.' '장차 민족혁명이 실행된 후 지금의 악렬한 정치는 깨끗이 쓸어내겠지만, 그 악렬한 정치의 근본을 또 제거하지 않을 수 없다. 중국은 수 천 년 동안 계속 군주전제정체였다. 이러한 정체는 평등자유의 국민이 감내할 만한 것이 아니다. 이 정체를 제거하려면 민족혁명에만 의지해서는 안 된다. 우리가 만주정부를 뒤엎는 것은 만주인을 쫓아내는 측면에서 말하면 민족혁명이라고 할 수 있고, 군주정체를 뒤엎는 측면에서 말하면 정치혁명이지, 두 번에 나누어 진행하는 것이 아니다. 정치혁명의 결과를 말하면 민주입헌정체를 건립하는 것이다. 지금과 같은 정치로 말하면 한족이 군주라 하더라도 혁명을 하지 않을 수 없다. 프랑스대혁명 및 러시아혁명은 본래

---

974) 『손중산전집』 1권, 173쪽.
975) 『손중산전집』 1권, 173쪽.

종족문제가 없이 순전한 정치문제였다.

불란서 민주정체는 이미 성립되었고 러시아 허무당(虛無黨)도 나중에는 이 목적에 도달할 것이다. 중국혁명 후 이러한 정체가 가장 적합하다는 것은 모든 사람이 다 아는 바이다.""[976]

이 한 단락에서 손중산은 정치혁명의 결과는 민주입헌정체를 건립하는 것이라고 말했다. 여기에서의 '민주'와 '공화'는 무슨 관계인가? 중국 학자 방유규(方維規)는 그의 한편의 글에서 '민주'와 '공화'의 관계를 언급할 때 다음과 같이 지적하였다. "'민주'가 중국에 들어올 때 주로 반영한 것은 체제개념이었지 사상성이 아니었으며, 개념의 정태적 표층의 묘사이지 동태적 심층 해석이 아니었다. 그렇기 때문에 19세기의 기나긴 한 시기에 서방의 '민주(Democracy)'와 '공화(Republic)'라는 이 두 가지 개념은 한어 번역에서 엄격한 구분이 없었다. 바꾸어 말하면 당시의 수많은 번역 소개자들로 말하면 '공화국'은 자연히 '민주국'이었다." "그렇기 때문에 '민주'는 흔히 두 가지 역할을 한 몸으로 했다. 즉 서방의 Democracy의 함의를 가지고 있으면서 또 Republic을 가리키기도 했다. 심지어 20세기에 들어선 이후 '민주(의) 국'으로 Republic에 대응하는 것도 희귀한 일이 아니었다. Democracy과 Republic라는 이 두 서방개념이 중국에 들어온 후의 아주 긴 한 단계의 역사 시기는 기본적으로 동의어였다."[977] 이에 근거하면 손중산이 말한 민주입헌정체는 사실상 공화입헌정체이다.

c. 군주입헌파와의 논쟁에서 공화사상을 선전했다. 1905년에서 1907년 사이에 양계초를 대표로 하는 입헌파 인사들은 『신민총보』에 끊임없이 글을 발표하여 군주입헌사상을 선전하였다. 양계초는 국체가 공화제든 군주제든 모두 입헌을 할 수 있다고 인정하면서 다음과 같이 말했다. "정체가 입헌을 할 수 있다면 국체가 군주, 공화를 막론하고 안 될 것이 없다. 정체가 입헌을 하지 못한다면 국체가 군주든 공화든 어느 것도 될 수 없다.

---

976) 『민보』 제10호(도쿄 1906년 12월 20일) 민의 (호한민) 「12월 2일 본보 기원절 경축대회사 및 연설사」.
977) 방유규(方維規), 「서방과 중국에서의 '의회', '민주'와 '공화' 개념의 변천('議會', '民主'與'共和'概念在西方與中國的嬗變)」, 『21세기』 총 제58기.

국체와 정체는 분명히 서로 이가 맞지 않는다."[978] 양계초가 주장한 것은 군주입헌이었다. 그의 주요 관점은 첫째, 군주전제국가에서 "혁명은 절대 공화를 얻지 못하고 도리어 전제를 얻는다." 이는 그가 다음과 같이 보았기 때문이다. 무력으로 천하를 얻는 것은 반드시 무력으로 유지해야 한다. 스스로 무기를 놓고 권력을 실력이 없고 정부에 대항하는 인민에게 넘겨줄 사람은 거의 없다. 미국의 워싱턴이 독립혁명 후 무기를 놓고 민선으로 대통령이 된 것은 혁명이 시작될 때 민간에서 일어난 혁명과 판이하게 달랐기 때문이다.

둘째, 양계초는 당시 중국은 민주공화의 조건을 갖추지 못했다고 생각하였다. 그는 다음과 같이 생각하였다. 민주공화제도의 가장 관건적인 것은 운행 주축이 의원(議院)에 있는 것이다. 그렇기 때문에 인민은 반드시 의원정치를 실행하는 능력을 갖춰야 한다. 인민에게 의원정치의 능력이 있는지의 여부를 고찰하려면 두 가지로 알 수 있다. 하나는 인민이 선출한 의원 대다수가 '정치비판 득실의 상식'을 갖추었는가 하는 것이고 두 번째는 반드시 발달되고 완전한 정당이 있어야 한다는 것이다. 양계초는 이 두 가지 조건은 오로지 영국과 미국 등 국민 정도가 비교적 높은 국가에서만 가능하다도 하면서 중국으로 말하면 국민의 정도가 비교적 낮고 중국인은 지금까지 자치에 대하여 습관이 안 되어 있으며 단체생활에 대한 훈련이 없어서 이기적이고 사회와 국가를 모르며, 또 지금까지 공익의 마음에 대한 훈련을 하지 않았기에 절대 불가능하다면서 다음과 같이 단정하였다. "오늘날 중국 국민은 공화국민의 자격을 갖추지 못했고 오늘날 중국의 정치는 공화입헌제를 채용할 수 없다." [979] 양계초의 관점에 의하면 '인민의 수준이 미달'했고 '시정기관이 정비되지 않았기에' 군주입헌이라 하더라도 실행할 수 없다고 했다. 그의 결론은 "공화보다는 차라리 군주입헌을 해야 하고 군주입헌보다는 차라리 개명전제(開明專制)를 해야 한"[980]는 것이다.

입헌파들의 선전에 직면하여 손중산을 위수로 하는 혁명파는 1905년 11월 26일에

978) 양계초, 「국민천훈」, 『음병실합집 8. 음병실전집 32』, 3쪽.
979) 양계초, 「개명전제론」, 『음병실합집 3. 음병실전집 17』, 67쪽.
980) 양계초, 「개명전제론」, 『음병실합집 3. 음병실전집 17』, 67쪽.

출판된 『민보』에서 입헌파들의 관점에 반박하였다. 관련 학자의 고증에 의하면 혁명파는 『민보』에 근 40여 편의 글을 발표했는데, 단지 6, 7편만 민주공화문제를 언급했고 내용도 아주 가볍게 다루었다. 나머지 글은 모두 만족에 대한 반대를 반복적으로 논증하거나 폭력혁명의 필요성 및 민주주의를 선전하는 등의 내용들이었다.[981] 글을 쓴 주요 작자들은 천텐화, 왕정위, 호한민이다. 입헌파에 대한 손중산의 비판과 반박은 주로 그가 그동안에 한 일부 연설에서 나타났다. 1905년 8월, 손중산은 도쿄의 중국유학생들에게 강연[982]을 하였는데 입헌파의 관점에 대하여 두 가지 문제를 언급하였다.

첫째, 민주공화는 중국에 적합하다. 양계초는 사회제도의 진화와 발전은 야만에서 전제로, 전제에서 입헌으로, 입헌에서 공화로의 순서를 따라야 하지 약진해서는 안 된다고 하였다. 그렇기 때문에 우리 중국의 개혁은 군주입헌이 적합하지 절대 공화를 실시해서는 안 된다는 것이다. 손중산은 '그것은 완전히 틀린 말'이라고 생각하였다. 하지만 손중산은 법리상에서 분석을 한 것이 아니라 비유의 방법으로 반박하였다. 그는 다음과 같이 말했다. "우리 중국의 전도는 철로를 수리하는 것과 같다. 그런데 이때 철로를 수리한다면 최초에 발명한 자동차를 쓰겠는가? 아니면 최근에 개량한 편리한 자동차를 쓰겠는가? 부녀자나 어린이들도 그 순조로움과 순조롭지 못함을 다 안다. 그렇기 때문에 군주입헌이 중국에 합당하지 않다는 것은 지자(智者)의 결론을 기다릴 필요가 없다."

둘째, 중국 국민의 정도가 비교적 낮아서 공화를 실시할 수 없다는 입헌파들의 주장에

---

981)  경윈즈(耿云志), 「혁명당과 입헌파의 논쟁으로부터 본 쌍방 민주사상의
     준비(從革命黨與立憲派的論戰看雙方民主思想的準備)」, 『근대사연구』 6기, 2001.
982)  『도쿄중국유학생 환영대회에서 한 연설』은 손중산의 일생에서 가장 중요하고 가장 정채로운 연설중
     하나이다. 이 연설은 『손이셴(孫逸仙)연설』이라는 책에 수록되었다. 연설의 주요 내용은 만족
     조정을 뒤엎고 공화정치를 실시하자는 것이다. 『손이셴연설』은 처음 일본 당안관에 보존되었다가
     후에 『손중산전집』 제1권에 수록되었다. 『손중산전집』의 편집자의 설명에 의하면 허우성(吼生)의
     필기에 의한 『손이셴연설(도쿄환영회 회원 1905년 9월 30일 판)』이다.(광동사회과학원 역사연구소 편,
     『손중산전집』 제1권, 282쪽) 그런데 이번 외교당안 중의 『손이셴연설』 관권 페이지에는 '연설자: 손문,
     필지자: 허우성, 인송자: 환영회 회원'이라고 기재되어있다.

대하여 손중산은 다음과 같이 지적하였다. "우리 인민의 정도는 각국에 비하여 좀 높다." "미국은 백 년 전에 야만의 땅에 지나지 않았는데 후에 외부 사람들이 다니면서 '야수에서 일약 공화로 약진했다.' 우리 중국인의 정도는 미국 토민의 정도보다 높다. 그렇기 때문에 우리는 우리 동포는 공화를 할 수 없다고 말해서는 안 된다. 만약 안 된다고 말한다면 세계의 진보를 모르는 것이고 세계의 진짜 문명을 모르는 것이며 공화의 행복을 누릴 줄 모르는 우둔한 동물이다." "입헌공화라는 2등의 정체를 창조하려면 다른 연고에서 판별할 것이 아니라 지사(志士)의 경영에 있다. 백성이 아는 것이 없으면 지사가 창도해야 한다. 지사의 사상이 높으면 백성의 정도도 높다. 그렇기 때문에 지사로서의 우리는 지구상에서 가장 문명적인 정치와 법률로 우리의 중국을 구해야 하고 가장 우수한 인격으로 우리 4억 명의 동포를 대해야 한다. 만약 입헌만 말한다면 오늘날 전국의 대권은 다른 사람의 손에 쥐어 있기에 우리가 입헌을 하려 해도 다른 사람의 손에서 빼앗아 와야 한다. 입헌국을 쟁취하기보다 차라리 공화국을 쟁취하는 것이 낫지 않겠는가?"

②제2단계: 신해혁명 후의 손중산의 공화사상

1911년 손중산이 영도한 신해혁명은 중국을 2천 여 년이나 통치해 온 봉건군주제를 뒤엎었다. 손중산이 영도한 신해혁명의 의의에 대하여 1997년 당의 15차 대표대회의 보고는 손중산과 그가 영도한 신해혁명을 다음과 같이 평가하였다. "한 세기 이래 중국인민은 전진의 도로에서 세 차례 역사적인 거대한 변화를 겪었다. … 제1차는 신해혁명인데 중국을 몇천 년 통치해 온 군주전제제도를 뒤엎었다. 그것은 손중산이 영도하였다. 그는 우선 '중화를 진흥시키자'는 구호를 외쳤고 완전한 의의의 근대 민족민주혁명을 일으켰다. 신해혁명은 구중국의 사회성질과 인민의 비참한 처지를 바꾸지는 못했지만 중국의 진보를 위해 수문을 열어놓아 반동통지질서가 안정될 수 없게 하였다."983) 오늘날 헌법학의 시각에서 보면 신해혁명은 공화를 위해 이념과 요구로부터 헌정제도와 사실로 전환하도록 조건을 창조하였고 사람들이 새로운 제도 아래에서 어떻게 국가권력 사이의 관계를 배치하고 중앙과 지방의 관계를 어떻게 처리할 것인가를 사고하는데 중요한 계기를 제공하였다.

a. 국가권력 분리에 관한 손중산의 학설.

공화국가가 이전의 군주전제국가와 다른 특징은 군주전제국가는 국가의 모든 권력이 군주에게 속했고 군주는 국가원수이고 세습의 토대 위에서 발생되며 인민과는 아무런 관계도 없고 인민은 다만 군주의 신민이었다면, 공화국가는 국가의 모든 권력이 인민에게 속하고 국가 원수는 선거권을 가지고 있는 인민이 직접 혹은 간접적으로 선거하여 발생하고 국가 원수는 인민의 위탁을 받고 권력을 행사하는 것이다. 미국의 개국공신 메디슨이 말한 것처럼 "대부분 인민들로부터 직접, 간접적으로 모든 권력을 얻고 사무에 자원하는 사람이 일정한 시기 내 혹은 직책을 충실히 이행하는 기간에 관리를 한다. 이러한 정부로 말하면 필요한 조건은 그것은 당연히 사회의 대다수 사람으로부터 와야 하지 소수의 사람 혹은 사회의 어느 운이 좋은 계급에서 나와서는 안 된다는 것이다."984) 공화정부는 인민들로부터 권력을 취득한 후 원수 혹은 기타 어느 기관에서 전부의 권력을 행사하는 것이 아니라 그 권력은 헌법을 통해 서로 다른 국가기관들 사이에 배치한다. 서방 국가의 제일 전형적인 배치 방법은 몽테스키외사상에 따라 국가권력을 입법권, 행정권, 사법권으로 나누어 국회, 정부와 법원이 행사하게 하는 것이다. 이 3종의 권력은 피차 평형을 이룬다. "일종의 권력이 자신의 합법적인 한도를 벗어나지 못하고 또 다른 권력에 의해 유효하게 제지와 제한을

---

983) 강택민, 『덩쇼핑이론의 위대한 기치를 높이 들고 중국특색이 있는 사회주의를 건설하는 사업을 21세기로 전면적으로 밀고 나가자』(중국공산당 제15차 전국대표대회에서 한 보고), 1997년 9월 12일.
984) [미] 해밀턴, 제이, 메디슨, 『연방당인문집』, 193쪽.

받지 않는는다."[985] '삼권 분립, 상호 제형'이라는 기제가 보장하는 인민의 선거에 의해 발생한 정부는 전제정부가 아니다.

손중산은 3권 분립의 기초 상에서 '5권분립' 학설을 창조적으로 제시하였다. '5권분립'이란 바로 인민이 국가에 위탁해 행사하는 권력을 입법, 행정, 사법, 고시, 감찰 5권[986]으로 나눈 후 5개의 독립적인 부문에 귀속시켜 행사하게 하는 것을 말한다. 고시권을 추가한 이유는 손중산이 정부 관리는 선거로 나오든지 위임으로 나오든지 모두 아주 큰 폐단이 있다고 생각하였기 때문이다. 그는 이렇게 말했다. "장래 중화민국헌법은 독립기관을 설치하여 전문적인 시험으로 인재를 선발하는 권리를 가질 필요가 있다. 크고 작은 관리는 반드시 시험을 거쳐서 자격을 정하고 어느 관리가 선거든 위임이든 반드시 합격된 사람만이 가능하게 해야 한다. 이 방법은 맹목적으로 마구 천거하거나 사인(私人)을 임용하는 폐단을 막을 수 있다. 하지만 이 고시권이 행정에 속한다면 권한이 너무 넓어져서 오히려 폐단이 더 많게 된다. 그렇기 때문에 반드시 독립적인 기관을 세우는 것이 합당하다."

감찰권을 독립적으로 언급한 것은 손중산이 다음과 같이 생각했기 때문이었다. "중국은 고대로부터 어사대(御史臺)가 풍기와 법도를 주관해왔지만, 결국 군주의 노복으로서 중용의 도리가 없었다. 지금 입헌한 각국들에서 입법기관이 아니면서 감독을 겸한 권한은 없다. 그 권한에 강약의 구별이 있지만 총체적으로 독립을 하지 못하다 보니 무수한 폐단들이 생긴다. 이를테면 미국은 규찰권이 참의원에 귀속되어 있어서 흔히 권리를 제멋대로 남용하여 행정기관을 억압하여 그들이 부득이하게 명령을 듣게 되다보니 왕왕 의원전제가 된다. 링컨, 매킨리, 루스벨트 등 재능이 뛰어나고 원대한 계책이 있는 자가 있어야 행정입헌이 목적에 도달할 수 있다. 게다가 올바른 이치대로 말하면 인민을

---

985) [미] 해밀턴, 제이, 메디슨, 『연방당인문집』, 254쪽.
986) 손중산은 1906년에 『민보』 창간 주년 경축대회에서 한 연설에서 5권에는 입법, 행정, 사법, 고시, 규찰이 포함된다고 말했다. 신해혁명 후 그는 연설에서 '규찰'을 '감찰'로 고쳤지만 양자는 큰 구별이 없다.

재판하는 기관은 이미 독립하였는데 재판 관리의 기관은 오히려 다른 기관의 아래에 예속되었으니 논리적으로 생각하면 해석이 안 된다.

그렇기 때문에 이 기관은 독립해야 한다."[987]

### b. 중앙과 지방 관계에 관한 손중산의 사상

무창 봉기의 후, 각성이 호응하면서 공화정치는 이미 전국 여론에 의해 공인되었다. 『중화민국임시약법』은 이와 같이 광범위하게 공동으로 인식되는 관계를 근본법이라는 형식으로 확정함으로써 국가와 인민간의 관계라는 이 근본문제를 해결할 수 있었다. 하지만 공화정부의 체제하에서 중앙과 지방의 관계를 어떻게 처리하는가 하는 것, 즉 국가의 구조 형식이 연방제인가 아니면 단일제인가 하는 문제는 신해혁명 이후 상당히 오랜 기간 현안으로 남아 있었다. 당시 미국을 모방하여 연방제 국가를 건립해야 한다는 목소리가 상당히 많았고 호남, 광동, 스촨 등 성에서는 이미 성헌법을 제정하여 연성자치운동을 전개하고 있었다. 그렇다면 손중산은 중앙과 지방의 관계에서 어떤 태도였을까? 우리는 그의 연설에서 손중산의 사상이 자주 변했다는 것을 발견할 수 있다. 연방제에 대한 손중산의 태도를 예로 들면 다음과 같다. 1911년 11월, 손중산은 『파리일보』 기자와의 담화에서 중국은 반드시 연방제를 실시해야 한다고 생각하였다. 그는 다음과 같이 말했다. "중국은 지리적으로 22개성으로 나뉘어 있고, 몽골, 서장, 신강 3대 속지까지 더하면 그 면적이 유럽만큼 크다. 각성은 기후가 다르고 인민의 습관과 성질 역시 기후에 따라 차이가 있다. 그러한 정세를 닮아 정치적인 면에서 중앙집권은 적합하지 않고 북미의 연방제도를 실시한다면 가장 적합할 것이다. 각성은 내정에 대하여 각자 완전한 자유를 가지고 각자 정리와 통솔의 책임을 지되 각성의 위에 중앙정부를 건설하여, 군사,

---

987) 『손중산전집』 1권, 331쪽.

외교, 재정을 관리하면 호흡이 자연스럽게 연결될 것이다. 이러한 신 정부가 건립돼도 역사적으로 내려온 조직은 바꿀 필요가 없다. 이를테면 지금 각성은 모두 총독(總督) 혹은 순무(巡撫)를 두어 다스렸는데 연방방법은 대체로 이와 같다. 하지만 예전의 총독이나 순부는 군주가 임명했지만 금후에는 민간에서 선거한다. 즉 본성의 백성이 주인이 된다. 형식은 여전해도 정신이 바뀌고 효과가 다르다."[988] 여기서 쉽게 알 수 있는 것은 손중산은 미국을 모방하여 연방제를 실시하는 것에 대하여 찬성했다. 그런데 1912년 8월 국민당이 성립될 때, 손중산의 태도에는 이미 큰 변화가 있었는데 이는 손중산의 인가를 거친 『국민당선언』에서 체현되었다. 선언에서 국민당은 완전히 공화입헌정치를 요구한다고 명확히 제시하였고 당의 강령은 손익을 고려하여 다섯 가지의 일을 열거하였다. 첫째, "정치통일을 유지하고 단일국을 건설하며 집권제를 행한다." 둘째, "지방자치를 발전시키고 국민의 능력을 훈련시키며 공화의 기초를 닦고 중앙이 미치지 못하는 부분을 보충한다."[989] 『국민당선언』의 내용으로 보면 손중산은 중앙집권을 실행하고 단일제의 공화제국가를 건립하며 지방자치는 단지 '국민의 능력을 훈련'시키는 수단이고 목적은 '중앙이 미치지 못하는 부분을 보충'하는 것임을 명확하게 주장하였다.

그 후, 연방제에 대한 손중산의 태도도 변화되었다. 1921년 손중산이 광저우에서 임시 대통령에 취임하고 선언을 발표할 때 '성헌' 운동을 명확하게 지적하였다. "내가 생각하건대 파괴와 건설은 그 선후가 있는 것이 아니다. 정치제도가 불량하면 나라를 다스릴 방법이 없다. 집권전제는 청나라 이래의 폐단이다. 중앙과 지방의 영구적인 분규를 해결하려면 오로지 각성에서 자치를 완성하여 자체적으로 헌법을 정하고 자체적으로 성장을 선거해야 한다. 중앙 권력이 각성에 나누어지고 각성의 권력이 각 현에 나누어지면 국민이 분열되게 된다. 다시 자치주의와 결합하여 모든 병력을 동원하여 함부로 전쟁을 일으켜 인민을

---

988) 『손중산전집』 1권, 563쪽.
989) 『손중산전집』 2권, 중화서국, 1982, 397쪽.

힘들게 할 필요가 없다." 이치대로 말하면 대통령으로서 대외에 발표하는 선언은 반드시 공신력이 있어야 하고 손중산은 당연히 약속을 지켜야 한다. 하지만 선언이 발표 된지 얼마 지나지 않아 손중산은 또 연방제를 강력히 반대하기 시작하였다.

그는 이렇게 말했다. "지난 10 여 년 동안, 중국 일반 문인지사들은 중국의 현재의 문제를 해결하려 하였지만, 근본적으로 중미 양국의 국정을 비교하지 않고, 단지 미국의 부강한 결과만을 가지고 논의하면서 중국이 부강하길 바랄 따름이었다. 미국이 부강해진 것은 연방을 실시했기 때문이기에 중국이 미국처럼 부강하려면 당연히 각성이 연방을 이루어야 한다고 생각하였다. 그들 미국 연방제도의 근본적인 장점은 각 방이 자체적으로 헌법을 정하고 분방(分邦) 자치를 실시하는 것이라면서 성 헌법을 실시한 후 다시 연합하여 국헌을 성립해야 한다고 했다. 바꾸어 말하면 장래 통일된 중국은 20여개 독립적 단위로 만들어 백년 전 미국의 10개 독립방처럼 된 후 나중에 다시 연합해야 한다는 것인데, 이는 그야말로 매우 잘못된 생각이다." 손중산은 이어서 다음과 같이 말했다. "미국의 부강은 각 방이 통일된 결과이지 각 방이 분열된 결과가 아니다. 중국은 원래 통일이 된 나라인데 각성을 분할해서는 안 된다. 중국이 일시적으로 통일되지 않은 것은 잠시적인 혼란한 현상이고 무인들이 할거를 호신부적으로 삼았기 때문이다. 만약 이러한 무인들이 구실을 대고 제각기 하나씩 점유한다면 중국은 더는 부강해 질 수 없다. 만약 미국연방제도가 바로 부강의 원인이라고 한다면 그것은 결과를 원인으로 잘못 안 것이다."[990]

손중산은 왜 중앙과 지방의 관계에서 연방제를 실행하는데 대하여 이와 같이 반복을 거듭한 것일까? 그것은 주로 손중산 필생의 신념이 중국에 단일제의 공화국가를 건립하고 중앙과 지방의 관계에서 중앙집권제를 실행하는 것이며 중앙집권의 기초 위에서 지방에서는 한계가 있는 자치, 즉 현 이하의 자치를 실행하는 것이었기 때문이다. 손중산이 현 이하의 자치를 제일 처음 언급한 것은 1916년 7월 15일 상해에 주재하는 광저우 의원을

---

990) 『손중산전집』 제9권, 중화서국, 1986, 304쪽.

환영하는 회의였다. 그는 다음과 같이 말했다. "만약 성을 단위로 지방분권을 실시하면 권력이 한 성에 집중되는 국면을 초래한다. 그렇기 때문에 연구하지 않으면 몰라도 만약 정밀하게 연구하면 당연히 현을 단위로 해야 한다. … 대의정체의 기치 하에 인민은 오직 일종의 대의권이 있을 뿐이다. 하지만 보다 직접적인 민권으로 법률을 제정하거나 폐지하고 관원을 탄핵할 수 있는 권력이 있다면 이러한 민권은 성정부에만 국한시킬 것이 아니라 광대한 성 전지역에 실시해야 한다. 그르므로 당연히 현을 단위로 해야 지방의 재정을 완전히 지방에서 처리하고 중앙의 행정 지출을 분담할 수 있다."[991] 그 후 손중산은 또 여러 차례 현 자치를 언급하였는데 마지막으로 언급한 것은 1924년 4월 12일의 『국민정부건설대강』에서였다. 그는 다음과 같이 지적하였다. "모든 현의 지방자치정부가 성립된 후 국민대표 한 명씩 선거하여 대표회를 조직하여 중앙의 정사에 참여하여야 한다." "현을 자치의 단위로 하고 성은 중앙과 현 사이에서 연락작용을 해야 한다."[992] 이러한 점들을 이해하고 나서 뒤돌아보면 손중산이 각기 다른 장소와 다른 시간에 연방제에 대한 지지를 언급한 것은 형세의 핍박에서 기인된 것이다. 그는 그것을 사용하여 당시 이미 연방자치를 실시한 서남의 각성 실력파들의 북벌사업에 대한 지지를 얻으려 했으나 염원이 실현되지 않은 까닭에 돌아서서 연방제를 공격한 것이다. 그렇기 때문에 손중산은 사실상 연방제를 인정하는 것을 무력으로 중국을 통일하는데 있어서 타인의 지지를 얻어내는 도구로 삼았는데 분명히 공리주의 색채가 있다. 하지만 그가 진짜로 기대하고 노력한 것은 중국에 중앙집권제의 단일제 공화국을 건립하는 것이었다.

　　손중산은 일생을 공화사상을 선전하고 공화의 목표를 추구하고 공화제도를 건립하고 수호하는 것을 필생의 사업으로 삼고 노력했다. 이것이 바로 손중산이 후세 사람들의 존경과 흠모를 받은 점이다. 하지만 시대의 국한성과 현실의 필요에 얽매이다보니 그의

---

991) 『손중산전집』 제3권, 중화서국, 1986, 323쪽.
992) 『손중산전집』 제9권, 129쪽.

사상에도 일정한 한계가 있을 수밖에 없었다. 이러한 한계는 주로 서방 공화사상에 대한 이해에서 표현된다. 오늘날 헌법학자의 학술 안목과 지식으로 관찰해 볼 때, 서방의 정치사상가들이 '공화'를 토론할 때 그들은 흔히 두 가지 의의를 나타내었다. 하나는 제도적 측면인데 '공화'를 일종의 체제형태 혹은 조작방식으로 삼았다. 이를테면 대통령제, 의회내각제, 반대통령 반 의회제, 위원회제 등과 같은 것이다. 미국의 대통령제로 말하면 대통령은 국가원수이면서 또 정부수뇌자로서 선민(選民)의 직접 혹은 간접 선거에 의해 발생되고 선민에 대해 책임지며 국가 원수권과 행정권을 행사한다. 국회는 참의원과 중의원으로 조성되는데 두 원 의원은 모두 선민의 직접선거에 의해 발생되어 일정한 임기가 있다. 국회는 국가입법권을 행사한다. 대통령과 국회의 관계에서 대통령은 국회에 대하여 책임지지 않으며 국회를 해산시킬 권한이 없다. 국회는 법에 의해 대통령에 대한 탄핵을 발의할 수 있는 외에 대통령을 파면시킬 권리는 없다. 법원은 심판권을 행사하는데 국회에서 채택된 법률 및 정부의 행위에 대하여 사법심사를 할 권리를 가지고 있다. 하지만 법원의 법관은 반드시 대통령이 추천하고 참의원에서 비준하며 대통령이 임명한다. 이는 조작 가능한 제도 구조이다. 다른 하나는 가치적 측면인데 '공화'를 일종의 가치체계로 이해하였다. 위에서 서방 언어계통 속에서 사용된 '공화'의 내용을 정리하였는데 그것은 주로 가치적 측면에서였다. '공화'의 가치 계통에는 공민참여, 정치, 제형, 공민미덕 등의 요소들이 포함된다. 이러한 요소를 '공화정신'이라고 개괄할 수 있다. '공화정신'은 공화정체를 구축하는 가치 기초이다. 공화정신이 결여된 공화제도는 공화제의 외관형식만 있을 뿐이어서 정치운행과정에서 안정적이지 못하다.

'공화'의 상술한 두 측면에 따라 당시의 관련 문헌들을 찾아보면 우리는 당시 손중산이 서방의 'republic'를 인입하여 소개할 때, '공화'를 주로 제도적 측면에서 보았다는 것을 발견할 수 있다. 즉 '공화'를 일종의 국가형식으로 삼아 이해하였다. 1912년 8월 13일 손중산은 『국민당선언』에서 다음과 같이 말했다. "권리의 분배에서 국체가 군주든 공화든, 정체가 독재든 입헌이든 모두 이러한 문제가 존재한다. …하지만 공화입헌국가에서 정치중심 세력을 정당에 집중시켜서는 안 된다."[993] 이 선언에서 손중산은 '국체'와 '정체'를 구분하였고 '군주'와 '공화'는 '국체'상의 구별이고 '전제'와 '입헌'은 '정체'에 속한다고 구별하고 지적하였다.[994] 그렇기 때문에 손중산의 머리에서 공화는 곧 일종의 국가원수가 발생하는 방식의 제도적 형태일 뿐 공화의 가치 내용은 소홀히 하였다.

이를테면 공민참여가 그러하다. 그것은 공화의 기본적 가치로서 공민참여를 통해서만이 공민자치를 기초로 하는 정치공동체가 비로소 건립되고 존속한다. 아리스토텔레스 등 고전공화주의자의 관점에 의하면 사람은 정치동물로서 오직 공공생활 중에서 적극적인 행동을 실천해야만 그 본성이 완성될 수 있다. 그렇기 때문에 공민은 반드시 통치권에 참여하여야 치리(治理)와 피치(被治)에 동시에 도달할 수 있다. 손중산은 분명 공화의 이 가치에 관심을 기울이지 못했거나 혹은 보통민중이 공화제도의 건립과 유지에 참여하는 작용을 낮게 평가하였다. 1905년, 손중산과 황싱(黃興), 장태염 등은 일본에서 『중국동맹회선언』을 작성하였는데 그중에서 손중산은 공화제도의 건립을 세 개의 시기로 나누었다. 첫째 시기는 군법으로 다스리는 시기인데 3년을 기한으로 했다. 이 시기 군대와 인민은 같이 군법의 통치를 받고 지방행정은 군정부가 장악한다. 두 번째 시기는 약법으로 다스리는 시기인데 천하가 평정된 후의 6년을 기한으로 한다. 이 시기 군정부는 지방자치권을 당지 인민에게 돌려주고 지방의회 의원 및 지방행정관은 모두 인민이 선거한다. 군정부와 인민 사이의 권리와 의무는 모두 약법에 규정한다. 세 번째 시기는 헌법으로 다스리는 시기이다. "군정부는 병권, 행정권을 해제하고 국민이 공선으로

---

993) 구이훙청, 「손중산의 '공화'개념 및 그 연원(孫中山的'共和'概念及其淵源)」, 『국부기념관관간』 17기, 2006, 48~59쪽.
994) 사실 기타 공화에 대한 기타 인입 소개자들도 인식 상에서 손중산과 같은 견해였다. 이를테면 양계초는 모든 세계의 '군주'와 국가원수를 공선하는 '공화'는 '국체'상의 구별인데, 국체가 '군주', '공화'를 막론하고 '정체'에서 모두 '입헌'을 채용할 수 있다고 인정했다. '입헌과 비 입헌은 정체의 명사이고 공화와 비 공화는 국체의 명사이다.' (양계초, 「둔비집(盾鼻集) 이른바 국체문제자들이 괴이하도다(異哉所謂國體問題者)」, 『음병실합집 8. 음병실전집 33』, 88쪽)

대통령을 선거하며 공선의원으로 국회를 조직한다. 일국의 정사는 헌법에 의하여 행한다.”
손중산의 이해에 따르면 세 개의 시기로 나눠야 하는 까닭은 중국국민이 처음에는
공화국민의 자격을 갖추지 못했기 때문이며 국민의 자격이 양성된 후에 공화국이 곧
건립된다고 생각했기 때문이다. 그래서 그는 다음과 같이 말했다. “우리 국민이 순서에
따라 점차 자유 평등의 자격을 양성하면 중화민국의 근본이 모두 존재하게 된다.”[995]
사상적인 면에서 보통민주의 정치 참여적 가치를 소홀히 하였기에 당시의 혁명파들의
공화건립의 기초를 소수의 사람들한테 맡기는 결과를 초래하였다. 그들이 주로 의존한 것은
해외화교, 청년지식인과 국내회당(國內會黨) 등 소수였는데, 이러한 사람들은 공화제도의
중견 역량이 되기에 부족했다. 신해혁명 후 손중산이 영도하여 건립한 공화국은 다음으로
원세개의 독재통치에 의해 대체되었는데 일부 정치이론학자와 사회학자들은 그 원인이
혁명파들이 광범위하게 사회적 동원을 하지 못한데 있다고 의견을 모았다. 고군분투라는
것인데 거기에는 일정한 도리가 있다.

또 예를 들면 법치가 그러하다. 법치는 공화정체의 한 원칙으로서 법치가 없으면
공화국은 유지할 방법이 없게 된다. 그렇기 때문에 서방에서는 고전공화국 아니면 근대
이래의 공화국을 막론하고 모두 법치를 중요시했다. 법치는 정상적인 헌정 상태에서 모든
공권력의 행사가 모두 법에 의해 실시되는 것으로 표현될 뿐만 아니라, 특히 비상상태에서
헌정위기가 발생했을 때, 정치문제를 법제화로 해결할 수 있는 것으로 표현된다. 이것은
공화국 건립 초기에는 더욱 중요한 것인데 일정 정도 하에서 공화국 미래의 방향을
결정한다. 손중산이 영도하여 건립한 자산계급공화정부가 건립된 후 공화국 운명에
직접적인 영향을 주는 몇 가지 사건이 발생하였지만 손중산은 번번이 법치의 방법으로
해결하지 못했다. 중화민국이 건립된지 얼마 지나지 않아 발생한 장쩐우(張振武)사건을
예로 들면 그러하다. 장쩐우는 우창봉기 때 영도자의 한 사람으로서 일찍 호북 군정부의

---

995) 『손중산전집』, 1권, 296~298쪽.

군무부 부부장을 지냈다. 부대통령 여원홍(黎元洪)은 일방적으로 그를 대통령 고문에 추천하고 뒤에서는 원세개에게 비밀전보를 보내어 '장쩐우를 법에 의해 사형할 것'을 요구하였다. 그 이유는 "비록 공로가 있기 하지만 권력을 마구 휘두르고 도당을 지었으며 포악하고 오만하며 제멋대로 방자하다. 상해에 가서 총을 구입하고 거액을 착복했다. 우창 2차 준동 때, 인심이 황황한 틈을 타서 암암리에 선통하여 기회를 엿보아 목적을 달성하려 했다"[996]는 것이다. 그리하여 원세개와 육군부장 단계서(段祺瑞)는 명령을 내려 1912년 8월 15일 밤에 장쩐우를 체포하였고 16일 새벽 1시에 군정에서 총살을 집행하였다. 원세개, 여원홍, 단계서가 장쩐우 사건을 처리한 행위방식은 전통적인 인치사회(人治社會)에서는 습관이 되어 예사로 여기는 일이었다. 하지만 공화제도에서 이것은 법치를 파괴하고 인권을 엄중히 침범한 행위이다. 그리하여 이 사건은 당시 큰 파문을 일으켰다. 여론과 각계 인사들은 분분이 성토하였고 참의원도 질의를 제시했다.

호북 20명의 참의원들은 공동으로 질의를 제시하면서 다음과 같이 정확하게 지적하였다. "공화국이 법치를 실시하면 오로지 법률에 의해서만 비로소 인명에 관련되는 일을 결정할 수 있지 행정명령으로 범인을 처단할 수 없다. 오로지 법관이 법률에 근거하여 사형을 결정할 수 있을 뿐 대통령의 명령이라 하더라도 사형을 결정할 수는 없다." "약법에 의하면 대통령에게 특사권은 있지만 특살권은 없다. 죄가 있는 자라고 하더라도 대통령은 특권으로 살릴 수는 있지만 죄가 없는 자는 그 어떤 사람이든 특권으로 죽일 수는 없다." 하지만 "대통령, 부대통령이 입으로는 헌장을 부르짖으면서 살생을 하니 … 침묵을 지킬 수 없어 그 원인을 묻지 않을 수 없다."[997] 공화를 수호하려는 것과 공화를 파괴하려는 것과의 역량 대비가 현저한 상황에서 공화제도의 수호자로서의 손중산이 취해야 할 합당한 방법은 당연히 이 기회를 잡고, 한 방면으로는 매체의 여론을 이용하여 법치를 파괴하는 행위에

---

996) 중중쩐(朱宗震), 양광훼이(楊光輝) 편찬, 『민초정쟁과 2차 혁명(民初政爭與二次革命)』, 상해인민출판사, 1983, 110쪽.
997) 중중쩐(朱宗震), 양광훼이(楊光輝) 편찬, 『민초정쟁과 2차 혁명』, 119~122쪽.

대하여 끊임없이 폭로, 비판하는 한편 다른 한 방면으로는 법적 경로를 통하여 각급 의회의 감독, 질의, 탄핵의 권리를 발휘함으로써 법치를 파괴하는 당권자가 속박과 견제를 받게 하고 심지어 제재를 하는 동시에 공민에게 법치교육을 해야 하는 것이다. 그러나 손중산은 그렇게 하지 못했다. 그는 견책을 하기는커녕 오히려 원세개를 두둔하는데 "짱쩐우 사건은 여원홍의 핍박에 의해 부득이하게 그대로 하지 않을 수 없는 ⋯일시적 불찰"이었다고 했다. 어느 학자가 말한 것처럼 "손중산은 당시 이것은 민주, 법치 제도를 지지하느냐 파괴하느냐 하는 엄숙한 투쟁이라는 것을 근본적으로 의식하지 못했다."[998] 손중산의 이러한 행동은 당시의 공화국으로 하여금 각 방면에서 행동으로 법치 궤도에 오를 수 있는 기회를 잃게 하였으며, 그로 인하여 공화국의 실패에 복선이 깔려지게 되었다.

후에 원세개는 일부 중대한 문제를 부당하게 처리하는 손중산의 약점을 이용하여 나중에는 군주제도를 복벽하고 공화국을 파멸시켰다. 민초의 공화 경험은 다음과 같은 것을 말해 준다. 군주전제제도를 뒤엎는 것 자체가 곧 공화제의 건립을 의미하는 것이 아니다. 다만 '제국'이라는 국호를 '공화'로 바꾸고 '황제'를 '대통령'이라고 부르고 '대신'을 '부장'이라고 부른 것에 그친 것이다. 공화정체는 너무 경솔하게 건립되었다. 공화를 헌정 상태로 바꾸자면 반드시 공화의 가치 내용을 도입하고 근본적으로 제도설계를 하고 치국의 방식을 바꿔야 한다.

## (2) 진형명(陳炯明)의 복합공화사상

근대 이래 그 어떤 공화제국가나 국토면적이 크든 작든, 인구가 많든 적든 통치자는 모두 국가의 국민을 지역에 따라 나누어 통치하였다. 우선 권위적인 중앙정부가 있어

---

998) 위안웨이스(袁衛時), 「손, 위안의 타협에서 '2차 혁명' 정치책략에 이르기까지와 민주헌정의 역사 경험(孫袁妥協到'二次革命'政治策略與民初憲政的歷史經驗)」, 『전략과 관리』 6기, 2000.

대내 대외에서 국가를 대표한다. 다음 전국을 약간의 큰 행정구역으로 나누고 상응한 정부를 건립하여 구역 내의 사무를 관리한다. 이렇게 되면 중앙정부와 지방정부 사이의 권한 구분 문제가 형성된다. 우리는 중앙정부와 지방정부 '분권'의 정도가 다름에 따라 국가를 단일공화국과 복합공화국으로 나눈다. 실천적인 형태로 보면 단일공화국의 특징은 국가권력이 주로 중앙정부에 집중되고, 지방정부의 권력은 중앙정부의 권한 부여에서 오는데 중앙정부를 대표하여 해당 지방에서 국가권력을 행사한다. 하지만 일부 중대한 사항의 정책 결정권은 중앙에 집중되어 지방정부에는 단지 집행권과 건의권이 있을 뿐이다. 단일공화국의 상술한 특징에 따라 사람들은 흔히 중앙집권국가라고 부른다.

복합공화국의 특징에 대하여 해밀턴은 『연방당인문집』에서 일찍 다음과 같이 서술한 바가 있다. "하나의 단일한 공화국에서 인민이 준 모든 권력을 한 정부에 주어 집행하고 정부를 각기 다른 부분으로 나누어 탈권을 방지한다. 미국의 복합공화국에서 인민이 준 권력을 우선 두 가지 다른 정부에 나누어 준 후, 각 정부에서 나누어 가진 그 부분의 권력을 다시 몇 개의 분리한 부분에 나누어 주었다. 그렇기 때문에 인민의 권리는 이중의 보장이 있게 되었다. 두 종류의 정부가 상호 견제하고 동시에 각 정부는 스스로 자신를 통제한다."[999] 미국의 헌정실천을 보면 미국이 복합공화국이라고 불릴 수 있는 까닭은 우선 미국의 중앙정부는 선민이 선거하여 발생한 공화정부이고 다음으로 미국의 각 주, 주 이하의 현 및 기타 기층의 정부는 모두 공화적 자치체이기 때문이다. 이러한 공화자치제는 모두 공민 개인을 상대로 하고 개인은 각기 다른 범위의 여러 개의 공화체에 동시에 속한다. "복합공화는 자치, 비 집권(非集權), 다양성의 헌제(憲制)적 배치이다."[1000] 복합공화국은 흔히 연방제국가라고 불린다.

신해혁명이 국가권력과 인민권력 사이의 관계문제를 해결한 후, 중앙과 지방 권력

---

999) [미] 해밀턴, 제이, 메디슨, 『연방당인문집』, ,265~266쪽.
1000) 유군영(劉軍寧), 「연방주의: 자유주의의 대국 방안(聯邦主義:自由主義的大國方案)」, 『자유와 질서: 중국학자의 관점』, 중국사회과학원출판사, 2002.

사이의 문제가 드러나기 시작했다. 손중산이 제시한 방안은 단일 중앙집권의 공화국을 건립하는 것이었고 그 수단은 무력으로 전국을 통일하는 것이었다. 손중산의 구국방안과 대립되는 것은 평화 타협의 수단으로 연방제를 실시하고 복합공화국을 건립하는 것이었다. 양계초, 진형명, 호적, 이대쇠, 장태염 등은 모두 이 방안을 지지했다. 그중 제일 대표적 인물은 진형명이다. 그는 이러한 방안을 통해 분란이 빈번하고 장기적인 전란에 인민이 고역을 겪고 있는 사분오열의 난국을 끝내고 민유, 민치, 민향의 진정한 민주공화국을 건립할 수 있기를 진심어린 마음으로 희망했다.

지방자치에 관한 진형명의 사상은 역사사료 문헌에서 찾아볼 수 있는데, 최초로 나타난 것은 1909년 11월에 그가 광동성 자문국에 제시한 『성, 진, 향 지방자치 준비의 안초안(籌辦城鎭鄉地方自治議草)』으로 그는 이글에서 성에서 진, 향에 이르기 까지 성, 진, 향의 지방자치 준비기구를 신속히 마련하고 '성향 자치방안은 전문적으로 연구'해야 하며 간부를 배양, 훈련시키고 지방자치의 사안을 추진해야 한다고 건의하였다.[1001] 신해혁명 후, 짧았던 민주공화와 원세개의 군주제도, 장쉰(張勳)의 복벽, 단계서의 집정 등 일련의 정치 변화를 겪고 나서 진형명의 지방자치 사상은 갈수록 명확해지고 사고방향이 똑똑해져서 지방자치를 기초로 복합 공화국가를 건립하자는 구국방안이 제시되었다.

진형명의 복합공화사상은 1919년무터 1931년 사이에 주로 집중되었다. 통계에 의하면 그 기간 그가 집필했거나 의견을 내놓았거나 찬동한, 연성자치에 관한 논저, 지령, 고시, 전보 등이 수십 만 자에 달한다.[1002] 그 대표적인 문헌들은 다음과 같다.

1) 『연성자치운동』(1922)에서는 진형명이 연성자치를 주장한 이유와 건설에 대한

---

1001) 단운장(段云章), 예준명(倪俊明), 「진형명의 이상과 도로(陳炯明的理想和道路) ― 민주연방제를 고찰 중심으로(以民主聯邦爲考察中心)」, 『중산대학학보(사회과학판)』 5기, 2008.
1002) 단운장(段云章), 예준명(倪俊明), 「진형명의 이상과 도로 ― 민주연방제를 고찰 중심으로」, 『중산대학학보(사회과학판)』 5기, 2008.

책략, 실행방법을 상세하게 서술했다. 2) 『중국통일소견(中國統一芻議)』(1927)에서는 연방제에 대해 보다 전면적으로 논술하고 묘사했는데 진형명은 연방제는 중국의 통일, 독립, 민주, 부강을 실현하는 최적의 방안이라고 생각했다. 그 외 그의 사상은 『민성발간사(閩星發刊詞)』(1919), 『죄악의 노예가 되지 말자(不爲罪惡的奴隷)』(1919), 『혁명을 논한 강(康白情), 대(戴季陶) 양군의 편지를 논함(評康戴兩君論革命的書)』(1919) 『민성일보선언(閩星日報宣言)』(1920) 등 문헌에서도 산발적으로 보인다. 이러한 문헌들에서 진형명은 지방자치는 중국이 공화에 이를 수 있는 유일한 길이라고 굳게 믿었다. 진형명은 1933년 9월 홍콩에서 임종할 때 "공화, 공화"하고 외침으로써 죽으면서까지 연방제에 대한 신념을 표현하였다.[1003] 진형명의 복합공화사상은 아래와 같은 몇 가지에 집중된다. 첫째, 중국이 연방제를 실행하고 복합공화국을 건설해야 할 필요성을 논증하였다. 신해혁명 후, 손중산은 무력으로 중국을 통일하고 단일 중앙집권의 공화국가를 건립할 뜻을 잊지 않았다. 하지만 그가 보통백성의 광범위한 참여를 소홀히 하고 일부 중대한 사건을 부당하게 처리하면서 손중산이 발동한 '2차 혁명', '호법운동' 등은 수차례 실패하였고 인민의 생활은 전란 속에 빠졌으며 국가의 통일은 언제가 될지 앞날이 보이지 않았다. 그런 상황을 겪으면서 진형명은 다음과 같은 것을 깨달았다. "오늘날 중국의 평화를 회복하려면 방법은 오로지 하나이다. 그것은 바로 모든 권력을 인민들에게 돌리는 것이다. 인민은 평화를 희망한다. 그들이 힘을 합치고 뜻을 모은다면 평화는 실현된다."[1004] 그는 또 다음과 같이 말했다. "병권과 정권이 있다고 하여 중국을 통일할 수 있는 것이 아니다. 원세개, 단계서가 그것을 증명했다. 그렇기 때문에 반드시 다른 방식을 찾아 인민들이 권리를 장악하고 인민들이 그 권력을 발전시켜 통일을 하게 해야 한다."[1005] 진형명은 그 다른 방식이란 바로 중앙과 지방의 분권으로 연방제를 실시하는 것이라고

1003) 단운장(段云章), 예준명(倪俊明) 편찬, 『진형명집』, 보충본 하권, 중산대학출판사, 2007, 1165쪽.
1004) 단운장(段云章), 예준명(倪俊明) 편찬, 『진형명집』, 중산대학출판사, 2007, 560쪽,
1005) 단운장(段云章), 예준명(倪俊明) 편찬, 『진형명집』, 566쪽.

보았다. 그는 다음과 같이 지적하였다. "정치조직의 근본은 중앙과 지방의 권한을 규정하는 데 있다. 규정의 방식은 고금, 만국을 막론하고 중앙집권과 지방분권 두 가지였다. 대체로 나라가 작고 국민이 적으면 집권(集權)제도 가능하지만, 그렇지 않을 경우에 분권제를 하지 않은 나라가 없다. 미국의 합중, 독일의 연방은 모두 분권제이다." "중화민국은 광복으로 인하여 각성이 공동으로 구성되었다. 그 모든 지방에서 분권제를 실시하는 것은 본래 자연스러운 일이다." 진형명은 또 지방분권의 실행에 대한 좋은 점을 분석하였다. 하나는 국내의 장기적인 전란을 해소할 수 있다. 국내에 장기적 전란이 일어나는 것은 바로 "중앙과 지방의 권리 분배가 명확하지 못한 것이 곧 혼란을 조성하는 원인이 되고 분열을 초래하는 단초가 된다. 중앙은 각성의 불일치를 좋지 않게 보면서 군사를 동원하여 제압하려 하고 각성은 중앙의 독재에 불복하여 무력으로 저항하려 하면서 전쟁이 일어나고, 정치적으로 분란이 일어나서 더욱 수습할 수 없는 지경에 이른다." 다음으로 인민과의 관계가 밀접해 질 수 있다. 진형명은 다음과 같이 지적하였다. 중앙과 지방이 분권을 하고 연방제를 실시하는 것은 단순히 일시적으로 전란을 해결하기 위해서만은 아닌 또 다른 원인이 있는데 그것은 "근대 이래 국가와 인민의 관계가 갈수록 밀접해지고 정사가 갈수록 번영해지는 것은 예전의 훌륭한 관리에 의해 다스려져서 그런 것이 아니다. 모든 정사는 모두 인민과 직접적으로 이해관계가 있으므로 인민들로 하여금 스스로 도모하게 하지 않을 수 없다. 만약 사사건건 중앙의 지시에만 따르면 중앙과 점점 가까워지고 인민과는 점점 멀어져서 인민이 영원히 피동적 지위에 처하게 되고 민치가 양성될 수 없으며 인민의 행복을 도모하려는 중앙의 성의도 실현되지 못한다." 이에 근거하여 진형명은 다음과 같이 생각하였다. "중앙과 지방의 권한을 규정하고 지방분권주의를 취하는 방법은 중앙정부의 직권은 열거주의(列擧主義)를 취하고 지방 직권은 개괄주의(槪括主義)를 취하는 것이다."[1006]

---

1006) 단운장(段云章), 예준명(倪俊明) 편찬, 『진형명집』, 872쪽,

둘째, 집권과 통일, 자치와 분열의 관계를 천명하였다. 지방분권을 반대하는 사람들은 당시 연성자치를 제창하고 지방분권을 주장하는 관점에 집중하여 다음과 같이 지적하였다. 각성은 명목상 자치라고 하지만 기실은 할거(割據)이고 그 실질은 각 군벌이 무력으로 자신의 지위를 굳건히 하면서 '자치', 즉 분열하려는 것이다. 이러한 분열을 끝내려면 무력을 사용할 수밖에 없다. 손중산 역시 같은 관점을 제시하였다. 연성자치를 주장하는 사람들은 날카롭게 맞서서 다음과 같이 지적하였다. '자치'는 결코 분열이 아니다. '국가통일'과 '중앙집권'에 등호를 붙일 수 없다. 진형명은 다음과 같이 지적하였다. "맹목적인(盲論) 지사들은 흔히 '분치'는 '통일'을 파괴하는 것이라고 주장한다. '분치'와 '집권'은 원래부터 대칭되는 명사인데 '통일'과 무슨 상관이 있는가? …민국 이래, 맹목적인 자들이 '집권'을 '통일'로 오해하면서 야심가들이 가짜 '통일'로 정권을 탈취하였다."[1007] 바꾸어 말하면 '연성자치'는 중국을 몇 십 개의 독립된 성으로 분열하려는 것이 아니라는 것이다. '통일'을 '집권'으로 오해하면 안 되고 '분권'을 '분열'로 오해하면 안 되며 '자치'도 '독립'으로 오해해서는 안 된다. 미국, 캐나다, 스위스 등 세계에 '연방제'를 실시한 국가는 '통일', '지방분권', '지방자치'의 국가이지만 '분열', '중앙집권', '지방독립'의 국가는 아니다.

셋째, 중국이 통일을 실현하려면 반드시 법치에 의거해야 한다고 주장했다. 신해혁명 후, 손중산은 줄곧 무력으로 중국의 통일문제를 해결하기를 희망했고 진형명은 그것을 반대하였다. 진형명의 구국에 대한 사고방향은 연성자치주의를 고수하면서 법치로 중국을 통일하는 것이었다. 진형명은 여러 장소에서 법치통일의 문제를 담론하였다. 1922년 진형명이 여러 신문들에 발표한 언론들을 발췌하면 다음과 같다.

a. 1922년 8월 10일 진형명은 혜주(惠州)에서 『사멸서보(士蔑西報, The Hongkong Telegraph)』 기자와의 담화에서 다음과 같이 지적하였다. 나는 중국에 미국과 비슷한

1007) 단운장(段云章), 예준명(倪俊明) 편찬, 『진형명집』, 662쪽,

헌법이 있고 비교적 막대한 자치권을 각성에 주어 민정을 관리하기를 갈망한다. 중국에는 단단하고 강한 중앙정부가 있어서 모든 군사, 사법, 외교 등을 통관할 필요가 있다. 무력으로 보다 좋은 헌법을 만들겠다는 것은 잘못된 방법이다. 손중산이 무력으로 청 정부를 뒤엎어야 한다고 했던 주장은 옳은 것이다. 하지만 지금 그는 무력으로 민국을 건립하려 하는데, 이것은 될 수 없는 일이다. 나는 물론 통일을 완전히 찬성하지만 통일은 반드시 제헌이 선행되어야 한다.

b. 진형명은 1922년 8월 13일 『자림서보(字林)』 기자와의 담화에서 다음과 같이 지적하였다. "중국은 공화를 세우면서 내란이 끊이지 않았다. 통일은 더 미룰 수 없다. 통일의 근본은 법률에 있다. 법률로 통일을 이룬다면 국가는 영원히 붕괴의 우려가 없다. 공화국을 건설한 이래 국토가 분열된 것은 정부와 지방의 권한이 분명하지 못해서 문무 관리들이 자신의 본분을 지키지 않고 권력과 이익을 쟁탈했기 때문이다. 국가의 대권은 인민에게 있지만 인민은 스스로 다투지 않았는데도 타인에 의해 절취 당한다. 중앙정부가 국민에게서 위탁받은 대권이 몇몇 안 되는 무인에 의해 분할되었다. 우리가 붕괴와 사분오열의 화를 면하려면 우선 강대하고 공고한 중앙정부를 건립해야 하고, 강대하고 공고한 중앙정부를 건립하려면 우선 법률을 수정하여 시국의 수요에 적응할 수 있어야 한다. 일종의 제도를 정하여 우리 정부가 보다 인민정부에 부합되도록 하여 인민이 관리하고 인민을 위해 일을 하는 원칙이 되게 해야 한다. 그렇기 때문에 나의 생각에는 당연히 미국의 제도를 채용하여 대권을 전국에 분배해야 하지 더는 소수가 장악하게 해서는 안 된다. 이렇게 하면 인민은 관리에 참여할 기회가 있게 된다. 중앙의 권한을 일일이 열거하여 규정해야 하고 지방의 권한도 개괄하여 규정해야 한다. 중앙 관리의 임명과 해임의 권한은 정부에 있어야 하고 지방 관리의 임명과 해임의 권한은 인민의 뜻에 따라야 한다. 이렇게 하면 임명과 해임의 문제로 인한 분쟁이 일어나지 않는다. 군인도 사인에게 그 어떤 직위의 임명, 해임의 권한을 주어서는 안 되며 국가 재정도 침해를 받아서는 안 된다. 정부가 음모에 연루되지 않아야 정치음모가 모조리 사라질 수 있다. 그렇기 때문에

각성에서는 성 헌법을 제정해야 한다. 그래야 각성은 모두 전체 인민이 공동으로 관리할 수 있고, 군벌도 자신의 기반을 요구하지 못한다. 이렇게 하여 도독을 폐지하고 군대를 축소해야 한 걸음 앞으로 발전할 수 있다."

c. 1922년 8월 21일, 진형명은 여원홍의 대표 바이위헝(白逾桓)과 담화를 할 때 법치통일의 관점을 다시 한 번 천명하였다. "국란이 이미 여러 해 동안 지속되었다. 통일을 강구하지 않으면 안 된다. 하지만 진정한 통일은 반드시 법치의 위에 건립해야 한다. 그래야 영원히 지속될 수 있고 다시 분열되지 않을 수 있다. 국민의 분란은 중앙과 지방의 분권이 명확하지 않고 군사와 민정이 제자리로 돌아가지 않은 데 원인이 있다. 그렇기 때문에 민정은 당연히 분권을 해야 한다. 하지만 중앙은 집권을 실시해야 하고 군사상에서도 집권을 실시해야 한다. 혼란의 근원을 끊고 근본을 다스리자면 당연히 제헌부터 착수하여 미국식의 연방헌법 제도를 취해야 한다."

d. 1922년 9월 6일 진형명은 미국 영사 테니(R.P.Tenney)와 담화를 할 때, 다음과 같이 지적하였다. "원세개, 단계서, 손중산 그리고 지금의 우페이푸(吳佩孚)는 모두 무력으로 중국을 통일하려 하는데 이는 잘못된 방법이다. 정확한 방법은 당연히 법률로 중국을 통일하는 것이다. 바꾸어 말하면 훌륭한 헌법을 제정하여 반포하고 실행해야 한다."

e. 진형명은 1922년 10월 31일 우페이푸에게 보내는 전보에서 다음과 같이 지적하였다. "연성자치 역시 통일의 수단이다. 헌법이 완성되어 공동으로 지킨다면 할거의 우려가 없다. 만약 겉으로는 통일을 하는 척하고 실제상에서는 명령을 거역하면서 세금을 남기는 것은 사실상 할거이다. 광동성에서는 지금 자치의 정신에 따라 헌법이 제정됐을 때 헌법하의 중앙을 받들려 하고 있다."

넷째, '자치' 구국의 구체적인 방안을 그렸다. 20세기 초, 양계초를 위수로 하는 입헌파든 아니면 손중산을 위수로 하는 혁명파든 모두 구국의 구상을 내놓았다. 양계초는 중국

국민의 정도가 '자격미달'이므로 아직 공화를 실시하기에 적합하지 않으며, 가장 좋은 선택은 개명전제를 실시하는 것이라고 생각하였다. 하지만 손중산은 국민의 공화에 대한 자격은 약법지치(約法之治) 혹은 훈정시기를 거쳐 점진적으로 양성시킬 필요가 있다고 생각하였다. 손중산의 구상에 따르면 훈정시기에 정부가 고시에 합격한 인원을 파견하여 각 현의 자치 준비에 협조한다. 즉 훈정건설을 진행하고 민중이 권리를 행사하고 의무를 이행하도록 훈련을 시켜 규정한 표준에 도달한 후 현 자치를 실시한다. 한 성의 여러 현에서 이미 자치를 다 실시했다면 훈정을 끝내고 헌정을 실시한다. 전국의 과반수 성에서 헌정을 실시하기 시작했을 때 비로소 국민대회를 열고 헌법을 공포한다. 손중산과는 달리 진형명은 중국을 개조하는 핵심을 처음부터 기층에 두고 민유, 민치, 민향을 통해 아래에서 위로 발전할 것을 주장했다. 1921년 2월 17일, 진형명은 북경의 『자림서보』 기자의 취재를 받을 때 이렇게 말했다.

"오늘날 우리는 임 중국이 만약 다시 군주정체 혹은 무력전제로 통일하려고 한다면 불가능한 일이라는 것을 확신했다. … 우리가 중국을 개조하려면 반드시 아래로부터 위로 행 해야 하지 위로부터 아래로 해서는 안 된다. 우리는 이미 여러 현에서 시작하여 시험을 했다. 즉 향촌으로부터 시작하여 그것을 11개 구역으로 나누고 위원회에서 다스리게 했다. 금후 한 현의 각 소구역은 일률적으로 자치를 조직한다 …. 모는 현 지사 및 기타 지방관과 성의회 의원은 모두 인민이 공선(公選)한다. 이 제도가 각 현에 보급되면 성의회에 그 대표가 나와서 성장은 그 대표에 의해 선거된다. 금후 성장은 단지 인민에 대해 책임진다. …우리 광동에서 만약 시행에 성공하면 다른 성에서 분분히 그 방법을 따를 것이라고 믿는다. 그리고 그 운동은 전국에 퍼질 것이다. 우리는 한, 두 개의 성을 가입시켜 그들과 연합하고 점차 각성에 보급시키며 나중에 중국이 연성정부가 되게 해야 한다."[1008] 진종밍의 이 방안을 간단히 말하면 "연향치구, 연구치현, 연현치성, 연성치국(聯鄕治區, 聯區治縣,

1008) 단운장(段云章), 예준명(倪俊明) 편찬, 『진형명집』, 560~561쪽.

聯縣治省, 聯省治國)이다. 그 말을 해석하면 업치(業治)를 경(經)으로, 역치(域治)를 위(緯)로 5급 정제를 구성한다. 향치 이상은 각 급을 구성하는 분자는 모두 구역, 직업 두 가지 단체를 기본단위로 하고 순서는 향 자치를 기초로 한다. 그것을 기초로 하여 위로 한층 한층 올라가는데 그것이 바로 구, 현, 성, 중앙이다."[1009] 그렇기 때문에 진형명은 자치방안에서 '인민을 최고 준칙'으로 삼고 각성에서 먼저 자치를 한 후 연치를 하여 나중에 국민회의를 소집하여 헌법을 제정하고 민선의 중앙 연치정부를 성립한다고 강조하였다. 이러한 경로를 통하여 복합공화국이 건설한다. 그렇기 때문에 그는 이러한 구상을 서술한 주요 저작의 제목을 『중국통일소견』이라고 했다.

진형명의 복합공화사상을 어떻게 평가해야 하는가? 이전의 사람들은 대부분 단일공화국을 건립해야 한다고 주장하는 각도에서 평론했기에 진형명에 대한 부정적 평가가 비교적 많았다. 헌법학 연구자로서 우리는 가치중립의 입장을 주장하기에 중국헌정에 대한 그의 사상적 의의를 객관적으로 분석하고 평가해야 한다. 무력으로 중국을 통일해야 한다는 손중산의 공화사상이나 법치로 중국을 통일해야 한다는 진형명의 복합공화사상이나 그 구별은 모두 표면현상에 속하고 그 실질은 어떤 이념, 보조, 방식으로 중국을 통일할 것인가 하는 문제이다. 그런 의미로 말하면 누가 옳고 누가 그른가 하는 것은 그렇게 중요하지 않다. 하지만 공화의 본래 의의로 말하면 공화는 제도형식일 뿐만 아니라 특히 가치체계이다. 진형명의 복합공화이론에는 가치적인 내용이 보다 많이 포함되어 있다. 이를테면 그는 인민을 자치의 '최고원칙'으로 보고 공민이 아래로부터 위로 공화생활에 참여하고 참여 중에서 치리(治理)와 피치리(被治理)에 이르며 참여 중에서 공화에 대한 공민의 감정을 육성하는 것, '혁명을 마구 부르짖고' '격렬한 논쟁으로 천하를 경영하는' 방법에 반대하면서 법치를 정치활동의 기초라 한 것 등은 서방의 공화이상에 보다 접근하였고 현대헌정의 가치이념에 보다 부합된다.

---

1009) 단운장(段云章), 예준명(倪俊明) 편찬, 『진형명집』, 1087쪽.

특히 주의를 기울일 만한 것은 진형명이 이러한 사상을 제시했을 뿐만 아니라 직접 자신의 이념을 실천했다는 점이다. 1918년 12월, 진형명은 민월(閩粤) 공동 지원군을 이끌고 복건 장주(漳州)에 진주하자, 광저우 군정부가 두 번이나 그를 복건성 성장에 임명하였으나 모두 거절하였다. 그는 이렇게 말했다. "나 종밍은 복건으로 복건을 다스리고, 백성으로 백성을 다스리는 것이 지방분치의 기초이고, 국가통일의 법칙이라고 주장했기에 그리한다"고 거절의 이유를 밝혔다.[1010] 1920년 그가 복건에서 광동으로 돌아온 후에는 또 "오늘 이후 광동은 광동 인민의 공동의 것이고 광동 인민이 공동으로 다스리며 광동 인민이 향유한다"[1011]는 구상을 내놓으면서 광동성을 모범적인 성으로 만들어 중국의 통일에 영향을 주고 중국의 통일이 촉진되기를 희망하였다. 1920년부터 진형명은 자신의 뜻을 내놓거나 혹은 자기가 직접 『광동성잠행현자치조례(廣東省暫行縣自治條例)』(1920년 12월), 『광동성잠행현장선거조례(廣東省暫行縣長選擧條例)』(1920년 12월), 『광동성교육위원회조직법(廣東省敎育委員會組織法)』(1921년 2월), 『광동성자치근본법』(1921년 6월), 『광동성헌법의 통과초안(廣東省憲法之通過草案)』(1921년 12월) 등 지방자치에 대한 여러 가지 법안과 조례를 작성하였다. 『광중성헌법의 통과초안』은 1921년 12월 19일에 채택되었는데 첫머리에 다음과 같이 밝혔다. "광동성은 중화민국 자치성이고 성장은 전성의 공민이 투표로 선거하며 현은 성의 지방행정구역이고 자치단체이다. 현에는 현장을 두는데 전현의 인민이 직접 선거하고 성장이 임명한다.

현장은 성의 지방행정 및 현 행정을 집행하고 현 이하 자치기관을 감독한다." 헌법초안이 채택된 후 광동성의 자치활동은 아래에서 위로 점진적으로 전개되었다. 어느 학자는 20세기에 진형명과 같이 '연성자치'를 주장한 인물을 두 가지 유형으로 귀납하였다. 한 유형은 정당한 사상과 포부를 품고 '연성자치'를 통해 사분오열의 국가의 난국을

---

1010) 단운장(段云章), 예준명(倪俊明), 「진형명의 이상과 도로 -민주연방제를 고찰중심으로 하여」, 『중산대학학보(사회과학판)』 5기, 2008.
1011) 단운장(段云章), 예준명(倪俊明) 편찬, 『진형명집』 보충본 하권, 중산대학출판사, 2007, 491쪽.

결속지음으로써 민유, 민치, 민향의 공화국가를 건립할 것을 희망하는 인사들이고 다른 한 유형은 '연성자치'를 표방하고 여전히 현유의 실력을 보존하면서 보다 큰 범위의 통치권을 얻으려는 군벌과 그들에게 빌붙은 정객이다.[1012] 천중밍이 전자에 속하는 것은 의심할 바 없는 사실이다. 그는 복합공화사상의 뜻을 품고 실행하였다. 그의 사상과 정신은 후인들에게 귀중한 재산을 남겼다.

### (3) 20세기 초 공화사상의 특징

20세기 초기 공화사상을 추천소개한 사람들은 대부분 외국유학 혹은 국내에서 정치적 박해를 받아 국외로 피난을 간 경력이 있어서 국외의 제도에 대하여 비교적 이해를 하고 있었으며 그들의 사상 과정은 두 단계를 포함한다.

첫 번째 단계. 그들이 관찰한 서방의 정치제도로 중국의 낡은 학설과 제도를 비판하고 '들여오기주의'의 태도를 단순하게 채용하여 서방의 제도를 중국의 신 국가건설에서 본받을 대상으로 삼았다. 추용의 『혁명군』에서 민주공화국의 건립을 위해 제정한 25조 강령이나 손중산이 초기에 제시했던 "영웅들에게 야심을 채우게 하자" 등 모두 그러한 흔적이 보인다. 다시 말하면 이 시기에 그들의 사상은 구성주의가 아니라 해석주의, 비판주의였다. 마음속으로 본받으려는 목표를 실현하기 위하여 그들은 사람들 입에 회자되는 수많은 글들을 써냈고 수많은 정력을 들이고 심지어 희생마저 아끼지 않고 뛰어다니며 구호를 외쳤다. 오늘날 보면 그들의 노력이 학설상에서 그렇게 창조적 가치는 없지만 당시로 보면 그들의 사상은 그래도 교육과 계몽의 작용을 하였다.

두 번째 단계. 그들이 서방의 제도를 이성적으로 볼 수 있고 서방의 제도를 거울로

---

1012) 단운장(段云章), 예준명(倪俊明), 「진형명의 이상과 도로 -민주연방제를 고찰중심으로 하여」, 『중산대학학보(사회과학판)』 5기, 2008.

삼을 때 중국의 국정을 연구한 기초 위에서 스스로 창조적 주장을 제시하였다. 손중산은 신해혁명 후, 중국의 정치제도를 설계할 때 중국국정을 체현해야 하는 문제를 여러 차례 언급하였다. 그는 다음과 같이 해석하였다. "중국사회의 몇 천 년 동안의 민정풍토(民情風土)는 구미와 크게 다르다. 중국의 사회는 구미와 다르기에 사회를 관리하는 정치제도도 자연히 구미와 다르므로 구미를 완전히 본 따서는 안 된다. 그대로 하는 것은 구미의 기계를 모방하는 것과 마찬가지이다."[1013] 파악한 자료에 의하면 손중산이 명확하게 지적한, 구미의 공화와 다른 점은 적어도 두 가지가 있다.

첫 번째 다른 점은 국명에 관한 의의이다. 1916년 7월 15일 상해에 주재하는 광동의 의원을 환영하는 회의에서 손중산은 다음과 같이 말했다. "나에게는 또 하나의 중대한 구상이 있어 지금 공포하려고 한다. 여러분들은 중화민국의 의의를 아는가? 왜 중화공화국을 사용하지 않고 반드시 중화민국을 사용해야 하는가? 이 '민'자의 의의는 내가 10여 년 동안 연구한 결과 얻어낸 것이다. 구미의 공화국은 우리 보다 훨씬 앞서 창건되었기에 20세기의 국가는 당연히 새로운 정신을 함유해야 하지 18, 19세기의 방법을 모방하는 것에 만족해서는 안 된다. 공화정체는 정체를 대표하고 세계 각국은 그 기치 아래 종속되어 있다. 이를테면 그리스는 귀족이 있고 노예계급이 있기에 '전제공화'라고 불린다. 미국 같은 나라는 국내에 이미 14개 성이 있고 직접 민권의 규범을 수립하였다. 하지만 스위스는 전국적으로 직접민권제도를 실시하였다. 우리는 지금 비록 전제(專制)를 대의정체로 고쳤지만 제자리걸음을 하면서 남에게 뒤쳐져서는 안 된다. … 대의정체의 기치 하에 중국의 인민이 향유하는 것은 오로지 일종의 대의권 뿐이다. 하지만 보다 직접적인 민주, 법률을 제정하고 법률을 폐지하고 관원을 탄핵하는 이러한 민권을 성 정부에서 광대한 성 범위에 실시하는 데에만 그치는 것은 바람직하지 못하다. 그렇기 때문에 당연히

---

1013) 손중산, 『삼민주의』, 악녹서사, 2000, 132쪽.

현을 단위로 해야 한다. …이렇게 하면 몇 천 년 후에 필연코 하나의 찬란한 중화민국이 세계의 동방 대륙에 우뚝 솟아서 세계 공화국의 앞에서 달릴 것이다."[1014] 이 한 단락에서 손중산은 왜 '중화공화국'라고 하지 않고 '중화민국'이라고 했는지에 대해 설명하였다. 간단히 말하면 손중산이 분명하게 하려고 한 관념은 '민국'은 '민권'의 국가, 즉 인민이 직접 민주권리를 행사하는 국가를 가리키고 '공화국'은 '대의정체'를 채용한 '간접민주' 국가를 가리킨다. 여기서 알 수 있는 것은 손중산이 '중화민국'이라는 국명을 채용한 이유는 국외의 대의제 공화정부와 다른 점을 강조하려는 데 있었다.

두 번째 다른 점은 '5권헌법' 학설을 제시한 것이다. 손중산은 "정부에서 헌법의 작용은 한 대의 기계에 비유할 수 있다"고 생각했다. 서방 각국의 헌법은 국가정권을 세 부분으로 나누고 3권분립이라고 불렀지 지금까지 5권으로 나눈 적은 없었다. "5권헌법은 형제가 창조해낸 것이다."[1015] 손중산이 헌법을 '5권'으로 나눈 것은 그가 다음과 같이 생각했기 때문이다. "헌법은 중국의 민족역사와 풍속습관에 필요한 법이다. 3권은 구미에 필요한 것이기에 3권은 구미에서 유행하고 5권은 중국에 필요하기에 유독 중국에만 있는 것이다. 제군들은 우선 중국인이다. 중국인은 구미사람이 될 수 없고 구미 사람은 중국인이 될 수 없다. 헌법도 마치 그것과 같다."[1016] 그는 신해혁명 후 중국이 '3권분립'을 실행하여 일어난 폐단을 종합하면서 좋은 점은 조금도 배우지 않고 나쁜 것은 백배나 배워서 국회의원은 '돼지새끼의원'이 되어 장물을 나누고 이익을 탐해서 전국 인민들에게 멸시를 당한다고 지적하였다. 이런 상황이 나타나게 된 원인에 대하여 손중산은 다음과 같이 생각하였다. "만약 중국 자체의 풍토인정이 어떻든 상관없이 외국의 기계를 배우듯

---

1014) 『손중산전집』 3권, 323쪽.
1015) 손중산, 『손중산선집』, 인민출판사, 1981, 572쪽.
1016) 손중산, 『손중산선집』 1권, 444쪽.

외국의 사회정치 관리를 그대로 옮겨온다면 그것은 큰 잘못이다."[1017] 그렇기 때문에 그는 "우리는 구미를 억지로 배우며 그들의 뒤를 따를 것이 아니라" 우리의 민권주의로 중국을 '전민정치(全民政治)'의 국가로 만들어 구미의 앞에 서야 한다고 생각하였다.

---

1017) 손중산, 『손중산선집』, 764쪽.

지방자치의 개념 및 그 변화

제10장

지방자치의 개념 및 그 변화


　　지방자치는 근현대 민주헌정체제의 초석이다. 지방자치법은 근현대 헌법 규범체계의 중요한 내용 중에 하나인 동시에 지방자치 역시 헌법학설 체계의 기초적 개념이다. 지방자치라는 이 개념의 발전 변화를 고찰하는 것은 헌법학설사를 종합하고 귀납하는데 있어서 없어서는 안 될 과제이다. 중국 헌법학설의 발생과 발전사 중에는 특별히 풍부한 지방자치학설이 포함되어 있는데 그것은 적어도 청말부터 국민시기 전체를 관통하면서 이 시기 헌법학설의 핵심내용 중에 하나가 되었다. 앞을 내다보면 지방자치는 그것이 헌법학이론과 실천에서의 중요한 지위가 바야흐로 새롭게 확립되고 있다. 본 장에서는 주로 시간을 순서로 하여 지방자치학설의 발전 변화에 대하여 분석하려 하는데, 우선 중국 전통사회의 지방자치사상을 고찰하고, 다음으로 청말민초시기 중국전통사회의 지방자치관이 서방의 지방자치관과의 충돌에서 발생한 변화를 연구하며, 그 다음으로 민국 중후기에 발달된 지방자치학설을 살펴보고, 마지막으로 민초의 연성정치학설을 전문적으로 토론하려 한다.

제1절

중국전통사회의 지방자치관


## 1. 중국전통사회에 지방자치사상이 존재했는가?


현재 중국 헌법학술계에서는 통상적으로, 지방자치는 서방사회의 정치제도에서 발생되었고[1018] 그것과 대응되는 지방자치관념 역시 서방의 정치사상에서 기원한다고 생각한다. 중국 청말민초시기의 헌법학설을 고찰해보면 그 기간에 극히 풍부한 지방자치사상이 있었다. 상술한 지방자치사상 근원에 관한 인식에 따르면 청말과 국민시기의 지방자치학설은 당연히 서방정치사상에서 이식되어 온 것이다. 어느 학자는 다음과 같이 지적하였다. "근대 중국의 지방자치사상은 1860년대부터 1890년대 중기에 싹트기 시작하였다. 총체적으로 말하면 맹아를 촉진시킨 외적 원인은 서방정치문명의 계시와 중서 국력의 강렬한 대비에서 오는 자극이며, 그것의 경로에는 서방사상의 인입과 외래 세력의 침입도 포괄된다.[1019] 이런 인식은 대표성을 가지고 있다. 즉 중국전통사회에 지방자치 관념이 존재하지 않았고 근대 서방화는 중국 헌법학설에서 지방자치학설의 역사적 기점이 되었다.

---

1018) 『중국대백과전서』(법학권)중의 '지방자치'를 참조. 중국대백과전서출판사, 1992. 마샤오취안(馬小泉)도 다음과 같이 말했다. "근대의의의 '지방자치'(local self-government)는 구미 자산계급혁명 초기에 봉건제를 반대하고 참정의 권리를 쟁취하기 위해 제시된 일종의 지방정치제로서 서방 자본주의 정치문화와 역사적 산물이다." 마샤오취안, 『청말지방자치와 헌정개혁(清末地方自治與憲政改革)』, 하남대학출판사, 2001, 23쪽.

1019) 왕태현(汪太賢), 「근세중국지방자치주장의 최초 제시 및 그 표현 (近代中國地方自治主張的最初提出及其表達)」, 『서남민족대학 학보』(인문사회과학판), 2004, 5기.

지방지치에 대한 '서방이식' 기점설은 중국헌법학 역사기점에 관한 학계의 일반적인 견해를 반영한다. 즉 중국헌법학의 수많은 개념과 원리는 모두 서방에서 수입한 것이다. 바로 한대원이 지적한 바와 같이 중국헌법학은 과학체계가 필요로 하는 객관 환경과 아직 조건이 성숙되지 않은 배경 아래에서, 전통문화와 서방문화의 충돌과 모순 속에서 형성되고 발전된 것인데, 그 형성과 발전은 우선 '수입기'를 거쳤고 초기의 중국헌법학이론은 서방헌정문화에 대한 소개, 전파 중에 형성되었다.[1020] 하지만 지방자치의 개념은 일정한 본토성과 특수성을 가지고 있는 것은 아닌가? 그것은 헌법학의 기타 일부 관념과 마찬가지로 서방사회에서 기원되어 중국에 이식된 것인가? 중국전통사회에 정말 지방자치의 관념이 존재하지 않았는가?

지방자치는 서방에서 가져온 수입품이라는 판단에 어느 학자는, 최초의 지방자치관념은 청말 입헌운동에서 의식이 있는 관원과 진보사상가들이 서방학을 받아들여 제시한 일종의 헌정개혁의 목표이고 내용이며 조치라고 생각하였다. 고증에 의하면 풍계분이 지방자치를 창도한 최초의 사람이다. 그는 1861년에 『교빈려항의』라는 책에서 최초로 지방자치사상을 제시하였다.[1021] 필자는 청말민초의 관련 당안 자료들을 분석하였는데 확실히 풍씨보다 더 일찍이 지방자치를 제시한 논저는 보지 못했고 후세학자의 고증에서도 풍계분이 지방자치를 제시한 방면에서 창조자적 지위가 인정된다고 밝히고 있다. 그런데 풍계분이 『교빈려항의』에서 한 논술을 고찰해 보면 사람들로 하여금 지방자치사상이 수입품이라는 판단에 의문을 느끼게 한다.

풍계분은 『교빈려항의』라는 책의 「복행직의」편에서 지방자치의 주장을 제기하였다. 하지만 이 장절에서의 논술은 풍씨의 지방자치 주장이 서방 지방자치 사상의 영향을 받았다는 것을 증명하지 못한다. 왜냐하면 그는 그 어떤 서방의 정치이론을 인용하지

---

1020) 한대원, 『헌법학기초이론』, 11, 12쪽.
1021) 왕태현(汪太賢), 「근세중국지방자치주장의 최초 제시 및 그 표현」, 『서남민족대학 학보』(인문사회과학판), 2004, 5기.

않았을 뿐만 아니라, 오히려 중국 고제(古制)와 고유학설을 이용, 수정, 발양하는 것으로 그의 지방자치 주장을 논증했기 때문이다. 풍계분은 이 글에서 우선 "마을 아전이 있은 다음 현대부가 있으며, 현대부가 있은 다음 제후가 있었으며, 제후가 있은 다음 방백, 연수(方伯, 連帥)가 있었고, 방백, 연수가 있은 다음 천자가 있었다"라는 유종원(柳宗元)의 논술과 "큰 관리가 많으면 천하가 쇠약해지고 작은 관리가 많으면 천하가 흥성해진다"라는 고염무(顧炎武)의 논술을 인용하면서 그것을 기점으로 하여 '주한(周漢)의 법을 절충하여' 향정(鄕亭)의 직을 회복하고 당 지역의 백성들이 공동으로 추천하면 "백성에 진짜 가까워지고 백성을 잘 다스릴 수 있어" "풍속이 일신"하고 "교화가 일상(敎化日上)"하는 목적에 이른다는 자신의 지방자치의 주장을 제시하였다.[1022] 그렇기 때문에 이 장절의 내용은 기본상 중국 전통사회의 지방제도에 관한 주장을 답습하였으므로 그것을 서방의 지방자치사상을 이식했다고 볼 수 없다.[1023]

유종원은 지방자치를 주장한 것이 아니라 군현제를 주장했고 '국토를 봉하고 제후를 건설'하는 봉건제를 반대했다. "마을 아전이 있은 후에 천자가 있었다"라는 사람들에 의해 늘 인용되는 유씨의 말은 표면적으로 볼 때 그의 정치권력의 기원관은 지방기점론인 듯하다. 즉, 정권은 소범위(개인과 지방)에서 대범위(군주와 국가)로 진행한 합치(合治)이고 오로지 층층이 연합하고 합병해야 비로소 사람들이 생존의 외부 기반을 얻을 수 있고 상호간의 분쟁을 방지하고 규정할 수 있다는 것을 알 수 있다. 하지만 그 본질을 보면 그의 정치권력의 구조관은 '군주(혹 중앙)중심론'이다. 즉 군현제를 통해 군주로 하여금 직접 천하를 다스리게 하지 않으면 '수많은 제후들이 우쭐거리고', '재산을 탐내고 전쟁을

---

1022) 풍계분, 『교빈려항의(校邠廬抗議)』(복향직의) 편.
1023) 부인할 수 없는 것은 풍계분이 지방자치 사상을 제시할 수 있었던 것은 분명히 서방의 정치정세와 정치이론의 자극을 받았기 때문이라는 점이다. 풍씨는 서방의 정치정세를 비교적 이해한 사대부이다. 사료가 증명하듯이 서방의 지방자치는 그가 적극적으로 이해한 것 중의 하나였다고 한다. 하지만 이 사실은, 서방의 자극은 풍씨가 지방자치를 주장한 외인이라는 것을 증명할 뿐이지 그의 지방자치사상의 근원은 아니다.

일삼으며', '천하가 비뚤어'지게 된다는 것이다.[1024] 소공권(蕭公權)의 논법을 빌리면 "명지(明知)하고 유력한 자가 강권으로 공리를 행한다"는 것이다.[1025]

그와는 반대로 고염무의 정치사상은 보다 기층과 지방에 중점을 두었다. "봉건에 내포된 뜻은 군, 현에 있다"[1026]는 그의 관념은 사람들이 다 알고 있는 바이다. 홍미로운 것은 고씨가 『일지록』에 유종원의 『봉건론』 중의 정치권력 기원에 대한 논술을 인용하였다는 점이다. 하지만 그는 유종원보다 더 멀리 나갔다. 『일지록』의 『향정지직』편에서 구씨는 다음과 같이 지적하였다. "천하를 다스리는 것은 마을 아전에서 시작하여 나중에 천자에 이르는데 그것은 너무나 명백하다. 그래서 예로부터 오늘에 이르기까지 작은 관리가 많으면 천하가 홍성했고 큰 관리가 많으면 천하게 쇠약했다. 홍망의 길에는 그러하지 않은 것이 없었다."[1027] 그렇기 때문에 유종원의 정치권력의 지방기점론을 인정하는 것 외에 고염무의 정치권력의 운행관 역시 지방을 중심으로 하였다. 쉽게 말하면 천하가 안정되려면 당연히 향의 기층조직을 완벽하게 것으로부터 시작해야 한다는 것이다. 구씨는 『일지록』을 대표로 하는 각종 논저에서 지방제도의 구조를 구체적으로 구상하였는데 기본상 역시 옛날 향정(鄕亭)의 직을 회복하여 자족의 지방자치조직을 건립하는 것이었다. 여기서 알 수 있는 것은 풍계분의 주장은 대체적으로 고염무의 주장이라는 것이다. 추평(秋風)은 일찍 구씨의 건의를 두 가지 주장으로 해석한 바가 있다. 첫 번째 주장은 사회자치로서 향리의 기층조직을 사회조직과 윤리위계의 작용으로 한 것이고, 두 번째 주장은 지방에 권력을 나눠주는 것인데 지방정부의 자치를 실현하는 것이었다.[1028]

1024) 유종원(柳宗元), 「봉건론」, 『유종원집』(제2책 제3권), 중화서국, 1979, 71, 72쪽.
1025) 소공권(蕭公權), 『중국정치사상사』, 요녕교육출판사, 1998, 380쪽.
1026) 고염무(顧炎武), 『고정림시문집(顧亭林詩文集)』, 중화서국, 1983, 12쪽.
1027) 고염무, 『일지록집석(日知錄集釋)』, 산화문예출판사, 1990, 363쪽.
1028) 추풍(秋風), 「봉건제와 군현제」, 『21세기 경제보도』 2006년 11월 23일.

구씨는, 관리를 다스리는 '큰 관리'가 많으면 중앙정권이 방대해지고 백성을 다스리는 '작은 관리'가 많으면 관리들이 기층을 위해 봉사할 수 있고 직접 민중과 접촉하며 민심을 살필 수 있다고 보았다. 그 배후에 담겨있는 의의는, 정권이 운행되도록 민중과 지방에 가까워야만 '백성이 즐겁게 일을 하고' '나라의 살림이 풍족'할 수 있는 결과를 가져온다는 것이다. 『일지록』의 '성관(省官)'편에서 고씨는 정치활동이 당연히 기층 민중을 중심으로 진행해야 한다는 관점을 보다 명확하게 표현하였다. 고씨는 "관리를 줄이는 것은 일을 줄이는 것보다 못하고 일을 줄이는 것은 마음을 편하게 하는 것보다 못하다"는 진대의 명신 순욱(荀勖)의 말을 인용하였다. 다시 말하면 관원을 줄이는 것은 사무를 줄이는 것보다 못하고 사무를 줄이는 것은 고요한 심경을 유지하는 것보다 못하니 오로지 정치권력이 조용하게 운행되고 백성이 스스로 다스리게 하면서 사회를 안정시키고 경제력을 회복시켜야만 비로소 관원들이 다른 궁리를 하고 쓸데없는 일을 벌이면서 사리를 도모하는 것을 피할 수 있다는 것이다. 고씨는, 이것이야말로 나라를 다스리는 '근본을 밝힐 수 있는 말'이라고 보았다. 여기서 알 수 있는 것은 고 씨의 정치주장은 지방자치에 아무 많이 기울어 있다는 것이다.[1029] 상술한 고 씨의 논단에서 출발하여 필자는, 춘추시대 노자가 제창한 '청정무위(清淨無爲)'의 정치주장으로 거슬러 올라갈 수 있다고 생각한다.

노자는 『도덕경』 제29장에서 다음과 같이 말했다. "세상을 제 손 안에 쥐고자 애쓰는 사람들이 많지만 나는 여태껏 세상을 얻은 사람을 본 적이 없다. 세상은 신령스러운 그릇과 같아서 억지로 얻을 수는 없다. 억지를 쓰는 사람은 실패하고 억지로 얻더라도 그것을 잃게 된다." 이 말은 사람들에게, 천하는 자연의 '신비한 그릇'이지 사람의 힘('군주' 혹은 '중앙정부'라고 하는 편이 낫다)으로 좌지우지 될 수 있는 것이 아니라는 것을 분명하게

---

1029) 마땅히 주의를 돌려야 하는 것은 명청 때 이와 유사한 관념 혹은 주장을 가지고 있는 사람이 구앤우 한 사람이 아니었다는 점이다. 다만 비교하여 말하면 고 씨의 주장이 제일 명확할 뿐이다. 이 시기 황종희(黃宗羲)와 같은 사상가들은 모두 유사한 지방 관념을 가지고 있었다. 황종희의 지방자치사상은 『명이대방록(明夷待訪録)』의 「방진(方鎮)」편에서 볼 수 있다.

경고하였다. 언어 외적인 뜻은 중앙은 진취적이지 못하니 지방자치를 해야 한다는 것이다. 제57장에서 그는 더 명확한 말로 이와 유사한 사상을 다시 한 번 표현하였다. "내가 억지로 하지 말아야 백성이 스스로 바뀌고, 내가 흔들림이 없어야 백성이 스스로 바르게 되며, 내가 일을 꾸미지 말아야 백성이 스스로 부유해지고, 내가 욕심을 부리지 말아야 백성이 스스로 순박해진다."('자화(自化)', '자정(自正)', '자부(自富)', '자박(自朴)') 왜 자치를 제창해야 하는가에 대하여 노자는 제49장에서 "성인은 고정된 마음이 없이 백성의 마음을 자기 마음으로 삼아야 하고 …백성은 성인의 눈과 귀를 주목하니 성인은 그들을 아이 다루듯 해야 한다"고 하였다. 나라를 다스려 평안하게 하는 노자의 핵심 사상을 개괄하면 '무위이치(無爲而治)'인데 그것은 당대 헌법 중의 지방자치, 인민의 자치와 시민의 자유를 담고 있다. 중국전통사회의 지방자치사상은 근대 중국이 서방정치사상의 자극을 받아 다시 새롭게 제시된 지방자치의 과거와 토대를 구성했다. 그것은 심지어 상당히 긴 시간 동안 줄곧 청말의 논자들이 지방자치관념을 제시하면서 취한 기본형식이 되었다. 이에 근거하여 필자는, 서방의 지방자치사상은 중국 전통사회의 지방자치사상이 대시 새롭게 격발되도록 한 외인이기는 하지만 결코 중국헌법학에 있어서 지방자치사상의 근원이 되지는 않는다고 생각한다.

지방자치사상을 정리하는 방면에서 보면 중국 청말민국시기의 지방자치에 대한 저작은 그 수량이 아주 많다. 하지만 거의가 실천 중의 제도 변화사를 고찰한 것이 위주이고 지방자치의 개념과 학설에 미치는 변천사는 아주 적었다. 이를테면 민국시기의 각종 지방자치 관련 논저는 흔히 주나라 제도로부터 시작하여 중국 지방자치제도의 변화사를 거슬러 올라가며 서술하였다.[1030] 물론 지방자치학설사에 대하여 간단하게 고찰한 저작들도 더러 있다. 이를테면 진천해(陳天海)은 『중국지방차치』라는 책에서 아주 짧은 분량으로

---

1030) 이를테면 황철진(黃哲眞), 『지방자치요강』, 상해서국, 1935; 하병현(何炳賢), 『지방자치문제』, 상해북신서국, 1930.

'고대지방자치의 사상'을 언급하였는데, 그중에 노자, 공자, 맹자, 관자, 유종원 등의 관련된 주장을 열거하였다.[1031] 이러한 현상을 조성한 원인은, 당시의 학자들이 지방자치문제만을 연구대상으로 토론하다보니 학술공동체적 입장에서 학설 자체에 관심을 두지 못했기 때문일 수 있다. 하지만 지방자치사상에 대한 내용의 연구가 부족하다는 것은 지방자치 자체가 존재하지 않았다는 것과 동일시 할 수는 없다.

## 2. 중 · 서방 지방자치관념의 주요 차이

중국전통사회에 이미 지방자치사상이 존재했었고 거기에 청말에 있었던 입헌운동에서 또 서방의 지방자치사상을 도입하였다. 그렇기 때문에 당연히 예견할 수 있는 것은 중국의 전통적인 지방자치학설은 청말부터 중, 서방 관념의 충돌과 협공으로 인해 필연적으로 변화가 있었을 것이라는 점이다. 청말 및 그 이후 중국의 지방자치학설의 변천을 고찰하는 것은 본 부분의 중요한 문제 중의 하나이다. 하지만 이 문제를 토론하기 전에 먼저 중국 전통사회의 지방자치관념과 서방사회의 지방자치관념의 차이를 명확히 할 필요가 있다. 먼저 차별을 알아야 비로소 그 충돌의 결과와 변화의 원인을 알 수 있는 것이다. 양자의 차별은 지방자치관 발생의 사회환경, 지방자치관의 실질적 내용, 지방자치관의 형식 및 지방자치의 내부구조 등 네 가지 방면으로 해석할 수 있다.

### (1) 향촌의 자치관과 도시의 자치관

향촌자치관과 도시자치관의 차이는 양자가 발생된 사회환경과 사회기초가 다르거나

---

1031) 진천해(陳天海), 『중국지방자치』, 상해경대서국, 1932년 판.

혹은 향촌(환경)에서 기인된 자치관과 도시(환경)에서 기인된 자치관을 가리킨다.

주지하는 바와 같이 중국 전통사회의 주체는 농업이다. 사람들 생활의 중심 혹은 주요 범위가 농촌에 있었지 도시에 있었던 것이 아니었다. 비효통(費孝通)은 『향토중국』에서 다음과 같이 썼다. "어떤 원인이었는지를 막론하고 중국의 향토사회의 단위는 촌락이었다. 3가의 촌에서 몇 천호의 큰 마을도 있었다 … 향토사회의 생활은 지방성이 농후하였다. 지방성이란 그들이 활동하는 범위가 제한되어 있고, 구역 간의 접촉이 적으며 생활이 격리되어 있고 각자가 독립적인 사회울타리를 보존하고 있는 것을 말한다. 향토사회는 지방성의 제한으로 인하여 거기에서 태어나 거기에서 죽는 사회가 되었다."[1032] 촌락을 단위로 하고 지방성이 농후한 향토사회에서 사람들은 한가로운 생활에 습관이 되어서 자유로우며 자연의 순리에 맡기며 살아가는 정치관념을 가진 시장이 있게 되었다.

노자가 서술한 것처럼 "나라를 작게 하고 백성을 적게 해야 한다. 설령 각종 기구들이 있어도 사용하지 아니하고, 백성들이 죽음을 중시하여 멀리 이사 가지도 않고, 비록 배와 수레가 있을지라도 그것을 탈 일이 없고, 비록 갑옷과 병기가 있을지라도 그것을 가지고 싸움터에 나가 쓸 일도 없으며, 백성들이 다시 끈을 매듭지어 소통한다. 음식을 맛있게 요리하여 먹고 옷을 예쁘게 차려 입으며, 집을 편안하게 꾸며서 살고 풍속을 즐기며 살아간다. 인접한 나라들이 서로 보이고 개와 닭 울음소리가 서로 들리지만 백성들은 늙어 죽을 때까지 서로 왕래하지 않는다." 중국 왕조 역대에 그것이 바야흐로 흥성할 때면 정사를 다스림에 있어서 모두 하나의 공통된 비결이 있었는데, 간단히 말하면 바로 "대내로는 황제와 노자를 채용하고 대외로는 공자와 맹자를 보여주는" 것이다.[1033] 이른바 '대내로 황제, 노자를 응용 한다'는 것은 정부가 통치에서 억지로 하지 않고 스스로 제한하면서 민간이 자유롭게 발전하게 하는 것이다. 향촌식의 사회 환경의 영향으로 말미암아 중국

---

1032) 비효통(費孝通), 『향토중국』, 삼련서점, 1985, 4쪽.
1033) 남회근(南怀瑾), 『노자가 말하기를(老子他說)』, 복단대학출판사, 2002, 4쪽.

전통사회의 지방자치관념 역시 일종의 극히 안일하고 한가하고 자유로운 전원식(田園) 자치관으로서 정부의 청정무위와 개인의 수양을 강조한다. 그러나 지방자치관은 그 안일함 때문에 자치를 위해 투쟁하려는 동력이 부족하고, 그 한가하고 자유로운 특성 때문에 공동체를 스스로 다스리는 조직력과 응집력이 부족하여 관치 혹은 중앙정부의 타치(他治)를 대항의 대상으로 삼지 않는다.

하지만 그것과는 달리 서방사회의 지방자치는 도시자치이다. 그것이 발생된 지리환경으로 보면 근대 서방의 지방자치제도[1034]는 상품경제가 고도로 발달한 유럽 도시에서 발생되었는데, 경제이익과 시정(市政)관리상에서 도시의 자주권을 쟁취하여 군주의 전제왕권에 대항하는 산물로 삼았다. 도시는 원래 군주의 영토로서 군주의 통치하에 있지 않았다. 하지만 수공업, 상업의 발전과 더불어 도시 시민계층의 역량이 성장하고, 일부 상업 교통적으로 특히 중요한 도시는 시민계층의 투쟁으로 자유시가 되었다.[1035] 그로서 얻은 자치의 수단에는 돈으로 자유의 몸이 되는 것뿐만 아니라 각종 형식의 무력투쟁과 정치게임도 포함된다. 바로 이러한 특수한 지리, 정치와 경제의 배경 아래 발생되고 발전한 서방 근대의 지방자치사상은 자체적으로 특수한 점이 있을 수밖에 없다. 그 특수성은 이러한 지방자치관념이 적극적인 목표와 뛰어난 조직능력을 가지고 있으며, 적극적으로 목표를 지방자치관에 주입하지 않으며, 도시 중의 상업이익 및 사민의 자유가 전제의 군주 영토에서 발전할 수 없고, 조직능력과 응집력이 크게 나타나지 못하며, 왕권에 대한 정치투쟁과 무력투쟁에서 승리를 쟁취한 것이 부족한 데 있다.

---

1034) 바로 이러한 배경에서 발생된 지방제도 및 그것이 내포하고 있는 자치사상이 근대 중국에 영향을 끼쳤다.

1035) 황계충(黃繼忠), 하임범(夏任凡), 『도시학개론』, 선양출판사, 1990, 10쪽.

## (2) 안일한 자치관과 전투적 자치관

안일한 자치관과 전투적 자치관의 차이는 양자의 자치 내용과 실제 방면에서의 다른 점을 가리킨다. 중국의 전통사회에서 향리를 주요 존재 형태로 하는 지방에는 서방의 도시처럼 상업이익 때문에 중앙정부(혹은 군주)와 결렬하는 대치상태가 형성되지 않는다. 게다가 사실상 중앙정부는 '농업을 중시하고 상업을 억제하는' 정책을 집행하고 이러한 방식으로 수시로 출현할 수 있는 경제적 대치를 미리 예방하였기에 그 지방자치관은 항상 안일을 추구하는 향촌생활을 하였다. 청말에 지방자치학설이 보급되는 과정에서 수많은 사람들이 중국의 전통 민풍이 한가하고 자유로운 현상을 초래했다고 비판하였다. 이를테면 황준헌(黃遵憲)은 중국전통사회의 광대한 민중은 "정부가 권리가 있음을 모르는 것에 대하여, 군중이 의무가 있음을 모르는 것에 대하여… 이처럼 어리석고 미개한 백성을 새로운 국민으로 만들어 중국을 새롭게 만들겠다고 하니 이게 어디 될 말인가?"[1036]라고 지적하였다. 이러한 상황은 장기적으로 안일한 관념 속에 살아온 결과일 수밖에 없다.

하지만 서방에서는 자치제도가 출현하는 과정에서 도시는 상업, 무역이 고도로 발전된 구역이고 인구, 공간, 문화와 비농업활동이 고도로 집중되어있었다. 이런 도시에는 시민계층이 상업무역 등의 방면에서 자유로운 발전을 얻기 위해, 원래 속해있던 전제왕권에서 벗어나려는 시도가 있었을 뿐만 아니라 자유를 쟁취할 수 있는 동력과 조건도 있었다. 그 자치활동이 군주의 반대에 부딪치게 되자 자연히 일종의 무력, 경제 혹은 정치상의 대치 상태를 취하게 되었다.

중국 초기의 정치사상에서 나타난 지방자치관은 아주 선명한 전원식의 풍격을 가지고 있다. 노자가 사용한 '소국과민(小國寡民)'이 그것을 충분히 증명한다. 중국 전통사회의 지방자치관은 수신양성(修身養性)을 목표로 하였다. 하지만 서방의 정치사상에서

---

1036) 황준헌, 「양계초에게 보내는 황준헌의 편지」 35호. 『중국철학』 8집, 삼련서점, 1982, 385쪽.

지방자치를 실행하려면 군주의 전제를 방어해야 할 뿐만 아니라 투쟁도 불가피했다. 총체적으로 말하면 수신양성에 잠재해 있는 법칙은 안일이고 군주전제를 방어하고 저항하는데 잠재해 있는 법칙은 전투이다.

## (3) 자유로운 자치관과 조직적인 자치관

한가하고 자유로운 자치관과 조직적 자치관의 차별은 주로 양자가 주장하는 자치 형식의 다름을 가리킨다. 중국전통사회의 지방자치관은 안일하고 자유로우며 조직력이 부족하다. 이것은 향촌 위주의 사회 환경에 의해 결정된 것인 동시에 안일한 내용과도 무관하지 않다. 양수명(梁漱溟)은 일찍이 다음과 같이 지적하였다. "지방자치를 중국에 보급시킨다는 것은 쉽지 않은 일이다. 그 어려운 점은 조직능력에 있다. 일반적으로 중국에는 집단생활이 없다."[1037] 그는 『중국문화요의』에서 단체관념의 결여가 중국전통사회의 자치주의에 주는 영향을 보다 상세하게 서술하였다. "지방차치에는 명확함이 부족하고 견실함이 부족하며 때론 관치(官治)와 혼동된다. 그것은 때로는 자치에 속하는 듯하다가도 때로는 관치를 대체하여 그 성쇠를 종잡을 수 없기에 하는 말이다. 그것의 조직, 권한과 구별에도 변화가 무쌍하다. 민국 이후에만 하더라도 현 이하의 기층조직은 어떤 때는 컸다가 어떤 때는 작았다. 제도도 조석으로 변경되고 이름만 해도 몇 번이나 바뀌었는지 모른다."[1038] 이러한 현상은 고대 중국뿐만 아니라 1949년 이래 정치적 실천을 포함한 근대중국의 정치적 실천에 상당히 부합된다.

하지만 서방의 지방자치관점은 조직적 자치를 극히 강조한다. 다시 말하면 한 자치단체를 형성하고자 한다면 자치단체를 주체로 하여 자치권을 쟁취한다. 이것은 도시에서

---

1037) 『양수명(梁漱溟)전집』 5권, 산동인민출판사, 1992, 321쪽.
1038) 양수명, 『중국문화요의』, 상해인민출판사, 2003, 86쪽.

각종 자원이 상대적으로 집중되고 사람들 사이의 연락이 보다 밀접하기 때문에 집단을 결성하기 쉬운 그들의 생활환경과 관련이 있다. 유럽 근현대의 지방학설을 고찰해 보면 지방자치를 두 개의 방면으로 나눌 수 있는데, 하나는 주민자치이고 다른 하나는 집단자치이다. 이른바 '집단자치'란 "지방차치를 국가에서 독립된 단체에 위탁하고 단체가 자신의 뜻과 책임 하에 자치를 진행하는, 자유주의의 성질과 지방분권적 성질의 요소를 가리킨다."[1039] 이러한 단체자치의 관념은 바로 조직화한 지방자치관의 표현이다.

### (4) 향신자치와 시민자치

중국전통사회의 지방자치사상에서 향신과 종족의 지위는 매우 중요하다. 고염무가 지방자치 사상을 주장할 때부터 사람들은 주, 한 양대의 향정(鄕亭)제도를 회복하는 것을 이상으로 삼았다. 물론 여기서 말하는 향정제도의 회복은 결코 주와 한의 제도를 그대로 옮겨온다는 것이 아니라 조금 변화시킨 것이다. 그 구상은 대체적으로 자치활동 중에서 향신이 영향력을 발휘했는데, 한 방면으로는 자치의 사무를 처리한 것이고, 다른 한 방면으로는 관부의 심사를 수용하는 것이었다. 이를테면 고염무는 현지인의 자치(主治)를 주장하는 것 외에 또 "만 3년 동안 직분을 담당했다면 정식으로 확정하고, 또 3년 동안 그 직분을 담당했다면 그 부모에게 상을 내리며, 또 3년 동안 그 직분을 담당했다면 표창장을 내려 위로하고, 또 3년 동안 그 직분을 담당했다면 승급을 진급을 시키고 봉록을 높여, 종신토록 담임하도록 하는 것"[1040]도 주장했다. 풍계분도 후에 "업적이 현저하여 공덕을 쌓은 자는 백성들이 추천하게 하고 법을 어긴 자는 수시로 파면한다"[1041]라고 했다. 실제로 한대(漢代)에서 주대(周代)의 향정식 자치를 모방하여 행한 것 이외에 기타 시기의 향신도

---

1039) [일] 아시베 노부요시, 『헌법』, 북경대학출판사, 2006, 320쪽.
1040) 고염무, 『고정림시문집』, 13쪽.
1041) 풍계분, 『교빈려항의(校邠廬抗議)』 (복향직의) 편.

모두 비교적 엄격한 관부의 통제를 받았다. 그렇게 하여 후세의 학자들은 거의 이러한 자치에 비판적 태도를 가지고 있었다. "하지만 이러한 자치를 현대 정치이론으로 분석하면 사실상 관치의 연장으로서 자아관리(自我管理)라고 하기 보다는 잉종의 정부 정치의 통제와 행정관리의 기교라고 말하는 것이 나을 것이다. 유력인사(士紳)의 치리(治理)는 민중이 위탁한 것이 아니라 정부가 위탁한 것이고 정부가 민중을 다스리는 도구로서 정부의 위탁을 받아 향촌사무를 관리하는 것이다. 이것은 일종의 집권행정하의 토착적(土著的) 자치이다."[1042] 이러한 현상의 출현은 상술한 몇 가지 특징과 직접적인 관련이 있는데, 바로 느슨하고 조직화가 결여되었기 때문에 관치가 향신을 매개로 기층자치의 과정에 개입한 것이다.  하지만 서방사회의 지방자치사상은 정치활동에서 시민의 작용을 비교적 중시한다. 그것은 자치제도가 최초로 발생될 때, 도시의 시민계층이 비교적 강해서 늘 자치운동의 중견적 역량이 되었던 것과 관련이 있다. 더 깊이 말하면 서방사회의 오랜 민주관념과도 관련이 있다. 근현대 서방의 지방자치학설에서 주민 혹은 거민의 자유를 강조하고, 지방자치를 주민자와 단체자치로 나눠서 단체자치가 자치의 조직화 특징을 분명하게 하고, 주민자치를 통해 자치체계에서 시민계급의 작용은 근대 및 이전의 자치사상과 매우 일맥상통한다.

---

1042) 곽보평(郭寶平), 주국빈(朱國斌), 『헌정의 길 탐색(探尋憲政之路): 현대화의 시각으로 중국 20세기 상반기의 헌정 시험을 검토한다(從現代化的視覺檢討中國20世紀上半葉的憲政試驗)』, 산둥인민출판사, 2005, 175쪽.

제2절
정치학서술 중의 지방자치


본 장절에서는 주로 풍계분과 정관응(鄭觀應), 왕도(王韜), 설복성(薛福成), 마건충(馬建忠), 탕진(湯震), 하계(何啓), 호례원(胡礼垣), 진규(陳虬), 진치(陳熾), 황준헌(黃遵憲), 양계초 등 그와 동시기에 지방자치를 주장한 유신파 인사들의 지방자치사상을 소개한다.


## 1. 지방자치의 내용

서방의 충격 하에 의식이 있는 신사 관원과 진보적인 사상가들은 지방자치에 대한 소개와 연구를 벌였는데, 주로 아래와 같은 것들이 포함된다.

### (1) 향동(鄕董)자치를 제창했다.

향동자치의 관점은 중국 고제(古制)를 근거로 했다. 청말에 최초로 향동자치를 제시한 사람은 풍계분이다. 그는 『복향직의』에서 한 지방자치에 대한 제일 중요한 건의는 바로 주한시기의 향정의 직을 회복해야 한다는 것이었는데, 그는 자신의 구체적인 구상을 제시하였다. "현마다 현승(縣丞)을 두고 주부(主簿)를 부직으로 삼을 수 있다. 도시에 주재하면서 각항의 사무를 본다. 백 가구에서 한 사람을 추천하여 부동(副董)으로 삼고 천 가구에서 한 사람을 추천하여 정동(正董)으로 삼는다. 향에서는 사람마다 책에 성명을 적어 한 사람을 추천한 후 공공장소에 모여 심사를 해서 제일 많이 선택을 받은 사람을 임용한다. 공명을 얻은 사람은 관리가 아니며, 사무실을 두지 않고 의식을 하지 않으며 본 지방의 사당에서 공무를 처리한다. 민중의 소송이 있으면 부동이 향의 백성들과 같이 심판한다. 거기에 불복하면 정동에게 이송하여 동족 중에서 공정하고 평판이 좋은 사람과 같이 심판한다. 거기에도 불복하면 순검에 넘긴다. 죄명이 5형에 이르는 정도면 현부에 이송한다. 만약 동일급(董一級)을 거치지 않고 직접 순검 혹은 현부에 소송하면 월급(越級) 소송이기에 수리하지 않는다. 하지만 사법 검거 사건은 정 부동이 인도를 책임질 뿐 기타 책임은 지지 않는다. 세금징수사건은 정 부동이 권고하여 인도 할 뿐 재무에 연관되는 활동은 허용하지 않는다. 5천 가구에 하나의 순검을 설치하고 지금의 제도에 의해 전부 관원으로 삼는다. 2, 3백리에 산이나 강이 가로 막히지 않은 지방은 우수한 사람을 추천하여 담임하게 한다. 현승과 현부는 순검이 승임한다. 현승과 현부는 매월 30~50금을 봉록으로 준다. 순검은 그 절반이고 정동의 봉록은 10금이며 부동은 그 절반이다. 과실이 있으면 수시로 파면한다."[1043] 풍씨를 뒤이어 정관응, 진치 등도 일찍이 향동자치를 소개했었다. 이러한 주장은 일찍 고염무 때 이미 제시되었다. 청말에는 단지 다시 제시되어 일부 수정되었을 뿐이다. 향동자치의 관념 자체는 여전히 중국전통사회의 향신자치를 중시하던 관념을 답습한 것이다. 하지만 서방자치학설의 수입과 더불어 향동자치에 대한 제창이 점점 감소되었는데, 이는 초기의 사람들이 계속 중국의 향신과 서방자치 중의 명예직을 연결시키려고 시도하고, 향동을 통해 자치를 인도하고, 지방의 실업을 발전시키는 것 등으로 나타났다. 하지만 민초시기에 이르러 향동자치의 관념은 기본적으로 보이지 않게 된다.

---

1043) 풍계분, 『교빈려항의(校邠廬抗議)』(복향직의) 편.

## (2) 지방의원의 개설

정관응은 청말 입헌운동에서 최초로 (국가)의원의 설립을 제시한 사람으로서 비교적 일찍 지방의원과 지방자치 문제를 언급하였다. 『성세위언』에서 그는 "중국의 향거이선(鄕擧里選)의 제도를 토대로 하고 서양의 투표선거법을 참조하여 재능이 있는 의원을 신중하게 골라야 한다"[1044]고 지적하였다. 당시의 학설로부터 보면 논자들은 대부분 서방의 지방의회제에 대하여 매우 찬성했고 모방하려는 생각이 있었다. 이를테면 유신파의 대표적 인물 중에 한 사람인 황준헌은 일찍 다음과 같이 일본이 서방에서 들여온 지방의회제를 평가하였다. "현부(府縣)의 회의제도는 서방을 본 땄다. 공화 국체로 말하자면 민권을 발전시키는데 출발점으로 아주 좋은 것이다. … 제도의 건설에서 모든 사람들이 정치(政)는 인민에 의해 나왔음을 잘 알고 있으며, 지방의 각종 상황과 폐단에 대하여 잘 알고 있다."[1045] 1901년, 장건(張謇)이 『변법평의』라는 책에서 일본의 자치제도를 모방하여 '부현회의를 설치하고' 지방자치를 실행할 것을 주장하였다.[1046] 당시 지방의회에 대한 주장은 대부분 중국과 서양의 장점을 융합하는 식이었다. 하지만 초기에는 대부분 지방의원을 개설할 구체적 방법을 직접적으로 논술하지는 않았다.

지방의회의 설치를 최초로 상세하게 논술한 사람은 절강사람인 진규이다. 그는 『치평통의(治平通議)』의 「구시요의(救時要義)」편에서 다음과 같이 생각하였다. 당연히 중국 고법(古法)을 기초로 삼는 동시에 서양의 법을 변통하여 지방의원을 개설해야 한다고 생각했다. "의원(議院)을 어떻게 소집해야 하는가? 서방의 여러 나라 의원은 국가의 각 계층과 소통하고 아래 위의 상황을 이해하면서 제도를 고려할 때 아주 복잡하고 방대하다. 중국은 한꺼번에 모방하여 실행하기는 어렵다. 그렇기 때문에 당연히 그 법제의 계통을

---

1044) 정관응, 『성세위언』, 중국사학회 편, 『중국근대사자료총간. 무술변법』(1), 상해인민출판사, 1957, 57쪽.
1045) 황준헌, 「일본국지」, 심운용(沈云龍) 편, 『近代中國史料叢刊續編』 10집, 대만문해출판사, 1974, 424쪽.
1046) 장건(張謇), 「변법평의(變法平議)」, 『장계자구록 정문록』.

변통하여 각 성에 주, 현에서 일률적으로 의원을 개설하도록 하고, 본 지역에서 서원 혹은 사묘와 합병하여 설립하고 대대적으로 추진하도록 해야 한다. 국가와 지방에서 개혁이 필요한 사무에 부딪치면 관원을 임용하여 구체적인 상황과 의제에 근거하여 5일 내 혹은 일정한 시간 내에 심의를 마치도록 해야 한다. 사건의 이로움과 폐단을 심각하게 이해해야 하며, 나아가 다른 것들을 엄격하게 요구할 필요가 없이 우월한 조치를 선택하여 실행해야 한다."[1047] 그 외 동 시기의 탕진, 진치 등도 지방의원의 개설에 대하여 비교적 구체적인 건의를 제시하였는데 그중 의원의 형식과 의원의 자격 등에 연관되는 문제들이 많았다.


(3) 지방관제의 개혁


지방관제는 상술한 향동제와는 다르다. 향동은 정부관원에 속하지 않는 자치관원이다. 하지만 지방관원은 국가의 지방행정관원이다. 중국의 전통적인 군현제(郡縣制)에서 지방관원은 대부분 중앙에서 파견하고 타지에 가서 관리로 재임하며 중앙정부에 책임을 지며, 자주 자리를 바꾼다. 이러한 지방관원에게는 중앙에서 파견하는 집권체제 때문에 수많은 폐단이 존재했다. 고염무는 이러한 문제에 대하여 개혁방안을 제시했다. 그는 『군현론』에서 "감사의 직무를 없애고 세관(世官)의 상(獎)을 설치하여 군주에 따르는 법을 행하여", "반드시 천리 이 내의 그 지방 풍토에 익숙한 사람"이 현령을 담임하고 몇 년간의 시험 단계를 거친 후 "종신 임하도록" 해야 한다면서 "현령으로 하여금 백리의 땅을 자신의 것이듯 여기게 해야 한다"[1048]고 주장하였다. 다시 말하면 중앙에서 지방에 파견하는 관원을 철수시키고 해당 지역의 상황에 익숙한 그곳의 사람이 현령을 맡게 함으로써 자신의 능력으로 당지의 사무를 관리하게 해야 한다는 것이다.

---

1047) 진규(陳虯), 「치평통의(治平通議)」, 중국사학회 편찬, 『중국근대사자료총간. 무술변법』 (一), 228쪽.
1048) 「고염무시문집」, 『군현론』 편, 12~15쪽.

청말에 이르러 집권체제의 폐단은 더욱 뚜렷하게 나타났다. 이를테면 1898년 초, 황준헌은 귀국하여 호남 안찰사의 서리를 맡은 후 호남에서 새로운 정치를 하도록 도왔고 강연을 발표하여 중국 고대 지방관제의 결함을 분석하였다. 그는 조정에서 임명한 관원을 "연회에서의 불청객이요, 여관의 나그네"라고 하면서 이러한 관료제도는 "자신과 모든 가족의 목숨, 전원, 집과 묘까지 2, 3명의 장관에게 위탁하여 마음대로 관리하게 하고 그 2, 3명의 장관은 또 자신의 막료, 비서, 노복에게 위탁해 놓고 자신은 침대에 누워 지휘를 하면서 높고 긴 대답소리만 내는 것"이라고 했다.[1049]

지방관제의 개혁은 청말 지방자치학설에서 없어서는 안 될 부분이다. 풍계분은 『교빈려항의』의 「공출척의(公黜陟議)」편에서 지방선거를 사고의 방향으로 삼아 지방관제의 개혁에 대한 구상을 제시했다. 이후에 정관응, 진치, 송서(宋恕) 등도 지방관원은 현지에서 선거해야 한다고 주장했다. 이를테면 정관응은 『성세위언』에서 다음과 같이 지적하였다. "국가는 반드시 백성을 기본으로 하여 국가를 다스려야 한다. 백성은 직접 인민과 접촉하는 관원보다 낫다. 국가에 동란이 일어나는 근원은 백성에게 심각한 해를 입히는 행정이다. 이른바 사람을 얻으면 천하를 다스린다는 것은 이를 두고 하는 말이다. … 국가에서 관원을 둠에 있어서의 원칙은 백성을 기본으로 하고 백성과 긴밀히 관련되어야 한다는 것이다. 품행이 어질고 재능이 뛰어난지의 여부는 국가가 오랫동안 사회질서가 안정되고 태평스러워질 수 있는가와 밀접히 관계가 있다.

주, 현 등의 기층은 더구나 그러하다." 그렇기 때문에 지방관의 선임이 아주 중요한데 "선거정책을 민간에서 실시해야 한다. 현지 사람 혹은 현지에서 오랫동안 거주한 사람이 관원을 맡게 하고, 본성의 사람도 피할 수 없다. 사법소송 사건에 관해서는 배심원에게 위탁할 수 있다. 이렇게 하면 대충하는 폐단을 없앨 수 있고 투명해 지며 모함하는 폐단도

---

1049) 황준헌, 「황공도렴방제1차 및 제2차강의(黃公度廉訪第一次暨二次講義)」,
　　　『상보』, 중화서국, 1965, 영인본 5호.

근절될 수 있다."[1050]

## (4) 지방의 진흥을 위한 모색

만청정부가 서방과의 대항 중에서 군사, 정치상의 실패를 겪고 난 후, 실업을 발전시키려는 국인들의 관념이 자극을 받고 실업의 진흥이 온 나라가 관심을 갖는 중심이 되었다. 당시 지방자치의 사조는 이러한 대배경 아래에서 자연스럽게 지방의 진흥과 하나로 연관되었다. 지방자치론자들은 지방자치를 제창할 때, 흔히 지방 실업의 진흥을 논술하면서 지방자치체제는 지방의 실업을 진흥시키는 필연적인 길이고 여기에서의 '실업'의 범위는 아주 광범위하다고 생각하였다. 당시 언급한 범위를 보면 적어도 정치, 상업, 교육, 교통, 농업, 경찰 등이 포함되었다. 이를테면 강유위는 민정국을 설립할 것을 주장했다. 그는 1898년 1월의 『청나라 황제에게 올리는 여섯 번째 글』에서 다음과 같이 지적하였다. "도(道, 중국 역사상 행정구역의 명칭. 당대에는 지금의 성에 해당했으나 청대와 민국 초년에는 성 아래에 '도'를 두었음-역자 주)마다 민정국(民政局)을 설치하여 새로운 정치를 감독하게 하며 현마다 민정분국을 설치하고 사람을 파견하여 지방의 유력인사들과 함께 지방을 다스리도록 해야 하는데, 형벌과 감옥, 부세는 잠시 지현에게 맡기는 것 외에 무릇 지도, 호구, 도로, 삼림, 학교, 농공, 상무, 위생, 경포(警捕) 등은 모두 순차적으로 책임지고 관리해야 한다."[1051]

황준헌은 일본이 구미(歐美)를 모방하여 건립한 경찰제도에 관심을 기울였다. 그는 "국가가 나라를 다스리고 백성을 편안하게 하려면 반드시 경찰로부터 시작해야 한다"[1052]고

---

1050) 정관응, 「성세위언」, 중국사학회 편찬, 『중국근대사사료총간 무술변법』(一), 62~63쪽.
1051) 『강유위정론집』 상권, 탕지균 편찬, 216쪽.
1052) 황준헌, 「일본국지」, 심운용 편, 『근대중국사료총만 속편』 10집, 421쪽.

말했다. 황준헌의 관념에서 "경찰국은 모든 일을 해결하기 위한 근본"[1053]으로서 수많은 사명을 부여하였는데 거기에는 호구조사, 거리순찰, 교통정리, 분규조정 및 범죄자 갱생 등의 각 방면이 포함된다.


## 2. 지방자치의 필요성

청말의 지방자치학설에서 지방자치제도의 구체적 내용구상 외에도 지방자치의 필요성에 관한 논증도 없어서는 안 된다. 이 시기의 논저들을 살펴보면, 지방자치의 필요성을 논증한 범위도 아주 넓었는데 대체적으로 아래와 같은 몇 가지 방면으로 열거할 수 있다.

첫째, 지방자치는 치세(治世)의 준칙과 입국(立國)의 기본이다. 이러한 사고 방향은 흔히 (중국의) 정치의 실천적 측면을 벗어나, 추상적으로 치세지도(治世之道) 및 정치 통치의 근본 원칙에서 출발하여 자치는 치세의 준칙이고 각국의 '입국의 기본'이라고 논증하였다. 이를테면 양계초는 『신민설』의 「자치론」에서 다음과 같이 언급하였다. "무릇 어진 정체는 종래로 자치에서 나오지 않은 것이 없다. …지방자치를 입국의 기본으로 하는 것은 정치를 통달하는 근원이라고 할 수 있고, 현재 중국에서 가장 절박한 급선무이기도 하다." 서방 각국은 모두 지방자치제도를 근본적인 준칙으로 삼았다. 중국의 정치가 낙후된 원인 중의 하나는 바로 지방자치가 그다지 발달하지 못한 데 있다. 그렇기 때문에 지방자치는 목전 중국의 '급선무'이다. 이러한 사고 방향 자체는, 청말민초시기의 지방자치론자들이 정치통치의 일반원리에 극히 관심을 두었고 흔히 이 궁극적인 이념으로부터 지방자치의 필요성을 추론하여 연역하였음을 말해준다.

둘째, 지방자치는 국력을 증강시킬 수 있는 강국의 길이다. 이것은 일종의 실용주의적

---

1053) 황준헌, 「양계초에게 보내는 황준헌의 편지(黃遵憲致梁啓超書)」 33호. 『중국철학』 8집.

진로로서 지방자치는 지방 실업의 발전을 가져오게 할 수 있고 그로부터 국가 전체의 부강을 이끌 수 있다고 생각하였다. 청말민초시기의 저술들에서 보면 이러한 관점은 아주 보편적이었다. 이를테면 일본에서 유학한 학생은 지방자치와 실업발전의 관계를 다음과 같이 논증하였다. "지방자치 제도의 설립은 가장 완전하고 그로인한 실업은 제일 번영하며 국력도 제일 강하다. 지방자치제도와 실업은 긴밀히 연결되어야 한다. 지금의 경제실업 조직은 지방자치를 실시하는 정치조직에 존재한다. 즉, 지방자치제 조직의 도움을 받아 경제실업 조직을 흥성발전 시키는 것이다. 하나씩 향에서 실시하고 하나씩 주, 현에서 실시하며 하나씩 성에서 실시하면 외적에 저항할 때 의탁할 곳이 없음을 근심할 필요가 없다. 우리는 실업을 발전시켜 국가와 민족을 보호하는 목적에 도달해야 한다. 반드시 지방차지라는 이 길을 걸어야 한다."[1054] 물론 지방자치로 국력을 증강시키는 것은 단순히 실업 발전을 촉진시키는 것을 통해서만 실현될 수 있는 것이 아니라, 정치의 개선, 지방의 증강과 국가 활력의 기능도 모두 강국의 목표와 하나로 연결되어있다.

셋째, 지방자치는 입헌의 전제이고 요소이다. 이러한 사고 방향은 입헌을 공통 인식의 전제로 삼아 지방자치는 입헌을 실현하는 필연적인 길이라고 생각하였다. 청말의 사람들은 모두 이러한 견해를 갖고 있었다. 이를테면 『남방보』가 광서 31년(1905년)에 발표한 한 편의 글은 다음과 같이 생각하였다. "지방자치의 실시를 통하여 지방 인민들이 지방관원을 공천하고 지방의 정사를 공동으로 의논함으로써 입헌을 위하여 전제 조건을 창조해야 한다. 지방자치는 입헌의 예비이다. 그렇기 때문에 중국의 오늘날 입헌은 지방자치를 토대로 해야 한다."[1055] 학설상의 이러한 관념은 청나라 조정의 입헌활동에 영향을 주기도 했다. 이를테면 청나라 조정에서 1908년 8월 27일에 반포한 『9년 동안 입헌을 준비하고 점차 해마다 그 준비사업을 밀고 나가는 것에 관한

---

1054) 「지나의 철도에서에서 열강의 정책' 번역 후기('列强在支那之鐵道政策'譯后)」, 『유학역편』 5기.
1055) 「입헌은 지방자지를 토대로 해야 함을 논함(論立憲黨以地方自治爲基礎)」, 『남방보』
광서 31년(1905년) 7월 16일 자.

사항(9年豫備立憲逐年推行籌備事宜諭)』에서 "모든 인민들은 반드시 자치교육의 각항 사항을 연습해야 한다"[1056]는 것을 예비 입헌의 절차 중 하나로 삼았다.

넷째, 지방자치는 백성의 생활을 보호하고 백성의 의기를 두텁게 하며 백성의 권리를 펼치게 한다. 이러한 사고 방향은 흔히 국가 생존의 토대를 민중에게 기탁하면서, 지방자치는 공민 참정의 책임감과 능력을 양성시킬 수 있고, 국민의식을 높여줄 수 있으며, 민중이 권리를 신장시킬 수 있다고 생각하는 것이다. 이를테면 황준헌은 다음과 같이 말했다. "나는 사절을 따라서 서방의 각국을 돌아다니면서 각국 정치의 요점과 특징을 대략적으로 관찰하면서 국가의 문명과 야만 정도는 인민의 지혜로운가와 우매한가와 관련이 있다는 것을 느꼈다. 국력을 강화하고 민권을 주장하려면 인민의 지혜가 일정한 수준에 이르지 않으면 불가능하다. 가죽이 없으면 털이 어디에서 자라겠는가? 마찬가지로 토대가 없으면 나라가 어떻게 자립할 수 있겠는가? 그래서 민생을 보호하고 백성의 소질을 높이려면 지방자치를 하지 않으면 안 된다." 이러한 관념은 비록 청말에 이미 사람들이 지방자치를 논증함에 있어서 일종의 사유 방향이 되긴 하였으나 군주제가 존재했기에 기타 지위는 앞장서서 나설 수 없었다. 그러다가 민국초기에 이르러 청조 군주제의 속박에서 벗어나게 되자 민권의 신장이 점차 지방자치에 있어 가장 필요한 것이 되었다.

## 3. 중, 서 사상이 합류한 지방자치관

상술한 바와 같이 한 시기 지방자치관에 대한 분석과 예를 살펴보면, 청말의 입헌운동 이래 중국 전통사회의 고유한 지방자치관념은 서방 지방자치 사조의 충격으로 인해 일정한 변화가 발생했다는 것을 알 수 있다. 이러한 변화는 당시 지방자치정책의 논술 중에

---

1056) 하신화, 호욱성 등 정리, 『근대중국헌정역정(近代中國憲政歷程): 사료회취』, 124쪽.

체현되었다. 이를테면 "중국 고제(古制)를 회복하거나 혹은 그것을 토대로 하고" "서양의 지방자치의 법을 참조해야 한다"고 한 것 등이다. 이러한 변화의 특징은 아래와 같은 몇 가지 방면에 반영되었다.

첫째, 개인권리의 개념을 포함시키기 시작했다. 중국 전통사회에서는 흔히 지방제도를 국가의 통일을 실현하는 부속제도 내지는 국가제도의 보조물로 삼았다. 최초로 서방의 지방자치제도를 소개할 때, 사람들은 대부분 국가통일을 수호하는 입장에서 지방자치를 제창했다. 그것은 아마도 그 지방자치의 주장이 중앙정부에 의해 채용될 가능성을 고려했기 때문일 것이다. 이러한 상황은 비단 중앙정부에 올리는 문건에 반영되었을 뿐만 아니라 논자들이 대중들에게 지방자치의 지식을 보급하는 글들에서도 나타난다. 청정부가 1908년에 반포한 『성, 진, 향 지방자치 장정』 제1조에는 "지방자치는 지방의 공익사항을 처리하는데 전문적으로 사용하고 관치를 보조하는 것을 위주로 한다"[1057]고 단도직입적으로 명확하게 규정하였다. 그렇기 때문에 당시의 지방자치관념은 중국의 옛날부터 내려온 전통을 답습하였기에 개인권리에 대한 관심이 부족하였다. 왕태현(汪太賢)는 이 시기의 지방자치관의 입론 기초를 종합하면서 다음과 같이 지적하였다. "자강부강의 종지 아래 지방자치의 주장을 제시할 때는 흔히 서방의 제도와 연관시키는 듯 했으나 입론의 사상적 토대와 가치취향에서는 흔히 또 전통으로 돌아가서 늘 서방관념과 더 멀어져 갔다. 구체적으로 말하면 초기에 지방자치를 제시하는 입론의 토대는 결코 서방의 의미로서의 민치, 민주관념이 아니었고 기껏해야 일종의 초급적인 중앙과 지방의 분권정신 및 고대 민본사상에서 파생되어 나온 '양민', '생민', '보민' 등 치민이념으로서, 그 가치취향은 '군민불격(君民不隔), 상하동심'에 불과했다."[1058] 하지만 서방의 지방자치관념에 대한 이해가 깊어짐에 따라 이러한 상황에 점차 변화가 일어나게 되고 이에 사람들이 개인의

---

1057) 『정치관보』, 광서34년(1908년) 12월 28일, 445호.
1058) 왕태현(汪太賢), 「근세 중국지방자치주장의 최초 제시 및
그 표현(近世中國地方自治主張的最初提出及其表達)」, 『서남민족대학(인문사회과학판)』, 2004, 5기.

권리를 지방자치의 범주에 끌어들이기 시작하면서 지방자치는 '민권을 펼치는(伸民權)'데 있어 중요한 조치라고 생각하였다. 양계초는 다음과 같이 명확하게 지적하였다. "민권을 압제하느냐 아니냐는 단지 의원(議院), 참정에 있는 것이 아니라 지방자치에 있는 것이다. 지방자치의 힘이 강하면 민권이 성할 것이나 그렇지 않으면 쇄할 것이다." 그렇기 때문에 지방자치는 "민권의 제일 기초이다."[1059] 특히 청 정부가 뒤엎어진 이후의 지방자치학설에는 '신민권', '인민민주의 실험장' 등과 같은 유형의 기층 민권에 관심을 가지는 주장이 더욱 자주 나타났다. 전혀 개인권리의 개념을 가지고 있지 않던 사람도 점차 서방을 참고로 하여 지방자치에서 개인의 권리를 실현할 것을 제창하였다. 이는 중, 서 지방자치관념이 청말에 이르러 중국에서 합쳐지는 최초의 표현이다.

둘째, 조직화를 향한 자치로 이동하였다. 중국 전통사회의 지방자치관념은 산만하고 한산하고 조직화가 부족했다. 이러한 특징이 청말 이후에 점차 변화의 추세를 보였다. 서학을 고찰하고 서학을 거울로 삼는 과정에서 사람들은 점차 조직화를 강조하는 서방자치의 관념을 받아들이기 시작했고 갈수록 자치조직과 자치단체가 자치를 실현하는 중에서의 작용을 중시하였다. 이를테면 일본에서 유학한 학생은 1903년에 글을 써서 다음과 같이 생각하였다. "중국 지방자치의 토대는 아주 두터운데 비해 그 효과는 너무 적다. 그 원인은 자치기관이 없기 때문이다. 그렇기 때문에 당연히 '지방자치기관을 조직해야 한다.' 그 구체 조치에는 각 지방의 고유한 신사(紳士)를 하나의 자치체로 연합하고 자치체는 의결과 집행 두 기관으로 나누며, 그 기관의 담당자는 신사들이 서로 투표를 하여 선거하며 기관의 사안은 다수의 표결로 가결하고 기관의 직원은 모두 명예직으로 하는 것" 등이 포함된다.[1060] 상술한 주장에서 알 수 있듯이 '자치체'는 대체로 이미 서방 지방자치학설 중의 지방자치단체(공법인)의 모양새를 갖추었고 기관의 직원을

1059) 양계초, 「독일, 일본이 민권을 압제한 일에 대한 모 군의 물음에 대답함(答某君問德國日本裁抑民權事)」, 『음병실합집 2 임병실문집 21』, 52쪽.
1060) 공법자(攻法子), 「경고아향인(敬告我鄕人)」, 『절강호』 2기.

명예직으로 한다는 구상은 바로 유럽의 지방자치의 실천에서 온 것이다. 이러한 견해는 중국 전통사회의 지방자치론에서는 찾아 볼 수 없는 것 들이다. 민국시기에 이르러 이러한 관념은 이미 아주 발달된 단체자치의 논술을 형성하여 단체자치는 지방자치의 핵심이라고 생각하였다. 이때는 이미 서방의 자치관념이 중국 전통사회의 자치관을 대체해버렸다.

셋째, 적극적인 목표를 갖추기 시작했다. 중국 전통사회의 농업을 사회 배경으로 한 지방자치관에서 사람들은 대부분 청정무위와 개인의 수신양성을 강조하였고 실천에서는 향의 조직이 정부의 위탁을 받고 당 지역의 치안을 감독하고 유지하며 정부가 자신의 통치기능을 실현하는 것을 도울 뿐이었다. 그렇기 때문에 향의 조직은 대부분 소극적이고 피동적인 관치의 보조물이 되었다. 향의 조직도 비록 일정하게 공익사업, 빈민구제 등의 직능을 수행하기는 했으나 도시자치를 토대로 한 서방의 진취적이고 개척적이며, 심지어는 모험적인 자치정신에 비하면 거리가 너무 멀었다. 서방 지방자치관념의 충격에 이 시기의 지방자치에 대한 주장은 지방 실업의 진흥, 지방교통의 발전, 당 지역의 교육 보급 등을 포함한 특정적이고 실제적인 목표에 초점을 맞추었다. 지방자치를 통하여 당 지역의 진흥을 이룩하려는 것 역시 서방 지방자치관념을 인입한 후 형성된 새로운 생각이었다. 이러한 변화는 사회 환경의 전반적인 변화와 직접적으로 연결되어 있었다. 중국 전통사회는 상업의 발전을 추구하지 않고 사회의 안정만을 유지하였다. 하지만 청말에 이르러 군사, 정치상의 여러 가지 실패를 겪고 나자, 국가와 사회의 전반적인 관념이 실업 발전과 국력 증가에 기울어졌고, 지방 신사가 실업 발전의 주력이 되었다. 근본적인 자치관과 통치관념에 변화가 발생한 조건 하에서, 지방자치에 진흥을 모색하는 등 일련의 특별한 사명이 부여되었다.

지금까지 우리는 주요 방면에서 청말민초시기에 서방 지방자치관의 충격으로 인한 중국지방자치관의 내용상의 변화를 종합하였다. 물론 이러한 변화는 결코 일종의 극단에서 다른 극단으로 나가는 근본적인 변화가 아니라 주요 취향의 변화이고 점차 전화되는 과정이었다. 필자가 '중, 서 사상이 합류하는 지방자치관'이라는 표현으로 이 시기의 지방자치학설의 총체적 특징을 형용하려고 시도한 것은 이 시기의 지방자치주장을

'중서합벽식'의 지방자치관으로 그 성격을 규정할 수 있을 것 같았기 때문이다.

이러한 변화가 발생한 원인은 여러 방면에 있다. 하지만 주로 학설 전파의 주역인 지방자치의 창도자들 때문이다. 일부 의식이 있는 신사들은 처음에는 주도적으로 서방의 정치 정세를 이해하고 지방자치에 대해 연구하였고, 후에는 지방자치학설이 점차 받아들여지게 하였다. 일본과 유럽으로 유학을 간 대량의 유학생들은 서방화된 지방자치사상을 가지고 귀국하였는데, 그들은 모두 지방자치학설의 지식을 전달할 매체들이었다. 이를테면 마건충(馬建忠), 위수(魏瀚), 임번(林藩), 유학해(游學楷), 고이겸(高而謙), 왕수창(王壽昌), 가홍(柯鴻), 허수인(許壽仁) 등은 모두 프랑스에 유학을 했다.


## 4. 정치학 서술 중의 지방자치

중국 전통사회의 지방자치사상은 비록 내용이 극히 풍부하지만 학과적 분류로 말하면 거의 정치사상사의 범주에 속하는 것으로서, 모종 형식의 '정치철학' 혹은 기껏해야 법률사상사이지 일종의 전형적인 법학적 혹은 헌법학적 학설이라고 말하기 어려우며, '지방자치법학설'이라고 부를 수도 없다. 청말 민초시기에 중, 서 사상의 합류는 서학적 성분이 나날이 증가하는 과정이었다. 그렇기 때문에 '중, 서 사상이 합류한 지방자치관'은 그 내재적 관념이 중국 전통적 학설과 점차 멀어졌다. 하지만 이 시기의 지방자치학설도 여전히 전통적 정치학의 서술풍격을 떠나지 못했다. 그것은 아래와 같은 몇 가지 방면에서 체현되었다.

첫째, 총체적으로 보면 청말 민초시기의 대다수 지방자치에 대한 논술들은 정치통치의 정당성 수호, 민권의 신장, 실제적 통치와 관리의 편리 등의 방면에 착안하였고 어떻게 구체적 제도를 구축할 것인가 대한 논술도 있었지만, 걸핏하면 독자들에게 추상적인 원리를 펼쳐보였고, 심지어는 원리로 원리를 논하는데 그치기도 했다. 필자는 이러한 서술방식에 반대하는 것은 아니다. 하지만 만약 단순히 이러한 연구방법에 의거한다면 그것은 분명 전형적인 법학의 진로가 아니라 정치철학의 진로이다. 물론 그것을 억지로 헌법사상 연구 범주에 넣을 수도 있겠지만 그것은 결코 전형적인 법학서술방식은 아니다. 만약 보다 광범위한 배경에서 출발하면 중국 전통사회에는 근본적으로 근대적 의의상의 법학이 존재하지 않았는데 전형적 의의상의 지방자치학설을 어찌 논할 수 있겠는가?

둘째, 청말 민초 시기는 대체로 지방자치제도가 바야흐로 창의, 창립되는 시기였다. 중국 전통사회의 지방제도는 왕조의 교체와 더불어 갈수록 중앙집권으로 기울어졌고 청말 무렵에 와서는 중앙집권의 정도가 거의 절정에 이르렀다. 이렇듯 장기간의 중앙집권 정제를 거친 후 다시 지방자치를 발전시키고자 하면, 대량의 힘을 들여 당국과 민중에게 그것의 합리성을 논증해야 하는데, 당국과 민중은 지방자치의 관념을 받아들이기 전에 지방자치제도의 구체적 설계와 지방자치법의 윤곽에 대한 토론에 대하여 오로지 하나의 부차적인 지위에 처할 수밖에 없었다. 지방자치의 주장이 당국에 받아들여진 후, 지방자치 제창자들은 여전히 일련의 정치 관념을 빌려 민중에게 지방자치의 원리를 보급해야 했다. 그렇기 때문에 법학연구의의상의 지방자치법학설은 이 단계에서 아직 전면적으로 전개할 수 있는 외부 조건을 갖추지 못했다.

셋째, 설령 그 시기에 지방자치제도의 구축에 관한 구체적 건의가 있었다고 하더라도 역시 흔히 지방조직의 구조에서 출발한 것이었다. 이를테면 지방의원의 개설, 지방관원을 어떻게 선거하는가 등이다. 이러한 논술은 정치조직의 장정에 관한 토론에 보다 가까운 것으로 결코 공법학 상에서 법률주체와 법률관계를 천명한 것은 아니었다. 물론 그 원인을 지방자치 법률체계의 결여에 두어야 한다. 실정법 규범이 결여된 조건하에서 실증주의적이고 규범주의적인 지방자치법 학설은 발생될 수 없는 것이다.

제3절

법학서술 중의 지방자치

청말의 지방자치사상은 민국시기에서도 계속 서학의 영향을 받다가, 국공 양당의 북벌전쟁(1926년-1928년)이 끝난 후에 지방자치학설은 또 다른 단계로 발전하였다. 논자들은 법률의의에서 지방자치를 정치학 의의의 지방자치와 구분하여 법학식의 토론을 하기 시작하였다.

## 1. 법률의의상의 지방자치의 출현

필자가 읽은 범위 내에서 법률적 의의상의 지방자치를 정치학적 의의상의 지방자치에서 최초로 구분한 사람은 민국시기의 주성(周成)이다. 그는 1929년 8월에 출판한 『각국 지방자치강요 강의』에서 지방자치의 의의를 병렬하여 두 가지로 구분하였다. 그 하나는 이른바 '자치'란 "비전임 관리가 국권의 행정에 참여하는 것을 말한다"고 했다. 다시 말하면 무릇 '입법, 사법 및 행정사무를 국가의 관리가 집행하지 않는 것'을 일컬어 자치라고 한다는 것이다. 다른 하나는 '자치'란 "일정한 한도 내에서 지방단체가 법률상의 인격을 가지고 국가로부터 독립하는 것을 말한다'는 것이다.[1061] 이 두 가지 의의에 대하여 구분한 후, 그는 또 전자는 정치 의의상의 자치이고 후자는 법률 의의상의 자치라고 명확하게

---

1061) 주성(周成), 『각국 지방자치강요 강의(各國地方自治綱要講義)』, 상해진동도서국, 1929, 2, 4쪽.

지적하였다.[1062] 이와 같이 지방자치의 의의에 대해 이중으로 구분한 것은 지방자치가 이미 단순한 지방정권 조직의 기본 원칙(즉 지방민주. 지방자유의 원리 등)에 머물러 있지 않고 법률적 의의에서 지방자치 체계의 규범구조와 분석양식에 들어섰음을 의미한다.

그 후 정치의의의 지방자치와 법률의의의 구분, 즉 인민(주민)자치와 단체자치 사이의 구분은 지방자치연구의 통설이 되었다. 예를 들면 임중가(林衆可)가 지은 『지방자치개론』(1931년)도 인민자치와 단체자치의 구분을 유지하였다.[1063]

황영위(黃永衛)의 지방자치연구 저작인 『지방자치의 이론과 실시(地方自治之理論與實施)』는 지방자치의 개념에 대하여 깊이 연구하고 정치의의와 법률의의에서의 지방자치의 구별을 다음과 같이 제시하였다. "정치의의에서 이른바 자치라고 하는 것은 지방행정이 규정된 상당한 범위 내에서 절대 국가의 간섭을 받지 않고 모든 실제 사무의 집행을 반드시 지방에서 공선한 명예직원이 책임지게 하는 것이고, 법률의의에서 자치라고 하는 것은 무릇 어느 단체가 국가 내 공공행정을 목적으로 집행함에 있어서 국가 감독 하에 자신의 독립적 사고에 의거하여 자신의 사무를 처리하는 것을 일컫는다."[1064]

황철진(黃哲眞)의 『지방지치강요』(1935년 10월)은 지방자치의 함의를 연구할 때, 지방자치를 광의(정치학 의의)와 협의(법률학 의의)상의 자치로 구분하면서 전자는 '인민자치'이고 후자는 '단체자치'라고 하였다.[1065] 엽춘(葉春)의 『지방자치』(1946년)는 지방자치의 함의를 소개할 때, 역시 직접 정치상과 법률상에서 지방자치를 구분하고, 지방자치법의 의의 상에서는 지방자치 단체의 단체자치관을 제시하였다.[1066]

이상에서 알 수 있는 것은 모든 지방자치연구의 저작들마다 모두 지방자치의

---

1062) 주성(周成), 『각국 지방자치강요 강의』, 상해진동도서국, 1929, 8, 9쪽.
1063) 임중가(林衆可), 『지방자치개론』, 상무인서관, 1931, 1~2쪽.
1064) 황영위(黃永衛), 『지방자치개론』, 남경제발서점, 1934, 1~2쪽.
1065) 황철진(黃哲眞), 『지방자치강요』, 상해중화서국, 1935, 2~3쪽.
1066) 엽춘(葉春), 『지방자치』, 푸저우교육도서출판사, 1946, 1쪽.

정치의의와 법률의의의 구분을 인정하였고 인민자치와 단체자치의 구분을 생각했다는 것이다. 정치의의상의 지방자치에서 법률의의 상의 단체자치를 구분해 낸 원인에 대하여 하병현(何炳賢)은 다음과 같이 완벽하게 해석하였다. "우리가 우선 알아야 할 것은 자치의 조직이 단순히 몇 개 기관을 설립한다고 다 되는 일이 아니라 그 최저한도의 조건은 자치의 형성이고 이 단체는 대내로 민의의 집단이고 정권 행사의 소재이며, 대외로 민의의 대표일 뿐만 아니라 민중이 함께 조직한 법인이라는 점이다."[1067] 그러므로 자치단체라는 이러한 형식은 내부집합의 민의에 도움이 될 뿐만 아니라 외부에서 법인의 형식으로 민의를 신장하는 데에도 도움이 된다. 만약 단체자치의 내용이 부족하면 지방에서 자치기관을 설치하고 지방선거를 하고 지방사무와 재정을 관리한다 하더라도 유효한 수단으로 정치 의의상의 지방자치의 산만성을 극복하지 못하게 되어 국가의 관치가 지방 자치를 압제하는데 편하게 된다. 다시 말하면 단체자치가 법률상에서 보호벽을 형성해야 지방자치단체와 국가의 관계를 법률의 조절 영역에 도입하는 것을 통하여 지방자치의 실현을 보장할 수 있다. 당시의 논자들이 지방자치단체와 국가의 구별을 강조한 목적은 지방지치단체의 형식을 통하여 혹시 있을 수도 있는 자방자치에 대한 국가의 부당한 간섭을 배제하고 자치가 국가 관치의 위해에서 벗어날 수 있도록 시도하려는 데 있었다.

법률의의 상의 단체자치 개념이 받아들여지면서 1930년대에서 40년대 사이에 중국의 지방자치학설은 이미 자각적으로, 명확하게 표준적인 공법학 연구의 정규화에 들어갔고, 그 연구 소재는 대부분 각종 유형의 지방자치 법규를 위주로 하였으며, 그 연구의 중점은 크게 지방자체단체에 집중되었고 연구방법 역시 본문분석, 규범분석과 실증분석을 많이 채용하였다. 그렇기 때문에 지방자치는 완전히 법학서술의 범주에 들어갔다. 하지만 거기에도 부족한 점은 있었는데, 당시의 지방자치법 저작들은 여전히 전통을 답습하여 거의 '지방자치', '지방자치개요', '지방자치의 연구', '지방자치의 이론과 실시' 등으로

---

1067) 하병현(何炳賢), 『지방자치문제』, 상해북신서국, 1930, 123~124쪽.

불렸고 '지방자치법'이라는 명칭은 별로 없었고, 약간의 법류법규만이 '지방자치법규', '지방자치법규휘편', '지방자치법령' 혹은 '지방자치법령 해석'과 같은 말을 채용하였다는 것이다.

## 2. 법률의의상의 지방자치 출현의 원인

첫째, 지방자치법률 규범의 규범화와 체계화. 법률규범이 결여된 상황에서 지방자치에 대해 법률학의의상의 연구를 진행한다는 것은 분명 어려운 일이었다. 청말 입헌운동 말기에 청 정부는 『도시와 향진 지방자치장정』(1908년), 『청, 주, 현(廳州顯) 지방자치장정』(1909년) 등 지방자치 법규를 반포하였다. 하지만 미처 이론적인 연구를 하지 못했기에 청 정부의 지방자치 개혁은 단지 역사가 되고 말았다. 민국 초기에 이르러 비록 처음에는 청 정부의 지방자치 개혁의 일부 성과(그 개혁이 실시 된지 얼마 되지 않음)를 보류하였지만 원세개의 중앙집권조치, 각지 군벌의 할거, 북벌전쟁의 폭발 등은 지방자치의 실시가 동당의 환경 속에서 좌절을 당하게 되었다. 그 기간에 중앙정부도 1923년 10월에 반포한 『중화민국헌법』[1068] 등 약간의 지방자치 법규를 더 제정하였고, 당시 각 지방과 민중이 보편적으로 자치를 요구하는 상황에서 지방자치체제를 분명하게 긍정하였다. 그중 지방을 성, 현 두 급으로 나누어 성, 현 모두 지방자치단체라고 규정함으로써 헌법으로 지방자치제를 승인하였다. 이것은 중국 입헌사상 최초이다. 북벌전쟁이 끝난 후 지방자치법 체계가 점차 완벽하게 되기 시작했다. 1929년 6월 5일의 『현조직법(縣組織法)』, 1929년 10월 2일의 『현조직법실시법(縣組織法施行法)』, 1929년

---

1068) 즉, 1923년 10월 10일의 '조혼헌법'을 말한다. 이 헌법은 비록 '뇌물선거'문제로 명예가 실추되었지만 학술적 의의에서 말하면 한부의 우수한 헌법이었다.

10월 2일의 『구자치실시법(區自治施行法)』, 1929년 9월 18일의 『향진자치실시법』, 1930년 5월 3일의 『시조직법』, 1930년 7월 19일의 『향진방자치직원 선거 및 파면법(鄕鎭坊自治職員選擧及罷免法)』 등 20여 부의 지방자치법규가 연달아 반포되면서 지방자치연구자들의 농후한 흥취를 불러일으켰고 학자들에게 분석, 연구와 비평의 실증적 소재를 제공해 주었다. 둘째, 지방자치연구방법의 전변. 청말 입헌운동시기, 사람들은 흔히 지방민주, 지방선거, 지방자치의 각도 등 정치학 원리로부터 출발하여 지방자치에 대해 연구하면서 걸핏하면 정치학과 헌법학의 기본이념에 관련을 시켰는데 그 토론 범위가 아주 넓었고 규범과 실증적 분석이 부족하였다. 하지만 지방자치체계가 점차 완전하게 되면서 사람들은 구체적인 연구 소재를 얻기 시작하였고 연구방법에서도 추상적인 이론연구를 하던 것에서부터 본문분석, 실증분석과 법해석학의 방법 등 구체적 문제에 대한 연구로 전환되었다. 진천해(陳天海)의 『중국지방자치』(1932년 1월)라는 책은 법률 조항에 대하여 텍스트 분석을 하였는데 책의 수많은 부분에서 법률 조항 원문을 그래도 인용하여 이로운 점과 폐단을 가리고 득실을 평가 하였으며, 유효한 텍스트 분석을 하는 동시에 일정 부분 가치가 있는 실재법(實在法) 자료를 보류하기도 하였다. 기타 자치론자들도 실정법(實定法)의 조문을 언급하고 지방자치 원리를 천명할 때, 흔히 법률조항을 증거로 삼았다. 이러한 현상들은 그전의 지방자치 연구에서 비교적 보기 드문 것들이었다. 텍스트 방법과 법해석학은 법률의의상의 지방자치학설의 출현 원인이 되면서, 또 법률의의상의 지방자치학설의 출현이 가져온 결과가 되었다.

셋째, 프랑스, 독일, 일본 지방자치학설의 영향. 구미와 일본에서는 공법인(公法人) 이론을 기초로 한 단체자치관념이 그들의 지방자치학설에서 아주 성행하였는데, 프랑스와 독일은 더욱 그러하였다. 오늘에 이르기까지 논자들은 여전히 단체자치관의 중요성을 강조하고 있다. 이러한 헌법학설은 단체자치의 각도에서 출발하여 지방자치단체의 법률적

인격을 토론한다.[1069] 1930년대부터 40년대 사이 중국의 지방자치에 관한 저작들을 보면 학설상에서 단체자치의 개념을 언급할 때, 흔히 단체자치는 프랑스와 독일에서 온 관념이고 정치의의상의 인민자치는 영국법에서 많이 왔다고 했다.[1070] 일본의 지방자치학설은 독일법의 영향을 많이 받았고 심지어 독일학설과 계승관계가 있다. 이를테면 일본학자 시메즈 도오루는 "이른바 지방자치는 공공단체로서 자신의 기관으로 단체 내에 속한 정치 사무를 처리한다"[1071]고 말했다. 이것이 바로 독일법상의 단체자치관을 기초로 한 것이다. 사실상, "청말지방자치의 10분의 9는 일본에서 가져온 것이고 일본의 지방자치는 대부분 유럽, 특히 독일에서 가져온 것이다."[1072] 독일의 단체자치관은 일본을 매개로 하여 우리나라에 전파되었을 가능성이 크다. 물론 이것은 법고증학에서 연구되어야 할 문제이다.

이상의 세 가지 원인에 대한 해석은 결코 정치의의상의 지방자치가 부정되었다는 말이 아니라, 단지 연구의 중점 혹은 주체적인 내용에서 한쪽으로 치우치는 현상이 발생했다는 것을 말할 뿐이다. 그 시기 지방자치론자들로 보면 사람들은 여전히 특정한 범위(그러나 주요한 편폭은 아님)로 지방자치의 유익한 점(이를테면 민생, 민권 주의 혹은 건설의 방면)을 종종 논술하면서 여전히 정치학의 서술방법을 답습[1073]하다가, 이때부터 정치학적 서술방식은 더는 지방자치연구에서 주도적 지위를 차지하지 못했다.

---

1069) [프랑스] Michel Verpeaux, Droit des collectivites territoriales, Paris, Presses Universitaires de France, 2005.
1070) 이러한 상황에 아주 보편적이었는데 이를테면 주성(周成)의 『각국 지방자치강요 강의』 그리고 『지방과 신현제(地方與新縣制)』(작자와 출판 정보가 분명하지 않음)등이 그러하다.
1071) 웅소(熊素), 『지방자치문제』, 1947년 11월 출판, 1쪽.
1072) 정영복(鄭永福), 여미이(呂美頤), 「중국 청말 지방자치에 대한 일본의 영향을 논함(論日本對中國淸末地方自治的影響)」, 『정주(鄭州)대학학보』(철학사회과학판) 6기, 2001.
1073) 이를테면 진안인의 『지방자치개요』는 여전히 이러한 각도에서 관료정치의 폐해의 제외, 정당정치 보조의 불급, 정치에 대한 인민의 책임감과 능력의 양성, 경제정책의 운용 등 지방자치의 필요성을 분석하였다.

## 3. 지방자치단체의 개념과 요소

지방자치단체의 개념은 청말에 이미 출현하였다. 양계초는 일찍이 1907년에 '지방단체'라는 단어를 사용하면서 다음과 같이 생각하였다. "지방단체자치란 일종의 국가의 정치기관이다. 한 방면으로 보면 중앙정부의 간섭 및 그 부담을 가까이에서 처리할 수 있다. 그것은 결국 중앙을 돕는 것이고 그 이익은 지방단체 자체에 돌아온다. 또 다른 방면에서 보면 백성들이 작은 단체에서 정치훈련을 하고 정치에 대한 흥취를 불러일으켜서 정치상의 양호한 습관을 양성할 수 있는데 그 이익은 국가에 돌아간다."[1074] 양계초는 지방단체를 국가의 '정치기관' 중에 하나로 삼으면서도 여전히 지방단체와 정치학의 언어체계를 연결시켰는데 이는 당시 지방단체에 대한 인식이 여전히 명확하지 못했고 공법학의 내용이 부족했음을 반영한다. 민국시기에 이르러 법률의의에서의 단체자치의 함의에서 지방자치단체는 이미 핵심적 위치에 자리를 잡았고 지방자치의 주체가 되었다. 그렇기 때문에 이 시기의 지방자치론은 대부분 '지방자치단체'(혹은 '지방자치체', '지방공공단체'와 '지방단체'로 부르기도 했음.)를 제일 중요한 내용으로 삼아 연구하였다. 학설의 가치로 말하면 그중 제일 현저하고 제일 중요한 것은 지방자치단체에 대한 개념과 요소에 대한 견해이다.

### (1) 지방자치단체의 개념

지방자치단체의 개념 연구로 말하면, 주성의 『각국 지방자치강요강의』가 이 부분의 기초적인 작품이다. 이 책은 각국의 지방자치제도를 소개하기 전에 우선 지방자치의 주체, 즉 지방단체를 다음과 같이 분석하였다. 위치 확정에 있어서 지방단체와 공공조합은 모두

---

1074) 양계초, 『정문사선언서』, 『정론』 제1기.

공공단체이고 공공단체와 국가를 합하여 공법인이라 하며 공법인은 다시 사법인과 합하여 법인이 된다. 이 책은 또 법인과 공법인의 기본 이론에 대하여 부대적으로 연구했는데 이를테면 '법인부정설', '법인억제설', '법인실재설' 등에 대하여 모두 논하였다. 지방단체의 성질로 말하면, "영토단체(gllretolpeetchaft)의 일종으로서 국가와 한 형체로서 일정한 토지를 기초로 한 인민단체이다. 그렇기 때문에 지방단체는 기타 영역과의 관계에서 국가가 그 영토와의 관계와 마찬가지로 소속된 지역내에서 국가가 부여한 통치권을 발동할 능력이 있으며, 무릇 그 구역에 거주하거나 거류하는 인민은 반드시 복종해야 한다. 동일한 지역 내에서 동항의 기타 공공단체에 권력을 발동하지 못한다."[1075] 이로부터 알 수 있듯이 당시의 지방자치연구는 이미 법률상에서 단체자치의 개념을 완전히 수용하였고 보조적으로 완전하게 된 공법인 이론을 배경으로 하였다. 그 외 이 책은 전문적으로 장절을 할애하여 자치단체와 국가 사이의 구별을 논술하였는데 비단 법률인격의 부동함을 지적했을 뿐만 아니라, 국가의 통치권은 국가의 '고유한 것'이며 지방단체의 통치권은 반드시 "국가가 부여한 것을 향유해야 한다"[1076]고 지적하였다. 이러한 결론은 '전래권설(傳來權說)'의 대표로서 지금의 지방자치이론에서는 이미 '제도보장설'에 의해 완전히 대체 되었지만 당시에는 통행하는 관점이었다.

진안인(陳安仁)의 『지방자치개요』(1930년 6월)은 지방자치의 함의를 연구할 때 '지방자치의 법률상의 인격'의 방면으로부터 착수하여 지방자치에 대하여 "일정한 제한 내의 지방단체는 법률상 인격이 있고 국가를 떠난 독립을 이르는 말이다"라고 정의를 내렸다. 이것은 상술한 주성(周成)의 지방단체론과 일치한다. 하지만 주성과 다른 점은 이 책에서는 독립적인 법률인격을 가지고 있는 지방단체를 지방자치제도의 취지로 삼았다는 것이다. "원래 자치제도의 취지는 지방단체로 하여금 독립적 인격자로 국가의 간섭을 받지

---

1075) 주성(周成), 『각국 지방자치강요 강의』, 상해진동도서국, 1929, 16쪽.
1076) 주성. 위의 책, 19쪽.

않고 단체의 공공사무를 처리하는 데 있다. 그러나 그것이 절대적으로 국가와 대립되고 절대적으로 국가의 간섭을 받지 않는다는 것이 아니다. 왜냐 하면 지방단체는 법률상에서 비록 인격을 가지고 있고 국가를 떠나 독립할 수 있지만, 그것은 일정한 한도 내에서이지 일정한 한도 외에서가 아니기 때문이다. 이 의의를 명확히 하면 금후의 지방자치에서 오해를 일으키지 않을 수 있다."[1077]

이와 비슷한 유형의 지방자치단체 개념을 토론한 수많은 저서들은 대부분 공법의 입장에서 지방공공단체의 법률인격의 독립성을 논하였다. 엽춘(葉春)의 『지방자치』(1946년 3월)는 비록 내용은 짧지만(100여 쪽) 이 책은 '지방자치단체'와 '행정구역'의 차별을 다음과 같이 명확하게 제시하였다. "지방자치단체는 일정한 범위 내에서 지방자치의 주체이고 행정구역은 국가에 속한, 국가가 각국부(局部)에서 국가의 행정 직능을 실현하기 위해 구분한 구역으로서 양자는 늘 결합이 발생한다."[1078]

## (2) 지방자치단체의 요소

지방자치단체의 개념 외에 지방자치단체의 요소 역시 논자들의 열렬한 연구문제 중의 하나였다. 시간상으로 보면 지방자치단체의 요소에 대한 사람들의 연구는 지방자치단체의 개념에 대한 연구보다 좀 늦게 시작되었다.

진천해(陳天海)의 『중국지방자치』(1932년 1월)은 '자치의 구역', '자치구의 주민 및 선민', '자치의 기관', '자치의 사항 및 자치기관의 권한', '자치경비'와 '자치의 감독' 등의 방면으로부터 민국 성립 이후의 지방자치를 분석하였다.[1079] 그는 비록 지방자치단체의 요소를 명확하게 제시하지 않았지만, '자치의 구역', '자치의 기관', '자치의 사항 및

---

1077) 진안인(陳安仁), 『지방자치개요』, 상해태동도서국, 1930, 26쪽.
1078) 엽춘(葉春), 『지방자치』, 124쪽.
1079) 진천해(陳天海), 『중국지방자치』, 40~41쪽.

자치기관의 권한'을 사용하여 민국 성립 이후의 지방자치제도를 분석하였는데 지방자치단체의 요소와 관련이 있게 된다. 황철진(黃哲眞)은 『지방자치강요』(1935년 10월)에서 지방자치단체의 구성을 전문적으로 연구하였는데, '공곡목적을 위해 활동하는 인민', '국토 내의 일정한 토지', '공공의사를 표시하고 집행하는 기관', '국가가 부여한 자치권' 등 네 가지 사항을 예로 들면서 이러한 것들은 모두 지방자치단체에서 '없어서는 안 될 요소'[1080]라고 생각하였다. 그리고 유건강(劉騫鋼)은 『지방자치의 연구』(1941년 7월)에서 지방자치단체의 요소에는 구역, 주민과 자치권 세 가지가 있다고 생각하였다.[1081]

지방자치요소에 대하여 열거하고 구분하는 것은 현실적 의의가 있다. 우선 지방자치의 실시로 말하자면, 그것은 지방자치단체의 요소와 밀접한 관계가 있다. 다음으로 지방자치단체의 구역으로 말하자면, 자치구역의 대, 소를 어떻게 결정하는가, 현성을 위주로 하는가[1082] 아니면 성 구역도 포함 하는가, 어떻게 토지의 측량을 통하여 각 지방자치단체의 범위를 합리하게 구분할 것인가의 문제와도 연관이 있다. 그 다음으로 인민으로 말하자면, 호구를 보편적으로 조사하여 자치의 인수(人數)규모를 확정하는 것과 연관이 있다. 당시의 지방자치론자들은 비단 이론상 지방자치의 요소를 규명하는 데에만 그친 것이 아니라 각기 다른 요소에 맞춰 상술한 미시적인 실제 문제들을 따로따로 연구하였다.[1083] 여기서 알 수 있는 것은 이 시기의 지방자치학설은 이론적으로 심각했을 뿐만 아니라, 특히 실천중의 미시적인 문제를 더욱 중요하게 생각했다.

---

1080) 황철진(黃哲眞), 『지방자치강요』, 16쪽.
1081) 유건강(劉騫鋼), 『지방자치의 연구』, 중경청년서점, 1941, 91쪽.
1082) 손중산 의 지방자치계획에서 현은 가장 기초적이고 가장 중요한 지위에 있었다. 그는 '한 현의 자치단체가 직접 민권을 실행 할 때' 성은 '너무 광범위'하고 현은 '규모가 적합'하다고 생각하였다.
1083) 당시의 지방자치론에 관한 저술들은 왕왕 이러한 서로 다른 요소를 소개할 때, 각각의 요소가 실천 중에 나타나는 구체적 문제를 연구하였다. 이를테면 유건강(劉騫鋼)의 『지방자치의 연구』는 전문적으로 장절을 할애하여 이러한 요소가 실천 중에 나타나는 구체적 문제를 연구하였고 심위하(沈慰霞)의 『지방자치』(중국교육연구사, 출판년도가 명확하지 않음)도 81쪽부터 이 문제를 다루었다.

## 4. 서화(西化)의 지방자치법학설

민국 중, 후기에 이르러 지방자치는 이미 하나의 법률적 내용이 아주 완전해진 개념이 되었다. 지방자치단체 및 지방자치의 각종 관계가 이미 공법 조정의 범주에 들어가 연구의 내용이든 연구의 방법이든 모두 농후한 법학적 풍격을 갖추었다. 하지만 청말의 지방자치운동에서 사람들이 비록 서방의 지방지치 관념이 단체자치에 중점을 둔다는 특징을 점차 인식하였고 지방단체라는 말을 제시하였지만, 그것을 법률 조정과 법학 연구의 범주에 넣는데 전력을 다하지는 못했다. 하지만 민국 중, 후기의 저서들은 이미 지방자치학설의 형태를 법학의 측면으로 전환시키는 것을 완성하였고 단순히 정치이념으로 정치이념을 논하던 상황에서 벗어났다.

하지만 그때의 지방자치학설은 완전히 서구화의 산물이었다. 공법인을 배경으로 하는 지방자치단체의 관련 이론은 서방공법과 지방자치관념의 핵심부분인데, 그것은 중국 전통사회의 지방자치사상에서 말하면 완전히 낯선 것이었다. 청말민초시기의 지방자치사상이 중서문화 화합의 산물이고 그 내면에 중국 전통지방자치사상이 서학의 충격에 바야흐로 변화되고 있었다면, 이 시기에 법학의의상의 지방자치학설은 그 주체부분에서 이미 중국의 전통사회적 지방자치사상의 그림자를 볼 수 없이 이미 완전히 '서화'가 되었고 구미, 특히 독일의 단체자치관념에 의해 점령되었다. 이런 의의에서만 언급하더라도 지방자치는 서방에서 들여온 수입품이라는 견해가 성립되는 것이다. 물론 앞에서 지적한 바와 같이 중국 전통사회에 법학이 없었다면 당연히 지방자치학도 없었다.

이상 중국 근대 지방자치학설의 변화 과정을 정리한 것은 결코 중국 지방자치학설의 자주성과 자족성을 증명하여 맹목적인 민족자존심을 만족시키려는 것이 아니며, '지방자치는 서방의 박래품'이라는 명제를 뒤엎으려는 것도 아니다. 다만 이 명제에 대한 구체적인 분석을 통하여 일종의 단순화한 이해를 피하고 바로잡으려고 시도했을 따름이다.

제4절
지방자치와 연성자치

1920년 7월 22일, 호남독군(湖南督軍) 담연개(譚延闓)는 전국에 전보를 보내 호남사람이 호남을 다스리고 호남성은 스스로 다스린다고 표시했다. 그 후 절강 노영상(盧永祥), 광동 진형명(陳炯明)과 운남 당계요(唐繼堯)의 호응을 받았다. 이에 따라 중국 근대 지방자치운동은 최고조에 이르면서 연성자치운동의 서막을 열었다. 실천상의 변화와 더불어 헌법지식계통도 연성자치에 대하여 광범위한 연구를 진행하였고 양계초, 채원배(蔡元培), 장병린(章炳麟) 등 수많은 학자들은 미국의 연방제를 따라 각성에서 자체로 헌법을 제정하고 자치를 실현할 것을 주장했다. 장동손(張東蓀), 정세택(丁世澤), 반력산(潘力山) 등도 글을 발표하여 연성자치를 지지했다. 물론 일부 정부와 학자들은 연성자치에 대하여 비관을 하고 우려하고 심지어 부정적 태도를 가지고 있었지만, 학설적 변화의 각도에서 말하면 찬, 반 쌍방의 논점은 똑같이 가치가 있기에 연구할 바가 있다. 1926년 북벌전쟁의 시작과 더불어 연성자치의 학설과 실천은 나중에 소리 없이 종적을 감췄지만, 연성자치의 사상과 관념은 중국 지방자치학설 연변사에서 중요한 한 페이지를 차지한다.

## 1. 연성자치 사상의 맹아

연성자치는 '연성'과 '자치'로 나뉘는데 이른바 '연성'이란 성의 연합이고, '자치'란 성 내의 지방 자치이다. 아래에서 서방 연방제사상의 수입과 지방학설의 발달 이렇게 두 가지 측면으로 나누어 각각 논술하려 한다.

(1) 서방 연방제사상의 수입

청말 입헌운동이 시작되기 전에 연방제는 이미 중국인들의 시야에 들어왔다. 1843년, 위원(魏源)은 『해국도지』라는 책에서 이미 스위스와 미국의 연방제도를 각각 소개하였다. '스위스' 편에는 "12수장으로 나뉘어 각자 다스리며 상호 통괄하거나 예속하지 않는다"[1084]는 서술이 있다. '미리견국즉육내사질국총기(弥利堅國卽育奈士迭國總記)'편에서 위원은 다음과 같이 미국에 대하여 총괄적으로 소개하였다. "서양에 사질(士迭)라는 부락이 있는데 미리젠국에는 국왕이 없이 26개 부락의 우두머리만 있고 공동으로 선거한 큰 두목을 총리라고 하며, 나라 이름을 '육내사질국'라고 하는데 우리말로 옮기면 겸섭방국(兼攝邦國)이 된다."[1085] 여기에서 '육내사질국'은 'United States'의 음역이고 '겸섭방국'은 연방제의 대략적 인상을 음역으로 표현한 것이다. 하지만 '연방'이라는 말을 채용되지 않았다. 이 글의 구체적 소개에서 위원은 기본상 명확하게 미국 연방제의 구조를 소개하였는데 거기에는 연방총통, 국회, 연방최고법원 및 주의 총제적인 상황이 망라되어 있다. 주의 체제를 소개할 때 위원은 다음과 같이 밝혔다. "각 부락에 스스로 우두머리 한 사람을 두고 부락의 일을 관리하게 하며 매 부락에는 의사를 토의하는 공소가 있다. 그 역시 두 등급으로 나누는데 하나는 세네터(西業, senator)이고, 다른 하나는 리프레센터티브(勃里先特底甫, representative)이다. 즉, 본 부락에서 각각 1명씩 선택하여 본 부락의 일을 처리하게 한다. 작은 일은 각기 조례를 정하고 큰일은 반드시 국가의 판례를 존중한다.[1086]" 이 위원의 목적은 단순히 소개를 하기 위한 것이었다. 그로부터 50년 후 중국사람 중에 비로소 연방제의 실행을 제창하는 목소리가 나타났다.

호춘혜(胡春蕙)의 고증에 의하면 중국에서 연방사상을 창도한 사람은 손중산이 최초일

---

1084) 위원(魏源), 『해국도지』, 중주고적출판사, 1999, 314쪽.
1085) 위원(魏源), 『해국도지』, 397쪽.
1086) 위원(魏源), 『해국도지』, 401쪽.

가능성이 크다고 한다.[1087] 그는 광서 21년(1895년) 홍중회의 홍콩총회 선서에서 '합중정부 건립'을 제기하였는데 '합중정부'라는 말은 분명 미국의 개념을 차용한 것으로서 연방제로 해석할 수 있다. 2년 후, 요코하마에서 있었던 일본 친구들과의 담화에서 그는 '자치'와 '연방공화'의 뜻을 분명하게 밝혔다.[1088]

6년 후 양계초도 명확한 연방제 주장을 제시하였다.[1089] 그는 1901년에 쓴 『루소 학안』에서 다음과 같이 지적하였다. "루소는 스위스연방이 확실히 너무 약소하고 인근 국가(邦)의 침략을 피하기 어렵다고 여겼다. 큰 국가가 스위스를 본받아 여러 개의 작은 국가(邦)로 나누고 연방제에 근거하여 민주정치를 실시한다면 그 나라는 강성해지고 인민이 자유로워지며 반드시 후세에 만국의 본보기로 될 것이다. 루소의 뜻이 여기에 있지 않고 어디에 있겠는가?" "우리 중국은 … 민간자치의 기운이 제일 왕성하기에 문명국의 제도를 널리 채용하여 성은 성대로, 주는 주대로, 현은 현대로… 각기 단체가 되어 그 지방의 법률을 세우고 그 백성이 명령을 실행하기를 원한다면 루소가 바랐던 그런 나라가 될 것이니 그 길에 제일 가깝고 그 일이 제일 쉬워서 중국 정체가 만국의 본보기가 될 것이다."[1090] 손중산의 제도 양식과는 달리 양계초가 관찰한 것은 유럽 연방제의 정형이었다. 1903년에 이르러 추용이 상해 공공조계에서 쓴 『혁명군』 및 장병린이 『소보(蘇報)』에 쓴 『혁명군서』는 청 정부를 뒤엎고 미국과 같은 연방제를 건립할 것을 보다 명확하게 제시하였다.[1091] 그 후 연방제 주장은 심심찮게 볼 수 있게 되었다. 이를테면 펑자유(馮自由)는 1906년 『민보』에 쓴 글에서 다음과 같이 지적하였다. "공화정치는

---

1087) 호춘혜(胡春蕙), 『민초의 지방주의와 연성자치』, 중국사회과학출판사, 2001, 100쪽.
1088) 손문, 「중국은 반드시 혁명을 해야 후에 공화에 도달할 수 있다(中國必革命而后能達共和)」, 대북중앙문물사출에서 출판한 『국부전집』, 452쪽.
1089) 마용(馬勇) 은 중국에서 최초로 연방제를 명확하게 제시한 사람은 양계초라고 주장하고 있는데 그것은 호춘혜 의 고증보다 훨씬 정확하지 못하다. 마용, 「1920년대 '연성자치'의 이론과 실천」, 『중국사회과학원 근대사연구소 청년학술논단』 2000년 권, 사회과학문헌출판사, 2001.
1090) 양계초, 「루소학안」, 『음병실합집 1. 음병실문집 6』, 110쪽.
1091) 추용, 『혁명군』

연방정체이다. 우리 당은 날마다 새로운 중국을 건설하는 것을 무상의 종지라고 부르짖고 있지 않는가? 우리 당의 종지를 이루고 나면 중국의 정치체제는 프랑스의 공화로, 미국의 연방으로 변하게 될 것이다."[1092]

손중산이든 양계초든 아니면 그 후의 사람들이든 연방제에 대한 논술에는 두 가지 공통점이 있었다. 첫째, 모두 연방제에 대하여 강렬한 열망을 가지고 있었고 서방의 연방 정치체제를 '소개'하는 정도에 머무른 것이 아니라, 중국은 반드시 연방제를 실행해야 한다는 주장을 명확하게 제시하였다. 둘째, 그 정치적 주장은 모두 중국 전통사회의 정치이념에서 온 것이 아니라 서방정치 실천과 정치사상의 자극을 받은 것이고 서방 연방제의 원리(특히 미국의 연방제)를 중국의 실천에 적용하려 시도한 점이다. 이 역시 연방제 이론은 결코 중국 전통사회에 고유한 것이 아니라, 순전히 서방 정치이념에서 이식한 전형적인 '서학동점(西學東漸)'이라는 것을 설명한다.

중국 전통사회에 연방제 사상이 결여된 상황에서 중국 정치실천에 대한 손중산의 이전 서술에서 보다 진일보한 이해를 얻을 수 있다. "예로부터 내려온 중국의 역사를 살펴보면 무릇 한 차례의 전란을 겪고나면 지방 호걸들이 수십 년 동안 서로 패권을 다투었다. 무고한 백성이 불행해 지고 그로부터 화를 입은 자가 얼마나 되는지 모른다. 그렇게 된 이유는 모두 거사를 일으킨 사람들에게 공화의 사상이 없었기 때문이다 … 그렇기 때문에 각자가 자신의 병력을 과시하면서 패권을 독점하려하고 그만두려 하지 않았다." 진나라 이후 군현제에 습관이 된 국인들은 지금까지 연방제를 생각할 기회가 거의 없었다. 청말 민초시기에 연방제의 지식이 보급되고, 지방 군벌들이 "자신의 병력을 과시하면서 패권을 독점하지 않고서는 그만두지 않을" 조건이 마침 만들어진 상황에서, 사람들은 자연히 연방제를 모방하여 "연방공화국의 명목 하에 일찍부터 명망이 있던 자를 한 부락의 장이 되게 하고

---

1092) 평자유, 「민생주의와 중국정치혁명의 전도(民生主義與中國政治革命之前途)」, 『민보』 제4기(1906년 5월), 『신해혁명전 10년 시론 선집』 2권 상권, 423~424쪽.

재능을 펼치게 한 후, 중앙정부를 건립하여 압제하여 연방이라는 이 축을 세우려 한다"[1093]
여기서 알 수 있는 바는 연성자치 실천과 학설의 출현은 서방 연방제 사상의 수입과
직접적으로 연결된다.

## (2) 지방자치학설의 발달과 보급

연성자치를 연방제와 단순하게 동일시해서는 안 된다. 연성자치라는 단어가 출현한
이후 당시의 지식계에서도 연성자치와 연방제에 대하여 쟁론이 일었다. 글자의 의의로
보면 연성자치는 '자치'의 내용을 극히 강조하는데, 그것은 '연방제'라고 부르는 것보다 더
명확하다.

상술한 바와 같이 중·서 지방자치 관념의 합류는 청말 민초의 지방자치학설이 아주
발달되도록 하였다. 연성자치의 이론이 제시되기 전의 지방자치학설은 중국 지식계에서는
이미 상식으로 되어 있었고, 지식계와 일부 정계 인사들이 공동으로 노력하는 목표가
되었다. 양계초는 1907년에 벌써 "오늘날 지방자치라는 말은 전국적으로 익히 들어 아는
말이 되었다"[1094]고 지적하였다. 연성자치운동에서도 연성자치를 반대(그들 대부분은
연방제와 연성제를 동등시 했다)하는 논자들도 모두 지방자치를 지지했다.[1095] 이는
객관적으로 연성자치, 연방제와 지방자치의 관계를 구분할 것을 필요로 했다. 청말의
지방자치개혁에서 지방자치의 범위가 끊임없이 확대되었는데 도시, 진, 향에서 청(廳), 주,
현으로, 그리고 부에 이르기까지 확대되어서 오로지 지방자치의 범주에 들어가지 않은 것은

---

1093) 손문, 「중국은 반드시 혁명을 해야 후에 공화에 도달할 수 있다」, 대북중앙문물사출에서 출판한
『국부전집』, 452쪽.
1094) 양계초, 「정문사선언서(政聞社宣言書)」, 『정론』 1기.
1095) 이를테면 진독수는 일찍이 연성자치를 무인의 할거와 동일시하면서 강력히 반대했다. 하지만 지방자치에
대하여서 줄곧 단호하게 주장했다.

성1급(省一級) 뿐 이었다. 호춘혜는 민국시기의 지방주의와 연성자치를 거슬러 추적할 때, 신해혁명 이후 지방주의의 확장 및 지방자치에 대한 여론상의 창의를 전문적으로 분석한 바가 있다. 성(省)은 민국초기에 이미 지방주의에서 하나의 중요한 수용장치가 되었고 학설상에서는 성의 작용을 적극적으로 인도하고 이용하여 지방자치를 발전시키자는 주장이 적지 않게 존재하였다.[1096] 민초의 국가정치 분열과 남북 쌍방이 모두 통일을 실현할 능력이 없는 배경 하에서 정치 실천은 자연히 성을 경계선으로 하는 상황이 나타났다. 그렇기 때문에 지방자치가 기층으로부터 '성'을 범위로 하기에까지 확대된 것은 자연스러운 결과이다. 지방자치학설은 두 가지 의의에서 연성자치 사상의 맹아를 구성하였다. 한 방면으로는 지방자치는 향, 진, 시, 현 등의 자치를 강조하였는데 이러한 기층의 자치는 연성자치의 내용에서 연방제를 제외한 하나의 없어서는 안 될 내용이라는 것이고, 다른 한 방면으로는 지방자치학설은 자치의 주체가 성의 관념으로의 확대를 촉진시켰는데 이로부터 연방제 이론과 함께 직접적으로 '연성'의 주장을 이끌어 냈다.

## 2. 연성자치의 제시

신해혁명이 시작되기 전에 연성자치의 주장은 이미 연방제의 형식으로 제시되었다. 산둥성은 독립을 선포하기 전에 산둥의 각계의 연합회에서 순무 손보기(孫寶琦)에게 8개 조항의 요구를 제시하여 청 정부에 진정하도록 하였는데 거기에는 다음과 같은 표현이 있다. "헌법에는 반드시 중국은 연방정체라고 밝혀야 한다", "외관제(外官制), 지방세는 모두 본성에서 자체적으로 정하고 정부는 간섭하지 말아야 한다", "자의국장정(諮議局章程),

---

1096) 호춘혜, 『민초의 지방주의와 연성자치』 참조.

즉 본성 헌법은 자유적으로 수정해야 한다."[1097] 이러한 주장은 당시의 정치형세를 반영하였는데 청 정부는 그 말년에 이미 지방에 대한 통제권을 상실하였고 각성은 기본적으로 각자 독자적으로 사무를 보는 상황에 처해있었다. 신해혁명 후에 성립된 남경 임시정부도 같은 원인으로 말미암아 농후한 연방제 색채를 갖고 있었다. 그때 여론상 비록 지방분권을 창의했지만 정치주장의 주류는 여전히 되도록 국가의 통일을 도모하려는 것이었다.(여기에서의 통일은 기실 중앙정부가 전국을 장악하느냐 못하느냐를 표준으로 하였다.) 더욱이 양계초가 이끄는 진보당은 자신을 원세개의 중앙정부를 지지하는 입장에 놓고 중앙집권에 편향하여 자주 글을 써서 지방분권의 주장을 비평하였다. 그러다가 후에 원세개의 '홍헌제제(洪憲帝制)'를 거치고 나서 양계초와 진보당은 중앙집권의 오류를 인식하고 부득이하게 중앙집권설에서 지방분권설로 전환하면서 지방분권의 주장이 점차 주류를 차지하게 되었다. 특히 원세개가 죽은 후 지방 세력은 더욱 통제할 수 없는 상황에 이르렀고 남북 두 개의 중앙정부는 모두 통일을 할 힘이 없으면서 오히려 통일을 갈망했다. 그리하여 성 경계에서 전화(戰火)가 자주 일어났다. 이러한 배경 하에 연성자치의 주장을 평화통일의 희망에 의탁하면서 점차 입헌운동의 중심화제가 되었다.

연성자치의 주장은 호남에서 최초로 나타났거나 적어도 호남을 배경으로 나타났다. 호남은 남북의 요충지로서 남북 두 중앙정부는 무력으로 통일을 이루려 하였고 모두 호남을 반드시 차지하려 하였다. 그렇기 때문에 호남은 전화의 해가 제일 심했다. 1920년 5월, 호남 도독군 담연개는 군대를 이끌고 장징요의 북양군벌을 호남에서 쫓아냈다. 뒤이어 그해 7월 22일의 전보에서 담연개는 다음과 같이 표시했다. "민국은 순전히 민치의 실행에 달려있고 민치는 각성의 인민이 지방정부를 조직하는 데 달려있다. 지방자치를 시행한 후 분권을 실시해야 평화적으로 진보하고 치안을 기대할 수 있다", "빠른 시일 내에 국내외 유능한 인사들이 국가를 조직해야 하며, 더욱이 연방합중제도를 주장하고 지방분권제도를

---

1097) 곽효성(郭孝成), 「산둥독립상황(山東獨立狀況)」, 『신해혁명자료총간』 7책, 상해인민출판사, 1957, 323쪽.

주장한다", "각성에서 자치를 실시하는 것은 우리 인민의 공통된 심리이다." 그렇기 때문에 "민심에 순응"하여 민치를 실행하며 "인민이 성장을 선거하는 제도를 채취하여 호남의 국면을 유지해야 한다."[1098]

담연개의 전보에서 볼 수 있는 것은 연성자치의 개념에는 명확하게 두 개의 내용이 있다는 것이다. 하나는 연방제도를 실행하는 것이고, 다른 하나는 각성 내에서 민치를 실현하는 것, 다시 말하면 이른바 지방자치이다. 전자는 국가의 평화통일을 실현하고 전란을 종식시키는 수단으로 생각되었고, 후자는 호남의 국세를 유지하는 대책으로 생각되었다. 그는 또 두 개의 내용이 모두 '민심에 순응'하는 것으로 보았다. 그 후 절강, 광동 등의 성에서는 모두 호남성의 통전에 지지를 표시할 때 대체로 모두 아래와 같은 사고의 맥락을 따랐다. 이를테면 절강 도독 노영상(盧永祥)은 1921년 6월 4일의 통전에서 이렇게 썼다. "우선 성 헌법을 자치의 기초로 삼고 이어서 국가 헌법을 통일의 옛 모습을 보존하며 제도를 개혁하여 근본적으로 바로 잡는 길에 들어서게 해야 한다."[1099] 즉, 우선 본성의 헌법 혹은 자치근본법의 제정을 통하여 성내의 자치를 실현하고, 본성의 정치, 경제, 교육과 실업을 발전시킨 후 나중에 국가헌법의 형식으로 국가의 통일을 회복해야 한다는 것이다. 이상의 정계인사들의 전보에는 비록 연방과 자치의 주장이 포함되어 있지만 정식으로 연성자치라는 명칭은 사용하지 않았다. 내용상 담연개는 정계에서 연성자치를 주장한 최초의 사람이라고 할 수 있다. 그래서 어떤 사람들은 그를 연성자치개념의 최초 제창자로 잘못 내세우기도 한다. 그러나 연성자치라는 것은 지식계에서 먼저 나왔다. 손탁(孫卓)은 '연성자치'라는 구호는 절강사람 장태염(章太炎)이 내놓은 것이라고 주장했다.[1100] 사료의 증명에 의하면 이런 견해는 실제와 맞지 않는다.

---

1098) 왕무위(王無爲) 편, 「호남자치운동사」 상편, 상해태국도서국, 호춘혜, 『민초의 지방주의와 연성자치(民草的地方主義與聯省自治)』 참조.
1099) 『신절대사기(新浙大事記)』에서 인용.
1100) 손탁(孫卓), 「연성자치와 호남성헌법」, 『백년조』 3기, 2005, 52쪽.

'연성'이라는 단어를 제일 처음 제시한 사람은 대계도(戴季陶)이고 '연성자치'는 장계(張繼)가 제일 먼저 제시하였다. 대계도는 원세개의 중앙집권제를 반대하기 위해 연방제를 주장한 적이 있다. 그는 1914년에 글을 써서 다음과 같이 지적하였다. "연방이라는 두 글자가 적합하지 않다면 그것은 형식상의 문제이지 실질상의 문제가 아니다. 아직 새로운 단어를 만들어 명명하지 못했기에 '연주(聯州)', '연성' 모두가 안 될 것 없다.'[1101] 이렇듯이 대계도의 '연성'이라는 단어를 열심히 사용한 것은 장차 사람들이 자신의 정치주장과 독립 혹은 분열을 뒤섞어 놓는 것을 방지하기 위해서였다. 이런 작법은 신중한 고려를 거친 것이다. 왜냐하면 당시 각성에는 많고 적은 실제 분열이 존재했고 변강의 시장(西藏), 네이멍(內夢), 신장(新疆) 등 지역은 더욱 그러했기 때문이다.

　1920년 9월에 이르러 호남에서 이미 호남 사람이 호남을 다스린다고 선포했고, 각성의 자치역량이 한층 더 신장된 사실에 비추어 장계(溥泉)는 처음으로 '연성자치'라는 개념을 제시하였다. 그는 회고록에서 다음과 같이 썼다. "민국 9년에… 에스파냐에 유람을 갔다가 얼마 후 돌아와서 호남에 갔다. 장타이앤 자치동맹을 주장했고 나는 연성자치라고 불렀다.'[1102] 이 견해에 대하여 장태염도 스스로 연보에서 증명한 바가 있다. "바로 그때, 호남, 스촨은 모두 고토(故土)의 회복을 기치로 내걸었다. 나는 이미 호남과 스촨의 동맹을 제시했으나 군정부에서 틀림없이 받아들이지 않을 줄 알고 자치동맹이라고 했다. … 박천(溥泉)이 유럽에서 돌아왔는데 요즘 일을 들려줬더니… 그는 '연성자치'라고 불렀다.'[1103] 여기에서 장태염이 먼저 '자치동맹'을 제시했든 장계의 개진을 거친 '연성자치'든 모두 이미 아주 명확한 관념이 있는데, 그것은 바로 성내에서 자치를 실시하고 성계에서는 연합하여 동맹 혹은 연방으로 묶는 것이었다.

1101) 대계도(戴季陶), 「중화민국과 연방조직」, 『민국』 1권 3기, 4쪽.
1102) 장계(張繼), 『장보천회억록 일기(張溥泉先生回憶錄)』, 문해출판사, 1985, 21쪽.
1103) 탕지균 편, 『장태염년보장편(章太炎年譜長編)』 하책, 중화서국, 1979, 600쪽.

## 3. 연성자치의 내용과 표현형태

연성자치는 그 개념이 정식으로 제시된 후, 1920년대 중국헌법학설사에서 가장 유행하는 어휘 중 하나가 되었다. 지지와 동정을 보내는 사람들도 많았지만 반대하는 사람들도 꽤 있었다. 지식계에서는 학설상에서 연성자치의 개념, 내용과 가능성에 대하여 연구를 한 논저들이 상당히 많이 나왔는데 기본적으로 인식을 같이 하였다. 연성자치의 내용과 표현 형태는 주로 아래와 같다.

### (1) 연방제

연방제이론은 연성자치의 중요한 사상적 근원을 구성한다. 연성자치에 대한 내용의 상당 부분이 연방제를 중심으로 전개되었기에 연성자치의 첫 번째 표현형식은 바로 연방제였다.

당시 연성자치의 제창자들은 연방제에 대한 사람들의 편견을 피하기 위하여 교묘하게 연방의 '방(邦)'자를 '성(省)'자로 바꿔놓았다. 하지만 그 주장의 실체는 여전히 연방제였다. 장동손(張東蓀)은 다음과 같이 지적하였다. "나는 자치를 추구하지만 연방이라는 이름을 달 필요는 없다", "내가 인식하건대 연방의 해(害)는 연방의 실(實)에 있는 것이 아니라 연방이라는 이름에 있다."[1104] 이러한 관념은 아주 대표성을 띠고 있다. 물론 이렇게 명칭을 고치는 방법으로는 연방제에 대한 사람들의 의심을 떨쳐버릴 수 없었다. 그렇기 때문에 연성자치론은 진일보한 지지와 논증을 찾을 필요가 있었다. 반대하는 사람들 대부분은 연성자치는 군벌할거의 구실이 되어 국가분열을 초래할 수 있다고 생각했다. 이에 대한 진형명의 반박이 매우 힘이 있었다. "맹신론자들은 왕왕 분치(分治)를 주장하는데 그것은, 즉 통일을 파괴하는 것이다. 분치와 집권은 상반되는 어휘라는 것도 몰랐으면서 통일과

---

1104) 장동손(張東蓀), 「지방자치의 종극관(地方自治之終極觀)」, 『중화잡지』 1권 7호, 1914년 7월.

무슨 관계가 있단 말인가? 북미의 성공적인 사례들도 많은 데 어찌 흑백을 전도한단 말인가? 민국 이래 바로 맹신론자들이 집권을 통일로 오해하는 바람에 야심가들이 가짜 통일로 정권을 탈취하였다." 연성자치는 비단 분열을 주장하지 않았을 뿐만 아니라 반대로 현실을 인정하는 상태에서 평화와 연합의 방식을 통하여 민치와 통일을 실현하려고 시도했다. 연방제의 실행을 지지하는 이유의 논증에서 대계도가 『민국』 잡지에 발표한 「중화민국과 연방조직」은 한 편의 대표성적인 작품이라고 할 수 있다. 그는 그 글에서 아래와 같은 네 가지 이유를 내놓았다. 첫째, 중국의 낡은 정치의 폐단을 뿌리 뽑을 수 있다. "중국의 낡은 정치는 집권이라고 하지만 실제로는 집권을 할 수 없고 지방에서 자치를 한다고 하지만 자치의 권리가 없다는 것이다.

직언하면 지방에 헌법의 보장이 없는 탓에 사사건건 중앙의 간섭을 받고 중앙의 역량이 미치지 못하는 탓에 왕왕 중요한 사항에서 지방에 책임을 떠넘긴다. 그렇다 보니 중앙이 강하면 행정상 전제가 이루어지고 중앙이 약하면 지방이 제멋대로 날뛰게 된다. 역대의 역사를 거울로 삼을 수 있다. 만약 연방제도를 행하면… 중앙과 지방이 충돌할 우려가 없어지고 전제와 혁명이라는 두 가지 병근(病根)을 모두 없앨 수 있다. 둘째, 국토가 광대하고 습관이 다르며 민심이 각각 다르므로 '만약 연방제를 실행한다면 각성이 단독으로 이해관계에 관한 입법은 각성의 입법부에 맡기고, 중앙입법부는 공동입법 사항에 전력을 다할 수 있으며 지방입법부는 보다 성 입법에 책임을 다 할 수 있다. 일을 나누어 맡으면 다루기 쉽다.' 셋째, 정세에 따라 유리하게 이끌고 성 경계의 해를 제거할 수 있다. '만약 연방제를 실시하면 성의 백성이 자신의 성을 사랑하는 마음이 더 생기게 되고 성의 발전을 도모하게 되며 서로 돕는 원칙하에 각성이 서로 융합하고 서로 침범하지 않고 서로 수호해 주며 서로 기피하지 않고 서로 도우면서 각성 경계의 해를 제거함으로써 성 경계의 이익을 도모할 수 있다.' 넷째, '민족이 다르고 종교가 다른 지역은 중앙집권 정치에 적합하지 않다… 그것을 다스리는 방법은 오로지 자치권을 보장해 주고… 그런 연후에 민족의 통합을 도모해야 하며, 미개발지의 발전과 나라의 안전을 도모해야 분열의 우환을 제거할 수 있다.'"[1105] 대계도의 이 몇 가지 이유는 당시 연방제를 지지하는 각종 관점을 포괄하고 있다. 아쉬운 점은 연성자치운동이 다만 몇 개의 성 헌법을 제정한데 그쳤고 이른바 연방정부 혹은 중화합중국 정부는 시종 사람들의 구상 속에 머물렀다는 사실이다.[1106]

### (2) 지방자치제

물론 연성자치는 연방제와 다르다. 연방제는 각 방(邦)의 연합을 연방의 의미로 삼고 있지만 연성자치는 그것과 달리 각성의 연합에 의한 연합정부에 중점을 두는 것 외에 각성 내부의 자치를 보다 더 중요시한다. 연성자치운동은 성의 연합이 아니라 성내 자치 구조의 구축이었다. 장동손의 "자치를 추구하지만 연방이라는 이름을 달 필요는 없다"는 주장은 그것을 증명한다. 국가헌법의 측면에서 연방제를 언급한 것 외에 많은 사람들이 어떻게 성내에서 지방자치를 실시할 것인가에 보다 더 많이 집중하였다. 이를테면 모택동은 1920년 6월 23일 『호남개조촉성회에서 증의에게 보내는 답신(湖南改造促成會復曾毅書)』에서 호남 성헌운동에 초점을 맞추고 다음과 같이 주장했다. "우리는 지난 일은 말하지 말고 금후를 의논해야 한다. 소극적인 방면으로는 제독을 폐지하고 군대를 감축하는 것이 좋으며, 적극적인 방면으로는 민치건설이 좋다. 상황을 관찰해 보면 중국은 20년 내에는 민치건설의 희망이 없다. 이 시기에 호남은 경계를 잘 지키고 스스로 다스리면서 호남을 도원(桃源)으로 만들어, 그 외에 다른 성이 있는지를 모르게 중앙정부가 있는지를 모르게 백년 전 북미 여러 주 중의 한 개 주와 같이 스스로 교육을 꾸리고 산업을 발전시키며 철도와 자동차 도로를 구축하고 호남 사람의 정신을 충분히 발휘하여 호남 영역 안에 일종의 호남 문명을 만들어야 한다… 호남 자결주의는

---

1105) 대계도(戴季陶), 『민국』 1권 3기, 1~48쪽 및 1권 4기 104~105쪽.
1106) 이를테면 진형명은 『건설방략』에서 중화민국연성정부의 조직과 직능을 구상했다.

전통적인 정사에서 묘사한 그런 반면의 배역만 맡은 것은 아니었다.[1108] 연성자치 시기에 그가 광동에서 추진한 광동 '자치모범성'의 건설은 기본상 성 내의 지방자치 실현을 둘러싸고 전개하였고 약간의 자치주의와 관련한 저작들도 발표하였다. 객관적으로 말하면 진형명은 손중산의 '무력통일론'에는 반역자였지만 연성자치론에게는 그것을 충실하게 관철한 사람이었다. 연성자치운동이 실패한 후, 그는 만년에 자신의 정치자치주의적 사고(이러한 사고는 당연히 중국헌법학설의 구성부분에 속한다)를 계속하였고, 1927년 겨울에 내놓은 『중국통일추의(中國統一芻議)』에서 연치민주제의 주장을 제시하였다.

진형명의 구상에 따르면 이른바 연치민주제란 "간단하게 말하면 연향치구, 연구치현, 연현치성, 연성치국이다. 즉 전국 정치조직이 업치를 경으로(業治爲經)하고 역치를 위로(域治爲緯) 하여 5급 정제(政制)를 구성하는 것이다. 향치 이상으로부터 각 급의 구성분자는 모두 구역, 직업 두 종의 단체를 기본 단위로 하여 순서에 따라 향자치를 기초로 한다. 이 기초 위에서 단계별로 위로 올라가면 구, 현, 성, 국가이다."[1109] 연치민주제는 모든 단계에서 상급의 의회는 하급의 의회와 직업단체에서 선거하여 발생하고 동급 의회에서 정치위원회와 행정수장이 발생한다. 이러한 구조는 분명 일종의, 개인에서 지방으로, 다시 지방에서 층층이 국가에 까지 '연(聯)'하는 자치주의와 연합주의의 구조이다. 미국학자 로크는 연치민주제는 정신적으로 미국의 제퍼슨식 향진(jeffersonian township)과 극히 유사하며 "실제로는 무정부주의 '극단분권'(ex-treme decentralization)의 근원이 존재한다."[1110] 하지만 전통적인 지방조직 내에 직업적 단체의 성질을 가입시키는 것은 무정부주의의 일인자 바쿠닌의 영향을 받은 것이다. 바쿠닌의 무정부주의적 사고

---

1108) 비교적 객관적인 평가는 『진형명집』 및 그 서평을 참조. 조립인(趙立人), 「진형명을 객관적으로
평가하다(客官評價陳炯明): 『진형명집』의 출판을 평함」, 『학술연구』 3기, 1999; 이길규(李吉奎),
「역사의 본래 면모를 돌려오자(還歷史以本來面目): 『진형명집』을 읽고」, 『중산대학학보』(사회과학판)
1기, 1999. 전통적인 정사와 상반되는 견해를 보려면 진정염(陳定炎, 진형명의 아들)의 저서들을 참고.
1109) 진형명, 「중국통일추의(中國統一芻議)」, 『진형명집』 증정본, 1087쪽.
1110) Albert Nock Our Enemy, the State, New York, Free Life Editions, 1973. 56.

방향은, 직업단체로 정치조직을 대체하는 것인데 진형명은 거기에 분권주의와 분직주의를 겸하여 취하였다. 진형명의 연치민주제 주장에서 우리는 지방자치와 무정부주의가 심각하게 관련되어 있음을 느낄 수 있다. 근대 중국의 수많은 자치주의자들은 모두 학설상 무정부주의적 색채를 띠고 있었다. 바로 왕이(王怡)가 말한 것처럼 "당시 절대 다수의 무정부주의의 영향을 받은 사람들은 거의 일색으로 지방자치를 주장하고 중앙집권에 반대하였다."[1111] 진형명의 연치민주제는 학설상 사람들에게 지방자치주의와 무정부주의사상이 심층적으로 관련이 있음을 알려 주었다.

연치민주제의 내용을 보다 깊이 파헤쳐 보면, 연치민주제는 진형명의 웅대한 정치이상의 한 작은 부분이라는 것을 발견할 수 있다. 그는 『중국통일추의』에서 중국의 국가 목적은 당연히 아래와 같은 세 가지 방면을 포함해야 한다고 지적하였다.

첫 번째 목적: 전반적인 중화민족의 국가를 완성하고 공치공향(共治共享)의 원칙을 실행한다. 중화민족은 한, 만, 몽, 회, 장 다섯 종족으로 이루어졌는데, 이 다섯 종족은 중국에 동거하고 동일 국적을 가지며 동일한 통치권 아래서 공동으로 생활하면서 역대 왕조에서 시작하여 전반적인 중화민족을 구성하였으므로 이미 다섯 민족으로 가를 필요가 없다. 억지로 가르는 것은 스스로 민족을 배반하는 것이다. 세인들이 5족 공화국이라고 부르는 것은 국민당이 그렇게 하도록 허용한 것으로서 근본적으로 잘못된 것이다. 그렇기 때문에 첫 번째 목적은 중화 일족의 국가를 완성함으로써 중화민국이 중화 전 민족의 공유, 공치, 공향하는 국가가 되게 하는 것이다.

두 번째 목적: 아시아의 주인공 중의 하나가 되는 국가를 완성하고 아시아연합운동을 준비하여 아시아가 하나의 조직을 이루어 세계라는 대 조직의 주역이 되게 한다. 만약

---

1111) 왕이(王怡), 『지방주의와 스촨(地方主義與四川) - 스촨대학에서의 강연』 (2005년 11월 23일), 북경대학 법률정보넷. 호춘혜 도 "그때 무정부주의 경향이 있는 사람들은 왕왕 연성자치운동의 지지자였다"고 지적하였다. 호춘혜, 『민초의 지방주의와 연성자치』, 132쪽.

세계가 대동을 하려 한다면 아시아, 미주, 유럽이 각자 연합하여 3대 조직을 완성함으로써 미래에 세계가 대 조직을 창립하는데 있어서 주역이 되게 한다. 중국은 동아의 대 고국으로서 땅이 넓고 인구가 많아 아시아의 그 어느 나라도 비할 수 없다. 더욱이 4억 민족의 힘을 발휘하여 아시아의 신문명을 창조할 사명을 짊어지고 하루로 포기하지 말아야 한다. 세 번째 목적: 세계의 창조자가 되는 국가를 완성하여 반드시 문화를 증진시키고 세계에 최대한 공헌하며 국제평화운동 및 전 인류의 공동생활 운동에 협조하고 그것을 위해 창조자중 하나가 되게 한다.[1112]

여기에서 알 수 있는 것는 진형명은 자치주의와 연합주의를 극치에로 발휘시켰다는 것이다. 그는 작은 정치단위에서 출발하여, 즉 개인, 국내의 구, 향, 현, 성으로부터 다시 아시아 연방을 건립하고 나중에는 유럽연방, 미주연방과 함께 각국 무군비(無軍備)의 '만국연방'을 조직하려 하면서 '만국연방'은 인류가 '무국계, 무종계, 무인아계(無國界, 無種界, 無人我界)'의 '대동세계'에 들어서는 것이라고 인정했다. 시대적 배경으로 보면 진형명의 연치주의 이상은 일정 부분 당시에 출현한 국제연맹의 영향을 받았다. 국제연맹(The League of Nations)은 미국대통령 윌슨이 제시하고 창의한 것이다. 지금의 관점에서 보면 국제연맹은 심각한 결함과 한계성을 가지고 있는 조직이지만 당시의 사람들에게는 영향력이 매우 컸다. 호춘혜 의 고증에 의하면 국제연맹의 사상은 당시의 중국지식계에 적지 않은 영향을 미쳤는데 양계초마저 『국제동맹과 중국』이라는 글을 써서 민약정신과 연합정신에 대하여 높이 평가하였다.[1113]

연치민주제의 정치구상에서 어렵지 않게 알 수 있는 것은 지방자치주장은 이미 연성자치에서 일종의 새로운 형식으로 진화했는데 이러한 새로운 형식은 정치실천에 대한

1112) 진형명, 「중국통일추의」, 『진형명집』, 990쪽.
1113) 호춘혜, 『민초의 지방주의와 연성자치』, 123~126쪽.

타협을 제거하고 보다 형상적으로 자치주의의 본질을 표현했기에 우리들이 보다 분명하게 연성자치의 내용을 인식하는 데 도움이 된다. 지금의 헌법학설로 말하면 연치민주제와 중국 현행의 헌법이 만든 인민대표대회제 정제 구조는 모종의 비슷한 점이 있다는 것이다. 이것이 인민대표대회제 중의 자치주의, 연합주의, 심지어 무정부주의의 사상적 근원을 측면적으로 제시할 수 있는가 하는 것은 깊이 사고할 만한 과제이다.

## 제5절
## 요약

　근대 중국의 지방자치관념은 점진적인 변화 과정을 겪었다. 만약 현대의 자치이념을 가늠의 척도로 한다면 중국 전통사회의 지방자치관은 법률의의상의 단체자치가 어떠한 것인지를 모른 채 오로지 자치의 정치의의만 가지고 있고, 동시에 민주주의의적 요소가 부족한 것으로 그것은 일종의 '준' 정치의의의 자치라고 할 수밖에 없다.

　청말민초의 합류기에서 지방자치학설은 농후한 중국적 색채를 띠었고 중국 전통사회의 지방자치사상이 청말민초의 지방자치학설의 과거와 기초를 구성하게 하였다. 서방지방자치학설은, 한 방면으로는 중국 전통자치학설과 한데 뒤섞였으며, 또 다른 한 방면으로는 중국 전통자치학설에 영향을 주어 그 현대 민권의 민주관념을 부여하기도 하였다. 중서 지방자치관념이 어떻게 융합하는가를 막론하고 모두 정치의의상의 지방자치의 범주를 벗어나지 못했다. 그렇기 때문에 이 시기의 변화는 상대적으로 완만했다. 민국 중후기에 이르러 지방자치학설은 완전히 법률의의상의 단체자치를 둘러싸고 전개되었고 정치의의상의 지방자치가 완전히 법률의의상의 지방자치로 전환되었다. 이러한 전환은 중국 지방자치를 완전히 새로운 영역으로 끌어들였고 그로부터 철저한 서양화의 현상이 출현하였으며 학설의 변화도 현저하게 속도가 붙었다. 물론 그렇다고 정치의의상의 지방자치가 완전히 부정되었다는 것이 아니라, 다만 연구의 중점 혹은 주체의 내용이 한쪽으로 이동했다는 말이다. 그 시기의 지방자치에 대한 저작들을 보면 사람들은 여전히 특정 정도로 지방자치의 여러 가지 유익한 점을 논증하면서 정치학의 서술방법을 답습하기도 했다. 다만 이 시기부터 정치학의 서술방식은 지방자치연구에서 주도적 지위를 차지하지는 못했다. 그러므로 이른바 지방자치의 서양화는 하나의 한계가 있는 결론이다.

　서방자치학설의 주요 작용은 중국 전통사회의 지방자치로 하여금 법학학설의 형식을 얻게 하고 일정한 정도에서 중국 전통자치학설의 정치적 내용에 영향을 주었다고 할 수 있다. 그렇기 때문에 헌법학설이 법학의의에 엄격하게 한정되었을 때, 서양화의 결론은 비로소 성립된다. 정치자치와 법률자치의 불가분성을 고려할 때,[1114] 서양화도 양적으로 많아도 2분의 1이 실현됐을 뿐이다.

시간적으로 보면 정치의의상의 지방자치의 변화는 청말민초시기에 발생하였고, 그것이 계몽 작용을 완성하고 물러날 즈음, 법률의의의 지방자치가 비로소 점차 확립되어 민국 중후기에 통설이 되었다. 오늘날에 와서 보면, 민국 중후기의 지방자치학설과 현대의 자치학설은 결코 다르지 않으며, 현대 각국에서 건립한 지방자치 법률제도와도 부합된다. 1949년 이후, 대만지구에서는 근대 중국 지방자치학설의 유산을 계승하여 실제적으로 기본적으로 지방자치 법률제도를 확립하였다. 하지만 대륙에서는 '지방자치'라는 표현을 버리고 쓰지 않았다. "중화인민공화국은 관방문건이거나 학술이론에서 중국의 지방제도 및 그와 관련되는 문제를 다룰 때 모두 '지방자치'라는 표현을 버렸다. 모택동의 학설에 의하면 중국의 체제는 민주집중제이다."[1115]

---

1114) 정치 의의의 주민자치와 법률 의의의 단체자치는 모두 지방자치의 종지에 빼놓을 수 없는 함의이다. [일] 아베 테루야(阿部照哉), 이케다 마사아키(池田政章) 등 『헌법-총론편, 통치기구 편』, 주종헌(周宗憲) 역, 중국정법대학출판사, 2006, 449쪽.
1115) 허숭덕 주필, 『각국 지방제도』, 중국검찰출판사, 1993, 4쪽.

# 제11장

## 헌법학방법론의 변화

# 제1절
## 이끄는 말

방법의 운영상황과 연혁(沿革)의 계승에 대한 관심은 학설사 연구에서 하나의 중요한 기능이다. 전문적으로 헌법학 방법론의 이 기본 범주를 내용으로 삼아 백년 헌정 과정의 연혁사 연구에 중점을 두면 이 기능이 집중적으로 체현될 수 있다.

하지만 기타 기본 범주의 범주사 연구와는 달리 헌법학 방법론의 범주사의 연구는 다만 순수하게 그 술어의 연혁사를 고찰하는 것이 아니라 두 가지 의의에서 이해할 수 있다. 첫째는 헌법학 연구 및 헌법 해석, 헌법 적용[1116]중 각항 방법의 운용 상황이며, 둘째는 전자의 방법 요소와 그 배후의 철학 입장에 대하여 개괄, 종합하고 아울러 외향적 철학 연구에서 형성된 이론을 전개하는 것이다. 후자는 의식적 헌법학 방법론이라고 부르는데 그것은 완전한 헌법학 방법론 이론체계의 구성, 즉 구체적 방법 및 그것에 대해 외향적인 철학 연구에서 형성된 이론을 전개하는 등 두 가지 측면을 포함한다.[1117] 엄격한 의미에서 말하면 후자만이 헌법학 방법론이라고 할 수 있다. 비교하여 말하면 전자는 다만 헌법방법론에서 중요시해야 할 소재, 즉 헌법학 연구방법 운용의 구체적 현상으로서, 아직 의식적으로 관심을 기울이고 형성된 일반 의의상의 방법론으로 형성되지 않았다. 하지만 넓은 의미에서 보면 전자도 일정한 방법적 풍격을 형성했고 일정한 가치 입장을 체현했으며

---

1116) 희망적(應然)인 의의에서 말하면 헌법해석, 헌법적용 중 방법의 운용 상황이 헌법학 연구 중의 방법 보다 헌법학 방법론의 연구에 대하여 원시적인 소재 가치가 있다. 하지만 근 백 년 동안의 헌법실행사에서 헌법해석과 헌법적용은 흔히 각기 다른 정도에서 방치상태에 처해 있어서 헌법학 연구에서 방법운용 상황이 중국헌법학 방법론 연구의 주요 관심 대상이 되었다.

1117) 임래범(林來梵), 정뢰(政磊), 「법률학 방법론에 관하여(關于法律學方法論)」, 『법학』 2기, 2004.

그중의 수많은 내용은 합리적으로, 헌법학 방법론의 범주와 시야 속에 들어가거나 연결되어 연구를 진행할 수 있기에 무의식적 헌법학 방법론이라고 부를 수 있다. 중국 헌정의 헌법학설사를 고찰하는 하나의 전문 범주로서 이러한 '관찰의 시각을 넓히는'[1118] 연구는 중요한 것이다. 헌법학이 중국에 들어오면서부터 1990년대 후기 헌법학 방법의 다원화의 실마리가 순차적으로 나타나기[1119] 전까지의 시간 내의 헌법학 연구 및 헌법해석, 헌법 적용에서 방법 운용의 고찰은 일종의 의의상의 헌법학 방법론이었다. 이런 각도에서 학자들이 구체적 방법을 운용할 때의 일반 특징과 가치 취향에 대한 분석을 통하여, 이러한 구체적 방법 배후에 묻혀있는 인식론의 기초와 기본 입장을 발견할 필요가 있다.

백년 헌정의 역사시기에 중국 헌법학이 맞닥뜨린 현실문제는 조금씩 다르거나 한 방면으로 치우쳤다. 이것 역시 각기 다른 단계의 방법론적 운용 상황을 체현한다. 단계를 합리적으로 구분한 토대위에서 단계를 나누어 고찰하는 것은 각기 다른 역사 시기 헌법학 방법론 운용상황의 단계적 특징 및 헌정 백년 중의 헌법학 방법론의 일반적 법칙을 분석하고 나타내는 데 유리하다. 헌법학 방법론의 범주사에 대한 연구, 방법의 운용 특징과 철학입장은 자연히 단계를 구분하는 기본 분류 표준이 되었다. 그와 관련하여 헌법 본문의 교체 역시 하나의 중요한 고려요소가 되었다. 라드부르흐가 말한 것처럼 법 석의학(釋義學)은 본의의 법학 혹은 좁은 의의의 법학이다.[1120] 헌법 석의학 혹은 헌법 해석학은 헌법학의 핵심이고 이 방법은 헌법학 방법론의 핵심이다. 이와 관련하여 헌법 본문은 헌법학 연구 대상의 헌법 현상에서 핵심 요소가 된다. 하지만 헌정사 백년 동안 빈번하게 교체된 헌법 본문은 모두 단계 구분의 분계점이 될 수 없다. 그중 일부분은 순전히 정치이념만을 나타내는 정치투쟁을 진행하는 과도적 산물이었는데, 입헌에 대한

---

1118) 역사학자 황인우(黃仁宇) 의 '역사적 시계 확대'의 치사(治史) 이념을 채용함.
1119) 임래범, 정뢰, 「이른바 '규범을 둘러싸고'(所謂'圍繞規範') -규범헌법학의 방법론을 다시 논함(續談規範憲法學的方法論)」, 『절강학간』 4기, 2005.
1120) 라드부르흐, 『법철학』, 왕푸 역, 법률출판사, 2005, 113~114쪽.

입장의 변화로 인해 헌정문제에 각기 다른 방식을 내놓은 헌법 본문은 헌법학 연구 풍격의 변화를 가져왔고 그것은 단계를 구분함에 있어서 고려해야 하는 중요한 요소이다. 이는 객관적 효과상 단계 구분이 보다 분명하고 직관적이여 한다. 1908년의 『흠정헌법대강』, 1912년의 『중화민국임시약법』, 1954년과 1982년의 『중화인민공화국 헌법』은 모두 이런 유형의 헌법에 속한다. 물론 연구 풍격의 변화와 그 설은 신헌법 본문의 반포에 따라 즉각 나타나기 보다는 일정한 시기를 거쳐 점진적으로 나타나는 것이 낫다. 헌법 본문 반포 전, 후의 방법론은 명확한 차이를 보이지 않는다. 하지만 이는 헌법 본문이 단계 구분의 고려 요소가 되는 데에는 영향을 주지 않는다.

상술한 방법의 운용 특징, 철학입장, 헌법 본문 등 요소를 종합하면 백년 헌정에서의 헌법학 방법론 방면의 상황을 대체로 청말, 민국, 중화인민공화국 성립에서 1982년 헌법 반포전, 1982년 헌법 반포 이래 등 네 단계로 나눌 수 있다.

제2절

청말 헌법학 방법의 운용 상황


중국헌법학은 청말 첫걸음을 내디디기 시작했다. 그 첫걸음은 '중국의 전통법학과 중국의 근대법학의 근본적인 영역[1121]'을 구성하였다. 서방 헌법 이론의 이식을 통해 걸음을 떼기 시작한 중국헌법학은 19세기 말 20세기 초의 초기 단계에서 비교방법이 자연스럽게 최초로 광범위하게 응용된 방법이었다. 최초의 중국학자들은 비교헌법과 외국헌법을 통하여 헌법이론을 인식하고 연구하기 시작하였다. 청말 헌법학 이론의 도입과 연구의 경로는 주로 소개와 번역이었다.[1122] 서방국가의 헌법제도와 헌법이론을 소개하고 번역하는 과정에서 한 방면으로는 비교를 피할 수 없었고, 다른 한 면으로는 이런 활동 자체가 비교방법의 운용방식이었기에 비교헌법학이 하나의 기초적인 방면과 중요한 방면을 구성하였다.


## 1. 청말의 헌법학 번역, 소개 활동

당시의 헌법학과 관련되는 문헌에 대한 고찰에 근거하여 청말에 있었던, 헌법학의 번역과 소개에 관련되는 활동을 두 가지 단계로 나눌 수 있다.

---

1121) 범충신(范忠信), 「법학자 양계초를 알아 본다(認識法學家梁啓超)」, 『정치와 법률』 6기, 1998.

1122) 채구형(蔡樞衡), 『중국법리자각의 발전(中國法理自覺的發展)』, 청화대학출판사 2005, 유강(兪江), 『근대 중국법학 언어의 생성과 발전(近代中國法學語詞的生成與發展)』, 『근대 중국의 법률과 학술(近代中國的法律與學術)』, 북경대학출판사, 2008, 14쪽 이상 참조.

## (1) 지식적 소개 시기

첫 단계는 지식적 소개 시기인데 시간은 대체로 19세기 40년대에서 90년대 사이이다. 이 시기에 타국의 헌법제도, 헌법이론에 대한 소개가 이미 나타나기 시작했는데, 주로 서방 각국을 소개하는 관련 저서에 섞여있었다. 임칙서(林則徐)는 중국 관원, 국인 중에 가장 일찍 서방의 헌법제도에 주의를 기울인 사람이다. 그가 1839년부터 편역한 『사주지』[1123](1842년 출판)에 세계 5대 주의 정치, 역사, 지리 지식을 계통적으로 소개했는데, 그중 서양의 회의, 특히 영국, 미국, 프랑스 상 하 의원에 대하여 소개하였다. 현존하는 문헌에서 보면 이것은 중국 헌법학 맹아의 상징으로 볼 수 있다.[1124] 1840년, 임칙서는 또 학자들을 조직하여 『각국율예(各國律例)』[1125]를 번역하였다. 그 후 위원(魏源)이 신장에 유배되어가는 임칙서의 부탁을 받고 『사주지』의 토대 위에서 『해국도지』를 편찬하였다. 그중 헌법에 관련된 부분은 『사주지』에서 인용하여 서술한 것 외에 미국의 민주정치에서 연방제도, 선거제도, 의회제도 등의 방면을 한발 더 나아가 소개하였다. 서계여(徐継畬)는 5년이라는 시간을 들여 거작 『영환지략(瀛寰志略)』(1846)을 완성하였는데, 그 전의 저술보다 더 분명하고 가독성 있는 법학지식을 전달하였고 미국, 영국, 프랑스 등 나라의 정치제도에 대하여 토론도 하였다. 그중 영국 상원을 '작방(爵房)'으로, 하원을 '향신방(鄕紳房)'으로 부르면서 자못 생생하게 소개하였다. 홍인간(洪仁玕)은 1859년에 지은 『자정신편(資政新篇)』과

---

1123) 이 책은 주로 1836년에 영국학자 Hugh Murray가 편집한 『세계지리대전』에서 번역한 것이다. 임칙서는 불전(梵典)에서 대지를 '4대 부주'로 나누는 설에 근거하여 책 제목을 『4주지』라고 지었다.

1124) 어떤 학자들은, 임칙서의 『4주지(四洲志)』는 중국헌법학의 '하나의 시간상의 기점'이지만 "그때 헌법학이 이미 성숙되고 완전한 체계를 갖추었거나 이미 하나의 독립된 과학이 되었다는 것을 의미하는 것은 아니다"고 생각하였다. 사유안(謝維雁), 「중국헌법학에 관한 약간의 사고(關于中國憲法學的若干思考)」, 『중경삼협학원 학보』 4기, 2004.

1125) 어떤 학자들은, 『각국율예(各國律例)』는 근대서방법학이 중국에 들어오기 시작한 기점이 틀림없다고 생각한다. 유강(兪江), 『근대 중극법학어휘의 생성과 발전』, 『근대 중국의 법학과 학술』, 제1쪽 참조.

『입법제연유(立法制演諭)』에서 그가 홍콩에서 다년간 생활하면서 얻은, 서방국가 법치문화에 대한 견식에 기초하여 중국은 반드시 고대 법률에서 근대 문명으로 나가야 하고 전제주의, 징벌주의에서 인도주의, 법치주의로 발전해야 한다고 주장했다.[1126] 풍계분(馮桂芬)은 『교빈려항의(校邠廬抗議)』 중의 『공출척(公黜陟)』이라는 장절에서 전문 선거제도를 담론하고 서방의 선거관념이 중국역사에 접목된 비슷한 사실을 언급하면서 중국은 고대에 이미 선거제도가 있었다고 인정하고 중국도 당연히 선거제도를 받아들여야 한다고 공개적으로 제창했으며, 중서(中書, 관직명) 이상의 관리에게는 6부 장관을 선거할 권리가 있고 지방정부 이상의 관리도 선거에 의해 발생되어야 한다고 주장했다. 왕도(王韜)는 1870년 유럽에서 돌아온 후 그 이듬해에 『프랑스지략』을 써서 프랑스 헌법의 제정을 소개하였다.[1127] 1882년에 출판된 『도원문록외편(弢園文彔外編)』은 주로 서방의회제도를 토론하였는데, 그중 영국의회정치를 돌출하게 논술하면서 그 특색은 '군민공주(君民共主)'이고 그 뛰어난 우세는 '상하정통'에 있다고 인정하고 '군민(君民)모든'의 관점을 창조적으로 제시하였으며 "조정의 병(兵), 형(刑), 예(礼), 악(樂), 상(賞) 벌(罰) 여러 주요한 정무는 모두 반드시 상, 하 의원에 집중되어야 한다.

군주는 동의하는데 백성이 동의하지 않으면 안 되고 백성이 동의하는데 군주가 동의하지 않아도 안 된다. 반드시 군주와 백성의 의견이 같아야 온 나라에 반포할 수 있다. 이것이 군민공주이다."라고 주장하였다.[1128] 이것은 당시로 말하면 기상천외한 견해라고 말할 수 있다. 후에 적지 않은 사람들이 그의 견해를 채용(襲用)했다. 정관응은 1893년에 출판한 『성세위언(盛世危言)』에서 20년 동안 『신보』에 발표된 시론성적인 문자를 한데 모아서

---

1126) 구원수(邱遠猷), 「홍인간과 중국법률근대화(洪仁玕與中國法律近代化)」, 『중주학간』 6기, 1993; 구원수(邱遠猷), 「홍인간-중국법률 근대화를 주장한 첫 사람(洪仁玕-主張中國法律近代化的第一人)」, 『회복매탄사범학원 학보(철학사회과학판))』 5기, 2001.

1127) 정현군(鄭賢君), 「20세기 중국헌정사상체계 및 진화발전 특징(20世紀中國憲政思想體系給演進特定)」, 『법상연구』 3기, 2001.

1128) 왕도(王韜), 『도원문록외편(弢園文彔外編)』 권 1, '중민하', 중화서국, 1947, 19쪽.

영국, 일본 등 나라의 헌법제도를 비교학적으로 연구하였다. 그는 중국은 당연히 의원을 설립해야 한다는 관점을 언급할 때, 국인의 교육 정도가 부족하고 지혜가 개발되지 않았다는 등 현실적 요소들에 대하여 다소 고려하였다.

이 시기에는 전교사를 대표로 하는, 중국에 온 서방인들의 소개도 비교적 중요한 작용을 하였다. 한 방면으로는 상술한 저작들의 저술에 필요한 대부분의 자료들은 서방인사들한테서 온 것이다. 이를테면 임칙서의 『사주지』는 영국사람 휴 머리(Hugh Murry)가 지은 『세계지리대전』을 원본으로 하고 미국 전교사 Elijah Coleman Bridgeman의 『아메리카합중국지략』을 참고하여 정보를 얻었고 서계여(徐継畬)의 『영환지략(瀛寰志略)』은 더 직접적으로 푸저우 주재 영국대사관의 도움을 받아 적지 않은 새로운 자료를 첨가하였다. 또 다른 한 방면으로는 서방 전교사들이 직접 출판한 저서에서 일정한 편폭으로 헌법제도를 소개한 것이다. 영국 전교사 Medhurst가 1819년 싱가폴에서 출판한 『지리편동전략(地理便童傳略)』이라는 책은 영국과 미국의 국회를 언급했는데, 중국 독자가 최초로 서방 의회를 알게 된 저작일 것이다. 장기간 강남제조국에서 편역을 담당했던 영국인 John Fryer(1839-1928)가 출판한 『좌치추언(佐治芻言)』(1885)은 번역과 저술이 반반인데 '의회제도'를 각국에서 제일 좋은 법이라고 추앙하면서 중국이 만약 그것을 따라 하려 한다면 영국의 군주입헌을 모델로 할 것을 건의하였다. 미국 선교사 Young John Allen(1836-1907)이 주필을 맡은 『만국공보』(1874-1906)는 전교사들이 중국에서 창간한, 제일 영향력이 있는 잡지로서 무려 32년간 출판하면서 각국의 헌법제도에 대하여 다른 각도에서 소개하였다.[1129]

이 시기 헌법학 지식의 전파활동을 개괄하여 보면 말은 헌법학 연구라 하지만 헌법학의 인입이라고 하는 것이 나을 것이다. 소개와 인용은 서방 헌법제도와 헌법이론을 인입하는

---

1129) 장붕원(張朋圓), 『중국민주정치의 곤경(中國民主政治的困境), 1909-1949: 만청 이래 역기 의회선거 술론』, 연경사업출판주식유한회사, 2007, 8~9, 14~19쪽.

주요한 방식이었고, 심지어는 30년간 '인용할 의념이 없었다.'[1130] 비록 『자치신편』,
『입법제연유』,『도원문록외편』 등 저작들은 이미 상대적으로 비교적 전문적이면서
계통적으로 헌법학의 내용을 다뤘지만 총체적으로 말하면 이 시기 저술에 미친 헌법학의
내용은 아직 얕고 흩어져 있었으며 계통적이지 못했다. 이 시기의 맹아를 거쳐 국인들은
서방의 헌법제도에 대하여 초보적으로 이해하였고 비교적 계통적으로 헌법학을
인입하였고 더 나아가서 무술변법 등 헌법실천에서 지식을 누적했다. 이러한 이해가
깊어짐에 따라 국인들은, 비교적 계통적으로 헌법학 지식을 알아야 할 필요성을 느꼈고
비교적 광범위하게 중국이 근대에 낙후한 원인을 분석함과 아울러 제도적 출로를 찾았다.
비교의 방법은 이로 인하여 더 많이 운용되었다.


  (2) 규모적 번역 시기


   1890년대부터 1911년까지, 즉 무술변법 전후부터 청정부가 멸망되기 전까지는
청말 헌법학의 번역, 소개 활동의 제2 단계이다. 이 시기 번역은 헌법학의 주요한
전파경로이었다. 이 시기 일정한 수량이, 전문성과 계통성을 갖춘 선법 역저와 서방 헌법
제도와 이론을 전문 소개하는 번역이 되어 나타났다.
   이를테면 주규근(周逵根)이 일본의 아마노 타메유키(天野爲之) 등이 번역한
번역본에 근거하여 중역한 『영국헌법론』(광지서국 1895년 판), 장중위안(張宗元)이
번역한 『미국헌법제요』(문명서국 1902년 판), 왕홍년(王鴻年)이 번역한, 일본 호즈미
야츠가(穗積八束)의 『헌법법리요의』(1902년) , 등국문(鄧國璽)이 번역한 일본 호즈미
야츠가의 『헌법대의』(개명서점 1903년 년판), 원희렴(袁希濂)이 번역한 일본 미노베
다츠키치(美濃部達吉)의 『헌법범론』(보급서국 1905년 판), 노필(盧弼), 황병언(黃炳言)이

---

1130) 장붕원, 『중국민주정치의 곤경, 1909-1949: 만청 이래 역기 의회선거 술론』 , 45쪽.

일본 시미즈 기요무(淸水澄)의 『헌법편』에 근거하여 번역한 『헌법』(창명회사 1906년 판), 모안인(莫安仁)이 번역한 영국 위크스의 『영국헌법집요』(1909년), 진문중(陳文中)이 번역한, 일본 법조각(法曹閣)이 편찬한 『헌법론강』(군익서사 1910년 판)이 있다. 작신사(作新社)가 일본으로부터 번역하여 들여온 『각국 헌법 대강』에는 영국, 프랑스, 독일, 일본 등의 헌법, 군주입헌 등의 방면에 관한 내용들이 들어있고 채문삼(蔡文森)이 일본 원로원의 『구미 각국 의원전례요략(歐美各國議院典例要約)』 번역본에 의해 편역한 『16국 의원전례』에는 영국, 미국, 독일, 프랑스, 이탈리아, 오스트리아, 벨기에, 덴마크, 네덜란드, 일본, 포르투갈, 에스파냐, 스위스 등 16개 국 의원의 조직 상황을 수록하였으며, 서유대(徐惟岱)는 『미국헌법』과 미국인 해리슨(海麗生)의 『미국헌법모음해석(美國憲法纂釋)』을, 임지균(林志鈞)은 『일본 예비입헌의 과거 사실(日本豫備憲法之過去事實)』과 영국 비지스카터(比几斯渴脫)의 『영국국회사(寧國國會史)』(한묵림[翰墨林]편역인서국 편역)를 번역하였다. 그중 일본에서 번역해 왔거나 일본에서 들여온 서적이 수량적으로 대다수를 차지하는데, 상술한 『미국헌법제요』, 『영국헌법집요』, 『각국헌법대강』외에도 『국법학』(岩崎昌, 中村孝 공저, 1901년 번역 완성), 『일본제국헌법의해)』와 『일본황실전범의해』(이토 히로부미 저, 1901년 번역 출판), 『헌법요의』(가카다 사나에 저, 계경(稽鏡) 번역, 상해문명서국), 『만국헌법비교』(『만국현행헌법비교』로도 번역되었음, 다츠미 오사부로(辰巳小三郎) 저, 집기휘(戢翼翬) 번역, 상해상무인서국), 『각국 헌법략』(출양학생편집소 편역, 상해, 상무인서관) 등이 있다. 이 시기 중국학자들이 스스로 편찬한 헌법학 저작에서 응용한 지식과 방법은 총체적으로 볼 때 비교적 얕았지만 관련 문헌에 의하면 소량의 중국학자가 쓴 헌법학 저작과 글이 이미 나타났는데, 비교적 광범위하게 비교헌법학의 방법을 응용하였다. 이를테면 원가수(袁嘉猷)의 『중외헌법비교』(문명서국 1907년 판), 성응경(成應琼), 유작림(劉作霖)이 편찬한 『헌법범론』(상해법정학사 1907년 판), 하계(何啓), 호례원(胡禮垣) 공저의 『신정진전』(1899년), 보정양(保廷樑)이 쓴 『대청헌법론』(1910년) 등이 그것이다. 그중 『신정진전』은 의원을 만들어야 한다는 것을 중심 논점으로 삼아 다음과 같이 주장하였다. "'민권'론으로 '군민일체'론을 대체해야한다. 민권을 강조하는 것은 나라를 강하게 만드는 근본이다. 서방은 민권을 중요시했기에 강해졌고 중국은 민권을 소홀히 했기에 약한 것이다. 민권을 다시 세우는 것은 국회를 여는데 있다. 그의 주장은 청말 여론의 일대 돌파이다."[1131] 『대청헌법론』은 선통 2년(1910년)에 출판되어 이듬해에 제2판을 발행하였다. 이 책은 일본 헌법학에 대해 체계적인 비교 연구를 통하여 내용의 구조상에서 국권총론, 국권주체, 국권기관, 국권작용, 국권기초 등의 방면으로부터 청조 헌법에 대하여 논술하였는데 일본헌법학을 참조하여 쓴 한 부의 헌법학 저작이다.[1132]

청말에 스스로 헌법학을 저술한 학자 중에서 영향력이 제일 크고 그 양이 비교적 많은 사람은 양계초이다. 양계초는 근대 중국 지식인 중에서 헌정 이론과 지식이 제일 풍부하고 제일 계통적인 사람이라고 할 수 있다. 그의 법학저작 중에서 내용이 제일 많은 것이 헌법학 저술이다. 이러한 저술은 청말에 있어서 양과 내용상에서 주도적 지위를 차지했고 당시의 정치 실무 및 이후의 헌법과 헌법학 발전에 대하여 깊은 영향을 끼쳤다. 이 시기 양계초의 중요 저술에는, 『각국헌법이동론』(1899년), 『입헌법의』(1901년), 『입헌법권』(1902년), 『개명전제론』(1905년), 『헌정천설(憲政淺說)』(1910년), 『입헌정체와 정치도덕』(1910년), 『중국국회제도사의』(1910년), 『책임내각석의』(1911년), 『헌법의 3대 정신』(1912년) 등이 포함된다. 범충신(范忠信)는, 이러한 저술들은 무술변법으로부터 중화인민공화국이 성립되기 전까지 반세기 동안 가장 권위적인 헌법학 저작으로 보고 있다.[1133] 또 한 사람의 학자는 엄복이다. 『천연론』으로 유명해진 이 번역가이자 사상가는 헌법학이론에 대해서도 많은 연구와 실적이 있다. 엄복은 서방 헌정사상의 일부 명작들을 번역 소개하였고 대량의 부언을 첨가하는 방식으로 자신의 헌법관념을 천명하였다.

---

1131) 장붕원, 『중국민주정치의 곤경, 1909-1949: 만청 이래 역기 의회선거 술론』, 8~9, 14~19쪽.
1132) 보정양(保廷樑), 『대청헌법론』, '예언(例言)', 12~13쪽.
1133) 범충신(范忠信), 「법학자 양계초를 알아 본다」, 『정치와 법률』 6기, 1998.

엄복은 밀러의 『자유를 논함』을 번역하였는데 처음에는 제목을 『자유석의』라고 했다가 1903년에 정식으로 출판할 때 『군기권계론(群己權界論)』이라고 고쳤다. 번역 과정에서 그는 중용의 입장에 서서 '국군자유(國群自由)'와 '소기자유(小己自由)'의 경계선에 중점을 두었다. 1904년부터 1909년까지 엄복은 몽테스키외의 『법의 정신을 논함』을 번역하고 제목을 『법의』라고 하고 3백 여 개의 부언을 첨부하였는데 엄복의 모든 역작 중 부언이 제일 많다. 이 책에 대한 그의 감정이 특별히 깊었다. 이 시기에 엄복은 또 수많은 헌법 관련의 글들을 발표하였다. 이를테면 1905년에 발표한 『국가가 헌법을 제정하기 전에 반드시 행할 수 있는 국정을 논함(論國家于未立憲以前有可以行必宜行之要政)』, 1906년에 강연에 근거하여 편성한 『정치강의』, 『영국헌정 양권이 분립한 적이 없음을 논함(論英國憲政兩權未嘗分立)』, 『영국헌정 양권이 분립한 적이 없음을 다시 논함』, 1906년 12월 안휘 고등학당에서 한 중국의 시국과 입헌의 실질에 대한 강연에 의해 편성한 『헌법대의』 등이다. 이러한 저술들은 방법상에서 서방 헌정제도를 소개하고 비교한 기초에서 입헌에 대한 논술을 전개하지 않은 것이 없다. 여기서 알 수 있는 것은 이러한 저술들은 그 시기에 가장 영향력이 있는 헌법 저작이면서 또한 그 시기의 비교방법 운용 상황을 반영하는 전형적인 실례이기도 하다.

## 2. 청말 헌법학 방법의 운용 상황에 대한 평가 분석

지식적인 소개를 하던 첫 번째 시기에서 계통적인 번역 내지는 저작들이 규모를 이루고 핵심 관점이 제시되면서 체계를 형성한 두 번째 시기에 이르기까지를 살펴보면 중국 헌법학은 19세기 말 20세기 초에 기초가 형성되었다고 말할 수 있다.[1134] 이 기간에

---

1134) 한대원은 중국헌법학의 역사 기점을 19세기 말 20세기 초로 확정할 수 있다고 인정한다.

비교헌법학은 서방 헌법이론을 이식하는 과정에서 형성되고 발전하기 시작하면서 제일 일찍 건립된 헌법계열의 학과 중 하나가 되었다. 상술한 분석을 통하여 우리는, 조기의 중국학자들은 비교헌법과 외국헌법을 통하여 헌법이론을 연구하였고 비교헌법과 외국헌법의 경험과 인식은 중국학자들이 중국 헌법문제, 중국헌법학의 체계를 사고하는 지식의 기초와 방법의 기초를 이루었다는 것을 발견할 수 있다.[1135] 중국사회의 특수한 제도와 역사 배경의 제약으로 말미암아 청말 비교방법의 운용은 아래와 같은 일부 특징들을 체현하였다. 우선, 구체적인 방법의 운용 상황을 보면 비교방법의 운용은 청말 헌법학 연구에서 유일무이한 것이었다고 할 수 있다.

본의(本義)로서의 법학 혹은 좁은 의미로서의 법해석학[1136]의 형성과 성숙은 정치의 안정, 법률의 정당성에 대한 보편적인 인정 및 법률권위의 형성에 달려있다. 청말의 대부분 시간 동안에는 헌법의 해석방법이 의존하여 전개할 수 있는 본문 기초 혹은 보편적인 인정을 받는 헌법관례가 아직 존재하지 않았고, 억지로 헌법 본문의 기능을 한 1908년의 『흠정헌법대강』, 1911년의 『헌법중대신조19조』는 나온 지 얼마 안 되어 미처 『흠정헌법』으로 넘어가기도 전에 청 정부가 전복됨에 따라 완전히 사라졌다. 그리고 이전부터 누적되어 온 군신관계, 조정과 신민 관계, 국가운행 등 방면의 관례와 습관이 청말에 갈수록 많은 질의 내지는 비난을 받았고 법률의 근대화 과정 등에서 헌법관례 혹은 헌법습관의 지위를 부여받지 못했다. 그렇기 때문에 헌법해석학이 펼치는 플랫폼이 당시에는 존재하지 않았다. 헌법해석학이 아직 전개되지 못했다는 것은 헌법학 진로의 독립성이 의식적으로 관심을 받지 못했다는 것을 의미한다. 실천문제를 중요시하는 과정에서 헌법학 진로와 정치학 진로 등 관련 연구는 혼합되었다. 그 원인은, 한 방면으로는 서방에서 들여온 이 일련의 헌법학 지식체계는 당시 아직 너무 얇아서 전문적인 헌법학

---

한대원, 「중국헌법학(中國憲法學): 20세기의 회고와 21세기 전망」, 장경복 주필, 『헌정론총』 제1권, 67쪽.
1135) 한대원, 「당대비교헌법학 기초 문제 탐구」, 『하남성정법관리간부학원학보』 4기, 2003.
1136) [독일] 라드부르흐, 『법철학』, 왕푸 역, 113~114쪽.

방법으로 실천문제에 대하여 조목조목 분석하기에는 부족했기 때문이었고, 다른 한 방면에서는 근대의 실천문제는 보다 근본적인 정치적 사고를 필요로 했으며 이러한 사고는 백과전서 식의 사상가를 필요로 했기 때문이다. 방법론 운용의 이러한 배경과 상황은 후세 사람들로 하여금 현대의 전문가적 안광으로 '법학자' 내지는 체일 첫 헌법학자를 고르기 어렵게 하였다. 헌법해석학이 처한 경우와 마찬가지로 기타 방법도 헌법 역사가 아직 없거나 짧고 헌법학에 개한 학술이 아직 얕았기 때문에 전개될 수 없었다.

비교방법의 운용은 청말의 헌법학 연구에서 가장 보편적이었다. 이것은 비단 청말 학자들의 민간적인 학술활동이었을 뿐만 아니라 청정부도 의식적으로 번역기구를 만들었다. 이를테면 1861년에 총리각국사무아문(총리아문)을 두었고 1906년에 헌정편사관에 전문적인 번역기구를 설립했으며 강남제조국에 역서처를 설립하였다. 청말의 헌법학 번역, 소개 활동은 헌정, 민권, 자유, 의회제도, 국가권력의 구성 등 헌법학의 핵심문제와 모두 관련이 있었는데, 기본상 헌법학의 지식체계를 형성하였다. 학리적 각도에서 볼 때, 총체적으로 말하면 이 누적 과정은 아직 각항의 비교법 소재에 대한 투철한 파악이 부족했고, 이런 기초 위에서 평가와 제련은 말할 수조차 없게 되었다. 그리고 비교 방법의 운용은 아직 외국법에 대한 간단한 소개와 직접적 보충이 비교적 낮은 차원에 머물러 있었고, 청말의 짧은 시간으로는 충분한 시간을 들여 충분한 연구를 할 수 있도록 허락하지 않았고 헌법학이라는 이 외국에서 들여온 지식체계와 전통문화와의 관계를 정리하기에 시간이 불충분했다. 중국전통문명과 서방헌정문명 사이의 체, 용 관계의 논쟁은 비록 줄곧 존재했지만, 비교방법의 운용에서 양자의 관계를 정리한다는 것은 그렇게 쉬운 일이 아니었다.

첫째로는 중, 서방 문화의 이질성으로 인해 서방문명에서 잉태된 헌법학이 일종의 인입된 외래문화로서 처음부터 중국 전통문화와 위배되는 경향이 나타나면서, 한 방면으로는 헌법학의 전파가 전통문화의 완강한 저항을 받았고, 또 다른 한 방면으로는 헌법학이 중국에 뿌리는 내리는 데 대하여 강렬하게 본토화를 요구하였다. 청말 헌법학의 소개 과정에서 첫 번째 방면은 보다 분명했다. 전통관념의 속박은 비교방법의 운용과 헌법 저작의 출판에 비교적 큰 소극적 영향을 끼쳤다. 이를테면 서계여(徐繼畬)는 『영환지략(瀛寰志略)』 출판하고 나서 복건의 순무에서 물러나게 되었고, 그 후 30년간 지식계는 두려워서 감히 입도 뻥긋 하지 못했으며 서방의회를 담론하는 자가 없었다.[1137] 곽호도(郭嵩燾)는 서방헌법제도에 대하여 깊은 관찰과 독특한 견해가 있는 사절이었는데, 그가 쓴 『사서기정(使西紀程)』이 출판되자 보수파들로부터 '서양 국정을 부러워'하고 전통적인 사상을 배반했다고 지탄을 받았고 책은 즉시 소각을 당해 서방헌법제도에 대한 그의 소개와 견해는 국내 사람들에게 전해지지 못했다. 그의 영국 사절 동안의 일기인 『곽호도일기』는 1980년에야 비로소 빛을 보게 되어 백여 년이나 뒤늦게 나오다 보니 자연히 그 어떤 영향력도 없었다.

둘째로는, 청말의 중국 신사, 관료, 엘리트들은 헌법학을 번역, 소개할 때 관념상 헌정낙관주의를 드러내 보이면서, 서방 헌정제도를 일종의 각종 문화와 사회 환경에서 보편성을 띠는 제도로, 검증할 필요가 없이 받아들일 수 있는 정치신화(political myth)로 보는 쪽으로 기울었다. 하지만 구체적인 이해에서는 중국의 낡은 전통적인 관념과 새로 들여온 헌법이론과 억지로 비교하는데 치우쳤는데, 이는 체계화된 일역 한어법학의 개념을 인입하기 전의 번역활동에서 뚜렷하게 나타났다.[1138] 견강부회적인 이해는 비교방법운용 초기에 금기시 되는 것이다. 일본법학가 오키 마사오(大木雅夫)는 다음과 같이 생각하였다. "비교항목으로서의 외국법률제도에 대한 인식은 비교방법 운용 절차에서 제일 첫 단계인데, 여기에서의 관건은 객관적인 인식을 형성하는 것이다. 이러한 활동은 반드시 되도록 그 나라의 법률가와 완전히 같은 환경에 있어야 하고 되도록 선입관적으로 자신의 고유한 지식 및 본 나라 법률에 대한 인상을 외국법에 투영시키는 것에서 벗어나야 한다. 그것은 흔히 위험한 결과를 동반하기 때문이다. 독일의 비교 법학가는 심지어 본국의 법을

1137) 장붕원(張朋圓), 『중국민주정치의 곤경, 1909-1949: 만청 이래 역기 의회선거 술론』, 8쪽.
1138) 유강(俞江), 「근대중국법학어휘의 생성과 발전」, 『근대중국의 법률과 학술』, 제5, 10쪽.

잊어버리고 외국법의 원 모양 그대로 그것을 인식할 것을 건의하면서 이것은 하나의 어길 수 없는 법칙이라고 하였다."[1139] 여러 부문의 법 중에서 헌법은 중국 전통의 관념이나 낡은 사물과 억지로 비교하기가 제일 어려운 것이고 선입관적인 자아중심주의는 비교헌법학 방법의 전개에 불리한 영향을 가져다준다. '민권' 개념의 사용 상황은 비교법 운용에서 이러한 견강부회적 이해의 전형적 체현이다. 청말의 논술에서 '인권' 개념은 비록 일정 정도 운용되었지만 총체적으로 말하면 '민권' 개념에 배척되어 그 사용 빈도수는 후자에 비할 바가 못 되었다.[1140] 하지만 '민권' 개념이 담고 있는 것은 결코 완전한 의의상의 서방근대의 인권관(human rights) 혹은 정치참여권(civil right)이 아니라, 중국 유교 고전의 민본주의 이념과 서방의 민주관, 인권관을 뒤섞은 것이었다. 이렇게 뒤섞은 것은 비록 어느 정도 '민권' 개념이 보다 쉽게 국민들에게 받아들여지기 때문이긴 하지만, 국가와 개인의 대치관계에서는 오히려 입헌주의의 기본 입장을 벗어났다. 물론 이러한 견강부회적인 이해는 헌법학 지식을 도입하던 초기에는 피하기 어려운 것이었다. 그것은 지식체계로서도 새로운 것이었을 뿐만 아니라, 연구 자료에 대한 취득과 파악 능력 역시 따라가지 못했기 때문이다. 앞에서 말했듯이 청말 헌법학이 전파되던 첫 시기에는 대부분 전교사, 외국영사 등 중국으로 온 서양인들로부터 도입되었다. 비록 1868년과 1887년에 두 차례에 걸쳐 대규모의 집체적인 외국에 대한 고찰이 있었고, 거기에는 곽호도, 여서창(黎庶昌) 등 견해가 비교적 투철한 인사들도 포함되어 있었지만, 총체적으로 말하면 관찰이 깊어지지 못하고 표면현상을 관찰하는 데 그쳤다. 지식이 누적되고 이해가 깊어짐에 따라 비교방법의 운영에서 억지로 비교하는 현상이 점차 줄어들었다. 다음으로는, 지도적 사상에서 볼 때 청말의 비교헌법방법 운용은 도구주의 색채가 강렬했다.

내우외환의 궁핍한 형세는 당시 비교헌법학 방법의 운용 배경이 되었고, 서방 기물

---

1139) [일본] 大木雅夫, 『비교법학』, 판유 역, 법률출판사, 1999, 90~92쪽.
1140) 곡상비(曲相霏), 「19세기 말 20세기 초 중국에서의 인권개념의
사용(十九世紀末二十世紀初人權槪念在中國的使用)」, 『법학가』 4기, 2008.

문명에 대한 인기의 목적이 '서양문물을 받아 들여서 서양을 물리치는' 것과 마찬가지로 서방헌법이론에 대하여 번역, 소개하는 목적도 국가를 멸망의 위기로부터 구하여 생존을 도모하려는 목표가 명확히 정해졌거나 심지어는 거기에 국한되었다. 이러한 배경에서 헌법학의 지식체계는 일련의 법학지식체계라고 하지만 오히려 우선은 국가의 생존을 도모하는 정치언어적 체계라고 하는 것이 나았다. 헌법 제도와 사상이 관심을 받은 것도 순수한 연구 목적에 의한 것이 아니라 세상을 구제하려는 강렬하고 절박한 심정이 담겨있었고 헌법은 현대정치의 기술적 도구로서 그 무엇으로도 대체 할 수 없는 도구적 가치를 가지고 있고 헌법은 일종의 보편적인 정치도구라고 믿었다.[1141]

예비 입헌 시기에 이르러 국가 헌법의 근본적 지위에 대하여 청 정부와 입헌파, 혁명파는 드디어 이 언어체계에서 일정한 공통의 인식을 형성하였다. 하지만 헌법 가치관에 대한 충돌은 여전히 확연했다. 청 정부는 헌법을 통해 황권을 공고히 하려 했고, 입헌파들은 대부분 군권(君權)과 관권을 제한하는 각도에서 헌법의 내용을 천명했으며, 혁명파들은 주로 황권전복, 권리보장 및 공민공의의 각도에서 헌법을 해독하였다.[1142] 하지만 청 정부와 입헌파, 혁명파가 직면한 공통적인 배경은, 한 방면으로는 전통자연경제의 토대 위에 형성된 군주전제 및 그에 상응하는 인치문화의 소극적 영향 아래 사회 공중의 관념 의식과 현행 헌정의 요구 사이에 거대한 벽, 이른바 '민의 지혜가 열리기 않은(民智未開)' 현상이 존재했고 또 다른 한 방면으로 당시 입헌 개혁의 힘과 강렬한 요구는 결코 사전에 존재한 것이 아니라 견고한 전함, 맹렬한 대포의 핍박 아래 헌법학을 인식하게 된 것으로 국가를 멸망의 위기로부터 구하여 생존을 도모하려는 것이 압도적인 목표였다. 이 점은 청말 내지는 20세기 초의 중국 입헌주의의 각종 운동으로 하여금 개인과 국가가 서로

---

1141) 진서홍(陳瑞洪), 「헌법을 국가의 근본법과 고급법으로 함을 논함(論憲法作爲國家的根本法與高級法)」, 『중외법학』 4기, 2008.
1142) 왕덕지(王德志), 「근대중국에서의 헌법개념의 전형을 논함(論憲法槪念在近代中國的轉型)」, 『법학가』 5기, 2004.

대치되는 사상이 발생하지 못하게 하였고, 심지어는 자연스럽게 국민 개인의 권리에 대한 중시보다 '국가'에 대하여 더 중시하게 되면서 자연히 '국가우선'에 치우치게 되었다. 이것을 우리는 중국 백년 헌정의 '기점적 편향'이라고 할 수 있다.[1143] 이러한 편차도 방법론의 개체주의(methodological individualism)를 철학적 입장으로 하는 헌법학 방법론이 발생할 수 없게 하였다. 이러한 상황은 줄곧 안일한 천조대국이 서방의 충격에 직면하게 되는 일종의 숙명이었다. 당대 저명한 학자이고 철학자인 원위시(袁偉時) 가 평술한 것과 같이 "일대 계몽대사 양계초도 국가주의에 의해 기로에 들어섰지만,"[1144] 방법론상의 편차와 맹목은 오히려 헌법학의 기본 입장의 편차를 강화시켰다.

마찬가지로 헌법의 동력 원천의 외부성과 구국부강의 긴박한 사명감에 의해 급하게 시작된 헌법학은 발등에 떨어진 불을 끌 수 있다고 여긴 헌법제도, 헌법이론에 대하여 관심을 기울이게 될 수밖에 없었다. 이 방면은 앞에서 언급한 바와 같이 비교헌법학이 '홀로 피어난 꽃'이 된 상황을 형성시켰고, 다른 한 방면으로는 헌법학 본체론에 대한 중시가 우선인 인식론에 대한 관심으로 기울어지게 되고 헌법학 방법론의 운용 상황에 대하여 자각적으로 반성을 하지 못하게 하고, 관련 논술을 형성하지 못하게 하였다. 헌법학설이 일정하게 누적되어야 비로소 방법론에 대한 자각적인 중시가 비로소 시작된다.

그 외 일본헌법은 청말 헌법학 비교연구에서 하나의 중요한 대상이었다. 하지만 19세기 하반기에 양국의 헌법학은 기본상 동등한 스타트 선에 있었고 처음에는 마찬가지로 헌법학을 구국부강의 도구로 보았다는 점에서도 비슷한 점이 있다. 완전히 다른 발전의 진전은 헌법을 포함한 제도문명의 중요성에 대한 인식 정도 및 비교방법 운용과정에 체계적인 사유를 운용하는가의 여부와 관련이 있다. 그중 중국이 자각적으로 제도문명을

---

1143) 임래범, 능유자(凌維慈), 「중국입헌주의의 기점(中國立憲主義的起點)-청말 군주입헌주의의 대한 성찰」, 『사회과학전선』 4기, 2004.
1144) 원위시(袁偉時), 「민초헌정의 좌절과 계몽(民初憲政挫敗與啓蒙)」, 『경제관찰보』, 2007년 10월 22일, 45~46쪽.

구국부강의 도구로 인식하는 것이 기물 문명에 대한 중요성을 인식하는 것보다 심각하게 뒤떨어졌다. 양계초는 1920년대에 쓴 『50년 동안의 중국 진화 개론』에서 '기물-제도-문화'로 아편전쟁 이래 중국이 서방국가를 배운 과정을 개괄하였다. 하지만 일본의 상황은 이것과 정반대로서 1868년 명치유신부터 서방 정치, 법률, 제도가 일본이 모방하여 배우는 중심이 되었다.[1145] 이러한 차이는 바로 거의 동시에 싹이 텄고 모두 비교헌법 방법 운용에서 걸음을 떼었던 두 나라 헌법학이 헌법학 형성 초기에 그 발전 수준에서 선명한 차이를 나타나게 했고, 청말에 와서는 일본 헌법학이 놀랍게도 중국 헌법학 비교연구에서 제일 중요한 대상국가가 되었으며 중국 헌법학의 일부 개념은 상당 부분 일본을 모방하게 되었다.[1146]

---

[1145] 이귀연(李貴連), 「20세기 초의 중국 법학(속)(20世紀初期的中國法學(續))」, 『중외법학』 5기, 1997.

[1146] 19세기 말에 형성된, 분산되어 있고 의의 관련이 흩어져 있던 한역 법학개념은 20세기 초에 이르러 논리가 엄밀하고 추상적이고 체계적인 일어 번역 법학개념에 의해 뒤덮이거나 대체되었고 대부분의 어휘들이 중국헌법학에서 지금까지 사용되고 있어 중국헌법학의 기초를 닦아 놓았다. 유강(兪江), 「근대중국법학어휘의 생성과 발전」, 『근대중국의 법률과 학술』, 19~20쪽.

민국시기 헌법학 방법의 운용 상황


청말의 군주입헌운동은 1911년의 신해혁명에 의해 중단되었다. 하지만 그것을 분계점으로 하여 헌법학의 도입과 연구 활동은 오히려 더욱 확대되었다.[1147] 민국시기 전후 지속된 38년 동안의 내우외환이라는 총체적인 형세는 비록 바뀌지는 않았지만 여러 부의 헌법 본문 혹은 초안이 반포되거나 토론되면서 헌법학 연구에 대상을 제공하였고, 민국 후의 학술 환경은 상대적으로 느슨한 방향으로 기울어졌으며, 이 30여 년의 시간은 또 이 시기의 헌법학 연구로 하여금 비교적 큰 융통성이 있게 하였다. 민국시기의 헌법학 연구는 청말의 번역과 소개의 성과라는 기초 위에서 계속 앞으로 발전하였다. 지식 구조의 변천으로 인해 "헌법학을 아는가 모르는가는 한 사람이 근대 법학가가 될 수 있는가 없는가를 결정하였다"[1148]고 하여, 민국시기 법률사상의 중요한 특징 하나가 바로 헌법과 헌정사상의 연구를 매우 중요하게 생각했다는 것이었다. 거의 모든 법률가들은 헌법과 헌정 문제에 대하여 충분히 관심을 기울였고, 헌법과 헌정 방면에 관련한 연구는 법학의 여러 학과 중 가장 충분하고 가장 투철했으며, 연구 영역은 현대 헌정사상의 여러 방면과 관련되었다.[1149]


---

1147) 어느 학자는, 신해혁명은 "중국군주입헌주의의 종점이면서 또한 중국 전반 입헌주의의 진정한 기점이기도 하다"고 하였다. 임래범, 능유자(凌維慈), 「중국입헌주의의 기점-청말 군주입헌주의에 대한 성찰」, 『사회과학전선』 4기, 2004.
1148) 범충신(范忠信), 「법학자 양계초를 알아본다」, 『정치와 법률』 6기, 1998.
1149) 한수도(韓秀挑), 「민국시기 법률가 군체의 법률사상 약론(略論民國時期法律家群體的法律思想)」, 『안휘대학법률평론』 4권 1기, 2004, 안휘대학출판사, 2004.

## 1. 민국시기 헌법학 방법의 운용 상황

이러한 시대배경 하에 헌법학 방법론의 운용에는 상대적으로 풍부한 면모가 나타났고 헌법해석학, 비교헌법학, 헌법사학 이 세 가지 유형의 방법 운용은 모두 풍부한 성과가 나타났다.

### (1) 헌법해석학

앞에서 서술한 바와 같이 법학은 본질상에서 일종의 해석학 성질의 학문으로서 기타 여러 방법의 운용은 결국 모두 본문에 대한 해석과정으로 환원한다. 헌법학도 예외가 아니다. 민국 공화정체가 확립된 후 법률 창제 사업은 전면적으로 펼쳐졌고 헌법과 헌법에 관련되는 법률은 민국시기 각 단계 집법자들의 집정기간 중 입법의 중심이었다. 1912년의 『중화민국임시약법』으로부터 1946년의 『중화민국헌법』에 이르기까지 연이어 여러 부의 헌법본문 혹은 헌법초안이 나타났다. 비록 너무 빈번했으나 확실히 헌법해석학의 발전에 대상으로서의 본문을 제공해 주었다. 일반적으로 말하면 민국시기에 헌법을 제정하거나 초안을 작성할 때마다 학자들은 모두 그 본문에 근거하여 자신의 견해를 밝히곤 하였다. 그래서 각기 다른 시기의 헌법 본문을 둘러싸고 헌법석의학 방법의 운용을 위주로 한 여러 가지 성과들이 나타났다.

중국헌법의 연구에는 민초시기에서 1920년대 말까지 주로 1912년의 『중화민국임시약법』과 손중산의 5권헌법 사상을 두고 전개되었으며, 출판된 저작은 주로 범적길(范迪吉) 등이 편찬한 『헌법정의』(군학사 1912), 왕총혜(王寵蕙)의 『중화민국헌법추의』(광익서국 1913), 사영주(謝瀛洲)의 『5권헌법대강』(민지서국 1926, 상무인서국 1926), 살맹무(薩孟武)의 『5권헌법』(신생명서국 1930), 김명성(金鳴盛)의 『5권헌법창작론 및 시의고(五權憲法創作論及試擬稿)』(개명서점 1930) 등이 있다. 그 외 기타 헌법 텍스트 혹은 초안에 대하여 논한 저서들도 있는데 이를테면

『중화헌법평의(中華憲法評議)』(만조지역술, 중화서국 1919)는 1913년의 『천단헌초』에 대하여 상세하게 해석하였다. 이러한 저술들은 『중화민국임시약법』의 본문을 둘러싼 5권헌법의 이론체계를 기본적으로 형성하였고 손중산의 민주헌정사상의 영향 확대에 적극적인 작용을 했다. 1930, 40년대의 연구는 주로 당시 북영정부와 국민당정부의 약법, 헌장, 헌법 등에 대해 설명, 탐구하거나 혹은 질의와 비판을 했는데 그중 1936년의 『55헌초』와 1946년의 헌법을 둘러싸고 토론한 저작들이 많았다. 이를테면 반대규(潘大逵)의 『중국헌법사강요』(상해법학편역사 1933), 장지본(張知本)의 『헌법론』(상해법학편역사 1933), 진여현(陳茹玄)의 『중국헌법사』(세계서국 1933), 오경웅(吳經熊)과 김명성(金鳴盛)의 『중화민국훈정시기약법석의』(회문당시기서국 1937), 오경송(吳經熊)과 황공각(黃公覺)의 『중국제헌사』(상해, 상무인서관 1937), 진장형(陳長蘅)의 『5권헌법초안정의』(중경정중서국 1940), 반념지(潘念之)의 『헌법논초보』(생활서점 1940)과 『헌법기초독본』(생생출판사 1944), 평심(平心)의 『중국민주헌정운동사』(진화서국 1941), 한병학(憲兵學)의 『헌법초안교정』(중경편자간 1942), 장우어(張友漁)의 『중국헌정론』(생생출판사 1944), 장중실(張仲實)의 『중국헌정연구』(생생출판사 1944), 유정문(劉靜文)의 『중국신헌법론』(독립출판사 1940), 『중국헌정원리』(정중서국 1942), 라가형(羅家蘅)의 『중화 민국헌법추의』('55헌법수정안'이라고도 함, 상해자우출판사 1945 초판, 1946 재판), 오자란(五子蘭)의 『중국제헌문제』(중국인서관 1946), 추도분(鄒韜奮)의 『헌법초안연구』(대중서점 1946년 판), 비효통(費孝通)의 『민주·헌법·인권』(생활서점 1946), 경문전(耿文田)의 『중화민국헌법석의 및 표해(中華民國憲法釋義及表解)』(상해, 상무인서관 1947), 장준매(張君勱)의 『중화민국헌법 10강』(상해, 상무인서관 1947년 판), 이초광(李楚狂)의 『중화민국헌법석의』(정중서국 1947), 사영주(謝瀛洲)의 『중화민국헌법론』(상해감옥 1947), 단림합(段林合)의

『중화민국헌법석의』(산서성도서협회 1948) 등이다.[1150] 민국시기의 법학 간행물에는 거의 매 기수마다 당시 법률의 해석적 성격의 저작, 법학강의 등 법률서적에 관한 선전광고가 실렸는데 헌법해석학 저작에 대한 선전도 적지 않았다.[1151]

이러한 해석적 작품들의 중점은 주로 세 가지 방면으로 나뉜다. 하나는 법률 중의 일부 명사 술어에 대한 해석이고, 다른 하나는 법률조문에 대한 직접적인 해석이며 또 다른 하나는 본문을 대조하는 법리해석이다. 그중 어떤 학자는 직접 뒤의 두 종류의 해석 양식을 혼합하여 사용함으로써 법률조항을 해석함과 아울러 법리해석을 하였다.[1152] 엄격히 말하면 이 시기의 헌법학 저술이 전개한 주해와 평의는 단지 본문을 설명하는 차원에서 헌법학 해석학을 운용한 데 지나지 않는다. 이를테면 경문전(耿文田)의 『중화민국헌법석의 및 표해』의 편집자는 범례에서 다음과 같이 명확하게 밝혔다. "이 저술의 종지는 시대정신을 선양하고 헌법에 대한 국민의 철저한 이해를 증가시키려는데 있다. 그렇기 때문에 '이론보다는 해석에 치중'했고 문자는 간단명료하도록 노력했으며 난해한 표현은 피했다."[1153] 헌법 언어가 일반 민중들에게 아직 낯설었기에 해석학의 이러한 유형의 운용 특징은 헌법정신을 선양하고 국민에게 헌법지식을 보급하는데 있어 적극적인 의의를 가지고 있었다. 이러한 헌법저술은 헌법 내용을 기초로 하여 비교적 통일된 헌법학 지식체계를 형성하였다. 헌법해석학 방법에 관하여 상술한 운용 외에 전문적 헌법해석학방법에 대한 계통적인 논술은 민국문헌에서 거의 볼 수 없다. 헌법 본문이

---

1150) 상해지방지판공실, 『협학전업지(法學專業志)』 참조. http://www.shtong.gov.cn/node2/node2245/node74288/node74296/node74417/mode74419/userobjectai90459.html 2008, 6,17.

1151) 이 시기의 법률잡지로는 주로 1918년에 창간된 『법학회잡지』, 1914년에 창간된 『법정주보』, 1916년에 창간된 『법정잡지』, 1918년에 창간된 『법정학보』, 조양대학에서 1923년에 창간한 『법률평론』, 1928년에 창간된 『법률총간』, 1931년에 창간된 『현대법학』과 『정치경제와 법률』, 1932년에 창간된 『법학특간』, 1935년에 창간된 『법학총론』과 『법학잡지』, 1936년에 창간된 『중화민국법학회 회보』, 1948년에 창간된 『신법학』 등이다.

1152) 한수도(韓秀挑), 「민국시기 법률가 군체의 역사영향」, 『유림학원학보』 2기, 2004.

1153) 경문전(耿文田), 『중화민국헌법석의 및 표해(中華民國憲法釋義及表解)』, 상해, 상무인서관, 1947, '편자례언'. 이 책의 특색은 1946년 헌법의 각 장의 의의 맥락을 16장의 '표해'의 방식으로 그려냈다는 점이다.

빈번하게 바뀌면서 헌법 운행의 여러 연결고리에 대한 중시 역시 헌법제정, 헌법수정 문제에 치중했고, 헌법해석권과 헌법보장 등의 문제에 대한 토론은 적었다.[1154]

헌법해석학과 밀접하게 관련 있는 전통적 법률실증주의 방법이 민국 법학자들에게 이미 비교적 많은 관심을 받았다. 이러한 저술은 각종 유형의 정법잡지를 주요 발표지로 했는데 관련 통계에 의하면 근대 각종 유형의 정법잡지에서 법학에 관련되거나 법학을 분석한 논문이 38편인데 청말에 발표된 논문 1편 외의 37편은 1911년에서 1949년 사이에 발표되었다.[1155] 그중 영향력이 비교적 큰 것은 연수당(燕樹棠)의 「법학에 대한 영, 미 분석법학의 최근 공헌」[1156], 「법률의 제재」[1157], 「법률의 개념을 논함」[1158], 「국가와 법률」[1159], 왕풍영(王風瀛)의 「법률 연구의 방법에 대하여」[1160], 단목개(端木愷)의 「중국신분석법학 간술」[1161], 손거(孫渠)의 「속 중국신분석법학파 간술」[1162], 유계함(劉季涵) 등이 번역한 「오스틴씨의 법률과 주권학설」[1163], 원의성(阮毅成)의 「HansKelsen정법학설개요」[1164], 왕세걸(王世杰)의 「법률과 명령」[1165], 온숭신(溫崇信)의

---

1154) 헌법해석권, 헌법보장 등의 문제에 중시를 돌린 문헌들로는 주로, 왕복염(王馥炎), 「헌법의 수정과 해석」, 『중화인민공화국』 1권 2호, 1919; 이효화((李孝華), 「헌법의 보장」, 『낙가월간』 2권 7기, 1935; 호육걸(胡毓杰), 「헌법해석권-상권(商權)」, 『법령주간』 269기, 1935; 유정문(劉靜文), 「현실정치와 헌법해석권(現實政治與憲法解釋權)」, 『학식』 3권 2기, 1949 등이다.

1155) 「국민시기 기초법률논문 제목 색인」 참조, 하근화, 이수청 주필, 『민국법학논문정취(제1권, 기초법학편)』, 법률출판사, 2003.

1156) 연수당(燕樹棠), 「법학에 대한 영, 미 분석법학의 최근 공헌(英美分析法學對于法學之量近貢獻)」, 『사회과학계간』, 1924.

1157) 연수당(燕樹棠), 「법률의 제재(法律之制裁)」, 『사회과학계간』, 1924.

1158) 연수당(燕樹棠), 「법률의 개념을 논함」, 『사회과학계간』, 1936.

1159) 연수당(燕樹棠), 「국가와 법률」, 『사회과학계간』, 1930.

1160) 왕풍영(王風瀛), 「법률 연구의 방법에 대하여(說研究法律之方法)」, 『법학계간』 1권 8기, 1924.

1161) 단목개(端木愷), 「중국신분석법학 간술(中國新分析學簡述)」, 『법학계간』, 1930.

1162) 손거(孫渠), 「속 중국신분석법학파 간술」, 『법학계간』, 1930.

1163) 유계함(劉季涵) 등 번역, 「오스틴 씨의 법률과 주권학설(奧斯丁氏法律與主權學說)」, 『법학잡지』, 1933.

1164) 완이성(阮毅成), 「HansKelsen정법학설개요(凱爾遜政法學說概要)」, 『국립중앙대학 법학원 계간』 1권 3기, 1930.

1165) 왕세걸(王世杰), 「법률과 명령」, 『사회과학계간』, 1930.

「오스틴의 법률론과 주권론」[1166], 이술현(李述賢)의 「벤담의 법률사상」[1167], 조지원(趙之遠)의 「법률관념의 변화 및 그 해석」[1168], 고승원(高承元)이 번역한 「Kelsen 수순법론의 기본관념」[1169] 등이 포함된다. 헌법해석학의 핵심은 바로 전통법률의 실증주의에 있고 관련 방법과 관점의 소개는 국민시기 헌법해석학의 전개에 일정한 이론적 기초를 쌓았다.


(2) 비교헌법학


청말의 헌법학 도입 시기와 마찬가지로 비교헌법학 역시 민국시기 헌법학 연구에서 폭넓게 운용된 방법이었다. 청말 서방 법률사상과 정치제도에 대하여 맹목적으로 숭배하거나 혹은 전통에 의해 배척하던 간단한 판단에 비해 민국의 학자들은 점차 변별적으로 서방의 학설과 관점을 받아들였고 동시에 중국 전통문화 기초에 결합시켜 관련된 학술연구를 진행하였다. 청말의 비교헌법학의 운용은 상대적으로 말하면 주로 순수하게 서방의 헌법내용과 헌법제도를 소개하는 데 있었다. 하지만 민국시기에는 소개하는 동시에 외국헌법의 경험과 인식을 기초로 하여 본국의 헌법 본문과 헌정실천을 해석하고 평가했으며 비교헌법학 체계를 사고하고 형성하기 시작하였다.

민국시기의 비교헌법학 저술은 아주 풍부했는데, 그 격식에는 주로 두 가지 유형이 있었다. 하나는 나라별로 비교연구를 진행한 것이고, 다른 하나는 한 나라를 전문적인 주제에 따라 비교연구를 진행한 것이다.

---

1166) 온숭신(溫崇信), 「오스틴의 법률론과 주권론(奧斯丁氏法律論與主權論)」, 『정치기간』, 1935.

1167) 이술현(李述賢), 「벤담의 법률사상」, 『동오법성』, 1934.

1168) 조지원(趙之遠), 「법률관념의 변화 및 그 해석(法律槪念之演進及其詮釋)」, 『사회과학총간』, 1934.

1169) 고승원(高承元) 번역, 「Kelsen수순법론의 기본관념(kelsen純粹法論之基本觀念)」, 『중화법학회잡지』, 1937.

나라별로 비교연구를 진행한 저술 중에는 여러 국가에 대하여 종합 비교를 한 것이 있는가 하면 어느 한 나라에 대하여 전문적으로 논한 것도 있다. 전자에 속하는 것을 예로 들면 저옥곤(儲玉坤)이 편찬한 『전쟁 후 각국 신헌법의 연구(戰後各國新憲法之研究)』(남경정중서국 1936)인데 제1차 세계대전 후 독일, 이탈리아, 오스트리아, 폴란드, 소비에트 러시아, 중국 등 6개 국가에서 신헌법이 발생된 정치배경 및 헌정운동의 상황을 개괄하여 서술하였고, 공월(龔鉞)의 『구미 각국 현행헌법 석요(歐美各國現行憲法析要)』는 유럽과 미주 48개 국가에서 당시에 시행한 헌법에 대해 소개했으며, 살맹무(薩孟武)의 『각국 헌법 및 그 정부』(중경남방인서관 1943, 1944)은 7개 장절로 나누어 영국, 미국, 스위스, 프랑스, 소련, 이탈리아, 독일 등 7개 국가의 제헌 역사와 현행헌법의 내용을 소개하였다. 그리고 조소염(曹紹濂)의 『구미민주헌법』(상, 하책, 귀양문통서국 1944)은 5개 편장으로 나누어 영국, 미국, 스위스 및 프랑스 제3공화국의 헌법의 유래, 특성, 내용을 소개하였고 앞에 서론을 첨가하여 헌법학의 기본 원리와 제도를 논술하였다.[1170] 하나의 나라에 대해 전문적으로 토론한 저술 중에는 미국, 소련을 소개한 것이 제일 많고, 다음으로 일본, 영국 등의 나라인데 이 부분의 문헌은 부분적인 전문 저서를 제외하고는 주로 번역이 위주였다.[1171] 전문적인 주제에 따라 비교 연구를 진행하는 격식을 채용한 저작은 더 많은데 비교적 대표적인 저작에는, 왕불위(王黻煒)의 『비교헌법학』(북경편자간, 1912), 왕세걸(王世杰)의 『비교헌법』(상해, 상무인서관 1927), 정육수(鄭毓秀)의 『중국비교헌법론』(상해세계서국 1927), 정수덕(程樹德)의 『비교헌법』(조양대학법률과강의, 조양대학 1927, 상해화통서국 1931), 정원보(丁元普)의 『비교헌법』(1931년), 왕복염(汪馥炎)의 『비교헌법』(상해법정학원 1931), 『비교헌법강요』(상해법학서국 1934), 『헌법강요』(상해, 상무인서관

---

1170) 북경도서관 편찬, 『민국시기총서목(民國時期總書目, 1911-1949. 법률)』, 서목문헌출판사, 1990, 60쪽 참조.
1171) 북경도서관 편찬, 『민국시기 총 서목(1911-1949. 법률)』, 64~67, 75~76쪽.

1937, 1938재판), 장우강(章友江)의 『비교헌법』(북평호망서점 1933), 여복(呂復)의 『비교헌법』(1933), 주일운(周逸云)의 『비교헌법』(상해대중서국 1933), 장지본(張知本)의 『헌법론』(상해법학편역사 1933), 비공(費鞏)의 『비교헌법학』(상해법정학사 1934), 왕세걸, 전단승(錢端升)의 『비교헌법』(1936년), 심단인(沈端麟)의 『각국헌법의 비교』(상해, 상무인서관 1936), 살맹무(薩孟武)의 『헌법신론』(1943년), 『헌법제요』(1947년), 호경명(胡經明)이 편찬한 『5권헌법과 각국헌법』(상해정중서국 1946), 마질(馬質)가 편찬한 『비교헌법론』(1948년) 등 20여 부가 있다.[1172] 그중 왕복위의 『비교헌법학』은 총론, 국가의 기초, 국가기관 이렇게 3편으로 나누어 헌법의 주요문제를 구미의 여러 유형의 헌법과 비교하여 연구하였고, 정수덕의 『비교헌법』은 총론, 국가통치권, 영토 및 인민이라는 3편의 격식을 채용하였는데, 총론에서는 국가, 국체, 헌법 세 가지 방면에서 미주 각 공화국 상황을 개략적으로 서술하였고, 제2편에서는 통치권의 성질, 통치기관, 국가통치의 작용 등의 내용을 비교 연구하였으며, 제3편에서는 공민의 권리와 의무를 비교 연구하였다. 왕복염(汪馥炎)이 1937년에 출판한 『헌법강요』는 헌법, 국가, 인권과 공민권, 의원제도, 행정제도, 법원제도 이렇게 6편으로 나누어 각국의 헌법제도 및 그 연혁을 비교 연구하였고 민초시기의 헌법과 『55헌초』를 비교하였다. 비공의 『비교헌법』은 서론, 공민과 국가, 국가의 형세, 정부의 형식 등 네 편으로 나누어 각국의 헌정경험을 중국헌정과 비교하면서 평론을 전개하였다. 그리고 이런 전문 저작 외에 여러 유형의 간행물에 외국의 헌법제도와 이론을 소개한 글들이 대량적으로 실렸는데, 예를 들면 위이(郁嶷)의 「독일헌법과 중국 헌법의 비교」[1173],

---

1172) 두강건, 범충신, 왕세걸, 전단승(錢端升)의 『비교헌법』을 위해 쓴 서언 「기본 권리이론과 학술비판태도」, 제1쪽; 한대원, 「당대비교헌법학 기본문제 탐구」, 『하남성정법관리간부학원학보』 4기, 2003; 북경도서관 편찬, 『민국시기 총 서목(1911-1949). 법률』, 76~79쪽.
1173) 위이(郁嶷), 「독일헌법과 중국 헌법의 비교(德國憲法與我國憲法之比較)」, 덩위이(鄧毓怡) 주필, 『헌법총론』 1권, 1924.

709

양조용의 『최근 독일헌법에서의 분권제도의 변천』[1174], 이철쟁의 「유럽전쟁 후 입헌의 추세와 중국 약법」[1175], 왕복염의 「프랑스헌법과 중국제헌의 역사적 비교관」[1176], 「미국성문헌법발달소사」[1177], 톈원차오(田文超)의 「구미헌법의 추세와 5권헌법」[1178], 유정문(劉靜文)의 「영국헌정의 운용」[1179], 민표(民標)의 「프랑스신헌법」[1180], 전단승(錢端升)의 「독일국회 및 국회의원」[1181] 등이 있다.

민국시기에는 논저 외에 400여 종의 외국법학 번역 저서들도 연이어 출현[1182]하였는데 수량 적인면에서 보면 민국시기 법학계에는 헌법학에 관한 번역이 안정 속에서 상승했다. 그중에 대표적인 저작들로는, 미국 파울 라인쉬(Paul S.Reinsch)의 『평민정치의 기본원리(平民政治的基本原理)』(라가윤[羅家倫] 번역, 상해, 상무인서관 1925), 일본 미노베 다츠키치가 지은 『공법과 사법』(황풍명 역, 상해, 상무인서관 1937년 판), 『헌법학원리』(구종우, 하작림 역, 상해, 상무인서관 1925) 및 『의회제도론』(추경방 역, 화통서국 1931), 미국 존 하구아(John A. Hawgooa)의 『현대헌법신론』(팡다쥔 역), 영국 닉 블러드(Nick Blood)의 『영국헌정사담』(진세제 역, 상해, 상무인서관 1936), 일본 모리구치 시게지(森口繁治)의 『선거제도론』(유광화 역, 상해, 상무인서관 1935)[1183] 미국

1174) 양조용(楊兆龍), 「최근 독일헌법에서의 분권제도의 변천(最近德國憲法上分權制度之變遷)」, 『법학잡지』 11권 2기, 1940년 10월.
1175) 이철쟁(李鐵錚), 「유럽전쟁 후 입헌의 추세와 중국 약법(歐戰后立憲的趨勢與我國約法)」, 『신시대반월간』 1권 1기, 1931.
1176) 왕복염(汪馥炎), 「프랑스헌법과 중국제헌의 역사적 비교관(法國制憲與中國制憲之史的比較觀)」, 『법학총간』 2권 3기, 1933.
1177) 왕복염(汪馥炎), 「미국성문헌법발달소사(美國成文法發達小史)」, 『와 작가』 1기, 1943.
1178) 전문초(田文超), 「구미헌법의 추세와 5권헌법(歐美憲法之趨勢與五權憲法)」, 『복건문화월간』 2권 4기, 1935.
1179) 유정문(劉靜文), 「영국헌정의 운용(英國憲政的運用)」, 『학식』 1권 4기, 1947.
1180) 민표(民標), 「프랑스신헌법」, 『진단법률경제잡지』 4권 1기, 1948.
1181) 전단승(錢端升), 「독일국회 및 국회의원(德意志國會及國會議員)」, 『칭화학보』 8권 2기.
1182) 이 수장에는 청말의 역저들도 포함되었으나 주로는 민국시기의 나온 것들이다. 허친하 주필, 『중국근대법학역총』, 중국정법대학출판사, 총서 참조.
1183) 이상 7부는 이미 중국정법대학출판사에서 추천한 '중국근대법학역총'에 수록되었다.

파로티스(巴路捷斯)의 『정치학습 및 비교헌법론』(일본 다나카 사나에 원 역, 유보역, 주학중, 동영광 중역[重]譯, 상해, 상무인서관), 미국 웬젤(Wenzel)의 『미국, 프랑스, 영국, 독일 4개 국 헌정 비교(美法英德四國憲政比較)』양금삼, 장신농 역, 중화서국 1913), 독일 브론치트(布伦遒特)의 『독일신헌법』(장탁립, 구종우, 하작림 번역, 상해, 상무인서관 1926), 영국 알버트 딕시(Albert. V. Dicey)의 『영헌정의(英憲精義)』(뢰빈남 역, 상해, 상무인서관 1930), 영국 헤드람 몰리(Headlam Morley)의 『유럽 신민주헌법의 비교연구(歐洲新民主憲法之比較的研究)』(이 책은 두 가지 번역본이 있는데 하나는 황공각 역, 장지본 교열, 상해, 신주국광사 1930년 판이고, 다른 하나는 이철쟁 역, 주경생 교열, 상해, 태평양서점 1931년 판이다)[1184], 영국 제임스 브라이스(James Bryce)의 『현대민치정체(現代民治政體)』(장위자 등 역, 상해, 상무인서관), 영국 월터 배짓(Walter Bagehot)의 『물리와 정리(物理與政理)』(종건홍 역, 상해, 상무인서관 1933판), 프랑스 레옹 뒤귀(Leon Duguit)의 『공법의 변천』(서저평 역, 1933), 『헌법학』(장명시 역, 상해, 상무인서관 1938) 및 『헌법정의』(매중협 역), 오스트리아 한스 켈젠(Hans Kelsen)의 『순수법학』(유연곡 역, 중국문화복무사 1943) 등이 있다. 원작과 원작자의 선택에서 보면 이 시기 번역 대상의 선택과 변별 능력이 어느 정도 향상되었는데 이 역시 비교헌법방법 운용의 수준이 향상되었다는 것을 어느 정도 나타낸다.

민국시기에 또 각국 헌법에 관련되는 비교적 많은 휘편(匯編)들도 비교적 많이 나왔는데 불완전한 통계에 의하더라도 24부나 된다. 이러한 휘편들 일부는 타국의 헌법을 간단하게 나열하거나 혹은 민국시기의 중국헌법 본문도 휘편에 대조적으로 수록하였다. 예를 들면 상무인서관 편역소에서 편역한 『프랑스, 미국 헌법 정문』(상해, 상무인서관 1911), 진석부(陳錫符), 살맹무가 역술한 『세계신헌법』(상해, 상무인서관 1922),송여매(宋汝梅), 하기홍(何基鴻)이 편찬한 『헌법요람』(상, 하편, 북경, 상무인서분관

---

1184) 북경도서관 편찬, 『민국시기 총 서목(1911-1949). 법률』, 77쪽.

1922), 심균유(沈鈞儒), 하기홍이 편저한 『헌법요람』(상, 하편, 북경, 상무인서분관 1922), 입법원 편역처에서 편역한 『각국 헌법 휘편(제1, 2집』(상해, 한문정해인[漢文正楷印]서국 1933) 등이다. 또 일부는 각기 다른 주제에 따라 각국 헌법의 조문을 발췌 편집했다. 예를 들면 라지연(羅志淵)이 편찬한 『각국 헌법 분류 휘편』(중경, 대동서국 1945, 1946 재판)은 벨기에, 스위스, 이탈리아, 프랑스, 일본, 독일, 폴란드, 터키, 에스파냐, 소련, 중국 등 10여 개 국가의 성문헌법을 국가체제, 인민권리의무, 정부조직, 정무전제, 헌법의 수정 등 다섯 가지 유형으로 조문을 발췌하여 편집하였다.[1185]

비교헌법학방법의 운용은 상술한 비교헌법 전문 저작이나 번역 저서에만 국한된 것이 아니라 당시 헌법에 대하여 해석한 관련된 저술에도 모두 일정 정도로 서방국가의 관련 헌법제도에 대하여 비교를 했다. 이처럼 비교방법을 계통적으로 운용하여 저술한 비교헌법학 전문저작들 중에서 가장 대표적이고 가장 명성이 높았던 것은 왕세걸, 전단승이 공동 저술한 『비교헌법』인데 그 책은 '20세기 상반기 서방헌법이론에 대하여 전면적이고 객관적으로 소개한 저작'으로 인정되었다.[1186] 이 책은 원래 왕세걸이 혼자 쓴 『비교헌법』이였는데 그 자체가 이미 비교헌법학방법 운용 방면에서 높은 수준을 갖고 있어서 상해인서관이 1927년 9월, 1929년 1월, 1930년 8월, 1933년 7월 등 연달아 여러 차례 발행하였다. 그 기초 위에서 왕세걸과 전단승이 공동으로 저술하여 다시 태어난 『비교헌법』은 상해, 상무인서관이 1936년 1월에 초판을 발행했고, 그 후 민국시기인 1937년 6월, 1947년 12월, 1948년 6월에 세 차례 재판되었다. 중화인민공화국이 성립된 후, 상해의 상무인서관, 중국정법대학출판사에서 여러 차례 이 책을 재판했다.[1187] 이 책은

---

1185) 북경도서관 편찬, 『민국시기 총 서목(1911-1949). 법률』, 81~84쪽.
1186) 두강건, 범충신이 왕세걸, 전단승(錢端升)의 『비교헌법』을 우해 쓴 서언
『기본 권리이론과 학술비판태도』, 1쪽.
1187) 라신 정리, 『왕세걸 저술 목록고와 왕세걸 연구자료 목록
(쉐티 서거 25주년 기념)王世杰著述目錄稿與王世杰研究紫蓼目錄』.

비교헌법학방법의 운용에서 여러 가지 의미가 있는 시도를 했다. (1) 비교헌법학 체계에서 작자는 국가별을 표준으로 삼는 비교방법을 타파하고 '현대헌법 상에 규정한 문제를 표준으로 하여 각 문제에 각종 다른 규정과 의견을 소개'하는 방법을 비교적 성숙하게 채용하였다. (2) 편장의 배치를 작자는 비교헌법학 내용을 제1편 서론, 제2편 개인의 기본 권리와 의무, 제3편 공민단체, 제4편 국가기관 및 그 직권, 제5편 헌법의 수정으로 나누었다. 이러한 격식으로 배치한 특징은, 비교헌법학 이론에서 국가, 사회와 개인의 관계를 합리적으로 처리하였고 개인의 기본 권리문제에 대하여 비교적 계통적으로 연구하고 소개함으로써 작자의 기본 권리 이념을 표명한 것이다. (3) 헌법의 수정을 독립된 장절로 삼은 것은 이 책 구조의 중요한 특색의 하나로서 헌법 변천 문제에 대한 작자의 관심을 표명하였다.[1188]

발표의 성과와 영향으로부터 본다면, 민국시기 비교헌법학방법 영역에서 제일 걸출한 학자는 왕세걸을 꼽아야 한다. 관련 문헌에 대한 정리에 따르면 왕세걸이 출판한 20여 부의 저작, 147편의 논문[1189]에서 수많은 성과는 모두 비교헌법학 운용의 모범이 되었다. 『비교헌법』 외에도 또 『의원제와 사회주의』, 『여자참정의 연구』, 『공민표결제와 비교연구』, 『연방제의 기성(基性)과 파별을 논함』, 『열국법률 상의 중국인』, 『재산권 성질의 신의』 등이 있다.[1190]

---

1188) 한대원, 「당대비교헌법학 기본 문제 탐구(當代比較憲法學基本問題探究)」, 『헌난성 정법관리간부학원 학보』 4기, 2003.

1189) 이러한 문헌들은 주로 민국시기에 발표되었지만 전부 민국시기에 나온 것은 아니었다. 뤼신 정리, 『왕세걸 저술 목록고와 왕세걸 연구자료 목록(쉐티 서거 25주년 기념)』 참조.

1190) 이러한 성과에는 『비교헌법』, 상해, 상무인서관 1927년 2월(1929년 1월, 1930년 8월, 1933년 7월)판, 『비교헌법』 (왕세걸, 전단승 공저, 증정 3판), 상해, 상무인서관, 1936년 12월(1937년 6월, 1947년 12월, 1948년 6월)판, 「의원제와 사회주의」, 『태평양』, 1921년 3월 5일 제2권 제10호; 『여자참정의 연구(女子參政之研究)』, 북경대학신지서사 1921년 판, 「공민표결제의 비교연구(公民票決制之比較研究)」, 『북경대학 사회고학계간』, 1922년 10월 제1권 제1호; 「연방제의 기성과 발벌을 논함(論聯邦制之基性與派別)」, 『북경대학 사회과학계간』 1925년 3월 제1권 제3호; 「재산권 성징질의 신의(財産權性質之新義)」, 『북경대학 사회과학계간』 1923년 10월 제2권 제1호 등이 포함된다.

중국 근대 법학교육에 있어 우수한 학당인 동오(東吳)법학원 역시 민국시기 비교방법 운용의 중요한 플랫폼이었고 기치였다. 이 학교는 성립 시, '중화비교법률학원'(Comparative Law School of China, 간칭으로는 '비교법률학원' 혹은 '법학원'이었음)으로 명명되었다. 각종 유형의 비교법 수업과목은 줄곧 학원의 교과목 중의 핵심과 특색이었다. 손효루(孫曉樓, 동오법학원 겸 부교무장 역임)는 1935년에 출판한 저서 『법률교육』에서, 왕래가 밀접한 시대에 대한 비교법 연구의 필요성에 대하여 전문적으로 논술하면서 1920년대의 후기라 하더라도 중국은 주요 법전의 제정, 법률교육에 대한 정부 간섭의 확대, 1937년 교학계획이 5년에서 4년으로 줄어든 등 요소의 영향으로 말미암아, 심지어는 1940년 후에도 비교법을 강의하는 사명과 신념은 '늘 이 법학원의 특색일 것'이라고 지적하였다. 30년대에 동오의 비교법 교과목은 총 교과목의 3분의 1일 점유했다. 1934년을 예로 들면 동오법학원이 공포한 수업교과목에는 (1) 중국법, (2) 근대 대륙법, (3) 미국, 영국 법, (4) 로마법, (5) 국제공법과 국제사법 등이 있어서 교과목 분야가 고금의 법률을 섭렵하였다고 할 만한 '종횡 겸유(縱橫兼有)의 방법'을 채용하였다. 그리고 가장 광범위한 교과목 설계 방침에 입각하여 심지어 '이탈리아 파쇼 사단법(意大利法西斯社團法)'을 증설했다. 여러 교과목은 영어로 수업했고 학생들은 법률 관련 라틴어를 배웠다.[1191] 교원 자원의 구조를 보면, 처음에는 외국 인을 위주로 하다가 20년대 후에는 보다 많은 중국인 지도가 법학원에 들어왔다. 하지만 비교법의 운용에 있어서 동오법학원은 서양 학문이 점점 동양으로 밀려오고 동양 학문이 점차 서양으로 밀려가는 과정에서 줄곧 중요한 촉진적 작용을 발휘하였다. 그중, 1921년에 한창 미국 미시간대학교에서 유학중이던, 23세 밖에 안 되는 오경웅(吳經熊) 『미시간법학평론』에 영문으로 'Readings from Ancient Chinese Codes and Other Sources of Chinese law and Legal Ideas'(『중국고대률법전적 및 중국 유럽과

---

1191) [미국] Alison W .Conner, 『중국의 근대 법률가를 배양한다(培養中國的近代法律家): 동오대학 법학원』,왕젠, 허워이둥 번역. 『비교법연구』 2기, 1999.

법학사상의 연원』 )[1192]라는 글을 발표했다. 이 글은 홈스(O. W. Holmes) 대법관으로부터 '열정이 넘쳐나는 회신'과 평론을 받았다.[1193] 외국의 법률제도와 이론을 통달한 기초 위에서 외국인들에게 본국의 제도와 문화를 소개해야 비로소 이와 같은 높은 평가를 받을 수 있다. 이는 비교헌법학을 포함한 비교법학이 동오대학에서 얼마나 성숙되었는지를 추측해 볼 수 있는 대목이다. 전체 민국시기에 있어서 비교헌법학의 성과가 제일 컸던 시대는 1930년대와 40년대였다. 그 시대는 중국과 세계 간의 교류가 아주 개방됐던 시기였고 학술환경이 상대적으로 느슨해져서, 구미 및 일본 헌법사상의 영향을 받아 이미 일정한 기초를 다졌다. 앞에서 열거한 비교헌법학의 여러 대표적 작품들 중의 대부분은 이 두 시기에 나왔다. 이때를 비교헌법학 연구가 '대 성황을 이룬 한 때'[1194]라고 할 수 있다.

1930년대에 비교법연구방법 자체에 대해 전문적으로 연구한 학자 장정창(張鼎昌)은 이 방법에는 다섯 가지 효과가 있다고 생각하였다. 첫째로는 분석법학파, 역사법학파, 철리학파, 사회학파 등 각 학파의 장점을 겸비하였다는 것이며, 둘째로는 이 비교연구의 결과를 통하여 법률 본질의 정론을 추정할 수 있는 것이며, 셋째로는 비교의 기초 위에서 보다 새로운 학설을 창조할 수 있다는 것이며, 넷째로는 국제판결의 결과로 하여금 보다 공평 타당하게 나타날 수 있게 한다는 것이며, 다섯째로는 재판관이 비교자료에 근거하여 법률의 결함을 보충함으로써 순전히 개인적 주관적 상상으로 보충하는 현상을 피할 수 있다는 것이다. 그 외 국가별 비교법, 인종별 비교법, 법계별 비교법, 법률문제 비교법은

---

1192) john Wu, "Readings from Ancient Chinese Codes and Other Sources of Chinese law and Legal Ideas", Michigan Law Reuiew, Vol. 19, No. 5(Mar., 1921), pp. 502-536.

1193) 오경웅과 O. W. Holmes 사이의 통신은 제목은 "The Letter of Holmes and Wu", Law Quadran-gle Nates, The University of Michigan Law school, vol. 31, No. 3, 1987. pp. 33-34. 이 글의 중역은 『웅징숭과 홈스 통신선(吳經熊與霍姆斯通訊選) - 두 가지 문화와 4대 사람을 소통시킨 통신』이다. 곽란영(郭蘭英) 번역, 상담대학법학원 편, 『상강법률평론(湘江法律評論)』2권 호남인민출판사 1998, 216~226쪽.

1194) 두강건, 범충신이 왕세걸, 전단승(錢端升)의 『비교헌법』을 우해 쓴 서언 『기본 권리이론과 학술비판태도』, 1쪽.

715

비교법 연구의 4대 방법이다.[1195]

### (3) 법사학(法史學) 방법

일정한 시기의 헌법사의 전개와 헌법학의 누적에 근거한 법사학의 진로에 대한 중시 역시 이 시기의 헌법학 연구에서 운용되기 시작하였다.

이러한 헌법사에 관한 작품은 주로 두 가지 경로를 통해 전개되었다. 하나는 민국 이래의 제헌사와 행헌사(行憲史)에 대하여 정리하고 평가하는 것이다. 이 과정에서 법사학의 방법과 헌법해석학의 방법은 하나로 결합되어 사용되었다. 다른 하나는 비교연구 과정에 서방의 비교법 소재에 대하여 법사학적 연구를 진행하는 것이다. 비교헌법학의 방법과 법사학의 방법은 하나로 결합되었다. 이 양자는 민국시기 헌법학이 여러 종류의 헌법학 방법을 종합적으로 운용하였다는 것을 보여준다. 그 외 일부 문헌에 대하여 비교 연구를 하는 과정은 중국 고전 법률 사상 및 제도에 대한 회고와도 관련이 있다.[1196] 헌법제도는 근대 시민계층이 흥기한 후의 산물로 중국 봉건시대의 효능적 등가물이 많지 않기 때문에 이 경로는 주로 법사학의 연구에서 출현할 뿐 헌법 혹은 헌법학에 관한 전문 연구에서는 흔치 않다. 첫 번째 진로의 연구는 중요한 것이다.

민국시기에 민국헌법사료에 관한 편집 및 민국헌법사에 대한 논술이 많이 나왔다. 자주 바뀐 민국의 헌법성 문건은 헌법사 연구에 풍부한 소재를 제공했고 서술의 실마리도 제공하였다. 이 진로 연구의 저술 격식은 주로 청말부터 저술하는 시기까지의 역사적 순차에 따라 입헌운동을 실마리로 하여 장절을 나누어 순차적으로 입헌운동의 정황을 서술하고 평가하며 마지막에 입헌활동에 관한 본문과 자료를 첨부하는 형식이었다.

---

1195) 장정창(張鼎昌), 「비교법의 연구」, 『중화법학잡지』 신편 1권 9호, 1937년.
1196) 공경평(孔慶平), 「중국법리 자각에 관한 세 분 민국법학가의
　　　탐구(三位民國法學家關于中國法理自覺的探討)」, 『청화법학』 3기, 2007.

이를테면 이근원(李根源)이 편집한 『중화민국헌법사안(中華民國憲法史案)』(국문편집사 1914), 오종자(吳宗慈)의 『중화민국헌법사』(북경동방시보관 1924, 상해대동서국 1927), 진여현(陳茹玄)의 『민국헌법 및 정치사』(상해정치학사 1928), 잠덕장(岑德彰)의 『중화민국헌법사료(中華民國憲法史料)』(상해 중화인민공화국 건설학회 1933), 판다쿠이(潘大逵)의 『중국헌법사 강요』(상해 회문당신기서국 1933), 진여현의 『중국헌법사』(세계서국 1933), 반수번(潘樹藩)의 『중화민국헌법사』(상해, 상무인서관 1935), 오경웅(吳經熊), 황공각(黃公覺)의 『중국제헌사』(상해, 상무인서관 1937), 양유형(楊幼炯)의 『근대중국입헌사』(상해, 상무인서관 1937년 판), 평심(平心)의 『중국민주헌정운동사』(상해, 진화서국 1937), 사진민(謝振民)이 편저한 『중화민국입법사』(장지본 교정, 남경, 정중서국 1937, 1948년 재판)[1197], 전단승이 주필을 맡은 『민국정제사』(상해, 상무인서관 1939, 1946년 증정), 주이빈(周異斌), 라지연(羅志淵)의 『중국헌정발전사』(상해, 대동서국 1947), 진여현의 『중국헌법사』(상해세계서국 1947), 증자생(曾資生)의 『중국5권헌법제도의 사적 발전과 비평』(상해, 상무인서관 1948)이다.

　잠덕장(岑德彰)은 1933년에 민국건립 후 20여 년간에 나온 헌법 사료들을 『중화민국헌법사료』라는 책으로 묶었는데, 3편에 나누어 각각 정부(중앙정부와 지방정부를 포함)에서 공포한 헌법성 문건, 결의는 했지만 공포하지 않은 헌법성 문건, 개인이 초안을 작성한 헌법성 문건을 수록하였다.[1198] 이와 같은 민국시기의 중국헌법 휘편은 20년대에서 40년대 사이에 20여 부가 나와서 당시 및 그 후의 민국제헌사 연구에 편의를 제공했다.

　오경웅(吳經熊), 황공각(黃公覺)의 『중국제헌사』(상해, 상무인서관 1937)은 무려 천여 쪽이나 되는데 3편에 나누어 서술했다. 제1편은 청말부터 1933년에 이르기까지의

---

1197) 『55헌초』가 제동된 후 1937년에 헌정서적의 출판 열기가 일어났다.
1198) 잠덕장(岑德彰), 『중화민국헌법사료』, 상해 중화인민공화국건설학회, 1933.

제헌운동을 회고하고 거기에 대해 평가, 분석을 진행하면서 제2편의 배경을 펼쳐놓았다. 제2편은 56장으로 나누어 3년 남짓 한 기간의 『55헌초』 의헌활동을 상세히 기재했는데, 내용에는 헌제를 촉진한 원인, 헌법초안 작성위원회 조직, 절차, 헌법초안 연구 절차표, 각종 결정, 설명 등 작자가 입법원의 의헌 활동에 참가하면서 얻은 대량의 일차자료들이 포함되었다. 제3편은 부록으로 입헌에 관련되는 적요(摘要), 언론, 역차(曆次)에 따라 작성된 원고 본문과 부속법규 등의 내용들이 기재되어 있다.

전단승이 주필을 맡은 『민국정제사』는 제1편에서 임시정부시기, 임시약법시기, 신약법시기, 법통포기시기, 초기의 국민정부, 근년의 국민정부 등 여섯 시기에 따라 신해혁명에서 1930년대 후기에 이르는 중앙정부의 권력 분립 구성에 대하여 상세하게 연구하였고, 제2편에서는 성제(省制) 연혁에 대하여 소개하고 각 유형의 지방 국가 기관에 따라 장절을 나누어 서술을 전개하였다. 이 책은 살사형(薩師炯), 곽등호(郭登皞), 양홍년(楊鴻年), 여은래(呂恩來), 임복광(林复光), 풍진(馮震) 등 학자들이 운집하여 저자 군단을 이루었고, 항전기간에 여러 차례 재 인쇄되었으며 일본에서도 번역되어 출판되었다.

사진민(謝振民)이 편저하고 장지본(張知本)이 교정한 『중화민국입법사』는 그 격식이 비교적 성숙되었다. 책이 서술한, 민국 이래의 입법 역사에서 지금까지의 입법운동이 상당한 편폭을 차지하는데 역사성 서술 외에 앞에 개괄성적인 서론과 총론 두 편을 첨부하였다. 제1편 서론은 입헌의 의의, 철차, 범위, 추세, 중국법제의 연혁, 중국입법의 기원 등의 내용과 관련이 있다. 제2편 총론은 역차의 제헌활동을 상징으로 삼아 약법제정시기, 헌법제정시기, 약법 증보 수정시기, 헌법심의시기, 법통분열시기, 법통회복시기, 법통폐지시기, 당치전환시기, 훈정실시시기, 헌정개시시기 등 10개의 시기로 나누어 종합적으로 소개하였다. 제3편에서는 헌법, 행정법, 자치법, 상법 등 부문법에 따라 장절을 나누어 서술했는데, 그중 제1장 헌법에서는 지금까지의 제헌운동의 본문, 초안 및 각성 헌법을 서술하였다.

이근원(李根源)이 1914년에 편집한 『중화민국헌법사안』은 비교적 일찍이 진로에 대해 연구한 문헌이다. 하지만 그 연구 구조는 이 진로의 일반적 격식과 조금 다르다. 책의 출판년도에서 알 수 있듯이 이 책은 1913년 헌법초안위원회가 성립되면서부터 1914년 원세개가 약법을 개조한 단계의 사료만 수록하였는데 '천단헌법초안'의 제정 경과 등의 내용을 포함하여 제헌, 간헌(干憲), 헌홍(憲哄), 헌화(憲禍), 양헌(攘憲) 5개 부문으로 전개했다.

그 외 평심(平心)이 1937년에 출판한 『중국민주헌정운동사』의 격식도 좀 특이하다. 책은 태평천국을 기점으로, 대혁명시기를 초점으로, 대평천국과 민주운동, 청말의 계몽운동과 변정운동, 신해혁명에서 호법전쟁까지, 5.4운동에서 2.7운동까지, 대혁명 전야의 민주운동, 대혁명시대의 민주운동, 대혁명후의 정치형세와 민주운동, 항전 후의 민주운동 등 8장에 나누어 민주헌정운동의 연혁을 서술하였다.

헌법사 자체에 대한 중시 외에 민국시기에는 또 서방 각국 헌법사에 대한 저술 및 번역 작품도 나왔는데 비교헌법과 법사학방법을 결합하여 연구를 진행하였다. 이것이 바로 앞에서 말한 두 번째 진로의 연구이다. 그 대표작으로 반대규(潘大逵)의 『구미 각국 헌법사』(상해, 대동서국 1931)은 영국, 미국, 프랑스, 이탈리아, 스위스, 소련 등 7개국의 헌법사를 서술하였고 증우호(曾友豪)의 『영국헌법정치소사』(상해, 상무인서관 1931), 정수덕(程樹德)의 강의 『헌법역사 및 비교연구』(조양학원출판부 1933)는 헌법총론, 국가요소론, 국가기관 이렇게 3편으로 나누어 중외 헌법 본문을 비교하고 제1차세계대전후 각국 헌법의 변화, 추세를 서술하였으며 조남유(趙南柔), 주이무(周伊武)가 편집한 『일본제헌사』(남경, 일본평론사 1933), 영국 S. Rend Brott가 쓴 『영국헌정사담(史譚)』(진세제[陳世第] 역, 상해, 상무인서관, 1936)이 있다.

## 2. 민국시기 헌법학방법 운용상황의 평가분석

총체적으로 말하면 민국시기 헌법학의 발전은 두텁게 누적되었고 창의적으로 체계적인 표현을 전개하면서 청말의 단순한 번역 혹은 의미를 부여하는 역술(譯述)식의 연구에서 '중국 본위의 법 체계를 다시 구축'하자는 구호아래 중국과 서방에 정통한 각종 유형의 집필을 하는 것으로 발전하였다. 이것은 헌법학방법을 풍부하게 운용하면서 성숙해 지는 것과 무관하지 않다. 앞에서 서술한 문헌들에 대한 고찰에 근거하여 민국시기 헌법학방법의 운용 상황의 특징을 아래와 같이 평가, 분석할 수 있다.

(1) 헌법해석학적 전개에 안정적인 헌법질서가 부족했다.

헌법해석학의 문헌으로 말하자면, 빈번하게 나온 헌법 본문은 헌법해석학의 발전에 풍부하지만 안정되지 못한 소재를 제공하였고, 각종 본문을 해석하고 평가한 문헌들은 비록 풍부하기는 하지만 총체적으로 말하면 상징적으로 성숙한 헌법해석학적 성과는 형성하지 못했다. 이는 민국시기의 헌정환경과 학술적 누적과 관련이 있다.

① 헌법 본문의 빈번한 변화

중국의 20세기는 사실상 '입헌법의 세기'[1199]라고 할 수 있다. 이 점은 민국시기에 더욱 명확하게 나타났다. 각종 정치세력이 교체됨에 따라 민국기간에 헌법이 빈번하게 바뀌었다. 그 전후 과정을 살펴보면 다음과 같다.

1) 1912년 『중화민국임시약법』

2) 1913년 『천단헌초』. 이 초안은 민주공화정신을 관철했기에 원세개가 용납하지 않았다. 헌법 초안이 채택된 3일 후, 원세개는 국민당 의원의 의원 자격을 취소하여 의회가 법정 개회 인수에 도달하지 못하도록 하여 헌법을 통과시키지 못하게 하였다.

3) 1914년 『중화민국약법』 (원기약법). 이 약법은 원세개를 독재 원수가 되게 하였다.

4) 1916년 헌초. 1916년 원세개가 죽자 여원홍(黎元洪)이 대통령에 취임함과 동시에

1199) 임래범, 능유자(凌維慈), 「중국입헌주의의 기점-청말 군주입헌주의의 대한 성찰」, 『사회과학전선』 4기, 2004.

헌법회의를 성립하고 『천단헌초』에 기초하여 새롭게 초안을 작성하도록 하였다. 그 결과가 바로 1916년 헌초이다. 1917년 6월 국회가 해산되고 헌초는 두 번째 절차를 거치지 못한 채 입헌절차가 정지되었다.

5) 1919년 헌초(安福國會憲草). 1918년, 북경에서 '신국회'('안복국회'라고도 함)가 성립되었고 1919년에 새로운 '중화민국헌법초안'이 채택됨과 동시에 1916년 헌초가 폐지되었다.

6) 1923년 『중화민국헌법』('賄選憲法'혹은 '曹錕憲法'). 1922년, 제1차 직봉(直奉)전쟁이 끝나자 국회가 개회되는데 제헌을 주요임무로 하였다. 조곤은 의원들을 끌어들여 법정 개회 인수를 충족하고는 자신이 대통령으로 선출되는데 유리하게 하기 위하여 공공연히 회의에 참가한 인원들에게 5,000원씩 뇌물을 주었다. 1923년 10월 10일, 헌법회의는 헌법을 공포하였다.

7) 1925년 헌초. 1924년 제2차 직봉전쟁 후, 단계서(段棋瑞)가 '중화민국임시집정'에 취임하고 '국가헌법초안 작성위원회'를 조직하여 '중화민국헌법안'의 초안을 작성하게 하였으나 시종 입헌기구의 토론에 제출하지 못했다.

8) 1928년 『훈정강령』. 1925년 국민정부가 성립되었고, 1928년 6월 9일 북벌군이 북경에 들어와 10일에 남경국민정부가 성립되었다. 국민당중앙 상무회의는 『훈정강령』을 의결하였다. '훈정'이란 구호 아래, 인민은 국민당의 감호를 받는 정치행위 능력이 없는 '피 감호인'이 되었다.

9) 1931년 『중화민국훈정시기약법』. 『훈정강령』의 기초 위에서 1931년 6월 1일에 『중화민국훈정시기약법』을 채택하여 중국헌법사 상 '당치헌법(黨治憲法)'의 선례를 개척하였다.

10) 1936년의 『55헌초』. 1927년, 국민당 중앙집행위원회는 6년을 기한으로 훈정을 실시하고 1935년에 헌법을 실행하기로 결정하였다. 이 『중화민국헌법초안』은 1936년 5월 5일에 공포되었으나 얼마 후, 전면적인 항전이 폭발하면서 헌법에 대한 행동은 중단되었다.

11) 1946년 『중화민국헌법』. 1946년 11월, 국민당은 공산당과 민주당파가 참가하지 않은 국민대회를 열고 『중화민국헌법』을 채택했으며, 그것을 1947년 양력설에 공포하고 그해 12월 25일부터 효력이 발생했다.

12) 1948년 『반란평정 동원시기의 임시조항(動員戡亂時期臨時條款)』. 948년 4월 18일, 국민대회는 이 조항을 채택함으로써, 사실상 1946년 헌법의 효력을 중지시키고 공개적으로 독재통치를 실행했다.

여기서 열거한 것은 다만 제일 중요한 일부의 헌법, 임시헌법(약법) 혹은 헌법초안 뿐이지 변동이 빈번했던 조직법, 선거법은 여기에 포함되지 않았다. 이 12부의 헌법성 문건에서 정식으로 채택된 헌법 혹은 약법이 5부(그중 3부는 약법임), 헌초 5부(1930년 '타이위안중화민국약법초안' 등 합법성에 문제가 있는 헌초, 1922년 '8단체구시회의'에서 초안을 작성한 『국시헌초』 등 민간단체에서 초안을 작성한 헌초 및 연성자치운동에서의 성헌법 초안은 포함되지 않았음)이다. 민국정권이 대륙에 존재했던 38년 동안(1912~1949) 각 부 헌법과 관련된 수정을 계산하지 않더라도 헌법 혹은 헌초의 반포만 해도 10부로서 평균 4년에 한 부씩 새 헌법초안이 공포된 셈이다. 그 시기의 헌법이 아직 종잡을 수 없이 흔들렸고 가죽이 없으면 털이 붙어있지 못하듯 헌법해석학도 마찬가지로 그 운명을 벗어날 수 없었다. 헌법 본문이 빈번하게 바뀌게 된 원인은 여러 가지로 복잡다단했던 정국과 연속적으로 일어났던 전쟁과 동란의 시국 때문이었다. 상술한 헌법 본문 중 형식적인 면에서 엄격하게 따지면 진짜로 효력을 발생한 헌법(약법은 제외)은 1923년의 『조곤헌법』과 1946년 헌법뿐이다. 하지만 두 헌법이 실행된 시간은 합해 봐야 2년이 채 안되고 두 헌법이 효력을 발생했을 때에는 국가가 통일되지 않았다.[1200] 하용(夏勇)이 언급한 것처럼 "청말민초는 정치이상을 떠들었던 시기였고 정치이상 때문에 정치투쟁을

---

[1200] 주용곤(周永坤), 「중국헌법의 변천-역사와 미래(中國憲法的變遷-歷史與未來)」, 『쟝쑤사회과학』 3기, 2000.

벌이던 시기로 제도건설을 한 시기가 아니었고 착실하게 법치를 실행한 시기가 아니었다."[1201] 총포소리가 들리지 않는 법은 헌법해석학의 성숙과 발전이 필요로 하는 안정된 헌법질서도 존속되기 어렵게 했다. 이 시기의 헌법학자들은 자신들의 사상을 선양하는 방법을 헌법해석학의 기예를 통해서가 아니라 기성 헌법 본문에 대한 비판이나 장래 헌법 본문에 대한 건의로 실현하려 했다.[1202] 제헌 소식, 그리고 헌법 본문 혹은 초안의 반포와 마찬가지로 헌법 연구의 성과가 끊임없이 나타나게 하고, 고조에 이르도록 촉진한 중요한 요소 중 하나는 바로 민국이 헌법 본문을 둘러싸고 벌인 연구가 '입헌헌법학'의 풍경을 이루었기 때문이었다.

② 가치에 대한 공통된 인식의 결여

헌법 본문의 빈번한 변화는 민주헌정이 비록 민국에서 이미 여론적 조류를 형성하였지만 헌법질서를 세우는데 어떤 가치를 담아야 하고 반드시 어떤 건국방안을 마련해야 하는가에 대하여, 민국시기의 각종 정치역량 및 군중 사이에는 결코 공통된 인식이 없었다는 것을 설명한다. 각 파의 정치역량은 오르락내리락하는 변화 속에서 헌법이라는 '명기'를 서로 쟁탈하려 했는데, 그 목적은 자신의 통치에 '합법성'을 얻기 위해서였다. 이것은 비록 이전의 '이긴 자가 왕이 되고 진 자가 괴뢰가 된다'는 권력투쟁의 논리에 비하면 중대한 진보이기는 하지만 여전히 그 논리의 연속이었다. 이것은 또한 수많은 헌법 혹은 헌초의 내용에서 헌법을 파괴하는 '임시조항' 및 정부조직의 조항, 국민당 당치의 조항이 실시된 것 외에 무릇 진정으로 현대 헌정 원칙에 관련되는 조항은 실시되지 못했던 것의 원인이기도 하다. 호적(胡適)는 할 수 없이 "헌법을 제정하는 것은 법을 지키는 것과 같지 않다'면서

---

1201) 하용(夏勇), 「흔들리는 정치-청말민초시기 중국의 변법사상과 법치」, 『비교법연구』 2기, 2005.
1202) 민국시기의 법률학자들의 배역은 법률의 해석자라기보다 민국법률의 참여 제정자와 비판자라고 하는 것이 나을 것이다. 한수도(韓秀桃), 「민국시기 법률가 군체의 역사 영향」, 『유림학원학보』 2기, 2004.

정부가 앞장서서 법을 지켜 법률을 믿지 않는 인민들의 상태를 없애야 한다고 선도했다.[1203] 공통한 인식을 갖고 법을 지키며 법을 지키는 중에 공통된 인식을 쌓는 것은 제헌의 진정한 준비사업이다. 어느 학자는, 민국시기의 법률이 처한 환경에서 부딪친 가장 큰 위협은 정치와 학술에서 오는 반대(반대 세력은 모두 이미 극히 미미해졌기 때문이다)가 아니라 법률 자체가 사람들이 기꺼이 준수하려 하는 규범이 진정으로 되었는가의 여부에 있다고 생각했다.[1204] 그 배후의 원인을 따져보면 여전히 가치에 대한 공통된 인식이 쌓이지 못해 법률과 사회가 분리된 상태에 처해 있는 데 있다.

가치에 대한 공통된 인식의 결여는 입법 활동에서 체현될 뿐만 아니라 헌법학 연구에서도 체현된다. 그것은 또 헌법해석학이 깊게 발전하지 못하는 또 하나의 원인이 된다. 오경웅은 1934년에 어느 한 편의 글에서 1930년대 전후 법학이론의 시대정신은 "의심과 중심사상의 결여라고 말할 수 있다"[1205]고 지적하였다. 이는 1890년대부터 1940년대에 이르기까지의 헌법연구에 대해서도 적용된다.

③ 학술 누적의 결여

헌법해석학의 발전에는 비단 가치에 대한 민중의 공통된 인식으로 형성된 안정적인 헌법질서가 필요할 뿐만 아니라 헌법학자들이 헌법해석학의 원리와 기교에서 형성해 놓은 일정한 누적도 필요하다. 하지만 헌법학은 헌법과 마찬가지로 수입품이다 보니 그 누적의 시간이 길지 않고 심지어는 누적할 수 있는 환경이 안정되지 못했다.

저명한 학자 채추형(蔡樞衡)은 민국시기의 법학이 질이 낮고 양이 적은 하나의 중요한

---

1203) 호적(胡適), 「헌법을 제정하는 것은 법을 지키는 것도 못하다」, 『독립평론』 50호, 1933년 5월.
1204) 공경평(孔慶平), 「중국법리 자각에 관한 세 분 민국법학가의 탐구」, 『청화법학』 3기, 2007.
1205) 오경웅, 「현 법학의 몇 가지 관찰에 대하여(關于現今法學的幾個觀察)」, 『동방잡지』 31권 1호, 1934.

원인이 "학자들의 능력이 그다지 크지 못한 것에 있다"[1206]는 것을 혼신을 다해 찾아냈다. 이 관점도 민국 헌법해석학 발전 상황에 적용된다. 하지만 이것은 개체로서의 학자의 학술능력 문제라기보다는 전반적인 정체로서 학자들의 학술 전승과 학술 누적이 아직 능수능란한 단계에 이르지 못했기 때문이라고 하는 것이 나을 것이다.

(2) 비교헌법학의 체계화 발전

청말에서 민국에 이르는 시기에 헌법학의 발전 경력은 직관에서 이성으로, 분산에서 점진적으로 계통화로 조금씩 발전시키는 과정을 겪어왔고 특히 비교헌법학 방법의 운용 과정에 더 이 점이 체현되었다.[1207] 앞에서 서술한 것처럼 비교방법의 운용은 청말 헌법학에서 홀로 핀 꽃이라고 할 수 있는데, 지식적인 소개에서 규모를 갖춘 번역의 시기에 이르기까지 그렇지 않은 것이 없었다. 소개와 번역은 당시 헌법학의 지식 전파에 있어서 주요 경로였다. 중국학자들은 스스로 비교법의 문헌을 쓰기는 하였지만 전체적으로 볼 때 아직 미약했다. 민국시기에, (1) 여러 가지 방법의 운용으로 비교헌법학은 헌법학과의 체계에서 이미 유아독존적 존재가 아니었다. 하지만 방법의 운용 성과로 보면 그 주도적 지위는 여전히 존재했다. 기타 두 가지 방법의 운용과 비해 볼 때, 비교법의 운용은 상대적으로 보다 성숙되었다. 민국시기 헌법학을 섭렵한 학자들은 대부분 뛰어난 비교헌법학 지식배경을 가지고 있었고 어느 한 국가 혹은 어느 한 부류의 헌법 제도에 통달하였다. (2) 이 시기의 비교헌법 운용은 이미 청말의 단순한 소개와 번역의 방법을 벗어나 체계화한 비교헌법학 저술들이 규모가 있게 출현하기 시작했고, 그 체계는 성숙되고 안정되는 추세를 보였으며, 국가별과 전문테마별 두 가지 비교헌법의 격식을 형성하였다.

---

1206) 채추형(蔡樞衡), 「중국 법리자각의 발전」, 32~41, 98쪽.
1207) 사유안(謝維雁), 「중국 헌법학의 약간의 사고에 대하여」, 『중경삼협학원학보』 4기, 2004.

(3) 비교항목의 선택에서 시야가 보다 넓어졌다. 비교 대상 및 번역과 소개의 대상을 고름에 있어서 보다 심중했고 보다 자각적인 학리적 사고로 접근했으며, 보다 경전적이고 권위적인 저작들을 국내에 도입하였다. 채추형은 1947년에 중국법학의 총체는 여전히 한 폭의 '차식민지풍경도(次植民地風景圖)'[1208]라고 했지만 어느 학자는 다음과 같이 생각하였다. 비교방법의 운용에서 근현대적 중서법학의 관계는 복잡하고 상호간 끌어들인 것이다. 민국학자들은 자각적인 본토의식을 가지고 있었지 결코 "총체적으로 '서방의 것이 중국에 들어온 것'이 아니며 단순한 모방, '가져오기'식의 서학 이론만을 존경한 것은 아니었다."[1209] 민국 법률학자들이 말한 것처럼 모든 학습은 "세계 각국 법률사상의 추세와 보조를 맞추는" 중에 진행되었다. "모든 학술의 성질은 시대와 보조를 맞추는" 중에 전개되는 것이다.[1210] 민국학자들은 '중요법학이론'의 '선정(選定)'에서 청말에 비해 임의성과 분산성이 적어졌고 계통성과 저명성 및 서방 법학의 주류에 대한 파악 능력이 크게 진보되었다. 그 뿐만 아니라 유성의 고찰에 의하면 민국시기의 선정은 이미 다만 서방 법학 중에서 '선정'적인 하나의 간단한 연속, 그리고 타국의 대한 '선정과 모방'만 하는 상황이 아니라 본국의 전통과 현상에 비추어 자각적으로 학리를 탐구하고, 비교 대상, 소개 대상의 선택에서 '서방의 중요한 법학'의 '선정'에 대하여 변화하는 상황이 나타났는데, 이러한 법학이론이 통설의 지위를 점하느냐 아니냐와 훌륭한 정론이냐 아니냐를 고찰할 뿐만 아니라 중국에 부합되느냐와 중국헌정문제에 대한 학자 스스로의 견해를 표현 했느냐에 중점을 두었다.[1211]

비교헌법 방법의 운용이 민국시기에 체계화, 성숙화된 원인은 주로 다음과 같은 세 방면에 있다. 첫째, 민국시기 학술 환경이 상대적으로 느슨해졌고 비교헌법학이 성숙되고

---

1208) 채추형, 앞의 책, 60쪽.
1209) 유성(劉星), 「민국시기의 '법학권위'-한 지식사회의 미시적 분석
    (民國時期的'法學權威'-一介知識社會學的微觀分析)」, 『비교법연구』 1기, 2006.
1210) 정원보(丁元普), 「법학사조의 전망(法學思潮之展望)」, 『법궤』 1권 1기, 1934.
1211) 유성(劉星), 「민국시기의 '법학권위'-한 지식사회의 미시적 분석」, 앞의 책.

있던 1930년대와 40년대가 더구나 그러했으며 헌정문명과 전통문화 사이의 매듭이 철저하게 규명된 것은 아니더라도 전자가 수십 년 동안의 전파와 토론을 거치면서 후자의 방해 작용이 이미 청말처럼 그렇게 강하지 않았다. 둘째, 학술적 누적이 이미 일정한 정도에 이르렀다. 비교방법의 운용이 청말의 헌법학부터 시작하여 여러 해를 거치는 과정에서 장기적으로 구미와 일본의 헌법학 사상의 영향을 받았다.[1212] 갑오전쟁 이후, 특히 청말에 이른바 신정을 실행한 이후, 정법인(法政人)은 비로소 나날이 사회 각계의 관심을 받았고 유학생들의 전공 방향이 정법의 방향으로 바뀌면서 그 수가 점차 규모를 이루어 갔다. 민국 이후, 민주공화의 유행은 유학생들이 정법을 배우는 열정을 크게 격발시켰다.

민국 이후, 대부분 유학생들은 배움을 마치고 귀국하여 서방 유학에서 배운 경력으로 서방 법률지식의 전파자가 됨과 동시에 또 민국 각 시기의 주요 법률, 법규의 제정자가 되었다. 그들은 자신들의 법률지식으로 당시의 법률의 해석하였고 또 자신의 법률적 수양으로 당시 법률의 결함에 대하여 여러 가지 비평을 제시하였다. 그들의 학술 연구와 이론 성과는 근대 중국 법학교육의 활동을 풍부히 하였고 근대 중국 법학학과의 체계 구축을 완성하였다.[1213] 이 과정에 비교헌법학의 발전은 보다 두텁게 외국법에 대한 기초와 학술을 쌓아갔다. 셋째, 민국 법학간행물의 발달이다. "대략적인 통계에 의하면, 청말부터 1949년에 이르기까지 계속 창간된 정법잡지가 대략 150여종에 이른다. 그중 청말에 20종, 민초부터 1926년까지 20여종, 1927년부터 1949년까지 90여종이 창간되었다."[1214] 이러한

---

1212) 한대원, 「당대비교헌법학 기본문제에 탐구」, 『하남성 정법관리간부학원 학보』 4기, 2003.

1213) 한수도(韓秀挑), 「민국시기 법률가 군체의 역사영향」, 『유림학원학보』 2기, 2004.

1214) 정요원(程燎原), 「중국 근대 법정잡지의 홍성과 주요 취지(中國近代法政雜誌的興盛與宏旨)」, 『정법론단』 4기, 2006. 또 다른 통계 수치도 있다. 북경, 상해 등 지역의 도서관 자료 문헌에 대한 다방면의 수집과 통계에 의하면 청말에서 민국 기간에 이르기까지 출판된 법률전문잡지는 77종(일본에서 꾸린 잡지는 제외)이다. 그중 청광선(清光宣) 즈음에 3종, 민원(民元)부터 1923년 사이에 8종, 1927년부터 1937년 사이에 41종, 1938년부터 1945년 사이에 16종이 창간되었다. '남경 10년'은 근대 중국 법률간행물 역사에서 가장 번창했던 시기였다. 법률학문이 국민들의 깊은 연구 흥취를 불러일으켰고 보다 많은 지식의 투입을 이끌어 냈다. 왕젠(王健), 「근대중국의 법률간행물을 알아본다(說說近代中國的法律期刊)」, 『법률과학』 5기, 2003. 그 외 류신(劉馨)의 통계에 의하면 민국시기 고등학원에서 창간한 학술간행물에는 대체로 두 가지 유형이

정법유형의 간행물에서 정법종합류형을 제외하고도 헌정을 전문 과제로 하는 정법유형의 간행물들도 있었다. 이를테면 『헌법신문』, 『헌법공언(憲法公言)』, 『공민잡지』 (상해공민잡지사, 1916), 『사천주비성헌주간』 (사천성헌법회의주비처, 1923), 『민권』 (광저우민권사, 1923), 『인권』 (월간, 북경인권잡지사, 1925) 『법의월간(法醫月刊)』 (상해사법행정부 법의연구소, 1934), 『민헌반월간(民憲反月刊)』 (중경민헌반월간사, 1944), 『헌정』 (월간, 헌정출판복무유한회사, 1944), 『민권월간』 (청두민권월간사, 1948) 등이다.[1215]

간행물 출판의 발달은 헌법학 토론, 특히 타국의 헌법제도와 이론을 소개하고 비교하는데 충족한 바탕을 제공하였다. 그 외 민국 법학교육의 전개, 학술토론, 외국의 헌정경험을 인용하여 진행한 헌정시세에 대한 평론 등은 모두 학술적 누적을 보다 두텁게 함으로써 30년대와 40년대에 드디어 흥성의 시대를 맞을 수 있었다.

(3) 헌법사회학방법 운용의 소홀

민국시기의 헌법학은 비록 광의적인 사회과학의의상의 헌법학 방법의 운용 및 협의적인 사회학의의상의 헌법학 방법의 강조가 부족하지는 않았지만 후자의 운용은 경시되었다.[1216] 민국시기에 외국에서 대량으로 들여온 제도와 이론을 전통적 제도와 상호 접목할 수

---

있었는데 하나는 종합성간행물(대학학보에 대등함)로서 내용이 각 학과의 학술논문과 과학연구 성과를 싣는 것을 위주로 했고, 다른 하나는 전문성 학술간행물로서 거기에는 고등학교 각 학원과 학부, 일부 연구기관에서 만드는 간행물이 포함되는데 주로 모종의 학과 정모와 학술성과를 실었다. 법학 내용을 싣는 학술간행물로 말하면 정법전업학교 학보와 종합성 대학 법률학원, 연구기관에서 꾸리는 전문성 간행물 외에 각 대학의 학보 유형의 간행물 역시 법학연구논문 발표에 관심을 기울였다. 류신(劉馨), 「민국시기 고등학원 학술간행물의 출판과 법학 연구(民國時期高等學院校學術期刊的出版與法學研究)」, 『비교법연구』 3기, 2005.

1215) 정요원(程燎原), 「중국 근대 법정잡지의 흥성과 주요 취지」, 『정법론단』 4기, 2006.

1216) 헌법학에 대한 다른 학과가 일으킨 영향을 근거로 하여 헌법학 연구에서 채용한 방법을 분류하면 두 가지로 나눌 수 있다. 그것은 전통방법, 즉 법 교의학(敎義學) 의의상의 헌법학과 사회과학 의의상의 헌법학이다. 후자에는 구체적으로 (협의의) 사회학적 의의 상의 헌법학, 정치학적 의의 상의 헌법학, 경제학적 의의 상의 헌법학, 철학적 의의 상의 헌법학 등이 포함된다. 임래범(林來梵), 정뢰(鄭磊), 『헌법학방법론』, 중국인민대학 헌정과행정법치연구센터 편찬, 『헌정과 행정법치평론』 3권, 중국인민대학출판사, 2007, 142~147쪽.

있는가 없는가 하는 것은 당연히 헌법사회학이 중점을 둬야 할 중요한 과제였지만, 이 시기 헌법사회학방법의 운용은 어두웠다.

민국의 수많은 법학가들도 당시 법학연구에서 '법률은 법률대로, 사회는 사회대로'의 단절된 구조를 지적했었다. 이를테면 왕백기(王伯琦)는 "법률과 사회에 괴리가 생겼다"다며 지적하였고, 채추형은, "중국법과 중국법의 역사에 괴리가 생기는데"[1217] "중국 사회는 기본적으로 여전히 과거 중국의 시, 비, 선, 악의 표준을 행동의 표준으로 삼는데, 법률은 이미 서방의 시, 비, 선, 악의 표준을 표준으로 삼는다"[1218]고 하면서 다음과 같이 주장했다. 20세기 이래 중국의 법학학자는 심가본(沈家本)파와 반 심가본파로 대립되었다. 후자는 농업사회의 윤리도덕에 미련을 두면서 법률과 도덕의 합일론을 주장하는데 반해 전자는 서방의 법학이론을 늘 마음속에 간직하여 정성스럽게 지키면서 중국법학의 '차식민지풍경도'를 그렸다. 양자는 당시 중국 법률사상의 특징, 즉 "타인이 존재하면 내가 소실되고 역사가 존재하면 현실이 소실"되는 상황을 형성하였다.[1219] 이러한 판단은 당시의 헌법학 연구에도 적용되며 헌법사회학 방법의 결여와도 관련된다. 즉 당시의 사회현상 및 구체적 헌법제도의 운행 상황에 대하여 충분한 관심이 부족했던 것이다. 채추형이 판단한 바와 같이 모든 사회과학지식에 대한 파악이 부족했고, 다방면의에 대한 도리와 이치를 체계적이고 철저하게 이해하지 못한 것은 청말 이래 각 학파의 연구에 있어 공통적인 결함이었다.[1220]

민국시기에 법률과 사회, 헌정문명과 전통문화의 충돌은 비록 헌법학이 들어오기 시작하던 청말처럼 첨예하지 않았지만 여전히 보편적으로 존재했다. 하용(夏勇)은 다음과 같이 생각했다. "통쾌한 정치비판과 격렬한 사회투쟁의 배후에는 심각한 문화위기가

---

1217) 채추형(蔡樞衡), 「중국법리자각의 발전」, 29쪽.
1218) 공경평(孔慶平), 「중국법리 자각에 관한 세 분 민국법학가의 탐구」, 『청화법학』 3기, 2007.
1219) 채추형(蔡樞衡), 「중국법리자각의 발전」, 32~41, 98쪽.
1220) 채추형, 「중국법리자각의 발전」, 63쪽.

숨어있다." 즉, 구미중심주의와 중국 본토문화 사이의 충돌이 숨겨져 있다. 만약 이러한 문화위기를 해결하기 어렵다면 정치변혁은 책략적인 선택을 할 수밖에 없다. 이른바 국정론, 점진론은 책략으로 나타나게 되고 제도상의 중, 서 전통도 책략적인 색채를 띠게 된다. 그것은, "중국은 아직 당연히 있어야 할, 혹은 충분한 객관적 조건과 주관적 경험으로 전정한 본토주의의 법치사고와 제도건설에 종사하지 못하고 있기"[1221] 때문이다. 이러한 문제는 흔히 구도덕과 신법률 중에 어느 것이 옳고 어느 것이 그른가, 어느 것이 선한 것이고 어느 것이 악한 것인가의 논쟁, 중국에서의 사법법률의 정당성에 대하여 진위여부를 증명하는 쟁론으로 전환하거나 뒤섞여 버려서 법사회학이 이 영역에서 그 작용을 발휘하지 못하게 한다. 법사회학은 흔히 두 방면에서 중요한 작용을 발휘한다. 하나는 법질서가 형성되기 전에 관련 현상에 대하여 조사, 연구하고 해석과 설명을 함으로써 입법에 참고 자료를 제공하는 것이고, 다른 하나는 실정법의 운행과 실효에 대하여 고찰, 평판을 진행한다는 것이다. 전통에서 근대국가로 전환하는 과정에서 어떻게 전통과 들여온 헌법제도를 접목시켜 헌법제도로 하여금 당시의 사회 현황에 뿌리를 내리게 하는가는 헌법사회학방법이 발휘해야 할 중요한 작용이다.

19세기 말에 잉태된 서방 법사회학은 민국시기에 이미 중국에 들어왔고 법사회학의 성과도 이미 나타나기 시작했다.[1222] 하지만 헌법학 영역에는 이러한 성과가 기본적으로 없었다. 총체적으로 보면 헌법사회학 방법을 운용하여 헌법의 구체적 제도의 사회실효와 전통습속과의 연접, 헌법제도의 규범내용의 제련 등의 문제를 고찰하는 것이 민국시기의 헌법학 연구에서 결여되었다.

그럼에도 불구하고 헌법사회학 방법이 존재하기 전에 제시된 문제, 즉 생활 중의 헌법과 서책상의 헌법의 구별은 그래도 당시 적지 않은 학자들에게 인식되고 있었다. 이를테면

---

1221) 하용, 「흔들리는 정치(飄忽的法治)-청말민초시기 중국의 변법사상과 법치」, 『비교법연구』 2기, 2005.
1222) 탕유(湯唯), 『중국에서의 법사회학(法社會學在中國)-서방문화와 본토자원』, 과학출판사, 2007.

양조룡(楊兆龍)은 『헌정의 길』에서 다음과 같이 지적하였다. '헌정'(constitutional government)과 지면상의 헌법(constitutional law)은 구별된다. 전자는 '실제 정치 중에 작용을 발생하는 헌법'(constitutional law in action)으로서 '활헌법'(living constitutional law)이다. "'헌정운동'은 결코 이전의 좁은 의미로서의 '제헌운동'과 비교할 수 없는 것으로서 그것은 근대 각국 학자들이 제창하는 '활법운동'의 일종이고 일종의 '활헌법의 배양운동'이다. 헌법 실시의 중심 사업은 '제헌'이 아니라 '헌법생명소'의 배양이다."[1223] 또 어떤 학자는 민국시기가 바야흐로 과도시기에 처해 있는 실정에서 "법률의 동력학(legal dynamics)에 편중하고 법률의 정력학(legal staticcs)를 소홀히 한다"고 강조하면서 학자의 임무는 "연합하여 사회의 상황과 수요를 연구하는 것이며 사회의 상황과 수요가 연구되면 개정과 보완 방법을 생각해 내는 것은 어렵지 않다"고 생각하였다.[1224]

### (4) 방법 운용의 종합화 경향

사회학의의상의 헌법학방법의 운용이 부족하였지만, 서술상 민국의 법학자들은 사회법학 등의 어휘로 자신의 방법적 풍격을 표현하려고 했고 다원화 방법의 종합 운용을 강조하였다. 전통적 법률실증주의방법이 중국에 들어온 후, 민국학자들은 실증주의 방법을 운용하여 당시의 일부 법률현상을 분석하기 시작하였다. 이를테면 왕세걸(王世杰)는 "분석법학을 운용하여 법률규칙의 보편적 특징에 중점을 기울여 '법률의 형식정의'를 해석할 것"[1225]을 주장했고 연수당(燕樹棠)은 "법률과 정치, 도덕이 상호 분리된 관점을

1223) 양조룡(楊兆龍), 「헌정의 길」, 『중화법학잡지』 3권 5기, 1944.
1224) 오경웅, 「법률의 기본개념(法律的基本概念)」, 『개조』 4권 6기, 1922.
1225) 왕세걸(王世杰), 「법률과 명령(法律與命令)」, 오경웅, 화마오성(華懋生) 편찬: 『법학문선』 (1935년 편집), 중국정법대학출판사, 2003, 26~27쪽.

채용하여 '국가와 법률'의 문제를 연구할 것"[1226]을 제시하였다. 하지만 민국학자들은 이러한 분석 방법의 운용에 대하여 순수한 전통적 법률실증주의의 일원적 입장에 얽매이지 않고 다원적인 방법을 병용할 것을 주장하였다. 단목개(端木愷)는 이것을 일컬어 '신분석파 법학'이라고 했는데 그중 대표인물이 오경웅(吳經熊)이다. 단목개는 다음과 같이 보았다. 오경웅의 목적은 "법률의 실정만 따질 뿐 그것의 미악(美惡)을 따지지 않으며 그것은 당연히 어떤 것이어야 하는가는 더구나 따지지 않는 하나의 순수한 과학을 만들려는 것"이었다. 바로 이러한 노력이 "오스틴과 관련되었기에 그것이 주장하는 법학을 신분석파라고 명명한다." 하지만 또 다른 방면에서 중국 신분석파 법학은 영, 미의 전통적 분석법학파과는 달라서 "분석법학파는 결과적으로 분석파가 아니며 오스틴으로부터 직접 전수되어 내려온 계통이 아니다."[1227] 다른 점은 바로 '신분석파 법학'은 분석법학, 사회법학과 심리법학 각 학자들의 학설을 두루 취하여 상호 연계하여 운용한 데 있다. 서방법학 발전의 추세에 대해 오경웅은, "당전의 법학은 폐관자수(閉關自守)의 상태에서 문호개방 경지로 전환하는 것"이라고 판단했다. 그가 구상한 법학의 미래 상상도는 일종의 다원에 기초한 신형의 일원론으로서 "장래의 일원론 역시 현대의 다원론이 발견한 여러 가지 사실을 밑바탕으로 하여 각종의 새로운 것과 낡은 것을 흡수하고 조정할 수 있는 체계를 건설하는 것"이었다.[1228] 왕풍영(王風瀛)이 추앙한, 이상과 실제를 조화시킨 법사회학방법 역시 철학방법, 역사방법, 분석방법 등 각 파의 장점을 겸용한 것이 주요 특징이다.[1229]

---

1226) 연수당(燕樹棠), 「국가와 법률(國家與法律)」, 『사회과학계간』, 1930년.

1227) 오경웅(吳經熊), 「현 법학의 몇 가지 관찰에 대하여」, 『동방잡지』 31권 1호, 1934.

1228) 오경웅(吳經熊), 「현 법학의 몇 가지 관찰에 대하여」, 오경웅, 화마오성(華懋生) 편찬, 『법학문선』 (1935년 편집), 중국정법대학출판사, 2003, 109쪽.

1229) 왕풍영(王風瀛), 「법률 연구의 방법을 말하다」, 『법학계간』 1권 8기, 1924.

## (5) 헌법학방법론의 계통적 반성의 결여에 대하여

민국 학자들은 헌법학의 사고에 대하여 기본적으로 본체론에서 전개하였지 인식론의 범주에 속하는 헌법학방법론 문제에 대하여서는 전문적이고 계통적인 연구를 하지 않았다. 필자가 수집한 문헌의 범위 내[1230]에는 헌법학방법론을 전문 연구주체로 삼은 문헌이 없을 뿐만 아니라 기타 부문의 법방법론도 마찬가지로 없다.[1231] 하지만 법리학 혹은 법철학의 측면에서 보면 법학방법 혹은 법학연구방법에 대한 전문적 사고는 존재하였고 헌법학 방법론의 발생에 영향을 주었다. 『법률학방법론』,[1232] 『정부(正負) 법론, 변증법적 법률학방법론』[1233]은 법학방법론을 주제로 한 두 부의 전문저작이다. 이 두 저작은 '법률학방법론'이라는 술어를 채용하였는데, 그것은 일본학자들임 많이 채용한 '법률학적방법론'을 본받은 것이라고 할 수 있으며 중문으로 '법률학의의상의 방법론'에 해당한다고 이해할 수 있다.[1234] '법률학'으로 '법학'을 대체한 것은 의의상의 변천이 존재하지 않고 다만 실정법 질서에 대하여 보다 뚜렷하게 강조했을 뿐이다. 하지만 두 부의 저작은 비록 이 술어를 빌려 썼지만 구체적 서술에서 이 함의를 명확하게 체현하지

---

1230) 필자가 수집한 문헌은 주로 절강대학도서관 백만책 디지털도서고(http//:www.cadal.zju.edu.cn/lndex.action)와 중국인민대학 도서관 민국문헌고 중의 민국문헌이다. 『민국시기 총 서목. 법률』(1911-1949)라는 이 대형 서목은 주로 북경도서관(현 중국국가도서관), 상해도서관과 중경시도서관에서 수장한 중문도서를 수록하고 학과를 나누어 출판하였다. 『민국시기 헌정논문 편명 색인』, 하근화, 이수청 주필, 『민국법학논문정취(제2권. 헌정법률편)』을 참조. 『민국시기 기초법률 논문 편명 색인』, 하근화, 이수청 주필, 『민국법학논문정취(제1권. 기초법률편)』을 참조.

1231) 『현행법학방법론의 변천(行政法方法論之變遷)』([일] 鈴木義男 등 저, 천루더(陳汝德) 번역)이라는 책 한 권이 있기는 하지만 제목이 방법론일 뿐 내용은 여전히 행정법지식체계를 둘러싸고 전개되었다.

1232) 이조음(李祖蔭), 『법률학방법론』 참조, 국립 호남대학 법학학회 출판. 이 책은 1944년에 탈고하여 출판되었는데 구체적 출판 일자는 분명하지 않다.

1233) 고승원(高承元), 『정부법론: 변증법적 법률학방법론(正負法論:辨證法的法律學方法論)』, 광저우고승원변호사사무소, 1948.

1234) 일본학자들이 이 술어를 연용한 상황에 대하여서는 아래와 같은 책을 참조할 수 있다. 田中成明, 『법리학강의』, 유비각, 1994, 22쪽 이하; [일본] 平野仁彦, 龜本洋, 服部高宏, 『법철학』, 유비각, 2002, 189쪽 이하.

않았으며,[1235] 내용도 주로 여러 종류의 법학방법에 대한 평가와 관련된 엄격한 의의상의 학술연구의 성과가 아니다.

이 두 부의 전문 저작 중에서 앞의 한 부의 작자는 이조음(李祖蔭)[1236]이다. 그는 민법학 연구와 교학에 뛰어났다. 책에서 소개한 각종 방법의 예증은 주로 민법에서 인용했다. 이 소책자는 작자가 1936년에 천진법상학원(天津法商學院)에서 발표한 학술강연 '민법을 연구하는 방법 - 종합의 방법'을 기초로 하여 줄이고 보태여 책으로 만든 것이다.[1237] 책에서는 주석연구법, 역사연구법, 비교연구법, 사회학연구법, 철학연구법 등 다섯 가지 구체적 방법을 소개하면서 자신이 주장한, 다섯 가지를 동시에 채용하여 하나로 만든 종합연구방법을 내놓으면서 "중외 법률학의 추세는 '종합방법'을 버리는 외에 다른 방법이 없다"[1238]고 생각하였다. 그 종합방법의 체계에서 다섯 유형의 방법에 대하여 중요한 절차에 따라 구분하지 않았고 주석연구법은 비록 처음에 서술하였지만, 이 방법이 없어서는 안 되는 이유에 대해서는 겨우 "법전의 어휘는 왕왕 분명하게 밝혀지지 않아 '대추를 통째로 삼키듯' 지나가서 더 깊이 해석하면서 깊이 연구하지 않으면 아마 쉬운 일이 아닐 것"이라고 표현했을 뿐,[1239] 실정법 질서의 안정성을 수호하는 의의에서 이해하지 않았다. 그렇기 때문에 작자는, "주석방법의 시조가 중국을 추진한" 해석방법은 한왕조 때, 이미 성행했는데 『당률소의(唐律疏議)』, 『대청률집해(大淸律集解)』, 역대의 『13경주소(十三經注疏)』는

---

1235) 임래범, 정뢰, 「법률학방법론변설」, 『법학』 2기, 2004.

1236) 이조음(李祖蔭)(1899-1963), 법학가 자는 미서우(麋壽), 치양현(祁陽縣) 문명(文明) 사람. 1927년에 베이핑 조양대학 법률학부를 졸업한 후 일본 메이지대학에서 법률을 전공했다. 1930년에 귀국한 후 연경대학 강사를 담임함과 동시에 북경대학 강사도 겸임했다. 1937년 북경대학 법률학과 를 담임했고 베이핑이 함락된 후 호남대학 법률학과 로 초빙되었다. 1943년에 호남대학 훈도(訓導)장을 맡은 후 얼마 되지 않아 이 대학 법학원 원장을 담임했다. 1949년 초에 호남성 교육청 청장을 담임하고 임기 내에 창사의 교육 사업을 보호하고 호남의 평화해방을 촉진하는데 큰 기여를 했다. 중화인민공화국이 성립된 후 중앙법제위원회 위원을 담임하고 민사법규위원회 주임을 겸임했으며 북경대학 를 겸임했다. 주요 저작들로는 『비교민법총칙강요』, 『비교민법총칙편』, 『중화민법총칙평론』, 『민법개요』, 『법률학방법론』 등이 있다.

1237) 이조음(李祖蔭), 『법률학방법론』, 4쪽.

1238) 이조음(李祖蔭), 『법률학방법론』, 31쪽.

1239) 이조음(李祖蔭), 『법률학방법론』, 10쪽.

모두 이 방법을 운용하였다고 주장했다.[1240] 여기에서 볼 수 있듯이 이 책은 제목을 비록 '법률학' 방법론이라고 달았지만, 보다 많은 내용이 단지 구체적 방법의 설명에 치우쳤지 방법 배후의 가치입장, 철학입장에 대하여 논하지는 않았다. 그래도 강연고에 기초한 이 소책자는 확실히 '법률학방법론'의 범주를 명확히 지적했고, 방법론 문제를 법학영역 내에서 하나의 전문적 문제로 삼아 의식적인 탐구를 했다. 작자는 비록 민법이 주업이었지만 책에서는 일부 헌법의 예도 다루었다.

고승원(高承元)은 국민시기의 저명한 학자로서 중산대학 법학원에 몸을 담고 광저우 외교부에서 겸직했다.[1241] 그가 쓴 저작 『정부(正負) 법론, 변증법적 법률학방법론』의 종지는 '변증법적 법리학'을 창조하여 자연법학, 현실법학 등의 학파에 대하여 소개하고 비판한 기초 위에서 변증법적 방법과 모순론적 논술을 전개함으로써, '정부(正負) 법론'으로 모순적 정률의 법학에서의 응용에 대하여 논술하려는 것이었다. 그중 '정부'는 모순의 두 방면을 가리키는데, 작자는 현행의 여러 가지 모순적 법률관계를 변증법에 두고 연구할 것을 주장했고 호동률(互動律)의 적용과 모순합일론(矛盾合一論)의 적용을 포함하여 노공법(勞公法), 민법, 행정법, 형법, 헌법, 국제법 등의 경우를 구체적으로 논술했다. 작자는 다음과 같이 생각했다. "연구방법상의 차이(差異)로 인해 법률의 본질에 대한 인식상의 차이가 발생"하는데 여러 유형의 법학학파의 관점은 이것에 근거하여 자연법론, 현실법론, 모순법론 세 가지 유형으로 나뉜다. 그중 모순법론은 변증법파에 대응되고, 현실법론에는 구체적으로 분석법론, 역사법론, 사회법론, 이성법파(理性法派), 논리법파 등이 포함된다. 이 책은 원래 작자가 1931년에 청두 대학에서 강의할 때 썼던 강의의 제2편이었는데, 1932년에 「법률학의 근본 개조(法律學之根本改造)」라는 제목으로

---

1240) 이조음, 『법률학방법론』, 9쪽.
1241) 고승원(高承元)은 1948년에 순수법학방법으로 쓴 대학 강의 『법학서론』을 출판하였다. 이는 민국시기 유일한, 순수 법학연구의 본토 전문저작이다. 이강(李剛), 「중국근대법정잡지와 분석법학 연구(中國近代法政雜誌與分析法學研究)」, 『정법논단』 6기, 2007.

『독서잡지』에 발표한 적이 있다. 1937년에 수정을 거쳐 '경선(景善)'이라는 필명으로 현재 제목의 책을 출판하였고, 항전승리 후 다시 수정을 하였다.

상술한 두 부의 전문 저작 외에 연구방법에 전문적으로 관심을 기울였거나 혹은 방법문제와 관련된 글들도 적지 않다. 이를테면 왕풍영의 『법률연구의 방법을 말하다』[1242], 완더이의 『법률을 어떻게 연구할 것인가?』[1243], 장연약의 『법률과학을 어떻게 연구할 것인가?』[1244], 심경해의 『법학방법론』[1245], 주현정의 『법률해석론』[1246], 오경웅의 『현 법학의 몇 가지 관찰에 대하여』, 라정(羅鼎)의 『법률해석상의 영국, 미국의 법원(法源)』[1247], 호공선(胡恭先)의 『법과 도덕 분화의 유래 및 그 추세』[1248], 손효루(孫曉樓)의 『현재와 과거 법률의 도덕관』[1249], 중환신(鐘煥新)의 『법률과 도덕』[1250], 완의성(阮毅成)의 『법률과 사실』[1251] 등이다.

『법률연구의 방법을 말하다』에서 왕풍영은 다음과 같이 생각하였다. 18세기의 철학 방법은 순전히 이상에 치우쳤고 19세기의 역사방법 및 분석방법의 출현은 한 방면으로는 "실제에 중점을두고 빈말을 싫어하며", "현실의 법률에서 공동의 진리를 찾음으로써 공상을 품고 함부로 결론을 내리는 철학방법의 폐단을 한꺼번에 바로 잡으려" 하면서도, 다른 한 방면으로는 "이미 발달된 법률제도로서 그것의 시초를 연구하고 재차 분석하면, 비록 이해에 도움이 되기는 하지만 법률의 발전을 촉진시키지 못하므로, 제자리걸음을 하고 옛

1242) 왕풍영(王風瀛), 「법률연구의 방법을 말하다(說研究法律之方法)」, 『법학계간』 1권 8기.
1243) 만덕의(萬德懿)의 「법률을 어떻게 연구할 것인가?(怎樣研究法律)」, 『청년』 1권 23기, 1935.
1244) 장연약(張淵若)의 「법률과학을 어떻게 연구할 것인가?(怎樣研究法律科學)」, 『문화건설』 1권 8기, 1935.
1245) 심경해(沈慶俟)의 「법학방법론」, 『법학계간』 제1권 제6기.
1246) 주현정(朱顯禎)의 「법률해석론」, 『사회과학론총월간』 2권 8, 9기, 1930.
1247) 라정(羅鼎)의 「법률해석상의 영국, 미국의 법원(法律解析上之英美法源)」, 『법학평론』 10~17, 19~20기, 1923.
1248) 호공선(胡恭先)의 「법과 도덕 분화의 유래 및 그 추세(法與道德分化之由來及其趨勢)」, 『안휘대학월간』 권 4기, 1933년 5월.
1249) 손효루(孫曉樓)의 「현재와 과거 법률의 도덕관(今昔法律的道德觀)」, 『법학잡지』 6권 2기, 1931.
1250) 중환신(鐘煥新)의 「법률과 도덕」, 『법학론총』 2기, 1936.
1251) 완의성(阮毅成)의 「법률과 사실」, 『시대공론』 3권 44~45기, 1935.

습관을 답습하게 되어 법률의 진보를 기대할 수 없기 때문에" 그는 각 파의 방법의 장점을 겸용하여 이상과 실제를 조화시킨 법사회학방법을 추앙하였다.[1252]

　　오경웅(吳經熊)은 『현 법학의 몇 가지 관찰에 대하여』에서 다음과 같이 명확하게 지적하였다. '법률적방법론을 건설하는 것'은 '신법학을 건설'함에 있어서 반드시 필요한 두 가지 보조 사업 중 하나이다. 법률적 방법은 판정의 방법으로서 자연과학의 방법과 다르다. 후자는 직접 법률재판에 사용하지는 못한다. 반드시 전심전력으로 법률적인 방법을 연구하고 개량하는 것은 법률의 임무이다. 오경웅은 이러한 법률적 방법을 "각종 새로운 분자와 낡은 분자를 흡수하고 조화할 수 있는 하나의 체계"라고 보았다.[1253]

　　법학방법론을 전문적으로 다룬 저술이 풍부하지는 못하지만, 민국 법학자들은 이미 서방법학의 발전을 촉진시키고 서방법학 유파를 식별해 내는데 있어서 방법의 중요한 작용을 인식[1254]하였기 때문에 서방의 여러 법학유파의 관점, 방법을 번역, 소개하거나 의식적으로 정리하고 연승(延承)한 저술은 적지 않았다. 중국정법대학출판사가 기획한 '중국근대법학역총'이 내놓은 28부의 역저(2008년 4월까지) 중에서 법률사상사상의 학파와 학자의 방법적 경향에 관련되는 역저는 4부인데, 미국 법사회학가 로스코 파운드(Roscoe Pound)의 『로스코파운드의 법학문술(龐德法學文述)』(레이빈난, 장원보 번역), 독일 루돌프 슈탐러(Rudolf Stammler)의 『현대법학의 근본 추세(現代法學之根本趨勢)』(장계저 번역), 일본 마키노 에이이치(牧野英一)의 『법류상의 진화와 진보(法律上之進化與進步)』(주광원 번역), 일본 스즈키 요시오(鈴木義男) 등이 쓴 『행정법학방법론의 변천(行政學方法論之變遷)』(천루더 등 번역)이다. 관련되는 글에는 유화(維華)가 1931년에 발표한 『법리학과 근대법률 변천의 추세』[1255],

1252　) 왕풍영(王風瀛), 「법률연구의 방법을 말하다」, 『법학계간』 1권 8기.
1253) 오경웅(吳經熊), 「현 법학의 몇 개 관찰에 대하여」, 『동방잡지』 31권 1호, 1934.
1254) 이강(李剛), 「중국 근대 법정잡지와 분석법학 연구」, 『정법논단』 6기, 2007.
1255) 유화(維華), 「법리학과 근대법률 변천의 추세(法理學與近代法律變遷之趨勢)」, 『법률평론』 10기, 1931.

매여오(梅汝璈)가 1932년에 발표한 『현대법학의 추세』[1256], 정원보(丁元普)가 1934년에 발표한 『법학사조의 전망』[1257], 구구한평(丘漢平)이 1925년에 발표한 『현대법률철학의 3대 파벌』[1258], 소방승(蕭邦承)이 1934년에 발표한 『사회법률학파의 형성 및 그 발전』[1259], 설사광(薛祀光)이 1928년에 발표한 『G. radruch의 상대주의법률철학』[1260], 주현정(朱顯禎)이 1929년에 발표한 『독일 역사법학파의 학설 및 그 비평』[1261] 완의성(阮毅成)이 1930년에 발표한 『HansKelsen정법학설개요』[1262], 장연약(張淵若)가 1929년에 발표한 『레옹뒤귀의 사법혁신론』[1263], 유하령(劉遐齡)이 번역한 『19세기 프랑스혁명 후 법학사조』[1264](알렉산더 알바레즈 저) 등이 있다.

　　법학방법론에 관하여 상술한 계통적인 전문저작 및 각 유형의 법학사조를 소개한 대량의 저술 외에 청말 이래 법학방법의 운용상황을 반성한 사람들도 있는데 채추형이 대표적이다. 채추형은 다음과 같이 생각하였다. 사람들은 연구와 사고에서 늘 의식적 혹은 무의식적으로 방법을 사용하고 일정한 사유법칙에 따른다. 방법론이 없다고 하여 사유법칙을 어기는 것은 아니나 사유법칙을 어길 가능성이 있다. 방법론의 자각적 사고는 사유법칙을 어길 가능성을 줄이는 데 도움이 된다. 채추형은 청말 이래 법학연구의 상황을 고찰하면서 한편으로는 의식적인 면이 결여된 방법론 방법의 운용도 여전히 법칙에 부합되는 일면이 존재한다고 주장하였다.

---

1256) 매여오(梅汝璈), 「현대법학의 추세」, 『법률평론』 435, 436기, 1932.

1257) 정원보(丁元普), 「법학사조의 전망」, 『법궤』 1권 2기, 1934.

1258) 구한평, 「현대법률철학의 3대 파벌(現代法律哲學之三代派別)」, 『법학계간』 2권 8기, 1925.

1259) 소방청, 「사회법률학파의 형성 및 그 발전(社會法律學派之形成及其發展)」, 『법궤』 2권 1기, 1934.

1260) 쉐스광, 「G. radruch의 상대주의법률철학」, 『사회과학론총』 1권 1호, 1928.

1261) 주현정, 「독일 역사법학파의 학설 및 그 비평(德國歷史法學之學說及其批評)」, 『사회과학총론』 1권 10기, 1929.

1262) 완의성, 「HansKelsen정법학설개요」, 『국립중앙대학법학원계간』 1권 3기, 1930.

1263) 장연약(張淵若), 「레옹뒤귀의 사법혁신론(狄驥氏的私法革新論)」, 『동방잡지』 1권 3기, 1929.

1264) Alexander Alvarez, 「19세기 프랑스혁명 후 법학사조(19世紀法國革命后之法學思潮)」, 령(劉遐齡) 번역, 『중화법학잡지』 6권 3기, 1947.

"본래 인류의 두뇌 자체에는 법칙적합성(法則適合性)이 내포되어 있다. 이 법칙적합성도 경험의 결과라고 할 수 있다. 사유가 상당히 발달된 사람은 설령 방법론을 배운 적이 없더라도 사유의 노선에 많게 혹은 적게 적합법칙이 존재한다. 반심파(反沈派)에게는 의식적 방법론이 없다. 하지만 반심파는 법률과 사회의 부적합, 법률과 역사의 불연결 이 두 개의 문제를 심파를 반대하는 이유로 삼을 수 있다. 마찬가지로 심파도 방법론을 의식적으로 파악하지 못했다. 하지만 심파는 입법정책을 방패로 삼았다. 이것은 모든 인류 두뇌의 합법칙 가능성을 증명하는 아주 좋은 증거가 된다."[1265]

또 다른 한 면으로 채추형은 의식적인 면이 결여된 방법론 방법의 운용이 반 법칙적인 일면이 있음도 지적하였다.

"채추형은 방법론의 기능은 의식적으로 반 법칙을 해소하는 일면에 있다고 보았다."
방법론은 본래 정리된 사유법칙이고 사유를 지도하는 기술일 뿐이다. 이미 정리된 사유법칙이기에 그것을 파악하기만 하면 사유의 착오를 피하거나 발견할 수 있다. 또 사유를 지도하는 기술이기에 그것을 의식적으로 파악하면 사유의 낭비를 하지 않을 수 있고 사유의 깊이에 도움이 될 수 있다.[1266]

이와 동시에 채추형은 방법론에 존재하는 어려운 점도 지적하였다.

"하지만 방법론상의 이른바 질과 양, 본질과 현상, 형식과 내용, 근거와 조건,

---

1265) 채추형(蔡樞衡), 『중국 법리자각의 발전』, 63쪽.
1266) 채추형, 위의 책, 64쪽.

목적과 인과(因果), 작용과 반작용, 가능성과 현실성, 필연성과 우연성 등 일련의 범주의 추상적 파악은 결코 곤란한 일이 아니다. 곤란한 것은 모든 사회현상은 모두 이 몇 가지 범주의 상호 교차이고 상호 인과 관계라는 것이다. 응용할 때 특정 범위의 내용 성질과 상호 작용의 질과 량의 확정에서 반드시 정확한 세계관이 있어야 할 뿐만 아니라, 또 사회과학 각 부문에 대한 상당히 광범위하면서도 깊은 이해가 있어야 한다. … 그렇기 때문에 방법론의 정확하고 타당한 운용은 결코 쉬운 일이 아니다."[1267]

법학방법론의 자각적인 사유와 더불어 채추형은 청말 이래의 심파와 반심파에 대하여 비판하면서 새로운 세계관, 법률관과 방법론을 다듬어 냈으며, 그 기초 위에서 제3입장의 가장 일반적인 기본관념을 형성하였다. 첫 번째는 반드시 자아적이어야 한다, 두 번째는 반드시 각성적이어야 한다, 세 번째는 반드시 체계적이어야 한다.[1268] … 체계적인 창조이기에 창조자는 의식적으로 방법론을 파악하여야 한다.[1269]

그는 제3 입장에서의 법법론의 작용에 대하여 짙게 강조하였다.

"방법론이 없는 것은 심파와 반심파의 공통된 결함이다. 방법론의 의식적인 파악과 정확하고 타당한 운용은 당연히 제3단계 혹은 제3입장의 특징이 되어야 하는 것이고, 역시 체계 구성에서 없어서는 안 되는 조건이다.

만약 제3입장에 방법론과 방법론의 정확한 운용이 없다면 틀림없이 심파와 반심파와 마찬가지로 길은 다르지만 결과는 같아서 평범해지고 기껏해야 여기저기서 베껴낸 해석론과 상식론이 발생할 가능성이 있다. 바꾸어

---

1267) 채추형(蔡樞衡), 『중국 법리자각의 발전』, 64쪽.
1268) 채추형, 위의 책, 60쪽.
1269) 채추형, 위의 책, 63쪽.

말하면 방법론 및 그 정확한 운용이 없다면 진정으로 역사적 의의가 있는
제3입장이라고 할 수 없다…"[1270]

상술한 논술은 전반 법학의 연구 상황을 두고 한 것이지만 헌법학방법론의 상황으로
말하면 더욱 그러하다. 헌법학 영역 내지는 법학영역에서 방법론의 연구에 관계되는
저술이 적은 것과 대비될 만큼, 관련학과 중에서 사상방법론, 과학방법론, 경제학방법론과
사회학방법론 등 방법론에 관계되는 연구문헌은 아주 풍부한데 이러한 문헌들에서 번역이
상당한 비율을 차지하고 있다.[1271] 헌법학 영역에 방법론에 대한 자각과 반성이 결여된 것
역시 헌법학연구에서 정치윤리적 색채가 지나치게 짙거나 헌법사회학방법을 소홀히 하는
등의 문제를 초래하게 된 원인 중 하나이기도 했다.

---

1270) 채추형, 위의 책, 64쪽.
1271) 사상방법론 방면의 문헌에는 애사기(艾思奇), 『사상방법론』, 생활서점, 1936(1939년 제4판);
왕광한(王光漢), 『사상방법론』, 중화서국, 1942; [미국] John Dewey, 『사상방법론』, 상해세계서국,
1935; [프랑스] Ren Descartes, 『방법론』, 상해, 상무인서관, 1934, 『Ren Descartes방법론』, 상해,
상무인서관, 1935 등이 있다. 과학방법론 방면의 문헌에는, 호명복, 『과학방법』, 상해, 상무인서관,
1916년 판, 왕성궁(王星拱), 『과학방법론(과학개론 제1권)』, 북경대학출판부 1920; 왕양인 편찬, 『과학적
성격진단방법론』, 상해사무인서관, 1935; 유급신(劉及辰), 『과학적 경제학방법론』, 북평, 시대문화사, 1938;
왕경희(汪敬熙), 『과학방법만담』, 상해, 상무인서관, 1938; 신자천(申自天), 『과학방법론』, 공상학원, 1939;
석조당(石兆棠)편찬, 『과학적 방법론』, 중화서점 1949년; F.W.Westaway, 『과학방법론』, 서만위(徐曼韋)
번역, 상해, 상무인서관, 1935; [영국]A.N.Whitehead, 『과학과 근대세계』, 상해, 상무인서관; [프랑스]
Poincare(1854-1912) 『과학과 방법』, 상해, 상무인서관; [일본] 盧坂潤, 『과학방법론』, 신간서점 1935년
판; Sulivan, J.W.N, 『과학적 정신』, 상해, 상무인서관 등이 있다. 사회과학병법 방면에는, 진표은(陳豹隱),
『사회과학 연구방법론』, 호망서점, 1932; 사회과학회 편찬, 『사회과학강의』 (제1집), 상해서점
인쇄 발행; 심지원, 『사회과학기초강좌』, 홍콩지원서국, 1947; [독일] Webb, sid-ney, Wedd, Beatrice,
『사회연구법』, 상해, 상무인서관, 1932; [프랑스] Durkhein, E., 『사회학방법론』, 상해, 상무인서관, 1929
등이 있다. 경제학방법 방면에는 유결오(劉絜敖), 『경제학방법론』, 상해, 상무인서관, 1937; [영국] 凱尼斯,
『경제학방법론』, 가백년(柯柏年) 번역, 남강서국, 1929; [러시아] 寬恩, 『신경제학방법론』, 상해남국서점;
[소련] 阿貝支加烏斯, 杜科爾, 『정치경제학방법론』, 상해일반서점, 1937; Wolowski, L., Roscher,
『경제학역사방법론』, 상해, 상무인서관, 1934; 拉皮多士, 『정치경학방법론』, 사회과학연구사, 1949 재판
등이 있다.

## (6) 헌정도구주의(憲政工具主義) 추세

민국시기의 헌정제도건설과 헌법연구는 여전히 민족주의가 극에 다다른 초조함의
출현을 동반하였고, 빈번하게 폭발하는 민족의 생존위기를 끊임없이 처리하는 과정에 점차
자신과 이전의 제국형태를 서로 구별하는 합법성을 건립하였다.[1272] 비록 헌법학의 발전과
더불어 개체의 권리와 자유의 보장이라는 이 헌법의 핵심정신이 청말에 비해 보다 정확하게
인식되었지만, '치용(致用)'과 '구시(求是)'[1273]는 헌법학 연구의 두 가지 취지로서 전자는
상당히 중요한 분량을 차지하였다. 청말의 헌정도구주의 색채는, 헌법을 내우외환에서
벗어나는 도구로 삼는 것으로 체현되었다면, 그와는 달리 민국시기의 헌법은 우선 정권
합법성의 명분이 있는 도구와 국가의 부강을 추구하는 도구라는 이 두 가지 유형의 도구에
의해 사용되었다. 이러한 정치 역량은 모두 헌법, 헌정의 기치를 내걸고 서로 정치무대에
오르려고 서로 다투었고 헌법, 헌정은 정권 합법성 근원으로서 매우 크게 강조되었다.
이 역시 헌법학의 연구대상과 연구시각, 특히 민주, 공화, 헌정 등 거시적 측면 및 그와
관련되는 국가 기구에 영향을 주어, 기본 권리의 이론과 사건에 대한 중시와 비례를
이루지 못했으며, 논술의 풍격은 농후한 정치, 철학적 색채를 띠였다. 민국시기 발전한
법학간행물들은, 당시 시국과 나라를 구하고 천하를 바로잡는 것을 중심으로 하지 않은
것이 없었다. 여러 간행물들은 잇달아 발간사에서, "중국은 '국난의 결정적 시기'에 처해
있는데[1274] '법정의 학문'은 바로 '구국의 학문'"[1275]이라고 창간 동기를 밝혔다. 헌법학연구에

---

1272) 양념군(楊念群), 「왜 '정치사' 연구를 다시 제시하는가?(爲什麻要重提'政治史'研究」, 『역사연구』 4기, 2004.
1273) 정요원(程燎原)의 개괄에 의하면 근대 법학잡지의 종지는 두 가지를 벗어나지 못했다. (1) 중국
    법치(현대정법체계)의 건설을 추구하기 위한 것, (2) 중국법학(현대접법의 학문)의 번창을 도모하기
    위한 것이었다. 전자는 '치용(致用)'이고 후자는 '구시(求是)'이다. '치용'은 반드시 '구시'를 기석으로 해야
    하고 '구시'는 또 '치용'을 목표로 해애 한다. 정요원(程燎原), 「중국 근대 법정잡지의 홍성과 취지」,
    『정법논단』 4기, 2006.
1274) 중화민국변호사협회 상무위원회, 「발간사」, 『법학총간』 1기, 1930.
1275) 서공면(徐公勉), 「정법학교통사잡지 발간사(政法學交通社雜誌發刊詞)」, 『정법학교통사잡지』 1기, 1907.

종사한 학자 대부분이 순수한 학자가 아니라 학계와 정계를 넘나드는 사람이었다.

농후한 도구주의는 외국에서 들어온 헌정가치를 도구화하는 경향을 불러왔고 그것을 낭만화하는 경향도 출현하였다. 이른바 도구화 경향이란 바로 도구 이성(工具理性)의 지배하에 헌정을 민족 부흥, 국가 부강의 준칙으로 떠받들었다. 하지만 이 인과논리에서 도구로서의 헌정은 교체가능성을 가지고 있었다. 그렇기 때문에 한 가지 가치를 실현하기 위한 필요에 헌정이라는 이 도구는 희생할 수 있는 것이고 대체될 수 있는 것이다. 공구를 맹신하는 낭만주의는 이와 대응되는 또 다른 극단적인 경향으로서 제도결정론(制度決定論)은 낭만주의의 전형적인 표현이다. 헌정제도를 도입하고 고찰하는 과정에서 제도의 기능을 추상적으로 중요시하고 기능과 그 기능을 실현하는 여러 가지 조건적 관련을 소홀히 하는 것[1276] 역시 앞에서 서술한 법률과 사회의 괴리이다. 이런 의의에서 말하면 헌법사회학적 시야의 결여는 헌정의 도구주의적 취향하의 낭만주의와 서로 우연히 일치하는 점이 있다.

1276) 소공진(蕭功秦), 「정치낭만주의와의 고별(與政治浪漫主義告別)」, 호북교육출판사, 2001, 313쪽.

제4절

헌법학방법의 운용 상황(1)


1949년의 중화인민공화국의 성립과 더불어 새로운 헌법질서가 건립되면서 민국의 낡은 법통, 낡은 헌법질서는 철저하게 버려졌고 청말, 민국에서 그때까지 어어 온 헌법학의 누적도 동시에 버려졌다. 중화인민공화국의 헌법학은 새로운 기점에서 청말, 민국의 발전도로를 시작하여 혁명까지와는 다르게 시작되었는데 이미 60여년이 되었다. 정치적 운명의 굴곡적인 발전과 동반하면서 60여년의 헌법학 발전도 헌법학발전의 초창기(1949~1957), 헌법학발전의 굴곡적발전기(1957~1965), 헌법학발전의 정지기(1966~1976), 헌법학의 회복과 번영기(1978~현재) 등 네 단계로 나눌 수 있다.[1277] 헌법학방법의 운용 상황 방면에서 고찰하면 앞의 세 개 단계에서 1982년 헌법이 반포되기 전까지의 상황은 비교적 많은 유사성을 가지고 있다. 총체적으로 말하면 헌법학방법은 전 30여년과 근 30여년의 운용 상황에서 비교적 큰 차이를 보였다. 하지만 양자는 연속성을 가진 변화과정에 처해 있기 때문에 한 사건을 명확한 분계점으로 삼기 어렵다. 1978년에서 80년대에 이르면서 헌법학방법론은 한 단계에서 뒤의 한 단계로 점차 변화하는 과정에 처해있었다.[1278] 그중 1982년 헌법의 반포는 그 부분을 나타내는 제일 적합한 사건이라고 볼 수 있다. 중화인민공화국이 성립되면서부터 현행 헌법이 반포되기까지 헌법학방법의 운용은 사실상 인민민주독재를 위해 봉사하고 계급투쟁을 위해 봉사했는데, 계급분석의

---

1277) 한대원, 「21세기에 직면한 중국헌법학(面向21世紀的中國憲法學)」, 『법학가』 5기, 1999; 한대원, 「중국헌법학 상의 기본 권리체계」, 『강한대학학보(사회과학판)』 1기, 2008.
1278) 독재헌법학이 해설성 헌법학으로부터 해석성 헌법학으로 변화하는 과정과 해설성 헌법학의 전반 발전 과정은 모두 이 과도 단계에 처해있었다.

방법은 그 주도성 방법이었다. 우리는 기본적으로 '독재헌법학' 혹은 '정치헌법학'으로 그 시기의 헌법학지식 체계와 방법론의 운용 상황을 개괄할 수 있다.

## 1. 독재헌법학 방법의 운용 상황

학술연구의 지도사상으로서의 마르크스주의는 중화인민공화국 성립 후 전 30여년의 헌법학연구에서 자각적이고 철저하고 전면적인 관철을 이루었다. 이것은 비단 헌법학 연구의 일부 특색적인 방법에 체현되었을 뿐만 아니라 그 연구 대상의 편중에서도 체현되었다. 마르크스주의 지도사상에 근거하여 법학연구가 확립한 세 가지 기본 방법, 즉 계급분석의 방법, 경제분석의 방법, 역사분석의 방법은 모두 헌법학연구에서 일정 정도로 체현되었다. 그중 계급분석의 방법은 우선적으로 광범하게 운용된 방법이며 이 단계의 헌법학연구에서 가장 특색을 띤 한 가지 방법이기도 하다. 이러한 기본 방법 외에 비교헌법학도 일정한 정도 운용되었는데 민국시기에 비해 이 방법의 운용은 비교적 크게 위축되었지만 소련을 주 비교대상으로 한 것은 하나의 분명한 특색이었다.

### (1) 계급분석방법

독재헌법학의 특징적 방법으로서의 계급분석방법은 중화인민공화국 성립 후, 30여년의 헌법학연구에서 주도적인 방법이었다. 이것은 그 시기의 헌법학연구를 독재헌법학이라고 부를 수 있는 주요 원인이기도 하다. 『정법연구』[1279)]를 예로

---

1279) 『정법연구』는 당시 중국정치법률학회에서 주최했고 1954년에 창간호를 냈다. 처음에는 격월간이었다가 1961년 혹은 1962년에 계간으로 고쳤고 1966년에 정간되었다. 1979년 복간된 『법학연구』 잡지의 전신이다.

들면 1954년에 창간되어 1966년에 정간되기까지 발표한 글들을 보면 대체로 계급분석의 방법을 운용한 것이거나 법률의 계급성을 체현한 문헌들이다. 이를테면 장흠(張鑫)의 「법률과학과 계급투쟁(法律科學與階級鬪爭)」(『정법연구』 1958년 제1기), 장무(張懋)의 「자산계급법권관념과 철저히 결렬하자(徹底與資産階級法權觀念決裂)」(『정법연구』 1958년 제6기), 여검광(呂劍光)의 「무산계급독재학설을 학습한 체득(學習無産階級專政學說的體會)」(『정법연구』 1959년 제1기), 구양도(歐陽濤)의 「제국주의국가에서의 자산계급헌법의 철저한 파산(資産階級憲法在帝國主義國家的徹底破産)」(『헌정연구』 1959년 제4기), 세즈(協之)의 「무산계급자유관과 자산계급의 자유관을 논함(論無産階級的自由觀與資産階級的自由觀)」(법정연구 1959년 제6기), 왕운생(王雲生)의 「'계급투쟁식멸'론과 '독재소망'론을 관점을 반박함(駁'階級鬪爭熄滅'論和'專政消亡'論的觀點)」(『법정연구』 1960년 제1기), 오운기(吳雲琪)의 「제국주의국가는 농단자산계급 잔폭한 독재의 도구이다(帝國主義國家是壟斷資産階級殘暴專政的工具)」(『정법연구』 1962년 제4기), 허숭덕(許崇德)의 「자산계급헌법에 대한 레닌의 비판(列寧對資産階級憲法的批判)」(『정법연구』 1963년 제4기), 조진강(趙震江)의 「일제 국가의 실질은 모두 일정한 계급의 독재이다(一切國家的實質都是一定階級的專政) -레닌저작학습필기(學習列寧著作禮記)」(『정법연구』 1964년 제1기), 유한(劉瀚)의 「과도시기의 계급성에 관한 레닌의 이론을 학습한 몇 가지 체험(學習列寧關于過渡時期法的階級性的理論的機点體會)」(『정법연구』 1964년 제4기), 풍기훈(馮起勳)의 「계급투쟁의 관점으로 문제를 보는 것을 배우자(學會用階級鬪爭觀點看問題)」(『정법연구』 1965년 제1기), 임서신(林瑞信)의 「계급투쟁관점과 군중관점을 가강하자(加强階級鬪爭觀點與群衆觀點)」(『정법연구』 1965년 제1기), 서농(恕農)의 「자산계급세계관의 영향에서 철저히 벗어나자(徹底擺脫資産階級世界觀的影響)」(『정법연구』 1965년 제2기) 등이다.

그중에는 전문 계급분석의 방법으로 논술한 문헌이 적지 않다. 이를테면 유파(劉波)의 「계급분석의 방법은 무사계급혁명자의 전투무기」(『정법연구』 1960년 제4기),

조자단(曹子丹)의 「정법수업이 정치를 위해 복무하는데 대한 몇 가지 문제를 담론함(談談政法教學爲政治服務的幾個問題)」(『정법연구』 1962년 제2기) 등인데 이러한 글들은 중화인민공화국 헌법학교에서 일찍부터 전문 연구방법에 중점을 둔 작품들이다.

계급분석에 대한 당시 문헌의 논술에 의하면 이른바 계급분석방법은 '마르크스-레닌주의 계급분석의 방법'인데 "무산계급 입장에 서서 계급투쟁의 관점으로 사회문제를 분석하고 관철하는 방법, 간단하게 말하면 모든 문제를 반드시 계급관점으로 보는 것"을 가리킨다. 이러한 방법은, '마르크스-레닌주의가 사회현상을 관찰하는 가장 기본적인 방법'이고 '계급과 계급투쟁 이론에 관한 유물주의의 구체적 운용'으로 인식되었다. 계급분석의 방법이 필요했고 중요했던 까닭은, "계급사회에서 사회의 각양각색의 사건은 모두 계급투쟁의 반영이고 계급이 존재하는 한 계급투쟁은 존재하고 계급분석의 방법은 영원히 시대에 뒤지지 않기 때문에 계급분석의 방법을 떠나면 각양각색의 사건을 진실하고 심각하게 인식할 수 없다"는 전제적인 판단이 있었기 때문이다. 이러한 필요성과 중요성은 특히 '복잡한 계급사회'에서 체현되었는데 이러한 사회에서 "계급적 지위가 다르고 사람들의 사상, 요구, 행동도 각기 다르기에… 이러한 복잡한 사회현상에서 각종 사건에 대하여 과학적인 판단을 내리려면" 더욱 "반드시 계급분석의 방법을 운용해야 했다." 그렇기 때문에 계급분석 방법의 중요성은 의심할 여지가 없는 것으로 생각되었다. 이 방법의 묘미는, "모든 혁명투쟁에서 반드시 당의 계급노선을 고수하고 각종 계급입장에서 무산계급입장과 자산계급입장이 일종의 '이것이 아니면 저것'이라는 관계를 형성하여, 무산계급의 입장에 흔들림 없이 서는 것은 계급분석 방법의 근본적인 조건"[1280]이라는데 있다. 심지어 계급분석의 방법은 독재헌법학에서 비단 일반적의의상에서 운용하는 방법일 뿐만 아니라 과학연구의 방법 문제를 담론하기 전의 하나의 아주 중요한 원칙, 즉

---

1280) 유파(劉波), 「계급분석의 방법은 무산계급혁명자의 전투무기(階級分析方法是無産階級革命者的戰鬪武器)」, 『정법연구』 4기, 1960.

'당성원칙(黨性原則)'의 주요 내용[1281]이라고 할 수 있다.

계급분석의 방법은 거의 모든 헌법문제에서 절대적으로 사용되었다. 서술이 비슷하거나 같은 규범에 대해서도 계급분석의 방법을 빌려 그 배후의 각기 다른 계급의 본질을 해독하였다. 그 방법에 근거하여 착취계급의 이익을 수호하고 그 통치 지위를 공고히 하는 근본사상을 법률의 제정에서 다른 형식으로 표현해 냈다. 그러나 그 근본적인 사상은 단지 착취계급을 통치계급의 이익과 지위로 삼는 것을 보장할 수 있는 반인민적인 것이다. 이를테면 국민당통치시기의 위헌법에도 언론, 집회, 결사 등 자유 조항을 명문으로 규정하였고 우리의 중화인민공화국의 헌법도 표현과 형식상에서 보면 비슷한 조항이 있다. 하지만 이 조항을 제정하는 사상으로 말하자면 '낡은 법'의 사상과는 근본적으로 대립되는 것이었다. 낡은 사상은 노동인민을 기만하고 착취계급의 계급통치를 수호하는 것으로서, 다만 착취계급의 자유 보장만을 두고 한 말일 뿐이다.[1282]

그 외 계급분석방법의 광범위한 사용 및 법률 계급성에 대한 절대화는 또 중화인민공화국 성립 후 30년의 법학교육의 변화 과정에도 체현되었다. 1953년에 '학원과 학과의 조정'이 있은 후, 법률학과를 설립한 대학은 전국에 34개에서 6개로 감소되었고, 4개 '정법학원'과 중국인민대학 법률학과, 동북인민대학 법률학과는 '정법교육'으로 전통적 의의상의 법학교육을 대체하였다. 만약 그 학교들의 '정법'을 '법률'과 '정치'의 합성어로 이해하고 '정법교육'을 '법학'과 '정치학'의 대학교육으로 보는 것은 언어적 환경을 떠나 글자만 보고 뜻을 대강 이해하는 것밖에 안 될 것이다. '정법'의 '정'은 '전정(독재)'이지 '정치'가 아니고 '정법'의 '법'은 '독재도구'에 융화(融化)된 법률이다. '정법학원'과 대학 법률학과에 대한 당시의 분야 구분에 의하면, 후자의 임무는 정법이론사업에 종사할 인재를

---

1281) [소련] 亞夫根尼耶夫, 「과학연구사업을 어떻게 진행할 것인가?(怎樣進行科學硏究工作)」, 『화동정법학보』 1기, 1956.

1282) 왕치안(王治安), 진순쟁(陳純錚), 요태투(姚胎鬪), 「낡은 법률의 사상도 흡수할 수 있단 말인가? (難道舊法思想可以吸收碼w嗎?)」 『화동정법학보』 3판, 1956.

배양하는 것이고, 전자의 기본 임무는 "사회주의 혁명과 사회주의 건설의 수요에 부합되는 정법 전문인재를 배양"하는 것, 즉 '독재사업'에 종사할 간부를 배양하는 것이었다. 이 배양 목표를 실현하자면 반드시 '붉고도 전문화된 방향'을 유지함으로써 배양해 낸 인재로 하여금 "명확한 정치태도를 갖추면서 또 일정한 계급투쟁 지식과 기능을 갖추게" 해야 했다. 그렇기 때문에 수업에서 "정법수업과 이전의 계급투쟁 실천을 결합"하는 것을 아주 강조하였고, "정법수업이 정치를 위해 봉사해야 한다"는 요구를 관철해야 했다.[1283] 하지만 '문화대혁명'시기 정치운동이 여기저기에서 끊임없이 일어나는 바람에 이러한 분업에 의한 정법교육도 강대한 운동의 충격파에 의해 위축되다가 한때 완전히 없어졌다. 여기에서 알 수 있는 것은 법학연구에서 계급분석 방법을 절대화한 것은 비단 법률의 계급성을 강조하는 법학연구 및 법학교육 자체에도 강한 해소작용을 하였다.

　계급분석방법의 운용은 법률의 계급성에 관한 본체론적 관점과 관련된다. 법률은 상층건축에서의 제도체계와 문화현상으로서 법률의 계급성을 뚜렷하게 강조한다. 양조룡(楊兆龍)은 1956년에 발표한 글 『법률의 계급성과 계승성』에서 당시 법률의 계급성 연구에서의 "몇 가지 부정확하거나 옳은 것 같으면서 그른 견해"에 대하여 개괄하였는데, 그가 비평한 관점은 바로 그 시기, 특히 그 후에 있은 무법천지의 '문화대 혁명'시기에 유행하던 관점이었는데 그 관점의 공통된 점은 법률의 계급성이 절대화되고 복잡다단한 사회역사가 계급투쟁의 역사에 단순하게 귀결되었으며 계급관계 이외의 기타 사회관계를 버렸다는 것이다. 이를테면 다음과 같은 관점이 그러하다. 법률의 기원은 법률의 계급성을 결정하는 유일한 표준으로서 무릇 어느 계급 사회에서 발생한 법률규정이라면 영원히 그 계급 사회의 계급본질을 갖고 있다. 법률규범의 계급성은 고정된 것이고 일단 성립되면 불변하는 것이다. 무릇 어느 한 계급사회의 통치계급에 의해 채용된 것이라면

1283) 조자단(曹子丹), 「정법수업이 정치를 위해 봉사하는 것에 대한 몇 가지 문제를 담론함(談談政法敎學爲政治服務的幾個問題)」, 『정법연구』 2기, 1962.

영원히 그 계급에 임해야 하지 기타 계급을 위해 봉사할 수 없다. 즉 다른 한 계급에 의해 채용되더라도 여전히 원래 계급의 본질을 보호해 준다. 법률의 형식은 법률의 계급성의 믿음직한 표지이다. 무릇 형식이 같은 법률은 그 계급성도 같다. 한 법률체계내의 법률규범이 계급이익 혹은 입장에 반영됐을 때 그 작용은 마찬가지로 선후의 구분이 없다. 한 나라의 법률은 오로지 한 계급성만 가질 수 있고 한 나라의 법률규범은 그 성질이 어떠하든 오로지 그 국가의 통치계급을 위해 일한다.[1284]

비록 계급분석방법이 독점적 성격의 지위를 차지하고 있었지만, 그래도 어떤 학자들은 정곡을 찔러서 법률의 공동성과 계승성을 강조하였는데 양조룡이 그 중 한명이다. 앞에서 서술한 『법률의 계급성과 계승성』이라는 글은 그가 이러한 관점을 고수한 한 편의 대표적인 글로서 당시 유행되는 몇 가지 '부정확하거나 옳은 것 같으면서 그른 견해'[1285]를 비판하였다. 이는 그가 방법론상에서 "법률의 정치성을 중요시하는 것은 법률의 전문성과 과학성을 소홀히 해도 된다는 것과 같은 것이 아니다"라는 관점을 강조한 것과 상호 연결된다. 이러한 관점은 당시에 있어서 내놓기 쉽지 않은 매우 귀중한 것이고 인심을 진작시키는 것이었다. 다만 모두 정확한 정치를 표준으로 하던 당시의 정치 기후에서, 계급분석방법의 절대화가 비록 그 앞날이 길지 않았지만 오히려 뿌리가 깊이 박힌 상황에서 이러한 목소리는 결코 주류를 이룰 수 없었다.[1286] 이와 반대로 반 우파투쟁이 시작되자마자 이 법학대가는 제일 먼저 우파로 구분되어 고통을 겪어야 했고, 계급분성방법은 그 후 법학연구에서 여전히 기염을 토했고 더욱 절대화되었다.

계급분석의 방법에 대한 논술 및 법률의 계급성에 대한 인식으로 보면 계급분석방법은 순수한 법학방법 내지는 헌법학방법을 구성하지 못할 뿐만 아니라 주로 헌법현상을

---

1284) 양조룡(楊兆龍), 「법률의 계급성과 계승성(法律的戒急性和繼承性)」, 『화동정법학원학보』 3기, 1956(1956년 12월 15일).
1285) 양조룡, 위의 논문.
1286) 양조룡(楊兆龍), 「법률계의 당과 비당 사이(法律界的黨與非黨之間)」, 『문회보』 1957년 5월 8일.

분석하는 데 쓰이는 방법도 아니다. 그것은 계급투쟁에 관한 마르크스-레닌주의 관점이 사회과학에서 광범위하게 사용된 현상이 헌법학에 투영된 것으로서 헌법학과 정치현상의 밀접한 관계를 고려해 볼 때, 기타 사회과학영역 및 법학의 기타 부문의 법 보다 이 방법은 헌법학 중에서 더 충분히 운용되고 강조되었던 것이다. 사회계급 상황 및 계급투쟁의 관점에 근거하여 전개한 이 방법은 계보적인 면에서 볼 때, 헌법사회학의 한 지류에 속하는 것으로서 법학해석학이나 규범논리실증주의(Normlogischer Positivismus)와 의의상에서 전혀 다르다. 계급분석방법이 중요시하는 실연(實然)은 법의 계급적 사실이다. 하지만 그것은 똑같이 법의 사실을 중시하는 경험실증주의(Empirischer Positivismus)와는 같지 않다. 비록 '이론을 실제에 연관시키는 것'이 표현상 절정에 이를 정도로 강조되었지만 방법의 실제 운용에서는 실제상 실증주의식 과학주의 입장을 포기하고 의식형태적 학설로 대체하였다. 인류정신의 발전역사를 신학단계, 형의상학단계, 실증주의 단계 등 세 개 단계로 구분한 쿵더(孔德)의 견해에 의하면 이런 유형의 정치 문선(文宣)류의 사유 양식은 기본적으로 신학단계에 대응되고 계급분석방법은 바로 이 정치신화를 증명하고 공고히 하는 주요 방법이다.


 (2) 소련을 주요 비교 대상으로 한 비교헌법학


비교헌법학 방법은 비록 중화인민공화국 성립 후 30여년의 헌법학연구에서 계속 사용되었지만, 비교연구대상에서 심각하게 불균형적인 국면이 나타났다. 중화인 민공화국이 성립된 후, 소련의 법학을 대규모로 도입하였는데 당시에 있어서 법학연구와 법학교육을 막론하고 모두 소련비교법의 소재와 소련 양식이 천하를 휩쓸게 되는 국면이 형성되었다.  1966년에 『정법연구』가 정간되기 전까지 발표된 글에 대한 통계를 보면 외국 법률제도를 소개하거나 비교하는 글에서 소련헌법이론의 번역문 혹은 소련헌법제도에 대한 논술이 명확하게 주도적 지위를 차지했고, 기타 국가에 대한 비교연구의 수량은 극히 적었으며 있다 하더라도 그것은 서방헌법제도에 대해 비판하는 글이었다. 이를테면 김묵생(金默生)의 「목전 자본주의국가 의회의 작용 문제에 관한 논의 (關于目前資本主義國家議會的作用問題的商権)」(『정법연구』 1956년 제4기), 곽기(郭紀)의 「미국이 중국의 사법주권을 간섭하게 해서는 안 된다(不許美國干涉我國司法主權)- 중국 법원이 법에 따라 James Edward Walsh를 징벌한 것에 대한 미제국주의자들의 아우성을 반박함」(『정법연구』 1960녀 제2기) 등이다. 그리고 동유럽 사회주의 국가를 소개하는 글들도 있었는데 이를테면 민주독일의 니쿠트 크얼라(爾庫特 葛爾納)의 「독일민주공화국의 법원과 배심원(德意志民主共和國的法院與陪審員)」(『정법연구』 1956년 제6기)과 같은 것들이다. 소련헌법학의 번역과 비교의 글 중에 소비에트국가 건립에 관한 글들로는 제니스프(杰尼索夫)의 「소비에트사회주의국가는 소련의 공산주의건설의 무기(蘇維埃社會主義國家是蘇聯建設共産主義的武器)」(『정법연구』 1954년 제3기), 쿠드리아프체프(庫德利雅夫切夫)의 「공산주의를 대규모적으로 건설하는 시기의 소비에 트국가(大規模建設共産主義時期的蘇維埃國家)」(『정법연구』 1959년 제4기) 등이 있고 5·4헌법과 결합하여 전민적인 토론을 하고 잡지에 실은 트레키아코프(特列其雅可夫)의 「소련헌법초안의 전민 토론(蘇聯憲法草案的全民討論)」(『정법연구』 1954년 제2기)이 있다. 소련의 감독제도, 사법제도, 법원제도와 검찰제도를 포함한 연구도 비교적 높은 비중을 차지했는데, 예를 들면 장우강(章友江)의 「소련 국가감독의 세 가지 주요 특징(蘇聯國家監督的三個主要特點)」(『정법연구』 1955년 제 4기), 「소련 국가감찰부의 두 가지 주요 사업방법(蘇聯國家監察部的兩個主要工作方法)」(『정법연구』 1956년 제1기), 칸쿠어셰츠(康戈爾謝宁)의 「소비에트법원 및 사회주의제도를 공고히 함에 있어서의 그것이 작용(蘇維埃法院及其在鞏固社會主義法制中的作用)」(천딩훙 번역, 『정법연구』 1955년 제3기), 요. 쿠츠뤄프(尤. 柯玆洛夫)의 「노동인민에 대한 고발에 대한 소비에트국가기관의 수리(蘇維埃國家管理機關對勞動人民的控訴的受理)」(융창 번역, 『정법연구』 1955년 제3기), 제니수프(杰尼索夫)의 「소비에트국가의 변원과 검찰 기관(蘇維埃國家的法院和檢察機關)」(『정법연구』 1954년 제4기), 阿. 柏儒格諾夫의 「蘇維埃法院的敎育作用」(『정법연구』 1955년 제2기), 야. 니. 미수진(亞. 尼. 米舒金)의

「소련공산당 제20차 대표대회와 소련심판기관, 검찰기관의 임무(蘇聯共産黨第二十次代表大會與蘇聯審判機關和檢察機關的任務)」(『정법연구』 1956년 제6기) 등이 있다. 『정법연구』 1955년 제6기는 또 사법제도를 둘러싸고 '소련방문특집'을 실었다.

소련의 법학에 대한 비교연구를 순조롭게 전개하기 위하여 『정법연구』는 창간된 1954년에 연속 세 기에 걸쳐 '소련법학명사해석' 특집을 실음으로써 소련 법학의 명사를 의식적으로 도입하였다. 가장 전형적인 것은 '국가와 법의 이론'이라는 학과 명칭이다. 『정법연구』가 실은 비교헌법연구 글들이 소련에 편향하는 경향이 있었는데 창간호부터 실은, '소련정법 실제사업과 이론연구에 대한 소개'는 "저작이든 역작이든 모두 환영한다"고 한 '원고모집약속(徵稿簡約)'[1287] 그대로였다. 당시의 또 다른 중요한 간행물인 『화동정법학보』의 '원고모집'도 "소련과 인민민주국가 법학가의 법률학설에 대한 소개 및 이 방면에 관련된 번역" 원고를 환영한다고 표시하였다.[1288] 1956년에 창간되어 전문 번역문만 실은 『정치역총』에서 소련법학을 소개하고 비교한 글이 주도적 지위를 차지한 것은 더욱 뚜렷하다. 다른 나라 법률문헌이 약간 있는 것 외에 이 잡지에 실린 글은 기본적으로 대부분 소련법학문헌들이었다. 소련학자들의 학술저작을 번역해 실은 것 외에 또 소련법학잡지의 사론에도 중점을 두었다. 1956년 제6기의 글에서 소련법학잡지의 사론을 번역한 글이 10여 편에 달하는데, 그중 헌법과 관련되는 글이 8편으로 6편은 『소비에트국가와 법』이라는 잡지의 사론이었다. 이를테면 『소비에트국가와 법』잡지 사론: 「진일보 창조성적으로 국가와 법의 일반적인 이론문제를 연구하자(進一步創造性地研究國家與法的一般理論問題)」(『정법역총』 1956년 제2기); 「소비에트국가 법과학을 진일보 발전시키자(進一步發展蘇維埃國家法科學)」(『정법역총』 1956년 제2기); 『소식보』사론의 「촌소비에트주석(村蘇維埃主席)」(『정법역총』 1956년 제2기);

---

1287) 「법정연구 원고모집 약속(政法研究徵稿簡約)」, 『정법연구』 1기, 1954.
1288) 「원고모집(稿約)」, 『화동정법학보』 1기, 1956.

『소비에트국가와 법』 잡지 사론의 「소비에트 입법법전 편찬사이에서의 법률과학의 작용을 가강시키자(加强法律科學在蘇維埃立法典編纂工作中的作用)」(『정법역총』 1956년 제3기) 등이다.[1289] 소련의 글들을 번역한 구조로 보면 중국 당시 법학연구의 주제와 아주 가까웠는데 법의 계급속성에 관한 글에는, 팔빌(法爾別爾)의 「법의 계급의식성을 논함(論法的階級意志性)」(『정법역총』 1958년 제4기)이 있고 헌법의 기본원칙에 관한 글에는 로바로프(洛巴諾夫)의 「소련 최고소비에트활동 중의 사회주의 민주원칙(蘇聯最高蘇維埃活動中的社會主義民主原則)」(『정법역총』 1958년 제4기)이 있으며 헌법역사에 관련된 글에는 카이드코프(盖杜科夫)의 「소비에트헌법의 발전」(『헌법역총』 1958년 제3기)이 있고 소비에트국가의 직능에 관한 글에는 비스코친(皮斯科琴)의 「현단계 소비에트국가의 직능문제에 관하여(關于現階段蘇維埃國家的職能問題)」(『정법역총』 1958년 제4기)가 있다. 그리고 사법제도에 관한 글이 비교적 많은 비례를 차지하는데 이를테면 파라노프(巴然諾夫)의 「1871년 파리 코뮌의 사법위원회」(『정법역총』 1957년 제2기), 파르디예프(包勒迪列夫)의 「사회주의사법의 40년(社會主義司法的40年)」(『정법역총』 1958년 제1기)이 있다. 소련학자들이 타국의 헌법제도를 소개한 글을 번역한 글로는, 커위예허언(柯約赫恩)의 「자산계급국가 집행기관 반동작용의 가강(資産階級國家執行機關反動作用的可强)」(『정법역총』 1957년 제6기),크리모프(克里莫夫),지리바얼만(吉里拜爾曼)의 「자산계급 의회」(정법역총『 1957년 제6기), 沙巴德의 「현대자산계급국가학설의 일부 특징(現代資産階級國家學說的一些特點)」(『정법역총』 1958년 제3기), 안나차리예프(安納托里也夫)의 「독점자본주의단계의

1289) 8편의 사론 중의 다른 4편은: 『소비에트국가와 법』 잡지 사론: 「소련공산당 제20차 대표대회와 소비에트법학의 임무」, 『정법역총』 4기, 1956; 『사회주의법제』 잡지 사론: 「소련공산당 제20차 대표대회와 우리의 임무」, 『정법역총』 4기, 1956; 『소비에트국가와 법』 잡지 사론: 「법률과학학위논문의 질을 한걸음 제고시키자」, 『정법역총』 6기, 1956; 『소비에트국가와 법』 잡지 사론: 「자산계급의 법학을 보다 심각하게 연구하고 비판하자」, 『정법역총』 6기, 1956.

미국선거와 양당제(壟 斷資本主義階級的美國選擧和兩黨制)」(『정법역총』 1958년 제6기),
량싱(梁興)의 「미국대통령선거제」(『정법역총』 1958년 제5기), 라진스키(拉金斯基)의
「미국사람들이 말하는 미국사법제도(美國人談美國司法制度)」(『사법역총』 1958년 제6기),
바크라이(巴格萊)의 「파업권에 관한 미국의 규제(美國對罷工權的限制)」, (『정법역총』
1958년 제1기), 레베제프(列別節夫)의 「현 단계의 체코슬로바키아인민위원회(現階段捷克
斯洛伐克人民委員會)」(『정법역총』 1958년 제6기) 등이다.

『정법연구』, 『정법역총』은 모두 중국정법학회에서 주최한 잡지였다. 1953년 4월에
정식으로 성립된 중국정법학회는 학회 장정에서 "소련법학이론 및 정치법률사업의 선진
경험을 소개"하는 것이 학회의 한 가지 중요한 종지라고 명확히 강조하였다.[1290]

그 외, 1952년부터 1956년까지 중국에서 번역, 출판한 소련의 법학교과서가 165종에
달한다.[1291] 중국인민대학 법률학과는 소련법학의 소개와 비교연구에서 선두적인
작용을 하였다. 그중 중요한 직능 하나는 전국 대학 법률학과의 교원과 법학연구에
종사할 전문가를 배양하고 소련의 법학교과서가 중국인민대학의 번역, 정리, 개편을
통해 대학에서 통일적으로 사용하는 법률교과서가 되게 한 것이다.[1292] 1957년에 출판된
수많은 법학서적에서 소련학자들의 국가법 저술이 상당한 비중을 차지하였다. 이를테면
소련학자 지리첸코(基里欽柯)의 『소비에트국가법』, 소련학자 얼비에로프(爾別洛夫)
등의 『외국 사회주의국가법』 등이다.[1293] 소련헌법학의 영향은 학과 명칭에서도 나타난다.
중화인민공화국이 성립된 후, 우리는 '법학'이라는 줄곧 사용해 오던 습관적인 방법을
버리고 소련의 전례를 따라 '국가와 법의 이론'으로 대체함으로써 명칭 상 국가이론과

---

1290) 『중국법학회역사연혁』 참조.
1291) 탕능송(湯能松), 왕청운(王淸云), 장온화(張蘊華), 염아림(閻亞林), 『탐색의 궤적-중국법률교육발전사 약』, 법률출판사, 1995, 389쪽.
1292) 방류방(方流芳), 「중국법학교육관찰」, 『비교법연구』 2기, 1996.
1293) 「1957년의 소련법학연구사업(1957年的蘇聯法學研究工作)」, 『법학』 5기, 1958.

법률이론을 포함한 전체 법학과학의 연구 대상을 명확히 표명하였다.[1294] 국가와 법은 본래 당연히 헌법학연구대상의 중점이 되어야 하지만 전체 법학이 관심을 갖는 연구 대상으로 확대되어, 표면상에서 보면 헌법학문제가 뚜렷하게 강조된 것 같지만 사실상 강조된 것은 의식형태의 내용을 주입시킨 '헌법학'문제였다. 소련이 저술들이 활보하는 중에 수량이 적기는 했지만 일부 서방에서 가져온 번역저작들도 여전히 출판되었다. 이를테면 전극신(錢克新)이 번역한 『헌법론』(프랑스 레옹 뒤귀 저, 상해, 상무인서관 1959년 2월 초판), 심경일(沈景一)가 번역한 『고대 법』(영국 헨리 제임스 섬너 메인 저, 상무인서관 1959년 6월 판), 장안심(張雁深)이 번역한 『논법의 정신』(프랑스 몽테스키외 저, 상무인서관 1959년 10월 판) 등이다. 하지만 이러한 번역서를 출판한 동기는 서방 자산계급의 헌법사상을 비판할 과녁을 세우기 위한 것이었다. 이를테면 이조음(李祖蔭)은 『고대법』을 위해 쓴 짧은 머리말에서 다음과 같이 지적하였다.

> "메인은 책에 고대법에 관한 약간의 자료들을 수집하였는데, 그것은 우리가 고대법을 연구하는데 대하여 일정부분 참고할 가치가 있다. 하지만 이러한 자료에 대한 그의 분석과 추정은 자산계급의 입장과 유심주의 관점에서 출발하였기에, 이 책을 열독할 때, 특히 이 책의 자료들을 이용할 때 당연히 분석, 비판의 태도를 취해야 하지 현란한 자료와 겉모습만 그럴듯한 의논에 미혹되지 말아야 한다. 상무인서관에서 이 책을 중역, 출판하여 학술비판 자료로 삼은 것은 아주 필요한 것이다."

1959년에 출판한 『헌법론』에도 이와 비슷한 '출판설명'을 첨부하였는데 마지막 단락은 이렇게 썼다.

---

1294) 주신민(周新民) 등, 「범곽연구 대상에 대한 토론(關于法學硏究對象的討論)」, 『정법연구』 3기, 1964.

"레옹 뒤귀의 법학사상은 이미 현대 자산계급법학에서 일종의 극히 반동적인 사조가 되었고 중국의 자산계급 법학가들에게도 일정한 영향을 끼쳤다. 이러한 반동사조의 영향을 숙청하려면 마르크스-레닌주의 법학가들이 뒤귀의 반동 저작에 대하여 철저한 비판을 함으로써 우리의 노동계급독재를 공고히 할 필요가 있다. 본 관에서 출판한 이 책은 바로 중국 학술계에 비판용으로 제공하기 위한 것이다."[1295]

하지만 『논법의 정신』의 서언은 완전히 다르다. 아마도 몽테스키외가 처했던 시대가 마르크스보다 앞섰기 때문인지 번역자는 몽테스키외에 대한 평론에서 비교적 온화했다.[1296]

비판의 과녁을 세우기 위한 출판목적은 이러한 역작의 서언 혹은 출판설명에서 체현되었을 뿐만 아니라, 책이 출판된 후의 관련된 비판성 글들에서도 수시로 나타났다. 이를테면 양옥청(楊玉淸)의 「로스코 파운드-중국에서의 실용주의법학의 전파자(實用主義法學在中國的傳播者))-파운더의 '학설'중 몇 가지 관점에 대한 초보적인 비판」(『정법연구』 1955년 제3기; 고유웅(顧維熊)의 「반동적 파운더 실용주의법학사상(反動的龐德實用主義法學思想)」(『정법연구』 1963년 제3기); 왕역정(王繹亭), 고유웅(顧維熊)의 「뒤귀의 사회연대주의 반동 국가관(狄驥的社會連帶主義反動國家觀)」(『정법연구』 1965년 제4기) 등이다.

소련 문헌에서 번역해 오는 것 역시 서방헌법사상을 소개하고 평가하는 하나의 중요한 경로였다. 이를테면 카이세커양(凱契克揚)의 「몽테스키외의 정치관점과 법률관점(孟德斯鳩的政治觀點和法律觀點)」(『정법역총』 1957년 제5기)과 같은 글들이다. 그중 서방법학유파에 대한 소개에 특히 관심을 보인 토마노프(土曼諾夫)의 글들이 여러 편

---

1295) [프랑스] 레옹 뒤기, 『헌법론』 1권, 첸커신(錢克新) 번역, 상해, 상무인서관, 1959, '출판설명' 3쪽.
1296) 하위방(賀衛方), 「1949년 후 중국의 법률 번역(1949年后中國法律飜譯)」, 『중국정법대학학보』 1기, 2007(창간호).

번역되어 『정법역총』에 발표되었는데 이를테면 「근대자산계급법학에서의 사회학파와 심리학파(近代資産階級法學中的社會學派和心理學派)」(『정법역총』 1957년 제6기); 「현대규범학파」(『정법역총』 1957년 제6기); 「현대자산계급법학이론에서의 '연대관계설'(現代資産階級法學理論中的'連帶關係說')」(『정법역총』 1958년 제1기); 「'부흥의 자연성'이론('復興的自然法'理論)」(『정법역총』 1958년 제2기) 등이다.

대부분의 글들은 무산계급의 입장에 서서 설교식의 비판을 진행했지만, 일부 학자들은 연구방법과 연구입장에서 정확한 관점을 제시하였다. 이를테면 주신민(周新民)은 몽테스키외의 연구에 대하여 다음과 같은 몇 가지 관점을 제시하였다. 첫째, 몽테스키외에 대한 연구에서는 반드시 당시의 역사조건에서 출발해야 하며 반드시 당시의 실제 조건으로부터 출발해야 한다. 둘째, 그의 각종 이론을 이해해야 하며 또 그 중점을 잘 파악해야 한다. 셋째, 반드시 정확한 관점을 견지하고 충분히 자료를 장악해야 한다. 넷째, 반드시 백화제방, 백가쟁명의 방침을 관철하여 각종 다른 견해를 발표하고 자유롭게 학술토론을 전개해야 한다.[1297] 1956년의 『정법역총』에 발표한 「소비에트국가와 법」의 잡지 사론에서도, 자산계급의 법학에 대하여 심각한 '연구'와 '비판'을 동시에 전개해야 한다고 썼다.[1298] 당시 유행한, 책임의식 없는 논증의무와 구호식의 비판 현상에 대하여 이러한 관점이 아주 중요했다는 것은 의심할 바 없다. 다만 연구 실천에서 비판의 풍격을 규정하지 않았을 따름이다.

1950년대에 대량의 소련 번역서, 비교문장 및 기타 국가의 소량의 번역서들을 출판하였다. 학자들은 다음과 같이 생각하였다. 이것은 한 방면으로는 격렬한 반법치(反法治) 사회구조의 사유가 어떻게 법률번역과 민국법학번역의 전통을 거의

---

1297) 주신민(周新民), 「몽테스키외의 학설에 대한 몇 가지 의견(對研究孟德斯鳩學說的機点意見)」, 『정법연구』 2기, 1962.

1298) 『소비에트국가와 법』 잡지 사론, 「자산계급의 법학에 대하여 보다 심각한 연구와 비판을 해야 한다(更深刻地研究和批判資産階級的法學)」, 『법학역총』 6기, 1956.

단절시키는 현상을 초래했는가를 체현한 동시에, 다른 한 방면으로는 서풍을 맞은 법학가들이 아직도 속으로 달가워하지 않으면서 이미 사그라진 전통의 불씨를 허용된 범위 안에서 살려보려는 시도를 하였다. 하지만 환경이 점차 악화됨에 따라 그러한 노력이 있었음에도 불구하고 60년대 초기에 이르러 끝내 끝나고 말았다.[1299]

### (3) 연구대상의 분포 상황

중화인민공화국 성립 후 30여년의 헌법학은 연구대상의 중심에서도 비교적 선명한 특징을 나타냈다. 필자는 1954년 5월에 창간하여 1966년에 정간되기까지 『정법연구』가 실은, 헌법학에 관련된 글 179편을 고찰해 보았다.[1300] 이러한 논문들은 비록 당시에 공개적으로 발표된 모든 헌법 관련 논문을 포괄한 것은 아니지만, 당시 권위적인 간행물로서의 『정법연구』에 실린 헌법학 관련 논문들의 내용은 당시 헌법학연구에서 연구대상의 전형적인 대표적 내용이다.(표 1을 참고)

---

1299) 하위방(賀衛方), 「1949년 후 중국의 법률 번역」, 『중국정법대학학보』 1기, 2007(창간호).
1300) 자료의 제한으로 말미암아 이 표에는 1961년도 잡지를 고찰하지 못했다. 고찰에 은 이 간행물이 실은 문장에만 한했고 각종 유형의 문건, 활동, 학술동태, 명사해석 등 내용은 포함하지 않았다.

표 11) 179편 논문 연구영역 분포

| | 헌법기본이론 | 국가기구 | 기본 권리 | 합계 |
|---|---|---|---|---|
| 편수 | 102 | 71 | 6 | 179 |
| 비례 | 56.98% | 39.66% | 3.35% | 100% |

표 1에서 분명하게 알 수 있는 것은 헌법기초이론, 기본 권리, 국가기구 중에서 내용이 기초이론과 국가기구에 속하는 논문이 절대적인 비율을 차지하고, 그 중에서도 기본이론 부분이 국가기구와 기본 권리 부분을 합한 것보다 더 많다. 기본 권리 부분의 논문이 비교적 적어서 헌법이론에서 그것이 중요한 지위와 비중을 차지하지 못한다.

이러한 헌법학 논문의 구체적 연구 주제의 분포를 더 고찰해 보면 상술한 세 가지 부분에 대한 연구 주제에 대하여 아래와 같이 분석할 수 있다. 우선, 헌법 기본이론에 관한 102편 논문의 구체적 연구 주제 분포를 고찰해 보자.(표 2를 참고)

표 12) 헌법기본이론 중의 연구주제 분포

| | 단체 | 정체 | 국가결구 형식 | 경제 제도 | 헌법사 | 방법 | 기타 | 합계 |
|---|---|---|---|---|---|---|---|---|
| 편수 | 30 | 3 | 7 | 5 | 3 | 4 | 50 | 102 |
| 비례 | 29.41% | 2.94% | 6.86% | 4.90% | 2.94% | 3.92% | 49.02% | 100% |

헌법기본이론에서 연구 주제는 비교적 풍부했는데, 그중 국체문제에 대한 연구가 위주였다. 이 시기 비교적 많은 수량의 헌법학문장들은 인민민주독재 혹은 무산계급독재 문제를 둘러싸고 집중적으로 전개하였다. 이러한 연구에서 마르크스주의와 레닌주의의 국가학설 및 인민민주독재에 관한 모택동의 논술은 두 연구의 중심이었다.

인민대표대회제도에 관한 글들은 필자가 국가기구부분에 넣었다. 만약 그 글들도 통계에 넣으면 정체라는 주제 역시 하나의 연구 중점이 될 것이다. 국체와 정체 문제는 마르크스 정치학의 기본문제로 인정되어 각각국가의 계급성질, 계급내용과 정부조직형식으로 나눠서 일컬었다. 국체는 근본이고 국체가 정체를 결정한다. 양계초는 1915년에 발표한 『이른바 국체문제가 괴이하다(異哉所謂國制問題者)』에서 "입헌과 비입헌은 정치의 명사이고 공화와 비공화는 국체의 명사"라고 최초로 양자를 구분했다. 모택동은 『신민주주의론』(1940년)에서 이 개념을 그대로 쓰면서 국체를 국가에서의 사회 계급의 지위라고 정의했다. 그 관점은 중화인민공화국이 성립된 후 반포된 헌법들에 채용되었고, 중화인민공화국 성립 후 헌법학연구에서 국체문제의 통설이 되었다. 중화인민공화국이 성립된 후에 반포된 헌법들은 국체와 정체에 대해 모두 명확하게 규정하였는데, 그중 국체에 대한 설명은 1949년의 『공동강령』에서 "노동계급이 영도하고 노농연맹을 토대로 하는, 각 민주계급과 국내 각 민족이 단결한 인민민주정체국가"라고 하던 것에서부터 1954년 『헌법』 제1조에서 "노동계급이 영도하고 노농연맹을 토대로 한 인민민주국가"로 규정하였다가 1975년 『헌법』 제1조에는 "노동계급이 영도하고 노농연맹을 토대로 한 무산계급독재의 사회주의국가"로 수정하였으며, 1982년 『헌법』에는 다시 '인민민주독재'로 수정하면서 서언에 "인민민주독재는 실제 무산계급독재"라고 표명하였다. 법학의 시야에서 국체와 정체는 본래 다 같이 정부에 부착된 두 가지 속성이었다. 하지만 중국 헌법학연구는 국체의 근본성적 지위를 분명하게 강조하기 위해 양자를 갈라놓았다. 그것은 한 방면으로는 헌법학연구가 국체문제에 대하여 비교적 많은 주의력을 분산하게 함으로써, 정부권력의 성질에 대한 연구를 실속이 없게 했고 정부권력 형식에 대한 연구를 표면에 그치게 했다.[1301] 그리고 다른 한 방면으로는 국체문제가 강한 정치성을 가지게 함으로써, 원래 정치과학의 관심영역에 속했던 국체문제를 억지로 헌법학연구에 끌어들여 헌법학과

---

1301) 진전홍(秦前紅), 도사익(涂四益), 「국체와 정체의 분리는 끝낼 수 있다(國體政體之分可以休矣)」, 『개혁개방30년과 중국 공법학의 발전심포지엄논문집』, 중국정법대학 주최, 2008년 6월.

정치학의 학과 분야를 모호하게 하였고 헌법학연구의 정치와 독재분위기를 가중시켰다.

중국은 단일제 국가이다. 민족구역제도(民族區域制度)는 순수한 단일제에 있어서 일종의 예외이다. 국가의 구조형식에 관한 7편의 글에서 5편은 전문적으로 이 예외를 고찰했다. 경제제도에 관한 다섯 논문의 연구주제는 시대적 낙인이 선명하였는데, 과도시기의 경제제도, 농업합작화 등의 문제를 둘러싸고 전개되었다. 헌법사의 고찰 및 법사학방법의 운용은 중화인민공화국 성립 후 30여 년 동안에 아주 많이 위축되었다. 『정법연구』는 고작 3편의 글만이 헌법사 방면을 다뤘는데, 그중 두 편은 『중화민국입시약법』을 논술하는 것이었고, 다른 한 편은 중화인민공화국 성립 후의 헌법학 발전사를 회고한 것이다. 50년대의 또 다른 중요 간행물인 『화동정법학보』의 '원고모집'은 비록 '중국 법률과학의 유산을 정리하고 연구하고 종합'하는 것을 환영하는 원고를 분명하게 넣었지만[1302] 정간되기 전 3년(1956년에 창간하였고 1957년, 1958년에 『법학』으로 이름을 바꾸었음) 동안 헌법영역에서 헌법사 유형의 글을 거의 볼 수가 없었다.[1303] 어느 한 작자는, "우리는 낡은 법을 계승하는 것은 반대하지만 낡은 법학을 올바르게 연구해야 한다"[1304]고 지적하였다. 그런데 진짜로 왕성했던 것은 '구법의 의의와 태도'를 연구한 토론의 글이었다.[1305] 방법문제를 전문적으로 토론한 논문은 4편인데,

---

1302) 「원고모집」, 『화동정법학보 1기』, 1956.

1303) 헌법사연구에 제일 가까운 글은 아마도 수뮤제(數謬杰)의 「한비의 법치주의 약론(略論韓非的法治主義)」일 것이다. 『법학』 3기, 1957.

1304) 만산(萬山), 「'조국법유산계승론'을 반박하여(駁'繼承祖國法的遺産論')」, 『법학』 3기, 1957.

1305) 『화동정법학보』는 1956년 제3기에 '구법'의 의의와 태도를 연구하는 글들을 조직하였는데 거기에는, 「'구법'문제 좌담회에 대한 종합보도('舊法'問題座談會的綜合報道)」, 진문빈(陳文彬)의 「'백가쟁명'에서 두 개 문제를 말한다(百家爭鳴中談兩個問題)」, 한학장(韓學章)의 「신 법학은 '구법학'의 단순한 계승자가 아니다(新法學不是舊法學的簡單繼承者)」, 주원빙(周原氷)의 「법학유산을 어떻게 대해야 하는가?(如何對待法學遺産)」, 홍문란(洪文瀾)의 「'구법'과 '신법'의 사상을 구분해야 한다(把舊法和舊法思想區別開來)」, 왕즈안(王治安) 등의 「'구법'을 흡수할 수 있단 말인가?」, 손효루(孫曉樓)의 「중국법학유산에 대한 견해」, 유승수(兪承修)의 「법학에서 '백가쟁명'을 관철하는 것에 관한 일부 의견(對在法學中貫徹'百家爭鳴'的一些意見)」 이 포함되어있다. 그 후에도 이러한 유형의 글들이 계속 발표되었다. 이를테면 고양(高煬)의 「구법에 대하여」, 『법학』 1기, 1957, 만산(萬山),

그것들로는 유파(劉波)의 「계급분석방법은 무산계급혁명자의 전투무기」(『정법연구』 1962년 제3기); 왕자림(王子琳), 왕호산(王蒿山)의 「국가와 법의 이론' 연구는 당연히 무엇을 말해야 하는가?(國家和法的理論究竟應該講些什麽?)」(『정법연구』 1962년 제3기); 장우어(張友漁)의 「연구방법에 관한 약간의 의견(對研究方法的一點意見)」(『정법연구』 1962년 제3기); 주신민(周新民) 등의 「법학연구대상에 대한 토론(關于法學研究對象的討論)」(『정법연구』 1964년 제3기)이다. 그들이 관심을 돌린 방법은 바로 독재헌법학의 전형적인 방법, 즉 계급분석방법 및 이론을 실제와 연계시키는 방법이었다. 하지만 이러한 글들이 방법문제, 연구대상문제에 대한 자각적인 관심에서, 방법문제에 대한 당시 학자들의 관심의 정도를 알 수 있다.

표2에서 '기타'에 넣은 글은 분류하기 어려운 헌법학 관련 논문들이다. 이런 유형의 글이 비교적 많은 까닭은 두 가지 원인 때문이다. 첫째, 당시 헌법학과에는 독립적인 자각성이 부족하였다. 학과의 문턱이 너무 낮다보니 엄격한 의미상에서 헌법학의 글이 많지 않고 대신 헌법학 글인지 정치학 혹은 기타 학과 문자인지 분별하기 어려운, 의식형태의 설교적인 글이 많았다. 당시 헌법학연구의 상황을 충실히 반영하기 위하여 필자는 엄격한 헌법학 표준으로 헌법학의 글을 통계하지 않았다. 둘째, 통계에 들어간 102편 글에는 학과의 속성이 명확하지 않는 대량의 글들이 연구영역의 분류적 면에서 비교적 큰 어려움이 존재한다. 국가기구, 기본 권리 혹은 어느 한 헌법학 기초이론의 영역으로 분류하기 어려운 논문들은 '기타' 부분에 넣었다. 기타 유형의 글이 큰 비중을 차지한 것은 학과의 전문성, 독립성이 부족했다는 것을 나타낸다. 다음으로, 국가기구에 관련된 71편 논문의 구체적 연구주제를 고찰해 보자(표 3을 참고)

---

「'조국법유산계승론'을 반박하여」, 『법학』 3기, 1957. 쉬젠궈(許建國), 「구법을 숙청하고 우경사상을 극복하면서 인민민주독재를 공고히 하자(肅淸舊法觀點克復右傾思想鞏固人民民主專政)」, 『법학』 4기, 1958.

표 13) 국가기구중의 연구주제 분포

| | 국가기관<br>총론 | 인민대표대호와<br>선거제도 | 사법기관 | 인민공사 | 기타 | 합계 |
|---|---|---|---|---|---|---|
| 편수 | 2 | 10 | 43 | 15 | 1 | 71 |
| 비례 | 2.82% | 14.08% | 60.56% | 21.13% | 1.41% | 100% |

국가기구는 헌법기본이론 이외의 또 다른 하나의 관심을 갖는 중점문제이다. 그중 사법기관을 연구한 글이 제일 풍부한테 내용은 심판제도, 검찰제도, 감독제도 및 기타 제도에 관련된 검찰제도, 감독제도는 비록 사회주의 헌법제도에서 비교적 특색이 있는 제도지만 다수의 글들은 여전히 심판제도에 관련된 것이었다. 그중 비판성 글이 위주였는데 이를테면 사법독립에 대한 비판, 미국사법제도에 대한 비판과 같은 것들이다. 1958년도 『정법연구』에는 '자산계급우파분자의 잘못된 이론을 반박'하는 글이 다수를 차지했고 수많은 글들이 심판기관을 둘러싸고 전개되었다. 이를테면 펑뤄취안(馮若泉)의 「가잠(賈潛)의 '심판독립' 반동유론을 반박한다(駁賈潛的'審判獨立'的反黨謬論)」(『정법연구』 1958년 제2기); 대수찬, 왕지상(戴修瓚, 王之相)의 「무법천지 미국사법(無法天地的美國司法)」(『정법연구』 1955년 제2기) 등이다. 새로 출현한 제도로서의 인민공사제도도 헌법학 관련의 글들에서 비교적 큰 관심을 받았다. 글들은 이 제도의 합리성, 정사합일(政社合一) 및 인민공사의 조직원칙-민주집중제 등에 모두 관련되었다. 인민대표대회에 대한 연구와 인민민주독재의 국체 혹은 선거문제는 흔히 하나로 결합되었다. 중국 인민대표대회제도에 대한 관심 외에 또 의회제도에 관한 일부 비교연구도 있었다. 이를테면 왕가복(王家福)의 「자산계급의회제도 약론(略論資産階級議會制度)」(『정법연구』 1963년 제3기), 조진강(趙震江)의 「의회투쟁문제에 관한 레닌의 논술을 학습하자(學習列寧關于議會鬪爭問題的論述)」(『정법연구』 1963년 제4기) 등이다. 국가기구의

기본이론 문제에 대한 연구는 이 시기에 많지 않았다.

다음으로, 기본 권리에 관한 6편 논문의 구체적 연구주제를 살펴보자(표 4를 참고)

표 14) 기본 권리 중의 연구주제 분포

| | 개술 | 노동권 | 재산권 | 합계 |
|---|---|---|---|---|
| 편수 | 2 | 1 | 3 | 6 |
| 비례 | 33.33% | 16.67% | 50% | 100% |

기본 권리에 대한 연구는 이 시기 헌법학 연구에 있어서 취약한 고리였다. 그것은 비단 기본 권리에 관한 글이 헌법논문 총 수의 3.35% 밖에 차지하지 못하고 있는 것으로 체현될 뿐만 아니라 관련되는 구체적 권리형태가 아주 제한되어 있어서 근근이 노동권과 재산권에 관련되는 글뿐이며, 그것도 재산권에 관련된 논술은 주로 사인소유권의 성질규명문제에 관한 것으로서 경제제도와 관련된 것일 뿐 순전히 기본 권리의 각도에서 분석한 것이 아니라는 점에서도 나타났다.

## 2. 독재헌법학방법 운용 상황 평가분석

헌법학은 중화인민공화국이 성립된 후부터 현행 헌법이 발표되기까지 30여 년간에 세 단계를 거쳤다. 중화인민공화국 성립 후부터 1956년까지는 헌법학이 새로운 기점에서 지식체계를 쌓아갔고 헌법학도 1950년대 전기에 짧은 번영기를 맞았다. 1957년부터 1978년까지 헌법학은 완전히 '비주류화' 되었고, 심지어는 지식체계 존재로서의 기초마저 잃어버렸다.[1306] 1978년부터 1982년까지 헌법학은 혼란한 상태를 수습하여 바로잡는 반성 속에서 자체의 지식체계를 회복하였다. 상술한 계급분석방법 및 소련을 주요 비교대상으로 하는 비교헌법방법이라는 두 가지 특색이 있는 방법이 이 세 단계에서 어느 정도 다르게 운용되었다. 양자는 첫 번째 단계에서 헌법학연구의 주도적 지위를 확립하였고 신속하게 널리 사용되었다. 두 번째 단계에서 양자는 더욱 앞의 방법이 절대적으로 사용되면서 중화인민공화국 성립 후의 본래 높지 않던 문턱을 평정했다. 세 번째 단계에서 두 방법의 운용은 반성 중에 약화되었다.

이러한 방법이 운용되면서 형성된 독재헌법학지식체계는 반드시 전통헌법학이 인정하는 그러한 지식의 증가를 가져온다고 할 수 없지만, 결코 헌법학의 공백을 의미하지는 않는다. 어떠한 사회, 경제, 문화 조건이 있으면, 곧 어떠한 헌법사상과 헌법학설이 있게 되고 동시에 어떠한 방법이 채용되어 주도적 지위를 차지하게 된다. 이 시기 독특한 방법의 운용은 헌법학방법론을 위해 수많은 반성자료를 제공하였고 헌법학설사에서 독특한 풍경을 형성하였다.

## (1) 계급분석방법의 자아 취소성: 헌법학 전통의 이중 단절

계급분석방법과 소련에 전념한 비교방법은 이 시기에 나날이 광범위하고 깊이 있게 운용되다가 '문화혁명'이 끝난 후에야 비로소 계통적인 반성을 했다. 이 두 가지 방법의 운용과 병행한 것은 헌법학 지식체계가 이 시기에 두 번 단절된 것이다. 두 가지 특색이 있는 방법이 헌법학에서 주도적 지위를 확립함과 동시에 발생한 것은 청말, 민국의 반세기 동안 누적된 헌법학전통이 단절된 현상이다. 그리고 양자가 신속하게 널리 절대화된 후, 1950년대에 초보적으로 형성된 신중국 헌법학지식체계 자체도 버려졌다.

---

1306) 한대원, 「중국헌법학연구 30년: 역사맥락과 학술자주성」, 『중국법학』 5기, 2008.

상술한 것과 같이 민국의 건립은 청말의 입헌활동을 중단시켰다. 하지만 청말의 헌법학 전통은 계속 이어져 내려가다가 중화인민공화국의 건립과 더불어 헌법학전통과 구법의 체계가 함께 중단되었다. 중단된 헌법학체계에는 비단 본체론의 지식체계 뿐만 아니라 인식론의 헌법학방법론의 누적도 포함된다. 1949년 2월, 중공중앙은 『국민당의 육법전서를 폐지하고 해방구의 사업원칙을 확정하는 것에 관한 지시』를 반포하였고, 그해 4월에 화북인민정부에서 『국민당의 육법전서 및 모든 반동적 법률을 폐지하는 것에 관한 훈령』을 하달했으며 같은 해 9월에는 『중국인민정치협상회의 공동강령』 제17조에 다음과 같이 규정하였다. "국민당 반동정부의 인민을 압박하는 모든 법률, 법령과 사법제도를 폐지하고 인민을 보호하는 법률, 법령을 제정하며 인민의 사법제도를 건립하다." 상술한 『공동강령』 및 두 문건의 관련 원칙을 지도사상으로 한 데다가 헌법학의 과학성과 학술성에 대한 인식의 편차가 있다 보니, "적지 않은 동지들은 건국전의 헌법학 및 전체 법학을 분석도 없이 일률적으로 철저하게 부정"[1307] 하고 중화인민공화국의 성립을 새로운 시작으로 하여 완전히 새로운 헌법질서에서 새로운 헌법학체계를 탐색하기 시작했다. 이 헌법학체계의 완전히 새로운 속성은 본체론지식에서 뿐만 아니라 인식론의 방법론 운용에서도 체현되었다. 헌법학방법론 운용의 참신성, 즉 청말, 민국에서부터 이어져 내려온 전통적 방법의 중단은 다음 두 가지 방면에서 체현되었다. 한 방면은 민국시기의 헌법학연구에서 눈에 띠이지 않던 계급분석 방법이 일약 중화인민공화국 성립 후, 30여 년간 헌법학연구에서 주도적인 방법이 된 것이고, 다른 한 방면은 비교헌법학 등 청말, 민국시기에 마찬가지고 광범위하게 운용된 방법이 중화인민공화국 성립 후, 연구대상의 구조와 중점이든 방법 운용에 체현된 풍격이든 모두 많이 달랐다.

50년대의 헌법학 발전 역시 초보적인 지식이 쌓여 1954년 헌법의 구조 내에서 한층 더 발전되었고 축적의 거대한 공간을 마련하였다. 하지만 계급투쟁사상의 절대화와 더불어

---

1307) 허숭덕, 『중국헌법』 수정본, 7쪽.

지식체계의 중단이 또 한 차례 발생했다. 이 중단은 계급투쟁방법의 운용으로 형성된 헌법학지식체계 자체를 겨냥한 것이었다. 이것은 반성해 봐야 할 현상으로서 독재헌법학의 '자아취소성'을 설명하는데 그것은 헌법학방법 운용의 자아취소에서 체현되고 더 나아가 헌법학 자체에 대한 자아취소에서 체현된다. 그 실질은 '헌법'에 대한 '독재'의 취소로 독재와 헌법이 병렬되었다는 것 자체가 일종의 역설이기 때문이다.

그 번 단절이 있은 후의 20여 년간, 헌법학은 철저히 '비주류화' 되었고 '헌법학'이라고 할 만한 지식 내용 및 '헌법학' 방법의 운용은 이미 찾아볼 수 없었다. 1975년 헌법과 그 입장을 규정하기 위해 출현한 1978년 헌법, 이 두 문헌의 존재는 헌법에 관한 설명이 중단되지 않게 하였다. 그것은 '무산계급독재하의 계속혁명의 학설'이라고 개괄할 수 있는데, 그 주장에는 다음과 같은 것들이 포괄되었다. 첫째, 전체 사회주의 역사 단계에는 항상 계급, 계급모순과 계급투쟁이 존재한다. 둘째, 계급투쟁은 반드시 해마다, 달마다, 날마다 말해야 한다. 셋째, 자산계급은 공산당 내부에 있다. 넷째, 무산계급은 반드시 각종 문화영역을 포함한 상부구조에서 자산계급에 대하여 전면적인 독재를 실시한다. 다섯째, '문화대혁명'은 한 계급이 다른 한 계급을 뒤엎는 정치대혁명이다. 여섯째, '문화대혁명'과 같은 정치대혁명은 이후에도 여러 차례 진행해야 한다.[1308] 상술한 것들에서 계급분석의 방법은 절대적으로 사용되었다.

헌법전통의 장기적인 단절은 지식누적의 결핍을 불러왔다. '문화대혁명'이 끝난 후, 헌법학연구와 학습자료의 결핍을 메우기 위하여 대만지구의 헌법학문헌 서적들을 들여와 인쇄하였다. 이를테면 오경웅 등이 집필하고 조영화(刁榮華)가 주필을 담당한 『중국법학논저선집』(한림출판사 1976년판)인데 책에 수록된 헌법학논문들로는 임기동(林紀東)의 「5권헌법의 기본정신을 논함」, 홍력생(洪力生)의 「헌법과 자유권」,

---

1308) 범이(范毅), 「1960년대부터 1970년대의 헌법학설을 시론(試論1960年代至1970年代的憲法學說)」, 『상둥사회과학』 4기, 2009.

사옹주(謝瀛洲)의 「인민의 자유권 및 그 보장」, 전형금(田炯錦)의 「선거권과 파면권을 논함」, 살맹무(薩孟武)의 「헌법의 수정을 논함」 등이다. 절대화 된 계급분석방법이 '문화대혁명'후에도 그 위력이 좀 남아 있다 보니 출판설명에는 여전히 "법률 자체에 선명한 계급성이 있기에 책의 어떤 내용은 무산계급독재와 첨예하게 대립되었다"고 제시하였다.

여기에서 지적해야 할 것은 헌법제도는 하룻밤 사이에 금지될 수 있고 헌법학전통은 강권의 압제 하에 단절될 수 있지만, 헌법관념을 깨끗이 씻어낸다는 것은 쉬운 일이 아니라는 점이다. 신해혁명으로 인해 혁명과 입헌이 중국과 연결이 되었는데, 이러한 제헌논리는 프랑스 논리의 연속이라고 할 수 있다. 중국 자체의 역사에서 보면 그것은 중화인민공화국이 성립된 후 여전히 연속되었다. 1954년 제헌은 신해혁명의 '혁명, 진보와 입헌' 논리의 연속이었고, 1954년 헌법이 보다 진보되었다고 인정된 것은 신민주주의 혁명이 구민주주주의 혁명보다 더 진보되었다고 인정되었기 때문이었다.[1309]

계급분석방법의 주도와 중국 '혁명헌법'[1310], 혁명형 법제의 법질서 구조는 서로 대응되는 것이다. 중화인민공화국이 『육법전서』를 폐지하고 전 반세기의 법학의 누적을 단절시키고 중화인민공화국 법학건설과 법학연구가 거의 무로부터 시작한 것은 혁명사유의 연속이었다. '혁명헌법'의 특징도 점차 실마리를 드러내다가 '문화대혁명'시기에 이르러 절정에 달하여 '공안, 검찰, 법원을 철저하게 깨뜨렸다.' 1975헌법은 '무산계급독재하의 계속 혁명 이론'을 확인하였다. 즉 '문화대혁명' 후 혼란한 국면을 바로잡는 중에 반포된 1978년 헌법에도 역시 여전히 '무산계급독재하의 계속 혁명 이론'을 규정하였다. 하지만 여기에서 분별해야 할 것은, '계급투쟁을 기본 고리'로 하는 방법의 편면적인 강조 및 그것이 조성한 악 영향과 직접 연결된 것은 '좌'적인 지도사상의 교란이었지, 결코 마르크스주의 헌법학의 필연적 결과는 아니었다는 점이다.[1311]

---

1309) 진단홍(陳端洪), 「국가의 근본법과 고급법으로서의 헌법을 논함」, 『중외법학』 4기, 2008.
1310) 하용, 「중국헌법개혁의 몇 개 기본이론 문제」, 『중국사회과학』 2기, 2003.
1311) 손국화(孫國華), 「중국법학이 유치했던가?」, 『감찰일보』 2008년 10월 20일 자 제8면 참조.

(2) 나라별 비교의 경향성 선택, 독점적으로 비교대상이 된 소련헌법제도와
   헌법이론


중화인민공화국 성립 초기에 헌법학은 그 전의 50년 헌법학 전통과 관계를 끊어버렸지만
동시에 또 새로운 일종의 관계, 즉 소련헌법학과의 관계를 건립하였다. 입헌실천활동과
마찬가지로 중화인민공화국의 헌법학이론은 그 발단으로부터 소련의 헌법이론을
경향적으로 이식하는 길을 걸었고 이 방면의 이식은 입헌활동에 비해 더 멀리 나갔다.[1312]

비교헌법학방법 운용의 비교대상이 소련의 헌법제도와 헌법이론으로 일색이 되면서,
헌법학방법 운용의 기본입장, 기본관점 및 기본지식구조를 포함한 소련의 헌법학이
중화인민공화국 성립 후 중국헌법학의 건립과 발전에 중대한 역할을 하였다. 하지만 그것은
전통적 헌법학 입장과 배치되는 나쁜 결과를 초래하였다. 소련헌법학의 가장 선명한 특징은
헌법학의 의식형태화, 그리고 헌법의 계급의지를 강조하고 자산계급헌법 제도와 이론을
철저히 부정한 것이다. 그렇기 때문에 극히 강한 교조성, 이론체계의 폐쇄성 등의 특징들이
나타났다. 이러한 특징들은 중화인민공화국이 성립된 후 30여 년간의 헌법학 연구에서
갈수록 뚜렷하게 체현되었다. 1957년 반우파 투쟁부터 시작하여 '문화대혁명'이 끝나기까지
이러한 특징은 이른바 '헌법학' 방법의 운용에서 여지없이 드러났다. 물론 이러한 상황은,
한 방면으로는 소련헌법학의 도입에 의해 더 심해졌지만, 다른 한 방면으로는 소련헌법학
방법체계와 지식체계가 중화인민공화국 성립 초기 헌법학의 의식형태화의 필요와
맞아떨어졌기에 독점적인 비교대상이 되었다는 점도 생각해야 한다. 더 깊이 말하면
소련의 헌법제도와 헌법이론을 편향적으로 비교함으로써 발생된 영향은 일종의 객관적
효과이면서 또 일종의 주관적 목적이기도 했다.

---

1312) 이수청(李秀淸), 「1950년대에 중국이 소련의 헌법을 이식한 실천과 이론」, 『화동법률평론』 제1권,
    법률출판사, 2002, 44, 48쪽.

비교법의 운용은 모종의 정도에서 헌법학자가 헌법학에 대한 관방의 철저한 의식형태화의 주관적 목적을 감소시키는 일종의 방식이기도 하다. 어느 학자는 다음과 같이 생각하였다. 소련 법률저작의 도입의 효능은 제도에 대해 직접적인 추진역량이 있었다고 하기 보다는 전 세대 법학자들로 하여금 신 정권이 자리를 잡은 후 법제를 추구하지 않은 시대에 의연히 법률에 관련되는 일을 할 수 있게 했다고 하는 편이 나을 것이다. 일부 소련저작의 번역에는 일부 소련법학가가 중국에 와서 한 강연도 포함되어 있는데, 20년대에 건설한 법제에 기초한 강렬한 내적 동력이라고 하기 보다는 전방위적으로 '큰형님'을 따라 배우는 과정에서 일종의 상황에 맞추기 위해 억지로 쓴 글이라는 것이 나을 것이다. 헌법학의 비교연구보다 더 관심을 받은 것은 소련의 기술, 특히 군사공업과 중공업 방면의 기술을 들여오려는 절박한 심정이었던 것이다.[1313] 이런 의미에서 소련헌법학이 비교헌법학의 연구대상을 농단한 것이 중국헌법제도와 헌법학에 가져다 준 객관적 영향에 대해서도 절대화되었다고 추측을 할 필요가 없다.

### (3) 순수한 의식형태적 표현

이른바 순수한 의식형태적 표현이란 학자가 중립적인 각도에서 헌법제도 등 헌법현상을 분석하거나 비판하는 것이 아니라, 단순하게 미리 관방의 입장, 사유와 언어를 가지고 목적이 있게 헌법학 연구를 전개하며 헌법학현상에 대한 반성과 비판을 포기하는 것을 말한다. 각국의 헌법제도와 헌법이론은 모두 각기 다른 정도에서 각기 다른 방식으로 전개하는 의식형태적 표현이라고 볼 수 있다. 헌법규범은 정치공동체의 가치공통의 인식을 담고 있고 특정된 실정헌법질서의 헌법이론에 상대되는 의식형태에 부착되어 있다. 하지만 헌법이론의 표현은 필경 의식형태 자체의 표현은 아니다. 두 가지 표현이 동등한 것은

---

1313) 하위방(賀衛方), 「1949년 후 중국의 법률번역」, 『중국정법대학학보』 1기, 2007(창간호).

순수한 의식형태의 표현이 헌법학 언어를 압도하고 헌법학 언어를 대체한 것인데, 그것은 바로 중화인민공화국 성립 후 30여 년간 헌법학방법 운용에서 만들어진 특징이다. 상술한 기타 특징은 모두 여기에서 그 원인을 찾을 수 있다.

이러한 표현방식은 헌법학방법 운용 과정의 해석능력과 서술적 매력에 극히 큰 영향을 끼쳤고 그것을 결정하기까지 했다. 이 시기 헌법과 헌법학의 정치 의식형태는 바로 인민민주독재, 무산계급독재인데, 이러한 사상은 헌법학에서 조금도 숨김이 없이 직접 서술되었다. 필자가 '독재헌법학'이라는 말로 그 시기 헌법학방법의 운용 상황을 개괄한 것은 바로 이러한 뜻에서이다. 정치구호식의 서술풍격으로 된 논문 제목은 아주 많았다. 이를테면 「인민민주독재를 공고히 하여 우리 조국을 위대한 사회죽의국가로 건설하자」[1314], 「파리코뮌원칙의 또 한 차례 승리 -파리코뮌 84주년을 기념하여」[1315], 「마르크스-레닌주의 국가학설을 지키기 위해 싸우자」[1316], 「계급분석방법은 무산계급혁명자의 투쟁 무기」[1317] 등이다. 이러한 현상은 1957년 후의 글에서 더구나 뚜렷하고 보편적으로 나타났다. 1958년 후의 국가법 논문에서 의식형태적 표현은 기본상 이미 헌법학의 문턱을 완전히 허물었다. 상술한 계급분석방법은 의식형태식의 표현방식을 상징하는 방법이었고 마르크스-레닌주의는 그것의 지도사상이었다. 방법의 특징으로 보면 마르크스-레닌주의에 기초하였고 계급분석방법, 경제분석방법, 역사분석방법 등 법학연구가 확립한 세 가지 기본 방법은 전통헌법학 및 현대헌법학의 모종의 방법과 대응관계를 가지고 있다. 계급분석방법은 헌법사회학방법의 하나의 자유형(子類型)에

---

1314) 채운령(蔡雲岭), 「인민민주독재를 공고히 하여 우리 조국을 위대한 사회죽의국가로 건설하자」, 『중국정법대학학보』 1기, 2007(창간호).

1315) 웅석원(熊錫元), 「파리코뮌원칙의 또 한 차례 승리 -파리코뮌 84주년을 기념하여(巴黎公社的原則以此又一次地勝利了)」, 『정법연구』 2기, 1954.

1316) 채운령(蔡雲岭), 「마르크스-레닌주의 국가학설을 지키기 위해 싸우자(爲保衛馬克思列寧主義的國家學說而鬪爭)」, 『정법연구』 4기, 1958.

1317) 유파(劉波), 「계급분석방법은 무산계급혁명자의 투쟁무기(階級分析方法是無産階級革命者的戰鬪武器)」, 『정법연구』 4기, 1960.

속하고 경제분석방법은 헌법경제학과 혈연적관계가 있으며 역사분석방법은 법사학방법과 근사하다. 하지만 양자 사이의 구별도 뚜렷하다. 그것은 우선, 마르크스-레닌주의 지도하의 이러한 방법은 헌법현상을 분석하고 해석하는 과정에서 가치입장이 선명하게 먼저 결정되어 있어서, 모든 분석과 연구 활동은 이미 정확한 것으로 만들어 놓은 관점의 정확성을 증명하려는 것이 목적이고 실정제도의 합리성을 위해 방백(傍白)을 하는 것으로 체현된다. 그 방법운용에서의 가치선정성(先定性)은 헌법사회학, 헌법경제학, 법사학 방법운영에서의 가치중립성의 노력과 선명한 대비를 이룬다. 계급분석방법은 가장 선명하게 의식형태적인 입법의 지향에서 헌법사회학방법의 과학실증의 속성을 없애고 일종의 '증명'과 '변호'를 목적으로 하는 방법이 되었다.[1318] 다음으로, 마르크스-레닌주의 지도하의 이러한 방법과 그에 대응되는 방법의 구별은 또 다음과 같은 것에서도 체현된다. 전자의 방법 운용에서 기초적 원리가 되는 순수성, 즉 비교적 순수하게 마르크스-레닌주의 기본원리에 근거하여 그것에 어긋나는 관점과 원리를 배척한다. 하지만 일반의의상의 헌법사회학, 헌법경제학, 법사학 방법은 각자 대응되는 관심 영역에서 비교적 개방적으로 대응되는 교착 학과의 여러 가지 방법, 관점을 참고로 하는데, 이런 의의에서 말하면 마르크스-레닌주의 지도하의 방법의 분별은 이러한 대응방법 중 하나의 계열이다. 다른 것이라면 마르크스-레닌주의는 의식형태를 위해 봉사하는 하나의 이론적 기초로서 그것은 방법의 운용에서 뒤흔들 수 없는 지위를 가지고 있다는 점이다. 『정법연구』의 '원고모집'에 열거된, 환영하는 '저작 혹은 번역' 중 한 가지는 바로 '국가와 법률에 관한 마르크스-레닌주의 이론과 역사연구'이다.[1319] 마르크스-레닌주의 국가학설은 이 시기 헌법학문헌에 대한 논술에서 피할 수 없는 내용이 되었다. 이러한 내용을 전문 논술한 문헌들도 적지 않았는데 이를테면 하사경(何思敬)의 「마르크스의 국가와 법권

1318) 양성의(梁成意), 「중국헌법학방법론의 전환을 논함(論中國憲法學方法論的轉型)」, 『상법연구』 3기, 2007.
1319) 「정법연구 원고모집 간약」, 『정법연구』 1기, 1954.

학설(馬克思的國家與法權學說)」(『정법연구』 1954년 제1기), 채운령(蔡雲岭)의 「마르크스-레닌주의 국가학설을 지키기 위해 싸우자(爲保衛馬克思列寧主義的國家學說而法硏究)」(『정법연구』 1958년 제4기), 제니스프(杰尼索夫)의 「사회주의혁명과 무산계급독재에 관한 마르크스주의 학설의 승리(馬克思關于社會主義革命和無産階級專政學說的勝利)」(『정법역총』 1958년 제5기) 등이다. 마르크스주의 지도하의 소련헌법학은 배타적 성격의 총애를 받았고 전체 비교헌법학 운용의 대상이 되면서 중국 헌법학의 의식형태적 특징과 서로 인과관계를 가지고 있었다. 소련헌법학의 도입은 법학의 의식형태화의 유일한 원인은 아니지만, 법학의 의식형태화가 깊게 뿌리를 내릴 정도로 발전한 것은 중국에 먼저 들어와 무엇도 대체 할 없는 지위에 오른 소련헌법학과 관련이 없는 것은 아니다.[1320]

순수한 의식형태의 표현으로서 헌법학이 관심을 가진 중점은 당연히 의식형태의 내용이었지, 전통헌법학을 관심 초점으로 삼는 헌법규범 혹은 헌법본문이 아니었고 헌법에 관한 각종 유형의 사회현상도 아니었다. 그렇다 보니 규범을 이탈하고 사회현실을 벗어난, 의식형태의 내용에 대해 일반적으로 담론하는 현상이 헌법학방법의 운용에서 어쩔 수 없이 출현하였다. 하지만 헌법학방법의 운용에서 이론을 실제에 연결하는 것에 대해서는 여러 차례 강조되었고 줄곧 중단되지 않았다. 1965년의 네 번의 잡지 발행 중 매 기마다 이론과 실제를 연결하는 것에 관한 두 개의 전문 란이 설치되었다. 하나는 '마오 주석의 저작을 학습, 활용하는 전문 란'이고 다른 하나는 '법학연구, 정법교학에서 이론과 실제를 연결하는 방침에 관한 필담'이었다. 이 두 개의 전문 란에는 4기로 나누어 각각 16편의 글과 14편의 글을 실었는데 기본상 학과를 나누지 않은 추상적 설교였고 직접 법학연구에 관련되는 글은 왕원찬(王文燦)의 「법학연구사업은 당연히 이론을 실제에 연결시키는 방침을 견지하고 관철해야 한다(法學硏究工作應該堅持觀徹理論關係實際的方針)」(『정법연구』 1965년 제1기)와 이원학(李文學)의 「실천은 법학연구의 가장 훌륭한

---

1320) 방류방(方流芳), 「중국법학교육관찰」, 『비교법연구』 2기, 1996.

과당이다(實踐是法學硏究的最好課堂)」(『정법연구』 1965년 제3기) 등 두 편이었다. 장우어(張友漁)의 『연구방법에 관한 약간의 의견』은 하나의 전형적인 글인데, 이 글은 전 편에 걸쳐 이 문제에 대해 논술하면서 다음과 같이 생각하였다. 이론과 실제의 관계에서 "이론은 실제를 분석하는 무기이지만 이론이 실제를 떠나면 교조가 된다." 양자의 연결은 바로 "마르크스-레닌주의, 즉 변증유물주의와 역사유물주의라는 이 이론을 무기로 삼아 실제 문제를 분석하고 실제로부터 출발하여 구체적 문제를 구체적으로 분석하는 것으로, 실제문제로부터 출발하지 않고 실제경험을 종합하지 않으면서 서재에 앉아 책만 파고드는 것은 개념을 우롱하는 것으로서 당연히 정확한 연구 결과를 얻을 수 없다." 그렇기 때문에 "서재에서 나와 실제와 접촉하고 조사연구를 하면 연구의 결과가 완전히 달라질 것이다. 능수능란하게 표면현상, 가상과 사물의 본질, 그리고 정면적 경험, 반면적 경험과 부분적 정면경험, 부분적 반면경험을 분별해야 한다." 법에 대한 구체적 인식에서 "사회주의국가의 법은 공동한 특징을 가지고 있지만 사회주의 국가의 상황이 똑같지 않기에 공동특징에는 또 각자의 특징을 가지고 있으며, 한 사회주의국가 내부라도 각각 발전단계의 구체적 상황에 따라 법도 완전히 같을 수 없다"는 것을 인식하도록 노력해야 한다.[1321]

자신의 의식형태 내용의 정당성과 정확성을 지키기 위해, 이 시기의 헌법학은 비아족류(非我族類)의 헌법학관점에 대하여 고도의 경각심을 유지하면서 의식형태의 방식으로 비판을 전개했다. 1953년 4월에 정식으로 성립된 중국정법학회는 장정에 다음과 같이 명확하게 강조하였다. "자산계급의의 반 인민, 반 과학의 정치, 법률 관점을 비판하는 것"은 학회의 중요한 종지 중 하나이다.[1322] 법학연구사업의 '당성원칙'과 계급분석방법의 한 가지 요소는 바로 "마르크스-레닌주의를 왜곡하는 각양각색의 현상에

---

1321) 장우어(張友漁), 「연구방법에 대한 약간의 의견 -사회주의단계 법의 성질과 작용 문제 좌담회에서 한 발언 요지」, 『정법연구』 기, 1962.
1322) 『중국법학회 역사 연혁』 참조.

대하여 단호하게 투쟁하며 자산계급의 허위과학을 무정하게 폭로하는 것"이다. [1323)

『정법연구』는 '원고모집'에서 "구 국가, 구 국가학설, 구 법제, 구 법학에 관한 비판"을 환영하는 원고에서 명확하게 열거했다. [1324) 『화동정법학보』의 '원고모집'에도 마찬가지로 "자산계급의 정치법률학설에 대해 연구하고 비판(국민당반동파의 국가와 법의 학설에 대한 비판 포함)"한 원고를 환영한다고 명확하게 표시하였다. 비판성은 독재헌법학방법 운용의 하나의 중요한 특징이었다. 언어의 서술에서 전투적이고 제목에서는 '반박', '비판', '반동' 등의 어휘들이 자주 나오고 비판의 대상은 비교적 많은 유형의 내용으로 가득 차 있었다. 1966년에 정간되기 전 『정법연구』에 발표된 내용에는 자산계급헌법사상에 대한 개괄적 비판, 이를테면 엄경요(嚴景耀)의 「자산계급헌법의 허위성과 위기(資産階級憲法的虛構性與危機)」(『정법연구』 1954년 제2기), 담숙변(譚叔辯)의 「자산계급헌법 비판 토론 제강(批判資産階級憲法的討論提綱)」(『정법연구』 1954년 제3기), 「자산계급정치법률사상과 철저히 결렬하고 법학연구사업의 대약진을 이루자(同資産階級正置法律思想徹底決裂法學研究工作來個大躍進)」(『정법연구』 1958년 제3기), 주경방(周景芳)의 「우리의 영광스러운 전통을 발양하여 정법사업에서의 자산계급 법률사상을 숙청하자(發揚我們的光榮傳統, 淸除政法工作中的資産階級法律思想)」(『정법연구』 1958년 제6기), 당일인(唐一人)의 「자산계급국가 '배심제도'에 대한 비판(對資産階級國家'陪審制度'的批判)」(『정법연구』 1956년 제1기), 강수화(康樹華)의 「자산계급'3권분립'학설의 허위성과 반동본질(資産階級'三權分立'學說的虛僞性和反動本疾)」(『정법연구』 1959년 제6기) 등이 있고 수많은 글들은 전문 미국헌법제도의 여러 관절을 겨냥하여 비판을 전개했다.

이를테면 구양도(歐陽濤)의 「제국주의국가에서의 자산계급헌법의 철저한

---

1323) [소련] 耶夫根尼耶夫, 「과학연구사업을 어떻게 진행할 것인가」, 『화동정법학보』 1기, 1956.
1324) 「정법연구 원고모집 간약」, 『정법연구』 1기, 1954.

파산」(『정법연구』 1959년 제4기), 오뢰(吳磊), 진계무(陳啓武)의 「흑인에 대한 미국의 종족기시(美國對黑人的種族歧視」(『정법연구』 1963년 제3기), 허숭덕(許崇德)의 「미국대통령의 반 인민 본질(美國總統的反人民本質」(『정법연구』 1964년 제1기), 화쉐스(華學思)의 「존슨의 '민권자문(民權咨文)'은 세상을 속이고 인민을 미혹시키려는 수작(約翰遜的'民權咨文'是欺世惑衆的大騙局」(『정법연구』 1965년 제1기), 이호배(李浩培)의 「인민의 기본권과 자유에 대한 미국대통령 행정명령의 유린을 논함(論美國總統行政命令對人民基本人權和自由摧殘」(『정법연구』 1962년 제2기) 등이다. 그리고 과감하게 서방법학명가의 헌법사상에 도전한 비판도 있다. 이를테면 양옥청(楊玉淸)의 「파운드-실용주의법학의 중국에로의 전파자-파운드'학설'에서의 몇 개 관점에 대한 초보적 비판」(『정법연구』 1955년 제3기), 고수이(高樹異)의 「독점자산계급을 위해 봉사하는 현대 '신자연법'학설(爲壟斷資産階級服務的現代'新自然法'學說)」(정법연구 『 1963년 제4기), 구웨이슝(顧維熊)의 「반동적 파우더실용주의법학사상」(『정법연구』 1963년 제3기), 장홍생(張弘生), 왕림(王林)의 「오히겐 에를리히(艾爾力許)의 사회학법학, 자유법학의 반동본질(艾爾力許的社會學法學, 自由法學的反動本質)」(『정법연구』 1963년 제4기), 왕역정(王繹亭), 고유웅(顧維熊)의 「레옹 뒤귀의 사회연재주의 반동국가관」(『정법연구』 1965년 제4기) 등이다. 독재헌법학은 중화인민공화국 성립 전의 구법 사상에 대한 비판에서 더구나 철저했다. 이를테면 수융칭(蕭永淸), 캉수화(康樹華)의 「구법관점의 반동성 및 그 위해(舊法觀點的反動性及其危害)」(『정법연구』 1958년 제4기), 정사오원(鄭紹文)의 「신, 구 법의 계선을 반드시 철저하게 갈라야 한다(必須徹底劃淸新舊法的界限)」(『정법연구』 1965년 제4기), 이달(李達)의 「호적의 정치사상비판」(『정법연구』 1955년 제1기), 장진반(張晋藩)의 「헌법문제에 관한 호적의 학설을 비판한다(批判胡適關于憲法問題的學說)」(『정법연구』 1955년 제4기), 장진반의 「국가문제에 관한 호적의 집중망언을 비판한다(批判胡適關于國家問題的執中謬說)」(『정법연구』 1956년 제2기), 완펑(萬峰)의 「중국국가문제에 관한 양수명의 반동관점을 비판한다(批判梁漱溟對于中國國家問題的反動觀點)」(『정법연구』 1956년 제1기) 등이다. 1958년 후, 자산계급우파분자의 잘못된 이론(謬論)과 수정주의가 새로운 비판의 중심이 되었고, 1958년도의 『정법연구』에는 '자산계급우파분자의 잘못된 이론에 대한 반박', '수정주의에 대한 비판' 글의 대다수를 차지했다. 위에서 서술한 바와 같이 이 시기에 희소하기는 했으나 서방의 저작을 출판한 동기는 서방자산계급의 헌법사상을 비판할 과녁을 세우기 위한 데 있었다.

보다 전형적인 실례는 1956년에 양조룡(楊兆龍)이 『화동정법학보』에 「법률의 계급성과 계승성」이라는 글을 발표하여 당시 법률의 계급성 연구에서의 '몇 가지 정확하지 않거나 옳은 듯 그른 견해'에 대해 비판하였는데, 반우파 운동이라는 배경 하에 이 글에 대해 비판한 작자의 글들이 눈꽃처럼 날아들었다. 『법학』(『화동정법학보』가 1957년 후에 『법학』으로 이름을 고쳤음)을 예로 들면, 1957년에 발표한 글에서 전 3기는 이 문제에 대하여 그래도 비교적 순수한 학술적 의의에서 토론을 벌였는데, 방금(方今)의 「법의 계급성과 계승성을 논함(也談法的階級性和繼承性)」(제2기), 양봉(楊峰)의 「법의 계급성의 통일성을 논함(論法的階級性的統一性)」(제2기), 매내한(梅耐寒)이 정리한 「법의 계급성과 계승성에 대한 토론(關于法的階級性和繼承性的討論)」(제2기), 만산(萬山)의 「조국법을 계승하는 유산론'을 반박함(駁'繼承祖國法的遺産論')」(제3기), 곽자소(郭宇昭)의 「법의 계승성 약론(略論法的繼承性)」(제3기) 등이 발표되었다. 하지만 제4기 이후에는 이러한 토론이 공격성이 비교적 강한 비판으로 변화했는데, 이에 관련한 글들로는, 양봉의 「양조룡이 법률 정의를 뜯어 고친 본질을 논함(論楊兆龍改法律定義的本質)」(제5기), 반념지(潘念之)의 「양조룡의 법률의 계승성에 관한 유론을 반박함(駁楊兆龍關于法律繼承性的謬論)」(제6기), 메이원츄(梅文秋)의 「양조룡이 법률의 계급성을 부정한 반동성(楊兆龍否定法律階級性的反動性)」(제6기), 부계중(傅季重)의 「양조룡의 '법률의 정치성을 지나치게 강조하면 그것이 전문성과 과학성이 경시된다'는 유론을 반박함(駁楊兆龍'過分强調法律的政治性忽視了它的專門性和科學性')」(제6기), 이중성(李仲成)의 「숙반운동에 대한 우파분자 양조룡의 모독을 반박함(駁斥右派分子楊兆龍對肅反運動的誣蔑)」(제6기), 매내한(梅耐寒)의 「양조룡-장가의 충신, 파운드의 신도(楊兆龍-蔣家忠臣, 龐德信徒)」(제4기), 립형희(笠型熹)의 「우파분자 양조룡의 잘못된 논리에 속지 말자(不要被右派分子楊兆龍的謬論所欺騙)」(제6기), 「상해 법학계 우파분자 왕조시(王造時), 양조룡(楊兆龍)의 반당언행을 적발, 비판(上海法學界繼續駁斥右派分子王造時, 楊兆龍反黨言行)」(제4기), 「상해법학계 우파문자 왕조시, 양조룡을 계속 반박(上海法學界繼續駁斥右派分子王造時, 楊兆龍)」(제5기), 「법학계 양조룡의 잘못된 논리을 깊이 있게 비판(法律界深入批判楊兆龍的謬論)」(제6기) 등이다.

제5절

헌법학방법의 운용 상황(2)

법제가 황폐하던 상태는 '문화대혁명'의 종결과 더불어 끝나게 되었다. 그것에 대응하여 헌법학연구는 잘못된 것을 바로잡는 것과 더불어 회복되면서 새로운 페이지로 넘어갔다. 이 과정은 1978년에 헌법을 전면적으로 수정할 때 이미 시작되었다. 하지만 '두 가지 무릇' 사상은 여전히 청산되지 않았고 '무산계급독재 하에 계속적 혁명'의 관점이 여전히 존재했으며 '계급투쟁을 기본 고리로 하자'는 구호는 여전히 헌법에 보류되었다. 그렇기 때문에 이 시기 헌법학의 발전은, "잘못된 것을 바로 잡는 '회복시기'에 처해 있었고 여전히 일종의 발전을 절박하게 기다리는 맹아상태에 처해 있었다."[1325] "1982년 헌법의 반포를 전후하여 거의 20여 년 동안 적막에 묻혀 있던 헌법학의 가치가 다시 사회적 인정을 받았고, 무릇 중국의 발전과 운명에 관심이 있는 사람들은 모두 헌법제도와 헌법학의 발전과 변화에 눈길을 돌렸다."[1326] 1982년 헌법의 반포는 그 후 헌법학 연구에 상대적으로 안정된 텍스트의 기초를 제공해 주어 헌법학 연구방법의 방향을 바꾼 하나의 상징이 되었다.

필자는 이러한 전향을 독재헌법학에서 해설헌법학으로의 전향이라고 부른다. 50년대 후기에 계급분석방법의 과도한 확대 및 헌법학이 순수한 의식형태의 표현으로 전락된 등 경험의 교훈[1327]에 비추어 이 단계의 헌법학은 첫 시작부터 독재헌법학의 부속성에서

---

1325) 한대원, 「개혁개방 30년과 중국헌법학연구의 진전(改革開放30年與中國憲法學硏究的進展)」, 『개혁개방 30년 중국 공법학의 발전 심포지엄 논문집』, 중국정법대학 주최, 2008년 6월.

1326) 「중국헌법학연구 30년: 역사 맥락과 학술자주성」, 『중국법학』 5기, 2008.

1327) 각 학과의 발전은 모두 이와 유사한 반성활동이 있었다. 후 30년의 학술연구는 전 30년에 대한 반성, 특히는 방법론에서의 반성을 기초와 기점으로 하고 점차 정치독단과 학술연구에서의 교조주의사상의 교란을 폐지하였다. 유서광(劉曙光), 「30년 학술 발전의 몇 개 주요 특징」, 『운몽학간』 4기, 2008.

벗어나려고 의식적인 노력을 하였다. 하지만 제67조 제1항에서 전국인민대표대회 상무위원회에 부여한 '헌법 해석, 헌법실시'는 확실하게 운행되지 못했고 관련 절차와 제도의 설계가 미비했으며 헌법학 학술전통의 누적은 시일이 걸려야 했다. 그렇기 때문에 정치언어의 포위 속에서 학과의 독립성을 확립하려는 노력은 단번에 이룰 수 있는 것이 아니었다. 1982년 헌법이 반포되면서부터 오늘에 이르기까지 헌법학방법의 운용 상황을 살펴보면 해설(解說)성 헌법학의 방법이 통설적인 지위를 차지했다. 이 헌법학방법론의 형태는, 한 방면으로는 독재헌법학을 벗어났지만 여전히 일부 영향이 남아있었다는 것이고, 다른 한 방면으로는 바야흐로 해석(解釋)성헌법학으로 나아갔지만 아직 성과는 없었다는 것이다. 독재헌법학에서 해석성헌법학으로 나감에 있어서, 만약 단번에 이룰 수 없다면 해설성헌법학은 반드시 거쳐야 할 과도형태가 된다. 해설성헌법학이 주도적 지위를 차지한 총체적인 상황에서, 1990년대 후기 이래, 특히 21세기에 들어선 후에 방법의 다원화 조짐이 헌법학연구에서 순차적으로 드러났고 수많은 새로운 방법의 탐색이 나타나기 시작하였다. 이러한 방법은 비록 아직 해설성헌법학 방법의 통설적 지위를 흔들지 못했지만, 헌법학연구의 지식자원과 방법자원을 풍부히 하였고 해설성헌법학에서 해석성헌법학으로의 전향을 위해 적극적인 지식누적과 방법누적을 제공하였다. 필자는 해설성헌법학 단계에 대한 고찰을 전, 후 두 가지 부분으로 나누어 전개하려 한다.


## 1. 해설성헌법학 주도하의 헌법학방법 운용 상황

그다지 타당하지 않은 비유이지만 해설과 해석의 구별은 마치 전람회에서 해설하는 아가씨의 소개와 고고학자의 해석과 같은 구별로서 해석은 심지어 고고학자가 하는 일을 초과할 수도 있다.[1328] 해설은 기본상 본문 혹은 정부가 본문을 위해 설정한 의의 구조에 대하여 그대로 옮겨오는 식의 설명 혹은 서술로서 해설방안에 대한 해설자의 가치입장의 영향을 포기하거나 거절하면, 그것은 헌법해석학에서의 주관원의설(主觀原意說)과 비슷하다. 이러한 각도에서 보면, 해설성헌법학은 헌법해석학과 일정한 유사성이 있다. 하지만 양자는 본질적인 구별이 있다. 해설성헌법학은 또 '증명성헌법학'이라고 부를 수도 있는데, 헌법학 연구에서 한 방면으로는, 헌법 자체가 이미 존재하는 진리로서 운용, 실천 중의 헌법현상을 증명해주며 객관상 실존헌법질서 중의 규범요소를 채취하여 헌법의 발전을 촉진하는 것을 포기한 것이고, 다른 한 방면으로는, 헌법규정 자체를 실천속의 헌법현상과 동등하게 하는 것으로 외적인 정치명제의 정확성을 증명하면서 헌법규범을 통하여 정치활동을 조절할 수 있는 가능성을 포기하고 완전히 정치에 복종하였다. 그 사유는 아래와 같은 그림으로 보여줄 수 있다.

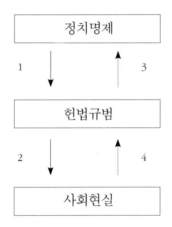

도표 11) 해설성(증명성)헌법학에서 정치명제, 헌법규범과 사회현실의 관계도

---

1328) 임래범(林來梵), 정뢰(鄭磊), 「이른바 '규범을 둘러싸고'-구범헌법학의 방법론을 재차 논함」, 『절강학간』 4기, 2005.

해설성헌법학은 화살표 1, 2의 관철, 실현 기능과 화살표 3, 4의 증명 기능에 치중하고 화살표 3, 4의 반포(反哺), 발전 기능을 소홀히 한다. 그렇기 때문에 해설성헌법학은 실천성을 구비하지 않고 오로지 일종의 단순하고 편향적인 확인뿐으로 의식형태를 선전하는 한 부분이고 표현 방식에서도 '문화대혁명' 분위기의 영향을 받아 논증식이 아니라 독단식의 표현풍격을 채용하였다. 그것과는 달리 헌법해석학은 비록 똑같이 실정헌법질서를 기초와 울타리로 하고 있지만 그것을 고수하지 않았기에 실존헌법 질서에서 규범적인 내용을 추출하여 헌법의 발전을 실현하는 것을 포기하지 않았다. 더 나아가서 말하면 해설성헌법학은 일종의 해설자의 주체성이 결여된 방법론 운용이라면, 해석성헌법학은 해석자의 주체성이 갖추어진 방법론의 운용이었다.

### (1) 보통방법의 무 특정성 상황

'근본방법-보통방법-구체방법'은 해설성헌법학 방법론의 상황을 고찰할 수 있는 하나의 분석 구조이다. 이른바 헌법학의 근본방법이란 헌법학의 사상 전제를 가리킨다. 이를테면 연구방법의 운용에서의 사실과 가치, 실존과 당위성을 분리하거나 혹은 양자를 하나로 녹여 운용하거나 혹은 '마르크스주의 헌법학의 연구방법'을 채용하는 것을 강조하는 것이다. 헌법학의 보통방법이란 헌법학연구에서 흔히 사용하는 방법 같은 것이다. 이를테면 계급분석방법, 역사분석방법, 비교분석방법 같은 것이다. 근본방법과 보통방법은 뗄 수 없는 관계이다. 전자는 후자의 구체 내용을 결정하고 후자는 전자의 제약을 받는다. 하지만 양자는 또 서로 다른 품격을 가지고 있다. 일반적으로 말하면, 성숙한 헌법학 방법론에서 헌법학의 근본방법은 기타 과학적 방법을 많이 참고로 하지만, 보통방법은 자체의 특정성을 포기하지 말아야 한다. 헌법학의 구체적 방법은 헌법학의 근본방법과 보통방법을 헌법학연구에 관철하는 과정에서 체현되는 구체적 수법 혹은 기교에 지나지 않는 것으로서 학술의 풍격, 품위와 특색을 직관적으로 나타낸다. 그것이 헌법학방법론의 구체적 전개형태라는 이 단계에 존재하기에 구체적이고 미묘하며 일률적으로 논의하거나 일일이 열거할 수 없다.[1329] 해설성법학의 근본 방법은 '마르크스헌법학의 연구방법'인데 그것은 서술상에서 독재헌법학과 구별이 없다. 하지만 다른 것은 후자가 방법 운용에서 계급분석방법을 편면적으로 강조한다는 점이다. 해설성방법은 바로 이러한 상황의 방법 운용에 대하여 반성한 상태에서 '마르크스주의헌법학의 연구방법'을 한층 더 고수했다. 이 방법은 마르크스와 엥겔스가 창립한 변증유물주의와 역사유물주의의 기초 위에 형성되었고 인식과 분석법의 본질적 속성을 위해 논리상 체계적 총괄을 제공했으며 경제, 사회와 철학의 3차원적 방법을 실현하였다. 마르크스주의법학 방법론의 주요 특징은, 법률현상을 전체 사회계통 속에 놓고 고찰하고 법률과 경제, 법률과 계급의 내적 연관을 깊게 분석함으로써 과학적 법학사유의 추상과 헌법학 이론체계의 서술방법을 형성하였다는 점으로 표현된다.[1330] 성숙한 마르크스헌법학은 다음과 같은 다섯 가지 방면의 기본 특징을 가지고 있다. (ㄱ) 마르크스주의의 과학적 세계관과 관련된 기본 원리가 헌법학 속에 침투되고 용해되어 헌법학의 유기적 조성부분과 새로운 영혼이 되었다. (ㄴ) 중국의 기본 상황에 부합되어 보다 유효하게 국가의 현대화건설과 민주법제건설을 위해 복무할 수 있다. (ㄷ) 성숙된 마르크스주의 헌법학은 당연히 이론주도형의 헌법학이다. (ㄹ) 그 전업적 기초이론은 당연히 선진적인 사상적 내용을 담고 있고 지금에 이르기까지의 인류 정치, 법률 문명의 적극적인 성과를 전부 수용할 수 있으며, 중국의 더 큰 발전에 이론적 동력을 제공할 수 있다. (ㅁ) 전업 기초이론부분과 헌법연구규범 부분은 원활하게 연결되고 유기적으로 결합되어 하나가 될 수 있다.[1331] 이와 같은 다섯 가지 방면의 기본 특징으로

---

1329) 임래범(林來梵), 「헌법규범에서 규범헌법에 이르기까지 -규범헌법학의 일종 전언」, 제7, 28, 30, 42, 48쪽 참조.
1330) 채위(蔡偉), 이기단(李其端), 「경제, 사회와 철학: 마르크스법학의 세 개 방법론 공헌(經濟社會和哲學:馬克思主義法學的三個方法論貢獻)」, 『강해학간』 1기, 2007.
1331) 동지위(童之偉), 유무림(劉茂林), 「성숙된 마르크스주의헌법학을 건설할 데 관하여(論構建成熟的馬克思主義憲法學) -헌법학의 자체 건설을 가강할 데 관한 사고」, 『법상연구』 4기, 1996.

중국 헌법학 혹은 마르크스주의헌법학을 보면 아직 성숙되지 못했다. 해설성헌법학이 성숙되지 못한 원인은 마르크스주의헌법학 연구방법 자체에 있는 것이 아니라 "마르크수주의를 정확하게 지키지 못하여 과학연구에 대한 마르크스주의의 지도적 작용을 충분히 발휘하지 못하게 한 것에 있으며 특히 그것이 강조하는 '이론과 실제의 연계'을 철저히 관철하지 못한데 있다고 보았다."[1332]

80년대부터 수많은 헌법학교과서는 헌법학의 연구방법에 대하여 계통적으로 열거하고 논술하기 시작하였다. 오가린(吳家麟)는 일찍이 네 가지 방법을 제시한 바가 있다. (ㄱ) 계급분석 (ㄴ) 역사분석 (ㄷ) 비교대조 (ㄹ) 실제와의 연계이다.[1333] 허숭덕(許崇德)는 그것을 다섯 가지 방법으로 발전시켰다. (ㄱ) 이론을 실제에 연결 (ㄴ) 본질분석(혹은 계급분석) (ㄷ) 역사분석 (ㄹ) 비교분석 (ㅁ) 계통분석이다.[1334] 이러한 방법은 모두 헌법학의 보통방법에 속하며 헌법학의 근본방법의 각도에서 보면 그것은 모두 '마르크스주의헌법학의 연구방법'에 속한다. 비록 마르크스주의의 경전 작가들은 기본상 모두 이런 정론이 없지만 해설성헌법학은 마르크스주의헌법학의 기치 아래 줄곧 이와 같은 계통적인 서술을 해왔다. 이러한 방법의 명칭 및 그것이 중국헌법학연구에서 발전해 온 여정을 보면 대부분 전통사화과학의 오랜 방법으로서 마르크스주의철학이 응용되었을 뿐만 아니라 마르크스주의 정치학, 사회학도 응용되었다. 그렇기 때문에 '사회과학의 일반적 방법'으로 보아야 하고, 특히 정치학, 법리학, 법사회학에서 모두 뚜렷하게 응용된 방법이다. 다만 이러한 방법의 운용 상황에서만 하더라도 헌법학방법의 가지고 있는 모종의 고유한 속성을 체현할 수 없는데 이것이 해설성헌법학의 '방법무특정성상황'이다.[1335]

---

1332) 오가린(吳家麟), 「마르크스주의 지도하에 법학연구의 새 국면을
　　　개척하자(在馬克思主義指導下開創法學研究的新局面)」, 『녕하대학학보(인민사회과학판)』 1기, 1983.
1333) 오가린(吳家麟) 주필, 『헌법학』, 제11쪽.
1334) 허숭덕(許崇德) 주필, 『중국헌법』, 제17쪽.
1335) 임래범(林來梵), 『헌법규범에서 규범헌법에 이르기까지 -규범헌법학의 일종 전언』, 29쪽.

이러한 '방법무특정성상황'은 독재헌법학에서 이어져 내려온 것이다. 서술상 독재헌법학도 마찬가지로 '마르크스주의헌법학의 연구 방법'을 근본적인 방법으로 하고 여러가지 보통방법을 열거한다. 다른 것이라면 독재헌법학 현실의 변화 여정으로부터 보면 계급분석방법은 편면적으로 강조되고 절대화되었으며, 기타 몇 가지도 압축되어 '사회과학의 일반적 방법'의 사용 공간에 열거되었거나 헌법학연구 자체에 존재하는 공간이 해소되었다는 점이다. 하지만 해설성헌법학은 바로 이 단계의 여정에 대한 반성에 근거하여 독재헌법학의 변화로부터 나온 것으로서 양자를 구분하는 것은 바로 계급분석방법이 보통방법 속에 처해있는 지위에 있다. 독재헌법학의 절대화와는 달리 계급분석방법은 해설성헌법학에서 하나의 평범한 보통방법으로 떨어져서 혁혁한 지위가 없을 뿐만 아니라, 그 지위는 끊임없이 떨어지는 과정을 거쳤다.

앞에서 열거한 것처럼 오가린의 네 가지 방법에서 제일 첫 번째로 놓은 계급분석의 방법이 허숭덕이 후에 출판한 교과서에서는 그 순서가 뒤로 밀려났을 뿐만 아니라 '본질분석'의 방법이라는 명칭으로 대체되었다.[1336] 비록 해설성헌법학의 전개 과정에 어떤 학자들은 계급분석방법을 헌법 연구의 기본방법으로 하는 것을 지키면서, 방법 중 제일 앞자리에 놓았다.[1337] 하지만 독재헌법학을 초월한 해설성헌법학에서 이러한 관점은 주류를 점할 수 없었다. 하지만 해설성헌법학은 '방법무특정성상황'에서 결코 독재헌법학을 초월하지 못하고 오히려 양자의 공통적인 특징이 되었다. 하지만 '방법무특정성상황'은 오히려 해설성헌법학과 해석성헌법학을 구분하는 외적인 상징이 되었다. 앞에서 서술한 '사회과학의 일반 방법'은 헌법학연구에 사용되지 못하는 것이 아니라 반대로 헌법학이 일정한 범위, 일정한 정도에서 이러한 방법을 거울로 삼는 것이 필요할 뿐만 아니라 반드시 그렇게 해야 한다. 헌법학은 헌법현상을 연구대상으로 하는데 광의적인 헌법현상에는

---

1336) 임래범(林來梵), 『헌법규범에서 규범헌법에 이르기까지 -규범헌법학의 일종 전언』, 28쪽 참조.
1337) 전군(田軍), 『헌법학원리』, 남경대학출판사 1991년 판, 제17쪽 참조.

아래와 같은 여섯 가지 요소가 포함되어 있다.

(ㄱ) 헌법규범: 주로 헌법전, 헌법성 부속문건, 헌법판례 등이 포함된다.

(ㄴ) 헌법의식: 헌법학설, 헌법사상사 및 헌법에 대한 사람들의 감각 등이 포함된다.

(ㄷ) 헌법제도: 헌법규범에 근거하고 헌법규범에 맡겨 실현하기 위해 조직한 국가와 대표기관, 행정기관, 사법기관 및 지방 공권기관 등 기관장치의 관련 제도를 가리킨다.

(ㄹ) 헌법관계: 규범, 의식과 제도 세 가지 요소를 둘러싸고 전개되는 특정된 사회관계.

(ㅁ) 규범 등 3요소의 성장 역사.

(ㅂ) 부동한 법계, 부동한 국가의 헌법규범, 헌법의식, 헌법제도 사이의 상호 차이, 상호영향 및 이러한 관계를 형성시키는 조건.[1338]

상술한 각종 헌법현상에 대하여 기타 각기 다른 사회학 학과는 모두 자체의 선택에 따라 그중 하나의 각도에서 연구를 진행한다. 이를테면 법리학, 법사회학은 헌법규범 및 헌법의식과 특정된 사회조건 혹은 배경 사이의 관계에 치중하고 정치학은 헌법규범 및 헌법의식 생성의 정치조건 혹은 배경을 분석한다. 하지만 하나의 부문법으로서의 헌법학은 반드시 그것들에 대하여 전면적으로 연구해야 한다. 일본헌법학자 나오키 고바야시(小林直樹)의 개괄에 의하면 이와 같은 전면적인 연구에는 다음과 같은 두 가지 방면이 포함된다. 한 방면은, 현실 중의 구체적인 헌법문제를 해결하기 위해 진행되는 연구인데, 이로부터 헌법영역 중의 헌법해석학과 헌법정책론 등의 영역을 포함한 실용법학이 형성된다. 다른 한 방면은, 기타 사화과학 관련 연구와 마찬가지로 헌법현상이 일종의 사회현상으로서 객관적인 인식을 하는 것인데 이로부터 헌법학원리, 헌법사회학, 비교헌법학, 헌법사 및 헌법학설사 혹은 헌법사상사 등의 영역을 포함한 이론헌법학이

---

1338) 임래범(林來梵), 『헌법규범에서 규범헌법에 이르기까지 -규범헌법학의 일종 전언』, 36쪽 참조.

형성된다. 그중, 헌법해석학 혹은 주해헌법학은 기타 학과가 미치지 못하는 영지로서 여기에서 사용되는 방법은 기타 사회학과가 구비하지 못한 특정한 방법이고 '헌법학 자체의 특유의 방법', 즉 헌법해석의 방법이다.[1339] 해설성헌법학과 해석성헌법학을 가리는 표지는 바로 이 '특유의 방법'이 성숙되었느냐 아니냐를 보는 것이다.

'사회학과의 일반 방법'은 해설성헌법학과 해석성헌법학에서 모두 운용된다. 하지만 양자는 헌법해석방법의 성숙 정도가 다르다. 그렇기 때문에 '사회과학의 일반 방법'의 운용상황이 다른 결과를 초래한다. 해석성 헌법학은 성숙한 헌법해석방법의 기초 위에서 '사회과학의 일반 방법'을 운용하는 것과는 달리 해설성헌법학은 자신의 고유한 방법이 없거나 이러한 고유한 방법이 성숙되지 못한 까닭에 기타 사회학과의 '방법론 상의 구제'에 철저히 의존하고 '단순히 모방'하는 식으로, 억지로 꿰맞추는 식으로 기타 사회학과가 그러한 방법을 운용하듯이 운용하고 자기도 모르게 그러한 학과의 모종 논점을 빌려서 헌법학의의상의 분석과 논술을 대체한다. 그렇기 때문에 한 방면으로는 해설성헌법이 '자아를 잃어버리는(迷失)' 대가를 치르게 되고 본 학과의 이론체계를 독립적으로 건립하기 어렵게 되며, 다른 한 방면으로는 헌법학의 특유한 방법으로 헌법문제를 분석하고 해결할 수 없게 되고, 헌법학 고유의 지식(智識) 공헌을 할 수 없게 된다.[1340]

## (2) 사회과학을 중요시하는 의의상의 헌법학

보통방법에서 해설성헌법학과 무특정성적으로 서로 대응되는 것은 바로 사회과학의의상의 헌법학에 대한 편중이다. 동번여(董璠興)가 지적한 바와 같이 "중화인민공화국의 헌법학은 시작부터 과학적 헌법학을 표방하였다." 이 점은

---

1339) 임래범, 위의 책.
1340) 임래범(林來梵), 앞의 책, 30~31쪽 참조.

해설성헌법학 단계에도 여전히 계속되었다. 헌법학의 과학성이 비록 헌법학의 한 중요한 방면이기는 하지만 결코 전부는 아니다. 둥판위는 1980년대 말에 이러한 인식의 편차에 대하여 다음과 같이 예리하게 지적하였다. 헌법학의 두 부문(헌법해석학과 헌법과학)에서 "헌법해석학은 본문을 인식하는 데로부터 시작하여 해석자의 입장에 의해 결정된 가치판단"의 영향을 받았다. 만약 "헌법주해학을 헌법과학으로 볼 때, 비단 헌법주석학의 방법, 성질, 의의, 작용, 한계가 명확하지 않을 뿐만 아니라 헌법과학에 대한 방법, 성질, 필요성 등도 아직 인식하지 못했다." 헌법해석학이 '헌법전주석(憲法典註釋)', '헌법규범해석'의 방식을 채취하고 본문을 '한계'로 한 실천이기에 상호 대립되는 해석에서 어느 것이 정확한 것인가는 어느 것이 보다 법전과 법률조항에 더 충실한가에 의해 결정된다. 헌법전, 헌법규범에 근거하지 않고 제시된 역사적, 사회적 혹은 정치적 주장은 '정치론', '정책론' 혹은 '입법론', 즉 헌법과학이라고 할 수 있다. 헌법과학은 또 '사회과학의 헌법학'이라고 부를 수 있는데, 그 개념 체계는 생산관계-계급관계-헌법관계, 경제기초-상부구조(정치-헌법), 헌법관계-헌법의식-헌법규범-헌법제도이다. 헌법제도는 헌법규범의 존재를 전제로 하고 헌법규범은 헌법의식을 매개로 하며 또 '헌법관계', '계급관계', '생산관계' 등에 반작용을 하는 관계이다.[1341] 해설성헌법학은 비록 이러한 범주에 대하여 많이 노력하긴 하지만 헌법해석학이야 말로 본의의 헌법학이고 기타 의의상의 헌법학은 그 기초 위에서 전개되어야 비로소 발원지가 있는 물이 될 수 있다. 그렇기 때문에 완미화한 헌법해석학을 기초로 하지 못한 헌법학의 번영은 아직 "헌법학자들의 노력을 기다려야" 하거나 '아직 사회과학으로서의 헌법학으로 존재하지 않는다."[1342]

하지만 사회과학으로서의 헌법학이 아직 성숙되지 못한 원인에 대하여 해설성헌법학은, 헌법해석학의 공석(缺位)에 있다고 인정하는 것이 아니라, 반대로 헌법 본문과 헌법 관련

---

1341) 동번여(董璠輿), 「중국헌법학 40년」, 『정법론단』 5기, 1989.
1342) 동번여, 「중국헌법학 40년」.

정책에 대하여 방백(傍白)적 주석을 다는 상황이 바로 해설성헌법학의 원래 모습이며 이러한 연구 상황을 바꾸는 출로는 사회과학으로서의 헌법학으로 매진하는 것이라고 생각했다. 어떤 학자가 지난 세기 말에 말한 것처럼 "신세기에 중국법학은 반드시 주석법학에서 이론법학으로 업그레이드 될 것이다."[1343] 또 어떤 학자는 연구 상황과 전진방향에 대하여 "그러나 지금까지는 기본상 주석헌법학이었고 헌법과학 혹은 사회과학 헌법학의 번영은 헌법학자들의 노력을 기다려야 한다"[1344]고 더 분명하게 개괄하였다.

### (3) 학과 독립성을 얻기 위한 노력은 여전히 계속되고 있다

무특정성의 보편방법 및 사회과학을 중요시하는 의미로서의 헌법학과의 상호 연광이 있는 것으로, 해설성헌법학이 기타 과학의 전업으로부터 독립된 헌법학을 형성하지 못했다. 어느 학자가 평가한 것처럼 해설성헌법학은 주로 정력을 헌법에 대한 방백(旁白)과 선전에 들여서 헌법학의 '주석성'을 조성했고 헌법학의 독립성 상실을 초래하였으며, 헌법학으로 하여금 헌법 본문에 대한 '비판' 기능을 상실하게 했고 헌법학의 품위를 떨어뜨렸다.[1345] 이것은 연구대상의 내용 분포에서 나타난다.

해설성헌법학 문헌은 관심 연구대상의 내용 분포에서 50년대의 헌법학 연구 상황과 비슷한 면들이 있었다. 즉 헌법 총론 혹은 헌법 기본이론 방면의 연구에 치중했고, 공민의 기본 권리와 의무, 국가기구 등 구체적 내용에 대한 관심이 부족했으며, 전문 테마성의 연구 저작이 많지 않았다. 비록 국가권력과 공민권리는 헌법의 두 큰 기둥으로 공민기본 권리, 국가권력에 대한 관심은 당연히 헌법학의 중심으로 되어야 했으나 중국 역사상 헌법학 전통의 여러 차례 단절 및 헌법이론 누적의 엄중한 결여로 인해 이 시기의 헌법학연구는

---

1343) 이보운(李步雲), 「21세기 중국법학전(필담)」, 『중국법학』 2기, 1994.
1344) 동번여(董璠興), 「중국헌법학 40년」, 『정법론단』 5기, 1989.
1345) 사유안(謝維雁), 「중국헌법학에 관한 약간의 사고」, 『중경삼협(三峽)학원학보』 4기, 2004.

부득이하게 고통스럽게 처음부터 다시 시작해야 했다. 이는 헌법학연구에서 대량의 정력을 헌법의 기본이론 소개, 헌법의 기본가치 선양 및 헌법의 기본구조 확립 등 기본적인 문제에 소비해야 했다. 『중국법률도서총목(1999-2000)』에 수록된 73부의 헌법학저작이 다룬 내용으로 보면(상세한 것은 아래 표를 참고), 중국 헌법학 연구의 총체적 내용 비율은 아주 심각하게 균형을 이루지 못했는데 그것은 실제상 헌법학발전에서의 비이성적 상태를 반영한다.[1346]

표 15) 1999년~2000년 사이 헌법학저적 내용의 비례표[1347]

|  | 헌법기본이론 | 공민의 기본 권리와 의무 | 국가기구 | 특별행정구 | 합계 |
|---|---|---|---|---|---|
| 편수 | 57 | 5 | 5 | 6 | 73 |
| 비례 | 78% | 7% | 7% | 8% | 100% |

장천범(張千帆)도 이와 비슷한 개괄을 하면서 해설성헌법학은 주로 헌법 본문이 체현한 모종의 추상적 원칙에 치중하여 해석하면서 '인민', '국가', '주권' 등 거시적 개념에 눈길을 돌렸고 방법론에서는 정체주의(政體主義)적 입장을 채용하였다고 지적하였다.[1348]

앞에서 서술한 바와 같이 방법운용 상황에서 보면 해설성헌법학은 '문화대혁명'시기에 헌법학을 순수한 의식형태로 보던 전형을 크게 벗어났다.

---

1346)  한대원, 「개혁개방 30년과 중국헌법학연구의 진전」, 『개혁개방 30년과 중국 공법학의 발전 심포지엄 논문집』, 중국정법대학 주최, 2008년 6월.
1347) 『중국법률도서총목(1999-2000)』, 법률출판사, 2002, 30~42쪽.
1348) 장천범(張千帆), 「'인민주권'에서 '인권'에 이르기까지 -중국헌법학연구 모식의 변천(從人民主權到人權-中國憲法學研究模式的變遷)」, 『정법론단』 2기, 2005.

1982년 헌법부터 '문화대혁명'시기의 의식형태적 관념이 헌법학에 대해 조성한 불리한 영향을 의식적으로 청산하기 시작하였고 헌법학 자체의 품격을 되도록 회복하려 하였다. 그런 까닭으로 1982년 헌법이 채택된 후의 헌법학 연구에서 학자들은 흔히 헌법학 자체의 논리적 내용에서 출발하여 헌법학 발전의 규범성과 자주성을 발굴하여 헌법학으로 하여금 하나의 독립된 법학 학과가 되게 하려고 노력하였다.[1349] 하지만 헌법 실천이 정치라는 포대기 속에 싸여 있는 상태가 철저히 바뀌지 못하였기에 헌법학의 독립 정도가 행헌(行憲)실천의 독립정도를 앞서 나갔다 하더라도 정치적 표현으로서 헌법학의 주해(注釋)적 방백의 색채는 완전히 가서지지 않았고 그로 인해 정치적 표현에 대한 해설성헌법학의 의존성이 나타났다. 해설성헌법학의 변화 맥락으로 말하면 그 발전 논리는 기본상 "정치화한 법학이었지 법학화한 정치가 아니었다."[1350]

## 2. 해설성헌법학 주도하의 다원헌법학방법의 순차적 출현

1990년대 후반, 특히 21세기에 들어선 이후, 방법의 다원화 조짐이 헌법학 연구에서 순차적으로 출현하면서 여러 가지 방법의 탐색이 나타나기 시작했다. 해설성헌법이 주도적 지위를 차지한 총체적 구조는 비록 바뀌지 않았지만 이러한 새로운 방법이 연이어서 탐색되고 운용되면서 몇 가지 개성이 누적되고 헌법학방법의 개성화 추세가 형성되었다. 그것은 아래와 같은 두 가지 방으로 표현되었다. 한 방면으로는, 방법론상에서 각성한 일부 학자들이 전통적인 해설성헌법이 독주를 국면을 깨뜨리고 연구방법에서 자신의 개성을

---

1349) 한대원, 「개혁개방 30년과 중국헌법학연구의 진전」, 『개혁개방 30녀과 중국 공법학의 발전 심포지엄 논문집』, 중국정법대학 주최, 2008년 6월.

1350) 사휘(謝暉), 최영남(崔英楠), 「변법(變法)과 혁리(革理) -20세기 중국법학 발전의 논리」, 『문사철』 2기, 2000.

형성시키려고 시도했다는 것이다. 이러한 추세는 단일적인 것이 아니라 각양각색의 개성이 머리를 들기 시작했고 점차 방법의 다원화 경향이 점차 형성되었다. 물론 이러한 새로운 방법들은 서로 분리되기 이려운 것이어서 학자들로 하여금 모종의 방법에 치우치거나 혹은 운용에 능숙하다 하더라도 흔히 몇 가지 방법을 종합적으로 운용하게 하였다. 다른 한 방면으로는, 이러한 개성화가 점차 누적되어 중국 헌법학이 방법론상에서 개성화의 특징을 이룸으로써 중국 헌법학 학과의 독립성을 공고히 하고 그 발전을 추진하는 방법상의 동력을 제공하였다.

이러한 방법의 개성은 고정된 이론 양식을 형성한 것이 아니라, 상식, 형성과 발전의 과정에 고르게 처해 있었다. 그렇기 때문에 그것들은 모두 엄격한 의미에서의 헌법학방법'론'을 구성하지 못했고 성숙된 방법 '학파' 혹은 '유맥(流脉)'도 구성하지 못했다. 단지 '풍격'(style, 혹은 '양식')이라는 상대적으로 적당한 명칭으로 이러한 방법론의 개성을 일컬을 수 있다. 영국 법학자 마틴 로글린(Martin Loughlin)은 막스 베버(Max Weber의)의 '이상유형'을 빌어 '풍격'에 대하여 다음과 같이 말했다. "특정된 작품에서 나타나는 모종의 정신, 문화 혹은 가치 체계이다. 작품에서 명확히 나타나지 않더라도 그것은 모종의 비 고정적이고 비 완성된 사물이다."[1351] 당시 헌법학방법론의 개성화추세, 다원화추세에서 방법의 개성에 근거하고 이러한 방법 운용자의 자칭 혹은 평가자가 운용한 지칭을 빌린다면, 아래와 같은 방법 풍격을 열거할 수 있다. 헌법해석학의 대표인물은 한대원(韓大元)[1352], 범진학(范進學)[1353], 장상(張翔); 규범헌법학의 대표인물은

1351) [영국] MartinLoughlin, 『공법과 정치이론』, 정과(鄭戈) 번역, 상무인서관, 2002, 82~83쪽.
1352) 한대원(韓大元) 와 장상(張翔) 부의 관련 성과는 한대원 등이 지은 『현대헌법해
    석기본이론』(중국민주법제시판사, 2006)에 부분적으로 수록되었다. 장상 부의 최근의 관련
    성과들로는, 「헌법학은 왜 헌법 본문을 중심으로 해야 하는가?(憲法學爲什麻要以憲法文本爲中心?)」,
    『절강학간』 3기, 2006; 「각성(Disenchantment)과 자족: 헌법해석에 대한 정치이론의 영향 및 그
    한도(法魅與自足:政治理論對憲法解析的影響及其限度)」, 『정법논단』 3기, 2007; 「헌법학: 법학방법과
    정치판단」, 『쟝수행정학원학보』 4기, 2008 등이 있다.
1353) 범진학(范進學) 의 근년의 헌법해석학 방면의 성과에는 주로, 「헌법해석주체론(憲法解釋主體論)」,

임래범(林來梵)[1354]; 법정헌법학의 대표인물은 진단홍(陳端洪)[1355], 강세공(强世功)[1356],

적소파(翟小波)[1357]; 주권헌법학의 대표인물은 주엽중(周葉中)[1358]; 보통법헌법학의

『중국법학』 6기, 2004; 「헌정과 방법: 헌법본문 제체의 해석에로 나가자 -헌법학의 연구 방법 전형」, 『절강학간』 2기, 2005; 「규범분석헌법학에서 헌법해석학에 이르기까지 -중국헌법학 여구범식 전형의 헌정의의(從規範分析憲法到憲法解釋學)」, 『하남성정법관리간부학원학보』 2기, 2005; 「대화상담과 방법다원(對話商談與方法多元) -중국헌법학 연구방법을 논함」, 『하남성정법관리간부학원학보』 6기, 2006이 있고 전문 저작에는 『헌법해석의 이론 건설』, 산둥인민출판사(2004); 『헌법해석을 올바르게 대하자(認眞對待憲法解釋)』, 산둥인민출판사(2007)이 있다.

1354) 임래범(林來梵)가 규범 법학을 창도한 대표작은 『헌법규범에서 규범헌법에 이르기까지 -규범헌법학의 일종 전언』(법률출판사 2001년 판)이다. 이 책이 출판되기 전에 린는 중국헌법학의 방법론 문제에 대하여 하나로 일관된 비교와 반성을 해왔다. 책이 출판되기 전 시기의 성과에는, 「〈현대중국헌법론〉(일본문판) 평가 - 중, 일 헌법학자들이 각자 연구한 방법과 특색을 논함(兼論中日憲法學者各自研究的方法與特色)」, 『중외법학』 6기, 1995; 「중, 일 양국 헌법학 연구 특생의 비교 탐구(中日兩國憲法學研究特色的比較探討)」, 『법학가』 4기, 1997; 「규범헌법의 조건과 헌법규범의 변동(規範憲法的條件與憲法規範的變動)」, 『법학연구』 2기, 1999; 「헌법을 위해 규범성을 부르다(爲憲法呼規範性)」, 『법학연구』 3기, 1999 등이 있다. 책이 출판된 후 린 가 내놓은 규범 헌법학에 관련된 성과들에는, 「법률학방법론 변설(法律學方法論辨說)」(鄭磊와 합작), 『법학』 2기, 2004; 「법률실증주의의 고사(法律實證主義的故事)」, 『절강학간』 2기, 2004; 「이른바 '규범을 둘러싸고' -구범헌법학의 방법론을 재차 논함」(鄭磊와 합작), 『절강학간』 4기, 2005; 「법률원칙의 사법적용을 논함 -규범성법학 방법론 각도에서의 한 개 분석(論法律原則的司法適用-從規範性法學方法論角度的一個分析)」(張卓明과 합작), 『중국법학』 2기, 2006; 「사회과학방법론에 관련한 반성(有關社會科學方法論的反思) -법학입장에서 온 발언」(翟國强과 합작), 『절강사회과학』 5기, 2006; 「헌법학사고중의 사실과 가치(憲法思考中的事實與價值)」(翟國强과 합작), 『사천대학학보』 4기, 2007 등이 있다.

1355) 진단홍(陳端洪) 의 대표작에는, 「혁명, 진보와 헌법」, 『법학연구』 6기, 2004; 「정치법의 평형결구(政治法的平衡結構)-루소의 〈사회계약론〉 중의 인민주권의 구조 원리」, 『정법론단』 5기, 2006; 「인민주권의 관념 결구(人民主權的觀念結構)-루소의 〈사회계약론〉을 다시 읽고」, 『중외법학』 3기, 2007; 「국가의 근본법과 고급법으로서의 헌법을 논함(論憲法作爲國家的根本法與高級法)」, 『중외법학』 4기, 2008 등이 있다. 관련된 부분적 글들은 논문집 『헌법과 주권』(법률출판사 2007년 판)에 수록되었다.

1356) 강세공(强世功) 의 관련 대표작에는, 「헌법사법화의 역설(憲法司法化的悖論) -겸하여 헌정 추동 중의 법학가의 곤경을 논함」, 『중국사회과학』 2기, 2003; 「입법자의 법리학에로 내딛자(邁立法者的法理學) -법률이식 배경하의 당대 법리학에 대한 반성」, 『중국사회과학』 1기, 2005; 「원전(原典), 결구와 입법의 원의 -'인대석법'의 법률기예('人大釋法'的法律技藝)」, 『중국사회과학』 5기, 2007 등이 있다.

1357) 적소파(翟小波)박사의 관련 대표작에는, 「대의기구 본위인가 아니면 사법화인가?(代議機關至上, 還是司法化)」, 『중외법학』 4기, 2006; 「대의기관본위의 인민헌정(代議機關至上的人民憲政) -중국 헌법 실시 모식의 해석성 구조: 헌법관, 행헌역사와 조문유형화를 기초로」, 『청화법학』 2기, 2007; 「헌법은 주권에 관한 진실한 규칙(憲法是關于主權的眞實規則)」, 『법학연구』 6기, 2004 등이 있다.

1358) 주엽중(周葉中) 의 관련 대표작에는, 「헌법학 이론체계의 반성과 재구성(憲法學理論體系的反思與重構)」(周佑勇과 합작), 『법학연구』 4기, 2001; 「헌정중국초론」(鄧聯繁과 합작), 『중국법학』 6기, 2002; 「헌정중국도로론(憲政中國道路論) -제4차헌법수정의 헌정해독에

대표인물은 요중추(姚中秋)[1359] 등이다. 이러한 방법론의 풍격은 당시 헌법학 방법론의 유력한 학설(說)을 구성하였다. 여기서 반드시 설명해야 할 것은, 위에서 열거한 것은 아주 편면적인 것으로서, 다만 헌법학 방법론 문제에 대해 전문적으로 논술한 일부 학자들만 열거했고, 그 수량 면에서 당시 헌법학자의 빙산의 일각만 체현하고 반영하였으며, 수많은 중요한 학자 및 중요한 학술관점은 분석구조와 분량의 제한으로 말미암아 여기에 포함되지 않았다는 점이다. 그 외 동일한 풍격에 포함된 각 학자들도 비록 비슷한 점이 있기는 하지만 주장과 방법의 풍격에서 여전히 비교적 큰 차이가 있었다.

방법의 풍격에서 헌법해석학, 규범헌법학과 법정헌법학을 선택하여 그것을 예로 최근 헌법학 연구에서 나타난 방법의 다원화 경향을 소개하려 한다.

## (1) 헌법해석학

'헌법해석학'이라는 명칭에 대하여 말하면, 당시 학자들의 주장은 전통실증주의 입장에 머물러 있지 않았고, 창도한 방법과 풍격도 법교의학(法教義學) 의의상의 그런 해석학에 국한되지 않았으며, 헌법 원전(原典)을 중심으로 한 여러 가지 방법의 종합적 운용을

---

대하여」(鄧聯繁과 합작), 『중국법학』 3기, 2004; 「헌정중국전략표지론 -헌법사유 기본 문제 연구(憲政中國戰略標志論)」(鄧聯繁과 합작), 『구시학간』 1기, 2005 등이 있다. 그중 부분적 작품은 『헌정중국연구』 상, 하 책(무한대학출판사 2006년 판)에 수록되었다.

1359) 풍름. 독립학자로 오스트리아학파 경제학 이론을 연구했고 '오스트리아학파역총'의 출판을 주도했으며 '보통빠헌정주의이론'의 연구에 매진했고 중국의 고전 관념, 제도 및 현대 중국의 헌정 발전 과정을 주시했다. 대표작은 『입헌의 기예』(북경대학출판사 2005년 판)이다. 보통법 입헌주의에 대한 저술을 대량으로 번역하였는데 거기에는, 『프리드리히 하이에크 전』([영국] 艾伯斯坦 작, 중국사회과학출판사 2004), 『재산, 법률과 정부 -Fr d ric Bastiat의 정치경제학 문취』, ([영국] Fr d ric Bastiat작, 구이쳐우인민출판사, 2004), 『프랑스대혁명강의고』([영국] Acton 작, 구이쳐우인민출판사, 2004), 『보통법과 자유주의이론: (Sir Edward Coke, Thomas Hobbes 및 미국헌정주의 원두(源頭)』([미국] 斯托納 작, 북경대학출판사, 2005), 『철학가와 잉글랜드법학가의 대화』([영국] Thomas Hobbes 작, 상해삼련서점, 2006), 『자연법의 관념사와 철학』([독일] Heinrich A. Rommen 작, 상해삼련서점, 2007) 등 10여종이 있다.

강조하였다. 이렇게 쓰게 된 것은 아래와 같은 두 가지를 고려한 것에 따른 것이다.

첫째, 하나의 해석활동으로서의 헌법해석과 하나의 구체적 방법으로서의 헌법해석을 구별할 필요가 있었다. 헌법해석활동에서 반드시 종합적으로 각종 방법을 운용하여야 하는데 그중 기초와 핵심적 지위에 있는 것은 여전히 전통적 헌법해석학, 즉 협의적인 헌법해석학이다. 하지만 명칭 술어로서의 '헌법해석학'은 광의적으로 운용하는 것으로서 그것은 협의해석학의 근본적 지위를 강조하면서 또 헌법해석활동에서 필요한 각종 방법 및 이러한 방법에 대한 반성으로 이루어진 이론을 개괄하여 지칭하기 위한 것이었다. 둘째, 이 명칭을 채용한 것은 헌법수정과 구별하기 위해서이다. 헌법해석과 헌법수정은 전환시기의 헌법 원전(原典)과 현실의 충돌을 완화시키고 헌법의 발전을 실현하는 두 가지 경로이다. 그런데 전국인민대표대회 헌법해석권은 확실하게 운용되지 못하고 문제의 해결이 과도하게 헌법수정에 기탁되었다. 이에 대하여 헌법해석의 사유를 강조하려는 것은 헌법해석학이라는 명칭을 채용한 또 다른 하나의 고려였다.[1360] 명칭을 선택하기 위한 이 두 가지 고려에서 헌법해석학의 학술주장과 중국 헌법의 실시상황 및 헌법학방법의 운용상황에 대한 판단을 대체적으로 알 수 있다.

헌법해석학은 헌법 실시와 헌법 연구 상황에 초점을 맞추어 헌법원전(原典)의 중요성을 강력하게 강조하였고 '헌법규범의 본위성'[1361]을 주장하였다. 그리고 "헌법 원전(原典)은 헌법해석의 기점과 목표"이며 "헌법학은 헌법 원전(原典)에 대한 이해와 해석을 근본 내용"[1362]으로 함을 주장하였다. 그중 헌법 원전(原典) 혹은 헌법규범의 외연은 성문헌법전의 원전(原典)에 국한되는 것이 아니라 '헌법제정규범, 헌법핵, 헌법수정규범과 헌법률' 등의 표현형식이 포함된다. 따라서 "거로 다른 규범 사이에는 서로 다른 등급

---

1360) 한대원(韓大元), 임래범(林來梵), 정뢰(鄭磊), 「헌법해석학과 규범헌법학의 대화」, 『절강학간』 2기, 2008.
1361) 한대원(韓大元), 「헌법규범의 본위성을 논함」, 『법학평론』 4기, 1999.
1362) 장상(張翔), 「헌법학은 왜 헌법원전(原典)을 중심으로 해야 하는가?」, 『절강학간』 3기, 2006.

계열이 형성된다."[1363] 다만 성문헌법전의 원전(原典)이 등급서열의 정상에 있을 뿐이다. 전환시기의 헌법 발전과 완전화 단계에 있어서 헌법해석학의 입장이 일정한 제한을 받기는 하지만 그렇다고 그것은 해석학의 입장을 배제하거나 포기하는 원인이 되는 것이 아니라 헌법해석학을 강조하고 그것의 약화를 피하는 원인이 된다. 왜냐하면 이것은 헌법권위의 결여와 원전(原典)의식이 결여된 전통을 개조하는데 있어서 중요한 현실적 의의가 있기 때문이다.

본문을 존중하는 기초 위에서 헌법해석학이 동시에 반드시 헌법학의 개방성을 유지해야 함을 인식하고, 각종 헌법학 방법을 종합적으로 채용해야 하는 것은 헌법학 발전의 현실적 필요이다. 하지만 개방성은 주관적 자의(恣意)를 초래하는 것은 아니다. 이를 위해서 헌법해석학은 헌법주관성과 객관성이라는 이 해석학 이론에 항상 존재하는 모순에 직면하고 헌법해석학이 절대적으로 객관화되지 말아야 하면서도 또 해석자의 주관적 '자의'가 되지 말아야 하며, 헌법학의 개방적 언어 환경에서 일종의 상대적인 객관적 해석을 찾을 것을 주장하였다.[1364] 헌법해석학은 비단 이론의 주장에서 농후한 현실적 배려를 체현했을 뿐만 아니라, 동시에 그 이론의 운용에서 헌법학 이론 의의상의 체계성과 '헌법사(안)건의 평가분석에 관련되는 분석이론의 구조'[1365]를 고루 돌보려고 시도하면서 헌법사안의 선정활동[1366], 헌법사안의 평가분석 글의 모집과 출판[1367] 등의 형식을 통하여

---

1363) 한대원(韓大元), 「헌법규범의 본위성을 논함(論憲法規範的至上性)」, 『법학평론』 4기, 1999.

1364) 한 대원(韓大元), 장상(張翔), 「헌법해석의 주관성과 객관성」, 『법률과학』 6기, 1999.

1365) 한대원(韓大元) 주필, 「중국헌법사례연구(2)」, 법률출판사, 2008, '서언'.

1366) 2006년부터 중국인민대학 헌정과 행정법치연구센터는 해마다 일정한 절차를 거쳐 심포지엄에서 발표된 당년의 '10대헌법사례'를 평의, 통과하였다. 이러한 사례들은 다른 각도에서 공민의 인권의식 상황 및 인권의 보장 정도를 반영하였다.

1367) 관련 성과로는, 한대원(韓大元) 주필, 『중국헌법사례연구(1)』, 『중국헌법사례연구(2)』, 『중국헌법사례연구(3)』, 법률출판사; 호금광(胡錦光) 주필, 『헌법학원리와 안례 교정(案例教程)』, 『2007중국 전형 헌법사례 평가분석』, 중국인민대학출판사; 판진쉐(范進學)가 중국인민대학의 여러 박사생들을 조직하여 『산둥사회과학』에 여러 차례 원고를 모집하여 헌법사안 분석, 이를테면 친창(秦强), 「'맹모당사건'과 헌법원전(原典) 중의 '교육 받을 조항'('孟母堂事件'與憲法文本中受敎育條款)」, 『산둥사회과학』 2기, 2007; 장전(張震), 「'방언학교'사건평가분석('方言學校'事件評釋) -중국 헌법원전(原典)

헌법해석권이 있는 제도적 플랫폼이 결여된 배경 하에서, 직접 사건의 평가분석에서 헌법학방법의 운용을 추동하고 '실천에 직면'하고 '생활에 직면'하는 헌법학의 형상을 확립하였다.

(2) 규범헌법학

규범헌법학을 이해하려면 두 개의 기본 출발점, 즉 이 학설에는 '규범(성)법학'(theory of legal norm)의 심후한 전통 및 '규범헌법'학설에 관련되는 이상을 받아들였다는 점을 동시에 파악해야 한다. 이 두 가지는 대체적으로 서로 대응되며 그 이론 내용에서 복합구조를 나타낸다. '규범을 둘러싸고 사상을 형성'하는 것은 규범헌법학의 제1순위적 함의에 대한 정련된 표현이다.[1368] 이 1순위 적 전통 '규범법학'(theory of legal norm)의 방법 특징을 이어받았는데, 그 문제의식은 중국헌법학의 발전 여정에서 워낙 미약한, 그러나 법학의 기초가 되었던 법률실증주의전통은 20세기에 법학누적이 두 차례 중단된 후 엄중히 부족하게 되어서 보강하고 강조할 필요가 있었다. 이런 측면에 대한 사고의 중요성은 '헌법현상의 논리 구조'에서 기원하였다. 헌법현상에는 주로 헌법규범, 헌법의식, 헌법제도 및 헌법관계 등 4대 요소가 포함된다.[1369] 그중, 헌법규범은 현저하게 주축적 지위에 있었고, 기타 요소는 비록 헌법규범에 대하여 거대한 영향을 발생하기는 하였지만, 이러한 영향의 결과는 결국 반드시 헌법규범의 내적 요소로 응집되어야 비로소 의의가 있지, 그렇지 않으면 이른바 '헌법현상'을 구성할 수 없다.[1370] 이러한 원인으로 인하여 규범헌법학은 "헌법학은 반드시 규범으로 되돌아와야 한다고 하며, 더 확실하게 말하면

중 표준말 조항의 규범 분석을 경로로 하여」, 『산둥사회과학』 5기, 2007 등이다.

1368) 임래범(林來梵), 『헌법규범에서 규범헌법에 이르기까지 -규범헌법학의 일종 전언』, '서론' 4쪽 참조.

1369) [일본] 阿部照哉, 池田政章 찬, 『헌법』 (1), 有斐閣 1975, 114쪽.

1370) 임래범(林來梵), 「이른바 '규범을 둘러싸고' -규범헌법학의 방법론을 재차 논함」, 『절강학간』 4기, 2005.

규범주의(Normativismus)에 적절하게 접근하는 것으로 돌아와야 한다고 하면서 하지만 완전히 법률실증주의에까지는 후퇴하지 말아야 한다"는 입장을 강조하였다.[1371] 이 입장에 입각하면, 헌법학의 핵심 임무는 당연히 헌법규범을 깊이 연구하는 것이고, 이 주축을 둘러싸고 전개되는 기타 헌법현상을 고찰하는 것은 완전히 상술한 임무를 위해 봉사하는, 그 다음의 임무이다. 바꾸어 말하면, 그것의 '최후의 배려'는 규범 배후의 현상을 고찰하는 데 있는 것이 아니라 규범 자체를 깊이 연구하는 데 있고 그것은 규범과학의 당연한 본래의 면모를 회복하고 규범을 둘러싸고 사상을 형성시키려고 노력한다는 것이다. '규범헌법학'이라는 말은 우선 여기에서 비롯된 것이다.

　물론 규범으로 돌아온다는 것은 결코 현실을 도피하고 가치를 거부하는 것을 의미하지는 않는다. 규범헌법학은 19세기 독일법학식의 '순수한 규범과학'에까지 돌아가지는 않기에 모든 정치적, 역사적, 윤리적 고찰을 일률적으로 배제하는 것은 아니다. 그와는 반대로, 규범헌법학은 전통법률실증주의와 의식적으로 경계선을 나누고 다원적 방법을 적당히 흡수하여 여러 가지 헌법현상에 대응하며, 규범헌법으로 하여금 뛰어난 해석력을 가지려고 매우 노력한다. 그렇기 때문에 제1순위가 강조하는, 규범을 '둘러싼다'는 함의는 구체적으로 세 가지 양상으로 변화되는데 간단히 서술하면 다음과 같다. 1) 헌법규범을 초점으로 한다. 헌법규범 내부에 직접 들어가서 헌법구조 내에서 각종 가치에 대하여 분석을 정리하고 정합하면서 헌법규범 자체에 대하여 해석한다. 이것은 사실 헌법해석학 혹은 주로 전통적 교의학법학(敎義學法學) 의의에서의 헌법학(당시 중국 헌법학자들이 헌법해석학을 규격으로 한 방법 풍격은 이미 여기에 국한되지 않았다)이다. 2) 헌법규범을 종점으로 한다. 기타 인문사회과학적 방법을 운용하여 헌법현상을 연구하는 것을 통하여 최종적으로 헌법규범에 접근한다. 철학적 이론의 높이에서 헌법현상을 조감하고 사회학의 실증방법으로 헌법현상을 분석하여, 나중에 헌법규범을 천명하고 해석하는 방법은 당연히

---

1371) 임래범(林來梵), 『헌법규범에서 규범헌법에 이르기까지 -규범헌법학의 일종 전언』, '서론' 4쪽 참조.

완전히 배제 되지 말아야 하는 경로에 속한다. 3) 헌법규범을 기점으로 한다. 이 방면을 구체화한 응용은 바로 헌법규범의 해석에 입각한 후에 기타 영역에 들어가는 것이다. 거기에는 정치학의 연구에 들어가는 것과 심지어 헌법학의 연구로부터 착수한 후에 현실의 정치 동태(動態)를 포착하는 것도 포함된다.[1372] 이 세 가지 경로에서 제일 중요한 것은 당연히 첫 번째, 즉 전통적 헌법해석학 혹은 전통법교의학 의의상의 방법인데 더 깊이 말하면 규범헌법학이라는 무용수는 필경 "족쇄와 수갑을 차고 춤을 춘"것과 같다

규범헌법학은 비단 다원적인 방법을 배척하지 않았을 뿐만 아니라, 어떠한 '규범'을 '둘러싸는가'의 이 법교의학을 초월한 종극적인 문제에 대하여서도 적당한 한도의 개방성을 유지하였는데, 이는 규범헌법학의 제2순위적 함의를 구성하였다. "가치는 어떻게 규범에 들어가는가", "규범은 어떻게 형성되는가" 등과 같은 문제들이 이 순위에 속한다. '규범헌법'은 이 순위에서 미국 헌법학자 칼 뢰벤슈타인(Karl loewenstein)이 제시한 'normative constitution'이라는 헌법분류 개념을 채용하였다. 칼 뢰벤슈타인이 1950년대에 제시한, 실질적 의의를 띤 존재론식의 3분(三分) 이론(명의헌법, 규범헌법, 어의헌법)에서 규범헌법은 입헌주의정신을 체현하면서 규범의 실효성을 가진 헌법규범을 가리킨다. 이는 헌법규범의 일종의 이상적 형태이다.[1373] 규범헌법에 근거한 학술전망에 대하여 규범헌법학은 규범과 사실명제 및 규범외의 가치명제 사이에 믿을만한 다리를 놓으려고 힘썼고, 여러 가지 이론 소재에 대하여 아주 큰 포용성을 표현하였다. 밀러의, '견식의 왕복 운용(目光之流轉往返)'이 규범과 사실 사이에서의 등치패턴(等置模式)에서 칼 라네즈(Karl Larenz)의, 가치취향의 평가행위에 대하여 합리적 심사와 비평을 하려는 시도에

---

1372) 이 세 가지 경로에 대한 정리는 최초로 임래범의 『금일헌법학: 방법과 기회』(錢塘헌정회의에서의 기조발언, 2004년 6월)을 참조할 수 있다. 임래범은 『호혜정의(互惠正義): 제4차 헌법수정의 규범정신』(『법학가』 4기, 2004)라는 글에서 뒤의 두 가지 방법을 운용하였는데 먼저 호혜정의라는 이 철학개념에서 출발하여 점점 헌법수정안을 파악하고 헌법규범을 해석의 종점으로 삼은 다음 또 헌법규범을 기점으로 하여 제4차 헌법수정에 대하여 정치학적 의의 상의 해석을 하였다.
1373) 임래범(林來梵), 『헌법규범에서 규범헌법에 이르기까지 -규범헌법학의 일종 전언』, '서론' 8~9쪽.

이르기까지[1374], 존 롤스(John Rawls)가 창도한 정의론[1375]에서 하버마스(Jürgen Habermas)가 이상적 언어상황에서 구축한 상담이론[1376]에 이르기까지, 그리고 로베르트 알렉시(Robert Alexy)가 법률논증이론을 통하여 실천이성에 이르는 절차를 진행한 자연법전의 시도[1377]까지도 규범법학은 모두 관심을 기울였고 도움을 받았다.

## (3) 법정헌법학

법정헌법학의 학술 주장이 이러한 명칭 혹은 '정법헌법학'이라는 명칭으로 지칭되는 까닭은 그것이 헌법 원전(原典)을 기초로 하여 학술연구를 하는 과정에서 정치표현이 헌법학에 발생시키는 영향을 직접 직면할 것을 매우 강조했기 때문이다. 이를테면 진단홍(陳端洪)은 영국 공법학자 마틴 로글린의 "공법은 단지 일종의 복잡한 정치표현(political discourse)형태일 뿐이고 공법영역의 쟁론은 단지 정치쟁론의 연장일 뿐이다"[1378] 라는 말을 빌려 이러한 입장을 명확히 표현하였다.

하지만 의식적으로 정치표현에 직면하는 법정헌법학의 입장은 앞에서 서술한 독재헌법학 혹은 해설성헌법학이 헌법원전(原典)과 정치표현을 대하는 태도와는 본질적 구별이 존재한다. 앞에서 서술한 바와 같이 독재헌법학 혹은 해설성헌법학은 헌법원전(原典)을 단순히 정치명제의 표명이고 정치명제의 정확성의 증명과 체현이며,

---

1374) [독일] Karl Larenz, 『법학방법론』, 진애어(陳愛娥) 번역, 타이완오남도서출판회사, 1996; [독일] Karl Engisch, 『법률사유도론』, 정융류(鄭永流) 번역, 법률출판사, 2004.

1375) [미국] John Rawls, 『정의론』, 허하이홍(何懷宏) 등 번역, 중국사회과학출판사, 1988.

1376) [독일] Jürgen Habermas, 『사실과 규범 사이』, 퉁스쥔(童世駿) 번역, 생활, 독서, 신지 삼련서점, 2003.

1377) [영국] Robert Alexy, 『법률론증이론』, 수귀잉(舒国滢) 번역, 중국법제시판사, 2002.

1378) [dudrnr] MartinLoughlin, 『공법과 정치이론』, 정과(鄭戈) 번역, 상무인서관, 2002, 8쪽. 진단홍 진단홍(陳端洪)은 이 명제를 광범위하게 운용하였다. 진단홍(陳端洪), 「공법은 복잡한 형식의 정치표현(公法是複雜形式的政治話語) - 2007년 학기 〈법과 장치이론〉 고정 개강사」, 『법학가차좌(茶座)』 제15집, 산동인민출판사, 2007.

그 입장에는 명확한 경향성이 있다고 본다. 하지만 법정헌법학은 정치명제 혹은 헌법원전(原典) 자체의 정확성문제에 대하여 법학의 고찰 이외에 놓고 헌법원전(原典)에 대하여 상대적으로 중립적 고찰을 한다. 구체적으로 말하면 주류정치의 표현에 대하여 독재헌법학 혹은 해설성헌법학은 헌법을 도구로 그것을 지켜주고 법정헌법학은 상대적으로 초탈하여, 주로 헌법 본문의 가치에 들어가는 데에 관심을 기울이고 관련된 정치명제에 대하여 제련을 한다. 헌법원전(原典)에 대하여 독재헌법학 혹은 해설성 헌법학은 헌법을 근본대법의 최고권위라는 점을 매우 강조한다. 하지만 그것은 그 정당성과 관련한 정치 표현의 정당성을 하나로 묶어놓는다. 하지만 법정헌법학은 법학 고유의 입장에 따라서 헌법 원전(原典)의 독립적 가치를 강조하고, 아울러 그것에 기초하여 그 권위성을 존중한다. 이론의 표현에서 독재헌법학 혹은 해설성헌법학이 정치학 내지는 정치 표현에 관련되는 술어와 통속적 표현을 전용하는데 습관이 되었다면, 법정헌법학은 여러 가지 정치, 철학 이론, 법학이론 등을 정리하고 이어나가는 데 중점을 둔다.

3종류의 유력설은 모두 헌법이 상대적으로 정치에서 독립하고 헌법학이 당연히 정치학 등 학과에서 독립해야 한다고 강조하지만 정도의 면에서 헌법해석학과 규범헌법학은 그 독립성을 보다 강조한다. 법정헌법학은 독립성을 강조하는 기초 위에서 그 배후의 정치에 대하여 보다 직접적인 관심을 표현하고 보다 직접적인 서술을 한다. 이를테면 적소파(翟小波)는 중국 헌법학 연구에 '名教癖(명교벽)'이 존재한다고 비평하면서 강렬한 학술적 책임감을 가지고 헌법학자는 당연히 진상을 해석해야 하고 명교벽, 형식벽(形式癖)은 모두 법률허구, 즉 진상을 덮어 감추는(모략 혹은 분식) 것이고 현실을 회피하는 것이라고 지적하였다. 이러한 비판은 주로 주류적 지위에 있는 해설성헌법학을 겨냥한 것으로, '명교벽'에 대한 비판도 헌법원전(原典)에 대한 위배와 동등시 할 수 있는 것이 아니다. 하지만 진상에 대하여 만약 사회학의의상의 진상과 규범의의상의 진상을 구분하지 않고 개괄적으로 강조한다면 본문에 대한 입장은 사회현실에 따라 미묘하게 한 쪽으로 이동하는 것을 피할 수 없다. 비록 비판헌법학도 '제도배물교'(institutional fetishism)[1379]를 비판하지만 법정헌법학은 비판헌법학이 주장하는 정치헌법학 방법과 다르다.[1380] 그 구별은 비판법학이 보다 직접적으로 표현하는 데 있지 않다. 그리고 비판법학의 기수 로베르토 웅거(Roberto Mangabeira Unger)가 '법즉정치(法即政治)'로서 법률과 정치 사이에는 울타리가 없고 사업재판과 정치, 의식형태의 변론은 동질의 것[1381]이라고 보다 통쾌하게 지적한 것에 있는 것도 아니다. 법률과 정치를 분리시키려고 시도하지 말아야 한다. 왜냐하면 그것은 사실을 덮어 감추는 데 지나지 않기 때문이다.

양자의 본질이 다른 점은, 비판법학이 많이 주장하는 정치헌법학은 '법률발달사'를 겪은 정치발달국가에서 발생하고 법률형식주의가 지나쳐서 '제도배물주의'와 '비관주의적 진보개혁론' 경향을 초래하며, 도움이 가장 필요한 최하층 인민을 구제할 수 없는 등의 여러 가지 문제가 나타난 후에야 비로소 제시된 보완적인 주장이라는 점이다. 이는 각기 다른 시기의 주장으로서 법률주의가 아직 싹이 트지 않은 언어환경과 동일시 할 수 없다.

법적법학은 결코 단지 리얼리즘적인 서술만 중요시하고 입헌주의의 이상을 추구하지 않은 것이 아니라, 단지 사유족인 면에서 양자로 나뉘었을 뿐이다. 한 방면으로는 '생동적인 정치 내용'에 대하여 서술성적인 제련을 진행하고, 양호한 헌법구조에 대한 사유는 다른 한 방면에서 동시에 전개한다. 헌정헌법학이 헌법원전(原典)을 올바르게 대하는 태도의 특징은, 이 이중적 시야에서 체현된다. 이러한 분열된 사유와 방법은 전환 시기의 헌정문제의 숙명일 수도 있다. 하지만 만약 양자를 절대적으로 갈라놓는 경향에 치우치면 아래와 같은 두 가지 폐단을 불러온다. 즉, 헌법구조 내에서의 헌법해석자의 행위를 축소시키면 규범력을 가진 살아 있는 헌법이 두 사유 측면 사이의 양성 호동(互動)을 통하여

---

1379) R.M.Unger, Sociat Theory: Its Situation and Its Task, Verso(1987), PP.200-201.

1380) 손소협(孫笑俠), 주정(周婧), 「일종 정치화적 법률방법(一種政治化的法律方法) -RobertoMangabeira Unger법률방법론에 대한 해석」, 『환구법률평론』 4기, 2007.

1381) See e.g.R.M.Unger, The Critical Legal Studies Mouement, Harvard University Press(1986). Duncan Kennedy, Freedom and Constraint in Adjudication: A Critical Phenomenology, 36J.Leg.Edue.518(1987).

헌법 발전을 촉진하는 경로도 제한을 받게 된다. 그렇기 때문에 정치헌법학은 헌법규범이 포함하고 있는 '생동적인 정치내용'을 밝히는 것을 자신의 소임으로 삼고 헌법규범에 대한 해설성헌법학의 선교식(宣敎式) 해석을 거절하며 계통적인 학리의 사고로 그것을 대체한다. 하지만 규범으로 나가는 중에 채워 넣은 정치내용이 이미 규범력을 가지고 있는가 그렇지 않은가는 사실 명백히 구별해야 한다. 그렇지 않으면 객관적으로 헌법이 이용당하게 되고 단지 통속의의에 근거하여 이해한 '존재는 곧 합리'라는 논리로 정치현실을 위해 명분을 세우게 된다.

앞에서 열거한 세 가지 헌법학방법의 유력설(有力說)은 모두 어느 정도 다르게 '중국의 양호한 헌법구조에 적합'한 것을 탐구하는 것과 '헌법의 생동적인 정치내용'을 밝히는 것을 병행한 복안식(復眼式) 사유를 운용했다는 점에서 해설성헌법학과 구별된다. 해설성헌법학은 양자를 동등시함과 아울러 주류적 의식형태의 언어로 표현을 진행한다. 하지만 헌법해석학과 정치헌법학은 중국 헌법실시와 헌법연구의 상황에 초점을 맞추어 헌법과 정치언어의 구별, 헌법학과 정치학 등 기타 인문사회과학과의 구별을 강력히 주장하고 헌법원전(原典)의 중요성을 강조하며, 양호한 헌법념원과 '생동적인 정치내용'을 상대적으로 구분한 기초 위에서 양자의 양성 호동을 실현하려고 시도한다. 만약 양적인 비교가 존재한다면 상대적으로 말해 헌법원전(原典), 특히 성문헌법전 원전(原典)의 중요성에 대하여 헌법해석학은 규범헌법학에 비하여 강조의 정도가 조금 더 높다. 그런데 헌법발전 촉진, 규범헌법 발생의 촉진에 대하여는 규범헌법학의 중시 정도가 조금 더 높다. 법정헌법학은 양자를 명확히 구분한 기초 위에서 규범주의 헌법관의 묘사적 기능에 치중하고 전환 시기에 있어서 그것의 피 제한성을 인정하고 '생동적인 정치내용'에 대한 노골적인 제련과 양호한 헌법염원의 탐색을 분별하여 전개한다. 이로부터 3항의 유력설과 당시의 통설은 본문에 대한 중시 및 정치언어와의 거리를 좌표로 표현하면 대체적으로 다음과 같다.

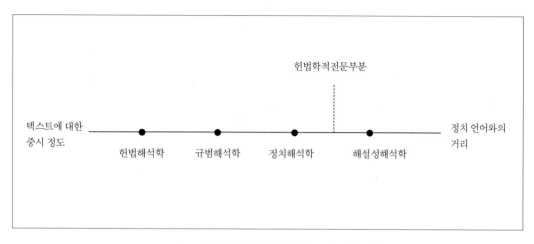

그림 2 당시 다원헌법학방법론의 입장 계보

## 제6절
## 요약

중국헌법학의 백여 년 간의 여정은 강대한 세력의 대국이 '3천 년 동안 없었던 비상시국'에 맞닥뜨렸을 때 시작되었다. 국가를 멸망의 위기로부터 구하여 생존을 도모하려는 시도 속에 촉박하게 헌법학지식체계를 도입하였기 때문에 비교헌법학의 방법은 주목을 받았다. 하지만 시국과 시간의 제한으로 말미암아 도입한 헌법학 구조에 대하여 방법론적 면에서 미처 자각적인 반성을 하지 못했다. '부국강병' 이념은 제헌(制憲)과 행헌(行憲)의 정치수요를 만족시켰고 헌법학자들의 두뇌도 지배하였다. 하지만 학술의 자주성에 대해서는 확실히 부정적인 영향을 가져왔다. '서학동점'과 더불어 성장한 중국헌법학은 첫 시작부터 자주적 발전의 환경과 전통이 결여되어 있었다.[1382]

1911년의 신해혁명은 청말의 군주입헌운동을 단절시켰다. 하지만 헌법학 발전은 여전히 그 전의 기초 위에서 계속 전진하였고 번역과 도입 소개된 성과는 보다 광범위하고 풍부해졌다. 그러나 내우외환의 총체적 형세는 변화가 없었고 심지어 해마다 전쟁의 불길이 치솟았다. 하지만 여러 부의 헌법 원전(原典) 혹은 초안의 반포와 토론은 결국 헌법학 연구를 위하여 텍스트를 제공하였다. 하지만 빈번하게 나온 헌법원전(原典)은 도구론적 헌법학, 헌법해석학, 비교헌법학, 역사학방법이 상당한 정도에서 빈번하게 입헌활동을 둘러싸고 전개되도록 조장했으며 '입헌헌법학'의 상황을 구성하였다. 헌법학은 이 30여 년 동안 장족의 발전을 가져왔고 두텁게 누적되었다.

1949년에 신중국이 성립되고 새로운 헌법질서가 건립되면서 청말, 민국부터 그때까지

---

1382) 한대원, 「중국헌법학연구 30년: 역사맥락과 학술자주성」, 『중국법학』 5기, 2008.

이어져 내려온 헌법학의 누적이 포기되고 새롭게 형성된 것이 독재헌법학 방법의 풍격이었다. 계급분석방법이 주도하는 헌법학방법은 50년대 전기에 역시 1954년 헌법을 둘러싸고 상당히 특색이 있는 성과를 이루었다. 하지만 계급분석방법의 '자아취소'는 1950년 후기 내지는 그 후의 30여 년 동안 독재헌법학의 폐단을 극단적으로 밀어붙여 헌법학 전통을 다시 거의 단절되게 하였다. 1982년 헌법이 반포, 실시된 후, 헌법학연구는 독재헌법학의 부속적 특징에서 벗어나려고 애를 썼고 헌법원전(原典)의 중요 지위를 강조하였으며, 순수한 중국헌법해석학 전통을 촉진시키려고 시도하였다. 하지만 제도적 공간과 학술적 누적 등 방면의 원인으로 말미암아 이 과정은 일정한 시일이 걸렸는데, 이 과정에서 해설성헌법학이 통설적 지위의 방법론 운영의 추세를 형성하였다. 90년대 후기 이래, 특히 21세기에 들어선 후, 방법의 다원화 조짐이 순차적으로 나타면서 헌법해석학, 규범해석학, 법정헌법학 등 여러 학술 주장이 이미 형성되었다. 이러한 방법은 바로 해설성헌법학이 해석성헌법학으로의 전환을 위해 적극적인 지식 누적과 방법 누적을 진행한 것이다.

비록 백여 년 헌법학방법론 운용의 정리이지만 그것은 자각적인 헌법학방법론 반성과 연구가 이미 백여 년 동안 줄곧 존재해 내려왔다는 것을 의미하지는 않는다. 그와는 반대로 그것은 막 시작된 것이다. 앞에서 서술한 바와 같이, 방법론은 운용도구의 시각에서 이해할 수도 있고 지식체계의 방법론으로 이해할 수도 있다. 90년대 이전에 방법론에 대한 자각적이고 계통적인 사고가 결여됐던 것은 주로 방법론을 자각적으로 운용하지 못해서 주로 운용도구로서의 방법론에서 이해했기 때문이다. 헌법학방법이 '론'이 된 것은, 즉 엄격한 의미에서 헌법학방법론 탐구는 90년대 후기에 헌법학방법의 다원화 구조의 배경 하에서 방법론의 철학적 반성을 거친 후 비로소 체계화의 과정에 진입되기 시작하였다. 이런 의미에서 말하면 백년 헌법학방법론의 정리는 단지 막 체계화로 나가기 시작한 헌법학방법론을 위하여 하나의 맥락과 배경을 제공한 것일 따름이다.

주요 참고서적 목록

# 주요 참고서 목록

고궁박물관 명청당안부 편찬, 『청말 입헌주비당안사료』(전2책), 중화서국, 1979.

장단(張枬), 왕런즈(王忍之) 편찬, 『신해혁명 전 10년간 시론선접』(전3권),

생활. 독서. 신지 삼련서점, 1960, 1963, 1977.

중국사학회 편찬, 『중국근대사자료총간. 무술변법』(전4책), 신주국광사,

1953, 상해인민출판사, 1957.

중국사학회 편찬, 『중국근대사사료총간. 신해혁명』(전8책), 상해인민출판사, 1957.

하신화(夏新華), 호욱성(胡旭晟) 정리, 『근재중국헌정역정: 사료회취』,

중국정법대학출판사, 2004.

하근화(何勤華), 이수청(李秀清) 편, 『민국법학논문정수』(제2권, 헌정법률편), 법률출판사, 2002.

채상사(蔡尚思) 주필, 『중국현대사상사자료간편』(전5권), 절강인민출판사, 1982~1983.

북경도서관 편찬, 『민국시기 총 서목 (1911-1949). 법률』 서목문헌출판사, 1990.

위원(魏源), 『해국도지』, 악록(岳麓)서사, 2011.

왕도(王韜), 『도원문록외편(弢園文錄外編)』, 랴오닝인민출판사, 1994, 중주고적출판사, 1990.

서계여(徐繼畬), 『영환지략(瀛寰志略)』, 상해서점출판사, 2001.

양정남(梁廷枏), 『해국사설』, 중화서국, 1993.

정관응(鄭觀應), 『정관응집』(상, 하책), 하동원(夏東元) 편, 상해인민출판사, 1982, 1988.

곽호도(郭蒿燾), 『런던과 파리 일기』, 중수허(鐘叔河) 주필, 『세계에로 총서』,

악록(岳麓)서사 1984.

재택(載澤), 『정치고찰일기』, 중수허(鐘叔河) 주필, 『세계에로 총서』, 악록(岳麓)서사, 1986.

강유위(康有爲), 『중화민국헌법초안 입안 대의』, 상해광지서국, 1926.

강유위, 『유럽 11개 국 유람기 2종』, 중수허(鐘叔河) 주필, 『세계에로 총서』,

악록(岳麓)서사, 1985.

강유위, 『대동서』, 중화서국 1935년 판, 랴오닝인민출판사, 194.

강유위, 『강유위정론집』(전2책), 탕지균(湯志鈞) 편, 중화서국, 1981.

양계초, 『음병실합집』(전12책), 중화서국, 1989.

양계초, 『양계초법학문집』, 범충신(范忠信) 선편, 중국정법학출판사, 2000.

양계초, 『신민설』, 송즈밍(宋志明) 선주, 랴오닝인민출판사, 1994.

장사쇠(張士釗), 『장사쇠전집』(전10권), 문회출판사, 2000.

손중산(孫中山), 『손중산전집』(전11권), 중화서국, 1981~1986.

엄복(嚴復), 『엄복집』(전5권), 왕스(王栻) 주필, 중화서국, 1986.

진형명(陳炯明), 『진형명집』(상, 하권), 단운장(段雲章), 예준명(倪俊明) 편, 중산대학출판사,

1998, 2007 증정판.

거정(居正), 『거정문집』(전2책), 라복혜(羅福惠), 수이(蕭怡) 편, 화중사범대학출판사, 1989.

진독수(陳獨秀), 『진독수저작선』(전3권), 상하이인민출판사, 1993.

이대쇠(李大釗), 『이대쇠전집』(전5권), 인민출판사, 2006.

왕세걸(王世杰), 전단승(錢端升), 『비교헌법』, 중국정법대학출판사, 1997.

장군려(張君勱), 『국헌의』, 상무인서관, 1922.

장군려, 『중화민국헌법 10강』, 상무인서관, 1947.

장군려, 『헌정의 길』, 칭화대학출판사, 2006.

오종자(吳宗慈), 『중화민국헌법사』, 북경동방시보관, 1924.

사영주(謝瀛洲), 『중화민국헌법론』, 상해감옥 1947년 인행, 5남도서출판회사, 1976.

백붕비(白鵬飛), 『헌법 및 헌정』, 상해화통서국, 1930.

정수덕(程樹德), 『비교헌법』, 상해화통서국, 1931.

정수덕, 『헌법역사 및 비교연구』, 조양학원출판부, 1933.

오경웅(吳經熊), 황공각(黃公覺), 『중국제헌사』(상, 하책), 상무인서관, 1937,

상해서점, 1992 영인판.

오경웅(吳經熊), 『법률철학연구』, 칭화대학출판사, 2005.

진여현(陳茹玄), 『중화민국헌법사』, 상해세계서국, 1933.

비공, 『비교헌법』, 세계법정학사, 1934.

살맹무, 『헌법제요』, 대동서국, 1945.

장우어(張友漁), 『중국헌정론』, 중경생생출판사, 1944.

취구한평(丘漢平), 『취구한평법학문집』, 중국정버대학출판사, 2004.

장지본, 『헌법론』, 중국방정출판사, 2004.

양조룡(楊兆龍), 『양조룡법학문선』, 하오테촨(郝鐵川) 편, 중국정법대학출판사, 2000.

양조룡, 『양조룡법학문집』, 아이융밍(艾永明) 편, 법률출판사, 2005.

왕총혜(王寵惠), 『왕총혜법학문집』, 장런산(張仁善) 편, 법률출판사, 2008.

유정문(劉靜文), 『중국헌정원리』, 정중서국, 1946.

임기동(林紀東), 『중화민국헌법석론』, 대중도서회사, 1972.

석중유(石中琇), 『헌정논총』, 중화서국, 1984.

사서지(謝瑞智), 『헌법사전』, 문성서국, 1979.

진여현(陳茹玄), 『증정중국헌법사』, 상해세계서국, 1947.

채추형(蔡樞衡), 『중국법리자각의 발전』, 칭화대학출판사, 2005.

[일본] 미노베 다츠키치(美濃部達吉) 구술(口授), 류줘린(劉作霖) 번역,

　　『비교헌법』, 정법학사, 1911.

[일본] 미노베 다츠키치 강술, 왕원쟈(王運嘉), 류판(劉蕃) 번역, 『헌법강의』, 헌법사, 1907.

주이빈(周異斌), 라지연(羅志淵), 『중국헌정발전사』, 상해대동서점, 1947.

형지인(荊知仁), 『중국입헌사』, 연경출판사업주식유한회사, 1984.

[소련] Арон Наумович Трайннн, 『소련국가법교정』,

펑젠화(彭建華) 번역, 대동서국, 1951.

[소련] 杰尼索夫 주필, 『소련대백과전서. 헌법권(선역)』, 인민출판사, 1954.

[소련] 帕舒卡尼斯, 『법의 일반 이론과 마르크스주의』, 양앙(楊昂), 장링위(張玲玉) 번역,

중국법제시판사, 2008.

루방언(樓邦彦), 『중화인민공화국헌법 기본 지식』, 신지식출판사, 1955.

이달(李達), 『중화인민공화국헌법 강화』, 인민출판사, 1956.

오가린(吳家麟) 주필, 『헌법학』, 군중출판사, 1983.

왕향밍(王向明), 『헌법의 약간의 이론문제에 대한 연구』, 중국인민대학출판사, 1983.

하화휘(何華輝), 『비교헌법학』, 무한대학출판사, 1988.

쟝비곤(蔣碧昆), 『중국근대헌정헌법사략』, 법률출판사, 1988.

허숭덕(許崇德), 『중화인민공화국헌법사』, 복건인민출판사, 2003.

장진반(張晋藩), 『중국헌법사』, 지린인민출판사, 2004.

하근화(何勤華), 『중국헌법사』, 법률출판사, 2006.

왕인박(王人博)의 『헌정문화와 근대중국』, 법률출판사, 1997.

왕덕지(王德志), 『헌법개념의 중국에서의 기원』, 상둥인민출판사, 2005.

변수전(卞修全), 『근대중국헌법원전(原典)의 역사 해독』, 지식재산권출판사, 2006.

한대원(韓大元) 편저, 『1984년헌법과 중화인민공화국헌정』(제2판), 무한대학출판사, 2008.

한대원(韓大元), 임래범(林來梵), 정쉬안쥔(鄭賢君), 『헌법학전문테마연구』,

중국인민대학출판사, 2004.

양수명(梁漱溟), 『동서문화 및 그 철학』, 상무인서관, 1999.

양수명, 『중국문화요의』, 상해인민출판사, 2011.

장호(張灝), 『묵암의식과 민주전통』, 신성출판사, 2006.

장붕원(張朋圓), 『중국민주정치의 곤경, 1909~1949: 만청 이래 역기 의회선거 술론』,

지린출판그룹유한책임회사, 2008.

김관도(金觀濤), 유청봉(劉青峰), 『관념사 연구: 중국 현대 중요 정치술어 형성』,

홍콩중문대학출판사, 2008.

정수화(丁守華) 주필, 『중국근대계몽사상』(상, 중, 하), 사회과학문헌출판사, 1999.

왕건(王健) 편찬, 『서법동점-외국인과 중국법의 근대 변혁』, 중국정법대학출판사, 2001.

소공권(蕭公權), 『중국정치사상사』, 랴오닝교육출판사, 1998.

이검농(李劍農), 『중국근백년정치사』, 복단대학출판사, 2002.

웅월지(雄月之), 『중국근대민주사상사』(수정본), 상해사회과학원출판사, 2002.

후기

(1)

'중국헌법학설사'를 연구과제로 선택하기까지 나는 오랜 시간 동안 생각했다. 20여 년의 헌법학 수업과 연구에서 나는 학설사, 사상사 등 기초과학에 대하여 학술계의 관심이 부족하고 관련 연구 성과도 비교적 적다는 것을 발견하였다. 솔직하게 말하면 대략 동시에 발걸음을 뗀 경제학, 사회학, 철학 등 과학과 비교하면 법학은 학술의 사상성, 순수성과 전연성(前沿性) 방면에서 뒤처져 있다. 일부 연구 성과는 겨우 법치가 발달한 서방의 특정된 언어환경에서 발생된 이론, 학설과 제도를 이성적인 선택과 분석이 없이 중국에 소개하고 이식하여 중국의 법학연구가 학술연구로서 당연히 갖춰야 할 체계성과 창조성이 부족하게 하였고, 학술 규범성과 자주성이 부족하며 일정한 정도에서 법치건설이 추호의 식별도 없이 단순히 서방법치 경로를 중복하는 결과를 초래했다.

"학술은 천하의 공기이다." 모종의 의미에서 말하면, 한 나라의 학술연구 수준은 그 나라의 문화발전과 문명발달의 정도를 반영하고 학술공동체의 책임과 존엄을 반영한다고 할 수 있다. 국제적으로 영향력이 있는 대국이 되려면 절대 학술연구에서 남이 한 말을 되풀이 하거나 남의 뒤를 따라가서는 안 된다. 타인의 언어체계에서 맹목적으로 남을 따르기만 해서는 영원히 문화사에 창조성과 자주성이 있을 수 없다.

이러한 문제의식과 학술책임에 근거하여 최근 학자들의 중국법학, 특히 중국헌법학연구의 자주성문제에 눈길을 돌리기 시작했다. 만약 1908년 만청 정부가 『흠정헌법대강』을 반포하여 예비입헌, 방행(仿行)헌정을 선포한 때로부터 계산한다면, 중국의 헌법발전은 이미 백여 년의 파란만장한 역사를 가지고 있다. 백여 년에서, 각기 다른 시기에 헌법학자들은 피나는 노력과 혼신의 정력을 들여 중국의 헌법학 발전을 위하여 건설적인 견해를 내놓았고, 중국의 헌정건설을 위하여 피나는 노력을 바쳤다.

그들의 학술관점과 이론은 역사의 여과와 문화의 축적을 거쳐 점차 당시 사회 시대적 특징을 반영하는 헌법학설로 발전하였다. 우리는 중국의 헌법연구와 헌정건설은 세계의 법치가 발달한 국가의 성공한 경험을 거울로 삼는 것 외에 보다 중요한 것은 그래도 근원으로의 회귀라고 인정하며, 백여 년 내의 중국헌법학 발전사를 연구함에 있어서 중국학자들이 남겨놓은 귀중한 학술재부와 경험교훈을 올바르게 체득하고 본받아야 한다고 생각한다.

(2)

2007년, '중국헌법학설사연구' 프로젝트가 국가사회기금 일반 항목에 입안되었다(비준번호: 07BFX071) 연구과정에서 우리는 그 난이도가 상상을 초월한다는 것을 발견하였다. 우선 사료의 수집이 문제였다. 중국헌법학설사를 연구함에 있어서 우선적인 작업은 사료의 수집과 정리인데 비교적 완전한 역사자료의 토대 위에서만이 비로소 상응한 헌법학설을 제련해 낼 수 있다. 하지만 역사연구는 추호의 과장도 허용하지 않는 것으로서 오로지 사료로 말하고 얼마만큼의 사료가 있으면 그 얼마만큼의 말을 할 수밖에 없다. 되도록 완전한 헌법 사료를 수집하기 위하여 프로젝트팀의 팀원들은 각종 자원을 운용하여 계속 중국인민대학, 중국사회과학원 법학연구소, 무한대학, 절강대학, 산둥대학 등의 도서관에서 청말민초시기의 각종 서적을 수집하였고, 특히 중국 제1역사서류관, 국가도서관 고적관에서 대량의 진귀한 사료들을 수집하였다. 돈을 적지 않게 썼으나 성과는 그 가치를 초월하였다. 이러한 소재들은 비단 중국헌법학설사 연구에 원시적 자료를 제공했을 뿐만 아니라, 후인들이 청말민초시기의 헌법사료를 계통적으로 연구하는 데 조건을 제공해 주었다.

관련 사료들을 초보적으로 수집한 후, 두 번째로 부딪친 문제는, 헤아릴 수 없이 많은 이 사료에서 어떻게 체계화한 이론학설을 제련하고 승화해 낼 것인가 하는 것이었다. 헌법학은 발전 과정에 헌법제도사, 헌법사상사와 헌법학설사 등 전문화한 지식체계를 형성하였다. 비록 헌법학설사가 헌법제도사, 헌법사상사와 밀접히 연계되어 있다 하더라도 그것들 사이에는 다른 점이 선명하게 존재한다. 연구 내용에서 볼 때, 헌법제도사는 헌법 발전의 제도변혁 측면에서 헌법 발전의 여정을 연구하고, 헌법사상사는 헌법발전의 사상 변천의 측면에서 헌법의 변천 과정을 연구한다. 헌법의 역사 축적을 고찰하는 것은 각각 다른 시기의 특정 개념과 범주 체계화의 과정을 탐구하려는 데 있다. 그것은 헌법발전사와 다를 뿐만 아니라 특정 시대 헌법사상의 기재와도 다른 것으로서 학술대상 변천에 대한 '재현'과 '재인식'이다.

이왕의 헌법학연구에서 우리는 흔히 제도사, 사상사 측면의 연구에 치중하면서 학설사에 대한 관심이 부족했다. 중국헌법학의 백여 년 발전 역사에서 각종 헌법관점 혹은 사상은 새로운 별처럼 빛났다. 하지만 모든 헌법의 관점과 주장을 다 학설이라고 할 수 있는가? 과연 어떤 학술 관점과 주장을 학설이라고 부를 수 있겠는가? 이러한 문제는 프로젝트팀을 오래 동안 곤혹에 빠지게 했다. 참고로 할 만한 기성 표본이 없다보니 모든 작업을 개척해야 했고 처음부터 다시 시작해야 했다. 사료수집, 학술정리, 학술제련의 어려움은 실로 겪어보지 못한 사람을 알 수가 없다. 기본 사료를 수집하고 총체적 구조를 확립한 후, 또 사료의 정확성 문제를 해결해야 했다. 오랜 시간이 흘러서 수많은 헌법 사료들이 훼손되었거나 없어졌는데, 현존하는 쓸 만한 자료들은 때론 서로 어긋나서 인증하기 어려웠다. 그래서 우리는 각종 경로를 통하여 되도록 원시자료에서 상대적으로 믿을 만한 결론을 정리해냈다. 이를테면 청말에 다섯 대신들이 외국을 방문한 자료를 연구하면서 우리는 재택(載澤)이 영국 헌정을 고찰할 때, 정법학교원의 애슐리를 사서(使署)에 요청하여 영국헌법에 대해 강의하게 했다는 것을 발견하였다.

하지만 재택와 함께 영국에 간 사람들의 일기에는 모두 애슐리의 개인 상황에 대한 상세한 소개가 없었다. 『재택일기』가 제공한 단서는 두 가지였다. 즉 애슐리는 정법이었다는 점, 애슐리 본인이 쓴 『지방자치론』과 『헌법해의』라는 두 부의 저작을 선물 했다는 점이다. 프로젝트팀 팀원은 이 두 단서에 근거하여 영국 국가서류관에 가서 알아보았다. 결과 이 애슐리라는 사람과 제일 비슷한 사람이 Sir Percy Walter Llewellyn Ashley였다. 하지만 그는 영국사람으로 다섯 명의 대신들이 상주문(奏折)에서 말한 것처럼 미국사람은 아니었다. 이 어긋나는 정보를 배제하고 도대체 누가 재택이 말한 '애슐리'일 가능성이 제일 많은가를 확인하기 위하여 트로젝트팀 책임자 리루이이(李蕊佚)는 런던정치경제학원(LSE) 공법학 권위 로글린(Martin Luoghlin) 에게 연락했다. 한 동안의 조사 끝에 로글린는, '애슐리'는 바로 Sir Percy Walter Llewellyn Ashley라고 생각하였다. 5명의 대신들에게 헌법학을 강의한 사람의 신분이 몇 차례 상세한 고증 끝에 드디어 밝혀졌다.


(3)


'중국헌법학설가연구'가 탐구하는 것은 하나의 지식체계로서의 헌법학이 중국에 발을 붙이고 발전하고 변화한 학술변천의 과정이다. 지위의 측면에서 볼 때, 헌법학설사는 헌법학체계의 중요한 내용 중 하나이고, 헌법학 학과 발전에서 없어서는 안 될 부분이다.

특히 경제글로벌화의 배경에서 어떻게 본토 헌법문화의 자주성을 보존하면서, 또 헌법문화의 개방성도 보존해야 하는가 하는 것은 우리가 관심을 가져야 하나의 큰 현실적 문제이다. 우리가 이 과제를 연구한 기본적 사고방향은, 우리가 '서법동점'의 과정에서, 서방헌법학설이 주도적 우세를 점한 상황에서 자체적인 법률문화의 주체성을 보존하려면 반드시 자체 법률문화, 특히 헌법문화의 현대적 가치를 심각하게 인식하고 이 가치의 구조와 기능을 밝혀야 하며 중국헌법학설에 대한 정리와 체계화연구로부터 시작해야 한다는 것이었다. 이러한 고려에서 출발하여 트로젝트팀은 중국학자 헌법학설에 대한 정리를 통하여 헌법학의 중국에서의 기원, 발전과 변화의 역사과정을 밝히고, 백여 년 내 중국헌법학설의 발전, 변천에 대하여 정체(整體) 상에서 고찰하며 아울러 헌법학설에 대한 계승과정의 양상을 통하여 헌법관념과 헌정이론에 대한 굴곡적인 계승과정을 객관적으로 밝히려고 시도했다. 중국헌법학설사를 연구하는 것은 단지 역사에 대한 회고와 동정 때문만이 아니라 오늘날 헌법학연구와 헌정건설에 이론상의 지지와 참고를 제공할 수 있기를 바라기 때문이다. 서법동점의 진행과정에서 중국학자들은 서방헌법이론의 본토화를 위해 탁월한 성과를 거두려고 노력하였고 중국에 뿌리를 내리고 국정에 부합되면서 본토 특색을 갖춘 약간의 헌법개념과 헌법학설을 제시하였다. 이러한 이성적 성과는 우리가 사회주의법치국가를 건설하고 중국특색이 있는 헌법문화를 구축하는데 있어서 중요한 참고적 가치가 있다. 장원한 관점에서 볼 때, 중국의 헌법학설은 중국전통 법률문화의 하나의 중요한 구성부분이고 중화민족 문화건설의 중요한 내용이다. 그렇기 때문에 우리는 중국헌법학설의 연구를 문화건설의 구조 속에 놓고 고찰하고 그것에 내포되어 있는 학술가치와 사회가치를 충분히 밝혀야 하며, 헌법학발전 과정에서 유익한 영양을 섭취하여 헌법학의 중국화를 위해 이론자원과 학술동력을 제공하기 위해 노력해야 한다.

물론 학설사 연구는 하나의 복잡한 계통의 공정으로서 학과를 뛰어넘는 지식이 필요할 뿐만 아니라, 학술과 역사에 대한 경건하고 객관적인 태도가 필요하다. 역사와 현실의 시각으로 헌법학설사의 맥락과 변천법칙을 정확하게 파악하려면 학술적 노력을 들여야 한다. 이 과제는 비록 기본자료 수집과 지식맥락의 정리에서 일정한 진전을 취득하였고, 20여 편(책)의 과제와 관련된 단계적 성과를 발표하였지만 학술 수준의 제헌으로 말미암아, 여전히 풍부한 학술전통을 완전하게 서술하지 못했고 학술사의 개괄과 언어의 전환에서 일부 부족한 점이 존재한다. 이 책은 전문테마연구 방식을 채용하였는데 집필과 원고 정리(統稿)에서 내용 서술의 통일을 기하느라, 여러 가지로 노력하였지만 여러 테마 사이에 아직도 내용과 자료의 중복이 존재한다. 이 책은 중국헌법학설사의 연구를 겨우 시작한 것에 불과하다고 할 수 있다. 우리는 계속 학술동향을 추적하고 연구영역을 넓혀 장차 몇 년간의 노력을 거쳐 여러 권으로 된, 체계화 되면서도 중국인의 헌법학사상과 지혜를 전면적으로 반영한 『중국헌법학설사』를 내놓을 수 있기를 희망한다.

(4)

이 책은 집체 작품으로서 프로젝트팀 전체의 팀원들이 피나는 노력을 들인 것이다. 이 책의 연구와 집필은 다음과 같다. (편장의 선후 순서에 따라)

한대원(韓大元, 중국인민대학 법학원 , 법학박사): 이끄는 말, 역사편 제3장 제1절, 제4장 제3절, 범주편 제2장; 마소홍(馬小紅, 중국인민대학 법학원 , 법학박사): 배경편 제1부분

제1장; 손진경(孫振慶, 상둥성 지닝시 중급인민법원, 법학박사): 배경편 제1부분 제2장;
이효병(李曉兵, 남개대학 법학원 부, 법학박사): 배경편 제2부분 제1장; 진추운(陳秋雲,
해남대학 법학원 , 법학박사): 배경편 제2부분 제2장; 왕귀송(王貴松, 중국인민대학 법학원
부, 법학박사): 배경편 제2부분 제3장; 이예일(李蕊佚, 칭화대학 법학원 박사후연구일군,
법학박사): 배경편 제2부분 제4장; 이충하(李忠夏, 상둥대학 법학원 부, 법학박사): 배경편
제2부분 제5장; 유춘평(劉春萍, 흑룡강대학 법학원 , 법학박사): 배경편 제2부분 제6장;
진강(秦强, 전국선전간부학원, 법학박사): 역사편 제1장, 제4장 제3절; 왕덕지(王德志,
산둥대학 법학원 , 법학박사): 역사편 제2장 제1절; 변수전(卞修全, 중국정법대학 법학원
, 법학박사): 역사편 제2장 제2절; 상안(常安, 서북정법대학 행정법학원 부, 법학박사):
역사편 제2장 제3절; 범이(範毅, 남경재정대학 법학원): 역사편 제3장 제2절; 풍가량(馮家亮,
중국법학회 법률정보부 부연구원, 법학박사): 역사편 제4장 제1절; 장전(張震, 서남정법대학
행정법학원 부, 법학박사): 역사편 제4장 제2절; 곡상비(曲相霏, 중국사회과학원
국제법연구소 부연구원, 법률박사): 범주편 제1장; 유징숭(劉勁松, 강서사범대학
역사문화와 여행학원 부, 역사학박사, 법학박사): 범주편 제3장; 상궁비량(上宮丕亮,
소주대학 왕건법학원 부, 법학박사): 범주편 제4장, 제8장; 호홍홍(胡弘弘, 중남재정
경제대학 행정법학원 , 법학박사): 범주편 제5장; 저신배(褚宸舸, 서북정법대학 행정법학원

부, 법학박사): 범주편 제6장, 제7장; 양복충(楊福忠, 중공 하북성위 당교 부, 법학박사): 범주편 제9장; 왕건학(王建學, 샤먼대학 법학원 조리, 법학박사): 범주편 제10장; 정뢰(鄭磊, 절강대학 광화법학원 부, 법학박사): 범주편 제11장. 전반적으로 책임 주필이 수정하였다. 여기서 설명해야 할 것은, 이 책의 배경편 제2부분 제2장 '중국헌법학설에 대한 미국헌법학의 영향'은 원래 지난(齊南)대학 법학원 강사 유위(劉偉)가 쓴 것인데 그는 일부 초고를 완성하고 불행하게 사망하였다. 그리하여 하이난(海南)대학 법학원 진추운(陳秋雲)가 이 장절을 다시 썼다. 프로젝트팀 전체 팀원들은 류웨이 박사의 서거에 아쉬움과 더불어 심심한 애도를 표시한다. 본 프로젝트 연구 과정에서 프로젝트팀 비서 친챵(秦强)이 대량의 구체적인 사업을 진행하였다. 원고 교정, 자료검토 작업에는 또 위원하오(于文豪), 톈웨이(田偉), 정하이핑(鄭海平), 후웨(胡悅), 양샤오민(楊小敏), 선즈화(沈子華), 차이화(柴華), 리양쥐(李樣舉), 리슈펑(李秀鵬), 왕사이이(王帥一) 등도 많은 심혈을 기울였다. 이에 감사를 드린다.

한대원

2012년 2월 16일

(Footnotes)

1) 공청단중앙위원회 기관간행물 『중국청년』 과 별도의 잡지임.(1941년 제3권 제5기 출판후 정간되었다가 1948년 12월에 허베이 핑산에서 복간 됨.)